电力工程造价从业人员职业能力培训教材

发电建筑工程

电力工程造价与定额管理总站　编

中国电力出版社
CHINA ELECTRIC POWER PRESS

内 容 提 要

《电力工程造价从业人员职业能力培训教材》体系设置主要从培养电力工程造价从业人员管理能力和专业技术能力两个方面设置内容。对应工程造价管理能力和工程造价专业技术中的公共基础能力培养，设置《综合知识》；对应专业技术能力中的专业基础能力、专业能力培养两部分内容，分专业设置《发电建筑工程》《电网建筑工程》《热力设备安装工程》《电气设备安装工程》《通信工程》《输电线路工程》6册。

本分册为《电力工程造价从业人员职业能力培训教材　发电建筑工程》，分为基础知识和计量与计价两篇，其中基础知识篇包括概述、建筑工程材料设备、建筑工程设计与识图、建筑工程施工四章；计量与计价篇包括电力建筑工程建设预算编制、建筑工程预算、建筑工程初设概算、工程量清单计量与计价四章。

本套教材作为电力工程造价专业执业资格考试指定用书，同时作为电力工程设计、施工、监理、咨询等单位工程造价人员岗位技能学习、继续教育用书，还可作为高校相关专业教学指导用书。

图书在版编目（CIP）数据

发电建筑工程/电力工程造价与定额管理总站编．—北京：中国电力出版社，2021.6
电力工程造价从业人员职业能力培训教材
ISBN 978-7-5198-5646-5

Ⅰ．①发…　Ⅱ．①电…　Ⅲ．①发电厂－建筑工程－工程造价－中国－技术培训－教材　Ⅳ．①F426.61

中国版本图书馆 CIP 数据核字（2021）第 094258 号

出版发行：中国电力出版社
地　　址：北京市东城区北京站西街 19 号（邮政编码 100005）
网　　址：http://www.cepp.sgcc.com.cn
责任编辑：王　南（010-63412876）
责任校对：黄　蓓　郝军燕　李　楠　马　宁
装帧设计：赵丽媛
责任印制：石　雷

印　　刷：三河市百盛印装有限公司
版　　次：2021 年 6 月第一版
印　　次：2021 年 6 月北京第一次印刷
开　　本：889 毫米×1194 毫米　16 开本
印　　张：35.5
字　　数：1044 千字
印　　数：0001—1500 册
定　　价：210.00 元

《电力工程造价从业人员职业能力培训教材》

编 委 会

主　　任　于崇德
副 主 任　江宇峰　张天光　张志锋
编　　委　董士波　张慧翔　张　健　张　强　邹贵林
　　　　　刘　薇　汪　群　陈福飚　李哲非　阎　明

本册编审人员

主　　编　董士波
副 主 编　王美玲　张致海
编写人员　钟佳玉　余光秀　王少卿　杨宇春　王菲菲
　　　　　周　萍　赵振中　赵维波　周志刚　王　波
　　　　　付　宁　陈　霖　何璞玉
审查专家　黄宗宏　张智勇　李　雅　史鸿翔　余菊芳
　　　　　刘景玉　应林志　赵晓丹　王　超　杨　臻

前　言

为提高电力工程造价从业人员的业务素质和职业水平，推进从业人员职业能力评价与继续教育培训工作，结合当前电力行业发展形势和需求，依据中国电力企业联合会组织制定的《电力工程造价从业人员培训考核规范》（T/CEC 286—2019），电力工程造价与定额管理总站组织编写了本套教材。

本套教材囊括了最新国家有关电力工业发展的政策、法规及电力工程造价的规章制度、标准规范等，其内容涵盖火力发电工程和电网工程，分为综合知识、发电建筑工程、电网建筑工程、热力设备安装工程、电气设备安装工程、输电线路工程、通信工程七册。各册教材均采用模块化的编写方案，主要内容包括工程基本知识、设备材料、设计与识图、工程施工、计量与计价等，内容密切结合电力工程造价工作实际，力求准确、完整、系统，强调规范性和可操作性。既可作为电力工程造价从业人员职业能力培训教材，也可兼作从业人员职业能力评价和日常工具用书。

本套教材编写工作于2020年初启动，成立了编写委员会，组建了编写工作组，按统一的原则和思路确定了编写大纲，采用分头编写、集中审查与审定的方式，经过辛勤努力，在各方的通力合作与密切配合下，历时一年多，完成了教材的编写和出版工作。

本套教材在编撰过程中，得到了广大电力建设管理、设计、施工、监理、咨询以及高等院校等单位的大力支持，特别鸣谢国网浙江省电力有限公司、西北电力设计院有限公司、华北电力设计院有限公司等单位的密切配合，各册主编、副主编、参编及审查专家也都为此付出了大量时间、精力和智慧，在此一并表示衷心感谢！

本套教材的编写和出版，由于时间紧、任务重，难免存在疏漏和不足之处，恳请广大读者批评指正。

电力工程造价与定额管理总站

2021年5月

目　录

前言

第一篇　基础知识

第二篇　计量与计价

第一篇　基础知识

第一章

概　　述

建筑是指人工建筑而成的资产，属于固定资产范畴，是建筑物与构筑物的总称。其中建筑物一般指供人居住、工作、学习、生产、经营、娱乐、储藏物品以及进行其他社会活动的工程建筑，如工业建筑、民用建筑、农业建筑和园林建筑等；构筑物是指房屋以外的工程建筑，如围墙、道路、水池、隧道、烟囱、栈桥、堤坝等。

电力建筑工程是指构成电力建设项目的各类建筑物、构筑物等设施的工程。

第一节　建筑物与建筑构造

建筑物由结构体系、围护体系、设备体系组成。

结构体系承受竖向荷载和侧向荷载，并将这些荷载安全地传至地基，一般将其分为上部结构和地下结构。上部结构是指基础以上部分的建筑结构，包括墙、柱、梁、屋顶等，地下结构指建筑物的基础结构。

围护体系由屋面、外墙、门、窗等组成，屋面、外墙围护成内部空间，能够遮蔽外界恶劣气候的侵袭，同时也起到隔声的作用，从而保证使用人群的安全性和私密性。门是连接内外的通道，窗户可以透光、通气和开放视野，内墙将建筑物内部划分为不同的单元。

依据建筑物的重要性和使用性质的不同，设备体系的配置情况也不尽相同，通常包括供电系统、给排水系统和供热通风系统。其中供电系统为建筑物提供电力供应，分为强电系统和弱电系统两部分，强电系统指供电、照明等，弱电系统指通信、信息、探测、报警等。给水系统为建筑物的使用人群提供饮用水和生活用水，排水系统排走建筑物内的污水。供热通风系统为建筑物内的使用人群提供舒适的环境，根据需要还有防盗报警、灾害探测、自动灭火等智能系统。

一、建筑物分类

可按使用功能和结构类型进行分类。

（一）按使用功能分类

建筑物按使用功能可分为生产性建筑和非生产性建筑。

1. 生产性建筑

生产性建筑是指供人们从事生产活动的各种建筑物，如工业建筑、农业建筑等。

工业建筑是指为工业生产服务的生产车间和为生产服务的辅助车间、动力用房、仓储等。按厂房层数分单层厂房、多层厂房、混合层厂房；按厂房跨度分单跨厂房、多跨厂房、纵横相交厂房及小跨度厂房（小于等于 12m）、大跨度厂房（15～36m）。

每一幢厂房的组成应根据生产的性质、规模、总平面布置等因素来确定，一般单层厂房结构示意图如图 1-1 所示，其构件组成如下。

（1）承重结构：由横向排架（基础、柱、屋架或屋面梁）、纵向联系构件（基础梁、连系梁、圈梁、吊车梁等）和支撑系统（屋架支撑、柱间支撑等）构成。

（2）围护结构：外墙、屋顶、地面、门窗、天窗等。

（3）其他：隔断、作业梯、检修梯等。

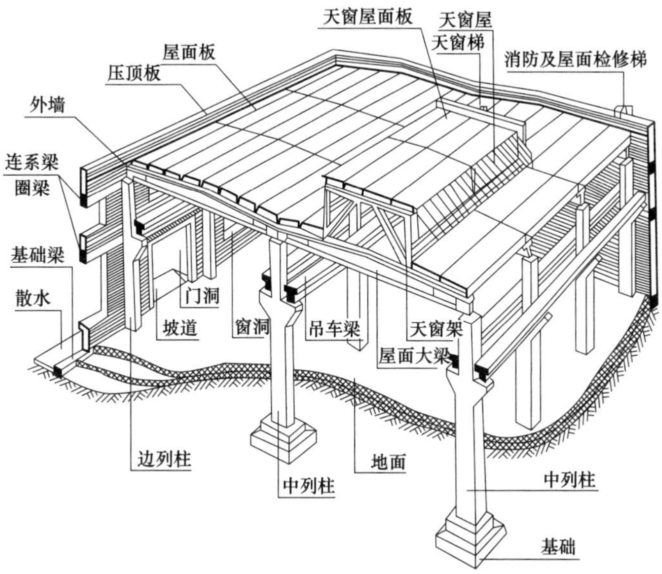

图 1-1　单层厂房结构示意图

2. 非生产性建筑

非生产性建筑又称为民用建筑，是指供人们工作、学习、生活、居住用的建筑物，包括居住建筑和公共建筑两大类。

居住建筑按层数分为低层住宅（1～3 层）、多层住宅（4～6 层）、中高层住宅（7～9 层）、高层住宅（10 层及以上）；公共建筑及综合性建筑，总高度超过 24m 为高层，但不包括总高度超过 24m 的单层建筑；建筑总高度超过 100m 的，不论是住宅还是公共建筑总和性建筑均称为超高层建筑。

（二）按结构类型分类

建筑结构是指建筑物中由承重构件（基础、墙体、柱、梁、楼板、屋架等）组成的体系，若按建筑物结构类型分类，又可细分为按主要承重结构材料分类和建筑结构承重形式分类。

1. 按主要承重结构材料分类

可分为钢结构、钢筋混凝土结构、混合结构和木结构。

（1）钢结构。指以型钢等钢材作为房屋承重骨架的建筑。钢结构力学性能好，便于制作和安装，工期短，结构自重轻，适宜超高层和大跨度建筑、重要建筑中采用，电力工程建设中，主厂房、换流站阀厅等采用钢结构。

（2）钢筋混凝土结构。指以钢筋混凝土作承重结构的建筑。如框架结构、剪力墙结构、框剪结构、筒体结构等，具有坚固耐久、防火和可塑性强等优点，故应用较为广泛。

（3）混合结构。指采用两种或两种以上材料作承重结构的建筑。如由砖墙、木楼板构成的砖木结构建筑；由砖墙、钢筋混凝土楼板构成的砖混结构建筑；由钢屋架和混凝土（或柱）构成的钢混结构建筑。其中，砖混结构在大量民用建筑中应用最广泛。

（4）木结构。指以木材作房屋承重骨架的建筑，目前很少使用。

2. 按建筑结构承重形式分类

（1）框架结构。由柱、纵梁、横梁组成的框架来支承屋顶与楼板荷载的结构，称为框架结构，基本特征是由柱、梁或楼板承重，框架中间的墙叫填充墙，不承重。常用于荷载及跨度较大的建筑或高层建筑。

（2）框剪结构。这种结构是指在框架结构适当部位布置一定数量的剪力墙的结构，剪力墙承担大部分水平荷载，框架只承受垂直荷载，普遍用于高层建筑。此结构具有灵活自由的使用空间，较大的侧向刚度。

（3）墙承重结构。承重方式采用以墙体承受楼板及屋顶传来的全部荷载。

（4）空间结构。该类建筑往往中间没有柱子，而通过网架等空间结构把荷载传到建筑四周的墙、柱上去，如体育馆、游泳馆、大剧场等，主要包括网架结构、悬索结构、壳体结构、管桁架结构、膜结构。

二、建筑物等级划分

可按设计使用年限和耐火等级进行划分。

1. 按设计使用年限划分

在设计使用年限内，民用建筑的结构和结构构件在正常维护条件下应能保持其使用功能，而不需进行大修加固。按现行 GB 50068《建筑结构可靠性计统一标准》规定应符合表 1-1 的要求。

表 1-1　建筑结构的安全等级

类别	设计使用年限（a）	示　例
1	5	临时性结构
2	25	易于替换的结构构件
3	50	普通房屋和构筑物
4	100	纪念性建筑和特别重要的建筑结构

2. 按耐火等级划分

耐火等级是衡量建筑物耐火程度的分级标度。它由组成建筑物的构件的燃烧性能和耐火极限来确定。

影响耐火等级选定的因素有：建筑物的重要性、使用性质和火灾危险性、建筑物的高度和面积、火灾荷载的大小等。根据现行《建筑设计防火规范》（GB 50016），厂房（仓库）、民用建筑耐火等级分为一、二、三、四级，一级的耐火性能最好，四级最差。

三、基本建筑构件

建筑构件是指构成建筑物的各个要素。一幢建筑，一般由基础、墙或柱、楼地层、楼梯、屋顶和门窗六大部分所组成，除上述六大组成部分外，不同的建筑还有各自不同的构配件，如阳台、雨篷、散水、明沟、窗台、挑檐沟、女儿墙等，建筑物的组成如图 1-2 所示。

（一）基础

在建筑工程中，建筑物与土层直接接触的部分称为基础，支承建筑物重量的土层叫地基。基础是建筑物的组成部分，它承受着建筑物的全部荷载，并将其传给地基。而地基则不是建筑物的组成部分。基础和地基如图 1-3 所示。

1. 基础和地基的基本概念

基础是建筑物墙、柱等上部结构的地下延伸，作为建筑物最下部的承重构件，其作用是承受建筑物的全部荷载，并将这些荷载传给地基。因此，基础必须具有足够的强度，并能抵御地下各种有害因素的侵蚀。

按使用的材料，基础分为灰土基础、砖基础、毛石基础、混凝土基础、钢筋混凝土基础等。埋置深度不超过 5m 者称为浅基础，大于 5m 者称为深基础。

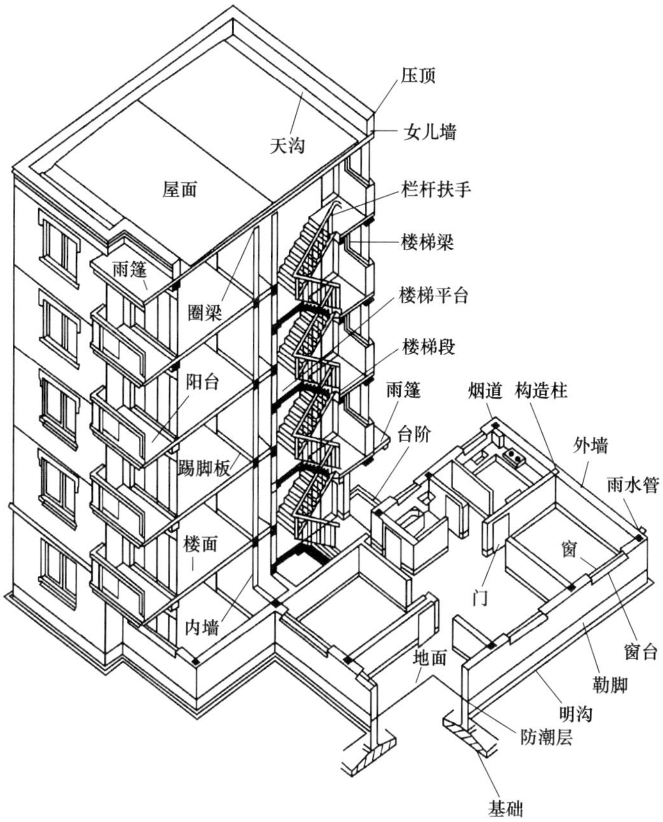

图 1-2　建筑物的组成

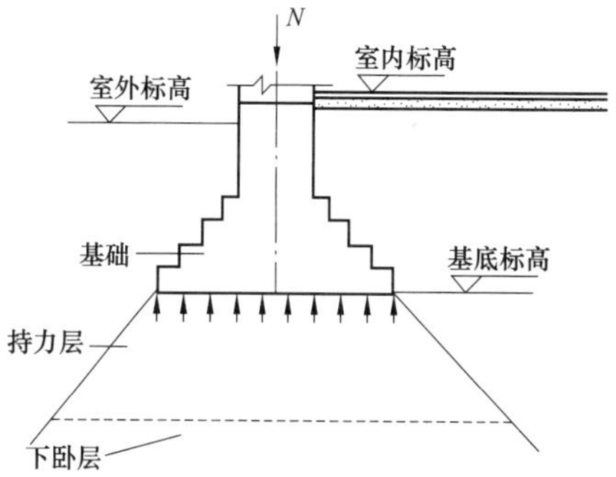

图 1-3　基础和地基

地基是指基础以下的土层，承受由基础传来的建筑物荷载。其中，直接支承基础，持有一定承载能力的土层称为持力层；持力层以下土层称为下卧层。

地基分天然地基和人工地基两大类。凡天然土层具有足够的承载能力，不需经人工改良或加固，可直接在上面建造房屋的称为天然地基。当建筑物上部的荷载较大或地基土层的承载能力较弱，缺乏足够的稳定性，须预先对土壤进行人工加固后才能在上面建造房屋的称为人工加固地基，简称人工地基。人工地基通常采用换填垫层法、预压地基、复合地基和桩基等。

2. 基础的类型

可按材料及受力特点、构造形式分类。

（1）按材料及受力特点分类。

1）刚性基础：是指抗压强度较高，而抗弯和抗拉强度较低的材料建造的基础。所用材料有混凝土、砖、毛石、灰土、三合土等，一般可用于六层及其以下的民用建筑和墙承重的轻型厂房。

2）柔性基础：用抗拉和抗弯强度都很高的材料建造的基础称为柔性基础。一般用钢筋混凝土制作。这种基础底部能够承受较大弯矩，适用于刚性基础不能满足要求的情况。

（2）按构造形式分类。

1）独立基础：包括柱下独立基础和墙下独立基础。柱下独立基础是柱子基础的主要类型，若柱子为预制时，则采用杯形基础形式。墙下独立基础适用于上层土质松软，而在不深处有较好的土层时，可节省材料，减少土方。

2）条形基础：包括墙下条形基础和柱下条形基础。条形基础是承重墙基础的主要形式，常用砖、毛石制成，上部结构荷载较大而土质较差时，可采用钢筋混凝土。当地基软弱而荷载较大时，将同一排的柱基础连通做成钢筋混凝土条形基础。

3）柱下交叉条形基础：荷载较大的高层建筑，如土质较弱，为了增强基础的整体刚度，减少不均匀沉降，可沿柱网纵横方向设置钢筋混凝土条形基础，形成柱下交叉条形基础。

4）筏形基础：如果地基基础软弱而荷载又很大，采用十字基础仍不能满足要求或相邻基槽距离很小时，可用钢筋混凝土做成混凝土的筏形基础。筏形基础按构造不用可分为平板式和梁板式两类。

5）箱形基础：为了使基础具有更大刚度，大大减少建筑物相对弯矩，可将基础做成由顶板、底板及若干纵横隔墙组成的箱形基础，是筏形基础的进一步发展。箱形基础，一般由钢筋混凝土建造，减少了基础底面的附加应力，因而适用于地基软弱土层厚、荷载大和建筑面积不太大的一些重要建筑物，目前高层建筑中多采用箱形基础。

基础类型如图 1-4 所示。

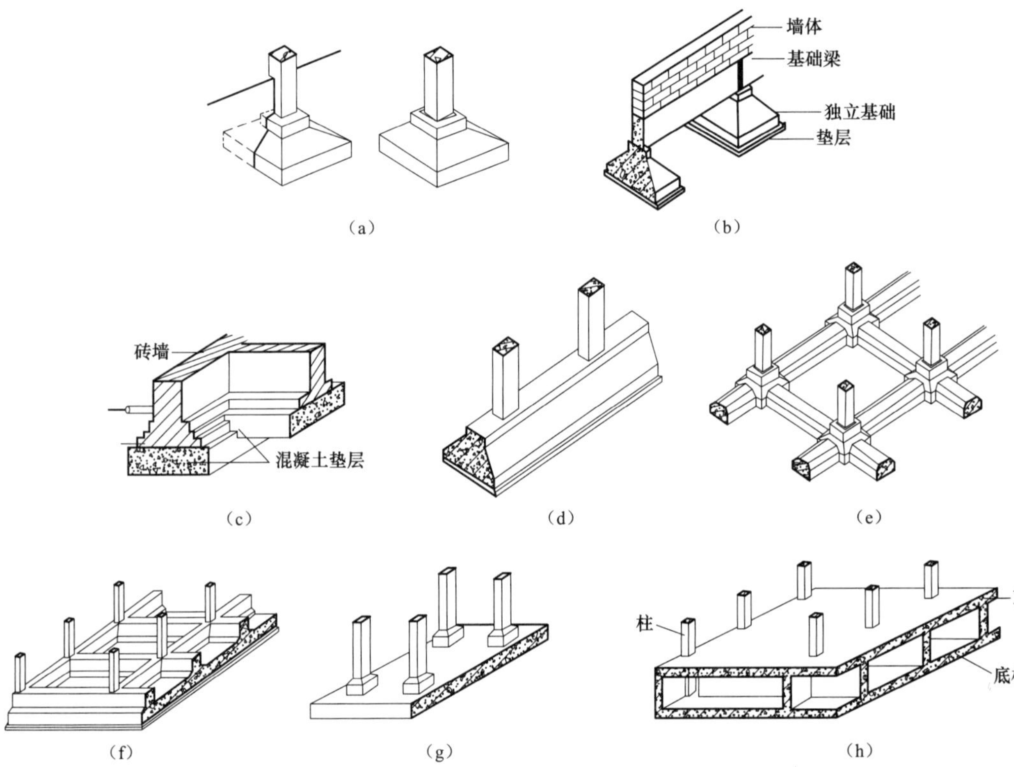

图 1-4　基础类型

（a）柱下独立基础；（b）墙下独立基础；（c）墙下条形基础；（d）柱下条形基础；（e）柱下井格基础；（f）梁板式筏形基础；（g）平板式筏形基础；（h）箱形基础

（二）墙（柱）

墙体和柱均是竖向承重构件，它支撑着屋顶，楼板等，并将这些荷载及自重传给基础。框架或排架结构的建筑物中，柱起承重作用，墙仅起围护作用。因此，要求墙体具有足够的强度、稳定性，保温、隔热、防水、防火、耐久及经济等性能。

1. 墙体的类型

可根据墙在建筑物中的相对位置、受力情况及材料进行分类。

（1）根据墙在建筑物中的位置，可分为内墙、外墙、横墙和纵墙，墙体类型如图 1-5 所示，外墙位于建筑物四周，是建筑物的维护构件，起着挡风、遮雨、保温、隔热、隔声等作用。内墙位于建筑物内部，主要起分隔内部空间的作用，也可起到一定的隔声、防火等作用。另外沿建筑物长轴布置的称为纵墙，沿建筑物短轴布置的墙称为横墙，其中的外横墙通常称为山墙。

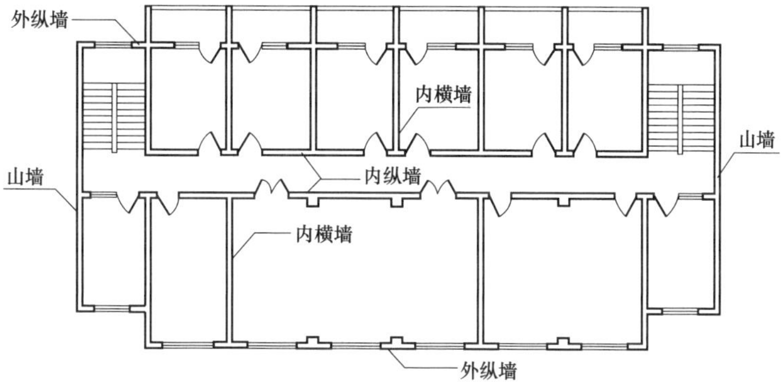

图 1-5　墙体类型

（2）按其受力情况可分为承重墙和非承重墙。承重墙是指直接承受梁、楼板、屋顶等传下来的荷载的墙，非承重墙是指不承受外来荷载的墙，其中，仅承受自身重量并将其传给基础的墙称为承自重墙；仅起到分隔空间作用自身重量由楼板或梁来承担的墙称为隔墙。在框架结构中墙体不承受外来荷载，其中，填充柱之间的墙称为填充墙，悬挂在建筑物外部以装饰作用为主的轻质墙板组成的墙称为幕墙。

（3）按墙体材料分类。墙体按所用材料的不同，可分为砖墙、石墙、混凝土墙及装配式板材墙。砖墙是我国传统的墙体材料，应用最广泛。

装配式板材墙是以工业化方式生产的大型板材构件，在现场进行机械化安装的墙体，大大提高工程标准化设计、缩短施工周期，在装配式钢结构中应用广泛。装配式板材墙常用的有纤维水泥板、金属复合外墙板。

纤维水泥板如图 1-6 所示，是指以水泥为基本材料和胶黏剂，以矿物纤维水泥和其他纤维为增强材料，经制浆、成型、养护等工序而制成的板材，不含石棉及其它有害物质的、具有高强度、大幅面、轻质、防火、防水、耐候等优良性能的新型环保建筑板材。其常规尺寸一般为 1200×2400 或 1220×2440。

金属复合外墙板如图 1-7 所示，主要由三部分组成：表面是经特殊涂层处理过的优质彩色饰面金属板；中间层是经阻燃处理的硬质高密度聚氨酯发泡保温断热层；底面是起到隔热保温防潮作用的金属板。金属外墙板本身具备着保温隔热、防水阻燃、轻质抗震、施工便捷、隔音降噪、绿色环保、美观耐久等特性，同时因其板体组装方式简单实用，不受季节环境限制，因此安装使用非常安全方便，四季皆宜。但材料价格是比较高的。

图 1-6　纤维水泥板

图 1-7　金属复合外墙板

此外，对墙面进行装饰的墙称为混水墙；墙面只做勾缝不进行其他装饰的墙称为清水墙。

2. 墙体细部构造

（1）墙脚的细部构造包括勒脚、墙身防潮、散水和明沟。

1）勒脚如图 1-8 所示，是指外墙与室外地坪接近的部分，具有防止地面水、屋檐滴落的雨水对墙面的侵蚀，同时还有美化建筑外观的作用。勒脚经常采用抹水泥砂浆、石块、天然石板贴面，或在勒脚部位将墙体加厚。勒脚的高度一般为室内地坪与室外地坪高差，也可以根据立面的需要提高勒脚的高度。房屋四周通常需采取散水或明沟排除雨水。当屋面为无组织排水时一般设散水，见图 1-9。散水宽度比屋顶挑檐宽出 200mm，坡度为 3%～5%，散水与外墙交接处应设沉降缝，沉降缝用弹性材料嵌缝，防止外墙下沉时将散水拉裂。另外，混凝土散水沿长度方向应每隔 6～12m 做一道伸缩缝。当屋面为有组织排水时在建筑物四周设排水沟（也可设散水），将水有组织地导向集水井，然后流入排水系统，这种做法称为明沟，如图 1-10 所示。

（a）

（b）

图 1-8 勒脚

（a）水泥砂浆勒脚；（b）石砌勒脚

图 1-9 散水

图 1-10 明沟

2）墙身防潮如图 1-11 所示，是在墙脚铺设防潮层，具有防止土壤中的水分由于毛细作用上升使建筑物墙身受潮，提高建筑物的耐久性，保持室内干燥、卫生的作用。墙身防潮层应在所有的内外墙中连续设置，且按构造形式不同分为水平防潮层和垂直防潮层两种。墙身水平防潮层主要有砂浆防潮层和细石混凝土防潮层，墙身垂直防潮层的具体做法是在垂直墙面上先用水泥砂浆找平，再刷冷底子油一道、热沥青两道或采用防水砂浆抹灰防潮。

（2）墙身的细部构造包括窗台、门窗过梁。

1）窗台。根据窗子的安装位置可分成内窗台和外窗台。外窗台是防止在窗洞底部积水后流向室内，有悬挑窗台和不悬挑窗台两种做法。内窗台则是为了排除窗上的凝结水，以保护室内墙面。内窗台的做法也有两种：水泥砂浆窗台和窗台板。

2）门窗过梁是用来支承门窗洞口上部砌体的重量以及楼板等传来荷载的承重构件，并把这些荷载传给两端的窗间墙，常采用的有三种：砖砌平拱、钢筋砖过梁、钢筋混凝土过梁，门窗过梁如图 1-12 所示。

（3）加固墙身的细部构造包括圈梁、构造柱和变形缝。

1）圈梁：是沿外墙、内纵墙和主要横墙设置的处于同一水平内的连续封闭梁。它可以提高建筑物的空间刚度和整体性，增加墙体稳定，减少由于地基不均匀沉降而引起的墙体开裂，并防止较大振动荷载对建筑物的影响。圈梁分钢筋混凝土圈梁和钢筋砖圈梁两种，钢筋混凝土圈梁宽度一般同墙厚，对墙厚较大的墙体可做到墙厚 2/3，高度不小于 120mm，常见尺寸 180、240mm。

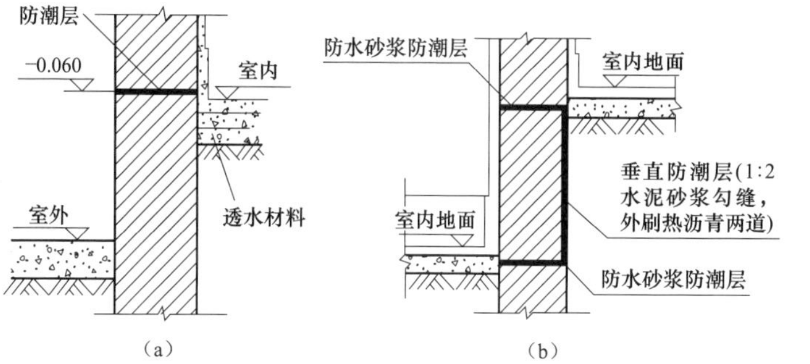

图 1-11　墙体防潮层

（a）水平防潮层；（b）垂直防潮层

图 1-12　门窗过梁

（a）平拱砖过梁；（b）钢筋砖过梁；（c）钢筋混凝土过梁

2）构造柱如图 1-13 所示，是在墙身的主要转角部位或墙体超过 4m 的时候设置的竖直构件，其作用主要不是承担竖向荷载的，而是抗击横向荷载，与圈梁一起组成空间骨架，以提高建筑物的整体刚度，约束墙体裂缝从而增加建筑物的抗震能力。构造柱最小截面为 180mm×240mm，与墙连接处宜砌成马牙槎，并应沿墙高每 500mm 设拉结筋，墙内通长设置，施工时应先放置构造柱钢筋骨架，后砌墙，随着墙体的升高而逐段现浇混凝土构造柱身。

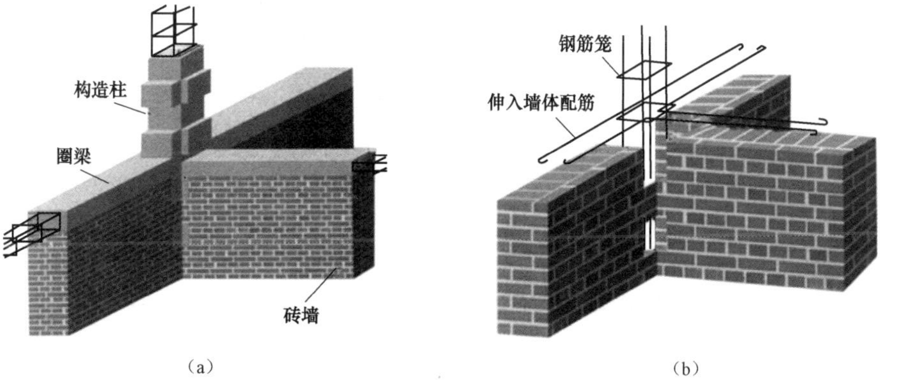

图 1-13　构造柱

（a）构造柱与圈梁的连接；（b）先砌墙再浇构造柱

3）变形缝：包括伸缩缝、沉降缝和防震缝，它的作用是保证房屋在温度变化、基础不均匀沉降或地震时能有一些自由伸缩，以防止墙体开裂，结构破坏。

4）伸缩缝：又称温度缝，主要作用是防止房屋因气温变化而产生裂缝。从屋顶、墙体、楼层等地面以上断开，基础部分因受温度变化影响较小，不必断开。

5）沉降缝：为防止建筑物各部分由于地基不均匀沉降引起房屋破坏所设置的垂直缝。沉降缝与伸缩缝不同之处是除屋顶、楼板、墙身都要断开外，基础部分也要断开。

6）防震缝：为防止建筑物的各部分在地震时相互撞击造成变形和破坏而设置的垂直缝隙。防震缝将房屋分成若干形体简单、结构刚度均匀的独立单元。它一般从基础顶面开始，沿房屋全高设置。

（三）楼板层和地坪

楼板是水平方向的承重构件，按房间层高将整幢建筑物沿水平方向分为若干层；楼板承受家具、设备和人体荷载以及本身的自重，并将这些荷载传给墙或柱；同时对墙体起着水平支撑的作用。因此要求楼板层应具有足够的抗弯强度、刚度和隔声、防潮、防水的性能。

地坪是底层房间与地基土层相接的构件，起承受底层房间荷载的作用。因此要求地坪具有耐磨防潮、防水、防尘和保温的性能。

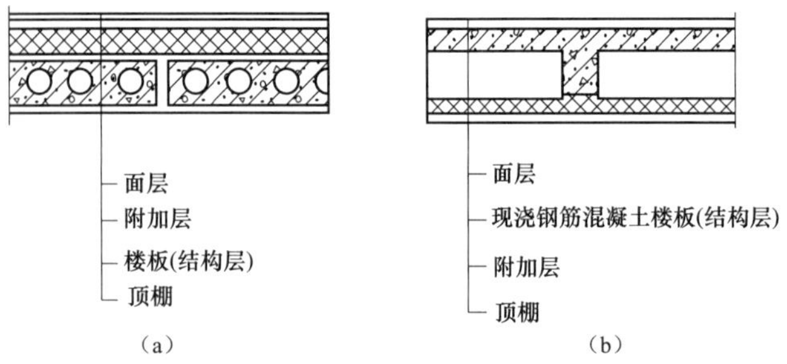

图 1-14　楼板层构造组成

（a）预制楼板；（b）现浇楼板

1. 楼板层基本构造

（1）楼板层基本构造是由面层、结构层、附加层、楼板顶棚层组成，如图 1-14 所示。

1）面层：又称为楼面，按施工方法不同分为整体面层和块料面层。主要作用保护楼板、承受并传递荷载的作用，同时对室内有很重要的清洁及装饰作用。

2）结构层：按施工方法不同分为现浇式、装配式和装配整体式三种。主要作用是承受楼板层上的全部荷载并将这些荷载传给墙或柱，同时还对墙身起水平支撑作用，以加强建筑物的整体刚度。

3）附加层：又称功能层，根据楼板层的具体要求而设置，主要作用是隔声、隔热、保温、防水、防潮、防腐蚀、防静电等。根据需要，有时和面层合二为一，有时又和吊顶合为一体。

4）顶棚层：位于楼板层最下层，按施工方法不同分为直接式顶棚和悬吊式顶棚。主要作用是保护楼板，安装灯具，遮挡各种水平管线，改善使用功能及装饰美化室内空间。

（2）现浇钢筋混凝土楼板。

楼板的结构层目前使用最为广泛的是现浇钢筋混凝土楼板，按结构形式主要分为板式板、有梁板、井格板、密肋板、无梁板等，现浇钢筋混凝土楼板如图 1-15 所示。

1）板式楼板：整块板为一厚度相同的平板。根据周边支承情况及板平面长短边边长的比值，又可把板式楼板分为单向板、双向板和悬挑板几种。可分为单向板、双向板、悬挑板几种：单向板（长短边比≥3）四边支承仅短边受力；双向板（长短边比＜2），四边支承双向受力，按双向配置受力钢筋。悬挑板只有一边支承，受力负筋摆在板上方，分布钢筋摆在板下方。房屋中跨度较小的房间（如厨房、厕所、贮藏室、走廊）及雨篷、遮阳等常采用现浇钢筋混凝土板式楼板。

2）有梁板：又称肋形楼板，由主梁、次梁、板组成；它具有传力线路明确、受力合理的特点，也有单向板、双向板、悬挑板之分。当房屋的开间、进深较大，楼面承受的弯矩较大，常采用这种楼板。

3）井格板：没有主梁，都是次梁，肋间跨度较小，只有 1.5～3m，当房间的平面形状近似正方形，跨度在 10m 以内时，常采用这种楼板。

4）无梁板：对于平面尺寸较大的房间或门厅，也可以不设梁，直接将板支承于柱上，这种楼板称无梁楼板。无梁楼板的底面平整，增加了室内的净空高度，有利于采光和通风，但楼板厚度较大，比较适用于荷载较大、管线较多的商店和仓库等。

5）压型钢板混凝土组合楼板：是在型钢梁上铺设压型钢板，以压型钢板作衬板来现浇混凝土，使压型钢板和混凝土浇筑在一起共同使用。压型钢板用来承受楼板下部的拉应力（负弯矩处附加钢筋），同时也是浇筑混凝土的永久性模板，常于装配式钢结构，压形钢板混凝土组合楼板如图 1-16 所示。

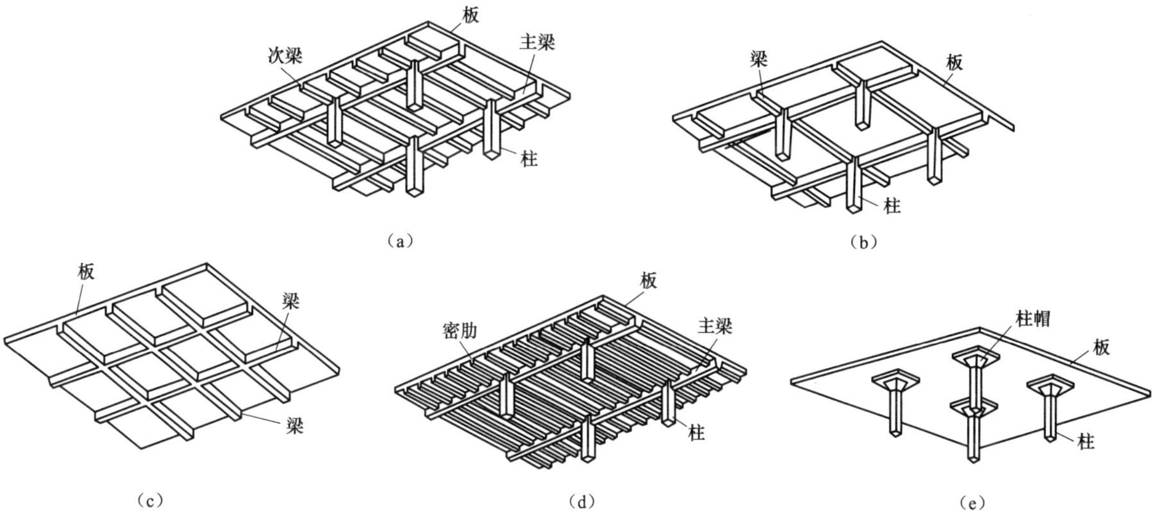

图 1-15　现浇钢筋混凝土楼板

（a）单向有肋板；（b）双向有肋板；（c）井格板；（d）密肋板；（e）无梁板

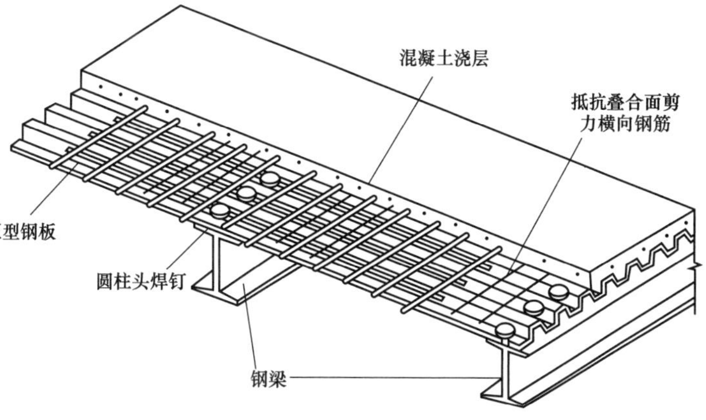

图 1-16　压形钢板混凝土组合楼板

6）钢筋桁架楼承板是将楼板中钢筋在工厂加工成钢筋桁架，并将钢筋桁架与底模连接成一体的组合模板，以底膜作衬板来现浇混凝土，使钢筋桁架和混凝土浇筑在一起共同使用。它不需立模及加以支撑，可在楼屋面施工时大大缩短工期。钢筋桁架楼承板广泛用于装配式钢结构楼屋面，如图 1-17 所示。

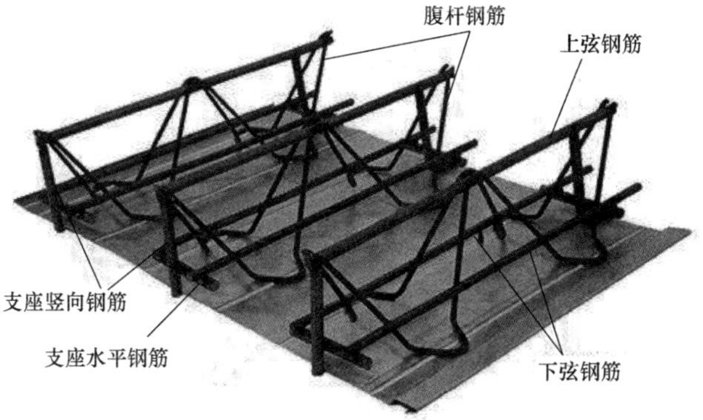

图 1-17　钢筋桁架楼承板

2. 地坪基本构造

地坪是指建筑物底层与土壤想接触的水平结构部分，它承受着地坪上的荷载并均匀传给地基。地坪构造的基本组成有面层、垫层和基层三部分。对于有特殊要求的地面，还设有附加功能层和防潮层等，地坪基本构造如图 1-18 所示。

（1）面层：是人们日常生活、工作、生产直接接触的地方，是直接承受各种物理和化学作用的地面表层，主要种类有整体地面、块料地面。

（2）垫层：在面层之下、基层之上，承受由面层传来的荷载，并将荷载均匀地传至基层，按施工方法不同有灰土垫层、碎石垫层、混凝土垫层等。

（3）基层：垫层下面的土层就是基层。

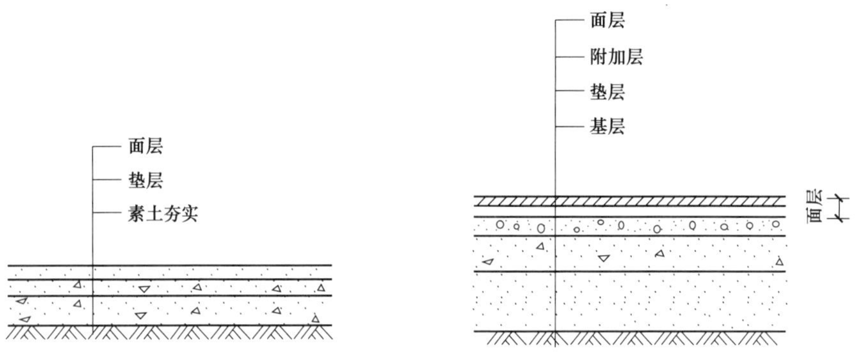

图 1-18　地坪基本构造

3. 阳台与雨篷

（1）阳台是与楼房各房间相连并设有栏杆的室外小平台，是建筑中用以联系室内外空间的重要组成部分。按其与外墙的相对位置阳台分为挑阳台、凹阳台、半凹阳台、转角阳台，阳台类型如图 1-19 所示。阳台主要由阳台板与栏杆扶手组成。阳台板是承重结构，按承重结构支承方式有墙承式、悬挑式等；一般悬挑长度为 1.0～1.5m，以 1.2m 左右最常见；栏杆扶手是围护结构，应具有足够的强度和适当的高度，栏杆扶手的高度不应低于 1.05m，主要形式有空花栏杆、实心栏杆和混合栏杆。

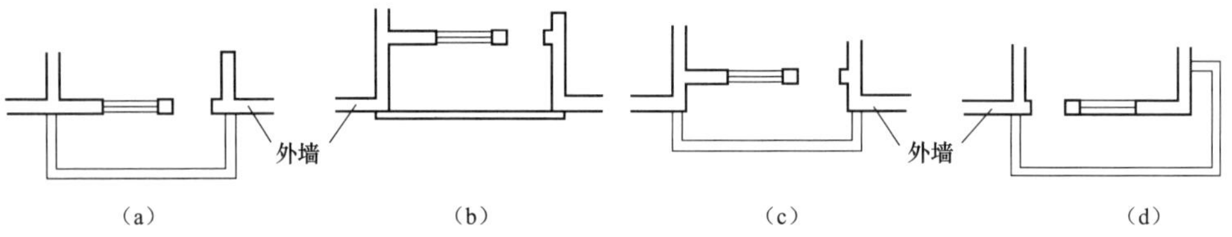

图 1-19　阳台类型

（a）挑阳台；（b）凹阳台；（c）半凹阳台；（d）转角阳台

（2）雨篷是设置在建筑物外墙出入口的上方用以挡雨并有一定装饰作用的水平构件。雨篷的支撑方式多为悬挑式，其悬挑长度一般为 0.9～1.5m，按结构形式不同，雨篷有板式和梁板式两种。雨篷顶面应做好防水和排水处理。

（四）楼梯

建筑空间的竖向交通联系，主要依靠楼梯、电梯、台阶、坡道以及爬梯等设施进行；其中楼梯作为竖向交通和人员紧急疏散的主要交通设施，使用最为广泛。按楼梯作用分普通楼梯和特种楼梯两大类。普通楼梯包括钢筋混凝土楼梯、钢楼梯和木楼梯等。

1. 楼梯

楼梯作为楼房建筑的垂直交通设施。供人们上下楼层和紧急疏散之用。故要求楼梯具有足够的通行能力，并且防滑、防火，能保证安全使用，在设电梯的高层建筑中也同样必须设置疏散楼梯。楼梯一般由梯段、平台、栏杆与扶手三部分组成，楼梯构造如图 1-20 所示。楼梯的踏步步数一般不宜超过 18 级，且一般不宜少于 3 级。

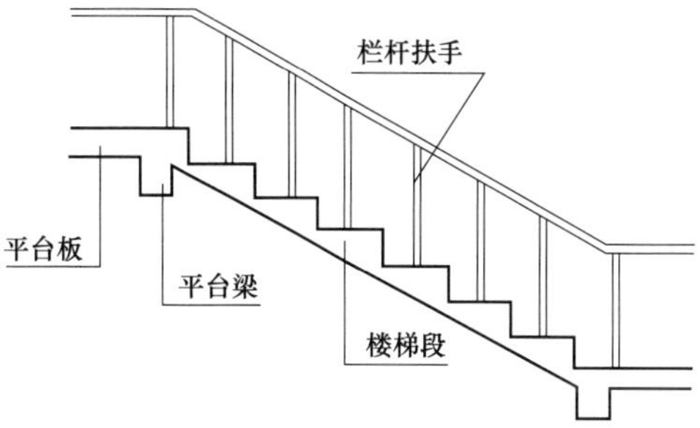

图 1-20　楼梯构造

钢筋混凝土楼梯按施工方式可分为现浇式和预制装配式两类：现浇式楼梯如图 1-21 所示，按梯段传力特点不同有板式楼梯和梁板式楼梯之分。预制装配式钢筋混凝土楼梯按其构造方式可分为梁承式、墙承式等类型。

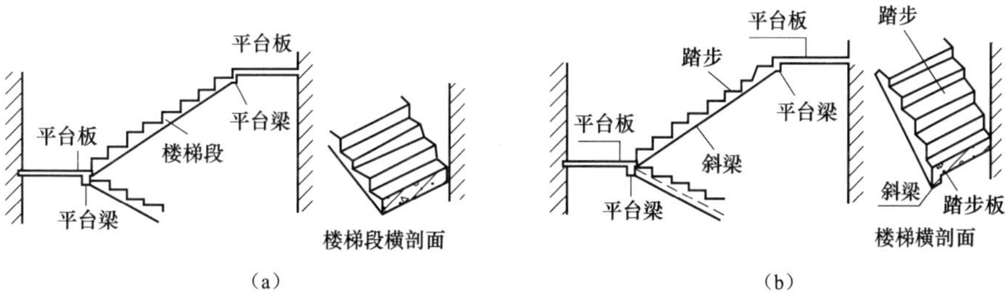

图 1-21　现浇式楼梯

（a）板式楼梯；（b）梁板式楼梯

2. 室外台阶

在建筑物入口处，因室内外地面的高差而设置的踏步段，称为台阶。室外台阶一般包括踏步和平台两部分，台阶的坡度应比楼梯小，通常踏步高度为 100～150mm，宽度为 300～400mm。平台设置在出入口与踏步之间，起缓冲过度作用。室外台阶应坚固耐磨，具有较好的耐久性、抗冻性和抗水性。台阶一般由面层、垫层及基层组成，面层一般采用水泥砂浆、水磨石、天然石材等面层。台阶类型及构造如图 1-22 所示。

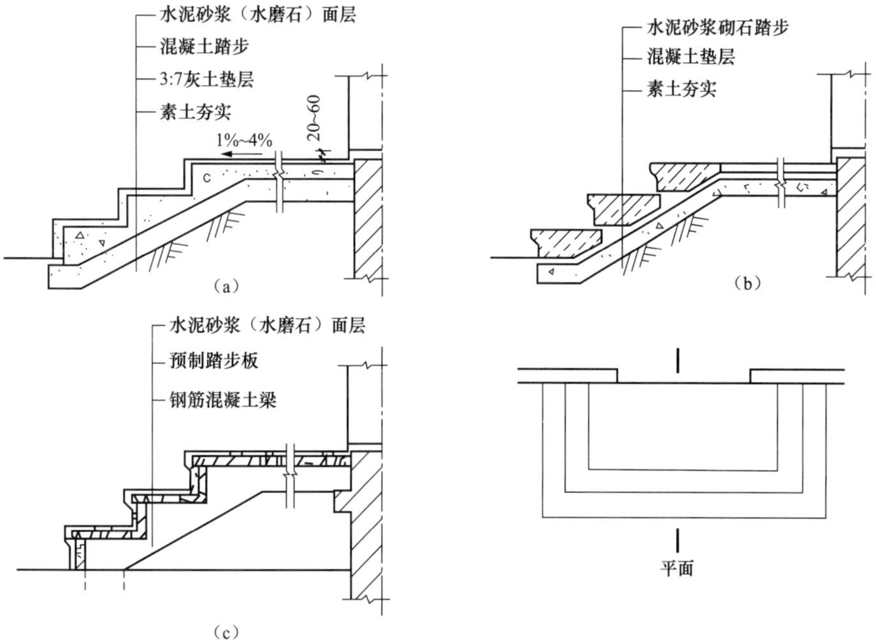

图 1-22　台阶类型及构造

（a）混凝土台阶；（b）石台阶；（c）钢筋混凝土架空台阶

3. 坡道

在建筑物入口处，为方便车辆、设备搬运，也可设置坡道。与台阶一样，坡道也应采用耐久、耐磨和抗冻性的材料，其构造与台阶类似，多采用混凝土材料。坡道的坡度一般为 1:6～1:12。坡道构造如图 1-23 所示。

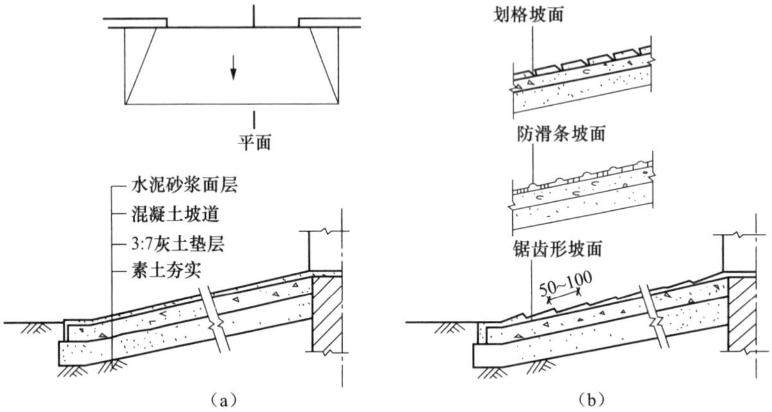

图 1-23 坡道构造

（a）混凝土坡道；（b）混凝土防滑坡道

（五）屋顶

屋顶是建筑最上层的覆盖物，由屋面和支撑结构组成。屋顶的围护作用一方面要防止自然界雨、雪和风沙的侵袭及太阳辐射的影响；另一方面还要承受屋顶上部的荷载，包括风雪荷载、屋顶自重及可能出现的构件和人群的重量，并把它传给墙体。因此，对屋顶的要求是坚固耐久，自重要轻，具有防水、防火、保温及隔热的性能。同时要求构件简单、施工方便、并能与建筑物整体配合，具有良好的外观。

按屋顶的类型按屋面形式大体可分为三类：平屋顶、坡屋顶、曲面屋顶，屋顶基本构造如图 1-24 所示。

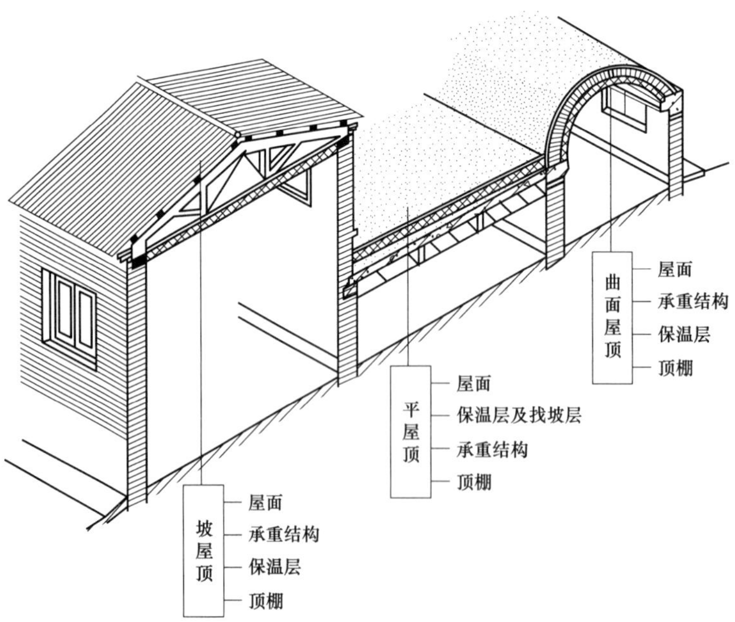

图 1-24 屋顶基本构造

平屋顶：屋面的最大坡度不超过 10%，民用建筑常用坡度为 1%～3%。一般是用现浇和预制的钢筋混凝土梁板做承重结构，屋面上做防水及保温处理。

坡屋顶：屋面坡度较大，在10%以上。有单坡、双坡、四坡等多种形式。单坡用于小跨度的房屋，双坡和四坡用于跨度较大的房屋。常用屋架做承重结构，瓦材做屋面。

曲面屋顶：屋面形状为各种曲面，如球面、双曲抛物面等。承重结构有网架、钢筋混凝土整体薄壳、悬索结构等。

1. 屋顶防水

屋顶防水是屋顶构造设计最基本的功能要求，应根据建筑物的性质、重要程度、使用功能要求以及防水层合理使用年限，按不同等级进行设防，并应符合表1-2的要求。

表1-2　　屋顶的防水等级

项目	屋面防水等级			
	Ⅰ级	Ⅱ级	Ⅲ级	Ⅳ级
建筑物类别	特别重要或对防水有特殊要求的重要的建筑	重要的建筑和高层建筑	一般的建筑	非永久性的建筑
防水层合理使用年限（年）	25	15	10	5
设防要求	三道或三道以二道防水设防	二道防水设防	一道防水设防	一道防水设防
防水层选用材料	宜选用合成高分子防水卷材、高聚物改性沥青防水卷材、金属板材、合成高分子防水涂料、细石防水混凝土等材料	宜选用高聚物改性沥青防水卷材、合成高分子防水卷材、金属板材、合成高分子防水涂料、高聚物改性沥青防水涂料、细石防水混凝土、平瓦、油毡等材料	宜选用高聚物改性沥青防水卷材、合成高分子防水卷材、金属板材、高聚物改性沥青防水涂料、合成高分子防水涂料、细石防水混凝土、平瓦、油毡等材料	可选用二毡三油沥青防水卷材、高聚物改性沥青防水涂料等材料

屋顶防水是用防水材料以“堵”为主的防水构造。使屋顶在整个排水的过程中，不发生渗漏，起到防水作用。按防水层材料的不同，屋顶防水有卷材防水、刚性防水、涂膜防水等多种做法。

卷材防水屋面是利用防水卷材与黏结剂结合，形成连续致密的构造层来防水的一种屋顶。卷材防水屋顶由于其防水层具有一定的延伸性和适应变形的能力，也被称作柔性防水屋顶。防水卷材主要有沥青类防水卷材、高聚物改性沥青类防水卷材、合成高分子类防水卷材等。卷材防水屋顶具有多层次构造的特点，其构造组成分为基本层次和辅助层次两类。卷材防水屋顶的基本构造层次按其作用分别为：结构层、找平层、结合层、隔气层、防水层、保护层等，卷材防水屋顶的构造如图1-25所示。

刚性防水屋面是指以刚性材料作为防水层的屋面，如防水砂浆、细石混凝土、配筋细石混凝土制作的防水屋面等。刚性防水屋顶的基本构造组成按其作用分别为：结构层、找平层、隔离层、防水层，刚性防水屋面如图1-26所示。防水层常采用不低于C20的防水细石混凝土整体现浇而成，其厚度不小于40mm，并应配置直径为4～6.5mm，间距为100～200mm的双向钢筋网片，提高其抗裂和应变的能力。刚性防水屋面应设置分仓缝，分仓缝的纵横间距不宜大于6m，分仓缝的构造如图1-27所示。

涂膜防水屋面又称涂料防水屋面，是指用可塑性和黏结力较强的高分子防水涂料，直接涂刷在屋面基层上形成一层不透水的薄膜层以达到防水目的的一种屋面做法。

2. 屋顶排水

为迅速排除屋面雨水，需进行周密排水设计，其内容包括选择屋顶排水坡度、确定排水方式、进行屋顶排水组织设计。屋顶排水方式包括无组织排水和有组织排水。

无组织排水：指屋面雨水直接从檐口滴落至地面的一种排水方式，因为不用天沟、雨水管等导流雨水，故又称自由落水。

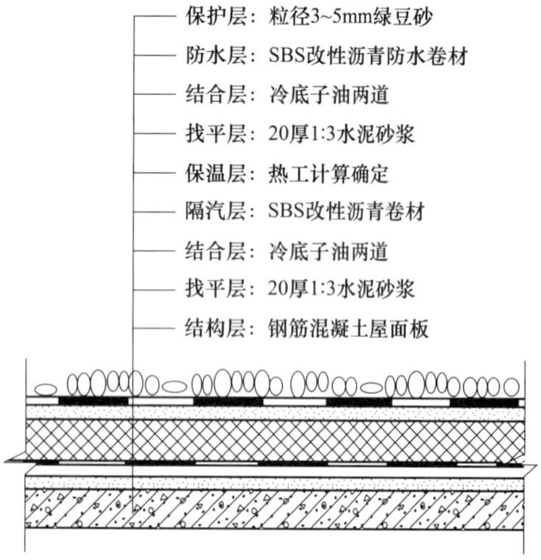

图 1-25　卷材防水屋顶构造

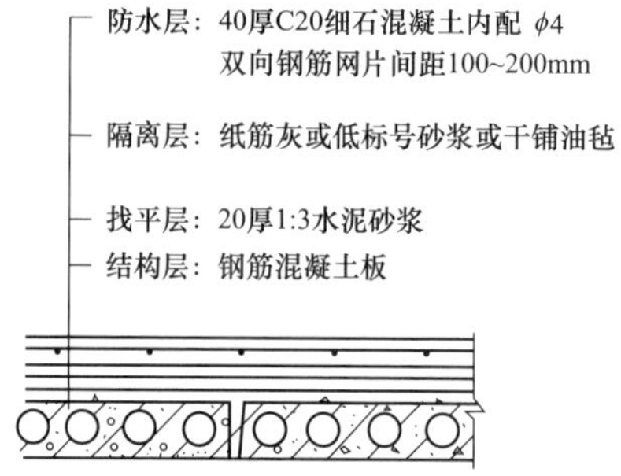

图 1-26　刚性防水屋面

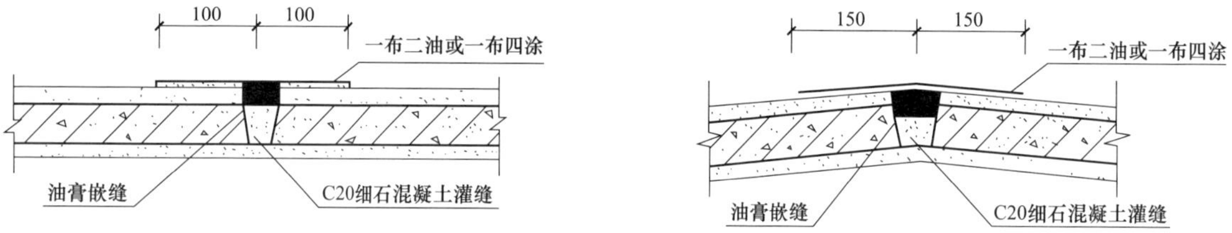

（a）

（b）

图 1-27　分仓缝的构造

（a）平屋面；（b）坡屋面

有组织排水指雨水经由天沟、雨水管等排水装置被引导至地面或地下管沟的一种排水方式。有组织排水如图 1-28 所示。

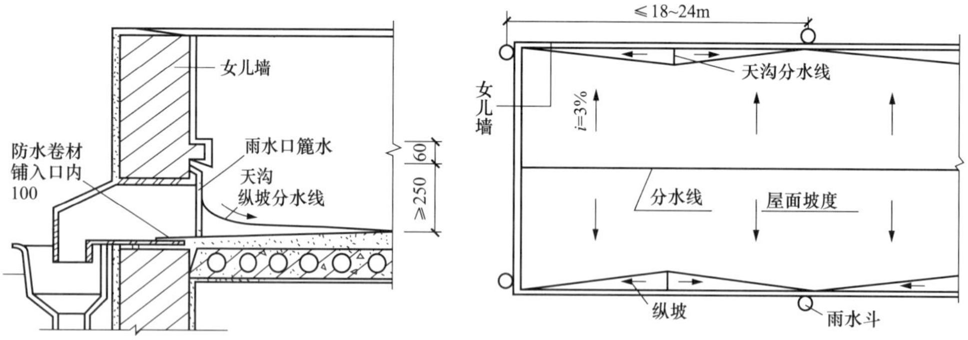

（a）

（b）

图 1-28　有组织排水

（a）剖面图；（b）屋面平面图

3. 屋顶保温与隔热

屋顶的保温层一般采用松散、板状保温材料铺设而成，或现浇整体保温的屋面。保温层大多是放在屋面结构层上，防水层之下（正置式保温屋顶），为防止室内水蒸气渗入保温层，一般还需在保温层下面设置隔汽层。

屋顶的隔热一般有通风隔热屋面、蓄水隔热屋面、种植隔热屋面。

（六）门与窗

建筑门窗均属非承重构件，是建筑物不可缺少的组成部分，它除了具有采光、通风和交通等作用外，还具有隔热保温的功能。此外，建筑门窗的造型和色彩的选择对建筑物的装饰效果影响也很大，是建筑外维护部分最活泼、技术发展最快的元素。

1. 门窗类型

门窗的种类很多，按使用材料分有木门、钢门、钢筋混凝土门、铝合金门、塑钢门等；按开启方式分为：平开门、弹簧门、折叠门、推拉门、转门、卷帘门等；按用途可分为：普通门、纱门、百叶门及特殊用途的保温门、隔声门、防火门、防盗门、防爆门、防射线门等。门的种类如图 1-29 所示。

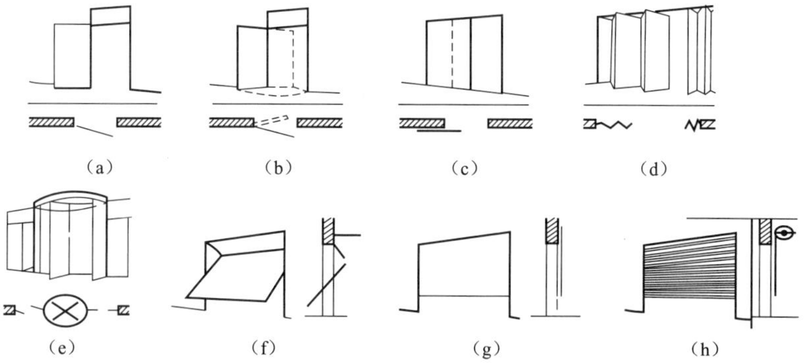

图 1-29　门的种类

(a) 平开门；(b) 弹簧门；(c) 推拉门；(d) 折叠门；(e) 转门；(f) 上翻门；(g) 升降门；(h) 卷帘门

窗的类型也很多，按使用的材料分有木窗、钢窗、铝合金窗、玻璃钢窗等；按窗所处的位置分为侧窗和天窗；按窗的层数可分为单层窗和双层窗；按窗的开启方式可分为：固定窗、平开窗、悬窗、立转窗、推拉窗等。窗的种类如图 1-30 所示。

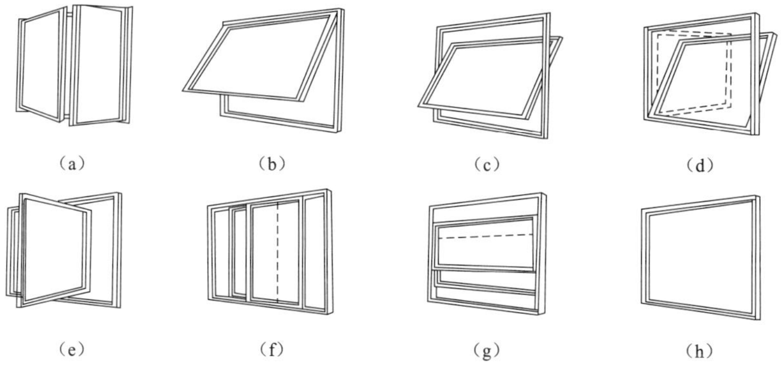

图 1-30　窗的种类

(a) 平开窗；(b) 上悬窗；(c) 中悬窗；(d) 下悬窗；(e) 立转窗；(f) 水平推拉窗；(g) 垂直推拉窗；(h) 固定窗

2. 平开木门窗构造

平开木门窗是当前民用建筑中应用最广的一种形式，其构造如图 1-31 所示。

平开木门一般由门框、门扇、亮子、五金零件及附件组成。门框又称门樘，是门扇、亮子与墙体的联系构件。门扇一般由上冒头、中冒头、下冒头和边梃等组成。亮子又称腰头窗，在门上方，为辅助采光和通风之用。五金零件一般有铰链、插销、门锁、拉手、门碰头等。平开木门常见的门扇主要有下列两种：

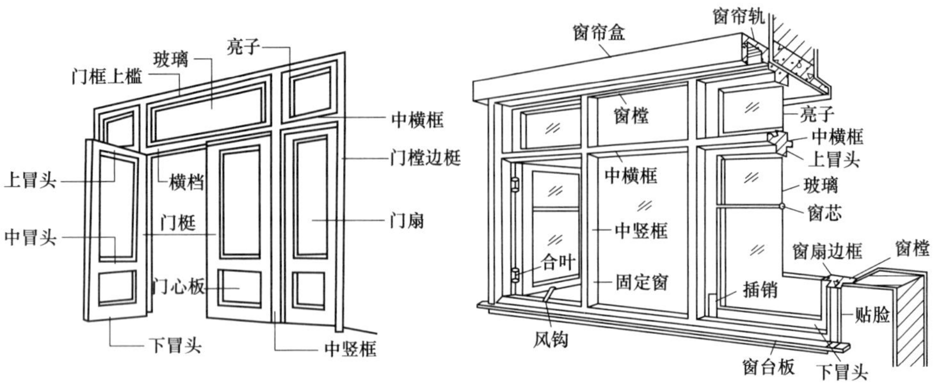

图 1-31　平开木门窗构造

（a）木门构造；（b）木窗构造

（1）镶板门扇：是最常用的一种门扇形式，内门、外门均可选用。镶板门的门扇由骨架和门心板组成。骨架一般由上冒头、中冒头、下冒头及边梃组成，在骨架内镶门芯板。门扇与地面之间保持 5mm 空隙。

（2）夹板门扇：也称贴板门或胶合板门，是用断面较小的方木做成骨架，两面粘贴面板而成，也有局部安装玻璃或百叶的夹板门，多用于内门。

平开木窗主要由窗框、窗扇和建筑五金零件组成。窗框又称窗樘，一般由上框、下框及边框组成，在有亮子窗或横向窗扇数较多时，应设置中横框和中竖框。窗扇由上冒头、窗芯、下冒头及边梃组成。建筑五金零件主要有铰链（合页）、风钩、插销、拉手、导轨、转轴和滑轮等。

一般木门窗框的安装方式有立口和塞口两种，立口安装是指砌墙时，门窗一起安装；塞口安装是指砌墙时，预留门窗洞口，后面再安装。框的位置也有内平、居中和外平三种情况。

3. 铝合金门窗

各种铝合金门窗都是用不同断面型号的铝合金型材、配套零件及密封件加工制作而成，具有质量轻、强度高、耐腐蚀、密闭性好等优点，近年来越来越多地在建筑中被广泛应用。20 世纪 90 年代中后期出现断桥铝合金隔热门窗，水密和气密性、耐大气腐蚀和环保性能均有更大提高，是目前门窗设计的主选产品。

铝合金门窗的系列名称是以铝合金门窗框的厚度构造尺寸来区别各种铝合金门窗的称谓，如平开门门框厚度构造尺寸为 50mm，即称为 50 系列铝合金平开门；推拉窗的窗框厚度构造尺寸 90mm，即称为 90 系列铝合金推拉窗。

铝合金门窗框的安装多采用塞口做法。框装入洞口应横平竖直，外框与洞口应弹性连接牢固。门窗框与墙体等的连接固定点，每边不得少于两点，且间距不得大于 700mm。门窗框固定好后与门窗洞口四周的缝隙一般采用软质保温材料如泡沫聚氨酯条等分层填实，外表留 5～8mm 深的槽口用密封膏密封。

4. 防火门窗

防火门是指在一定时间内能满足耐火稳定性、完整性和隔热性要求的门。它是设在防火分区间、疏散楼梯间、垂直竖井等具有一定耐火性的防火分隔物。防火门除具有普通门的作用外，更具有阻止火势蔓延和烟气扩散的作用，可在一定时间内阻止火势的蔓延，确保人员疏散。防火门一般设在封闭疏散楼梯、电缆井等部位。防火门一般有甲级（耐火极限 1.50h）、乙级（耐火极限 1.00h）和丙级（耐火极限 0.50h）三种。

防火窗是指在一定时间内能满足耐火稳定性和耐火完整性要求的窗。在防火间距不足的两建筑物外墙上，或在被防火墙分隔的空间之间，需要采光和通风时，应当采用防火窗。防火窗一般有甲级（耐火极限 1.20h）和乙级（耐火极限 0.90h）两种。

5. 隔热断桥铝合金门窗

隔热铝合金门窗又叫隔热断桥铝合金门窗，是在老铝合金窗基础上为了提高门窗保温性能而推出的改进型，通过增强尼龙隔条将铝合金型材分为内外两部分从而阻隔了铝的热传导。隔热断桥铝合金的原理是在铝型材中间穿入隔热条，将铝型材断开形成断桥，有效阻止热量的传导。这样制成门窗框扇，配装上中空玻璃、五金件、隐形纱窗、玻璃胶、发泡胶、密封条等，这样加工制作成的门户窗，称之为隔热断桥铝合金门窗，如图 1-32 所示。

隔热断桥铝合金门窗的突出优点是强度高、保温隔热性好，刚性好、防火性好，采光面积大，耐大气腐蚀性好，综合性能高，使用寿命长，装饰效果好，使用高档的断桥隔型材铝合金门窗，是高档建筑用窗的首选产品。

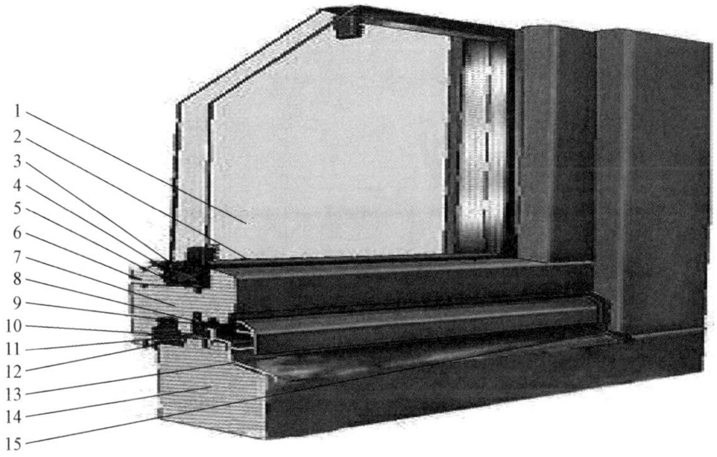

图 1-32　隔热断桥铝合金门窗

1—中空玻璃；2—密封硅胶；3—密封垫条；4—密封胶条；5—玻璃垫片；6—木压条；7—纯木扇形材；8—主密封条；9—拔水胶条；10—五金件；11—防水槽内密封胶条；12—第二道密封条；13—铝合金排水条；14—纯木框型材；15—排水槽密封胶

第二节　给排水、照明、暖通工程

一、给水排水工程

（一）给水工程

电力建筑工程的给水工程包括建筑内部给水系统与厂（站）区域内给水系统两类。

建筑内部的给水系统（简称室内给水）是将城市给水管网或自备水源给水管网的水引入室内，经配水管送至生活、生产和消防用水设备，按照对给水的水质、水压、水量及水温要求的不同，室内给水分为生活给水系统、生产给水系统和消防给水系统三类。

厂（站）区域内给水系统（简称室外给水）包括建设项目地区以内所有供水设施。若由城市给水管网供水时，从水表节点起至每幢建筑物引入管前的闸阀供水止，无闸阀者到建筑物外墙面止，这段路网上所有管道、附件与设备以及相应的阀门井、贮水池、水泵房等都属室外给水工程。

1. 建筑内部给水系统

（1）室内给水系统的构成。室内给水系统从进入阀门或建筑物外墙算起，由引入管、水表节点、给水管道、配水装置与用水设备、计量给水附件、增压或贮水设备组成，如图 1-33 所示。

1）引入管：自室外给水管将水引入室内的管段，也称进户管。

2）水表节点：是安装在引入管上的水表及其前后设置的阀门和泄水装置的总称。

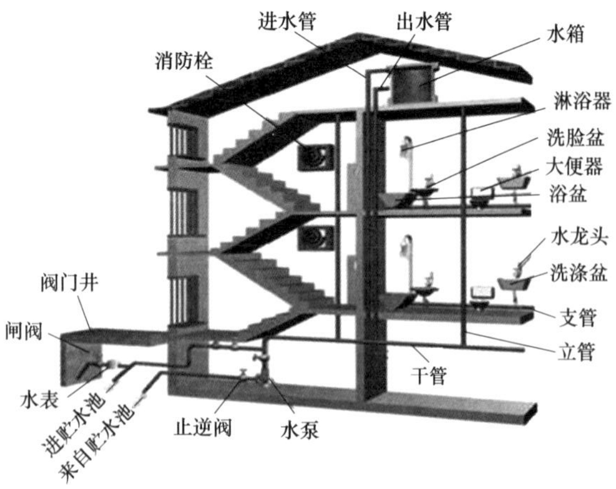

图 1-33　室内给水系统

3）给水管道：由干管（垂直或水平敷设）、立管和支管组成。

4）配水装置与用水设备：各类卫生器具和用水设备的配水龙头和生产、消防等用水设备。

5）给水附件：管道系统中调节水量、水压，控制水流方向，以及关断水流，便于管道、仪表和设备检修的各类阀门。

6）增压和贮水设备：当室外给水管网的水压、水量不能满足建筑用水要求，或要求供水压力稳定、确保供水安全可靠时，应根据需要，在给水系统中设置水泵、气压给水设备和水池、水箱等增压、贮水设备。

（2）室内给水系统的给水方式。室内给水系统的基本给水方式如图 1-34 所示，主要如下。

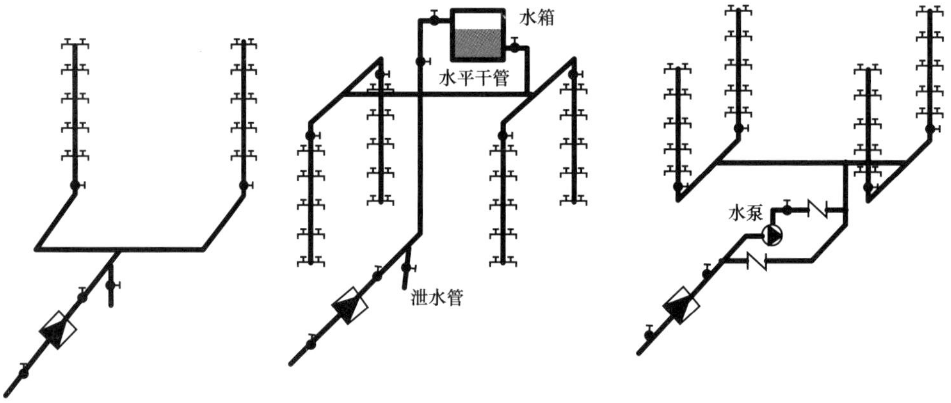

（a）　（b）　（c）

图 1-34　室内给水系统的基本给水方式

（a）直接给水方式；（b）水箱给水方式；（c）水泵给水方式

1）直接给水方式：由室外给水管网直接供水，是最简单、经济的给水方式。适用于室外给水管网的水量、水压在一天内均能满足用水要求的建筑。

2）单设水箱供水方式：当室外给水管网水压偏高或不稳定时，为保证建筑内给水系统的良好工况或满足稳压供水的要求，也可采用设水箱的给水方式。室外管网直接将水输入水箱，由水箱向建筑内给水系统供水。

3）水泵给水方式：在室外给水管网水压不足或采用自备水源时，可采用水泵给水方式供水。

（3）室内给水用器材。

1）管材：一般用镀锌钢管、焊接钢管、UPVC 塑料管、铝塑管、铜管、不锈钢管等。

2）水表及附件：现在使用的大部分是旋翼式水表，如图 1-35 所示。总表装在引入管上，并在水表前后设置闸阀及泄水装置，以便检修；设有消火栓的建筑物、因断水可能影响生产的建筑、不允许断水的建筑物如只有一条引入管时，还应绕水表安装旁通管，以

图 1-35　水表

提高安全供水的可靠性。

附属设备及配件：当室外给水管网压力不足时，常附设水泵、水箱等升压与贮水设备。给水配件如图 1-36 所示，有闸阀、止水阀、水龙头等。

（a） （b） （c） （d）

图 1-36　给水配件

（a）截止阀；（b）闸阀；（c）止回阀；（d）球阀

2. 厂（站）区域内给水系统

（1）室外给水系统的构成。厂（站）区域内给水系统从进入站区围墙算起，由引入管、水表节点、给水管道、增压或贮水设备组成。

（2）室外给水系统的给水方式。室外给水方式一般为室内外结合，已在室内给水方式章节进行介绍。

（3）室外给水用器材。

1）管材：常见的室外给水管材有金属管、复合管、塑料管。

常见金属管有无缝钢管、焊接钢管、铸铁管等、如图 1-37 所示。

（a） （b） （c）

图 1-37　常见室外金属给水管

（a）无缝钢管；（b）焊接钢管；（c）铸铁管

常见复合管有钢塑复合管、塑覆铜管、铝塑复合管等、如图 1-38 所示。

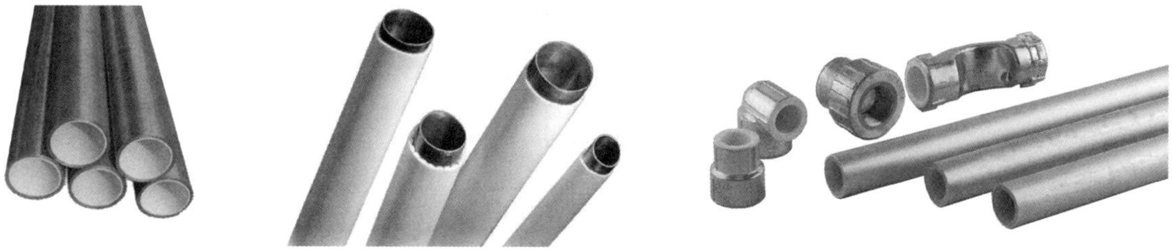

（a） （b） （c）

图 1-38　常见室外复合管

（a）钢塑复合管；（b）塑覆铜管；（c）铝塑复合管

常见的塑料管材材质有 PP-R、PE、PVC-C、PB，如图 1-39 所示。

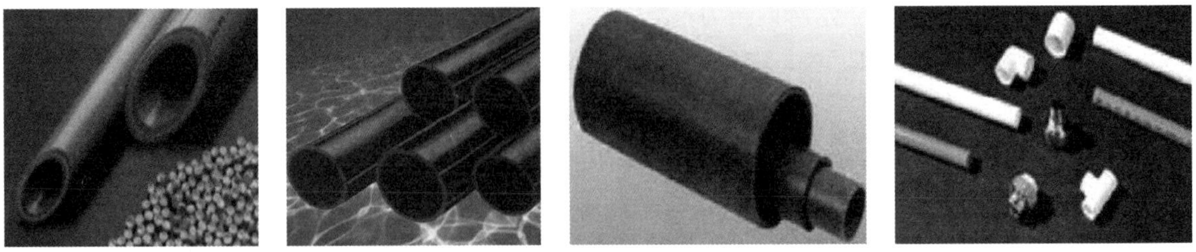

（a）　（b）　（c）　（d）

图 1-39　常见室外塑料管

（a）PP-R；（b）PE；（c）PVC-C；（d）PB

2）水泵：水泵的作用是为给水系统增加压力，水泵如图 1-40 所示。

图 1-40　水泵

图 1-41　水箱

3）水箱：水箱是为给水系统贮水、调节水压、稳压的。水箱常配有进水管、出水管、溢水管、泄水管、信号管和通气管等，水箱图 1-41 所示。

（二）排水工程

电力建筑排水工程是接纳输送厂（站）区域范围内建筑物内外部排除的污废水及屋面、地面雨雪水的排水系统，包括建筑内部排水系统与厂（站）区域排水系统两类。

建筑内部排水系统结构图（又称室内排水系统）如图 1-42 所示，包括生活污水排水系统、工业污水排水系统和雨水排水系统。厂（站）区域排水系统（简称室外排水系统），是由管道系统与处理系统组成。管道系统是收集于输送污水、废水的设施，它从建筑物外第一个检查井起到出水口止。

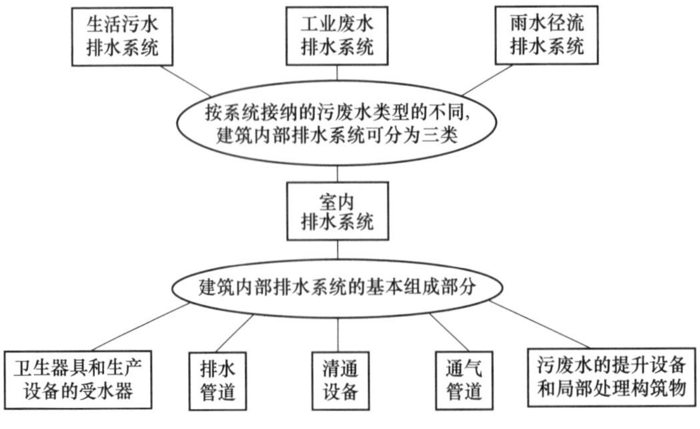

图 1-42　室内排水系统结构图

1. 建筑内部排水系统构成

建筑内部排水系统构成如图 1-43 所示，主要包括：

（1）卫生器具或生产设备的受水器：是室内排水系统的起点，污、废水从器具排水栓经器具内的水封装置或与器具排水管连接的存水弯流入横支管。

（2）管道系统：由横支管、立管、横干管和自横干管与末端立管的连接点至室外检查井之间的排出管组成。

（3）清通设备：供疏通建筑内部排水管道，保障排水通畅之用，主要有检查口、清扫口和检查井。

（4）通气管系统：是使室内外排水管道与大气相通，其作用是将排水管道中散发的有害气体排到大气中去，使管道内常有新鲜空气流通，以减轻管内废气对管壁的腐蚀，同时使管道内的压力与大气取得平衡，防止水封破坏。

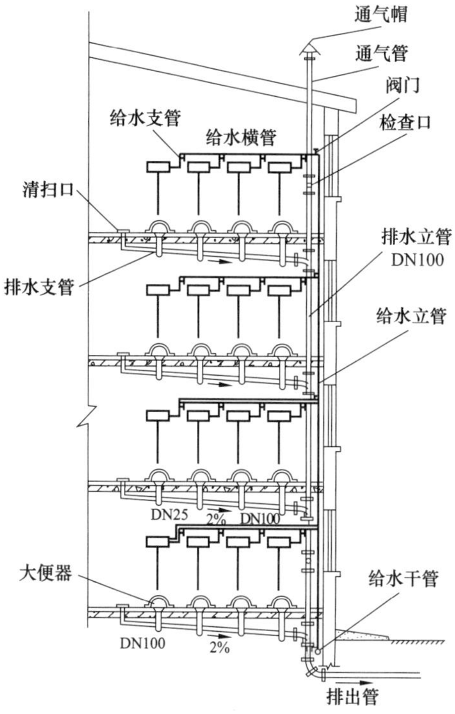

图 1-43　建筑内部排水系统构成

2. 排水系统的体制

生活污水、工业污水和雨水所采用的排除方式称为排水体制，包括合流制、分流制。

（1）合流制：把所有需要排放的水（雨水、生活污水、工业废水等）汇集于同一管道进行排放，称为合流制排水。

（2）分流制：把所有需要排放的水（雨水、生活污水、工业废水等）分别用管道排出，称为分流制排水。

3. 室内排水用器材

（1）受水器：用来满足日常生活和生产过程中各种卫生要求，收集和排除污废水的设备，包括便溺器具、洗涤器具、洗浴器具、地漏等。

（2）排水管道：卫生器具的排水管、横支管、立管、总干管、出户管等，按材料分有塑料管、铸铁管、钢管和玻璃钢管、混凝土与钢筋混凝土管。

（3）清通附件：包括清通工具疏通管道用的检查口，清扫口和检查井管等，清通附件如图 1-44 所示。

（a）　　　　（b）

图 1-44　清通附件

（a）检查口；（b）清扫口

（4）水封：水封是利用一定高度的静水压力来抵抗排水管内气压变化，防止管内气体进入室内的措施，一般设在卫生器具排水口下，通常用存水弯来实施，水封如图 1-45 所示。

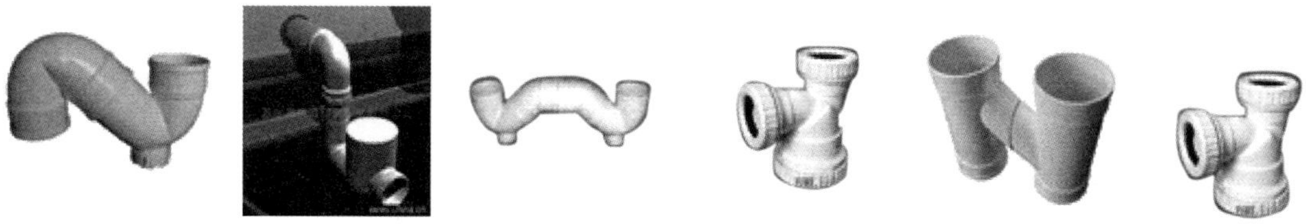

图 1-45　水封

4. 室外排水用器材

管道：工程中常见的排水管道有 PE、PVC-U 双壁波纹管，如图 1-46 所示。

（a）

（b）

图 1-46　排水管道

（a）PE 双壁波纹管；（b）PVC-U 双壁波纹管

污水局部处理设备：根据污水性质不同，采用不同的污水局部处理设备，如沉淀池、隔油池、化粪池、中和池等。污水局部处理设备如图 1-47 所示。

（a）

（b）

（c）

（d）

图 1-47　污水局部处理设备

（a）沉淀池；（b）隔油池；（c）化粪池；（d）中和池

二、电气照明工程

电气照明是建筑物的重要组成部分，由照明装置及其电气部分组成。照明装置主要是灯具，照明装置的电气部分包括照明开关、照明线路及照明配电盘等。

按照明方式的不同，电气照明系统分为三种：一般照明［见图 1-48（a）］、局部照明［见图 1-48（b）］和混合照明［见图 1-48（c）］，按其使用目的又可分为正常照明、事故照明、值班照明、警卫照明和障碍照明、装饰照明 6 种。

（一）照明供电系统

照明供电系统如图 1-49 所示，由进户线、配电箱、干线和支线组成；采用 380/220V 的三相四线制线路供电。

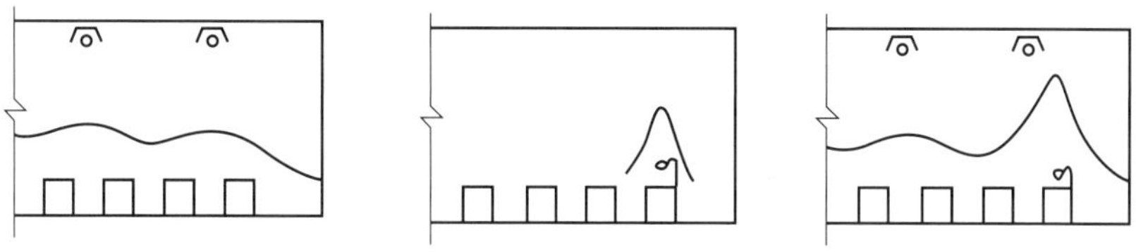

图 1-48 照明方式

(a) 一般照明;(b) 局部照明;(c) 混合照明

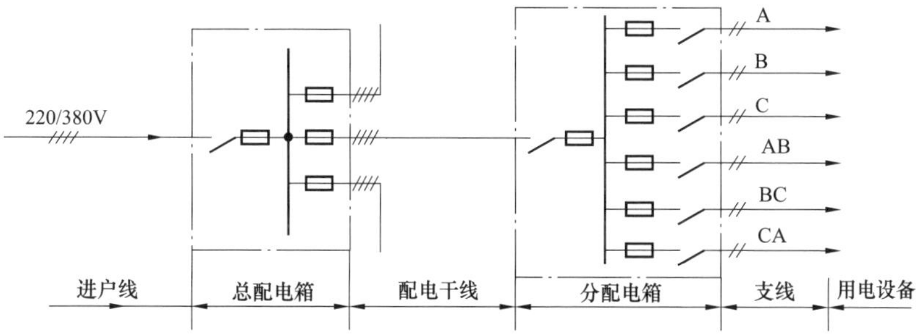

图 1-49 照明供电系统

1. 进户线

一般按结构型式常用的有架空进线和电缆埋地进线两种进线方式。

2. 配电箱

配电箱如图 1-50 所示,是指控制室内各路电源通断、计量的设备,箱(柜)内设有低压电气元件,如电表、控制开关、熔断器、漏电保护开关等。按控制范围分为总配电箱、楼层配电箱、房间配电箱。

图 1-50 配电箱

3. 干线、支线

干线、支线是指从总配电箱至分配电箱、分配电箱至用电器具的线路,包括电缆、导线及桥架、电气管道等。

室内照明干线的基本接线方式如图 1-51 所示,有放射式、树干式和混合式三种;布置支线时,应先将电灯、插座或其他用电设备进行分组,并尽可能地均匀分成几组,每一组由一条支线供电。

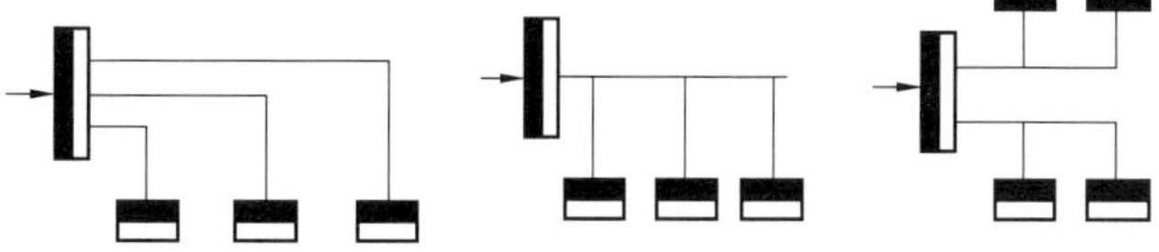

图 1-51 室内照明干线的基本接线方式

(a) 放射式;(b) 树干式;(c) 混合式

(二) 室内照明供电线路的敷设

室内照明线路如图 1-52 所示,主要由明线敷设、暗线敷设和明暗混合敷设三大类。

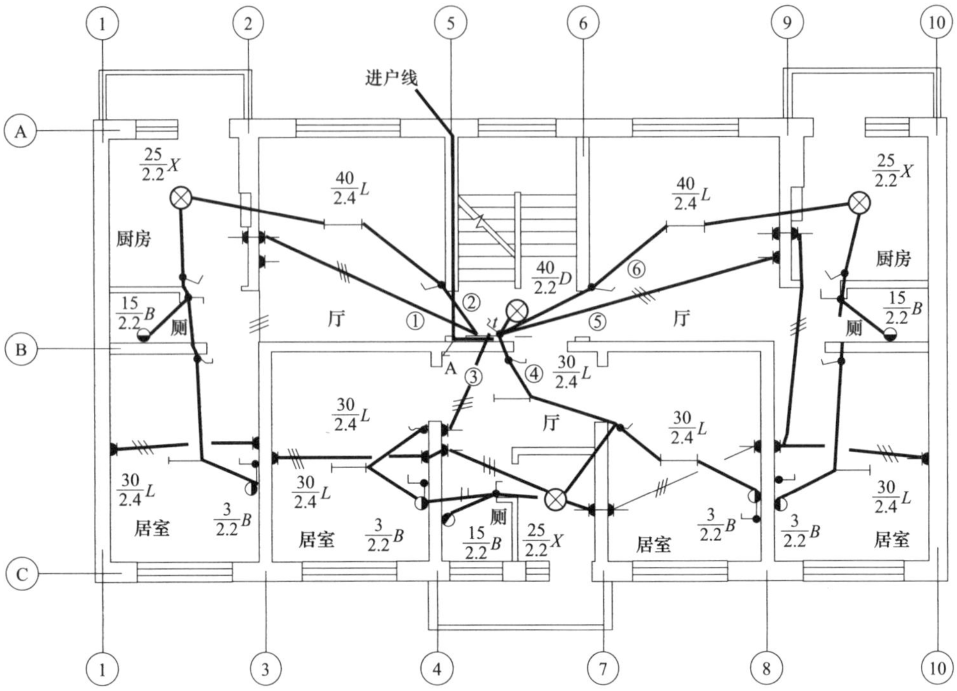

图 1-52　某建筑物电气照明平面

1. 明线敷设

导线沿建筑物的墙面或顶棚表面、桁架、屋柱等外表面敷设，导线裸露在外称明线敷设。

2. 暗线敷设

管子（如焊接钢管、硬塑料管等）预先埋入墙内、楼板内或顶棚内，然后再将导线穿入管中称暗线敷设。

3. 明暗混合敷设

指一部分线路可见走向，另一部分线路不可见走向的敷设方法。如在一些室内装饰工程中，其电气设计，在墙身部分采取暗敷布线，进入装饰吊顶层部分则为明敷布线。

（三）照明灯具

1. 白炽灯

白炽灯如图 1-53 所示，是最早出现的光源。即所谓第一代光源，它是将灯丝加热到白炽的程度，利用热辐射发出可见光；灯头形式有螺口式和卡口式两种。常用于室内一般照明，还可用于照度要求较低的室外照明。

2. 卤钨灯

卤钨灯如图 1-54 所示，内装钨质灯丝，并充以一定量的碘和溴或它们的化合物。卤钨灯利用卤钨循环化学反应原理大大减少了钨丝的蒸发和灯泡发黑程度，与白炽灯比较，光效提高 30%，寿命增长 50%。多用于较大空间、要求高照度的场所的照明。

图 1-53　白炽灯

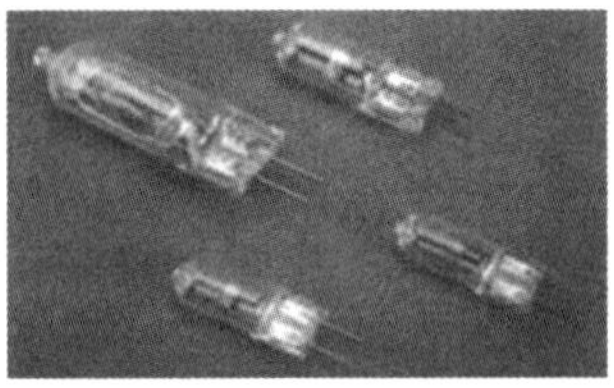

图 1-54　卤钨灯

3. 荧光灯

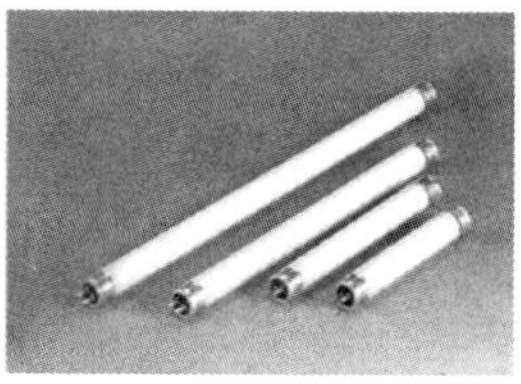

图 1-55　荧光灯

荧光灯如图 1-55 所示，是所谓第二代光源。它是一种预热式低压汞蒸气放电灯，由放电产生的紫外线辐射激发荧光粉而发光；光色有日光色、冷白色和暖白色三种，发光效率大大高于白炽灯，在使用时应配备相应的镇流器和启辉器，适用于进行较精细的工作，照度要求较高或进行长时间视觉工作的场所。但开关频繁时，使灯丝所涂发射物质很快耗尽，缩短了灯管的使用寿命，因此它不适宜用于开关频繁的场所。

荧光灯按用途分为普通照明荧光灯、装饰用的彩色荧光灯及小功率高光效的节能型灯等，如图 1-56 所示。

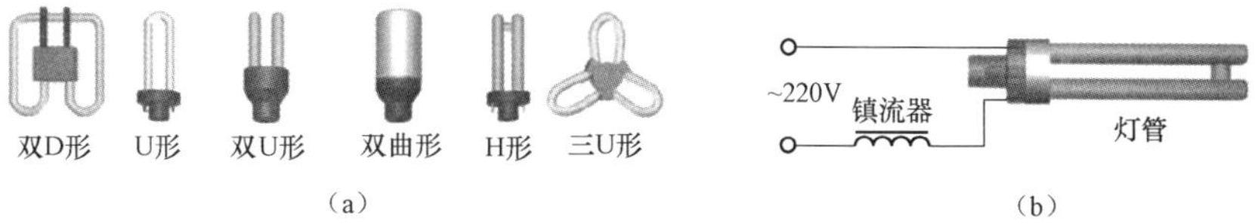

图 1-56　节能荧光灯

(a) 部分节能灯管的外形；(b) 节能荧光灯的接线

4. 气体放电灯

图 1-57　气体放电灯

气体放电灯高压汞灯、金属卤化物灯、高压钠灯等的总称，如图 1-57 所示。这类灯功率大，发光效率高，寿命长，结构紧凑，体积小。大部分用作道路、广场、运动场等处的室外照明，也用于中、高顶棚的工厂、会堂等的室内照明。

灯具常用安装方式大致有吊灯、壁灯、吸顶灯、落地灯、台灯、嵌顶灯、节能升降灯等。

（四）配电线路通用材料

无论选用哪种线路布线方法，有一些材料是通用的，如电线、断路器、开关、插座等，如图 1-58 所示。

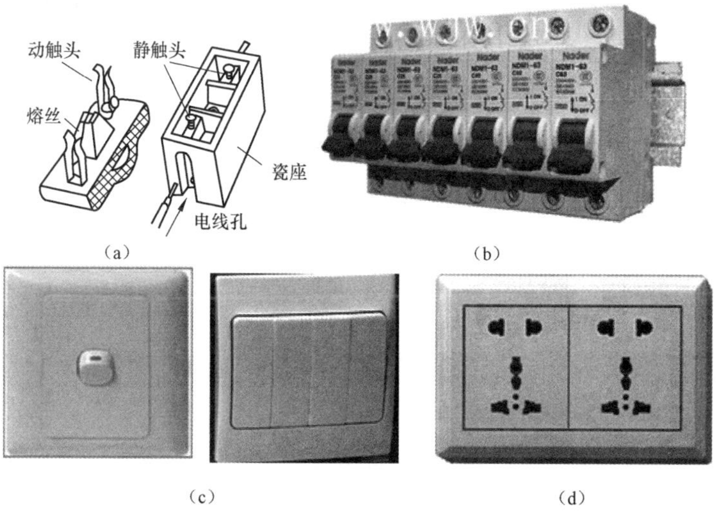

图 1-58　配电线路通用材料

(a) 熔断器；(b) 空气开关；(c) 开关；(d) 插座

1. 断路器

熔断器俗称保险，是指当电流超过规定值时，以本身产生的热量使熔体熔断，断开电路的一种电器，广泛应用于高低压配电系统和控制系统以及用电设备中，作为短路和过电流的保护器，是应用最普遍的保护器件之一。

空气开关，又名空气断路器，是断路器的一种。是一种只要电路中电流超过额定电流就会自动断开的开关。空气开关是低压配电网络和电力拖动系统中非常重要的一种电器，它集控制和多种保护功能于一身。

2. 开关

是用电设备的开启和关闭装置。有拉线开关、扳把开关、板式开关（普遍采用）。常用的板式开关有明装和暗装。

单控开关：包括单联单控、双联单控、三联单控、四联单控等；一个面板上一个键控制一个电源（比如一个灯）的是单联单控开关，一个面板上两个键，分别控制两个电源的是双联单控开关，三联、四联以此类推。

双控开关：包括单联双控、双联双控；不同地方的两个面板上各一个键，控制同一个电源。可以这头开那头关的是单联双控开关，不同地方的两个面板上各两个键，共控制两个电源的是双联双控开关。

3. 插座

又称电源插座，开关插座，是指有一个或一个以上电路接线可插入的座，通过它可插入各种接线，便于与其他电路接通。按规格分单相、三相；15A 以内、30A 以内；二孔、三孔、四孔、五孔等。按作用分普通插座、空调插座、安全型插座、防溅型插座、带开关插座等。

三、采暖与通风、空调工程

（一）采暖系统

采暖就是用人工方法向室内供给热量，使室内保持一定的温度，以创造适宜生活条件或工作条件的技术。采暖系统如图 1-59 所示，包括热源（热媒制备）、热媒输送管道（管网或热媒输送）及散热设备（热媒利用）三个主要组成部分。

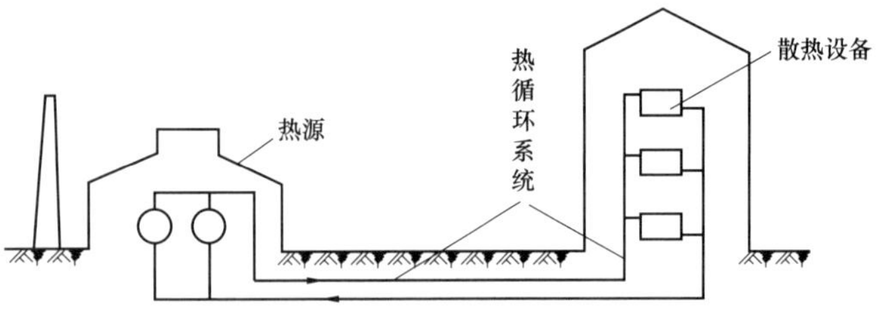

图 1-59 采暖系统

采暖系统所涉及设备设施很多，其中主要包括：

1. 锅炉房

锅炉房是采暖系统的热源，主要由锅炉本体、热力系统、烟风系统、运煤除灰系统组成。

2. 室外供热管网

室外供热管网的敷设方式主要有架空敷设和埋地敷设，埋地敷设比较常见，埋地敷设又分为通风地沟、半通风地沟、不通风地沟、直接埋地几种敷设方式，其中涉及的主要设备设施有供回水管道、各类阀件、伸缩器、支架、法兰垫、管道地沟及屋顶膨胀水箱等。

3. 室内采暖系统

室内采暖系统主要是指室内的供回水管道、管路上的排气阀、伸缩器阀件、散热设备及室内地沟等。

（二）通风系统

通风是借助换气稀释或通风排除等手段，控制空气污染物的传播与危害，把整个建筑物内部或局部地方不符合卫生标准的污浊空气排至室外，把新鲜的空气或经过净化后符合卫生要求的空气送入室内。实现室内外空气环境质量保障的一种建筑环境控制技术。按照按通风动力分为自然通风、机械通风两大类。

1. 自然通风系统

自然通风系统如图 1-60 所示，是依靠室内外空气的温度差（实际是密度差）造成的热压，或者是室外风造成的风压，使房间内外的空气进行交换，从而改善室内的空气环境。自然通风不需要另外设置动力设备，对于有大量余热的车间，是一种经济、有效的通风方法。其缺点是无法处理进入室内外空气，也难于对从室内向室外排出的污浊空气进行净化处理；其次，自然通风受室外气象条件影响、通风效果不稳定。

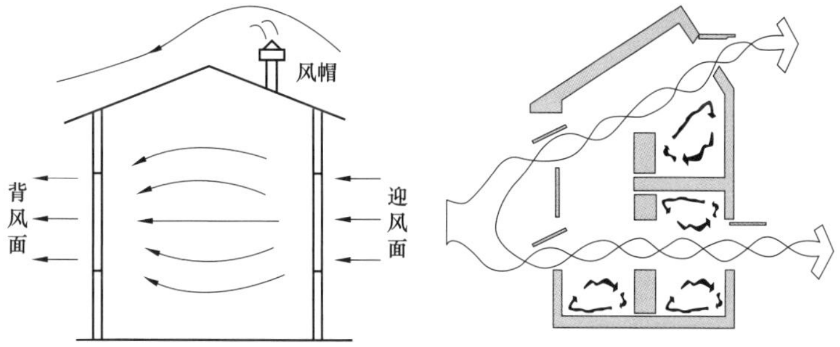

图 1-60　自然通风系统

2. 机械通风系统

机械通风系统如图 1-61 所示，是依靠风机运转产生的动力，迫使空气通过风管道进行室内外交换的一种通风方式；由于风机的风量和风压可根据需要确定，这种通风方法能保证所需要的通风量，控制房间内的气流方向和速度，并可对进风和排风进行必要的处理，使房间空气达到所要求的参数。因此，机械通风方法得到了广泛应用。

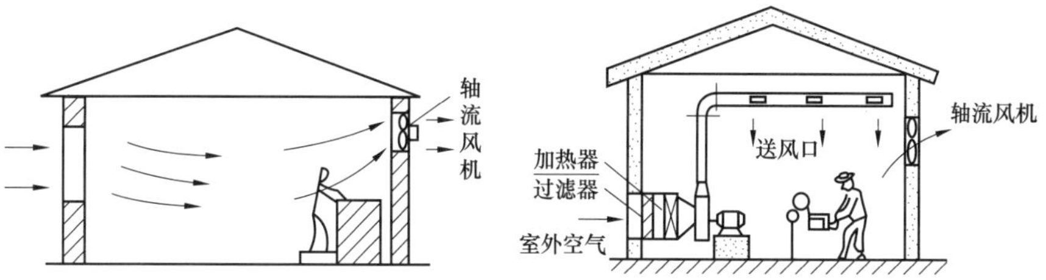

图 1-61　机械通风系统

机械通风系统的主要设备有风机、风管或风道、风阀、风口和除尘设备等：

（1）风机：风机在管路中的作用是输送空气，由叶轮、电机、外壳构成，现在常用的有离心风机、轴流风机、混流风机等，如图 1-62 所示。

（a）　　（b）　　（c）

图 1-62　风机

（a）离心风机；（b）轴流风机；（c）混流风机

（2）风管：是空气流通的通道，如图 1-63 所示，制作风道的材料很多，一般通风系统经常采用薄钢板制作风道，截面呈圆形或矩形，当断面积相同时，圆形节省材料，而矩形更容易和建筑物配合。

图 1-63　风管

（3）风阀：用于调节风量、打开或关断风系统，如图 1-64 所示；有蝶阀、对开多叶调节阀、三通调节阀等。

（4）风口：进出空气的口子，如图 1-65 所示；作用就是均匀地向室内送风。其中双层百叶风口一般作为送风口，也可直接与风机盘管配套使用，广泛用于集中空调系统的末端；单层百叶风口可调上下风向；固定条形风口用在供热及供冷的空调系统中，可安装在侧墙上或天花板上；散流器是空调系统中常用的送风口、具有均匀散流特性及简洁美观的外形，可根据使用要求制成正方形或长方形，能配合任何天花板的装修要求。

（a）　　（b）

图 1-64　风阀

（a）法兰蝶阀；（b）三通调节阀

图 1-65　风口

（5）除尘设备：为防止大气污染，排风系统在将空气排出大气前，应根据实际情况进行净化处理，使粉尘与空气分离，进行这种处理过程的设备称为除尘设备。除尘设备种类很多，主要有挡板式除尘器、旋风式除尘器、袋式除尘器和喷淋塔式除尘器，电除尘器等类型。

（三）空调系统

用人为的方法处理室内空气的温度、湿度、洁净度和气流速度的系统。可使某些场所获得具有一定温度、湿度和洁净度的空气，以满足使用者及生产过程的要求和改善劳动卫生和室内气候条件。

按空气处理设备设置情况，空调系统分集中空调系统、半集中空调系统和分散空调系统：

1. 集中空调

集中空调如图 1-66 所示，是把所有空气处理设备（风机、过滤器、加热器、冷却器、加湿器、减湿器和制冷机组等）都集中在空调机房内，空气处理后，由风管送到各空调房里。这种空调系统热源和冷源也是集中的。它处理空气量大，运行可靠，便于管理和维修，但机房占地面积大。

2. 半集中空调系统

此系统除有集中在空调机房的空气处理设备之外，还有可以对室内空气进行就地处理或对来自集中处理设备的空气再进行补充处理的末端设备，故又称为混合式系统。包括诱导系统、风机盘管系统两大类，目前应用较广是风机盘管系统，如图 1-67 所示。

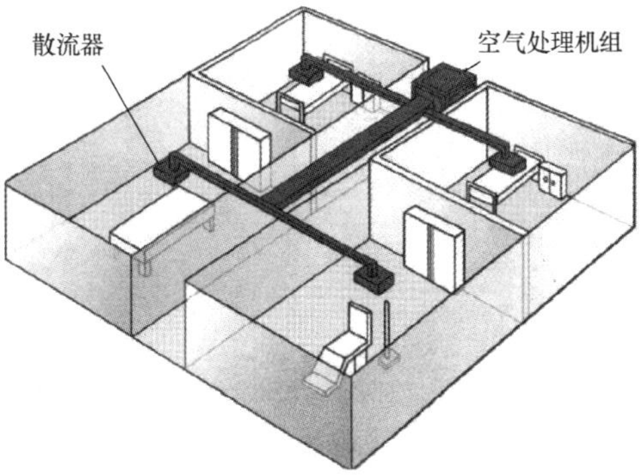

图 1-66　集中空调系统

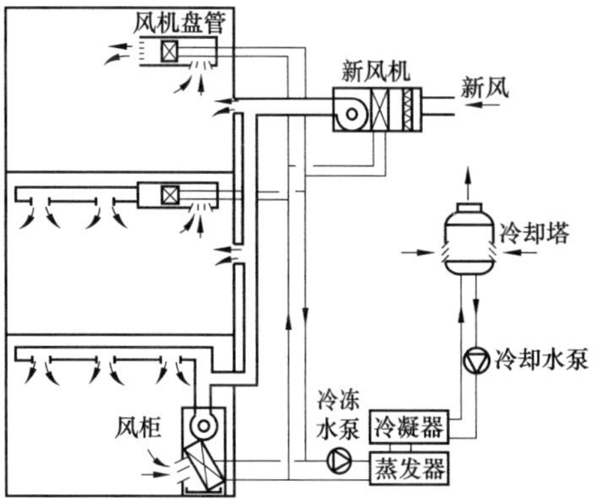

图 1-67　风机盘管系统

3. 分散式空调系统

此系统特点是所有的空气处理设备（柜式空调机、窗式空调器和分体式空调机等）全部分散地设置在空气调节房间中或邻室内，而不设集中的空调机房，故又称为局部式空调系统。

第三节　消　防　工　程

建筑消防系统是指建（构）筑物内设置的消火栓系统、自动喷水灭火系统、火灾自动报警系统等用于防范和扑救建（构）筑物火灾的设备设施的总称。电力建筑的厂（站）区及建筑室内消防安装工程，包括水灭火系统、气体灭火系统、泡沫灭火系统、火灾自动报警系统。

一、水灭火系统

水是天然灭火剂，资源丰富，易于获取和储存，其自身和在灭火过程中队生态环境没有危害作用。水灭火系统包括消火栓系统、自动喷水灭火系统等。

（一）消火栓系统

消火栓系统如图 1-68 所示，由消火栓设备、水泵接合器、消防管道、消防水池、消防水箱构成。

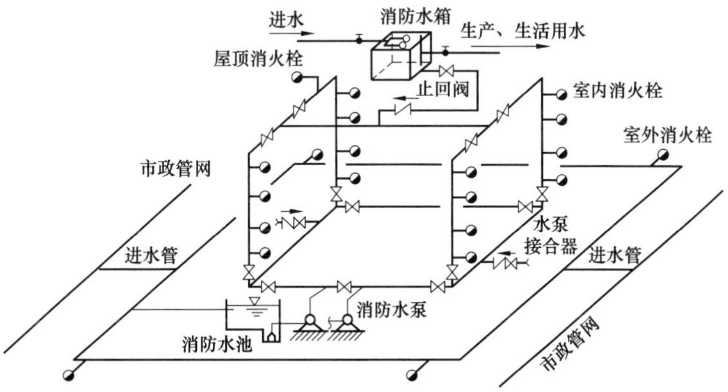

图 1-68　消火栓给水系统

1. 消火栓设备

消火栓设备如图 1-69 所示，由水枪、水带和消火栓组成，均安装于消火栓箱内。

2. 水泵接合器

水泵接合器如图 1-70 所示，是连接消防车向室内消防给水系统加压供水的装置，一端由消防给水管网水平干管引出，另一端设于消防车易于接近的地方。

（a） （b） （c）

图 1-69　消火栓设备

（a）水枪；（b）水带；（c）消火栓箱

图 1-70　水泵接合器

3. 消防管道

由市政管道供水，建筑物内消防管道是否与其他给水系统合并或独立设置，应根据建筑物的性质和使用要求经技术经济比较后确定。

4. 消防水池

在无室外消防水源或室外水源不能满足要求的情况下，需设置消防水池。根据各种用水系统的供水水质要求是否一致，可将消防水池与生产贮水池合用，也可单独设置，但生活水池须独立设置。

消防水池应设有水位控制阀的进水管和溢水管、通气管、泄水管、出水管及水位指示器等附属装置，可以布置在室外地下或地面上，也可设在室内地下室。

5. 消防水箱

消防水箱对扑救初期或起着重要作用。为确保其自动供水的可靠性，应采用重力自流供水方式；水箱的安装高度应满足室内最不利点消火栓所需的水压要求，且应储存有室内 10min 的消防水量。

消火栓系统主要的给水方式如图 1-71 所示，包括如下方式。

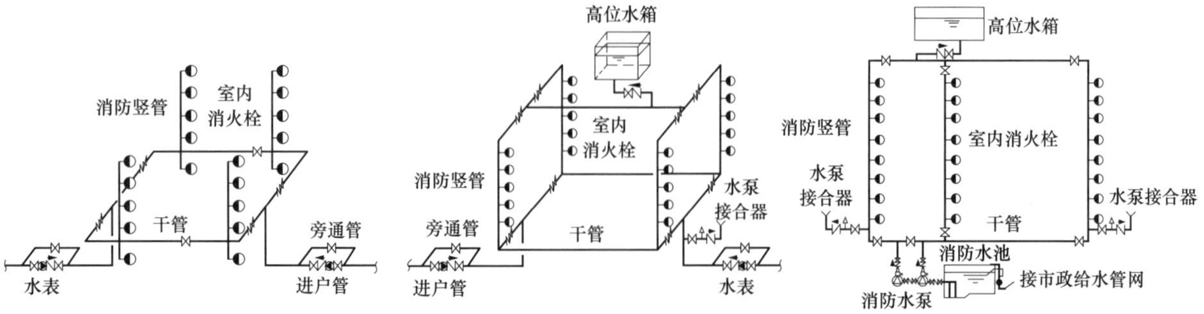

（a） （b） （c）

图 1-71　消火栓给水系统主要给水方式

（a）由室外给水管网直接供水的消防给水方式；（b）设水箱的消火栓给水方式；（c）设水池、水泵的消防给水方式

（1）由室外给水管网直接供水的消防给水方式。在室外给水管网提供的水量和水压，在任何时候均能满足室内消火栓给水系统所需的水量、水压要求时采用。

（2）设水箱的消火栓给水方式。由室外给水管网向水箱供水，箱内贮存 10min 消防用水量。在火灾初期：由水箱向消火栓给水系统供水；火灾延续时可由室外消防车通过水泵接合器向消火栓给水系统加压供水。

（3）设水池、水泵的消防给水方式。水泵从贮水池抽水，与室外给水管网间接连接，可避免水泵与室外给水管网直接连接的弊病。当外网压力足够大时，也可由外网直接供水。适用于室外给水管网的水压经常不能满足室内供水所需的建筑。

（二）自动喷水灭火系统

自动喷水灭火系统是一种在发生火灾时，能自动打开喷头喷水灭火并同时发出火警信号的消防灭火设施，其系统特征是通过加压设备将水送入管网至带有热敏元件的喷头处，喷头在火灾的热环境中自动开启洒水灭火。通常喷头下方的覆盖面积大约为 $12m^2$。自动喷水灭火系统扑灭初期火灾的效率在 97%以上。

自动喷水灭火系统如图 1-72 所示，包括开式系统、闭式系统；由喷头、报警阀组、水流报警装置等组件及管道、供水设施组成。

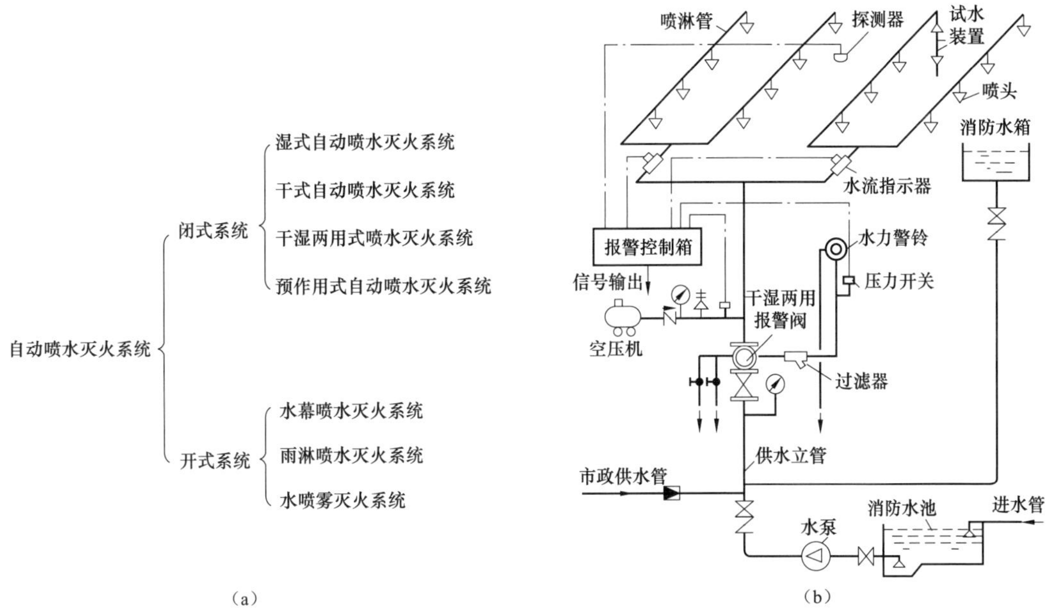

图 1-72　自动喷水灭火系统

（a）系统分类图；（b）系统示意图

1. 自动喷水灭火系统组成

（1）喷头如图 1-73 所示，有开式喷头、闭式喷头之分，在自动喷水灭火系统中担负着探测火灾、启动系统和喷水灭火的任务，是系统中的关键组件。

（2）报警阀如图 1-74 所示，是开启和关闭管网的水流，传递控制信号至控制系统并启动水力警铃直接报警。根据系统的不同报警阀分为湿式、干式、干湿式和雨淋阀 4 种类型。

（3）水流报警装置如图 1-75 所示，是用来发出声响报警信号的装置，常用的有水力警铃、水流指示器和压力开关。

（a）　　　　　　　　（b）

图 1-73　喷头

（a）开式喷头；（b）闭式喷头

（a）　　　　（b）　　　　（c）

图 1-74　报警阀

（a）湿式报警阀；（b）干式报警阀；（c）雨淋阀

（a）　　　　（b）　　　　（c）

图 1-75　水流报警装置

（a）水力警铃；（b）水流指示器；（c）压力开关

（4）火灾探测器：是自动喷水灭火系统的重要组成部分。常用的有感烟、感温探测器：感烟探测器是利用火灾发生地点的烟雾浓度进行探测；感温探测器是通过火灾引起的温升进行探测。火灾探测器布置在房间或走道的天花板下面，其数量应根据探测器的保护面积和探测区面积计算而定。

2. 自动喷水灭火系统基本类型

自动喷水灭火系统基本类型包括湿式、干式、预作用、雨淋、水幕、水喷雾等。在已安装的自动喷水灭火系统中，有 70%以上为湿式系统。

（1）湿式自动喷水灭火系统如图 1-76 所示，为喷头常闭的灭火系统，管网中充满有压水，当建筑物发生火灾，火点温度达到开启闭式喷头时，喷头出水灭火；其灭火及时扑救效率高，但由于管网中充有有压水，当渗漏时会损毁建筑装饰和影响建筑的使用。

（2）干式自动喷水灭火系统如图 1-77 所示，为喷头常闭的灭火系统，管网中平时不充水，充有有压空气（或氮气）；当建筑物发生火灾火点温度达到开启闭时喷头时，喷头开启排气、充水灭火；其管网中平时不充水，对建筑物装饰无影响，适用于采暖期长而建筑内无采暖的场所，但该系统灭火时需先排气，故喷头出水灭火不如湿式系统及时。

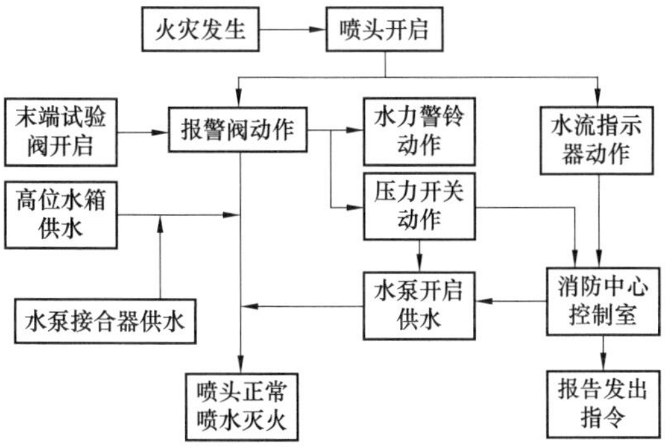

图 1-76　湿式自动喷水灭火系统

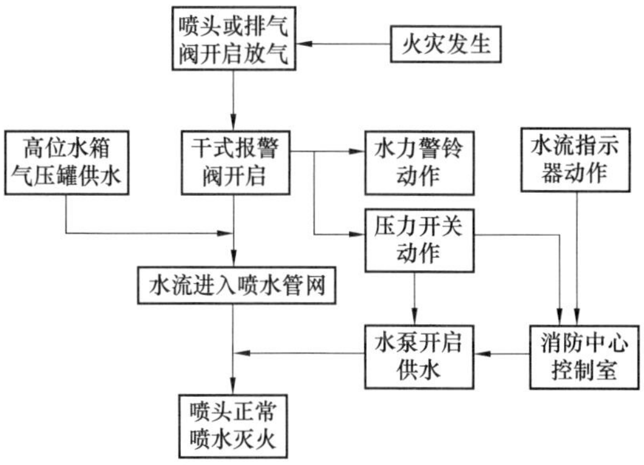

图 1-77　干式自动喷水灭火系统

（3）预作用自动喷水灭火系统：为喷头常闭的灭火系统，管网中平时不充水。发生火灾时探测器报警后，自动控制系统控制阀门排气、充水，由干式变为湿式系统。只有当着火点温度达到开启闭式喷头时，才开始喷水灭火。

（4）雨淋喷水灭火系统：为喷头常开的灭火系统，当建筑物发生火灾时，由自动控制装置打开集中控制闸门，使整个保护区域所有喷头喷水灭火，形似下雨降水；最大的特点是出水量大，灭火及时。雨淋系统使用雨淋阀控制，平时管道内无水。

（5）水幕系统：该系统喷头沿线状布置，发生火灾时主要起阻火、冷却、隔离作用。适用于需防火隔离的开口部位、消防防火卷帘的冷却等。

（6）水喷雾灭火系统：是固定式自动灭火系统的一种类型，在自动喷水灭火系统的基础上发展起来的。该系统采用喷雾喷头把水粉碎成细小的水雾滴之后喷射到正在燃烧的物质表面，通过冷却、窒息以及乳化、稀释的同时作用实现灭火。水雾有电绝缘性能，可安全地用于电气火灾的扑救。

二、气体灭火系统

气体灭火系统是指平时灭火剂以液体、液化气体或气体状态存贮于压力容器内，灭火时以气体（包括蒸汽、气雾）状态喷射作为灭火介质的灭火系统。

气体灭火系统多为自动控制，探测、启动及时，对火的抑制速度快，可以快速有效地扑灭固体火灾、液体火灾、气体火灾、电气设备火灾；对被保护物也不造成二次污染。但一般来讲气体灭火系统只用来保护建、构筑物内部发生的火灾；而建、构筑物本身发生的火灾，宜用其他方法扑救。

气体灭火系统如图 1-78 所示，气体灭火系统分类的方法较多，按使用的灭火剂种类分为卤代烷灭火系统、二氧化碳灭火系统、卤代烷替代灭火系统等；按灭火系统的结构特点分为管网灭火系统和无管网灭火装置（亦称预制灭火系统）；按防护区的特征和灭火方式可分为全淹没灭火系统和局部应用灭火系统。

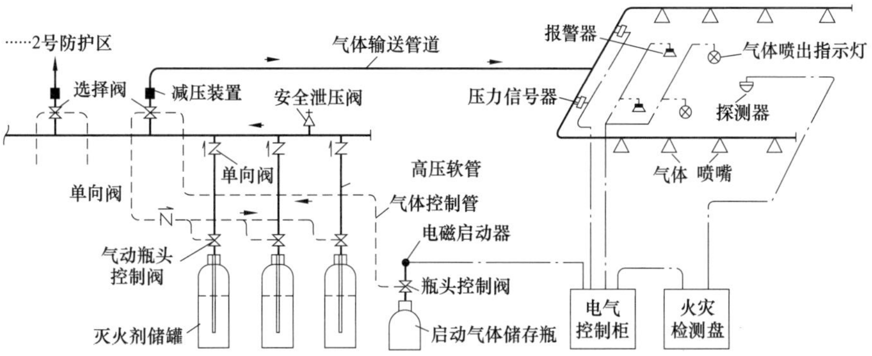

图 1-78　气体灭火系统

卤代烷的灭火机理是在火焰中产生活性游离基，参与物质燃烧过程中的化学反应，清除维持燃烧所必需的活性游离基，使链式反应中断而迅速灭火的，属于化学灭火。二氧化碳的灭火作用是对可燃物燃烧的窒息作用及冷却降温作用。由于卤代烷灭火剂对大气臭氧层有破坏作用，我国已开始限制使用，根据《蒙特利尔公约》的要求，2010 年将全部停止使用，目前卤代烷替代灭火系统主要有七氟丙烷灭火系统，属于全淹没灭火系统，七氟丙烷气体灭火剂不导电、不含水、不破坏大气臭氧层，无色、无味，灭火后无残留物，毒性很低，而且灭火效率高（喷放时间小于 10s）、占用空间小。

管网灭火系统由灭火剂贮存装置、管道和喷嘴等组成。

无管网灭火装置是将灭火剂贮存容器、控制阀门或器件和喷嘴（或带较短的管道）等组合在一起的一种灭火装置。

全淹没灭火系统是由灭火剂贮存装置，在规定的时间向防护区喷射灭火剂，使防护区内达到设计所要求的灭火浓度；并能保持一定浸渍时间，以达到扑灭火灾，并不再复燃的灭火系统。

局部应用灭火系统是由一套灭火贮存装置，在规定的时间内直接向燃烧着的可燃物表面喷射一定量灭火剂的灭火系统。

气体灭火系统的组成及工作原理如图 1-79 所示。

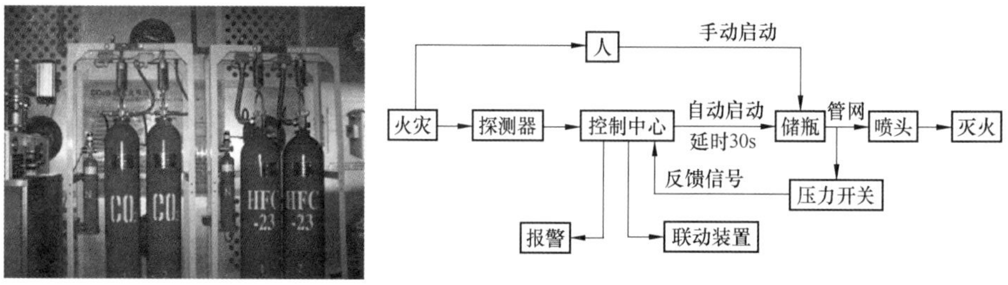

图 1-79　气体灭火系统的组成及工作原理

1. 灭火贮存装置

气体灭火系统的贮存容器、容器阀、连接软管、单向阀、集流管和框架（或支架）等部件通常是组合在一起的，总称为灭火贮存装置。

（1）贮存容器：用于盛放灭火剂或压力氮气的钢瓶。

（2）容器阀：安装在灭火瓶上，可通过容器阀向瓶内充装灭火剂，并封存灭火剂不泄漏，当需要灭火时，开启容器阀释放灭火剂灭火。

（3）软管：用于连接容器阀与集流管，输送灭火剂可减少灭火剂释放时引起的震动。

（4）单向阀：安装于软管和集流管之间，其用途是在多个钢瓶集中安放时，可以防止某个钢瓶拿掉或喷放完后，若某个防护区失火需喷灭火剂时，灭火剂从集流管流失或流回已喷完的钢瓶中。

（5）集流管：安装在瓶组架中上，各灭火瓶的灭火剂汇集到集流管后，在通过各对应的区域的选择阀和分支管网输送到防护区。

2. 安全阀

安全阀安装在集流管的一端，起安全泄压的作用。

3. 选择阀及气控单向阀

在组合分配系统中，选择阀安装在每个对应防护区的分流管始端，以控制灭火剂的流通方向，从而达到将灭火剂分配到被保护区域的目的。

气控单向阀用于组合分配灭火系统的驱动气管中，控制气流的方向。

4. 压力传感器

安装在灭火管路中，当灭火剂释放时管路中的压力增加使传感器动作，接通灭火剂释放显示装置，使之发出声光信号，提醒人们注意。

5. 多功能电控头

火灾发生时，可通过电、气、手动等多种功能打开，并通过管路与选择阀及容器阀相连，提供启动气源，对防护区进行灭火控制。

三、泡沫灭火系统

泡沫灭火系统是针对液体火灾的扑救而开发的灭火系统，火灾时可自动启动或由人操作，通过泡沫比例混合器、泡沫产生装置等一系列设施，将泡沫覆盖到燃烧液面实施灭火。

泡沫灭火系统如图 1-80 所示，主要由泡沫消防泵、泡沫比例混合器、泡沫液储罐、泡沫发生器及连接管道等组成。

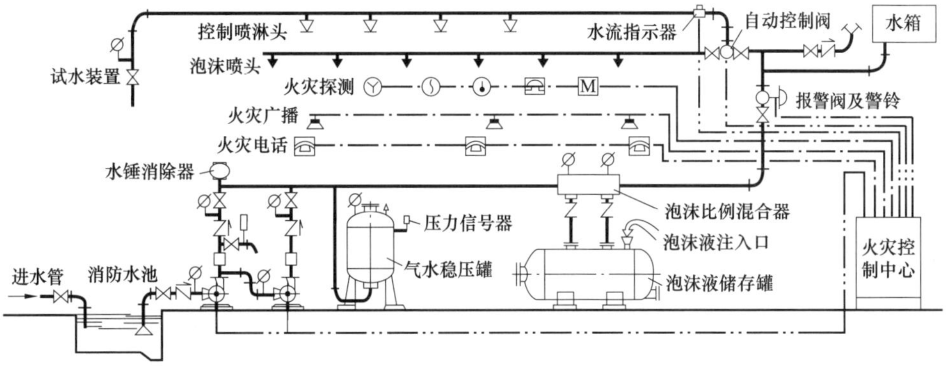

图 1-80　泡沫灭火系统

1. 泡沫消防泵

泡沫消防泵即能把泡沫以一定的压力输出的消防泵，应保证在火警时立即投入工人作，并在火场非消防电源断电时仍能正常工作。因此，应安装两路电源供电，其中一路作备用。

泡沫消防泵和泡沫泵站：泡沫消防泵宜选用特征曲线平缓的离心泵，应设置备用泵；泡沫泵站与保护对象不宜小于 30m，且启动后，泡沫混合液或泡沫输送时间不超过 5min。

2. 泡沫比例混合器

泡沫比例混合器如图 1-81 所示，是一种安装在泡沫液储罐上，使水与泡沫原液按规定比例混合成的混合液，以供泡沫产生设备发泡的装置，按泡沫液储罐的结构形式分为：卧式比例混合装置和立式比例混合装置。

3. 泡沫液储罐

泡沫液储罐如图 1-82 所示，有卧式和立式之分。它是用来储存泡沫灭火剂，并通过压力式泡沫比例混合器的作用，将消防供水置换装置内储存的泡沫灭火剂，并与供水按一定的比例混合形成泡沫混合液的装置。

图 1-81　泡沫比例混合器

图 1-82　泡沫液储罐

4. 泡沫发生器

泡沫发生器如图 1-83 所示，分为吸气型和吹气型；它的作用是将泡沫混合液与空气混合形成空气泡沫，输送至燃烧物的表面上。有泡沫喷头、泡沫枪和泡沫炮。

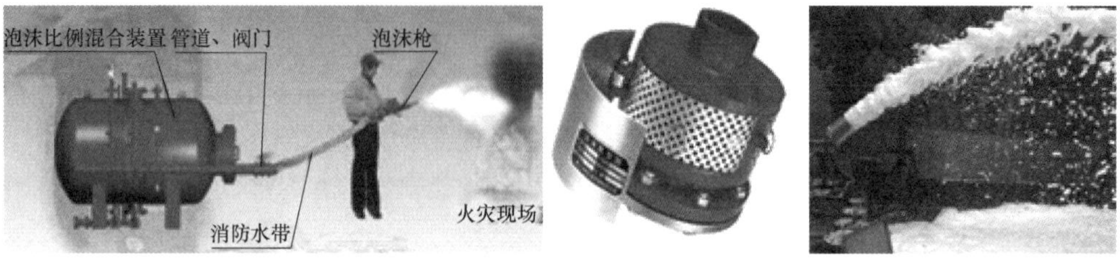

图 1-83　泡沫发生器

5. 管道

泡沫灭火系统的连接管道应采用钢管，管道外壁应进行防腐处理。

四、火灾自动报警系统

火灾自动报警系统如图 1-84 所示，是由触发装置、火灾报警装置、火灾警报装置以及具有其他辅助功能装置组成的，它具有能在火灾初期，将燃烧产生的烟雾、热量、火焰等物理量，通过火灾探测器变成电信号，传输到火灾报警控制器，并同时显示出火灾发生的部位、时间等，使人们能够及时发现火灾，并及时采取有效措施灭火。

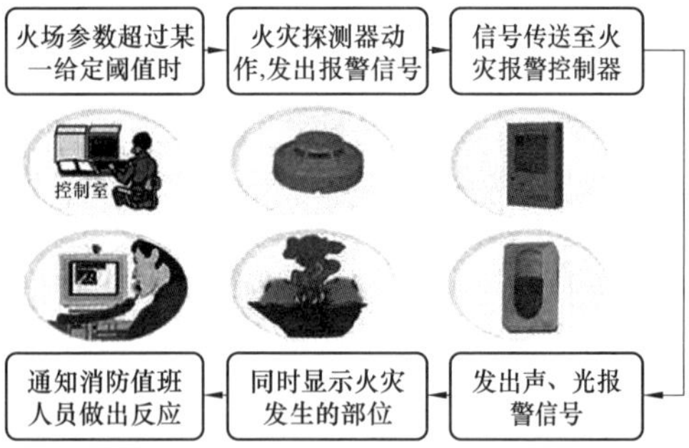

图 1-84　火灾自动报警系统

1. 触发装置

指在火灾自动报警系统中，自动或手动产生火灾报警信号的器件称为触发器件，主要包括火灾探测器和手动报警按钮。

2. 火灾报警装置

是指在火灾自动报警系统中，用以接收、显示和传递火灾报警信号，并能发出控制信号和具有其他辅助功能的指示设备称为火灾报警装置。

火灾报警控制器就是其中最基本的一种，可分为区域火灾报警控制器、集中火灾报警控制器和通用火灾报警控制器三种基本类型。近年来，在许多场合，火灾报警控制器已不再分为区域、集中和通用三种类型，而统称为火灾报警控制器。

3. 火灾警报装置

在火灾自动报警系统中，用以发出区别于环境声、光的火灾警报信号的装置称为火灾警报装置，火灾警报器是一种最基本的火灾警报装置，通常与火灾报警控制器组合在一起，它以声、光音响方式向报警区域发出火灾警报信号，以警示人们采取安全疏散、灭火救灾措施。

4. 消防控制设备

在火灾自动报警系统中，当接收到来自触发器件的火灾报警信号后，能自动或手动启动相关消防设备并显示其状态的设备，称为消防控制设备。

第四节　燃　煤　电　厂

凡是将自然界蕴藏的各种一次能源转换为电能的工厂，称为发电厂（站）。按其所利用能源类别分为火力发电厂、水力发电厂、核能发电站、风力发电厂、太阳能发电站、潮汐发电站、地热发电站等类型发电厂（站）等，当今生产的电能大部分还是火力发电厂提供的。

火力发电厂一般简称“火电厂”。按燃料分燃煤发电厂，燃气发电厂，余热发电厂，垃圾焚烧发电厂等。按原动机分凝气式汽轮机发电厂，燃气轮机发电厂，蒸汽—燃气轮机发电厂等。按输出能源分凝汽式发电厂（只发电），热电厂（发电兼供热）。按蒸汽压力和温度分低温低压电厂（1.4MPa，350℃），中温中压发电厂（3.92MPa，450℃），高温高压发电厂（9.9MPa，540℃），超高压发电厂（13.83MPa，540℃），亚临界压力发电厂（16.77MPa，540℃），超临界压力发电厂（22.11MPa，560℃）；超超临界压力发电厂（31MPa，600℃）。按发电厂装机容量分小容量发电厂（100MW 以下），中容量发电厂（100～250MW），大中容量发电厂（250～1000MW），大容量发电厂（1000MW 以上）。燃料生产电能的电厂，包括由化学能转变成热能再转换成电能过程以及输出电能的设备、装置、仪表器件、安装材料及在特定场所位置所建设的建筑物、构筑物，燃煤火力发电厂如图 1-85 所示。

（a）

（b）

图 1-85　燃煤火力发电厂

（a）鸟瞰图；（b）全景图

一、燃煤电厂主要生产系统的建（构）筑物

燃煤发电是将燃料燃烧的化学能通过锅炉产生高温高压水蒸气变成热能，推动汽轮机做功产生机械能，再经过发电机转变为电能，最后通过变压器升压将电能接入电力系统，输送到用户，燃煤火力发电厂生产过程示意图如图 1-86 所示。

（一）主要生产系统

主要生产系统包括热力系统、燃料供应系统、除灰渣系统、水处理系统、供水系统、电气系统等。

（1）热力系统：煤制成合格的细（粒）度在锅炉中燃烧，并将合格的炉水烧成合格的蒸汽，推动汽轮机带动发电机发电。

（2）燃料供应系统：接受燃煤并向锅炉输送。

（3）除灰渣系统：将煤燃烧后的灰、渣运出、堆放的系统。

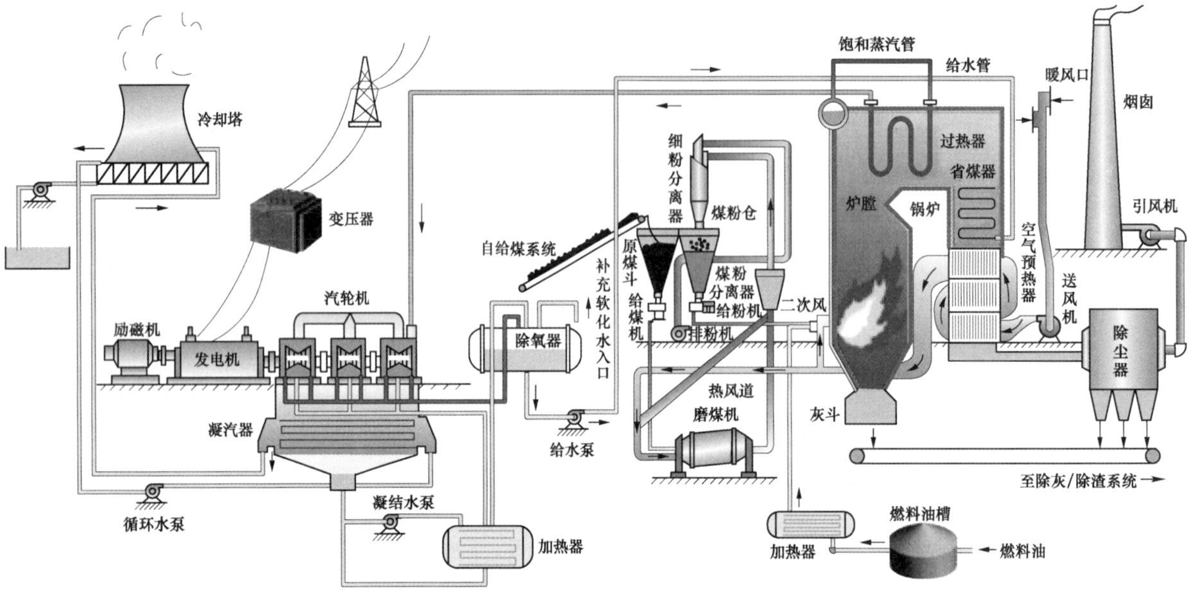

图 1-86　燃煤火力发电厂生产过程示意图

（4）水处理系统：向热力系统提供并不断补充满足要求的热力系统循环用工质（除盐水）的系统。

（5）供水系统：向热力系统凝汽器提供冷却用循环水的系统。

（6）电气系统：将发出的电能升压以便远距离输送给用户，并提高可靠的厂用电。

（7）热工控制系统：监督和保证电厂安全运行。

（8）脱硫、脱硝工程：环保要求，降低烟气中的 SO_2、NO_x 含量。

（9）附属生产工程：监督和保证电厂安全运行。

根据各类建筑的功能特点，火力发电厂建筑物可以分为生产建筑和生活建筑两大类。生产建筑包括主厂房、集中控制楼、电气楼、上煤、除灰和化学建筑以及检修车间、实验室、材料库等各类建筑，此类建筑从使用功能上讲属于工业建筑，建筑布局和建筑使用受工艺专业影响。生活建筑包括办公楼、食堂、值班宿舍、招待所以及其他生活建筑，此类建筑使用功能类似于民用建筑。

（二）热力系统

热力系统是火力发电厂生产的核心，要完成汽水循环、发电机发电以及磨煤、排烟、除尘等全过程，由主厂房本体及设备基础和除尘排烟系统组成。

1. 主厂房本体及设备基础

在发电厂内布置发电设备及其辅助设备的厂房称为发电厂的主厂房。主厂房本体及设备基础包括的建（构）筑物为：汽机房 A 排外披屋、汽机房、除氧间、煤仓间、炉前通道、锅炉房、锅炉裙房与耳房、锅炉电梯间以及主厂房范围内的各种设备基础、沟（管）道等构成的群体建筑。

（1）主厂房本体。作为全厂建筑的主体，主厂房宜布置在水文地质与工程地质条件较好的厂区适中位置。其中除氧间和煤仓间为多层结构，其他部分为单层或双层结构。结构型式多为排架、框架或全部采用钢结构等。主厂房的砌体填充墙应根据墙的长度和高度情况设置构造柱和圈梁。

发电厂主厂房的布置型式主要受燃料系统特点、气象条件、厂区地理自然条件、施工及扩建条件等因素影响，空间布置形式较多。一般有内煤仓、合并煤仓、侧煤仓布置等方案。

1）内煤仓布置方案：内煤仓布置方案示意图如图 1-87 所示，汽机房与锅炉房之间并列布置煤仓间和除氧间，构成双框架结构布置，俗称“四列式”；除氧煤仓间合并为单框架，俗称“三列式”；除氧器布置在汽机房内，俗称“单框架式”。气候条件允许，锅炉采用露天或半露天布置方案；该方案尾部烟道短，烟道出灰方便，便于扩建不同容量机组，锅炉房采光好；但机炉连接管道长，主蒸汽管道与煤粉管道有干扰，煤仓间较暗。

2）合并煤仓布置方案：在汽机房与锅炉房之间，把煤仓间与除氧间合并布置，形成单框架结构。可减少厂房体积，使设备布置更紧凑，合并煤仓方案示意图如图 1-88 所示。

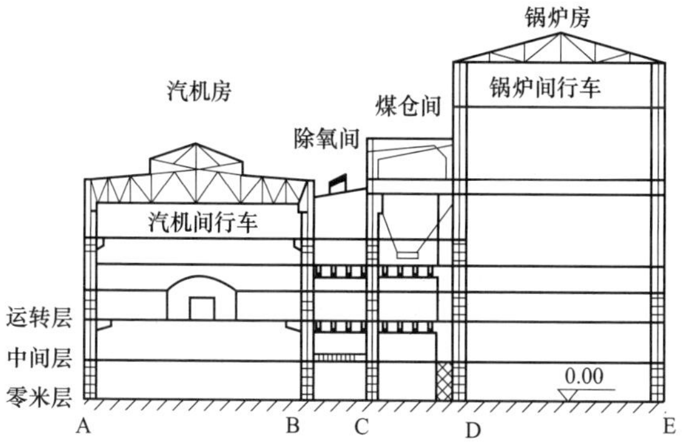

图 1-87　内煤仓布置方案示意图

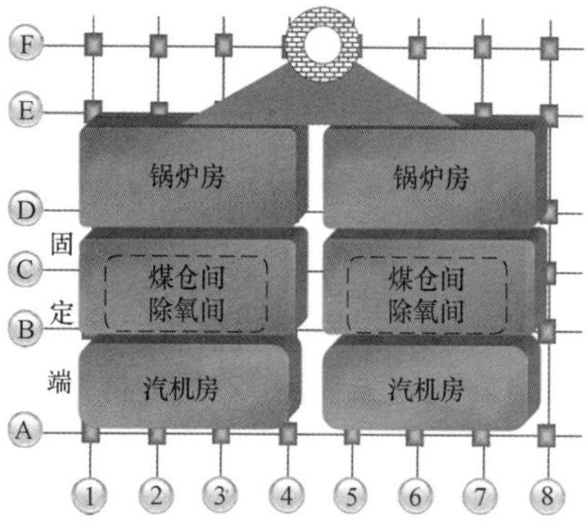

图 1-88　合并煤仓布置方案示意图

3）侧煤仓布置方案：设置在两炉之间位置，2 台锅炉共用一个煤仓间取消了除氧间，采用了两炉共享单框架侧煤仓布置方案，相较常规三列式布置的工程节约了煤仓间土建费用、压缩了汽机房与锅炉房的距离，减少四大管道管材用量、电缆桥架长度。但主厂房紧凑布置后，与常规布置相比给土建施工和安装带来了一定的困难，部分区域土建和安装需交叉施工，侧煤仓布置方案示意图如图 1-89 所示。

（2）集中控制室。集中控制室是发电厂的心脏，一般为多层独立建筑，根据需要可设置集中控制室（单元控制室）、自动控制计算机房、继电器室、变送器室、热工设备维修室、电缆夹层、配电间、蓄电池室、不停电电源室、直流盘室、凝结水处理室、空调机房等。通常布置在两炉之间，也有布置在主厂房固定端侧。

（3）设备基础和沟（管）道。火力发电厂中的大型动力设备基础包括：汽轮发电机基础、锅炉基础、磨煤机基础、给水泵基础、引风机基础等。这些设备转速高、重量大，预埋件和预留孔洞多，对水平标高和中心线有较高的精度要求，施工时要求达到较高的质量。

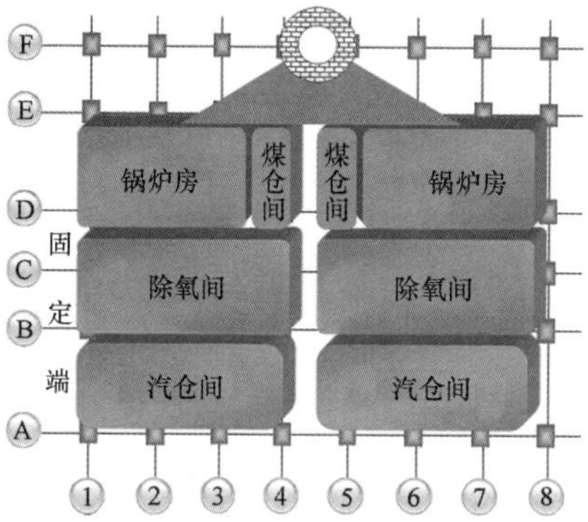

图 1-89　侧煤仓布置方案示意图

除了大型动力设备基础外，其余设备基础称为附属设备基础。这类基础包括：各类水泵、油泵基础、各类风机基础，高、低压加热器基础、冷凝器基础及其清洗装置基础，各类水箱、油箱基础、排污扩容器基础、碎渣机基础等。

附属设备基础根据设备的用途、容量大小、制造厂要求、地基条件等不同情况，设计成独立的墙式或块式基础，并按设备的固定方式，在基础面上预埋铁板或预留螺栓孔。

地下沟道主要有工业水管沟、热网管沟、电缆沟、冲灰沟、排水沟等。地下沟道的结构型式有砖砌、混凝土、钢筋混凝土三种。地下水位标高低于沟道底面标高的情况，可用砖砌或混凝土结构，沟内部用防水砂浆抹面防潮。

2．除尘排烟系统

从锅炉燃烧室出来的烟气中，总是带有灰粒和未燃烬的焦碳，如排入大气，将会造成厂区周围的环境严重污染。因此，在烟道的尾部，引风机之前装置除尘设备，消除烟气中的飞灰。目前我国采用较多

图 1-90　火力发电厂的烟囱

的除尘器为电气除尘器，它的除尘效率高，除尘效果最好。引风机是将燃烧室中的烟气吸出，采用机械通风，通过烟囱而排到大气中。

除尘排烟系统中的主要建（构）筑物包括引风机基础及检修吊架、除尘器基础、烟道、烟囱等。

火力发电厂的烟囱如图 1-90 所示，是一种把烟气排入高空的高耸结构构筑物，主要作用是排烟，改善燃烧条件，扩散烟气排放浓度。

烟囱通常为钢筋混凝土筒体结构，外形为圆截锥形，沿高度有几个不同的坡度，采用滑升模板或竖井架翻模施工。按照内衬布置方式的不同，烟囱可分为单筒式、双筒式和多筒式。

（1）单筒式烟囱：内衬紧靠外筒，并将内衬和隔热层直接支承在外筒壁向内挑出的环形牛腿上。其特点是结构相对简单、造价低。

（2）双筒式烟囱：内衬筒与外筒完全分开，两筒间留有较宽的检修通道。内衬筒可以分段支承在外筒壁上，也可以做成独立自承重形式。其特点是外筒壁基本上不受烟气的温度作用和烟气的侵蚀。

（3）多筒式烟囱：用在多台锅炉合用一个烟囱并要求烟囱顶部烟气的出口流速基本保持不变的情况。一般每台锅炉设置一个排烟筒。排烟筒分段支承在各层平台上，或悬挂在烟囱筒壁上，或直接支承在基础上。

在大型火电厂中，将几个独立烟筒集中在一起组成的多管式烟囱，又称多管集束烟囱。几个烟筒集中在一起后，烟囱排出烟气所含热量增大，烟气的热浮力大增，烟气扩散效果增强，减少近地面大气污染，因而多管集束烟囱在火电厂应用愈来愈广。

多管式烟囱主要由基础、筒身、内筒、钢结构附件、航空障碍灯等组成。

烟囱基础分为板式基础、圆形筒座基础、环形基础和壳体筒座基础。

烟囱的筒身指烟囱基础以上部分，包括筒壁、隔热层和内衬等部分：筒壁：烟囱筒身的最外层结构，用于保证筒身稳定；隔热层：置于筒壁与内衬之间，使筒壁受热温度不超过规定的最高温度；内衬：分段支承在筒壁牛腿之上的自承重砌体结构，对隔热层起到保护作用。

烟囱的内筒：根据防腐标准，烟囱内筒分为耐酸砖结构内筒、耐酸浇注料结构内筒、钢结构内筒、复合钛钢板内筒、玻璃钢内筒。钢内筒按照安装方式不同分为：自承重式、悬挂式。

烟囱的钢结构附件：烟囱钢梯、平台、栏杆等。

烟囱的航空障碍灯：用于标识高耸构筑物或高层建筑外形轮廓与高度、对航空飞行器起到警示作用的灯具。

（三）燃料供应系统

燃料供应系统是重要的辅助生产系统之一，由燃煤系统和燃油系统两部分组成。燃煤系统包括卸煤、贮煤、碎煤、运煤等工作内容；燃油系统包括卸油、贮油、运油等工作内容。

1. 燃煤系统

火力发电厂输煤系统从卸煤沟（或翻车机）开始，一直到进主厂房的输煤栈桥为止，不包括主厂房中的煤仓间。

（1）火力发电厂运煤方式主要有铁路运煤、水路运煤、汽车运煤，胶带机运煤。

（2）火力发电厂贮煤设施的作用主要是贮存和混合煤，以保证电厂安全可靠的发电。同时在输煤系统中起着不均衡的场外来煤量与均衡的锅炉燃煤量之间的调节、缓冲作用。贮煤方式如下。

1）干煤棚如图 1-91 所示：干煤棚结构形式主要有平面刚架、平面桁架、平面拱以及柱面网壳结构。由于环保要求和建设用地的严格控制，煤炭的散堆方式必须被封闭储装方式所取代。

2）煤罐如图 1-92 所示：用于场地狭小，电厂煤罐一般为钢筋混凝土圆形煤罐，尺寸根据贮煤量的大小而定，目前 300MW 机组容量电厂采用 10 000t 煤罐，直径 20m，高度 35m。

图 1-91　干煤棚

图 1-92　煤罐

3）封闭式圆形、条形煤场：一般用于城市供热电厂。封闭式煤场由筏板式条形或环形基础、挡煤墙、壁柱、防火墙、轨道梁、钢轨、中心给料柱（环形给煤机柱基础）、钢网架、网架板、上煤栈桥、输煤地道、煤场地坪、检修大门、室外散水与坡道等组成。根据储煤量的大小，封闭式条形煤场一般长 60～120m，宽 30～60m；封闭式圆形煤场一般直径 80～110m。条形封闭煤场如图 1-93 所示。

（3）煤从煤场输入到主厂房原煤斗以前，必须经过破碎，使块状煤碎成适合磨煤机磨碎的小颗粒煤，粒经一般不大于 3cm。因此在燃煤系统中都建有碎煤机室。

图 1-93　条形封闭煤场

碎煤机室一般设计为多层框架结构的建筑，顶层连通进煤栈桥。输煤皮带将煤送入碎煤机室，经电磁除铁机除去铁质杂物后进到下层分筛机。从碎煤机室下层接出的输煤皮带输出的是符合磨煤机磨粉的细煤。

碎煤机室可以是地上式，也可以是半地下式，随火电厂的输煤栈桥布置及高度而定。

（4）火电厂的运煤，从卸煤沟（或翻车机室）直至主厂房，中途总要变换输送方向，因此必须把输煤栈桥分成多段，并设立多座转运站。转运站一般为钢筋混凝土框架结构，砖墙或钢筋混凝土墙板围护。

输煤栈桥是大跨度的斜升式或平式高架结构，如图 1-94 所示。其种类和结构型式较多，在南方气象条件较好的地区可采用露天式，仅在输煤皮带上设防护罩；在寒冷与多风沙地区，可采用封闭式栈桥。

栈桥支架采用钢筋混凝土或钢管的组合双柱、组合人字柱结构，柱高从几米至几十米不等，钢筋混凝土支架可现浇或预制吊装，根据支架高度和施工现场条件决定。栈桥梁因跨度大，通常采用钢筋混凝土桁架或钢桁架结构。桥面板大多采用钢筋混凝土预制板。板的型式根据栈桥宽度而定，单路皮带的栈桥可采用钢筋混凝土平板，双路皮带的宽栈桥可采用钢筋混凝土槽形板或双 T 形板。因高空支模、拆模比较困难，一般以钢筋混凝土预制薄板或压型钢板作底模。侧墙结构采用钢筋混凝土墙板、复合波形钢板或铝合金波形板等型式。

2. 燃油系统

燃油系统的建（构）筑物主要有卸油栈台、卸油泵房、燃油泵房、油罐基础及区域建筑、油管沟道及支架等。

（四）除灰渣系统

除灰渣系统包括除渣系统与除灰系统，根据灰渣的状态与地点，分为干除灰与水力除灰，分厂内除灰渣与厂外除灰渣。燃烧不同煤质电厂的灰渣量有差异，灰渣量的大小影响除灰系统选择。由于水资源匮乏，目前我国大中型火电厂通常采用机械除灰渣系统；在水资源丰富的地区、小型火电厂采用水力除灰渣系统。

图 1-94 输煤栈桥

机械除渣是利用机械将炉底渣排到锅炉房外，运到贮存地点。其主要建构筑物包括渣坑、排渣机基础、渣仓、渣场等。

水力除渣是利用水能将炉底渣排到锅炉房外，运到贮存地点。其主要建构筑物包括渣坑、冲渣沟、渣浆前池、灰渣泵房、浓缩池、除灰管沟、除灰管路建筑、灰场、灰水回收泵房、灰水回收管路建筑等。

机械除灰一般采用气力除灰，是通过正压或负压气力系统将除尘器下灰排到灰库，运到贮存地点。其主要建构筑物包括灰库、除灰管路建筑等。

水力除灰是利用水能将除尘器下灰排到灰浆前池，运到贮存地点。其主要建构筑物与水力除渣系统合并。

灰场是电厂存贮灰量的场所，根据电厂厂址的选择，一般分为平原灰场、山谷灰场、滩涂灰场等。由于土地和环保的原因，灰渣大部分进行综合利用，灰场选择与设计工作量相对减少，灰场储灰量一般为本期设计容量 6 个月，同时对环境污染问题应采取必要的措施。灰坝施工就地取材，根据材料分为土坝、砂石坝、石坝、混凝土坝等；根据施工方法分为碾压坝、堆砌坝、水力充填坝、浇筑坝等。

图 1-95 灰库

灰库如图 1-95 所示，采用钢筋混凝土现浇结构或钢结构，灰库大小及直径由工艺专业提供，内径≤12m 时，宜采用 2m 的倍数，一般取 6、8、10、12m，大于 12m 时宜采用 3m 倍数，如取 15、18、21m 等。

（五）水处理系统

供给发电厂使用的水中除含有悬浮的泥砂外，还含有一些可溶性物质和气体等杂质，水中的盐分、酸根、碱离子等在进入锅炉前均应予以除掉，否则会影响机、炉安全性和经济性。

发电厂水处理系统分为预处理、锅炉补给水处理、循环水处理、凝结水处理、再生水深度处理等系统。主要的建（构）筑物包括：预处理室、化学水处理室、锅炉补给水处理室、酸碱泵房及计量间、中和池、循环水处理间，凝结水处理室，以及室外各种设备基础、箱罐基础和沟道等。水处理系统建（构）筑物最需要解决的是防腐蚀问题，与酸、碱等腐蚀性介质接触的地面、墙面、基础、沟道等都要进行防腐处理。

（六）供水系统

发电厂在生产过程中需要大量的水，用于汽轮机排汽的冷却、汽轮发电机组润滑油及辅助机械轴承的冷却、锅炉给水、热力用户所损失水量的补充、除尘与除灰用水、消防及生活用水等。根据水在发电厂的作用，一般将水分为冷却水、补给水、净化水、消防水等子系统，是由水源、取水、供水的设备和管路组成。

在大容量火力发电厂中，冷却水通常包括主机（凝汽器）冷却水系统与辅机冷却水系统；按主机（凝汽器）冷却方式分为凝汽器空冷系统、凝汽器水冷系统。为了节约水资源，控制用水量，保护生态环境，国家对西北、华北、东北等地区实施限制淡水用量，严禁开采地下水。为此，火力发电厂汽轮发电机凝汽器冷却系统采用空气冷却，在工程建设管理中，将凝汽器空冷系统纳入供水系统中。

1. 凝汽器空冷系统

根据冷却方式不同分为直接空冷与间接空冷，间接空冷根据冷却介质不同分为表凝式与混凝式。

（1）直接空冷系统，又称空气冷凝系统，是将推动汽轮机做功后的乏汽直接用空气来冷凝。直接空冷系统的工艺流程如图 1-96 所示。汽轮机排汽通过粗大的排汽管道送到室外的空冷凝汽器内，轴流冷却风机使空气流过散热器外表面，通过空气与蒸汽间的热交换将排汽冷凝成水，凝结水再经泵送回汽轮机的回热系统。

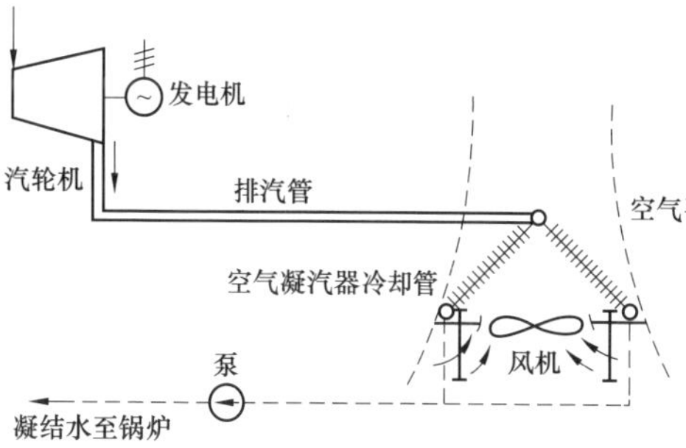

图 1-96　直接空冷系统的工艺流程

直接空冷系统的主要建（构）筑物包括热井、排汽管基础、支架、空冷平台支柱、钢桁架、挡风板、空冷电梯井、空冷楼梯、空冷配电间等，如图 1-97 所示。

图 1-97　直接空冷系统的主要建（构）筑物

热井通常与汽机基础一并设计，采用现浇钢筋混凝土结构。

排汽管道基础通常是指布置在 A 外的排汽管道基础。由于管道受力原因，一般分为滑动支架基础与固定支架基础。

空冷平台支柱通常采用现浇钢筋混凝土环形结构，柱高 40～65m，柱直径 2.8～4m，环形柱壁厚 0.3～0.8m。

空冷平台钢桁架一般采用格构式钢结构，网格式布置在空冷平台支柱上；挡风板通常采用压型钢板结构。

（2）表凝式间接冷却系统如图 1-98 所示，全称为表面式凝汽器—间接空气冷却系统，是将推动汽轮机做功后的乏汽间接用空气来冷凝，由表面式凝汽器和翅片式散热器构成，空气与除盐水间进行热交换，除盐水再与蒸汽间进行热交换，凝结水与循环水各自为独立系统，冷却除盐水的空气通常采用可调节的间接自然通风冷却塔供应，水处理工程量相对较少。

间接冷却系统其主要建（构）筑物包括循环水泵房、间冷塔、管道支架、管道基础等。

当烟囱建在间冷塔内时，通常称为“烟塔合一”；当脱硫吸收塔与烟囱合建且建在间冷塔内时，通常称为“三塔合一”。

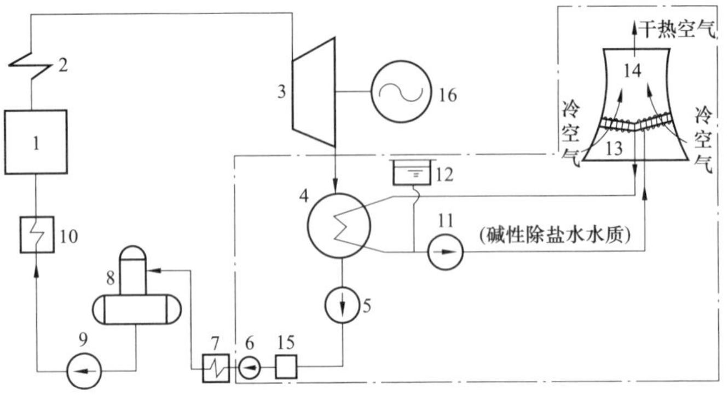

图 1-98　表凝式间接冷却系统

1—锅炉；2—过热器；3—汽轮机；4—表面式凝汽器；5—凝结水泵；6—凝结水情处理装置；7—凝结水升压泵；8—低压加热器；9—除氧器；10—给水泵；11—高压加热器；12—循环水泵；13—膨胀水箱；14—全钢制散热器；15—空冷塔；16—发电机

图 1-99　间冷塔示意图

间冷塔是一个巨大的建筑物，如图 1-99 所示。通常采用双曲线型钢筋混凝土壳体结构，由环形基础、支墩、X 形支柱、筒壁、环梁、肋条等组成，塔内布置膨胀水箱支架与钢梯基础、补充水箱基础、阀门井、管道支墩、塔内排烟管道支架、塔内脱硫管道支墩与支架等。

环形基础：一般埋深 6～10m，采用钢筋混凝土环板结构。承担整个塔自重荷载及外部传来荷载。

X 形支柱：采用现浇钢筋混凝土结构，沿环形基础布置，向中心倾斜，以承担动静荷重。X 形支柱通过支墩与基础连接，通过塔筒下环梁与塔筒连接。柱高同进风高度，柱截面为矩形，钢筋含量较高。

塔筒：设计为双曲线形薄壁壳体空间结构，采用现浇钢筋混凝土结构，塔高一般为 130～180m，底边直径 100～130m。塔筒顶部为风筒，通过上环梁与塔筒连接。当风荷载较大时，塔筒需要加肋。

（3）混凝式间接冷却系统如图 1-100 所示，全称为混合式凝汽器—间接空气冷却系统，是将推动汽轮机做功后的乏汽间接用空气来冷凝，由喷射式凝汽器和装有福哥型散热器构成。该系统是汽轮机排汽在混合式凝汽器中与喷射出的凝结水品质的冷却水直接接触进行冷凝，凝结水泵将冷凝后的部分水输送到给水系统，循环水泵将其余的水输送到间冷塔下的空气冷却器进行冷却循环。凝结水与循环水为一套水系统，水处理工程量相对较大。

混凝式间接冷却系统的主要建（构）筑物包括循环水泵房、间冷塔、管道支架、管道基础等。

2. 凝汽器水冷系统

凝汽器冷却水的供水方式根据厂址条件与水资源的可靠性，可分为直流式与循环式两种，如图 1-101 所示。一般南方离水源较近且水量充足的厂址，都采用直流式供水。北方地区离水源较远或水量不足时，采用循环式供水。

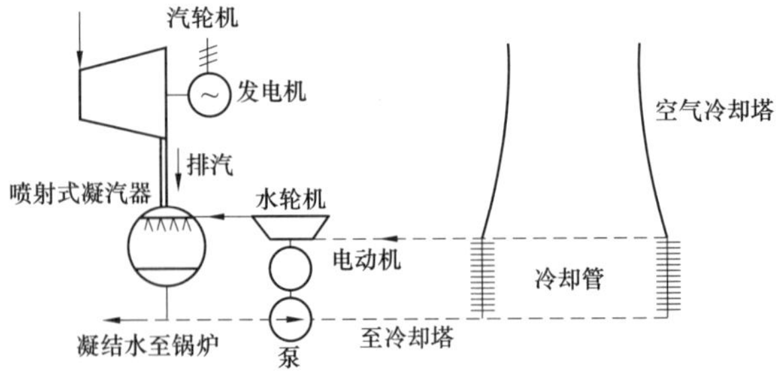

图 1-100　混凝式间接冷却系统

（1）直流式供水系统：离海、江河、湖、水库较近且水量满足供水要求的情况下，发电厂会采用直流供水系统。采用海水直流供水时，供水设备与装置需要进行防腐处理，通常采用钛金属材料，因此造价相对较高。直流供水系统建（构）筑物一般有：循环水泵房、进水前池、拦污室与旋转滤网间、进排水渠或进排水沟、取水泵房、重力引水管、取水岸头等。

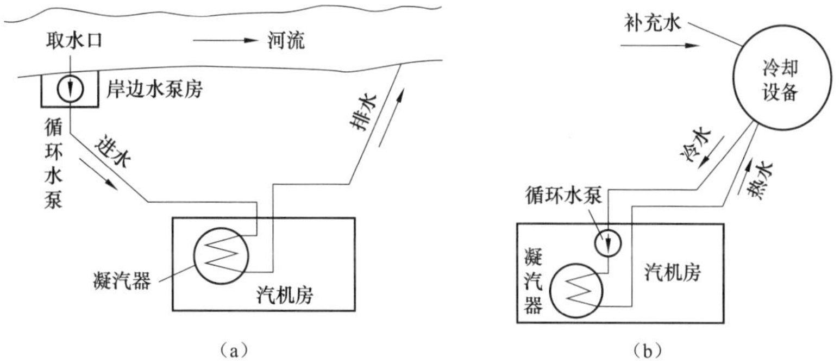

图 1-101 凝汽器水冷系统

(a) 直流式供水；(b) 循环式供水

(2) 循环式供水系统：大容量发电厂采用循环供水系统时，一般以双曲线型自然通风冷却塔为主，如图 1-102 所示；空冷机组辅机冷却循环水和容量相对较小发电厂凝汽器冷却水一般采用机力通风冷却塔。

图 1-102 双曲线型冷却塔

双曲线形自然通风冷却塔由贮水池、人字形支柱、塔筒、中央竖井和淋水装置等组成。水塔需要进行防腐抗渗处理。

1) 贮水池：多为约 2m 深的钢筋混凝土圆形水池，布置在地面以下，贮存循环冷却后的水。

2) 人字形支柱：采用预制钢筋混凝土或现浇钢筋混凝土结构，沿贮水池布置，向中心倾斜，以承担动静荷重。人字形支柱通过支墩与基础连接，通过塔筒下环梁与塔筒连接。柱高同进风高度，柱截面为圆形或多边形，钢筋含量较高。

3) 塔筒：为有利于自然通风，采用双曲线形无肋无梁柱薄壁壳体空间结构，为现浇钢筋混凝土结构，塔高一般为 75～120m，底边直径 65～110m。塔筒顶部为风筒，通过上环梁与塔筒连接。

4) 中央竖井：冷却蒸汽后的热水通过压力钢管从水塔进水管逆向流入中央竖井，将水分配到主水槽。中央竖井采用现浇钢筋混凝土环形结构。

5) 淋水装置：包括淋水构架、主水槽、分水槽、配水管、溅水装置、淋水装置、除水器，一般布置在塔筒内距地面 8～15m 标高处。淋水构架采用预制钢筋混凝土或现浇钢筋混凝土结构；主水槽采用现浇钢筋混凝土结构；分水槽与配水管一般采用 PVC 管道；溅水装置、淋水装置、除水器一般采用塑料或玻璃钢结构，由厂家按照成品要求供应。

机力通风塔根据风机直径一般成组布置，每一台风机为一个单元，通常称为“段”。每一个单元均由风机、玻璃钢通风筒座、淋水装置、挡水装置、水池等组成，单元之间由管沟相连。

(七) 电气系统

发电机生产电能除厂用电外，经变压器升压后通过配电装置与电力系统连接，通过输电线路与配电装置向终端用户提供电能。发电厂的电气系统如图 1-103 所示。

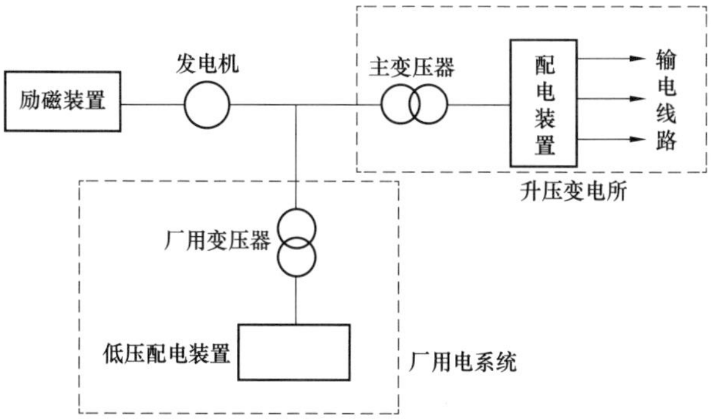

图 1-103 发电厂的电气系统

火电厂的电气系统主要建构筑物包括：主控制室、A 列外构筑物、配电装置等。

A 排外构筑物包括主变压器基础、厂用变压器基础、启动/备用变压器基础，变压器事故油坑、防火墙、构架、沟道等。

配电装置根据电厂厂址环境及占地因素，分为敞开式布置与封闭式布置。

敞开式配电装置包括设备基础、进出线构架、设备支架、电缆沟道、围栅、地坪等。

封闭式配电装置包括不同电压等级的配电室、室内设备基础与支架、室内沟道与围栏等。

（八）脱硫工程

火电厂发电使燃烧的煤中会产生大量含有硫和硝废气，这些废气排入大气会产生污染形成酸雨，严重破坏生态环境并危害人体健康。因此，火电厂设置了脱硫、脱硝系统处理这些含有大量硫和硝的废气排放。

现阶段火电厂为实现减排 SO_2 而采取的主要控制途径包括燃烧前脱硫、燃烧中脱硫、燃烧后脱硫，即烟气脱硫。燃烧前脱硫的主要内容是采用物理、化学或生物方式对锅炉使用的原煤进行清洗，将煤中的硫部分除掉，使煤得以净化；燃烧中脱硫就是在煤燃烧过程中进行脱硫处理，即在煤中掺烧固硫剂固硫，固硫物质随炉渣排出；燃烧后脱硫是在烟道处加装脱硫设备对尾部烟气进行脱硫处理，净化烟气，降低烟气中的 SO_2 排放量。燃烧前脱硫只能脱去煤炭中的无机硫，燃烧中脱硫虽然得到了推广应用，但效率不高，燃烧后脱硫即烟气脱硫被认为是控制 SO_2 排放量最有效、应用最广泛的脱硫技术。

烟气脱硫的原理如下。

吸收过程：SO_2（气体）+ 碱性吸收剂 = 亚硫酸盐

氧化过程：亚硫酸盐 + $0.5O_2$ = 硫酸盐（固体）

因此烟气脱硫实际上是一个化学化工过程。按吸收剂及脱硫产物在脱硫过程中的干湿状态，烟气脱硫分为湿法、干法和半干法。

1. 湿法烟气脱硫

湿法烟气脱硫绝大多数采用碱性浆液或溶液作为吸收剂，在湿状态下脱硫和处理脱硫产物，主要有石灰石—石膏法，石灰石—石膏法典型工艺流程如图 1-104 所示、MgO 法、氨水法和海水法等。该方法是目前使用最广泛的脱硫技术，具有脱硫反应快、设备简单、脱硫效率高等优点，但同时存在腐蚀严重、运行维护费用高及易造成二次污染等问题。

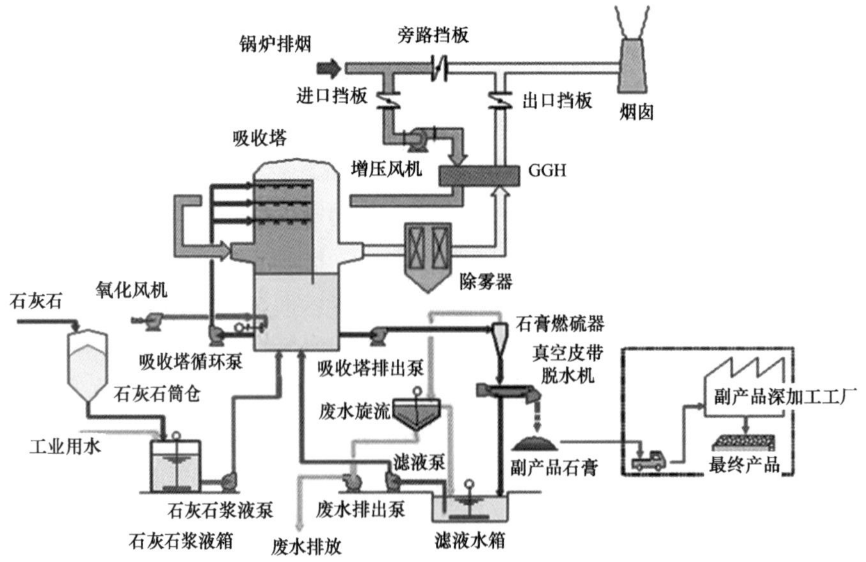

图 1-104　石灰石—石膏法典型工艺流程

2. 干法烟气脱硫

干法烟气脱硫如图 1-105 所示，是采用粉状吸收剂脱除烟气中的 SO_2，并在干态下处理或再生脱硫剂；主要代表工艺是炉内喷钙脱硫或炉内喷钙尾部增湿烟气脱硫等。该方法的特点是反应在完全干燥的状态下进行，反应物为干粉状，不存在腐蚀、结露等问题，相对于湿法脱硫技术，干法脱硫技术具有耗水量少、不造成二次污染、硫便于回收等优点，但设备庞大，脱硫率不及湿法。

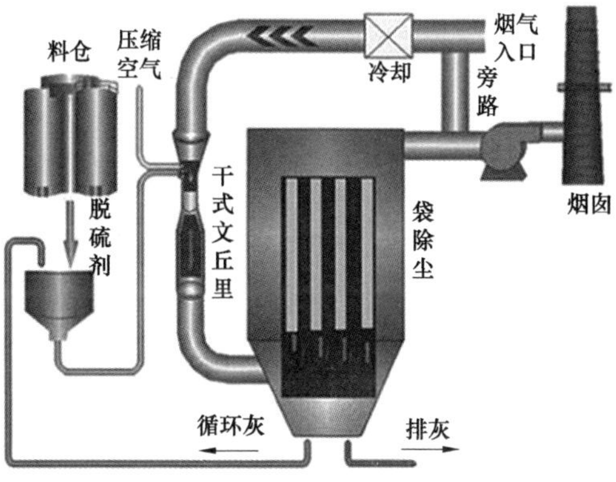

图 1-105　干法烟气脱硫

3. 半干法烟气脱硫

半干法烟气脱硫也称为喷雾干燥法，其工艺过程见图 1-106，是利用快速离心喷雾机将吸收剂喷射成极其细小且均匀分布的雾粒，在吸收塔内雾粒与热烟气接触，一方面吸收剂吸收烟气中的 SO_2，另一方面水分迅速蒸发而形成含水量很低的固体灰渣，从而达到净化烟气中 SO_2 的目的。该方法脱硫率可达 75%～90%，同时具有设备简单、投资小、运行维护方便及运行费用低等优点，比较适合老电厂改造，因为在火电厂排烟流程中不需增加任何设备就能达到脱硫的目的。

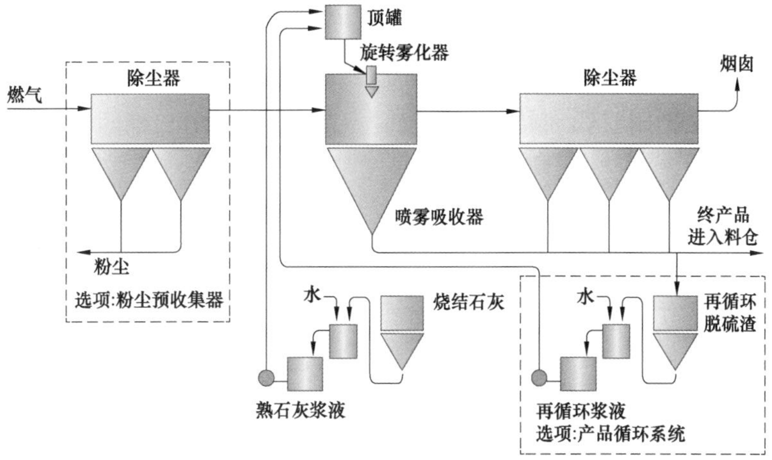

图 1-106　喷雾干燥法工艺过程

火电厂脱硫系统的主要建筑物和构筑物包括：吸收剂制备储存供应系统、吸收塔系统、石膏处理及浆液回收系统、废水处理系统、电控系统的建筑物及相关设备基础；烟气系统的烟道支架、烟气加热器支架、增压风机基础等以及脱硫区域的道路、沟道、室外管道等。

（九）脱硝工程

火电厂发电排放的烟气中除了含有大量 SO_2 外，还有对环境和人体健康危害严重的 NO_x（氮氧化物）；为了进一步降低 NO_x 的排放，也必须对燃烧后的烟气进行脱硝处理。

目前通行的烟气脱硝技术包括对燃烧中 NO_x 生成的控制及对烟气中 NO_x 的脱除。对燃烧中 NO_x 生成的控制主要是通过降低燃烧温度和控制燃料和空气的混合速度与时机；对于烟气中 NO_x 的脱除，目前通行的技术工艺大致亦可分为干法、半干法和湿法，其中干法包括选择性非催化还原法（SNCR）、选择性催化还原法（SCR）、电子束联合脱硫脱硝法；半干法有活性炭联合脱硫脱硝法；湿法有臭氧氧化吸收法等。与烟气脱硫相比，区别在于脱除物质各异，因此处理的工艺和所需药剂不同。

就目前而言，干法脱硝占主流地位，其中 SCR 脱硝工艺过程见图 1-107，它是以氨气作为脱硝剂喷入高温烟气脱硝装置中，在催化剂的作用下将烟气中 NO_x 分解成为 N_2 和 H_2O；由于其脱硝装置结构简单、无副产品、运行方便、可靠性高、脱硝效率高、一次投资相对较低等诸多优点得到了广泛的应用。

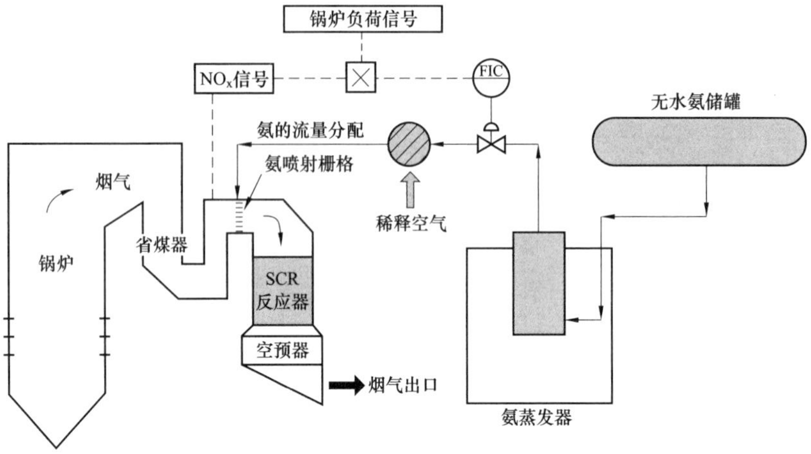

图 1-107　SCR 脱硝工艺过程

火电厂脱硝系统的主要建（构）筑物布置在炉后，其脱硝钢架及各层平台随锅炉厂家供应；脱硝辅助建筑包括氨制备及储存车间。

（十）附属生产工程

（1）辅助生产工程：空压机房、制氢站、油处理室及露天油库、检修间、启动锅炉房、柴油发电机室等。

（2）附属生产工程：生产行政综合楼、生产试验楼、材料库、危险品库、棚库、汽车库、警卫传达室、雨水泵房、自行车棚等。

（3）环境保护施工：机组排水槽及水泵间、酸碱废水中和池、工业废水处理站、废水零排放、生活污水处理站、含油污水处理站、含煤废水处理站、渣水加药处理站、厂内灰水回收处理站、噪声治理设施、厂区绿化等。

（4）消防系统：消防水泵房、消防水池、厂区消防管道、泡沫消防室、消防车库、特殊消防等。

（5）厂区性建筑：厂区道路及广场、围墙及大门、厂区管道支架、厂区沟道隧道、生活给排水、厂区挡土墙及护坡、防洪建筑、厂区雨水管道等。

（6）厂区采暖（制冷）工程：采暖加热（制冷）站、厂区采暖管道建筑等。

（7）厂前公共福利工程：招待所、职工食堂、浴室、检修及夜班宿舍、围墙及大门、室外工程等。

二、与厂址有关的单项工程

1. 交通运输工程

包括码头及引桥、航道、港池、铁路、厂外公路、厂外输煤系统。

2. 储灰场、防浪堤、填海、护岸工程

包括灰（坝）场、防浪堤、填海工程、护岸。

3. 水质净化工程

包括原水升压泵房、原水综合泵房、原水加药间、风机房、沉淀池、机械加速澄清池、浓缩池、蓄水池、管道建筑（土方、垫层、支架、支墩等）。

4. 补给水工程

包括取水口（头）、引水渠（管）、进水滤网间、补给水取水泵房、补给水管路建筑（土方、支架、沟道、涵管、各类井）。

5. 地基处理

包括六大生产系统及脱硫、脱硝系统和附属生产工程、储灰场、防浪堤、填海、护岸工程、水质净化工程、补给水工程的地基处理。

6. 厂区、施工区土石方工程

包括生产区土石方工程、施工区土石方工程。

7. 临时工程

包括厂区施工铁路专用线、施工电源、施工水源、施工道路、施工通信线路、施工降水、施工防护工程。

第五节 燃 气 电 厂

一、燃气电厂概况

燃气电厂是一种利用燃气轮机及发电机与余热锅炉、蒸汽轮机共同组成的循环系统，它将燃气轮机排出的功后高温乏烟气通过余热锅炉回收转换为蒸汽，再将蒸汽注入蒸汽轮机进行发电的电厂。随着燃机技术的发展，以及国家能源结构的变化和对环保要求的提高，燃机电厂的发展势必会大大加速，燃气电厂如图 1-108 所示。

图 1-108 燃气电厂

1. 基本情况

联合循环发电：燃气轮机及发电机与余热锅炉、蒸汽轮机共同组成的循环系统，它将燃气轮机排出的功后高温乏烟气通过余热锅炉回收转换为蒸汽，再将蒸汽注入蒸汽轮机发电。形式有燃气轮机、蒸汽轮机同轴推动一台发电机的单轴联合循环，也有燃气轮机、蒸汽轮机各自推动各自发电机的多轴联合循环。燃气电厂组成如图 1-109 所示。

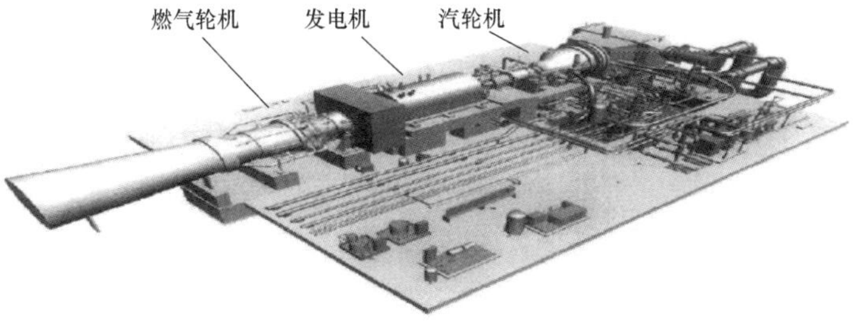

图 1-109 燃气电厂组成

2. 燃气电厂布置方式

燃气轮机、蒸汽轮机、发电机、余热锅炉四种主要设备组成了燃气—蒸汽联合循环发电系统，实际上这四种设备的组合布置有多种方式，但主要的分类方式是按轴系布置来分，一种是单轴布置方案，一种是多轴布置方案。

燃气电厂的布置方式对电厂主厂房的总体布置、设计与基建投资、总造价、运行性能都有重大影响。

（1）单轴布置方式：燃气轮机、蒸汽轮机、发电机串联在一根轴上，燃机与汽机共用一台发电机。此方案只能用于单台燃气轮机、单台余热锅炉及单台蒸汽轮机匹配的情况，可节省设备费用，减少厂房面积，系统调控相对简单。目前 30 万 kW 以上的燃气—蒸汽联合循环发电机组多数采用单轴布置。

缺点：燃机不能快速启动，蒸汽机故障时燃机无法单独运行。

改进：将发电机放在燃机与汽机之间，并在发电机与汽机间加装 3S 离合器。

目前西门子单轴燃机均采用此方案。缺点是发电机抽转子麻烦。

3S 离合器作用：布置方式在燃机启动阶段，发电机轴与蒸汽机轴脱开，燃气轮机按照简单循环方式启动，一般可以在 20～25min 内完成启动和携带 65%负荷以适应调峰运行要求。同时，余热锅炉的管簇系统及蒸汽机系统逐渐预热升温。当蒸汽机的主轴转速增高到与发电机转速相同时，3S 离合器自动啮合上，蒸汽机开始携带负荷。

（2）多轴布置方式：燃气轮机带动一台发电机，蒸汽轮机带动台发电机，各自一个轴系。

优点：在电厂建设时，只要燃气轮机机组安装完毕即可发电（不必等到锅炉与蒸汽轮机安装完毕）；蒸汽机故障或检修时燃机仍能独立运行；多台燃气轮机的电厂中在部分负荷工况下的提高供电效率。我国 20 万 kW 以下的燃气—蒸汽联合循环发电机组多数采用多轴布置。

缺点：系统复杂，投资费用较高。

3. 燃气轮机

燃气轮机是一种以空气及燃气为工质的旋转式热力发动机，它的结构与飞机喷气式发动机一致，也类似蒸汽轮机，主要结构为燃气轮机（透平或动力涡轮）、压气机（空气压缩机）、燃烧室。

4. 工作原理

叶轮式压缩机从外部吸收空气，压缩后送入燃烧室，同时燃料（气体或液体燃料）也喷入燃烧室与高温压缩空气混合，在定压下进行燃烧。生成的高温高压烟气进入燃气轮机膨胀做功，推动动力叶片高速旋转，乏气排入大气中或再加利用。

燃气轮机具有效率高、功率大、体积小、投资省、运行成本低和寿命周期较长等优点。主要用于发电、交通和工业动力。燃气轮机分为轻型燃气轮机和重型燃气轮机，轻型燃气轮机为航空发动机的转型，其优势在于装机快、体积小、启动快、简单循环效率高，主要用于电力调峰、船舶动力。重型燃气轮机为工业型燃机，其优势为运行可靠、排烟温度高、联合循环组合效率高，主要用于联合循环发电、热电联产。

5. 辅机部分

（1）润滑油系统。在机组起动、正常运行及停机过程中，向燃气轮机和发电机的轴承、透平的辅助齿轮箱提供数量充足、温度和压力适当的、清洁的润滑油，从而防止轴承烧毁，轴承的过热造成弯曲而引起震动，润滑油也供给起动变扭器作为液压流体及润滑用。除此之外，一部分润滑油分离出来，经过过滤后用作液压控制油，或用作液压控制装置的液压流体。主要有主润滑油泵、辅助润滑油泵、事故油泵、油雾抽取装置。

（2）起动系统。燃气轮机在正常运行时，透平功率的三分之二用来拖动压气机，其余三分之一功率为输出功率。在燃机起动过程中，必须由外部动力来拖动机组的转子，起动之后再把外部动力设备脱开。同时，由于机组转子在静止状况下，惯性和摩擦力很大，为减小外部动力设备的功率，要借助盘车机构的搬动来实现对静止转子的起动。起动燃机用的外部动力设备及其附件系统称为起动系统。起动系统的第二个功能是作为停机后的冷机盘车设备。避免转子因受热和冷却不均匀而产生弯曲变形。

主要有盘车电机、起动电机、注油泵。

（3）液压油系统。液压油系统用于向机组的液压执行机构提供液压油。主液压泵由辅助齿轮箱带动，辅助液压泵由电动机带动。主要有辅助液压泵，主液压泵。

（4）雾化空气系统。在使用液体燃料的燃气轮机组中，为使液体燃料更好的雾化，提高燃烧效率，要配备加压雾化空气系统。雾化空气系统向燃料喷嘴的雾化空气腔内提供足够压力的空气，雾化空气由加工在喷嘴上的内部管路和喷口按一定的方式喷入燃烧室，撞击喷油嘴喷射出来的燃油，使燃油油滴破碎成油雾，解决了油与空气混合不好的问题。在点火、暖机、升速及机组的整个试运期间，雾化空气系统自始至终都在工作。

（5）冷却和密封空气系统。该系统利用必要流量的压气机抽气给燃气轮机转子和静子的其他部分用于冷却。以防止机组正常运行期间产生的高温。安装在机组外的离心式压缩机从大气中抽取空气去冷却透平排气框。

（6）通风和加热系统。轮机间和辅机间是两个密封的仓室，四壁和顶壁由隔热材料板装配而成。在仓室的前壁装有加热器，以便控制仓室的空气温度和维持仓式的设计温度。为保证运行中室温不过高，在轮机间、辅机间、负荷轴间设置了通风口及电动机驱动的通风风机。

冷却空气从辅机间两侧壁的通风口引入，被顶部的通风风机排到大气中。风机装有重力作用的逆风挡板，风机停运，挡板关闭。风机电动机带有加热器，以控制停机期间的湿度。辅机间装有两组加热器，一组控制机组不运行时辅机间的湿度；另一组是机组不运行时辅机间防冰冻用，带有电动机驱动的风机。两组加热器均由温度开关自动控制。

轮机间顶壁上装有电动机驱动的箱装式离心式风机，它使轮机间热空气通过垂直进口，水平出口排到大气中，风机装有紧急关闭挡板和逆风挡板。风机启停由温度开关控制。停机时，主通风机失电退出，为防止轮机间内危险气体的积聚，一台低容量的通风机起动，直到手动停止或机组重新启动为止。

轮机间装有三组加热器，其中一组加热器控制机组不运行时轮机间的湿度；另外两组加热器是机组不运行时轮机间防冰冻用，带有电动机驱动的风机。三组加热器均由温度开关自动控制。

负荷联轴器间的通风由装于顶壁的电动机驱动的风机承担，此电动机装有加热器。

（7）冷却水系统。冷却水系统的任务是完成润滑油系统、雾化空气系统、主燃油泵冷却器、发电机空冷器、透平支撑和火焰监测器安装底座的散热要求。

（8）压气机和透平水清洗系统。在机组运行期间，污染物在内部零件上的沉积会造成燃气轮机性能损失。空气中的污染物、燃烧重油的残渣，都会对压气机、透平造成损伤，因此必须通过含有洗涤剂的水溶液将污染物清除。

6. 余热锅炉

强制循环燃机余热锅炉为露天布置，采用国际上流行的塔式悬吊结构。该类型锅炉结构先进合理。适于与燃用天然气、轻油及劣质重油的燃气轮机相配套，特别适应于快速启停。对燃机负荷适应性强，占地面积小，运行性能稳定，操作方便，可确保联合循环发电机组的长期安全、可靠、高效、经济运行。强制循环余热锅炉多为立式布置。锅炉的烟气流程：烟气经入口烟道、三通烟道和过渡烟道进入受热面管箱后自下而上，先后依次冲刷高低温过热器、高压蒸发器、高压省煤器和低压蒸发器。最后经主烟囱直接排空。锅炉的汽水流程为给水由高压省煤器人口集箱进入省煤器管屏加热后流入高压锅筒个通过锅筒下部的集中下降管进入高压蒸发器管屏。吸热后上升进入锅筒进行汽水分离。分离后饱和水再进入集中下降管，而饱和蒸汽从锅筒上部引至高压过热器，经过热管屏吸热后由出日集箱引出锅炉。在两级过热器之间布置喷水减温装置，从而可有效地保证出日过热蒸汽温度。双压余热锅炉的另一路给水直接进入低压锅筒，由下降管引入低压蒸发器管屏，蒸发吸热后上升进入低压锅筒进行汽水分离，分离后饱和水回下降管，低压蒸汽由低压锅筒上部引出、经减压后进入除氧器用于除氧。但高、低压下降管均设有两套强制循环泵（一用一备）。高低压蒸发器内本循环动力由强制循环泵提供，确保水循环安全可靠。这类炉型的低压锅筒也可兼作除氧水箱，并安置于锅炉钢架上，可简化管路系统，减少占地面积。

强制循环余热锅炉受热面按部件制成管箱形式出厂，管箱由穿过数块管板的水平错列布置的螺旋鳍片管及进出口集箱组成，在厂内组装成大型箱体，现场整体安装。

7. *优点*

（1）电厂的整体循环效率高。常规燃煤电厂由于其循环及设备的限制，它的热效率已很难有突破性的提高。依据统计，1998 年我国 6000kW 以上火电机组的平均供电标煤耗为 406kg/kWh，折算的平均供电效率为 30.3%。目前我国最大的超临界 600MW 的火电机组，其供电效率约 40%左右。而联合循环发电的热效率则远高于这一数据。

（2）对环境污染极小：在各种型式的发电装置中，联合循环电厂的另一个主要优点是它能适应环保要求，被称为“清洁电厂”。由于采用油或天然气为燃料，燃烧产物没灰渣，不用灰渣排放；燃烧效率高（供电效率高）能完全燃烧，由于节约燃料燃烧产物 CO_2 少。当今，我国对发电厂污染物的排放量的要求日益严格，常规火电为了满足国家环保规定，采用烟气脱硫设备，其投资约占发电厂总投资四分之一～三分之一，运行费高达每 kWh 电量增加 0.03～0.05 元。

（3）单位（比）投资较低：在同等条件下，单位（比）投资较低。根据国内建设不同容量燃煤电厂和联合循环电厂的有代表性的实际投资综合分析，按燃煤电厂机组的系列容量折算，单位投资比燃气蒸汽联合循环电厂贵；而且燃机目前国内仅能生产 36MW 级度以下的设备，若按我国目前进口设备政策，燃气机组能返包 10%～30%给国内厂家生产，其价格将更低。

（4）调峰性能好：启停快捷。燃机从启动到带满负荷运行，一般不到 20min，快速启动时，时间可更短。若以 50MW 电厂为例：联合循环电厂启动热态为 60min，温态为 90min，冷态为 120min 可带满负荷。而汽轮机电厂启动至满负荷为：热态 90min，温态 180min，冷态为 300min。因而燃机电厂是城市备用或调峰机组的最佳选择。

（5）占地少：燃机电厂由于无须煤场，输煤系统，除灰渣系统以及除尘、脱硫系统等，所以厂区占地面积比燃煤电厂所占厂区小得多。比同容量燃煤电厂相比，燃机电厂占地面积只有燃煤电厂的面积 30%～40%，且电厂建筑面积也只燃煤电厂的面积 20%。

（6）耗水量少：燃机电厂不需要大量冷却水，可减少冷却水的供应，这对于干旱缺水地区建电厂尤为重要。一般比同容量燃煤电厂少得多，简单循环只需 2%～10%火电厂的用水量，联合循环也只有火电厂的三分之一左右。

（7）建厂周期短：且可分段投产由于制造厂内完成了最大的可能装配且分部调试后直接集装运往现场，安装在预制好的现场基础上，施工安装简便，建厂周期短，投产快运行人员少由于燃机电厂自动化程度高，采用先进的集散式控制系统，控制人员可以大减少。一般情况占同容量燃煤电厂的人员的 20%～25%，就足够了。

（8）厂用电率低：燃机电厂一般厂用率不到 2%，而燃煤电厂大机组用电率都在 5%～6%。

8. *发展趋势*

我国是个产煤大国，石油与天然气资源相对比较贫乏。这一因素长期制约着我国燃机发电的发展，近来，在经济发达的东南沿海地区，开始起步进口液化天然气（LNG）和液化石油气（LPG）。另外，我国沿海大陆架及陕北、新疆等地油气田建设已有实质性进展，输气管线已与西安、北京等大城市接通，将来可接通南京、上海，为采用燃机联合循环解决调峰、热电联产及环保问题创造了条件。

随着燃机技术的发展，以及国家能源结构的变化和对环保要求的提高，燃机电厂的发展势必会大大加速，时不我待，我们应充分抓住之这一机遇，大力开拓燃机电厂建设这一市场，为公司的发展注入新的活力。

9. 环境保护贡献

燃气电厂占地面积小，一般为燃煤电厂的54%；耗水量小，仅为燃煤电厂的三分之一；燃气电厂不需要为环保追加新的投资；不会引发水电建设造成的施工废水、弃渣排放、料厂占地、森林植被受淹及移民等诸多问题。此外，燃气电厂污染物的排放量较低，以500MW燃气电厂为例，其二氧化硫排放几乎为零；与同容量的燃煤电厂相比，氮氧化物排放量为后者的19%；二氧化碳为42%；可吸入颗粒物仅为5%。

由于燃气电厂在占地面积、用水量、环保等方面均比其他电厂小得多，这就使得在负荷中心建设电厂，实现就地供电成为可能。由此可以减轻电网输电和电网建设的压力，提高电网运行的稳定性。

二、燃气电厂主要生产系统的建（构）筑物

燃气电厂主要生产系统包括热力系统、燃料供应系统、水处理系统、供水系统、电气系统，其主要生产系统建（构）筑物也按此分类。燃气电厂全景图见图1-110，燃气电厂总平面布置图见附录A。

图1-110　燃气电厂全景图

1. 单元（集中）控制室

单元控制室是电厂的监视控制中心，汇集有各种控制和监测设备，以便运行人员能高效准确地完成以下工作任务：

（1）监视电厂的运行状态，并根据需要进行必要的调整和操作；

（2）机组启停过程中，监视和执行各种设备和系统的启停操作；

（3）电厂异常工况下进行紧急事故处理。设置于厂房内的控制室。

2. 电控综合楼（集中控制楼）

一般是单独的建筑物，其中包括集中控制及布置各种电气设备。

3. 燃气轮发电机基础

燃气轮发电机是以连续流动的气体为工质带动叶轮高速旋转，将燃料的能量转变为有用功的内燃式动力机械，是一种旋转叶轮式热力发动机。由燃气轮机与发电机组成的。燃气轮发电机基础就是安装这些设备，承载全部荷重，并把它均匀地传递给下方岩土的钢筋混凝土结构。

4. 旁路烟囱基础

燃气—蒸汽联合循环电厂中，烟气旁路系统是余热锅炉的重要附属设备，主要由一台控制烟气流向余热锅炉或流向旁路烟囱的三通挡板门和一套带消音器的旁路烟囱，旁路烟囱基础就是安装这些设备，承载全部荷重，并把它均匀地传递给下方岩土的钢筋混凝土结构。

5. 余热锅炉基础

燃气—蒸汽联合循环电厂中，燃机高温排气通往余热锅炉，通过热交换产生两种压力的过热蒸汽进入汽轮发电机组做功。余热锅炉基础是安装余热锅炉，承载全部荷重，并把它均匀地传递给下方岩土的钢筋混凝土结构。

第二章

建筑工程材料设备

第一节 常用建筑材料

建筑材料是指建筑工程中所用各种材料的总称，是建筑工程的物质基础。建筑材料的性能、质量和价格，直接关系到建筑产品的适用、安全、经济和美观性。建筑材料的质量直接影响建筑物的安全性和耐久性。一般工程的材料费用占建筑工程费用50%以上，若能够经济合理地使用建筑材料，减少浪费和损失，就可以降低工程造价，提高建设投资的经济效益。

建筑材料的性能和组分各异，用途不同，可按多种方法分类。

（1）按建筑材料化学成分，可分有机材料、无机材料及复合材料三大类。建筑材料按化学成分分类见表2-1。

表2-1 建筑材料按化学成分分类

分类			实例
非金属材料	无机材料	天然石材	砂、石及石材制品等
		烧土制品	烧结砖瓦、陶瓷制品等
		胶凝材料及制品	石灰、石膏及制品、水泥及混凝土制品、硅酸盐制品等
		玻璃	普通平板玻璃、装饰玻璃、特种玻璃等
		无机纤维材料	玻璃纤维、矿棉纤维、岩棉纤维等
	有机材料	植物材料	木材、竹、植物纤维及制品等
		沥青类材料	石油沥青、煤沥青及制品等
		有机合成高分子材料	塑料、涂料等
金属材料	黑色金属		铁、钢及合金等
	有色金属		铜、铝及合金等
复合材料	有机与无机非金属材料复合		聚合物混凝土、玻璃纤维增强塑料等
	金属与无机非金属材料复合		钢筋混凝土、钢纤维混凝土等
	金属与有机材料复合		PVC钢板、有机涂层铝合金板等

（2）按建筑材料用途划分见表2-2，可分为结构材料、围护材料（墙体及屋面材料）和建筑功能材料等。

一、建筑材料的基本性质

建筑物是由各种建筑材料建筑而成的，这些材料在建筑物的各个部位要承受各种各样的作用，因此要求建筑材料必须具备相应性质。一般而言，建筑材料的基本性质包括物理性质、力学性质和耐久性等。

表 2-2　　建筑材料按材料用途分类

分类		实例
根据使用功能分类	建筑结构材料	钢筋混凝土结构：钢筋、混凝土； 砖混结构：石材、砖、水泥混凝土、钢筋； 钢木结构：建筑钢材、木材； 钢结构：钢柱、钢梁、钢屋架、网架
	建筑围护材料（墙体及屋面材料）	砖及砌块：普通砖、空心砖、硅酸盐砖及砌块； 墙板：混凝土墙板、石膏板、复合墙板、压型钢板墙板； 屋面材料：烧结瓦、水泥类瓦材、加气混凝土轻质墙板、压型钢板屋面板
	建筑功能材料	防水材料：沥青及其制品； 绝热材料：石棉、矿棉、玻璃棉、膨胀珍珠岩； 吸声材料：木丝板、毛毡、泡沫塑料； 采光材料：窗用玻璃； 装饰材料：涂料、塑料、铝材、石材、建筑陶瓷、玻璃及其制品

1. 材料的物理性质

材料的物理性质主要分为与质量有关的性质、与水有关的性质和与热有关的性质。

（1）与质量有关的性质。主要包括材料在不同构造状态下的密度，如材料的密度、表观密度、堆积密度以及材料的密实度、空隙率和孔隙率等。

（2）与水有关的性质。主要包括材料的亲水性与憎水性，材料的吸水性与吸湿性，材料的耐水性、抗渗性和抗冻性等。

（3）与热有关的性质。主要包括材料的导热性和热容量等。

2. 材料的耐久性

材料在长期使用过程中，能保持其原有性能而不变质、不破坏的性质统称材料的耐久性，受到物理作用、化学作用、生物作用等影响，是一种复杂、综合的性质。

3. 材料的力学性质

材料的力学性质就是指材料在外力作用下产生变形和抵抗破坏的性质，主要包括材料的强度与比强度，材料的弹性与塑性，材料的脆性与韧性等。

二、结构材料

建筑结构材料是构成建筑物受力构件和结构所用的材料，如梁、板、柱、基础、框架等构件或结构使用的材料。结构材料要求具有足够的强度和耐久性。

（一）建筑钢材

钢是由生铁冶炼而成的黑色金属材料，主要成分是铁和碳。钢和铁的区别主要在于含碳量的多少，含碳量小于 2%的铁碳合金称为钢，含碳量大于 2%时则为铁。

钢材中除了主要化学成分铁以外，还含有少量的碳、硅、锰、磷、硫、氧等元素，这些元素虽然含量少，但对钢材性能有很大影响。

1. 钢材的分类

钢材的品种繁多，应用中常有以下几种分类方法。

（1）按化学成分分类，钢材分为碳素钢和合金钢。

1）碳素钢按含碳量分为低碳钢（含碳量＜0.25%）、中碳钢（含碳量 0.25%～0.60%）和高碳钢（含碳量＞0.60%）。

2）合金钢按合金的含量分为低合金钢（合金元素总量＜5%）、中合金钢（合金元素总量 5%～10%）和高合金钢（合金元素总量＞10%）。

建筑工程中常用主要钢种是普通碳素钢中的低碳钢和合金钢中的低合金高强度结构钢。

（2）按用途分类，钢材分为结构钢、工具钢和特殊钢。结构钢主要用作工程结构构件及机械零件的钢；工具钢主要用作各种量具、刀具及模具的钢；特殊钢是具有特殊物理、化学或机械性能的钢，如不锈钢、耐酸钢和耐热钢等。建筑上常用的是结构钢。

（3）按脱氧程度分类，钢材分为沸腾钢、镇静钢、半镇静钢等。

1）沸腾钢代号为“F”，脱氧很不完全，组织不够致密，杂质和夹杂物多，故质量较差。但其生产成本低、产量高，可广泛用于一般的建筑工程。

2）镇静钢代号为“Z”，冶炼成本较高，但脱氧充分使其组织致密、成分均匀、性能稳定，故质量好，适用于预应力混凝土等重要结构工程。

3）半镇静钢的脱氧程度介于沸腾钢和镇静钢之间，故为质量较好的钢，其代号为“b”。

2. 建筑钢材的技术性能

钢材的技术性能主要体现在三方面：力学性能、工艺性能和化学性能。

（1）钢材的力学性能。建筑钢材的力学性能主要有拉伸性能、冲击韧性、疲劳强度和硬度等。

（2）钢材的工艺性能。钢材应具有良好的工艺性能，以保证钢材顺利通过各种加工，满足施工工艺的要求。冷弯、冷拉、冷拔及焊接性能是建筑钢材的重要工艺性能。

3. 建筑常用钢材

（1）常用钢种。在建筑工程中应用最广泛的钢材品种主要有普通碳素结构钢、优质碳素结构钢和低合金高强度结构钢。

1）普通碳素结构钢。普通碳素结构钢简称碳素结构钢，在各类钢中产量最大，用途最广泛，多轧制成型材、异型型钢和钢板等，可供焊接、铆接和螺栓连接。

普通碳素结构钢的牌号由代表屈服点的字母Q、屈服点数值、质量等级符号、脱氧方法符号等四个部分按顺序组成。其中，以“Q”代表屈服点；质量等级以硫、磷等杂质含量由多到少，分为A、B、C、D四个质量等级；脱氧方法以F表示沸腾钢、b表示半镇静钢、Z和TZ表示镇静钢和特殊镇静钢，在钢的牌号中可以省略。如Q235-A.F表示为屈服点不小于235MPa的A级沸腾钢，Q235-D表示屈服点不小于235MPa的D级特殊镇静钢。

2）低合金高强度结构钢。低合金高强度结构钢是在普通碳素钢的基础上加入含量一般不超过5%的一种或多种合金元素冶炼制成的镇静钢。所加合金元素主要有锰（Mn）、硅（Si）、钒（V）、钛（Ti）、铌（Nb）、铬（Cr）、镍（Ni）及稀土元素。其目的是为了提高钢的屈服强度、抗拉强度、耐磨性、耐蚀性及耐低温性能等。

低合金高强度结构钢的牌号表示：Q屈服点强度—质量等级，其中质量等级按冲击韧性的递增划分为A、B、C、D、E五个等级。例：Q295-B表示屈服点为295MPa的B级镇静钢；Q390-E表示屈服点为390MPa的E级镇静。

低合金高强度结构钢与碳素结构相比，具有较高的强度，有良好的塑性、低温冲击韧性、可焊性和耐蚀性等特点，冶炼成本也不高，广泛用于钢结构和钢筋混凝土结构中。是一种综合性能良好的建筑钢材。

（2）钢筋混凝土用钢材。钢筋是用于钢筋混凝土结构中的线材。按照生产方法、外形、用途等不同，工程中常用的钢筋主要有热轧光圆钢筋、热轧带肋钢筋、低碳钢热轧圆盘条、预应力钢丝、冷轧带肋钢筋、热处理钢筋等品种。钢筋具有强度较高、塑性较好、易于加工等特点，是钢筋混凝土中使用量最大的钢材品种之一。

1）热轧钢筋。热轧钢筋是经热轧成型并自然冷却的成品钢筋，由低碳钢和普通合金钢在高温状态下压制而成，直径6.5～9mm的钢筋，大多数卷成盘条；直径10～40mm的一般是6～12m长的直条。

热轧钢筋如图2-1所示，按轧制外形分为热轧光圆钢筋和带肋钢筋；按屈服点及抗拉强度分为Ⅰ、

Ⅱ、Ⅲ、Ⅳ四个等级，Ⅰ级钢筋用碳素结构钢轧制，Ⅱ、Ⅲ、Ⅳ级钢筋用低合金结构钢轧制。

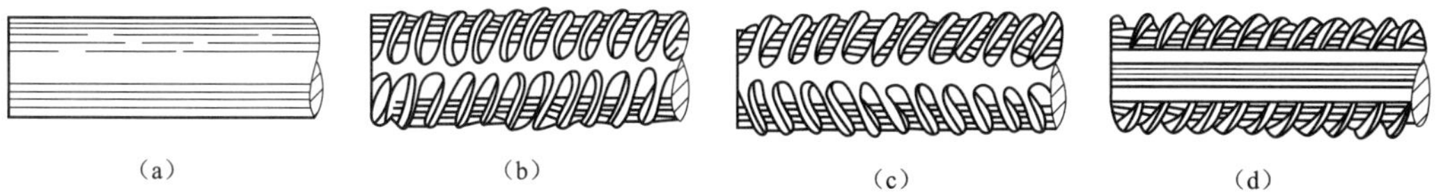

图 2-1　热轧钢筋

（a）光圆钢筋；（b）人字纹钢筋；（c）螺纹钢筋；（d）月牙纹钢筋

HPB 为热轧光圆钢筋，有 HRB235 和 HRB300 二个牌号；HRB 为热轧带肋钢筋，有 HRB335、HRB400、HRB500 三个牌号，如 HRB335 表示屈服点不小于 335MPa 的热轧带肋钢筋。

2）冷轧带肋钢筋。冷轧带肋钢筋是由热轧圆盘条经冷轧或冷拔减径后，在表面冷轧成两面或三面有肋的钢筋。牌号由 CRB 和钢筋的抗拉强度最小值构成，有 CRB550、CRB650、CRB800、CRB970 四个牌号，CRB550 为普通钢筋混凝土用钢筋，其他牌号为预应力混凝土钢筋。

冷轧带肋钢筋克服了冷拉、冷拔钢筋握裹力低缺点，同时具有和冷拉、冷拔相近的强度，因此在中、小型预应力混凝土结构构件和普通混凝土结构构件中得到了越来越广泛的应用。

3）冷拉热轧钢筋与冷拔低碳钢丝。将热轧钢筋在常温下拉伸至超过屈服点（小于抗拉强度）的某一应力，然后卸荷即得冷拉钢筋，冷拉可使屈服点提高 17%～27%，但伸长率降低。冷拉后不得有裂纹、起层等现象。冷拉钢筋分为四个等级，冷拉Ⅰ级钢筋适用于钢筋混凝土结构中的受拉钢筋，冷拉Ⅱ、Ⅲ、Ⅳ级钢筋可用作预应力混凝土结构中的预应力筋，但在负温及冲击或重复荷载下易脆断。

将直径为 6.6～8mm 的 Q235（或 Q215）热轧盘条，在常温下通过截面小于钢筋截面的拔丝模，经一次或多次拔制即得冷拔低碳钢丝。冷拔可提高屈服强度 40%～60%并令材质硬脆。冷拔低碳钢丝属硬钢类钢丝。其级别可分为甲级及乙级，其中甲级为预应力钢丝；乙级为非预应力钢丝，用于焊接或绑扎骨架、网片或箍筋。凡伸长率不合格者，不得用于预应力混凝土构件中。

4）热处理钢筋。热处理钢筋是钢厂将热轧中碳低合金钢筋经淬火和回火调质热处理而成。强度显著提高，韧性高，而塑性降低不大，综合性能较好。通常有直径为 6、8.2、10mm 三种规格，表面常轧有通长的纵筋与均布的横肋。使用时不能用电焊切割，也不能焊接。可用于预应力混凝土工程中。

5）冷轧扭钢筋。采用直径为 6.5～10mm 的低碳热轧盘条钢筋（Q235 钢），经冷轧扁和冷扭转而成的具有一定螺距的钢筋。冷轧扭钢筋屈服强度高，与混凝土的握裹力大，因此无须预应力和弯钩即可用于普通混凝土工程，可节约钢材 30%。可用于预应力及承重荷载较大的建筑部位如梁、柱等。

6）预应力混凝土用钢丝及钢绞线。钢丝是以优质碳素结构钢盘条为原料，经淬火、酸洗、冷拉制成的，抗拉强度比低碳钢热轧圆盘条、热轧光圆钢筋、热轧带肋钢筋的强度高 1～2 倍。在构件中采用钢丝可节约钢材、减小构件截面积和节省混凝土。钢丝主要用作吊车梁、电杆、楼板、大口径管道等预应力混凝土构件中的预应力筋，预应力钢丝如图 2-2 所示。

钢绞线是由多根圆形断面钢丝捻制而成，与其他配筋材料相比，具有强度高、柔性好、质量稳定、成盘供应不需接头等优点。适用于大跨度预应力混凝土构件的预应力钢筋，广泛地应用于大跨度、重荷载的结构工程中，预应力钢绞线如图 2-3 所示。

（3）钢结构用钢材。

1）热轧型钢。建筑常用的热轧型钢如图 2-4 所示，有角钢、槽钢、工字钢和 H 形钢等。

角钢：有等边和不等边两种。等边角钢，以边宽和厚度表示，如“∟100×10”为肢宽 100mm 厚 10mm 的等边角钢。不等边角钢则以两边宽度和厚度表示，如∟100×80×10 等。

槽钢：我国槽钢有两种尺寸系列，即热轧普通槽钢与热轧轻型槽钢。前者如［30a，指槽钢外廓高度为 30cm 且腹板厚度为最薄的一种；后者如［25Q，表示外廓高度为 25cm，轻型槽钢。同样号数时，轻型者由于腹板薄及翼缘宽而薄，因而能节约钢材减少自重。不过轻型系列的实际产品较少。

图 2-2　预应力钢丝

图 2-3　预应力钢绞线

（a）　（b）　（c）

图 2-4　热轧型钢的截面

（a）工字钢；（b）槽钢及角钢；（c）H 形钢

工字钢：也分成普通型和轻型。与槽钢一样，工字钢外轮廓高度的厘米数即为型号，普通型者当型号较大时腹板厚度分 a、b 及 c 三种。轻型的由于壁厚已薄，故不再按厚度划分。两种工字钢表示法如：工 32c，工 32Q 等。

H 形钢因其断面与英文字母“H”相同而得名，是由工字钢优化发展而成的一种断面力学性能更为优良的一种新型经济建筑用钢，热轧 H 形钢分为三类：宽翼缘 H 型钢（HW）、中翼缘 H 型钢（HM）和窄翼缘 H 形钢（HN）。型号的表示方法是“类别符号+高度（mm）×宽度（mm）”，如 HW300×300，即为截面高度为 300mm，翼缘宽度为 300mm 的宽翼缘 H 形钢。H 形钢的截面形状经济合理，力学性能好，与普通工字钢比较，具有截面模数大、重量轻、节省金属的优点，可使建筑结构减轻 30%～40%；又因其腿内外侧平行，腿端是直角，拼装组合成构件，可节约焊接、铆接工作量达 25%。常用于要求承载能力大，截面稳定性好的大型建筑（火电厂主厂房、换流站阀厅等）及设备基础、支架、基础桩等。

2）冷弯薄壁型钢。冷弯薄壁型钢是用 2～6mm 厚的薄钢板经冷弯或模压而成型的薄壁型材，由于壁薄刚度好，在同样的负荷下可减轻构件质量，可作为承重结构、围护结构、配件等在轻钢房屋中大量应用；在房屋建筑中，冷弯型钢也可用作钢架、桁架、梁、柱等主要承重构件，或被用作屋面檩条、墙架梁柱、龙骨、门窗、屋面板、墙面板、楼板等次要构件和围护结构。冷弯薄壁型钢如图 2-5 所示，常用的有 C 形钢、Z 形钢等。

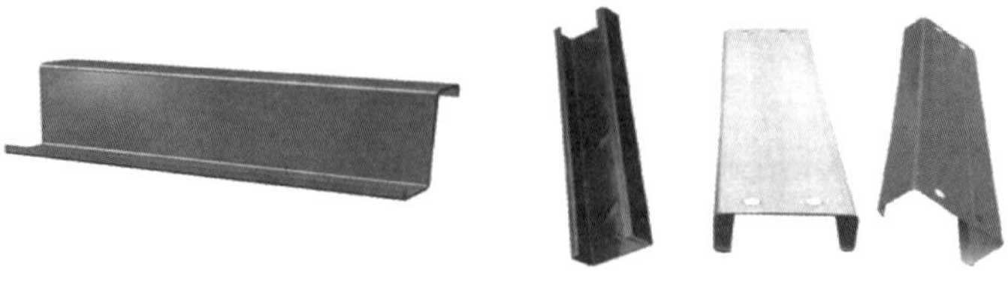

（a）　（b）

图 2-5　冷弯薄壁型钢

（a）Z 形钢；（b）C 形钢

3）钢板材。钢材板包括钢板、花纹钢板、压型钢板和彩色涂层钢板等，如图 2-6 所示。钢板是用钢水浇注，冷却后压制而成的平板状钢材，按厚度分薄钢板＜4mm（最薄 0.2mm）、厚钢板 4～60mm、特厚钢板 60～115mm。在图纸中钢板用“–厚×宽×长（单位为 mm）”前面附加钢板横断面的方法表示，如 –12×800×2100 等。

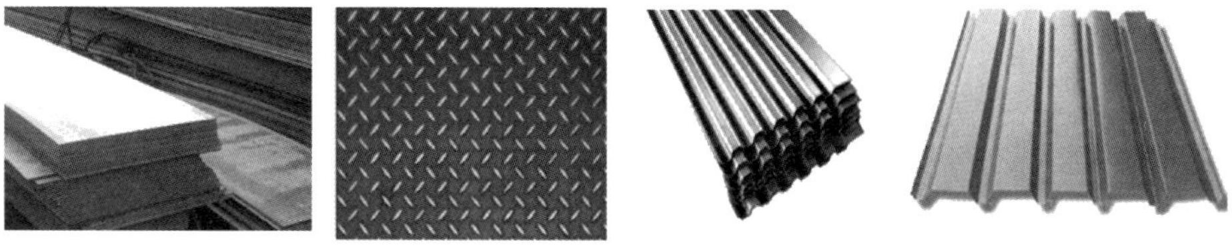

钢板　　花纹钢板　　压型钢板　　彩色涂层钢板

图 2-6　钢材板

花纹钢板是表面轧有防滑花纹的钢板，其表面通常有菱形、扁豆型和圆豆型花纹。花纹钢板主要用于平台、过道及楼梯等的铺板。

压型钢板是涂层板或镀层板经辊压冷弯，沿板宽方向形成波形截面的成形钢板，其截面呈梯形、V 形、U 形或类似的波形，主要用作建筑物的屋面板、墙板、楼板及装饰板。

彩色涂层钢板是经过表面预处理的基板上连续涂覆有机涂料（正面至少两层），然后进行烘烤固化而成的产品，按表面状态分为涂层板、压花板和印花板，主要用于建筑物的维护和装饰。

4）钢管和棒材。钢管有轧制无缝钢管及冷弯成型的高频焊接钢管。与其他截面形状相比，在截面面积相同的情况下，钢管的刚度较大，是轴心受压杆的理想截面形式。由于表面的流线型使其承受的风压较小，因此十分适用于高耸结构，大多用于制作变电构件、桁架、屋架、网架结构，也可用于制作钢管混凝土。

棒材指的是横截面形状为圆形、方形、六角形、八角形或其他异形的直条钢材。热轧六角钢和八角钢常用作钢结构螺栓的坯材，热轧扁钢一般用作屋架构件、扶梯、桥梁和栅栏等，圆钢可用于轻型钢结构的一般杆件和连接件。

5）轻钢龙骨。由镀锌钢带或波比钢板轧制而成，具有强度高、自重轻、通用性强、耐火性好、安装简易等优点。可装配各种类型的石膏板、钙塑板、吸声板等，用作墙体和吊顶的龙骨支架。

4. 钢材的防火与防腐

（1）钢材的防火。钢是不燃性材料，但这并不表明钢材能够抵抗火灾。耐火试验与火灾案例表明：以失去支持能力为标准，无保护层时钢柱和钢屋架的耐火极限只有 0.25h，而裸露钢梁的耐火极限为 0.15h。温度在 200℃以内，可以认为钢材的性能基本不变；超过 300℃以后，弹性模量、屈服点和极限强度均开始显著下降，应变急剧增大；达到 600℃时已经失去承载能力。所以，没有防火保护层的钢结构是不耐火的。

钢结构防火保护的基本原理是采用绝热或吸热材料，阻隔火焰和热量，推迟钢结构的升温速率。防火方法以包覆法为主，即以防火涂料、不燃性板材或混凝土和砂浆将钢构件包裹起来。

（2）钢材的防腐。钢材的腐蚀既有内因（材质），又有外因（环境介质作用），因此要防止或减少钢材的腐蚀可以从改变钢材本身的易腐蚀性，隔离环境中的侵蚀性介质或改变钢材表面的电化学过程三方面入手。具体措施主要包括：

1）采用耐候钢。即耐大气腐蚀钢，在钢中加入一定量的铬、镍、钛等合金元素，可制成不锈钢。通过加入某些合金元素，可以提高钢材的耐锈蚀能力。

2）金属覆盖。镀或喷镀的方法覆盖在钢材表面，提高钢材的耐腐蚀能力。薄壁钢材可采用热浸镀锌（白铁皮）、镀锡（马口铁）、镀铜、镀铬或镀锌后加涂塑料涂层等措施。

3）非金属覆盖。钢结构防止锈蚀通常采用表面刷漆、喷涂涂料、搪瓷、塑料等方法。常用的底漆有红丹、环氧富锌漆、铁红环氧底漆等，面漆有调和漆、醇酸磁漆、酚醛磁漆等。

4）混凝土用钢筋的防锈。混凝土配筋的防锈措施，根据结构的性质和所处环境等，考虑混凝土的质量要求，主要是提高混凝土的密实度，保证足够的钢筋保护层厚度，限制氯盐外加剂的掺入量。混凝土中还可掺用阻锈剂。

（二）无机胶凝材料

在物理化学作用下，能从浆体变成坚固的石状体，并能胶结其他物料而有一定机械强度的物质，统称为胶凝材料。它分为无机和有机两大类。无机胶凝材料又按照硬化条件，又可分为气硬性和水硬性两种。气硬性胶凝材料不能在水中硬化，而只能在空气中硬化，如石灰、石膏等。水硬性胶凝材料指在拌水后既能在空气中又能在水中硬化的材料，如水泥。

1. 气硬性胶凝材料

气硬性胶凝材料指只能在空气中凝结硬化的胶凝材料，只适用于干燥环境中工程部位。

（1）石灰。石灰是建筑工程中使用广泛的气硬性胶结材料，主要原料是以含碳酸钙（$CaCO_3$）为主的天然矿石，经高温煅烧后生成以 CaO 为主要成分的生石灰，是一种白色或灰色的块状物质。建筑石灰的技术指标有细度、CaO+MgO 含量、CO_2 含量和体积安定性等。并按技术指标分为优等品、一等品和合格品三个等级。

石灰主要用作调制石灰浆、石灰砂浆、水泥石灰混合砂浆，用于刷白、喷涂、砌筑、粉刷等。还用于制作灰土、灰砂砖、粉煤灰砖、煤渣空心砖、减水剂、速凝剂、水乳型防水涂料等。

（2）石膏。石膏与石灰同属气硬性胶结材料。有生、熟石膏之分。生石膏又称二水石膏．经高温煅烧、磨细成熟石膏，称建筑石膏，也称半水石膏，如煅烧温度达到 400～500℃或更高温度时，生石膏中的结晶水全部去除，即成无水石青。

建筑石膏技术指标有强度、细度和凝结时间。并按强度和细度分为优等品、一等品和合格品。

熟石膏或无水石膏主要用作调制石青砂浆、塑造建筑艺术配件、建筑装饰、制作天棚和板、块材等，还被加入水泥成熟料中以调整和改善水泥的性能等。

（3）水玻璃。水玻璃（俗称泡花碱），为能溶于水的碱金属硅酸盐，建筑上常用硅酸钠（$Na_2O \cdot nSiO_2$）、与硅酸钾（$K_2O \cdot nSiO_2$）等，若液体水玻璃中加人尿素，在不改变黏度的情况下，可提高黏结力 25% 左右。

水玻璃有良好的黏结能力，硬化时析出的硅酸凝胶有堵塞毛细孔隙而防止水渗透的作用，可涂刷于黏土砖及混凝土等制品表面（石膏制品除外，因反应生成硫酸钠，在制品孔隙中结晶，体积显著膨胀而导致破坏），以提高其表层密实度与抗风化能力。水玻璃硬化后具有良好的耐酸（氢氟酸除外）、耐火性，可用来配制耐酸、耐热砂浆与混凝土。

水玻璃也可作为化学注浆材料用来加固地基（模数为 2.5～3 的液体水玻璃与氯化钙溶液轮流压入地层中），配制建筑涂料及防水剂（与水泥浆调和，用来堵漏等，但不宜调配水泥防水砂浆或防水混凝土用作屋面或地面的防水层，因其凝结过速）等。

硬化后的水玻璃耐碱性差，另外，为提高其耐水性，常采用中等浓度的酸对已硬化的水玻璃进行酸洗处理，使水玻璃转变为硅酸凝胶。

（4）菱苦土。菱苦土是一种白色或浅黄色的粉末，其主要成分为 MgO。制备菱苦土料浆时不用水拌合（因凝结慢，硬化后强度低），而用氯化镁、硫酸镁及氯化铁等盐的溶液拌合，其中以氯化镁（$MgCl_2 \cdot 6H_2O$）溶液最好，称为氯氧镁水泥，硬化后强度可达 40～60MPa，但吸湿性大，耐水性差。

氯氧镁水泥与植物纤维能很好黏结，且碱性较弱，不会腐蚀植物纤维（但会腐蚀普通玻璃纤维），建筑工程中常用来制造木屑板、木丝板和氯氧镁水泥木屑地面等。制作氯氧镁水泥地面可掺适量磨细碎砖或粉煤灰等活性混合材料，以提高地面的耐水性，也可掺加耐碱矿物颜料将地面着色，氯化镁（$MgCl_2 \cdot 6H_2O$）与氯氧镁水泥的适宜重量比为 0.55～0.60，施工时的气温宜为 10～30℃，气温低将使氯氧镁水泥硬化速度降低，也不得浇水养护，氯氧镁水泥地面保温性好，无噪声、不起灰、弹性良好、防火、耐磨，宜用于纺织车间及民用建筑等，但不适用于经常受潮、遇水和遭受酸类侵蚀的地方。

2. 水硬性胶凝材料

水硬性胶凝材料是指不仅能在空气中凝结硬化，而且能更好地在水中硬化，保持和发展其强度的胶凝材料，因此，水硬性胶凝材料既适用于干燥环境，又适用于潮湿环境及水中的工程部位。水泥是建筑用水硬性胶凝材料的通称。

（1）水泥概述。水泥是加水拌和成塑性浆体，胶结砂石等材料，并能在空气和水中硬化的粉状水硬性胶凝材料。工程中应用的水泥品种繁多。按用途及性能可分为通用水泥、专用水泥与特性水泥三类：通用水泥是指大量用于建筑工程的水泥，包括硅酸盐水泥、普通硅酸盐水泥、矿渣硅酸盐水泥、火山灰质硅酸盐水泥、粉煤灰硅酸盐水泥等。专用水泥是指有专门用途的水泥，如砌筑水泥、道路水泥等。特性水泥则是指某种有较突出性能的水泥，如快硬水泥、白水泥、抗硫酸盐水泥、膨胀水泥等。按化学成分不同，又可分为硅酸盐系水泥、铝酸盐系水泥、硫铝酸盐系水泥及铁铝酸盐系水泥等，其中硅酸盐系水泥的应用最广。

（2）硅酸盐水泥。以硅酸盐水泥熟料和适量的石膏及规定的混合材料制成的水硬性胶凝材料，都称为硅酸盐水泥。硅酸盐水泥可分为两种类型：不掺加混合材料的称Ⅰ型硅酸盐水泥，代号 P·Ⅰ；在硅酸盐水泥熟料粉磨时掺加不超过水泥质量 5%的石灰石或粒化高炉矿渣混合材料的称Ⅱ型硅酸盐水泥，代号 P·Ⅱ。此外，由硅酸盐水泥熟料、6%～15%的混合材料、适量石膏磨细制成的水硬性胶凝材料，称为普通硅酸盐水泥，代号 P·O。

1）硅酸盐水泥的凝结硬化。硅酸盐水泥加水后，熟料中各种矿物与水作用，生成一系列新的化合物，称为水泥的水化，它是水泥凝结硬化的必要条件。

硅酸盐水泥加水拌和后，最初形成具有可塑性的浆体，然后逐渐变稠失去塑性，这一过程称为初凝，开始具有强度时称为终凝，由初凝到终凝的过程为凝结。终凝后强度逐渐提高，并变成坚固的石状物体—水泥石，称为水泥的硬化。

2）硅酸盐水泥及普通硅酸盐水泥的应用。普通硅酸盐水泥混合材料掺量十分有限，性质与硅酸盐水泥十分相近，所以在工程中的适应范围是一致的，主要应用在以下几个方面：

a．普通硅酸盐强度等级较高，主要用于重要结构的高强度混凝土、钢筋混凝土和预应力混凝土工程。

b．普通硅酸盐凝结硬化较快、抗冻性好，适用于早期强度要求高、凝结快，冬期施工及严寒地区受反复冻融的工程。

c．普通硅酸盐中含有较多的氢氧化钙，抗软水侵蚀和抗化学腐蚀性差，所以不宜用于经常与流动软水接触及有水压作用的工程，也不宜用于受海水和矿物等作用的工程。

d．因水化过程放出大量的热，故不宜用于大体积混凝土构筑物。

（3）掺混合料的硅酸盐水泥。为改善硅酸盐水泥的某些性能，增加产量和降低成本，在硅酸盐水泥熟料中掺加适量混合材料，并与石膏共同磨细得到的水硬性胶凝材料，称为掺混合材料硅酸盐水泥。主要包括：

1）矿渣硅酸盐水泥。以硅酸盐水泥熟科和粒化高炉矿渣、适量石膏磨细而成，简称矿渣水泥。它具有对硫酸盐类侵蚀的抵抗能力及抗水性、耐热性较好，水化热低，在蒸汽养护中强度发展较快，在潮湿环境中后期强度增进率较大等优点和早期强度低、凝结较慢、耐冻性较差、干缩性大、有泌水现象等缺点。

2）火山灰质硅酸盐水泥。以硅酸盐水泥熟料和火山灰质混合材料、适量石膏磨细而成，简称火山灰水泥。它具有抵抗硫酸盐类浸蚀的较强能力，抗水性好、水化热低，在潮湿环境中后期强度的增进率较高，在蒸汽养护中强度发展较快等优点和早期强度低、凝结较慢、耐冻性差、吸水性大、干缩性较大等缺点。

3）粉煤灰硅酸盐水泥。以硅酸盐水泥熟料和粉煤灰、适量石膏磨细而成，简称粉煤灰水泥。它的性能与火山灰水泥基本相同。

4）复合硅酸盐水泥。简称复合水泥，由硅酸盐水泥熟料、两种或两种以上混合料、适量石膏磨细而成。

（4）铝酸盐水泥的特性与应用。

1）长期强度有降低的趋势，强度降低是由于晶体转化造成，因此，铝酸盐水泥不宜用于长期承重的结构及处在高温高湿环境的工程中，在一般的混凝土工程中应禁止使用。

2）早期强度增长快，1d 强度可达最高强度的 80%以上，故宜用于紧急抢修工程及要求早期强度高的特殊工程。

3）水化热大，且放热速度快，一天内即可放出水化热总量的 70%～80%，因此，铝酸盐水泥适用于冬季施工的混凝土工程，不宜用于大体积混凝土工程。

4）最适宜的硬化温度为 15℃左右，一般不得超过 25℃。因此铝酸盐水泥不适用于高温季节施工，也不适合采用蒸汽养护。

5）耐热性较高，如采用耐火粗细骨料（铬铁矿等）可制成使用温度达 1300～1400℃的耐热混凝土。

6）抗硫酸盐侵蚀性强，耐酸性好，但抗碱性极差，不得用于接触碱性溶液的工程。

7）铝酸盐水泥与硅酸盐水泥或石灰相混不但产生闪凝，而且由于生成高碱性的水化铝酸钙，使混凝土开裂，甚至破坏。因此，施工时除不得与石灰和硅酸盐水泥混合外还不得与尚未硬化的硅酸盐水泥接触使用。

（5）其他品种水泥。

1）白色与彩色硅酸盐水泥。

a．白色硅酸盐水泥。简称白色水泥，它与硅酸盐水泥的主要区别在于氧化铁含量少，因而色白。生产时原料的铁含量应严加控制，在煅烧、粉磨及运输时均应防止着色物质混入。按 3d、28d 的抗折强度与抗压强度分为 32.5、42.5、52.5 三个强度等级。它除具有硅酸盐水泥一般性能外，还具有色泽洁白的特点，主要用于建筑物内外的表面装饰工程。

b．彩色硅酸盐水泥。简称彩色水泥，生产彩色水泥常用方法是将硅酸盐水泥熟料（白色水泥熟料或普通水泥熟料）、适量石膏与碱性矿物颜料共同磨细，也可用颜料与水泥粉直接混合制成，但后种方法颜料用量大，水泥色泽也不易均匀。所用颜料要求不溶于水，分散性好，耐碱性强，抗大气稳定性好，不影响水泥的水化硬化，着色力强等。

彩色水泥主要用于建筑物内外表面的装饰，如地面、墙、台阶等。

2）快硬硅酸盐水泥。凡以适当成分的生料烧至部分熔融，所得的以硅酸钙为主要成分的熟料，加入适量石膏，磨细制成的具有早期强度增进率较快的水硬性胶凝材料，皆称为快硬硅酸盐水泥，简称快硬水泥。其生产方法与硅酸盐水泥基本相同，提高水泥早期强度增进率的措施有：提高熟料的铝酸三钙与硅酸三钙的含量，适当增加石膏掺量（达 8%）以及提高水泥的粉磨细度等。

快硬硅酸盐水泥主要用于配制早强混凝土，适用于紧急抢修工程与低温施工工程。快硬硅酸盐水泥易吸收空气中的水蒸气，存放时应注意防潮，且存放期一般不超过一个月。

3）膨胀水泥与自应力水泥。这两种水泥特点是在硬化过程中体积不但不收缩，而且有不同程度的膨胀。膨胀水泥及自应力水泥的品种有硅酸盐膨胀水泥、硅酸盐自应力水泥（制管用）、低热微膨胀水泥、明矾石膨胀水泥及铝酸盐自应力水泥等。硅酸盐型膨胀水泥及自应力水泥，是由硅酸盐水泥、铝酸盐水泥与石膏按比例磨细而成。而铝酸盐型的，则是以铝酸盐水泥熟料和水石膏磨细而成。明矾石膨胀水泥由硅酸盐水泥熟料、天然明矾石、石膏和粒化高炉矿渣（或粉煤灰），按比例磨细而成，具有微膨胀性能、高强、补偿收缩、抗裂、抗渗、抗冻、抗蚀（硫酸盐、氯化物），以及与钢筋黏结力较强等特性。

4）道路硅酸盐水泥。由道路硅酸盐水泥熟料（硅酸盐为主要成分、铁铝酸四钙含量不小于 16.0%）、不大于 10%的活性混合材料及适量石膏磨细而成。具有较好的耐磨（磨损量不得大于 3.0kg/m^2）和抗干缩性能（28d 干缩率不得大于 0.10%），强度等级有 32.5、42.5 及 52.5 三种。

5）砌筑水泥。由一种或一种以上的水泥混合材料，加入适量硅酸盐水泥熟料和石膏，经磨细制成的和易性较好的水硬性胶凝材料，称为砌筑水泥。砌筑水泥主要用于砌筑砂浆、抹面砂浆和垫层混凝土，其强度等级分为 12.5 和 22.5。

（三）混凝土与砂浆

1. 混凝土

由水泥、砂、石子、水以及必要时掺入的化学外加剂组成，经过水泥凝结硬化后形成的、具有一定强度和耐久性的人造石材。新拌制的未硬化的混凝土称为混凝土拌和物，经硬化有一定强度的混凝土称混凝土。

（1）混凝土的分类。按胶凝材料、骨料及用途可分为水泥混凝土、沥青混凝土、块石混凝土、细石混凝土、钢筋混凝土、泡沫混凝土、加气混凝土等；按稠度（流动性）可分为干硬性混凝土、低流动性混凝土、塑性混凝土、流态混凝土；还可按施工方式和混凝土的特性进行分类。

（2）混凝土的组成。普通混凝土是由水泥、水、细骨料（天然砂等）和粗骨料（石子等）等为基本材料，或再掺加适量外加剂、混合材料等制成的复合材料，混凝土结构图如图 2-7 所示，混凝土实物图如图 2-8 所示。

在混凝土中，各组成材料起着不同的作用。砂、石等骨料在混凝土中起骨架作用，对混凝土起稳定性作用。由水泥与水所形成的水泥浆通常包裹在骨料的表面，它赋予新拌混凝土一定的流动性以便于施工操作；在混凝土硬化后，水泥浆形成的水泥石又起胶结作用，是它把砂、石等骨料胶结成为整体而成为坚硬的人造石材，并产生力学强度。

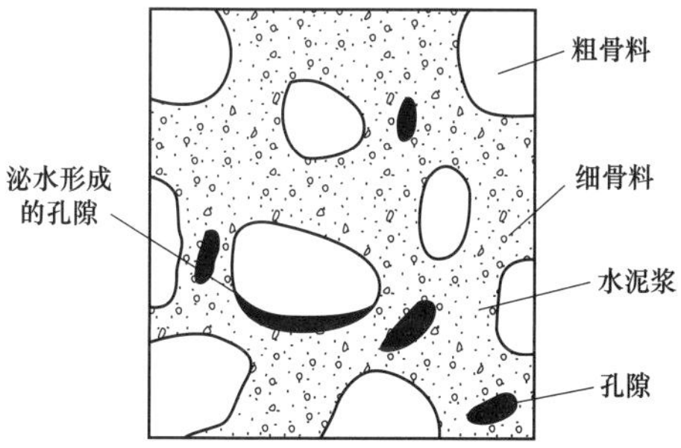

图 2-7 混凝土结构图

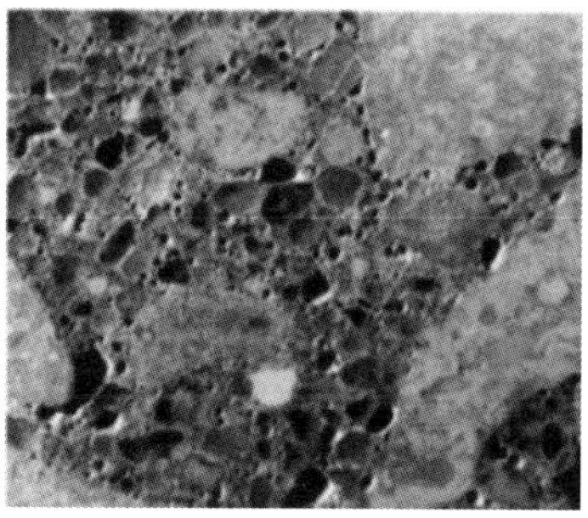

图 2-8 混凝土实物图

1）水泥。水泥在混凝土中起胶结作用，它是混凝土中最重要的组分，直接关系着混凝土的强度、和易性、耐久性和经济效果。拌制混凝土的水泥品种应依据工程性质、工程环境、施工条件等合理选择。水泥的标号应与配制的混凝土强度等级相适应。

2）粗、细骨料。混凝土用骨料按粒径大小分为细骨料（砂）和粗骨料（碎石或卵石），在混凝土中起骨架作用和稳定作用，而且其用量所占比例也最大，通常粗、细骨料的总体积要占混凝土总体积的 70%～80%。因此，骨料质量的优劣对混凝土性能影响很大。

为保证混凝土的各项物理性能，骨料技术性能必须满足规定的要求。应根据级配要求及施工条件选用，使物理性质满足要求，并严格控制有害物质的含量在规定的范围内，使混凝土获得坚固耐久的性能。

3）混凝土拌和及养护用水。凡可饮用的水，均可用于拌制和养护混凝土。未经处理的工业废水、污水及沼泽水，不能使用。

在缺乏淡水地区，素混凝土允许用海水拌制，但应加强对混凝土的强度检验，以符合设计要求；由于海水对钢筋有锈蚀作用，故钢筋混凝土及预应力钢筋混凝土不得用海水拌制。

4）混凝土外加剂。在拌制混凝土过程中掺入的不超过水泥质量的5%（特殊情况除外），且能使混凝土按需要改变性质的物质，称为混凝土外加剂，按其主要作用可分为如下四类：

a．改善混凝土拌和物流变性能的外加剂，包括各种减水剂、引气剂及泵送剂。

b．调节混凝土凝结硬化性能的外加剂，包括缓凝剂、早强剂及速凝剂等。

c．改善混凝土耐久性的外加剂，包括引气剂、防水剂、阻锈剂等。

d．改善混凝土其他特殊性能的外加剂，包括加气剂、膨胀剂、黏结剂、防冻剂等。

（3）其他种类混凝土。

1）轻混凝土。

a．轻骨料混凝土。轻骨料混凝土是指采用轻骨料的混凝土，其表观密度不大于1950kg/m^3。轻骨料是为了减轻混凝土的质量以及以提高热工效果为目的而采用的骨料，其表观密度要比普通骨料低。人造轻骨料又称为陶粒。

轻骨料混凝土按其在建筑工程中的用途不同，分为保温轻骨料混凝土、结构保温轻骨料混凝土和结构轻骨料混凝土。按细骨料不同，又分为全轻混凝土和砂轻混凝土。

轻骨料混凝土具有轻质、高强、保温、耐火、抗震性好等特点，并且变形性能良好，弹性模量较低，在一般情况下收缩和徐变也较大。轻骨料混凝土应用于工业与民用建筑及其他工程，可减轻结构自重、节约材料用量、提高构件运输和吊装效率、减少地基荷载及改善建筑物功能等，适用于高层及大跨度建筑。

b．多孔混凝土。加气混凝土：由硅质材料（砂、粉煤灰、矿渣等）、钙质材料（水泥、石灰等）、加气剂（铝粉等）经搅拌、浇筑、切割、养护而成。

加气混凝土表观密度为400～700kg/m^3，抗压强度一般为0.5～1.5MPa。其制品有砌块与条板两种，条板可配有钢筋。在建筑物中可作屋面板、墙体材料。

泡沫混凝土：由水泥浆与泡沫搅拌后硬化而成。泡沫剂常用松香泡沫剂等，在机械搅拌作用下产生大量稳定的气泡。

c．大孔混凝土。由水泥、水、粗集料配制而成，又称无砂混凝土。有时也加入少量砂子以提高混凝土强度。水泥用量少，强度较低，保温性能好，可制作小型空心砌块和板材，用于非承重的墙体。

2）防水混凝土。防水混凝土是通过各种方法提高混凝土的抗渗性能，以达到防水要求的混凝土。抗渗性能以抗渗等级表示，应根据最大作用水头（即该处在自由水面以下的垂直深度）与建筑物最小壁厚的比值来选择抗渗等级，通常该比值越大，则混凝土的抗渗等级应该越高。

防水混凝土按配制方法不同可分为以下几种：

a．骨料级配法防水混凝土。特点是砂石混合级配满足混凝土最大密实度的要求，提高抗渗性能，达到防水目的。

b．普通防水混凝土。又称富水泥浆防水混凝土，其特点是密实度高。具体要求是：水泥用量不小于320kg/m^3，水泥强度等级不宜小于42.5；水灰比不大于0.60；砂率35%～40%为宜；灰砂比1:2.0～1:2.5为宜；粗骨料最大粒径不宜大于40mm，使用自然级配；坍落度一般为30～50mm等。

c．外加剂防水混凝土。外加剂防水混凝土是在混凝土中掺入外加剂，用以隔断或堵塞混凝土中各种孔隙、裂缝及渗水通路，以达到抗渗要求。常用的外加剂有引气剂、减水剂、三乙醇胺、氯化铁防水剂及氢氧化铁、密实剂等。

d．膨胀水泥防水混凝土。由于膨胀水泥在水化过程中形成大量的水化硫铝酸钙，产生一定的膨胀，在有约束的条件下，改善了混凝土的孔结构，降低了孔隙率，从而提高了混凝土的抗渗性。

防水混凝土施工时浇水保湿不应少于 14d，测试用 28d 龄期的圆台体标准试件。

3）聚合物混凝土可分为聚合物水泥混凝土（PCC）、聚合物浸渍混凝土（PIC）以及聚合物胶结混凝土（PC）三种。

a．聚合物水泥混凝土（PCC）是在水泥混凝土拌合物中再加入高分子聚合物，以聚合物和水泥共同作为胶凝材料制备的混凝土。

b．聚合物浸渍混凝土（PIC）是将已经硬化的混凝土干燥后浸入有机单体或聚合物中，使液态有机单体或聚合物渗入混凝土的孔隙或裂缝中，并在其中聚合成坚硬的聚合物，使混凝土和聚合物成为整体；这种混凝土致密度高，几乎不渗透，抗压强度高达 200MPa。

c．聚合物胶结混凝土（PC）是指以有机高分子聚合物为胶凝材料制作的混凝土，其耐腐蚀性较好。

4）耐热混凝土又称耐火混凝土，是一种能长期经受 900℃以上（有的可达 1800℃）的高温作用并在高温下保持所需要的物理力学性能的混凝土。同耐火砖相比，具有工艺简单、使用方便、成本低廉等优点，而且具有可塑性和整体性，便于复杂制品的成型，其使用寿命有的与耐火砖相近，有的比耐火砖长。耐热混凝土是由胶凝材料、耐热粗细骨料（有时掺入矿粉）和水按比例配制而成，主要用于工业窑炉上。耐热混凝土可用矿渣硅酸盐水泥、铝酸盐水泥以及水玻璃等胶凝材料配制。

5）耐酸混凝土由水玻璃（加硅氟酸钠促硬剂）、耐酸骨料及耐酸粉料按比例配合而成。能抵抗各种酸（氢氟酸、300℃以上的热磷酸等除外）和大部分腐蚀性气体（氯气、二氧化硫、三氧化硫等）的侵蚀，不耐高级脂肪酸或油酸的侵蚀。

水玻璃耐酸混凝土的施工环境温度应在 10℃以上，施工及养护期间，严禁与水或水蒸气直接接触，并防止烈日暴晒；严禁直接铺设在水泥砂浆或普通混凝土的基层上；施工后必须经过养护，养护后还需进行酸化处理。

水玻璃耐酸混凝土抗压强度一般为 15～20MPa。

6）纤维混凝土以普通混凝土为基体，外掺各种纤维材料而成。掺入纤维的目的是提高混凝土的抗拉强度与降低其脆性。常用的纤维有钢纤维及聚丙烯纤维等，通常最优含纤体积率在 0.1%～3%之间。钢纤维混凝土现已用在飞机跑道、高速公路路面、断面较薄的轻型结构及压力管道等处。

（4）清水混凝土与自密实混凝土（灌浆料）已经在电力建筑工程施工中得到广泛的应用。

1）清水混凝土又称镜面混凝土，因其极具装饰效果而得名。它属于一次浇注成型，不做任何外装饰，直接采用现浇混凝土的自然表面效果作为饰面，表面平整光滑、色泽均匀、棱角分明、无碰损和污染，只是在表面涂一层或两层透明的保护剂，显得十分天然，庄重；因此不同于普通混凝土，是混凝土材料中最高级的表达形式，在电力系统被广泛应用于防火墙、构支架保护帽及变压器、HGIS、GIS、断路器、电抗器、电容器等设备基础的外露部分，清水混凝土如图 2-9 所示。

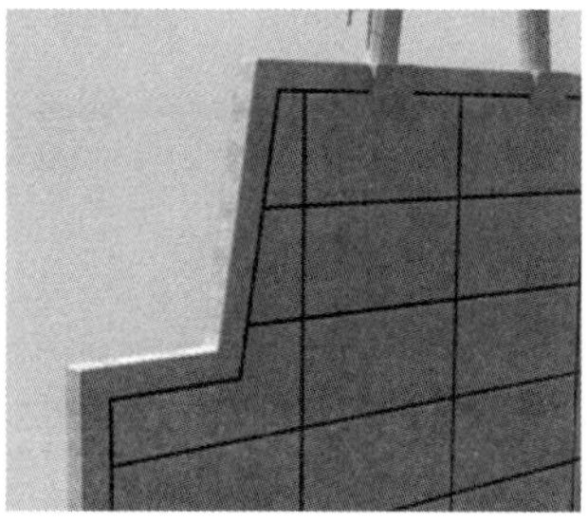

（a）

（b）

图 2-9　清水混凝土

（a）清水混凝土防火墙；（b）清水混凝土主变压器基础

清水混凝土对施工工艺要求很高，与普通混凝土的施工有很大的不同，具体表现如下：

a. 混凝土配合比设计和原材料质量控制每块混凝土所用的水泥配合比要严格一致；原材料产地必须统一，所用水泥尽可能用同一厂家同一批次的，砂、石的色泽和颗粒级配均匀。

b. 新拌混凝土须具有极好的工作性和粘聚性，绝对不允许出现分层离析的现象，必须振捣均匀，施工温度要求十分严格，适合在4～10月间施工。

c. 清水混凝土施工用的模板要求十分严格，需要根据建筑物进行设计定做，且所用模板多数为一次性的，成本较高，转角、梁与柱接头等重要部位最好使用进口模板。

d. 模板必须具有足够的刚度，在混凝土侧压力作用下不允许有一点变形，以保证结构物的几何尺寸均匀、断面的一致，防止浆体流失；对模板的材料也有很高的要求，表面要平整光洁，强度高、耐腐蚀，并具有一定的吸水性；对模板的接缝和固定模板的螺栓等，则要求接缝严密，要加密封条防止跑浆。

e. 由于清水混凝土一次浇注完成，不可更改的特性，与墙体相连的门窗洞口和各种构件，埋件须提前准确设计与定位，与土建施工同时预埋铺设。

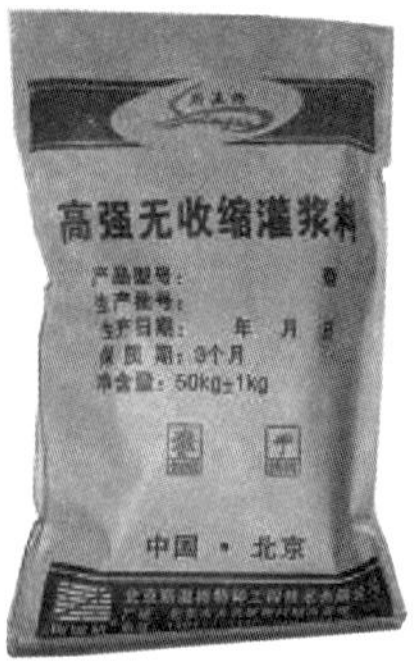

图 2-10 灌浆料

2）自密实混凝土。自密实混凝土是指在自身重力作用下，能够流动、密实，即使存在致密钢筋也能完全填充模板，同时获得很好均质性，并且不需要附加振动的混凝土。电气设备的二次灌浆现在一般采用的就是自密实混凝土的灌浆料。灌浆料是以高强度材料作为骨料，以水泥作为结合剂，辅以高流态、微膨胀、防离析等物质配制而成，灌浆料如图2-10所示。它一般是成品采购，在施工现场加入一定量的水，搅拌均匀后即可使用。灌浆料具有自流性好，快硬、早强、高强、无收缩、微膨胀；无毒、无害、不老化、对水质及周围环境无污染，自密性好、防锈等特点。在施工方面具有质量可靠，降低成本，缩短工期和使用方便等优点。从根本上改变设备底座受力情况，使之均匀地承受设备的全部荷载，从而满足各种机械，电气设备（重型设备高精度磨床）的安装要求，是无垫安装时代的理想灌浆材料。

2. *砂浆*

砂浆是由胶结料、细骨料、掺加料和水按照适当比例配制而成的建筑材料。根据砂浆中胶凝材料的不同，可分为水泥砂浆、石灰砂浆、石膏砂浆和混合砂浆。根据用途，砂浆可分为砌筑砂浆、抹面砂浆、装饰砂浆及特种砂浆等。此外，还有一些绝热、吸声、防水、防腐等特殊用途砂浆及专门用于装饰的装饰砂浆。

（1）抹面砂浆。对建筑物表面起保护作用，提高其耐久性。

1）抹灰砂浆。通常分为三层进行施工，各层要求（如组成材料、工作性、黏结力等）不同。

a. 底层抹灰主要起与基层的黏结作用，用于砖墙的底层抹灰，多用石灰砂浆；有防水、防潮要求的用水泥砂浆：板条墙及顶棚的底层多用麻刀石灰砂浆；混凝土墙、梁、柱、（板等底层抹灰多用混合砂浆。

b. 中层抹灰主要为了找平，多用混合砂浆或石灰砂浆。

c. 面层抹灰主要起装饰作用、多用细砂配制的混合砂浆，麻刀石灰砂浆或纸筋石灰秒浆。在容易碰撞或潮湿部位应采用水泥砂浆，如墙裙、地面、窗台及水井等处可用1:2水泥砂浆。

2）防水砂浆。具有防水、抗渗的作用，砂浆防水层又叫刚性防水层。适用于不受振动和具有一定刚度的混凝土或砖石砌体工程。

防水砂浆可以用普通水泥砂浆制作，也可以在水泥砂浆中掺入防水剂提高砂浆的抗渗性。常用的防水剂有氯化物金属盐类防水剂、硅酸钠类防水剂（如二矾、三矾等多种，凝固快）以及金属皂类防水剂等。

防水砂浆的配合比，一般为水泥：砂为 1:2.0 或 1:3.0，水灰比应为 0.50～0.55。宜用 32.5 等级以上的普通水泥与中砂。施工时一般分五层涂抹，每层约 5mm，一、三层可用防水水泥净浆。

3）装饰砂浆。用于室内外装饰。砂浆的面层应选用具有一定颜色的胶凝材料和骨料。其中，常用的胶凝材料有：普通水泥、火山灰质水泥、矿渣水泥与白水泥等，并且在它们中掺入耐碱矿物质颜料，当然，也可直接使用彩色水泥。而骨料则常采用带颜色的细石渣或碎粒（如大理石、陶瓷、花岗石或玻璃等）。

在选材的同时，使用外墙面装饰砂浆时还需实行一些特殊的工艺操作，如喷涂、弹涂、辊压、拉毛（在砂浆尚未凝结时，用抹刀拍拉表面，产生凹凸不平的形状）、水刷石（用 5mm 左右的石渣拌制砂浆作面层，在初凝时，用水喷刷表面使碎石渣露而不落），干粘石（在水泥浆表面上黏结粒径小于 5mm 的彩色小石渣或彩色玻璃碎粒，要求黏结不落）、划痕（表面上压出砖形雨刷涂料）等。

（2）其他砂浆。主要指具有某种特殊性能的砂浆，如绝热、吸声、耐酸、防辐射、膨胀、自流平等。根据不同要求，选用相应的材料，并配以适合的工艺操作而成。

（四）石材

建筑石材是指主要用建筑工程砌筑或装饰的天然石材。由于天然石材具有很高抗压强度，良好的耐磨性和耐久性，经加工后表面美观富于装饰性，是古今中外建筑工程的主要材料。建筑石材分类如下。

1. 毛石

毛石见是不成形的石料，是经爆破后所得形状不规则的石块，毛石如图 2-11 所示。形状不规则的称为乱毛石，有两个大致平行面的称为平毛石。常用于基础、勒脚、墙身、堤坝、挡土墙等，也可配制毛石混凝土等。

2. 料石

料石也称条石，是由人工或机械开拆出的较规则六面体石块，用来砌筑建筑物用的石料，料石如图 2-12 所示。按其加工后的外形规则程度可分为：毛料石，粗料石，半细料石和细料石四种。粗料石主要应用于建筑物的基础、勒脚、墙体部位，半细料石和细料石主要用作镶面的材料。

图 2-11　毛石

图 2-12　料石

三、墙体及屋面材料

目前建筑工程中用于墙体的材料主要有砖、砌块及板材。用于屋面的材料有各种材质的瓦及板材。

（一）墙体材料

墙体材料是指用来砌筑、拼装或用其他方法构成承重或非承重墙的材料。作用主要是承重、传递重力、围护和隔断。墙体材料的用量占整个房屋建筑材料的首位。

1. 砌墙砖

（1）烧结普通砖。烧结普通砖是以黏土、页岩、煤矸石、粉煤灰为主要材料，经压制成型、焙烧而成，烧结普通砖如图 2-13 所示。按形式可分为：实心砖、多孔砖、空心砖；按材料分为：黏土砖、页岩砖

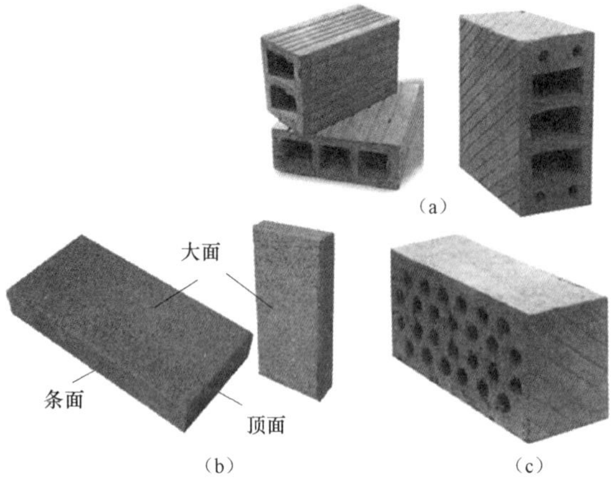

图 2-13　烧结普通砖

（a）烧结空心砖；（b）黏土烧结实心砖；（c）烧结多孔砖

和粉煤灰砖。

实心砖的规格为：240mm×115mm×53mm；多孔砖和空心砖的规格为：190mm×190mm×90mm、240mm×115mm×90mm、240mm×180mm×115mm 等多种。强度等级分为 MU30、MU25、MU20、MU15、MU10 五个强度等级。根据尺寸偏差和外观质量分为优等品、一等品和合格品 3 个等级。

烧结多孔砖大面有孔且孔多洞小，使用时孔洞垂直于受压面，主要用于六层以下建筑物承重墙体。

烧结空心砖顶面有孔，孔大而少，多为矩形，主要用作非承重墙，如多层建筑内隔墙或框架结构填充墙等。

传统黏土实心砖毁田取土、能耗高、砖自重大，施工中劳动强度高、工效低，国家已明令禁止在建筑物±0.00 以上结构中砌筑使用黏土实心砖。

（2）蒸压砖。

蒸压砖是以粉煤灰或其他矿渣或灰砂为原料，添加石灰、石膏以及骨料，经胚料制备、压制成型、高效蒸汽养护等工艺制成，蒸压砖如图 2-14 所示。这类砖的强度不是通过烧结获得的，而是制定时掺入一定量的胶凝材料或在生产过程中形成一定的胶凝物质使砖具有一定的强度。

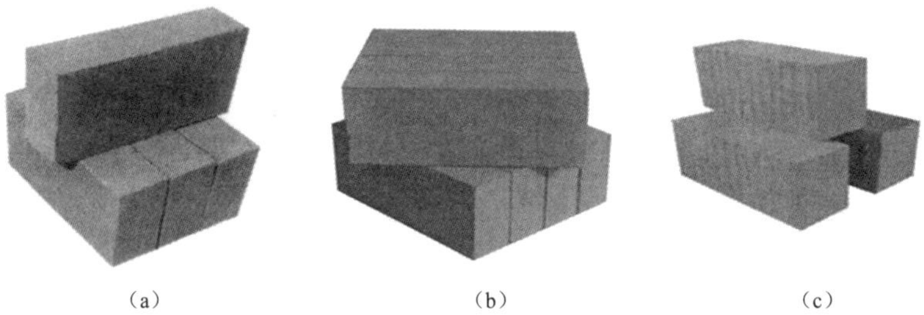

图 2-14　蒸压砖

（a）粉煤灰蒸压砖；（b）蒸压灰砂砖；（c）蒸压炉渣砖

蒸压砖的尺寸：长宽均为 240mm×115mm，厚度有 53、90、115、175mm 四种。强度等级分为 MU25、MU20、MU15、MU10 四个强度等级。根据尺寸偏差和外观质量、强度及抗冻性分为优等品（A）、一等品（B）和合格品（C）三个质量等级。

1）灰砂砖。又称蒸压灰砂砖，其主要原料为石灰与砂子。其规格与烧结普通砖相同。按抗压、抗折强度可分为 MU25、MU20、MU15、MU10 四个强度级别。根据尺寸偏差和外规分为优等品（A）、一等品（B）和合格品（C），产品名称记为 LSB。

MU15 级以上的灰砂砖可用于基础及其他建筑部位；MU10 级灰砂砖可用于防潮层以上的建筑部位。长期受热温度高于 200℃，受急冷、急热或有酸性介质侵蚀的建筑部位避免使用灰砂砖，也不能用于有流水冲刷之处（因灰砂砖中的组成有水化硅酸钙、氢氧化钙、碳酸钙等）。

灰砂砖表面光滑，与砂浆黏结力差。砌筑时应控制砖含水率（7%～12%），宜用混合砂浆。

2）粉煤灰砖。主要原料为粉煤灰与石灰。强度等级有 MU30、MU25、MU20、MU15、M10 五个根据外观质量、强度、抗冻性和干缩分为优等品（A）、一等品（B）和合格品（C）。

粉煤灰砖可用于工业与民用建筑的墙体和基础，但用于基础或用于易受冻融和干湿交替作用的部位必须使用 MU15 及以上的砖。不得用于长期受热 200℃以上部位，受急冷急热和有酸性介质侵蚀的部位。

3）炉渣砖。炉渣砖又名煤渣砖，其表观密度为1500～2000kg/m^3，吸水率8%～19%，呈黑灰色。强度等级有MU25、MU20、MU15三个。可用于一般建筑物的内墙与非承重外墙，其他使用要点同灰砂砖与粉煤灰砖。

2. *砌块*

砌块是利用混凝土、工业废料（炉渣、粉煤灰等）或地方材料制成的人造块材，外形尺寸比砖大，具有设备简单、砌筑速度快的优点，符合了建筑工业化发展中墙体改革的要求。

砌块按尺寸和质量的大小不同分为小型砌块、中型砌块和大型砌块。砌块系列中主规格的高度大于115mm而小于380mm的称作小型砌块、高度为380～980mm称为中型砌块、高度大于980mm的称为大型砌块。使用中以中小型砌块居多，按外观形状可以分为实心砌块和空心砌块。空心砌块有单排方孔、单排圆孔和多排扁孔三种形式，其中多排扁孔对保温较有利。按砌块在组砌中的位置与作用可以分为主砌块和各种辅助砌块。

根据材料不同，常用的砌块有普通混凝土小型空心砌块、轻集料混凝土小型空心砌块、粉煤灰小型空心砌块、蒸汽加气混凝土砌块、免蒸加气混凝土砌块（又称环保轻质混凝土砌块）等。吸水率较大的砌块不能用于长期浸水、经常受干湿交替或冻融循环的建筑部位。

（1）蒸压加气混凝土砌块。蒸压加气混凝土砌块是钙质材料（如水泥、石灰）和硅质材料（如砂子、粉煤灰、矿渣）配料中加入铝粉作加气剂，经加水搅拌、浇注成型、发气膨胀、预养切割，再经高压蒸汽养护而成的一种轻质、多孔的建筑材料，加气混凝土砌块如图2-15所示。

蒸压加气混凝土砌块单位体积重量是黏土砖的三分之一，保温性能是黏土砖的3～4倍，隔音性能是黏土砖的2倍，抗渗性能是黏土砖的一倍以上，耐火性能是钢筋混凝土的6～8倍。砌块的砌体强度约为砌块自身强度的80%，适用于低层建筑的承重墙。多层建筑和高层建筑的分隔墙、填充墙及工业建筑物的维护墙体。不得应用于建筑物的基础和温度长期高于80℃的建筑部位。

（2）混凝土小型空心砌块。混凝土小型空心砌块是以水泥为胶凝材料，添加砂石等粗细为骨料，经计量配料、加水搅拌，振动加压成型，经养护制成具有一定空心率的砌块材料，混凝土小型空心砌块如图2-16所示。

图2-15　加气混凝土砌块

图2-16　混凝土小型空心砌块

混凝土小型空心砌块按抗压强度分为MU3.5、MU5、MU7.5、MU10、MU15、MU20六个强度等级；按尺寸偏差和外观质量分为优等品（A）、一等品（B）和合格品（C）三个质量等级。主规格尺寸为390mm×190mm×190mm，适用于多层建筑的承重墙体及框架结构填充墙。

（3）粉煤灰硅酸盐中型砌块。简称粉煤灰砌块，原材料为粉煤灰、石灰、石膏及骨料，经成型、蒸汽养护而成。为密实砌块。主要规格外形尺寸有880mm×380mm×240mm和880mm×430mm×240mm两种。按立方体抗压强度分为10级和13级两个强度等级，按其外观质量、尺寸偏差和干缩性分为一等品（B）和合格品（C）两个产品等级。产品名称记为FB。粉煤灰砌块可用于一般建筑的墙体与基础，但常处于高温下的建筑部位与有酸性介质侵蚀的部位不宜使用。冬季施工不得浇水湿润砌块。墙体的内外表面宜作粉刷或其他饰面。

3. 板材

墙体板材分为内墙用板材和外墙用板材。内墙板材大多为各类石膏板、石棉水泥板、加气混凝土板等。外墙板材大多采用加气混凝土板、各类复合板、玻璃钢板等。墙体板材需具有轻质、高强和隔热保温等特点。随着建筑结构的发展，利用各种新型墙体材料已成为发展的必然趋势。

（1）水泥类墙用板材。水泥类墙用板材具有较好的力学性能和耐久性，生产技术成熟，产品质量可靠，但体型较大的板材在施工中易受损。为减轻自重，同时增加保温隔热性，也可加入一些纤维材料制成增强型板材。

（2）石膏类墙用板材。石膏类墙用板是以建筑石膏为主要原料，并掺入某些纤维和外加剂所组成的芯材，和与芯材牢固地结合在一起的护面纸所组成的建筑板材，包括纸面石膏板、纤维石膏板、石膏空心板等。由于具有防火、质轻、隔声、抗震性好的特点，多用于非承重墙、内隔墙和吊顶，但不宜用于厕所、厨房及空气相对湿度经常大于 70%的场所。

（3）复合墙板。复合墙板是将不同功能的材料分层复合而制成的墙板。一般由外层、中间层和内层组成。外层用防水或装饰材料做成，主要起防水或装饰作用；中间层为减轻自重而掺入的各种填充性材料，有保温、隔热、隔声作用；内层为饰面层。内外层之间多用龙骨或板勒连接，以增加承载力。目前，建筑工程中广泛使用的复合板材如下：

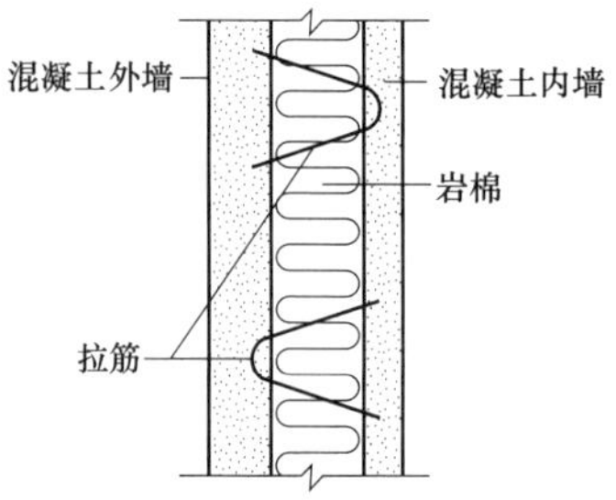

图 2-17　混凝土夹芯板构造

1）混凝土夹芯板如图 2-17 所示：混凝土夹芯板的内外表面用 20～30mm 厚的钢筋混凝土，中间填以矿渣棉、岩棉、泡沫混凝土等保温材料，内外两层面板用钢筋联结。

2）钢丝网夹芯复合板材如图 2-18 所示：钢丝网夹芯复合板材是将泡沫塑料、岩棉、玻璃棉等轻质芯材夹在中间，两片钢丝网之间用“之”字形钢丝相互连接，形成稳定的三维网架结构，然后用水泥砂浆在两侧抹面，或进行其他饰面装饰。

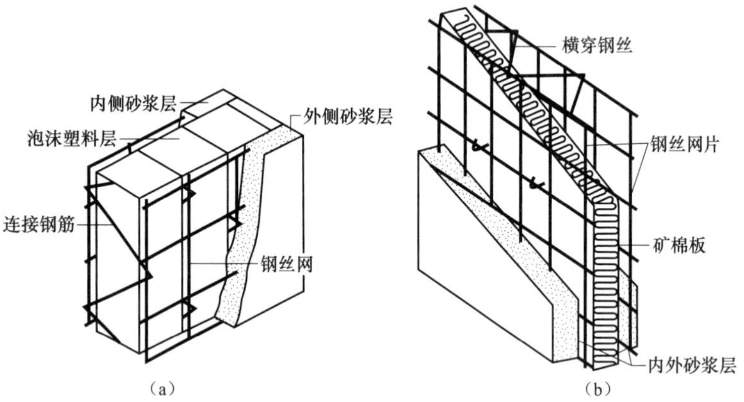

图 2-18　钢丝网夹芯复合板构造

（a）水泥砂浆泡沫塑料复合板；（b）水泥砂浆矿棉复合板

3）彩钢夹芯板如图 2-19 所示：彩钢夹芯板是以硬质泡沫塑料或结构岩棉为芯材，在两侧粘上彩色压型（或平面）镀锌板材，又称 EPS 轻型板。外露的彩色钢板表面一般涂以高级彩色塑料涂层，使其具有良好的抗腐性和耐气候性。

图 2-19　彩钢夹芯板

（二）屋面材料

屋面材料是用于建筑物屋面的材料的总称。由于建筑工业的发展，对屋面材料也提出了新的发展要求，已由过去较单一的烧结瓦，向多种材质的大型水泥类瓦材和高分子复合类瓦材发展，同时屋面承重结构也由过去的预应力钢筋混凝土大型屋面板向承重、保温、防水三合一的轻型钢板结构转变。

1. 屋面瓦

屋面瓦是铺盖于坡屋面上用于防水的传统材料，如图 2-20 所示。能较好地起到防水作用，因为屋面是以单块瓦拼合组成，所以还能有效地消除温度变化而引起的变形。

屋面瓦的种类较多，按成分分有黏土瓦、水泥瓦、钢丝网水泥瓦、玻璃钢瓦、沥青瓦、合成树脂瓦、金属彩石瓦等；按形状分有平瓦和波形瓦两类。

（a）　（b）　（c）　（d）

图 2-20　屋面瓦

（a）黏土瓦；（b）彩色沥青瓦；（c）合成树脂瓦；（d）金属彩石瓦

2. 屋面板

屋面板是直接承受屋面荷载的板，如图 2-21 所示，包括彩钢夹芯板、硬质聚氨酯夹芯板、铝锰镁屋面板等，集承重、保温、隔热、防水为一体，且施工方便，主要用于大型工业厂房、仓库、公共设施等大跨度屋面结构。

（a）　（b）

图 2-21　屋面板

（a）彩钢夹芯屋面板；（b）铝锰镁屋面板

四、装饰材料

在建筑上，把铺设、粘贴或涂刷在建筑内外表面，主要起装饰作用的材料，称为装饰材料。常用的建筑装饰材料有由涂料、木材、玻璃、陶瓷、金属等制作的装饰材料，此外还有石膏、塑料、饰面石材等。

（一）涂料

建筑涂料是指能涂于建筑物表面，并能形成黏结性涂膜，从而对建筑物起到保护、装饰或使其具有某些特殊功能的材料，由基料（主要成膜物质）、颜填料、各种助剂和水（或溶剂）组成。基料是涂料中最重要部分，对涂料和涂膜性能起决定性作用。建筑涂料品种繁多，有多种分类方法。

1. 按构成涂膜主要成膜物质的化学成分划分

（1）有机涂料。常用的有机涂料，有以下三种类型：

1）溶剂型涂料。溶剂型涂料主要品种是各种油漆，是以高分子合成树脂为主要成膜物质，有机溶剂

图 2-22 溶剂型涂料

为稀释剂，加入适量的颜料、填料（体质颜料）及辅助材料，经研磨而成的涂料，如图 2-22 所示。

由于有机溶剂主要成分是甲醛等，存在着污染环境、浪费能源以及成本高等问题，但在有高装饰性要求的场合，或一些条件较为苛刻的环境，水溶性通常难以达到人们的要求，多使用溶剂型涂料来实现。一般工业用涂料大部分都是溶剂型的。

2）水溶性涂料。常用的水溶性涂料如 106、803 涂料，是以水溶性合成树脂为主要成膜物质，以水为稀释剂，加入适量的颜料及辅助材料，经研磨而成的涂料，分亚光、有光、高光等几种。

水溶性涂料以水作为稀释剂，比起油性涂料以有机溶剂作为稀释剂环保性要高很多，而且具有良好的耐碱、耐酸性，施工方面也相对简单，一般用于内墙涂料。

3）乳胶涂料。乳胶涂料又称乳胶漆。它是由合成树脂借助乳化剂的作用，以 0.1～0.5μm 的极细微粒子分散于水中构成乳液，并以乳液为主要成膜物质，加入适量的颜料、填料及辅助材料经研磨而成的涂料。

乳胶涂料具有高雅、清新的装饰效果，无毒、无味的环保特点，而且相对于普通水溶性涂料的覆盖力更好，脏了可以用水抹布擦拭；是目前最受欢迎、最为流行的一种建筑涂料。

（2）无机涂料。目前所使用的无机涂料是以水玻璃、硅溶胶、水泥等为基料，加入颜料、填料、助剂等经研磨、分散等而成的涂料。

无机涂料的价格低，资源丰富，无毒、不燃，具有良好的遮盖力，对基层材料的处理要求不高，可在较低温度下施工，涂膜具有良好的耐热性、保色性、耐久性等。

（3）有机复合涂料。不论是有机涂料还是无机涂料，在单独使用时，都存在一定的局限性。为克服其缺点，发挥各自的长处，出现了无机和有机复合的涂料。如聚乙烯醇水玻璃内墙涂料就比聚乙烯醇有机涂料的耐水性好。此外，以硅溶胶、丙烯酸系列复合的外墙涂料在涂膜的柔韧性及耐候性方面更能适应气候的变化。

2. 按使用部位划分

主要包括外墙涂料、内墙（顶棚）涂料、地面涂料等。

（1）外墙涂料。外墙涂料保护由于长年累月处于风吹日晒雨淋之中的建筑外墙，使建筑物外观整洁美观，达到美化环境的作用，延长其使用时间，所以必须具有足够好的耐水性、耐候性、耐沾污性和耐冻融性，才能保证有较好的装饰效果和耐久性。

外墙涂料常用分类主要包括外墙乳胶漆和立体质感外墙涂料（真石漆、仿石漆、砂壁状涂料等）。由于水泥收缩或施工不当等原因，建筑外墙常常会产生裂缝、渗水、漏水等现象，所以集装饰、防裂、防水等多功能于一体的弹性防水墙面涂料产品是未来发展的方向。

（2）内墙（顶棚）涂料。内墙涂料亦可用作顶棚涂料，它的主要功能是装饰及保护内墙墙面及顶棚，建立一个美观舒适的生活环境，应具有色彩丰富、细腻、协调；耐碱、耐水性好，不易粉化；好的透气性、吸湿排湿性；无毒、无污染和涂刷方便、重涂性好。常用内墙涂料如下：

1）低档水溶性涂料：最常见的是 106、803 涂料。该类涂料具有价格便宜、无毒、无臭、施工方便等优点。由于其成膜物是水溶性的，所以用湿布擦洗后会留下痕迹，耐久性也不好，易泛黄变色，但价格便宜，施工也十分方便，目前消耗量仍最大，多为中低档居室或临时居室室内墙装饰时选用。

2）乳胶漆：乳胶漆成膜物是不溶于水的，涂膜的耐水性和耐候性比水溶性涂料大大提高，湿擦洗后不留痕迹，并有平光、高光等不同装饰类型。

3）多彩涂料：多彩涂料的成膜物质是硝基纤维素，以水包油形式分散在水相中，一次喷涂可以形成多种颜色花纹。

3. 地面涂料

地面涂料的主要功能就是装饰和保护地面，使地面清洁美观，同时结合内墙面、顶棚及其他装饰，创造优雅的环境。

地面涂料是采用耐磨树脂和耐磨颜料制成的用于地面涂刷的涂料，与一般涂料相比，地面涂料的耐磨性和抗污染性特别突出，最常见的地面涂料有环氧地面涂料和聚氨酯地面涂料：

1）环氧地面涂料是一种高强度、耐磨损、美观的地板涂料，如图2-23所示，具有无接缝、质地坚实、耐药品性佳、防腐、防尘、保养方便、维护费用低廉等优点。

图 2-23 环氧地面涂料

环氧地面涂料分为两种类型：溶剂型和无溶剂自流平型，溶剂型用于薄涂，耐磨性符合一般需求，无溶剂自流平用于厚涂，符合高标准的耐磨性要求。如果在环氧地面涂料中加入功能性材料，则可制成功能性涂料，如抗静电地面涂料、砂浆型防滑地面涂料。环氧地面涂料只适用于室内地面装饰。

2）聚氨酯地面涂料是可以在户外使用的地面涂料，尤其是弹性聚氨酯地面涂料，广泛应用在跑道、过街天桥等地面装饰。

（二）木材

木材泛指用于工民建筑的木制材料，常被统分为软材和硬材。工程中所用的木材主要取自树木的树干部分。木材因取得和加工容易，自古以来就是一种主要的建筑材料。

1. 木材分类

木材按树种进行分类，一般分为针叶树材和阔叶树材。

（1）针叶树。树叶细长呈针状，多为常绿树。树干通直高大，纹理顺直，材质均匀且较软，易于加工，又称“软木材”。表观密度和胀缩变形小，耐腐蚀性好，强度高。针叶树木材是主要的建筑用材，广泛用于承重构件和门窗、地面和装饰工程，常见树种有松树、杉树、柏树等。

（2）阔叶树。树叶宽大叶脉呈网状，多为落叶树。树干通直部分较短，材质较硬，又称“硬木材”。表观密度大，易翘曲开裂，建筑上常用作尺寸较小的构件，有的硬木经过加工后出现美丽的纹理，适用于室内装饰、制作家具和胶合板等。常见树种有榆树、水曲柳、柞木等。阔叶树中也有木质较软、易加工的树种，如杨树、桦木等。

2. 木材的综合利用

木材经加工成型和制作成构件时，会留下大量的碎块废屑，将这些下脚料进行加工处理，就可制成各种人造板材，如图2-24所示。人造板材幅面宽、表面平整光滑、不翘曲不开裂，经加工处理后还具有防水、防火、防腐、耐酸等性能。常用的人造板材有以下几种：

（a）　（b）　（c）

图 2-24 人造板材

（a）胶合板；（b）木工板；（c）纤维板

（1）胶合板。胶合板是将原木旋切成薄片，按照奇数层并且相邻两层木纤维互相垂直重叠，经胶黏热压而成。胶合板最多层数可达 15 层，建筑工程中常用的是三合板或五合板。胶合板材质均匀、强度高，不翘曲、不开裂，具有真实、立体和天然的美感，广泛用作建筑物室内隔墙板、护壁板、顶棚板、门面板以及各种家具及装修。

（2）细木工板。细木工板也称复合木板、大芯板，它是由三层木板胶黏压合而成，其上、下两个面层为旋切木质单板，芯板是用木材加工剩下的短小木料再加工制得木条，再用胶黏拼接而成的板材。一般厚度为 20mm，长 2000mm，宽 1000mm，表面平整，幅面宽大，可替代实木板，使用非常方便。

（3）纤维板。纤维板是将板皮、刨花、树枝等木材加工的下脚碎料，经破碎浸泡、研磨成木浆，加入一定胶黏剂，经热压成型、干燥处理而成的人造板材。根据成型时温度压力的不同分为硬质半硬质、软质三种。生产纤维板可使木材的利用率达 90%以上，而且纤维板构造均匀，各向强度一致，克服了天然木材各向异性和有疵病的缺陷，不易翘曲变形和开裂，表面适于粉刷各种涂料或粘贴装裱。

（4）刨花板。刨花板是利用施加胶料和辅料或未施加胶料和辅料的木材或非木材植物制成的刨花材料（如木材刨花、亚麻屑、甘蔗渣等）压制成的板材，属于低档次装饰材料，且强度低，一般用作绝热、吸声的材料，用于地板的基层（实铺），还可以用于隔墙、家具等。

（5）木丝板、木屑板。木丝板、木屑板是分别以刨花渣、短小废料刨制的木丝、木屑为原料，经干燥后拌入胶凝材料，再经热加压而制成的人造板材。这类板材一般体积密度小，强度较低，主要用作绝热和吸声材料，也可作隔墙，或者其表面粘贴塑钢贴面或胶合板作饰面层，用作吊顶、隔墙和家具等材料。

人造板材中含有甲醛是最常见的，它直接危害人们的身体健康，因此应该控制在国家标准范围之内。

3. 木材的防腐与防火

木材作为建筑材料，最大的缺点是容易腐朽、虫蛀和易燃，因而缩短了木材的使用年限，使用范围也受到限制。使用时应采取必要的措施以提高木材的耐久性。

（1）木材的防腐。木材的腐朽是由于真菌的寄生而引起的。木材的防腐处理就是破坏真菌生存和繁殖的条件，通常采用两种措施：①将木材含水率干燥至 20%以下，并使木结构处于通风干燥的状态，必要时对其表面进行油漆处理；②采用化学防腐剂法，常用的方法有表面喷涂、浸渍、压力渗透及冷热槽浸渍法等。防腐剂有水溶性的、油溶性的和乳剂性的。

木材除受真菌侵蚀而腐朽外，还会遭受昆虫的蛀蚀。常见的蛀虫有白蚁、天牛等。防护方法主要是采用化学药剂处理。木材防腐剂也能防止昆虫的危害。

（2）木材的防火。所谓木材防火，就是将木材经过具有阻燃性能的化学物质处理后，变成难燃的材料，以达到遇小火能自熄，遇大火能延缓或阻滞燃烧蔓延，从而赢得扑救的时间的效果。木材防火处理的方法有表面涂敷和溶液浸注法两种。

（三）陶瓷

凡是用陶土和瓷土这两种不同性质的黏土为原料，经过配料、成形、干燥、焙烧等工艺流程制成的材料，都可以叫陶瓷。它是陶器、炻器和瓷器的总称。炻器介于陶器与瓷器之间，称为半瓷。从陶器、炻器到瓷器，其原料是从粗到精，烧成温度由低到高，坯体结构由多孔到致密。

建筑陶瓷主要有釉面砖、墙地砖、陶瓷锦砖、彩胎砖和卫生陶瓷五大类。

1. 釉面砖

釉面砖又称内墙贴面砖、瓷片、瓷砖，如图 2-25 所示，是用于建筑物内墙装饰的薄板状精陶制品，结构由两部分组成，即坯体和表面釉彩层。釉面砖按正面形状分为正方形砖、长方形砖和异型配砖三种。按表面釉的颜色分为单色（含白色）砖、花色砖和图案砖三种。异型配砖主要用于墙面阴阳角及各种收口部位，对装饰效果影响较大。

釉面砖除装饰功能外，还具有防水、耐火、抗腐蚀、热稳定性良好、易清洗等特点。用釉面砖装饰建筑物内墙，可使建筑物具有独特的卫生、易清洗和清新美观的建筑效果。

2. 墙地砖

墙地砖如图 2-26 所示，是外墙面砖和地面砖统称，属炻质或陶瓷制品，是以优质陶土为主要原料，加入其他辅助材料配成生料，经半干压后在 1100℃左右温度环境中焙烧而成。

图 2-25 釉面砖

（a）

（b）

图 2-26 墙地砖

（a）外墙面砖；（b）地面砖

（1）外墙面砖有施釉和不施釉之分。从外观上看，表面有光泽或无光泽，表面光且平和或表面粗糙，颜色有红、黄、褐等。它的优点是装饰性强、坚固耐用、色彩鲜艳、防水、易清洗，且对建筑物有良好的保护作用；不足之处是造价偏高、工效低、自重大。

（2）地面砖又称缸砖，有不上釉的也有上釉的，形状有正方形、六角形、八角形等。地面砖一般比外墙面砖厚，并要求具有较高的抗压强度和抗冲击强度，耐磨性很高，不易起尘，其质地密实均匀，吸水性一般小于 4%。

3. 陶瓷锦砖

陶瓷锦砖如图 2-27 所示，也称马赛克或纸皮砖，是由有多种颜色和多种形状的锦砖按一定图案反贴在牛皮纸上而成。它具有抗腐蚀、耐磨、耐火、吸水率小、抗压强度高、易清洗和永不褪色等优点，而且质地坚硬、色泽多样，加之规格小，不易踩碎，可用于工业与民用建筑的洁净车间、门厅、走廊、餐厅、厕所、浴室、工作间、化验室等处的地面和内墙面，并可作高级建筑物的外墙饰面材料。

图 2-27 陶瓷锦砖

4. 彩胎砖

彩胎砖是一种本色无釉瓷质饰面砖，采用仿天然花岗石的彩色颗粒土原料混合配料，压制成多彩胚体后，经高温一次烧成的陶瓷制品。表面花纹细腻柔和，质地坚硬，耐腐蚀。分为麻面砖、磨光彩胎砖、抛光砖和玻化砖等。

5. 卫生陶瓷

多用耐火黏土或难熔黏土上釉烧成。

（四）玻璃

建筑玻璃泛指平板玻璃及由平板玻璃制成的深加工玻璃，也包括玻璃空心砖和玻璃马赛克等玻璃类建筑材料。随着现代科学技术和玻璃技术的发展及人民生活水平的提高，建筑玻璃的功能不再仅仅是满足采光要求，还要求具有能调节光线、保温隔热、安全、艺术装饰等特性。建筑玻璃按其功能一般分为平板玻璃、装饰玻璃、安全玻璃、绝热玻璃和玻璃制品等。

1. 平板玻璃

平板玻璃也就是未经其他深加工的平板状玻璃，按生产方法不同，可分为普通平板玻璃和浮法玻璃。

普通平板玻璃按外观质量分为特选品、一等品、二等品三类。按厚度分为 2、3、4、5、6mm 五种。浮法玻璃按外观质量分为优等品、一级品、合格品三类。按厚度分为 3、4、5、6、8、10、12mm 七种。

平板玻璃是建筑玻璃中生产量最大、使用最多的一种，主要用于门窗。有采光、围护、保温、隔声等作用，也是进一步加工成其他技术玻璃的原片。

2. 装饰玻璃

装饰玻璃是以装饰功能为主的玻璃，建筑上用得最多的是磨砂玻璃、花纹玻璃等，如图 2-28 所示。

（a）　（b）

图 2-28　装饰玻璃

（a）磨砂玻璃；（b）花纹玻璃

（1）磨砂玻璃。磨砂玻璃是将平板玻璃用机械喷砂、手工研磨或氢氟酸溶蚀等方法处理表面，以得到均匀的毛面，也称毛玻璃。磨砂玻璃由于表面粗糙，当光线通过玻璃时，便产生漫反射，即只能透光而不透视，多用于不需透视的门窗，如卫生间、厕所、浴室等。

（2）花纹玻璃。根据加工方法的不同，花纹玻璃分压花玻璃和喷花玻璃两种。压花玻璃是在压延玻璃时，将滚筒上的各种花纹图案印压在红热的玻璃上得到的。喷花玻璃是在普通平板玻璃表面贴上花纹图案，抹以护面层，并经喷砂处理而成的。

花纹玻璃也具有透光不透视的特点，常用于办公楼、会议室、卫生间等的门窗。安装时应将花纹朝室内，这样不至于因沾上水后能透视，也不易积灰弄脏。

（3）玻璃马赛克。玻璃马赛克又称玻璃锦砖，具有耐热、耐寒、耐酸、耐碱、耐大气性好等特点，且质地坚硬、耐久性好、颜色绚丽柔和；可根据设计要求，拼成一定图案，故有较强的装饰效果，是理想的外墙装饰材料之一。

3. 安全玻璃

安全玻璃是指与普通玻璃相比，具有力学强度高、抗冲击能力强的玻璃。其主要品种有钢化玻璃、夹丝玻璃、夹层玻璃和钛化玻璃。安全玻璃被击碎时，其碎片不会伤人，并兼具有防盗、防火的功能。根据生产用的玻璃原片不同，安全玻璃还可具有一定的装饰效果。

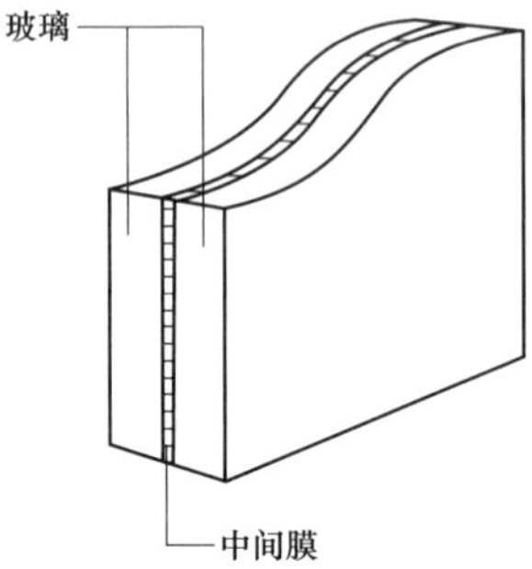

图 2-29　钢化玻璃

（1）钢化玻璃。钢化玻璃又称强化玻璃。它是将平板玻璃经物理或化学方法强化处理后，使玻璃的强度、抗冲击性、耐温度剧烈变化等性能均大幅度提高的玻璃。当钢化玻璃在发生破坏时，破碎成无数小块，但这些小的碎片没有尖锐棱角，不易伤人，所以钢化玻璃的安全性较好，如图 2-29 所示。

钢化玻璃主要用作建筑物的门窗、隔墙、幕墙和采光屋面以及电话亭、车、船、设备等门窗、观察孔等。但使用时需注意的是钢化玻璃不能切割、磨削，边角亦不能碰击挤压，需按照现成的尺寸规格选用或提出具体设计图纸进行加工定制。

（2）夹丝玻璃。夹丝玻璃又称防碎玻璃。它是将预先加热的金属网或金属丝压入已红热软化的压花玻璃或磨光玻璃中制成的，可用于公共建筑的走廊、楼梯间、厂房天窗、各种采光屋顶等，还可用于防火门窗上，如图 2-30 所示。

夹丝玻璃可以切割，但当切断玻璃时，需要对裸露在外的金属丝进行防锈处理，以防止生锈造成的体积膨胀引起玻璃的锈裂。

（3）夹层玻璃。夹层玻璃是在两片或多片玻璃原片之间，用聚乙烯醇丁醛（PVB）树脂胶片，经过加热、加压黏合而成的平面或曲面的复合玻璃制品。用于夹层玻璃的原片可以是普通平板玻璃、浮法玻璃、钢化玻璃、彩色玻璃、吸热玻璃或热反射玻璃等。如图 2-31 所示。

图 2-30　夹丝玻璃

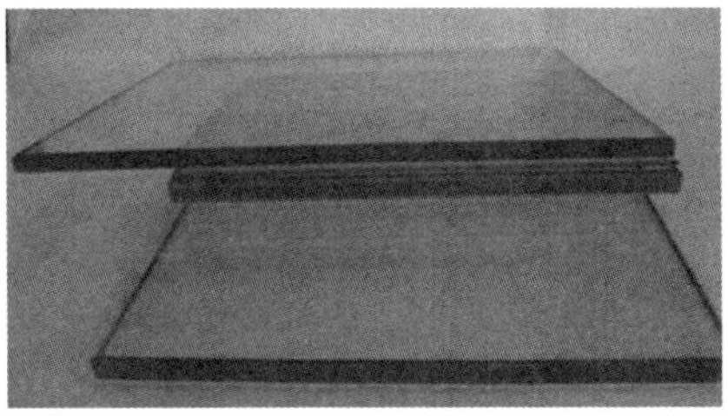

图 2-31　夹层玻璃

夹层玻璃的透明度好（约为 82%），抗冲击性比普通玻璃高几倍，破碎时碎片仍黏在薄膜上，不易脱落伤人，且耐热、耐湿、耐寒性能好，除用作汽车、飞机的挡风玻璃、防弹玻璃，还用于高层建筑的门窗上。

（4）钛化玻璃。钛化玻璃也称永不碎铁甲箔膜玻璃。是将钛金箔膜紧贴在任意一种玻璃基材之上，使之结合成一体的新型玻璃。钛化玻璃具有高抗碎能力，高防热及防紫外线等功能。不同的基材玻璃与不同的钛金箔膜，可组合成不同色泽、不同性能、不同规格的钛化玻璃。钛化玻璃常见的颜色有：无色透明、茶色、茶色反光、铜色反光等。

4. 节能玻璃

凡能降低建筑物内采暖和空调能耗的玻璃，均称节能玻璃，将节能玻璃进行钢化或夹层处理，则又增加了安全性。主要品种有中空玻璃、吸热玻璃等。

（1）中空玻璃。中空玻璃如图 2-32 所示，是在两片或多片玻璃中间，用注入干燥剂的铝框或胶条，将玻璃隔开，四周用胶接法密封，其中空部分具备降低热传导系数的效果，所以中空玻璃具有节能、隔音的功能。是一种良好的隔热、隔音、美观适用、并可降低建筑物自重的建筑材料。

图 2-32　中空玻璃

（2）热反射玻璃。在玻璃表面涂敷金属或金属氧化膜即可得到热反射玻璃。因具有较高的热反射性能，故又称镜面玻璃。多用于门窗上或制造中空玻璃或夹层玻璃。近年来广泛用作高层建筑的幕墙玻璃。幕墙内看窗外景物清晰，而室外却看不清室内。

（五）饰面石材

饰面石材是有一定的装饰性能、物理化学性能、加工性能，可加工成一定规格尺寸的建筑材料的岩石，它主要用于建筑物的内外表面装饰。书面石材一般分为天然石材和人造石材。

1. 天然石材

天然石材如图 2-33 所示，主要有花岗岩、大理石、青石板、蘑菇石等。

（1）花岗岩是岩浆岩中分布最广的岩石，从外观特征看，花岗石常呈整体均粒状结构，属酸性硬石材。花岗石板材质地坚硬密实，抗压强度高，耐磨不易风化变质；主要用于大型公共建筑或装饰等级要求较高的室内外装饰工程，粗面和细面板材常用于室外地面、墙面、柱面、勒脚、台阶；镜面板材主要用于室内外地面、墙面、柱面、台面、台阶等，特别适宜做大型公共建筑大厅地面。

图 2-33　天然石材

（2）大理石是大理岩的俗称，它是石灰岩经过地壳内高温高压作用形成的变质岩，常呈层状结构，有明显的结晶和纹理属碱性中硬石材。天然大理石板材吸水率小、耐磨性高，但抗风化性能较差，易被侵蚀，一般用于宾馆、商场、机场、车站、办公楼、住宅等工程的室内墙面、柱面、服务台、栏板、电梯间门口等部位。

2. 人造石材

人造石材是采用无机或有机胶凝材料作为胶粘剂，以天然砂、碎石、石粉或工业渣等为粗、细填充料，经成型、固化、表面处理而成的一种人造板材，如图 2-34 所示。主要有水磨石、人造大理石、人造花岗岩等。

（a）　（b）　（c）

图 2-34　人造石材

（a）预制水磨石板；（b）仿真大理石；（c）人造石英石马赛克

人造石材要求几何尺寸准确、表面平整光滑、石粒均匀、色彩协调，无气孔、裂纹、刻痕和露筋等现象。它一般具有质量轻、强度大、厚度薄、色泽鲜艳、花色繁多、装饰性好、耐腐蚀、耐污染、便于施工和价格较低的特点。适用于室内外墙面、地面、柱面、台面等装饰。

（六）金属

金属装饰装修材料具有较强的光泽及色彩，耐火、耐久，广泛应用于室内外墙面、柱面、门框等部位的装饰。金属装饰材料分为两大类：①黑色金属，如钢、铁，主要用于扶手、栏杆等起载重的部位；②有色金属，如铝、钢、彩色不锈钢板等的合金材料，主要作为饰面板运用在物体表面部位的装饰。

1. 不锈钢制品

钢是由铁冶炼出来的，在钢中加入以铬为主的元素就制作成不锈钢。铬元素性质活跃，能与大气小的氧进行化合，生成紧因的一层氧化膜，从而保护合金钢，使其不易生锈。铬元素含量越高，抗腐蚀性就越强。不锈钢制品主要有以下几种。

（1）不锈钢板、管材，主要运用于制作不锈钢电动门、推拉门、栏杆、扶手、五金件等。其中，不锈钢制品的五金装饰配件主要有：门拉手、合页、门吸、滑轮、毛巾架、玻璃幕墙的点支式配件等。不锈钢制品材料应用在装饰工程中主要为板材，其厚度一般在 0.6～2.0mm 之间，主要应用在墙柱面、扶手、栏杆等部位的装饰。不锈钢板材有亮光板、亚光板、砂光板之分。

（2）彩色不锈钢板材。彩色不锈钢是在不锈钢表面进行着色处理，使其成为黄、红、绿、蓝等各种色彩的材料。常用的彩色不锈钢板有钛金板、蚀刻板、钛黑色镜面板等。

（3）不锈钢复合管。不锈钢复合管是在商业建筑楼梯走廊等应用比较多，一般会是使用彩色镀膜加工工艺，除了增加其装饰的美观性之外，还常常运用在有承重及强度方面要求的场所，如健身房、舞蹈练功房的扶手等。

2. 铝合金制品

铝在有色金属中是属于比较轻的金属，银白色铝加入镁、铜、硅等元素就成了铝合金。铝合金具有质轻、抗腐蚀的特点，在建筑装饰工程中运用十分广泛，如铝合金门窗料、玻璃幕墙龙骨、顶棚吊顶龙骨、室外招牌龙骨及室内隔墙龙骨等。除了银白色的铝合金运用较广泛之外，红、黄、绿、蓝等各种颜色的铝合金材料也有较广的用途。

铝合金装饰制品材料主要有：铝合金门窗、铝合金通风口、铝合金百叶窗、铝合金拉闸门、铝合金扣板等。其中铝合金门窗料是建筑装饰工程中运用最广泛的材料。

3. 铜合金制品

由于铜强度不高、易折断，工程中一般运用加入锌、锡等元素的合金铜装饰材料。铜成本较高，常用于高级装饰工程起点缀修饰作用的部位。铜合金制品有铜艺扶手、栏杆、铜质门拉手、门锁、合页、门阻、洁具龙头、灯具、复合地板铜嵌条、楼梯踏步防滑条等。

（七）塑料

塑料的主要成分是合成树脂。根据树脂与制品的不同性质，要求加入不同的添加剂，如稳定剂、增塑剂、增强剂、填料、着色剂等。塑料质轻，是热和电的良好绝缘体，抵抗化学腐蚀能力强。加工某些塑料时，适当变更其增塑剂、增强剂的用量，可以得到适合各种用途的软制品或硬制品。塑料的弹性模量低，易产生变形，热膨胀系数大、耐燃性差，但可以通过增强、复合以及应用适当等措施予以改进。玻璃纤维增强塑料的某些强度重量比，甚至比钢铁还要高。

塑料在建筑中大部分是用于非结构材料。仅有一小部分用于制造承受轻荷载的结构构件，如塑料波形瓦、候车棚、商亭、储水塔罐、充气结构等。然而更多的是与其他材料复合使用，可以充分发挥塑料的特性，如用作电线的被覆绝缘材料、人造板的贴面材料、有泡沫塑料夹心层的各种复合外墙板、屋面板等。

1. 塑料分类

塑料分为热塑性塑料及热固性塑料。

（1）在特定的温度范围内，可以加热软化，遇冷硬化，能反复进行加工的塑料，统称为热塑性塑料，如聚氯乙烯、聚乙烯、聚丙烯、聚苯乙烯等。

（2）受热或因某种条件固化后不能再软化者，统称为热固性塑料，如酚醛塑料、氨基塑料等。

2. 塑料制品

建筑塑料制品的种类繁多，主要有以下几种。

（1）塑料管和管件。用塑料制造的管材及接头管件，已广泛应用于室内排水、自来水、化工及电线穿线管等管路工程中。常用的塑料有硬聚氯乙烯、聚乙烯、聚丙烯以及 ABS 塑料（丙烯腈-丁二烯－苯乙烯的共聚物）。塑料排水管的主要优点是耐腐蚀，流体摩阻力小；由于流过的杂物难于附着管壁，故排污效率高。塑料管的连接方法除胶黏法之外，还有热熔接法、螺纹连接法、法兰盘连接法以及带有橡胶密封圈的承插式连接法。建筑塑料管主要包括如下种类。

1）硬聚氯乙烯（PVC-U）管主要用于给水管道的非饮用水，排水管道，雨水管道，通常直径 40～100mm，使用温度不大于 40℃。

2）氯化聚氯乙烯（PVC-C）管主要用于冷热水管，消防水管系统，工业管道，寿命可达 50 年，使用温度高达 90℃。

3）无规共聚聚丙烯管（PP-R 管）用于冷热水管，饮用水管，不得用于消防给水系统。

4）丁烯管（PB 管）应用于冷热水管和饮用水管如地板辐射采暖系统。

5）交联聚乙烯管（PEX 管）主要用于地板辐射采暖系统的盘管。

6）铝塑复合管用于冷热水管，饮用水管。

（2）弹性地板。塑料弹性地板有半硬质聚氯乙烯地面砖和弹性聚氯乙烯卷材地板两大类。地面砖的基本尺寸为边长 300mm 的正方形，厚度 1.5mm。其主要原料为聚氯乙烯或氯乙烯和醋酸乙烯的共聚物，填料为重质碳酸钙粉及短纤维石棉粉。产品表面可以有耐磨涂层、色彩图案或凹凸花纹。

弹性聚氯乙烯卷材地板的优点是：地面接缝少，容易保持清洁；弹性好，步感舒适；具有良好的绝热吸声性能。公用建筑中常用的为不发泡的层合塑料地板，表面为透明耐磨层，下层印有花纹图案，底层可使用石棉纸或玻璃布。用于住宅建筑的为中间有发泡层的层合塑料地板。粘接塑料地板和楼板面用的胶粘剂，有氯丁橡胶乳液、聚醋酸乙烯乳液或环氧树脂等。

（3）化纤地毯。主要材料是尼龙长丝、尼龙短纤维、丙烯腈、纤维素及聚丙烯等。地毯的主要使用性能为耐磨损性、弹性、抗脏及抗染色性、易清洁以及产生静电的难易等。丙烯腈、尼龙和聚丙烯纤维的使用性能均可与羊毛比美。它的主要优点是步感舒适，缺点是有静电现象、容易积尘、不易清扫。

（4）门窗和配件。由于薄壁中空异型材挤出工艺和发泡挤出工艺技术的不断发展，用塑料异型材拼焊的门窗框、橱柜组件以及各种室内装修配件，已获得显著发展。采用硬质发泡聚氯乙烯或聚苯乙烯制造的室内装修配件，常用于墙板护角、门窗口的压缝条、石膏板的嵌缝条、踢脚板、挂镜线、天花吊顶回缘、楼梯扶手等处。它还兼有建筑构造部件和艺术装饰品的双重功能，既可提高建筑物的装饰水平，也能发挥塑料制品外形美观、便于加工的优点。

（5）壁纸和贴面板。聚氯乙烯塑料壁纸是装饰室内墙壁的优质饰面材料，可制成多种印花、压花或发泡的美观立体感图案。这种壁纸具有一定的透气性、难燃性和耐污染性。表面可以用清水刷洗，背面有一层底纸，便于使用各种水溶性胶将壁纸粘贴在平整的墙面上。用三聚氰胺甲醛树脂液浸渍的透明纸，与表面印有木纹或其他花纹的书皮纸叠合，经热压成为一种硬质塑料贴面板；或用浸有聚邻苯二甲酸二烯丙酯（DAP）的印花纸，与中密度纤维板或其他人造板叠合，经热压成装饰板，都可以用作室内的隔墙板、门芯板、家具板或地板。

（6）泡沫塑料是一种轻质多孔制品，具有不易塌陷、不因吸湿而丧失绝热效果的优点，是优良的绝热和吸声材料。产品有板状、块状或特制的形状，也可以进行现场喷涂。其中泡孔互相联通的，称为开孔泡沫塑料，具有较好的吸声性和缓冲性；泡孔互不贯通的，称为闭孔泡沫塑料，具有较小的热导率和吸水性。建筑中常用的有聚氨酯泡沫塑料、聚苯乙烯泡沫塑料与脲醛泡沫塑料。聚氨酯的优点是可以在施工现场用喷涂法发泡，它与墙面的其他材料的黏结性良好，并耐霉菌侵蚀。

（7）玻璃纤维增强塑料。用玻璃纤维增强热固性树脂的塑料制品，通常称玻璃钢。常用于建筑中的有透明或半透明的波形瓦、采光天窗、浴盆、整体卫生间、泡沫夹层板、通风管道、混凝土模壳等。它的优点是强度重量比高、耐腐蚀、耐热和电绝缘性好。它所用的热固性树脂有不饱和聚酯、环氧树脂和酚醛树脂。玻璃钢的成型方法，一般采用手糊成型、喷涂成型、卷绕成型和模压成型。正在迅速发展的建筑用玻璃钢制品，有冷却水塔、贮水塔、整体式组装卫生间，半组装式卫生间等。

五、功能材料

建筑功能材料指具有防水、防火、保温、隔热、采光、隔声、装饰等建筑功能的非承重用材料，决定建筑物使用功能和建筑品质。

（一）防水防潮材料

能防止地下水、地表水（包括雨水、工业与民用的给排水）、空气中的湿气、蒸汽和一些侵蚀性液体对建筑或各种构筑物渗透、渗漏和侵蚀的材料，统称防水材料。传统防水材料是沥青及其制品，但沥青材料固有的缺陷（热粘冷脆、易老化开裂、易起鼓、施工条件差、环境污染等）严重影响着施工质量，随着石油化工的发展，防水材料已向高聚物改性沥青系列及合成高分子材料方向发展。

根据外观形态，建筑防水材料分为四大系列：防水卷材、防水涂料、建筑密封材料、刚性防水材料。

1. 防水卷材

防水卷材是防止建筑物遭受雨水、地下水、环境水侵入或透过的各种柔性片状材料总称，占建筑防水材料的 80%。施工方法分为热施工法（热黏结法、热熔法、热风焊接法）、冷施工法（冷黏结法、自粘法、机械固定法）。主要品种包括沥青防水卷材、高聚物改性沥青防水卷材、合成高分子卷材三大类。

（1）沥青防水卷材。沥青防水卷材用各种胎体浸涂沥青，表面撒布粉状、粒状或片状材料制成，是我国传统的防水卷材，生产历史久、成本较低、应用广泛，沥青材料的低温柔性差，温度敏感性大，在大气作用下易老化，防水耐用年限较短，它属于低档防水材料，沥青防水卷材仅适应于屋面防水等级为Ⅲ级（一般的工业与民用建筑、防水耐用年限为 10 年）和Ⅳ级（非永久性的建筑防水耐用年限为 5 年）的屋面防水工程。

（2）高聚物改性沥青防水卷材。高聚物改性沥青防水卷材是以高聚物改性沥青为涂盖层，以纤维织物或纤维毡为胎体制成，如图 2-35 所示。由于在沥青中添加适量的高聚物可以改善沥青防水卷材温度稳定性差和延伸率小的不足，具有高温不流淌、低温不脆裂、拉伸强度高、延伸率较大等优异性能，且价格适中，在我国属中低档防水卷材。适用于防水等级为Ⅰ、Ⅱ、Ⅲ级的屋面防水工程。

高聚物改性沥青防水卷材的常见种类包括 SBS 改性沥青防水卷材、APP 改性沥青防水卷材等。

1）SBS 改性沥青防水卷材属弹性体沥青防水卷材中的一种。该类防水卷材广泛适用于各类建筑防水、防潮工程，尤其适用于寒冷地区和结构变形频繁的建筑物。

2）APP 改性沥青防水卷材属塑性体沥青防水卷材中的一种。类防水卷材广泛适用于各类建筑防水、防潮工程，尤其适用于高温或有强烈太阳辐射地区的建筑物防水。

（a）　　　　　　（b）

图 2-35　高聚物改性沥青防水卷材

（a）SBS 防水卷材；（b）APP 防水卷材

（3）合成高分子卷材。合成高分子防水卷材以合成橡胶、合成树脂或它们的共混体为基料加工而成，具有拉伸强度和抗撕裂强度高，断裂伸长率大，耐热性和低温柔性好，耐腐蚀，耐老化等一系列优异的性能，耐用年限可达 25 年以上。是新型高档防水卷材。适用防水等级为Ⅰ、Ⅱ、Ⅲ级的屋面防水工程。

合成高分子防水卷材的常见种类包括聚氯乙烯（PVC）防水卷材、三元乙丙橡胶防水卷材、氯化聚乙烯—橡胶共混型防水卷材等。

1）聚氯乙烯（PVC）防水卷是 SBS 的替代产品，该种卷材的尺度稳定性、耐热性、耐腐蚀性、耐细菌性等均较好，并且施工方便、搭接合缝胶粘不受环境约束、环保污染；适用于各类建筑的屋面防水工程和水池、堤坝等防水抗渗工程。

2）三元乙丙橡胶防水卷材是高分子防水材料中世界上公认的性能最优越的一种高弹性体防水材料，具有优良的耐候性、耐臭氧性和耐热性，如图 3-36 所示。此外，它还具有重量轻、拉伸强度高、断裂伸长率大、低温柔性好、使用寿命长、耐酸减腐蚀等特点，广泛适用于防水要求高、耐用年限长的工业与民用建筑的防水工程。

3）氯化聚乙烯—橡胶共混型防水卷材如图 3-37 所示，是以氯化聚乙烯树脂和适量的丁苯橡胶为主要原料，加入多种化学助剂，经密炼、过滤、挤出成型和硫化等工序加工制成的防水卷材。该类卷材属于橡塑共混类合成高分子防水卷材，兼具氯化聚乙烯优异的力学性能、耐老化性能和橡胶的高弹性。除尺寸稳定性（加热收缩率）不如三元乙丙防水卷材外，其他材性指标均与三元乙丙防水卷材相当；该类卷材特别适用于寒冷地区或变形较大的建筑防水工程。

图 2-36　三元乙丙橡胶防水卷材

图 2-37　氯化聚乙烯—橡胶共混型防水卷材

2. 防水涂料

（1）涂膜防水，是在自身有一定防水能力的结构层表面涂刷一定厚度的防水涂料，经过常温固化后，形成一层具有一定坚韧性的防水涂膜的防水方法。特别适合于表面形状复杂的结构防水施工。

（2）防水涂料有薄质涂料和厚质涂料之分，薄质涂料主要是高聚物改性沥青防水涂料和合成高分子防水涂料，厚质涂料主要是沥青基涂料，如图 2-38 所示。按其形态又可分为溶剂型、反应型和水乳型三类。

（a）　（b）　（c）　（d）

图 2-38　防水涂料

（a）氯丁橡胶防水涂料溶剂型；（b）SBS 改性沥青防水涂料水乳型\单组分；（c）PVC 水性防水涂料水乳型\单组分；（d）聚氨酯防水涂料反应型/双组分

1）溶剂型涂料成膜迅速，但易燃、有毒；

2）反应型涂料是由两个组分构成，涂料成膜时体积不收缩，但配制须精确；

3）水乳型涂料可在较潮湿的基面上施工，但黏结力较差，且低温时成膜困难。

3. 建筑密封材料

建筑密封材料是建筑工程施工中不可缺少的一类用以填充建筑物的各种缝隙，并与缝隙表面很好结合成一体，实现缝隙密封的材料。要求具有高气密性及水密性、良好的黏结性、良好的耐高低温性和耐老化性能、一定的弹塑性和拉伸—压缩循环性能。

按产品形式划分，建筑密封材料可分为：无定形密封材料（沥青嵌缝油膏、PVC 接缝膏），定型密封材料（止水带、密封圈、密封件等），半定型密封材料（密封带、遇水膨胀止水条等）。

4. 刚性防水材料

依靠结构构件自身的密实性或采用刚性材料用于防水层以达到建筑物的防水目的称为刚性防水。其技术手段主要是通过使用混凝土外加剂（减水剂、引气剂、膨胀剂）或防水剂提高混凝土的密实度或形成憎水层，从而使混凝土或砂浆的防水性能提高。刚性防水材料可通过下面两种方法实现。

（1）以硅酸盐水泥为基料，加入无机或有机外加剂配制而成的防水砂浆、防水混凝土；如外加剂防水混凝土、聚合物防水砂浆等。

（2）以膨胀水泥为主的特种水泥为基料配制的防水砂浆、防水混凝土。

刚性防水是一种内防水技术，工艺简单，成本低，但抗结构变形能力较低。在建筑物基层上铺贴防水卷材或涂布防水涂料，称为柔性防水，是一种外防水技术，成本高，一旦防水层失效，需更换整个防水层。采用刚柔并用的复合防水技术，防水效果较好。刚性防水屋面如图2-39所示，其防水层就是采用C20细石混凝土整体现浇，其厚度不宜小于40mm，并配置ϕ4～6、间距100～200mm的双向钢筋网片，以防止混凝土收缩产生裂缝，细石混凝土内还常掺减水剂、引气剂、膨胀剂等外加剂以提高混凝土的抗裂和抗渗能力。另外，应用于坡屋面或斜墙的瓦类防水也属于刚性防水，是刚性材料、柔性结构的防水。

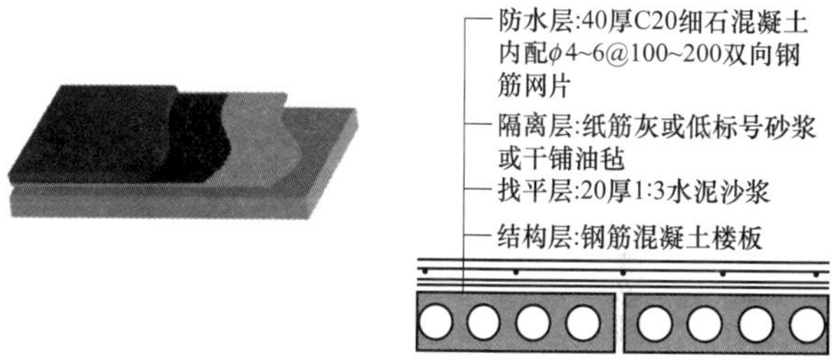

图2-39　刚性防水屋面

（二）吸声、隔声材料

当前噪声已成为一种严重的环境污染，建筑物声环境问题越来越受到人们关注和重视。选用适当材料对建筑物进行吸声处理是建筑物噪声控制过程中最常用最基本技术措施之一。

1. 吸声材料

吸声材料的基本特征是多孔、疏松、透气。多孔材料具有大量内外连通的微小孔隙，当声波沿着微孔进入材料内部时，引起孔隙中空气的振动，由于摩擦和空气阻滞力，一部分声能转化成热能，另外孔隙中空气由于压缩放热、膨胀吸热，也使部分声能被吸收。常用的吸声材料如图2-40所示，包括气孔状吸声材料，如膨胀珍珠岩、泡沫玻璃、聚氨酯吸声板等和纤维状吸声材料，如玻璃棉、岩棉、软质纤维板等。

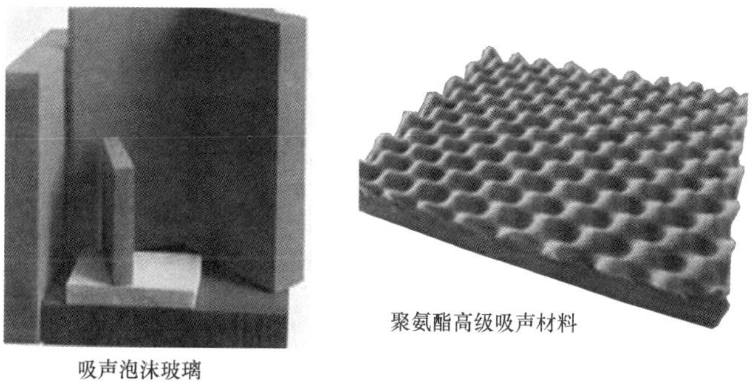

图2-40　吸声材料

2. 隔声材料

建筑上把主要起隔绝声音作用的材料称为隔声材料。隔声材料主要用于外墙、门窗、隔墙以及隔断等。可分为隔绝空气声和隔绝固体声。两者的隔声原理截然不同。对空气声的隔绝，必须选择密实沉重的材料如黏土砖，钢板、混凝土等作为隔声材料；隔绝固体声音最有效的措施是采用柔软弹性的阻尼材料，如毛毡、软木、橡皮等。

（三）保温隔热材料

建筑中，将不易传热的材料，即对热流有显著阻抗性的材料或材料复合体称为绝热材料。绝热材料是保温、隔热材料总称，一般将材料阻抗室内热量外流的功能称为保温，将材料阻抗室外热量流入室内的功能称为隔热。主要用于建筑物的墙壁、屋面保温，热力设备及管道的保温绝热。

绝热材料一般是轻质、疏松、多孔的纤维状材料。常以松散材、卷材、板材和预制块等形式用于建筑物屋面、外墙和地面等的保温及隔热，外墙保温如图2-41所示，也可直接砌筑（如加气混凝土）或放在屋顶、也可铺垫成地面保温层、纤维或粒状材料既能填充于墙内也能喷涂于墙面等处，兼有绝热、吸声、装饰和耐火等效果。

绝热材料种类繁多，一般按材质可分为无机绝热材料、有机绝热材料，建筑工程用量最大的是无机绝热材料。

1. 无机绝热材料

无机绝热材料是在材料形成过程中出现多孔结构的有机绝热材料，如图 2-42 所示，主要包括如下种类。

（1）纤维状材料。主要包括石棉、矿棉、玻璃棉等。其中，松散的石棉很少单独使用，常制成石棉粉、石棉纸板等制品用于建筑工程；矿棉可用沥青或酚醛树脂为黏结材料制成板、毡、管、壳等制品；玻璃棉是玻璃纤维的一种，可制成沥青玻璃棉毡、板等。

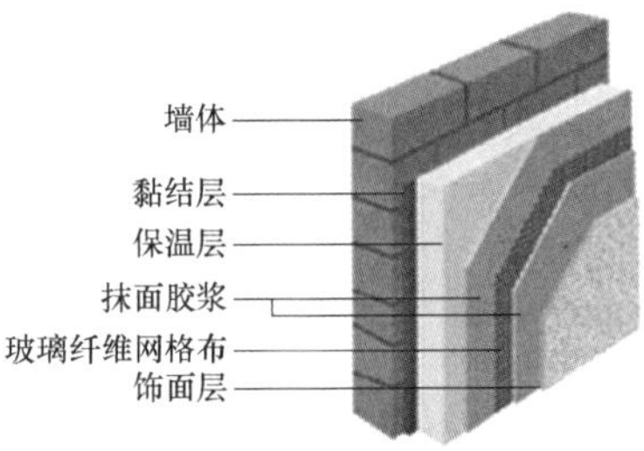

图 2-41　外墙保温图

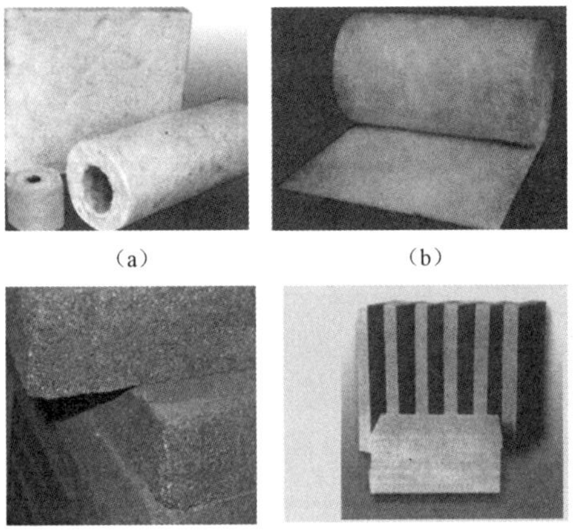

（a）　（b）　（c）　（d）

图 2-42　无机绝热材料

（a）岩棉管；（b）玻璃棉；（c）膨胀蛭石板材；（d）膨胀珍珠岩板材

（2）松散粒状材料。主要包括膨胀蛭石、膨胀珍珠岩等。膨胀蛭石具有良好的绝热、耐火、吸音性能，但吸水性大，可松散铺设也可制成水泥膨胀蛭石制品、水玻璃膨胀蛭石制品等。膨胀珍珠岩可松散铺设，也可制成水泥膨胀珍珠岩制品、沥青膨胀珍珠岩制品等。

（3）多孔性材料。主要包主要包括轻质混凝土（轻骨料混凝土、多孔混凝土）、泡沫玻璃等。

2. 有机绝热材料

有机绝热材料是利用天然多孔或纤维状材料为主要组成的有机绝热材料，主要包括：

（1）泡沫塑料是以树脂为基料、经发泡制成的一种轻质、保温、绝热、吸声、防震材料，常用的有聚苯乙烯泡沫塑料、聚氨酯泡沫塑料、聚氯乙烯泡沫塑料、脲醛泡沫塑料等。

（2）软木板是以栓树的外皮或黄菠萝树皮为原料，经加压成型、干燥而成。软木板具有质轻、热导率小、抗渗和防腐性能好等特性。

（3）纤维板以木质纤维或草质纤维为原料，加入水泥、石膏等胶结剂，压制成型。

（四）防火阻燃材料

防火阻燃材料是指各种对现代防火起到绝对性的作用的、多用于建筑的材料。具有防止或阻滞火焰蔓延性能的材料，有不燃材料和难燃材料两类。不燃材料不会燃烧。难燃材料虽可燃烧，但具阻燃性，即难起火、难炭化，在火源移开后燃烧即可停止，故又称阻燃材料。和降低火灾蔓延速度。材料包括防火板、防火门、防火玻璃、防火涂料、防火包等。

1. 防火板

防火板是表面装饰用耐火建材，是原纸（钛粉纸、牛皮纸）经过三聚氰胺与酚醛树脂的浸渍工艺，经过高温高压环境制成。防火板按材质主要分为矿棉板、玻璃棉板、水泥板、珍珠岩板、漂珠板、蛭石板、防火石膏板材、硅酸钙纤维板、氯氧镁防火板等。

（1）矿棉板、玻璃棉板。主要以矿棉、玻璃棉为隔热材料。其本身不燃、耐高温性能好、质轻，但不足之处有：①短纤维对人体呼吸系统会造成危害；②板材强度差；③板材对火灾烟气蔓延的阻隔性能差；④装饰性差；⑤安装施工工作量大。因此，该种板材现已大部分演变成以无机粘结材料为基材，矿棉、玻璃棉作为增强材料的板材。

（2）水泥板。水泥板材强度高，来源广泛。过去常用它作防火吊顶和隔墙，但其耐火性能较差，在火场中易炸裂穿孔、失去保护作用而使其应用受到一定限制。水泥混凝土构件的隔热、隔声性能好，可作为隔墙和屋面板。建材市场上陆续出现了纤维增强水泥板等改进品种，具有强度高、耐火性能好的优点，但韧性较差、碱度大、装饰效果较差。

（3）以低碱度水泥为基材，珍珠岩、玻璃微珠、蛭石为加气填充材料，再添加一些助剂复合而制成的空心板材。具有自重轻、强度高、韧性好、防火隔热、施工方便等特点，可广泛应用于高层框架建筑物分室、分户、卫生间、厨房、通信管等非承重部位。

（4）防火石膏板材。从石膏的防火性能被广泛接受以来，以石膏为基材的防火板材发展很快。该板材主要成分不燃且含有结晶水，耐火性能较好，可用作隔墙、吊顶和屋面板等。该板材原料来源丰富，便于工厂定型化生产。在使用中，它自重较轻，可以减轻建筑承重，且加工容易，可锯可刨，施工方便，装饰性好，但它的抗折性能较差。影响石膏板耐火性能的因素较多，如组成成分、板的类型、龙骨种类、板的厚度、空气层中有无填料、拼装方式等。最近几年又出现了硅钙石膏纤维板、双面贴纸石膏防火板等新品种。

（5）以石灰、硅酸盐及无机纤维增强材料为主要原料的建筑板材，具有质轻、强度高且隔热性、耐久性好、加工性能与施工性能优良等特点，主要用于制作天花板、隔墙以及作为钢柱、钢梁的防火保护材料。但板材强度和弯曲性能还有待提高。

（6）氯氧镁防火板。属于氯氧镁水泥类制品，以镁质胶凝材料为主体、玻璃纤维布为增强材料、轻质保温材料为填充物复合而成，能满足不燃性要求，是一种新型环保型板材。

2. 防火门

防火门是指在一定时间内能满足耐火稳定性、完整性和隔热性要求的门。它是设在防火分区间、疏散楼梯间、垂直竖井等具有一定耐火性的防火分隔物。防火门除具有普通门的作用外，更具有阻止火势蔓延和烟气扩散的作用，可在一定时间内阻止火势的蔓延，确保人员疏散。

（1）防火门按材质分有木质防火门、钢质防火门、钢木质防火门、其他防火门等。

1）木质防火门。用难燃木材或难燃木材制品作门框、门扇骨架、门扇面板，如图2-43所示。

2）钢质防火门。用钢质材料制作门框、门扇骨架和门扇面板，如图2-44所示。门扇内若填充材料，则填充对人体无毒无害的防火隔热材料，并配以防火五金配件所组成的具有一定耐火性能的门。

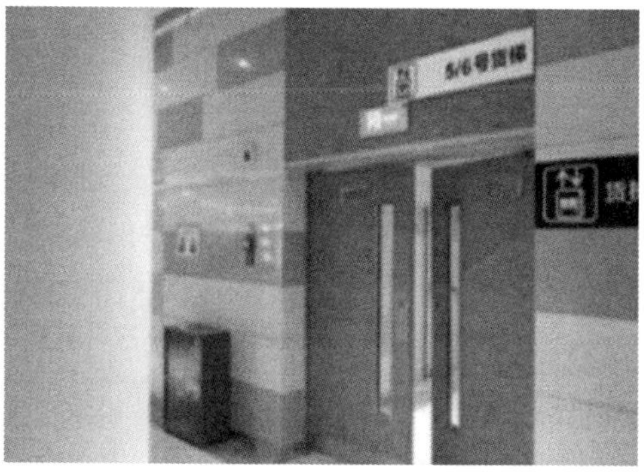

图2-43　木质防火门

图2-44　钢质防火门

3）钢木质防火门。用钢质和难燃木质材料或难燃木材制品制作门框、门扇骨架、门扇面板。

4）其他材质防火门。采用除钢质、难燃木材或难燃木材制品之外的无机不燃材料或部分采用钢质、难燃木材、难燃木材制品制作门框、门扇骨架、门扇面板，门扇内若填充材料，则填充对人体无毒无害的防火隔热材料，并配以防火五金配件所组成的具有一定耐火性能的门。

（2）防火门按使用功能分有门禁防火门、室内防火门、防爆防火门、快速闭锁防火门、遇火灾快速开启防火门等。

（3）防火门按技术分有电子防火门、内置防火闭门器多功能防火门等。

（4）防火门按开启状态分为常闭防火门和常开防火门。

（5）防火门按隔热情况分隔热防火门（A 类）、部分隔热防火门（B 类）、非隔热防火门（C 类）。

图 2-45　防火卷帘

3. 防火卷帘

防火卷帘是在一定时间内，连同框架能满足耐火稳定性和完整性要求的卷帘，由帘板、卷轴、电动机、导轨、支架、防护罩和控制机构等组成，如图 2-45 所示。防火卷帘主要用于需要进行防火分隔的墙体，特别是防火墙、防火隔墙上因生产、使用等需要开设较大开口而又无法设置防火门时的防火分隔。防火卷帘可分为钢质防火卷帘、无机纤维复合防火卷帘、特级防火卷帘等。

（1）钢质防火卷帘。指用钢质材料做帘板、导轨、座板、门楣、箱体等，并配以卷门机和控制箱所组成的能符合耐火完整性要求的卷帘。

（2）无机纤维复合防火卷帘。指用无机纤维材料做帘面，用钢质材料做夹板、导轨、座板、门楣、箱体等，并配以卷门机和控制箱所组成的能符合耐火完整性要求的卷帘。

（3）特级防火卷帘。指用钢质材料或无机纤维材料做帘面，用钢质材料做导轨、座板、夹板、门楣、箱体等，并配以卷门机和控制箱所组成的能符合耐火完整性、隔热性和防烟性能要求的卷帘。

4. 防火玻璃

防火玻璃是一种在规定的耐火试验中能够保持其完整性的特种玻璃，具有良好的透光性能和耐火、隔热、隔音性能，如图 2-46 所示。常见的防火玻璃有夹层复合防火玻璃、夹丝防火玻璃和中空防火玻璃三种。防火玻璃是金融保险、珠宝金行、图书档案、文物贵重物品收藏、财务结算等重要场所和商厦、宾馆、影剧院、医院、机场、计算机房、车站码头等公共建筑以及其他设有防火分隔要求的工业及民用建筑的防火门、窗和防火隔墙等范围的理想防火材料。

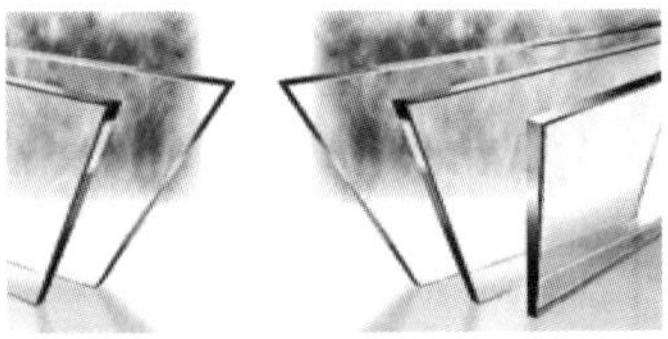

图 2-46　防火玻璃

（1）防火玻璃按耐火性能分可分为隔热型防火玻璃（A 类）和非隔热型防火玻璃（C 类）、部分隔热型防火玻璃（B 类）。

1）隔热型防火玻璃（A 类）。同时满足耐火完整性、耐火隔热性要求的防火玻璃。包括复合型防火玻璃和灌注型防火玻璃两种。此类玻璃具有透光、防火（隔烟、隔火、遮挡热辐射）、隔声、抗冲击性能，适用于建筑装饰钢木防火门、窗、上亮、隔断墙、采光顶、挡烟垂壁、透视地板及其他需要既透明又防火的建筑组件中。

2）部分隔热型防火玻璃（B 类）。同时满足耐火完整性、热辐射强度要求的防火玻璃。此类防火玻璃多为复合防火玻璃具有透光、防火、隔烟特点。

3）非隔热型防火玻璃（C 类）。只满足耐火完整性要求的单片防火玻璃。此类玻璃具有透光、防火、隔烟、强度高等特点。适用于无隔热要求的防火玻璃隔断墙、防火窗、室外幕墙等。

（2）按结构型式可分为防火夹层玻璃、薄涂型防火玻璃、单片防火玻璃和防火夹丝玻璃。其中防火夹层玻璃按生产工艺特点又可分为复合防火玻璃和灌注防火玻璃。

（3）按耐火极限可分为 5 个等级：0.5、1.00、1.50、2.00、3.00h。

（4）防火玻璃按结构划分可分为复合防火玻璃与单片防火玻璃。

1）复合防火玻璃又分为复合型和灌注型。

复合型由两层或多层玻璃原片附之一层或多层水溶性无机防火胶夹层复合而成。适用于外窗、外幕墙时，设计方案应考虑防火玻璃与 PVB 夹层玻璃组合使用。适用范围：建筑物房间、走廊、通道的防火门窗及防火分区和重要部位防火隔断墙。

灌注型由两层玻璃原片（特殊需要也可用三层玻璃原片），四周以特制阻燃胶条密封。中间灌注的防火胶液，经固化后为透明胶冻状与玻璃粘接成一体。适用于防火门窗、建筑天井、中庭、共享空间、计算机机房防火分区隔断墙。

2）单片防火玻璃是一种单层玻璃构造的防火玻璃。在一定的时间内保持耐火完整性、阻断迎火面的明火及有毒、有害气体，但不具备隔温绝热功效。适用于外幕墙、室外窗、采光顶、挡烟垂壁、防火玻璃无框门，以及无隔热要求的隔断墙。

5. 防火涂料

防火涂料是用于可燃性基材表面，能降低被涂材料表面的可燃性、阻滞火灾的迅速蔓延，用以提高被涂材料耐火极限的一种特种涂料，如图 2-47 所示。适用于发电厂、变电所之类等级较高的建筑物室内外电缆线的防火保护。

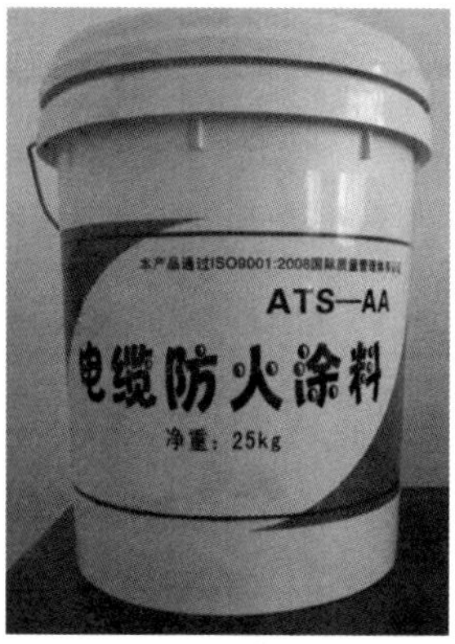

图 2-47　电缆防火涂料

防火涂料种类很多，但是按照防火涂料的使用对象以及防火涂料的涂层厚度来看，一般分为饰面型涂料和钢结构防火涂料。

（1）饰面型防火涂料一般用作可燃基材的保护性材料，具有一定的装饰性和防火性，又分为水性和溶剂型两大类。

（2）钢结构防火涂料主要是用作不燃烧体构件的保护性材料，这类防火涂料的涂层比较厚，而且密度小、导热系数低，所以具有优良的隔热性能，又分为有机防火涂料和无机防火涂料。

6. 防火封堵材料

防火封堵材料用于封堵各种电缆、风管、油管、天然气管等穿过墙（仓）壁、楼（甲）板时形成的各种开口以及电缆架桥的分段防火分隔，以免火势通过这些开口及缝隙蔓延，具有防火功能，便于安装，它包括有机防火堵料、无机防火堵料及阻火包。

（1）有机防火堵料。有机防火堵料又名防火胶泥，是以有机合成树脂为黏结剂，添加防火剂、填料等经碾压而成。该堵料长久不固化，可塑性很好，可以任意地进行封堵。这种堵料主要应用在建筑管道和电线电缆贯穿孔洞的防火封堵工程中，并与无机防火堵料、阻火包配合使用。

（2）无机防火堵料。无机防火堵料又叫速固型防火堵料，它是以无机黏结剂为基料，并配以无机耐火材料、阻燃剂等而制成的。该类堵料在固化前有较好的流动性和分散性，对于多根电缆束状敷设和层状敷设的场合，采用现场浇注这类堵料的方法，可以有效地堵塞和密封电缆与电缆之间，电缆与壁板之间各种微小空隙，使各电缆之间相互隔绝，阻止火焰和有毒气体及浓烟扩散。无机防火堵料属于不燃材料，在高温和火焰作用下，基本不发生体积变化而形成一层坚硬致密的保护层，其热导率较低，有显著的防火隔热效果。

（3）阻火包。防火包，主要用于电力、通信、石化、建筑以及船舶等行业的各类电缆贯穿孔洞的防火封堵，能有效阻止火势沿电缆窜燃蔓延，最大限度地避免生命财产的损失，该产品常温下具有良好的通风透气性、耐酸碱、耐水、耐油、重量轻、使用方便等特点，遇火迅速膨胀炭化形成具一定厚度和强度的阻火屏障，并在膨胀炭化过程中吸收热量、释放不燃气体，达到阻火、隔热、隔烟的目的，是电力电缆设施防火、阻燃的理想产品。

第二节　常用建筑安装设备及材料

建筑安装设备及材料是现代建筑重要的组成部分，包括为建筑物的使用者提供生活和工作服务的给水、排水、通风、供热、空调、供电、照明、消防等各种设施、设备系统及材料，是建筑物发挥使用功能、提高使用品质并减轻环境污染必不可少的组成部分。

一、消防设施

（一）常用灭火系统

根据使用灭火剂的种类和灭火方式可分为消火栓给水系统、自动喷水灭火系统和其他使用非水灭火剂的固定灭火系统。

1. 消火栓给水系统

（1）消火栓给水系统的供水方式。一般情况下，室内生活给水系统和消防给水系统宜分开设置。室内消火栓给水系统的给水方式，根据室外给水管网是否能直接满足室内消防流量和水压等要求，可分为如下两种方式。

1）无加压水泵和水箱的室内消火栓给水系统这种给水系统。常在建筑物高度不大，室外给水管网的压力和流量完全能满足最不利点消火栓的设计水压和流量时采用，如建筑物距离水厂较近或城市自来水厂二级泵房的水压较高。

2）设置消防水泵和屋顶水箱的室内消火栓给水系统。室外管网不能满足室内消火栓给水系统的水量水压要求时宜设置消防水泵和屋顶水箱。消火栓给水系统的水泵和生活用水水泵有接生活生产管网宜分开设置。当室外管网水量和水压满足规范要求时，消防水泵可直接从室外管网抽水，反之，需要按照规范要求设置消防水池。

（2）消火栓给水系统的组成。建筑消火栓给水系统 般由水枪、水龙带、消火栓、消防管道、消防水池、消防水箱水泵接合器及增压水泵等组成。

1）水枪。水枪是灭火的主要工具之一，其作用在于收缩水流，产生击灭火焰的充实水柱。水枪喷口直径有13、16、19mm三种，另一端设有水龙带相连接的接口，其口径为50、65mm两种。水枪常用铜、铝或塑料制成。

2）水龙带。常用的水龙带用帆布、麻布或橡胶输水软管制成，直径分 50、65mm 两种，长度一般为15、20、25m三种，水龙带的两端分别与水枪和消火栓连接。

3）消火栓。室内消火栓有单出口和双出口之分，均为内扣式接口。单出口消火栓直径有 50mm 和 65mm两种，双出口消火栓直径均为65mm。

4）消防箱。水枪、水龙带、消火栓和消防卷盘一般共同设于带有玻璃门的消防箱内，消防箱安装高度以消火栓栓口中心距地面1.1m为基准。

5）消防水池。消防水池用于无室外消防水源时，储存火灾持续时间内的室内消防用水量。消防水池可设于室外地下或地面上，也可设在室内地下室，或与室内游泳池、水景水池兼用。

6）消防水箱。消防水箱对扑救初期火灾起着重要作用，保证自动供水，应采用重力自流供水方式；消防水箱宜与生活、生产高位水箱合用，以保持箱内储水流动，防止水质变坏。

7）水泵接合器。水泵接合器是连接消防车向室内消防给水系统加压供水的装置，一端由消防给水管网水平干管引出，另一端设于消防车易于接近的地方。水泵接合器有地上、地下和墙壁式三种。

2. 自动喷水灭火系统

自动喷水灭火系统是一种在发生火灾时，能自动打开喷头喷水灭火并同时发生火警信号的消防灭火设施。据资料统计，自动喷水灭火系统扑灭初期火灾的效率在97%以上。

（1）自动喷水灭火系统的分类。根据自动喷水灭火设备中使用喷头的不同，可分为两大类：闭式自动喷水灭火系统和开式自动喷水灭火系统。自动喷水灭火系统又可分为如下系统。

1）湿式系统。该系统由湿式报警阀组、水流指示器、闭式喷头，管道和水泵等组成，管道内始终充满有压水，当喷头开启时，就能立刻喷水灭火。适用于室内温度不低于4℃且不高于70℃的建筑物、构筑物。其特点是喷头动作后立即喷水，灭火成功率高于干式系统。

2）干式系统。该系统由干式报警阀组、闭式喷头、管道和充气设备以及供水设施等组成。该系统报警阀后的管道内充以压缩空气，在报警阀前的管道中经常充满压力水当发生火灾喷头开启时，先排出管路内的压缩空气，随之水进入管网，经喷头喷出。其缺点是发生火灾时，须先排除管道内气体并充水，推迟了开始喷水的时间，特别不适合火势蔓延速度快的场所采用。

3）预作用系统。预作用自动喷水灭火系采用预作用报警阀组，并由火灾自动报警系统启动由火灾探测系统、闭式喷头、预作用阀、充气设备和充以有压或无压气体的管道和水泵组成。预作用阀后的管道系统内平时无水，充满有压或无压的气体。由比闭式喷头更灵敏的火灾报警系统联动。火灾发生初期，火灾探测系统控制自动开启或手动开启预作用阀，使消防水进入阀后管道，系统转换为湿式，当闭式喷头开启后，即可出水灭火该系统弥补了上两种系统的缺点，适用于对建筑装饰要求高，灭火要求及时的建筑物。

4）雨淋系统。该系统的特点是采用开式洒水喷头和雨淋报警阀组，并由火灾报警系统或传动管联动雨淋阀和水泵使与雨淋阀连接的开式喷头同时喷水。适用火灾火势迅猛、蔓延迅速、危险性大的建筑或部位。

5）水喷雾系统。该系统是利用水雾喷头将水流分解为细小的水雾来灭火，使水的利用率得到最大的发挥。在灭火过程中，细小的水雾滴可完全汽化，从而获得最佳的冷却效果，同时产生的水蒸气可造成隔离氧气的环境条件。当用于扑救溶于水的可燃液体火灾时，可产生稀释冲淡效果。冷却、窒息、乳化和稀释四个过程在火灾扑救中单独或同时发生作用，均可获得良好的灭火效果。另外，水雾自身具有电绝缘性能，可安全地用于电气火灾的扑救，但水喷雾需要高压力和大水量，因而使用受到限制。

6）水幕系统。该系统喷头沿线状布置，发生火灾时，可作为挡烟阻火和冷却分隔物。可以采用开式洒水喷头或水幕喷头。与自动的或手动的控制阀门、雨淋报警组构成水幕系统。水幕分为两种，一种利用密集喷洒的水墙或水帘阻火挡烟，起防火分隔作用，如舞台与观众之间的隔离水帘；另一种利用水的冷却作用，配合防火卷帘等分隔物进行防火分隔。

（2）自动喷水灭火系统的组成。自动喷水灭火系统主要由喷头、报警阀组、水流指示器、压力开关、末端试水装置和火灾探测等构件组成。

1）喷头。闭式喷头的喷口用热敏元件组成的释放机构封闭，当达到一定温度时能自动开启。其构造按溅水盘的形式和安装位置有直立型、下垂型、边墙型、普通型、吊顶型和干式下垂型之分。开式喷头根据用途又分开启式、水幕、喷雾三种类型。

2）报警阀。报警阀的作用是开启和关闭管网的水流，传递控制信号至控制系统并启动水力警铃直接报警，有湿式、干式、干湿式和雨淋式4种类型。湿式报警阀用于湿式自动喷水灭火系统；干式报警阀用于干式自动喷水灭火系统；干湿式报警阀是由湿式、干式报警阀依次连接而成，温暖时用湿式装置，寒冷时用干式装置；雨淋式报警阀用于雨淋、水幕、水喷雾自动喷水灭火系统。

3）水流指示器。一个自动喷水灭火系统控制的楼层数较多时，为了尽快识别火灾发生的地点，在每一层楼的配水支管上装设水流指标器，以给出某一失火楼层支管水流流动的电信号，此信号可送到消防控制室，显示、报警或启动消防水泵等。

4）末端试水装置。每个报警组控制的最不利点喷头处，应设末端试水装置。其他防火分区、楼层的最不利点喷头处，均应设置直径为 25mm 的试水阀。末端试水装置应由试水阀、压力表以及试水接头组成。

5）火灾探测器。电动的感烟、感温、感光火灾探测器系统是自动喷水灭火系统的重要组成部分，其数量应根据探测器的保护探测区面积计算而定。

3. 其他灭火系统

（1）泡沫灭火系统。泡沫灭火系统的原理是通过泡沫层的冷却，隔绝氧气和抑制燃料蒸发等作用，达到扑灭火灾的目的。泡沫灭火系统由泡沫消防泵、泡沫比例混合器、泡沫液压力储罐、泡沫产生器、阀门管道等组成。

（2）二氧化碳灭火系统。二氧化碳灭火系统是一种纯物理的气体灭火系统，能产生对燃烧物窒息和冷却的作用。它采用固定装置，类型较多，一般分为全淹没式灭火系统（扑救空间内的火灾）和局部应用灭火系统（扑救不封闭空间条件的具体保护对象的火灾）。

其优点是不污损保护物、灭火快等二氧化碳灭火系统由储存装置、选择阀、喷头、管道及其附件组成。常用的气体灭火系统还有卤代烷灭火系统、蒸气灭火系统等。

（二）常用消防设备

1. 消防给水设备

消防给水设备主要由消防主泵、消防备用泵、稳压泵组、气压罐、压力传感器、控制柜等组成。平时由稳压泵组将管网压力稳定在设定值，火灾时消防主泵自动启动灭火。消防主泵发生故障时，消防备用泵自动投入运行。带有双电源切换装置，当主电发生故障时，可自动切换备用电源。

（1）消防泵（见图 2-48）。消防泵是用作消防用途，用来抽送液体的一种泵，具有全密封、无泄漏、耐腐蚀的特点，广泛应用于环保、水处理、消防等部门。消防备用泵是指工作泵发生故障或检修时投入运转的泵。它与工作泵互相轮流运转，互为备用。备用泵的流量和扬程应不小于消防泵站内的最大一台泵的流量和扬程。

1）按照使用场合的不同，消防泵可用分为：专门提供车上使用的车用消防泵，专门提供船上使用的船用消防泵，专门提供工程类使用的工程用消防泵，以及用作其他用途的其他消防泵。

2）按照消防泵是否具有动力源可以分为：无动力源的消防泵叫作泵以及有动力的泵组，又叫作泵组。其中，按照消防泵出口的压力等级，还可以将无动力消防泵细分为出口压力相对较低的低压无动力消防泵，出口压力相对适中的中压无动力消防泵，出口压力相对偏高的高低压无动力消防泵，以及出口压力相对很高的高压无动力消防泵等。

图 2-48　消防泵

（2）稳压泵组。消防稳压泵，稳压泵配合主泵，从水池取水输向系统保持系统压力，称“常高压”或“稳高压”“准高压”系统，是不设高位消防水箱的系统。“稳高压”消防给水系统的稳压泵必须在平时保持运行状态，维持管网压力，在火灾发生时，仍应能运行一段时间，直至主消防消防泵启动时为止，须按主、备泵设置稳压泵，如图 2-49 所示。

（3）气压罐。气压罐是由罐体、气囊内胆、进（出）水口及补气口四部分组成。罐体一般为碳钢材质，外面是防锈烤漆层；也可选不锈钢材质罐体，外表是不锈钢本色，气囊材质为一般 EPDM 或丁基橡胶，气囊与罐体之间的预充氮气，一般出厂时已充好，使用时可根据实际工况选择充气还是放气，一般预充气体压力为系统最大压力的一半为宜，如图 2-50 所示。

图 2-49　稳压泵组

图 2-50　气压罐

2. 防排烟设备

防排烟系统主要是由送、排风管道，管井，防火阀，门开关设备，送、排风机等设备组成。

（1）送、排风管道。送、排通风管道是工业与民用建筑的通风用金属或复合管道，通风管道中的风管制作与安装所用板材、型材以及其他主要成品材料，应符合设计及相关产品国家现行标准的规定，并应用出厂检验合格证明，材料进场时应按国家现行有关标准进行验收。送排风管道按形状分类有圆形、矩形、螺旋形等；按加工工艺分有角铁法兰风管，共板法兰风管等。送、排风管道如图 2-51 所示。

图 2-51　送、排风管道

（2）防火阀。防火阀常开，70℃或者 280℃关闭，一般安装在风管穿越防火墙和结构变形缝处，起火灾控制作用，可以设置输出电信号，温度超过 70℃或者 280℃时阀门关闭，联动送（补）风机关闭。防火阀如图 2-52 所示。

图 2-52　防火阀

（3）消防风机。消防风机是指能在 300℃高温条件下连续运行 60min 以上 100℃温度条件下连续 20h/

次不损坏的工业风机。可广泛应用于工矿、楼宇、油、汽田开采、海上钻井平台、矿井、野外作业、军事等多种领域，具有良好的国防价值、社会经济效益和推广应用前景。消防风机如图 2-53 所示。

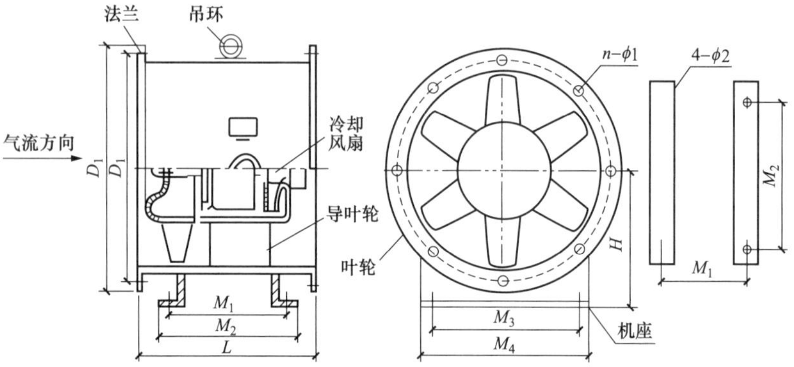

图 2-53　消防风机

3. 火灾报警和消防联动控制

火灾自动报警系统是建筑防火体系的重要组成部分之一，它通过探测伴随火灾产生和发展而出现的烟、光、温度等参数，早期发现火情，及时发出声、光等报警信号，同时协调组织消防给水系统、防排烟系统，迅速进行建筑内人流疏散和灭火。主要分为区域系统、集中系统和区域—集中系统三种。

火灾自动报警与联动控制包括火灾自动报警系统和消防联动控制灭火系统。火灾自动报警控制器是火灾报警系统的核心部分，是分析、判断、记录和显示火灾的部件，它通过火灾探测器在规定的时间内向监视现场发出巡测信号，监视现场的烟雾浓度、温度等，报警控制器上可以显示火灾区域或楼层房号的地址编码，并打印报警时间、地址。联动控制器是在火灾报警控制器的控制下，执行自动灭火的程序。当确认火灾后联动控制器启动喷淋泵、消防泵进行灭火；启动送风机、排烟风机创造疏散条件；按程序放下防火卷帘门，关闭烟道防火阀，实现防火分区的功能等。

（1）系统组成。火灾自动报警及联动控制系统由火灾信号检测部分、火灾报警控制器、联动控制器及消防联动执行机构几大部分组成。

1）火灾信号检测部分由各种探测器、手动报警器、自动喷淋系统的水流指示器、消火栓按钮等组成，其任务是检测火灾信号，并将信号传送给火灾自动报警器。

图 2-54　手动报警器

手动报警按钮、水流指示器、消火栓按钮等均可输出开关量信号，各类火灾探测器可根据要求输出开关量信号或模拟量信号，在一般情况下可采用开关量信号输出的探测器，在要求比较高的场合可采用模拟量输出的火灾探测器，手动报警器如图 2-54 所示。

2）火灾报警控制器及联动控制器是火灾报警及联动控制的中枢。它的任务是用来接受、处理、存储、显示火灾信号并发出联动控制指令。

火灾报警控制器是系统的核心设备，有区域报警控制器、集中报警控制器和通用报警控制器之分，按设备结构形式可分为壁挂式、台式或柜式。系统较小的用壁挂式（通常不多于 128 点），大型系统采用柜式或台式。与之配套的设备还有消防联动控制器、外设驱动电源、火灾应急广播设备、消防电话总机、多种探测器接口、火灾显示屏、火灾讯响器及打印机、微机等，火灾报警控制器及联动控制器如图 2-55 所示。

3）消防联动执行机构的任务是执行火灾自动报警联动控制器的指令，使各种换行机构自动完成先按程序确定的指令内容，如启动消防泵、排烟风机，接通消防广播，切除相关非消防电源等。

（2）常用探测器。在火灾报警系统中，探测器是关键的元件，探测器的选用是否合理，关系到整个系统的可靠性，常用的火灾探测器主要有以下几种。

1）感烟探测器。根据其工作原理的不同，又可分为离子感烟探测器和光电感烟探测器，在火灾初期有引燃阶段，产生大量的烟和少量的热，很少或没有火焰辐射的场所宜选用感烟探测器，如图 2-56 所示。

2）感温探测器。感温探测器是一种对警戒范围内某点周围的温度达到或超过预定值时发生响应的火灾探测器。其特点是结构简单、可靠性高，但灵敏度较低。感温探测器可分为点型和线型两大类，点型又可分为定温、差温、差定温三种；线型可分为缆式线型定温探测器和空气管式探测器。感温探测器如图 2-57 所示。

3）可燃气体探测器。在可燃性气体可能泄漏的危险场所应安装可燃气体探测器，如图 2-58 所示。

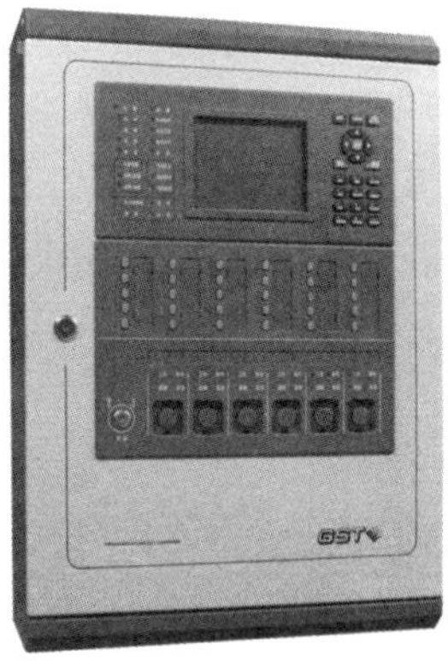

图 2-55　火灾报警控制器及联动控制器

图 2-56　感烟探测器

图 2-57　感温探测器

图 2-58　可燃气体探测器

4）火焰探测器。在火灾时有强烈的火焰辐射，需要对火焰作出快速反应的场所应安装火焰探测器，常用的火焰探测器有感光探测器，它对可燃物燃烧时的辐射光谱进行探测，如图 2-59 所示。

图 2-59　火焰探测器

4. 自动喷水灭火设备

自动喷水灭火系统主要由喷头、报警阀组、水流指示器、压力开关、末端试水装置和火灾探测等构件组成。

（1）湿式报警阀组。湿式报警阀是一种只允许水单向流入喷水系统并在规定流量下报警的一种单向阀。发生火灾时，闭式喷头喷水，由于水压平衡小孔来不及补水，报警阀上面水压下降，此时阀瓣前水压大于阀瓣后水压，于是阀瓣开启，向立管及管网供水，同时水沿着报警阀的环形槽进入延时器、压力开关及水力警铃等设施，发出火警信号并启动消防泵。湿式报警阀组如图 2-60 所示。

图 2-60　湿式报警阀组

（2）闭式喷头。闭式喷头是一种直接喷水灭火的组件，是带热敏感元件及其密封组件的自动喷头。该热敏感元件可在预定温度范围下动作，使热敏感元件及其密封组件脱离喷头主体，并按规定的形状和水量在规定的保护面积内喷水灭火，它的性能好坏直接关系着系统的启动和灭火、控火效果。

按热敏感元件划分，可分为玻璃球喷头和易熔元件喷头两种类型；按安装形式、布水形状又分为直立型、下垂型、边墙型、吊顶型和干式下垂型等。在发生火灾时，这种喷水灭火系统只有处于火焰之中或临近火源的喷头才会开启灭火。闭式喷头如图 2-61 所示。

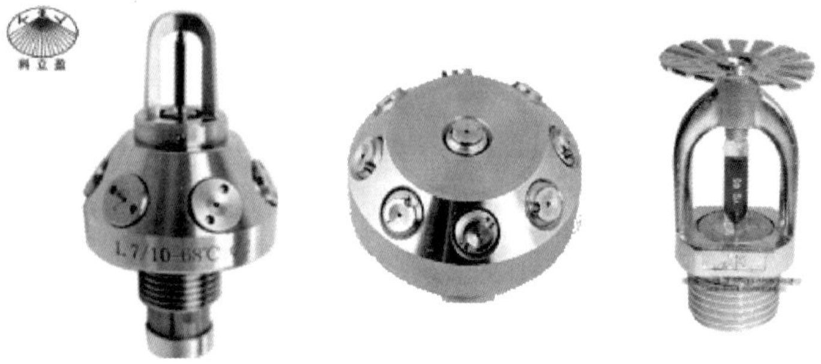

图 2-61　闭式喷头

（3）水流指示器。水流指示器属视镜类仪表阀门其适用于石油、化工、化纤、医药、食品、电厂、泵等工业生产管路中，通过视窗能随时观察液体、气体、蒸汽等介质的浑浊度且计量介质流动速度反应情况，是保障正常生产保证产品质量不可缺少的管道附件之一。其连接方式包括螺纹式、法兰式、焊接式。水流指示器也可用于自动喷水灭火系统，它可以安装在主供水管或横杆水管上，给出某一分区域小区域水流动的电信号，此电信号可送到电控箱，但通常不用作启动消防水泵的控制开关。水流指示器如图 2-62 所示。

图 2-62　水流指示器

（4）末端试水装置。末端试水装置安装在系统管网最不利点喷头处，检验系统启动、报警及联动等功能的装置。自动喷水灭火系统末端试水装置是喷洒系统的重要组成部分。末端试水装置测试的内容，包括水流指示器、报警阀、压力开关、水力警铃的动作是否正常，配水管道是否通畅，以及最不利点处的喷头工作压力等。末端试水装置如图 2-63 所示。

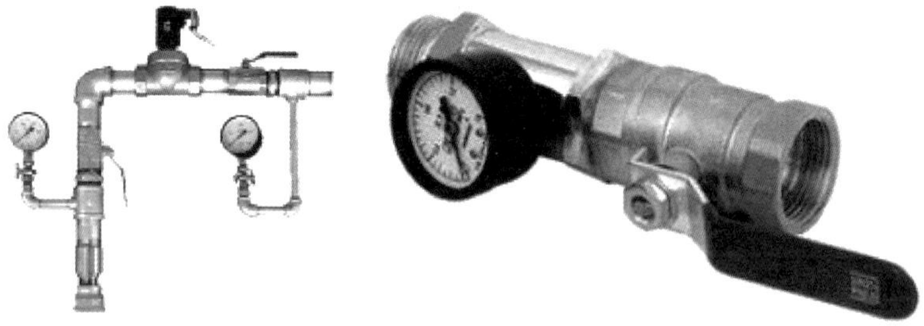

图 2-63　末端试水装置

5. 泡沫灭火设备

泡沫灭火系统主要由消防泵、泡沫比例混合器、泡沫液压力储罐、泡沫产生器、阀门管道等组成。

（1）消防泡沫罐。消防泡沫罐是用来储存泡沫灭火剂，并通过压力式比例混合器的作用，将消防供水置换装置内储存的泡沫灭火剂，并与供水按一定的比例混合形成泡沫混合液的装置。按储罐的结构形式分为卧式比例混合装置和立式比例混合装置；按比例混合器的个数分为单比例混合器混合装置和多比例混合器（2 只或是 4 只）混合装置。广泛用于油库储罐区、化工厂、飞机库、油田、燃油发电厂、锅炉房、地下车库、危险品仓库、化工品仓库等场所，如图 2-64 所示。

（2）泡沫比例混合器。泡沫比例混合器是泡沫灭火系统的“神经中枢”，其工作性能的好坏直接关系到泡沫灭火系统扑救火灾的成败。泡沫比例混合器有压力式空气泡沫比例混合器、环泵式泡沫比例混合器、管线式泡沫比例混合器等类型。泡沫灭火系统具有安全可靠、经济实用、灭火效率高等特点，如图 2-65 所示。

图 2-64　消防泡沫罐

图 2-65　泡沫比例混合器

（3）泡沫产生器。泡沫产生器是一种固定安装在油罐上，产生和喷射空气泡沫的灭火设备，主要由壳体组、泡沫喷管组和导板组三个部分构成。当泡沫混合液流过产生器喷嘴时，形成扩散的雾化射流，在其周围产生负压，从而吸入大量空气形成空气泡沫，空气泡沫通过泡沫喷管和导板输入贮罐内，沿罐壁淌下，平稳地覆盖在燃烧液面上。泡沫产生器如图 2-66 所示。

图 2-66　泡沫产生器

二、建筑给排水

给排水系统是建筑中的重要组成部分。从建筑物内部来说，水的系统有生活给水系统、生活污水系统、生活废水系统、雨水排水系统、冷却循环水系统、消防系统等。这些系统中包括了水质处理，水质、水温、水压保证及供水、配水、排水等众多技术。

（一）建筑给水

建筑给水系统的任务是将室外给水引入室内，并在保证满足用户对水质、水量、水压等要求的情况下，把水送到各个配水点。

1. 给水系统分类

通常分为生产给水、生活给水和消防给水三类。

（1）生活给水系统。供给人们烹饪、饮用、盥洗、洗涤、沐浴等生活用水。供水水质必须符合国家规定的饮用水卫生标准。

（2）生产给水系统。供给生产设备冷却、原料和产品的洗涤以及各类产品制造过程中所需的生产用水。生产用水应根据工艺要求，提供所需的水质、水量和水压。

（3）消防给水系统。供给各类消防设备灭火用水。消防用水对水质要求不高，但必须按照建筑防火规范保证供给足够的水量和水压。

2. 给水系统组成

建筑内给水系统由下列几部分组成。

（1）引入管是指从室外给水管穿越建筑物承重墙或基础将水引入室内的管段，也称进户管。

（2）水表节点是安装在引入管上的水表及其前后设置的阀门和泄水装置的总称。

（3）给水管道包括水平干管、立管和支管。

（4）配水装置和用水设备。

（5）给水附件是指给水管道上的阀门、止回阀等。

（6）增压和储水设备当室外给水管网压力不足或要求供水压力稳定、确保供水安全可靠时，设置水泵、气压给水装置和水池、水箱等增压储水设备。

3. 给水方式

室内给水方式，是根据建筑物性质、高度、配水点的不知情况以及室内所需水压、室外管网水压和水量等因素而决定的给水系统的布置形式。给水方式的基本类型主要有如下几种。

（1）直接给水方式。

（2）单设水箱的给水方式。

（3）单设水泵的给水方式。

（4）设水泵和水箱的给水方式。

（5）气压给水方式。

（6）分区给水方式。

（7）分质给水方式。

（8）管网叠压（无负压）给水方式。

4. 常用给水设备

（1）引入管。引入管指的是由室外给水管引入建筑物的管段。一般又称进户管，是室外给水管网与室内给水管网之间的联络管段。引入管段上一般设有水表、阀门等附件。

图 2-67 水表节点

（2）水表节点。水表节点是安装在引水管上的水表及其前后设置的阀门和泄水装置的总称，如图 2-67 所示。水表节点有设有旁通管水表节点和无旁通管水表节点。在引入管段上应装设水表，计量建筑物的总用水量，在其前后装设阀门、旁通管和泄水阀门等管路附件，水表及其前后的附件一般设在水表井中。当建筑物只有一条引入管时，宜在水表井中设旁通管。水表结点在我国南方地区可设在室外水表井中，并距建筑外墙 2M 以上；在寒冷地区常设于室内的供暖房间内。

（3）给水管道。给水管道是以卫生级聚氯乙烯（PVC）树脂为主要原料，加入适量的稳定剂、润滑剂、填充剂、增色剂等经塑料挤出机挤出成型和注塑机注塑成型，通过冷却、固化、定型、检验、包装等工序完成管材、管件，给水管道如图 2-68 所示。

1）给水管材的接口一般有三种方式：橡胶圈接口、胶水粘接口、法兰连接口。

2）给水管件的连接一般有两种方式：胶水粘接口和柔性接口方式。

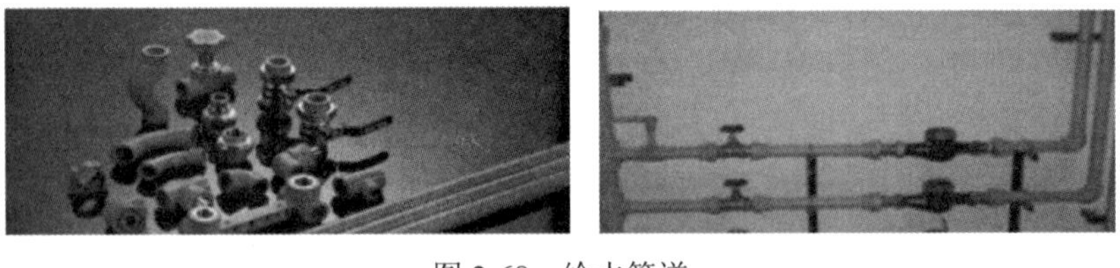

图 2-68 给水管道

（4）给水附件。给水附件是安装在给水管道及设备上的启闭和调节装置的总称，如图 2-69 所示。一般分为配水附件和控制附件两大类。配水附件如装在卫生器具及用水点的各式水嘴，用以调节和分配水流。控制附件用来调节水量、水压、判断水流、改变水流方向，如闸阀、止回阀、浮球阀等。

图 2-69 给水附件

（5）增压和储水设备。

1）增压泵。如图 2-70 所示。增压泵主要有以下几种类型。

a．沼气型：气动增压泵分为气液增压泵、气体增压泵。压缩空气、氮气、水蒸气、天然气等均可作为泵的驱动气源。

b．气液型：直到再次达到压力平衡后自动停止采用单气控非平衡气体分配阀来实现泵的自动往复运动泵体气驱部分采用铝合金制造。接液部分根据介质不同选用碳钢或不锈钢，泵的全套密封件均为进口优质产品，从而保证了气液增压泵的性能。

图 2-70　增压泵

c．空气型：空气增压泵原理是利用大面积活塞的低气压产生小面积活塞的高液压。空气增压泵使用于原空压系统要提高压力的工作环境中，能够将工作系统的空气压力提高到 2～5 倍，仅需要将工作系统内压缩空气作为气源即可。该泵适合单气源增压。无须电源（可使用于需防爆的领域）。在泵的压力范围内，调节调节阀从而调节进气压力，输出液压相应相应得到无极调整。

d．氯气型：氯气增压泵工作压力范围大，选用不同型号的泵可获得不同的压力区域，调节输入气压输出气压相应得到调整。流量范围广，易于控制，操作安全，采用气体驱动，无电弧及火花，可在危险场合使用。

2）水箱。水箱按材质分为玻璃钢水箱、不锈钢水箱、不锈钢内胆玻璃钢水箱、海水玻璃钢水箱、搪瓷水箱、镀锌钢板水箱六种。水箱一般配有 HYFI 远传液位电动阀、水位监控系统和自动清洗系统以及自洁消毒器，水箱的溢流管与水箱的排水管阀后连接并设防虫网，水箱应有高低不同的两个通气管（设防虫网），水箱设内外爬梯；水箱一般有进水管、出水管（生活出水管、消防出水管）、溢流管、排水管，水箱按照功能不同分为生活水箱、消防水箱、生产水箱、人防水箱、家用水塔等。水箱如图 2-71 所示。

图 2-71　水箱

（二）建筑排水

建筑排水系统的任务是将建筑内部人们在日常生活和工业生产中使用过的水收集起来及时排到室外。

1. 排水系统分类

按系统接纳的污废水类型不同，建筑内排水系统可分为以下三类。

（1）生活排水系统。排除居住建筑、公共建筑及工厂生活间的污废水。有时，由于污废水处理、卫生条件或杂用水水源的需要，把生活排水系统又进一步分为排除冲洗便器的生活污水排水系统和排除盥洗、洗涤废水的生活废水排水系统。生活废水经过处理后，可作为杂用水，用来冲洗厕所、浇洒绿地和道路、冲洗汽车等。

（2）工业废水排水系统。工业废水排水系统排除工艺生产过程中产生的污废水。为便于污废水的处理和综合利用，按污染程度可分为生产污水排水系统和生产废水排水系统。生产污水污染较重，需要经过处理，达到排放标准后排放；生产废水污染较轻，如机械设备冷却水，生产废水可作为杂用水水源，也可经过简单处理后（如降温）回用或排入水体。

（3）屋面雨水排除系统。屋面雨水排除系统收集排除降落到多跨工业厂房、大屋面建筑和高层建筑屋面上的雨雪水。

2. 排水系统的组成

建筑内部排水系统一般由卫生器具和生产设备的受水器、排水管道、清通设备和通气管道组成。根据需

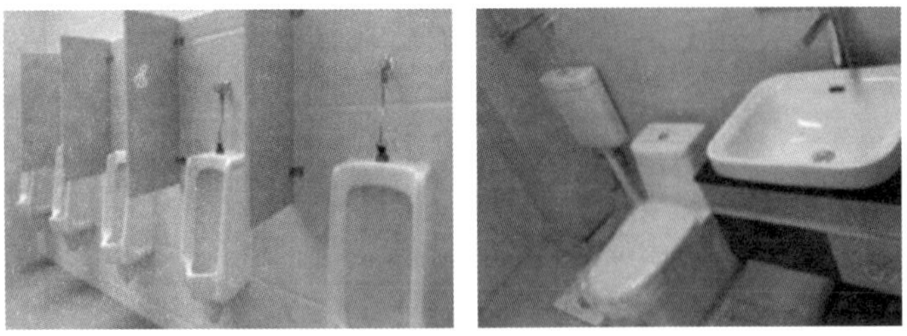

图 2-72 卫生器具

要还可设污废水提升设备和局部处理构筑物。

（1）卫生器具和生产设备受水器。卫生器具，是建筑内部给水排水系统的重要组成部分，是收集和排除生活及生产中产生的污、废水的设备，卫生器具如图 2-72 所示。卫生器具是给水系统的终点，排水系统的起点，用来满足日常生活和生产过程中各种卫生要求，收集和排除污废水的设备。按其作用分为以下几类：

1）便溺用卫生器具：如大便器、小便器等；

2）盥洗、淋浴用卫生器具：如洗脸盆、淋浴器等；

3）洗涤用卫生器具：如洗涤盆、污水盆等；

4）专用卫生器具：如医疗、科学研究实验室等特殊需要的卫生器具。

（2）排水管道。排水管道包括器具排水管（存水弯）、排水横支管、立管、埋地干管和排出管，如图 2-73 所示。管道类型：镀锌铁管、铜管、不锈钢管、铝塑复合管、不锈钢复合管、PVC 管、PP 管、HDPE 塑钢缠绕管。

（3）清通设备。为疏通建筑内排水管道，在排水系统内设检查口、清扫口和检查井。检查井是便于定期检查附属构筑物，由井座、井筒、井盖和相关配件等组成，检查井如图 2-74 所示。

对于散发有毒气体或大量蒸气的工业废水的排水管道，在管道转弯、变径、坡度改变和连接支管处，可在建筑物内设检查井。

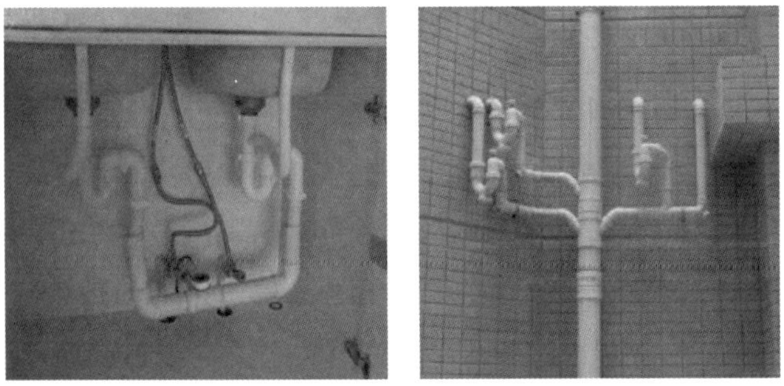

图 2-73 排水管道

图 2-74 检查井

1）通气管。为使排水系统内空气流通，压力稳定，防止水封破坏而设置的与大气相通的管道，如图 2-75 所示。排水通气管系统有伸顶通气管、主通气管、副通气管、结合通气管、环形通气管、器具通气管、汇合通气管通气管及专用通气管等类型，分别用于不同的位置，其中罩型通气管适用于蓄水水池及水箱安装。弯管型通气管为使排水系统内空气流通，压力稳定，防水封破坏而设置的与大气相通的管道。

图 2-75 通气管

2）污水提升设备。在工业与民用建筑的地下室，人防地道等地下建筑物中，卫生器具的污水不能自流排入室外排水管道，需设置集水池和污水泵等局部提升设备，将污水提升后排至室外排水管道，如图 2-76 所示。

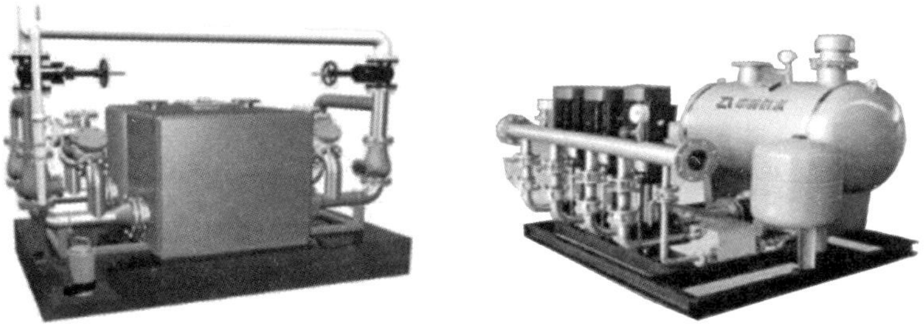

图 2-76　污水提升设备

3）污水局部处理设备。污水处理系统包含构筑物、机械设备、监控设备、管路阀门等，污水处理设备是指污水处理系统中的机械设备，如图 2-77 所示。还有一些将设备与构筑物合建成的一体化设备。如：化粪池、箱式气浮池、斜管沉淀池、一体化膜生物反应器等。

图 2-77　污水局部处理设备

三、暖通空调

暖通空调通常指供、通风，空气调节以及燃气供应等，它是建筑设备的一个重要组成部分。暖通空调涉及建筑环境、室内空气品质及热湿环境的控制、大气保护、建筑节能等。

（一）供暖系统

1. 供暖系统及其分类

在冬季当室外温度低于室内温度时，室内的热量就会不断传向室外，为保持室内所需温度，就必须向室内提供相应的热量，这种不断向室内提供热量的设备，就是供暖设备。

供暖系统主要由热源，供热管道，散热设备三部分组成。供暖系统通常可按照供热范围和热媒种类进行分类。

（1）按供暖范围分类。

1）局部供暖。热源和散热设备都在同一房间，它包括传统的火炉、火墙等，以及目前所使用的电热取暖、家用燃气壁挂锅炉、空调机组供暖等。燃气壁挂锅炉如图 2-78 所示。

2）集中供暖：利用一个热源（锅炉房最为常见）供给多个建筑或建筑群所需的热量。这种方式是目前应用最广泛的一种供暖方式。锅炉房如图 2-79 所示。

3）区域供热（暖）。热源（集中供热锅炉房、热电厂等）供热能力更大、供热范围更广，由于是以单一介质和参数向不同要求的用户提供热能，一般在用户接口处应设置热交换站，热交换站如图 2-80 所示。由热源到热交换站之间的管网称为一次管网，而热交换站至用热设备间的管网称为二次管网。相对于城市供热系统而言，热交换站就是它的用户，而对于一个建筑或建筑群而言，热交换站就是它的热源。

图 2-78　燃气壁挂锅炉

图 2-79　锅炉房

图 2-80　热交换站

（2）按热媒分类。在集中供热系统中，把热量从热源输入到散热设备的介质称为“热媒”。按所用的热媒不同，集中供暖系统可分为三类：热水供暖系统，蒸汽供暖系统和热风供暖系统。由于综合考虑了节能和卫生条件等因素，目前单纯供暖多采用热水供暖系统。只有在有蒸汽源的工厂才采用蒸汽供暖，既需要通风又需要供暖的场所才采用热风供暖。

1）热水供暖系统。利用热水为热媒，将热量从热源经管道送至供暖房间的散热设备，放出部分热量后又经管道送回热源加热。

a．按热媒参数分低温（≤100℃）、高温（＞100℃）系统。目前常用的是低温供暖系统。

b．按系统循环动力分自然循环、机械循环系统。

c．按系统的每组立管数分单管、双管系统。

d．按系统的管道连接方式分垂直和水平式系统。目前新建集中供暖居住建筑采用的分户热量计量、分室温度调节系统，其各户支管布置一般为水平式。

e．按各环路总长度分同程式和异程式。目前多采用同程式，以便于设计、调试和运行。

2）蒸汽供暖系统。蒸汽供暖系统中的热媒是蒸汽。蒸汽供暖系统按蒸汽压力可分为高压（大于 0.7 表压）、低压（小于等于 0.7 表压）和真空（小于 0 表压）系统。

3）热风供暖系统。热风供暖系统以空气作为热媒，先将空气加热至高于室温直送入室内，放出热量而达到供暖目的。主要用于既需通风又需供暖的建筑物。空气加热主要是利用蒸汽或热水通过空气加热器来完成。热风供暖系统向室内供暖主要是利用暖风机完成。

2．散热设备

供暖房间安装散热设备的目的是向房间供给热量，以补充房间的热损失室内保持需要的温度，从而达到供暖的目的散热设备包括散热器、暖风机、钢质辐射板等。

（1）散热器。散热器是目前我国大量使用的散热设备，如图 2-81 所示。散热器内流过热水或蒸汽，散卡壁面被加热，其外表面温度高于室内空气温度，因而形成对流散热，大部分去以这种方式传给室内空气。同时辐射散热把另一部分热量传给室内的物体和最终起到提高室内空气温度的作用。

常用散热器的类型散热器主要用铸铁或钢等材料制成。常用的散热器的类型包括柱型、翼型、钢串片和光管等。

1）铸铁散热器。目前应用较多的铸铁散热器形式有：柱形散热器，翼形散热器，柱翼型散热器，板翼型散热器和灰铸铁定向对流散热器五种。

2）钢制散热器。近些年来，钢制散热器在我国取得了较大的发展，应用较多的主要有光管散热器、柱形散热器、板型散热器、钢串对流散热器、翅片管对流散热器等五种，散热器如图 2-81 所示。

（2）暖风机。暖风机是由吸风口、风机、空气加热器和送风口等联合组成的通风供热联合机组，见图 2-82。在风机作用下，室内空气由吸风口进入机组，经空气加热器加热，然后由送风口送至室内，来维持室内一定的温度要求。热风供暖是比较经济的供热方式之一，其对流散热几乎占 100%，具有热惰性小，升温快的特点，暖风机如图 2-82 所示。

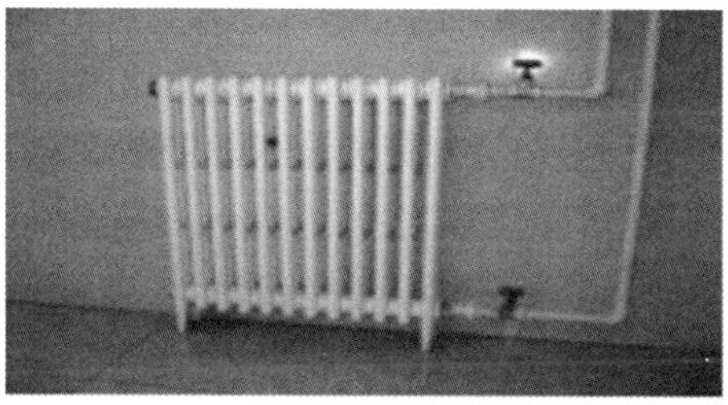

图 2-81　散热器

图 2-82　暖风机

根据所用风机形式不同，暖风机分为轴流式和离心式，常称小型暖风机和大型暖风机。根据使用热媒不同，又分为蒸汽型、热水型、蒸汽热水两用型。

（3）热泵。热泵是一种充分利用低品位热能的高效节能装置，热泵如图 2-83 所示。热量可以自发地从高温物体传递到低温物体中去，但不能自发地沿相反方向进行。热泵的工作原理就是以逆循环方式迫使热量从低温物体流向高温物体的机械装置，它仅消耗少量的逆循环净功，就可以得到较大的供热量，可以有效地把难以应用的低品位热能利用起来达到节能目的。按热源种类不同分为：空气源热泵，水源热泵，地源热泵，双源热泵（水源热泵和空气源热泵结合）等。

图 2-83　热泵

（二）通风系统

通风的任务是把室内被污染的空气直接或净化后排到室外，把室外的新鲜空气送入室内，以保持室内空气符合卫生标准或满足生产工艺的需要。

通风包括从室内排除污浊的空气和向室内补充新鲜空气。前者称为排风，后者称为送风。为完成排风和送风所采用的一系列设备组成通风系统。

1. 通风方式

（1）按通风系统作用范围不同，可分为局部通风和全面通风。其中全面通风是对整个车间或房间进行通风换气，以降低室内温、湿度和稀释有害物的浓度，使室内空气环境符合卫生标准。通常由于房间的条件限制，或有害物源不固定等原因，不能采用局部排风，在这种情况下可以采用全面通风。

（2）按通风系统的工作动力分为自然通风和机械通风。其中自然通风是指利用自然手段（热压、风压等）来促进室内空气流动而进行的通风换气方式。它最大的特点是不消耗动力，因而是一种节能、经济的通风方式。良好的通风可以把新鲜空气带入室内，带走进入室内的热量，还可以促进人体的汗液蒸发降温，使人感到舒适。因此，自然通风作为一项重要的被动式设计方法被广泛应用于生态建筑或绿色建筑设计中。

（3）按通风系统的工作性质分为工作通风和事故通风。

2. 常用通风设备

通风又称换气，是用机械或自然的方法向室内空间送入足够的新鲜空气，同时把室内不符合卫生要求的污浊空气排出，使室内空气满足卫生要求和生产过程需要。建筑中完成通风工作的各项设施，统称通风设备。

常见的通风设备主要有除尘净化设备、各类风机、空气净化器、节能环保空调、强力排气扇、净化塔等。

（1）风机。在机械通风系统中空气流动所需的能量由风机供给。常用的风机有离心式和轴流式两种。

1）离心式风机，风机压头高，噪声小，其中采用机翼形叶片的后弯式风机是一种低噪声高效风机，如图 2-84 所示。

2）轴流式风机，在叶轮直径、转速相同的情况下，风压比离心式低，噪声比离心式高，主要用于系统阻力小的通风系统；主要优点是体积小、安装简便，可以直接装设在墙上或管道内，如图 2-85 所示。

通风系统所用的风机按输送介质还可以分为防尘风机、防爆风机、防腐蚀风机等。

图 2-84　离心式风机

图 2-85　轴流式风机

（2）空气过滤器。空气过滤器是将送入室内的空气必须进行不同程度的净化处理，以保证人体健康和满足某些工业生产过程（如食品工业等）对空气清洁度的要求，如图 2-86 所示。在送风系统中常用空气过滤器去除空气中的尘粒，根据过滤效率的不同，空气过滤器分为粗效、中效、高效三类。通常以金属丝网、玻璃丝、泡沫塑料、合成纤维和滤纸作过滤材料。

（3）除尘器和有害气体处理设备。当排出空气中的污染物浓度超过国家排放标准时，必须设置除尘器或有害气体处理设备，使排出的空气达到排放标准才可排入大气。

1）除尘器是分离气体中固体微粒的一种设备，在工业通风系统中用以去除粉尘，如图 2-87 所示。某些生产过程（如原料破碎、有色金属冶炼、粮食加工等）排出空气中所含的粉粒状物料是生产的原料或产品，对它们进行回收，具有经济意义。通风除尘系统中常用的除尘器有：旋风除尘器、袋式除尘器、湿式除尘器、静电除尘器等。

图 2-86　空气过滤器

图 2-87　除尘器

2）通风系统中常用的有害气体处理方法有吸收法和吸附法。吸收法是利用适当的液体作为吸收剂与含有害气体的空气相接触，使有害气体被吸收剂所吸收或者与吸收剂发生化学反应而变为无害物质。吸附法是利用某些具有较大吸附能力的物质作为吸附剂，吸附有害气体。活性炭是工业上应用最广泛的一种吸附剂。吸附法适用于处理危害大的低浓度有害气体，吸附效率可接近 100%。

（4）通风管道，通风管道是通风与空调工程用的金属或复合管道，使空气流通，降低有害气体浓度，如图 2-88 所示。

1）通风管道按材质分一般有钢板风管（普通钢板）、镀锌板（白铁）风管、不锈钢通风管、玻璃钢通风管、塑料通风管、复合材料通风管、彩钢夹心保温板通风管、双面铝箔保温通风管、单面彩钢保温风管、涂胶布通风管（如矿用风筒）、矿用塑料通风管等。

2）通风管道按用途分有：净化系统送回风管、中央空调通风管、工业送排风通风管、环保系统吸排风管、矿用抽放瓦斯管、矿用涂胶布风筒等。

3）通风管道按形状分类有圆形、矩形、螺旋形等。

4）通风管道按加工工艺分有角铁法兰风管和共板法兰风管等。

图 2-88　通风管道

（三）空气调节

空气调节设备指的是向指定空间供给经过处理的空气，以保持规定的温度、湿度，控制灰尘、有害气体的含量的设备，简称空调设备。在空调设备中，对空气进行净化、加热或冷却、干燥或增湿等处理。因冷却空气时消耗冷量，需用制冷机，空调设备也可看作是制冷装置的一种。

空气调节是控制室内空气的温度、湿度、洁净度和气流速度等符合一定要求。所谓“一定要求”，是指一些生产工艺或客观需要，不同的使用要求对上述各项要求各有不同的侧重。

1. 空调系统的分类

（1）集中式系统。全部空气处理设备都设在一个集中的空调机房中，多用于大型空调系统。

（2）分散式系统将冷、热源和空气处理，输送、控制设备集中在一个箱体中（空调机组直接在空调房间或邻近地点就地处理空气，主要用于住宅、办公室等场所。

（3）半集中式系统。除有集中的空调机房外，在各空调房间内设有二次设备（末端装置），如风机盘管式空调系统，该系统多用于宾馆场所。

2. 常用的空调系统

（1）集中式恒温恒湿空调系统。集中式恒温恒湿空调系统是应用广泛的一种工艺性空调，它的特点是要求室内有一定温、湿度基数和一定的波动范围，见图 2-89。工程中常采用一次回风和二次回风两种形式。

1）一次回风系统，将回风全部引至空气处理室前端，集中一次使用。

2）二次回风系统，将回风在喷水室前后与新风进行两次混合。

（2）净化空调系统。净化空调是指使空调房间室内空气洁净度达到一定级别的空调工程，见图2-90。如工业净化室（精密机械制造、电子元件生产等）和生物洁净室（手术室、生物实验室、医药制品制造等）。

图2-89　集中式恒温恒湿空调

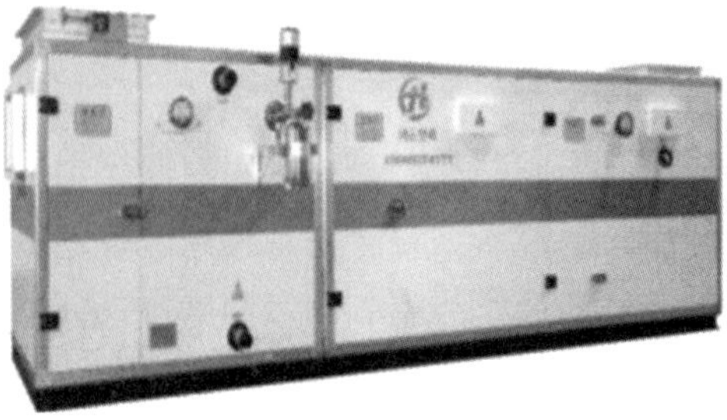

图2-90　净化空调

为保证洁净室正常工作，应严防外界灰尘进入洁净室和尽量避免洁净室及空调系统本身产生灰尘。

（3）分散式空调系统——空调机组。空调机组是将一个空调系统连同匹配的制冷系统中的全部设备或部分设备配套组装，形成整体，而由工厂定型生产的一种空气调节设备。将空调和制冷系统中的全部主要设备都组装在同一个箱体内的，称为整体式空调机组；而将空调器和压缩冷凝机组分作两个组成部分的，称为分体式空调机组。

空调机组由于具有结构紧凑、体积较小、安装方便、使用灵活以及不需要专人管理等特点，因此在中、小型空调工程中应用非常广泛。

空调机组的种类很多，大致可分为立柜式、窗式和分体式几种。

1）立柜式恒温恒湿机组。该机组是将空气处理、制冷和电气控制等三个系统全部组装在一个箱体内，此外尚有电加热器，如图2-91所示。这类机组能自动调节房间内空气的温度和相对湿度，以满足房间暖通空调在全年内的恒温恒湿要求。

2）立柜式冷风机组。这类空调机组没有电加热器和电加湿器，一般也没有自动控制设备，只能供一般空调房间夏季降温减湿用，如图2-92所示。

图2-91　立柜式恒温恒湿机组

图2-92　立柜式冷风机组

3）窗式空调器。窗式空调器是可以安装在窗上或高台下预留洞内的一种小型空调机组，如图2-93所示。一般可控制室温范围为20～28℃。由于窗式空调安装困难，噪声大等原因，目前已很少采用。

4）分体式空调。分体式空调分为室内机（壁挂式）和室外机两部分，如图2-94所示。其压缩机、冷凝器两部分设在室外，目前在住宅及一般公共建筑中使用较多。

（4）风机盘管空调系统。风机盘管机组是空调系统的一种末端装置，由风机、盘管（换热器）以及电动机、空气过滤器、室温调节装置和箱体等组成。其形式有立式和卧式两种，风机盘管如图 2-95 所示。

图 2-93　窗式空调器

图 2-94　分体式空调

图 2-95　风机盘管

四、建筑电气

建筑电气涉及的系统很多，内容十分庞杂，而且随着科技的发展和人们对建筑功能要求的不断提高，子系统越来越多。建筑电气主要包括供配电系统、照明系统、动力系统、安全和防灾系统。

电气照明系统将电能转换成光能，保障人们在建筑物内外正常从事生产生活活动以及满足其他特殊需要的照明。

动力系统可以将电能通过电动机转换成机械能，推动水泵、风机等机械设备运转，为整个建筑提供舒适、方便的生产生活条件。

安全和防灾系统包括安全用电、防雷、防火、防盗等。

尽管建筑电气涉及的系统众多，从各电气系统的组成结构来看，主要是由用电设备、配电线路（传输介质）、控制和保护设备三大基本部分组成。

用电设备直接实现各类系统的功能，如灯具、风机、空调器等。

配电线路（传输介质）实现电能和信息的传输，如各种型号的电缆等线材。

控制和保护设备是实现对电能的分断、分配、计量和确保其安全性等功能均设备，如配电箱（配电盘、柜）、消防报警控制器等。

（一）供配电系统

建筑供配电系统包括从电源进户起到用电设备的输入端止的整个电路，主要功能是完成在建筑内接受电能、变换电压，分配电能、输送电能的任务。

1. 配电装置室

配电装置室是进行电压升降和电能分配的设备房，如图 2-96 所示。配电装置室一般配置有电力变压器、高压配电柜、低压配电柜、电缆等。变配电室是供电系统用于将高电压通过变压器降压至用户所需电压等级，并且配置有保护、计量、分配于一起的室内综合系统。

图 2-96　配电装置室

2. 配电箱（盘）

配电箱是按电气接线要求将开关设备、测量仪表、保护电器和辅助设备组装在封闭或半封闭金属柜中或屏幅上，构成低压配电装置。

（1）按结构特征和用途配电箱分为如下种类，配电箱如图 2-97 所示。

1）固定面板式开关柜，常称开关板或配电屏。它是一种有面板遮拦的开启式开关柜，正面有防护作用，背面和侧面仍能触及带电部分，防护等级低，只能用于对供电连续性和可靠性要求较低的工矿企业，作变电室集中供电用。

2）防护式（即封闭式）开关柜，指除安装面外，其他所有侧面都被封闭起来的一种低压开关柜。这种柜子的开关、保护和监测控制等电气元件，均安装在一个用钢或绝缘材料制成的封闭外壳内，可靠墙或离墙安装。防护式开关柜主要用作工艺现场的配电装置。

3）抽屉式开关柜。这类开关柜采用钢板制成封闭外壳，进出线回路的电器元件都安装在可抽出的抽屉中，构成能完成某一类供电任务的功能单元。抽屉式开关柜有较高的可靠性、安全性和互换性，是比较先进的开关柜，目前生产的开关柜，多数是抽屉式开关柜。它们适用于要求供电可靠性较高的工矿企业、高层建筑，作为集中控制的配电中心。

4）动力、照明配电控制箱。多为封闭式垂直安装。因使用场合不同，外壳防护等级也不同。它们主要作为工矿企业生产现场的配电装置。

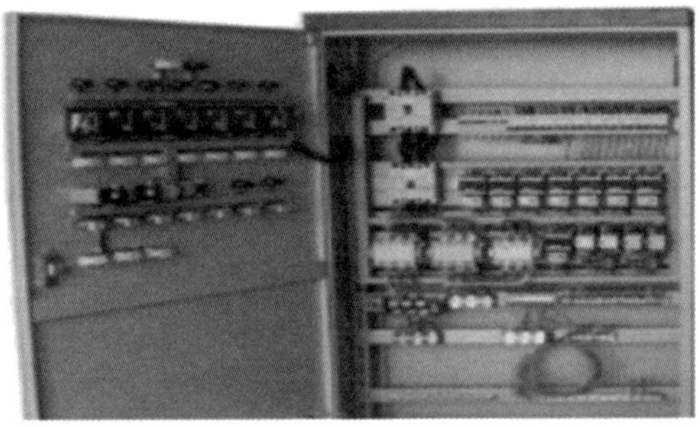

图 2-97　配电箱

（2）配电箱内低压电器、建筑物的低压电器主要安装在配电箱内，低压电器可分为低压配电电器和低压控制电器两大类。

1）低压配电电器包括断路器，熔断器，负荷开关，转换开关等。主要用于低压配电线路中，对电路和设备进行保护以及通断、转换电源或负载。

2）低压控制电器包括接触器，控制继电器，变阻器等。主要用于控制用电设备，使其达到预期要求的工作状态低压电器的额定电流应等于或大于所控制回路的预期工作电流。电器还应能承载异常情况下可能通过的电流，保护装置应在其允许的持续时间内将电路切断。

常用的低压电器如下。

a．低压断路器（自动空气开关）。在现代建筑中大量应用，其动作情况是手动合闸，自动跳闸，故同时可用作线路的故障（过载、短路、欠压、失压等）保护，自动空气开关如图 2-98 所示。

b．隔离开关。隔离开关灭弧能力微弱，一般只能用来隔离电压，不能用来接通或切断负荷电流，如图 2-99 所示。隔离开关的主要作用是当电气设备需停电检修时，用它来隔离电源电压，并造成一个明显的断开点，以保证检修人员工作的安全。

c．熔断器。俗称保险丝，是广泛应用于供电系统中的保护电器，也是单台用电设备的重要保护元件之一，如图 2-100 所示。熔断器串接于被保护的电路中，当电路发生短路或严重过载时，自动熔断，从而切断电路。熔断器不能在正常工作时切断和接通电路且一般只能一次利用，不能恢复。熔断器按结构可分为插入式、旋塞式和管式三种。

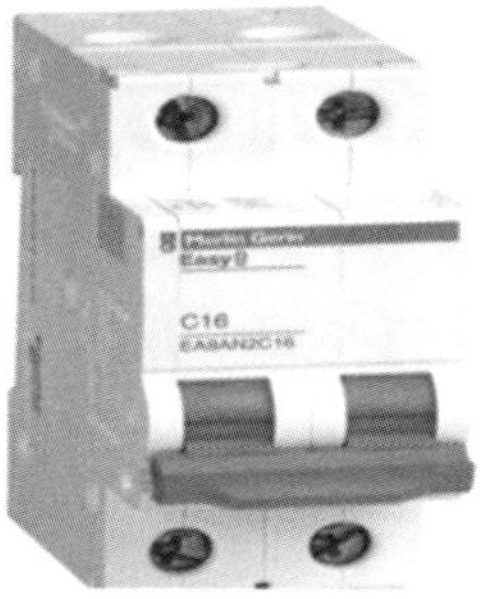

图 2-98　自动空气开关

图 2-99　隔离开关

3. 开关插座

开关插座是安装在墙壁上使用的电器开关与插座，是用来接通和断开电路使用的电器。

（1）开关。开关一个可以使电路开路、使电流中断或使其流到其他电路的电子元件，如图 2-101 所示。

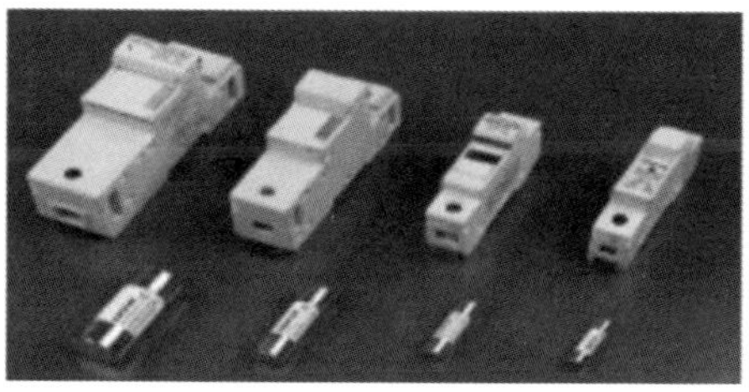

图 2-100　熔断器

图 2-101　开关

1）按开关的启动方式分有拉线开关、旋转开关、倒扳开关、按钮开关、跷板开关、触摸开关等。

2）按开关连接方式分有单控开关、双控开关、双极（双路）双控开关等。

3）按开关规格尺寸分有 86 型、118 型、120 型等。

4）按开关功能分类有一开单（双）控、两开单（双）控、三开单（双）控、四开单（双）控、声光控延时开关、触摸延时开关、门铃开关、调速（调光）开关、插卡取电开关等。

（2）插座。插座又称电源插座、开关插座，是指有一个或一个以上电路接线可插入的座，通过它可插入各种接线，这样便于与其他电路接通。通过线路与铜件之间的连接与断开，来达到该部分电路的接通与断开，如图 2-102 所示。

按照用途可分为民用插座、工业用插座、防水插座、普通插座、电源插座、电脑插座、电话插座、视频插座、音频插座、移动插座、USB 插座等。

图 2-102　插座

（二）电气照明

1. 照明光源

按照光源发光形式的不同，照明光源可分为热辐射光源和气体放电光源两大类。热辐射光源有白炽灯和卤钨灯；气体放电光源有荧光灯、高压汞灯、高压钠灯金属卤化物灯和氙灯等。

（1）白炽灯。由于白炽灯光效太低，不利于节约能源，2011 年 11 月，国家发改委等五部委联合发布公告，将白炽灯列为淘汰产品，决定从 2012 年 10 月 1 日起逐步禁止进口和销售普通照明白炽灯，同时发布了《中国逐步淘汰白炽灯路线图》。

（2）卤钨灯。卤钨灯的特点是：由于卤钨循环使灯的寿命有所提高，平均寿命为 2000h，是白炽灯的 2 倍；因灯管工作温度提高，辐射的可见光增加，使得发光效率换高；工作温度高，光色得到改善，显色性也好。

（3）荧光灯。荧光灯具有发光效率高，表面亮度低，光色好，表面温度低等优点。常用的日光色荧光灯接近于自然光，适用于办公室、会议室、教室、绘图室、设计室图书馆的阅览室、展览橱窗等场所。冷白色光源的光效较高，光色柔和，使人有愉快、舒适、安详的感觉，适宜用于商店、医院、办公室、饭店、餐厅、候车室等场所。

（4）荧光高压汞灯。荧光高压汞灯有频闪，光色为蓝绿色，用荧光高压汞灯照射到绿色树叶上可使树叶颜色更加鲜亮，但照到其他物体使颜色失真为灰色。因此，这种光源一般多用于厂房、体育设施、街道等处照明。

（5）高压钠灯。高压钠灯光效高，寿命长，色温低，透雾性强，光色为暖黄色，显色性差，广泛用于街道、广场和大厂房照明。

（6）金属卤化物灯。金属卤化物灯尺寸小、功率大、光效高、光色好（从暖黄色到日光色均有动电流小、抗电压波动稳定性比较高的特点，是一种比较理想的光源。常用于体高大厂房、繁华街道及车站、码头、立交桥的高杆照明，对于要求高照显色性好的室内照明，如美术馆、展览馆、饭店等也常采用。还可以满足拍摄彩色电视及电视转播的要求。

（7）氙灯。氙灯光色接近日光色，显色性好、功率大、体积小，紫外线辐射强。因此灯常用于广场、机场、车站、港口大面积照明场所（探照灯）。通常氙灯悬挂度较高，如 3000W 氙灯，挂高不低于 12m。

（8）LED 灯（发光二极管）。LED 照明灯主要以大功率白光 LED 单灯为主。LED 灯一般采用冷光源，眩光小，无辐射，使用中不产生有害物质，而且使用寿命很长，可达 5 万 h 以上。LED 的工作电压低，采用直流驱动方式巡低功耗，电光功率转换接近 100%，在相同照明效果下比传统光源节能 80%上，例如 10W 的 LED 日光灯就可以替换 40W 的普通荧光灯或节能灯。LED 灯的光谱中没有紫外线和红外线，而且废弃物可回收，没有污染，不含汞元素，可以安全触摸，属于典型的绿色照明光源。

因此，LED 灯已被广泛用于建筑照明和室外照明，如投光灯、吊顶灯光灯、太阳能路灯等。

（9）其他光源。

1）无极灯利用于电磁感应原理使汞原子电离产生紫外线，激发荧光物质发光，也称为感应荧光灯。

2）微波硫灯利用微波电磁场激发硫原子而发光，它也是一种无电极放电灯。这种光源发光效率高，消除了汞金属对环境的污染，是一种绿色照明产品。

3）光纤照明实际上是一种组合照明系统，它由光源、集光器、光导纤维和配光器组成。光纤照明常用的人工光源是卤钨灯和金属卤化物灯。它也可以利用天然光作为光源。

2. 照明灯具

灯具是光源、灯罩及附件的总称。灯具起着固定与保护光源，控制并重新分配光在空间的分布，防止眩光等作用，此外，有些灯具还兼有装饰的功能。灯具分为功能灯具和装饰灯具两大类。

灯具的分类通常以灯具的光通在空间上下部分的分配比例分类，或者按灯具的安装方式来分类等。

（1）按光通在空间分配特性分类。根据照明灯具光通量在上下空间的分配比例，灯具可分为直接型、半直接型、均匀漫射型、半间接型和间接型 5 种。

1）直接型灯具的光通利用率最高，工作环境照明应当优先采用这种灯具。但是，直接型灯具的上半部几乎没有光线，顶棚很暗，与明亮的灯光容易形成对比眩光，而且直接型灯具的光线集中，方向性较强，产生的阴影也较浓。

2）半直接型灯具能将较多的光线照射到工作面上，又能发出少量的光线射顶棚，减小了灯具与顶棚间的强烈对比，使室内环境亮度更舒适。

3）均匀漫射型灯具是用漫射透光材料制成封闭式的灯罩，将光线均匀地投向四面八方，如乳白玻璃球形灯。均匀漫射型灯具对工作面而言，光通利用率较低，但造型美观，光线柔和均匀。

4）半间接型灯具上半部用透光材料，下半部用漫射透光材料制成。由于大部分光线投向顶棚和上部墙面，增加了室内的间接光，光线更为柔和宜人。在使用过程中，上半部容易积灰尘，影响灯具的效率。半间接型灯具主要用于装饰照明。

5）间接形灯具将光线全部投向顶棚，使顶棚成为二次光源。因此，室内光线扩散性极好，光线均匀柔和，几乎没有阴影和光幕反射，也不会产生直接眩光。但光通损失较大，不经济。使用这种灯具要注意经常保持房间表面和灯具的清洁，避免因积尘污染而降低照明效果。间接型灯具适用于剧场、美术馆和医院的一般照明。

（2）按安装方式分类。根据安装方式的不同，灯具大致可分为如下几类。

1）壁灯是将灯具安装在墙壁上、庭柱上，有托架式和嵌入式两种主要用于局部照明、装饰照明或不适应在顶棚安装灯具或没有顶棚的场所，如图 2-103 所示。

图 2-103 壁灯

壁灯还可分为封闭灯罩型壁灯，半封闭灯罩型壁灯两类。壁灯安装高度一定要注意，防止人眼直接看到光源，要注意遮光。

2）筒灯口径很小，嵌入天花板内的灯具称为筒灯，如图 2-104 所示。筒灯可以有效防止眩光。筒灯与吊顶结合具有很好的装饰效果。筒灯光源可用白炽灯、紧凑的荧光灯和小型 HID 灯。

3）吊灯是从天花板垂吊的灯具，如图 2-105 所示。吊灯是最普通的一种灯具安装方式，也是运用最广泛的一种。它主要是利用吊杆、吊链、吊管、吊线来吊装灯具，以达到不同的效果。利用吊杆式荧光灯组成一定规则的图案，不但能满足照明功能上的要求，而且还能形成一定的装饰艺术效果带有反光罩的吊灯，配光曲线比较好，照度集中，适应于顶棚较高的场所，如教室、办公室、设计室。吊线灯适用住宅、卧室、休息室、小仓库、普通用房等。吊管、吊链花灯适用于有装饰性要求的房间，如宾馆、餐厅、会议厅、大展厅等。

4）吸顶灯安装在天花板上的一种固定灯具，如图 2-106 所示。吸顶灯明亮、简洁、较容易融入空间，因而吸顶灯应用广泛。

图 2-104 筒灯

图 2-105 吊灯

图 2-106 吸顶灯

5）射灯安装在天花板上，使受照对象比周围更加明亮地浮现在人们的眼前，选择高反射镜面材料和灯丝很小的卤钨灯可以提高射灯聚光效果，射灯有直接式、滑轨式、软轨式、夹接式等安装方式等，如图 2-107 所示。

6）放置式灯具主要包括落地灯、台灯、床头灯等，这种灯具灯罩通常有形、球形、反射型、火矩形等，如图 2-108 所示。

7）滑轨照明灯具安装在滑轨上可移动灯具，滑轨安装在天花板上，多用射灯，也有用直接荧光灯或吊灯的，这种灯具较适合于商业空间及对照明表现要求高的住宅，如图 2-109 所示。

图 2-107　射灯

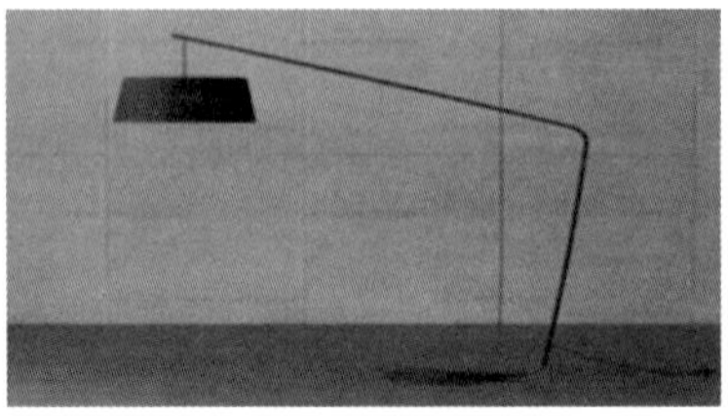

图 2-108　落地灯

图 2-109　滑轨照明灯具

8）格栅荧光灯盘是一种嵌入式灯具，曲面格栅可外露或用乳白色灯，光源选用直管或紧凑型荧光灯，如图 2-110 所示。

9）户外照明灯具是用在室外的灯具，如公园、广场、马路两边以及户外广告用灯，如图 2-111 所示。户外照明要求满足室外视觉工作需要和取得装饰效果。户外照明灯具主要包括：草坪灯、庭院灯、隧道灯、泛光灯、水底灯、路灯、洗墙灯、景观灯，地埋灯等。户外照明控制分为手动控制、光控、时控和电脑控制。

图 2-110　格栅荧光灯

图 2-111　户外灯具

（三）防雷接地

1. 接地

接地是为保证电工设备正常工作和人身安全而采取的一种用电安全措施，通过金属导线与接地装置连接来实现。

（1）接地的作用。接地的作用主要是防止人身遭受电击、设备和线路遭受损坏、预防火灾和防止雷击、防止静电损害和保障电力系统正常运行。接地装置将电工设备和其他生产设备上可能产生的漏电流、静电荷以及雷电电流等引入地下，从而避免人身触电和可能发生的火灾、爆炸等事故。

（2）接地的分类。常用的接地有保护接地、工作接地、防雷接地、屏蔽接地、防静电接地等。按接地方式可分为分散接地方式和联合接地方式。

（3）接地装置。由接地体和接地线组成。直接与土壤接触的金属导体称为接地体。电工设备需接地点与接地体连接的金属导体称为接地线。

接地体可分为自然接地体和人工接地体两类。自然接地体有：①埋在地下的自来水管及其他金属管道（液体燃料和易燃、易爆气体的管道除外）；②金属井管；③建筑物和构筑物与大地接触的或水下的金属结构；④建筑物的钢筋混凝土基础等。人工接地体可用垂直埋置的角钢、圆钢或钢管，以及水平埋置的圆钢、扁钢等。

2. 防雷

雷电是一种常见的自然现象，雷击能使建筑物损坏、着火，能造成严重的人身安全事故，损坏电气设备，使电力系统停电，以及雷击电磁脉冲引发的电气和电子系统损坏或错误运行等。因此，防雷是现代建筑物必须设置的安全保护措施。

（1）防雷分类。建筑物防雷分级按照现行国家标准《建筑物防雷设计规范》（GB 50057—2010）的规定，建筑物应根据其重要性、使用性质、发生雷电事故的可能性和后果，按防雷要求分为三类，即第一类防雷建筑物、第二类防雷建筑物和第三类防雷建筑物。

（2）防雷装置。建筑物防雷装置一般由接闪器、引下线和接地装置三部分组成。

1）接闪器。接闪器是接受雷电流的金属导体，由拦截闪击的接闪杆、接闪带（网）、接闪线以及金属屋面、金属构件等组成。

a．接闪杆（原称避雷针）。一般用镀锌圆钢（针长 1～2m，直径不小于 16mm）或镀锌钢管（针长 1～2m，内径不小于 25mm）安装在建筑物上、支柱或电杆上，下端经引下线与接地装置焊接连接，如图 2-112 所示。

b．接闪带（网）原称避雷带、网。一般采用截面 48mm^2 厚度不小于 4mm 的镀锌扁钢或直径不小于 8mm 的圆钢制成，如图 2-113 所示。避雷带一般安装在建筑物顶部突出的部位上，如屋脊、女儿墙等。避雷带一般采用 25×4 的镀锌扁钢相互焊接连成一片。避雷带可用镀锌扁钢引下到接地装置，也可与建筑物柱子、剪力墙内的主钢筋焊连，形成一个接地网，然后接到共用接地体上。

图 2-112 接闪杆（避雷针）

图 2-113 避雷带

c．接闪线（原称避雷线）。用于架空线路上的防雷，一般 35kV 以上的电力架空线路，都必须在输电线的上方架设避雷线，避雷线一般采用截面不小于 35mm^2 的镀锌钢绞线。

2）引下线。引下线是把雷电流由接闪器引到接地装置的金属导体，如图 2-114 所示。一般利用建、构筑物的混凝土柱中的钢筋或金属构件作为防雷引下线。引下线采用圆钢时直径不小于 8mm；采用扁钢时，截面不小于 48mm^2，明敷时外表面需镀锌，焊接处应涂防腐漆。引下线连接必须采用焊接连成电气通路。

3）接地装置。接地装置是对埋设于地下的接地体和接地线的总称，通常称之为接地极，如图 2-115 所示。其作用是把雷电流疏散到大地中去。接地体有自然接地体和人工接地体。自然接地体可利用建筑物的基础中的钢筋，人工接地体按埋设方式可分为垂直接地和水平接地体，垂直接地体一般采用镀锌钢管，镀锌角钢，水平接地体一般采用镀锌圆钢、扁钢等。

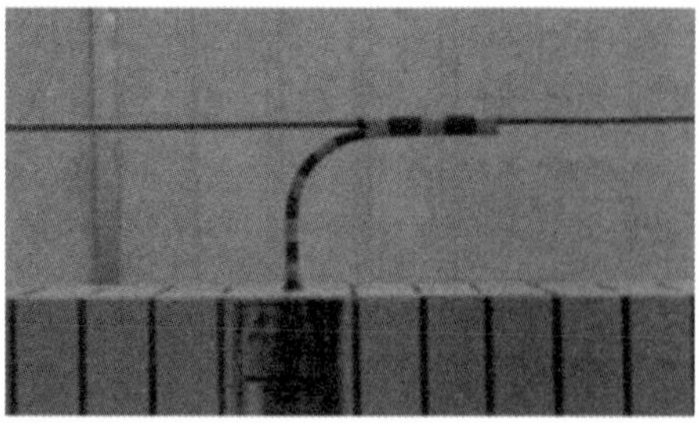

图 2-114　引下线

图 2-115　接地极

第三章

建筑工程设计与识图

第一节　建筑工程设计概述

工程设计是建设项目生命期中的重要环节，是建设项目进行整体规划、体现具体实施意图的重要过程，是确定与控制工程造价的重点阶段。工程设计是否经济合理，对工程建设项目造价的确定与控制具有十分重要的意义。虽然工程设计的费用往往只占最终产品成本的一小部分，但整个设计阶段对工程项目造价的影响却有可能在75%以上，所以做好设计工作是有效控制建设工程造价的重要前提。

根据长期实践得出的经验，设计工作的着重点通常是从宏观到微观、从整体到局部、从大处到细节、从功能体型到具体构造步步深入的。因此，设计工作的全过程主要分为以下几个工作阶段：初步设计、技术设计、绘制施工图和详图等，这就是基本的设计程序。它因工程的难易不同而有增减。

一、可行性研究阶段

（一）可行性研究的概念和作用

可行性研究是对拟建发电厂工程的建设规模和建设期限、落实选用设备和取得环境保护部门的批件、落实工程建设条件及投资控制指标经济分析、资金来源等进行调查、勘测、分析、比较，研究其近期兴建的必要性、技术上的可行性及经济上的合理性。

工程项目的可行性研究是确定项目是否进行投资决策的依据。社会主义市场经济投资体制的改革，把原来由政府财政统一分配投资的体制变成了由国家、地方、企业和个人多元投资的格局，打破了由一个业主建设单位无偿使用的局面。因此投资业主和国家审批机关主要根据可行性研究提供的评价结果，确定是否对此项目进行投资和如何进行投资。可行性研究报告是项目建设单位决策性的文件。

可行性研究是编制设计任务书的重要依据，也是进行初步设计和工程建设管理工作中的重要环节。可行性研究不仅对拟议中的项目进行系统分析和全面论证，判断项目是否可行，值得投资，更要进行反复比较，寻求最佳建设方案，避免项目方案的多变造成的人力、物力、财力的巨大浪费和时间的延误。

（二）可行性研究报告的编制

可行性研究完成后，应编制研究报告，按规定向政府提交项目申请报告，称为可行性研究报告。

可行性研究报告主要包括项目投资环境分析、行业发展前景分析、行业竞争格局分析、行业竞争财务指标参考分析、项目建设方案研究、组织实施方案分析、投资估算和资金筹措分析、项目经济可行性分析、项目不确定性及风险分析等方面。以火力发电厂工程为例，可行性研究报告主要包括以下内容：

（1）火力发电厂项目总论，包含项目背景、投资方及项目单位概况、研究范围及分工、工作简要过程及主要参加人员、项目概况（主要说明拟建项目所在地概况、报告编制依据、发电厂规划容量及本期建设规模、建厂外部条件及主要涉及原则、投资规模及主要激活素经济指标）、主要结论及问题和建议（应从电力市场和热负荷需求等方面简述工程项目建设的必要性，并从厂址外部条件的落实情况、环境保护以及社会与经济影响等方面说明项目实施的可行性）。

（2）在综合阐述项目所在地的电力系统、热负荷分析、燃料供应、厂址条件、工程设想、烟气脱硫与脱硝、环境保护与水土保持、土地利用、综合利用、劳动安全、职业卫生、节约和合理利用资源、电厂定员、项目实施的条件和建设进度及工期、投资估算、资金来源、融资方案及财务分析、风险分析等项目可行性研究的基础上，提出主要由结论与建议（含厂址推荐意见）及总的评价、存在的问题和建议。

其中主要技术经济指标（指推荐厂址方案）应包括：总投资（含静态和动态）、单位投资（含静态和动态）、年供电量/年供热量、发电设备年利用小时数、经营期平均含税上网电价/经营期热价、总用地面积、拆迁工程量、总土石方量、三材（钢材、木材、水泥）用量、全厂热效率/热电比、设计发供电标准煤耗/供热标准煤耗、百万千瓦耗水量、发电厂用电率/供热厂用电率、SO_2、NO_x、烟尘、废水（生活及工业）、灰渣及脱硫副产品的排放量、内部收益率（资本金）、投资回收期（资本金）、净现值（资本金）、总投资收益率、项目资本金净利润率、投资利税率、利息备付率、偿债备付率、资产负债率、成本电价、全厂人员指标等。

（三）可行性研究的阶段及其内容

1. 第一阶段：初期工作

（1）收集资料。包括业主的要求，业主已经完成的研究成果，市场、厂址、原料、能源、运输、维修、共用设施、环境、劳动力来源、资金来源、税务、设备材料价格、物价上涨率等有关资料。

（2）现场考察。考察所有可利用的厂址、废料堆场和水源状况，与业主方技术人员初步商讨设计资料、设计原则和工艺技术方案。

（3）数据评估。认真检查所有数据及其来源，分析项目潜在的致命缺陷和设计难点，审查并确认可以提高效率、降低成本的工艺技术方案。

（4）初步报告。扼要总结初期工作，列出所收集的设计基础资料，分析项目潜在的致命缺陷，确定参与方案比较的工艺方案。初步报告提交业主，在得到业主的确认后方可进行第二阶段的研究工作。如业主认为项目确实存在不可逆转的致命缺陷，则可及时终止研究工作。

2. 第二阶段：可选方案评价

（1）制定设计原则。以现有资料为基础来确定设计原则，该原则必须满足技术方案和产量的要求，当进一步获得资料后，可对原则进行补充和修订。

（2）技术方案比较。对选择的各专业工艺技术方案从技术上和经济上进行比较，提出最后的入选方案。

（3）初步估算基建投资和生产成本。为确定初步的工程现金流量，对基建投资和生产成本进行初步估算，通过比较，判定规模经济及分段生产效果。

（4）中期报告。确定项目的组成，对可选方案进行技术经济比较，提出推荐方案。中期报告提交业主，在得到业主的确认后方可进行第三阶段的研究工作。如业主对推荐方案有疑义，则可对方案比较后进行补充和修改；如业主认为项目规模经济确实较差，则可及时终止研究工作。

3. 第三阶段：推荐方案研究

（1）具体问题研究。对推荐方案的具体问题做进一步的分析研究，包括工艺流程、物料平衡、生产进度计划、设备选型等。

（2）基建投资及生产成本估算。估算项目所需的总投资，确定投资逐年分配计划，合理确定筹资方案；确定成本估算的原则和计算条件，进行成本计算和分析。

（3）技术经济评价。分析确定产品售价，进行财务评价，包括技术经济指标计算、清偿能力分析和不确定性分析，进而进行国家收益分析和社会效益评价。

（4）最终报告。根据本阶段研究结论，按照可行性研究内容和深度的规定，编制可行性研究最终报告。最终报告提交业主，在得到业主的确认后，研究工作即告结束。如业主对最终报告有疑义，则可进一步对最终报告进行补充和修改。

二、初步设计阶段

初步设计阶段是设计过程中的一个关键阶段，也是整个设计构思基本形成的阶段。通过初步设计可以进一步明确拟建工程在指定地点和规定期限内进行建设的技术可行性和经济合理性；并规定主要技术方案、工程总造价和主要技术经济指标，以利于在项目建设和使用过程中最有效地利用人力、物力和财力。工业项目初步设计包括总平面设计、工艺设计和建筑设计三部分。在初步设计阶段应编制设计总概算。

在初步设计阶段，各专业应对本专业内容的设计方案或重大技术问题的解决方案进行综合技术经济分析，论证技术上的实用性、可靠性和经济上的合理性，并将其主要内容写进本专业初步设计说明书中；设计总负责人对工程项目的总体设计在设计总说明中予以论述。

为编制初步设计文件，应进行必要的内部作业，有关的计算书、计算机辅助设计的计算资料、方案比较资料、内部作业草图、编制概算所依据的补充资料等均需妥善保存。

工程中应积极采用成熟的新技术、新工艺和新方法，初步设计文件应详细说明所应用的新技术、新工艺和新方法的优越性、经济性和可行性。初步设计概算应准确反映设计内容，深度应满足控制投资、计划安排及基本建设贷款的需要。

（一）总平面设计

总平面设计是指总图运输设计和总平面配置。主要包括的内容有厂址方案、占地面积和土地利用情况，总图运输、主要建筑物和构筑物及公用设施的配置，外部运输、水、电、气及其他外部协作条件等。

总平面设计是否合理对于整个设计方案的经济合理性有重大影响。正确合理的总平面设计可以大大减少建筑工程量，节约建设用地，节省建设投资，降低工程造价和项目运行后的使用成本，加快建设进度，并可以为企业创造良好的生产组织、经营条件和生产环境：还可以为城市建设和工业区创造完美的建筑艺术整体。总平面设计的主要评价如下。

1. 占地面积

占地面积的大小一方面影响征地费用的高低，另一方面也会影响管线布置成本及项目建成运营的运输成本。因此，在总平面设计中应尽可能节约用地。

2. 功能分区功能

无论是工业建筑物还是民用建筑物都有许多功能组成，这些功能之间相互联系，相互制约。合理的功能分区既可以使建筑物的各项功能得以充分发挥，又可以使总平面布置紧凑、安全，避免大挖大填，减少土石方量和节约用地，降低工程造价。同时合理的功能分区还可以使生产工艺流程顺畅、运输简便，降低项目建成后的运营成本。

3. 运输方式的选择

不同的运输方式其运输效率及成本不同。有轨运输运量大，运输安全，但需要一次性投入大量资金；无轨运输无须一次性大规模投资，但是运量小，运输安全性较差。从降低工程造价的角度来看，应尽可能选择无轨运输，可以减少占地，节约投资。但是运输方式的选择不能仅仅考虑造价，还应考虑项目运营的需要，如果运输量较大，则有轨运输往往比无轨运输成本低。

（二）工艺设计

工艺设计部分要确定企业的技术水平。主要包括建设规模、标准和产品方案；工艺流程和主要设备的选型；主要原材料、燃料供应；“三废”治理及环保措施，此外还包括生产组织及生产过程中劳动定员情况等。按照建设程序，建设项目的工艺流程在可行性研究阶段已经确定。设计阶段的任务就是严格按照批准的可行性研究报告的内容进行工艺技术方案的设计，确定从原料到产品整个生产过程的具体工艺流程和生产技术。工艺设计是工业项目设计的核心。

（三）建筑设计

建筑设计部分，要在考虑施工过程的合理组织和施工条件的基础上，决定工程的立体平面设计和结构方案的工艺要求。建筑物和构筑物及公用辅助设施的设计标准，提出建筑工艺方案、暖气通风、给排水等问题的简要说明。建筑设计的主要评价指标如下。

1. 平面形状

一般地说，建筑物平面形状越简单，它的单位造价就越低。建筑物周长与建筑面积的比值*K*周（即单位面积所占外墙长度）越低，设计越经济。*K*周按圆形、正方形、矩形、T形、L形的次序依次增大。但是圆形建筑物施工复杂，墙体工程量所节约的费用通常被较高的施工费用所抵消。圆形建筑物与矩形建筑物相比较，施工费用增加20%～30%。虽然正方形建筑物设计和施工均较为经济，但是若不能满足建筑物美观和使用要求，则毫无意义。比如，学校、住宅和医院等建筑首先要考虑的是满足自然采光的需要，方形建筑物不利于自然采光需要，可能因采光费用的增加而抵消施工、采暖等费用的节约。又如，工厂建筑的平面形状可能最终取决于生产过程的协调、机器和成品的形式。因此，建筑物平面形状的设计应在满足建筑功能要求的前提下，降低建筑物周长与建筑面积比，实现建筑物寿命周期成本最低的目标要求。

2. 流通空间

建筑物的经济平面布置的主要目标之一：在满足建筑物使用要求的前提下，将流通空间减少到最小。因为门厅、过道、走廊、楼梯以及电梯井的流通空间都可以认为是“死空间”，都不能为了获利目的而加以使用，但是却需要相当多的采暖、采光、清扫和装饰及其他方面的费用。但是造价不是检验设计是否合理的唯一标准，其他如美观和功能质量的要求也是非常重要的。

3. 层高

在建筑物面积不变的情况下，建筑层高增加会引起各费用增加：①墙与隔墙及其有关粉刷、装饰费用的提高；②供暖空间体积增加，导致热源及管道费增加；③卫生设备、上下水管道长度增加；④楼梯间造价和电梯设备费用的增加；⑤由于施工垂直运输量增加，可能增加屋面造价；⑥如果由于层高增加而导致建筑物总高度增加很多，则还可能需要增加基础造价。

据有关资料分析，住宅层高每降低10cm，可降低造价1.2%～1.5%。层高降低还可提高住宅区的建筑密度，节约征地费、拆迁费及市政设施费。单层厂房层高每增加1m，单位面积造价增加1.8%～3.6%，年度采暖费用增加约3%；多层厂房的层高每增加0.6m，单位面积造价提高8.3%左右。由此可见，随着层高的增加，单位面积造价也在不断增加。

单层厂房的高度主要取决于车间内的运输方式。选择正确的车间内部运输方式，对于降低厂房高度和造价具有重要意义。在可能的条件下，特别是当起重量较小时，应考虑采用悬挂式运输设备来代替桥式起重机；多层厂房的层高应综合考虑生产工艺、采光、通风及建筑经济的因素来进行选择，多层厂房的建筑层高还取决于能否容纳车间内的最大生产设备和满足运输的要求。民用住宅的层高一般在2.5～2.8m。

4. 建筑物层数

建筑工程总造价是随着建筑物的层数增加而提高的。但是当建筑层数增加时，单位建筑面积所分摊的土地费用及外部流通空间费用将有所降低，从而使建筑物单位面积造价发生变化。建筑物层数对造价的影响，因建筑类型、形式和结构不同而不同。如果增加一个楼层不影响建筑物的结构形式，单位建筑面积的造价可能会降低。但是当建筑物超过一定层数时，结构形式就要改变，单位造价通常会增加。建筑物越高，电梯及楼梯的造价将有提高趋势，建筑物的维修费用也将增加，但是采暖费用有可能下降。

工业厂房层数的选择应重点考虑生产性质和生产工艺要求。对于需要跨度大和层高、拥有重型生产设备和起重设备、生产时有较大振动及大量热和气散发的重型工业，采用单层厂房是经济合理的；而对于工艺过程紧凑、设备和产品重量不大、并要求恒温条件的各种轻型车间，可采用多层厂房，以充分利用土地，减少基础工程量，缩短交通线路，工程管道和围墙长度，降低单方造价。同时还可以减少传热面，节约热能。

确定多层厂房的经济层数主要有两个因素：①厂房展开面积的大小。展开面积越大，层数越可提高；②厂房宽度和长度。宽度和长度越大，则经济层数越能增高，造价也随之降低。比如，当厂房宽为 30m、长为 120m 时，经济层数为 3～4 层，而厂房宽为 37.5m、长为 150m 时，经济层数为 4～5 层。后者比前者造价降低 4%～6%。

5. 柱网布置

柱网布置是确定柱子的行距（跨度）和间距（每行柱子中相邻两个柱子间的距离）的依据。柱网布置是否合理，对工程造价和厂房面积的利用效率都有较大的影响。随着科学技术的飞跃发展，生产设备和生产工艺都在不断地变化。为适应这种变化，厂房柱距和跨度应当适当地扩大，以保证厂房有更大的灵活性，避免生产设备和工艺的改变受到柱网布置的限制。

柱网的选择与厂房中有无吊车、吊车的类型及吨位、屋顶的承重结构以及厂房的高度等因素有关。对于单跨厂房，当柱间距不变时，跨度越大单位面积造价越低。因为除屋架外，其他结构架分摊在单位面积上的平均造价随跨度的增大而减小；对于多跨厂房，当跨度不变时，中跨数量越多越经济。这是因为柱子和基础分摊在单位面积上的造价减少。

6. 建筑物的体积与面积

通常情况下，随着建筑物体积和面积的增加，工程总造价会提高，因此应尽量减少建筑物的体积与总面积。因此对于工业建筑物，在不影响生产能力的条件下，厂房、设备布置力求紧凑合理；要采用先进工艺和高效能的设备，节省厂房面积；要采用大跨度、大柱距的大厂房平面设计形式，提高平面利用系数。对与民用建筑物、尽量减少结构面积比例，增加有效面积。住宅结构面积与建筑物面积之比称为积系数。这个系数越小、设计越经济。

7. 建筑结构

建筑结构是指建工程中由基础、梁、板、柱、墙、屋架等构件所组成的起骨架作用的、能承受直接和间接“荷载”的体系。建筑结构按所用材料可分为砌体结构、钢筋混凝土结构、钢结构和木结构等。

（1）砌体结构、是由墙砖、砌块、料石等块材通过砂浆砌筑而成的结构。具有就地取材、造价低廉、耐火性能好以及容易砌筑等优点。有关资料研究表明，五层以下的建筑物砌体结构比钢筋混凝土结构经济。

（2）钢筋混凝土结构坚固耐久，强度、刚度较大，抗震、耐热、耐酸、耐碱、耐火性能好，便于预制装配和采用工业化方法施工，在大中型工业厂房中广泛应用。对于大多数多层办公楼和高层公寓的主要框架工程来说，钢筋混凝土比钢结构便宜。

（3）钢结构是由钢板和型钢等钢材，通过铆、焊、螺栓等连接而成的结构。多层房屋采用钢结构在经济上的主要优点如下。

1）因为柱的截面较小，而且比钢筋混凝土结构所要求的柱子占用的楼层空间也少，因而结构尺寸减小。

2）安装精确，施工迅速。

3）由于结构自重较小而降低了基础造价。

4）由于钢结构在柱网布置方面具有较大的灵活性，因而平面布置灵活。

5）外墙立面、窗的组合方式及室内布置可以适应未来变化的需要。

（4）木结构是指全部或大部分采用木材搭建的结构，具有就地取材、制作简单、容易加工等优点但由于大量消耗木材资源，会对生态环境带来不利影响，因此在各类建筑工程中较少使用木结构。木结构的主要缺点是易燃、易腐蚀、易变形等。

从以上分析可以看出，建筑材料和建筑结构选择是否合理，不仅直接影响到工程质量、使用寿命耐火抗震性能，而且对施工费用、工程造价有很大的影响。尤其是建筑材料，一般占直接费的70%，降低材料费用，不仅可以降低直接费，而且也会导致间接费的降低。采用各种先进的结构形式和轻质高强建筑材料，能减轻建筑物自重，简化基础工程，减少建筑材料和构配件的费用及运费，并能提高劳动生产率和缩短建设工期，经济效果十分明显。

（四）初步设计文件内容深度的要求

政府主管部门对项目批准或核准的文件以及审定的可行性研究报告是编制初步设计文件的主要依据设计单位必须认真执行其中所规定的各项原则，并认真执行国家的法律、法规及相关标准。设计必须准确掌握设计基础资料。设计基础资料若有变化，应重新取得新的资料，并对设计内容进行复核与修改。初步设计文件内容深度应满足以下基本要求。

（1）确定电厂主要工艺系统的功能、控制方式、布置方案以及主要经济和性能指标，并作为施工图设计的依据。

（2）满足政府有关部门对初步设计专项审查的要求。

（3）满足业主辅助设备的采购要求。

（4）满足业主控制建设投资的要求。

（5）满足业主进行施工准备的要求。

送审的初步设计文件应包括说明书、图纸和专题报告三部分，说明书、图纸应充分表达设计意图重大设计原则应进行多方案的优化比选，提出专题报告和推荐方案供审批确定。

设计单位在进行多方案优化时宜采用三维设计等先进设计手段。计算书作为初步设计工作的主要内容，在本规定中对于内容深度也有明确要求。

1. 初步设计说明书的深度要求

（1）概述。

1）说明发电厂的性质、规模、投资方、投资构成、投运期限和发电厂在地区电力系统中的作用等有关结论意见，电厂的运行方式和年利用小时数。

2）说明初步的设计依据，主要包括可行性研究报告及其批准文件（包括审查会纪要）、电厂接入系统设计、环境影响报告书、水土保持方案报告书、水资源评价报告、安全预评价报告、职业病危害预评价报告书、地质灾害评价报告书、地震安全性评价报告书、铁路专用线、码头及大型防洪堤等设计和审批文件（包括这些文件的名称、文号、签发单位和日期）。如果是热电厂，还应有城市供热规划和热电联产规划的批复文件。

3）说明设计的内容、范围、与外部协作项目及设计分工界限；对扩建或改建电厂工程，应简述原有部分情况及与本工程的衔接和配合问题以及目前生产运行中存在的问题。

（2）厂址简述。说明厂址自然条件及建厂条件，包括地理位置、建设场地、交通运输、地震地质、水文气象、电厂煤源、供水水源、出线走廊、贮灰场等；厂址与城市总体规划、供热规划（热电厂）、乡镇体系规划以及邻近工业企业和村庄的关系；电厂厂区、厂内行政管理和生活服务设施区、铁路专用线、厂外道路、补给水管线、储灰场、厂外输煤（灰）皮带等所用面积、用地性质以及电厂总占地面积等；某些厂址条件与批准的可行性研究报告有变化时，应进一步复核。

（3）主要技术经济指标。

1）设计性能指标。全厂热效率（%）、发电标准煤耗（g/kWh）、全厂厂用电率（%）、供电标准煤耗（g/kWh）、每百万千瓦容量耗水量［m^3/（s·100MW）］、对供热式机组的热电厂，应增列供热标准煤耗、供热厂用电率、总热效率、热电比指标。

2）总布置指标。总用地面积（hm^2）、厂区用地面积（hm^2）、每千瓦占地面积（hm^2/kW）、建筑系数（%）、场地利用系数（%）、挖方工程量（m^3）、填方工程量（m^3）、厂区绿地率（%）、每千瓦主厂房容积（m^3/kW）、每千瓦主厂房面积（m^2/kW）。

3）耗材指标。发电工程每千瓦钢材消耗量（t/kW）、发电工程每千瓦木材消耗量（m^3/kW）、发电工程每千瓦水泥消耗量（t/kW）、电缆量（km）、动力电缆（km）、控制电缆（km）。

4）工程投资指标。发电工程静态总投资（万元）、发电工程静态单位造价（元/kW），发电工程动态总投资（万元）、发电工程动态单位造价（元/kW）。

2. 总图运输部分初步设计深度要求

说明电厂厂址的具体位置及距主要城镇的距离、厂址的地形与地质条件、可利用场地面积等；电厂属新建或扩建项目及本（期）工程建设规模；本工程正式开工建设、计划机组投产的日期；扩建项目应简述老厂装机容量、建成投产时间，厂区布置格局、主入口布置、厂区用地面积、厂区征地面积；厂址拆迁建筑和设施情况。

根据水文，气象，工程地质等报告，描述设计采用的数据，包括地震基本烈度（°）、建筑场地类别（类），边坡坡率、地基承载力（f_{ak}），压缩模量（E_s）、土壤内摩擦角（φ）、土壤黏聚力（C）、冻土深度（cm）、1%（0.5%）高水（潮）位（m），1%山洪流量（m^3/s），1%（历史最高）内涝水位（m），年最低气温（℃），年最高气温（℃），风压值（hP_a），风速值（m/s），年降水量（mm），夏季相冬季及今年盛行风向等。

（1）全厂总体规划。厂址与城市总体规划和乡镇体系规划，附近工业企业和村庄的关系；矿口电厂应说明煤矿的关系（如是否实行煤电一体化或煤电联营）电厂本（期）工程建设规模和规划量厂区本（期）工程建设用地面积和规划容量用地面积、土地利用现状与类型；厂区方位：①应说明厂区布置纵轴方位，厂区建筑坐标与测量坐标的关系，主厂房固定端、扩建端的朝向，当为直接空冷机组时，应特别说明当地高温和夏季的风向与风速对厂区方位的影响；②应说明厂区位置与活动性大断和矿区边界之间的安全距离；③应说明厂区主入口设置位置和进厂方式。

电厂出线电压等级及回路数：电厂出线朝向、出线走廊规划及其宽度。

本工程采用的冷却方式、本（期）工程建设规模和规划容量的补给水量；水源的位置、距电厂的距离、补给水管线的长度以及取水设施用地类型及面积。

电厂本（期）工程和规划容量年燃煤量及供煤的矿点；燃煤运输方式、运量及运输距离。

设计采用的除灰方式，电厂本（期）工程和规划容量年灰、渣量，年脱硫石膏量；灰、渣场的位置，土地利用现状与类型，距电厂的距离，电厂本（期）工程和规划容量灰、渣堆场用地面积及堆灰、渣、石膏的年限；设计采用的运输方式及运输距离；灰、渣综合利用用户和年利用量。

厂址频率为 1%（0.5%）高水（潮）位等标高，厂区设计地面标高及采取的防洪措施；厂址频率为1%山洪流量及采取的排洪措施；厂址频率为 1%（历史最高）内涝水位及采取的防涝措施。

厂区雨水排除方式及厂外排水管线长度；电厂生产和生活污水的达标排放情况及排水管线长度。

施工生产区规划的位置及用地面积；施工生活区规划的位置及用地面积。

（2）厂区总平面布置。根据厂址建厂条件，应提出两个及以上的厂区总平面布置方案进行优化比较。厂区总平面布置方案优化比较，主要内容应说明如下。

1）铁路专用线进厂方位，燃料设施布置。

2）电厂专用码头方位选择。

3）主厂房位置和方位选择。

4）主要生产建（构）筑物的配置和辅助、附属建筑的功能分区。

5）厂区、厂前公共建筑的布置方式和总体规划，建筑群体平面及空间组织。

6）厂区主要出入口位置选择、布置型式和交通组织。

7）扩建及施工条件，厂区内外设施（如道路、管线等）协调配合。

8）厂区总平面布置用地利用现状与类型、用地面积及拆迁情况，扩建电厂应说明老厂建（构）物利用及拆迁情况。

根据厂区各总平面布置方案进行全厂的技术和经济比较并列表，比较主要内容应包括：厂区总平面布置方案特点及优缺点、厂区总平面布置方案与外部建厂条件的关系、厂区用地面积、厂区土（石）方工程量、厂内铁路专用线长度、厂内道路广场面积、厂内输煤栈桥长度、厂内循环水管线长度、厂外铁路专用线和道路长度以及电厂年运行费等。方案比较可只列出各方案不同的项目。

根据厂区总平面布置各方案的优缺点和技术经济比较结果，提出厂区总平面布置方案推荐意见。说明厂区围墙（围栅）采用的结构型式、高度及工程量，厂区大门（围栅门）采用的结构型式、高度及工程量；厂区道路采用的路面结构型式、宽度、面积及工程量；厂区广场地坪采用的铺砌型式、面积及工程量。

（3）厂区竖向布置。结合自然地形、地质条件，厂区竖向布置采用的型式（平坡式、阶梯式，合式）、厂区各功能区域设计标高、台阶的划分和场地设计坡度。厂区主要建（构）筑物和次要建（构）筑物室内、外设计高差的确定，主要建（构）筑物室内零米标高的确定。厂区地表附水采用排水方式。厂区挡土墙、护坡采用的结构型式，跨越挡土墙及护坡的交通联系设置坡道和踏步，挡土墙、护坡工程量。

厂区土（石）方采用的计算方法，厂区挖方、填方工程量；对全厂土（石）方进行综合平衡说明土（石）方计算结果，内容包括厂区、施工区、厂区地表土、厂区建（构）筑物基槽余土、厂外路、道路路基等土（石）方工程量。尽可能达到综合平衡，减少取、弃土场。

（4）交通运输。

1）电厂铁路专用线。厂外铁路状况和电厂铁路专用线接轨方案选择，接轨站扩建规模，电厂专用线与邻近工业站、企业站的关系；说明电厂铁路专用线的接轨站（包括有效长度、股道数和轨顶标高）、区间走行线长度以及采用的设计技术标准等；电厂本（期）工程和规划容量在接轨站设置的股道数量、有效长度、接轨点标高；当需要设置厂外交接站时，应充分说明其设置的原因和理由，并简述本（期）工程和规划容量在电厂交接站设置的股道数量、有效长度、接轨点标高等；当需要设置厂外交接站时，应充分说明其设置的原因和理由，并简述本（期）工程和规划容量在电厂交接站设置的股道数量、有效长度、轨项标高等。电厂卸煤站厂内卸煤方式，本（期）工程和规划容量设计的股道数量、有效长度（按满足整列直达煤列设置）、轨顶设计标高，电厂燃煤年运量和专用线技术标准及交接方式等。

2）厂外专用道路。厂外公路状况，说明电厂进厂道路的引接、采用的设计标准、路面结构形式、路面宽度以及道路长度及用地面积；电厂运煤道路的引接、采用的设计标准、路面结构形式、路面宽度以及道路长度及用地面积；电厂运灰渣道路的引接、路面结构形式、路面宽度以及道路长度及用地面积；电厂水源地检修道路的引接、路面结构形式、路面宽度以及道路长度及用地面积；施工进厂道路的引接、路面结构形式、路面宽度以及道路长度及用地面积。

3）水路运输。本（期）工程和规划容量时的燃煤年运量及采用铁路一水路联运路径；电厂煤码头与港区规划及周围企业码头的关系，岸线长度与电厂取、排水设施的关系，煤码头的布置型式：电厂综合码头（包括大件、灰渣、石灰石、石膏等）的运量及布置型式。

4）皮带运输。燃煤采用皮带运输的路径、长度及用地面积，电厂燃煤年运量等。

（5）厂区管线及沟道规划。本阶段确定的厂区管线、管架及沟道规划采用的主要设计原则。厂区所有地上与地下管线、管架、沟（隧）道的走向、通道净空以及对外接口的总体规划：厂区主厂房 A 排外、主厂房同定端、炉后以及其他主要管线走廊设计宽度；厂区管线采用的敷设方式；厂区沟（隧）道采用的防排水措施。特殊地区厂区管线及沟道规划的有关措施；湿陷性黄土地区、高地下水地区、膨胀土地区、盐渍土地区等厂区管线及沟道规划的有关措施。

3. 建筑结构部分初步设计的深度要求

厂址地理位置、电厂类型（新建或扩建）、建设规模、规划容量以及汽轮机、发电机、锅炉等主机型号及生产厂商。当为扩建厂时，应扼要说明与原工程的关系。需要考虑再扩建时，应说明再扩建条件。包括可行性研究阶段的报告及批准文件，工程水文气象报告，本阶段岩土工程勘察报告，以及其他相关的指导和评审文件。应说明需要遵守的现行设计规程、规范以及国家强制性标准。

一般包括环境温度、湿度、降雨量、日照、风速和风向、积雪厚度、土壤冻结深度，以及大气污染（如盐雾污染、工业污染等）。厂区地层分布、地质构造及各层土的特性描述，各层土的岩土物理力学性质特性统计表。不良地质作用评价及其整治方案建议，建筑边坡的岩土地质条件和稳定性评价。地下水类型、埋藏深度，地基土和地下水对混凝土、钢结构等建筑材料的腐蚀性评价，地下水对施工可能产生的影响和初步施工降水方案的建议。厂区抗震设防烈度及场地土类别，对地基处理方案的建议，以及地基处理设计所需的计算参数。

现浇、预制及预应力钢筋混凝土结构设计应采用的混凝土强度等级和钢筋品种、规格：设计采用特种水泥、钢筋和其他特种材料的标准和性能要求。钢材的牌号、材料性能、规格。常用连接材料选用，如焊条、螺栓、锚栓、栓钉等。地方建筑材料的品种、规格、性能和本工程的利用。特种建筑材料的采用（如防火、防腐、防噪声、抗静电、电磁屏蔽等材料的采用）及钢结构的一般防腐措施等。说明设计使用年限、环境类别及耐久性要求。

说明防火要求，如火灾危险性分类、耐火等级（列表）。根据建筑结构破坏、地基损坏和地震破坏可能产生后果的严重性，说明结构安全等级、地基基础的设计等级（包括建筑桩重要性分类）以及建筑抗震类别、抗震设防烈度和抗震措施等级等（按建构筑物列表）。

地基处理方案选型对比（必要时应进行技术经济专题论证）。当采用桩基或其他复合地基时，应明桩的类型、机基持力层及进入持力层的深度以及下卧层分布。可按主厂房等主要建（构）筑物电处理和其他建（构）筑物的地基处理分类论述。地基处理方案最终应按建（构）筑物列表汇总。根据地基处理方案描述建（构）筑物的基础型式、埋置深度。地下结构（室）的防水措施。

建筑设计应说明主厂房、集中或单元控制楼的布置，平立剖面布局、变形缝设置、空间组合。建筑内部水平和垂直交通运输、安全通道和出入口布置、生活卫生设施。主厂房通风、采光、保温、隔热、防晒、防水、排水、防潮、隔振、电磁屏蔽、抗静电和噪声控制等。主厂房防火、防爆等安全措施。主厂房造型、围护结构类型、建筑立面与毗邻建筑物，锅炉封闭情况、建筑装修标准等。

主厂房结构选型（如钢筋混凝土或钢结构等），楼面及屋盖的结构型式（如钢筋混凝土现浇梁板钢筋混凝土—钢梁组合浇制板等）。必要时应进行技术经济专题论证。汽轮机房、除氧煤仓间纵横向结构，汽轮机房屋盖和各层楼面结构，汽轮机房平台结构。固定端和扩建端结构形式及扩建条件。主厂房汽轮基座、吊车梁和煤斗结构选型。锅炉炉架、锅炉基础、锅炉运转层平台结构以及封闭情况。当陆架为钢结构时，明确与制造厂家分工范围，包括锅炉运转层平台、炉顶结构或司水小室结构、锅炉封闭等。地下设施的布置及地下管沟的布置与防排水。大型设备基础的结构形式（如梁板式基础、大块式础或弹簧隔震基础）。集中或单元控制楼结构。

当采用装配式厂房时，应说明装配式结构使用范围，施工条件和吊装机械配备、最大吊吨位、构寸的限制，初步确定装配式结构的分段原则、柱与柱、梁与柱以及煤斗等接头型式的选择；说明主要构件的材料强度等级。当为扩建项目时，应说明原有厂房沉降观测资料，新老厂连接措施。

烟囱、烟道结构及炉后区域，说明工艺以及环保专业对烟囱、烟道的要求以及烟囱、烟道的结构选型，阐述烟囱、烟道内衬（除钢烟道）的结构型式和防腐蚀设计原则，必要时应进行技术经济专题证。除尘器、引风机建筑物或支架的结构选型。

4. 初步设计工程概算的深度要求

应说明工程名称、厂址位置、建设规模、建设性质、设计分工，交通情况（铁路接轨点位置及离、进厂公路长度、码头泊位），厂区自然条件（抗震设防烈度、基本风压、地下水位）及主要建筑物的地基处理方式。扩建工程还应说明已建机组的台数、容量及建成时间。主要工艺系统的类型、布置方式、结构形式、规模及设计界线等。

按照《火力发电工程建设预算编制与计算规定》（简称《预规》）计算及说明引进国外设备价、汇率、关税、增值税、商检费、公司手续费、银行手续费的计费办法及计费基数，国内、国外段备运杂费及保险费的确定。

说明概算的静态投资价格水平、静态投资、动态投资、单位投资、政府主管部门核准投资。进行投资分析，概算投资原则上不得超过估算投资。若因特殊原因概算投资超过估算投资，必须要说明其充价的理由，并与估算投资比较。概算的投资应与同价格水平年的“限额设计参考造价指标”进行分比较。

三、施工图设计阶段

这一阶段主要是通过图纸，把设计者的意图和全部设计结果表达出来，以此作为工人施工制作的依据。它是设计工作和施工工作的桥梁。具体包括建设项目各部分工程的详图和零部件、结构件明细表，以及验收标准、方法等。施工图设计的深度应能满足设备材料的选择与确定、非标准设备的设计与加作、施工图预算的编制、建筑工程施工和安装的要求。

施工图设计是设计的最后阶段，施工图是用于建筑工程上，并能准确地表达建筑物的外形轮廓、大小尺寸、结构构造和材料做法的图样。它是房屋建筑施工的依据。施工图是施工依据。

（一）建筑施工图设计的编制依据和准则

施工图设计应根据已批准的初步设计及施工图设计任务书进行编制。

施工图设计的编制必须贯彻执行国家有关工程建设的政策与法令，符合国家（包括行业与地方）现行的建筑设计规范规定和制图标准。

施工图的编制顺序应做到全局性的图纸在前，局部性的图纸在后；先施工的前，后施工的在后；主要的在前，次要的在后；图纸目录和总说明附于施工图之前。

（二）建筑施工图设计的深度要求

施工图是设计单位最终的技术产品，是设计单位整体水平的体现，是进行建筑施工的依据。对建设项目建成后的质量及效果负有相应的技术及法律责任。施工图应以图纸为主。除包括图纸目录、设计总说明外，还主要有表达建筑内部布置情况、外部形状、大小、装修、构造及施工要求等图纸。设计内容应完整详细、准确清晰、无歧义。

施工图的深度要求：①能据此深度编制施工图预算；②能据此深度安排材料、构件订货；③能据此深度进行施工和安装；④能据此深度进行工程验收。

施工完成后必须经设计技术责任者（设计、审查、审阅、注册建筑师等）签字盖章，并经有关专业设计人员会签认可，加盖出图资质专用章和有关部门审核章，方可作为施工的依据。

1. 建筑施工图

主厂房建筑施工图包括主厂房建筑总图、主厂房建筑详图、主厂房门窗订货图、主厂房金属构件详图、除氧煤仓间楼梯间建筑图、集中控制楼建筑图等。

项目概况主要包括：建筑面积、建筑基底面积、建筑工程等级、设计使用年限、建筑层数和建筑高度、防火设计建筑分类和耐火等级、屋面防水等级、抗震设防烈度等，以及能反映建筑规模的主要技术经济指标。

（1）底层、楼层平面图。应标注承重墙、柱及其定位轴线和轴线编号，内外门窗位置、编号及定位尺寸，门的开启方向，注明房间名称或编号；轴线总尺寸（或外包总尺寸）、轴线间尺寸（柱距、跨度）、门窗洞口尺寸、分段尺寸；墙身厚度（包括承重墙和非承重墙），柱与壁柱宽、深尺寸（必要时）及其与轴线关系尺寸。明确变形缝位置、尺寸及做法索引；主要建筑设备和固定家具的位置及相关做法索引，如卫生器具、雨水管、水池、台、橱、柜、隔断等；电梯、楼梯（爬梯）位置和楼梯上下方向示意和索引；主要结构和建筑构造部件的位置、尺寸和做法索引，如中庭、天窗、地沟、地坑、重要设备或设备机座的位置尺寸、各种平台、夹层、人孔、阳台、雨篷、台阶、坡道、散水、明沟等；楼地面预留孔洞和通气管道、管道竖井、烟囱、垃圾道等位置、尺寸和做法索引，以及墙体（主要为填充墙、承重砌体墙）预留洞和预埋件的位置、尺寸与标高或高度等。同时应标注室外地面标高、底层地面标高、各楼层标高、地下室各层标高；剖切线位置及编号；有关平面节点详图或详图索引号等。

（2）屋顶平面图。屋面平面应包含女儿墙、檐口、天沟、坡度、坡向、雨水口、屋脊（分水线）变形缝、楼梯间、电梯间、天窗及屋顶通风器、屋面上人孔、检修梯、室外消防楼梯及其他构筑物，必要的详图索引号、标高等内容。

（3）立面图。立面外轮廓及主要结构和建筑构造部件的位置，如女儿墙顶、檐口、柱、变形缝、室外楼梯和垂直爬梯、阳台、栏杆、台阶、坡道、花台、雨篷、烟囱、勒脚、门窗、幕墙、洞口、门头、雨水管、以及其他装饰构件、线脚和粉刷分格线等，以及关键控制标高的标注，如屋面或女儿墙标高等；外墙的留洞应注尺寸与标高或高度尺寸。

平面、剖面未能表示出来的屋顶、檐口、女儿墙、窗台及其他装饰构件、线脚等的标高或高度；在平面图上，表达不清的窗编号均应在立面图中表示。

各个方向的立面应绘齐全，内部院落或看不到的局部立面，可在相关剖面图上表示，若剖面图未能表示完全时，则需单独绘出。

（4）剖面图。剖视位置应选在层高不同、层数不同、内外部空间比较复杂，具有代表性的部位；建筑空间局部不同处以及平面、立面均表达不清的部位，可绘制局部剖面。主厂房建筑总图应有横向和纵向剖面图。剖切到或可见的主要结构、建筑构造部件和工艺设备，如室外地面、底层地（楼）面地坑、地沟、各层楼板、夹层、平台、吊顶、屋顶、烟囱、天窗、屋顶通风器、行车、檐口、女儿墙、爬梯、窗、楼梯、台阶、坡道、散水、平台、阳台、雨篷、洞口及其他装修等可见的内容。

高度尺寸应包括部尺寸如门、窗、洞口高度、层间高度、室内外高差、女儿墙高度、总高度；内部尺寸如地坑（沟）深度、隔断、内窗、洞口、平台、吊顶等。

标高应包括主要结构和建筑构造部件的标高，如地面、楼面（含地下室）、平台、吊顶、屋面板、屋面檐口、女儿墙顶、高出屋面的建筑物、构筑物及其他屋面特殊构件等的标高；屋架下弦标高、行车轨顶标高；室外地面标高等。

（5）建筑详图应包括内外墙节点、楼梯、电梯、厨房、卫生间等局部平面放大和构造详图。室内外装饰方面的构造、线脚、图案等；特殊的或非标准门、窗、幕墙等应有构造详图；其他凡在平、立、剖面或文字说明中无法交代或交代不清的建筑构配件和建筑构造所涉及的图。

（6）金属构件详图。包括主厂房墙板、屋面板等围护结构的节点详图。钢梯、钢栏杆等金属建筑配件的详图，对与主体结构的连接方式、预埋件、用料材质、颜色等作出规定。

（7）除氧煤仓间楼梯建筑图。在平面图上横向注明楼梯宽、梯井宽，纵向标明休息平台宽、踏步宽及踏步数等尺寸，并标明上、下箭头；剖面图注明楼层、休息平台标高和踏步高及踏步数等尺寸；还要绘出扶手、栏杆轮廓并注详图索引号。

2. 土建结构施工图

火力发电厂土建结构部分的施工图设计主要涵盖：总说明及通用图、主厂房建筑、烟尘渣建筑、电气建筑、燃料建筑、化学建筑、辅助建筑和附属建筑等相关的建、构筑物。不包括与水工工艺系统、脱硫工艺系统配套的建、构筑物，以及总图部分有关的厂区道路、厂区沟道、边坡和露天煤场等部分的内容。

（1）结构设计总说明。主要设计依据包括初步设计文件及审查纪要、业主提供的基础资料及设备资料、业主提供的协议文件、工程勘测报告等与工程设计相关的文件。

对于厂址自然条件，应根据工程施工图阶段的勘测报告，对主要的工程地质条件及水文地质进行简要描述，对勘测报告中结论性的意见如持力层的选择、地下水是否有腐蚀性等进行叙述。

对主要技术数据如基本风压、基本雪压、抗震设防烈度、活荷载取值原则等，进行描述与要求。建（构）筑物分类及抗震设防原则是根据电厂工程的特点及相关规范的要求，对电厂建（构）筑物进行分类，对不同类建构筑物采用不同的抗震设防标准。

施工总说明包括对各主要建构筑物的地基与基础方案进行简单描述，对基础施工、基础防腐、基础回填等提供原则性要求；根据不同类型的上部结构（混凝土、钢结构、砌体结构）的特点，对施工质量控制提出要求；对钢结构部分的防腐、防火提出具体要求；对水池、地下室等有抗渗要求的建（构）筑物的混凝土，说明抗渗等级，需作试漏的提出具体要求；在施工期间有上浮可能时，应提出具体抗浮施；对所采用主要建筑材料如水泥、钢筋、型钢、焊条、螺栓、石材、墙体材料等规格、材质提出明确的要求列出工程设计中所涉及的主要设计施工规范、规程，套用的标准图集及通用图集的名称与等。

（2）地基与基础施工图。基础布置图中应绘出定位轴线、基础构件（包括基础梁等）的位置、尺寸、底标高、构件编号，基础底标高不同时，应说明如何处理或绘出放坡示意；标明结构承重墙与墙鏁、柱的位置与尺寸、编号；标明地基、地坑和已定设备基础的平面位置、尺寸、标高，当无地下室时，±0.000标高以下的预留孔与埋件的位置、尺寸、标高。根据需要提出沉降观测要求及测点布置并附测点详图。应明确包括基础持力层及基础进入持力层的深度，地基的承载能力特征值，基底及基槽回填土的处理措施与要求，以及对施工的有关要求等。

基础详图应绘出平面、剖面、基础垫层及配筋，剖面图中注明基础圈梁、防潮层位置，并标注总尺寸、分尺寸、标高及定位尺寸，并配合上部结构预留相应的插筋，对钢筋的接头提出明确的要求。基础梁可参照现浇混凝土楼面梁详图方法表示；附加说明基础材料的品种、规格、性能、抗渗等级、垫层材料、基坑回填材料、钢筋保护层厚度及其他对施工的要求。

桩基大样图中应说明桩的类型、入土深度、桩端持力层以及进入持力层的深度、成桩的施工要求、控制标准、桩接头处理、桩与承台的连接详图以及工程桩基的检测要求，注明单桩的极限承载力及特征值。对于混凝土预制桩或灌注桩，应明确桩的截面大小、配筋要求、采用的混凝土等级以及施工过程中的要求；对于钢桩，应明确桩的截面大小、钢材的材质、如需要焊接时应提出焊接时的要求。

桩基基础布置图中应绘出定位轴线、基础构件（包括承台、承台梁、基础梁等）的位置、尺寸、底标高、构件编号，基础底标高不同时，应说明如何处理或绘出放坡示意；应考虑或标明地沟、地坑和已定设备基础的平面位置、尺寸、标高，当无地下室时，±0.000 标高以下的预留孔与埋件的位置、尺寸、标高。提出沉降观测要求及测点布置并附测点详图。

桩基承台详图应绘出承台平面、剖面、配筋以及垫层厚度与大小，并标注总尺寸、分尺寸、标高及定位尺寸。应绘出承台梁、基础梁剖面与配筋，并标注标高。基础梁可参照现浇楼面梁详图方法表示。筏基、箱基可参照现浇楼面梁、板详图的方法表示，但应绘出承重墙、柱的位置。当要求设后浇带时应表示其平面位置并绘制构造详图以及施工要求等。

当采用复合地基时，应绘出复合地基的处理范围和深度，置换桩的平面布置型式及其材料、性能要求、构造详图；注明复合地基的施工要求，复合地基的承载能力特征值及压缩模量等有关参数和检测要求。

（3）钢筋混凝土结构图。结构设计说明应包括±0.000标高所对应的绝对标高值；图纸中标高、尺寸的单位；建筑结构的安全等级和设计使用年限，建筑场地类别、地基的液化等级、建筑抗震设防类别、抗震设防烈度和钢筋混凝土结构的抗震等级，地基基础的设计等级；采用的设计荷载，包含风荷载、雪荷载、楼屋面允许使用荷载、特殊部位的最大使用荷载标准值的取值；所选用结构材料的品种、规格、性能及相应的产品标准；说明受力钢筋的保护层厚度、锚固长度、搭接长度、接长方法，预应力构件的锚具种类、预留孔道做法、施工要求及锚具防腐措施等，并对某些构件或部位的材料提出特殊要求；当为预制装配式结构时，应对构件预制、运输、起吊等的要求应明确；说明混凝土结构的耐久性要求和砌体结构施工质量控制等级。

对水池、地下室等有抗渗要求的建（构）筑物的混凝土，说明抗渗等级，需做试漏的提出具体要求，在施工期间存有上浮可能时，应提出抗浮措施。

所采用的通用做法和标准构件图集；如有特殊构件需作结构性能检验时，应指出检验的方法与要求。施工中应遵循的施工规范和注意事项等。

结构布置（模板）图标示的具体内容为绘出定位轴线及、柱、剪力墙（支撑）等定位尺寸，在明其编号及楼层标高；当为预制楼板时，应注明预制板的跨度方向、板号、数量及板底标高，出预留大小及位置；预制梁、洞口过梁的位置和型号、梁底标高；当为现浇楼板时应注明板厚板面标高、配筋，标高或板厚变化处绘局部剖面；有预留孔、埋件、单轨吊、吊车梁、设备基础（支墩）等定位与标高；有圈梁或抗震构造柱时应注明位置、编号、标高；电梯间应绘制机房结构平面布置图，注明梁板编号、板的厚度与配筋、预留洞大小与位置、板面标高及吊钩平面布置与详图；屋面结构平面布置图内容与楼面平面类同，当结构找坡时应标注屋面板的坡度、坡向、坡向起终点处的板面标高，当屋面上有留洞或其他设施时应绘出其位置、尺寸与详图，女儿墙或女儿墙构造柱的位置、编号及详图。

单层工业厂房应绘制构件布置图及屋面结构布置图，应有构件布置应表示定位轴线，墙、柱、天桥、过梁、门框、雨篷、柱间支撑、连系梁等的布置、编号、构件标高及详图索引号，并加注有关说明等；屋面结构布置图应表示定位轴线、屋面结构构件的位置及编号、支撑系统布置及编号、预留孔洞的位置、尺寸、节点详图索引号，有关的说明等。

结构构件的配筋图中应绘出现浇梁、板、柱及墙等配筋详图；纵或横剖面、长度、定位尺寸、标高及配筋布置、梁和板的支座；现浇的预应力混凝土构件尚应绘出预应力筋定位图、预应力筋端部锚固详细要求；对构件受力有影响的预留洞、预埋件，应注明其位置、尺寸、标高、孔洞边加强配筋及预埋件编号等；一般的现浇结构的梁、柱、墙可采用“平面整体表示法”绘制。

预制构件配筋除满足现浇混凝土结构的配筋要求外，还应配合模板图对接头处钢筋的布置、外伸长度等标识清楚。

对预制装配式结构的节点，梁、柱与墙体锚拉等详图应绘出平、剖面，应注明相互定位关系、构代号、连接材料、附加钢筋等；对框架结构应结合梁、柱与墙体的相对位置绘出或选择合适的连接大样。

（4）钢结构设计图。设计总说明中的内容应涵盖主厂房全部钢结构的设计、加工制作、防腐防火运输安装等各方面的要求及注意事项，钢结构制作与加工要求，如钢结构表面的防锈处理、防腐、防火涂装、预拼装等要求；并说明构件连接方式、连接件的要求；所采用的通用做法和标准构件图集等。

钢结构设计图分为钢结构设计总图（含节点大样设计图）和钢结构施工详图两部分。钢结构设计总图应由具有设计资质的设计单位完成，设计图的内容和深度应满足编制钢结构施工详图的要求；钢结构施工详图（即加工制作图）一般应由具有钢结构专项设计资质的加工制作单位完成，也可由具有该项资质的其他单位完成。

钢结构布置图应注明各构件（可用单线绘制）的定位关系、标高，构件的位置、编号及规格、连接节点位置、详图索引号等；必要时应绘制檩条、墙梁布置图和关键剖面图；空间网架应绘制上、下弦杆和关键剖面图；简单的钢梁、柱可用统一详图和列表法表示，注明构件钢材牌号、尺寸、规格、加劲肋做法，连接节点详图，施工、安装要求；格构式梁、柱、支撑应绘出平剖面、定位尺寸、总尺寸、分尺寸，注明单构件型号、规格，组装节点和其他构件连接详图索引号等。

节点大样是指根据钢结构设计图编制的各连接节点的大样设计图，而不是结构构件、连接节点或每个零件的加工放样图。当采用螺栓连接时，各节点大样图中应标明相关构件的相互位置，连接所需要的螺栓的排列、个数、规格，连接板材的尺寸、材质要求、加工精度、宜对各连接板件进行编号；当采用焊接连接时，各节点大样图中应标明相关构件的相互位置，连接所需要焊缝的型式、尺寸、长度、连接板材的尺寸、材质要求、加工精度、焊缝等级及检验标准，宜对各连接板件进行编号。

（5）主厂房零米地下设施施工图。地下设施布置图应明确地下结构采用的材料、地下结构防水、防腐及回填土的技术要求，同时对工艺埋管（主要是地下埋管）与安装单位的相互配合及工过程中应注意的有关事项进行说明；基础、地梁、沟（隧）道、埋管（不包括工艺埋管），设备基础、井坑、地面坡度等的平面位置、尺寸，沟道及地面排水坡度等；预埋件、支墩、孔洞编号、位置、尺寸；沟道盖板布置及编号；排水点接管方向、高程、位置。

大型设备基础如磨煤机、电动给水泵、风机基础均应以平面图及相应的剖面表示其平面定位、基础尺寸、标高、螺栓的布置等外，还应明确基础的配筋要求；对采用隔振技术的设备基础，应明确隔振的布置及技术要求。地下设施详图还包括各类沟、坑、小型设备基础的配筋详图以及其他构件的细部大样如沟道交叉，排水井坑、防水护沿等的局部剖面或放大图。

（6）汽机基础。汽机基础的各层平面布置图或模板图的要求与混凝土结构部分要求一致。汽机基础横向框架配筋图必须以立面及相应的剖面来表示其配筋，框架纵梁应以平面图及相应的剖面来表示其配制，各类钢筋均宜编号，并定义各类编号钢筋的型式，对钢筋弯折长度应加以标注；对梁、柱中开孔较大、或有较大埋管处钢筋如何布置及连接应进一步以详图说明。汽机基础除在框架柱上设置沉降观测点外，在顶台板上应设置相应的水准观测点。对采用隔振技术的汽机基础，对隔振器的性能指标、布置方式以及施工安装等要求应明确。

（7）烟囱。烟囱设计与施工说明的内容除符合一般建构筑物的施工说明外，还应对烟囱内筒或内衬材料（烟囱砖、钢材材质、保温隔热、防腐）、航空漆、避雷针等材料的性能提出明确的要求，并对砖内筒的施工要点、钢内筒的吊装要求及质量控制措施予以明确。

烟囱筒身（含内筒）应以剖面形式表示其外形的变化规律、各层平台的标高、烟道接口大小及标高、窗洞大小及标高、信号平台标高、避雷针布置等，并以表格的形式列出各标高处筒体的厚度及直径大小；如为单筒烟囱时，表中还应表示隔热层的厚度；如为套筒或多筒烟囱时，表中应表示内筒的直径。

烟囱外筒配筋分纵向配筋和环向配筋，纵向配筋必须根据各工程施工单位所具有的模板规格尺寸来确定纵向接头位置，以立面图形式表示其配筋：环向钢筋以平面图表示其配筋，各类钢筋均应编号，并定义各类编号钢筋的型式，对钢筋接头提出明确要求。

混凝土平台、挑耳、牛腿、筒身洞口加强、筒身局部加强等配筋要求同现浇混凝土结构部分。对单烟，除以剖面方式表示筒内内衬砖砌筑、隔热层、防腐等要求外，对内衬砖的搭接、防沉带的构造、筒首构造等细节宜以局部大样图表达清楚。如设有积灰平台及隔烟墙时，应绘出相应的布置图、配及大样图。

对砖内筒的套筒烟囱，除以剖面方式表示内筒砖、保温隔热层、防腐厚度、内筒砖加筋钢箍等的设置外，对各层平台标高处内筒砖的搭接、支撑内筒梁的防腐、筒首构造等细节宜以局部大样图表达清楚。

对钢内筒或多管烟囱，除满足上述布置要求外，还应绘出钢内筒的加劲板设置、洞口加强、钢内筒与其保温隔热及防腐材料的连接、钢内筒与烟道接口大样、钢内筒的水平制晃结构（刚性撑杆、柔性拉杆）的设置等。平台结构、钢梯、避雷针、信号平台等布置图及施工详图同对应的结构部分。除在筒体底部设置沉降观测点外，在筒体顶部适当位置应设置相应的倾斜观测点，并绘出其布置图及施工大样。

烟囱基础一般为环形或整板基础，宜采用平面与剖面相结合的方式表示其配筋，其配筋的要求除符合一般基础的要求外，对烟囱筒身、门柱的预留钢筋大小、长度、间距及钢筋接头提出明确的要求。

（8）筒仓。煤斗，对于地下煤斗一般采用现浇钢筋混凝土结构，对地上煤斗一般采用钢结构；施工图的主要内容包括煤斗设计与施工说明应对所采用的材料（含内衬材料）材质、性能指标、施工要求予以明确的规定；在煤斗平面布置图中，应有其平面定位、煤斗内径尺寸及与相邻结构的相对关系；煤斗剖面图中应表示煤斗沿高度的变化规律、壁厚变化、支撑方式及标高、与相邻结构间的联系示意；对预埋件、开孔等定位与大小均应在各图中表示；现浇钢筋混凝土煤斗的配筋应符合混凝土配筋的要求；钢结构煤斗除往明各段钢板厚度外，对煤斗壁及支座的加劲板布置、定位、大小、焊缝高度、型式，质量等级应明确。

（9）灰库。钢筋混凝土灰库设计及施工说明、布置及配筋图的一般要求同现浇混凝土结构部分；灰库基础一般为钢筋混凝土环形或整板基础，其布置与配筋要求可参考烟囱基础；钢梯及钢平台、电梯井、库顶支架及单轨吊等要求同相应钢结构部分。

（10）储煤场结构。圆形封闭储煤场结构一般分为环形基础、混凝土仓壁（柱、板）、网架结构及钢梯等辅助结构部分，主要内容：环形基础及混凝土仓壁（柱、板）宜以平面和剖面表示其布置、定位、尺寸和配筋，对施工缝的位置、宽度、钢筋的接头、施工缝混凝土要求、浇筑时间等均应明确；支撑网架结构短柱的布置、大小、配筋、柱顶预埋件；其他要求同现浇钢筋混凝土部分；条形干煤棚结构一般分为基础与网架结构两部分，基础（含短柱）可参照相关基础和混凝土结构部分的要求。网架结构布置图、剖面图中，对其控制尺寸如跨度、标高应明确标识；网架结构施工图及加工详图应由有相应资质的单位进行设计及加工制作。

（11）变电构架。变电构架说明可参照钢结构部分，但其表面防腐一般采用热镀锌防腐；以透视图表示整体布置，包括构架柱、构架梁、爬梯、出线柱、避雷针等定位、高度及编号；构架柱以两方向立面表示柱的根开、标高、高度、法兰盘的位置及编号等，以材料表形式表示构件大小；以平面、侧面及展开图表示杆件布置、定位、尺寸、大小、法兰盘的位置及编号等，以材料表形式表示构件大小；梁柱连接支座、法兰盘大样中应表示各板件大小、螺栓孔的布置及定位、焊缝形式与要求；钢梯应表示分段长度、每段各构件的布置、大小以及钢梯与构架柱的连接大样。

（三）建筑施工图的特点

（1）建筑施工图是施工的依据。施工图中每一根线条均表达明确的含义，属于施工的内容；每一个空间、构件、构造均应在图中明确表达。

（2）建筑施工图是以正投影法绘制的。

（3）建筑施工图一般都需精确绘图，建筑构件自身和空间关系均按比例绘制，不同图纸内容可采取不同的比例。

图线、符号、构件实例等均需按照《建筑制图标准》（GB/T 50104—2010）绘制。

对定型的构配件、标准构造、做法等可选用国家和地方现行标准图册。

（四）施工图的组成

建筑施工图表达建筑的平面形状、内部布置、外部造型、构造做法、装修做法的图样，一般包括施工图首页、总平面图、平面图、立面图、剖面图和详图。

结构施工图表达建筑的结构类型，结构构件的布置、形状、连接、大小及详细做法的图样，包括结构设计说明、结构平面布置图和构件详图等内容。

设备施工图又分为给水、排水施工图，采暖、通风施工图和电气施工图，一般包括设计说明、平面布置图、空间系统图和详图。

装饰施工图是反映建筑室内外装修做法的施工图，包括装饰设计说明、装饰平面图、装饰立面图和装饰详图。

一套完整的施工图在装订时要按专业顺序排列，即图纸目录、建筑设计总说明、总平面图、建筑施工图、结构施工图、给排水施工图、采暖施工图和电气施工图。

第二节 建筑工程识图

建筑工程图是以投影原理为基础，按国家规定的制图标准，把已经建成或尚未建成的建筑工程的形状、大小等准确地表达在平面上的图样，并同时标明工程所用的材料以及生产、安装等的要求。它是工程项目建设的技术依据和重要的技术资料，也为建筑工程造价管理，提供了计价列项和工程量计算的基本依据。

建筑施工图的内容包括图纸目录、建筑设计总说明、总平面图、门窗表、各层建筑平面图、各朝向建筑立面图、剖面图和各种详图。建筑工程图的识读通常按照“总体了解、顺序识读、前后对照、重点细读”的原则进行。

总体了解：拿到图纸后，应先看目录、总平面图和施工总说明，然后再看建筑平面图、立面图和剖面图，以便大致了解工程概况和建筑物的基本造型。

顺序识读：在总体了解的基础上，根据施工的先后顺序，从基础图开始依次识读墙柱等结构平面布置、建筑构造及装修等相关图纸。

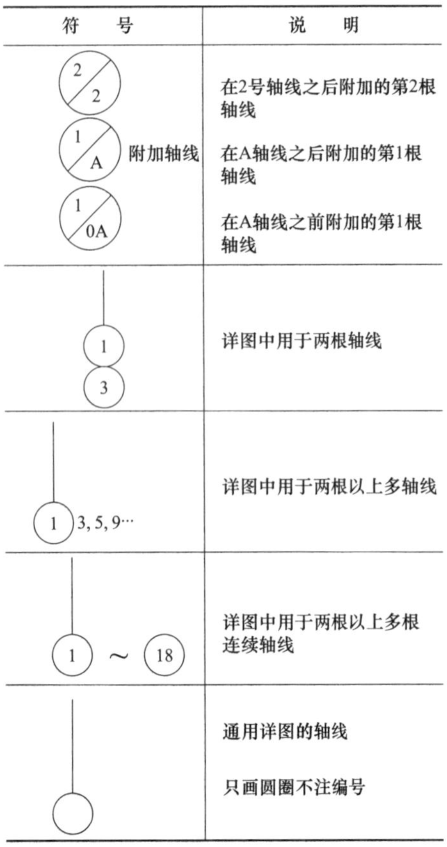

图 3-1 定位轴线符号及说明

前后对照：识读建筑工程施工图时，应做到建筑平面、立面和剖面对照识读，基本图和详图对照识读，建筑施工图和结构施工图对照识读，建筑施工图和设备施工图对照识读。

重点细读：在通读各类图纸的基础上，根据不同的专业施工再对有关专业施工图有重点地仔细识读，遇到不清楚的问题，及时向设计部门反映、核实。

建筑施工图中常用的符号有定位轴线、标高符号、索引符定位轴线号与详图符号等。

一、定位轴线

定位轴线是确定建筑构配件位置及相互关系的基准线。为了实现建筑工业化，尽量减少预制构件的类型，就应当合理选择定位轴线，定位轴线的确定也是建筑设计和施工的需要。定位轴线符号及说明如图 3-1 所示。

定位轴线应用细点划线绘制，轴线编号应注写在轴线端部的圆圈内。圆圈应用细实线绘制，直径为 8mm，详图上可增为 10mm。定位轴线圆圈的中心应在定位轴线的延长线或延长线的折线上。

平面图上定位轴线的编号宜标注在图样的下方与左侧。横向编号应用阿拉伯数字，从左至右顺序编写；竖向编号应用大写拉丁字母，从下至上顺序编写。为了避免拉丁字母中 I、O、Z 与数字 1、0、2 混淆，拉丁字母中 I、O、Z 不得用作轴线编号。

如字母数量不够使用，可采用单字母加数字注脚，如 A1、B1、…、Y1。火力发电厂主厂房定位轴线的标注如图 3-2 所示。

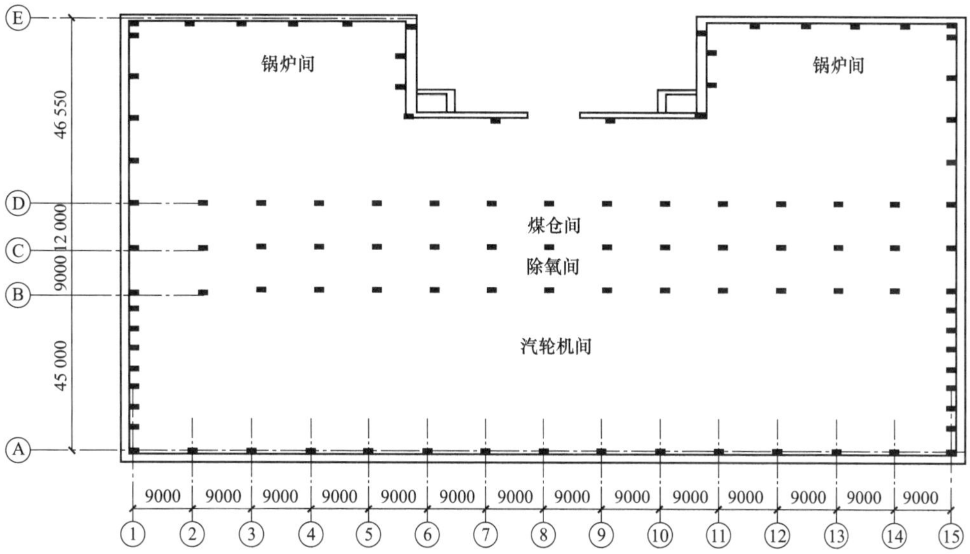

图 3-2 火力发电厂主厂房定位轴线的标注

较复杂或不对称的房屋，图形上方和右侧也可以标注。对于一些与主要承重构件相联系的次要构件，它的定位轴线一般作为附加轴线，编号用分数表示，如图 3-1 中的 2/2，1/A，其中分母表示前一轴线的编号，分子表示附加轴线的编号，用阿拉伯数字顺序编写。

二、标高符号

在总平面图和平、立、剖面图上，常用标高符号表示某一部位的高度。各图上所用标高符号以细实线绘制。标高数值以米为单位，一般注至小数点后三位（总平面图中为两位数），图中的标高数字表示其完成面的数值。如标高数字前有双引号的，表示该处完成面低于零点标高。如数字前没有符号的，表示高于零点标高。标高符号及说明见图 3-3。

在总平面图中，室外地坪标高符号宜用涂黑的三角形表示。

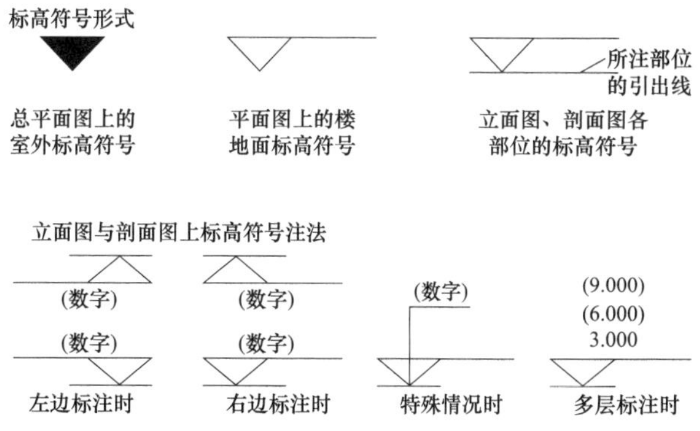

图 3-3 标高符号及说明

三、索引符号与详图符号（见图 3-4）

（一）索引符号

为方便施工时查阅图样，在图样中的某一局部或构件，如需另见详图时，常用索引符号注明画出详图的位置、详图的编号及详图所在的图纸编号。

索引符号画法：用一引出线指出要画详图的地方，在线的另一端画一细实线圆，其直径为 10mm。引出线应对准圆心，圆内过圆心画一水平线，上半圆中用阿拉伯数字注明该详图的编号，下半圆中用拉伯数字注明该详图所在图纸的编号。

（二）详图符号

详图符号表示详图的位置和编号，用一粗实线圆绘制，直径为 14mm。详图与被索引的图样同在一张图纸内时，应在符号内用阿拉伯数字注明详图符号。如不在同一张图纸内，可用细实线在符号内画一水平直径，在上半圆中注明详图编号，在下半圆中注明被索引图纸号。

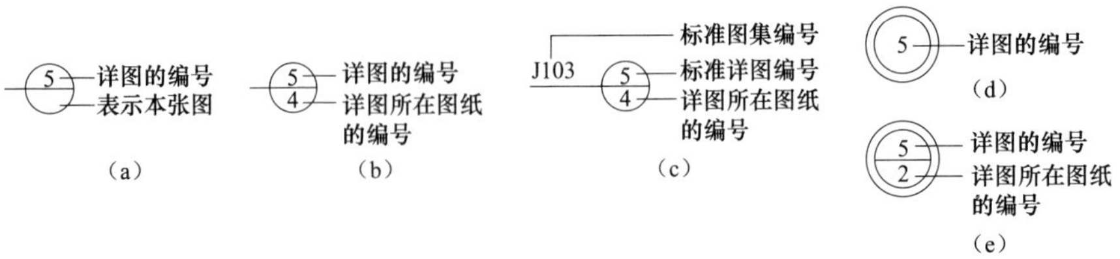

图 3-4　索引符号与详图符号画法

四、施工图中常用建筑材料图例（见表 3-1）

表 3-1　　常用建筑材料图例

序号	名称	图例	备　注
1	自然土壤		包括各种自然土壤
2	夯实土壤		
3	砂砾石、碎砖三合土	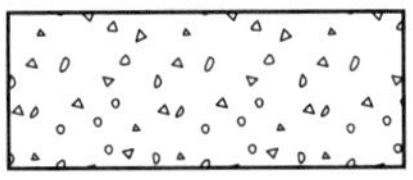	
4	毛石		
5	普通砖	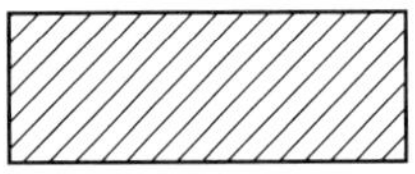	包括实心砖、多孔砖、砌块等砌体。断面较窄不易绘出图例线时，可涂红
6	耐火砖	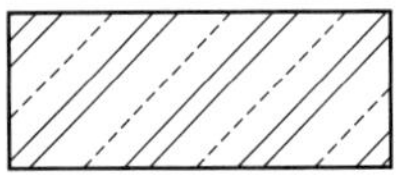	包括耐酸砖等砌体
7	空心砖		指非承重砖砌体
8	饰面砖	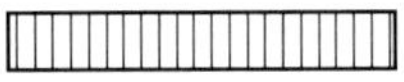	包括铺地砖、马赛克、陶瓷锦砖、人造大理石等
9	混凝土		（1）本图例指能承重的混凝土及钢筋混凝土； （2）包括各种强度等级、骨料、添加剂的混凝土； （3）在剖面图上画出钢筋时，不画图例线； （4）断面图形小，不易画出图例线时，可涂黑
10	钢筋混凝土	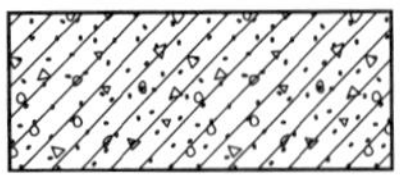	
11	多孔材料	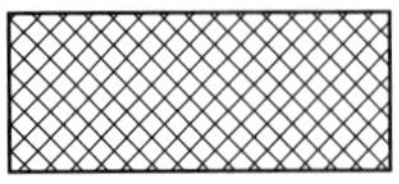	包括水泥珍珠岩、沥青珍珠岩、泡沫混凝土、非承重加气混凝土、软木、蛭石制品等
12	纤维材料	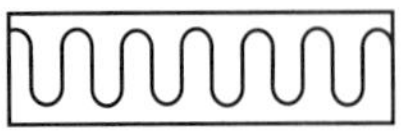	包括矿棉、岩棉、玻璃棉、麻丝、木丝板、纤维板等
13	泡沫塑料材料	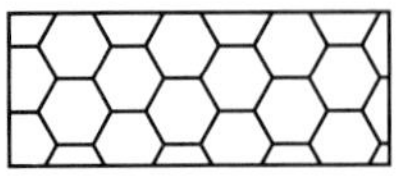	包括聚苯乙烯、聚乙烯、聚氨酯等多孔聚合物类材料

续表

序号	名称	图例	备　　注
14	木材		（1）上图为横断面，上左图为垫木、木砖或木龙骨； （2）下图为纵断面
15	胶合板	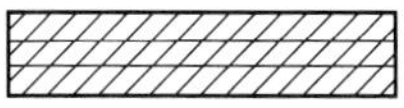	应注明为×层胶合板
16	石膏板	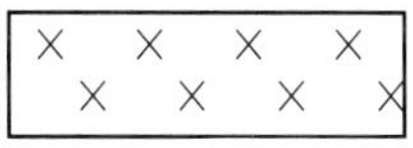	包括圆孔、方孔石膏板、防水石膏板等
17	金属	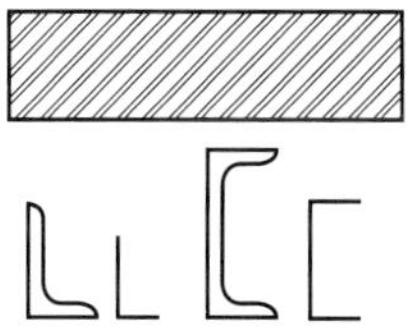	（1）包括各种金属； （2）图形小时，可涂黑
18	玻璃		包括平板玻璃、磨砂玻璃、夹丝玻璃、钢化玻璃、中空玻璃、加层玻璃、镀膜玻璃等
19	防水材料		构造层次多或比例大时，采用上面图例

五、尺寸标注

在建筑工程图中，图样仅表示物体的形状，而物体的真实大小则由图样上所标注的实际尺寸来确定，作为施工的依据。

图样尺寸的组成如图 3-5 所示，图样上标注的尺寸由界线、尺寸线、尺寸起止符号和尺寸数字组成。图样上的尺寸单位，除标高及总平面图以米（m）为单位外，均必须以毫米尺寸（mm）为单位。因此，图样上的尺寸数字无须注写单位。

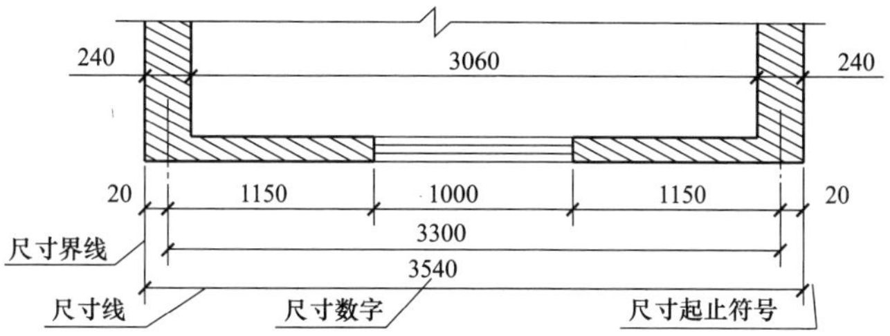

图 3-5　图样尺寸的组成

六、比例

由于房屋形体较大，图纸幅面有限，施工图一般都采用缩小比例绘制。建筑施工图常用的比例见表 3-2。

表 3-2　　建筑施工图常用的比例

图　　名	比　　例
总平面图	1:500，1:1000，1:2000
建筑物或构筑物的平面图、立面图、剖面图	1:50，1:100，1:150，1:200，1:300
建筑物或构筑物的局部放大图	1:10，1:20，1:25，1:30，1:50
配件及构造详图	1:1，1:2，1:5，1:10，1:20，1:50

七、施工图特点

（1）施工图纸主要是用正投影法绘制的。房屋形体较大，图纸幅面有限，所以施工图一般都用缩小的比例绘制。平、立、剖面图可以分别单独画出。

（2）施工图纸多采用统一规定的图例或代号来表示。在用缩小比例绘制的施工图纸中，对于一些细部构造、配件及卫生设备等就不能如实画出，为此，多采用统一规定的图例或代号来表示。

（3）施工图用规定线型和线宽表明内容的主次。施工图中的不同内容，是采用不同规格的图线绘制，选取规定的线型和线宽，用以表明内容的主次和增加图面效果。

八、施工图组成

施工图主要表明建筑物的总体布局、外部造型、内部布置、细部构造、内外装饰等情况。一套完整的施工图包括首页图（设计说明），建筑总平面图、平面图、立面图、剖面图和构造详图等。

（一）首页图

首页图是施工图的第一页，内容包括图纸目录、设计总说明、建筑装修及工程做法等。

（1）图纸目录：分别按建施、结施、水施、电施顺序编号排列，一般先列新绘的图纸目录，后列所选用的标准图纸或重复利用的图纸。

（2）设计总说明：施工图的设计依据、设计标准（建筑标准、结构荷载等级、抗震要求、采暖通风要求、照明标准、防火等级等）、施工要求（技术与材料）等。

（3）建筑装修及工程做法：装修表、门窗表等。

（二）建筑施工图

主要表示房屋的建筑设计内容，包括纵横墙布置、门、窗、楼群梯和公共设施（如洗手间、开水房等，由总平面图、平面图、立面图、剖面图和构造详图等组成。

1. 总平面图

总平面图反映新建建筑物的平面形状、层数、位置、标高、朝向及其周围的总体情况，它是新建建筑物定位、施工放线、土方施工及作为施工总平面设计的重要依据。总平面图一般包括下列基本内容：

（1）建筑红线。建筑红线也称“建筑控制线”，指城市规划管理中，控制城市道路两侧沿街建筑物或构筑物（如外墙、台阶等）靠临街面的界线。任何临街建筑物或构筑物不得超过建筑红线。建筑红线由道路红线和建筑控制线组成。道路红线是城市道路（含居住区级道路）用地的规划控制线；建筑控制线是建筑物基底位置的控制线。基地与道路邻近一侧，一般以道路红线为建筑控制线，如果因城市规划需要，主管部门可在道路红线以外另定建筑控制线，一般称后退道路红线建造。任何建筑都不得超越给定的建筑红线。在总平面图中，用粗点划线表示建筑红线。

（2）新建筑物。在总平面图中，拟建房屋一般是按 1:500 的比例用粗实线框标识，原有建筑用细实线框表示，并在线框内用小黑点标识。

（3）建筑物定位。总平面图的主要任务是确定拟建建筑物位置，通常是利用原有建筑物、道路等来定位的，包括测量坐标、施工坐标等。

（4）相对标高。相对标高的基准面是根据工程需要自行选定而引出的，称为相对标高（大都取底层室内地面作为相对标高的基准面）。在总平面图中，室外地坪标高符号宜用涂黑的三角形表示，标注的尺寸单位为米（m）（绝对标高的零点是青岛附近黄海的海水平均高度）。

（5）指北针和风向频率玫瑰图。总平面图中用指北针（见图 3-6）来表示建筑物朝向，也可用风向频率玫瑰图（见图 3-7）表示建筑物朝向。

2. 建筑平面图

建筑平面图内容包括房屋平面形状、大小、标高，房间的布置，墙的厚度，材料，门窗的位置、形状，楼梯，公用间的布置等。

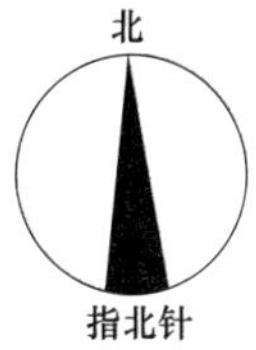

图 3-6　指北针

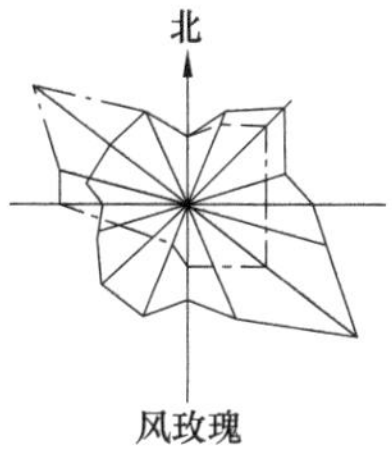

图 3-7　风向频率玫瑰图

每层有一平面图，布局相同的可共用一个标准层平面图，建筑平面图是建筑施工图中最基本的图样之一。

建筑平面图如图 3-8 所示，其中有三种粗细不同的图线，剖切的轮廓线用粗实线，不剖的部分用细实线，门的开启线用中实线。

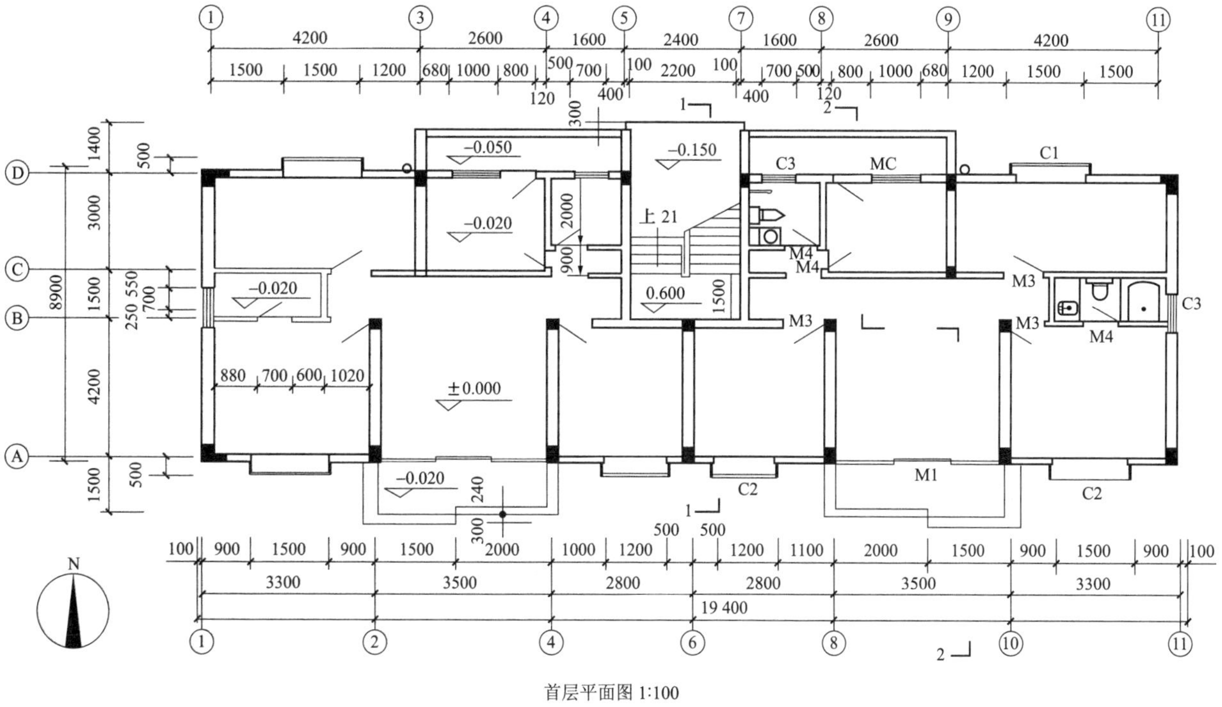

图 3-8　建筑平面图

3. 建筑立面图

建筑立面图是建筑物各个立面的正投影图。其名称可按立面的主次分为：反映主要出入口或较显著反映建筑物外貌特征的立面图称为正立面图；其余立面图相应的称为背立面图、左侧立面图和右侧立面图。也可按建筑物的立面朝向分为东立面图、南立面图、西立面图和北立面图，还可按立面图两端的轴线编号划分。

建筑立面图主要表明建筑物外立面的形状；门窗在外立面上的分布、外形、开启方向；屋顶、阳台、台阶、雨篷、窗台、勒脚、雨水管的外形和位置；外墙面装修做法；室内外地坪、窗台窗顶、阳台面、雨篷底、檐口等各部位的相对标高及详图索引符号等。

一般在立面图中，只标出图两端的轴线及编号，其编号应与平面图一致。如图 3-9 所示的建筑立面图中，只标出轴线⑪和①。

图 3-9　建筑立面图

为增加图面层次，画图时常采用不同的线型：立面图的外形轮廓用粗实线表示；室外地坪线用 1.4 倍的加粗实线表示；门窗洞口、檐口、阳台、雨篷、台阶等用中实线表示；其余的如墙面分隔线、门窗格子、雨水管以及引出线等均用细实线表示。

4. 建筑剖面图

建筑剖面图如图 3-10 所示，主要反映房屋内部垂直方向的高度、分层情况、楼地面和屋顶的构造以及各构配件在垂直方向的相互关系等。它与平面图、立面图相配合，是建筑施工图的重要图样，是施工中的主要依据之一。

剖切位置常取楼梯间、门窗洞口及构造比较复杂的典型部位，以表示房屋内部垂直方向上的内外墙、各楼层、楼梯间的梯段板和休息平台、屋面等的构造和相互位置关系等。至于剖面图的数量，则根据房屋的复杂程度和施工的实际需要而定。

在剖面图中，应注出被剖切到的各承重墙的定位轴线及与平面图一致的轴线编号和尺寸。剖面图所选比例，也应尽量与平面图一致。剖面图的名称必须与平面图上所标的剖切位置和剖视方向一致。

5. 建筑详图

由于建筑平、立、剖面图通常采用较小的比例绘制，这样房屋的许多细部构造做法就无法在平立、剖面图中表达清楚。为了满足施工需要，房屋的局部构造应当用较大的比例详细地画出（如门窗、楼梯、墙身等）或构造节点（如檐口、窗台、窗顶、勒脚、散水等）用较大比例画出，并详细标注其尺寸、材料及做法。这样的图样称为建筑详图，简称详图。

墙身剖面详图。墙身剖面详图实际是剖面图的局部放大图，主要为详细标注以下部位尺寸、材料及做法：①屋顶、女儿墙的构造；②楼面、窗台窗顶的构造；③地面、勒脚、散水的构造；④屋顶、楼面、地面、散水等与外墙的衔接关系。

某单层建筑屋墙身剖面详图见图 3-11。

6. 楼梯详图

在一般住宅楼的设计中，多采用现浇或预制的钢筋混凝土楼梯。楼梯由楼梯段、休息平台（包括平台板和梁）和栏杆（栏板）等组成。楼梯详图一般由楼梯平面图、剖面图及踏步、栏板详图和节点详图组成。见图 3-12。

7. 门窗详图

门窗是房屋的重要组成部分，其详图一般都预先绘制成标准图，以供设计人员选用。如果选用了标准图，在施工图中就要用索引符号并加注所选用的标准图集的编号表示，此时，不必另画详图。如果门窗没按标准图选用，就一定要画出详图。门窗详图一般用立面图、节点详图、断面图及五金表和文字说明来表示。在施工图中，门用代号“M”表示，窗用代号“C”表示；如“M3”表示编号为 3 的门；FM1 表示 1 号防火门。而“C2”则表示编号为 2 的窗。门窗的高度尺寸在立面图、剖面图或门窗表中查找。门窗的制作安装需查找相应的详图。

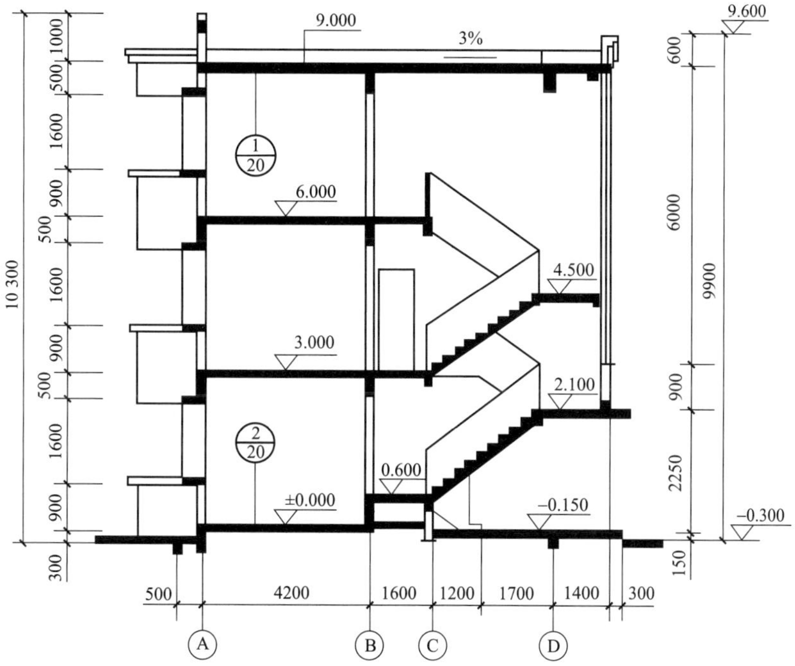

1—1 剖面图1:100

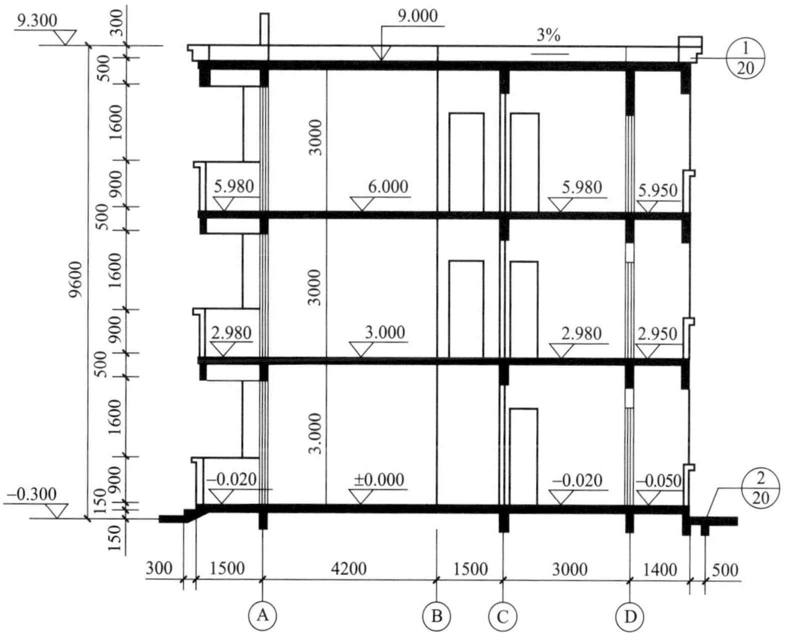

2—2剖面图1:100

图 3-10　建筑剖面图

注：除 C 轴线墙及卫生间墙厚为 120 外，其余均为 180。

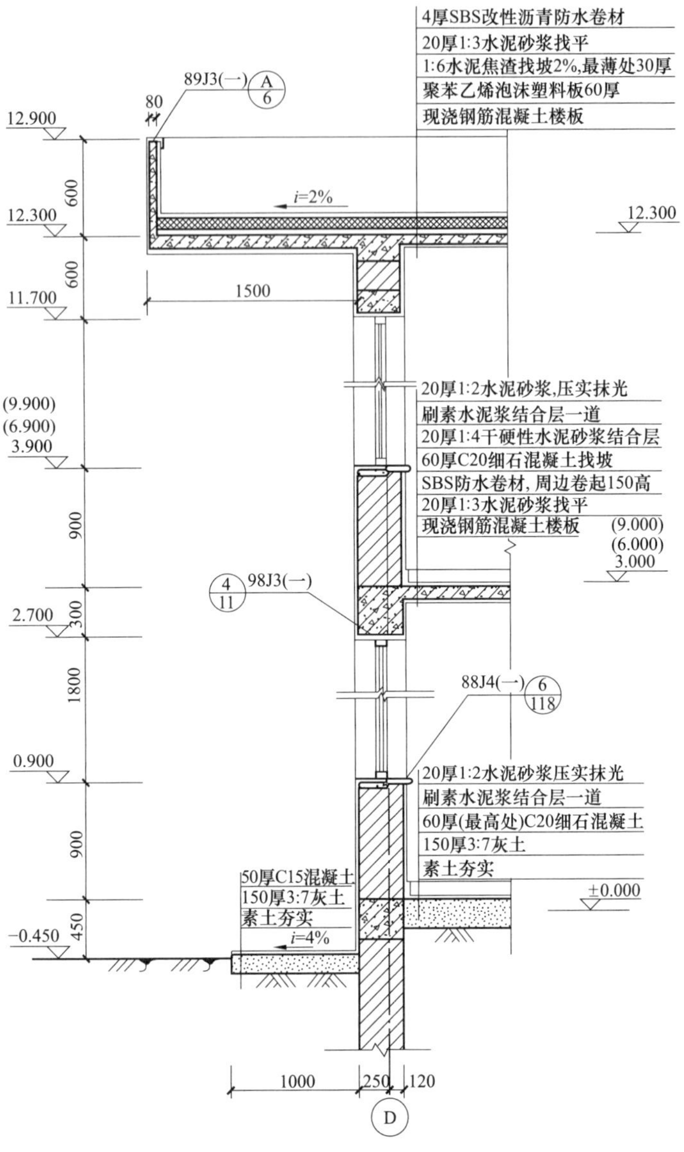

图 3-11 墙身剖面详图

（三）结构施工图

结构施工图是根据房屋建筑中的承重构件进行结构设计后绘制成的图样。结构设计时根据建筑要求选择结构类型，并进行合理布置，再通过力学计算确定构件的断面形状、大小、材料及构造等，并将设计结果绘成图样，以指导施工，这种图样有时简称为“结施”。结构施工图与建筑施工图一样，是施工的依据，主要用于放灰线、挖基槽、基础施工、支承模板、配钢筋、浇灌混凝土等施工过程，也是计算工程量、编制施工图预算的依据。

结构施工图主要表示房屋结构系统的结构类型、结构布置、构件种类及数量、构件的内部构造和外部形状尺寸，以及构件间的连接构造等，主要内容如下。

1. 结构设计说明

结构设计说明的内容主要是设计依据、抗震等级、人防等级、地基情况及承载力、防潮抗渗做法、活荷载值、所用材料强度等级、施工中的注意事项、选用详图、通用详图或节点，以及在施工图中未画出而需通过说明来表达的信息等。

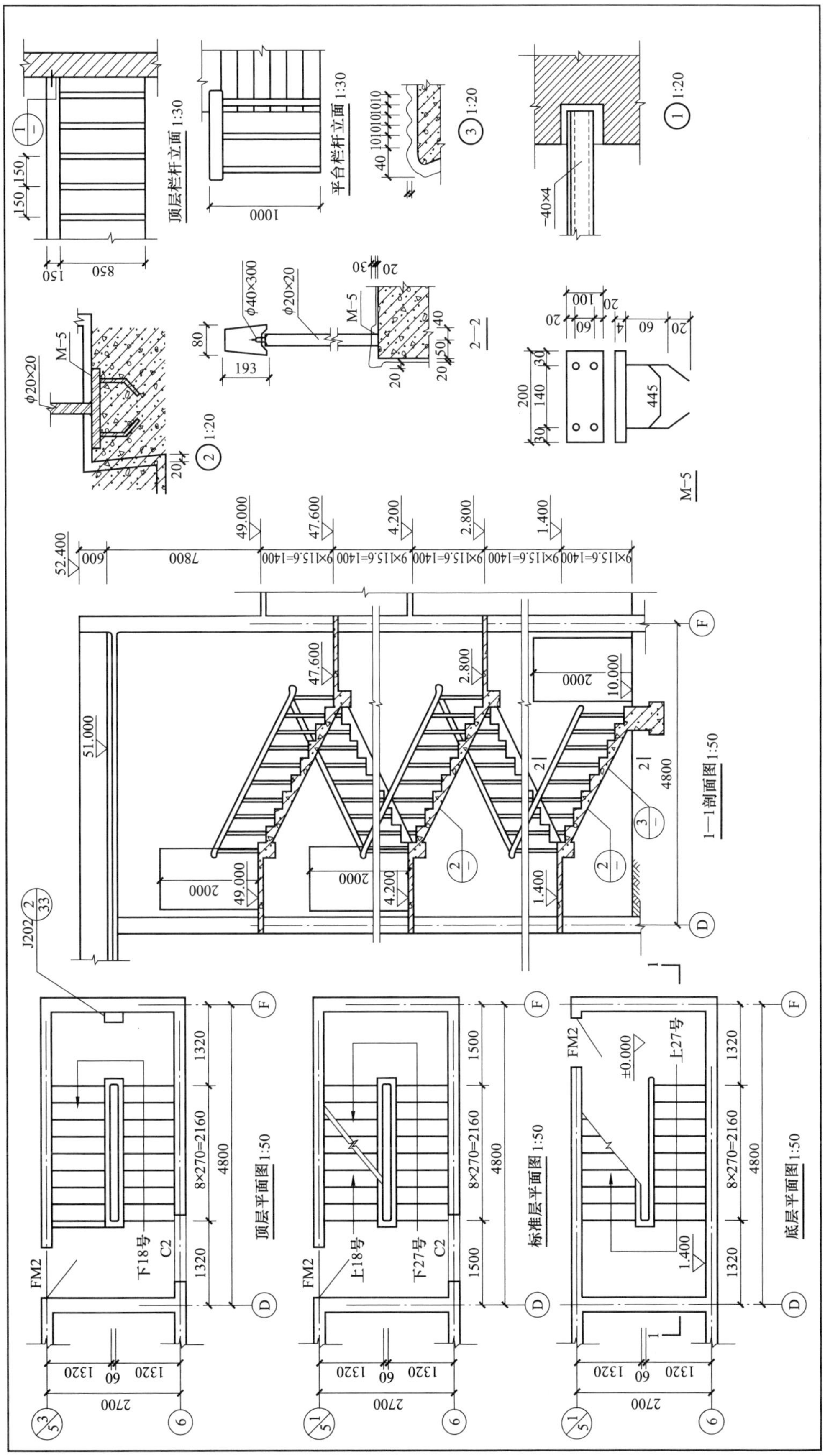

顶层栏杆立面 1:30
平台栏杆立面 1:30
2—2
M-5
1—1剖面图 1:50
顶层平面图 1:50
标准层平面图 1:50
底层平面图 1:50

图 3-12　楼梯详图

2. 各层的结构布置图

结构布置图包括基础平面图、楼层结构布置平面图、屋面结构布置平面图，是表示房屋中各承重构件总体平面布置的图样。

3. 构件详图

构件详图包括梁、柱、板及基础结构详图，楼梯结构详图，屋架结构详图和其他详图等。

在结构施工图中，为了图样表达简明扼要，常以代号或符号去表示各类构件，目前 GB/T 50105—2010《建筑结构制图标准》给出的常用构件代号，均以构件名称的汉语拼音的第一个字母来表示的，见表 3-3。

表 3-3　常用构件代号

名称	代号	名称	代号	名称	代号
板	B	梁	L	基础	J
屋面板	WB	屋面梁	WL	设备基础	SJ
空心板	KB	吊车梁	DL	桩	ZB
槽型板	CB	圈梁	QL	柱间支撑	ZC
折板	ZB	过梁	GL	垂直支撑	CC
密肋板	MB	连系梁	LL	水平支撑	SC
楼梯板	TB	基础梁	JL	雨篷	YP
盖板或者沟盖板	GB	楼梯梁	TL	阳台	YT
挡雨板	YB	檩条	LT	预埋件	M
吊车安全走道板	DB	屋架	WJ	钢筋网	W
墙板	QB	托架	TJ	钢筋骨架	G
天沟板	TGB	天窗架	CJ	梁垫	LD

（四）基础结构施工图

基础位于底层地面以下，是住宅楼的重要组成部分，它主要由基础墙（埋入地下的墙）和下部做成阶梯形的砌体（称为大放脚）组成。基础承受着上部楼房的全部荷载，并将荷载传递到下面的地基。

基础结构施工图是表示基础平面布置和详细构造的图样，一般包括基础平面图和基础详图，是施工放线、开挖基坑和砌筑基础的依据。

1. 条形基础图

假想用一水平面沿房屋的地面与基础之间将房屋剖开，移去上面的房屋及泥土，所做出的水平剖面图，称为基础平面图。

在基础平面图上，被剖切到的基础墙轮廓要画成粗实线，基础底部的轮廓画成细实线。图中的材料图例，与建筑平面图画法一致。应注出与建筑平面相一致的轴间尺寸。此外，还应注出基础的宽度尺寸和定位尺寸。

基础平面图只表明基础的平面布置情况，为了满足施工需要，还必须画出基础的结构详图，条形基础详图一般采用垂直断面图表示，见图 3-13。

2. 基础平面图

采用框架结构的房屋及工业厂房基础结构形式常用独立柱基础，通常独立柱基础底部浇筑素混凝土垫层，柱的钢筋配置在柱的详图中注明，此处不必重复。

基础平面图是用一个假想的水平剖切平面沿房屋底层室内地面附近将整幢房屋剖开，移去剖切平面以上的房屋和基础四周的土层，向下作正投影所得到的水平剖面图。

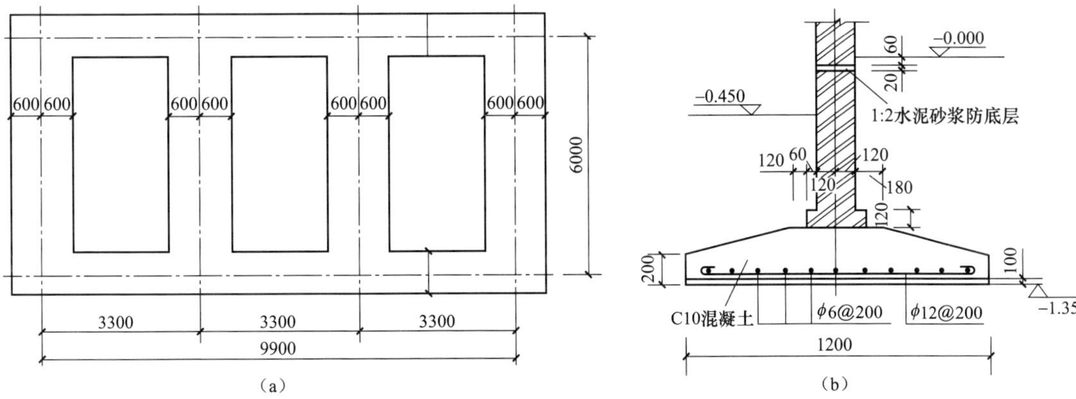

图 3-13　条形基础详图

（a）基础平面；（b）基础配筋断面

在基础平面图中，只画出剖切到的基础墙、柱轮廓线（用中实线表示）和投影可见的基础底部的轮廓线（用细实线表示），以及基础梁等构件（用粗点画线表示），而对其他的细部如砖砌大放脚的轮廓线均省略不画。基础平面图中采用的比例、图例以及定位轴线编号和轴线尺寸应与建筑平面图一致。

（1）基础平面图的图示内容。

1）基础定位轴线及编号，应与建筑平面图一致；并标注轴线和房屋总长、总宽尺寸。

2）基础平面布置，基础墙厚度及与轴线的位置关系，基础底面的形状、大小及其与轴线的位置关系。

3）基础墙上留洞的位置及洞的尺寸和洞底标高，以及基础梁位置及基础梁代号和编号。

4）基础详图的剖切位置及编号。在不同的位置，基础的形状、尺寸、埋置深度及与轴线的相对位置有可能不同，需要分别画出它们的断面图（基础详图）。在基础平面图中要相应地画出剖切符号，并注明断面图的编号。

（2）基础平面图识读。

某建筑物独立基础平面布置图如图 3-14 所示，比例为 1:100。图中粗实线绘制的矩形框表示的是独立基础断面，粗实线绘制的线条代表的是基础梁，细实线表示的是基础梁开挖部分轮廓线。以①轴线上 J-1 为例，图中标注出基础 1 的断面尺寸为 1800mm×1800mm，在 C 轴线上居中放置，在①轴线上左为 950mm，右为 850mm。在 J-1 上被涂黑的小方块代表的是柱子截面。

此建筑物独立基础的结构较为复杂，共有 20 个不同的类型由 J-1 编到 J-20，相应也意味着有 20 个基础详图与之配套；基础梁也有所区别，分别需要用 1-1 剖面图、2-2 剖面图表示。基础平面图要与结构设计总说明，基础详图等配套识读。

3. 基础详图

基础详图的形成假想用剖切平面垂直剖切基础，用较大比例画出的断面图。它用于表示基础的断面形状、尺寸、材料、构造及基础埋置深度等内容。

（1）基础详图的图示内容。

1）基础详图的定位轴线编号，根据基础平面图中的剖切位置或基础代号确定。

2）基础墙的厚度，基础底面宽度及与轴线的关系。

3）室内外、基础底面的标高，基础的埋置深度。

4）基础梁的断面尺寸和配筋，防潮层的位置、大放脚等的做法。

（2）基础详图识读。

图 3-15 是 J-1 独立基础详图，a-a 是 J-1 的一个剖面，目的是为了更清楚地了解 J-1 内部构造。

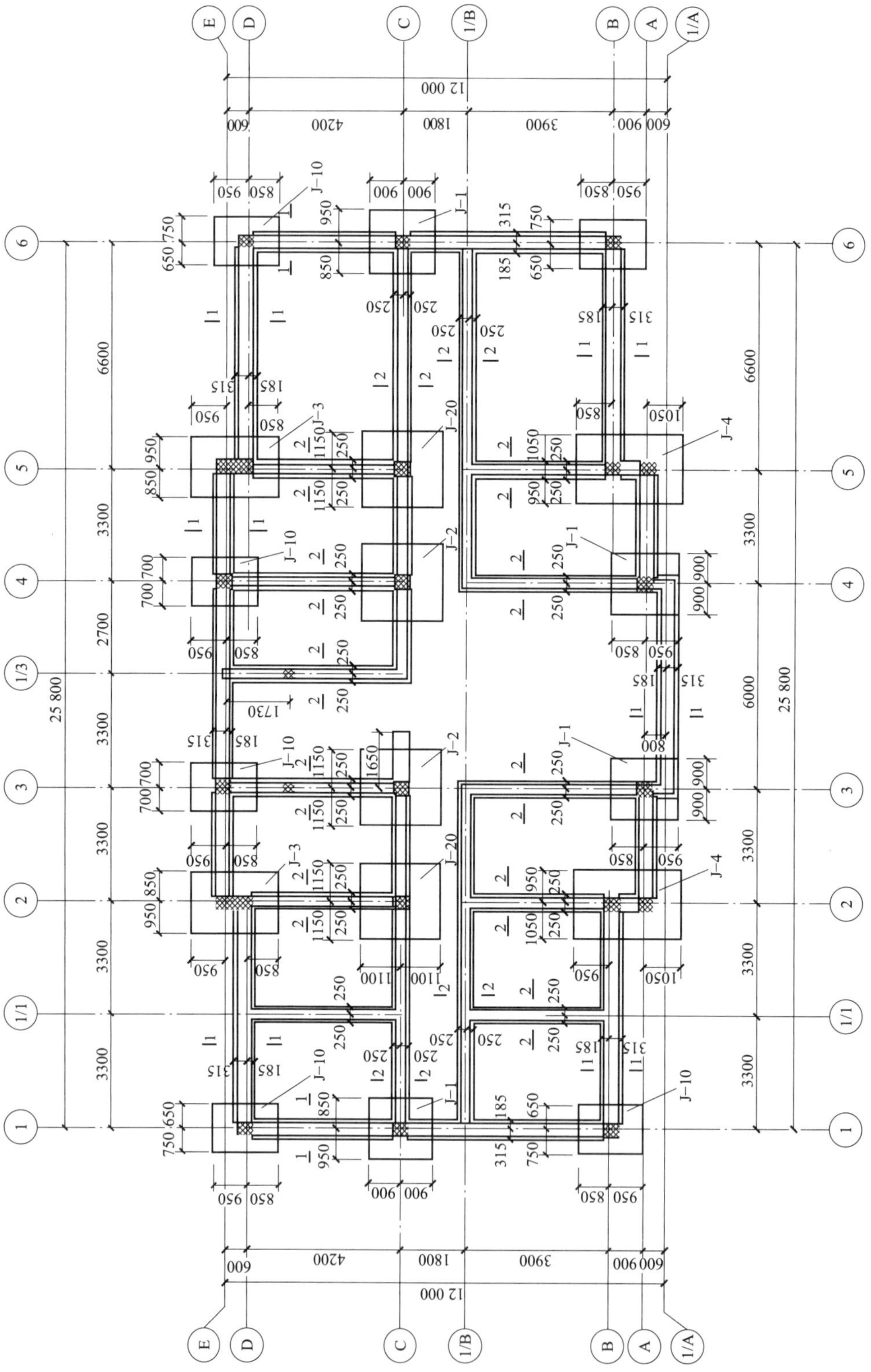

图 3-14　某建筑物独立基础平面布置图

从图中可以看出（以非括号数字为例），基础垫层宽度为2000mm，厚度为100mm，一般采用素混凝土垫层。垫层之上是独立基础部分，J-1 第一个台阶部分平面尺寸为1800mm×1800mm，高度为400mm，底部放置着直径为12mm的一级钢筋以纵横向150mm为间距组成的钢筋网，这是独立基础的受力钢筋；第二个台阶部分平面尺寸1100mm×1100mm，高度为400mm，顶面标高为−0.700。

在图3-15（a）中，2ф8表示在独立基础中有两根直径为8mm的箍筋，目的是为了固定柱子插筋。柱插筋是12根直径为22的钢筋，伸出基础顶面的高度为750mm，这是为柱子钢筋的焊接或搭接预留的。插筋带有弯钩，角度通常是180°，长度为100mm，目的是保证柱插筋在基础中更好的锚固。

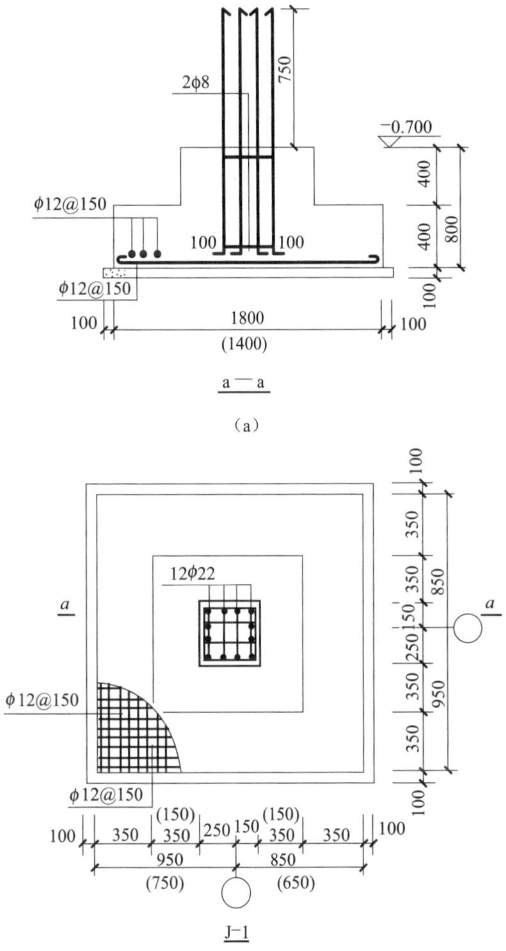

(a)

(b)

图3-15　独立基础详图及剖面

（a）J-1的一个剖面；（b）J-1基础详图

4. 阅读基础结构施工图注意事项

（1）基础平面图与建筑底层平面图关系密切，轴线网是否一致，承重墙下是否都有基础，墙厚有无矛盾等，应互相对照阅读。

（2）基础详图与基础平面图以及建筑外墙详图，应互相对照联系，如轴线编号、轴线与墙的相对位置以及勒脚、防潮层做法是否一致等。

（3）在基础图中，预留孔洞的位置、标高、尺寸等，应与设备施工图相互对照。

（五）结构平面施工图

结构平面施工图楼层结构平面布置图是用一假想的水平剖切平面在所要表明的结构层没有抹灰时的上表面处水平剖开，向下作正投影而得到的水平投影图；主要用来表示建筑物室外地面以上各层平面梁、板。柱、墙等承重构件的平面位置，说明各构件在房屋中的位置以及它们的构造关系，一般包括楼层结构平面图和屋顶结构平面图。

（1）楼层结构平面图的图示内容。

1）墙体的定位轴线及墙体的厚度。

2）现浇楼板的配筋及与梁、墙体的关系。现浇楼板的配筋在结构平面图中表示方法有两种，一种是直接在现浇板的位置处绘出配筋图，并进行钢筋标注；另一种是在现浇板范围内画一对角线，并注写板的编号，该板配筋另有详图。

3）预制楼板的规格、数量和铺设方向及与梁、墙体的关系。

4）各种梁的布置位置、梁底标高以及各种柱的位置，其配筋图另有构件详图表示。

5）楼梯间的布置。楼层结构平面图中的楼梯间通常用细实线画出两条相交对角线表示，并注明楼梯间及编号

屋顶结构平面图与楼层结构平面图基本相同。由于屋面排水的需要，楼板可根据需要按一定的坡度布置，并设置挑檐板，因此在屋顶结构平面图中要表明挑檐板的位置。另外，平屋顶的楼梯间要满铺屋面板，还要注意屋顶上人孔、烟道等处有预留孔洞。

（2）楼层结构平面图的识读。

图 3-16 是某建筑物二层现浇楼板结构平面图，图中点划线组成的网状线条称为轴线，端部带圈的数字或者字母为轴线编号，虚线为不可见的构件轮廓线。

从图 3-16 中可以看出，此房屋是一幢带有异型柱 Z1（在轴①和轴②的角点处）和扁柱的框架结构。以轴⑥为中线左右对称分为二个。图中涂黑部分是钢筋混凝土柱，根据它的尺寸及配筋情况，分别编号为 Z1（200×400）、Z2（200×500）及 Z3（200×600）；沿轴线在柱与柱之间是框架 KL（图中多用虚线画出）。每一单元的楼板被梁分割为 12 块，分别编号为 B1 至 B12。比例是 1:100。二层楼板结构平面图的结构层标高为 5.970m。柱、梁、板的配筋情况需查看对应的钢筋混凝土结构详图。

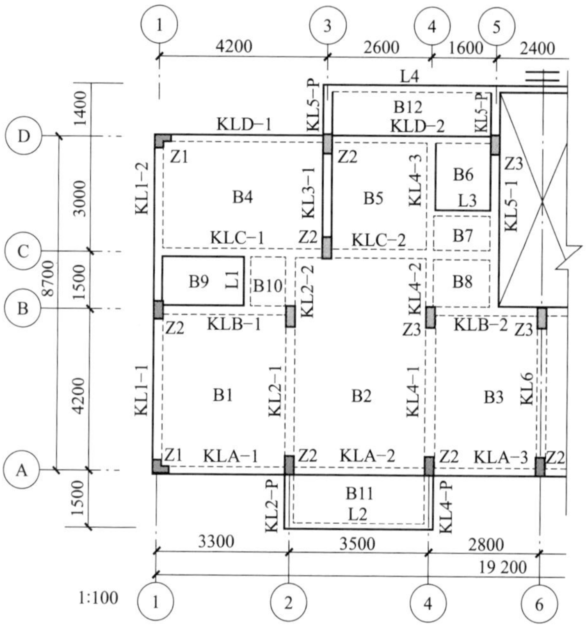

图 3-16　二层现浇楼板结构平面图

（六）钢筋混凝土结构图

钢筋混凝土结构图要突出表示钢筋的配置情况，在构件的立面图和断面图上，轮廓用细实线画出钢筋用粗实线及黑圆点表示，图内不画材料图例。钢筋尺寸标注方法如下。

（1）标注钢筋级别、根数和直径。如 2Φ10，分别表示钢筋根数（2 根）、HPB300 钢筋、钢筋直径（10mm）。

（2）标注钢筋级别、直径和相邻钢筋中心距离。如Φ8@200，表示 HPB300 钢筋、钢筋直径（8mm）、相等中心距离符号、相邻钢筋中心距（≤200mm）。

钢筋混凝土结构图只是表明房屋各楼层的承重构件布置，而各构件的真实形状、内部结构构造等并没有表示清楚，为此，还应画出它们的结构详图。

钢筋混凝梁的结构详图一般用立面图、断面图和钢筋详图表示。

钢筋混凝土板的结构详图一般采用剖面图来表示，见图 3-17。

（七）钢筋混凝土结构详图

钢筋混凝土构件详图一般包括：①模板图也称外形图，用于制作模板。它主要表明钢筋混凝土构件的外形，预埋铁件、预留钢筋、预留孔洞的位置，各部位尺寸和标高，构件与定位轴线的位置关系等。对形状简单的构件，可不必单独绘制模板图。②配筋图包括立面图、断面图和钢筋详图，主要用来表示构件内部的钢筋配置、形状、规格、数量等，是构件详图的主要图样。③钢筋表。为便于编制预算，统计钢筋用料，对配筋较复杂的钢筋混凝土构件应列出钢筋表，以计算钢筋用量，钢筋表见表 3-4。

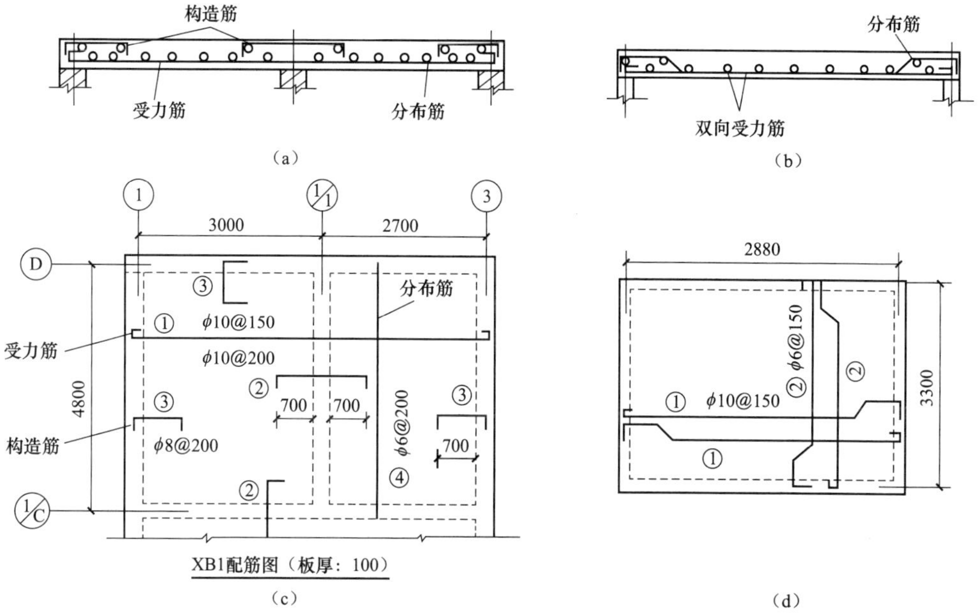

图 3-17 钢筋混凝土板结构详图

（a）分离式配筋（剖面画法）；（b）弯起式配筋（剖面画法）；（c）分离式配筋（平面画法）；（d）弯起式配筋（平面画法）

表 3-4 钢 筋 表

构件名称	构件数	钢筋编号	钢筋规格	简图	长度（mm）	每件根数	总根数	总长（m）	重量（kg）
L201	4	①	Φ20		6360	2	8	50.88	
		②	Φ20		6896	2	8	55.16	
		③	Φ20		6896	1	4	55.16	
		④	Φ12		6340	2	8	50.72	
		⑤	Φ8		1766	25	100	176.6	

钢筋混凝土构件详图的主要内容包括：①构件代号（图名）、比例；②构件定位轴线及其编号；③构件外形尺寸、钢筋尺寸和构造尺寸以及构件底面的结构标高，当构件的外形比较简单、又无预埋件时，可只画配筋图来表示构件的形状和钢筋配置；④梁、柱的结构详图由立面图和断面图组成，板的结构详图一般只画它的断面图或剖面图，也可把板的配置直接画在结构平面图中；⑤各结构构件之间的连接详图；⑥施工说明等。

1. 钢筋概述

（1）钢筋分类如图 3-18 所示。

1）受力筋：也称主筋。承受拉、压应力的钢筋。分直筋和弯起钢筋，用于梁、板、柱等各种钢筋混凝土构件。

2）箍筋：承受一部分斜拉应力，并固定受力筋的位置。多用于梁和柱内。

3）架立筋：用以固定梁内箍筋的位置，构成梁内的钢筋骨架（骨架作用）。

4）分布筋：用于屋面板、楼板内，与板的受力筋垂直布置，将承受的重量均匀地传给受力筋，并固定受力筋的位置；以及抵抗热胀冷缩所引起的温度变形，防止混凝土开裂。

5）其他：腰筋、吊筋、构造筋（因构造要求或施工安装需要而配置的构造筋）。

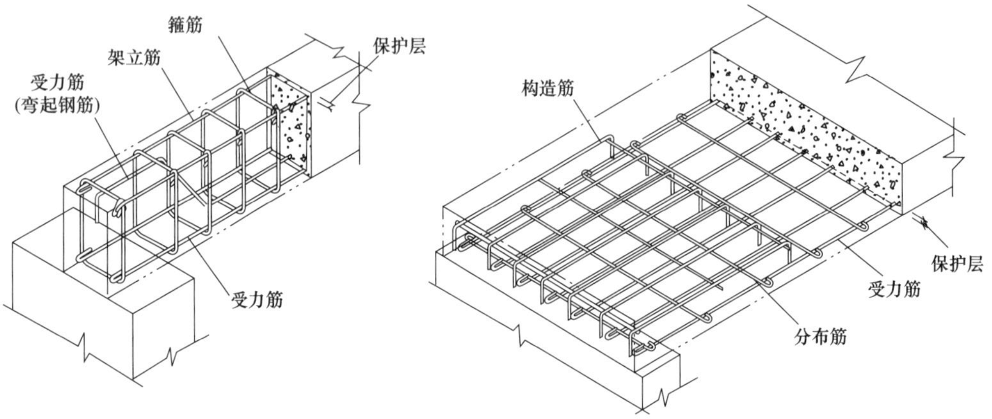

图 3-18　钢筋分类

（2）钢筋的保护层。钢筋混凝土构件中的钢筋不能外露，以防止钢筋锈蚀、断面减小，降低其承载能力。为了加强钢筋与混凝土的黏结力，在最外层钢筋的外边缘与构件表面之间应留有一定厚度的混凝土，作为钢筋的保护层。

2010 年《混凝土结构设计规范》8.2.1 条规定：纵向受力的普通钢筋及预应力钢筋，其混凝土保护层厚度（钢筋外边缘至混凝土表面的距离）不应小于钢筋的公称直径 d，且应符合下表的规定。一般设计中是采用最小值的。混凝土保护层最小厚度见表 3-5。

表 3-5　　**混凝土保护层最小厚度**　　mm

环境类别	板、墙、壳	梁、柱、杆
一	15	20
二 a	20	25
二 b	25	35
三 a	30	40
三 b	40	50

注　1. 混凝土强度等级不大于 C25 时，表中保护层厚度数值应增加 5mm。

2. 钢筋混凝土基础宜设置混凝土垫层，基础中钢筋的混凝土保护层厚度应从垫层顶面算起，且不应小于 40mm。

（3）钢筋弯钩。如果受力钢筋是光圆钢筋，为加强钢筋在混凝土构件中的锚固能力，避免钢筋在受力时滑动，则钢筋端部常做成弯钩。常见的弯钩有 180°、90°、45°，见图 3-19。

2. 钢筋混凝土构件详图识图

在钢筋混凝土构件详图中，为了突出钢筋，假设混凝土是透明的，构件轮廓线用细实线，钢筋用粗实线表示。断面图中垂直于截面的钢筋用黑圆点表示，箍筋用中实线表示，并对钢筋加以标注。轮廓范围内不画混凝土材料图例。在钢筋混凝土构件详图中，钢筋的表示方法见表 3-6。

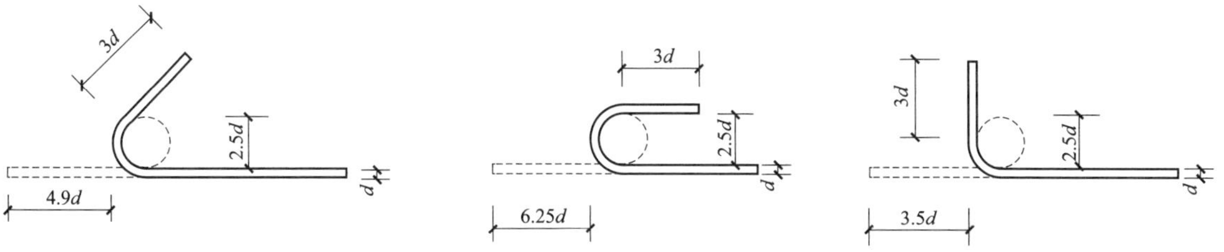

（a）　　（b）　　（c）

图 3-19　钢筋弯钩

（a）135°斜弯钩；（b）180°半圆弯钩；（c）90°直弯钩

表 3-6　　**钢 筋 的 表 示 方 法**

	序号	名　称	图　例	说　明
一般钢筋	1	钢筋断面图	•	
	2	无弯钩的钢筋端部	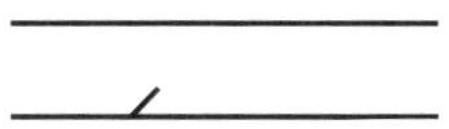	下图表示长短钢筋投影重叠时可在短钢筋的端部用 45°短画线表示
	3	带半圆形弯钩的钢筋的端部		
	4	带直钩的钢筋端部		
	5	带丝扣的钢筋端部		
	6	弯钩的钢筋搭接		
	7	带半圆弯钩的钢筋搭接		
	8	带直钩的钢筋搭接		

（1）钢筋混凝土梁的构件详图。比较细长的构件（如梁、柱）的构件详图，常用配筋立面图并配合若干配筋断面图表达。

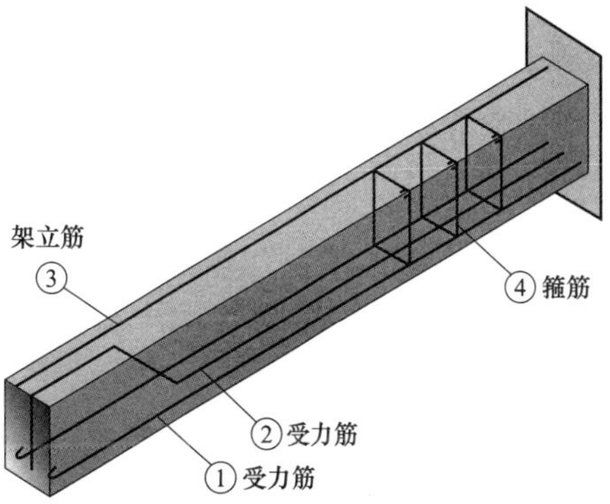

图 3-20　钢筋混凝土简支梁的配筋立体图

图 3-20 是钢筋混凝土简支梁的配筋立体图。图 3-21 是与之对应的钢筋混凝土简支梁的配筋详图，图 3-21 中 XL（150×250）是该梁的配筋立面图，比例 1:20；梁的轮廓线采用细实线绘制，用粗实线画出各号钢筋的纵向位置、弯起筋的弯起部位、箍筋的排列及其间距。全部钢筋均予以编号，共有四种钢筋：①、②、③、④号钢筋：①号钢筋在梁的下部，是全长布置的直筋，在两端带有向上弯的半圆形弯钩；②号钢筋是弯起筋，其形状见钢筋详图（成型图）；③号钢筋在梁上部沿全长设置，为不带弯钩的直筋；④号钢筋是箍筋，沿全长排列。

立面图下部画钢筋详图，从构件的最上部的钢筋开始依次排列，并与立面图中的同号钢筋对齐。同一号钢筋只画一根，同时注明钢筋的编号、根数、品种、直径及下料长度。

图 3-21 中 1-1、2-2 断面图是该梁的两个配筋断面图。一般断面图所用的比例比立面图大。断面轮廓用细实线绘制，断面内不再画混凝土的材料图例。1-1 断面图表明，①号钢筋在梁下部的两角各有一根；②号钢筋在梁的中间；③号钢筋分布在梁上部的两角处；④号钢筋是矩形箍筋，两端带有 135°的弯钩。2-2 断面与 1-1 断面相比，除②号钢筋已弯至上部外，其他无变化。

为了便于统计用料，在传统的钢筋图上还常画出钢筋表，见图 3-21。

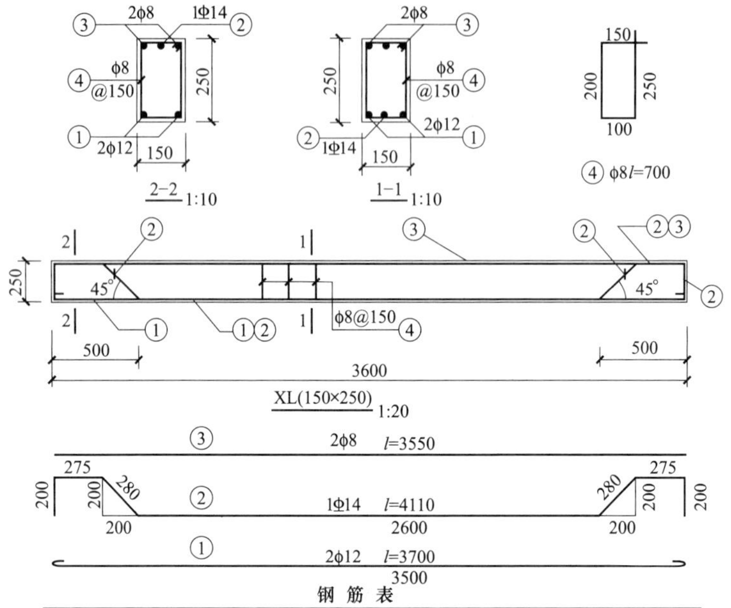

钢 筋 表

编号	规格	简图	单根长度(mm)	根数	总长(m)	质量(kg)
①	ϕ12		3700	2	7.40	7.53
②	Φ14		4110	1	4.11	4.96
③	ϕ8		3550	2	7.10	2.81
④	ϕ8		700	24	16.80	6.67

图 3-21 钢筋混凝土简支梁的配筋详图

（2）钢筋混凝土现浇板的结构详图对于钢筋混凝土板，通常只用一个平面图表示其配筋情况，钢筋混凝土现浇板的结构详图，如图 3-22 所示，①、②号钢筋是位于底层的两端带有向上弯起的半圆弯钩的受力钢筋，直径 8mm，间距均为 150mm；③号钢筋是两端带有向下直角弯钩的构造钢筋，在板的上层，直径为 6mm，间距 200mm，伸入支座的部分用尺寸注出；④号钢筋是中间支座的负弯矩钢筋，在板的上层，直径 8mm，间距 150mm，跨过支座的长度用尺寸标注（在平面图上，钢筋弯钩向上弯或左弯表示位于底层，向下弯或右弯表示位于顶层）。

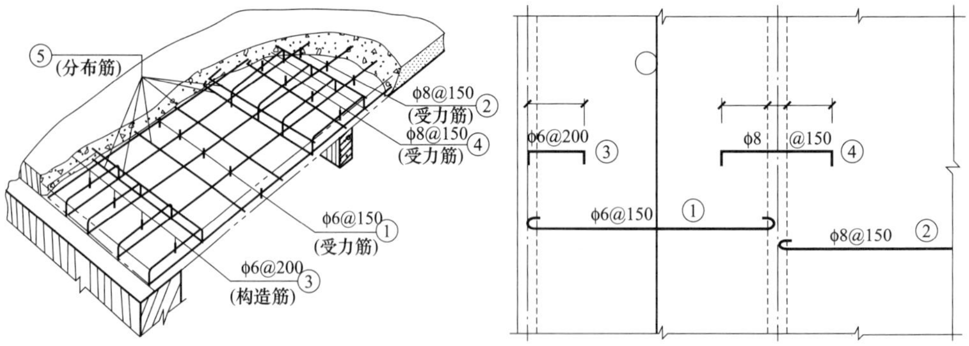

图 3-22 钢筋混凝土板结构详图

（3）钢筋混凝土现浇柱的结构详图如图 3-23 所示，由配筋立面图、断面图组成。

从图中可以看出，钢筋混凝土现浇柱下端伸入基础、上端锚入 L3，断面尺寸 350×350，配 4 根ϕ22 直立受力筋，箍筋是ϕ8@200，但在下端设有箍筋加密区，间距 100，高度 1100。

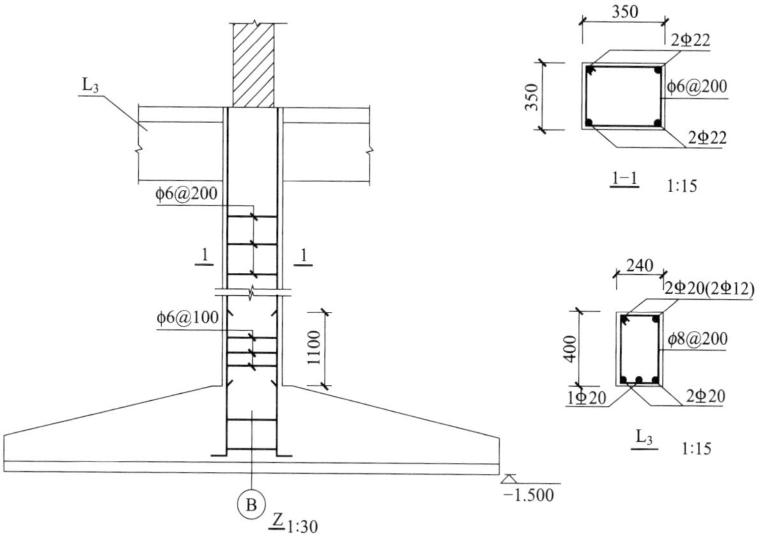

图 3-23　钢筋混凝土现浇柱结构详图

（八）结构施工图平面整体表示方法简介

结构施工图平面整体表示方法（简称“平法”），是把结构构件的尺寸和配筋，按照平面整体表示方法的制图规则，整体直接表达在各类构件的结构平面布置图上的一种制图方法。由于较传统制图方法，图面简洁、清楚、直观性强，图纸数量又少，现已广泛运用于现浇混凝土结构的设计之中。下面针对框架结构，简单介绍柱、梁的平法施工图表示方法。

1. 柱的平法施工图

柱的平法施工图（简称“柱平法”），是在柱平面图上采用列表注写方式或截面注写方式表达，并按规定注明各结构层的楼面标高、结构层高及相应层号。

（1）柱的列表注写方式如图 3-24 所示，是在柱平面布置图上，先对柱进行编号，然后分别在同一编号的柱中各选择一个（当柱截面与轴线关系不同时，需选几个）截面标注几何参数代号，在柱表中注写柱号、柱段起至标高、几何尺寸与配筋具体数值，并配以各种柱截面形状及其箍筋类型图的方式，来表达柱平面整体配筋。一般情况下，一张图纸便可以将本工程所有柱的设计内容一次性表达清楚。由图 3-24 可看出，矩形框架柱 KZ1 起止标高是–4.53～15.87m；截面尺寸 b×h 以及与轴线关系的几何参数 b1，b2，h1，h2；角筋 4ϕ25.b 边中部钢筋 5ϕ25 和 h 边中部钢筋 5ϕ25（若各边钢筋完全相同，则注在“全部纵筋”栏中）；箍筋类型号 5×4 加密区箍筋为ϕ10@100、非加密区箍筋为ϕ10@200。

（2）柱的截面注写方式如图 3-25 所示，是在分标准层绘制的柱平面布置图上，对所有的柱子编号，分别在同一编号的柱中选择一个截面，并将此截面在原位放大，以直接注写截面尺寸、轴线定位和配筋具体数值。当纵筋采用一种直径的钢筋时，没有原位标注；当纵筋采用两种直径的钢筋时，利用原位标注中部钢筋，若钢筋是对称布置的，则另一边省略。由图 3-25 可看出，矩形框架柱 KZ1 截面尺寸 750×700、配筋 24ϕ25 箍筋类型 1（5×4）、加密区箍筋为ϕ10@100、非加密区箍筋为ϕ10@200。柱子结构层楼面标高用表反映。

2. 梁的平法施工图

梁的平法施工图（简称“梁平法”），是在梁平面布置图上采用平面注写方式或截面注写方式表达。它在梁平面布置图上分别按梁的不同结构层绘制，并同时注明各结构层的顶面标高、相应的结构层号以及与轴线间的关系。

钢筋混凝土梁的配筋及常用箍筋类型见图 3-26。

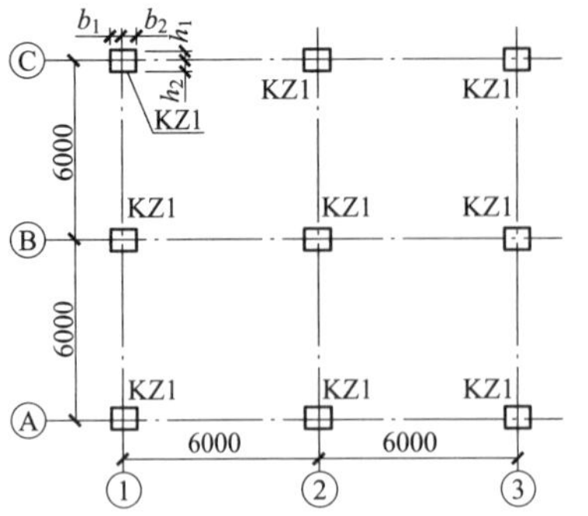

柱 编 号

柱类型	代号	序号
框架柱	KZ	××
框支柱	KZZ	××
芯柱	XZ	××
梁上柱	LZ	××
剪力墙上柱	QZ	××

箍筋类型1.(5×4)

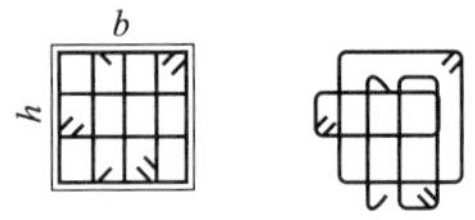

柱号	标高	$b\times h$	b_1	b_2	h_1	h_2	全部纵筋	角筋	b边一侧中部筋	h边一侧中部筋	箍筋类型号	箍筋
KZ1	–4.53~15.87	750×700	375	375	350	350		4ϕ25	5ϕ25	5ϕ25	1(5×4)	ϕ10@100/200

图 3-24 柱的列表注写方式

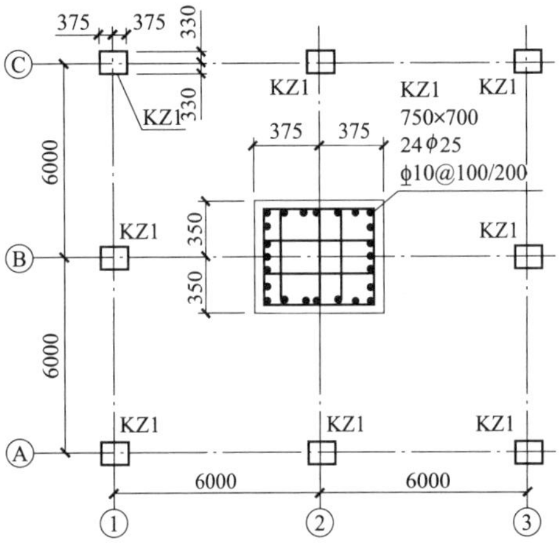

屋面	15.870	
4	12.270	3.6
3	8.670	3.6
2	4.470	4.2
1	–0.030	4.5
–1	–4.530	4.5
层号	标高(m)	层高

图 3-25 柱的截面注写方式

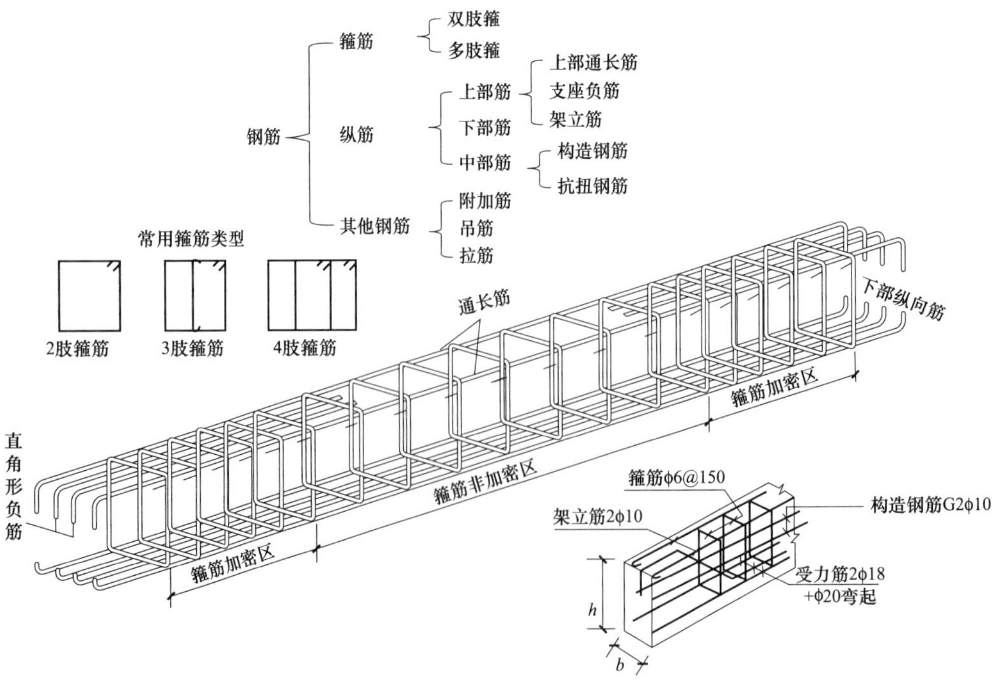

图 3-26 钢筋混凝土梁的配筋及常用箍筋类型

（1）梁的平面注写方式。梁的平面注写方式是在梁平面布置图上，分别在不同编号的梁中各选一根梁，在其上注写截面尺寸和配筋具体数值。梁的平面注写方式包括集中标注和原位标注，集中标注表达梁的通用数值，即梁多数跨都相同的数值；原位标注表达梁的特殊数值，即梁个别截面与其不同的数值。当集中标注中的某项数值不适用于梁的某部位时，则将该项数值原位标注，施工时，原位标注取值优先。

集中标注可从梁的任意一跨引出，内容包括五项必注值和一项选注值：梁编号、截面尺寸、梁箍筋、梁上部通长筋或架立筋配置、梁侧面纵向构造钢筋或受扭钢筋配置、梁顶面标高高差（此项是选注值，无高差不注）。

原位标注的内容包括：梁支座上部纵筋、梁下部纵筋、附加箍筋或吊筋。原位标注的梁支座上部纵筋应为包括集中标注的通长筋在内的所有钢筋；多于一排时，用斜线“/”将各排纵筋自上而下分开；同排纵筋有两种直径时，用加号“+”将两种直径的纵筋相连，且角部纵筋写在前面。当梁中间支座左右两侧配筋相同时，在任意边标注，当左右两侧钢筋不同时，在两边同时标注。梁下部纵筋与上部纵筋标注类似，多于一排时，用斜线“/”将各排纵筋自上而下分开。同排纵筋有两种不同直径时，用加号“+”将两种直径的纵筋相连，且角部纵筋写在前面。附加箍筋或吊筋直接画在主梁上，用引出线引出总配筋值。

图 3-27 是框架梁的平面注写方式，其中，集中标注的内容：“KL2（2A）300×650”表示第 2 号框架梁、2 跨、一端悬挑、截面尺寸是 300×650；“φ8@100/200（2）”表示梁的箍筋均为双肢箍，加密区箍筋为φ8@100、非加密区箍筋为φ8@200；“2φ25”表示梁上部通长筋 2φ25；“G4φ10”表示梁侧面纵向构造钢筋（G）4φ10；“(–0.100)”梁顶面标高高差 –0.10m。

此外，如果梁侧面纵向对称配置构造钢筋（G）或受扭钢筋（N）时，集中标注的是在梁两个侧面的总配筋值：例如：“G4φ10”，表示梁的两个侧面共配置 4φ10 的纵向构造钢筋，每侧各 2φ10；“N6φ22”，表示梁的两个侧面共配置 6φ22 的受扭纵向钢筋，每侧各配置 3φ22。

框架梁上部原位标注内容：“2φ25+2φ22”表示该支座同排钢筋有 4 根，除了上部通长角筋 2φ25 外，还有 2φ22 放在中部；“6φ254/2”表示该支座是两排钢筋，上一排的纵筋为 4φ25，下一排的纵筋为 2φ25（中间支座左右两侧配筋相同时，只在支座一边标注）；“4φ25”表示该支座是一排钢筋 4φ25（由于一侧是悬挑梁，左右两侧钢筋长度不同，需在支座两边同时标注）。

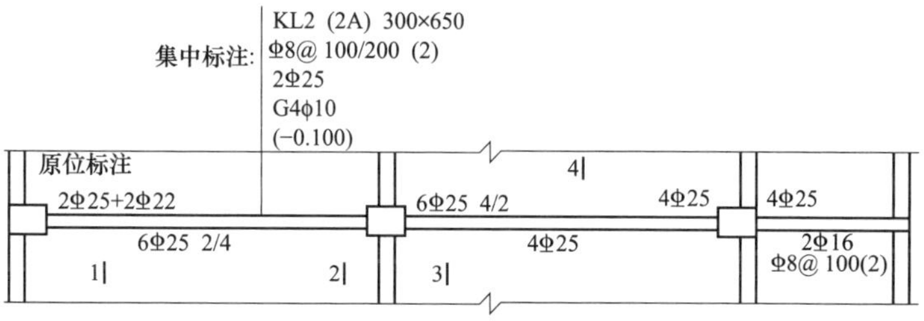

(a)

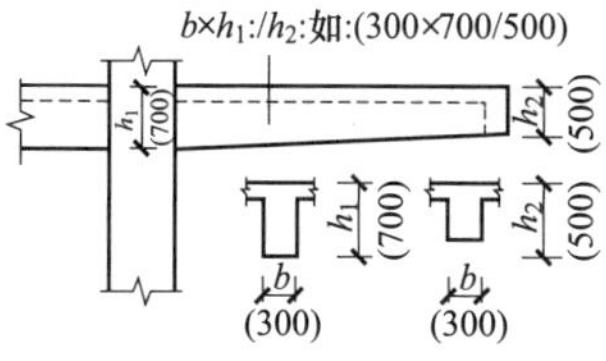

梁编号

梁类型	代号	序号	跨数及是否带有悬挑
楼层框架梁	KL	××	(××)、(×× A)或(××B)
屋面框架梁	WKL	××	(××)、(××A)或(×× B)
框支梁	KZL	××	(××)、(××A)或(×× B)
非框架梁	L	××	(××)、(××A)或(×× B)
悬挑梁	XL	××	
井字梁	JZL	××	(××)、(×× A)或(××B)

注:(××A)为一端有悬挑,(×× B)为两端有悬挑,悬挑不计入跨数。

(b)

图 3-27 框架梁的平面注写方式

（a）平面注写方式示例图；（b）悬挑梁不等高截面尺寸注写示意

框架梁下部原位标注内容:“6ϕ254/2”表示该跨下部纵筋是两排钢筋，上排 4ϕ25，下排通长角筋 2ϕ25，全部伸入支座；“4ϕ25” 表示该跨一排钢筋 4ϕ25；“2ϕ16ϕ8@100（2）” 表示悬挑梁下部钢筋是一排纵筋 2ϕ16，箍筋为ϕ8@100、双肢箍。

当悬挑梁当根部和端部不同时，截面尺寸用 $b\times h_1/h_2$ 表示，，其中 h_1 为根部高，h_2 为端部高，如 “梁的截面尺寸是 300×700/500” 表示悬挑梁是变截面梁，根部高 700，端部高 500，厚 300。

（2）梁的截面注写方式。梁的截面注写方式是在各标准层绘制的梁平面布置图上，针对不同编号的梁上分别选择一根梁用剖面号引出配筋图，并在其上注写截面尺寸和配筋具体数值。

具体规定是：从相同编号的梁中选择一根梁，先将 “单边截面号” 画在该梁上，再将截面配筋详图画在本图或其他图上。当某梁的顶面标高与结构层的楼面标高不同时，应在梁编号后注写梁顶面标高差。在截面配筋详图上要注明截面尺寸、上部筋、下部筋、侧面构造筋或受扭筋及箍筋的具体数值，其表达方式与平面注写方式相同。

截面注写方式既可单独使用，也可与平面注写方式结合使用。

图 3-28 是某层楼面框架梁的截面注写与平面注写方式的结合使用，其中，框架梁与 L_1 非框架梁是平面注写方式表示，非框架梁 L_3 与 L_4 是截面注写方式表示，通过断面图 1-1 和 2-2 可以看出 L_3 上部处通长角筋 2ϕ16 外，在两端支座还增加 2 根架立筋 2ϕ16；下部是两排钢筋，上排 2ϕ22，下排通长角筋 4ϕ22，全部伸入支座，箍筋为ϕ8@100、双肢箍。通过断面图 3-3 可以看出 L_4 上部处通长角筋 2ϕ14，下部通长纵筋 3ϕ18，全部伸入支座，箍筋为ϕ8@100、双肢箍。

此外，有支座三个支座增设了吊筋。

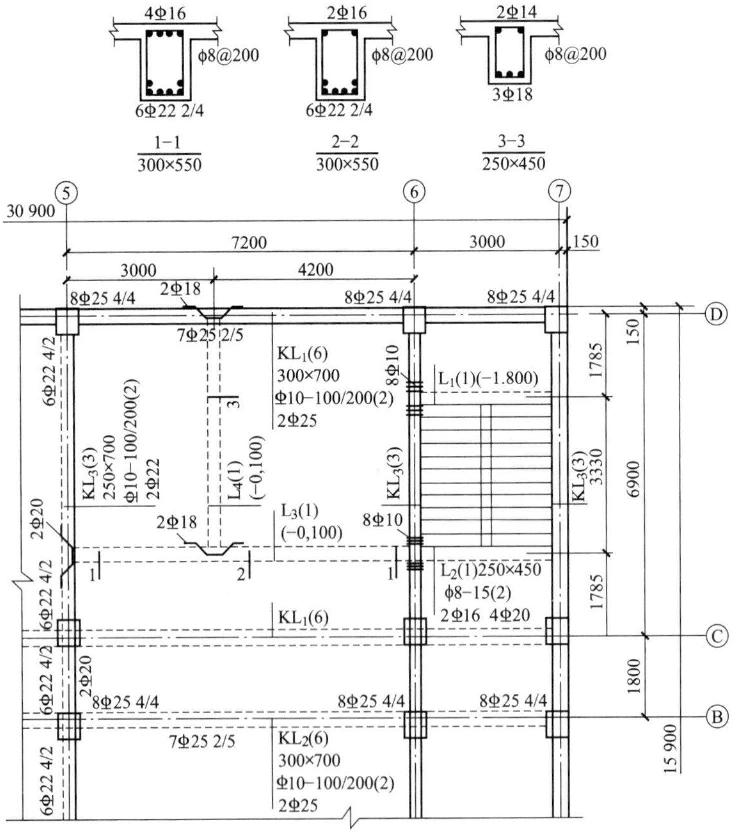

图 3-28　截面注写与平面注写方式的结合使用

（九）钢结构识图

在建筑钢结构工程设计中，通常将结构施工图的设计分为设计图设计和施工详图设计两个阶段。设计图设计是由设计单位编制完成，施工详图设计是以设计图为依据，由钢结构加工厂家深化编制完成，并将其作为钢结构加工与安装的依据。

本书重点介绍钢结构设计图的识读。钢结构设计图一般包括：设计总说明、结构布置图、构件图、节点图等。

1. 钢结构材料

承重钢结构的材质宜采用现行《碳素结构钢》（GB/T 700—2006）中的 Q235 钢和《汽车用高强度冷连轧钢板及钢带　第 4 部分：低合金高强度钢》（GB/T 20564.4—2010）的 Q355、Q390 和 Q420 钢。

按形式分有型钢、钢板、钢管等。常用型钢包括角钢、槽钢、工字钢、H 型钢等，常用钢管则包括直缝焊接钢管、螺旋焊缝钢管和无缝钢管等。

钢结构的连接方式一般有焊接、螺栓连接等，涉及的材料有焊条、焊丝、焊剂、螺栓、锚栓等。

焊接连接是目前钢结构最主要的连接方法，钢结构的焊接材料应与被连接构件所采用的钢材料相适应。钢结构施工图中都会明确规定焊接材料的类型、品种等，一般手工焊对 Q235 钢宜采用 E43 焊条；对 Q355 钢宜采用 E50 焊条，对 Q390 钢宜采用 E55 焊条。

螺栓作为钢结构的主要连接紧固件，通常用于钢结构构件间的连接、固定和定位等。螺栓有普通螺栓和高强度螺栓两种。

建筑钢结构中常用的普通螺栓有 4.6、4.8、5.6、8.8 等四个等级，普通螺栓常用的规格有 M16、M20、M24、M30、M36 等。

高强度螺栓连接受力性能好，连接强度高，它广泛的应有于建筑钢结构的连接中，常用的高强度螺栓有 8.8、10.9 两个等级。

锚栓主要是作为钢柱脚与钢筋混凝土基础的连接承受柱脚的拉力，并作为柱子安装定位时的临时规定。多采用 Q235、Q355 圆钢制作。

2. 型钢与螺栓的表示方法

常用型钢的标注方法见表 3-7。

表 3-7　常用型钢的标注方法

序号	名称	截面	标注	说　明
1	等边角钢		∟ $b \times t$	b 为肢宽； t 为肢厚
2	不等边角钢		∟ $B \times b \times t$	B 为长肢宽；b 为短肢宽限；t 为肢厚
3	工字钢		I N　Q I N	轻型工字钢加注 Q 字； N 工字钢的型号
4	槽钢		[N　Q [N	轻型槽钢加注 Q 字； N 槽钢的型号
5	方钢	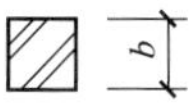	□ b	
6	扁钢	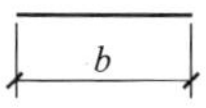	— $b \times t$	
7	钢板	——	$\frac{-b \times t}{l}$	$\frac{宽 \times 厚}{板长}$
8	圆钢	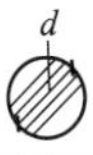	ϕ　d	

续表

序号	名称	截面	标注	说　明
9	钢管	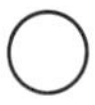	*DN*×× *d*×*t*	内径 外径×壁厚
10	薄壁方钢管		B □ *b*×*t*	薄壁型钢加注 B 字； *t* 为壁厚
11	薄壁等肢角钢		B∟ *b*×*t*	
12	薄壁等肢卷边角钢	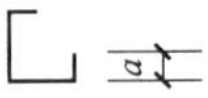	B *b*×*a*×*t*	
13	薄壁槽钢	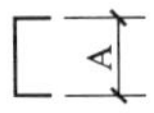	B[*h*×*b*×*t*	
14	薄壁卷边槽钢	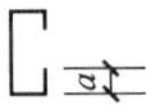	B *h*×*b*×*a*×*t*	
15	薄壁卷边 Z 型钢		B *h*×*b*×*a*×*t*	
16	T 型钢		TW×× TM×× TN××	TW 为宽翼缘 T 型钢； TM 为中翼缘 T 型钢； TN 为窄翼缘 H 型钢
17	H 型钢		HW×× HW×× HN××	HW 为宽翼缘 H 型钢； HM 为中翼缘 H 型钢； HN 为窄翼缘 H 型钢
18	起重机钢轨		QU××	说明产品规格型号
19	轻轨及钢轨		××kg/m**钢轨**	

螺栓的标注方法见表 3-8。

表 3-8　　**螺 栓 的 标 注 方 法**

符号	名称	图　例	说　明
1	永久螺栓	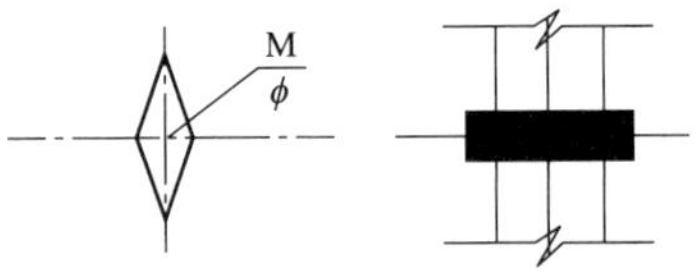	1．细“+”表示定位线； 2．M 表示螺栓型号； 3．ϕ表示螺栓孔直径； 4．采用引出线表示螺栓时，横线上标注螺栓规格，横线下标注螺栓孔直径
2	高强螺栓	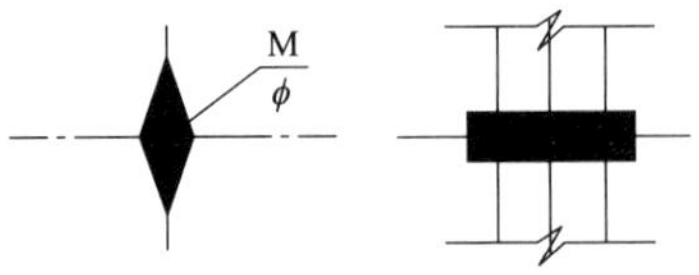	
3	安装螺栓	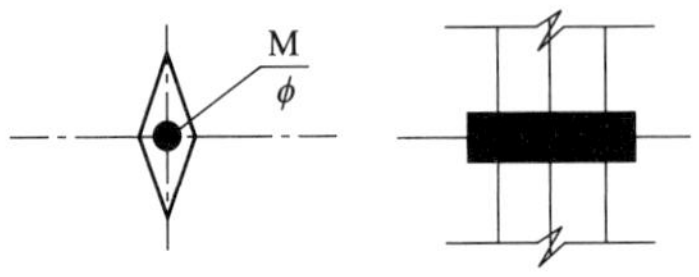	

续表

符号	名称	图例	说明
4	胀锚螺栓	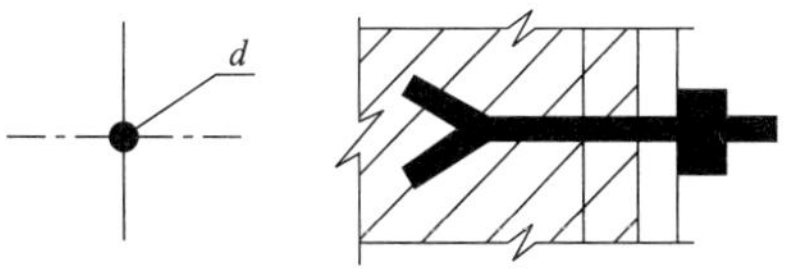	d 表示膨胀螺栓、电焊铆钉的直径

常用焊缝的标注方法见表 3-9。

表 3-9　　常用焊缝的标注方法

序号	焊缝标注符号	焊接接头图形	图纸上标注的式样	说明
1	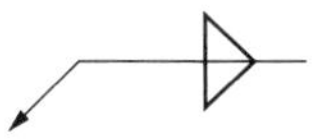	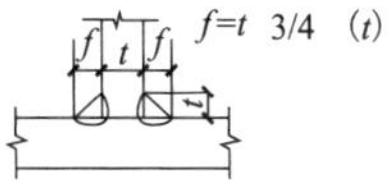	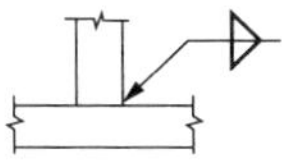	与母材等强的双面角焊缝
2	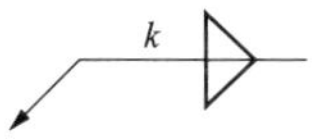	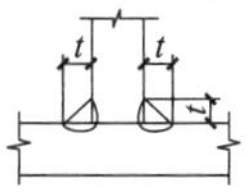	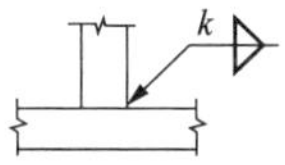	双面角焊缝，以焊缝高要求，参数 k 由设计决定
3	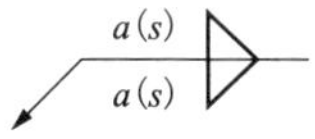	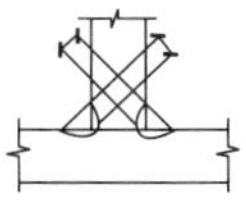	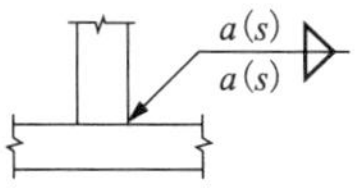	双面角焊缝，以焊缝有效厚度要求。参数 s 由设计决定
4	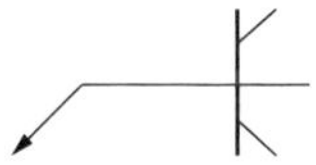	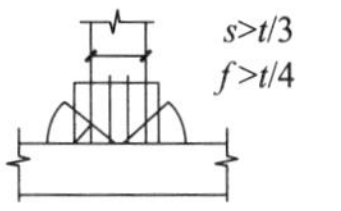	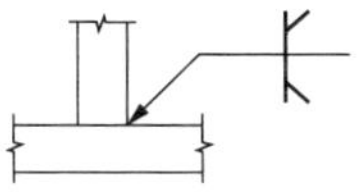	腹板厚大于 20mm 的双面坡口部分熔透焊。焊缝与母材等强。参数 a 由工艺决定
5	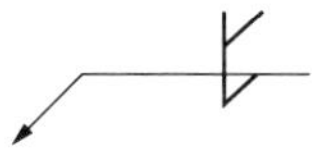	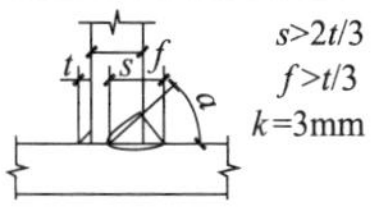	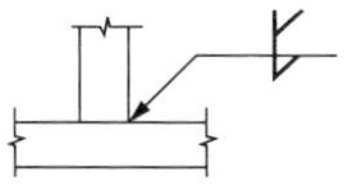	腹板厚 12～20mm 的单面坡口部分熔透焊缝，焊缝与母材等强。参数 a 由工艺决定性（背面焊缝外露时，要封焊）
6	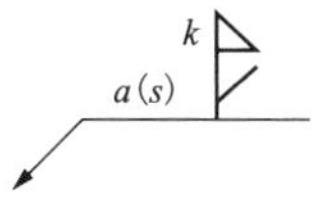	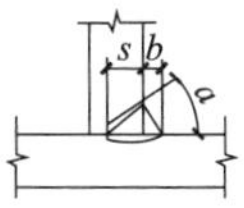	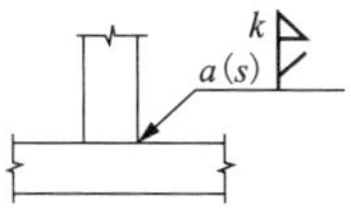	腹腔板厚度大于 16mm 时的单面坡口部分熔透焊缝。参数 s 和 k 由设计确定，a 由工艺确定（背面接缝不外露时）
7	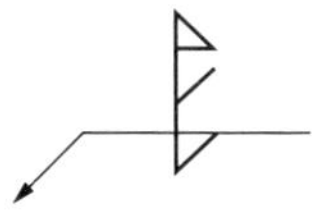	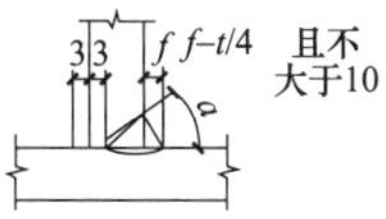	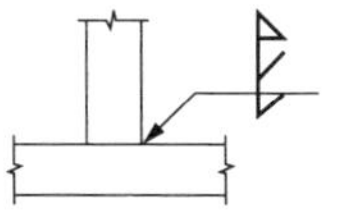	腹板厚度大 16mm 的单面坡口部分熔透焊缝。焊缝与母材等强。允许有 3mm 不熔透。坡口深度与角度 a 由工艺确定（背面接缝外露时，要封焊）
8	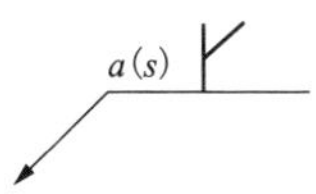	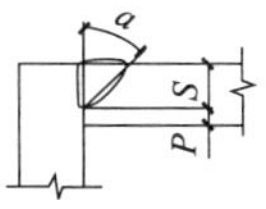	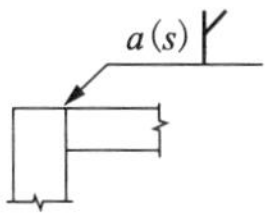	带钝边的单面坡口部分熔透焊，熔深 s 由设计确定。其他参数由工艺决定（背面接缝不外露时）
9	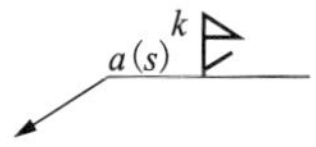	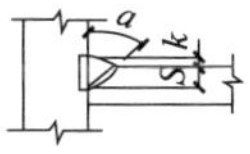	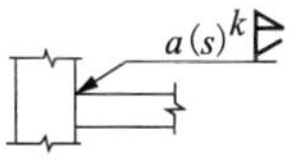	单面坡口的部分熔爱焊。加焊脚要求，s 和 k 由设计确定。其他参数由工艺决定
10		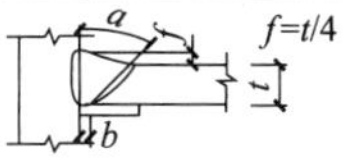	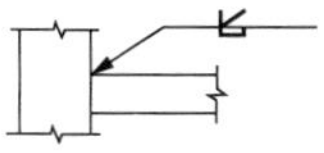	背面带垫板的单面全熔透焊。参数 a 和 b 由工艺决定
11	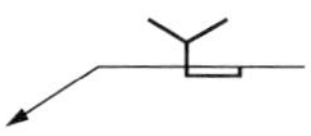	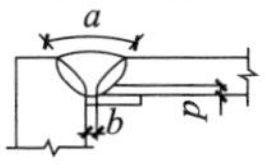	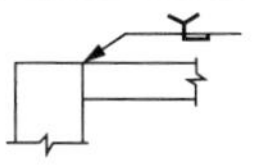	背面带垫板的单面 V 形坡口全熔透焊，各参数由工艺决定
12	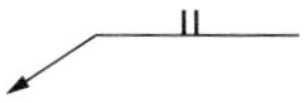	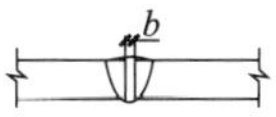	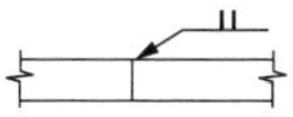	单面全熔透焊，参数由工艺确定
13	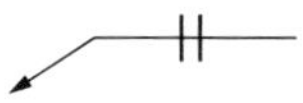		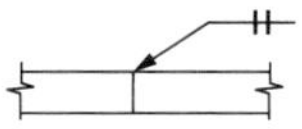	双面全熔透焊，参数由工艺确定

续表

序号	焊缝标注符号	焊接接头图形	图纸上标注的式样	说　　明
14	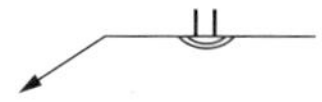	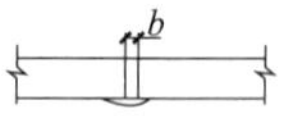	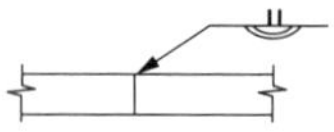	背面带衬垫的单面全熔透焊，参数由工艺确定
15	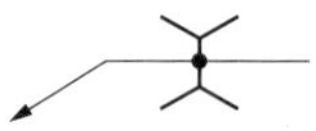	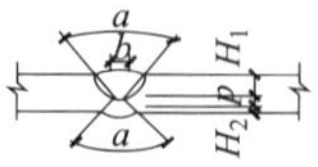	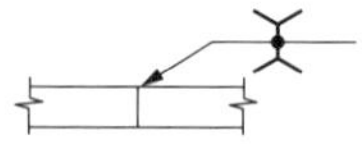	带钝边的双面 V 形坡口全熔透焊。图形中的各参数由工艺决定
16		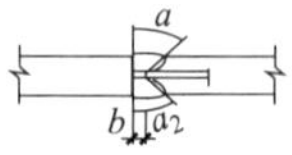	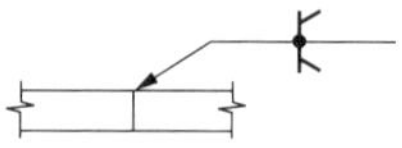	带钝边的双面全熔透焊，图形中各参数由工艺决定
17	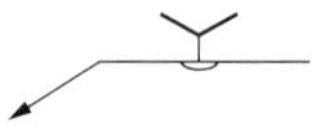	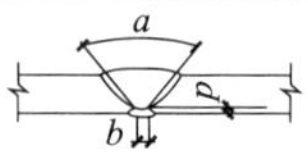	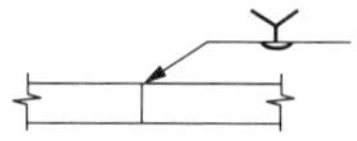	带钝边的单面 V 形坡口哈熔透焊，背面封焊，图形中各参数由工艺决定
18	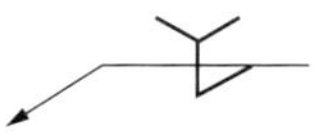	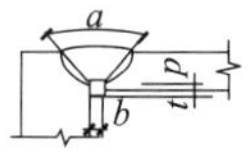	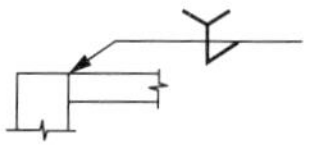	带钝边的单面 V 形坡口全熔透焊，背面封焊，各参数由工艺决定

3. 钢结构平面施工图

（1）柱脚锚栓布置图。每根钢柱通过柱脚锚栓群与混凝土基础连接，图 3-29 中表示螺栓的定位、螺栓的规格和数量。一般螺栓群规格化布置，同一编号的各种参数相同，锚栓的组成及重量见相应材料表。

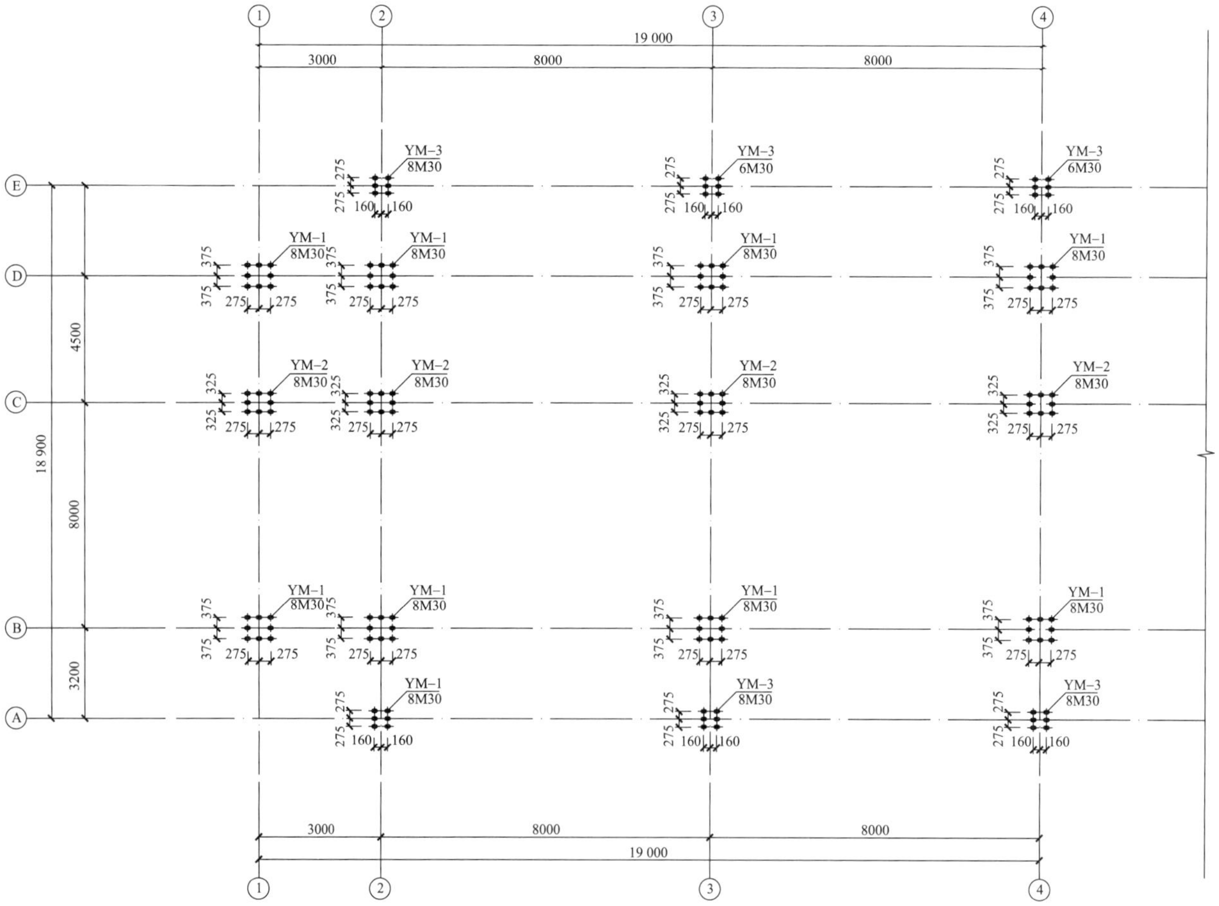

图 3-29　柱脚锚栓布置图

（2）柱脚节点平面布置图。柱脚指钢柱底端与基础相连的部分，一般由底板、加劲肋、栓钉等组成。常见做法有外露式、外包式、埋入式、插入式等，以外露式和外包式常见。

图 3-30 表达柱脚的定位，柱脚的具体做法见相应节点详图。

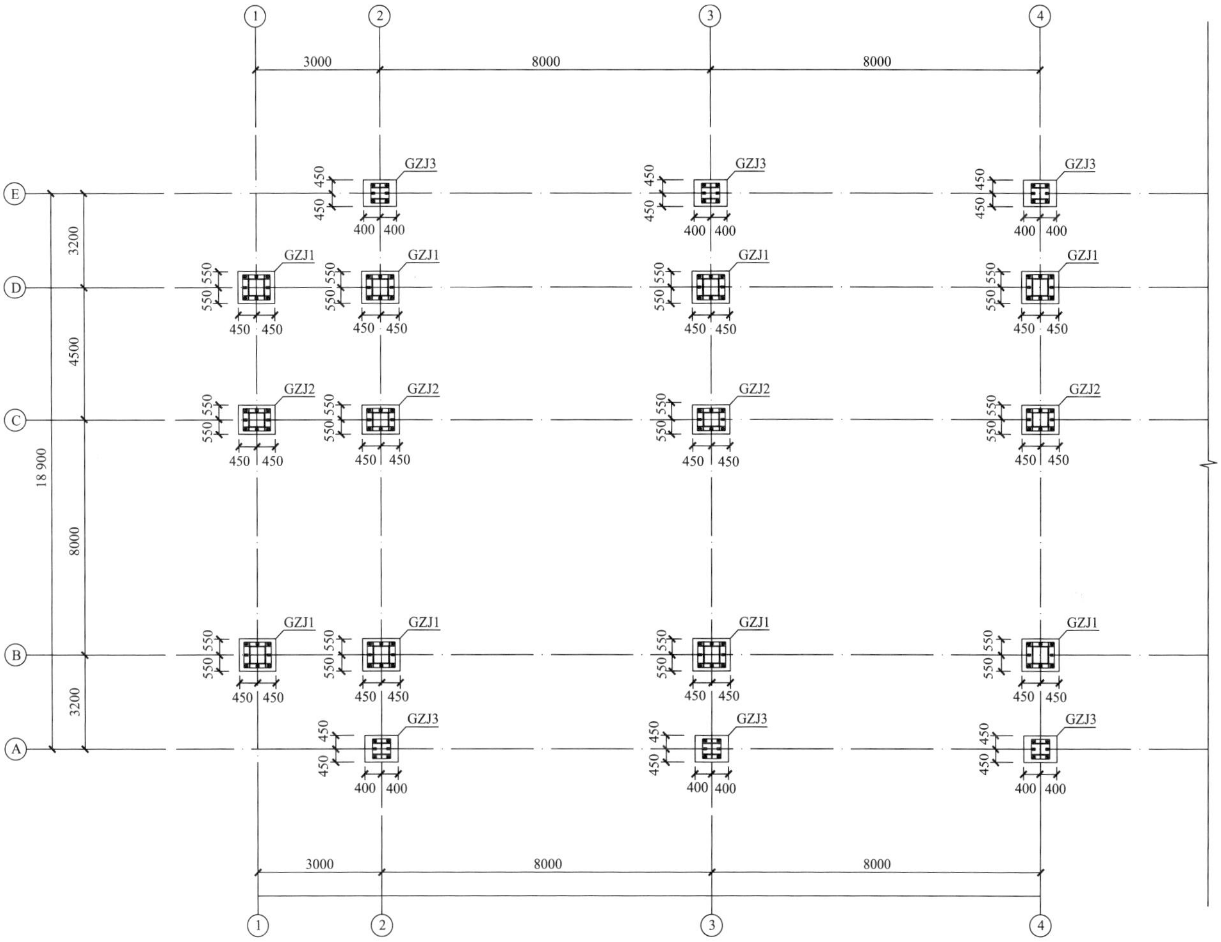

图 3-30　柱脚节点平面布置图

（3）柱平面布置图。柱常见的截面形式有 H 型钢柱（分焊接和热轧两种）、箱型柱（多为焊接截面），还有十字形截面等。柱平面布置图构件表见表 3-10。

表 3-10　　柱平面布置图构件表

构件名称	型钢型号	截面尺寸	材质	备注
GZ1	箱型截面	□600×400×20×20	Q355B	框架柱
GZ2	箱型截面	□500×400×18×18	Q355B	框架柱
GZ3	H 型截面	HW400×400×13×21	Q355B	框架柱
LSZ	箱式截面	□300×16	Q355B	梁上柱

框架柱 GZ1 采用焊接箱型截面，截面宽度 400mm×截面高度 600mm×板厚 20mm，采用 2 块板–20×400，2 块板–20×560 组合焊接。框架柱 GZ3 采用宽翼缘热轧 H 型钢，截面高度 400mm×截面宽度 400mm×腹板厚度 13mm×翼缘厚度 21mm，截面重量可查《热轧 H 型钢和剖分 T 型钢》（GB/T 11263—2010）。

图 3-31 主要表示柱的平面定位、截面形式、柱顶高度（无此图时也可以通过各层结构平面布置图推算）、沉降观测点。

（4）各层结构平面布置图。结构平面布置图构件表见表 3-11。

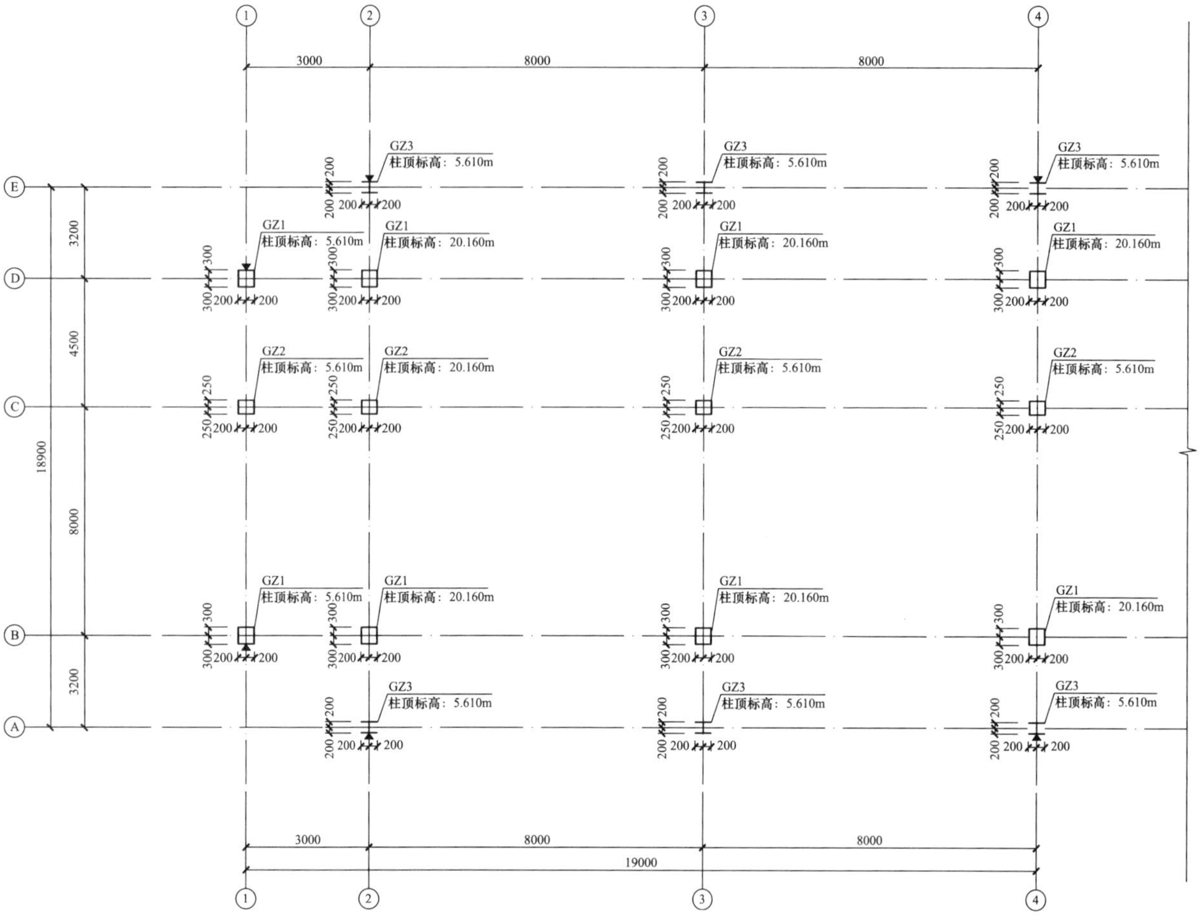

图 3-31　柱平面布置图

表 3-11　　结构平面布置图构件表

编号	名称	截　　面	材质	备注
GZ1	框架柱	HW400×400×13×21	Q355B	
GZ2	框架柱	箱 400×600×20×20	Q355B	
GZ3	框架柱	箱 400×500×18×18	Q355B	
GL1	框架柱	HN500×200×10×16	Q355B	
GL2	框架柱	HN630×200×15×20	Q355B	
GL3	框架柱	HN750×300×13×24	Q355B	
GL4	框架柱	H700×350×18×26	Q355B	
GL5	框架柱	HN500×200×10×16	Q355B	

GL4 梁采用焊接 H 型钢截面，截面高度 700mm×截面宽度 350mm×腹板厚度 18mm×翼缘厚度 26mm，采用 2 块翼缘板–26×350 和 1 块腹板–18×648 组合焊接，截面重量按组合的钢板计算。结构平面布置图如图 3-32 所示。

梁一般采用粗实线绘制，GL1、GL2 等为梁的编号，(0.600)表示梁顶标高从本层基准标高提高 0.6m，一般以▲表示梁柱、主次梁刚接，其余为铰接，对应的节点详图不同，也有以●表示铰接的。

另外还有导地线挂点、GIS 吊点、GIS 地锚等可能表示在结构平面布置图上，做法见相应节点详图。

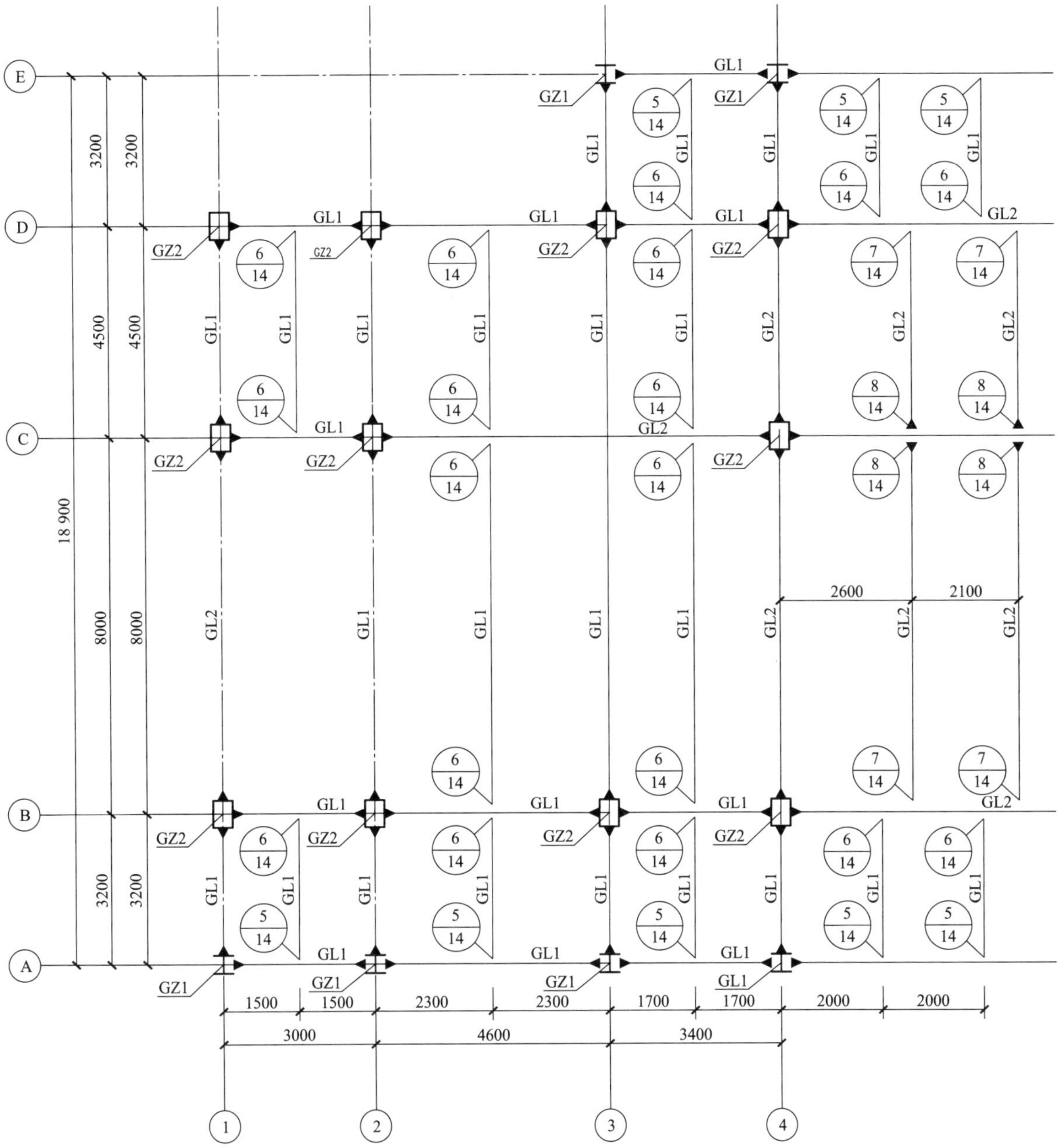

图 3-32　结构平面布置图

（5）各层楼板平面布置图（见图 3-33）。比较简单的情形，可以在结构平面布置图适当位置绘制剖面，反映楼板、梁等不同构件的竖向标高关系，也可单独绘制。

图 3-33 主要表达压型钢板底模的铺设方向、楼板厚度、楼板配筋、楼板标高，洞口的尺寸及定位等。压型钢板多采用闭口压型钢板，不同标准表示方法不同，理论重量可查阅说明中指定的材料标准。楼板配筋在洞口位置一般需要断开，另设增强筋。板的侧边需要设置钢模板，一般可见节点详图。

（6）屋面板平面布置图（见图 3-34）。表达内容与楼面类似，会表达女儿墙的高度，有的还会有屋顶风机、屋顶水箱的基础。屋面板底模一般采用钢筋桁架楼承板，也可采用压型钢板。采用楼承板时平行楼承板方向底筋包含在楼承板内，只有其余三个方向配筋，双坡的建筑，在楼承板拼接位置会上下配筋。图上以两个单箭头表示楼承板的铺设方向，在次梁间距大于楼承板最大无支撑跨度时应设临时支撑。

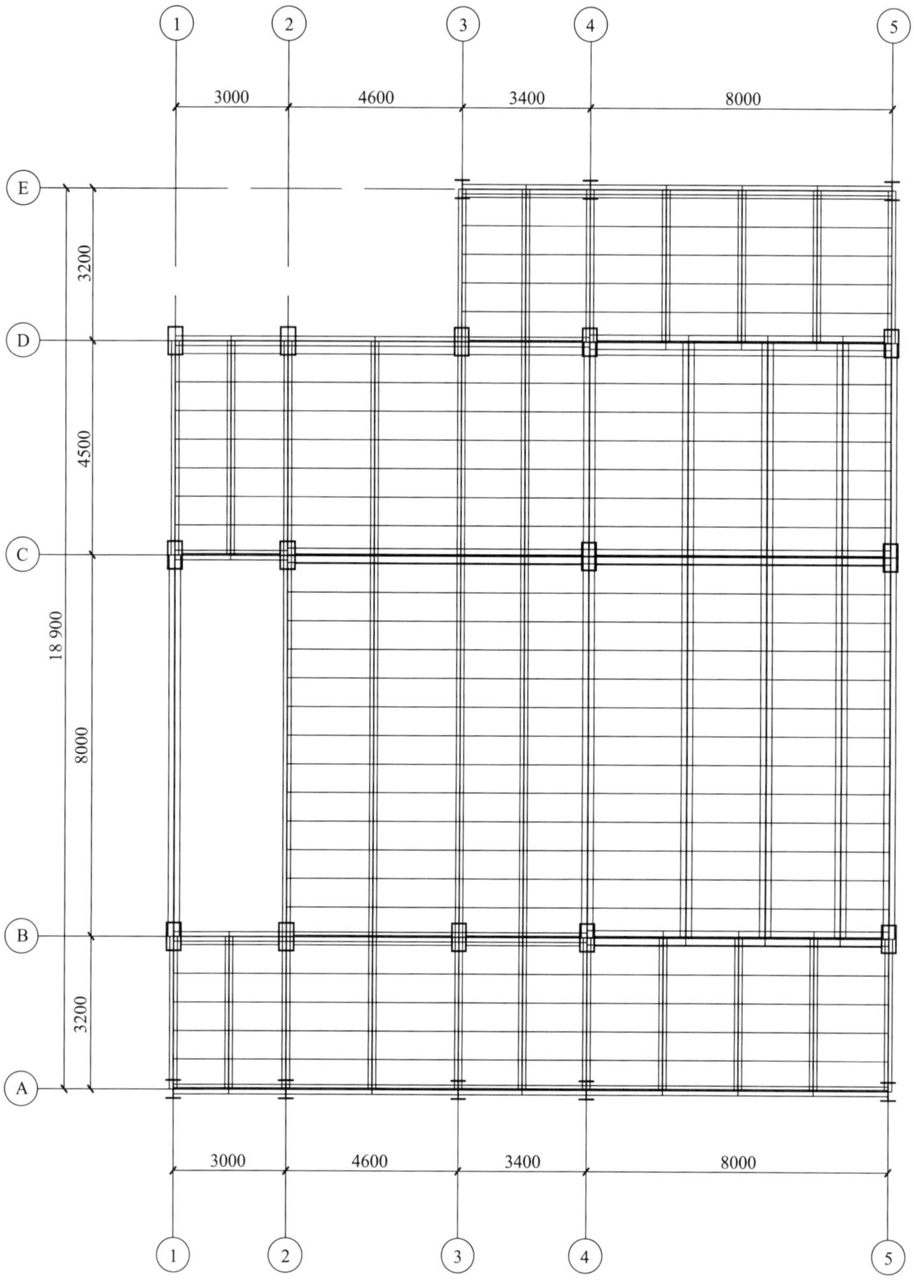

图 3-33 楼板平面布置图

4. 钢结构节点详图

钢结构是由若干构件连接而成，钢构件又是由若干型钢及零件连接而成。钢结构的连接有焊缝连接、普通螺栓连接和高强度螺栓连接，连接部位统称为节点。在识读节点详图时，先看图下方的连接详图名称，然后看节点立面图、平面图和侧面图。特别要注意连接件（螺栓、焊缝）和辅助件（拼接板、节点板、垫块等）的型号、尺寸和位置的标注，螺栓在节点详图上要了解其个数、类型、大小和排列；焊缝要了解其类型、尺寸和位置；拼接板要了解其尺寸放置位置。

（1）柱拼接连接详图。柱的拼接有多种形式，以连接方法分为螺栓和焊缝拼接，以构件截面分为等截面拼接和变截面拼接，以构件位置分为中心和偏心拼接。柱拼接连接详图如图 3-35 所示，可知此钢柱为等截面拼接，HW452×417 表示立柱构件为热轧宽翼缘 H 形钢，高为 452mm，宽为 417mm；采用螺栓连接，18M20 表示腹板上排列 18 个直径为 20mm 的螺栓，24M20 表示每块翼缘上排列 24 个直径为 20mm

的螺栓，由螺栓的图例可知为高强度螺栓。

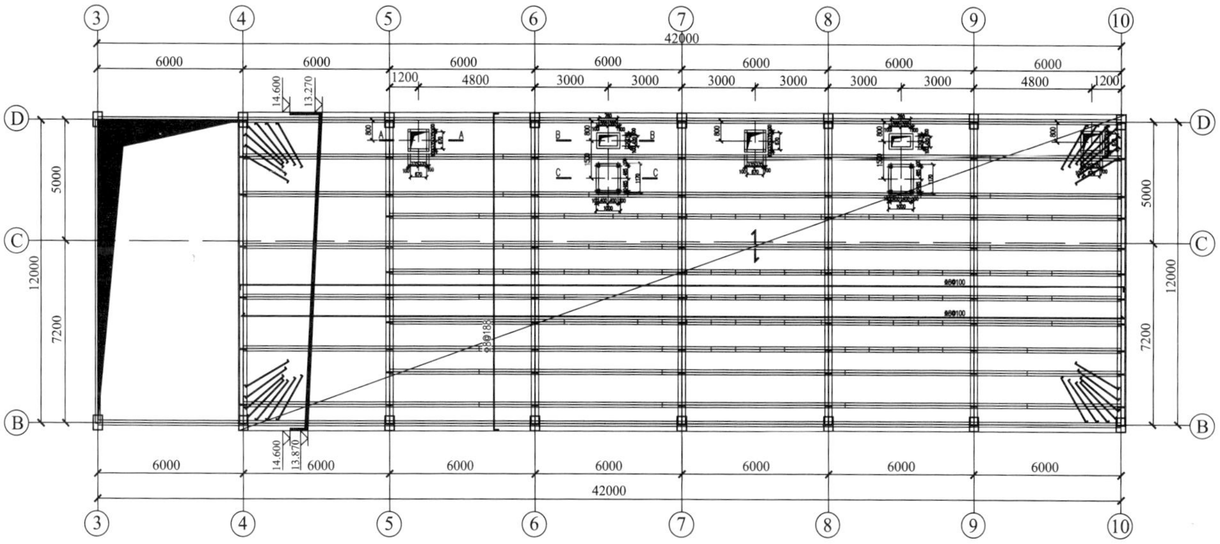

图 3-34　屋面板平面布置图

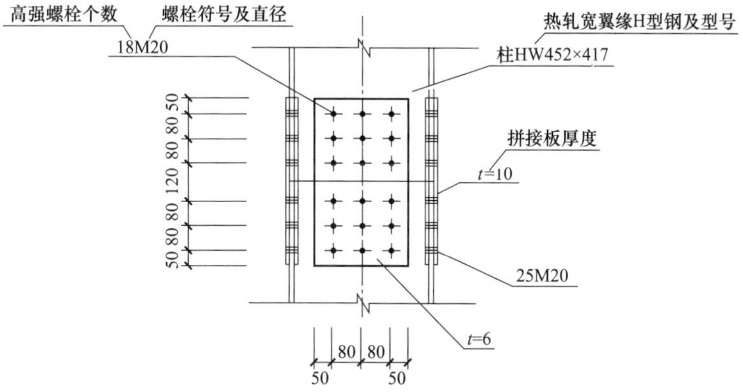

图 3-35　柱拼接连接详图

（2）梁拼接连接详图。如图 3-36 所示。可知此钢梁为等截面拼接，HN500×200 表示梁为热轧窄翼缘 H 型钢，高为 500mm，宽为 200mm；采用螺栓和焊缝混合连接，其中翼缘为对接焊缝连接，小三角旗表示焊缝为现场施焊，从焊缝标注可知为带坡口有垫块的对接焊缝，从螺栓图例可知为高强度螺栓，10M20 表示腹板上排列 10 个直径为 20mm 的螺栓。

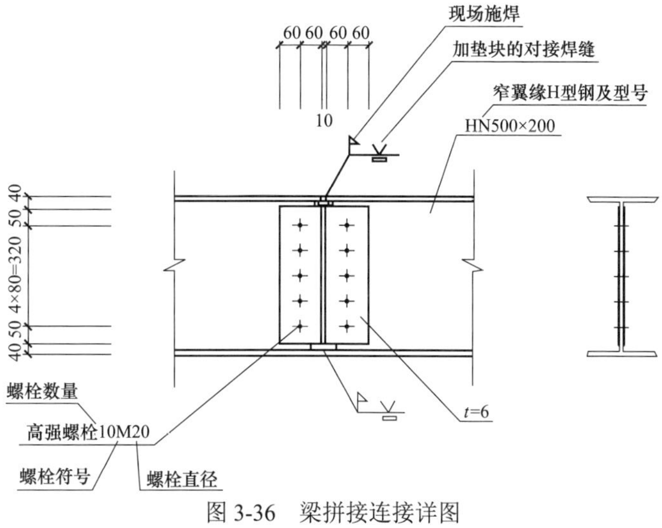

图 3-36　梁拼接连接详图

（3）梁柱连接详图。梁柱连接形式多种多样，以连接方法分为螺栓、焊缝和混合连接；以传递弯矩分为刚性、半刚性和铰接连接，在梁柱连接中，柱构件应贯通而梁构件断开。梁柱连接详图如图 3-37 所示，钢梁为 HZ500×200 表示梁为热轧窄翼缘 H 型钢，高为 500mm，宽为 200mm；钢柱为 HW400×300，表示柱为热轧宽翼缘 H 型钢，截面高、宽分别为 400mm 和 300mm，采用螺栓和焊缝混合连接，其中梁翼缘与柱翼缘为对接焊缝连接，为对接焊缝连接，小三角旗表示焊缝为现场施焊，从焊缝标注可知为带坡口有垫块的对接焊缝；梁腹板通过大角钢与柱翼缘连接，2∟125×12 表示角钢有两块，分置于梁腹板两侧，角钢与柱翼缘为双面角焊缝连接，角钢与梁腹板采用高强度螺栓连接。

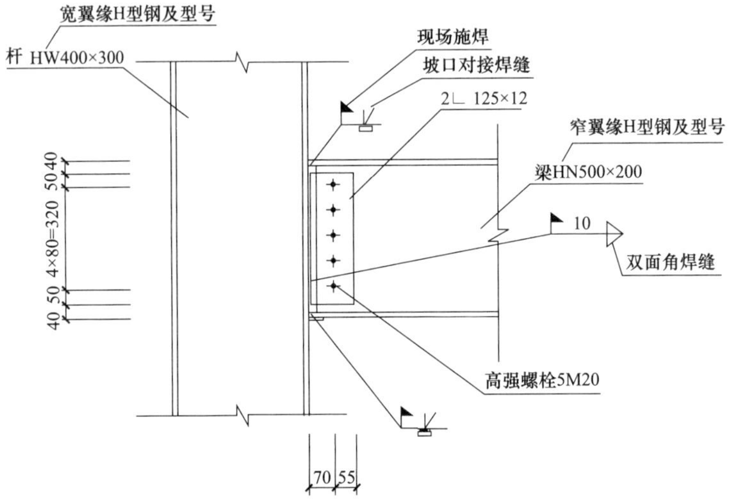

图 3-37　梁柱连接详图

（4）柱脚节点详图。柱脚根据传递上部结构的弯矩要求分为铰接和刚接柱脚。外包式柱脚详图如图 3-38 所示，钢柱为 HW452×417，表示柱为热轧宽翼缘 H 型钢，截面高、宽为 452mm 和 417mm；柱底进入深度为 1000mm，在柱翼缘上设置间距为 100mm 直径为 22mm 圆柱头焊钉，柱底板长为 500mm、宽为 450mm 和厚为 30mm，锚栓埋入深为 1000mm 厚的基础内，混凝土柱台截面为 917mm×900mm。

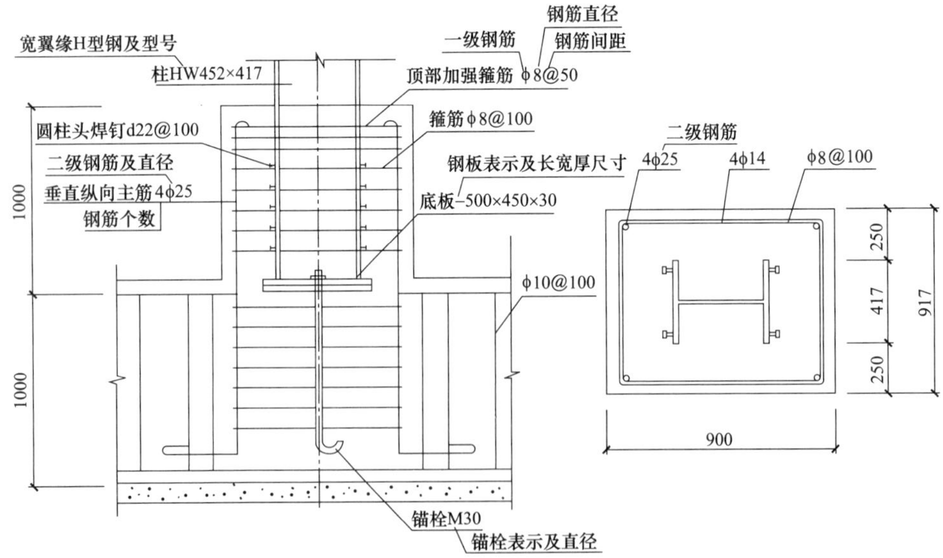

图 3-38　外包式柱脚详图

（5）主次梁连接详图。主次梁连接分刚接和铰接两种，只有在中间节点才能做刚接节点，具体形式多种多样。

图 3-39 为铰接节点，次梁腹板通过 2 块连接板与主梁上的加劲肋螺栓连接，翼缘不连接，在主梁的另一侧无论是否有次梁也要设加劲肋。图 3-40 为刚接节点，腹板和翼缘仅采用螺栓连接，主梁加劲肋分上下左右四块，次梁上翼缘通过连接板与主梁连接，下翼缘与焊在主梁上的连接板连接，次梁腹板通过 2 块连接板与主梁上的加劲肋螺栓连接。

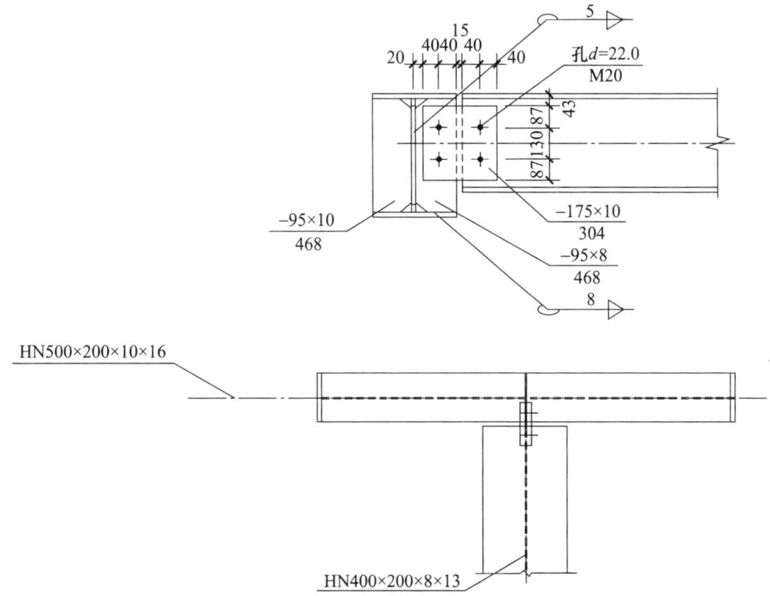

图 3-39　主次梁铰接节点

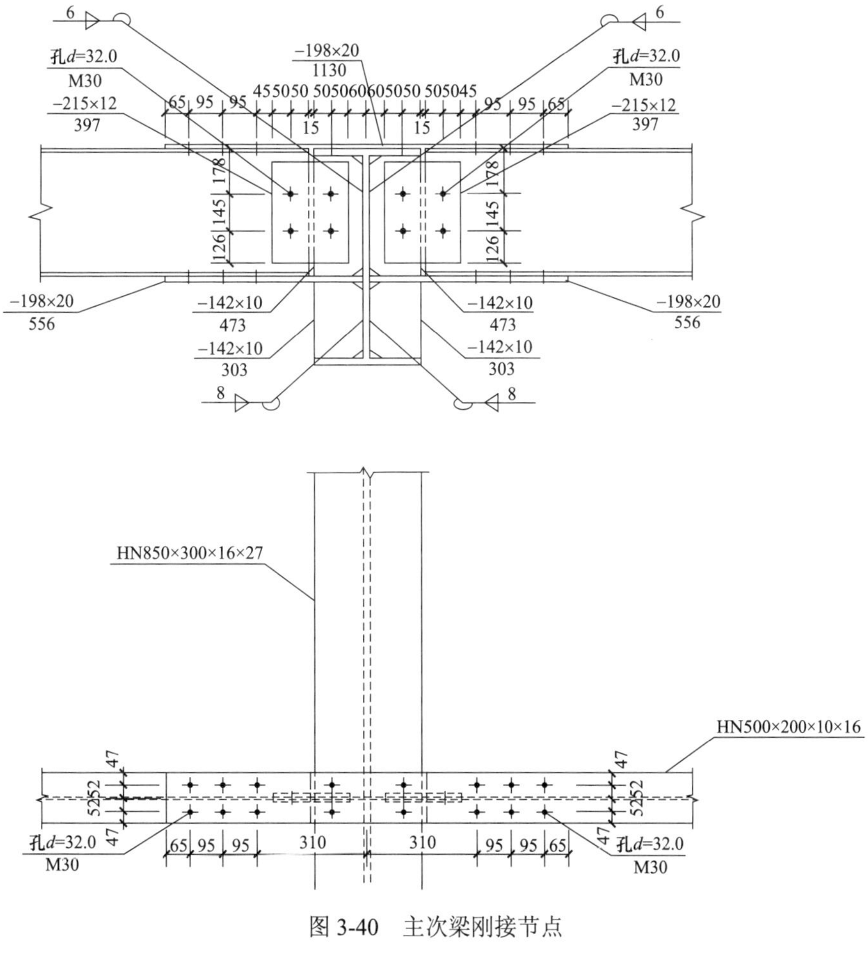

图 3-40　主次梁刚接节点

九、建筑物工程识图

（一）主厂房图（见附录 **B**）

（二）空压机室（见附录 **C**）

十、构筑物工程

（一）输煤栈桥（见附录 **D**）

（二）烟囱（见附录 **E**）

（三）冷却塔（见附录 **F**）

第四章

建筑工程施工

建筑工程施工是指工程建设实施阶段的生产活动，是各类建筑物的建造过程，也就是把设计图纸在指定的地点，变成实物的过程。

第一节 施工机具

一、常用施工机械

（一）土石方及筑路机械

1. 推土机

推土机是一种能够进行挖掘、运输和排弃岩土的土方工程机械，有着广泛的用途。推土机按行走方式分可分为履带式和轮胎式两种。履带式推土机（见图 4-1）附着牵引力大，接地比压小（0.04～0.13MPa），爬坡能力强，但行驶速度低。轮胎式推土机（见图 4-2）行驶速度高，机动灵活，作业循环时间短，运输转移方便，但牵引力小，适用于需经常变换工地和野外工作的情况。

推土机按用途分可分为通用型及专用型两种。通用型是按标准进行生产的机型，广泛用于土石方工程中。专用型用于特定的工况下，有采用三角形宽履带板以降低接地比压的湿地推土机和沼泽地推土机、水陆两用推土机、水下推土机、船舱推土机、无人驾驶推土机、高原型和高湿工况下作业的推土机等。

图 4-1 履带式推土机

图 4-2 轮胎式推土机

2. 铲运机

铲运机（见图 4-3）是一种利用铲斗铲削土壤，并将碎土装入铲斗进行运送的铲土运输机械，能够完成铲土、装土、运土、卸土和分层填土、局部碾实的综合作业。适用于铁路，道路、水利、电力等工程平整场地工作。铲运机具有操纵简单，不受地形限制，能独立工作，行驶速度快，生产效率高等优点。

图 4-3 铲运机

市场上广泛应用的铲运机分为内燃铲运机与电动铲运

机两种，内燃铲运机适用于通风良好的作业环境，拥有灵活、高效的特点；电动铲运机则更加环保，无污染。此外，铲运机按行走方式分自行式和拖式两种；按照铲斗卸土方法分强制卸土、半强制卸土和自由卸土三种；铲运机按照铲斗容量分小、中、大和特大四种型式；按行走装置形式分轮式铲运机和履带式铲运机；按装土方式分开斗装载式和链板装载式；按操纵方式分钢丝绳式和液压式。

3. 装载机

图 4-4　装载机

装载机（见图 4-4）是一种广泛用于公路、铁路、建筑、水电、港口、矿山等建设工程的土石方施工机械，它主要用于铲装土壤、砂石、石灰、煤炭等散状物料，也可对矿石、硬土等作轻度铲挖作业。换装不同的辅助工作装置还可进行推土、起重和其他物料如木材的装卸作业。在道路、特别是在高等级公路施工中，装载机用于路基工程的填挖、沥青混合料和水泥混凝土料场的集料与装料等作业。此外还可进行推运土壤、刮平地面和牵引其他机械等作业。由于装载机具有作业速度快、效率高、机动性好、操作轻便等优点，因此它成为工程建设中土石方施工的主要机种之一。常用的单斗装载机，按发动机功率，传动形式，行走结构，装载方式的不同进行分类。

（1）按发动机功率：①功率小于 74kW 为小型装载机；②功率在 74～147kW 为中型装载机；③功率在 147～515kW 为大型装载机；④功率大于 515kW 为特大型装载机。

（2）传动形式：①液力—机械传动，冲击振动小，传动件寿命长，操纵方便，车速与外载间可自动调节，一般在中大型装载机多采用；②液力传动的优点是可无级调速、操纵简便，但启动性较差，一般仅在小型装载机上采用；③电力传动的优点是无级调速、工作可靠、维修简单、费用较高，一般在大型装载机上采用。

（3）行走结构：①轮胎式的优点是质量轻、速度快、机动灵活、效率高、不易损坏路面、接地比压大、通过性差、应用广泛；②履带式的优点是接地比压小，通过性好、重心低、稳定性好、附着力强、牵引力大、比切入力大、速度低、灵活性相对差、成本高、行走时易损坏路面。

（4）装卸方式：①前卸式的优点是结构简单、工作可靠、视野好，适合于各种作业场地，应用较广。②回转式的优点是工作装置安装在可回转 360°的转台上，侧面卸载不需要调头、作业效率高、但结构复杂、质量大、成本高、侧面稳性较差，适用于较狭小的场地。③后卸式的优点为前端装、后端卸、作业效率高、作业的安全性欠佳。

4. 挖掘机

图 4-5　挖掘机

挖掘机又称挖土机（见图 4-5），是用铲斗挖掘高于或低于承机面的物料，并装入运输车辆或卸至堆料场的土方机械。挖掘机挖掘的物料主要是土壤、煤、泥沙以及经过预松后的土壤和岩石。从近几年工程机械的发展来看，挖掘机的发展相对较快，挖掘机已经成为工程建设中最主要的工程机械之一。挖掘机最重要的三个参数：操作重量，发动机功率和铲斗斗容。

常见的挖掘机按驱动方式有内燃机驱动挖掘机和电力驱动挖掘机两种。其中电动挖掘机主要应用在高原缺氧与地下矿井和其他一些易燃易爆的场所。按照规模大小的不同，挖掘机可以分为大型挖掘机、中型挖掘机和小型挖掘机。按照行走方式的不同，挖掘机可分为履带式挖掘机和轮式挖掘机。按照传动方式的不同，挖掘机可分为液压挖掘机和机械挖掘机。机械挖掘机主要用在一些大型矿山上。按照用途来分，挖掘机又可以分为通用挖掘机，矿用挖掘机，船用挖掘机，特种挖掘机等不同的类别。按照铲斗来分，挖掘机又可以分为正铲挖掘机、反铲挖掘机、拉铲挖掘机和抓铲挖掘机。正铲挖掘机多用于挖掘地表以上的物料，反铲挖掘机多用于挖掘地表以下的物料。

5. 压路机

压路机又称压土机，是一种修路的设备。压路机在工程机械中属于道路设备的范畴，广泛用于高等级公路、铁路、机场跑道、大坝、体育场等大型工程项目的填方压实作业，可以碾压沙性、半黏性及黏性土壤、路基稳定土及沥青混凝土路面层。压路机以机械本身的重力作用，适用于各种压实作业，使被碾压层产生永久变形而密实。压路机可分为轮胎式和钢轮式两类。轮胎式压路机见图 4-6，钢轮式压路机见图 4-7。

图 4-6　轮胎式压路机

图 4-7　钢轮式压路机

6. 凿岩机

凿岩机是用来直接开采石料的工具，见图 4-8。它在岩层上钻凿出炮眼，以便放入炸药去炸开岩石，从而完成开采石料或其他石方工程。此外，凿岩机也可用来破碎混凝土之类的坚硬层。

凿岩机按其动力来源可分为风动凿岩机、内燃凿岩机、电动凿岩机和液压凿岩机等四类。风动式以压缩空气驱使活塞在气缸中向前冲击，使钢钎凿击岩石，应用最广。电动式由电动机通过曲柄连杆机构带动锤头冲击钢钎，凿击岩石，并利用排粉机构排出石屑。内燃式利用内燃机原理，通过汽油的燃爆力驱使活塞冲击钢钎，凿击岩石，适用于无电源、无气源的施工场地。液压式依靠液压通过惰性气体和冲击体冲击钢钎、凿击岩石。

7. 强夯机

强夯机（见图 4-9）是在建筑工程中由于需要对松土压实处理的机器，往往使用强夯机处理，强夯机种类有很多，有蛙式，有震动式，有跃步式，有打夯式，还有吊重锤击式，根据工程需要，运用不同类型的强夯机。

图 4-8　凿岩机

图 4-9　强夯机

8. 沥青混凝土摊铺机

沥青混凝土摊铺机（见图 4-10）是将沥青混合料均匀摊铺在道路基层上，并进行初步振实和整平的机械。分履带式和轮胎式两种。由牵引、摊铺和振实、熨平两部分组成。前者包括机架、动力装置、行走装置、料斗、料门、刮板输送器、螺旋摊铺器和驾驶室等。后者包括牵引臂、振实机构和熨平装置（由

图 4-10 沥青混凝土摊铺机

熨平板、厚度调节器、拱度调节器和加热装置等组成)。沥青混凝土摊铺机的基本技术参数是料斗容量、摊铺宽度、最大摊铺厚度和工作速度。

沥青混凝土摊铺机按摊铺宽度分类沥青混凝土摊铺机可分为小型、中型、大型、超大型等四类。小型机的最大摊铺宽度一般小于 3600mm,用于路面养护和城市道路的修筑工程。中型机的摊铺宽度为 4000～6000mm,用于一般公路路面的修筑和养护工程。大型机的摊铺宽度为 7000～9000mm,主要用于高等级公路路面施工。超大型机的摊铺宽度大于 12 000mm,主要用于高速公路、机场、码头、广场等大面积沥青混凝土路面施工。

9. 液压振动锤

液压振动锤(见图 4-11)是在电动振动锤的基础上发展起来的。主要有常规型、高频型及无共振型(通常无共振型也是高频型),不同类型的振动锤适用于不同的地质环境:常规型液压振动锤振幅较大,适宜在黏性土质中施工,高频型振动锤适宜于砂性土质,而无共振型则适宜于对振动有严格限制的地区。利用系列液压振动锤可实现筒桩、高强混凝土预制管桩、振动沉管灌注桩及各类钢桩的沉、拔施工。

图 4-11 液压振动锤

10. 水泥搅拌桩

水泥搅拌桩(见图 4-12)是指软基处理的一种有效形式,是一种将水泥作为固化剂的主剂,利用搅拌桩机将水泥喷入土体并充分搅拌,使水泥与土发生一系列物理化学反应,使软土硬结而提高地基强度。水泥搅拌桩按主要使用的施工做法分为单轴、双轴和三轴搅拌桩。

(a)　　(b)

图 4-12 水泥搅拌桩机

(a)双轴;(b)三轴

(二)桩基工程机械

1. 振动沉桩机

振动沉桩机(见图 4-13)由振动器、夹桩器、传动装置、电动机等组成。主要工作装置是定向振动器,其激振部分是成对的水平转轴,用振动方法使桩振动而沉入地层的桩工机械。作业时,桩与周围土壤产生振动,使桩面的摩擦阻力减小,桩杆由于自重克服桩面及桩尖的阻力而穿破地层下沉,还可以利用共振原理,加强沉桩效果。振动器的变频有机械、气压、液压或电磁等多种方式。振动器下部是夹桩器,备有各种不同的规格尺寸,以便与各种不同截面的桩相连接,使沉桩机和桩连成一体。夹桩器的操纵有杠杆式、液压式、气压式等。

2. 静力压桩机

静力压桩机（见图 4-14）分为机械式和液压式两类。DY 80 型绳索式压桩机是通过桩顶的压梁中的动滑轮与底盘上的定滑轮组成的滑轮；YZY 型系列液压桩机是通过液压类桩机构将桩身夹住。DY 80 型绳索式压桩机是通过桩顶的压梁中的动滑轮与底盘上的定滑轮组成的滑轮组作为传力设备。借助压梁将整个压桩机的自重和配重施加在桩顶上，把桩逐渐压入土中。YZY 型系列液压桩机是通过液压类桩机构将桩身夹住。再利用主机的压桩油缸冲程之力将桩压入地基土中。它主要由夹持机构底盘平台、横向行走及回转机构、纵向行走机构、液压系统和电气系统组成。

图 4-13　振动沉桩机

图 4-14　静力压桩机

3. 冲孔打桩机

冲孔打桩机（见图 4-15）由桩锤、桩架及附属设备等组成。桩锤依附在桩架前部两根平行的竖直导杆（俗称龙门）之间，用提升吊钩吊升。桩架为一钢结构塔架，在其后部设有卷扬机，用以起吊桩和桩锤。冲孔是用冲击钻机把带钻刃的重钻头（又称冲锤）提高，靠自由下落的冲击力来削切岩层，排出碎渣成孔。冲击钻机有钻杆式和钢丝绳式两种。前者所钻孔径较小、效率较低、应用较少。后者钻孔直径大，可根据设计的桩径来修改钻头的大小，锤重在 3000～10 000kg（具体根据桩径的大小来确定锤重）。

图 4-15　冲孔打桩机

4. 灌注桩钻孔机

灌注桩钻孔机（见图 4-16）利用取土或挤土装置在地层桩位上成孔，然后灌注混凝土成桩的桩工机械。适用于除流动淤泥层以外的一切土层成孔。钻孔机多以履带式挖掘机（或起重机）的底盘为底架，其上设置龙门导杆，作为钻凿工具的支承，并引导钻孔方向。钻孔机按成孔方法，分螺旋式、冲抓式、潜水式和振动式四种，前三者属取土成孔，后一种属挤土成孔，还有综合上述多种方法的综合钻孔机。

图 4-16　灌注桩钻孔机

螺旋式钻孔机主要用于民用和小型工业建筑，利用螺旋钻杆钻孔，螺杆通过上、下导架支承于桩架导杆上，其上端有驱动螺杆钻进的动力头，下端装带硬合金刀刃的钻头，作业时钻渣沿螺杆导槽自动排出，所钻桩孔孔壁规则，不需护壁或清洗孔底，钻至设计深度后，提出钻杆，即可灌注混凝土。此外，还有短螺旋钻孔机和有双刀管、双螺旋及底部扩孔刀的冻土钻孔机。前者专用于爆扩成孔及孔底成形；后者适用于严寒冻土，并能将孔底扩大，增加桩的承载力。

冲抓式钻孔机主要用于大型工业建筑和桥梁施工，可在土石混合地层、卵石或岩石地层上成孔。利用钻具冲击岩石，使之破碎，然后抓石出渣，达到成孔目的。由机架、卷扬机和钻抓工具组成。钻抓工具有螺旋钻、抓锥和冲锥三种，可根据土质拆换使用。在地下水位较高的泥质地区，采用螺旋钻，钻渣用压力水冲成泥浆排出。抓锥形如抓铲，单索操纵，可抓掘石块和卵石。冲锥有一定重量，下端有刀刃，用于冲凿岩石及坚土。

潜水式钻孔机主要用于沿海软土地区的桩基础施工，由潜水电动机、行星齿轮减速器和笼式钻头等组成。电动机通过减速器驱动 5～7 个钻头切削土壤，同时将压力水沿水管从钻头尖部射出，使钻渣成泥浆排出。设备较简单，无公害，效率高，可在各种土质条件下作业。

振动式钻孔机主要适于在砂土和软土地层成孔。用振动沉拔桩机将底部有单向活门的桩管沉入土中，达设计深度后，边借振动力将桩管逐渐拔出，边通过活门灌注混凝土。也可利用落锤或汽锤将桩管打入土中成孔，利用拔桩机拔出桩管，然后灌注混凝土成桩，但效率低。

5. 锚杆钻孔机

锚杆钻孔机（见图 4-17）又称土钉机、是气动冲击机，主要用于岩土锚杆，路基、边坡治理，地下深基坑支挡，隧洞围岩稳定，预防滑坡等灾害整治，地下工程支护及高层建筑地基处理。也适用于深基坑喷护、边坡土钉工程的非预应力锚杆支护。

图 4-17　锚杆钻孔机

（三）起重机械

1. 汽车起重机（见图 4-18）

汽车起重机是装在普通汽车底盘或特制汽车底盘上的一种起重机，其行驶驾驶室与起重操纵室分开设置。这种起重机的优点是机动性好，转移迅速。缺点是工作时须支腿，不能负荷行驶，也不适合在松软或泥泞的场地上工作。汽车起重机的底盘性能等同于同样整车总重的载重汽车，符合公路车辆的技术要求，因而可在各类公路上通行无阻，是产量最大，使用最广泛的起重机类型。

图 4-18　汽车起重机

汽车起重机的种类很多，其分类方法也各不相同。按起重量分为轻型汽车起重机（起重量在 5t 以下）、中型汽车起重机（起重量在 5～15t）、重型汽车起重机（起重量在 5～50t）和超重型汽车起重机（起重量在 50t 以上）。按支腿型式分为蛙式支腿、×型支腿、H 型支腿。按传动装置的传动方式分为机械传动、电传动和液压传动三类。按起重装置在水平面可回转范围（即转台的回转范围）分为全回转式汽车起重机（转台可任意旋转 360°）和非全回转汽车起重机（转台回转角小于 270°）。按吊臂的结构形式分为折叠式吊臂、伸缩式吊臂和桁架式吊臂汽车起重机。

2. 履带式起重机（见图 4-19）

履带起重机是将起重作业部分装在履带底盘上，行走依靠履带装置的流动式起重机。履带起重机配套钢丝绳品种包括磷化涂层钢丝绳、镀锌钢丝绳和光面钢丝绳。履带起重机是备有履带运行装置的流动式动臂起重机，由动臂、转台等金属结构，起升、旋转、变幅和运行机构等组成。它机动灵活，使用方便，能回转 360°，可载荷行驶，对道路的要求较低。但是，它稳定性小，不宜超负荷使用，行走慢，且对路面有一定程度的破坏作用，不宜长距离行走，一般平板拖车用于长距离运输。

3. 塔式起重机（见图 4-20）

塔式起重机简称塔机，又称塔吊。动臂装在高耸塔身上部的旋转起重机。作业空间大，主要用于房屋建筑施工中物料的垂直和水平输送及建筑构件的安装。由金属结构、工作机构和电气系统三部分组成。金属结构包括塔身、动臂和底座等。工作机构有起升、变幅、回转和行走四部分。电气系统包括电动机、控制器、配电柜、连接线路、信号及照明装置等。塔机分为上回转塔机和下回转塔机两大类。其中前者的承载力要高于后者，在许多的施工现场我们所见到的就是上回转式上顶升加节接高的塔机。

图 4-19　履带式起重机

图 4-20　塔式起重机

（四）水平运输机械

1. 载重汽车（见图 4-21）

载重汽车又称作载货汽车，一般称作货车，指主要用于运送货物的汽车，有时也指可以牵引其他车辆的汽车，属于商用车辆类别。一般可依照车的重量分为重型和轻型两种。绝大部分货车都以柴油引擎作为动力来源，但有部分轻型货车使用汽油、石油气或者天然气。

图 4-21　载重汽车

图 4-22　自卸汽车

2. 自卸汽车（见图 4-22）

自卸汽车是指利用本车发动机动力驱动液压举升机构，将其车厢倾斜一定角度卸货，并依靠车厢自重使其复位的专用汽车。

按底盘承载能力可分为轻卡系列自卸、中吨系列自卸和大吨位系列自卸；按驱动形式可分单桥自卸、双桥自卸、前四后八自卸、前四后十等不同系列车型；按卸载液压举升机构不同可分为单顶自卸和双顶自卸。

自卸汽车按其用途可分为两大类：一类属于非公路运输用的重型和超重型自卸汽车，也称为矿用自卸汽车，主要承担大型矿山、水利工地等运输任务，通常与挖掘机配套使用，它的长度、宽度、高度等外廓尺寸以及轴荷等不受公路法规的限制，但只能在矿山、工地上使用；另一类属于公路运输用的轻、中、重型普通自卸汽车，主要承担砂石、泥土、煤炭等松散货物运输。

3. 机动翻斗车（见图 4-23）

图 4-23　机动翻斗车

机动翻斗车是一种特殊的料斗可倾翻的短途输送物料的车辆。车身上安装有一个“斗”状容器，可以翻转以方便卸货。适用于砂石、土方、煤炭、矿石等各种散装物料的短途运输，动力强劲，通常有机械回斗功能。翻斗车由料斗和行走底架组成。料斗装在轮胎行走底架前部，借助斗内物料的重力或液压缸推力倾翻卸料。

按方位不同，卸料分前翻卸料、回转卸料、侧翻卸料、高支点卸料（卸料高度一定）和举升倾翻卸料（卸料高度可任意改变）等方式；按照外形分为单桥翻斗车、双桥翻斗车、平头翻斗车、尖头翻斗车、前四后八翻斗车、双桥半挂翻斗车、三桥半挂翻斗车；按照用途分为农用翻斗车、矿山翻斗车、垃圾翻斗车、煤炭运输翻斗车、工程机械翻斗车、污泥翻斗车。

（五）垂直运输机械

1. 卷扬机（见图 4-24）

卷扬机是用卷筒缠绕钢丝绳或链条提升或牵引重物的轻小型起重设备，又称绞车。卷扬机可以垂直提升、水平或倾斜拽引重物。卷扬机分为手动卷扬机、电动卷扬机及液压卷扬机三种，以电动卷扬机为主。可单独使用，也可作起重、筑路和矿井提升等机械中的组成部件，因操作简单、绕绳量大、移置方便而广泛应用。主要运用于建筑、水利工程、林业、矿山、码头等的物料升降或平拖。

卷扬机按动力方式可分为手动、电动和液压卷扬机，起重工程中常用电动卷扬机；按传动形式可分为电动可逆式（闸瓦制动式）和电动摩擦式（摩擦离合器式）卷扬机；按转动速度可分为慢速卷扬机和快速卷扬机，起重工程中一般采用慢速卷扬机。

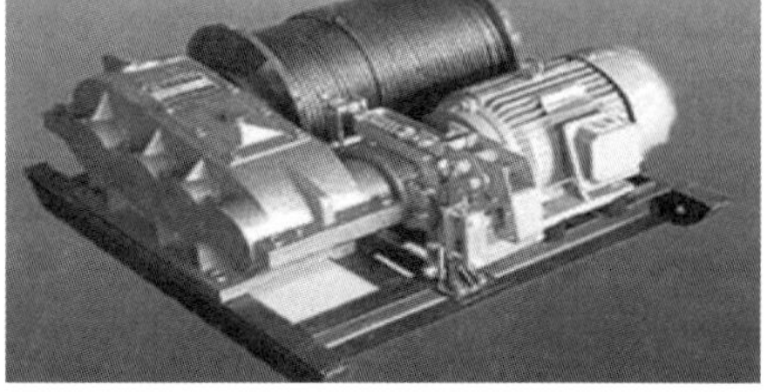

图 4-24　卷扬机

2. 电动葫芦

电动葫芦（见图4-25）是一种特种起重设备，安装在天车、龙门吊之上，电动葫芦具有体积小，自重轻，操作简单，使用方便等优点，缺点为长度尺寸大，宽度方面尺寸大，结构粗笨，机械效率低，加工较难等。常用于工矿企业，仓储，码头等场所。电动葫芦结构紧凑，电机轴线垂直于卷筒轴线的电动葫芦采用蜗轮传动装置。

电动葫芦主要分为：环链电动葫芦、钢丝绳电动葫芦（防爆葫芦）、防腐电动葫芦、双卷筒电动葫芦、卷扬机、微型电动葫芦、群吊电动葫芦、多功能提升机。

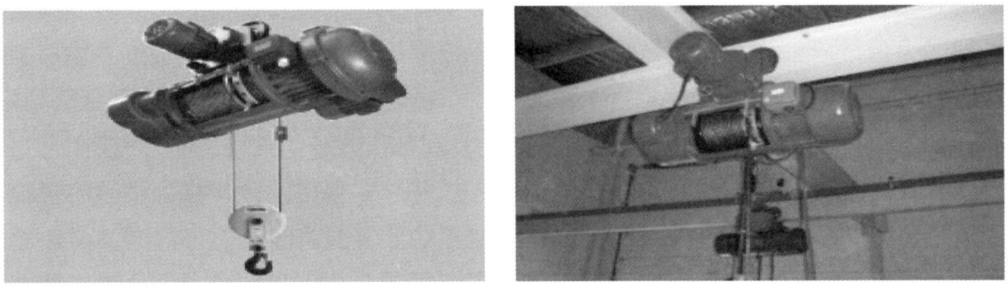

图4-25　电动葫芦

3. 升降平台车

升降平台车（见图4-26）是用于高空作业维修的升降机械设备，具有结构稳固、移动灵活、升降平稳、操作方便、载重量大等特点，为高空作业单位提供了方便。

升降平台车分为剪叉式升降平台、铝合金式升降平台车、套缸式升降平台、曲臂式升降平台、固定式升降平台、移动式升降平台、舞台升降平台车、装卸平台等。

图4-26　升降平台车

4. 电动吊篮

电动吊篮（见图4-27）的全名称为电动高处作业吊篮，采用国内外先进技术制作，结构合理，与其他结构的吊篮相比较具有加高方便、操作简单、安全可靠、规格多种、投资省、效率高等特点。主要适用于高层建筑物的外墙施工、桥梁建设、烟囱建设等。电动吊篮的上下动力来自电动吊篮专用提升机。电动吊篮作为一种先进的辅助施工技术，被越来越多的建筑外墙施工单位所接受，并在建筑工程中采用。

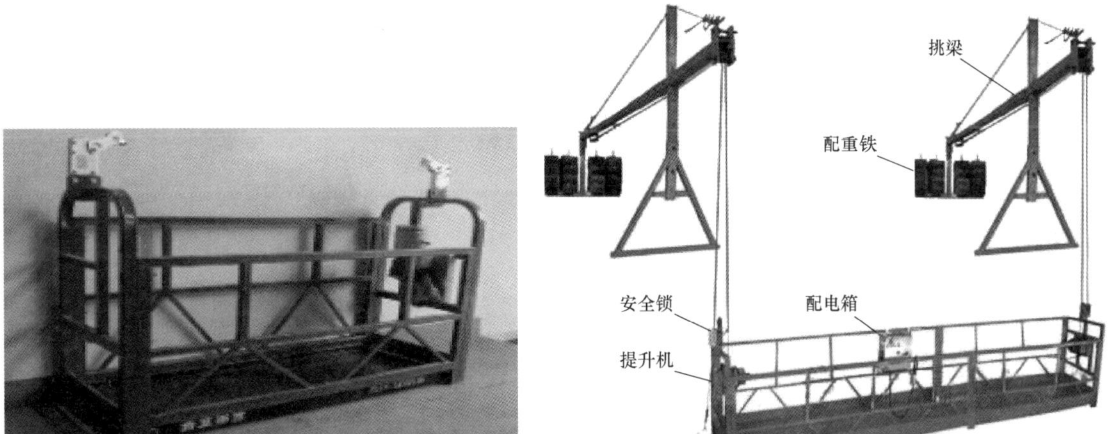

图4-27　电动吊篮

（六）混凝土及砂浆机械

图 4-28　混凝土泵车

1. 混凝土泵车（见图 4-28）

混凝土泵车是利用压力将混凝土沿管道连续输送的机械，由泵体和输送管组成。按结构形式分为活塞式、挤压式、水压隔膜式。泵体装在汽车底盘上，再装备可伸缩或曲折的布料杆，就组成泵车。混凝土泵车是在载重汽车底盘上进行改造而成的，它是在底盘上安装有运动和动力传动装置、泵送和搅拌装置、布料装置以及其他一些辅助装置。混凝土泵车的动力通过动力分动箱将发动机的动力传送给液压泵组或者后桥，液压泵推动活塞带动混凝土泵工作。然后利用泵车上的布料杆和输送管，将混凝土输送到一定的高度和距离。

2. 混凝土输送泵（见图 4-29）

混凝土输送泵又名混凝土泵，由泵体和输送管组成，是一种利用压力，将混凝土沿管道连续输送的机械，主要应用于房建、桥梁及隧道施工。按泵阀类型主要分为闸板阀混凝土输送泵和 S 阀混凝土输送泵。混凝土输送泵按结构和用途分为拖式混凝土泵、车载泵和泵车，按动力类型分为电动混凝土输送泵和柴油动力混凝土输送泵。

3. 混凝土振捣器（见图 4-30）

混凝土振捣器主要用于浇筑构件时进行捣固，排除其中气泡，使混凝土密实结合，消除混凝土的蜂窝麻面等现象，用以提高其强度，保证混凝土构件的质量。混凝土振捣器按传递振动的方法分为内部振捣器、外部振捣器和表面振捣器三种；按振捣器产生振动的原理分为偏心式和行星式两种。

图 4-29　混凝土输送泵

图 4-30　混凝土振捣器

4. 喷浆机（见图 4-31）

喷浆机是一种新型高效喷浆机械，主要适用于混凝土喷浆作业。泥浆泵打来的水泥浆与喷浆机喷出的沙石、速凝剂在混合器中混合，然后由输送管将混合料送至喷枪后进行喷射作业。它结构合理、人性化设计、性能可靠、操作维护方便、使用寿命长，工作时无尘、噪音低、回弹率小。

喷浆机主要由转子式混凝土喷射机、水泥浆搅拌机、挤压式水泥浆泵、电器控制箱、出料弯头、气路系统、混合装置、喷枪、机架等部分组成。喷浆机广泛应用于矿山、隧道、涵洞、地铁、水电工程、地下工程及煤矿高沼矿井巷道喷射混凝土施工作业。

图 4-31　喷浆机

（七）加工机械

1. 钢筋调直机（见图 4-32）

钢筋调直机是由高速转子旋转调整直丝模角度，达到调直的效果，然后通过叨丝轮向前叨丝。钢筋调直机具有结构合理，操作方便安全可靠等特点，适用于鸡笼、兔笼、建筑网片、各种焊丝、舒乐板插丝截断和异形网片用丝的调直。

图 4-32　钢筋调直机

2. 钢筋切断机（见图 4-33）

钢筋切断机是一种剪切钢筋所使用的工具，与其他切断设备相比，具有重量轻、耗能少、工作可靠、效率高等特点，主要用于房屋建筑、桥梁、隧道、电站、大型水利等工程中对钢筋的定长切断。钢筋切断机一般可分为全自动钢筋切断机和半自动钢筋切断机。钢筋切断机全自动的也叫电动切断机是电能通过马达转化为动能控制切刀切口，来达到剪切钢筋效果的，而半自动的是人工控制切口，从而进行剪切钢筋操作。

图 4-33　钢筋切断机

3. 钢筋弯曲机（见图 4-34）

钢筋弯曲机是钢筋加工机械之一，其工作机构是一个在垂直轴上旋转的水平工作圆盘，把钢筋置于图中虚线位置，支承销轴固定在机床上，中心销轴和压弯销轴装在工作圆盘上，圆盘回转时便将钢筋弯曲。为了弯曲各种直径的钢筋，在工作盘上有几个孔，用以插压弯销轴，也可相应地更换不同直径的中心销轴。按工作原理分为蜗轮蜗杆式钢筋弯曲机、齿轮式钢筋弯曲机、钢筋弯箍机、液压式钢筋切断弯曲机。

图 4-34　钢筋弯曲机

4. 液压弯管机（见图 4-35）

液压弯管机是一种新型的具有弯管功能及起顶功能的弯管工具，主要用于工厂、仓库、码头、建筑、铁路、汽车等安装管道和修理，它除了具有弯管功能外，还能卸下弯管部件（油缸）作为分离式液压起顶机使用。液压弯管机具有结构合理、使用安全、操作方便、价格合理、装卸快速、便于携带、一机多用等众多优点。

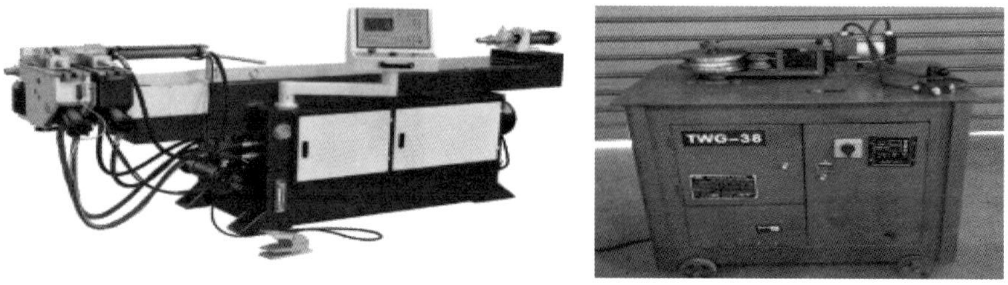

图 4-35　液压弯管机

5. 砂轮切割机（见图 4-36）

砂轮切割机又叫砂轮锯，主要是由基座、砂轮、电动机或其他动力源、托架、防护罩和给水器等所组成。砂轮切割机适用于建筑、五金、石油化工、机械冶金及水电安装等，主要用于对金属方扁管、方扁钢、工字钢、槽型钢、碳元钢、元管等材料进行切割。可分为手持式砂轮机、立式砂轮机、悬挂式砂轮机、台式砂轮机等。

图 4-36　砂轮切割机

6. 套丝机（见图 4-37）

套丝机又名电动套丝、电动切管套丝机、绞丝机、管螺纹套丝机、钢筋套丝机。套丝机由机体，电动机，减速箱，管子卡盘，板牙头，割刀架，进刀装置，冷却系统组成。市场上主要有重型和轻型两种套丝机。

重型套丝机为全铝合金机体，型号代号一般为 100 或 100A，价格较贵，滑架跨度大，稳定性好，经久耐用。一般净重为 175 公斤，适合固定的场地，进行大批量加工管螺纹。

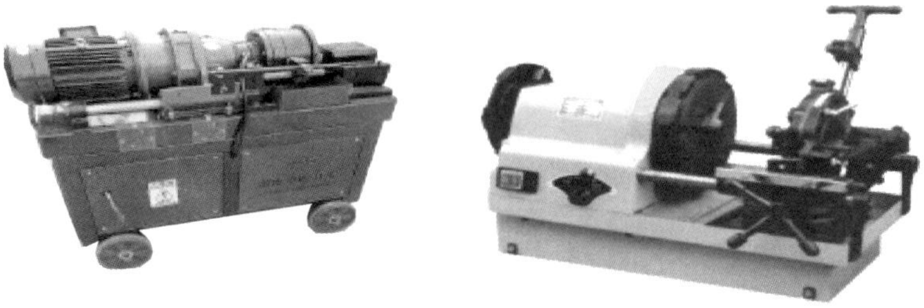

图 4-37　套丝机

轻型套丝机一般机体下部为 2mm 厚的铁板制作，上部为铝合金，型号代号一般为 100C 或 100Ⅲ 或

R4-Ⅱ，价格较低，滑架跨度小，稳定不太好，但重量轻，一般净重为130公斤左右，搬运较方便，适合工作流动频繁者使用。

（八）泵类机械

1. 污水泵（见图4-38）

污水泵属于离心杂质泵的一种，具有多种形式，如潜水式和干式两种，目前最常用的潜水式为QW型潜水污水泵，最常见的干式污水泵如W型卧式污水泵和WL型立式污水泵两种。主要用于输送城市污水、粪便或液体中含有纤维、纸屑等固体颗粒的介质，通常被输送介质的温度不大于80℃。

污水泵可以分为液下污水泵、管道污水泵、潜水污水泵、立式污水泵、耐腐蚀污水泵、耐酸污水泵、自吸污水泵。

图4-38　污水泵

2. 泥浆泵（见图4-39）

泥浆泵是指在钻探过程中向钻孔里输送泥浆或水等冲洗液的机械，是钻探设备的重要组成部分。在常用的正循环钻探中，它是将地表冲洗介质——清水、泥浆或聚合物冲洗液在一定的压力下，经过高压软管、水龙头及钻杆柱中心孔直送钻头的底端，以达到冷却钻头、将切削下来的岩屑清除并输送到地表的目的。

按作用分为单作用式泥浆泵、双作用式泥浆泵。单作用式泥浆泵在活塞往复运动的一个循环中仅完成一次吸排水动作；双作用式泥浆泵在活塞往复运动的一个循环中完成两次吸排水动作。按泵的缸数分类，有单缸、双缸、三缸、五缸等种型式。泥浆泵性能的两个主要参数为排量和压力。

图4-39　泥浆泵

3. 潜水泵（见图4-40）

潜水泵是深井提水的重要设备。使用时整个机组潜入水中工作，把地下水提取到地表，适用于生活用水、矿山抢险、工业冷却、农田灌溉、海水提升、轮船调载，还可用于喷泉景观。

潜水泵按使用介质可分为潜水泵大体上可以分为清水潜水泵，污水潜水泵，海水潜水泵（有腐蚀性）三类。潜水泵的安装方式有三种：①立式竖直安装，如在一般的水井中安装；②斜式安装，如安装在矿井有斜度的巷道中；③卧式安装，如在水池中安装。

4. 喷射井点泵

喷射井点泵（见图4-41）是用来降低地下水位的一种抽水方式。喷射井点泵如果以压缩空气为介质，

图 4-40　潜水泵

则称为喷气井点泵；如果用水作介质的为喷水井点泵。是在井点管内部装设特制的喷射器，用高压水泵或空气压缩机通过井点管中的内管向喷射器输入高压水（喷水井点泵）或压缩空气（喷气井点泵）形成水汽射流，将地下水经井点外管与内管之间的缝隙抽出排走的降水。根据工作流体的不同，以负压力水作为工作流体的为喷水井点泵；以压缩空气作为工作流体的是喷气井点泵，两者的工作原理是相同的。喷射井点泵系统主要是由喷射井点、高压水泵（或空气压缩机）和管路系统组成。喷射井管由内管和外管组成，在内管的下端装有喷射扬水器与滤管相连。

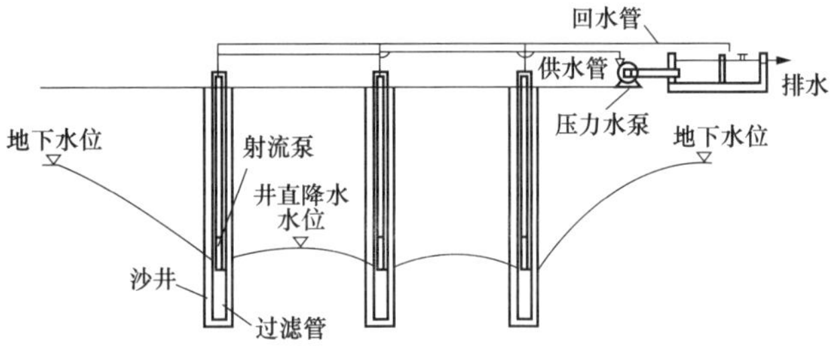

图 4-41　喷射井点泵

（九）焊接机械

1. 交流弧焊机（见图 4-42）

交流弧焊机又称弧焊变压器，是一种特殊的变压器，它把网路电压的交流电变成适宜于弧焊的低压交流电，由主变压器及所需的调节部分和指示装置等组成。交流弧焊机中，目前应用最广泛的是动铁式交流焊机。交流弧焊机主要有动铁芯式、同体式和动圈式三种。它具有结构简单、易造易修、成本低、效率高等优点。但其电流波形为正弦波，输出为交流下降外特性，电弧稳定性较差，功率因数低，但磁偏吹现象很少产生，空载损耗小，一般应用于手弧焊、埋弧焊和钨极氩弧焊等方法。

图 4-42　交流弧焊机

2. 对焊机（见图 4-43）

对焊机也称为电流焊机或电阻碰焊机。利用两工件接触面之间的电阻，瞬间通过低电压大电流，使两个互相对接的金属的接触面瞬间发热至融化并融合。

对焊机根据焊接方式不同分为闪光对焊机、钢筋对焊机、铜杆对焊机。闪光对焊是应用较为广泛的焊接方式，闪光过程具有较强的自调节功能，单位焊接截面积需要电功率小，对严格保持规范一致性要求较低，焊接质量稳定。

图 4-43　对焊机

3. 氩弧焊机（见图 4-44）

氩弧焊机是氩弧焊使用的机器，采用高压击穿的起弧方式。氩弧焊即钨极惰性气体保护弧焊，指用工业钨或活性钨作不熔化电极，惰性气体（氩气）作保护的焊接方法。一般用于 6～10mm 的薄板焊接及厚板单面焊双面成形的封底焊。氩弧焊机按照电极的不同分为熔化极氩弧焊机和非熔化极氩弧焊机两种。

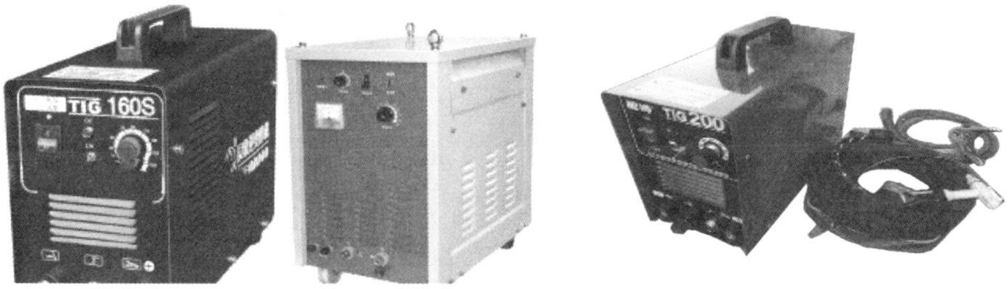

图 4-44　氩弧焊机

4. 电渣焊机（见图 4-45）

电渣焊机是指采用焊丝为电极，焊丝通过非消耗的电渣焊枪和导电嘴送入渣池的电渣焊设备。电渣焊机主要用于钢结构垂直焊缝的高效焊接，特别适用于箱型柱和箱型梁隔板的焊接。主要由电源、机体（或机头）、成形滑块及控制部分组成。

图 4-45　电渣焊机

5. 点焊机（见图 4-46）

点焊机采用双面双点过流焊接的原理，工作时两个电极加压工件使两层金属在两电极的压力下形成一定的接触电阻，而焊接电流从一电极流经另一电极时在两接触电阻点形成瞬间的热熔接，且焊接电流瞬间从另一电极沿两工件流至此电极形成回路，并且不会伤及被焊工件的内部结构。

点焊机按用途可以分成通用式、专用式点焊机；按同时焊接的焊点数目分为单点式、双点式、多点

图 4-46　点焊机

式；按导电方式分为单侧的、双侧的；按加压机构的传动方式分为脚踏式、电动机—凸轮式、气压式、液压式、复合式（气液压合式）；按运转的特性分为非自动化、自动化；按安装的方法分为固定式、移动式或轻便式（悬挂式）点焊机；按焊机的活动电极（普通是上电极）的移动方向分为垂直行程（电极做直线运动）、圆弧行程。

6. 热熔焊接机（见图 4-47）

热熔焊接机采用抽板式结构，应用电加热方法。整机为框架形式，由上模板、下模板、热模板三大块板组成，并配有热模、上下塑料冷模，动作方式为气动控制。可根据不同塑件大小设定加热功率和模具尺寸实现多种塑胶工件焊接，操作简单，使用方便。工业上的热熔技术有热熔对接和热熔承插连接两种。

热熔对接是将聚乙烯管端界面，利用加热板加热熔融后相互对接融合，经冷却固定连接在一起的方法。通常采用热熔电焊机来加热端管，使其熔化，迅速将其贴合，保持有一定的压力，经冷却达到熔接的目的。热熔承插连接在热熔承插连接中，两个需要连接的管道端部分别与一个较粗的成接管段两端部加热熔解，因此每个接头需要两次热熔过程。

图 4-47　热熔焊接机

7. 电焊条烘干箱（见图 4-48）

电焊条由于在制造、运输、贮存过程中渗入了水份，在使用前必须用电焊条烘干箱进行烘干以去除药皮中的水份。此外，电焊条烘干箱还可以作为焊条烘干后的保温箱。电焊条烘干箱接通电源后，发热元件即将电能转换为热能，通过远红外辐射元件以大量的远红外线照射到电焊条上，在辐射热的作用下，使电焊条药皮内的水份迅速蒸发，达到去除水份，烘干焊条目的。

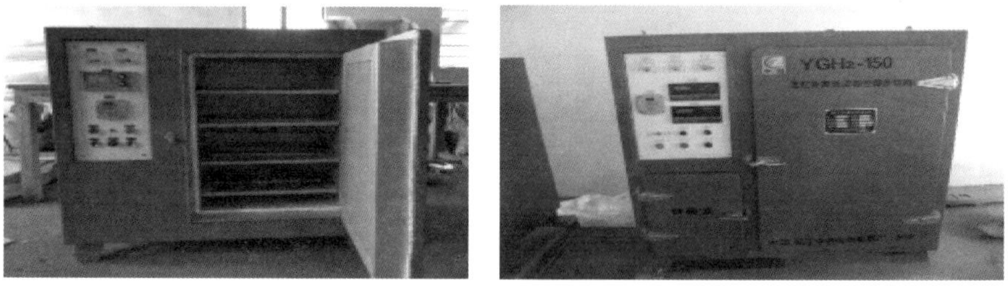

图 4-48　电焊条烘干箱

（十）动力机械

1. 空气压缩机（见图 4-49）

空气压缩机是一种用以压缩气体的设备。空气压缩机与水泵构造类似，大多数空气压缩机是往复活塞式，旋转叶片或旋转螺杆。离心式压缩机是非常大的应用程序。空气压缩机（空压机）的种类很多。

按工作原理可分为容积型、动力型（速度型或透平型）、热力型压缩机三大类。按润滑方式可分为无油空压机和机油润滑空压机。按性能可分为低噪音、可变频、防爆等空压机。按用途可分为冰箱压缩机、空调压缩机、制冷压缩机、油田用压缩机、天然气加气站用、凿岩机用、风动工具、车辆制动用、门窗启闭用、纺织机械用、轮胎充气用、塑料机械用压缩机、矿用压缩机、船用压缩机、医用压缩机、喷砂喷漆用。按型式可分为：固定式、移动式、封闭式。

图 4-49　空气压缩机

2. 蒸汽养护设备（见图 4-50）

蒸汽养护设备主要运用于桥梁建筑养护、桥梁道路养护、铁路养护、混凝土墩柱养护、混凝土养护窑、混凝土养护池、加温加湿养护、混凝土蒸养、混凝土保温、蒸汽养护室、梁厂蒸汽养护、箱梁蒸养、T 梁养护。

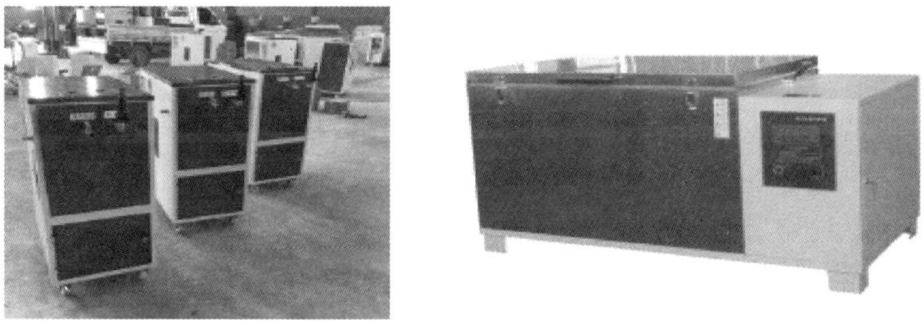

图 4-50　蒸汽养护设备

二、常用测试仪器

（一）工程测量仪器

工程测量仪器是一种测量仪器，是工程建设的规划设计、施工及经营管理阶段进行测量工作所需用的各种定向、测距、测角、测高、测图以及摄影测量等方面的仪器。建筑工程中常用测量仪器有水准仪、经纬仪、全站仪、测距仪等。

1. 经纬仪（见图 4-51）

测量水平角和竖直角的仪器。由望远镜、水平度盘与垂直度盘和基座等部件组成。按读数设备分为游标经纬仪、光学经纬仪和电子（自动显示）经纬仪，经纬仪根据度盘刻度和读数方式的不同，分为电子经纬仪和光学经纬仪。我国主要使用光学经纬仪和电子经纬仪，游标经纬仪早已淘汰，最常用的是电子经纬仪。经纬仪广泛用于控制、地形和施工放样等测量。

2. 水准仪（见图 4-52）

测量两点间高差的仪器，主要部件有望远镜、管水准器（或补偿器）、垂直轴、基座、脚螺旋。按结构分为微倾水准仪、自动安平水准仪、激光水准仪和数字水准仪（又称电子水准仪），按精度分为精密水准仪和普通水准仪。按构造分：定镜水准仪、转镜水准仪、微倾水准仪、自动安平水准仪。水准仪广泛用于控制、地形和施工放样等测量工作。

3. 全站仪（见图 4-53）

全站仪即全站型电子测距仪，是一种集光、机、电为一体的高技术测量仪器，也是集水平角、垂直角、距离（斜距、平距）、高差测量功能于一体的测绘仪器系统。与光学经纬仪比较电子经纬仪将光学度盘换为光电扫描度盘，将人工光学测微读数代之以自动记录和显示读数，使测角操作简单化，且可避免读数误差的产生。因其一次安置仪器就可完成该测站上全部测量工作，所以称之为全站仪。广泛用于地上大型建筑和地下隧道施工等精密工程测量或变形监测领域。

全站仪按其外观结构可分为积木型和整体型两种，按测量功能可分为经典型全站仪、机动型全站仪、无合作目标性全站仪和智能型全站仪四种；按测距仪测距还可以分为短距离测距全站仪、中测程全站仪和长测程全站仪三种。

图 4-51　经纬仪

图 4-52　水准仪

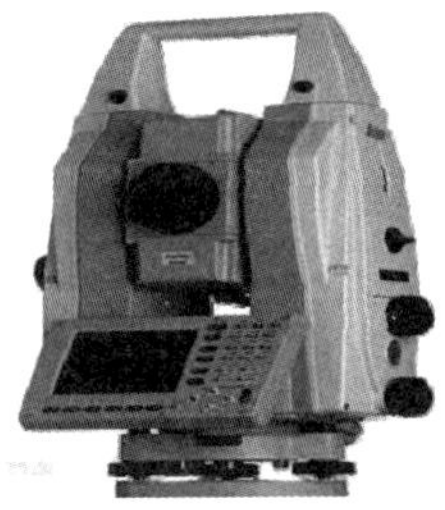

图 4-53　全站仪

4. 测距仪（见图 4-54）

图 4-54　测距仪

测距仪是一种测量长度或者距离的工具，同时可以和测角设备或模块结合测量出角度，面积等参数。测距仪的形式很多，通常是一个长形圆筒，由物镜、目镜、显示装置（可内置）、电池等部分组成。激光测距仪也可以发射多次激光脉冲，通过多普勒效应来确定物体是在远离还是在接近光源。

常见的测距仪从量程上可以分为短程、中程和高程测距仪；从测距仪采用的调制对象上可以分为光电测距仪、声波测距仪。

（二）常用检测仪器

1. 地基基础工程常用检测仪器

（1）非金属超声波检测仪是应用地质勘查领域，采用超声透射法基桩、连续墙完整性快速检测，穿透距离最大可达 50m。可以超声法检测混凝土裂缝深度、不密实区域及蜂窝空洞、结合面质量、表面损伤层厚度、钢管混凝土内部缺陷，还可以对耐火材料质量检测，对地质勘查、岩体、混凝土等非金属材料力学性能检测。非金属超声波检测仪如图 4-55 所示。

（2）锚杆拉拔仪是一种用来检测各种锚杆、钢筋等锚固体锚固力的仪器，见图 4-56。锚杆拉拔仪由手动泵、液压缸、智能数显压力表、带快速接头的高压油管、锚具和手提便携箱组成，其液压缸为中空自复位式，智能数字压力表为可直接读取锚杆拉力值（kN），并有峰值保持、存储和查询功能，特别适合现场使用，操作简单，易学易用。

图 4-55　非金属超声波检测仪

图 4-56　锚杆拉拔仪

（3）测斜仪（见图 4-57）是一种用于测量钻孔、基坑、地基基础、墙体和坝体坡等工程构筑物的顶角、方位角的仪器。在国外，20 世纪 50 年代就利用测斜仪对土石坝、路基、边坡及其隧道等岩土工程进行原位监测。从八十年代开始我国引进美、日、英等国生产的测斜仪对一些重大的岩土工程进行原位监测，取得了良好效果。一些相关的研究机构随后研制出电阻应变式、加速度计式和电子计式等智能型测斜仪。各种各样的测斜仪广泛应用于水利水电、矿产冶金、交通与城建岩土工程领域，在保证岩土工程设计、施工及其使用安全中发挥了重要的作用。

（4）标准贯入试验设备（见图 5-58）是动力触探的一种，是在现场测定砂或黏性土的地基承载力的一种方法。它利用一定的锤击功能，将一定规格的对开管式贯入器打入钻孔孔底的土中，根据打入土中的贯入阻抗，判别土层的变化和土的工程性质。

标准贯入试验的设备主要由标准贯入器、触探杆和穿心锤三部分组成。触探杆一般用直径为 42mm 的钻杆，穿心锤重 63.5kg。

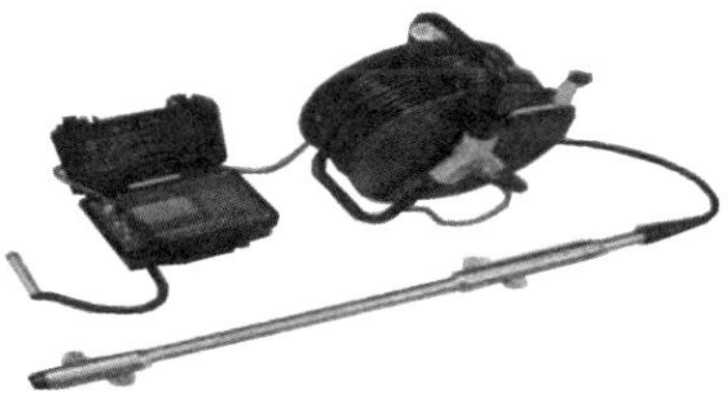

图 4-57　测斜仪

图 4-58　标准贯入实验

（5）静力荷载试验设备。静力荷载试验（简称静载试验）分为平板试验、螺旋板荷载试验、深层平板荷载试验等。其中平板测试最为常见。平板测试在拟建场地上，在挖至设计的基础深度的平整坑底放置一定规格的方形或圆形承压板，将上述装置安装好后，可开始试验。在其上逐级加荷载，测定相应荷载作用下地基土的稳定沉降量，分析研究地基土的强度与变形特性，求得地基土容许承载力与变形模量等力学数据。现场静载试验如图 4-59 所示。

桩基的静载试验是运用在工程上对桩基承载力检测的一项技术。在确定单桩极限承载力方面，它是目前最为准确、可靠的检验方法，作为判定某种动载检验方法是否成熟，均以静载试验成果的对比误差大小为依据。

随着电子技术的发展，桩基静载测试技术也向着自动化测试方向不断发展。进入 21 世纪以后，实现了在一种型号仪器内多种测试方法并存的无线数据采集系统，解决了现有的测试仪器只能做单一的桩基检测的弊端，可以提供给用户多种测试模式。智能静载检测仪如图 4-61 所示。

图 4-59　现场静载试验

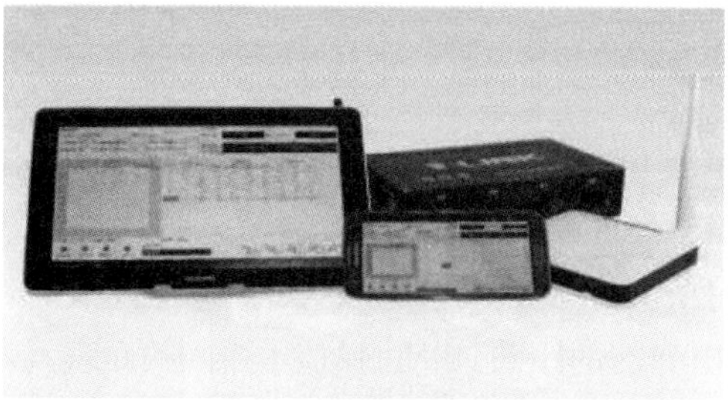

图 4-60　智能静载检测仪

（6）基桩动测仪可分为两种：一种是基桩高（大）应变检测仪，用于检测基桩的竖向抗压承载力和桩身完整性；另一种是基桩低（小）应变检测仪，主要用于桩的完整性检测，能定性判定，不能定量。

1）低应变检测指在桩顶施加一个动态力（动荷载），动态力可以是瞬态冲击力或稳态激振力。桩—土系统在动态力的作用下产生动态响应，采用不同功能的传感器在传感器的桩顶测动态响应信号（如位移、速度、加速度信号），通过对信号的时域分析或传递函数分析，判断桩身结构完整性。现场低应变检测如图 4-61 所示，低应变检测仪如图 4-62 所示。

图 4-61　现场低应变检测

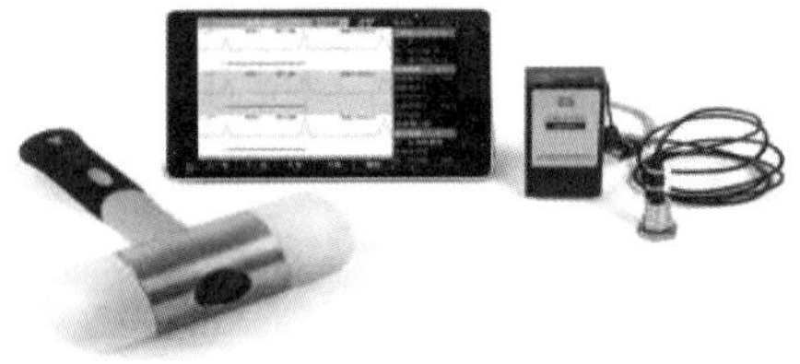

图 4-62　低应变检测仪

图 4-63　高应变现场检测

2）高应变检测是一种对单桩竖向抗压承载力和桩身完整性进行判定的检测方法，实验时用重锤冲击桩顶，实测桩顶部的速度和力时程曲线，通过波动理论分析。主要检测方法有波形拟合法，CAPWAPC 方法，凯斯法（Case 法），波动方程法等。高应变现场检测如图 4-63 所示，高应变检测仪如图 4-64 所示。

2．主体结构工程检测

（1）混凝土回弹仪。是一种检测装置，如图 4-65 所示，适于检测一般建筑构件、桥梁及各种混凝土构件（板、梁、柱、桥架）的强度，主要技术指标有冲击功能；弹击拉簧刚度；弹击锤冲程；指针系统最大静摩擦力和刚钻率定平均值。

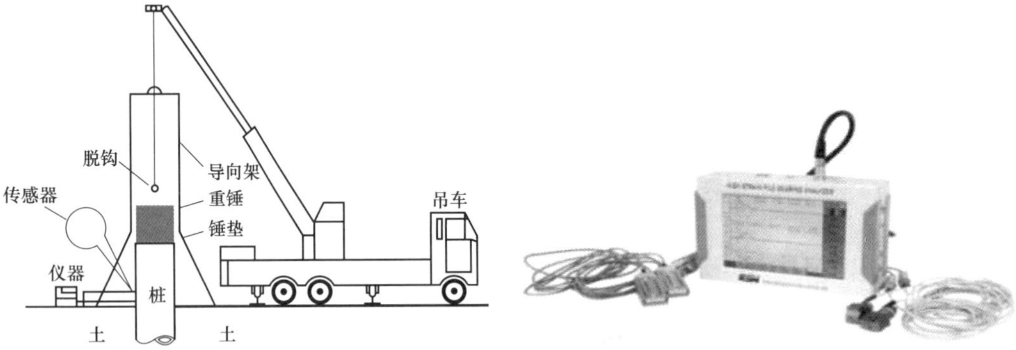

图 4-64　高应变检测仪

混凝土回弹仪是用一弹簧驱动弹击锤并通过弹击杆弹击混凝土表面所产生的瞬时弹性变形的恢复力，使弹击锤带动指针弹回并指示出弹回的距离。以回弹值（弹回的距离与冲击前弹击锤与弹击杆的距离之比，按百分比计算）作为混凝土抗压强度相关的指标之一，来推定混凝土的抗压强度。

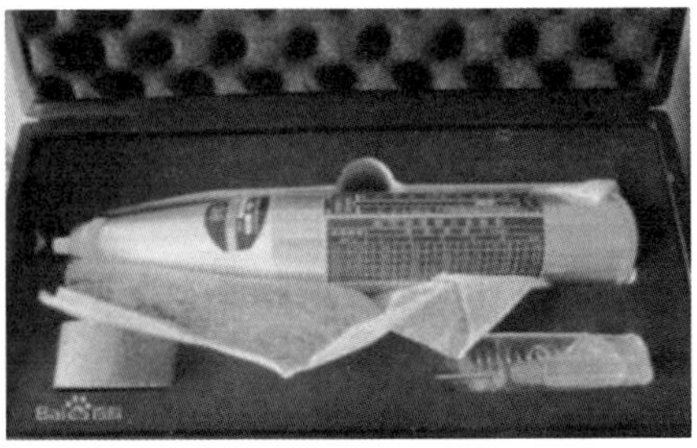

图 4-65　混凝土回弹仪

（2）碳化深度测定仪主要用于检测混凝土碳化深度的仪器。其主要特点是体积小、重量轻、使用简便、测试精度高。主要由碳化深度仪、校对块、吸耳球、酚酞粉等组成，见图 4-66。

（3）砂浆回弹仪是用弹簧驱动弹击锤并通过弹击杆弹击砖样表面所产生的瞬时弹性形变的恢复力，使锤带动指针弹回并指示出回弹距离，以回弹值作为评定砂浆抗压强度的相关指标之一。适用于无损检测工业与民用一般建筑物烧结普通砖砌体中砌筑砂浆的抗压强度检测，见图 4-67。

图 4-66　碳化深度测定仪

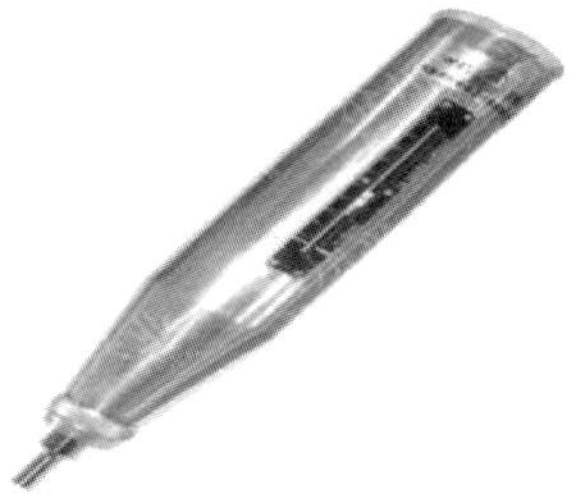

图 4-67　砂浆回弹仪

（4）钢筋保护层测定仪。钢筋保护层测定仪，可用于对现有钢筋混凝土工程及新建钢筋混凝土结构施工质量的检测：确定钢筋的位置、布筋情况，根据已知直径检测混凝土保护层厚度，具有布筋扫描功能。此外，也可对非磁性和非导电介质中的磁性体及导电体的位置进行检测，如墙体内的电缆、水暖管道等。该仪器是一种具有自动检测、数据存储和输出功能的智能型无损检测设备，见图 4-68。

（5）金属超声波探伤仪是一种便携式工业无损探伤仪器，它能够快速、便捷、无损伤、精确地进行工件内部多种缺陷（包括纵向裂纹、横向裂纹、疏松、气孔、夹渣等）的检测、定位、评估和诊断。既可以用于实验室，也可以用于工程现场。广泛应用在锅炉、压力容器、航天、航空、电力、石油、化工、海洋石油、管道、军工、船舶制造、汽车、机械制造、冶金、金属加工业、钢结构、铁路交通、核电力、高校等行业，见图 4-69。

图 4-68　钢筋保护层测定仪图

图 4-69　金属超声波探伤仪

3. 装饰装修阶段

（1）涂层测厚仪（见图 4-70）。测量磁性金属基体（如钢、铁、合金和硬磁性钢等）上非磁性涂层的厚度（如铝、铬、铜、珐琅、橡胶、油漆等）及非磁性金属基体（如铜、铝、锌、锡等）上非导电覆层的厚度（如：珐琅、橡胶、油漆、塑料等）。

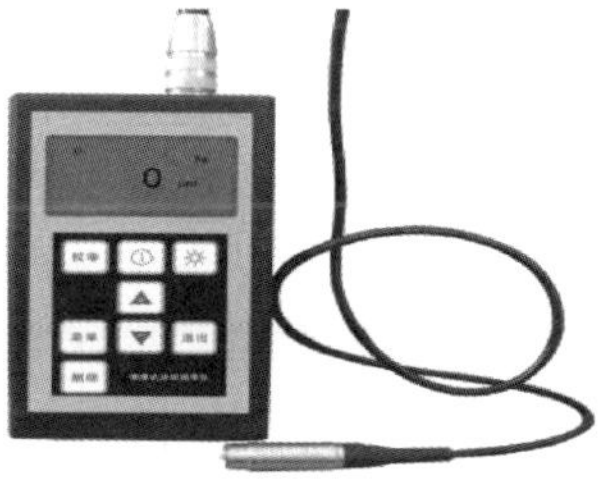

图 4-70　涂层测厚仪

涂层测厚仪具有测量误差小、可靠性高、稳定性好、操作简便等特点，是控制和保证产品质量必不可少的检测仪器，广泛地应用在制造业、金属加工业、化工业、商检等检测领域。

（2）室内环境检测仪（见图 4-71）是运用现代科学技术方法以间断或连续的形式定量地测定环境因子及其他有害于人体健康的室内环境污染物的浓度变化，观察并分析其环境影响过程与程度的科学活动，室内环境检测仪可以快速检测室内甲醛、苯、氨、甲苯、二甲苯、TVOC 六种污染气体，通过对室内装饰装修、家具添置引起的环境污染超标情况进行的分析、化验，根据检测结果值可以判断室内各项污染物质的浓度，并进行有针对的防控措施。

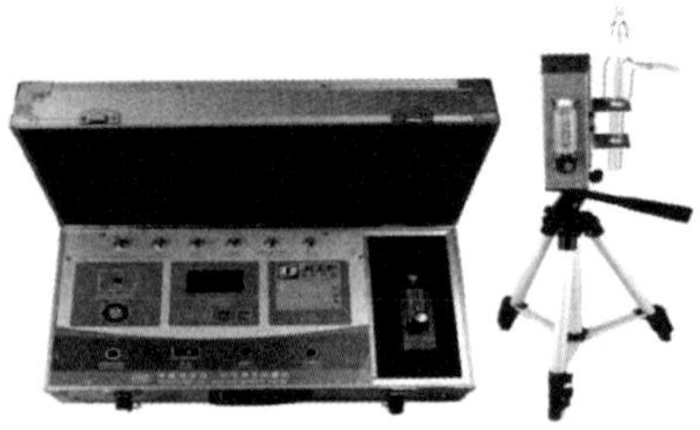

图 4-71　室内环境检测仪

第二节　施　工　工　艺

为了便于组织施工和验收，常将建筑施工划分为若干分部和分项工程。一般按工程部位和施工先后次序将一栋建筑物的土建工程划分为地基与基础工程、主体结构工程、建筑屋面工程、建筑装饰装修工程等四个分部；按施工工种不同分为土石方工程、砌筑工程、钢筋混凝土工程、钢结构工程、结构安装工程、装饰工程等分项工程。而一个分部工程是由若干不同的分项工程组成，如地基与基础分部是由土石方工程、砌筑工程、钢筋混凝土工程等分项工程组成。

一、土石方工程

土石方工程指一切土（石）方的挖掘、填筑和运输过程，以及挖土时的排水、降水和土壁支撑等准备和辅助工作过程。

（一）工艺流程

土石方工程的基本工艺流程：施工准备和辅助工作→土方开挖→土方的填筑与压实→质量验评。

（二）土方工程的施工准备和辅助工作

1. 施工前的场地平整和测量定位、放线

土方工程施工前，首先要根据设计要求或地形条件进行场地平整；然后将天然地面改造成场地设计所要求的平地面。场地平整基本原则是总挖方量等于总填方量，即场地内挖填平衡，场地内挖方工程量等于填方工程量。其次，还要考虑开挖临时排水沟排除地面水（包括低洼地区积水），并结合考虑雨水排除工作，修筑好施工用临时道路（结合考虑土方运输）、供水、供电及其他临时设施。

测量定位见图 4-72，在基础施工之前根据建筑总平面图设计要求，将拟建房屋的平面位置和零点标高在地面上固定下来。一般用经纬仪、水准仪和钢尺等测量仪器，根据主轴线控制点，将外墙轴线的四

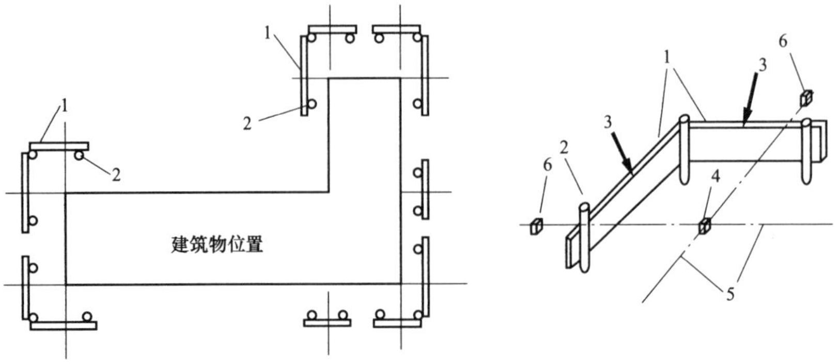

图 4-72　测量定位

1—龙门板（标志板）；2—龙门桩；3—轴线钉；4—轴线桩（角桩）；5—轴线；6—控制桩（引桩、保险桩）

个交点用木桩测设在地面上，然后在根据建筑平面图将内部纵横的所有轴线都一一测出，并用木桩及桩顶面小钉标识出来。按设计要求设置坐标控制桩和水准桩，定好挖土区位置或放好灰线。

房屋定位后，根据基础的宽度、土质情况、基础埋置深度及施工方法，计算确定基槽（坑）上口开挖宽度，拉通线后用石灰在地面上画出基槽（坑）开挖的上口边线即放线。

2. 边坡的留设和土壁支撑

为了防止塌方和保证施工安全，在挖填方的深度和高度超过一定限度时。土壁均应留成一定坡度，或者设置临时支撑以保持土壁的稳定。边坡可做成直线形、折线形、阶梯形。确定边坡大小时要考虑土质、挖方深度（填方高度）、边坡留置时间、排水情况、边坡上部荷载情况及土方施工方法等因素。

当基础埋置较深，场地又狭窄不能放坡时，为防止土壁坍塌，必须设置支撑。支撑形式应根据开挖深度、水质情况、地下水位、挖土方法、相邻建筑物等情况进行选择。常用的有：横撑式支撑、锚固式和斜柱式支撑。其中横撑式支撑又分为水平挡土板（连续式和断续式）和垂直挡土板式。横撑式支护结构见图 4-73。

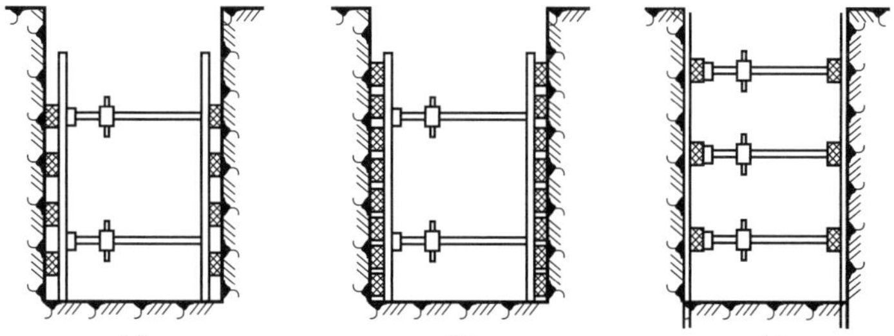

图 4-73　横撑式支护结构

（a）间断式水平挡土板支护；（b）连续式水平挡土板支护；（c）连续式垂直挡土板支护

除上述以外，在挖掘较深基坑、地下水位较高、又未采用井点降水的情况下挖土，可设置护坡桩挡墙．这样既可挡土又可增加地下水的渗透长度，降低水力坡度．也能阻挡流砂。常用板桩有：木板桩、钢板桩、钢筋混凝土板桩，护坡桩挡墙见图 4-74。

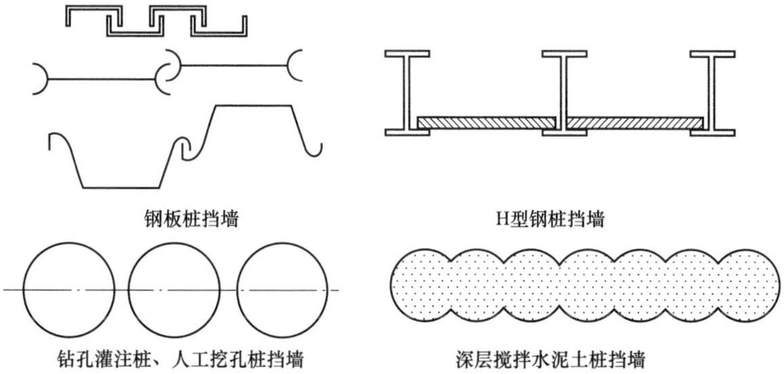

图 4-74　护坡桩挡墙

3. 降水

在开挖基坑、地槽、管沟或其他土方时，含水层常被切断，地下水将会不断地渗入坑内。雨季施工时，地面水也会流人坑内。为了保证施工的正常进行，防止边坡塌方和地基承载能力的下降，应采用降低地下水位的办法，以保证施工质量和施工安全。降低地下水位的方法有集水井降水法和井点降水法。

（1）集水井降水法见图 4-75，是在基坑或沟槽开挖时，在坑底设置集水井，沿坑底的周围或中央开挖排水沟，使水由排水沟流入集水井区，然后用水泵抽出坑外。

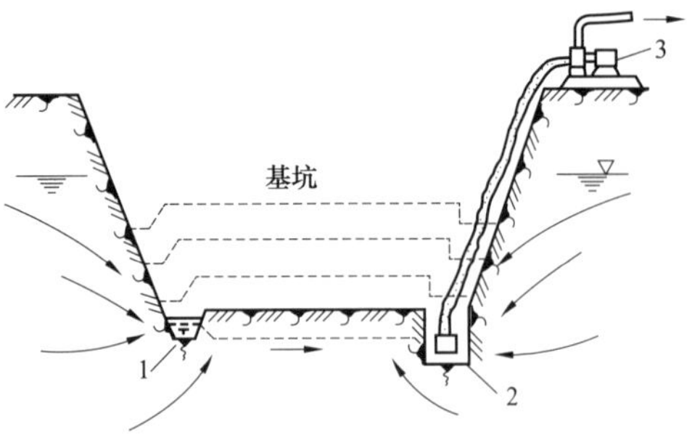

图 4-75　集水井降水法

当开挖深度大、地下水位较高而且土为细砂和粉砂时，地下水渗出会带走细粒，发生流砂现象，导致边坡坍塌、坑底涌砂，难以施工，此时应采用集水井降水法。

（2）井点降水法是在基坑开挖前，预先在基坑四周埋设一定数量的滤水管（井），利用抽水设备从中抽水，使地下水位降落在坑底以下直至施工结束为止；这样可使所挖的土始终保持干燥状态，同时还使动水压力方向向下，从而防止流砂发生，提高土强度或密实度。因此人工降低地下水位不仅是一种施工措施，也是一种地基加固方法。井点降水法包括轻型井点降水法、喷射井点降水法、管井井点降水法、深井井点降水法。

1）轻型井点降水。

轻型井点降水设备由管路系统和抽水设备组成，适用于适用于渗透系数为 0.1～5.0m/d 及土中含有大量细砂和粉砂的土层。

根据基坑平面的大小与深度、土质、地下水位高低与流向、降水深度要求，轻型井点可采用单排布置、双排布置以及环形布置；当土方施工机械需进出基坑时，也可采用 U 形布置。如图 4-76 所示。

轻型井点系统的安装顺序：挖井点沟槽、铺设集水总管、冲孔、沉设井点管、灌填砂滤料、弯联管将井点管与集水总管连接、安装抽水设备并试抽。

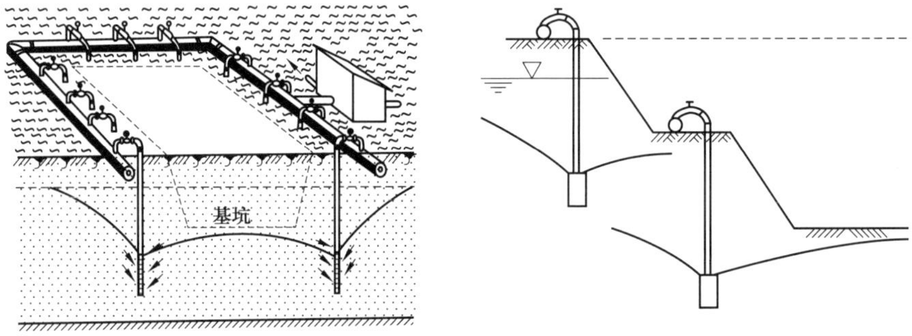

图 4-76　轻型井点降水法

2）喷射井点降水法是在井点管内部装设特制的喷射器，用高压水泵或空气压缩机通过井点管中的内管喷射器输入高压水（喷射井水）或压缩空气（喷气井点），形成水气射流，将地下水经井点外管与内管的间隙抽出排走，适用于地下水位较高，降水深度 8～20m。

喷射井点也有单排布置、双排布置及环形布置；当基坑宽度小于等于 10m 时，井点可作单排布置；大于 10m 时，可作双排布置；基坑面积较大时，宜采用环形布置。

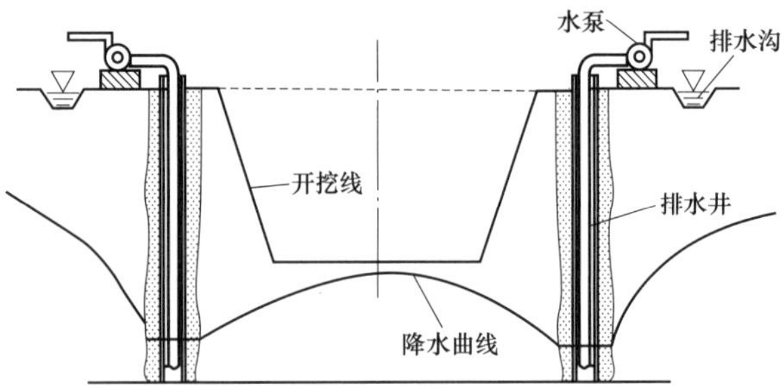

图 4-77　管井井点降水

3）管井井点降水法如图 4-77 所示，是沿基坑每隔一定距离设置一个管井，每个管井单独用一台水泵不断抽水来降低地下水位。在土的渗透系数大（20～200m/d）、地下水量大的土层中，宜采用管井井点。

管井井点的设备主要是由管井、吸水管及水泵组成。

4）深井井点降水法。当降水超过 15m 时，在管井井点采用一般的潜水泵和离心泵满足不了降水的要求，可加大管井深度，改采用深井泵即深井井点降水来解决。深井井点一般可降低水位 30～40m，有的甚至可达到 100m 以上。常见深井泵有两种类型：电动机在地面上的深井泵及深井潜水泵。

（三）土方开挖

根据不同的基础形式，一般将挖土工程分为挖土方、挖地槽和挖地坑 3 种。凡底宽（设计图示垫层或基础的底宽，下同）≤7m 且底长＞3 倍底宽为沟槽；底长≤3 倍底宽，且底面积≤150m^2 为基坑；超出上述范围又非平整场地的，为一般土石方。

挖土方又分人工挖方和机械挖方。对于工程量小、土壤类别低、挖土深度浅、运距短的土方工程采用人工挖方；除此之外，均采用机械挖土，常用的施工机械有推土机、铲运机、单斗挖土机、装载机等，施工时应选用适合的施工机械，以便加快施工进度。

1. 推土机

推土机是土方工程施工的主要机械之一，是在履带式拖拉机上安装推土铲刀等工作装置而成的机械。按铲刀的操纵机构不同，推土机分为索式和液压式两种。

（1）索式推土机铲刀借本身自重切入土中，硬土中切土深度较小。液压式推土机由于用液压操纵，能使铲刀强制切入土中，切入深度较大。同时液压式推土机铲刀还可以调整角度，具有更大的灵活性，是目前常用的一种推土机。

（2）推土机可以推挖一～三类土，经济运距 100m 以内，效率最高为 60m。多用于场地清理和平整、开挖深度 1.5m 内的基坑，填平沟坑，及配合铲运机、挖土机工作等。

2. 铲运机

铲运机由牵引机械和土斗组成，按行走方式分拖式和自行式两种，最大的特点是能独立完成铲土、运土、卸土、填筑、压实等工作，对行驶道路要求较低，行驶速度快，操纵灵活，运转方便，生产效率高。常用于坡度小于 20° 的大面积场地平整，开挖大型基坑、沟槽，以及填筑路基等土方工程。

3. 单斗挖土机施工

单斗挖土机在土方工程中应用较广、种类很多。按其行走装置的不同，分为履带式和轮胎式两类；按其操纵机械不同，可分机械式和液压式两类，按其工作装置不同，分为正铲、反铲、拉铲和抓铲等。

（1）正铲挖土机的挖土特点是：前进向上，强制切土。它挖掘力大，生产率高，适用于开挖停机面以上的Ⅰ～Ⅳ类土，且需与运土汽车配合完成整个挖运任务。

正铲挖土机在坑内作业，开挖大型基坑时需设坡道，因此适宜在土质较好、无地下水的地区工作；当地下水位较高时，应采取降低地下水位的措施，把基坑土疏干。

（2）反铲挖土机的挖土特点是：后退向下，强制切土；挖掘力比正铲小，能开挖停机面以下的Ⅰ～Ⅲ级的砂土或黏土，适宜开挖深度 4m 以内的基坑，对地下水位较高处也适用。

反铲挖土机可与自卸汽车配合，装土运走，也可弃土于坑槽附近。作业方式分沟端开挖和沟侧开挖两种。

（3）拉铲挖土机的土斗是用钢丝绳悬挂在挖土机长臂上，挖土时土斗在自重作用下落到地面切入土中。拉铲挖土机的挖土特点是：后退向下，自重切土；开挖深度及宽度大，甩土方便，能开挖停机面以下的Ⅰ～Ⅱ级土，适宜开挖大型基坑及水下挖土。

拉铲挖土机的开挖方式基本与反铲挖土机相似，也可分为沟端开挖和沟侧开挖。

（4）抓铲挖土机是在挖土机臂端用钢丝绳吊装一个抓斗。其挖土特点是：直上直下，自重切土；挖掘力较小，只能开挖Ⅰ～Ⅱ级土，可以挖掘独立基坑、沉井。

（四）土方的填筑与压实

建筑工程土方的填筑与压实主要包括地基、基坑（槽）、室内地坪、室外场地、管沟等处，填土一定要密实；其压实质量常用压实系数控制，地坪垫层以下及基础底面标高以上的压实填土，其压实系数不应小于 0.94；影响填土压实的因素主要有压实力、土的含水量和每层铺土厚度。填土施工结束后，应检查标高、边坡坡度及压实程度等。

土方填筑时应从最低处开始分层进行，并尽量采用同类土填筑，如采用不同透水性的土分层填筑时，下层宜填筑透水性较大、上层宜填筑透水性较小的填料，或将透水性较小的土层表面做成适当坡度，以免形成水囊。当天填土应当天压实，基础墙两侧应同时回填夯实。

为了保证填土工程的质量，必须正确选择土料和填筑方法。

碎石类土、砂土、爆破石渣及含水量符合压实要求的黏性土可作填方土料；淤泥、冻土、膨胀性土及有机物含量大于 8%的土及硫酸盐含量大于 5%的土均均不能作填土；当填方土料为黏性土时，填土前应检验其含水量是否在控制范围以内，含水量大的黏土不宜作填土用。

填土压实方法有碾压法、夯实法及振动压实法。平整场地等大面积填土多采用碾压法，小面积的填土工程多用夯实法，而振动压实法主要用于压实非黏性土。

（五）石方爆破

土木工程施工遇到岩石最有效的方法是爆破，爆破是利用炸药爆炸时产生的大量的热和极高的压力破坏岩石和其他物体，使其松动或破碎。爆破时距离爆破中心近的，受到的破坏就大；远的，受到的破坏就小。通常将爆破影响的范围分为压缩圈、抛掷圈、破坏圈、振动圈等几个爆破作用圈，石方爆破圈见图 4-78。

爆破的起爆方法有电和非电两种：前者由电热点燃电雷管内的灼热桥丝引爆炸药；后者则由导火索的火焰或导爆索、导爆管传递的冲击波引爆雷管，从而起爆药包。

爆破作业就是向要爆破介质钻出的炮孔或开挖的药室或在其表面敷设炸药，放入起爆雷管（见图 4-79），然后引爆。

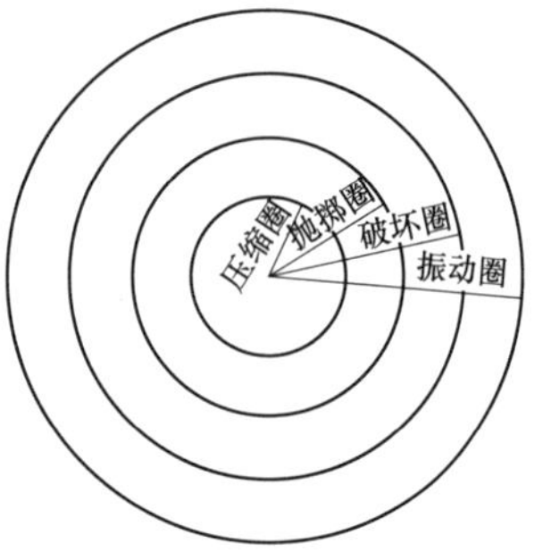

图 4-78　石方爆破圈

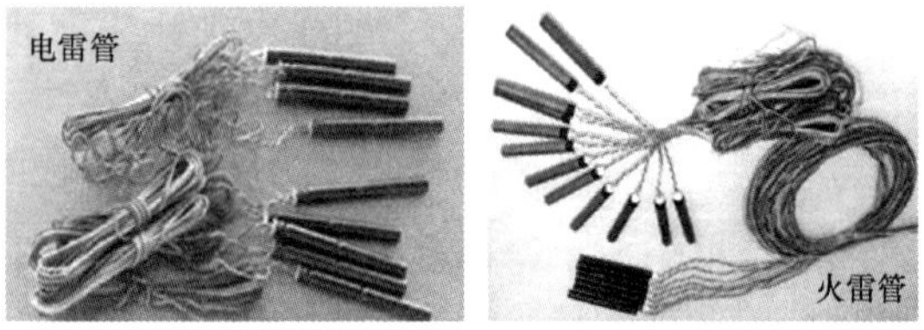

图 4-79　起爆雷管

根据药包形状和装药方式的不同，石方爆破主要分为：

（1）表面爆破炸药直接放在岩石表面（或用土和草皮覆盖）进行爆破。效率很低，只用在爆破少量分散的岩石。

（2）钢钎炮（眼炮）钢钎炮通常指炮眼直径和深度分别小于 70mm 和 5m 的爆破方法。适用于工作量不大的岩石路堑，或作为其他炮型的辅助炮型。

（3）深孔爆破深孔爆破就是孔径大于 75mm、深度在 5m 以上、采用延长药包的一种爆破方法。深孔爆破每次爆破的石方量大，从而可加快施工进度，可用于开挖基坑，开采石料、松动冻土，爆破大块岩石及开挖路堑等。

（4）光面爆破和预裂爆破光面爆破是在开挖限界的周边，适当排列一定间隔的炮孔，在有侧向临空面的情况下进行爆破，使之形成一个光滑平整的边坡。预裂爆破是在开挖限界处按适当间隔排列炮孔，在没有侧向临空面的情况下，用控制炸药的方法，预先炸出一条裂缝，使拟爆体与山体分开，作为隔震减震带，起保护和减弱开挖限界以外山体或建筑物的震动破坏作用。

二、地基与边坡工程

当建筑物直接建造在未经加固的天然土层上时，这种地基称为天然地基。若天然地基不能满足强度和变形，则必须进行地基处理。地基处理就是按照上部结构对地基的要求，采取措施使地基土层中孔隙减少，土颗料之间靠近，密度加大，土的承载力提高。

边坡一般是指具有倾斜坡面的土体或岩体，为满足工程需要而对自然边坡进行加固改造，称为边坡处理。

（一）地基处理

常见的地基处理方法主要有机械压实法、换土垫层法、夯实法、挤密桩法、化学固结法、堆载预压排水固结法及桩基础等。

1. 机械压实法

机械压实法是一种通过机械压实设备对松散地基进行压密的一种较简单的方法，主要包括机械碾压法和振动压实法。

机械碾压常用的机械有平碾、羊足碾、压路机等，适合于大面积填土和杂填土的压实，碾压时一般以慢速效果最好，压实速度以 2～4km/h 最为适宜。

振动压实是一种在地基表面施加振动把浅层松散土振密的方法，主要机具是振动压实机。适合于处理杂填土、混陷性黄土、炉渣、细砂、碎石地基。振实的有效深度一般可达 1.2～1.5m。

2. 换土垫层法

当建筑物基础下的持力层比较软弱，不能满足上部荷载对地基的要求时，常采用换土垫层法来处理软弱地基。换土垫层法是先将基础底面以下一定范围内的软弱土层挖去；然后回填强度较高、压缩性较低、没有侵蚀性的材料，如中粗砂、碎石或卵石、灰土、素土、石屑、矿渣、素混凝土等，再分层夯实后作为地基的持力层。

3. 夯实法

（1）重锤夯实法是利用起重机将夯锤（2～3t）提升到一定高度，然后自由落下，重复夯击基土表面，使地基表面形成一层比较密的硬壳层，从而使地基得到加固。适用于地下水位 0.8m 以上、稍湿的黏性土、砂土、杂填土以及分层填土地基的加固处理。

（2）强夯法如图 4-80 所示，是用起重机械将大吨位（一般 8～30t）夯锤起吊到 6～30m 高度后，自由落下，给地基土以强大的冲击能量的夯击，使土中出现冲击波和很大的冲击应力，迫使土层孔隙压缩，土体局部液化，使土粒重新排列，经时效压密达到固结，从而提高地基承载力，降低其压缩性的一种有效地基加固方法。

强夯法是在重锤夯实法基础上发展起来的，但其加固机理又与重锤夯实法不完全一样的新方法。处理范围应大于建筑物基础范围，对一般建筑物，每边超出基础外缘的宽度宜为基底下设计处理深度的 1/2～1/3，并不小于 3m；一般采用连续夯击或分遍间歇夯击；夯击遍数一般为 2～3 遍，最后再以低能量满夯 2 遍，锤印搭接。

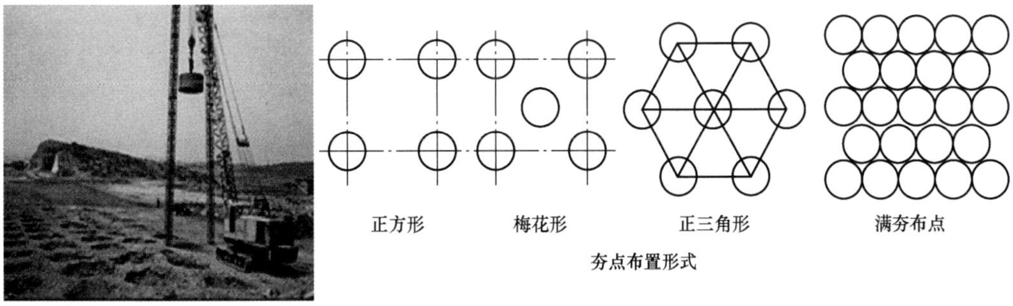

图 4-80　强夯法

4. 挤密桩法

（1）灰土挤密桩是利用锤击将钢管打入土中侧向挤密成孔，将管拔出后，在桩孔中分层回填 2:8 或

3:7 灰土夯实而成，与桩间土共同组成复合地基以承受上部荷载。

（2）砂石桩是指用振动、冲击或水冲等方式在软弱地基中成孔后，再将砂或砂卵石（砾石、碎石）挤压入土孔中，形成大直径的砂或砂卵石（碎石）所构成的密实桩体，它是处理软弱地基的一种常用的方法。适用于挤密松散砂土、素填土和杂填土等地基。

（3）水泥粉煤灰碎石桩简称 CFG 桩，是在碎石桩的基础上掺入适量石屑、粉煤灰和少量水泥，加水拌合成制成具有一定强度的桩体，属于一种低强度混凝土桩，由它组成的复合地基能够较大幅度提高承载力。

5. 堆载预压排水固结法

堆载预压排水固结法简称堆载预压法（见图 4-81），是软土地基处理的方法之一。该方法将砂井、塑料排水带等竖向排水体，按一定间距垂直方向打入软土中，通过在场地加载预压，使软土层中的孔隙水排出地面，降低其含水量并逐渐固结；地基发生沉降，同时强度逐步提高。

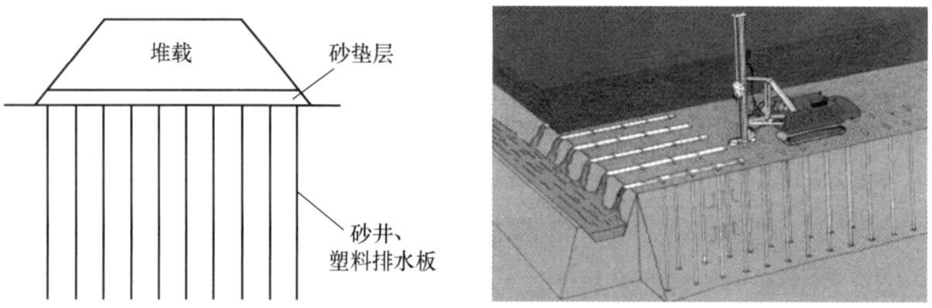

图 4-81　堆载预压法

堆载预压施工包括三个环节：铺设水平排水垫层、设置竖向排水体和施加固结压力。

（1）铺设水平排水垫层。

1）水平排水垫层的作用是使在预压过程中，从土体进入垫层的渗流水迅速地排除，使土层的固结能正常进行，防止土颗粒堵塞排水系统。因而，垫层的质量将直接关系到加固效果和预压时间的长短。

2）水平排水垫层材料应采用透水性好的砂料，其渗透系数一般不低于 10^3cm/s，同时能起到一定的反过滤作用。通常采用级配良好的中、粗砂，含泥量不大于 3%。一般不宜采用粉、细砂。排水砂垫层宽度等于铺设场地宽度，砂料不足时，可用砂沟代替砂垫层。

（2）设置竖向排水体。竖向排水体先后采用过 200～500mm 的普通砂井、70～120mm 的袋装砂井、塑料排水板；由于大直径普通砂井施工中常出现断桩或缩颈，而且设备笨重，施工麻烦，造价高，现在逐步被小直径的袋装砂井和塑料排水带所取代。

袋装砂井施工见图 4-82，它是采用土工编织布制成 7～12cm 直径的袋子，在里面填充砂子，先灌好。施工时，所用钢管的内径宜略大于砂井直径，不宜过大以减小施工过程中对地基土的扰动。另外，拔管后带上砂袋的长度不宜超过 0.50m。袋装砂井成孔方法有锤击打入法、水冲法、静力压入法、钻孔法和振动贯入法五种。

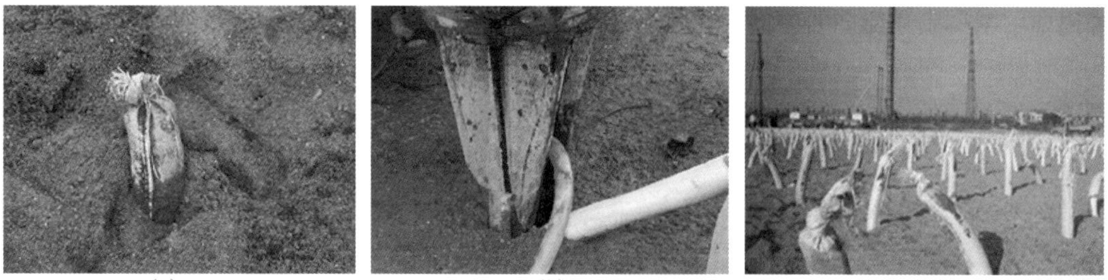

（a）　（b）　（c）

图 4-82　袋装砂井施工

（a）袋装砂井大样；（b）袋装砂井施工；（c）打设完的袋装砂井

塑料排水板施工见图 4-83，塑料排水板由板芯和滤膜组成，中心收卷成圆形的饼状，200m/卷，直径约 0.8～1.3m，高度 0.1m；施工时用插带机将其插入软土中。工厂化生产的塑料排水板排水畅通、施打对地基扰动小（断面小）、比袋装砂井有更好的强度和延展性；而且施工快、工期短、造价低；是目前最为合理的竖向排水体。

图 4-83　塑料排水板施工

（a）塑排板截面；（b）成卷的塑料排水板；（c）塑料排水板的打设；（d）打设完的塑料排水板

（3）施加固结压力。堆载物一般用填土或砂石等散粒材料。施工时分层纵向水平填筑。虚铺厚度≤60cm，填筑时两侧各应加宽 20～30cm；应严格控制加载速率，避免地基发生破坏；当堆载预压时间和沉降量满足设计要求后方能卸载。

6. 桩基础

桩基础是由若干个沉入土中的桩和连接桩顶的承台或承台梁组成。其作用是将上部建筑物的荷载传递到深处承载力较强的土层上，或将软弱土层挤密实以提高地基土的承载能力和密实度。

根据桩在土中受力情况不同，可分为端承桩、摩擦桩、摩擦端承桩三种，见图 4-84。端承桩是穿过软弱土层而达到硬土层或岩层的一种桩，上部结构荷载主要依靠桩端反力支撑；摩擦桩是完全设置在软弱土层一定深度的一种桩，上部结构荷载主要由桩侧的摩阻力承担，而桩端反力承担的荷载只占很小的部分；摩擦端承桩介于二者之间。

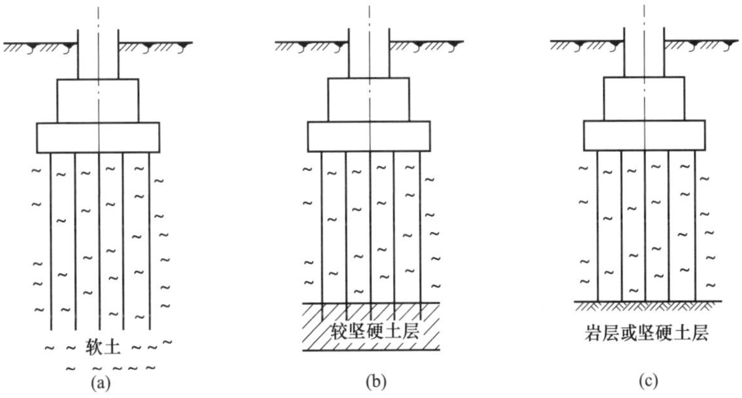

图 4-84　端承桩和摩擦桩

（a）摩擦桩；（b）摩擦端承桩；（c）端承桩

按照施工方法，桩身可分为预制桩和灌注桩两大类。

（1）预制桩是在工厂或施工现场制成各种材料和形式的桩（如钢筋混凝土桩、钢桩、木桩等），然后用沉桩设备将桩打入、压入、振入（有时还兼用高压水冲）或旋入土中；优点是材料省，强度高，适用于较高要求的建筑，缺点是施工难度高，受机械数量限制施工时间长。

预制桩施工流程：桩的制作、运输、堆放→预制桩的沉桩→接桩→桩头处理→桩基检测→质量验评。

1）桩的制作、运输、堆放。管桩及长度在 10m 以内的方桩在预制厂制作，较长的方桩在打桩现场制作。为节省场地，预制桩多采用叠浇法制作。叠浇预制桩的层数一般不宜超过 4 层，上下层之间、邻桩之间、桩与底模和模板之间应做好隔离层。

钢筋混凝土预制桩应达到设计强度的 70%才可起吊；达到 100%设计强度才能运输和打桩。若提前吊运，必须采取措施并经过验算合格方可进行。

堆放时场地应平整、坚实、排水良好；桩应按规格、桩号分层叠置，支撑点应设在吊点处；上下垫木在同一直线上，支撑平稳；堆放层数不宜超过 4 层。

2）预制桩的沉桩。钢筋混凝土预制桩的沉桩方法有锤击法、静压法等，见图 4-85、图 4-86。

图 4-85　打入桩施工

图 4-86　静力压桩施工

a．锤击法沉桩：是利用桩锤落到桩顶上的冲击力来克服土对桩的阻力，使桩沉到预定的深度或达到持力层的一种打桩施工方法。是混凝土预制桩常用的沉桩方法，它施工速度快，机械化程度高，适用范围广，但施工时有冲撞噪声和对地表层有振动，在城区和夜间施工有所限制。锤击沉桩的设备包括桩锤、桩架和动力装置。

b．静压法沉桩：是利用静压力将桩压入土中，施工中存在挤土效应，但没有振动、噪音和冲击力，施工应力小，适用于软弱土层和邻近有怕振动的建（构）筑物的情况。

群桩施工时，为保证打桩工程质量，防止周围建筑物受挤土的影响，应根据桩的密集程度、桩的规格、长短和桩架移动方向来正确选择打桩顺序。一般的打桩顺序分为逐排打、从两侧向中间打、自中部向四周打和由中间向两侧打四种，见图 4-87。

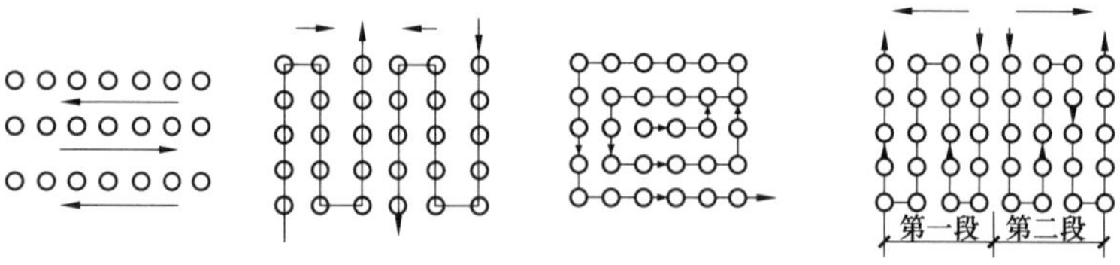

(a)　(b)　(c)　(d)

图 4-87　打桩顺序

（a）逐排打；（b）从两侧向中间打；（c）自中部向四周打；（d）由中间向两侧打

3）接桩。目前常用接桩方法有：焊接法、法兰螺栓连接法和硫磺浆锚法，接头形式如图 4-88 所示。

4）桩头处理。空心管桩，在打完桩后，桩尖以上 1～1.5m 范围内的空心部分应立即用细石混凝土填实，其余部分可用细砂填实。各种预制桩在打桩完毕后，为使桩顶符合设计高程，应将无法打入的桩身截去。

（2）灌注桩施工。首先是在施工场地上钻孔，当达到所需深度后放入钢筋骨架，再浇筑混凝土形成的桩；优点是施工难度低，尤其是人工挖孔桩，可以不受机械数量的限制，所有桩基同时进行施工，大大节省时间，缺点是承载力低，费材料。

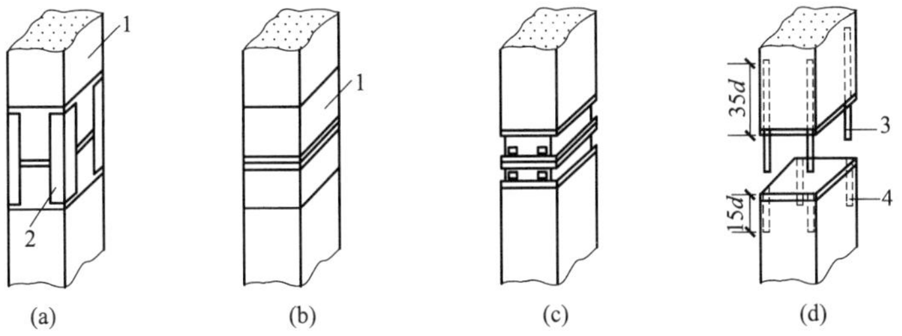

图 4-88　接桩

（a）角钢帮焊接头；（b）钢板对焊接头；（c）钢法兰盘螺栓接头；（d）硫酸胶泥浆锚接头

灌注桩按成孔方法分为，钻孔灌注桩、套管成孔灌注桩、人工挖孔灌注桩及爆扩成孔灌注桩等。

1）钻孔灌注桩有干作业成孔灌注桩、泥浆护壁成孔灌注桩。

a．干作业成孔一般采用螺旋钻机钻孔（见图 4-89）。适用于成孔深度内没有地下水的一般黏土层、砂土及人工填土地基，不适于有地下水的土层和淤泥质土。

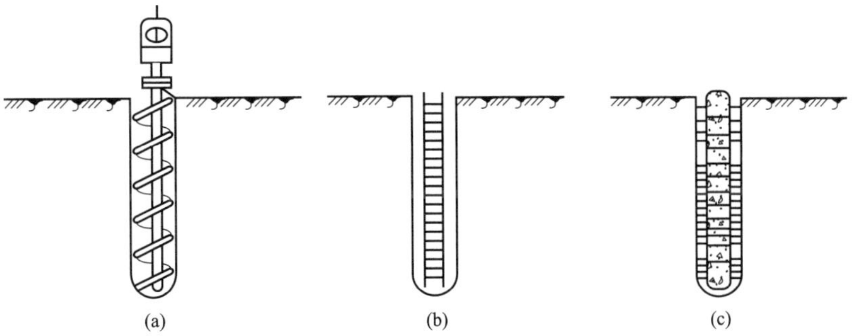

图 4-89　螺旋钻机钻孔灌注桩施工

（a）钻机钻孔；（b）放入钢筋笼；（c）浇筑混凝土

b．泥浆护壁成孔是利用泥浆保护稳定孔壁的机械钻孔方法。它通过循环泥浆将切削碎泥石渣屑悬浮后排出孔外，适用于有地下水和无地下水土层。成孔机械有潜水钻机、冲击钻机、冲抓锥等。

2）沉管灌注桩见图 4-90，是利用锤击打桩设备或振动沉桩设备，将带有钢筋混凝土的桩尖（或钢板靴）或带有活瓣式桩靴的钢管沉入土中（钢管直径应与桩的设计尺寸一致）形成桩孔，然后放入钢筋骨架并浇筑混凝土，随之拔出套管，利用拔管时的振动将混凝土捣实，即得到所需要的灌注桩。为了提高桩的质量和承载能力，沉管灌注桩常采用单打法、复打法、翻插法等施工工艺。

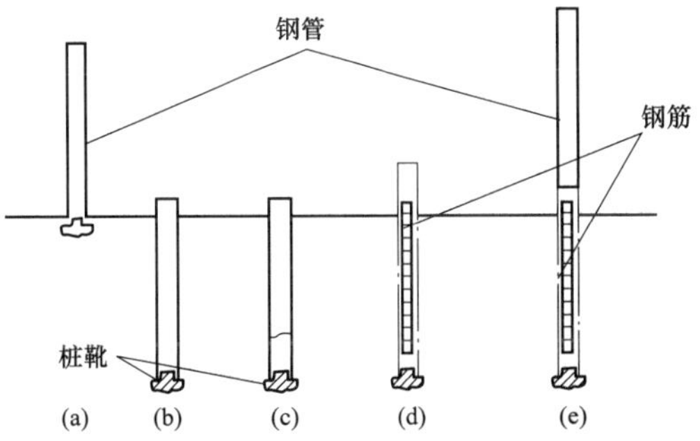

图 4-90　沉管灌注桩

（a）就位；（b）沉套管；（c）开始灌注混凝土；（d）下钢筋骨架继续浇灌混凝土；（e）拔管成型

3）人工挖孔灌注桩的桩孔采用人工挖掘方法进行成孔，然后安放钢筋笼，浇筑混凝土而成。为了确保人工挖孔桩施工过程中的安全，施工时必须考虑预防孔壁坍塌和流砂现象发生，制定合理的护壁措施，目前应用较广的护壁方法是现浇混凝土护壁。

人工挖孔灌注桩的桩身一般直径都较大，承载能力高；施工时可在孔内直接检查成孔质量，观察地质土质变化情况；桩孔深度由地基土层实际情况控制，桩底清孔除渣彻底、干净，易保证混凝土浇筑质量。

4）爆扩灌注桩（简称爆扩桩）是用钻孔或爆扩法成孔，孔底放入炸药，再灌入适量的混凝土，然后引爆，使孔底形成扩大头，此时，孔内混凝土落入孔底空腔内，再放置钢筋骨架，浇筑桩身混凝土而制成的灌注桩。

爆扩灌注桩由桩柱和扩大头两部分组成，由于炸药爆炸后，其体积急剧膨胀、桩孔壁土体密实度增大，从而增大桩的承载力。但在软土和新填土中不宜使用。

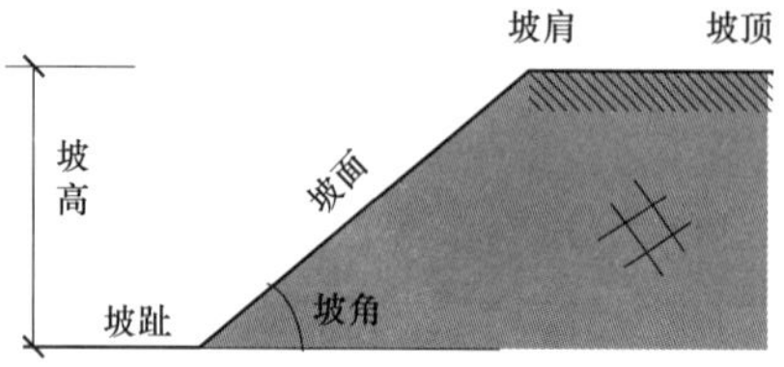

图 4-91　边坡

（二）边坡治理

本书所说的“边坡”是指自然斜坡或岩体开挖后形成的具有倾向临空面的斜坡，主要由坡顶、坡肩、坡面、坡趾等组成，见图 4-91；按照边坡的高度分类，边坡高度大于 15m 称为高边坡，小于 15m 称为一般边坡。由于易受到各种不稳定因素影响发生滑坡、崩塌等地质灾害和工程事故，所以要进行加固支护治理。

边坡治理的方法很多，下面主要介绍在电力建筑工程中常用的锚杆（索）支护、土钉支护、喷射混凝土支护。

1. 锚杆（索）支护

锚杆（索）见图 4-92，主要由锚头、自由段和锚固段组成，是一种将拉力传至稳定岩层或土层的结构体系。锚杆支护是将锚杆（索）打入地表岩体预先钻好的孔中，利用其头部、杆体的特殊构造和尾部托板，或依赖于黏结作用将围岩与稳定岩体结合在一起而产生悬吊效果、组合梁效果、补强效果，以达到支护的目的。具有成本低、支护效果好、操作简便、使用灵活、占用施工净空少等优点。

2. 土钉支护

土钉支护又称土钉墙支护见图 4-93，是以土钉作为主要受力构件的边坡支护技术，它由密集的土钉群、被加固的原位土体喷混凝土面层和必要的防水系统组成。土钉是用来加固或同时锚固现场原位土体的细长杆件。通常采取土中钻孔置入带肋钢筋，并沿孔全长注浆的方法做成土钉。依靠与土体之间的界面黏结力或摩擦力在土体发生变形的条件下被动受力并主要承受拉力作用；也可用钢管角钢等作为钉体，采用直接击入的方法置入土中。由于其施工设备简单、施工速度较快、节省工期、造价也较低，在边坡治理中得到广泛应用。

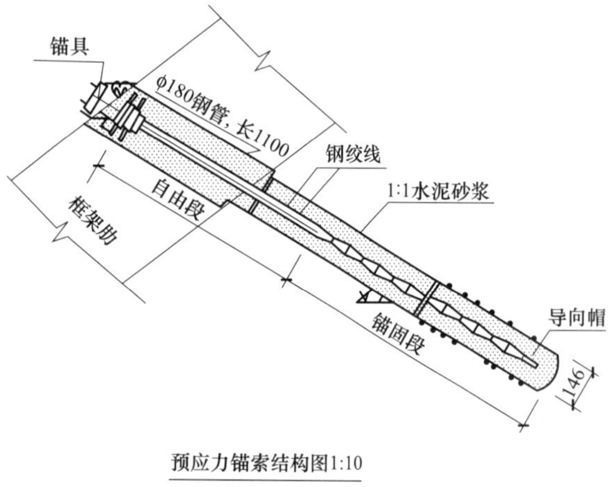

图 4-92　锚杆（索）

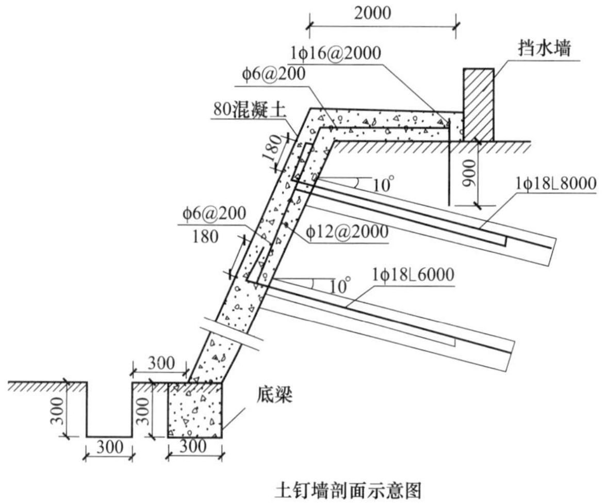

图 4-93　土钉墙支护

3. 喷射混凝土支护

喷射混凝土支护见图 4-94，是按一定比例，将水泥、沙、石、水及外加剂，经特定工艺方法混合搅拌再喷射到受喷面上，在半小时甚至更短时间内凝结、硬化后达到一定强度的快速支护方法。根据施工工艺不同，分为干喷、潮喷和湿喷。此法施工简便，可在岩体开挖后立即喷射并与围岩密贴，具有加固、止水等多种效果；又能与金属网、锚杆、注浆、钢支撑等多种支护方式组合形成复合支护，是边坡治理施工中不可缺少的重要支护手段。

图 4-94　喷射混凝土支护

三、建筑主体结构工程

（一）砌体工程

砌筑工程是指砖、石块和各种类型砌块的砌筑过程，它是一个综合施工过程，包括砂浆制备、材料运输、搭设脚手架及砌块砌筑等施工过程。

1. 毛石砌体施工

毛石砌体指用乱毛石、平毛石砌成的砌体。乱毛石指形状不规则的石块，平毛石指形状不规则，但有两个平面大致平行的石块。石材及砌筑砂浆的强度等级应符合设计要求。砂浆常用水泥砂浆或水泥混合砂浆。砂浆饱满度应不少于 80%，其组砌形式应符合下列规定：内外搭砌，上下错缝，拉结石、丁砌石交错设置。主要用于基础和挡土墙等砌筑，石砌挡土墙见图 4-95。

图 4-95　石砌挡土墙

毛石基础施工的灰缝厚度一般为 20～30mm，不宜采用混合砂浆；基础扩大部分做成阶梯形，每阶内至少砌两皮砖，每边比墙宽出 100mm；按规定设置拉结石时，拉结石长度应超过墙厚的 2/3，每隔 1m 砌入一块，并上、下错开，呈梅花状。

石墙施工要分层砌筑，每层高 300～400mm。每天的砌筑高度不应超过 1.2m。最后用 1:1 水泥砂浆统一勾缝。

2. 砖砌体施工

砖砌体所用材料主要是砖及砌筑砂浆，砌筑砂浆有水泥砂浆、石灰砂浆、混合砂浆等。砂浆调制大多用砂浆搅拌机。砂浆运输，水平较多用机动翻斗车，垂直用井架、轻型塔吊。砂浆在常温下必须在 4h 内使用完毕；气温在 30℃以上时，必须在 3h 内使用完毕。

砖的品种、强度等级须符合设计要求，并应规格一致。砌筑时砖应提前 1～2d 浇水润湿。

（1）砖砌基础有带形基础和独立基础，基础下部扩大部分称为大放脚、上部为基础墙。大放脚有等高式和不等高式两种，如图 4-96 所示。等高式大放脚是两皮一收，两边各收进 1/4 砖长；不等高大放脚是两皮一收和一皮一收相间隔，两边各收进 1/4 砖长。大放脚一般采用一顺一丁砌法，上下皮垂直灰缝错开 60mm。

砖砌基础顶面应设防潮层，地下水位较深或无地下水时，防潮层一般用 20mm 厚 1:2.5 防水砂浆，位置在底层室内地面以下皮砖处；地下水位较浅时，防潮层一般用 60mm 厚配筋混凝土带，宽度与墙身同宽。为增加基础及上部结构刚度，砌体结构中防潮层常与地圈梁合二为一，地圈梁高度为 180～300mm。

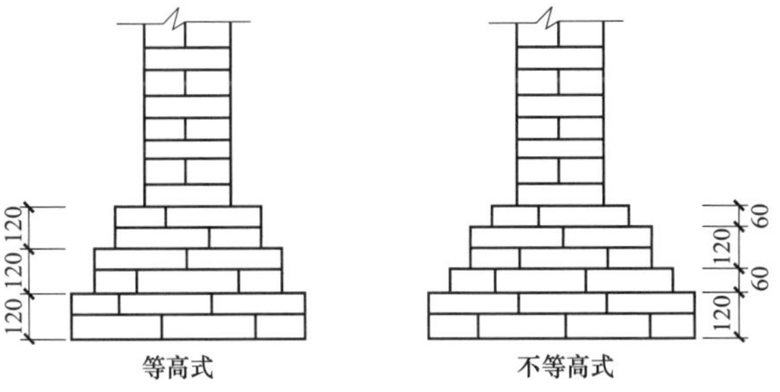

图 4-96　砖基础大放脚形式

砖砌基础中的洞口、管道、沟槽和预埋件等，应于砌筑时正确留出或预埋，宽度超过 300mm 的洞口，应砌筑平拱或设置过梁。

砌完基础后应及时回填，回填土应在基础两侧同时进行并分层夯实，单侧填土应在砖基础达到侧向承载能力和满足允许变形要求后才能进行。

（2）砖砌墙体。

1）砖砌墙体的组砌要求与形式。

砖在砌筑时有三种放置方式，分别称为："顺"指砖的长边沿墙的轴线平放砌筑；"丁"指砖的长边与墙的轴线垂直平放砌筑；"侧"指砖的长边沿墙的轴线侧放砌筑；砖墙中每层砖称为"每皮砖"。

砖砌体的组砌是指砖块在砌体中的排列方式，常见的一砖砖墙组砌方式见图 4-97。为了保证砌体坚固，整体性好，在砌筑时应遵循错缝搭接的原则，即在墙体上下皮砖的垂直砌缝有规律的错开；同时也要照顾到砌筑方便和少砍砌等。砖缝要做到横平竖直，砂浆饱满。

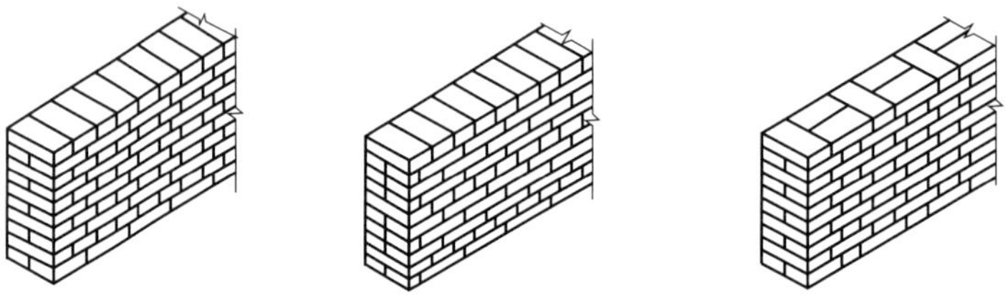

图 4-97　砖墙的组砌方式（1）

砖墙的厚度习惯上以砖长为基数来称呼，如半砖墙（12 墙）、3/4 墙（18 墙）、一砖墙（24 墙）、一砖半墙（37 墙）等，其组砌方式见图 4-98。砖墙厚度一般取决于对墙体强度、稳定性及功能的要求，同时还应符合砖的规格。

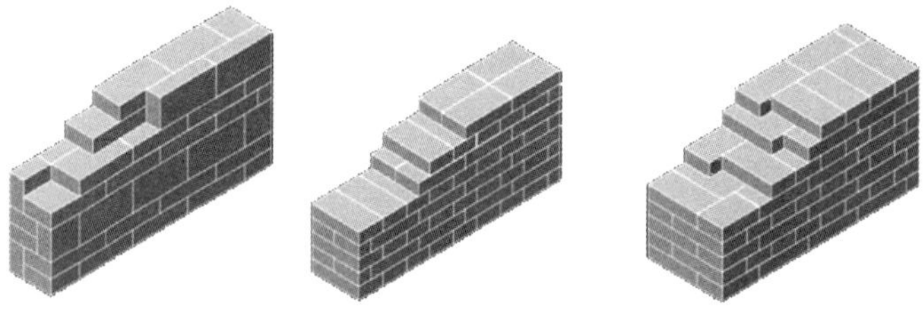

图 4-98　砖墙的组砌方式（2）

（a）180 砖墙；（b）240 砖墙；（c）370 砖墙

2）砖砌体砌筑工艺。砌砖施工通常包括抄平、放线、摆砖样、立皮数杆、挂准线、铺灰、砌砖等工序，当该层砖砌体砌筑完毕后，还应进行墙面、柱面和落地灰的清理。如是清水墙，则还要进行勾缝。

砌砖的操作方法很多，可采用铺浆法或"三一"砌砖法，依各地习惯而定。"三一"砌砖法，即一铲灰、一块砖、一挤揉并随手将挤出的砂浆刮去的砌筑方法，其优点是灰缝容易饱满、黏结力好，墙面整洁。八度以上地震区的砌砖工程宜采用此方法砌砖。

砖墙砌筑的基本要求如下。

a．横平竖直：砌体的水平灰缝应平直，竖向灰缝应垂直对齐，不得游丁走缝。

b．砂浆饱满：实心砖砌体水平灰缝的砂浆饱满度不得低于 80%。水平缝厚度和竖缝宽度规定为（10±2）mm。

c．上下错缝：为保证墙体的整体性和传力有效，砖砌体上下两皮砖的竖缝应当错开，以避免上下通缝，砖块错缝搭接长度不应小于 1/4 砖长。

d．接槎可靠：接槎是指相邻砌体不能同时砌筑而设置的临时间断，主要有两种方式：斜槎和直槎，见图 4-99。斜槎长度不应小于高度的 2/3。留斜槎确有困难时，才可留直槎。地震区不得留直槎，直槎必须做成阳槎，并加设拉结筋。拉结筋沿墙高每 500mm 留一层，每层最少为两根。

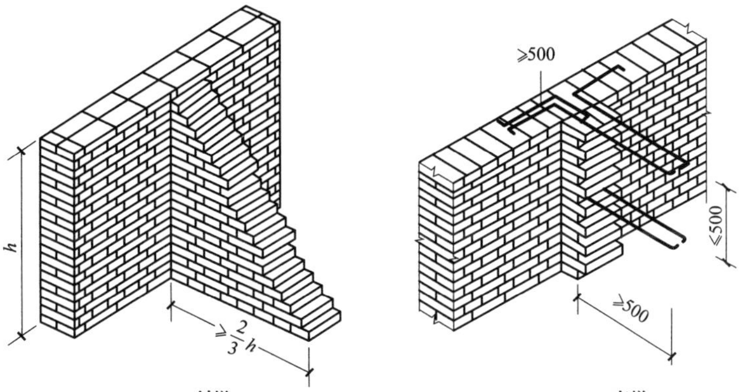

图 4-99　砖墙接槎

设置钢筋混凝土构造柱的砌体，应按先砌墙后浇筑的施工程序进行。构造柱与墙体的连接处应砌成马牙槎，从每层柱脚开始，先退后进，每一马牙槎沿高度方向的尺寸不宜超过 300mm。沿墙高每 500mm 设 2Φ6 拉结钢筋，每边伸入墙内不宜小于 1m，见图 4-100。

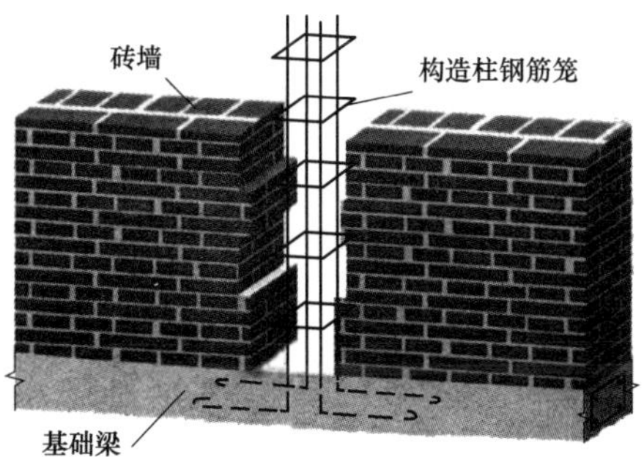

图 4-100　构造柱与墙体连结

3. *砌块墙体施工*

中小型砌块按材料分为混凝土空心砌块、粉煤灰硅酸盐砌块、煤矸石硅酸盐空心砌块、加气混凝土砌块等。砌块施工的主要工序：铺灰、砌块吊装就位、校正、灌缝和镶砖。砌块砌筑时应从转角处或定位砌块处开始的外墙同时砌筑，砌筑应满足错缝搭接、横平竖直、表面清洁的要求。

在砌块墙体设计时应考虑砌块的排列，并给出砌块排列组合图，注明每一砌块的型号和编号，以便施工时按图进料和安装，砌筑砌块一般采用强度不低于 M5 的水泥砂浆。竖直灰缝的宽度主要根据砌块材料和规格大小确定，一般情况下，小型砌块为 10～15mm，中型砌块为 15～20mm。当竖直灰缝宽大于 30mm 时，须用 C20 细石混凝土灌缝密实，砌块墙体见图 4-101。

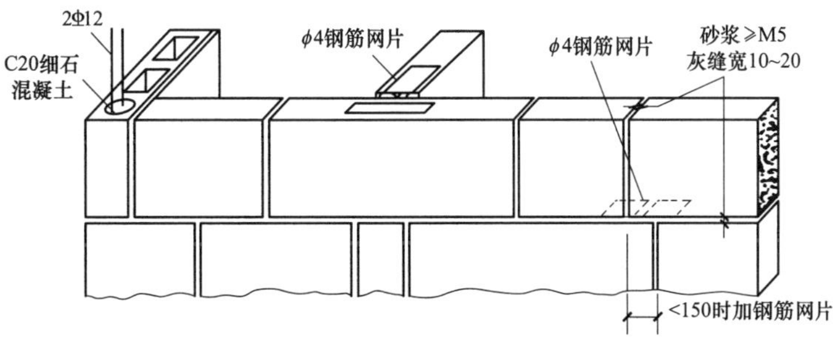

图 4-101　砌块墙体

4. *脚手架*

砌筑用脚手架是砌筑过程中堆放材料和工人进行操作的临时性设施。对脚手架的基本要求：宽度应满足工人操作、材料堆置和运输的需要，脚手架的宽度一般为 1.5～2.0m；并保证有足够的强度、刚度和稳定性；构造简单；装拆方便并能多次周转使用。

按所用材料分为竹脚手架、钢管脚手架和金属脚手架等；按搭设位置分为外脚手架和内脚手架；按设置形式分为单排脚手架、双排脚手架、满堂脚手架；按构架方式划分为杆件组合式脚手架、框架组合式脚手架、格构件组合式脚手架等；按支固方式划分为落地式脚手架、悬挑脚手架、附墙悬挂脚手架和悬吊脚手架等。

（1）外脚手架沿建筑物外围从地面搭起，既可用于外墙砌筑，又可用于外装饰施工。在搭设使用中，分为双排和单排两种。双排脚手架靠墙面有里外两排立杆，单排脚手架仅有外面一排立杆，其小横杆的一端与大横杆（或立杆）相连，另一端直接搁在墙上。目前杆件组合式双排外脚手架最为常见，外脚手架基本结构见图 4-102。

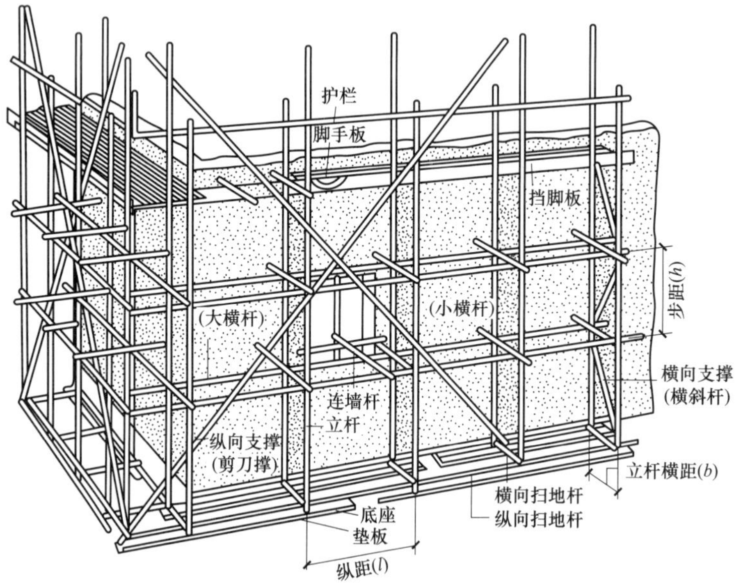

图 4-102　外脚手架基本结构

多立杆扣件式钢管外脚手架的搭设顺序：放置纵向扫地杆→竖立柱→横向扫地杆→第一步纵向水平杆→第一步横向水平杆→连墙杆（或抛撑）→第二步纵向水平杆→第二步横向水平杆……第 n 步纵向水平杆→第 n 步横向水平杆→连墙杆（或抛撑）→铺脚手板→绑扎封顶杆、护身栏，安装挡脚板→挂安全网。

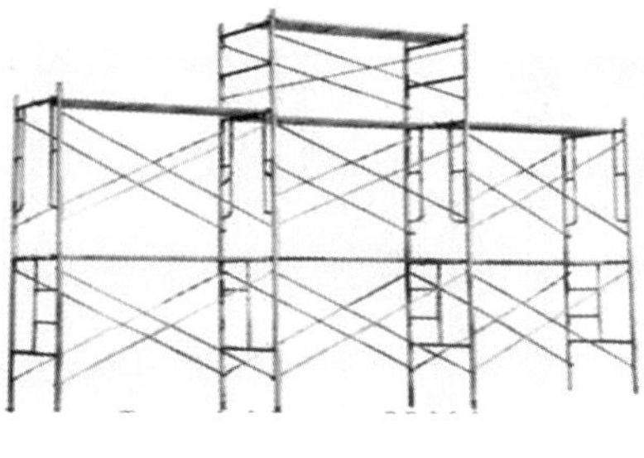

图 4-103　内脚手架

脚手架的拆除顺序应自上而下进行，各部件的拆除顺序与安装顺序相反，一般顺序为：从跨边起先拆顶部栏杆和扶手，然后拆脚手板（或水平架）与扶梯，再卸下水平加固件和剪刀撑，先拆横杆，后拆立杆，逐层往下拆除。

（2）内脚手架搭设于建筑物内部，每砌完一层墙后，即将其转移到上一层楼面，进行新的一层砌体砌筑，它可用于内外墙的砌筑和室内装饰施工，见图 4-103。

内脚手架用料少，但由于使用过程中不断转移施工地点，装拆较频繁，故其结构形式和尺寸应力求轻便灵活和装拆方便。里脚手架形式很多，按其构造分为折叠式内脚手架、支柱式内脚手架和门架式内脚手架。

（3）满堂脚手架是为构筑物的施工及室内顶棚的安装，装饰等而搭设的一种棋盘井格式的脚手架，由立杆、横杆、斜撑、剪刀撑等组成，见图 4-104。相对于其他的脚手架系统，满堂脚手架密度大、更加稳固。

（二）钢筋混凝土工程

钢筋混凝土是建筑施工中主要工程之一，由钢筋、模板、混凝土三大工序组成。钢筋混凝土工艺过程见图 4-105。

图 4-104　满堂脚手架

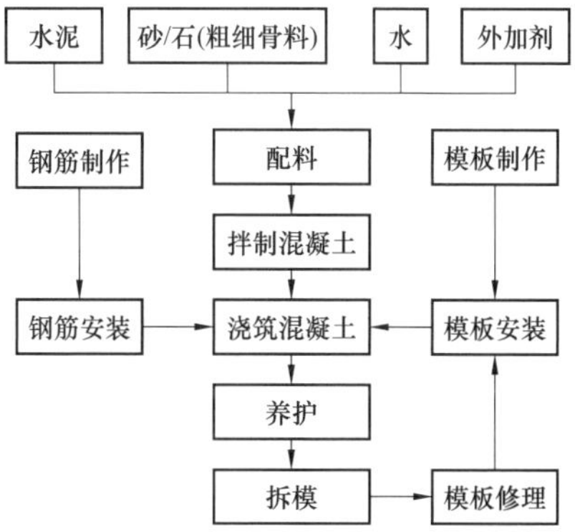

图 4-105　钢筋混凝土工艺过程

1. 模板工程

模板是使新拌混凝土在浇筑过程中保持设计要求的位置尺寸和几何形状，使之硬化成为钢筋混凝土结构或构件的模型，由模板、支撑系统和紧固件构成。一般要求它能保证洁构件的形状和尺寸准确，具有足够的强度、刚度和稳定性，能承载钢筋、混凝土的重量和施工操作时的动荷载及自身的重量；接缝严密不漏浆和装拆方便，能多次周转使用等。

模板系统的组成包括模板板块和支架两大部分。模板板块是由面板、次肋、主肋等组成。支架则有支撑、桁架、系杆及对拉螺栓等不同的形式。

（1）模板系统的组成包括模板面板和支架两大部份。模板板块是由面板、次肋、主肋等组成。支架则有支撑、桁架、系杆及对拉螺栓等不同的形式。

1）模板面板见图 4-106，按材料可分为木模板、组合钢模板、钢木模板、胶合板模板、覆塑竹胶合模板等。

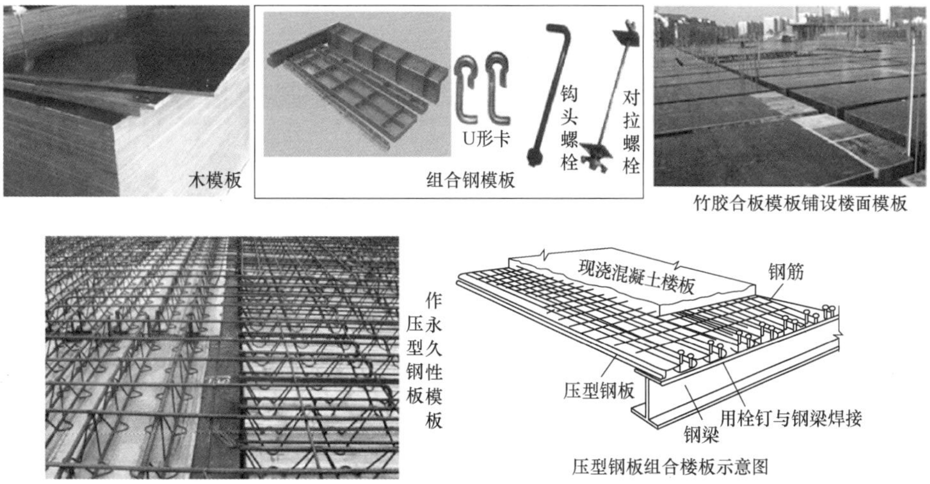

图 4-106　模板面板

其中木模板加工方便，能适应各种复杂形状模板的需要；但由于木模板重复利用率低，损耗大，为节约木材，在现浇钢筋混凝土结构施工中的使用率已大大降低。组合钢模板是目前广泛使用的一种模板，由具有一定模数的若干类型的板块、角模、支撑和连接件组成，拼装灵活，通用性强，能适应各类建筑物的梁、柱、板、墙、基础等构件的施工需要。钢木模板的面板由钢板改为复塑竹胶合板、纤维板等，自重比钢模轻 1/3，用钢量减少 1/2，是一种针对钢模板的改良模板。覆塑竹胶合模板。有单面覆塑和双面覆塑，组织严密、坚硬强韧，板面平整光滑，可钻可锯、耐低温高温，可作为现浇清水混凝土专用模板。

还有一种永久性模板，又称一次消耗模板，即在现浇混凝土结构浇筑后不再拆除，有的模板与现浇结构叠合成共同受力构件，即可节约拆模用工，加快工程进度，又提高了工程质量。永久性模板分为压型钢板和配筋的砼薄板两种，多用于现浇钢筋混凝土楼（屋）面板，由于可以简化现浇结构的支模工艺。

2）模板支架见图 4-107，是采用各种工具式支柱、托具、卡具等组成模板的支撑系统。

扣件式钢管排架

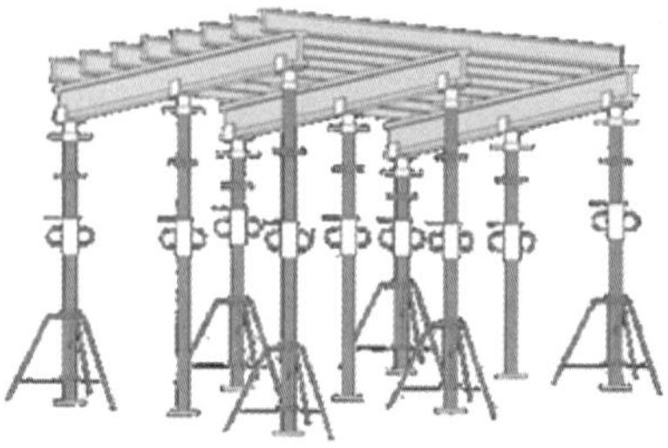

可调式钢管支柱

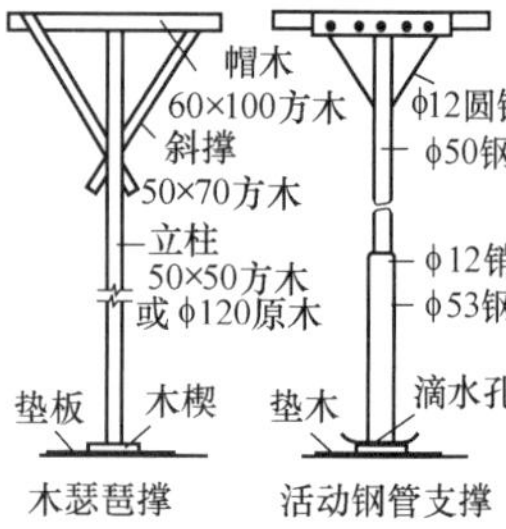

梁下顶撑

柱模套箍

可调柱模板的柱箍

图 4-107　模板支架

常用支柱由顶撑、井架组成：顶撑有木制瑟琶撑和活动式钢管支撑，活动钢管支撑的可调高度为 1.5～3.6m，每档调节高度为 100mm。荷重较大或高度较大时，一般搭设扣件式钢管井架或排架。

常用的托具、卡具有工具式柱箍和组合式梁卡具。柱箍亦称定位夹箍，用角钢、槽钢、扁钢或木方制成，是直接支承或夹紧各类柱模的支承件。

（2）现浇混凝土结构中常用的模板。

1）基础模板的特点是高度不大而体积较大，基础模板一般利用地基或基槽（坑）进行支撑。安装时，要保证上下模板不发生相对位移，如为杯形基础，则还要在其中放入杯口模板，见图 4-108。

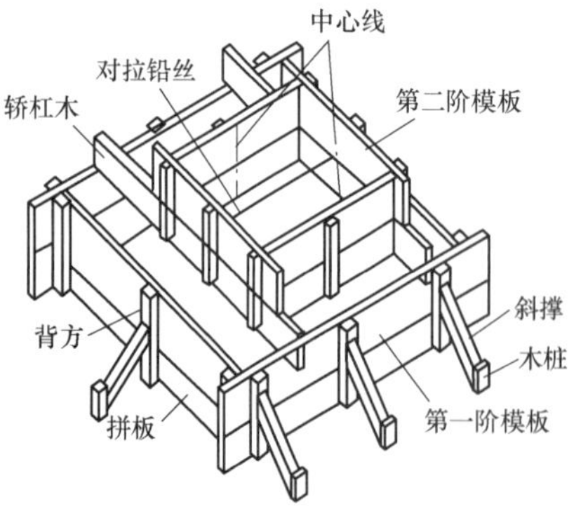

独立基础模板安装

杯形基础模板安装

图 4-108　基础模板

2）柱子模板的特点是断面尺寸不大但比较高，所以柱子模板构造和安装主要考虑保证垂直度及抵抗新浇混凝土的侧压力，与此同时，也要便于浇筑混凝土、清理垃圾与钢筋绑扎等。

3）梁模板的特点是跨度较大而宽度一般不大，梁的下面一般是架空的，因此混凝土对梁模板既有横向侧压力，又有垂直压力。梁模板及其支架系统要能承受这些荷载而不致发生超过规范允许的过大变形；跨度在 4m 或大于 4m 时，梁模板还应起拱，如设计无规定时，起拱高度宜为全跨长度的 0.2%～0.3%。

4）楼板模板的特点是面积大而厚度比较薄，侧向压力小。楼板模板主要承受钢筋、混凝土的自重及其施工荷载，保证模板不变形，所以其支撑系统的承载力是至关重要的，需经过认真验算并制定专项施工方案。

5）楼梯模板的构造与楼板相似，不同点是楼梯模板要倾斜支设，且要能形成踏步，踏步模板分为底板及梯步两部分。柱子、梁、板及楼梯模板见图 4-109。

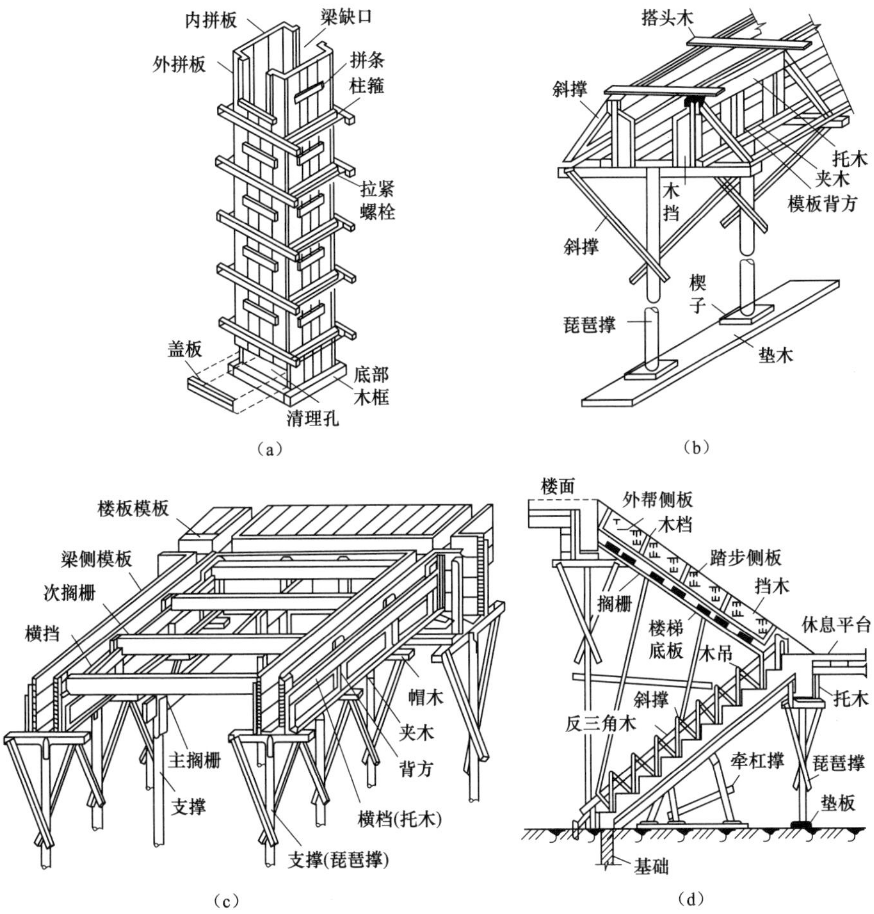

图 4-109　柱子、梁、板及楼梯模板

（a）柱子木模板；（b）梁木模板；（c）楼板木模板；（d）楼梯木模板

模板的拆除顺序一般是先拆非承重模板，后拆承重模板；先拆侧模板，后拆底模板。框架结构模板的拆除顺序一般是柱、楼板、梁侧模、梁底模。拆除大型结构的模板时，必须事先制定详细方案。

2. 钢筋工程

钢筋运到工地时，应有出厂质量证明书或试验报告单，并按品种、批号及直径分批验收，验收内容包括钢筋标牌和外观检查，并按有关规定取样进行力学性能试验。

钢筋加工包括调直、除锈、切断、弯曲、连接等工作。

（1）钢筋调直、除锈。以圆盘供货的钢筋调直利用冷拉进行。钢筋冷拉是在常温下对钢筋进行强力拉伸，使钢筋拉应力超过屈服点产生塑性变形，以达到提高强度（屈服强度）的目的。冷拉时，钢筋被拉直，表面锈渣自动剥脱，因此冷拉不但可提高钢筋的强度，而且同时完成了调直、除锈工作。

为了保证钢筋与混凝土之间的握裹力，在钢筋使用前，应将其表面的油渍、漆污、铁锈等清除干净。钢筋的除锈包括：①在钢筋冷拉或调直过程中除锈；②采用电动除锈机除锈，对钢筋局部除锈较为方便；③采用手工除锈（用钢丝刷、砂盘）、喷沙和酸洗除锈等经冷拉或机械调直的钢筋，一般不必再除锈，如保管不良，产生鳞片状锈蚀时，仍应进行除锈。

（2）钢筋切断、弯曲。钢筋因弯曲或弯钩会使其长度变化，配料中不能直接根据图纸尺寸下料，必须了解混凝土保护层、钢筋弯曲、弯钩等规定，再根据图示尺寸计算其下料长度。钢筋下料时须按下料长度切断。钢筋剪切可采用钢筋切断机或手动切断器。后者一般只用于切断直径小于 12mm 的钢筋；前者可切断 40mm 的钢筋；直径大于 40mm 的钢筋需用氧气乙炔火焰或电弧割切，也可用锯断。钢筋的下料长度应力求准确，其允许偏差为±10mm。

手动切断器

钢筋切断机断料

弯起钢筋加工

图 4-110　钢筋切断、弯曲

钢筋弯曲宜采用弯曲机和弯箍机。钢筋弯曲成型后，形状、尺寸必须符合设计要求，平面上没有翘曲、不平现象。钢筋切断、弯曲见图 4-110。

（3）钢筋接头有三种连接方法：即绑扎搭接接头、焊接接头、机械连接接头。在钢筋连接时接头应尽量设置在受力较小处、在同一受力钢筋上宜少设连接接头、接头位置要互相错开。直径大于 12mm 以上的钢筋，应优先采用焊接接头或机械连接接头。

1）焊接接头的最大优点是节省钢筋材料；接头成本低；接头尺寸小；基本不影响间距、保护层厚度及施工操作；但干扰质量稳定性的因素多、焊接热量可能会引起钢筋性能的变化、某些焊接质量缺陷难以检查。

常用焊接方法有：闪光对焊、电弧焊、电渣压力焊、电阻点焊、气压焊等。

a．闪光对焊：施焊时，使钢筋两端面轻微接触，形成连续闪光，闪光到预定长度（即钢筋端头加热到熔点时），以一定的压力迅速顶锻，焊接接头即告完成。适用于直径 20（Ⅰ和Ⅲ级）～22mm（Ⅱ级以内）的钢筋。

b．电渣压力焊：电渣压力焊（简称竖焊）是利用电流通过渣池产生的电阻热将钢筋端部熔化，再施加压力使钢筋焊合。该工艺操作简单、工效高、成本低、比电弧焊接头节电 80%以上，比绑扎连接和帮条焊节约钢筋 30%。多用于施工现场直径ϕ14～40mm 的竖向或斜向（倾斜度 4:1）钢筋的焊接接长。

闪光对焊与电渣压力焊的接头见图 4-111。

闪光对焊接头

电渣压力焊接头

图 4-111　闪光对焊与电渣压力焊接头

c．电弧焊：电弧焊是电焊机送出低压强电流，使焊条与焊件之间产生高温电流，将焊条与焊件金属熔化，凝固后形成一条焊缝。在现浇结构中的钢筋接长、装配式结构中的钢筋接头、钢筋与钢板的焊接中应用广泛。

d．电阻点焊：电阻点焊主要用于小直径钢筋的交叉连接，如用来焊接钢筋骨架、钢筋网中交叉钢筋的焊接。

e．当不同直径钢筋焊接时，两钢筋直径差不得大于 7mm。

2）钢筋机械连接包括套筒挤压连接和螺纹套管连接，见图 4-112；是继绑扎、焊接之后的第三代钢筋接头技术。具有接头强度高于钢筋母材、速度比电焊快 5 倍、无污染、节省钢材 20%等优点。

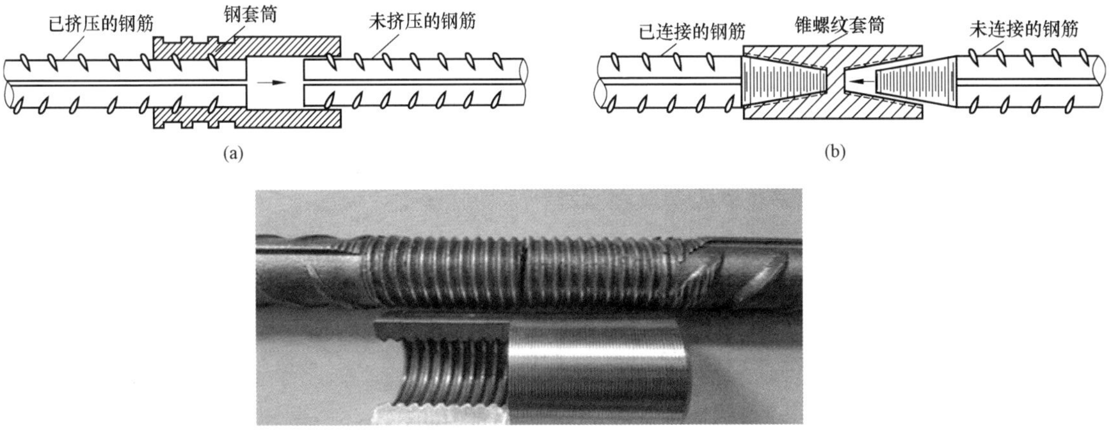

图 4-112　钢筋机械连接

（a）套筒挤压连接；（b）锥螺纹钢筋连接；（c）直螺纹钢筋连接

套筒挤压连接是将两根待连接钢筋插入一个特制钢套管内，采用挤压机和压模在常温下对套管加压，使两根钢筋紧固成一体。该工艺操作简单、连接速度快、无明火作业、不污染环境，钢筋连接质量优于钢筋母材的力学性能，适用于竖向、横向及其他方向的较大直径变形钢筋的连接。

螺纹套筒连接是将两根待接钢筋的端部和套管预先加工成螺纹，然后用手和力矩扳手将两根钢筋端部旋入套筒形成机械式钢筋接头。该技术高效、便捷、快速的施工方法和节能降耗、提高效益、连接质量稳定可靠。分锥形螺纹连接和直螺纹连接两种。

3）钢筋的绑扎与安装。绑扎搭接是指两根钢筋相互有一定的重叠长度，用铁丝绑扎的连接方法，适用于较小直径的钢筋连接。当受拉钢筋的直径 $d>25$mm 及受压钢筋直径 $d>28$mm 时候，不宜采用绑扎搭接。

纵向受力钢筋和受压钢筋的绑扎搭接对搭接长度和接头位置有严格要求，应按《混凝土结构工程施工质量验收规范》（GB 50204）和《混凝土构件设计规范》（GB 50010）的规定执行。

钢筋工程属于隐蔽工程，在浇筑混凝土前应对钢筋及预埋件进行隐蔽工程验收，并按规定记好隐蔽工程记录，以便查验。

3. 混凝土工程

混凝土工程是钢筋混凝土工程中的重要组成部分，混凝土工程的施工过程有混凝土的制备、运输、浇筑和养护等，各个施工过程都相互联系和影响，任一施工过程处理不当就会影响混凝土工程的最终质量。

（1）混凝土制备就是将水泥、砂、石、水按配合比规定的比例数量，加入搅拌机拌制、成为质地均匀、颜色一致、具备一定流动性的混凝土拌合物。

混凝土搅拌机按其工作原理，可以分为自落式和强制式两大类。自落式混凝土搅拌机适用于搅拌塑性混凝土。强制式搅拌机的搅拌作用比自落式搅拌机强烈，宜于搅拌干硬性混凝土和轻骨料混凝土。

为了拌制出均匀优质的混凝土，除合理地选择搅拌机外，还必须正确地确定搅拌制度，即搅拌时间、投料顺序和进料容量等。

1）混凝土搅拌时间是指原材料全部投入搅拌筒时起，到开始卸料时为止所经历的时间，与质量有密切关系，时间过少，拌和不均匀；时间过多，不坚硬的粗骨料易脱角、破碎、强度下降、影响质量。

2）混凝土搅拌常用的投料顺序有一次投料法、二次投料法：一次投料法是目前广泛使用的一种方法，也就是将砂、石、水泥依次放入料斗后再和水一起倒入搅拌筒进行搅拌；二次投料是指分两次加水两次搅拌，它克服了水泥浆难以把砂石完全均匀包裹缺陷，从而达到增加混凝土强度或是节约水泥目的。

3）进料容量是将搅拌前各种材料的体积累积起来的容量，又称干料容量，一般为搅拌机装料容积的

0.55～0.75。目前，搅拌机上标明的容积一般为出料容积。

混凝土的现场拌制已属于限制技术，在规模大、工期长的工程中设置半永久性的大型搅拌站（见图4-113）是发展方向。将混凝土集中在有自动计量装置的混凝土搅拌站集中拌制，用混凝土运输车向施工现场供应商品混凝土，有利于实现建筑工业化、提高混凝土质量、节约原材料和能源、减少现场和城市环境污染、提高劳动生产率。

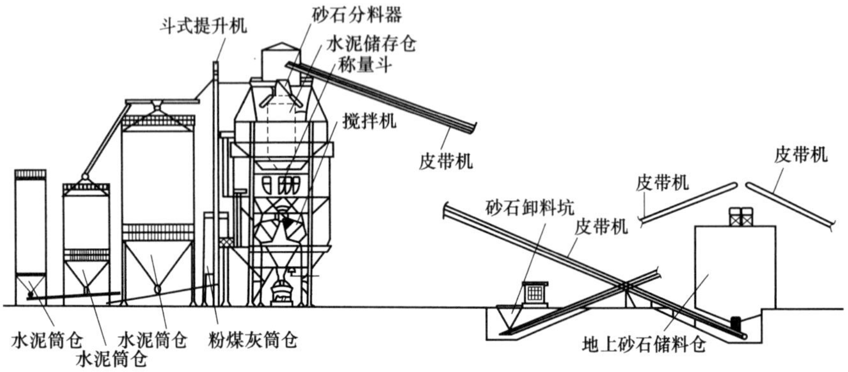

图 4-113　大型混凝土集中搅拌站

（2）混凝土运输见图 4-114，基本要求是不产生离析现象，保证规定的坍落度在初凝时间之前到达。如由于运输中颠簸振动混凝土已产生离析时，应在浇筑前进行二次搅拌。混凝土运输包括水平运输、垂直运输。

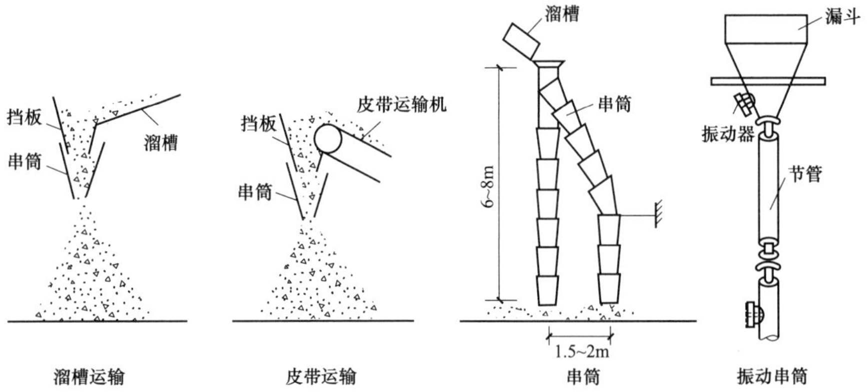

图 4-114　混凝土运输

混凝土的运输机具主要包括如下内容。

1）水平运输机械机具包括间歇式运输机具（手推车、机动翻斗车、搅拌运输车）和连续式运输机具（皮带运输机、混凝土泵等）。手推车、机动翻斗车适用于运输距离短、运输工程量不大的混凝土输送；混凝土泵适用于水平距离在 1500m 内、需连续进行的混凝土输送；混凝土搅拌运输车适用于建有混凝土集中搅拌站的城市内混凝土输送。

2）混凝土垂直运输机具主要是各类井架、提升机、塔吊和混凝土输送泵等。其中，混凝土输送泵分为拖式泵（固定式泵）和车载泵（移动式泵）两类；可一次完成水平及垂直输送，将混凝土直接输送至浇筑地点，是一种高效的混凝土运输和浇筑机具。

（3）混凝土的浇筑成型就是将混凝土拌和料浇筑在符合设计要求的模板内，加以捣实使其达到设计质量强度要求并满足正常使用要求的结构或构件。

1）混凝土浇筑的一般要求。

a．在混凝土浇筑前，应检查模板的标高、位置、尺寸、强度和刚度是否符合要求；检查钢筋和预埋件的位置、数量和保护层厚度，并将检查结果填入隐蔽工程记录表。

b．浇筑竖向结构混凝土前，底部应先浇入 50～100mm 厚与混凝土成分相同的水泥砂浆，以避免产生蜂窝、麻面及烂根现象。

c．为防止发生离析现象，混凝土自高处倾落的自由高度不应超过 2m，否则应沿串筒、斜槽、溜管或振动溜管下料，以防止混凝土因自由下落高度过大产生离析，如图 4-115 所示。

混凝土从搅拌机中卸出　　混凝土输送车将混凝土卸入泵车　　泵车输送混凝土入模

图 4-115　防止混凝土离析的措施

d．在混凝土浇筑过程中应经常观察模板、支架、钢筋、预埋件、预留孔洞的情况，当发现有变形、移位时，应及时采取措施进行处理。

e．混凝土浇筑必须保证混凝土均匀密实，强度符合设计要求，保证结构的整体性和耐久性；尺寸准确；拆模后，混凝土表面平整光洁。

2）混凝土浇筑方法。为了使混凝土能振捣密实，同时，为了保证在下层混凝土初凝之前将上一层混凝土浇筑完毕，应采用分层浇筑和连续浇筑方法进行混凝土浇筑。如因技术上的原因或设备、人力的限制，混凝土不能连续浇筑，中间的间歇时间超过允许时间，则应事先确定在适当位置留置施工缝。由于该处新旧混凝土结合力较差，是构件中的薄弱环节，故施工缝宜留在结构受力（剪力）较小且便于施工的部位。柱应留水平缝，梁、板应留垂直缝，见图 4-116。

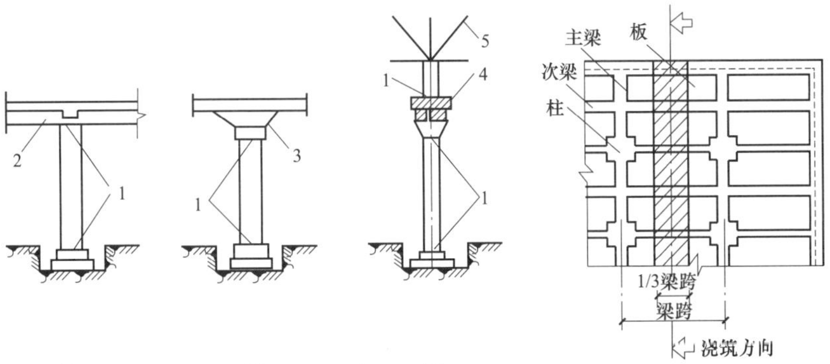

(a)　(b)　(c)

图 4-116　施工缝留置位置

（a）肋形楼板柱；（b）无梁楼板柱；（c）吊车梁桩

1—施工缝；2—梁；3—柱帽；4—吊车梁；5—屋架

在施工缝处继续浇筑混凝土时，应除掉水泥薄膜和松动石子，加以湿润并冲洗干净，先铺抹水泥浆或与混凝土砂浆成分相同的砂浆一层，待已浇筑的混凝土的强度不低于 $1.2N/mm^2$ 时才允许继续浇筑。

后浇带见图 4-117，是防止因温度变化和混凝土收缩导致结构产生裂缝的有效措施。后浇带的间距由设计确定，一般为 30m，后浇带的保留时间一般为 40d，最少应为 28d，后浇带宽度一般为 70～100cm，

图 4-117　后浇带

后浇带处的钢筋不宜断开。

大体积混凝土是指混凝土结构物实体最小几何尺寸不小于 1m 的大体量混凝土结构，如火电厂的烟囱基础、变电站的 GIS 设备基础等，往往不允许留施工缝，要求一次连续浇筑。施工时应分层浇筑、分层捣实，但又要保证上下层混凝土在初凝前结合好，可根据结构大小、混凝土供应情况分别选用不同的浇筑方案。常用的混凝土浇筑方案有全面分层方案、分段分层方案、斜面分层方案，见图 4-118。

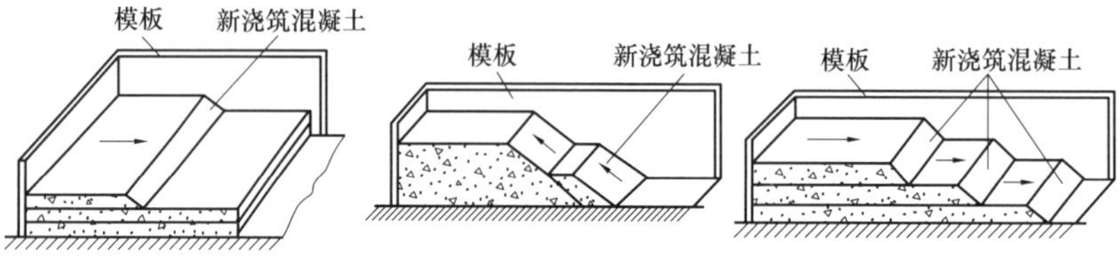

图 4-118　大体积混凝土浇筑方案

（a）全面分层法；（b）斜面分层法；（c）分段分层法

大体积混凝土浇筑后水化热量大，水化热积聚在内部不易散发，而混凝土表面又散热很快，形成较大的内外温差，易在混凝土表面产生裂纹，严重时会贯穿整个混凝土基础。所以在施工时应选用低水化热的水泥，如矿渣水泥、火山灰或粉煤灰水泥等；采用中粗砂和大粒径、级配良好的石子；也可掺入适量粉煤灰或缓凝型减水剂等外掺料，尽量减少混凝土的用水量；同时，降低混凝土入模温度和混凝土浇筑速度；减少浇筑层厚度，必要时在混凝土内部埋设冷却水管，用循环水来降低混凝土温度；并采取在混凝土表面覆盖保温材料或蓄水养护，加强混凝土的保湿、保温，减少混凝土表面的热扩散。

3）混凝土的振捣方式分为人工振捣和机械振捣两种，施工现场主要用机械振动法。混凝土振动机械按其工作方式分为内部振动器、表面振动器和振动台等，见图 4-119。

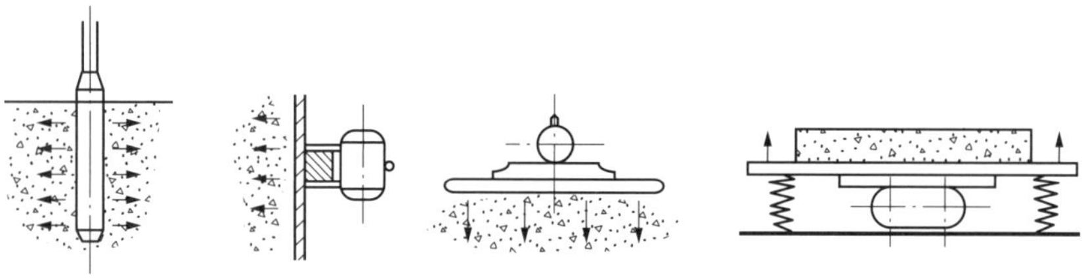

图 4-119　混凝土振动机械

（a）内部振动器；（b）外部振动器；（c）表面振动器；（d）振动台

a．内部振动器适用于基础、柱、梁、墙等深度或厚度较大的结构构件的混凝土捣实。振捣时要“快插慢拔”。快插是为了防止先将表面混凝土振实而造成分层离析；慢拔是为了使混凝土来得及填满振动棒拔出时所形成的空洞。

b．表面振动器是放在混凝土表面进行振捣，适用于振捣楼板、地面和薄壳等薄壁构件。当采用表面振动器时，要求振动器的平板与混凝土保持接触，其移动间距应保证振动器的平板能覆盖已振实部分的边缘，应相互搭接 30～50mm，以保证衔接处混凝土的密实。最好振捣两遍，两遍方向互相垂直。第一遍主要使混凝土密实，第二遍主要使混凝土表面平整。每一位置的延续时间一般为 25～40s，以混凝土表面均匀出现浮浆为准。

c．外部振动器又称附着式振动器，它是直接固定在模板上，利用带偏心块的振动器产生的振动通过模板传递给混凝土拌和物，达到振实目的。适用于振捣断面较小或钢筋较密的柱、梁、墙等构件。

d. 振动台是混凝土预制构件厂中的固定生产设备，用于振实预制构件。

（4）混凝土养护包括标准养护、自然养护和加热养护，现场施工多采用自然养护：

1）标准养护。混凝土在温度为20±3℃，相对湿度为90%以上的潮湿环境或水中的条件下进行的养护，称为标准养护。用于对混凝土立方体试件进行养护。

2）自然养护。在常温下（平均气温不低于5℃）采用适当的材料覆盖混凝土，并采取浇水润湿、防风防干、保温防冻等措施所进行的养护，称为自然养护。

3）加热养护。为了加速混凝土的硬化过程，对混凝土拌和物进行加热处理，使其在较高的温度和湿度环境下迅速凝结、硬化的养护，称为加热养护。常用的热养护方法是蒸汽养护。

混凝土的自然养护应在浇筑完毕后的12h以内对混凝土加以覆盖并保湿养护；干硬性混凝土应于浇筑完毕后立即进行养护。当日平均气温低于5℃时，不得浇水。当采用硅酸盐水泥、普通硅酸盐水泥或矿渣硅酸盐水泥时，混凝土浇水养护的时间不得少于7d；浇水次数应能保持混凝土处于湿润状态，混凝土养护用水应与拌制用水相同。

混凝土强度未达到$1.2N/mm^2$前，不得在其上踩踏或安装模板及支架。

4. 预应力混凝土

预应力混凝土是在构件承受外荷载前，预先在构件的受拉区对混凝土施加预压力，这种压力通常称为预应力。构件在使用阶段的外荷载作用下产生的拉应力，首先要抵消预压应力，这就推迟了混凝土裂缝的出现，同时也限制了裂缝的开展，从而提高了构件的抗裂度和刚度。

预应力混凝土施工按预加应力的方法，可以分为先张法和后张法两类。

（1）先张法施工是在浇筑混凝土构件前张拉预应力钢筋，并将张拉的预应力钢筋临时固定在台座或钢模上，然后再浇筑混凝土，待混凝土达到一定强度（一般不低于设计强度等级的75%），保证预应力筋与混凝土有足够的黏结力时，放松预应力筋，借助于混凝土与预应力筋的黏结，使混凝土产生预压应力，先张法多用于预制构件厂生产定型的中小型构件等，如楼板、屋面板、檩条及吊车梁等。

（2）后张法施工是先制作混凝土构件，并在预应力筋的位置预留出相应孔道，待混凝土强度达到设计规定数值后，穿入预应力筋进行张拉，并利用锚具把预应力筋锚固，最后进行孔道灌浆。宜用于现场生产大型预应力构件、特种结构和构筑物。

后张法预应力的传递主要靠预应力筋两端的锚具。锚具作为预应力构件的一个组成部分，永远留在构件上，不能重复使用。

（三）钢结构工程

钢结构工程从广义上讲是指以钢铁为基材，经过机械加工组装而成的结构。一般意义上的钢结构仅限于工业厂房、高层建筑、桥梁等，即建筑钢结构。

钢结构的构件一般在工厂加工制作，然后运至工地进行结构安装。基本工艺流程为：钢结构的加工→钢结构的连接→构件的预拼装→钢结构的吊装→质量验评。

1. 钢结构的加工

钢结构构件制作一般在工厂进行，包括放样、号料、切割下料、边缘加工、弯卷成型、折边、矫正和防腐与涂饰等工艺过程。

（1）放样与号料。

1）放样是根据产品施工详图或零、部件图样要求的形状和尺寸，按1:1的比例把产品或零、部件的实体画在放样台或平板上，求取实长并制成样板的过程。

2）号料（也称划线），即利用样板、样杆或根据图纸，在板料及型钢上画出孔的位置和零件形状的加工界线。

号料的一般工作内容包括：检查核对材料；在材料上划出切割、铣、刨、弯曲、钻孔等加工位置，打冲孔，标注出零件的编号等。

放样是钢结构制作工艺中的第一道工序，其工作的准确与否将直接影响到整个产品的质量，至关重要。为了提高放样和号料的精度和效率，有条件时，应采用计算机辅助设计。

（2）切割下料。切割是将放样和号料的零件形状从原材料上进行下料分离。常用的切割方法有机械剪切和气割、等离子切割三种方法。

机械剪切下料通过剪板机、冲剪机、锯床等机械实现。

气割下料见图 4-120，包括手动气割、半自动气割和自动气割，是利用氧气与可燃气体混合产生的预热火焰加热金属表面达到燃烧温度并使金属发生剧烈的氧化，放出大量的热促使下层金属也自行燃烧，同时通以高压氧气射流，将氧化物吹除而形成一条狭小而整齐割缝。

等离子切割下料见图 4-121：是利用高温高速的等离子焰流将切口处金属及其氧化物熔化并吹掉来完成切割，能切割任何金属，特别是熔点较高的不锈钢及有色金属铝、铜等。

图 4-120　气割下料

图 4-121　等离子切割下料

（3）构件加工。

1）边缘加工。对于尺寸精度要求高的腹板、翼缘板、加劲板、支座支撑面和有技术要求的焊接坡口，需要对剪切或气割过的钢板边缘进行加工。常用的边缘加工方法主要有：铲边、刨边、铣边和碳弧气刨边等。

2）弯制成型的加工工序是由热加工或冷加工来完成的，包括钢板卷曲、型钢弯曲钢管弯曲。

图 4-122　钢板卷曲

钢板卷曲见图 4-122，是通过旋转辊轴对板料进行连续三点弯曲所形成的。钢板卷曲包括预弯、对中和卷曲三个过程。

型钢弯曲：型钢弯曲时断面会发生畸变，弯曲半径越小，则畸变越大；所以应控制型钢的最小弯曲半径，构件的曲率半径较大，宜采用冷弯；构件的曲率半径较小，宜采用热弯。

钢管弯曲：在自由状态下弯曲时截面会变形，外侧管壁会减薄，内侧管壁会增厚，所以钢管弯制一般是管中加入填充物（砂）或穿入芯棒进行弯曲或用滚轮和滑槽在管外进行弯曲。

3）折边。把构件的边缘压弯成倾角或一定形状的操作过程称为折边。板料的弯曲折边是通过折边机来完成的，它可提高构件的强度和刚度。

4）制孔包括铆钉孔、普通螺栓连接孔、高强度螺栓孔、地脚螺栓孔等；通常方法有冲孔和钻孔两种：钻孔用钻孔机进行，能用于钢板、型钢的孔加工；冲孔用冲孔机进行，一般只能在较薄的钢板、型钢上冲孔，且孔径一般不小于钢材的厚度。施工现场的制孔可用电钻、风钻等加工。

（4）构件矫正。在加工成型过程中，由于操作和工艺原因会引起成型件变形；为了保证钢结构的制作及安装质量，必须对不符合技术标准的材料、构件进行矫正；常用的方法见图 4-123，有火焰矫正（热矫正）、机械矫正和手工矫正（冷矫正）。

（a）　（b）　（c）

图 4-123　构件矫正

（a）火焰矫正；（b）机械矫正；（c）手工锤击矫正

（5）除锈、防腐与涂饰。钢结构的防腐与涂饰包括普通涂料涂装和防火涂料涂装。涂装前，钢材表面应除锈。

1）钢材的除锈。钢材除锈方法有：喷砂、抛丸、酸洗以及钢丝刷人工除锈、现场砂轮打磨等。抛丸除锈是最理想的除锈方式。

2）防腐与涂饰。普通涂料的涂装遍数、涂层厚度应符合设计要求，钢材表面不应误涂、漏涂，涂层应均匀，无明显皱皮、流坠、针眼、气泡及脱皮和返锈等。防火涂料的涂层厚度应符合耐火极限的设计要求。

2. 钢结构的连接

在钢结构施工中，连接占有很重要的地位无论是工厂加工，还是现场安装，都会遇到连接问题。钢结构的连接通常有焊接、螺栓连接及铆钉连接。前两种应用广泛；铆钉连接费钢费工，现在已很少使用，但其韧性和塑性较好，传力可靠，因此在一些重型结构或承受动力荷载作用的结构中有时仍会采用。

1）焊接。焊缝连接构造简单，省钢省工，能实现自动化操作，是现代钢结构最主要的连接方式，适用任何形状的结构，但连接焊接质量受材料、操作影响较大。

焊缝连接常用的有三种形式如下。

a. 电弧焊：是最普遍的熔化焊焊接方法，它是利用电弧产生的高温、高热量进行焊接钢结构的。

焊接前根据焊接部位的形状、尺寸、受力的不同，选择合适的接头类型，常见的焊接接头与坡口见图 4-124，有对接、搭接、丁字接和角接等。为确保焊件能焊透，还必须开一定形状的坡口。

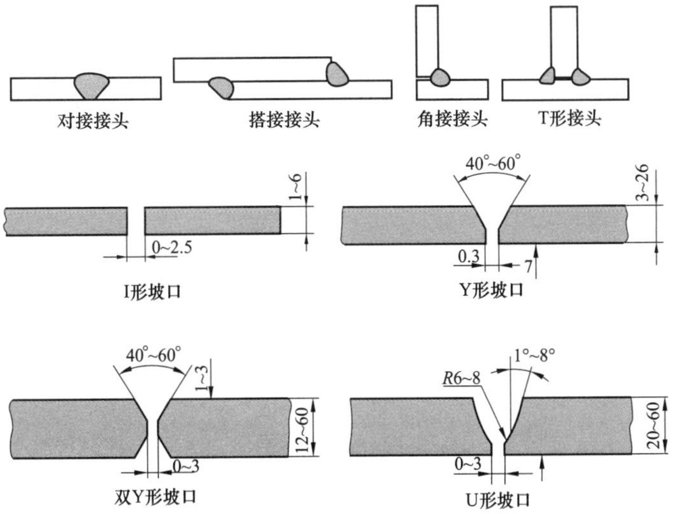

图 4-124　焊接接头与坡口

根据焊缝的空间位置，电弧焊有平焊、立焊、横焊和仰焊四种操作方法（见图 4-125）：平焊易操作，劳动条件好，生产率高，焊缝质量易保证。立焊、横焊和仰焊时施焊困难，应尽量避免。

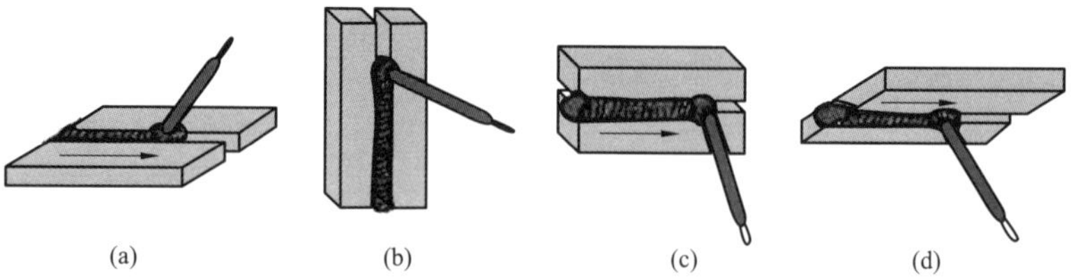

图 4-125　焊缝的空间位置

（a）平焊；（b）立焊；（c）横焊；（d）仰焊

b．埋弧自动焊见图 4-126，是利用焊剂层下燃烧的电弧的热量熔化焊丝，焊剂和母材而形成焊缝的一种电弧焊焊接方法，具有生产率高、机械化程度高、焊接质量好且稳定的优点。

但这种方法也有不足之处，主要是适应能力差，不及手工焊灵活，一般只适合于水平位置或倾斜度不大的焊缝。

c．CO_2 气体保护焊见图 4-127，是以二氧化碳气为保护气体，进行焊接的方法。由于有二氧化碳气体保护焊施焊时焊缝被保护，故焊缝金属纯度高、性能好、变形小，是一种高效率，低成本的焊接方法。

但 CO_2 气体保护焊焊接时不能有风，适合室内作业；焊缝熔深也较浅，只适合于焊接＜6mm 薄板。

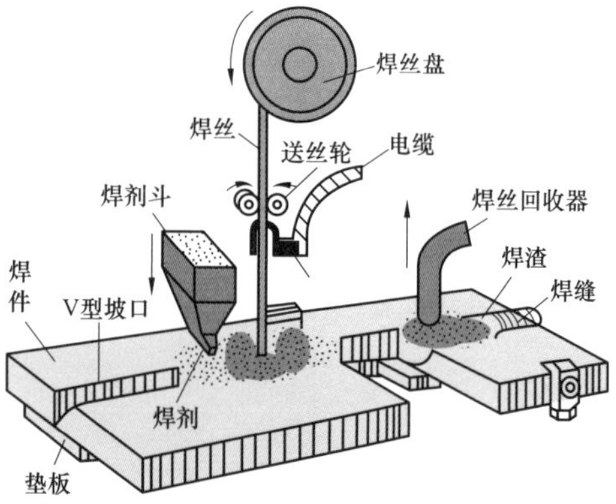

图 4-126　埋弧自动焊

图 4-127　CO_2 气体保护焊

2）螺栓连接主要包括普通螺栓、高强度螺栓的紧固连接。连接螺栓分为 8 级，即 3.6、4.6、4.8、5.6、5.8、6.8、8.8、10.9S（如 5.6S 表示抗拉强度为 500MPa，屈强比为 60%），其中后两级为高强度螺栓，其余为普通螺栓。

a．普通螺栓连接见图 4-128，按外形划分有六角螺栓、双头螺栓和地脚螺栓。

图 4-128　普通螺栓

（a）六角螺栓；（b）双头螺栓；（c）地脚螺栓

六角螺栓按质量和产品等级分为 A（精制螺栓）、B（半精制螺栓）、C（粗制螺栓）三种，其中 A、B 级螺栓适用于连接部位需传递较大剪力的重要结构的安装，C 级螺栓适用于钢结构安装中的临时固定。

双头螺栓又称螺柱，多用于连接厚板或不方便使用六角螺栓连接的地方，如混凝土屋架、屋面梁悬挂单轨梁吊挂件等。

地脚螺栓分为一般地脚螺栓、直角地脚螺栓、锤头螺栓和锚固地脚螺栓，一般地脚螺栓、直角地脚螺栓和锤头螺栓是在砼浇筑前预埋在基础之中，用以固定钢柱；锚固地脚螺栓是在已成型砼基础上经钻机成孔后，再安装、灌浆固定的一种地脚螺栓。

普通螺栓施工时，螺栓头和螺母的下面应放置平垫圈，螺母下面的垫圈不应多于 2 个，螺栓头部下面的垫圈不应多于 1 个；螺栓头和螺母应与结构构件的表面及垫圈密贴；动荷载或重要部位的螺栓，应放置弹簧垫圈；螺栓伸出螺母的长度应不小于两个完整螺纹的长度。螺栓紧固必须从中心开始，对称施拧；大型接头采用复拧，即“两次紧固法”。施拧时的紧固轴力应不超过相应的规定。

b. 高强度螺栓连接。高强螺栓就是高强度的螺栓，从外形上可分为扭剪型高强螺栓和大六角头高强螺栓（见图 4-129）。扭剪型高强螺栓的一个连接副为一个螺栓、一个螺母和一个垫圈；大六角头高强螺栓的一个连接副为一个螺栓、一个螺母和两个垫圈。

图 4-129　高强度螺栓

（a）扭剪型高强螺栓；（b）大六角头高强螺栓

高强螺栓施工机具见图 4-130，有手动扭矩扳手和电动扳手两种。

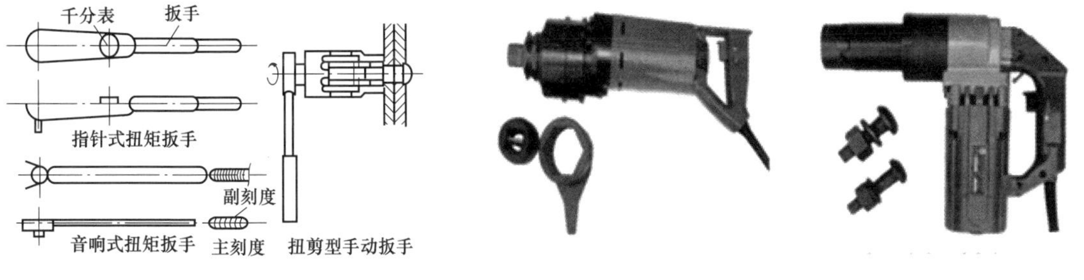

图 4-130　高强螺栓施工机具

（a）手动扭矩扳手；（b）扭矩电动扳手；（c）电动扭剪扳手

高强螺栓以手动紧固时，要使用有示明扭矩值的扳手施拧，以达到高强螺栓连接副规定的扭矩和剪力值。常用的手动扭矩扳手有指针式、音响式和扭剪型三种。定扭矩、定转角电动扳手适用于大六角头高强螺栓的紧固，可自动控制扭矩和转角，适用于钢结构厂房安装大六角头高强螺栓施工的初拧、终拧和扭剪型高强螺栓的初拧。扭剪型电动扳手适用于扭剪型高强度螺栓的终拧紧固。

高强螺栓施工紧固顺序应从节点中心向边缘依次进行。紧固时，要分初拧和终拧两次紧固；对于大型节点，可分为初拧、复拧和终拧。初拧、复拧轴力宜为 60%～80%标准轴力，终拧轴力为标准轴力。

当天安装的螺栓，要在当天终拧完毕，防止螺纹被沾污和生锈，引起扭矩系数值发生变化。紧固完毕高强大六角头螺栓要检查是否有漏拧，终拧完成 1h 后、48h 内还要进行施工扭矩值检查；扭剪型高强螺栓只要观察其尾部是否被拧掉，若即被拧掉可判断螺栓终拧合格。

3. 构件的预拼装

由于受运输、吊装等条件的限制，有时构件要分成两段或若干段出厂，为了保证安装的顺利进行，应根据构件或结构的复杂程序和设计要求，在出厂前进行预拼装。

除管结构为立体预拼装，并可设卡、夹具外，其他结构一般均为平面拼装，且构件应处于自由状态，不得强行固定。

预拼装的允许偏差应符合相关规定。预拼装检查合格后，对上、下定位中心线、标高基准线、交线中心点等应标注清楚、准确；对管结构、工地焊接连接处，除应标注上述标记外，还应焊接一定数量的卡具、角钢或钢板定位器等，以便按预拼装结果进行安装。

结构吊装工程是用各种起重机械将预制、加工的结构件安装到设计位置的施工过程，是装配式结构房屋施工的主导工程。它将直接影响到工程进度、工程质量和工程成本。

4. 钢结构的吊装

（1）起重机具。结构吊装工程中常采用的起重机具包括索具设备与起重机械。

1）索具设备见图 4-131，主要应用于吊装工程中的构件绑扎和吊运，包括钢丝绳、吊索、卡环、横吊梁、滑轮组、卷扬机、锚碇等。

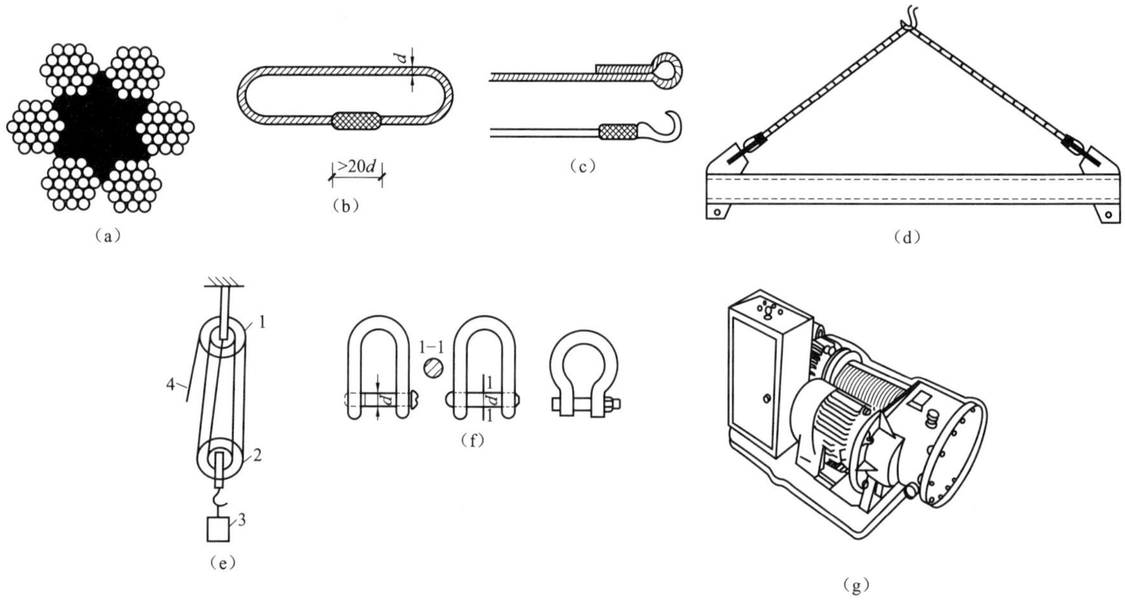

图 4-131 索具设备

（a）普通钢丝绳的截面；（b）环状吊索；（c）开口吊索；（d）横吊梁；（e）滑轮组；（f）卡环；（g）JT1 型调速卷扬机

2）起重机械。结构吊装工程常用的起重机械见图 4-132，主要包括履带式起重机、汽车式起重机、轮胎式起重机和塔式起重机等。

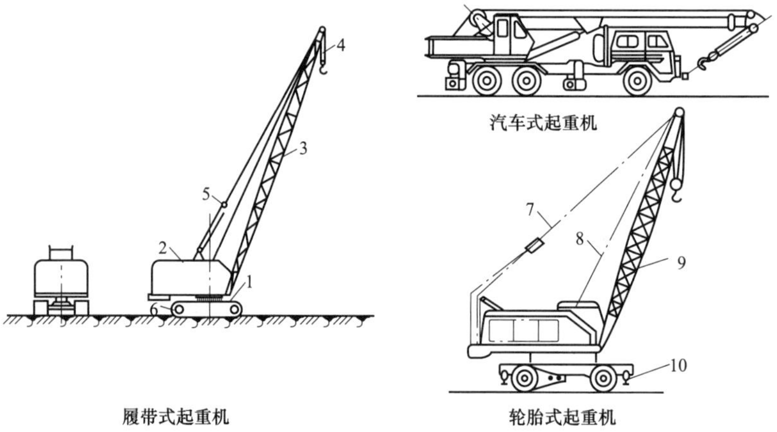

图 4-132 常用的起重机械

1—底盘；2—机棚；3—起重臂；4—起重滑轮组；5—变幅滑轮组；6—履带；7—起重杆；8—起重索；9—变幅索；10—支腿

a．履带式起重机由动力装置、卷扬机构、回转机构、行走装置、机身及起重量等部分组成，具有操作灵活，使用方便，起重杆可分节接长，在装配式钢筋混凝土单层工业厂房结构吊装中得到广泛的使用。其缺点是稳定性较差，未经验算不宜超负荷吊装。

b．汽车式起重机是将起重装置安装在载重汽车底盘上的一种自行式全回转起重机，其动力利用汽车的发动机，其他构造与履带式起重机基本相同。它的特点是行驶速度大，转移快，对路面破坏性小，但不能负荷行走，起吊时需将支腿支起。

c．轮胎式起重机是把起重机构安装在加重型轮胎和轮轴组成的特制底盘上的一种回转式起重机。吊重时要用 4 个支腿支撑；特点是行驶速度较高，能迅速地转移工作地点或工地，对路面破坏小；但这种起重机不适合在松软或泥泞的地面上工作。

d．塔式起重机的起重臂安装在塔身上部，具有较高的有效高度和较大的工作半径，是多层工业厂房与民用建筑结构吊装中广泛应用的起重机械。它有轨道式、爬升式和附着式 3 种。

（2）单层工业厂房的吊装。单层厂房目前最基本、最普遍的结构形式是排架结构，一般由柱、柱间支撑、吊车梁、屋架、天窗架、上下支撑、檩条及墙体骨架等构件组成，见图 4-133。

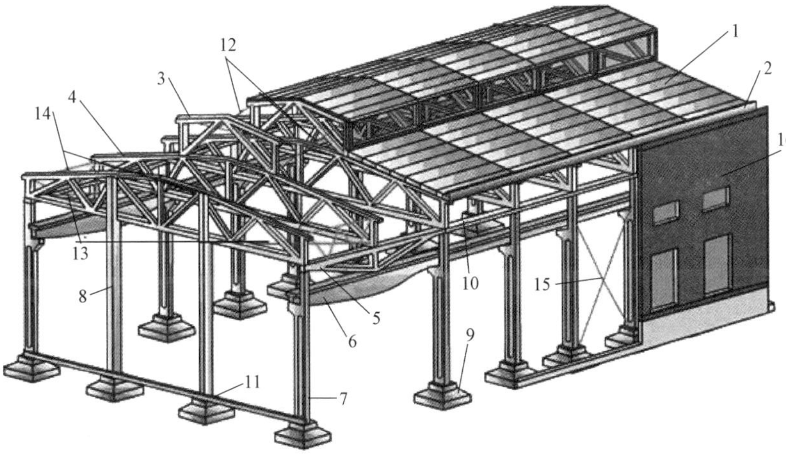

图 4-133　单层工业厂房

1—屋面板；2—天沟板；3—天窗架；4—屋架；5—托架；6—吊车梁；7—撑架柱；8—抗风柱；9—基础；10—连系梁；11—基础梁；12—天窗架垂直支撑；13—屋架下弦横向水平支撑；14—屋架端部垂直支撑；15—柱间支撑；16—墙体

单层工业厂房吊装的主要工作如下：

1）吊装准备工作。结构吊装前的准备工作主要有：清理场地、铺设道路、敷设水电管线；构件的运输、堆放；拼装与加固；检查、弹线及编号；基础的准备工作。

a．构件的运输。在构件装卸、运输过程应尽量保护构件，避免构件在运输过程中受到损坏。预制构件运输时混凝土强度不应低于混凝土强度标准值的 75%。

次要构件和主要构件一起装车运输，不应在次要构件上堆放重型构件，造成构件的受压变形。构件应对称放置在运输车辆上，装卸车时应对称操作，确保车身和车上构件的固定。

运输的构件必须按照吊装要求程序进行发运，尽量考虑配套供应，确保现场顺利吊装。构件运输过程中应放置垫木，在用钢丝绳固定时应做好构件四角保护工作，防止构件变形和刻断钢丝绳，对不稳定构件应采用支架稳定。

b．构件的堆放。预制构件的堆放应考虑便于吊升及吊升后的就位，避免二次搬运。

堆放场地应平整，场基坚实，无杂草，无积水。构件堆放应使用垫木，垫木必须上下对齐，每堆构件堆放高度应视构件的情况分别掌握。

每堆构件与构件之间，应留出一定的距离。如现场场地允许，构件可按吊装顺序及安装位置，在保证起重机械及运输车辆行走通畅的情况下，按各种型号分别堆放于吊装位置附近。构件编号宜放置在两端醒目处，以便于吊装时构件的查找。

c．构件的拼装和加固。构件的拼装分为平拼与立拼两种：平拼是将构件平放拼装，拼装后扶直，适用于小跨度构件；立拼是将构件在直立状态进行拼装，减少移动和扶直工序；适用于侧向刚度较差的大跨度构件。

对于一些侧向刚度较差的构件，为防止在拼装、焊接扶直及吊装过程中变形与开裂，要用横杆进行临时加固。

d．构件的弹线与编号。在吊装之前，须对所有构件型号、数量、外观尺寸、预埋件及预留孔洞位置是否正确进行全面检查；在构件质量全面检查合格后，即在构件上弹出定位线，作为吊装、校正的依据。

柱子：在柱身三个面上弹出几何中心线以及在牛腿面和柱顶面上弹出吊车梁和屋架的吊装定位线。

屋架：在上弦面应弹出几何中心线以及弹出天窗架、屋面板的吊装定位线。

吊车梁：在吊车梁的两端及顶面弹出安装中心线并注明方向，以免吊装时搞错。

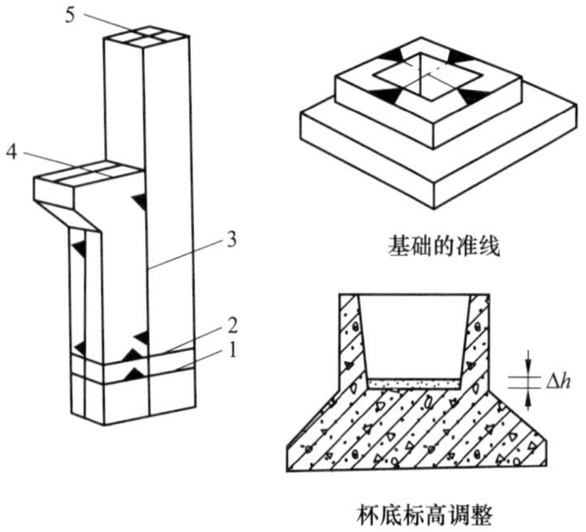

图 4-134　柱子标注与基础准备

1—基础顶面线；2—地坪标高线；3—柱子中心线；4—吊车梁对位线；5—柱顶中心线

e．杯形基础的准备工作主要是在柱吊装前对杯底抄平和在杯口顶面弹线：杯底的抄平是对杯底标高的检查和调整，以保证吊装后牛腿面标高的准确；基础顶面弹线要根据厂房的定位轴线测出。并与柱的安装中心线相对应。一般在基础顶面弹十字交叉的安装中心线，并标注红三角，见图 4-134。

2）吊装构件主要有柱、吊车梁、连系梁、屋架、天窗架、屋面板等，各种构件的吊装工艺为：绑扎→吊升→对位→临时固定→校正→最后固定。

a．柱的吊装。柱的绑扎方法、绑扎位置和绑扎点数，应根据柱的形状、长度、截面、配筋、起吊方法和起重机性能等确定。中小型柱子可一点绑扎，重型柱子或配筋少而细长的柱子需两点绑扎。

柱的吊升分旋转法、滑行法、递送法，见图 4-135。

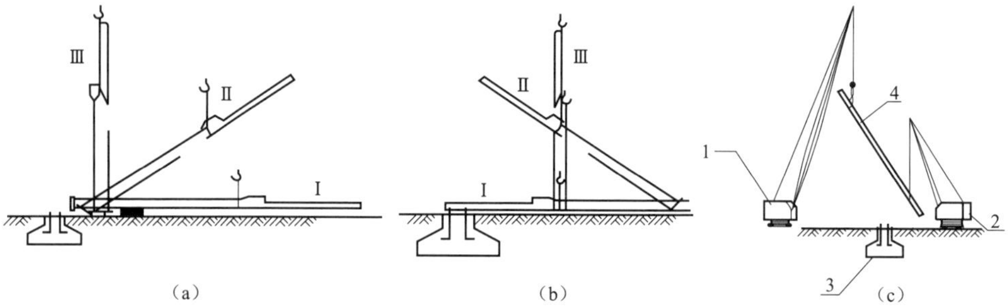

图 4-135　柱的吊升

（a）旋转法；（b）滑行法；（c）递送法

1—主机；2—副机；3—柱子；4—基础

旋转法：起重机边起钩、边旋转，使柱身绕柱脚旋转而逐渐吊起的方法称为旋转法。其要点是保持柱脚位置不动，并使柱的吊点，柱脚中心和杯口中心三点共圆。

滑行法：起吊时起重机不旋转，只起升吊钩，使柱脚在吊钩上升过程中沿着地面逐渐向吊钩位置滑行，直到柱身直立的方法称为滑行法。其要点是柱的吊点要布置在杯口旁；并与杯口中心两点共圆弧。

递送法：为减少柱脚与地面的摩阻力，可采用双机或三机抬吊，其中一台为副机，吊点选择在钢柱下面，起吊柱时配合主机起钩，随着主机的起吊，副机行走或回转，在递送过程中，副机承担了一部分荷重，将钢柱脚递送到钢柱基础上面，副机摘钩，卸掉荷载，此刻主机满载，将钢柱就位。

柱子对位、临时固定、校正、最后固定见图 4-136，对位是将柱子插入杯口并对准安装准线的一道工序。临时固定是用楔子等将已对位的柱子作临时性固定的一道工序。柱子校正是对已临时固定的柱子进行全面检查（平面位置、标高、垂直度等）及校正，包括平面位置、标高和垂直度的校正。最后固定是在柱子与杯口的空隙用细石混凝土浇灌密实。所用的细石混凝土应比柱子混凝土强度提高一级。分二次挠筑。第一次浇至楔块底面，待混凝土强度达到 25%时拔去楔块，再浇第二次混凝土，直到准满杯口为止。

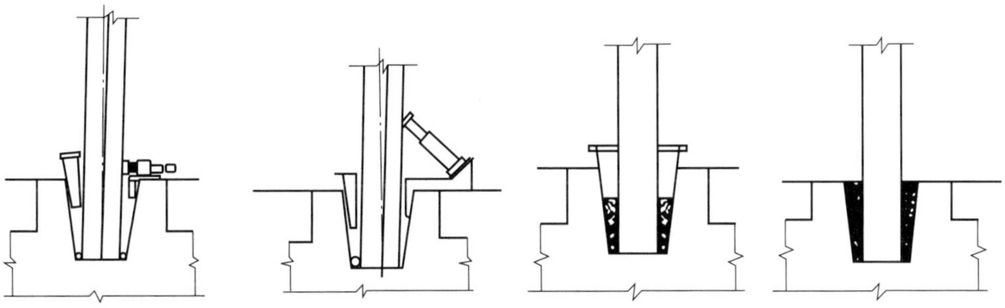

图 4-136　柱子对位、监时固定、校正、最后固定

（a）螺旋千斤顶平顶法；（b）千斤顶斜顶法；（c）第一次浇筑细石混凝土；（d）第二次浇筑细石混凝土

b．吊车梁的吊装见图 4-137，应在柱子杯口第二次浇灌混凝土强度达到设计强度的 75%时方可进行，采用两点绑扎，对称起吊，吊钩应对称梁的重心，以便使梁起吊后保持水平，梁的两端用溜绳控制，以免在吊升过程中碰撞柱子。吊车梁对位后，由于梁本身稳定性较好，仅用垫铁垫平即可，不需采取临时固定措施。但当梁的高宽比大于 4 时，宜用铁丝将吊车梁临时绑在柱上。

吊车梁校正主要是平面位置和垂直度校正。吊车梁的标高取决于柱牛腿标高，在柱吊装前应已经调整。如仍存在偏差．可待安装吊车轨道时进行调整。

吊车梁的最后固定，是在吊车梁校正完毕后，用连接钢板等与柱侧面、吊车梁顶端的预埋铁相焊接，并在接头处支模浇筑细石混凝土。

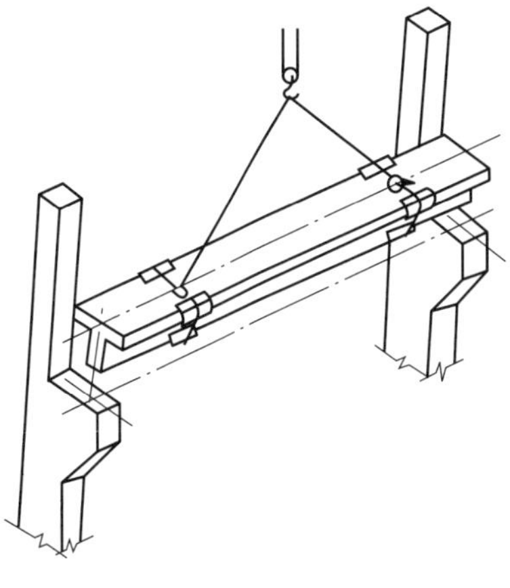

图 4-137　吊车梁的吊装

c．屋架及屋面板的吊装。屋架的吊装见图 4-138 所示。绑扎点应选在屋架上弦节点处，左右对称于屋架的重心，一般屋架跨度小于 18m 时两点绑扎；大于 18m 时四点绑扎；大于 30m 时，应考虑使用铁扁担，以减少绑扎高度。

屋架的吊升是将屋架吊离地面约 300mm，然后将屋架转至安装位置下方，再将屋架吊升至柱顶上方约 300mm 后，缓缓放至柱顶；应以建筑物的定位轴线为准进行对位，对位后临时固定进行垂直度的检查与校正，屋架校正后应立即电焊固定。

天窗架常采用单独吊装，也可与屋架拼装成整体同时吊装。

屋面板四个角一般埋有吊环。用四根带吊钩的吊索吊升。吊索应等长且拉力相等，屋面板保持水平。屋面板的吊装顺序应从两边檐口对称地铺向屋脊，以免屋架承受半边荷载的作用。屋面板就位后应立即用电焊固定，每块屋面板可焊三点，最后一块只能焊两点。

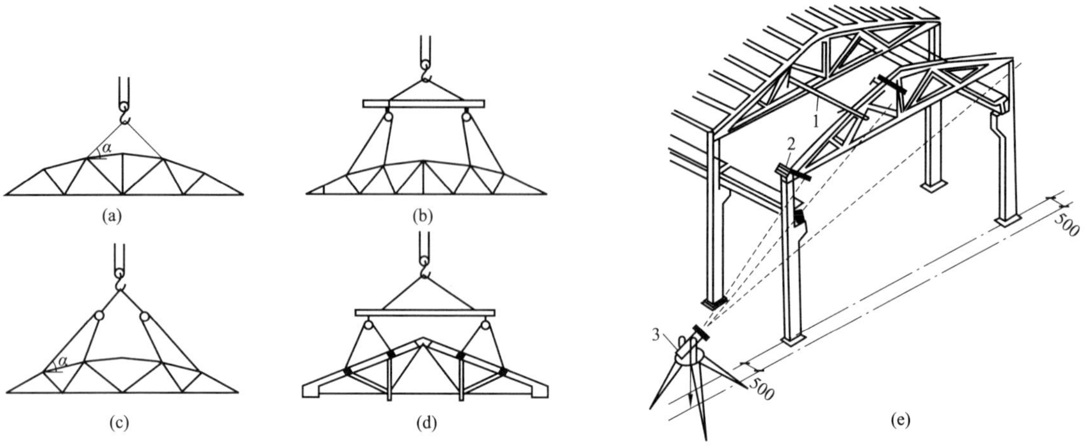

图 4-138　屋架的吊装

（a）屋架跨度小于或等于 18m 时；（b）屋架跨度大于 18m 时；（c）屋架跨度等于或大于 30m 时；（d）三角形组合屋架

1—工具式支撑；2—卡尺；3—经纬仪

换流站的阀厅作为放置换流阀的大型单层工业厂房，屋面采用檩屋盖结构体系，其屋架起吊如图 4-139 所示，采用四点绑扎，吊点设在上弦距两端 7～9m 节点上。就位后应及时穿上临时螺栓，上弦节点不少 50%，下弦节点不少 70%。

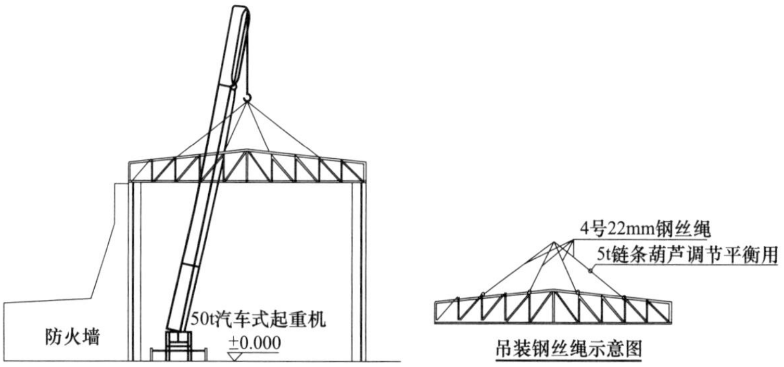

图 4-139　阀厅屋架的吊装

3）钢结构安装方法。单层工业厂房的结构安装方法有分件安装法和综合安装法两种。

a．分件吊装法是指起重机每开行一次仅安装一种或两种构件。通常分三次开行安装完所有构件。这种方法的优点是：由于每次均吊装同类型构件，可减少起重机变幅和索具的更换次数，从而提高吊装效率，能充分发挥起重机的工作能力，构件供应与现场平面布置比较简单，也能给构件校正、接头焊接、灌筑混凝土和养护提供充分的时间；但不能为后续工序及早提供工作面，起重机的开行路线较长。

分件吊装法是目前单层工业厂房结构吊装中采用较多的一种方法。

b．综合安装法是指起重机的一次开行中，分节间安装完所有的各种类型的构件。这种方法的优点是：开行路线短，停机点少；吊完一个节间，其后续工种就可进入节间内工作，使各个工种进行交叉平行流水作业，有利于缩短工期；但采用综合吊装法，每次吊装不同构件需要频繁变换索具，工作效率低；使构件供应紧张和平面布置复杂；构件的校正困难。因此目前较少采用。

四、建筑防水保温工程

（一）屋面防水工程

1．工艺流程

施工准备→屋面找平层→基层处理→涂刷基层处理剂→保温层施工卷材附加层施工→铺贴卷材→隔

离层→刚性防水混凝土→蓄水试验→质量验评。屋面防水工艺成品见图 4-140。

图 4-140　屋面防水工艺成品图

2. 施工工序

（1）施工准备。

1）材料准备：防水卷材、胶粘剂及配套材料应有合格证，并经见证取样，试验合格。水泥采用 42.5 级及以上的普通硅酸盐水泥和硅酸盐水泥，质量符合国家标准的规定；石子料级配良好，粗骨料粒径为 5～15mm，含泥量不大于 1.0%，细骨料级配良好，采用中砂，含泥量不大于 2%。钢筋不得有锈蚀、弯曲、油污等缺陷。

汽油等用于清洗受污染的部位。

2）技术准备主要包括图纸会检、技术交底、基层处理、其他准备等。其中基层处理应按设计要求检查泛水坡度、方向；所有管道、避雷设施全部安装完毕，并通过验收；所有阴阳角、管根抹成圆角；沉降缝顶要做坡以利于铁皮封盖。施工前应检查、清理基层，基层清理验收合格后方可施工。其他准备主要指屋面保温材料的质量符合设计要求和施工验收规范的规定，并应有质量验收证明文件。

（2）屋面找平层施工前应进行蓄水试验，检查结构层的质量以及排水坡度、天沟和水落口的标高、管道和预埋件等施工质量并验收合格。根据屋面设计坡度及找平层厚度做好塌饼，并做好分格缝（找平层分格应与排气槽重合，分格宽度不宜大于 6m，采用上宽下窄梯形木条分格）。施工前基层应清理干净，并充分湿润。铺浆前刷素水泥浆一道，随刷随铺。铺浆时应掌握好砂浆稠度，已拌好砂浆应及时用完，一个分格内砂浆要一次性铺完，不留施工缝，找平层表面不少于 3 遍压光，压光完成后，表面不应有漏压、凹坑、死角、砂眼，最后一遍抹光应在水泥砂浆终凝前完成，砂浆找平层洒水养护不少于 7 天，分隔缝内应清理干净，并采用油膏嵌缝。屋面阳角细石混凝土圆弧见图 4-141。

（3）板块保温层铺设前应满涂胶结材料，与基层之间相互粘牢，板块材料应铺平、铺实，分层铺设时应上下接缝错开，现浇整体保温材料应根据屋面设计坡度、厚度施工。保温层施工完成后，应及时抹水泥砂浆找平层，保温层含水率过高，应待水分充分挥发后再施工找平层。

保温层必须设置排气槽，排气槽设置宜设置在屋面板的端头接缝处，转角处。排气槽宽度设置在 50～70mm 之间，纵横间距不宜大于 6m。屋面排气道及附加层见图 4-142。

图 4-141　屋面阳角细石混凝土圆弧

图 4-142　屋面排气道及附加层

（4）铺贴防水卷材。

1）铺贴防水卷材前首先要做好附加层的施工，卷材防水一般采用黏结胶黏结。热熔或冷粘法贴于屋面基层。

2）屋面特殊部位的附加增强层和卷材铺贴要求：檐口位置应将端头的卷材裁齐后压入凹槽内，然后将凹槽用密封材料嵌填密实，如用压条或带垫片的钉子固定，钉子钉入凹槽内，钉帽及卷材端头压条上下口用密封材料封平。

3）天沟、檐口、卷材铺贴前，应对水落口进行密封处理，在水落口杯埋设时，水落口杯与竖向插口的连接处应用密封嵌填密实，防止该部位在暴雨时产生倒水现象。水落口周围直径500mm范围内用防水涂料或密封材料涂封作为附加增加层，厚度不小于2mm。

由于天沟、檐口部位水流量较大，在转角处用用密封材料密封，每边宽度不小于300mm，干燥后增添一层卷材或涂刷涂料作为附加层，天沟、檐口铺贴卷材应从沟底开始，顺天沟从水落口向分水岭方向铺贴。铺至水落口的各层卷材和附加增强层均应粘贴在杯口上，用雨水罩的底盘将其压紧，底盘与卷材间满涂胶结材料；变形缝处附加墙与屋面交接处的泛水部位应增加增强附加层。伸出屋面管道周围的找平层应做成圆锥台，管道与找平层间应留设凹槽，并嵌填密封材料，防水层收头处用金属箍箍紧，用密封材料填严。阴阳角处用密封材料密封，再铺贴一层卷材附加层。屋面天沟附加层见图4-143。

4）防水卷材施工前应检查基层，基层表面应洁净、平整、坚实，不应有起砂、开裂、空鼓等现象，找平层表面干燥、且含水率不应大于9%。

5）卷材的层数、厚度应符合设计要求。多层铺贴时接缝应错开。铺贴时随放卷随用喷枪加热基层和卷材的交接处，喷枪距加热面300mm左右，经往返均匀加热，趁卷材的材面刚刚熔化时，将卷材向前滚铺、粘贴。

6）卷材应平行屋脊从檐沟处往上铺贴，双向流水坡度卷材搭接应顺水流方向。长边及端头的搭接宽度，满粘法均为 80mm，且端头接茬要错开 50mm。卷材配制应减少阴阳角处的接头。铺贴平面与立面相连接的卷材，应由下向上进行，使卷材紧贴阴阳角，铺展时对卷材不宜拉得太紧，卷材完成后不得有皱折、空鼓现象。

（5）屋面卷材胶粘法施工。基层应涂刷基层处理剂，涂刷应均匀，待基层处理剂基本干燥后，顺卷材摊铺方向弹线，将卷材摊开，卷材折叠后面朝上，将调制好的胶粘剂均匀涂刷在屋面基层及卷材背面，涂刷均匀一致，并进行晾干，但卷材搭接部位不得涂胶。胶粘剂晾干后，反转卷材沿弹好的标准线进行粘贴，铺贴的卷材不宜拉得太紧，每铺完一幅卷材，应立即用压辊沿卷材中间往两端辊压，排除黏结层空气，卷材内不得有空鼓及黏结不牢的现象，卷材搭接封口处采用专用封口胶封闭。卷材铺设应从最低处往最高处施工，且尽量减少搭接接头。屋面天沟附加层见图4-144。

图4-143　屋面天沟附加层

图4-144　屋面天沟附加层

（6）隔离层施工。隔离层应在柔性防水表面与刚性防水混凝土中间施工，将刚性防水混凝土与柔性防水卷材隔离，隔离可采用纸筋灰、浓石灰水涂刷或空铺卷材隔离。

（7）刚性防水混凝土屋面。细石混凝土不得使用火山灰质水泥，刚性防水混凝土屋面浇筑前应采用上宽下窄梯形木条分格，水泥砂浆分隔固定。按设计要求绑扎钢筋网，并按分格缝断开。防水混凝土应先薄铺下层混凝土，将钢筋网提至中上部，再浇筑上层混凝土。刚性防水混凝土严格计量，并控制好混凝土坍落度，采用平板振动器振实。混凝土压光后表面光洁，无抹纹，色泽均匀一致。刚性防水混凝土应洒水养护不少于 7 天。分格缝内采用油膏嵌缝并做防水附加层。

（8）蓄水试验应蓄水应高出屋面最高点 2cm，静置时间不小于 24h，屋面不得有渗漏现象，管根、风道根不渗漏为合格。面砖屋面保护层见图 4-145。

图 4-145　面砖屋面保护层

（二）墙面保温工程

1. 工艺流程

施工准备→铺黏结胶泥，粘贴 EPS 板→保护层，一布二胶（一层加强网，二层聚合物胶泥）→外墙阴角部位两侧增做加强网→门窗洞口处粘贴玻璃纤维网→保护层养护→质量验评。墙面保温工艺成品见图 4-146。

图 4-146　墙面保温工艺成品图

2. 施工工序

（1）施工准备。

1）基层处理：墙面应清理干净，清洗油渍、清扫油灰等。

2）根据要求在墙面弹出 EPS 板粘贴控制线（竖线、水平线），墙基面弹线见图 4-147。

图 4-147　墙基面弹线

（2）粘贴 EPS 板。

1）粘贴 EPS 板时，应自上而下水平铺设。竖向不应有通缝，错缝宽度不宜小于 100mm。

2）粘贴板面尺寸，宽度一般为 500mm，长度不应大于 750mm。

3）EPS 板对缝应紧密，最大缝隙不超过 3mm 垂直偏差不应大于 3mm，板面平整度偏差不应大于 3mm。

4）胶泥铺盖面积不应小于 30%，且应点状均匀布胶，胶泥压实后的厚度控制在 2～5mm，以保证粘结牢固，基层黏结胶泥见图 4-148。

5）EPS 板与墙面粘贴时，粘贴胶泥应与墙面同时接触，使粘胶泥与墙面粘贴紧密、均匀，并与粘贴完的 EPS 板齐平，拼缝紧密，如遇一面粘贴不平时，应立即取下重贴。

图 4-148　基层黏结胶泥

6）在外墙阳角和门窗洞口阳角两侧粘贴 EPS 板必须相互黏结严密，边缘应满铺黏结胶泥。

7）在门窗洞口四角用整板切割后粘贴，保证 EPS 板与门窗四角交接处无板缝，应在窗口处，EPS 板切割成“L”形，见图 4-149。

（3）保护层施工。

1）做保护层的施工必须在保温层施工完毕，待粘贴胶泥强度达到 60%后方可进行。

2）保护层的一般做法是根据玻璃纤维布的厚度可做成“一布二胶”（一层加强网，二层聚合物胶泥）或“二布三胶”（一层加强网，一层标准网，三层聚合物胶泥），做保护层前应清净 EPS 板面灰尘及附着物，对不平整的 EPS 板缝进行铲平，然后在 EPS 板面抹第一层粘贴胶泥，应按先上后下，先左后右顺序施抹，施抹宽度为 1.5 倍玻璃纤维布的幅宽，将玻璃布展开拉紧经纬向纤维后，用抹子将网布压入粘贴胶泥层，随之抹外层粘贴胶泥。“一布二胶”的厚度为 3～4mm，“二布三胶”厚度为 5～6mm，面涂胶泥厚度为 2mm，见图 4-150。

图 4-149　窗口四角无缝 EPS 板成“L”形

图 4-150　黏结玻璃纤维网布

3）在外墙阳角两侧 100mm 范围内应增加做加强网布。

（4）门窗洞口处粘贴玻璃纤维网施工。

1）在门窗洞口处粘贴玻璃纤维网布应卷入门窗口四周，并贴至门窗框为止。

2）在粘玻璃纤维网布时，严禁出现纤维松弛不紧，纤维错位、倾斜，网布外鼓，褶皱等现象。网布搭接长度水平方向不得小于 70mm，垂直方向不得小于 50mm。

3）最外层胶泥抹完后，严禁出现玻璃纤维外露，不得有明显的玻璃纤维网布显影，砂眼、抹纹、接茬等痕迹，表面应平整。

（5）保护层养护。

1）做保护层时任何部位严禁使用干水泥。

2）保护层施工时，严禁阳光暴晒，保护层终凝前严禁水冲。

3）保护层终凝后应及时喷水连续养生 48～72h，在养护期间严禁撞击和震动。

五、建筑装饰装修工程

装饰工程是指为了保护建筑物的主体结构、完善建筑物的使用功能和美化建筑物，采用装饰装修材料或装饰物，对建筑物的内外表面及空间进行的各种处理过程；按装饰部位划分包括楼地面工程、抹灰工程、饰面板（砖）工程、涂饰工程及吊顶工程等。

（一）抹灰工程

抹灰工程按抹灰的材料和装饰效果可分为一般抹灰和装饰抹灰；一般抹灰是采用水泥砂浆、水泥混合砂浆、石灰砂浆、麻刀灰等材料的抹灰。装饰抹灰是按设计要求用人工或机械加工达到的各种装饰效果的抹灰工程。如：水刷石、干粘石、喷砂、滚涂、喷涂等。

为了保证抹灰表面平整，避免裂缝，抹灰施工应分层操作。抹灰层由底层、中层和面层组成，见图 4-151。

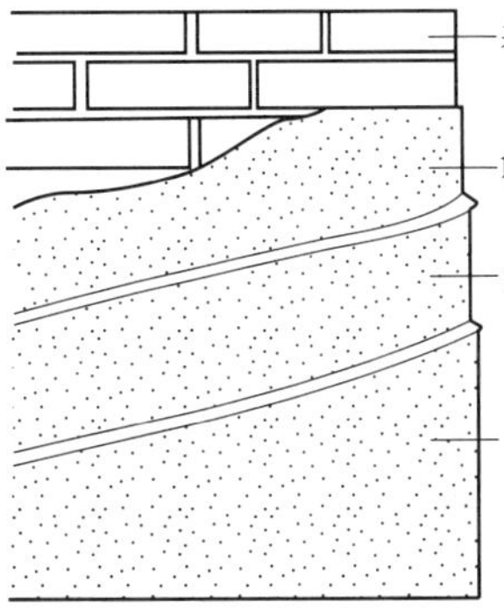

图 4-151　抹灰构造分层

底层主要起与基体黏结和初步找平的作用，所用材料依基体材料和使用要求不同选用，一般对砌体基层可选用石灰砂浆、水泥混合砂浆；对混凝土层可选用水泥混合砂浆或水泥砂浆，厚度一般为 5～9mm。中层作用是减少龟裂并进一步找平，是保证质量的关键层；厚度一般为 5～12mm，所用材料基本上与底层相同。面层主要是满足防水和装饰面要求，厚度一般为 3～5mm。

1. 一般抹灰

一般抹灰按建筑物要求分为普通抹灰、中级抹灰、高级抹灰三个等级，不同的等级有不同的质量要求，而不同的质量要求又要求采用不同的施工方法，见表 4-1。

表 4-1　各级抹灰的施工方法及要求

级别	施　工　方　法	施　工　要　求
高级	多遍成活：一底层、数中层、一面层	阴阳角找平、设置标筋、分层赶平、修整、表面压光
中级	三遍成活：一底层、一中层、一面层	阳角找平、设置标 筋、分层赶平、修整、表面压光
普通	两遍成活：一底层、一面层	分层赶平、修整、表面压光

墙面一般抹灰的施工工艺：基层处理→弹准线、抹灰饼、冲筋→做护角→抹底层灰→抹中层灰→抹罩面灰→养护。

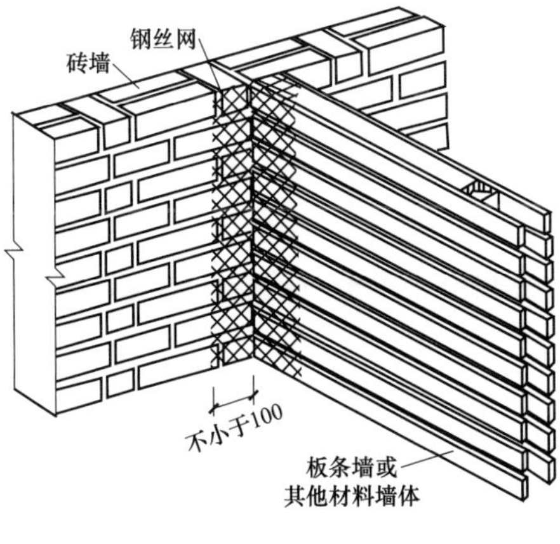

图 4-152　不同基层接缝处理

（1）基层处理。

1）砖砌体基层应清除表面杂物，残留灰浆、舌头灰、尘土等。

2）混凝土基层：表面凿毛、洒水，润湿后涂刷 1:1 水泥砂浆（加适量胶粘剂或界面剂）。在不同结构基层的交接处应采取加强措施：铺钉一层钢丝网粉水泥砂浆或用水泥掺 107 胶铺贴玻纤网格布，与相交基层搭接宽度不小于各 100mm，不同基层接缝处理如图 4-152 所示。

（2）弹准线、抹灰饼、冲筋。一般要用水准仪在墙上放出一根 50 基准线（距楼面标高 50cm，俗称“50 线”），用该线上翻或下翻来控制顶棚、门窗、地面标高和墙裙、踢脚板上口水平线。再根据墙面的平整度和垂直度，先在墙的上角各做一个标准灰饼（直径约 5cm），然后用托线板吊线做墙下角的灰饼，再挂线每隔 1.2～1.5m 加做若干标准灰饼，上下灰饼之间抹宽度约 10cm 的砂浆冲筋，木杠刮平，以控制抹灰厚度及平整度，如图 4-153 所示。

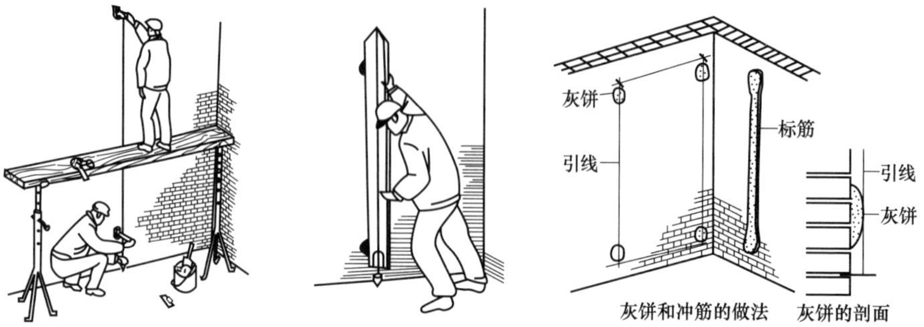

图 4-153　做饼冲筋

（3）做护角。墙、柱间的阳角抹灰前用 1:2 水泥砂浆做护角，护角施工高度直接到顶，门窗内墙阳角的护角粉到天盘底，每侧宽度不小于 50mm。

（4）抹底层灰。冲筋达到一定强度，刮尺操作不致损坏时，即可抹底层灰。抹底层灰前，基层要进行处理，底层砂浆的厚度为冲筋厚度的 2/3，用铁抹子将砂浆抹上墙面并进行压实，并用木抹子修补、压实、搓平、搓粗。

（5）抹中层灰。待已抹底层灰凝结后（达七至八成干，用手指按压不软，但有指印和潮湿感），抹中层灰，中层砂浆同底层砂浆。抹中层灰时，依冲筋厚以装满砂浆为准，然后用大刮尺贴冲筋，将中层灰刮平，最后用木抹子槎平。

（6）抹罩面灰。当中层灰干达七至八成后，即可进行面层灰施工，面层必须分层抹灰，分层抹灰厚度 7～9mm。抹灰后，用杆尺刮平，待砂浆收水后，用铁抹子压实抹光，必须进行二次收面，严禁墙面大面积起砂，表面达到光滑、色泽一致，不显接槎为好。

（7）养护。待面层抹灰完成 12h 左右安排专人养护，可淋水养护，以表面湿润为准，防止脱水、收缩造成空鼓、开裂。养护时间高温每天不可少于三次，连续养护不可少于 5 天。

2. 装饰抹灰施工

装饰抹灰与一般抹灰的区别在于两者具有不同的装饰面层，其底层和中层的做法与一般抹灰基本相同，下面介绍几种主要装饰面层的施工工艺。

（1）干黏石施工。干黏石是将干石子直接粘在砂浆层上的一种装饰抹灰做法。装饰效果与水刷石差不多，但湿作业量小，节约原材料，又能明显提高工效。

施工工艺：基层处理→抹底层、中层灰→弹线、粘贴分格条→抹黏结层砂浆→撒石粒压平→起条→勾缝、养护。

（2）斩假石施工。斩假石又称剁斧石，是在水泥砂浆层上涂抹水泥石子浆，待硬化后，用剁斧、齿斧及各种凿子等工具剁出有规律的石纹，使其类似天然花岗石、玄武石、青条石的表面形态，即为斩假石。

施工工艺：基层处理→抹底层、中层灰→弹线、粘贴分格条→抹面层石子浆→养护→斩剁→清理修补。

（二）饰面工程

饰面工程是指将饰面板或饰面砖镶贴或安装于墙、柱表面以形成装饰层。板块面层可分为饰面板和饰面砖两大类。饰面板包括天然石饰面板（如大理石、花岗岩等）、人造石饰面板（如预制水磨石板、合成石饰面板等）、金属饰面板（如不锈钢板、涂层钢板等）和木质饰面板等；饰面砖包括釉面瓷砖、外墙面砖和陶瓷锦砖等。

1. 饰面砖镶贴

墙面小规格的面砖、釉面砖均采用镶贴法安装。墙面饰面砖镶贴的构造层见图 4-154，施工工艺：基层处理→抹底子灰→排砖、弹线分格→浸砖→镶贴面砖→勾缝、擦缝。

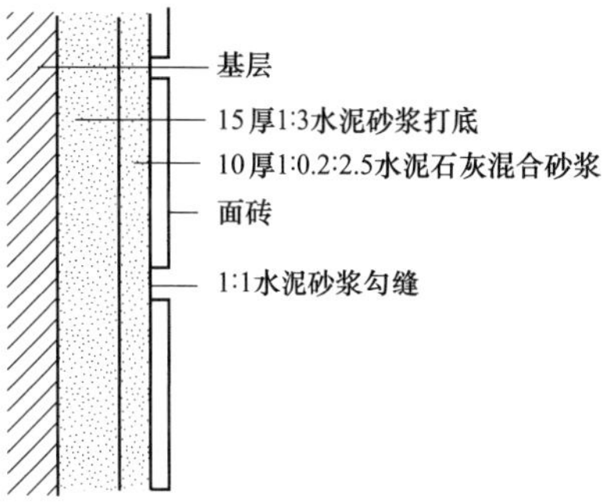

图 4-154 墙面砖镶贴构造层

（1）基层处理。包括除浮砂、油渍，补平凹凸，处理后表层平整粗糙。

（2）抹底子灰。用 1:3 水泥砂浆或 1:1:4 混合砂浆打底，每层 5～7mm，木抹子搓毛，隔日浇水养护。

（3）排砖、弹线分格。以保证砖缝均匀，按设计图样要求及外墙面砖排列方式进行排布、弹线，凡阳角部位应选整砖。

（4）浸砖。饰面砖浸水时间一般应≥2h，阴干 3～5h。

（5）粘贴镶贴面砖。在砖背面铺满黏结砂浆，粘贴后，用小铲柄轻轻敲击，使之与基层粘牢，随时用靠尺找平、找方，贴完一皮后，须将砖上口灰刮平，每日下班前须清理干净。

（6）勾缝、擦缝。完成一个流程后，用 1:1 的水泥砂浆勾缝，凹进深度为 3mm。整个工程完工后，应加强保护，同时用稀盐酸清洗表面，并用清水冲洗干净。

2. 饰面板安装

（1）粘贴法就是将板材用水泥砂浆等黏结材料直接粘贴在基层上。这种方法适用于规格较小（边长在 40mm 及以下）且安装高度在 1m 左右的饰面板。

施工工艺：基层处理→抹底层、中层灰→弹线、分格→选料、预排→对号粘贴→嵌缝→清理→抛光打蜡。

（2）绑扎固定灌浆法就是在墙面用钢丝网固定板材，然后在墙与板的缝隙内用砂浆灌缝。饰面板钢筋网片固定如图 4-155 所示。

施工程序：基层处理→绑扎钢筋网片→弹基准线→板材预拼编号→钻孔、剔槽、绑扎不锈钢丝（或铜丝）→安装板材→临时固定→分层灌浆→嵌缝→清洁板面→抛光打蜡。

（3）干挂法如图 4-156 所示，是以金属挂件将饰面石材直接吊挂于墙面或空挂于钢架之上，不需再灌浆粘贴。这种方法抗震性能好，操作简单，施工速度快，质量易于保证且施工不受气候影响，适用于 30m 以下的钢筋混凝土结构，不适用于砖墙和加气混凝土墙。干挂法安装构造。

施工程序：基层处理→划线→锚固（膨胀）螺栓→连接件安装→挂板→涂胶→嵌缝胶。

（三）楼地面工程

楼地面的基本构造：面层、垫层、基层；其中面层即为装饰层。装饰层的目的是保护结构安全，增强地面的美化功能。

地面施工之前，应先抄平弹线，统一标高。检测各个房间的地坪标高，并将统一水平标高线弹在各房间四壁上，一般离地面 500mm 处。

1. 垫层施工

垫层是承受并传递荷载至基土上的构造层。常用垫层如下。

（1）砂石垫层是用天然砂石铺设而成的，其厚度不宜小于 100mm。砂宜选用质地坚硬的中砂或中粗砂；砂石宜选用级配良好的材料，石子的最大粒径不得大于垫层厚度的 2/3。砂垫层或砂石垫层铺平后，应洒水湿润，用平板振捣器振实，或采用机械碾压或人工夯实。

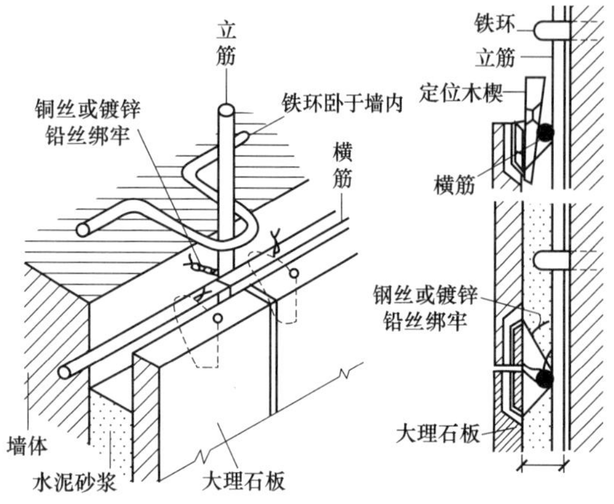

图 4-155　绑扎固定灌浆法安装构造

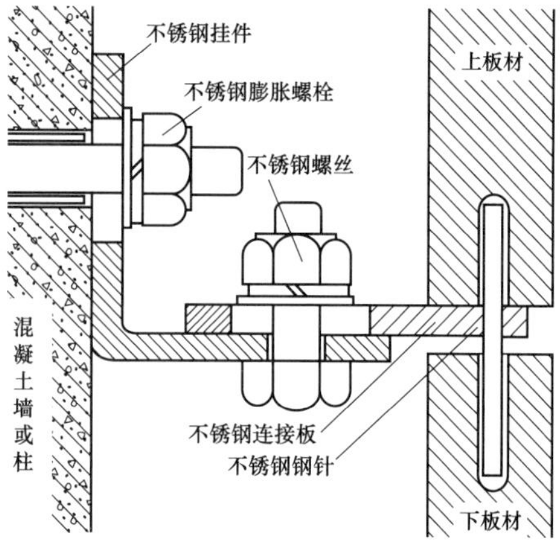

图 4-156　干挂法安装构造

（2）混凝土垫层用强度等级不小于 C15 的混凝土铺设而成，其厚度不小于 60mm。施工前应先清理基层，浇水湿润并设置水准标高点，铺设后混凝土用机械振捣密实并养护。

2. 整体面层的施工

地面面层应在完成顶棚和墙面抹灰后施工，目前最常见的整体面层如下。

（1）水泥砂浆面层施工。水泥砂浆面层厚度不应小于 20mm，有单层和双层做法。单层做法由 20mm 厚的 1:2 的水泥砂浆铺抹而成；双层做法总厚度为 25mm，下层为 12mm 厚的 1:2.5 水泥砂浆铺抹而成，上层为 13mm 厚 1:1.5 水泥砂浆铺抹而成。

施工时先刷水泥浆，随即抹水泥砂浆，用刮尺赶平，并用木抹子搓平压实，在砂浆初凝后终凝前，用铁抹子反复压光三遍。砂浆终凝后铺盖草袋、锯末等浇水养护。当施工大面积的水泥砂浆面层时，应按设计要求留设分格缝。防止砂浆面层产生不规则裂缝。分格应平直，深浅要一致。水泥砂浆面层强度小于 5MPa 之前，不准上人行走或进行其他作业。

（2）细石混凝土面层施工。细石混凝土地面可以克服水泥砂浆地面干缩较大的弱点，耐久性更好。当厚度较大时，一般为 30～40mm，混凝土强度等级不低于 C20，所用粗骨料要求级配适当，粒径不大于 15mm，且不大于面层厚度的 2/3。可用干净的中砂或粗砂配制。

铺细石混凝土时，应先刷水泥浆一道，然后由里向门口方向进行铺设，按标志筋厚度刮平拍实后，稍待收水，即用铁抹子预压一遍，待进一步收水，即用铁滚筒滚压 3～5 遍后用表面振动器振捣密实，直到表面泛浆为止，然后进行抹平压光。细石混凝土面层与水泥砂浆基本相同，必须在水泥初凝前完成抹平工作，终凝前完成压光工作。要其表面色泽一致，光滑无抹子印痕。

（3）现浇水磨石面层施工。现浇水磨石地面面层的构造如图 4-157 所示，施工程序：基层清理→浇水冲洗湿润→设置标筋→铺水泥砂浆找平层→养护→嵌分格条→刷水泥浆一道→铺抹水泥石子浆→养护→三遍研磨→打蜡抛光。

3. 块料面层施工

块料面层是在基层上用水泥砂浆铺设块料面层（如花岗岩板、大理石板、预制水磨石板、陶瓷地砖和陶瓷马赛克等）形成的地面，如图 4-158 所示。

（1）大理石板、花岗岩板及预制水磨石板面层铺贴。大理石板、花岗岩板及预制水磨石板面层铺贴的施工程序：基层处理→做找平层→弹线→摊铺结合层→铺贴→灌缝→上蜡。

1）摊铺结合层：先在找平层上刷水灰比为 0.4～0.5 的水泥浆一道。随刷随铺 1:2 的水泥砂浆结合层，并对照拉线将砂浆刮平。

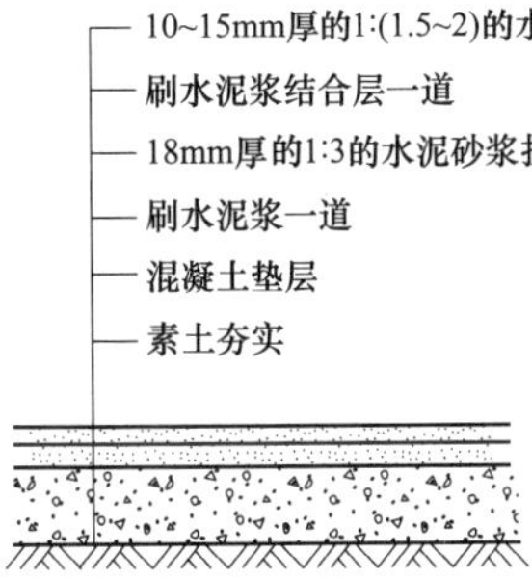

图 4-157　现浇水磨石地面

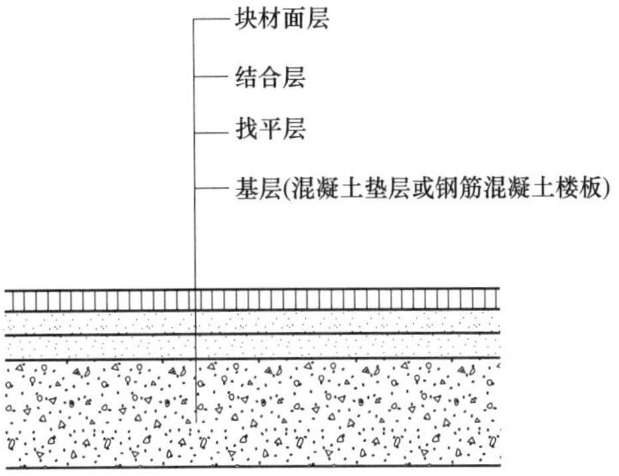

图 4-158　块料面层

2）铺贴：铺贴时要将板块四角同时着浆，平稳下落，对准纵横缝后，用木槌敲击中部使其密实。铺砌的板材应平整，线路顺直，镶嵌正确；板材间、板材与结合层及在墙角、镶边和靠墙处均应紧密砌合，不得有空隙。

3）灌缝：要求嵌铜条的地面板材铺贴，应先将相邻两块板铺贴平整，留出嵌条缝隙，然后向缝内灌水泥砂浆，将铜条敲入缝隙内，使其外露部分略高于板面即可，然后擦净挤出的砂浆。对于不设嵌条地面，应在铺完 24h 后洒水养护，2d 后灌缝，灌缝力求达到紧密。

4）上蜡：板块铺贴完工，待结合层砂浆强度达到 60%～70%即可打蜡抛光，3d 内禁止上人走动。

（2）陶瓷地砖铺贴的施工程序：基层处理→铺找平层→弹线→瓷砖浸水湿润→安装标准块→铺贴地面砖→勾缝→清洁→养护，如图 4-159 所示。

1）基层处理：基层凿毛 5～10mm。

2）铺找平层：在房间四周弹出地面需要标高；做灰饼、冲筋；摊铺干硬性水泥砂浆；有防水则在找平砂浆中掺防水剂。

3）弹线：弹纵横定位线，门口留整砖。

4）铺贴地砖板块：板块先浸水湿润，用尺找好规矩，依标准块位置每行依次挂线，按线铺贴，用橡皮锤敲实；水平尺检查校正。

图 4-159　陶瓷地砖铺贴

5）嵌缝养护：铺贴完 2～3h 白水泥擦缝。

（四）天棚工程

天棚亦称顶棚，是楼板层或屋顶下面的装修层；在室内是占有人们较大视域的一个空间界面，其装饰处理对于整个室内装饰效果有相当大的影响，同时对于改善室内物理环境也有显著作用。

按其构造方式划分，天棚有直接式顶棚和吊挂式顶棚两种。常用的做法有喷浆、抹灰、涂料、吊顶等。具体采用根据房屋的功能要求、外观形式、饰面材料等选定。

1. 直接式顶棚

直接式顶棚是在钢筋混凝土屋面板或楼板下表面直接喷浆、抹灰或粘贴装修材料的一种构造方法。当板底平整时，可直接喷、刷大白浆或 106 涂料；当楼板结构层为钢筋混凝土预制板时，可用 1:3 水泥砂浆填缝刮平，再喷刷涂料。这类顶棚构造简单，施工方便，具体做法和构造见图 4-161，常用于装饰要求不高的一般建筑。

2. 悬吊式顶棚

悬吊式顶棚又称“吊顶”，它离开屋顶或楼板的下表面有一定的距离，通过悬挂物与主体结构联结在一起，在这段空间中，通常要结合布置各种管道和设备，如灯具、空调、烟感器等，适用于中、高档次的建筑顶棚装饰。

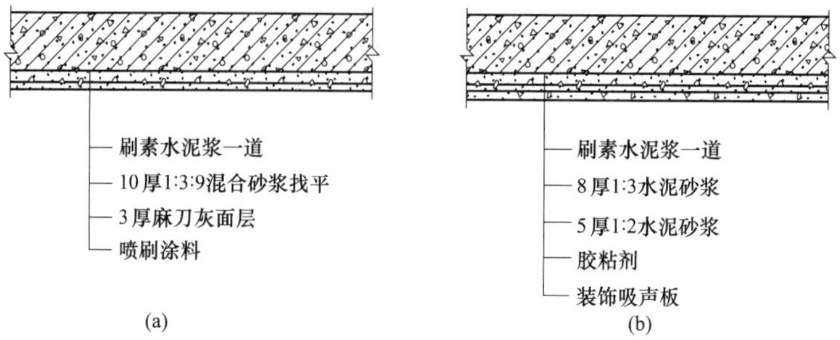

图 4-160 直接式顶棚

（a）抹灰顶棚；（b）粘贴顶棚

悬吊式顶棚的基本构造包括吊筋、龙骨和面层三部分。

（1）吊筋又称吊杆，可用ϕ6 或ϕ8 钢筋或 8 号镀锌铁丝制作，预埋铁件固定、射钉固定、金属膨胀螺栓固定等，其间距为 900～1400mm，具体做法和构造见图 4-161。

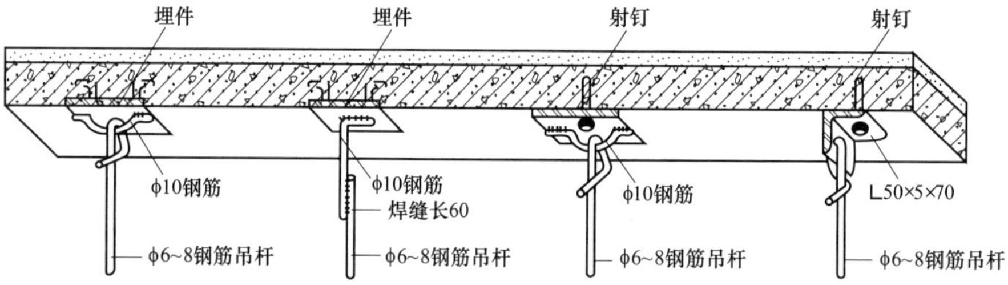

图 4-161 吊筋与楼板的固定

（2）吊顶龙骨一般采用木龙骨、轻钢龙骨和铝合金龙骨等，而轻钢龙骨和铝合金龙骨目前应用较多。轻钢龙骨的安装程序：弹线→固定吊杆→安装大龙骨→按标高线调整大龙骨→大龙骨底部弹线→固定中小龙骨。铝合金龙骨的安装程序：弹线→固定吊杆→钉周边龙骨→安装龙骨（大龙骨、中龙骨），龙骨安装见图 4-162。

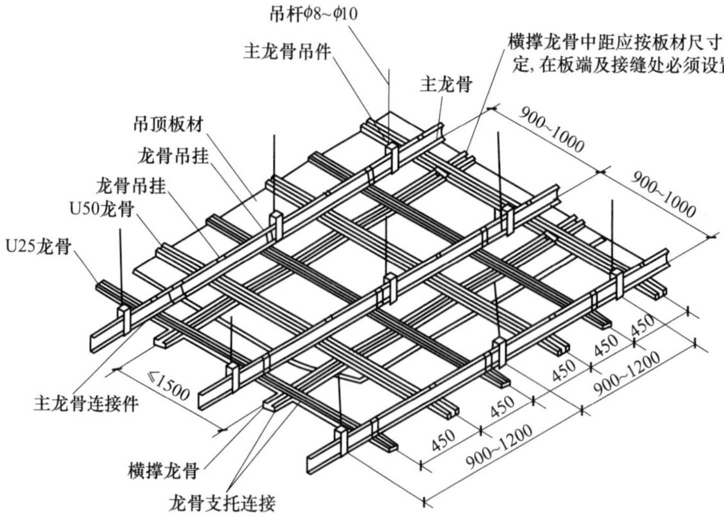

图 4-162 龙骨安装

（3）罩面板的尺寸是一定的，所以应按室内的长、宽尺寸来安排，每个方向都应有中心线。罩面板的安装方法有以下几种。

搁置法：将装饰罩面板直接摆放在 T 形龙骨组成的格框内。

嵌入法：将装饰罩面板用胶粘剂直接粘贴在龙骨上。

钉固法：将装饰罩面板用钉、螺钉及自攻螺钉等固定在龙骨上。

压条固定法：用木、铝、塑料等压缝条将装饰罩面板钉在龙骨上。

（五）涂饰工程

1. 工艺流程

施工准备→基层处理→打底找平→打磨→施涂封底涂料→施涂主层涂料→施涂罩面涂料→涂料清理→质量验评。涂饰工程成品图片见图 4-164。

图 4-163　涂饰工程成品图

2. 施工工序

（1）施工准备。

1）材料准备。所有涂料、胶水等材料应按照设计要求进货，并有合格证。

2）技术准备。主要是图纸会检和技术交底。

（2）基层处理。

1）待墙面干燥后，进行墙面孔洞及线槽修补（修补材料采用 108 胶水掺水泥 20:100）。

2）墙面裂缝采用封闭防水材料进行修补，墙面空鼓部分应将砂浆清除，再进行修补，对高低不平的砂浆面应层进行打磨，确保墙面平整。

3）对墙面污垢及油渍采用洗涤剂洗净，并扫除表面浮砂。

4）混凝土墙面不平整的部位，应使用聚合物水泥砂浆进行修补，石膏板连接处做成 V 形接缝，在 V 形缝中嵌填专用的掺合成树脂乳液石膏腻子，并贴接缝带抹压平整。

图 4-164　底涂施工

（3）刮防水腻子找平。对混凝土墙面刮防水腻子找平，要求与基层粘结牢固，无分层空鼓现象，待干燥后用砂纸打磨平整光滑。底涂施工见图 4-164。

（4）施涂底层封底涂料。

1）先局部样板施工，大面积涂刷应在样板验收合格后进行。在涂料滚涂前，进行涂料的稀释处理（按厂家要求处理）。稀释时掺水量应专人计量。大面积墙面涂刷采用粗毛滚筒从上往下，分段分层进行涂饰，门窗等拐角部位应采用细毛刷进行涂刷。

2）涂刷施工前门窗框应进行薄膜遮盖，以免污染门窗框，墙面滚涂应均匀，且不应漏涂。细部涂刷应采用美纹带粘贴，以防止污染，确保线条顺直。

（5）中层涂料滚压。涂刷中层涂料时应在封底涂料完成干燥后进行，分滚涂、拉毛两步进行。由于主层涂料较厚，采用专用滚涂工具进行施工，分段分层进行滚涂，可以从左往右或从上往下沿同一方向进行。门窗及墙体拐角，涂刷不到的部位，采用漆把粘涂料点缀施工。滚压后应做到涂料成形厚薄均匀，纹路、花点、大小均匀一致，方向同一。表面立体感强，拉毛宜在墙面涂料稍干后进行，拉毛后应表面无流坠、色差、溅沫等现象。表面涂层应突出一致，阴阳角部位涂料附着力强，隆起均匀，无明显疙瘩。门窗侧边拉毛应均匀到位无漏刷。中涂施工见图 4-165。

（6）面层涂料待主层涂料完成并干燥后进行，涂料应进行稀释，从上往下，分层分段进行涂刷。涂料涂刷后颜色均匀、分色整齐、不漏刷、不透底，每分格应一次性完成。

图 4-165 中涂施工

各层涂料施工前，应检查门、窗、灯具、箱盒及其他易受污染的部位是否得到有效保护，覆盖完整。

（7）涂料清理及保护。施涂前应清理周围环境，再进行涂饰，防止尘土飞扬污染涂料而影响涂饰质量。涂饰完成后，及时做好成品保护，防止二次污染。

（六）门窗工程

1. 工艺流程

施工准备→门窗检查、校正→门窗框架安装→门窗扇安装→修饰、固定、附件安装→成品保护→质量验评。门窗工程成品图片见图 4-166。

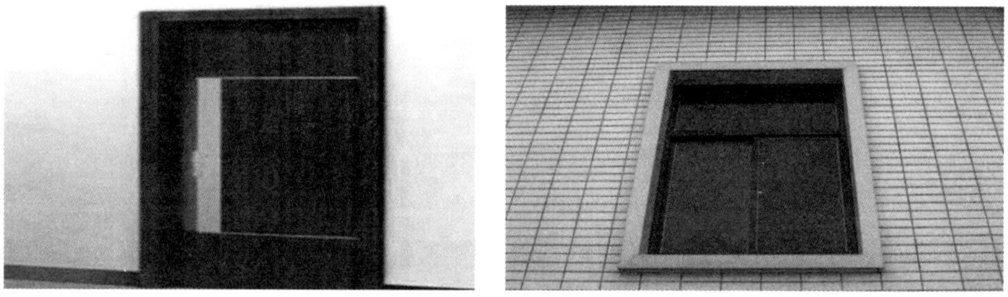

图 4-166 门窗工程成品图

2. 施工工序

（1）施工准备。

1）门窗材料准备。铝合金、钢、复合材料门窗所选用的材料、附件质量要符合国家标准的规定，出厂合格证应齐全。铝合金型材表面处理：阳极氧化膜厚度为≥10μm；阳极氧化复合表膜厚度为≥7μm；铝合金门窗制作型材壁厚不小于 1.4mm。

2）附件材料准备。按设计要求加工玻璃，选用纱窗；密封条选用橡胶条或橡塑条；密封材料可选用硅酮胶、聚氨酯胶等；其他如防腐材料、保温材料、嵌缝材料、焊条、防锈漆、螺钉、铝制拉铆钉、连接铁板、地弹簧、玻璃尼龙毛刷、压条、橡皮条、玻璃条、锁、防脱落装置、门吸等材料应准备齐全。

3）技术准备。铝合金门窗应检查合格证、原材料产品质量证明书；门窗进场成品需做抗风压、水密性和气密性的三性试验，并取“三性”检测报告，设计对保温、采光有要求时，需做试验。

检查门窗品种、类型、规格、尺寸、性能、开启方向应符合设计要求，门窗应采用塑料胶带粘贴保护，门窗应分类侧放，防止受力变形。

外窗注意设置窗套，并按要求设置滴水线（槽）；外窗台应低于内窗台 10mm，并向外按 20%放出坡度。

（2）门窗框安装。

1）弹线找规矩：按图纸要求尺寸在各层门窗洞口处弹出窗框水平及垂直控制线，对偏位门窗、洞口进行剔凿处理。根据弹线，进行门窗洞口刮糙，门窗框居中安装，以外墙塌饼同一尺寸进行安装。

2）防腐处理：按设计要求处理；设计无要求时，木门框窗套侧边与墙体连接部位可涂刷如橡胶型防腐涂料或涂刷聚丙乙烯树脂保护装饰膜。

采用铁件连接的固定件，应进行防腐处理，连接件宜采用不锈钢或铝制连接件。连接件间隔距离不大于 500mm。

3）就位和临时固定：根据找好的规矩，安装门窗，并及时将其吊直找平，在其安装位置正确后，用木楔临时固定。

4）修饰、固定、附件安装：在墙体预埋混凝土上采用电锤钻孔，将塑料膨胀管插入孔内，窗连接件采用螺丝拧入膨胀管内固定，连接件应内外交错布置。门窗装入洞口应横平竖直，外框与洞口应弹性连接牢固，不得将门窗外框直接埋入墙体。

安装密封条时应留有伸缩余量，一般比门窗的装配边长 20～30mm，在转角处应斜面断开，并用胶粘剂粘贴牢固，以免产生收缩缝。

门框下部要埋入地面深 30～150mm。

5）门窗框与墙体间空隙填充：门窗框与墙体间空隙采用发泡材料填充密实，防止漏水。门窗框外侧和墙体室外二次粉刷应预留 5～8mm 深槽口用硅硐膏密封。

6）后塞门窗框：后塞门窗框前要预先检查门窗洞口的尺寸、垂直度及木砖数量，如有问题，应事先修补好；门窗框采用钉子与墙内的预埋木砖固定，每边的固定点不少于两处，其间的距离不大于 1.2m。

（3）门、窗扇安装。

1）木门窗扇的安装：安装应检查门窗扇的型号、规格、质量是否符合要求，安装前根据门窗框的高低、宽窄尺寸，然后在相应的扇边上画出高低、宽窄的线，双扇门窗要打叠（自由门除外），应在中间缝处画出中线，再画出边线，并保证梃宽一致，上下冒头也要画线刨直；画出高低、宽窄现后，用粗刨刨去线外部分，再用细刨刨至光滑平直，使其符合设计尺寸要求；扇放入框中试安装合格后，按扇高的 1/8～1/10，根据合页尺寸及安装位置在框上画线，剔出合页槽，槽的尺寸一定要与合页形状相适应，槽底要平。

2）玻璃安装：根据门、窗扇尺寸，计算下料尺寸玻璃切割时，玻璃与扇形保留一定的空隙；玻璃就位后，将橡皮条嵌入凹槽挤紧玻璃，然后在封条上面注入密封胶，玻璃放入凹槽中间，内外两侧的间隙不小于 2mm，玻璃下部应用垫块将玻璃垫起。

3）门、窗扇安装：木门扇安装前先确定门的开启方向及小五金型号和安装位置，然后检查门口尺寸是否正确，边角是否方正，有无窜角，检查门口高度，在扇的相对部位定位放线。根据框口净尺寸修刨木门扇边木，扇入框试配合格后。其铰链位置由相同门铰链位置模具尺统一划线，剔槽后再安装门扇。

铝合金窗应先安装内扇，后安装外扇。旋转调整螺钉，调整滑轮与下框的距离，使毛条压缩量为 1～2mm。

4）门窗扇附件安装：门窗扇安装完成后，应安装锁以及拉手等附件，铝合金窗还应特别注意安装防脱落装置。在门窗扇木节处或已填补的木节处，均不得安装小五金；装合页、插销等小五金时，应用锤将木螺钉钉入 1/3 的长度后，应改用起子将木螺钉拧紧，不得拧歪、倾斜。在硬木安装时，应先钻 2/3 深度的孔，孔径为木螺钉直径的 0.9 倍，然后再将木螺钉由孔中拧入；合页距门窗上下端应取立梃高度的 1/10，并避开上下冒头，且合页位置、数量应符合规范要求。安装后应开启灵活。门拉手安装距地面 900～1050mm，门锁位置一般高出地面 900～950mm，门拉手安装应里外一致；锁不宜安装在中冒头与立梃的结合处，以防伤榫。门窗扇为外开时，L 铁、T 铁安装在里面；内开时安装在外面；下插销要安装在梃宽的中间，如采用暗插销，则应在外梃上剔槽。门框附件安装见图 4-167。

图 4-167　门框附件安装

5）玻璃隔墙施工及注意要点：各种不同类型的玻璃需要选用各种型式的工艺加工。固定玻璃隔墙一般采用金属材料，木材作为支撑的骨架和装饰条。

6）玻璃墙面安装：根据设计要求放线，隔墙基础应牢固、平整。根据设计要求选用骨架支撑材料，并进行骨架边框的安装，安装完成后应对骨架、边框的牢固程度进行检查，不牢固的要加固。

按设计要求进行玻璃加工、裁割并运至现场，按部位、编号竖向分别堆放。（面积超过 1.5m^2

应选用安全玻璃）玻璃隔墙一般单块单块玻璃较大、较重，安装时采用真空吸盘吸住玻璃进行安装，玻璃与骨架四周接触处应留有不少于 2mm 的空隙，玻璃下部边框接触部分采用 3mm 厚橡胶垫块将玻璃垫起。

木骨架采用木压条固定玻璃，金属柜采用橡胶带固定玻璃。橡胶条外涂敷的密封胶应饱满、密实、连续、无气泡、横平竖直宽窄均匀、光滑顺直。玻璃安装完成后，应随时清理玻璃面。

（4）成品保护。施工时要加强保护，不允许随意撕掉框表面所贴的保护膜。

在交叉中作业中，应采用木档或其他物件进行保护，以免钢管及其他硬物碰坏门窗框。推拉门安装完成后，下槛内外两侧需加斜形的木板或采用其他保护措施，以免搬运小车损坏下槛。

图 4-168　贴美纹胶纸保护

内外墙抹灰完成后才能将门窗框保护膜撕去，保护膜的胶质物在型材表面如留有胶痕，宜用香蕉水清理干净。

涂刷工程施工前，应在门窗边框四周贴上美纹胶纸，防止涂料及油漆对门窗框二次污染。门窗框边贴美纹胶纸保护见图 4-168。

（七）平台与楼梯栏杆

1. 工艺流程

施工准备→放线→安装固定件→焊接立柱→安装盖板石材→焊接扶手固定扁铁→加工玻璃铁艺栏杆→抛光→木扶手安装→质量验评。平台与楼梯栏杆成品图片见图 4-169。

图 4-169　平台与楼梯栏杆成品图

2. 施工工序

（1）施工准备。

1）材料准备：不锈钢栏杆壁厚的规格、尺寸、形状应符合设计要求，一般壁厚不小于 1.5mm，以钢管为立杆时壁厚不小于 2mm；木制扶手一般用硬杂木加工，其树种、规格、尺寸形状按照设计要求。木材本身应纹理顺直，颜色一致，不得有腐朽、节疤、裂缝、扭曲等缺陷。含水率不得大于 12%。弯头材料一般采用扶手料。

进场的不锈钢管材、木制扶手堆放时应有垫木，防止表面损坏或变形。玻璃栏板的厚度应符合设计要求，并不小于 12mm 的钢化、夹胶玻璃，钢化玻璃应有出厂试验报告。一般采用聚酯乙烯（乳胶）等化学黏接剂。

2）技术准备。主要包括图纸会检和技术交底。

3）机具准备。电焊机、焊机、焊丝、抛光机、抛光蜡、电锤、切割机、云石机、手提电钻、刨子、中小木锯、锤子、斧头、钢锉、螺丝刀、方尺等。

（2）放线。按设计要求，将固定件间距、位置、标高、坡度进行找位校正，弹出栏杆纵向中心线和分格线。

（3）预埋件的检查。应按立杆位置进行预埋，焊接前应检查预埋件的标高及位置。

（4）焊接立杆与预埋件应放出上下两条立杆位置线，每根主立杆应先点焊定位，进行立杆垂直度检查之后，再分段满焊，焊接焊缝符合设计要求及施工规范规定。焊接后应及时清除焊渣，并进行防锈处理。

栏杆间距、安装位置必须符合设计及施工规范要求，护栏安装必须牢靠，其高度不得低于1050mm，且不应大于1200mm，同时应在底边设置100mm栏板。

（5）安装石材盖板。栏杆处安装有整块石材时，立杆焊接后，按照立杆的位置，将石材开洞套装在立杆上。开洞大小应保证栏杆的法兰盘能盖严。安装盖板时宜用水泥砂浆。

（6）焊接扶手或安装木扶手固定用的扁钢。焊接时应先点焊，检查位置间距、垂直度、直线度是否符合要求，再两侧同时焊满。焊缝一次不宜过长，防止钢管受热变形。

安装方、圆钢管立杆以及木扶手前，木扶手的扁钢固定件应预先打好孔，间距控制在400mm内，再进行焊接。焊接后间距垂直度、直线度应符合质量要求。

（7）加工玻璃或铁艺。玻璃栏板应根据设计要求及现场的实际尺寸加工。玻璃各边及阳角应抛成斜边或圆角，以防伤手。

铁艺的加工、规格、尺寸造型应符合设计要求，根据实际尺寸编号。安装焊接必须牢固。

（8）抛光。不锈钢表面抛光时应先用粗片进行打磨，如表面有砂眼不平处，可用氩弧焊补焊，大面磨平后，再用细片进行抛光。抛光处的质量效果应与钢管外观一致。栏杆抛光后示例见图4-170。

方、圆钢管焊缝打磨时，必须保证平整垂直。经过防锈处理后，焊接焊缝及表面不平、不光处可用原子灰补平、补光。焊后打磨清理，并按设计要求喷漆。

（9）木扶手安装。木扶手安装宜由下往上进行，首先预装起弯头，即先连接第一段扶手的折弯弯头，在配置中间段扶手，进行分段预装粘贴，操作温度不得低于5℃。

分段预装检查无误，进行扶手与栏杆扶手的固定，栏杆上扁钢用木螺丝拧紧固定，固定间距控制在400mm以内。操作时应在固定点将扶手料钻孔，在将木螺丝拧入，不得用锤子直接钉螺帽。利用扶手料粘拼的折弯处，如有不平顺应用细木锉锉平，找顺锉光，使其折角线清晰，坡角合适，弯曲自然，断面一致。最后用木砂纸打光。木扶手成品见图4-171。

图4-170　栏杆抛光后成品

图4-171　木扶手成品

扶手安装的高度应符合规范要求，楼梯平直段扶手高度不低于1050mm。

（10）成品保护。

1）栏杆扶手安装时，若地面石材已安装完毕，扶手施工时应做好成品保护，防止焊接火花烧坏地面石材。

2）木扶手安装完毕后，宜刷一道底漆，且应加包裹，以免撞击损坏和受潮变色。玻璃栏板及不锈钢扶手应用木材加以保护，防止损坏。

六、构筑物工程

（一）屋外配电装置

1. 构筑物基础

构筑物基础主要指现场拌制混凝土的构支架、主变压器、独立避雷针、电容器、电抗器、GIS、HGIS等变电站构筑物的基础。下面以杯口式构架基础为例介绍其主要工艺流程。

（1）工艺流程。施工准备→定位放线→基槽、基坑土方开挖→垫层混凝土施工→基础钢筋制作、绑扎→基础模板安装→螺栓预埋→混凝土浇筑→杯芯模板、侧模拆除→混凝土养护→质量验评。构筑物基础成品图片见图4-172。

图4-172　构筑物基础成品图

（2）施工工序。

1）施工准备。

a．材料准备。

a）水泥：进场应有出厂合格证，3天和28天强度试验报告，对水泥品种、级别、包装、出厂日期等应进行检查，并应对其强度、安定性等性能指标按规定取样复检，并在使用前取得复试报告，水泥尽量使用同一品牌的材料，进场后应有良好的堆放场地及防雨、防潮措施。

b）钢筋：进场时应有产品质量证明书，并对其进行外观检查，按有关标准规定取、送样，进行重量偏差检验再进行力学性能检验，其质量必须符合现行国家标准的规定。

c）砂：采用中砂，进场后按相关标准要求检验，有害物质含量小于1%，砂含泥量及泥块含量应符合相关要求。

d）石子：宜采用5～31.5粒径，石子尽量选用同一产地产品，进场后应检验。石子含泥量及泥块含量应符合相关要求。

e）施工用水：采用饮用水，如使用河水、湖水、井水等，应经检测合格后方可使用。

f）模板：应选用表面平整、有一定强度刚度的材料。

g）开工前，应取得资质满足要求的试验检测机构出具的包括配置强度及28天实测强度的混凝土混合比。

b．作业准备。混凝土搅拌前应对拌制设备进行检查、维修、保养。混凝土搅拌机及其他机械设备进场、就位，并搭设混凝土搅拌棚；夜间施工配备足够的照明设备。根据现场砂、石含水率的测定（雨后增加测定次数），调整施工配合比。混凝土搅拌前，应测定砂、石含水率，并根据测试结果调整材料用量，提出施工配合比。采用预拌混凝土时，参照相关规定执行。

c．技术准备。主要是图纸会检和技术交底。

2）定位放线。构筑物基础定位放线应根据建筑测量方格网为准，应设立轴线控制桩，标高控制桩。定位放线后，应进行复核，并经业主监理核实为准。

3）土方开挖。根据图纸及地质勘察报告要求，查勘现场土质，确定开挖方案。开挖中应对基底标高、基坑轴线、边坡坡度等进行复测，并及时排除积水，确保不超深以及基底土质开挖时不受扰动，基础土方开挖见图 4-173，开挖完成后，应组织相关人员（勘察单位、设计单位、施工单位、监理单位）进行验槽，并做好记录。

图 4-173　基础土方开挖

4）垫层混凝土施工。将基础控制线引至基坑内，设置好控制桩，并核实其准确性。按照基坑轴线位置，安装混凝土垫层模板，浇灌混凝土垫层。混凝土垫层浇捣应密实、平整，厚度应符合设计要求。混凝土垫层浇筑完毕后，进行浇水养护，混凝土强度达到 1.2N/mm^2 前，不得在其上踩踏或安装模板支架。构支架基础垫层施工见图 4-174。

5）钢筋绑扎。根据图纸等设计文件进行钢筋翻样，确定钢筋规格、型号、尺寸、形状，在制作棚内统一加工成型，运至现场。利用控制桩定出施工控制线、基础边线，复查垫层标高及中心线位置，无误后，绑扎基础钢筋。钢筋安装、绑扎完成经验收合格后，应办理钢筋隐蔽工程验收记录。基础钢筋的绑扎见图 4-175。

图 4-174　构支架基础垫层施工

图 4-175　基础钢筋绑扎

6）模板安装和拆除。构支架基础模板及其支架应根据结构形式、荷载大小、地基土类别、施工设备以及材料供应等条件进行设计，符合有关强度、刚度、稳定性要求。构支架基础自下往上安装各层外侧模板及支架，并进行固定。模板表面须涂刷隔离剂。杯芯模板采用木模拼装或采用定型钢模。

构支架基础模板安装完成后应进行检查、矫正，并整体加固。构支架基础的模板安装见图 4-176。

图 4-176　构支架基础模板安装

基础模板拆除应保证混凝土边角、棱角不被损坏。构支架基础杯芯模板应视气温情况及时拆除，避免破坏杯口混凝土棱角。

7）混凝土搅拌机使用前应加水湿润，按石子、砂、水泥、石子、水的顺序投放材料。原材料现场计量应专人检查，必须按重量进行计量，允许偏差不得超过下列规定：水泥±2%；粗细骨料±3%；水、外加剂溶液±2%。混凝土搅拌时间不少于 90s。

8）混凝土浇筑。

a．混凝土的水平运输宜采用手推车或翻斗车运输，运输前应搭设好运输通道。运输通道可采用钢管排架、竹笆或木板搭设。

b．构支架基础浇筑混凝土时，须防止杯芯模板向上浮或向四周偏移，需注意控制混凝土坍落度及下料速度，在混凝土浇到高于第一层外模板 50mm 左右时，稍做停顿，接着在杯芯四周对称均匀下料振捣，第二层混凝土浇筑应在底层混凝土终凝前完成，终凝一天后进行杯芯凿毛。构支架杯芯成品见图 4-177。

图 4-177　构支架杯芯成品

c．混凝土振捣采用插入式振捣器施工，插入间距不大于 400mm，振捣上层混凝土时，振动棒应插入下层 30～50mm。

9）混凝土养护。应在混凝土浇筑完毕后的 12h 内加以覆盖进行保湿养护，浇水养护时间不少于 7 天，并设专人检查落实。常温下，应在混凝土浇筑完 12h 内进行养护，覆盖浇水养护不少于 7 天，并设专人检查落实。

2．混凝土防火墙

目前变电站常用的防火墙按照施工工艺分有：混凝土框架清水防火墙、现浇混凝土防火墙、砂浆饰面防火墙、混凝土装配式防火墙等。下面以现浇混凝土防火墙为例介绍其主要工艺流程。

（1）工艺流程。施工准备→土方开挖→混凝土垫层施工→钢筋绑扎、安装→模板安装→混凝土浇筑→模板拆除→混凝土养护→质量验评。混凝土防火墙成品图片见图 4-178。

图 4-178　混凝土防火墙成品图

（2）施工工序。

1）施工准备。

a．材料准备。

a）模板应采用表面平整且有一定刚度的材料。

b）钢筋进场时应有质量证明书，并按有关标准规定对钢筋进行取样送检；并应进行外观检查。

c）砂采用中砂，进场后按相关标准要求进行试验。

d）石子采用 5～31.5 粒径，进场后应按相关标准要求进行试验。

e）水泥进场时应检查品种、级别、包装、出厂日期，并应对其强度等性能指标按相关标准要求复检，并在使用前取得复试报告。

b．技术准备。主要是图纸会检和技术交底。

2）土方开挖。施工前应做好定位放线工作。根据设计图及地质勘察报告要求，查勘现场土质，确定开挖方案。开挖中应对基底标高、边坡坡度、基坑轴线等进行复测，确保不超深以及基底土质不受扰动，及时排除积水。开挖完成后，应组织相关人员（设计院、勘察单位、施工单位、监理单位、业主）进行验槽，并做好记录。

3）混凝土垫层施工。按照轴线位置，安装混凝土垫层模板，根据实验室配合比，现场调整、确定施工配合比，浇筑混凝土垫层。混凝土垫层应密实、平整，厚度应符合设计要求。混凝土垫层浇筑完毕，应进行浇水养护，混凝土强度达到 $1.2N/mm^2$ 前，不得在其上踩踏或安装模板支架。

4）钢筋绑扎、安装。根据图纸等设计文件进行钢筋翻样，确定钢筋规格、型号、尺寸、形状，钢筋在制作棚内统一按设计及施工规范要求加工成型，运至现场。

钢筋绑扎应符合施工规范及设计要求，并应注意以下事项。

a．墙身钢筋绑扎接头弯钩均应朝混凝土墙板内侧。设计无要求时，两层钢筋间应设置拉结筋和支撑筋，以保证钢筋的正确位置。拉结筋一般采 6～10mm 弯成“S”形钢筋，拉结筋纵横向间距不大于 600mm；支撑筋采用 12mm 制作成“U”形筋，间距不大于 1000mm。

b．墙身竖向钢筋插筋在基础钢筋绑扎完成之后浇筑混凝土之前插入，严格控制其埋设位置。

c．墙身端部未设计暗柱时，端部应配置“U”形钢筋与水平分布筋搭接，搭接长度为纵向钢筋的锚固长度。

d．钢筋保护层宜采用塑料卡垫块，墙体钢筋不得外露。

5）模板安装、拆除。

a．模板及其支架应根据结构形式、荷载大小、地基土类别、施工设备以及材料供应等条件进行设计，符合有关强度、刚度、稳定性要求，并根据设计图的结构尺寸，进行电脑模拟《模板排版设计图》，将每块模板按照安装顺序进行编号。模板拼缝应讲求简单、美观。

b．模板安装时，按照基础混凝土模板边线安装一侧侧模，模板采用胶合板拼接，胶合板外侧拼缝采用 50mm×100mm 木方横向固定，木方外侧采用钢管排架竖向固定，用线锤校正模板的垂直，然后采用钢管斜撑固定。模板内侧使用 1cm 半圆木条固定在拼缝处，浇筑后形成凹槽，防止漏浆。

c．胶合板侧模组拼时，严格按《模拟排版设计图》施工，按编号、按顺序先立两端，后立中间部分，再用同样方法安装另外一侧模板及斜撑等。

d．为防止墙身胀模，采用 12mm 对拉螺栓固定，螺栓间距不大于 500mm，严格按《模拟排版设计图》布置。螺栓在混凝土内应使用两端有塑料保护帽的硬质套管，套管抵住侧模，以保证墙体的厚度正确。

e．模板拆除：常温下，墙体混凝土强度必须达到 1.2MPa，保证混凝土表面、棱角不受损坏时方可拆除，且拆除时应防止模板对已浇筑混凝土的碰撞。模板拆除后，应将螺栓处的塑料保护帽取出，并采用水泥砂浆进行修补。模板塑料保护帽见图 4-179。

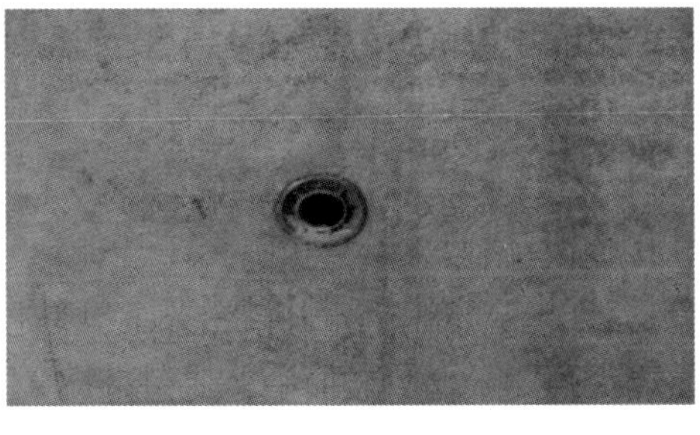

图 4-179　模板塑料保护帽

6）混凝土浇筑。防火墙模板、钢筋验收合格后，搭设好浇筑混凝土排架，根据混凝土施工配合比，进行混凝土原材料现场计量，按照石子、砂、水泥、石子、水顺序投放，使用强制式搅拌机搅拌，搅拌时间不少于 90s。

当浇筑混凝土高度超过 2m 时，应使用溜槽、串筒将混凝土滑入模内。

在混凝土浇筑前，防火墙根部浇水湿润，铺设 20mm 砂浆后再浇筑混凝土。

防火墙应分层连续浇筑，每层高度应控制在 40cm 以内，每次浇筑间隔时间不应超过 2h，采用插入式振动棒振捣，振动棒移动间距不大于 400～500mm，振捣上层混凝土时振动棒应插入下层混凝土 50～100mm，每一振点以混凝土表面泛浆为准。振动棒振捣时尽量避免与墙板钢筋接触，严禁与模板接触。

混凝土施工缝应仔细处理，控制在同一标高，并力求设置在模板接缝处。

7）混凝土养护。混凝土拆除模板后，及时进行覆盖，安排专人浇水养护，不少于7天。

3. 电缆沟施工工艺

电缆沟是用以敷设和更换电力或电讯电缆设施的地下管道，也是被敷设电缆设施的围护结构，有矩形、圆形、拱形等管道结构形式。国内输电工程中电缆沟常用的有地下电缆沟、电缆隧道、电缆直埋、电缆穿管，电缆隧道和电缆直埋使用的普遍。变电工程电缆沟常用的有电缆隧道、地上电缆沟、地下电缆沟等。下面以砖砌电缆沟为例介绍其主要施工工序。

（1）工艺流程。施工准备→基槽开挖→浇筑混凝土垫层→排泄水管→砌电缆沟墙体（预埋件）→浇筑电缆沟压顶→墙面粉刷→电缆沟底混凝土找平→电缆沟砂浆抹面→养护→质量验评。电缆沟成品图片见图4-180。

图4-180　电缆沟成品图

（2）施工工序。

1）施工准备。

a．材料准备。混凝土采用自拌，砂、石应有复试报告，水泥应有出厂合格证及复试报告；砖采用机制红砖，应有出厂合格证及复试报告；模板应采用表面平整、加工精密、有一定刚度的多层胶合板；钢筋应进行外观及资料（出厂合格证中）检查，并经送样复试合格。混凝土实验室配合比完善。

b．技术准备。主要是图纸会检和技术交底。

c．定位放线。根据变电（换流）站设置的建筑测量定位方格网基准点或施工完毕的设备基础，采用经纬仪、拉线、尺量、定出电缆沟的基准线。

2）电缆沟基槽开挖。根据设计要求，基槽土方开挖至电缆沟底基础设计标高，电缆沟壁应根据土质要求及电缆沟深度放坡，电缆沟基槽两侧设排水沟及集水井，以防止沟壁坍塌。开挖完成后，应组织相关人员（设计勘察单位、施工单位、监理单位、业主）进行验槽，并做好记录。

3）浇筑混凝土底板垫层。基底原土夯实，放设电缆沟底垫层模板边线以及坡度线，根据边线及坡度线安装模板，并采用水准仪跟踪测定模板标高。基础较宽时，在基槽中间部分设水平控制桩。

4）电缆沟墙体砌筑。采用经纬仪，在底板混凝土表面定点、弹线，确定电缆沟墙体边线，根据电缆沟墙体标高，设置皮数杆。皮数杆标出电缆沟顶部压顶位置、每皮砖及砖缝厚度。混凝土底板第一皮砖灰缝超过20mm时，应采用细石混凝土找平。砖在砌筑前隔夜浇水湿润，砂浆按配合比搅拌，并控制好砂浆稠度。砂浆应保证3h内砌筑完毕，砌砖时铺灰长度不应超过500mm，并严格按照皮数杆逐层砌筑，及时清理落地残余砂浆。电缆沟墙体砌筑及压顶钢筋绑扎见图4-181。

图4-181　电缆沟墙体砌筑及压顶钢筋绑扎

砌筑过程中，将铁件预制块砌入电缆沟墙体内，应根据预设的粉刷层厚度拉线控制预制块水平标高及凸出墙体位置。铁件预制块应事先制作完成。电缆沟墙体按照规范砌筑，顶层砖均应采用全丁砌筑，砌筑完成后，砌体顶面采用砂浆灌缝。墙体应按设计要求留置变形缝，上下贯通，并应和底板垫层变形缝位置一致。

5）电缆沟压顶混凝土施工。

a．在电缆沟外墙弹出水平线，根据水平线安装压顶模板，采用钢制卡具固定压顶模板。压顶模板上口根据水平线调平，为防止压顶模板上口倾斜，在压顶两侧设置木方与基坑边沿土方打桩固定。压顶钢筋与墙顶面及模板两侧设混凝土保护层。

b．压顶浇筑前墙面应浇水湿润。压顶混凝土采用振捣棒振捣密实。顶面采用木模板拉毛、压实。拉毛时，应控制好拉毛时间、遍数，防止混凝土产生收缩裂缝，并及时清除模板残余混凝土及砂浆。混凝土压顶在变形缝处也应断开。

c．伸缩缝设置以 15～20m 为宜。

d．要求压顶混凝土一次成型，不做粉刷。

6）电缆沟扁铁安装。为了防止扁铁焊接变形，焊接前应每米设置角钢将扁铁撑紧在沟壁上。在预埋铁上进行扁铁焊接，焊接中应拉通长线整平，扁铁搭接长度不应小于 2 倍扁铁宽度，三边焊接，焊接质量应符合施工规范要求。电缆沟扁铁安装见图 4-182。

7）电缆沟粉刷。根据墙面粉刷厚度塌饼、冲筋，采用 1:3 水泥砂浆打糙，1:2 水泥砂浆压光。粉刷前墙面要充分浇水湿润，混凝土面层采用 108 胶水掺水泥素浆批浆。为保证电缆沟长方向粉刷的顺直及平整，在电缆沟顶面采用经纬仪测点弹中心控制线，电缆沟壁弹水平控制线，作为控制电缆沟粉刷面的基准线。

图 4-182　电缆沟扁铁安装

电缆沟粉刷中，原材料应采用同一批次进场材料，拌合砂浆配比应统一，以保证电缆沟粉刷面色泽均匀一致。粉刷砂浆应在规定时间内用完，不允许用干水泥或砂浆干粉在粉刷层表面吸水。粉刷面层压光后，电缆沟应棱角通长顺直，沟壁平整，无砂眼、凹坑，抹纹，粉刷层色泽一致，无空鼓、龟裂。

电缆沟顶粉刷宜每隔 2m 垂直于长度方向镶贴分格条，以减少由于沟长而引起的收缩裂缝。注意做好电缆沟内外层粉刷，尤其加强外侧粉刷。

8）电缆沟底找坡、压光。电缆沟应根据设计要求进行找坡，采用水准仪测定坡度标高线，沟底塌饼，冲筋较厚部位采用细石混凝土找平，找坡混凝土与砂浆面层宜一次性完成。浇筑前应清理沟底积水、杂物，并进行扫浆。浇筑时应注意混凝土及砂浆，不得污染沟壁砂浆面层。电缆沟沟底找平、压光见图 4-183。

图 4-183　电缆沟沟底找平、压光

混凝土表面原浆压光，压光应在混凝土终凝前进行，应不少于 3 遍压光，压光后面层应无砂眼、凹坑、抹纹，表面应洁净、光滑。

9）养护。电缆沟壁抹灰完成后，应进行覆盖浇水养护不少于 7 天。

4. 变电站构支架的吊装

变电站中构架是指挂母线、引线用的钢管或混凝土杆组成的承力结构，除了避雷针，一般是变电所室外最高构筑物，其吊装施工的组装、组立精度要求高，安全要求也高，因此，在构架吊装工作全过程中必须突出二个重点，即安全和质量为重点。在质量上控制上重点控制钢柱钢梁的焊接及组装质量和吊装过程中的质量把关；在安全上主要是抓住高空作业多这个关键环节，施工中必须确保人身、设备的安全，严防高处坠落和倒杆事故的发生。

（1）钢筋混凝土环形杆构架吊装。钢筋混凝土环形杆构支架是以钢筋混凝土环形柱作为主要的受力结构构件，构架梁采用单钢管梁或格构式钢结构梁等形式，梁柱构架均只受轴力作用；由于钢筋混凝土环形杆自重大，易破损，运输成本高，所以这种构架结构形式目前主要用于220kV及以下变电站中被广泛应用。

钢筋混凝土环形杆结构构架成品图片及吊装施工流程见图4-184。

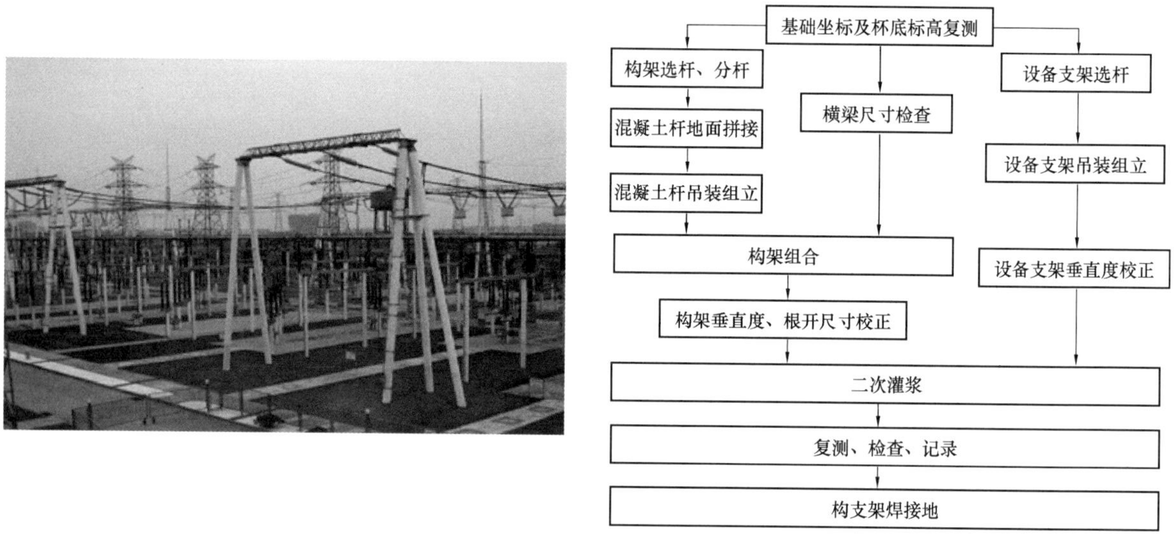

图4-184　钢筋混凝土环形杆结构构架及吊装工序

1）基础复核。用经纬仪、钢尺复测构架基础中心线、杯底标高程否与设计一致，并填写技术复核记录表，质量合格方可进行下道工序施工。

2）构件检查。根据电气图纸设计要求，仔细核对金属加工件的数量，尺寸，检查焊接是否牢固、可靠。混凝土杆的杆身有无蜂窝，麻面，纵向裂纹，钢圈是否与设计相符，安装孔位置是否正确等。

3）构件地面拼装。混凝土杆对接有钢圈焊接和法兰盘螺栓连接两种。

采用焊接连接时，先在平坦密实地面排好枕木，用吊车将混凝土杆吊到枕木上，清除焊口处油脂、铁锈，用木楔子调直杆身；焊接时宜先点焊3～4处，然后对称交叉施焊；焊缝应有一定的加强面，其高度和遮盖宽度应符合规程要求。焊接质量合格无误后，在焊接处涂防锈漆。

混凝土杆对接采用法兰盘螺栓连接时，先在枕木上将混凝土杆对好，穿上螺栓，然后用力矩扳手均匀拧紧螺母，在两法兰盘间加减垫片调整杆身平直度并用钢丝、平板尺检查直至合格。

单支混凝土杆对接完毕并经自检合格后，在枕木上组合成A型杆，组合前应用水平尺检查混凝土杆为水平放置，杆根开距符合设计要求。

4）构架吊装组立。首先起重机吊起构架至垂直位置，并移动至构架柱脚对准杯口上空，施工人员在下方扶稳柱脚并助其插入杯口，当柱脚座到杯底后，立即在每支柱脚与基础杯口边缘分别插入四个楔子临时固定进行垂直度校正；校正完毕后，立即进行最后固定。固定方法是在柱脚与杯口间的四周空隙处用石块卡紧，再灌筑C20细石砼，灌筑工作分两次进行，第一次灌筑到楔块底部，灌筑前将杯口空隙的木屑等杂物清除干净，并用水湿润柱脚和杯口，然后进行灌筑，在第一次细石砼强度达25%设计强度时，拔出楔子，用同标号细石混凝土灌满。

5）钢梁的吊装。钢梁吊装前首先核对图纸，检查紧固件；用吊装钢丝绳采用重心对称四点绑扎法对钢梁进行绑扎后起吊，钢梁两端各设一根缆风绳，用人工手拉缆风绳来控制钢梁的稳定，以防止其摇摆与相邻设施碰撞，当梁吊至柱顶上空后，扶稳钢梁对准柱顶安装位置，穿螺栓临时固定，复测检查无误后完成最终固定。

（2）钢管构支架吊装。钢管结构构架由 A 型等截面普通钢管构架柱和三角形断面格构式钢梁组成，梁柱采用铰接，纵向设置端撑。构架柱和钢梁弦杆采用普通钢管，柱、钢梁弦杆拼接接头采用刚性法兰连接，钢梁腹杆采用螺栓连接；由于安装、制作和运输方便，在 500kV 变电站构架中应用最为广泛。

钢管构支架施工流程：施工准备→基础复测构件排杆、组装→构架组装的地面验收→构支架的吊装→构支架的调整、校正→混凝土灌浆养护→缆风绳的拆除→质量验评。钢管构支架成品图片见图 4-185。

1）施工准备主要包括图纸会检、机具准备和构件进场、验收及堆放：构支架进场时，应检查出厂合格证、构架安装说明、螺栓清单等出厂资料是否齐全及构件的防腐质量、碰伤及变形情况等。构件进场堆放见图 4-186，需用道木垫起，构件不允许与地面直接接触，以免污染镀锌层，应按类别进行堆放，钢管堆放不得超过三层。构件包装暂时不要拆包。

图 4-185　钢管构支架成品图

图 4-186　构件进场堆放

2）基础复测包括基础轴线的复测和基础杯底标高复测：

基础轴线的复测是从原始的坐标轴线或主变区域中心轴线开始采用经纬仪向各配电装置区域进行复测。复测时将每个基础的中心线标出后，根据构架支柱直径及 A 字柱根开尺寸划线在基础表面用红漆标注安装限位线。然后依据构支架埋深尺寸进行基础杯底量测并用水泥砂浆抹平。

3）构件排杆、组装。构件运输、卸车排放时组装场地应平整、坚实，按照构件平面排杆图一次就近堆放，尽量减少场内二次倒运。排杆时应将构件垫平、排直，每段钢柱应保证不少于两个支点垫实。

钢管柱组装时每段钢柱两端保证两根道木垫实，且每基钢柱组装的道木应保证在一平面上，同时应检查和处理法兰接触面上的锌瘤或其他影响法兰面接触的附着物。组装后，对其根开、柱垂直高、柱长、柱的弯曲矢高进行测量并记录。

钢梁见图 4-187，组装时按照钢梁预起拱值进行地面组装。在初装时，用靠模将梁端安装孔进行固定，梁紧固后再拆除靠模，对组装后的钢梁应进行几何尺寸核对（主要指孔距）。

(a)　　　　(b)

图 4-187　构件的地面排杆、组装，钢梁的地面组装

（a）构件地面排杆、组装；（b）钢梁

钢管柱、钢梁组装时螺栓用普通套筒扳手拧紧，其松紧程度应大致一样。螺栓安装方向一致：钢柱的法兰穿向由下至上；下平面的节点板上螺栓应由下向上穿；侧面的节点板上螺栓应由里向外穿。

4）构架组装的地面验收。全部地面组装完毕且经过班组、项目部验收合格后，报监理或业主进行构架组装的地面验收，地面验收主要检查：螺栓穿向及紧固松紧程度；钢柱的根开、柱长、垂直高、弯曲矢高及法兰顶紧面；钢梁起拱值；组装后的总长、支座处安装孔孔距、挂线板中心偏差等。

5）构支架吊装见图 4-188 和图 4-189，根据场地条件选用旋转法或滑移法吊装，吊装前需进行强度验算选择合理吊点，然后按照轴线和“先高后低”的吊装原则依此进行钢柱、钢梁、地线柱等构件的吊装。当柱脚接近杯底时，应从柱四周向杯口放入 4～5 个木楔，同时收紧四周的缆风绳，确认缆风绳全部固定并使立柱基本垂直后，才能松吊钩。

图 4-188 构架柱吊装

图 4-189 构架梁吊装

6）构支架的调整、校正。观测校正由专业测工负责，平面校正应根据基础杯口安装限位线进行根部的校正，立体校正用两台经纬仪同时在相互垂直的两个面上检测。校正时从中间轴线向两边校正，最好在早晚进行，避免日照影响；柱脚用千斤顶或起道机进行调整，上部用缆风绳纠偏。

7）基础杯口的灌浆及养护。待构支架校正结束后，清除杯口内掉进的泥土或积水后再进行混凝土灌浆。灌浆应分二次进行，第一次灌至 2/3 杯口高度，用振动棒振实，不要碰击木楔，以免木楔松动杆子倾斜。养护 7 天后将木楔取出进行二次灌浆，及时做好试块留置。

基础杯口的二次灌浆结束后构架整体形成稳定结构，待钢梁及节点上所有紧固件都复紧后方可拆除缆风绳。进行质量验评。

（3）格构式构架吊装。格构式构架由矩形断面格构式柱和矩形断面格构式钢梁组成，梁柱铰接或刚接。依据杆件类型不同又可分为钢管格构式和角钢格构式。由于其整个结构均由较小角钢或钢管组成，节点采用螺栓连接，构件尺寸小、自重轻，制作、运输及防腐处理很方便，在 500kV 以上的变电站构架中应用广泛。

格构式构架是全钢空间桁架结构，一般吊装高度高，而且杆件种类和数量较多，现场拼装工作量大，为提高效率并尽量减少高空作业，多采用地面组装成笼或整体，然后用大吨位起重机进行单节、多节或整体吊装的施工方案。其中，构架柱组立采用“单根杆件安装、组片安装、单节或多节组装成笼后整体吊装”等多种方式相结合的方案；构架梁采用“地面分节依次组装成整体、采用履带式起重机整体吊装”的方案。

格构式构架吊装施工流程：施工准备→构架运输→构架清点、检查验收→排杆拼装构支架→地面拼装验收→构支架吊装→测量调整→构架固定→混凝土浇筑→质量验收。格构式构架成品图片见图 4-190。

1）基础复测。基础杯底标高用水平仪检修复测，在杯口四周做好基准点标识，然后依据构支架埋深尺寸进行量测并用水泥砂浆抹平。基础轴线时将每个基础的中心标出后，根据构支柱直径及钢柱根开尺寸进行安装限位线的标注，划线在基础表面用红漆标注。

2）构支架地面组装要设置拼装平台，平台可利用钢材或枕木搭设，鉴于拼装后的构支架体积大、长度长，因此平台应尽量靠近吊装位置，四周应留有足够的进出汽车吊和倒运车辆进、出及站立的通道，以满足构件的进场和拼装需要。

图 4-190　格构式构架成品图片

构架柱先在平台上组装对面的两个面，然后其中的一个面按照规定角度吊起，与下方一个面保持对应的距离，选择适当位置安装若干斜撑，使其形成框架，然后逐一安装完其他部件；构架梁的组装采用“先组装侧面，再连接水平杆和腹杆，从中间依次向两端组装”的方式进行，构支架地面组装见图 4-191。

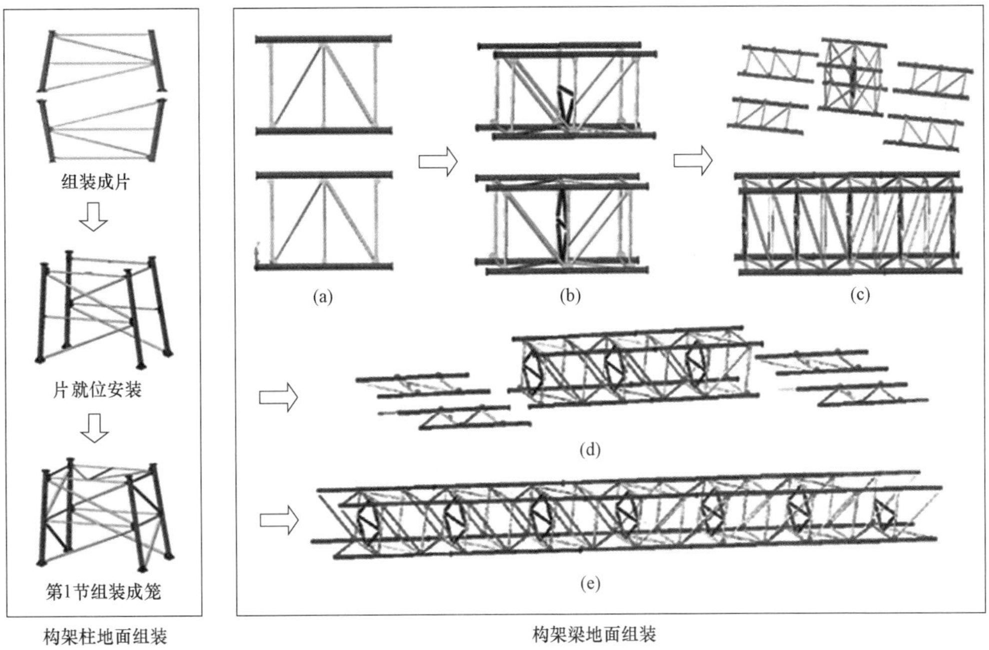

图 4-191　构支架地面组装

（a）第 3 段两测组装成片；（b）安装两片间腹杆及第 3 段组装完成；（c）第 2、4 段对称组装，第 2～4 段组装完成；（d）第 1、5 段对称组装；（e）整条梁组装完成

构支架螺栓安装规定：将编号相应的构件放上平台，接口对正后穿上紧固螺栓，螺栓应可自由穿入，不得有卡滞情况，钢梁组装时宜遵循先下弦杆后上弦，先主材后腹材的组装程序，螺栓穿入方向宜遵循水平面应由下向上，垂直面有里向外的原则，然后对构支架进行检验，校正后按顺序分两次拧紧，完成后应按照图纸要求用扭力扳手校核其紧固扭矩。螺栓扭矩检查应在终拧完成 1h 后，48h 内进行。

3）格构式构支架吊装。

a．吊装方案。吊装次序采用混合吊装法，首先将一个间隔全部构架柱吊装完毕，并校正固定，然后再安装构架梁。绑扎方法采用两点绑扎法，应根据起重机的技术性能合理设置吊点，保证吊带合力的作用点必须高于重心。架构吊点确定后应进行稳定性验算，以确保在起吊过程中钢结构不发生失稳。同时要应根据吊物重量选择吊带和卸扣。在起吊过程中，吊索所受拉力随构支架和水平面夹角而变化，应计算吊索处于最不利受力状态下的拉力，以确定吊带是否满足要求。

b．格构式构架柱吊装。应先试吊，待构件吊离地面约10cm时，应停留片刻，观察有无异常现象发生，若无异常则继续起吊；起吊过程中应随时注意观察构架柱各杆件的变形情况，如发生异常应停止吊装及时处理。

格构柱就位是要将右支腿的螺丝孔切实对准后方可下落到底，防止损伤地脚螺栓；用撬杠引导构架柱的四个柱脚缓缓进入杯口，用尺规对线，采用千斤顶或其他方法调整柱腿到准确的位置，用经纬仪对构架柱两个面的垂直度进行校正，直到柱腿位置及构架柱垂直度都符合要求为止，用钢楔将每个柱脚固定牢固，打好构架柱的临时拉线，待缆风绳固定好后松吊钩，构架柱在最终固定前，不得拆除临时固定设施。

格构型构架柱因体积大、长度长，并要确保其在吊装时不受到损坏，因此吊装时采用双机抬吊立起，并应用辅助吊架进行起吊。吊装就位时应确认其柱脚螺丝孔均对正后方可缓慢下落，以防刮损螺牙，待构架柱全部下落到底时，将地脚螺母上好并按顺序拧紧，格构型构架柱安装后应进行垂直度检验，必要时可用缆风绳进行调整，调整后需将连接螺丝重新检查紧固。

c．构架梁的吊装。当混凝土的强度达到预定强度要求时即可进行构架梁的整体吊装，见图4-192。

吊装时吊带绑扎要牢固，保证构件离地后平衡，不歪斜，起吊前在构架梁两端绑扎控制绳，以防止桁架在起吊过程中发生摇摆和晃动并引导就位，钢梁就位的同时，应通过缆风绳调整架构的垂直度，当结构的垂直度及钢梁位置符合要求时即可进行螺栓紧固，两端的连接螺栓紧固后方可松钩。

图4-192　构架梁的吊装

4）构架的测量、调整、固定。构架的测量校正包括平面校正和立体校正，平面校正应根据基础杯口安装限位线进行根部的校正，立体校正用两台经纬仪同时在相互垂直的两个面上检测。校正时从中间轴线向两边校正，每次经纬仪的放置位置应做好记号，否则容易造成误差，校正最好在早晚同一时间进行，避免日照影响；柱脚用千斤顶或起吊机进行调整，上部用缆风绳纠偏，调整后需将连接螺丝重新检查紧固。

图4-193　独立避雷针成品图

5．独立避雷针

（1）工艺流程。施工准备→基础及地脚螺栓复测→构件排杆、组装→独立避雷针的吊装→独立避雷针的调整、校正→缆风绳的拆除→质量验评。独立避雷针成品图片见图4-193。

（2）施工工序。

1）施工准备。

a．技术准备。主要是图纸会检和技术交底。

b．机具准备。按照施工措施要求的工器具进行准备和检查。

c．构件进场、验收及堆放。

构支架进场时，应检查出厂合格证、构架安装说明、螺栓清单等出厂资料是否齐全，以及构件的防腐质量、碰伤及变形情况；镀锌层不得有黄锈、锌瘤、毛刺及漏锌现象。

堆放时用道木垫起，构件不允许与地面直接接触，以免污染镀锌层，应按类别进行堆放，钢管堆放不得超过三层。

构件验收的质量标准：对单节钢管弯曲矢高偏差控制在 $L/1500$，且≤5mm；单个构件长度偏差≤±3mm。

2）基础及地脚螺栓复测。

a．复核避雷针的基础轴线、标高、地脚螺栓的规格是否符合设计要求，见图 4-194。

b．基础顶面的支承面、地脚螺栓位置的质量标准应符合要求。

图 4-194　独立避雷针预埋地脚螺栓的基础

3）构件排杆、组装。

a．根据图纸轴线和厂家构件安装说明，制定构件平面排杆图。

b．构件运输、卸车排放时组装场地应平整、坚实，按照构件平面排杆图一次就近堆放，尽量减少场内二次倒运。

c．排杆时应将构件垫平、排直，每段钢柱应保证不少于两个支点垫实。

d．避雷针组装。

组装时用道木将其垫平、排直，每段钢柱两端保证两根道木垫实，且每基钢柱组装的道木应保证在一平面上，同时应检查和处理法兰接触面上的锌瘤或其他影响节点接触的附着物。组装后，对其根开、柱身长度、柱的弯曲矢高进行测量，见图 4-195。

螺栓安装方向一致：柱身的法兰穿向由下至上，连接螺栓必须逐个对称紧固。

4）独立避雷针的吊装。

a．根据场地条件和构件重量及起吊高度选择起重机械，吊装采用旋转法或滑移法，选择合理吊点，进行强度验算。

b．当避雷针完全吊起后，插入地脚螺栓后将螺栓临时紧固，同时收紧四周的缆风绳，确认缆风绳全部固定并使立柱基本垂直（见图 4-196）、螺栓紧固后，才能松大钩。

图 4-195　避雷针地面组装及测量

图 4-196　独立避雷针的吊装

c．避雷针就位后应做好临时接地。

独立避雷针及其接地装置与道路或建筑物的出入口等距离小于 3m 时应采取均压措施或铺设裸石或沥青地面。

5）独立避雷针的调整、校正。平面校正应根据基础轴线进行根部的调整，立体校正用两台经纬仪同时在相互垂直的两个面上检测，校正最好在早晚进行，避免日照影响。

6）缆风绳的拆除。调整校正结束后，将杆件和地脚螺栓全部紧固后，方可拆除缆风绳。

6. 二次灌浆及保护帽施工工艺

（1）工艺流程。

1）二次灌浆工艺流程：施工准备→清理预留螺栓孔洞→混凝土的搅拌地脚螺栓调整及固定→混凝土的浇筑→螺栓、构支架偏移检查→混凝土的养护→质量验评。二次灌浆成品图片见图 4-197。

2）保护帽工艺流程：施工准备→构支架周围泥土清理→保护帽模板安装→混凝土的搅拌→混凝土的浇筑→保护帽顶部抹光→拆模→保护帽养护→质量验评。保护帽工艺成品图片见图 4-198。

图 4-197　二次灌浆成品图

图 4-198　保护帽工艺成品图

（2）施工工序。

1）施工准备。

a．灌浆前应先做好混凝土的配合比试验，按照此配合比进行水泥、砂、石子等材料准备，材料进场后按照规范进行材料的检验，合格后方可使用。

b．拌和用水应用饮用水，使用其他水源时，应符合现行《混凝土拌和用水标准》（JGJ 63）的规定。

c．先对基础杯口内部浸水，保持灌浆前内部湿润。

d．清理基础杯口内及周围的积水、垃圾、泥土等异物。

2）混凝土的搅拌。混凝土的搅拌和采用机械搅拌，搅拌时间按照规范规定。

3）二次灌浆质量控制要点。

a．螺栓插入前应检查预埋地脚螺栓是否带弯钩，否则不能埋入。

b．螺栓插入后，用专用固定角钢模具调整其水平位置、垂直度及顶部的高度，并予以固定。

c．浇筑时应分层灌入分层振捣，每次不得超过 200mm。每次灌浆开始后，必须连续进行，不得间断，并尽可能缩短灌浆时间。

d．混凝土浇筑完成后及时核对地脚螺栓尺寸，否则应及时调整。

e．浇筑完后，顶部要进行抹光，必须将地脚螺栓或支架表面泥浆清除。

f．地脚螺栓露出部分用黄油涂抹后采用麻布保护。

4）保护帽质量控制要点。

a．根据构支架的直径设置专门钢模板，建议采用圆台形或圆柱形保护帽。保护帽专用的定制模板如图 4-199 所示。

b．浇筑前检查构支架接地或电缆保护管是否做好。浇筑时采用短钢筋进行分层灌入分层振捣，每次不得超过200mm；浇筑至顶部时要留有一定坡度，以便排水，再进行收光，浇制时检查模板是否有偏移，即保证构支架在圆形模板中心。

c. 拆模后注意不要碰及棱角，若有气孔等现象时要进行抹光。

d. 浇筑完后及时将构支架表面泥浆清除。

5）养护保护。地脚螺栓灌浆完或保护帽拆模后，覆盖塑料薄膜或加草袋进行养护，养护时间不少于7天。

图4-199　保护帽专用的定制模板

（二）屋外附属工程

1. 道路工程

（1）工艺流程。施工准备→定位放线→路槽土方开挖→排设各种过路管道→路槽碾压检验→路槽底基层→施工垫层施工→模板安装→混凝土面层施工→养护→质量验评。道路工程成品图片见图4-200。

图4-200　道路工程成品图

（2）施工工序。

1）施工准备。

a. 材料准备：水泥采用≥42.5级普通硅酸盐水泥或硅酸盐水泥，砂采用中砂，石子采用5～35mm骨料。其他材料，如灰土、石灰、粉煤灰等均符合相关规定。水泥应有出厂合格证及复试报告，石子、砂应有试验报告。路面用水泥、石子、砂应在施工前做好工程材料计划，同一批进场，集中堆放备用，以保持道路完成后色泽一致。道路使用石子应尽量统一，见图4-201。

图4-201　道路使用石子统一备用

b. 技术准备。主要是图纸会检和技术交底。

2）定位放线。根据变电（换流）站建筑方格网控制点，采用经纬仪和钢尺定出道路中心线的位置。

3）路基耕植土挖除。道路基础两侧以设计路宽为准，分别向外加宽，放出道路的路基灰线，根据此线进行路槽开挖。清除表层耕植土，开挖直至地下老土。暗沟、暗渠部分也必须清除至老土，基槽开挖宽度按要求放坡。

4）排设各种过路管道。根据图纸设计要求，进行各种过路管道的排设，管道基层及上部回填按要求夯实。

5）路槽碾压检验。路槽开挖完成后，排除路基积水，测定路床含水量并进行晾干，进行机械夯实并测试路基密实系数。

6）基层施工。按设计要求，采用一定比例的石灰与土，在最优含水量情况下，充分拌合，达到均匀、颜色一致。灰土，以手握成团，两手指捏即散为准。土料采用黏性土，土内有机质含量不得超过5%，土粒应过筛，颗粒不应大于15%。

石灰采用Ⅲ级以上新鲜的石灰，使用前石灰消解并过筛，颗粒不得大于5mm。不得夹有未熟化的生石灰粒，不得含过多水分。灰土应分段、分层回填，采用机械夯实，遍数按设计要求的干密度确认，应达到设计要求的干密度。灰土完成后，不得受雨淋，不得受水浸泡，并作临时性覆盖，灰土每层施工结束后，检查灰土地基的干密度。

采用石灰、粉煤灰、石子进行机械搅拌均匀，并控制二灰结石的含水率，采用翻斗车运输至现场，摊铺平整，分层、分段碾压密实，分层压实系数满足设计要求，表面进行薄膜覆盖，洒水养护不少于7天。

7）模板安装。

a．模板定位：根据定位放线安装道路模板，模板高度按设计要求，圆弧形边模根据图纸要求尺寸，采用钢板制作定型模板。为防止模板跑模，模板外侧采用钢筋固定。模板接口应平整，模板边沿顺直。模板上口向外侧略倾斜，倾斜度与路面坡度一致，模板与模板接缝采用玻璃胶填充补平，模板安装完成后，模板底部与垫层采用细石混凝土垫脚堵缝。道路圆弧模板见图4-202。

b．模板固定：槽钢模板端头加焊 18mm 钢筋，使槽钢与槽钢的接头平整，然后用木楔塞紧连接。端头固定采用木模时要求刨光，端头采用木板连接。模板外侧浇筑混凝土墩固定侧模，混凝土墩间距不宜大于1.2m。模板安装好后应在垫脚混凝土和侧面混凝土初凝前对其侧模的标高、表面平整、通常顺直度进行复查调整。待模板外侧混凝土强度满足固定模板要求时方可浇筑混凝土。混凝土浇筑前模板内侧及顶部应涂刷隔离剂。道路的侧模安装见图4-203。

图4-202　道路圆弧模板

图4-203　道路的侧模安装

8）路面混凝土浇筑。在搅拌现场安装计量器具，依据配合比对进料进行计量，计量采用重量比。计量偏差：水泥、水应控制在±2%，粗细骨料应控制在±3%。

混凝土搅拌时水灰比和塌落度要严格控制，每机搅拌时间不少于 90s，确保拌和均匀，禁止有搅拌不均匀的生料进入浇捣地点。

a．混凝土道路施工尽量采用滚筒振动机。

b．混凝土振捣。混凝土进入浇筑地点时在摊铺时不能远距离抛投混凝土，防止混凝土因惯性产生离析，影响混凝土浇捣质量，混凝土铺满后刮平后先用插入式振捣棒进行振捣，振点间距不大于500mm，先两侧后中间，混凝土不能过度振捣，过度振捣会造成混凝土分层离析。插入式振动棒振捣过后不允许有漏振现象。采用平板式振捣器复振，低洼部分添加混凝土找平，采用振动梁振出原降，采用直尺刮平，混凝土振捣时随时观察侧模的情况，发现问题应及时纠正。变电站道路的混凝土浇筑见图4-204。

c．路面压光。振动梁振完后禁止施工人员在振好的混凝土上随意走动。待混凝土水分略干后（操作人员应根据气温情况灵活掌握），用磨浆机磨出面层砂浆，再用定制刮尺进行刮平。路面压光要求至少为四遍。待混凝土表面无水膜时进行第一遍人工压光，同时处理好边角及细部，要求压实平整，待混凝土开始凝结即进行分遍抹压面层，压光机压光时不得漏压，将面层凹坑和脚印压平，在混凝土终凝前完成压光，压光后要求混凝土平整、无抹痕、无接头印、无外露石子，颜色均匀一致。混凝土路面压光见图4-205。

d．路面胀缝设置：胀缝留设间距根据设计要求，在道路与建构筑物衔接处，道路交叉处必须做胀缝。胀缝必须上下贯通，缝宽按设计留置。胀缝在混凝土浇捣前必须设置胀缝，胀缝应与路面中心线垂直；

缝壁必须垂直，缝隙宽度必须一致，缝中不得连浆；缝隙上部应浇灌填缝料，下部应设胀缝板。混凝土路面胀缝的留置见图 4-206。

图 4-204 变电站道路的混凝土浇筑

图 4-205 混凝土路面压光

e．胀缝的处理：道路完成后胀缝内清理干净，胀缝两侧粘贴美纹纸，采用沥青砂浆灌缝，使用 14～16 方钢，用火加热后烫压平整，上口低于路面 1.5mm。混凝土路面胀缝处理见图 4-207。

图 4-206 混凝土路面胀缝的留置

图 4-207 混凝土路面胀缝处理

f．路面缩缝切割：当混凝土达到设计强度 25%～30%时可进行缩缝切割，以切割时不出现缺棱掉角为宜，缩缝切割的深度应不小于路面厚度的 1/3（从顶面算起）；缩缝留设间距 4～6m 为宜。

g．二次路面浇筑时，胀缝应与基层保持一致。

9）路面养护。

路面混凝土养护要派专人负责，并在浇筑完成后 12h 内开始，使路面一直保持湿润状态，养护期一般为 14～21 天。混凝土路面养护见图 4-208。

图 4-208 混凝土路面养护

路面养护期间严禁行人、车辆在上面走动，直至混凝土强度达到要求后方可通行，通行速度不得大于 5km/h 防止车辆刹车破坏或污染道路面层。

2．操作地坪与巡视小道

（1）工艺流程。施工准备→定位放线→基础土方开挖→排设各种过路管道→灰土基层施工→混凝土垫层施工→道板板面层施工→养护→质量验评。操作地坪与巡视小道成品图片见图 4-209。

图 4-209　操作地坪与巡视小道成品图

（2）施工工序。

1）施工准备。

a．材料准备：砂、石应有试验报告，水泥应有出厂合格证及复试报告。

b．技术准备。主要是图纸会检和技术交底。

c．定位放线。根据变电（换流）站定位放线留置的施工测量定位建筑方格网基准点或施工完毕的设备基础，采用经纬仪或拉线、尺量定出操作地坪与巡视道路的基准线。

2）基础土方开挖。清除表面耕植土，开挖土方，基底软土部分挖除加深，加深部位、低洼部分及设备基础回填土部位，采用灰土或黏土分层回填并分层夯实。回填土分层厚度不大于 250mm。

3）铺设各种过路管道。根据图纸要求，开挖管道沟槽，管道上下层采用黄砂及其他材料保护，管道上面回填土，并分层夯实。

4）基层施工。

a．灰土回填前，应挖除松土、原土打夯、抽取积水、湿土晾干，按设计要求采用一定比例的灰土，人工翻拌，达到均匀、颜色一致，并适当控制灰土含水率，以手握成团，两手指捏即散，土料采用黏性土，土内有机质含量不得超过 5%，土粒应过筛，颗粒不应大于 15%。

b．石灰采用Ⅲ级以上新鲜的石灰，使用前石灰消解并过筛，颗粒不得大于 5mm。不得夹有未熟化的生石灰粒，不得含过多的水分。

c．灰土回填应分段、分层回填，采用机械夯实，灰土完成后，不得受雨淋，不得受水浸泡，并作临时性覆盖。灰土分层施工完成后，每层应采用环刀法检查灰土地基的干密度。

5）垫层施工。根据图纸要求，在灰土地基表面弹设纵横向巡视小道中心线，按照中心线位置，安装混凝土垫层模板，根据实验室配合比，现场调整、确定施工配合比，浇灌混凝土垫层。混凝土垫层应密实、平整，厚度应符合设计要求。混凝土垫层浇筑完毕，应进行浇水养护，混凝土强度末达到 $1.2N/mm^2$ 前，不得在其上踩踏。

6）道板砖面层施工。

a．拼图与套割：根据图纸要求，弹出各纵横巡视小道中心线，根据板材大小，纹理图案、巡视小道相互之间交接及小道与站内道路交接处尺寸。在电脑上进行模拟排块设计，绘制《排块设计图》。进行排块设计时，应充分利用道板砖留缝宽度，进行《排块设计图》的调整，确保纵横向巡视小道通长整砖铺贴，无法满足整砖铺贴时，巡视小道不应有小于 1/2 道板砖出现。

b．按《排块设计图》将不同花纹不同拼花式的板材预先编号、镶贴时、严格按编号顺序施工。

c．设控制线。板材铺贴前，根据巡视道路标高，测设水平标高控制桩，根据巡视小道中心线，量出道路两侧边线、并采用尼龙细线系在水平标高控制点部位。此线作为巡视道路水平标高及道路边沿控制线，约每 10m 设一控制点或设置在纵横向巡视道路交接处。横向留缝控制，可在基层表面弹设垂直于纵向中心线的控制线（横向控制线之间间隔距离根据排块设计图确定）。并采用皮数杆（在木方上按排块设计要求画出每一块道板与留缝的位置），控制横向留逢及道板砖的位置。纵向巡视小道控制线，应采用经纬仪进行通长观测调整，确保巡视道路纵向道板直线精确度。

d．扫浆、铺贴。基层进行扫浆、刷水灰比为0.5的水泥素浆，随刷随铺水泥砂浆，铺贴时应从纵横向道路交接处进行铺贴。铺贴道板砖，并采用橡皮锤轻击道板砖表面，使道板砖与砂浆密实，并采用水平尺检查道板砖表面水平度及缝格平整度。刮去道板砖侧边挤出砂浆，一排道板砖铺贴完成后，采用工具刀轻微拨动道板砖调整道板砖缝格平直。

e．勾缝、粉侧边。巡视道路铺贴完成后，表面洒水，水渍晾干后，采用1:2水泥细砂浆，用缝宽10mm勾缝针，将水泥砂浆塞入缝格内，烫压平整，砂浆勾缝低于道板砖面层2mm左右，勾缝时砂浆不可污染道板砖表面，残留砂浆应清除干净。道板砖采用水泥砂浆勾缝，做到格光滑、平整。

巡视道路侧边粉刷至道板砖底部，侧边粉刷应垂直、光滑、平整、无裂缝，且板面无污染。

f．养护：道板砖粘贴12h内进行浇水养护，养护时间满足规范要求。

3．厂区大门

（1）施工流程。施工准备→大门轨道安装大门及遥控箱安装→大门接线及调试→质量验评。厂区大门成品图片见图4-210。

图4-210　厂区大门成品图

（2）施工工序

1）施工准备。

a．技术准备。主要是图纸会检和技术交底。

b．机具准备：按照施工措施要求的工器具进行准备和检查。

c．材料准备：大门出厂验收，验收主要从外形几何尺寸、质量安装指标、原材质量资料以及外观方面进行检查。

2）大门轨道安装。

a．在修好的路基上利用钢筋马凳加固大门轨道，预留出混凝土二次浇筑量，将轨道调直调平，然后用混凝土固定轨道。特别注意轨道的接头处理，轨道接头的平滑，保证大门开启方便。

b．将下导轨调直调平，根据图纸要求的位置进行敷设并固定牢固，恢复路面，且将门卡焊接到预埋件上。

c．质量标准：导轨顺直，门卡焊接牢固；水平度≤1mm；门卡与导轨间距符合设计图纸要求且满足大门的实际使用要求，门卡与导轨平行度1.5mm。

3）大门及遥控箱安装。

a．厂内、外道路施工完成后，进行大门的安装。

b．将大门安装到导轨、门卡内，推动大门，检验其导轨顺直及平整度，安装时满足垂直度≤2.5mm；水平度≤2mm，保证大门开启灵活。

图4-211　电动机安装

c．按照施工图纸要求，安装电动机（见图4-211）及遥控箱。

4）大门接线及调试。

a．大门安装完后进行大门接线及调试工作。满足大门开启灵活平稳，遥控灵敏。

b．盖上遥控箱外罩，清理现场，做到工完料尽场地清。

4. 围墙

围墙在建筑学上是指一种垂直向的空间隔断结构，用来围合、分割或保护某一区域，一般都围着建筑体的墙。变电站内的围墙按照施工工艺分主要有清水砌筑围墙、砂浆饰面围墙、干粘石墙面、劈裂砌块围墙、装配式板墙、格栅式围墙等。下面以装配式围墙为例介绍其主要施工工序。

图 4-212　装配式围墙成品图

（1）工艺流程。施工准备→预制件钢模板设计及加工制作→围墙构件预制加工→围墙抗风柱安装→围墙墙板安装→围墙压顶安装→围墙填缝勾缝处理→围墙抗风柱护角施工→质量完工检查验收。装配式围墙成品图片见图4-212。

1）施工准备。

a．方案策划及编制施工作业指导书。

b．施工图纸会检及技术交底。

c．材料、工器具及设备等准备。

d．其他准备。施工前应将场地清理干净，保持道路的通畅；开工前，围墙抗风柱基础应验收合格，其预埋铁中心距应满足设计要求；围墙抗风柱基础应验收合格，基础预埋铁中心距应满足设计要求。

2）围墙构件钢模板加工制作。围墙构件钢模板包括围墙抗风柱、围墙墙板、围墙压顶钢模板，如图4-213。其中围墙抗风柱钢模板包括平段抗风柱钢模板和转角柱钢模板；围墙压顶钢模板包括围墙抗风柱压顶和围墙墙板压顶钢模板。

图 4-213　围墙构件钢模板

3）围墙构件工厂化预制加工。围墙构件（包括抗风柱、墙板、压顶）均采用定制钢模板，其加工制作流程为：清洁模具→裁剪玻璃网格布和焊接钢网→配料→干料搅拌→加水搅拌→送料、分料→前养护→脱模后养护→检验、入库。

a．清洁模具。将模具的内外用小铲刀铲净，保持模具清洁，用胶带堵住模具气嘴，在模具内壁以及底面均匀刷薄层脱模剂。

b．裁剪玻璃网格布和焊接钢网。对于不同规格的模具，裁剪玻璃网格布的长宽均应比模具小 50mm。

c．配料。按照配料表分别称取硅酸盐水泥、砂，水，纤维，减水剂等。

d．干料搅拌。把称量好除水之外的所有物料加入搅拌机内，干搅 1～1.5min。

e．加水搅拌。把称好的水加入搅拌机内一起搅拌 3min 以上，使物料混合均匀。

f．送料、分料。下料的速度以及分料由红外摄像探头监控，下料期间搅拌机应一直搅拌，直到搅拌机内的物料下完为止。混凝土通过下料口流入模具，布料分层进行振动密实，每层厚度 150mm 为宜，每层振动 3min，最后一层振动完成后，对表面进行抹光。

g．前养护。把成型好的构件放入养护房中养护（温度 20～30℃，相对湿度大于 80%），一直养护到规定的时间送往脱模工段，养护时间不少于 10h，可根据实际情况调整。

h. 脱模。养护好的构件拖入到脱模工段脱模，用双嘴气杆插入到模具的气孔上吹出盖板。

i. 后养护。脱模后放置 30min，然后放入蒸汽室内温度保持不低于 55°，湿度大于 85%以上养护 72h，然后即可检验入库。

j. 检验，入库。产品入库前至少进行以下检验：尺寸，颜色，表面平整度，棱角缺失等。

4）围墙抗风柱安装。抗风柱采用小型吊机逐柱吊装。抗风柱与基础通过预埋件焊接。焊接时，先点焊固定，然后进行定位尺寸和垂直度的校核，检查合格后，再满焊连接，其中焊缝高度 $h_f \geqslant 6$mm。安装就位后的抗风柱如图 4-214。

5）围墙墙板安装。墙板采用小型吊机起吊，墙板由下至上逐块安装到围墙抗风柱的卡槽内。就位后，调整校核其水平度、垂直度，然后用 1:3 水泥砂浆将预留槽填缝密实。安装时，应保持墙板水平，轻挪轻放，防止凹槽边角在吊装过程中破损，如图 4-215。

图 4-214　围墙抗风柱

图 4-215　围墙墙板

6）围墙压顶安装。

a. 预制压顶顶部双向排水，坡度为 5‰，压顶底部设置 10mm×10mm 滴水线（如图 5-7），有效预防墙面污染。

b. 围墙压顶按“先安装抗风柱压顶，后安装墙板压顶”的顺序进行安装。

c. 柱子压顶的底部有 310mm×310mm 深度为 10mm 的凹槽，安装时套在柱子顶端即可（需要砂浆固定）。墙板压顶底部有宽度为 70mm 深度为 10mm 的凹槽，安装时套在墙板顶端即可（需要砂浆固定）。安装完后的压顶如图 4-216。

图 4-216　围墙压顶

7）围墙勾缝。围墙抗风柱凹槽侧面缝隙一般采用 1:3 水泥砂浆填缝，黑色硅硐膏密封。板接缝使用黑色硅硐结构胶勾缝，如图 4-217。

8）围墙抗风柱护脚施工。围墙构件安装完后，抗风柱可采用细石混凝土作成内高外低的棱台状的护脚，如图 4-218。

图 4-217　围墙勾缝

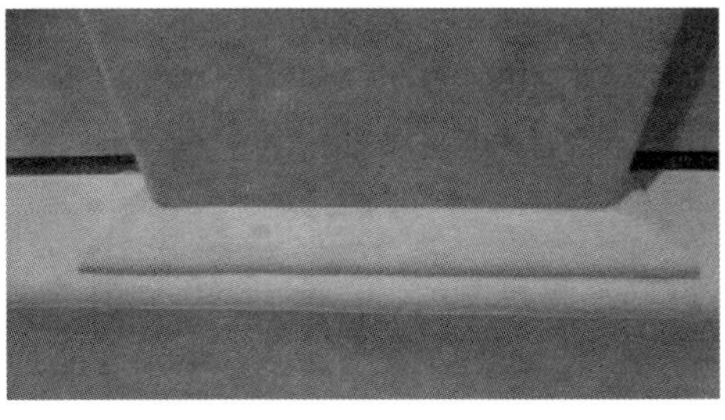

图 4-218　抗风柱护脚

第三节 建筑安装工艺

一、消防工程

消防工程施工安装大致分火灾自动报警系统、自动喷水灭火系统、消火栓系统、防排烟系统气体灭火系统、泡沫灭火系统等。

（一）火灾自动报警系统

1. 工艺流程

火灾自动报警系统工艺流程：钢管、线槽及线缆敷设→探测机安装、模块箱安装、手动报警按钮安装→主机房设备安装→设备接地→单体设备调试→系统联调→竣工验收。

2. 施工工序及要点

（1）钢管和金属线槽敷设及穿线。

1）不同类型、不同系统、不同电压等级的消防报警线路不应穿入同一根管内或线槽的同一槽孔内。

2）埋入非燃烧体的建筑物、构筑物内的电线保护管与建筑物、构筑物墙面的距离不应小于 30mm。

3）如因条件限制，强电和弱电线路同用一竖井时，应分别布置在竖井的两侧。

4）火灾报警器的传输线路应选择不同颜色的绝缘导线，探测器的“+”线为红色，“–”线应为蓝色，其余线应根据不同用途采用其他颜色区分。但同一工程中相同用途的导线颜色应一致，接线端子应有标号。

（2）火灾探测器。

1）探测器宜水平安装，当必须倾斜安装时，倾斜角不应大于 45°。

2）探测器的底座应固定可靠，在吊顶上安装方式如图 4-219。

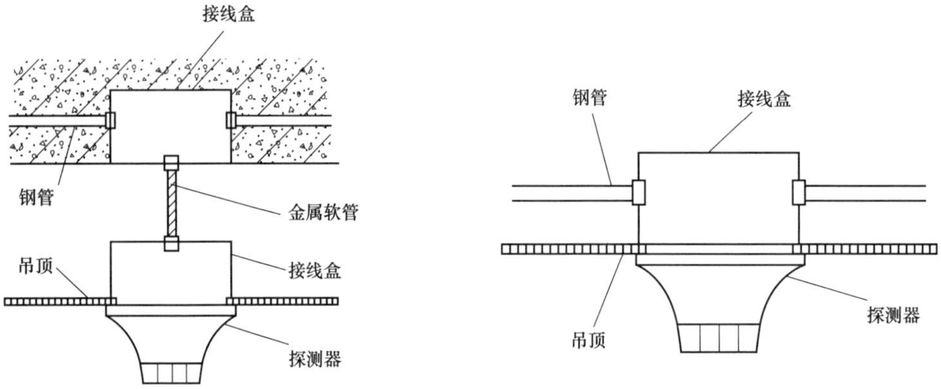

图 4-219 探测器吊顶上安装方式

3）探测器至墙壁、梁边的水平距离，不应小于 0.5m 探测器周围 0.5m 内，不应有遮挡物，见图 4-220。

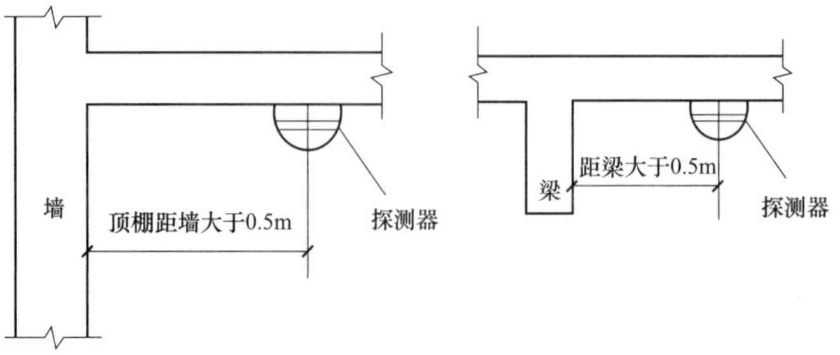

图 4-220 探测器与墙、梁水平距离示意图

4）探测器至空调送风口边的水平距离不应小于 1.5m；至多孔送风顶棚孔口的水平距离不应小于 0.5m。

5）在宽度小于 3m 的内走道顶棚上设置探测器时，宜居中布置。感温探测器的安装间距不应超过 10m；感烟探测器的安装间距不应超过 15m。探测器距端墙的距离不应大于探测器安装间距的一半，见图 4-221。

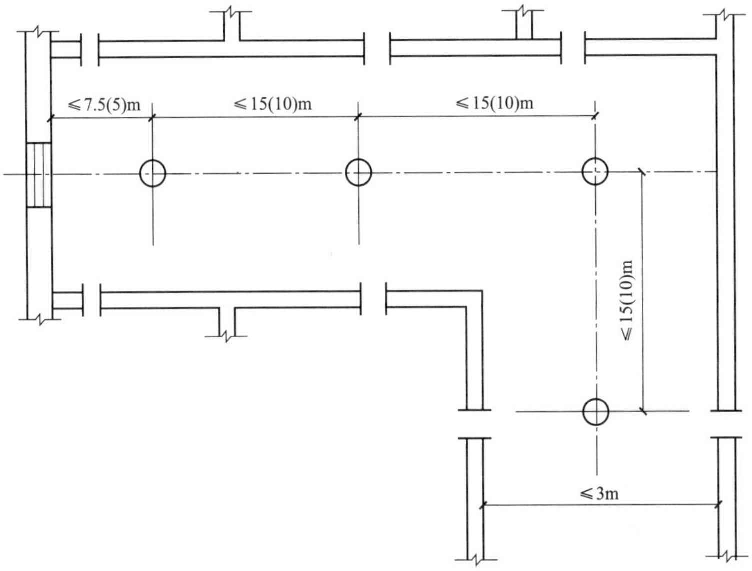

图 4-221 探测器在宽度小于 3m 的走廊布置

6）可燃气体探测器的安装位置和安装高度应依据所探测气体的性质而定。

a．当探测的可燃气体比空气重时，探测器安装在下部。可燃气体探测器应安装在距煤气灶 4m 以内，距离地面应为 0.3m。

b．当探测的可燃气体比空气轻时，探测器安装在上部。当梁高大于 0.6m 时，探测器应安装在有煤气灶梁的一侧。

c．在室内梁上设置可燃气体探测器时，探测器与顶棚距离应在 0.3m 以内。

7）红外光束探测器的安装应符合以下要求：发射器和接收器应安装在一条直线上；光线通路上应避免出现运动物体，不应有遮挡物；相邻两组红外光束感烟探测器水平距离应不大于 14m，探测器距侧墙的水平距离不应大于 7m，且不应小于 0.5m；探测器光束距顶棚一般为 0.3～0.8m，且不得大于 1m；探测器发出的光束应与顶棚水平，远离强磁场，避免阳光直射，底座应牢固地安装在墙上。

（3）缆式探测器。

1）缆式探测器用于监测室内火灾时，可敷设在室内的顶棚上，其线路距顶棚的垂直距离应小于 0.5m，见图 4-222。

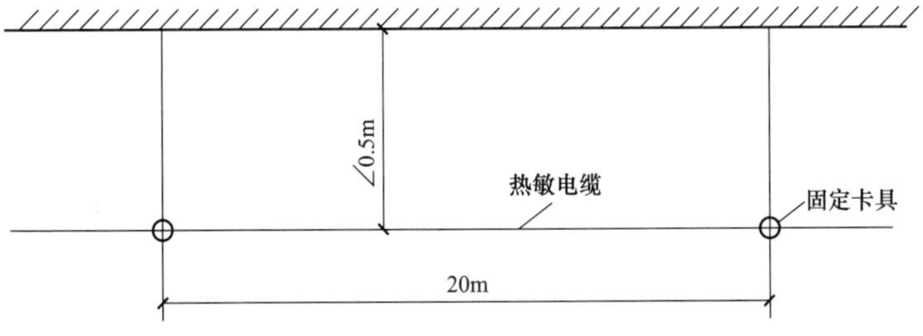

图 4-222 缆式探测器安装示意图

2）热敏电缆安装在电缆托架或支架上时，要紧贴电力电缆或控制电缆的外护套，呈正弦波方式敷设。

3）热敏电缆敷设在传送带上时，可借助 M 形吊线直接敷设于被保护传送带的上方及侧面。

4）热敏电缆安装于动力配电装置上时，应与被保护物有良好的接触。

5）热敏电缆敷设时应用固定卡具固定牢固，严禁硬性折弯、扭曲，防止护套破损。必须弯曲时，弯曲半径应大于 20cm。

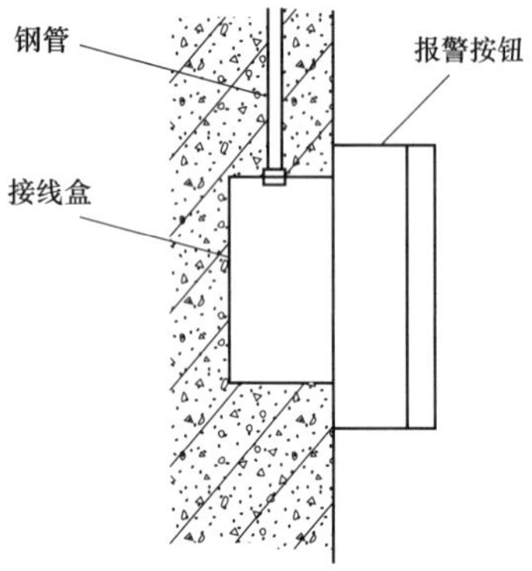

图 4-223　手动火灾报警按钮安装示意图

（4）手动火灾报警按钮。

1）手动火灾报警按钮应安装位置和高度应符合设计要求，安装牢固且不应倾斜，见图 4-223。

2）手动火灾报警按钮外接导线应留有 0.10m 的余量，且在端部应有明显标志。

（5）区域报警控制器。

1）区域报警控制器应根据设计要求的位置用金属膨胀螺栓明装，且安装时应端正牢固，不得倾斜。

2）用对线器进行对线缆进行编号，将导线留有一定的余量，分束帮扎。

3）压线前应对导线的绝缘进行摇测，合格后方可压线。

4）控制箱内的模块应按设备制造商和设计的要求安装配线，要求合理布置，且安装应牢固端正，并有标识。

（6）消防控制主机。

1）消防控制机柜槽钢基础应在水泥地面生根固定牢固。

2）机柜按设计要求进行排列，根据柜的固定孔距在基础槽钢上钻孔，安装时从一端开始逐台就位，用螺丝固定，用墙线找平找直后再将各螺栓紧固。

3）控制设备前操作距离，单列布置时不应小于 1.5m，双列布置时不应小于 2m，在有人值班经常工作的一面，控制盘到墙的距离不应小于 3m，盘后维修距离不应小于 1m，控制盘排列长度大于 4m 时，控制盘两端应设置宽度不小于 1m 的通道。

（7）系统接地。

1）工作接地线应采用铜芯绝缘导线或电缆，不得利用镀锌扁铁或金属软管。

2）由消防控制室引至接地体的工作接地线，在通过墙壁时，应穿入钢管或其他坚固的保护管。

3）消防控制设备的外壳及基础应可靠接地，接入接地端子箱。

4）消防控制室一般应根据设计要求设置专用接地装置作为工作接地。当采用独立工作接地时电阻应小于 4Ω；当采用联合接地时，接地电阻应小于 1Ω。

5）控制室引至接地体的接地干线应采用一根不小于 $16mm^2$ 的绝缘铜线或单芯电缆，穿入保护管后，两端分别压接在控制设备工作接地板和室外接地体上。

6）消防控制室的工作接地板引至各消防控制设备和火灾报警控制器的工作接地线应采用不小于 $4mm^2$ 铜芯绝缘线穿入保护管构成一个零电位的接地网络，以保证火灾报警设备的工作稳定可靠。

7）接地装置施工过程中应分不同阶段用于电气接地装置隐检、接地电阻摇测、平面示意图等质量检查记录。

8）工作接地线与保护接地线必须分开，保护接地导体不得利用金属软管。

9）接地装置施工完毕后，应及时作隐蔽工程验收。

（二）自动喷水灭火系统

1. 工艺流程

自动喷水灭火系统工艺流程：安装准备→管网安装→设备安装→喷头支管安装→喷头及系统组件安

装→通水调试。

2. 施工工序及要点

（1）安装准备。

1）熟悉图纸并对照现场复核管路、设备位置、标高是否有交叉成排列不当，及时与设计人员研究解决，办理洽商手续。检查预埋式预留调是否正确，需临时剔凿应与设计土建协商好。

2）安装前进场设备材料检验：进场设备材料规格、型号应满足设计要求；外观整洁，无缺损、变形及锈蚀；镀锌或涂漆均匀无脱落；法兰密封面应完整光洁，无毛刺及径向沟槽；丝扣完好无损伤；水泵盘车应灵活无阻滞及异常声响；设备配件应齐全；报警阀逐个渗漏试验，阀门、喷头抽样强度、严密性试验结果应满足施工验收规范规定。

（2）管网安装。

1）自动喷水灭火系统管材应根据设计要求选用，一般采用镀锌钢管及管件，当管子公称直径小于或等于 100mm 时，应采用螺纹连接；当管子公称直径大于 100mm 时，可采用法兰连接和焊接，焊口内外表面做好防腐。

2）管道安装前应校直管子并清除内部杂物，停止安装时已安装的管道敞口应封堵好。如需在镀锌管上开孔焊接时应提前预制，必要时管道两端有法兰活接，焊接后做完清理防腐再安装。严禁在已安装好的镀锌管道上开孔施焊。

3）管道穿过伸缩缝时应设置柔性短管，管道水平安装宜设 0.002～0.005 的坡度，坡向泄水装置。

4）干管安装。

a. 喷洒干管用法兰连接，每根配管长度不宜超过 6m，直管段可把几根连接在一起使用倒链安装，但不宜过和。也可调直后编号依顺序安装，吊装时应先吊起管道一端，待稳定后再吊起一端。

b. 管道连接紧固法兰时，检查法兰端面是否干净。采用 3～5mm 的橡胶垫片。法兰螺栓的规格应符合规定。紧固螺栓应先紧固最不利点，然后依次对称紧固。法兰接口应安装在易拆装的位置。

c. 水平安装管道的卡架一般以吊架为主，每段干管应设 1 个防晃支架。管道改变方向时，应增设防晃支架。

d. 立管暗装在竖井内时，在管井内预埋铁件上安装卡架固定，安装位置距地面或楼面距离宜为 1.5～1.8m，层高超过 5m 应增设支架。

5）支管安装。

a. 管道的分支预留口在吊装前应先预制好。丝接的采用三通定位预留口。焊接可在干管开口，焊上熟铁管箍。所有预留口均加好临时堵板。

b. 当管道变径时，宜采用异径接头。在管道弯头处不得采用补心。当需要采用补心时，三通上可用 1 个，四通上不应超过 2 个。

c. 配水支管上每一直管段，相邻两喷头之间的管段设置的吊架均不宜少于 1 个，当喷头三间距离小于 1.8m 时可隔段设置，但吊架的间距不宜大于 3.6m。每一配水支管宜设一个防晃支架。管道支吊架的安装位置不应妨碍喷头的喷水效果。

6）水压试验。

a. 喷洒管道水压试验可分层分段进行，上水时最高点要有排气装置，高低点各装一块压力表，上满水后检查管路有无泄漏。如有法兰、阀门等部位泄漏，应在加压前紧固，升压后再出现泄漏时做好标记，卸压后处理，必要时泄水处理。

b. 水压试验压力应根据工作压力确定。当系统工作压力等于或小于 1MPa 时，试验压力采用 1.4MPa；当系统工作压力大于 1MPa 时，试验压力采用工作压力再加 0.4MPa。试压时稳压 30min，目测管网应无泄漏和变形，且压力降不大于 0.05MPa。试压合格后及时办理验收手续。

c．冬季试水压，环境温度不得低于5℃，若低于5℃应采取防冻措施。

7）冲洗。

a．喷洒管道试压完可连续做冲洗工作，冲洗时应确保管内有足够的水流量。排水管道应与排水系统可靠连接，其排放应畅通和安全。管网冲洗时应连续进行，当出口处水的颜色，透明度与入水口的颜色基本一至时方可结束。管网冲洗的水流方向应与灭火时管网的水流方向一致。冲洗合格后应将管内的水排除干净并及时办理验收手续。

b．当现场不能满足上水流量及排水条件时，应结合现场情况与设计协商解决。

（3）设备安装。

1）水泵。

a．水泵的规格型号应符合设计要求，水泵应采用自灌式吸水，水泵基础按设计图纸施工，吸水管水平管段上不应有气囊和漏气现象，与消防水池刚性连接时应加减振器。加压泵可不设减振装置，但恒压泵应加减振装置，进出水口加防噪声设施，水泵出口宜加缓闭式逆止阀。

b．水泵配管安装应在水磁定位找平正，稳固后进行。水泵设备不得承受管道的重量。安装顺序为逆止阀。阀门依次与水泵紧牢，与水泵相接配管的一片法兰先与阀门法兰紧牢，用线坠找直找正，量出配管尺寸，配管先点焊在这片法兰上，再把法兰松开取下焊接，冷却后再与阀门连接好，最后再焊与配管相接的另一法兰。

c．配管法兰应与水泵、阀门的法兰相符，阀门安装手轮方向应便于操作，标高一致，配管排列整齐。

2）高位水箱。高位水箱应在结构封顶前就位，并应做满水试验。消防用水与其他用水共用水箱时应确保消防用水不被它用，留有10min的消防总用水量。与生活水合用时，应使水经常处于流动状态，防止水质变坏。消防出水管应加单向阀。所有水箱管口均应预制加工，如果现场开口焊接应在水箱上焊加强板。

3）报警阀。安装报警阀时应先安装水源控制阀、报警阀，然后根据设备说明书再进行辅助管道及附件安装。水源控制阀、报警阀与配水干管的连接，应使水流方向一致。报警阀组安装的位置应符合设计要求。当设计无要求时，报警阀组应安装在便于操作的明显位置，距室内地面高度宜为1.2m，两侧与墙的距离不宜小于0.5m；正面与墙距离不宜小于1.2m。安装报警阀组的室内地面应有排水设施。

4）水泵结合器。水泵结合器规格应根据设计选定，共有三种类型：墙壁型、地上型、地下型。其安装位置宜有明显标志，阀门位置应便于操作，结合器附近不应有障碍物。安全阀按系统工作压力定压，结合器应装有泄水阀。

（4）喷洒头支管安装。

1）喷洒头支管安装指吊顶型喷洒头的末端一段支管，这段管不能与分支干管同时顺序完成，要与吊顶装修同步进行。吊顶龙骨装完，根据吊顶材料厚度定出喷洒头的预留口标高，按吊顶装修图确定喷洒头的坐标，使支管预留口做到位置准确。支管管径一律为25mm，末端用25mm×15mm的异径管箍口，拉线安装。支管末端的弯头处100mm以内应加卡件固定，防止喷头与吊顶接触不牢，上下错动。支管装完，预留口用丝堵拧紧。

2）向上喷的喷洒头有条件的可与支管同时安装好。其他管道安装完后不易操作的位置也应先安装好向上喷的喷洒头。

3）喷洒系统试压：封吊顶前进行系统试压，为了不影响吊顶装修进度可分层分段进行。试压合格后将压力降至工作压力作严密性试验，稳压24h不渗不漏为合格。

（5）系统组件及喷洒头安装。

1）水流指示器安装。一般安装在每层或某区域的分支干管上。水流指示器前后应保持有5倍安装管径长度的直管段，安装时应水平立装，注意水流方向与指示的箭头方向保持一致，安装后的水流指示器浆片，膜片应动作灵活，不应与管壁发生碰撞。

2）报警阀配件安装。报警阀配件一般包括压力表、压力开关、延时器、过滤器、水力警铃、泄水管等。应严格按照说明书或安装图册进行安装。水力警铃应安装在公共通道或值班室附近的外墙上，且应安装检修测试用的阀门。水力警铃与报警阀的连接应采用镀锌钢管，当公称直径为15mm时，长度不应大于6m；当公称直径为20mm时，其长度不应大于20m。安装后的水力警铃启动压力不应小于0.5MPa。

3）喷洒头安装。喷洒头一般在吊顶板装完后进行安装，安装时应采用专用扳手。安装在易受机械损伤处的喷头，应加设防护罩。喷洒头丝扣填料应采用聚四氟乙烯带。

4）节流装置安装。节流装置应安装在公称直径不小于50mm的水平管段上；减压孔板应安装在管道内水流转弯处下游一侧的直管上，且与转弯处的距离不应小于管子公称直径的2倍。

（6）通水调试。

1）喷洒系统安装完进行整体通水，使系统达到正常的工作压力准备调试。

2）通过末端装置放水，当管网压力下降到设定值时，稳压泵应启动，停止放水，当管网压力恢复到正常值时，稳压泵应停止运行。当末端装置以0.94～1.5L/s的流量放水时，稳压泵应自锁。水流指示器、压力开关。水力警铃和消防水泵等应及时动作并发出相应信号。

3. 成品保护

（1）消防系统施工完毕后，各部位的设备组件要有保护措施，防止碰动跑水，损坏装修成品。

（2）报警阀配件及各部位的仪表等均应加强管理，防止丢失和损坏。

（3）消防管道安装与土建及其他管道矛盾时，不得私自拆改，要经过设计办理洽商妥善解决。

（4）喷洒头安装时不得损坏和污染吊顶装修面。

（三）消火栓系统

1. 工艺流程

消火栓系统工艺流程：安装准备→干管安装→箱体及支管安装→箱体配件安装→通水调试。

2. 施工工序及要点

（1）安装准备。

1）认真熟悉图纸，结合现场情况复核管道的坐标、标高是否位置得当，如有问题，及时与设计人员研究解决，办理洽商手续。

2）检查预留及预埋是否正确，临时剔凿应与设计工建协调好。

3）检查设备材料是否符合设计要求和质量标准。

4）安排合理的施工顺序、避免工种交叉作业干扰，影响施工。

（2）干管安装。

1）消火栓系统干管安装根据设计要求使用管材，按压力要求选用碳素钢管或无缝钢管。

2）管道在焊接前应清除接口处的浮锈、污垢及油脂。

3）当壁厚≤4mm，直径≤50mm时应采用气焊；壁厚≥4.5mm，直径大于70mm时采用电焊。

4）不同管径的管道焊接，连接时如两管径相差不超过小管径的15%，可将大管端部缩口与小管对焊。如果两管相差超过小管径15%，应采用变径管件焊接。

5）管道对口焊缝上不得开口焊接支管，焊口不得安装在支吊架位置上。

6）管道穿墙处不得有接口；管道穿过伸缩缝处应有防冻措施。

7）碳素钢管开口焊接时要错开焊缝，并使焊缝朝向易观察和维修的方向上。

8）管道焊接时先点焊三点以上，然后检查预留口位置、方向、变径等无误后，找直找正再焊接，紧固卡件，拆掉临时固定件。

（3）箱体及支管安装。

1）消火体箱体要符合设计要求（其材质有木、铁和铝合金等），栓阀有单出口和双出口双控等。产品均应有消防部门的制造许可证及合格证方可使用。

2）消火栓支管要以栓阀的坐标，标高定位甩口，核定后再稳固消火栓箱，箱体找正稳固后再把栓阀安装好，栓阀侧装在箱内时应在箱门开启的一侧，箱门开启的一侧，箱门开启应灵活。

3）消火栓箱体安装在轻体隔墙上应有加固措施。

4）消火栓管道安装完按设计指定压力进行水压试验。如设计无要求一般工作压力在 1.0MPa 以下，试验压力为 1.4MPa。工作压力为 1MPa 以上，试压压力为工作压力加 0.4MPa，稳压 30min，无渗漏为合格。为配合装修，试压可分段进行。

5）消火栓系统管道试压完可连续作冲洗工作，冲洗时管内水流量应满足设计要求，进出水口水质一致时方可结束。

（4）箱体配件安装。应在交工前进行。消防水龙带应折好放在挂架上式卷实、盘紧放在箱内；消防水枪要竖放在箱体内侧，自救式水枪和软管应放在挂卡上或放在箱底部。消防水龙带与水枪，快速接头的连接，一般用 14 号铅丝绑扎两道，每道不少于两圈，使用卡箍时，在里侧加一道铅丝。设有电控按钮时，应注意与电器专业配合施工。

（5）通水调试。

1）通水调试前消防设备包括水泵、结合器、节流装置等应安装完，其中水泵做完单机调试工作。

2）系统通水达到工作压力，选系统最不利点消火栓做试验，通过水泵结合器及消防水泵加压，消防栓喷放压力均应满足设计要求。

（四）气体灭火系统

1. 工艺流程

气体灭火系统工艺流程：安装准备→设备及配件安装→系统调试及功能验收。

2. 施工工序及要点

（1）安装准备。

1）熟悉图纸并对照现场复核管路走向，发现问题及时与设计研究解决。检查预留预埋是否正确；临时剔槽应与设计，土建协调好。

2）进场设备材料检验。设备材料规格、型号应满足设计要求，外观整洁，无缺损、变形及锈蚀，镀锌或涂漆均匀无脱落，接口螺纹和法兰密封面完好无损伤；充压药剂钢瓶压力表指针应在指定范围内。选择阀、单向阀、高压软管、集流管逐个水压试验和气压严密性试验结果，应满足施工规范规定。

（2）设备安装。

1）药剂钢瓶安装。钢瓶运输时应采取保护措施，防止碰撞、擦伤。安装时压力表观察面及产品标牌应朝外。钢瓶应排列整齐，间距符合设计要求。钢瓶重量用楼板承担，其固定一般是先在墙面上固定一根槽钢，再用抱卡将钢瓶与槽钢卡在一起。抱卡的高度应在钢瓶 2/3 左右并尽量避开标牌。当槽钢在墙面上不能固定时，也可做成框架在地面上生根。

2）集流管安装。药剂钢瓶一般通过弯管接头，高压软管和单向阀与集流管相接。集流管宜采用焊接方法制作，焊接前每个开口均应采用机械加工方法制造，焊接后镀锌处理。集流管应至少设两个固定支架固定牢靠。集流管外表应涂红色油漆，装有泄压装置的集流管，泄压装置的泄压方向不应朝向操作面末端应设安全泄压阀。

3）选择阀安装。选择阀安装在集流管的排气口，当安装高度超过 1.7m 时应采取便于操作的措施。采用螺纹连接的选择阀，其与管道连接处宜采用活接头。选择阀安装应高度一致。选择阀上应设置标明防护区名称或编号的永久性标志牌，应将标志牌固定在操作手柄附近。

4）阀驱动装置的安装。

a．阀驱动装置的作用是在保护区域发生火灾时启开药剂钢瓶容器阀和火灾区域的选择阀。驱动方式有电磁驱动，气动驱动和机械手动驱动等。控制方式分自动、手动和应急制动。

b．电磁驱动装置的电气连接线应沿固定灭火剂贮存容器的支、框架或墙面固定。

c．拉索式手动驱动装置包括：保护箱、拉线盒、拉线手柄、钢丝绳和手动阀。钢丝绳应设外防腐的钢管保护，拉索转弯处采用专用导向滑轮，套管及保护盒应固定牢靠。

d．安装以物体重力为驱动力的机械驱动装置时，应保证重物在下落行程中无阻挡，其行程应超过阀开启所需行程25mm。

e．气动驱动装置由氮气瓶、铜管和压力启动阀等组成。氮气瓶安装与药剂钢瓶安装基本相同，铜管采用扩口器扩口用索母等接头零件连接。铜管安装应横平竖直、固定支架间距及平行管道固定夹间距均不宜超过0.6m，转弯处应增设一个管爽安装后应进行气压严密性试验，试验压力不应低于氮气瓶内的贮存压力，压力升至试验压力后，关闭加压起源，稳压5min，不降压为合格。

5）压力开关安装。压力开关的作用是在系统工作时受压动作从而反馈工作状态信号，一般在集流管的末端锥丝安装，或在管接头连接件上锥丝安装。

6）喷嘴安装。喷嘴开孔规格与开孔朝向必须满足设计要求，安装时应采用专用扳手。

7）系统调试及功能验收。

a．气体灭火系统安装完应按防护区总数（不足10个按10个计）的10%进行模拟喷气试验。喷气的区域应做好防护措施。试验结果应满足设计要求。

b．灭火气体应采用氮气进行模拟试喷，氮气瓶充装压力不应低于药剂钢瓶贮存压力，且容器结构、型号、规格应相同，数量不少于药剂瓶的20%，且不得少于1个。

（五）防排烟系统

防排烟系统工艺流程：通风管道制作→通风管道安装→风机安装→风管及其部件的制作安装。

1．通风管道制作

（1）选料。风管和部件的板材应按设计要求选用，各系统的板材厚度应符合设计要求，制作前，首先检查所用材料必须有产品合格证明材质证明，若无上述文件，不得使用。

钢板应为优质板，不得有锈斑；外观上无氧化物和针孔、麻点、起皮等缺陷。其他辅材不能因具有缺陷导致产品强度的降低或影响使用效能。

接到加工单后，负责加工制作的责任师必须预先计算分析所需材料的数量，材料部门严格把关，确保节约材料。

（2）下料。严格遵守设计图纸及国标相应的规定。板材在下科前必须进行校平。弯头、异径管等零部件必须采用联合角咬口。做好材料的节约工作，做到大料不小用，整料不零用，利用边角料加工小的零部件。

（3）剪切。剪切前进行下料复核，以免有误。复核后，接线形状采用机械剪板机，电动手剪及手动手剪进行剪切。剪切过程中要仔细、认真、不得跑线。剪切后，在咬口前进行剪口倒角，倒角必须用专用倒角工具，以免出现误差。

（4）咬口。风管的咬口需按规定进行，圆形风管采用单平咬口，圆形风管部件采用单立咬口，矩形风管角咬口采用联合角咬口及接扣式咬口，拒形风管弯头、异径管等部件必须采用联合角咬口。咬口不得出现半咬口及胀裂等情况，以免成型后的风管漏风。对管径大的风管，需进行拼接，拼接缝要求平整，单节风管尽量减少拼接缝。

（5）折方。咬口后的板料进行折方，首先需核对折方线，确认无误后进行折方，折方的关键是位置正确、角度准确，尤其对变径弯头及变径三通等零部件的折方角度必须准确以免影响管径。

（6）成型。风管成型前，应检查下料、咬口折方等工序是否无误，核对下料的几何尺寸是否正确。

风管合口必须用木制榔头及木制打板，以免损坏镀锌层。风管合口必须打实、打严以免漏风，且四边平齐。

（7）铆接。风管与角钢法兰连接，管壁厚度<1.5mm，采用翻边柳接；铆接部位应在法兰外侧，管壁厚度>1.5mm，采用沿风管周边将法兰满焊。矩形风管边长大于等于630mm保温风管大于等于800mm，风管长度在1.2m以上的均应加固。风铆接时，不得出现偏压偏铆钉，胀裂钢板，漏铆等现象。

（8）翻边。翻边尺寸要均宽，最小不小于6mm，咬口重叠处，翻边时应突出部分铲平。翻边使用的工具必须为木制榔头及木制打板，以免破坏镀锌层。

（9）口缝处理。完成风管翻边后，对风管外形进行检查，对风管翻边四角、三通角处咬口、拼料等有明显缝隙处涂密封胶。处理好的风管要擦拭干净，按加工单标注，标在风管内侧注清相关文字、代号。成型后的风管经自检合格后，请质量检查员检查，合格后加盖印章，杜绝不合格品出厂。

2. 通风管道安装

（1）风管安装工艺流程。风管安装工艺流程：预埋支吊架→风管连接→吊装→找平校正→测漏→保温→风口安装。

（2）支吊架安装。

1）风管支吊架安装必须准确，膨胀螺栓规格与吊杆相同。

2）吊架间距：风管水平安装，不大于 3m；风管垂直安装，间距不大于 4m，单根直管至少应有 2 个固定点。

3）支吊架不宜设置在风口、阀门、检查门及自控机构处；离风口或插接管的距离不宜小于200mm。

4）当水平悬吊的主风管、干风管长度超过20m时，设置防止摆动固定点，每个系统不少于1个。

5）防火阀直径或长边尺寸大于等于630mm时，设独立支吊架。

6）保温风管支架应设在保温层外，横担处垫木托防止冷桥。

（3）风管连接。

1）法兰接口处为确保严密，法兰间应有垫料，送回风、新风、排风系统为3mm厚8501阻燃密封胶带，排烟风管为3mm厚石棉板。加8501密封胶带在上螺栓之前完成，在螺栓内侧，不得挤进风管；加石棉板在风管上螺栓之后完成。且不得超出法兰外边，然后再紧螺栓。

2）连接法兰的螺栓均用镀锌螺栓，连接时螺栓在法兰同一侧。

（4）吊装。

1）风管安装时，可以在地面上连成一定长度，采用吊装的方法就位，也可以把风管一节一节地放在支架上逐节连接，一般顺序是先主管后支管。

2）不允许将可拆卸的接口装设在墙或楼板内。

3）风管系统吊装支架采用膨胀螺栓固定时，必须保证牢固。

4）各种阀件的安装，应装在便于操作的位置。

5）为保证今后送风不吹出尘土，保护装饰品的清洁，因而在安装完送回风管及新风管的敬口部分应用塑料布密封。

（5）风口安装。风口安装从接口和外观两方面要求。风口与风管连接严密、牢固保证风口与风管离缝处不漏风；风口在室内墙面或吊顶做到横平竖直，表面平整，风口与装饰面贴实，达到无明显缝隙。

（6）铝合金条形风口的安装。其表面应平整，线条清晰；无扭曲变形；转角、拼缝处应衔接自然，且无明显缝隙。单个风口的水平度偏差控制在3/1000，垂直度偏差控制在2/1000，同室安装应达到整体协调美观。

（7）外墙百叶式防水进排风风口安装为工程的必要环节，安装时需要注意风口的安装方向以及与风管连接处的密闭处理，避免雨水渗入。

（8）防、排烟风口安装为工程安装之重点，安装时需要注意保证风口的安装方向，安装操作高度，以及与风管连接处的防火处理，以保证防火系统的功能。

3. 风机安装

（1）工艺流程。风机安装工艺流程：基础验收→开箱检查→搬运→清洗→安装、找平、找正→试运转、检查验收。

（2）设备安装。

1）风机设备安装就位前，按设计图纸并依据建筑物的轴线、边线线及标高线放出安装基准线。将设备基础表面的油污、泥土杂物和地脚螺栓预留孔内的杂物清除干净。

2）整体安装的风机，搬运和吊装的绳索不得捆缚在转子、机壳或轴承盖的吊环上。

3）整体安装风机吊装时直接放置在基础上，用垫铁找平找正，垫铁一般应放在地脚螺栓两侧，斜垫铁必须成对使用。设备安装好后同一组垫铁应点焊在一起，以免受力时松动。

4）风机安装在无减震器支架上，应垫上 4～5mm 厚的橡胶板，找平找正后固定牢。

5）风机安装在有减震器的机座上时，地面要平整，各组减震器承受的荷载压缩量应均匀，不偏心，安装后采取保护措施，防止损坏。

6）通风机的机轴必须保持水平度，风机与电动机用联轴节连接时，两轴中心线应在同一直线上。

7）通风机与电动机用三角皮带传动时进行找正，以保证电动机与通风机的轴线互相平行，并使两个皮带轮的中心线相重合。三角皮带拉紧程度一般可用手敲打已装好的皮带中间，以稍有弹跳为准。

8）通风机与电动机安装皮带轮时，操作者应紧密配合，防止将手碰伤。挂皮带时不要把手指进入皮带轮内，防止发生事故。

9）风机与电动机的传动装置外露部分应安装防护罩，风机的吸入口或吸入管直通大气时，应加装保护网或其他安全装置。

10）通风机出口的接出风管应顺叶轮旋转方向接出弯管。在现场条件允许的情况下，应保证出口至弯管的直段距离大于或等于风口出口长边尺寸 1.5～2.5 倍。如果受现场条件限制达不到要求，应在弯管内设导流叶片弥补。

11）风机试运转：经过全面检查手动盘车，供应电源顺序正确后方可送电试运转，运转前必须加上适度的润滑油；并检查各项安全措施；叶轮旋转方向必须正确；在额定转速下试运转时间不得少于 2h。运转后，再检查风机减震基础有无移位和损坏现象，做好记录。

（3）成品保护。

1）整体安装的通风机在搬运和吊装时，与机壳边接触的绳索，在棱角处应垫好柔软的材料，防止磨损机壳及绳索被切断。

2）通风机的进排气管、阀件、调节装置应设有单独的支撑；各种管路与通风机连接时，法兰面应对中贴平，不应硬拉使设备受力。风机安装后，不应承受其他机件的重量。

4. 风管及其部件的制作安装

（1）风管在加工场预制好后，再运至现场安装（大尺寸风管在现场镶装）。

（2）风管安装顺序：主管→支管→各类阀件→风口。

（3）安装前，应先按设计及装修图纸确定风管安装标高，划出风管安装中心线和风管吊码安装线，可用拉线检查整段风管的标高，调整吊杆螺丝进行水平度调整。

（4）法兰连接风管，法兰与法兰之间选用厚度 δ=3mm 橡胶片作垫料（或 8501 型阻燃密封胶带）。

（5）风管上的防火调节阀如果安装在间墙上，需用普通薄钢板或镀锌钢板 δ=1.2mm 制作保护罩保护调节手柄部位。如果不是安装在间墙上，则过墙处用 δ=1.2mm 以上的薄钢板或镀锌钢板制作短管与风管连接。防火阀要用固定支架。

（6）送风散流器和回风百叶的安装配合装修进行，在装修龙骨调平后，进行散流器和回风百叶的安装，要求散流器和回风百叶的装饰面与天花面平。

（7）明装风口要求统一整齐，间距一致，标高相同。

（8）风口防火阀安装前先检查其外观、加工质量及动作的灵敏性、可靠性等，安装位置应按照施工图要求的位置，安装方向与气流一致。

（9）成品保护。

1）暂停施工的系统风管，应将风管开口处封闭，防止杂物进入。

2）风管伸入结构风道时，末端应安装上钢板网，以防止系统运行时，杂物进入金属风管内。

3）交叉作业较多的场地，严禁用安装完的风管作为支、吊、托架，不允许将其他支、吊架焊在或挂在风管法兰和风管支、吊架上。

4）运输和安装阀件时，应避免由于碰撞而产生的执行机构和叶片变形。露天堆放应有防雨措施。

（10）风管支、吊架的制作及安装。

1）确定风管标高，按照风管系统所在的空间位置，确定风管支、吊架形式。本工程主要选用吊架，用$\phi 8$的吊杆螺丝加膨胀螺栓固定在楼板或梁上。

2）风管的吊架间距按施工及验收规范要求，不同规格的风管分别设置，风管水平安装时，当最大边长$B<400$mm时，吊架的间距不超过4m；当最大边长$B\geqslant 400$mm时，吊架的间距不超过3m。

3）吊杆螺丝在安装前先除锈，刷两遍防红丹锈漆，再刷一遍灰面漆。与风管外连接的丝扣长出约为1～2cm，并垫上垫片。吊架安装时应避开测量口、调节阀及防火阀的操作手柄等，以免影响阀门的操作。防火阀必须单独设置支吊架。

二、给排水工程

（一）室内给水工程施工工艺

1. 工艺流程

施工准备→给水管道预留、预埋→给水管道预制加工、支架制作安装→给水管道（干管）及配件安装→给水立管安装→给水支管安装→给水管压力试验、给水管道系统试压→给水管道防腐和保温→管道通水→管道冲洗、消毒→质量验评。室内给水工程成品图片见图4-224。

图4-224　室内给水工程成品图

2. 施工工序

（1）施工准备。

1）技术准备。主要是图纸会检和技术交底。

2）材料准备。

a．给水管及管件质量标准应符合设计要求，镀锌管内外镀锌均匀，无锈蚀、无毛刺。

b．消火栓系统管材无弯曲、锈蚀、凹凸不平等现象。

c．消防栓箱体的规格与型号应符合设计图，箱体表面平整、光洁、无锈蚀划伤、箱体开关灵活，箱体方正，配件齐全，栓阀外形规矩、无裂纹，启闭灵活，关闭严密，密封填料完好。

d. 水表规格符合设计图纸要求，表壳铸造规矩，无砂眼裂纹，表玻璃盖无损坏，铅封完整。

e. 阀门的规格符合设计要求，阀体铸造规矩，表面光滑，无裂纹，开关灵活，关闭严密，填料密闭完好无渗漏，手轮完好无损坏。阀门安装前，应做强度和严密性试验，试验应在每批（同牌号、同型号、同规格）数量中抽查10%，且不少于一个；对于安装于主干管上起切断作用的阀门，应逐个做强度和严密性试验。已安装好的阀门见图4-225。

图4-225　已安装好的阀门

f. 乙烯给水管材、管件、支架、黏接剂有产品合格证及说明书，管道规格尺寸应与卫生洁具连接适宜，并有产品合格证及说明书。管材内外表层光滑、无气泡、裂纹、管壁厚度均匀、色泽一致。直管度不大于1%。管件造型规矩、光滑无毛刺，承口应有锥度，并与插口配套。堆放时地面要平，如果上架应多设几个支点防止管子变形，冬季防止冻坏，夏季防止暴晒。

（2）给水管道预留、预埋。室内给水管道与土建同步进行预留孔洞及预埋件的施工。

根据图纸要求，在土建绑扎钢筋时，将预埋模盒及套管用钢丝捆绑在钢筋上，经检查后，交土建进行模板施工，管模内采用纸团堵塞，安装模板及浇筑混凝土时，有专人看护，防止移位。混凝土内套管预埋安装见图4-226。

图4-226　混凝土内套管预埋安装

（3）给水管道支架制作、安装。给水管道的支架形式分为吊架、托架和卡架三种。吊架和托架为水平管道上安装，而立管装设卡架。

砖墙安装支架前应清除墙洞内灰尘，浇水湿润，将支架伸入墙上预留洞内，填塞用M5水泥砂浆，要填塞饱满。混凝土板面及混凝土墙、柱采用膨胀螺栓紧固支架。

支架埋入墙内尺寸根据支架形式管径而定，一般埋入150～200mm。预制支架要求除锈刷防锈漆，支架尾部埋墙部分100mm，可以不刷防锈漆。U形卡的选用参照国家标准图集《室内管道支架及吊架》（035402）。角铁的选用根据不同管道按设计要求或采用国家标准图集中规定的型钢规格。

（4）给水干管安装。

1）给水管的安装以总管入口开始，总管至水表井应有坡度，坡向水表井。

2）安装后找直找正，复核甩口的位置，方向及变径。所有管口要加好临时封堵。安装伸缩器按规定做预拉伸，待管道固定卡件安装完毕后，除去预拉伸的支撑物，调整好坡度。

3）埋地干管在回填土前进行水压试验，并做隐蔽验收。埋地干管不得有活接头，埋地管道回填时，采取保护措施。

（5）给水立管安装。

给水立管安装（明装）：每层从上往下统一安装卡件，将预制好的立管按编号分层，校核预留甩口的高度、方向是否正确。外露丝扣和镀锌层破损处刷防锈漆。支管甩口处均加临时丝堵。立管阀门安装朝向应便于操作和维修。安装后用线坠吊直找正，配合土建堵好楼板洞。

（6）给水支管安装。

1）支管明装。将预制好的支管从立管甩口依次进行安装，根据管道长度适当加好临时固定卡，核定不同卫生器具的冷热水预留口高度、位置是否正确后上临时丝堵。

2）支管暗装。支管敷设在墙内，找平、找正定位后再用勾钉固定，冷热水预留口做在明处，加丝堵，暗装管道变径应使用大小头变径暗装，暗装管不得有活结头。

a．水表安装：水表前后直线段超过 30cm 应煨弯，沿墙敷设。

b．消火栓及支管安装：支管以栓阀的坐标、标高定位甩口，栓口朝外，离地 110cm，栓阀装在箱体内时应装在箱门开启的一侧，箱门开启图应灵活。消防箱见图 4-227。

图 4-227　消防箱

（7）给水管压力试验。给水管在隐蔽前进行单项水压试验，管道系统安装完成后进行综合水压试验，给水管道未铸铁管及镀锌管时，试验压力为工作压力的 1.5 倍，但不得小于 0.6MPa，10min 内压力降不大于 0.05MPa，降至工作压力检查，不渗不漏为合格。

给水管道为塑料管时，实验压力是工作压力的 1.5 倍，但不得小于 0.6MPa，稳压 1h 压力降不大于 0.05MPa，然后在工作压力 1.15 倍状态下稳压 2h，压力降不得超过 0.03MPa，不渗不漏为合格。

（8）给水管道防腐和保温。给水管道的防腐均按设计要求及规范施工，所有型钢支架及管道镀锌层破坏处和外露丝扣要补刷防锈漆。

给水管道的保温有三种形式：管道防结露保温、管道防冻保温、管道防热损失保温，其保温材质及厚度均符合设计要求，质量达到国家规范标准。

（9）管道冲洗。生产给水系统管道在交付使用前必须冲洗和消毒，并经有关部门取样检验符合《生活饮用水卫生标准》（GB/T 749—2006）。

（10）管道通水试验。给水系统交付使用前必须做通水试验，同时开启最大数量的配水点，能否达到额定流量。

（二）室内排水工程

1．工艺流程

施工准备→排水水管道预留、预埋→排水管道预制加工→排水管道预制加工、支架制作加工→干管安装→立管安装→支管安装→灌水实验→卫生洁具安装→通球试验→质量验评。室内排水工程成品图片见图 4-228。

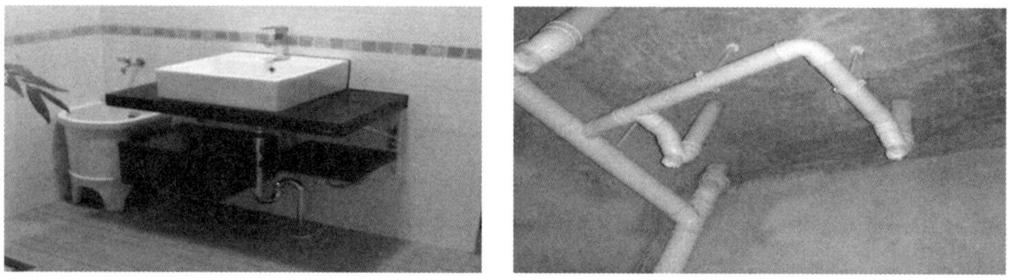

图 4-228　室内排水工程成品图

2．施工工序

（1）施工准备。

1）技术准备。主要是图纸会检和技术交底。

2）材料准备。

a．阀门的规格符合设计要求，阀体铸造规矩，表面光滑，无裂纹，开关灵活，关闭严密，填料密闭完好无渗漏，手轮完好无损坏。阀门安装前，应作强度和严密性试验，试验应在每批（同牌号、同型号、同规格）数量中抽查 10%，且不少于一个；对于安装于主干管上起切断作用的闭路阀门，应逐个作强度和严密性试验。

b．硬质聚氯乙烯排水管材、管件、支架、黏接剂有产品合格证及说明书，管道规格尺寸应与卫生洁具连接适宜，并有产品合格证及说明书。管材内外表层光滑、无气泡、裂纹、管壁厚度均匀、色泽一致。直管度不大于1%。管件造型规矩、光滑无毛刺承口应有锥度，并与插口配套。

（2）排水管道预留、预埋。室内排水管道与土建同步进行预留孔洞及预埋件的施工，预留孔洞空洞主要为管道墙和楼板孔洞及墙、楼板套管的安装。

预埋防水套管有刚性防水套管和柔性防水套管两种，应严格按设计执行。

根据图纸要求，在土建绑扎钢筋时，将预埋模盒及套管用钢丝捆绑在钢筋上，经检查后，交土建进行模板施工，管模内采用纸团堵塞，安装模板及浇筑混凝土时，有专人看护，防止移位。

（3）排水管道支架制作、安装。

1）给排水管道的支架形式分为吊架、托架、和卡架三种。吊架和托架为水平管道上安装，而立管装设卡架。管道安装时应根据设计要求定出采用支架形式，支架的位置，再按管道的标高，按同一水平直管两点间的距离和坡度大小，算出两点间的高差，然后在两点之间拉直线，按照支架之间的间距，在墙上柱子上画出每个支架的位置。

2）砖墙安装支架前应清除墙洞内灰尘，浇水湿润，将支架伸入墙上预留洞内，填塞用M5水泥砂浆，要填塞饱满。混凝土板面及混凝土墙、柱采用膨胀螺栓紧固支架。

3）支架埋入墙内尺寸根据支架形式管径而定，一般埋入150～200mm。支架要求除锈刷防锈漆，支架尾部埋墙部分100mm，可以不刷防锈漆。U形卡的选用参照《室内管道支架及吊架》（03S402）。角铁的选用根据不同用途的管道按设计要求或采用03S402中规定的型钢规格。

（4）排水干管安装。按设计坐标、标高、坡向做好托、吊架。施工条件具备时，将预制加工的管制，按编号运至安装部位进行安装。各管理体制粘接时也必须按粘接工艺依次进行。全部粘连后，坡度均匀，各预留口位置准确。干管安装完成后应作闭水试验，出口应用充气橡胶堵封闭，过到不渗漏，5min内水位不下降为合格。托吊管粘牢后在近流水方向找坡度，最后将预留口封严和堵洞。地下埋设管道，根据图纸要求的坐标、标高，预留槽洞预埋套管，而后开挖沟槽并夯实，回填时应先用细砂回填至管上皮100mm，回填土过筛，夯实时勿碰损管道。

（5）排水立管安装。管道安装见图4-229。

图4-229　管道安装

1）立管按设计要求安装伸缩节，无设计要求应按规范要求将伸缩节置于三通下方（如三通在楼板止面则置于三通上方），立管穿楼板处固定，安装前首先清理上次已预留的伸缩节，将锁母拧下，取出U形胶圈，清理杂物，复查顶板洞口是否合适。立管插入端应先划好插入长度标记，然后用力插至标记为止（一般预留胀缩量为 20～30mm）。合适后即用自制 U形钢制抱卡紧固于伸缩节上沿。然后找正找直，并测量顶板距三通口心是否符合要求。无误后即可堵洞，并将上层预留伸缩节封严。

2）立管伸缩节在楼层层高不大于4m时，排水立管和通气立管每层设一伸缩节，层高大于4m时，其数量应根据管道设计伸缩量和伸缩节允许伸缩量计算确定。

（6）排水支管安装。

1）横支管上伸缩节安装于三通汇流处上游。将支管运至场地，清除各粘接部位的污物及水分。将支管水平初步吊起，涂抹粘接剂，用力推入预留管口。根据管长度调整好坡度。合适后固定卡架，封闭各预留管口和堵洞。

2）器具连接管装。核查建筑物地面、墙面做法、厚度。找出预留口坐标、标高。然后按准确尺寸修整预留洞口。分部位实测尺寸做记录，并预制加工、编号。安装粘接时必须将预留管口清理干净，再进行粘接。粘牢后找正、找直，封闭管口和堵洞。

3）明设排水横支管管径大于等于110mm，接入管井处应采取防止火灾穿透的措施。直线管大于2m时应设伸缩节，但最大净距不得大于4m。

（7）排水管灌水试验。埋地管道、管井内立管、吊顶内横支管及有防结露要求的管道在隐蔽前需进行灌水试验。灌水高度以排水水平横管至上层地面高度为准，灌水15min后，再次灌水持续观察5min，液面不下降不渗漏为合格。

卫生间支管灌水试验，将气囊安设在检查口上方（无检查口的将气囊接了根5m长的气管，将气囊从上层检查口慢慢往下放，放至三通下方即可）。

试压后办理工序交接手续及隐检手续。

（8）卫生洁具安装。

1）卫生器具的安装应布置好冷热水和排水管的接口位置，卫生洁具进场要验收，检查外表光滑、造型周正、边缘平滑、无棱角毛刺、无裂纹、色调一致、零配件外表光滑、电镀均匀、螺纹清晰、锁母松紧适度、无砂眼裂纹。已安装好的卫生器具见图4-230。

图4-230　已安装好的卫生器具

2）卫生器具安装要平、稳、牢、准、不漏，使用性能良好。卫生器具进行满水和通水实验，不渗漏为合格。满水排泄实验：卫生洁具放满水，达到溢水之后，检查溢水口是否通畅。

3）排水栓和地漏应平正、牢固，低于排水表面，周边无渗漏。地漏水封高度不得小于50mm。

（9）通球试验。卫生洁具满水排泄试验后进行通球试验，用轻质易碎塑料球，外径为管道内径的2/3～3/4，对排水立管、排水干管都作。干管通球时，放球地点在道层立管检查口，室外排水井已做好，接球地点在室外。通球时，撤除立管内防堵子，在排水立管首层扫除口处设铁线网接球。从屋面透气帽处放入，通球完毕后各敞口处封堵，防止土建装修掉入杂物。

（三）室外给排水工程

1．工艺流程

施工准备→沟槽开挖与验收→给排水管道及附件安装→雨水井及检查井施工→给水管压力试验、排水密封试验→沟槽回填→质量验评。室外给排水工程成品图片见图4-231。

图4-231　室外给排水工程成品图

2．施工工序

（1）施工准备。

1）材料准备。

a．镀锌给水管及管件质量标准应符合《低压流体输送用焊接钢管》（GB/T 3091—2015），规格符合设计要求，管内外镀锌均匀，无锈蚀、无毛刺。

b．水表规格符合设计图纸要求，表壳铸造规矩，无砂眼裂纹，表玻璃盖无损坏，铅封完整。

c. 阀门的规格符合设计要求，阀体铸造规矩，表面光滑，无裂纹，开关灵活，关闭严密，填料密闭完好无渗漏，手轮完好无损坏。

d. 硬质聚氯乙烯管材、管件、支架、粘接剂有产品合格证及说明书，管材内外表层光滑、无气泡、裂纹、管壁厚度均匀、色泽一致、管件造型规矩、光滑无毛刺。

2）技术准备。主要是图纸会检和技术交底。

（2）沟槽开挖与验收。

1）测量放线：室外地下管线采用坡度板法施工，由测量人员设置坡度板，给水管不超过 20m 设置一个，排水管每隔 10m 设置一个。若遇有阀门、消火栓、三通、检查井等处增设坡度板。

坡度板之间中心线为管道轴线位置，坡度板之间高程钉的连线为管内底的平行坡度线。

2）沟槽开挖：根据沟管的种类、沟管断面尺寸、水文地质情况，施工方法和管道埋深等情况，合理选用沟槽断面开挖形式。沟槽开挖采用人工和机械开挖两种。机械开挖应控制开挖深度，沟槽底土方预留 0.2～0.3m 厚土层。人工开挖应控制人与人之间施工距离，确保开挖时不发生相撞。沟槽土方开挖时应分层分段进行，从坡度板坡度线尺量控制沟槽底标高。清除沟槽软弱土层，加深部位采用灰土或黏土分层回填夯实。清除沟底积水并晾干。排水管道沟槽开挖 4-232。

图 4-232 排水管道沟槽开挖

（3）水管道基础。

1）管道基础包括平基与管座两部分组成，管座包角有 90°、180°、360°。

2）平基混凝土模板安装前，抽取沟底积水，降低沟底地下水位，基层晾干，验槽合格后，采用钢木混合模板安装，模板沿基础边线垂直竖立，模板内侧固定，模板外侧加垂直及斜支撑固定。沟槽内设坡度控制点，浇筑平基混凝土。

（4）管道铺设。

1）在平基混凝土表面采用经纬仪弹中心线或边线，在平基混凝土达到一定强度后，安装管道，在管身中心线上设一线坠、管口处设有中心刻度的水平尺，稳管时，移动管身，使线坠与水平尺的中心刻度对正。

图 4-233 管道的铺设

2）高度控制，按相邻坡度板上的坡度线进行，稳管时从坡度线上任意一点量至管内底的垂直距离作为管道标高。管道的铺设见图 4-233。

3）管道接口形式采用刚性和柔性两种。

a. 刚性接口主要密封材料采用水泥砂浆，抹带部分与基础管座相接处及管面抹带部分混凝十表面凿毛，抹带部分刷水泥浆一层，抹第一层砂浆厚度 15mm，压实后将 180mm 宽钢丝网从下向上兜起，紧贴底层砂浆，上部搭接长度 100mm，用扎丝绑紧，使钢丝网表面平整。第一层砂浆初凝后再抹第二层砂浆，赶光压实。抹带宽度 200mm，厚 25mm。并及时进行养护。管道接口的钢丝网连接图 4-234。

b. 柔性接口主要采用沥青及橡胶圈安装固定。

（5）雨水井、检查井施工。检查井底基础与管道基础应同时浇筑，井壁墙体砌筑每次收进不大于 30mm。井内的流槽应在井壁砌至管顶以上时进行施工。井内钢筋踏步随砌随安，位置应准确，混凝土井壁踏步在现浇模板完成后安装，井管道顶部采用砖拱。检查井井盖安装时采用经纬仪测点统一安装，井盖标高采用水准仪测设水准点安装。井内壁和流槽应按需要制作弧形模板粉刷成形，管与井壁接触处用

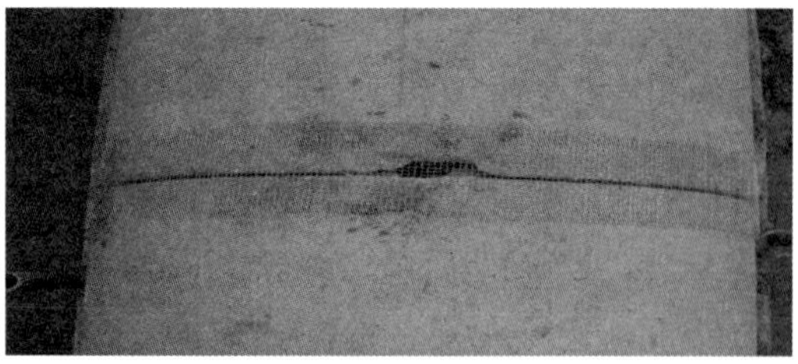

图 4-234　管道接口的钢丝网连接

砂浆灌满，不得漏水，雨水口支管管口与井口墙面相齐，井圈高程应比路面低 10mm 为宜。

（6）给水管压力试验、排水管道做灌水。

1）给水管在隐蔽前进行单项水压试验，管道系统安装完成后进行综合水压试验，给水管道为铸铁管及镀锌管时，试验压力为工作压力的 1.5 倍，但不得小于 0.6MPa，10min 内压力降不大于 0.05MPa，降至工作压力检查，不渗不漏为合格。

给水管材为塑料管时，试验压力为工作压力的 1.5 倍，但不得小于 0.6MPa，稳压 1h 压力降不大于 0.05MPa，降至工作压力检查，不渗不漏为合格。

2）站区内通长排水管道灌水，从上部检查井灌水，灌水高度为管顶 1.0m，30min 内不渗漏为合格。压力排水管道按设计要求做水压试验，系统试验压力应超过工作压力 1.25 倍，10min 内压力降不大于 0.05MPa。

（7）给排水管道土方回填。给水管道应分两次回填，安管以后试压以前进行回填，管道两侧及管顶 0.5m 内土方回填，管道接口处不应回填，第二次回填应在水压试验以后回填。

沟底至管顶以上 0.5m 范围内应进行人工素土回填，回填物不得含有机物及砖石等硬物，并应控制回填土方含水率。回填时管道两侧应对称分层回填，每层厚度不大于 250mm，应采用人工夯实。管顶 0.5m 以上部位回填土可采用机械回填，回填时也应分层、分段回填，机械夯实。

三、通风与空调工程

1. 工艺流程

施工准备→管道和预埋作业→室内机安装冷媒配管→室内冷凝水管安装→电缆敷设→室内管道机安装→冷媒管安装→室外机安装→气密性试验→真空干燥→制冷剂的加注→运行调节测试→质量验评。通风与空调工程成品图片见图 4-235。

图 4-235　通风与空调工程成品图

2. 施工工序

（1）施工准备。

1）材料准备：准备各种标准紧固件、密封垫、润滑油、清洗剂及制冷剂等材料，并仔细检查质量和数量。

2）施工机具准备：准备安装钳工和起重常用工具，还要准备吊装机具和量具，吊装机具要保证负荷能力的安全可靠，精密量具要符合使用的精度等级。

3）技术准备。主要是图纸会检和技术交底。

（2）管道和预埋作业。与土建单位商量决定所需机器的位置大小、数量，管道预留孔时冷凝管道孔应使管道具有向下的坡度（排水坡度至少保持 $i \geq 0.01$，同时考虑绝缘管的厚度）。冷媒管的通孔直径应考虑绝缘热材料的厚度（最好气管和液管双排并列）。

（3）室内机安装。

1）安装前必须检查核对设备型号，按照图纸标出安装位置，安装悬吊支架，悬吊支架必须足以承受室内机的重量，安装室内机时，应保证有足够的冷凝水管位置，见图 4-236。

图 4-236　空调室内机安装

2）对壁拴和柜机安装，应符合相关规程要求，柜机应安装牢固。

（4）冷凝配管。

1）按照图纸进行配铜管，加工时吹净，使用氮气进行替换。

2）冷凝管的封盖。包扎时防止水分、脏物或灰尘进入管内，每根管的末端必须包扎封盖。

3）冷凝管的冲刷。将压力调节阀装在氮气瓶上，将压力调节阀与室外机液体管侧的通入口用充气管连接，打开氮气瓶阀至压力调节至一定压力，对室内机、气管、液管进行冲刷。

4）钎焊接头通常使用 L 弯头、套接头、T 形接头，必须满足有关标准，钎焊工作宜在向下或水平侧向进行，尽可能避免仰焊。液管和气管端管必须注意装配方向的角度。

5）扩口连接。使用专用扩口工具，扩口作业前加强管必须退火，切割管子应用管道切割机，扩口表面涂上空调机油，以便扩口螺母光滑通过。扩口前扩口螺母先装上管子，使用两个扳手抓住管子。

（5）室内冷凝水管安装。

1）冷凝水管坡度和固定。冷凝水管安装坡度必须满足设计要求。

2）冷凝水管尽可能短并应避免气封的产生，对于较长的冷凝水管可用悬挂螺栓，支架间距为 1.2m，支架固定采用角钢，并应确保排水坡度，冷凝水管应绝缘包扎避免表面结露，所有连接必须牢靠。

3）管道穿墙处必须密封，不得雨水渗入。

4）顶棚内的冷凝水管应做保温设计。

（6）电缆敷设。

1）控制电线导线管用 16mm 的 PVC-U 管，暗盒用 120 型，应统一冷媒系统与室内外连接线，与电源线平行配线时，应适当空出 300mm 的距离，防止干扰。

2）主电源线敷设时不能与信号电缆放在同一导管中，不能与信号电缆捆扎在一起。

3）室内敷线用交叉方式向单一分支线路系统中的室内机供电并提供独立开关。

（7）室外机安装。

1）室外机的安装位置尽量放在隐蔽处，不影响建筑物立面效果，见图 4-237。

图 4-237　空调室外机安装在地面或平台上

2）室外机基础：请设计事先考虑室外摆放位置，如果控制楼为坡屋顶则放在地面或平台上，基础周围应设置排水沟。如果平屋顶，室外机可考虑安装在屋顶上时，必须检查屋顶的强度，并特别注意保护屋顶防水层，见图 4-238。

3）安装室外机时注意基础强度和水平度，避免产生振动和噪声，设备安装时必须留出今后维修保养工作空间。

4）用 10mm 以上不锈钢膨胀螺栓和 10mm 厚的避震垫固定室外机。

5）室外机应可靠接地。

（8）通风设备安装。

1）进风口、出风口的洞口预埋位置应严格按照设计图纸和设备尺寸，应在土建施工时，安装配合土

图 4-238　空调室外机安装在屋顶上

建留好预留孔，并预埋挡板框和支架。

2）风机的开关位置放在室外门口处。

3）安装时，注意进风机在房间墙壁下部位置，出风机在房间墙壁上部位置，把风机放在支架上，上紧螺母，连接好挡板，并装上 45°防雨防雪的弯头。

4）风机安装时外壳应做好接地。

5）风机安装结束后，应安装网孔为 20～25mm 的保护网。

四、建筑电气工程

（一）工艺流程

施工准备→塑料管配管敷设→管内穿线→电气照明装置安装→配电柜、箱安装→开关、插座安装工程→电气照明装置调试运行及验收→配电柜、箱安装→质量验评。建筑电气工程成品图片见图 4-239。

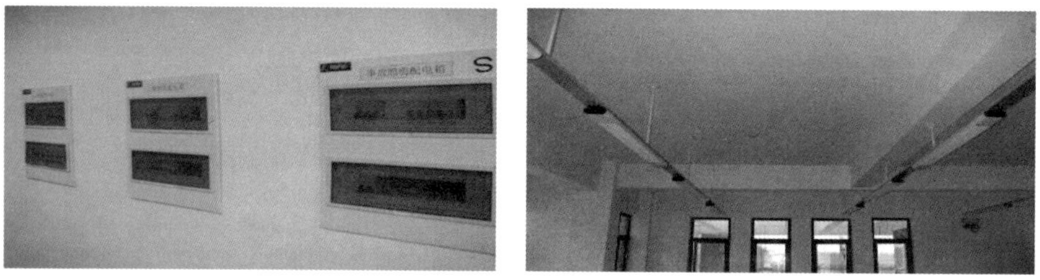

图 4-239　建筑电气工程成品图

（二）施工工序

1. 施工准备

（1）技术准备。主要是图纸会检和技术交底。

（2）材料准备。建筑电气工程所用塑料管、套管、专用粘接剂、电线、配电箱、插座、灯具鞥材料符合规范和图纸要求，接地材料符合建筑接地规范和图纸要求，并对到达现场的材料型号、数量、规格逐一检查。

（3）机具准备。按照施工作业指导书进行机具准备，测量仪器必须符合使用的精度等级和鉴定有效期要求。

2. 塑料管配管敷设

管路敷设分为现浇板内管路敷设、吊顶内管路敷设及墙体内管路敷设三大块，电气管道预埋见图 4-240。

（1）管路连接：使用与管路配套的套管和专用粘接剂，连接前清除连接管端的灰尘，保证粘结部位清洁干燥，用小毛刷涂抹胶粘剂。涂好后平稳插入套管中，插接要到位，用力转动套管，确保连接牢靠，套管连接的管路应保持平直。吊顶内预埋见图 4-241。

图 4-240　电气管道预埋

图 4-241　吊顶内预埋

（2）管路与灯头盒连接：使用配套的盒接头和粘接剂，根据两个灯头盒位置，截取适当长度，把盒接头的一端插入盒内，并用配套锁母固定。

（3）管路切断：管路可根据直径大小采用专用剪管器或钢锯锯断，并将管路内外的毛刺修整平齐。管路切断后不能留有斜口、不能变形。

（4）管路弯曲：25mm 以下的管路，使用配套的弯管弹簧，将弹簧伸入管内需煨弯位置，用膝盖顶住被弯部位，两端用力渐煨出所需要的弯度，注意不能用力过快，以免管路发生变形，如果管路长度大于弯管弹簧的两端位置，可用铁丝拴牢弹簧的一端，拉到合适位置，再进行大煨弯。对于直径 32mm 以上的管路，可以采用热弯法，将管路内采用细砂灌满，堵住两端管口，对弯曲部位采用电炉或热风机对弯曲部位均匀加热，加热到可以弯曲时，逐步弯出所需要的弯度，然后用湿布抹擦弯曲部位使其冷却定位。根据吊杆位置钻孔，孔内放入膨胀管，用螺丝将加工好的吊杆与之固定。

管路在吊顶内敷设时应根据管路大小，加工相应的抱式管卡，将加工好的管子套入抱式管卡内与顶板上固定的吊杆连接。当吊顶内管路管径较大较多时，应采用吊架安装固定，吊顶内管路配管较小时，可利用轻钢龙骨固定。

3. 管内穿线

将布条的两端牢固地绑扎在带线上两人来回拉动带线，将管内的浮尘、泥水杂物清除干净。管内穿线采用 1.2～2.0mm，头部弯成不封口的圆圈，将带线穿插入管路内，管口留有 10～15mm 的余量。管内穿线时，撒入适当的滑石粉，二人同时作业，一拉一送，配合穿线。

在管路较长转弯时，可在结构施工敷设管路的同时将带线一并穿好并留有 10～15mm 的余量。

4. 放线及断线

放线前应根据施工图核对导线的规格、型号。放线时将带线置于放线架上，将导线线芯直接与带线绑回头压实绑扎牢固，形成一个平滑的锥体过渡部位。

剪断导线时各种接线盒内导线预留长度 15cm，配电箱内导线的预留长度为箱体周长的 1/2，出户导线的预留长度为 1.5m。管内接线见图 4-242。

5. 导线连接

导线连接时，必须先削掉绝缘层，去掉导线表面氧化膜，再进行连接、加锡焊、包缠绝缘。

6. 配电箱安装

根据预留洞口尺寸，先将箱体找好标高及水平尺寸，核对入箱的管路长短是否合适，间距是否均匀，排列是否整齐等。根据各个管路的位置用液压开孔器进行开孔，开孔完毕后，将箱体按标定的位置固定牢固，最后用水泥砂浆填实周边并抹平齐。如箱底与外墙平齐时，应在外墙固定金属网后再做墙面抹灰，不得在箱底板上直接抹灰。配电箱安装见图 4-243。

图 4-242 管内接线

图 4-243 配电箱安装

7. 开关、插座安装

（1）清理：清除盒内残存砂浆及其他杂物，擦拭盒内及导线灰尘及污染物。

（2）接线：开关接线时，应将盒内导线理顺，依次接线后，将盒内导线盘成圆圈，放置于开关盒内。

（3）安装：按接线要求，将盒内甩出的导线与开关、插座的面板连接好，将开关、插座推入盒内，对正盒眼，有机螺丝固定牢固。固定时要使面板端正，并与墙面平齐。面板安装孔上有装饰帽的应一并装好。

8. 通电试运行

送电试运行前再按系统按单元用户进行一次绝缘电阻测试并做好记录。绝缘电阻测试合格后通电试运行，检查漏电开关是否掉闸，插座接线是否正确，面板是否水平，是否被污染，并做好记录。

9. 灯具安装

灯具安装前应熟悉电气安装图纸，灯具的型号规格、数量要符合设计要求。在易燃易爆场所应采用防焊式灯具，有腐蚀性气体及特别潮湿的场所应采封闭式灯具。

安装电气照明装置一律采用，埋接线盒、吊钩、螺钉、膨胀螺栓塑料等固定方法，严禁使用木楔固定。

电气照明装置的接线应牢固，需接地接零的灯具、非带电金属部分应有明显的专用接地螺丝。灯具固定应牢固可靠，每个灯具固定用的螺丝可靠连接，其保护接地线面应根据灯具的相面选择。

10．室内电缆桥架安装工程。本章所称的电缆桥架系金属电缆梯架、金属电缆托盘及金属线槽的统称。

（1）划线定位。根据设计图和施工方案，从电缆桥架始端至终端（先干线后支线）找好水平或垂直线（建筑物如有坡度，电缆桥架应随其坡度），确定并标出支撑物的具体位置。

（2）固定件安装。根据弹线位置确定桥架固定件位置，采用电钻钻孔，钻孔后将套管埋入顶板或砖墙内，并采用膨胀螺丝固定桥架支撑件。

（3）桥架支撑件安装。桥架支撑件采用不小于 30mm×3mm 扁钢，扁钢规格不小于 25mm×3mm，或不小于ϕ8mm 的圆钢。支架应做好防腐处理。

支架与吊架在安装时应挂线或弹线找直，用水平尺找平，以保证安装后横平竖直。

（4）梯架、托盘、线槽安装。

1）梯架、托盘、线槽用连接板连接，用垫圈、弹线、螺母紧固，螺母应位于梯架、托盘、线槽外侧。

2）桥架与电气柜、箱、盒接茬时，进线和出线口处应用抱脚连接，并用螺丝紧固，末端应加装封堵。

3）桥架经过建筑物的变形缝（伸缩缝、沉降缝）时，桥架本身要断开，槽内用连接板搭接，一端不需固定。

4）电缆桥架在穿过防火楼板时，应采取防火隔离措施。

第四节　模块化钢结构施工

模块化钢结构是以型钢和预制板材为主，包括钢骨架系统、楼板系统和外墙围护系统三大系统，主要由钢柱、钢梁、屋面楼承板和预制外墙板（金属岩棉夹心板、水泥纤维板等）组成。其主要的作业方式是吊装作业和拼装作业。

模块化钢结构作为一种新型的电力工程建造方式，在电力行业中得到了广泛的推广应用。模块化建设是深化变电站标准化建设的一个重要成果，集中体现了“标准化设计、工厂化加工、机械化施工、模块化建设”的理念。

模块化钢结构施工速度快，构件实现工厂化预制，现场模块化拼接，提高了施工质量和效率，缩短了施工工期；环保效果好，所用材料绿色环保、回收率高，有效减少了建筑垃圾和现场扬尘；构件工厂加工、现场拼装，减少了临时占地。本施工工艺方法采用了预制外墙板围护结构的新工艺，与传统混凝土及砌体的外围护结构相比，预制外墙板减少了湿作业，缩短了施工工期，减少了临时占地。

一、工艺流程

施工准备→构件基础验收→构件进场→钢柱安装→钢梁安装→高强度螺栓连接副安装梁柱节点焊接→钢柱地脚螺栓二次浇注→钢筋桁架楼承板安装→防腐修复和防火涂料施工→外墙板檩条安装→外墙板安装→质量验收。

二、施工工序

（一）施工准备

1. 组织准备

（1）开工前，按项目管理实施规划的劳动力组织计划，工种、人数配齐作构件进场业人员，并根据工人的技术等级、工作能力及工作部位等因素进行综合平衡优化组合，以最大限度地发挥工人的作用。

（2）组织和配备相应管理机构和人员，形成能保质、保量完成工程任务的管理体系。

（3）建立工程质量管理机构，健全工程质量管理制度，形成质量保证体系。

（4）建立安全保证体系，切实落实安全生产责任，设置安全生产领导小组，梁柱节点煤接做到分工明确、责任到人。

2. 深度策划

（1）深度策划按主体和墙体两阶段进行深化。

（2）除钢梁翼缘、栓钉、外墙檩条、洞口加强、墙体埋件现场连接外，钢筋桁架楼承板安装其余构件均在工厂加工制作，保证构件质量，最大限度地减小现场焊接工作量。

（3）组织设计单位、士建施工、各外墙板檩条安装专业人员、生产厂家召开技术研讨会，对外墙板排版、洞口预留、洞口加强外墙板安装板材连接、颜色搭配等关键节点进行细化，提前确定各类箱体、管件、埋件、门窗洞口等尺寸，建立模型、电脑排版，出具细部节点图纸质量。

（4）深化设计图纸完成后，及时组织设计单位进行分部确认，设计出具确认函后，施工单位及时组织构件采购、生产计划。

3. 技术准备

（1）积极组织技术人员认真审阅图纸，做好图纸设计交底准备工作，备齐工程所需的资料和标准图集。

（2）向施工人员进行技术交底，落实施工计划，制订技术责任制的必要措施。

（3）做好现场吊装前定位、标高的测量工作，完成工程的定位放线工作等。

4. 场地准备

（1）施工前，场地必须切实做好各项准备工作，包括场地的硬化、清理、平整，性能可靠，能够保证使用中的工艺需要和安全。

（2）施工电源按临时用电方案要求，在指定点搭设并设置施工用电配电装置。

5. 材料准备

（1）施工用主辅材料的规格、尺寸、材质、数量等必须符合设计技术文件的要求，不得随意更改。当发生材料变更或材料代用时，办理材料变更或材料代用审批手续，经批准同意后方可变更或代用。

（2）各种材料应具备材质证明书。对材料的质量有疑义时，应按国家有关标准规定进行抽样检验，无材质证明书或对品质有疑间的材料不得使用设计要求在工程上。

（3）对需要复检的材料，还应按规范的要求对其进行材质复验，并出具复验证书。

（4）钢结构工程所采用的连接材料和涂装材料，应具有出厂质量证明书，并应符合设计的要求和国家现行有关标准的规定。

（5）施工现场的材料应有库房和存放场地，并严格执行现场材料保管、发放和回收的管理制度。

（6）根据各种材料的需要量计划，拟定运输计划和运输方案。按照施工进度计划和现场构件吊装顺序图的要求，组织材料按计划时间进场，在指定地点，按规定方式进行存放和保管。

6. 设备准备

（1）根据施工机具设备使用计划，按规格、型号、数量备齐，放至现场指定位置。

（2）机具设备使用前应做全面检查，保证完好无损。

（3）各种起装机具在使用前必须先试用，在确认机具安全可靠后，方可正式使用。

（4）各种工具、量具在使用前应进行全面检查。各种量具必须按计量器具管理装置制度的要求进行校验，以保证检测数据的真实性和可靠性，未校或超期的计量器具不得在施工中使用。

（二）构件基础验收

（1）钢构件安装前，对建筑物的定位轴线、基础轴线、标高和地脚螺置进行复查。并应进行基础检测和办理交接验收。

（2）基础混凝土强度应达到设计要求。钢柱脚下面的支撑构造，应符合设计要求。

（3）基础地梁周围回填土夯实完毕。

（4）支撑面、支座和地脚螺栓的位置、标高等的偏差应符合相关要求，复核定位应使用轴线控制点和测量标高的基准点。

（5）地脚螺栓紧固后，外露部分应采取防止螺母松动和锈蚀的措施。

（三）构件进场

1. 构件运输

（1）钢构件按施工图分别做好编号，以便按安装顺序装车运输至施工现场。同时构件出厂要提供本厂成品检验表及产品合格证。

（2）构件运输时，应充分考虑成晶构件的保护，采取相应的措施，对构件进行合理的捆扎、存放，防止构件碰伤、挤伤、压伤而导致变形；同时应根据构件的几何尺寸和质量选用合适的运输车辆进行运输。

（3）构件运输时，构件放置平稳，构件间紧贴。当构件上下层放置时，上下层构件间应采用垫木间隔，且上下层垫木位置应相同。

（4）构件运至施工现场以后，卸车时应按设计吊点起吊，轻吊、轻放，并应有防止损伤构件的措施，禁止野蛮施工。

2. 构件存放

（1）构件工厂化制作，半成品形式运至施工现场。

（2）加工成型的钢构件，按现场的施工进度要求分期、分批配套运到现场存放，并应把柱、钢梁、次结构等各类构件，按照构件的安装顺序分区，分类进行存放。

（3）构件存放场地要平整、干燥和通畅的排水措施，不同型号构件不要上下叠放。同一型号上下叠放时，上下各层垫木要在一条垂直线上，防止构件压弯变形，钢构件存放示意见图 4-244。

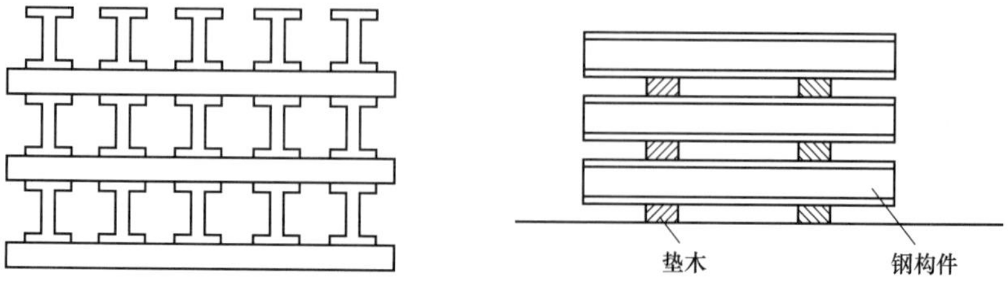

图 4-244　钢构件存放示意图

（4）钢结构的构件必须按流水段的施工工序分区、分段、分层的安装顺序进入现场，先安装的先运，不是本流水段安装用的构件不能提前运进现场。

（5）在吊车起吊能力的范围内，设立钢构件存放场地。

（6）在存放的垛与垛之间留出适距离的通道，满足清点、绑扎、起吊要求。

（7）钢柱、钢梁平放时应在层与层之间用整木隔，但码放高度不宜大于宽度的 2 倍。

（8）外墙板重叠堆放时，每叠不能超过两箱，不能在外墙板上放置液物和应有防止损伤构件的措施，以免损坏面漆甚至钢板。

（9）如将外墙板放置室外，应以防水布以完全覆盖，做好外墙板的防潮措施。

3. 构件验收

为实现从源头上挖制钢结构工程质量，必须根据相关规范严格执行材料进场验收制度。

（1）钢柱、钢梁等构件进场前应检查厂家资质、质量证明书、原材合格证原材检测报告、探伤试验报告、抗滑移试验报告，构件进场后应核对钢材的名称、规格、型号、数量是否符合要求，并检查构件尺寸、漆面喷涂、焊接质量开孔位置等，外观检验及资料全部合格后，方可进场。

（2）高强度螺栓连接副进场前应检查扭矩系数的出厂合格检测报告和生产日期，当保管日期超过 6 个月应重新进行扭矩系数试验，过场后核对规格、数量，并对外观进行抽检。

（3）楼承板进场前，应检查厂家资质、质量证明书、原材合格证等文件进场后检查规格尺寸和表面质量。

（4）防火涂料进场前，应检查厂家资质、原材合格证、黏结强度和抗压强度的复试报告等文件。

（5）外墙板进场前，应检查厂家资质、质量证明书、原材合格证等文件，其外观质量、规格尺寸、物理性能和放火性能要符合规范要求。

（四）钢柱安装

1. 安装准备

（1）先用水准仪测定每条地脚螺栓调节螺母标高，使之在同一标高位置，并对已到场钢柱几何尺寸和地脚螺栓位置进行复查。

（2）钢柱顶面设置方管和安全绳用于施工人员悬挂安全带。

（3）将基础表面找平，清理干净。

2. 安装

（1）柱子安装属于竖向垂直吊装，为使吊起的柱子保持下垂，便于就位，钢柱选用对称两点式吊装，吊点设在柱头合理位置。为防止柱子棱角对吊绳的损伤，应在柱子吊锁绑扎处进行防护。

（2）吊装前的准备工作就绪后，首先进行试吊，吊起底端高度至地面 100mm 时应停吊，检查锁具的牢固和吊车的稳定性。确认无误后再将柱子缓慢吊起。

（3）当钢柱吊到就位上方 200mm 时，应停机稳定，对准螺栓孔和十字线后，缓慢下落，下落中应避免磕碰地脚螺栓丝扣，当柱脚刚与基础接触后应停止下落，检查钢柱四边中心线与基础十字轴线对准情况（四边要兼顾）、柱底标高情况和柱脚下的钢垫板位置、数量是否正确，如有不符应立即调整，经调整钢柱的就位偏差和标高偏差在 3mm 以内后，再下落钢柱，使之落实，收紧四个地脚螺栓，地脚螺栓采用双螺母固定，并用缆风绳临时固定，见图 4-245。

图 4-245　地脚螺栓紧固

3. 校正

（1）钢柱安装完，应进行位置、标高和垂直度的校正。

（2）柱基标高的校正。根据钢柱的实际长度、柱底平整度和柱顶标高，用地脚螺栓控制基础找平标高。

（3）平面位置校正。在起重机不脱钩的情况下，将柱底定位线与基础轴线对准，缓慢落至标高位置。

（4）钢柱垂直度校正。钢柱落至标高位置后，初拧地脚螺栓，此时可以放松吊绳。用经纬仪观察钢柱中心线，缓慢调节地脚螺栓，校正钢柱垂直度，直至钢柱垂直度符合要求后拧紧地脚螺栓。

（五）钢梁安装

柱子安装完毕后进行钢梁的安装。安装钢梁应遵循先主梁，后次梁，先安装框架梁，后安装吊车梁的原则进行。为避免累计误差过大，安装钢梁时应待中间形成稳定框架结构后，从中间向两边依次进行安装。安装钢梁时应严格保证梁的尺寸及水平度，使之控制整个框架的整体尺寸。

1. 安装准备

（1）安装前，必须对钢梁定位轴线、标高、钢梁的编号、正反方向、长度、截面尺寸、钢梁位置、加劲板节点板表面质量所在位置等进行全面复核。摩擦面应保持干燥、整洁。

（2）钢梁吊装时，应在钢梁上拴好控制绳，控制钢梁在吊装过程中的角度确保钢梁吊装至节点定位准确。

（3）钢梁的各节点连接板用螺栓连接在相应的位置处。

（4）节点连接螺栓，按所需数量装入帆布包挂在梁端节点处，一个节点用一个帆布包。

2. 安装

（1）吊装时，采用两点对称绑扎起吊就位安装。钢梁起吊后，在距柱基准面100mm时缓慢就位，待钢梁就位后进行对接调整校正，然后固定连接。

（2）钢梁轴线和垂直度的校正采用千斤顶和倒链进行，校正后立即进行螺栓连接固定。

图4-246　钢框架的安装

（3）梁安装完毕后，进行斜撑的安装。

（4）焊接和高强度螺栓并用的连接，若设计无特殊要求，应先螺栓紧固后焊接。

钢框架的安装见图4-246。

（六）高强度螺栓连接副安装

（1）高强度螺栓连接副在施工前应在现场复验扭矩系数，连接前逐组处理好构件摩擦面，按同材质、同工艺进行抗滑移试验，复验试件的抗滑移系数；并保持摩擦面的干燥，合格后方可使用。

（2）高强度螺栓连接处构件的摩擦面应采取保护措施，防止沾染脏物和油污；安装前，相应部位的铁屑、油污等应彻底清除干净、严禁在高强度螺栓连接处摩擦面上做任何标志。

（3）高强度螺栓连接副应包装箱中配套使用、施工有剩余时，必须按批号分别存放，不得混放混用。在储存运输和施工过程中防止受潮生锈、沾污和碰伤。

（4）安装高强度螺栓时应顺畅穿入孔内，不得强行敲打，严禁强行穿入。高强度螺栓穿入方向要一致，并不得做临时安装螺栓。

（5）安装过程中不得碰伤螺纹及沾染赃物，以防扭矩系数发生变化。

（6）安装高强度螺栓必须按规范分两次拧紧（大型节点应分三次拧紧），初拧扭矩值宜为终拧扭矩值的50%。每组高强度螺栓的拧紧顺序，应从中间向四周拧紧，初拧、复拧、终拧宜在24h内完成，复拧、终拧应做标记，终拧后其外露丝扣为2～3扣。必须校正，其相对误差不得大于±3%，合格后方准使用。高强度螺栓安装见图4-247。

（7）扭矩检查宜在螺栓终拧之后1h，24h之前完成，检查用的扭矩扳手。

图4-247　高强度螺栓安装

（8）扭剪型高强度螺栓连接副应采用专用电动扳手施拧，终拧应以拧掉螺栓尾部梅花头为准。

（七）梁柱节点焊接

1. 焊工的要求

焊工必须通过国家有关部门指定的焊工考试，并取得国家相关部门颁发的“资格等级”合格证，合格证中应注明施焊条件、资格等级、有效期限，并从事相应等级或低于该等级资格的焊接工作。如停焊时间超过六个月，应重新考核。

2. 焊接材料

（1）焊接材料的选择应与母材的机械性能相匹配。对于材质为 Q235 的钢材，采用 E43XX 系列焊条进行焊接；对于材质为 Q355 的钢材，采用 E50XX 系列焊条进行焊接。

（2）按有关技术标准的规定对采购的焊接材料进行验收。

（3）焊接材料应存放在通风、干燥、适温的仓库内，不同类别焊接材料，应分类码放。

（4）焊接材料使用前应仔细检查，凡发现有药皮脱落、污损、变质、吸湿、结块和生锈的焊条，均不得使用。

3. 焊接环境

（1）采用 CO_2 半自动气体保护焊，焊接作业区最大风速不应超过 2m/s，如果超出应采取有效的挡风措施以保障接电弧区域不受影响。

（2）焊接作业区的相对湿度不应大于 90%。焊件表面暴露于雨、雪、冰中时不得施焊。

（3）当焊接作业环境温度低于 0℃且不低于–10℃时，应采取加热或防护措施，应将焊接接头和焊接表面各方向大于或等于钢板厚度 2 倍且不小于 100mm 范围内的母材，加热到规定最低预热温度且不应低于 20℃后在施焊。

（4）焊接作业环境温度不应低于–10℃。

4. 焊接前准备

（1）审查焊工合格证原件。

（2）审查焊接材料合格证及焊接工艺评定报告，对施工焊接进行技术交底。

（3）母材的焊接坡口及两侧 30mm 范围内，在焊前必须彻底清除气割氧化。皮、熔渣、锈、油、涂料、灰尘、水分等影响焊接质量的杂质。

（4）施焊前，焊工应复查构件的坡口尺寸、接头的组装质量以及焊接区域的清理情况，如不符合要求，应及时修整，合格后方允许施焊。

5. 焊接施工

（1）施工现场按照设计要求进行节点焊接。

（2）定位焊。定位焊焊缝厚度不应小于 3mm，长度不应小于 4m，间距宜为 300～600mm；定位焊时预热温度宜高于正式施焊预热温度 20～50℃；定位焊缝与正式焊缝应具有相同的焊接工艺和焊接质量要求：定位焊焊缝存在裂纹、气孔、夹杂等缺陷是应完全清除。

（3）引弧和收弧。引弧时由于电弧对母材的加热不足，应在操作上注意防止产生溶合不良、弧坑裂缝、气孔和夹渣等缺陷的发生；另外，不得在非焊接区域的母材上引弧，防止电弧击痕。当电弧因故中断或焊缝终端收弧时，应防止发生弧坑裂纹，一旦出现裂纹，必须彻底清除后方可继续。无论采用何种焊接方法，焊缝终端的弧坑必须填满。

（4）焊接。采用梁下垫陶瓷衬板的坡口焊缝，垫板与母材之间射接合必须紧密，应使焊接金属与垫板完全熔合。如设计无特殊要求焊缝均为满焊，焊缝高度要符合设计和国家有关标准规范。梁柱节点焊接见图 4-248。

图 4-248　梁柱节点焊接

6. 不良焊接的修补

（1）返修前，应清洁修复区域表面。

（2）焊瘤、凸起或余高过大应采用砂轮清除过量焊缝金属。

（3）焊缝凹陷或弧坑、焊缝尺寸不足、咬边、未熔合、焊缝气孔或夹渣等应在完全清除缺陷后进行补焊。

（4）焊缝或母材的裂纹应采用磁粉、渗透或其他无损检测方法确定裂纹范围及深度，用砂轮打磨或碳弧气刨清除裂纹及其两端各 50mm 长的完好焊缝或母材，修整表面或磨除气刨渗碳层后，并用渗透或磁粉探伤方法确定裂纹是否彻底清除，再重新进行补焊。

（5）焊接返修的预热温度应比相同条件下正常焊接的预热温度提高 30～50℃，并采用低氢焊接方法和焊接材料进行焊接。

（6）返修部位应连续焊成，如中断焊接时，应采取后热、保温措施，防止产生裂纹。

（7）焊接裂纹的返修，应由技术人员对裂纹产生的原因进行调查和分析，制定专门的返修工艺方案后进行。

（8）同一部位的两次返修后仍不合格时，应对重新制定返修方案，并经业主或监理工程师认可后方可实施。

7. 清理及检查

（1）焊接完毕，焊工应清理焊缝表面的熔渣及两侧的飞溅物，检查焊缝外观质量，合格后在焊缝附近的部位打上焊工钢印。

（2）按国家有关规定检查焊缝无损检测的比例、抽查焊缝无损检测的底片和报告。

（3）焊缝质量应满足设计和国家有关标准规范的规定，对不符合要求的焊缝严格按照规范进行处理。

（八）钢柱地脚螺栓二次浇筑

稳定单元体整体校正完成后，应及时进行钢柱地脚混凝土二次浇筑，确保稳定单元稳固，见图 4-249。

图 4-249　钢柱地脚混凝土二次浇筑

（九）钢筋桁架楼承板安装

1. 楼承板的进场检查与存放

（1）进场楼承板品种、材质、规格、涂层和外观质量应符合设计要求和国家现行的产品标准。

（2）楼承板在工地存放时应多设支点，支点上平面要保持在同一个平面上，存放不宜过高，底平面与地面应有一定的高度，上平面应稍有一点倾斜度，以防积水和浸泡。

（3）存放应置于无污染、不妨碍交通，不受重物撞击的安全地带。工地存放时，先安装的应放在上面。

（4）无外包装的楼承板，装卸时应采用吊具。严婊直接使用钢丝绳捆绑起吊。起吊要平衡，不能有倾斜现象，以防滑落伤人。

2. 楼承板安装

（1）楼承板铺设必须在高强度螺栓终拧、梁焊接超声波探伤检测合格、节点防腐修复等完成后进行。

（2）结构验收后，板料吊运前，认真清除钢梁顶面上油污、油漆及杂物，保持清洁，严防潮湿。楼承板如有弯曲应矫正好。

（3）按楼承板的排版图，测放出铺设位置线并用墨线标注在钢梁上翼缘平面上。

（4）按其不同板型，将所需块数配置好，吊运到每一施工节间。为保护楼承板在吊运时不变形，应使用软吊索或在钢丝绳与板接触的转角处加胶皮或钢板下使用垫木，但必须捆绑牢固。谨防垫木滑移，楼承板倾斜滑落伤人。

（5）应严格按照图纸和规范要求将板调直压实。要求沟槽对直，便于焊接栓钉、布设钢筋和绑扎。四周边缘搭接要符合设计要求和规范规定，边角处应先放样，后配置，防止缝隙过大而影响混凝土浇注。

（6）板与板、板与梁堵头板、封边板等要同相应构件紧固，焊接牢固。

（7）楼承板在铺设中，不允许有下凹现象。安装时，楼承板平面要绷直，并随铺随时点焊牢固，谨防滑落伤人，见图 4-250。

（8）楼承板与钢梁的固定，采用栓钉穿透楼承板与钢梁焊接熔融在一起的方法。

3. 孔洞、预埋件处理

（1）楼承板上预留孔洞，焊接孔洞边模、浇注其他部位混凝土之后，将预留部位的板切割。采用角钢进行加强。

（2）楼承板底部预埋件，采用预留螺栓，待楼板混凝土浇筑后，设置吊杆用于母线桥，灯具等安装。

（3）楼承板上部埋件，将制作好的埋件与楼承板上的钢筋焊接，标高略高出顶板表面，待混凝土浇筑完成后，地面，一次施工预埋件，见图 4-251。

图 4-250　楼承板安装

图 4-251　楼承板上部预埋件

（十）防腐修复和防火涂料施工

1. 防腐修复

钢结构现场安装焊接完毕后，按照涂装要求，对现场焊接部位进行清理，然后进行防腐修复，现场防腐要加强处理工艺，最终防腐修复质量和构件制作时要一致。

2. 防火涂料涂装

（1）根据时火等级选用钢结构防火涂料，涂装施工应在钢结构安装工程和防腐修复工程检验批施工质量验收合格后进行。

（2）基层表面应无油污、灰尘和泥沙等污垢，且防锈层完整、底漆无漏刷。构件连接处的缝隙采用防火涂料或其他防火材料进行填平。

（3）防火涂料按产品说明书要求在现场进行搅拌或调配。当天配置的涂料要在产品说明规定的时间内用完。

（4）防火涂料采用喷涂的方法，分层涂装，在上层涂层干燥或固化后，再进行下道涂层施工。

（5）薄型防火涂料面层应在底层涂装干燥后开始涂装，面层涂装要颜色均匀一致，接槎平整。

（6）涂装过程中用测量检测工具及时进行厚度检测验收。防火涂料的涂装见图 4-252。

图 4-252　防火涂料的涂装

（十一）外墙板檩条安装

1. 施工流程

核对埋件→测量放线→竖檩安装→校正→横檩安装→雨棚檩条安装→校对→整体加固。安装施工中，时时盯紧复核水平度、垂直度及门窗洞口有效尺寸，不断调整，使安装偏差符合规范要求。

2. 安装准备

（1）核对墙竖檩条预埋件的位置和标高。

（2）详细熟悉安装图纸，安全技术交底，安全培训教育。

（3）落实机具、施工临电布设情况。

（4）细化现场施工平面布置，周全考虑与协商，严格规范化划区，充分协商利用现场，确保安全及安全消防通道，并尽可能减少二次倒运。

3. 测量放线

测量放线是墙面竖檩系统安装施工中的重要工序，测量放线的准确性决定围护板施工的质量，严格按照二次深化设计的平面埋件布置图及门窗洞口尺寸进行测量。门窗洞口位置使用不同颜色加以区别。根据现场控制线，依照图纸对檩条进行定位，严格按照此数据进行檩条安装。

4. 檩条安装（见图 4-253）

根据现场已复测的初始控制线及门窗洞口尺寸，将檩条与基础埋件进行固定就位，并使用两个水准仪分别站立两个方向对竖檩进行垂直测量，确认垂直无误后，将竖檩条连接在主体结构钢梁连接板上。墙面竖檩按轴线依次向前推进，然后进行门窗洞口檩条安装，门窗洞口上下横檩必须与墙面竖檩垂直，即整体墙而门窗上下横檩安装完成后必须在同一水平线上。最后进行雨棚檩条安装。

图 4-253　檩条安装

（十二）外墙板安装

1. 金属夹心板安装

（1）工艺流程：复测檩条→安装放线→坎墙泛水托架、泛水、墙板托架安装→墙板安装→对接缝施工→门窗及洞口泛水件的安装。

（2）交接检验及安装准备。

1）检查檩条的安装是否可以满足围护结构安装条件，包括檩条定位线的偏移、垂直度、弯曲矢高以及安装的构造要求。如果檩条不满足围护结构安装条件，要及时对檩条进行校正。

2）详细核对布置图所对应的墙面板材的规格、型号、数量、连接件、配件的规格和数量。

3）准备好提升设备、手提工具、电源连接器具、挂梯和其他临时小型。

4）详细熟悉施工详图、排版图、节点构造图等。

5）安排好场地及临时设施，包括装卸条件、设备行走路线、施工道路临设位置。

6）施工前应有专门的详图设计人员对施工技术人员进行技术交底，以确保施工顺利进行和工程质量的保证。

（3）泛水板及支架的安装。根据施工详图要求安装第一块墙面板材所需配件，包括坎墙泛水件及托架等，严格控制好坎墙泛水件及托架的标高，坎端泛水件及托架的标高可通过黑色墨线来控制。坎墙泛水件及托架安装的偏差进出为±2mm，上、下高度偏差为±2mm。外墙板底部的泛水板要安装牢固顺直，板材应厚度合理，加工精准，泛水板转角处、接口处缝隙必须焊接平整，泛水板棱角与外墙板棱角必须对齐。外墙板最低层支架处结构设置必须合理，支撑效果必须牢固、可靠、不变形（支架的水平面必须采取竖向支撑结构）。

（4）板材安装。

1）板材安装前加强次深化设计，做好排版工作，仔细核对与檩条的对应位置。

2）单张外墙板搬运，以不使外墙板变形为准。为防止接口破坏，不能以接口处作受力点把平板拿起。搬运时不要拖拉外墙板，以免损伤面漆。搬运时应竖直提起面板，避免板材变形。

3）安装时必须保证板材的板面无污物、划痕，安装时插接口处必须插接到位，板与板横向板缝应保持均匀一致，才可进行自攻钉固定。

4）板材起吊过程中，应平稳起吊，避免板材滑落或弯折造成安全隐患及损失。

5）板材安装后，水平、垂直必须顺线，安装时严格控制好齐口板边。转角及包边件安装应达到美观要求，详见图4-254。

图4-254　板材安装后效果图

6）结合工程实际情况选择围护板安装的合理吊装方法，本工艺采用挂梯施工。

a．安装前，需在竖檩条上弹出板材安装的边线，确保板材安装过程中板缝均匀一致。

b．第一块板的标高将直接影响整个墙面的标高因此必须严格保证。

c．板材安装时，在板材上部预钻2个圆孔，用钢筋做成钩子，钩在中间孔内，钩子与大绳连在一起。吊装前人工将板材靠墙侧立，用钩子钩在圆孔上，采用人工或电动葫芦方法拉紧大绳，板材随之被缓慢竖立起来，这时地面的辅助工人抬起板材随着板材的收紫慢慢地调整位置，圆孔一定要打在板材搭接处扣槽上，板吊装到位后插入下层板材的扣槽中，上部圆孔处用自攻螺栓和檩条拧紧。

d．为了保证板材表面在运输及安装过程中不被损坏，在出厂时板材的外表面会贴上一层透明的保护膜，安装后在确认板材安全的前提下应尽快将膜撕去。对于底部的几块板，为防止其他工种在施工过程中对板材的损坏，可将保护膜保留一段时间（不能超过30天），但必须将保护膜先撕开一个角，紫外线日晒时间过久会导致保护膜不能顺利撕下。在安装螺钉位置应事先将保护膜撕去，否则螺钉安装后保护膜很难撕去。

e．每安装3～5块板应检查一下平整度、垂直度、水平度等控制指标。必须遵守起吊的安全原则，强风时禁止安装。

f．转角板可在墙面板安装完成后再安装，也可最先安装，安装方法同墙面板，同时控制转角板对应两个墙面的板缝线及对接缝的垂直度。

g．阴角处外墙板采用顶接方式，应在阴角处外墙板安装完毕后，在阴角位置必须安装阴角包件，阴角包件两侧与外墙板结合部位打胶封闭，贴合紧密，随后用铆钉将包件和外墙板固定。

h．外描板安装前，在外墙板纵向接缝的檩条上固定一条防水带，防水带居中固定，安装外墙板时，外墙板紧密压实防水带。外墙板左右间距一般约2mm，外墙板预留的纵向缝隙用防水密封条封堵。防水密封条要与防水带压实。防水带、防水密封条应具有抗老化，耐候性、耐热性好，具有较高的弹性和密封性。

（5）门窗及洞口泛水件的安装。门窗洞口泛水件须采用工厂化制作的整体式泛水件。门窗洞口泛水件安装时，确保整体的防水性及工艺，且门窗包边应具备一定的机械强度，安装应牢固、边角顺直，边角应焊接平整。安装时必须严格按照节点施工图的要求与檩条进行固定，打胶的地方必须饱满。外墙板断口处应喷涂聚氨酯封边，防止受潮。

（6）雨棚面板安装。防雨棚龙骨应设置合理，连接牢固。防雨棚面板厚度应具备一定的机械强度，防雨棚面板必须工厂化制作，钣金质量规范，工艺美观。现场组装整体牢固，棱角顺直，泛水方向、坡度合理。防雨棚与外墙板结合部位防水结构设置合理，施工质量可靠。

（7）压顶安装。女儿墙压顶（见图4-255）采用金属（铝板材）成型板林首先在女儿墙与外墙板龙骨之

图 4-255 女儿墙压顶

间敷设底板，然后在底板上放置保温材料，最后将顶板放至到位，外侧用铆钉与外墙板连接，内侧用膨胀螺栓与女儿墙内侧固定，接缝处打密封胶。

（8）避雷带安装。接地线单独引上，不得与钢结构连接。混凝土女儿墙处的避雷带从女儿墙内墙皮，超过防水卷材卷曲高度以上，沿着压顶底部引出，不得在墙板及女儿墙压顶上打眼。

2. 水泥纤维板安装

（1）工艺流程：确定排版拼装方案→水泥纤维板裁切→弹线→安装连接件→拼装水泥纤维板→拼装缝及阴阳角处理→墙体抹面施工。

（2）交接检验及安装准备。

1）水泥纤维板拼装墙体施工前应根据水泥纤维板规格、灰缝厚度、竖向龙骨布置和门窗洞口尺寸绘制排版图，尽量使用标准规格水泥纤维板。

2）水泥纤维板装配式墙体系统施工前应编制专项施工方案，并组织施工人员进行培训和技术交底，并宜做首件安装，经确认后方可施工。

3）水泥纤维板的型号等必须符合设计要求，满足 28 天以上的养护龄期方可进入施工现场。

4）水混纤维板运输时应轻拿轻放，运到施工现场的水泥纤维板、轻钢龙及连接件和其他配套材料应附有出厂合格证，并按规定取样复检。

5）入场的水泥纤维板分类贮存，对在露天存放的材料，应有防雨、防潮防曝晒措施，码放高度不超过 2m。

（3）板材安装。

1）对于无法用标准规格板材安装的部位，应在施工现场用切割锯切割成符合要求的尺寸。

2）水泥纤维板安装前应根据排版图复核尺寸，弹出水平位置线，竖向设置皮数杆，在皮数杆上标明板材拼装皮数及竖向的变化部位。

3）在建筑主体结构固定墙体连接件，水平方向设置通长轻钢龙骨，门窗洞口处增设竖向轻钢龙骨及其连接件，确保轻钢龙骨嵌入水泥纤维板拼接榫槽内。

4）水泥纤维板拼装，应先摊铺水泥纤维板黏结砂浆（砂浆长度为一块板材长度），然后拼装水泥纤维板，如此循环。

5）板材拼装时应在榫槽内填抹专用黏结剂，轻钢龙骨与榫头榫糟安装紧密，挤拼水泥纤维板成墙。

6）水泥纤维板拼装时应上下错缝，搭拼长度宜大于整块板的 1/3，要求灰缝饱满。水泥纤维板拼装时水平灰缝和竖向灰缝厚度均宜为 3～5mm。

7）水泥纤维板拼装前应在榫接部位适量洒水喷湿。

8）将拼装时水泥纤维板拼缝处挤出的专用黏结剂填实抹平。阴阳角处，用聚合物砂浆抹压找平，并铺设 200mm 宽玻纤网格布作加强抗裂措施处理。

9）水泥纤维板砌体顶面与框架梁、板连接处应留有一定空隙，并填充高强弹性材料，外嵌建筑密封胶。

10）对洞口、沟槽和预埋件等应采用电动工具钻孔，严禁人力剔凿。水电配管应采用阻燃型管材，管材周围用砂浆填充密实，表面铺贴玻纤网，并用专用砂浆抹面。

11）穿墙管道要严防渗漏。穿墙、附墙或埋入墙内的铁件应做防腐处理，管道周边应有保温隔热构造措施。穿墙套筒、孔洞等，应按照施工方案采取隔断热桥措施，不得影响墙体热工性能。

12）水泥纤维板墙体基层外饰面做 35mm 玻璃纤维网格布增强聚合物水泥砂浆找平层。内饰面应用玻璃纤维网格布增强石膏找平，再刮腻子作饰面。

13）水泥纤维板墙体系统完工后应做好成品保护。

电力工程造价从业人员职业能力培训教材

发电建筑工程

第二篇　计量与计价

第五章

电力建筑工程建设预算编制

建设预算是指以具体的建设工程项目为对象，依据不同阶段设计，根据工程建设预算编制与计算标准规及相应的估算指标、概算定额、预算定额等计价依据，对工程各项费用的预测和计算。在电力系统，投资估算、初步设计概算和施工图预算统称为建设预算。本章介绍电力建筑工程的初步设计概算和施工图预算的编制。

第一节　工程建设预算文件编制

一、建设预算文件编制程序

（一）编制流程

电力建筑工程建设预算是项目管理的重要内容，也是各阶段设计文件的重要组成部分，它包括可行性研究阶段编制投资估算和财务评价，初步设计阶段编制初步设计概算，施工图设计阶段编制施工图预算。无论是概算还是预算，其编制的工程单元起点都是单位工程。由单位工程概预算表组成汇总为本体工程概预算，最终汇总为总概预算书。概预算文件编制流程如图 5-1 所示。

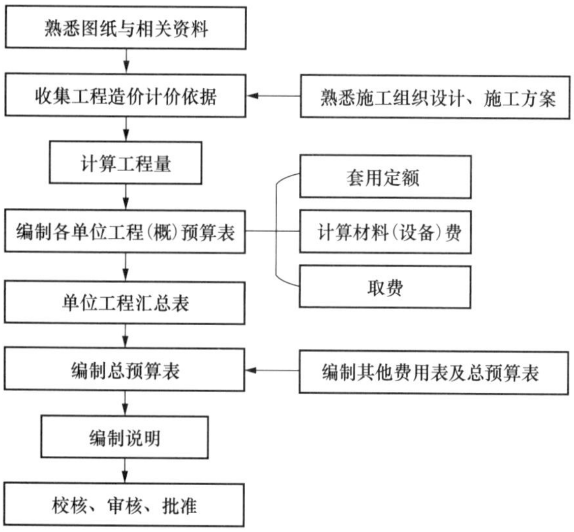

图 5-1　概预算文件编制流程

1. 编制依据

为了加强电力建筑工程造价管理，电力工程造价主管部门对建筑概预算文件编制依据作了一系列的统一规定。

（1）设计图纸。设计图纸是确定分部分项工程数量的技术依据，包括设计说明书，总平面布置图，各建筑物平、立、剖面图；各构筑物轴测图等；此外，还需提供有关的构配件标准图集和地质勘探等技术资料。

（2）概预算定额、人材机预算价格。定额消耗量是编制工程概预算时确定人工、材料、机械台班实物消耗量定量标准；预算定额是人材机消耗量和预算价格的综合反映，是编制预算确定分部分项工程费用的依据；概算定额是选取典型工程预算，经过加权计算，通过工料分析综合确定的，是编制概算确定分部分项工程费用的依据。

（3）电力工程建设预算编制与计算规定。电力工程建设预算编制与计算标准包括《电网工程建设预算编制与计算规定》和《火力发电工程建设预算编制与计算规定》（简称预规），具体规定了电力工程建设预算的编排次序和编制规则，是确定措施费、规费、企业管理费、利润、税金和其他费用的计算标准。

（4）其他。调价相关文件、施工组织设计或施工方案、工程合同等，编制预算时应参照其中有关的条款和规定。

2. 编制步骤

建设预算的编制、调整、校核、审核等流程应按照预算编制办法的规定。

（1）做好编制前准备。在建设预算正式编制之前，必须制定统一的编制原则和编制依据。主要内容包括：编制范围、工程量计算依据，定额（指标）和预规选定、装置性材料价格选用、设备价格获取方式、编制基准期确定、编制基准期价差调整依据、编制基准期价格水平等。

同时，阅读熟悉拟建工程的设计图纸、施工组织设计（方案），了解现场施工条件等。

（2）计算分部分项工程量。按照设计图纸、工程量提资单、定额工程量计算规则，分别计算建筑面积、建筑体积、分部分项工程量。

（3）编制单位工程概预算表。包括整理和填写定额项目及工程量；按照定额单价套用、调整或换算，确定各分部分项工程费用并计算其直接工程费；编制基准期价差、计取措施费、规费、企业管理费、利润、税金并汇总形成单位工程费。

其中基准期价差是指工程所在地编制基准期人工费、材料费和施工机械费价格水平与概预算定额价格水平之间的时间差及地区差，需按照电力工程造价主管部门的文件规定进行调整，目前执行的是电力工程造价与定额管理总站的定额〔2020〕9号文《电力工程造价与定额管理总站关于发布2018年版电力建设工程概预算定额价格水平调整办法的通知》，该文件有如下规定。

1）电力工程建设预算和结算编制基准期价格水平与定额编制期价格水平之间的价差计算方法：人工费以系数的形式进行调整；材料费和施工机械使用费按照本办法中给定的典型材料及施工机械品种及规格进行价差调整。

2）人工费每年调整一次，人工费调整不分工种（普通工和技术工）。电力工程造价与定额管理总站（以下简称定额总站）根据工程费用性质（建筑工程费和安装工程费）和省份或地区划分，综合测定调整系数（见该文件附表1）。计算时，按照对应定额直接费中人工费总额乘以对应的调整系数。

省份或地区人工费调整系数是参照工程所在地定额与造价管理机构发布的本地区人工单价，将其组成内容与电力建设工程预规和定额所规定的组成内容进行对比分析、转化后，与定额编制期人工单价进行价差水平调整。

建筑工程人工费调整系数为

$$[(\text{转化后当地建筑工程定额人工工日单价}/\text{定额普通人工工日单价})\times 0.83]\times 100\% - 1$$

建筑工程人工费调整合计为

$$\text{建筑工程定额直接费中的人工费总额}\times\text{建筑工程人工费调整系数}$$

在编制电力建筑工程预概算时，人工费价差调整金额汇入“编制基准期价差”，只计取税金，作为建筑安装工程费的组成内容。

3）建筑工程材料费、施工机械费用调整按照本办法给出的典型材料（见该文件附表4）、施工机械品种（见该文件附表5）直接调整价差的方式，各工程应根据实际消耗量汇总计算。

$$\text{材机价差} = \text{材料价差} + \text{机械价差}$$

$$\text{材料价差} = \text{典型材料实际单价} - \text{典型材料定额编制期单价}$$

$$\text{施工机械价差} = \text{定额总站定期发布的典型施工机械台班单价} - \text{典型施工机械台班定额编制期单价}$$

$$\text{建筑工程材料费调整金额} = \Sigma(\text{典型材料消耗量}\times\text{材料价差})$$

$$\text{建筑工程施工机械费用调整金额} = \Sigma(\text{典型施工机械台班消耗量}\times\text{施工机械价差})$$

在编制电力工程建设预算时，建筑工程材料费、施工机械使用费价差调整金额汇入“编制基准期价差”，只计取税金，作为建筑安装工程费的组成内容。

4）典型材料实际价格按照工程所在地定额与造价管理机构颁发的信息价格、合同价格或市场价格取定。定额总站定期发布的施工机械台班单价是指其发布的“×××省（自治区、直辖市）××××年度建筑工程施工机械价差调整表”中给定的价格。

（4）进行费用汇总。根据预规的规定编制其他费用表、专业汇总预（概）算表；并利用总预（概）算表进行最终汇总形成工程造价。

（5）编写编制说明。包括拟建工程的工程概况、建设规模，预（概）算编制依据及其他需要说明的问题。

（6）校核、审核。电力工程建设预算必须履行编制、校核、审核和批准程序，即按照预算编制办法规定，核对工程量、定额套用、费用计取等。各级编制、校核和审核人员必须在正式的建设预算书上签字并加盖电力工程造价人员专用章。按照预算编制办法规定，核对工程量、定额套用等。

3. 编制内容

按照预规的规定，发电厂预（概）算书是由总预（概）算表（表一）、专业汇总预（概）算表（表二）、工程预（概）算表（表三）、其他费用预（概）算表（表四）、主要技术经济指标（表五）、建设场地征用及清理费用预（概）算表（见表七）以及相应的附表、附件等组成。

（1）编制说明。建筑工程预算的编制说明要有针对性，文字描述要具体、确切、简练、规范，一般应包括以下内容。

1）工程概况。应包括设计依据，本期建设规模、规划容量；主要工艺系统特征，公用系统建设规模；静态投资、静态单位投资，动态投资、动态单位投资；资金来源；计划投产日期；外委设计项目名称及分工界限；项目地址特点及交通运输状况；自然地理条件（如地震烈度、地耐力、地形、地质、地下水位等）和对投资有较大影响的情况。

2）改、扩建工程的建设范围、过渡措施方案及其费用，可利用或需拆除的设备、材料、建（构）筑物等工程情况。

3）编制原则及依据。编制范围、工程量计算依据、定额（指标）和预规选定、装置性材料价格选用、设备价格获取方式、编制基准期确定、编制基准期价差调整依据、编制基准期价格水平等。

4）工程造价水平分析。投资估算及初步设计概算均应与上年度相关工程造价水平进行对比分析。

5）工程造价控制情况分析。施工图预算总投资应控制在批准的初步设计概算总投资范围内；初步设计概算总投资应控制在可行性研究估算总投资范围内；如因特殊原因超出总投资时，应具体分析，并重点叙述超出原因的合理性，报原审批单位批准。

（2）建筑工程预（概）算表（表三乙），即表三乙是以每一单位工程为对象按预规的项目划分及排序规定编制的，表中每一分部分项工程都有相应的定额编号、单位、数量和单价，分项工程量是根据设计提资单、设计图纸，按照定额工程量计算规则计算的，建筑费合价是单价和数量的乘积，是该分项在单位工程中的定额直接费价值。

表中的直接工程费是各分项工程合价之和，是预算费用组成的基本部分，然后就可按照预规的取费标准计算措施费、规费、利润、税金，得出最后的合计，为汇入表二计算单位工程费提供基础数据。

下面以燃煤电厂建筑工程为例介绍表三乙（见表5-1）的主要编制内容。

表 5-1 **建筑工程预（概、估）算表（表三乙）**

金额单位：元

序号	编制依据	项目名称	单位	数量	设备单价	建筑费单价		设备合价	建筑费合价	
						金额	其中工资		金额	其中工资
一、		主辅生产工程								
（一）		热力系统								
1		主厂房本体及设备基础								
1.1		主厂房本体								
		一般土建								
		……								
	GT2-8	钢筋混凝土独立基础								
		……								
1.1.14		给排水								
		……								
1.1.15		采暖通风及空调								
		……								
1.1.16		照明								
		……								
		（一）直接费								
		1．直接工程费								
		（1）人工费								
		（2）材料费								
		（3）施工机械使用费								
		2．措施费								
		（1）冬雨季施工增加费								
		（2）夜间施工增加费								
		（3）施工工具用具使用费								
		（4）大型施工机械安拆与轨道铺设费								
		（5）特殊地区施工增加费								
		（6）临时设施费								
		（7）施工机构转移费								
		（8）安全文明施工措费								
		（二）间接费								
		1．规费								
		（1）社会保障费								
		（2）住房公积金								
		2．企业管理费								
		（三）利润								
		（四）编制基准期价差								
		（五）税金								
		合计								

表 5-1 中“编制依据”栏应注明采用的定额编号；调整使用的应注明调整系数；混凝土、砂浆制备方式及强度等级换算的，应注明“定额编号+H”；参照使用的应注明“参+定额编号”；采用其他资料时应注明“参××工程”“补”或“估”字样。

表中“设备单价”“设备合价”是填写给排水、暖气、通风、空调、照明、消防等项目中的设备费用。

表中“建筑费单价”栏中的数据应保留两位小数，“建筑费合价”栏中只保留整数，有小数点时四舍五入。

表中“项目名称”栏中，填写单位工程、分部分项工程名称。单位工程按照项目划分的要求填写；分部分项名称是根据设计提资单、设计图纸、对照定额项目编列的。

（3）建筑工程专业汇总预（概）算（表二乙）是由各单位工程的表三乙汇总而成，并计算技术经济指标。其中，建筑工程中的给排水、暖气、通风、空调、照明、消防等项目是按照建筑费、设备费分别汇总计入，再以建筑工程费（建筑费+设备费）合计数汇入表一。

下面以燃煤发电厂建筑工程为例介绍表二乙（见表 5-2）的主要编制内容。

表 5-2　　建筑工程专业汇总预（概、估）算（表二乙）

金额单位：元

序号	工程或费用名称	建筑费	设备费	建筑工程费合计	技术经济指标		
					单位	数量	指标
	建筑工程造价						
一、	主辅生产工程						
（一）	热力系统						
1	主厂房本体及设备基础						元/kW
1.1	主厂房本体						元/m^3
1.1.1	基础结构						元/m^3
1.1.2	框架结构						元/m^3（t）
1.1.3	煤斗						元/m^3
1.1.4	运转层平台						元/m^3
1.1.5	地面及地下设施						元/m^3
1.1.6	屋面结构						元/m^3
1.1.7	围护及装饰工程						元/m^3
1.1.8	煤仓间皮带栈桥						元/m^3
1.1.9	固定端						元/m^3
	……						
二	与厂址有关的单项工程						
（五）	地基处理						
1	热力系统						
	……						
（七）	临时工程						
1	厂区施工铁路专用线						元/km
2	施工电源						元/km
3	施工水源						元/km
4	施工道路						元/km
	……						

（4）附件及附表。建设预算的附件及附表应完整，包括价差预备费计算表、建设期贷款利息计算表（可行性研究估算可不附）、编制基准期价差计算表等，还应有必要的附件等支持性文件，外委设计项目的建设预算表（如公路、码头等），特殊项目费用的依据性文件及建设预算表等。

（二）编制要求

如果一个建设项目的建设预算由两个或两个以上单位编制时，主体编制单位应负责协调编制范围、价格水平，并负责编制总建设预算书，各编制单位应及时协调，避免漏项和重复编制。

编制建设预算时，工程量的计算应根据定额（指标）所规定的工程量计算规则，按照设计图纸标示数据计算。如果图纸的设备材料汇总统计表中的数据与图示数据不一致时，应以图示数据为准。

建设预算的取费计算标准应该与所采用的定额或指标相匹配。涉及铁路、公路、邮电通信及航运的，应按照相关行业部门颁发的规定办理。在编制建设预算时，可根据具体工程情况或应项目法人要求对其中部分费用进行调整或作补充的，编制单位应编写具体说明，并提供调整的充分依据。

二、建设预算文件编制内容

电力建设建筑工程定额包括《电力建设工程概算定额（2018 年版） 第一册 建筑工程》（简称概算定额）、《电力建设工程预算定额（2018 年版） 第一册 建筑工程（上册、下册）》（简称预算定额）。

1. 预算定额

预算定额上、下二册章节构成分别见表 5-3、表 5-4。

表 5-3　　预算定额（上册）章节构成

序号	定额章名称	定额节数量	定额子目数量
第 1 章	土石方工程	5	116
第 2 章	地基处理与基坑支护工程	7	88
第 3 章	桩基工程	4	109
第 4 章	砌筑工程	4	42
第 5 章	混凝土与钢筋、铁件工程	10	219
第 6 章	金属结构工程	6	112
第 7 章	隔墙与天棚吊顶工程	2	49
第 8 章	门窗与木作工程	12	78
第 9 章	地面与楼地面工程	8	99
第 10 章	屋面与防水工程	4	40
第 11 章	保温、绝热、防腐、耐磨、屏蔽、隔声、抑尘工程	5	61
第 12 章	装饰工程	10	125
第 13 章	构筑物工程	11	288
第 14 章	灰场工程	4	52
第 15 章	措施项目	4	76

此外，在预算定额（上册）还附有八个附录，分别为附录 A 电力建设工程建筑面积计算规则、附录 B 电力建设工程建筑体积计算规则、附录 C 材料取定表、附录 D 混凝土制备表、附录 E 砂浆制备表、附录 F 土石方松实系数表、附录 G 土壤及岩石（普式）分类表、附录 H打桩土质鉴别表。

表 5-4　　预算定额（下册）章节构成

序号	定额章名称	定额节数量	定额子目数量
第 16 章	给水与排水工程	13	342

续表

序号	定额章名称	定额节数量	定额子目数量
第 17 章	照明与防雷接地工程	9	214
第 18 章	消防工程	5	205
第 19 章	通风与空调、除尘工程	9	263
第 20 章	采暖工程	3	82
第 21 章	防腐与绝热工程	2	62

2. 概算定额

概算定额章节构成见表 5-5。

表 5-5 概算定额章节构成

序号	定额章名称	定额节数量	定额子目数量
第 1 章	土石方工程	4	26
第 2 章	基础与地基处理工程	5	52
第 3 章	地面与地下设施工程	7	38
第 4 章	楼面与屋面工程	8	66
第 5 章	墙体工程	4	51
第 6 章	门窗工程	2	31
第 7 章	钢筋混凝土结构工程	4	28
第 8 章	钢结构工程	4	25
第 9 章	构筑物工程	5	193
第 10 章	厂（站）区性建筑工程	8	94
第 11 章	室内给水、排水、采暖、通风、空调、除尘及建（构）筑物照明、防雷接地、特殊消防工程	6	161
第 12 章	措施项目	2	9
附录 A	电力建设工程建筑面积计算规则		
附录 B	电力建设工程建筑体积计算规则		
附录 C	混凝土材料单价表		

三、工程预算定额

（一）概预算定额总说明的共性内容

1. 定额的性质和作用

预算定额是电力工程建设项目的计价依据；是编制工程量清单、工程量清单计价、招标控制价、标底的依据；是编审施工图预算、工程结算的依据；是调解处理工程造价纠纷、鉴定工程造价的依据；是投标报价、衡量投标报价合理性的基础；是编制投资估算指标、概算定额的基础。

概算定额是初步设计阶段工程概算编制的依据；是初步设计阶段工程招标标底、投标报价编制的参考依据；是施工图阶段通过合同约定，按照概算定额工程量计算规则计算施工图工程量进行工程结算和决算的依据。

2. 定额的适用范围

适用于单机容量 50～1000MW 级机组的火力发电工程、燃气—蒸汽联合循环发电工程和变电电压等级 35～1000kV 新建或扩建工程、±1100kV 及以下换流站新建或扩建工程、通信站新建或扩建工程。

3. 定额编制的依据

国家和有关主管部门颁发的技术规定、规范、标准，施工质量检验及评定标准。

2013 年以来电力工程施工图设计图纸（包括发电厂、变电站、换流站、通信站、串补站等工程施工图纸）。

电力工程施工方案（包括施工组织设计、施工技术方案、施工措施等）。

4. 有关定额水平和消耗量的取定

定额是在正常的自然条件、环境条件下，按照电力建设工程合理的施工组织设计、合理的施工机械配备，选择常用的施工方法与施工工艺，并考虑了建筑与安装在合理交叉作业条件下进行编制的。定额中的人工、材料、施工机械消耗量反映了电力建设行业建筑施工技术与管理水平。

定额中包括的施工工作内容，除各章节说明外，均包括从施工准备、场内运输、施工操作到完工清理全部过程所有的施工工序。

5. 人工

定额中的人工工日按照八小时工作制计算。人工等级分普通工和技术工，定额人工用量包括基本用工、辅助用工（包括机械台班定额所含人工以外的机械操作用工）。普通工 70.00 元/工日，建筑技术工 98.00 元/工日。

人工工日消耗量是按正常合理的劳动力组织、劳动效率确定的，包括定额子目内直接生产用工消耗量、工序施工准备与收尾用工消耗量、使用工具用具人工消耗量操作机械人工消耗量、操作机械人工消耗量。

6. 材料、半成品、成品

定额中的材料、半成品、成品是按照国家质量标准和相应的设计要求，且具有质量合格证书和试验合格记录的产品考虑。

材料的消耗量包括施工中消耗的主要材料、辅助材料、零星材料，并包括了合理的施工损耗量、现场堆放损耗量、场内运输损耗量。有关施工措施使用的周转性材料在定额中按照摊销量计列。

定额包括施工现场加工、配置、制作、预制的材料、半成品、成品的场内运输费用。场内运输包括被加工、配置、制作、预制的材料、半成品、成品从存放仓库或堆放地点运至施工加工地点的水平与垂直运输。

材料价格包括材料、半成品、成品供应价（原价）、运杂费、采购保管费，按照北京地区 2018 年材料预算价格综合取定，不包括材料、半成品、成品的检验试验费，为除税后单价。

7. 施工机械台班

定额中的施工机械台班消耗量是按照正常合理的机械配备、机械效率确定的，包括基本消耗量、超运距消耗量、超高度消耗量、必要间歇时间消耗量、机械幅度差等。

施工机械台班单价中包括行走机械、吊装机械的操作司机人工费。加工机械、泵类机械、焊接机械、动力机械等操作人工均含在相应定额子目的人工消耗量中，是按照《电力建设工程施工机械台班费用定额（2018 年版）》取定。

（二）预算定额总说明的特殊性内容

1. 场内运输及超高降效

预算定额水平运输费综合在相应定额子目中，不单独计算。垂直运输费按照预算定额第 15 章定额规定计算。预算定额第 13 章构筑物工程中烟囱、冷却塔、混凝土管道安装、沉井、室外沟道、室外池井、变电构支架与预算定额第 14 章灰场工程不单独计算垂直运输费及超高降效增加费，其费用综合在相应的定额子目中。

垂直运输费用中不包括混凝土预制构件与钢结构构件吊装费。

2. 混凝土、砂浆费用调整

预算定额中混凝土（除预算定额第 14 章灰场工程）是按照施工现场集中搅拌站制备、罐车运输、非混凝土泵车浇制考虑的，当工程采用施工现场搅拌机制备混凝土时，按照预算定额附录 D 相应的单价进行调整；当工程采用商品混凝土时，按照价差处理。混凝土制备费包括组成混凝土的材料费、混凝土搅拌的人工费与机械费、混凝土场内水平运输费、混凝土制备材料损耗费、混凝土搅拌与运输的损耗费。

定额中混凝土施工以机械运输为主、人工浇制，当采用混凝土泵车浇制时，施工现场制备（搅拌）的混凝土按照定额附录 D 相应的单价进行调整；每浇注 $1m^3$ 混凝土成品增加 16.8 元施工费用，其中材料费增加 18.9 元，机械费用增加 8.5 元，减少人工费 10.6 元。泵送混凝土工程量按照施工实际数量计算。

预算定额中砂浆是按照施工现场搅拌机制备考虑的，当工程采用人工制备时不做调整；当采用商品砂浆时补价差。砂浆制备费包括组成砂浆的材料费、砂浆搅拌的人工费与机械费、砂浆水平运输费、砂浆制备材料损耗费、砂浆搅拌与场内运输的损耗费。

（三）概算定额总说明的特殊性内容

1. 水平、垂直运输及脚手架费用

概算定额综合考虑了施工中的水平运输、垂直运输、建筑物超高施工等因素，执行定额时不做调整。施工用的脚手架（包括综合脚手架和单项脚手架）已经综合在相应的定额子目中，其费用不再单独计算。

混凝土预制构件和金属构件的制作、运输、安装等损耗均综合在概算定额中，不另行计算。混凝土预制构件、金属构件、土石方等运输，除定额特殊说明外，运输距离均为 1km。

2. 混凝土费用调整

混凝土施工（除灰场工程）按照施工现场集中制备（搅拌）、罐车运输、非混凝土泵车浇制考虑。

定额中混凝土施工以机械运输为主、人工浇制，当采用混凝土泵车浇注时，每浇注 $1m^3$ 混凝土成品增加 16.8 元施工费用，其中材料费增加 18.9 元，机械费用增加 8.5 元，减少人工费 10.6 元。泵送混凝土工程量在初步设计阶段可按照全站混凝土量 80%计算，混凝土量不包括临建工程中的混凝土量、购置成品混凝土构件的混凝土量。如有施工组织设计，泵送混凝土工程量按照施工组织设计确定。

混凝土施工采用现场制备（搅拌）时，每制备 $1m^3$ 混凝土成品增加 3.1 元施工费用，其机械费用减少 8.7 元，人工费增加 11.8 元。施工现场制备混凝土工程量根据工程混凝土成品工程量加定额施工损耗量计算，在初步设计阶段可按照全站混凝土量计算，混凝土量不包括临建工程中的混凝土量、购置成品混凝土构件的混凝土量、购置商品混凝土工程采用商品混凝土时，其商品混凝土增加费按照价差处理。概算定额中混凝土材料单价见定额附录 C。

当工程采用清水混凝土时，每浇筑 $1m^3$ 混凝土增加 98.7 元施工费用，其中材料费增加 69 元，人工费增加 29.7 元，机械费不变，增加的费用构成定额“人材机”费用。

在混凝土配合比中不包括由于施工工期或施工措施的要求额外增加的混凝土外加剂（如减水剂、早强剂、缓凝剂、抗渗剂、防水剂、防冻剂等）。水工混凝土和地下混凝土已经综合考虑了混凝土抗渗、抗冻的要求，执行定额时不得因抗渗、抗冻标准调整混凝土单价。

3. 砂浆等费用调整

砂浆强度等级、砂浆配合比例、混凝土粗骨料材质、钢结构材质、钢筋强度级别等定额已经综合考虑，执行定额时不做调整。现场浇制的混凝土结构强度等级大于 C40 时，按照定额附录 C 进行调整。

4. 钢筋、铁件费用计算

除另有说明外，概算定额第 2 章中钢筋混凝土基础工程、第 4 章楼面与屋面工程、第 7 章钢筋混凝土结构工程、第 9 章构筑物工程（除含土方与基础的变配电构支架、灰场工程）不包括钢筋费用，应按照第 7 章第 4 节钢筋定额子目单独计算，定额中以未计价材料的形式列出了不包括钢筋费用子目的钢筋参考用量。其他章节子目均包括钢筋费用，工程实际用量与定额含量不同时，不做调整。

除另有说明外，概算定额中包括预埋铁件费用，实际用量与定额含量不同时，不做调整。

（四）定额套用

定额表定额最基本表现形式，每一定额表均列有项目名称、定额编号、计量单位、工作内容、定额消耗量、基价。

定额表的运用是一个比较复杂的过程，首先要掌握基本用法。套用定额与单价一般有三种情况。

1. 直接套用

按照分部→定额节→定额编号→项目的顺序找到所要的定额直接套用。例如：实心砖→砖地沟 M5 水泥砂浆砌筑，这个项目可以从砌筑工程分部砌筑实心砖定额节，定额编号 YT4-2 中找到，因为定额是采用 M5 水泥砂浆编制的，所以可直接套用。

但应注意套用定额时，遇某些项目，同时列有单项定额和综合定额时，例如建筑脚手架等应按照定额规定套用。

2. 调整与换算

按照上述方法找到的项目，并不都是可以直接套用的，在不同因素的影响下，定额与单价须做调整与换算，调整换算定额与单价在现行定额中比较普遍，可归纳为以下几种形式：

（1）调整量差。指调整定额消耗量，例如预算定额中：块料踢脚板的高度是按照 150mm 编制的，工程设计超过 150mm 或小于 300mm 时材料用量需作调整；铁皮排水定额中工程设计铁皮厚度与定额不同时材料用量需作调整；刚性屋面定额中包括钢筋网费用，工程设计钢筋网用量与定额不同时需做调整等。调整后出现的定额差称为量差，由于量差的调整，必然反映为基价的调整，但属量差性质。

（2）换算差价。主要指定额采用的材料、机械等品种、规格与设计（或实际使用）不同，按照规定应作价格换算。2018 版电力建设建筑预算定额中主要针对砂浆、混凝土强度等级不同时需作的强度等级单价的换算；针对混凝土制备方式的不同也需进行单价的换算。换算后出现的价格差称为价差，由于价差的调整，反映到基价的调整，属价差性质。

例如：现浇混凝土条形基础（组合模板），按照施工现场集中搅拌站制备 C30-40 混凝土，通过查找定额编号 YT5-6，因为定额是采用现浇混凝土 C25-40 集中搅拌编制的，需进行混凝土强度等级的换算，C25-40→C30-40，查附录 D-5，材料编号 C09032034 和 C09032035，（295.7−275.05）×1.009=20.84 元/m^3，这就是标号不同产生价差，C30-40 集中搅拌现浇混凝土条形基础的基价=402.03+20.84=422.87 元/m^3，这个换算价差是进入直接工程费取费的。

（3）量差与差价同时调整。指某些项目既须调整量差又须调整差价。定额与单价的调整换算，一般采用下列方法：

系数调整法即在原定额与单价的基础上，用于成比例增减的项目，采用乘系数的方法进行调整。

例如：预算定额中机械挖土土壤含水率在 25%～40%时，定额人工工日数、机械台班量乘以 1.18 系数；工程实际采用弧形钢筋（不分曲率大小）时，执行相应钢筋定额时人工费与机械费乘以 1.6 系数；概算定额第 10 章厂区性建筑分部定额中均包括土方施工，当工程发生石方施工时，相应的定额人工费增加 25%等。

增减用量法调整即在原定额与单价基础上，采用增减用量（人工、材料、机械）的方法调整，一般用于不成比例增减的项目。

3. 综合套用

某些项目涉及两个定额子目，计算费用时要根据实际情况综合套用。

例如：预算定额的 YT1-38、YT1-39、YT1-40 机械土方的定额子目，对应的自卸汽车运距都是 1km；如实际运距超过 1km，就还要考虑 YT1-41 自卸汽车运距每增加 1km 的定额子目的套用。再如 YT9-67 是混凝土面层的定额子目，对应的面层厚度是 40mm，如实际面层厚度超过 40mm，就还要考虑 YT9-68

每增减 5mm 定额子目的套用。

此类情况还有很多，使用定额表时要引起注意。

（五）工程量计算规则的应用

工程量是指按照事先约定的工程量计算规则计算所得的、以物理计量单位或自然计量单位所表示的建筑工程各个分部分项工程或结构构件的数量。

计算工程量是电力建设建筑预算编制工作中最繁琐、最细致的工作，而且工程量计算项目是否齐全，结果准确与否，直接影响着预算编制的质量和进度。所以，正确掌握工程量计算方法是编制预算的关键。

利用统筹原理计算工程量具有速度比较快，数据比较正确等优点，对初学者来说也较易掌握，下面简单介绍统筹法计算工程量要点。

1. 统筹程序，合理安排

预算项目众多，数据繁复。统筹法计算工程量就是要找出计算程序上的客观规律，从全局出发，合理安排，避免重复和遗漏。例如：分析墙基沟槽挖土与基础垫层、砖墙基础与墙基防潮层、门窗与砖墙与抹灰之间的相互关系，寻找简化计算过程的途径，以达到快速、高效的目的，如图 5-2 所示的建筑工程量计算流程图。

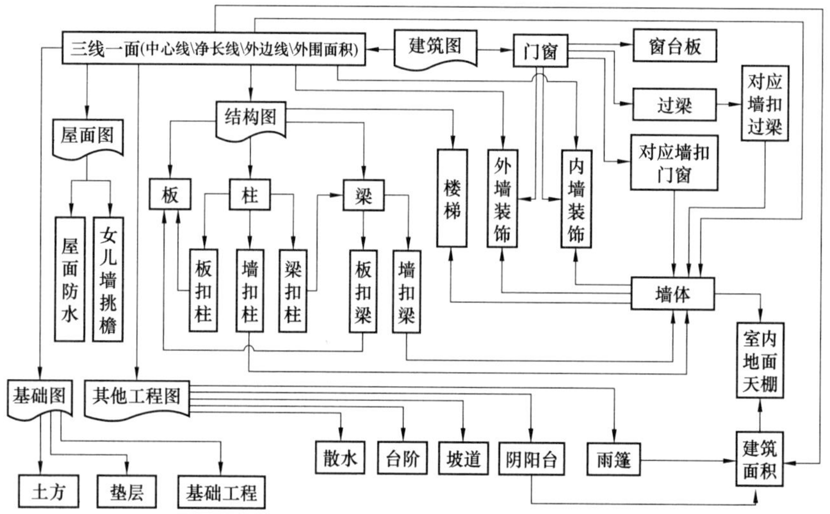

图 5-2　建筑工程量计算流程图

计算工程量，分项之间的计算有先后顺序，就某一分项工程量本身，也应按照一定顺序进行。

（1）按照顺时针方向计算，就是从平面图的左上角开始，自左至右，然后在由上而下，最后回到左上角为止。这样按顺时针方向依次计算工程量；如图 5-3 所示。室外箭头表示外墙工程量的计算顺序；建筑物内的箭头表明室内楼地面、天棚的计算顺序。

图 5-3　按顺时针计算

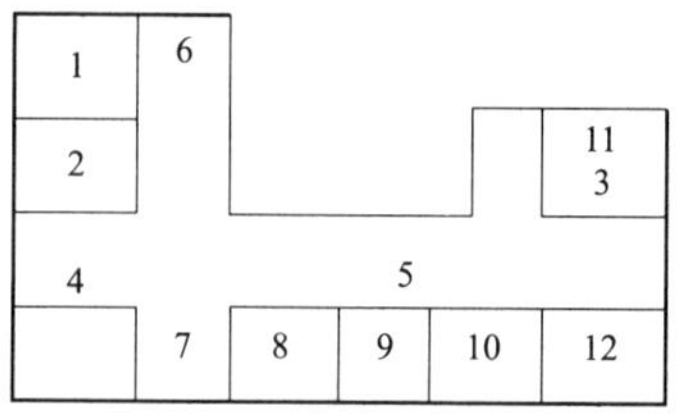

图 5-4　按照横竖分割计算

（2）按照横竖分割计算，即采用先左后右、先横后竖、从上至下的计算顺序。同一张图纸上，先计算横项工程量，后计算竖向工程量。在横向采用：先左后右，从上至下；在竖向采用：先上后下，从左至右。条形基础土方、基础垫层、砖基础、砖墙、门窗过梁、墙面抹灰等都可采用这种方法。

如图 5-4 所示，在计算图中内墙工程量时要先计算横墙，后计算竖墙。横墙计算顺序应为：（1）→（2）→（3）→（4）→（5）；纵墙计算顺序应为：（6）→（7）→（8）→（9）→（10）→（11）→（12）。

（3）按构件的分类和编号顺序计算，就是按照图纸上所注结构构件的编号顺序进行计算工程量，如在计算钢筋混凝土结构工程量时，可以按其结构构件编号顺序计算：钢筋混凝土柱的计算顺序是：Z1、Z2、Z3……Z15、钢筋混凝土梁的计算顺序是：L1、L2、L3……L10 以及 CL1、CL2、CL3……CL12、钢筋混凝土板的计算顺序是板 B1、B2、B3……B8 等。

2. 利用基数，连续计算

就是要找出项目之间的共同计算基数，并利用它们来连续计算不同分项的工程量。工程量的计算基数常用的是“三线”和“一面”。

所谓“三线”是某一建筑物平面图中所示的外墙中心线、外墙外边线和内墙净长线。根据分项工程量不同需要，分别以这三条线为基数进行计算。

外墙外边线：用 $L_{外}$表示，$L_{外}$= 建筑物平面图的外围周长之和

外墙中心线：用 $L_{中}$表示，$L_{中}=L_{外}-$ 外墙厚×4

内墙净长线：用 $L_{内}$表示，$L_{内}$= 建筑平面图中所有的内墙长度之和

与 L 外有关的项目：平整场地、勒脚，腰线，外墙勾缝，外墙抹灰，散水等分项工程。

与 L 中有关的项目：外墙基挖地槽、外墙基础垫层、外墙基础砌筑、外墙墙基防潮层、外墙圈梁、外墙墙身砌筑等分项工程。

与 L 内有关的项目：内墙基挖地槽，内墙基础垫层，内墙基础砌筑，内墙基础防潮层，内墙圈梁，内墙墙身砌筑，内墙抹灰等分项工程。

所谓“一面”是指某一建筑物的底层建筑面积，用 $S_{底}$或 S_1 表示，与“面”有关的计算项目有：平整场地、天棚抹灰、楼地面及屋面等分项工程。

3. 一次算出，多次使用

在工程量计算过程中，往往有一些不能用“线”“面”基数进行连续计算的项目，如木门窗、屋架、钢筋混凝土预制标准构件等，事先，将常用数据一次算出，汇编成土建工程量计算手册（即“册”），其次也要把那些规律较明显的如槽、沟断面、砖基础大放脚断面等，都预先一次算出，也编入册。当需计算有关的工程量时，只要查手册就可很快算出所需要的工程量。这样可以减少那种按图逐项地进行繁琐而重复的计算，亦能保证计算的及时与准确性。

4. 联系实际，灵活机动

用“线”“面”“册”计算工程量，是一般常用的工程量基本计算方法，实践证明，在一般工程上完全可以利用。但在特殊工程上，由于基础断面、墙厚、砂浆标号和各楼层的面积不同，就不能完全用“线”或“面”的一个数作为基数，而必须结合实际灵活地计算。

上述仅仅概括的介绍了定额和单价的内容和应用方法，具体的应用方法将在第六、七章时再进一步举例说明。

第二节　建筑面积与体积计算

建筑面积是指建筑物外墙勒脚以上的结构外围水平面积，是以平方米为计量单位；建筑体积是建筑面积乘以建筑高度，以立方米为计量单位，二者均是反映房屋建筑规模的实物量指标。

建筑面积、建筑体积常用以反映工程技术经济指标，如：平方米造价指标、立方米造价指标、平方米工料耗用指标、立方米工料耗用指标等，是评价工程经济效果的重要数据，建筑体积也用作编制建筑工程直接工程费的基础，如2018年版电力建设工程建筑预算定额中综合脚手架、垂直运输及超高工程费都是按照建筑体积计算的。

现行电力建设工程建筑体积和建筑面积的计算规则是按照国家统一规则，结合电力建筑工程特点制定的，是计算电力建筑工程体积和面积的依据。

一、建筑面积计算规则

（一）计算建筑面积的规定

1. 单层和多层建筑物建筑面积的计算

（1）单层建筑物。应按照其外墙勒脚以上结构外围水平面积计算，并应符合下列规定：单层建筑物高度在2.20m及以上者应计算全面积；高度不足2.20m者应计算1/2面积，见图5-5。

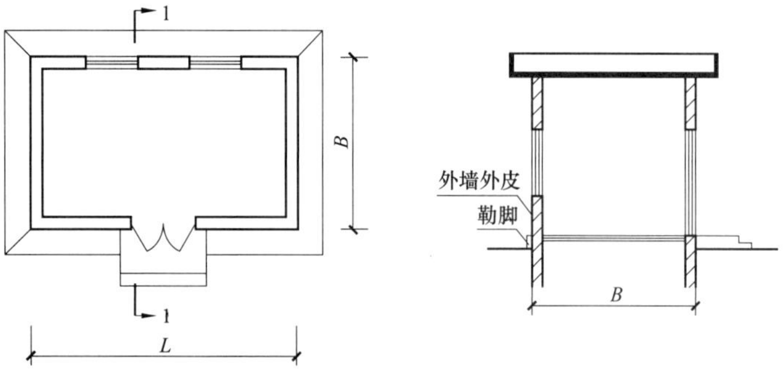

图5-5　单层建筑物建筑面积计算

内设有局部楼层者，局部楼层的二层及以上楼层，有围护结构的应按照其围护结构外围水平面积计算，无围护结构的应按照其结构底板水平面积计算。层高在2.20m及以上者应计算全面积；层高不足2.20m者应计算1/2面积，见图5-6。

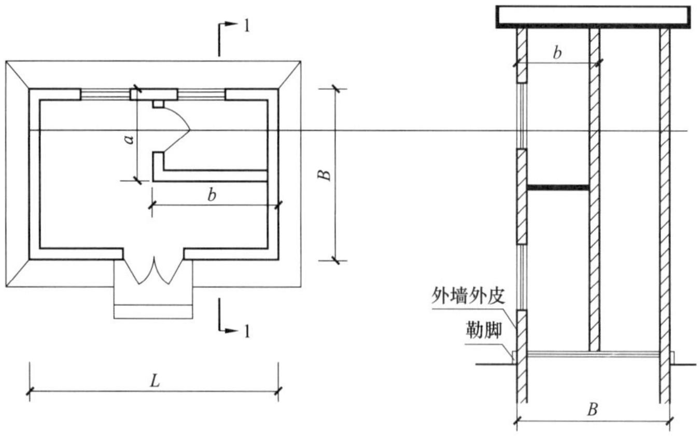

图5-6　有局部楼层的建筑面积计算

利用坡屋顶内空间时，净高超过2.10m的部位应计算全面积；净高在1.20～2.10m的部位应计算1/2面积；净高不足1.20m的部位不应计算面积。

高低联跨的建筑物，应以高跨结构外边线分界分别计算建筑面积；其高低跨内部连通时，其变形缝应计算在低跨面积内，见图5-7。

（2）多层建筑物。首层应按照其外墙勒脚以上结构外围水平面积计算；二层及以上楼层应按照其外墙结构外围水平面积计算。层高在 2.20m 及以上者应计算全面积；层高不足 2.20m 者应计算 1/2 面积。

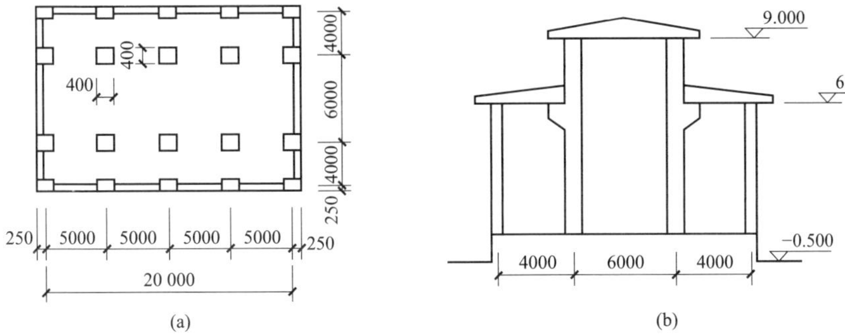

图 5-7　高低联跨工业厂房平面和立面示意图

（a）高低联跨单层建筑平面示意图；（b）高低联跨单层建筑剖面示意图

多层建筑坡屋顶内，当设计加以利用时，净高超过 2.10m 部位应计算全面积；净高在 1.20～2.10m 部位应计算 1/2 面积；当设计不利用或室内净高不足 1.20m 时不计算面积。

（3）火电厂主厂房建筑面积的计算。根据群体建筑分别计算建筑面积。主厂房零米以下的基础、沟道、独立井池等不计算面积；以主厂房零米结构板作为顶板的坑池（循环水泵坑、凝结水泵坑、空冷排汽井等）按照其结构外围水平面积计算面积；汽轮发电机小间、汽机框架基础中间层不计算面积；汽机房中间平台（加热器平台）计算一层面积；煤仓间煤斗层计算一层面积；炉前通道采用高位封闭时，按照两层计算面积；炉前通道采用低位封闭时，按照一层计算面积；锅炉露天布置时，炉前通道与锅炉房按照一层计算面积；锅炉封闭布置时，锅炉房按照两层计算面积；锅炉房运输层以上的电梯间不计算面积。集中控制楼单独计算面积，不并入主厂房面积中，主厂房与集中控制楼以平面布置的伸缩缝分界，伸缩缝计算建筑面积，并入集中控制楼面积内。

2. 地下室和架空层建筑面积的计算

地下室、半地下室、有永久性顶盖的出入口，应按照其外墙上口（不包括采光井、外墙防潮层及其保护墙）外边线所围水平面积计算。层高在 2.20m 及以上者应计算全面积；层高不足 2.20m 者应计算 1/2 面积，见图 5-8。

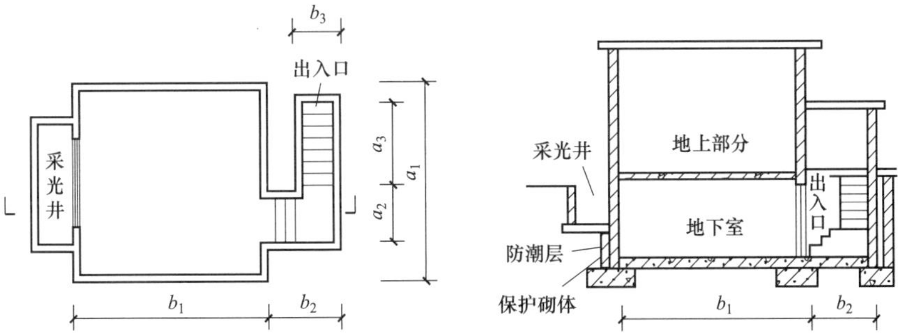

图 5-8　地下室

深基础架空层见图 5-9，如设计加以利用并有围护结构的，层高在 2.20m 及以上的部位应按照其结构外围水平面积计算全面积；层高不足 2.20m 的部位应按照其结构外围水平面积计算 1/2 面积。设计加以利用、无围护结构深基础架空层，应按照其利用部位结构外围水平面积的 1/2 计算；设计不利用的深基础架空层不应计算面积。

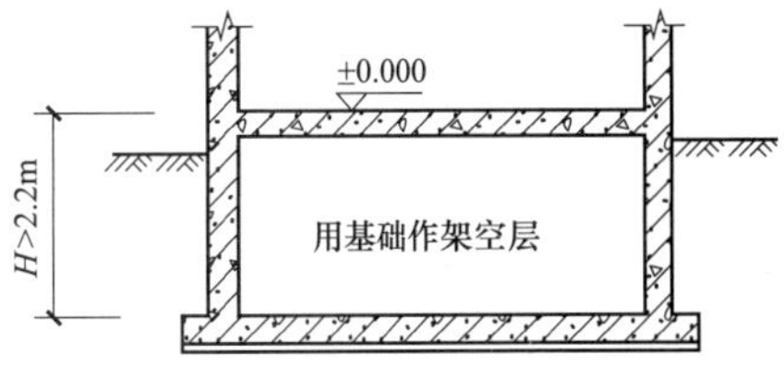

图 5-9　深基础架空层

3. 门厅及有围护结构建筑面积的计算

建筑物的门厅、大厅按照一层计算建筑面积。门厅、大厅内设有回廊时，应按照其结构外围水平面积计算。层高在 2.20mm 及以上者应计算全面积；层高不足 2.20m 者应计算 1/2 面积，见图 5-10。

建筑物间有围护结构的架空走廊见图 5-11，应按照其围护结构外围水平面积计算面积。层高在 2.20m 及以上者应计算全面积；层高不足 2.20m 者应计算 1/2 面积。有永久性顶盖、无围护结构的应按照其结构底板水平面积的 1/2 计算面积。

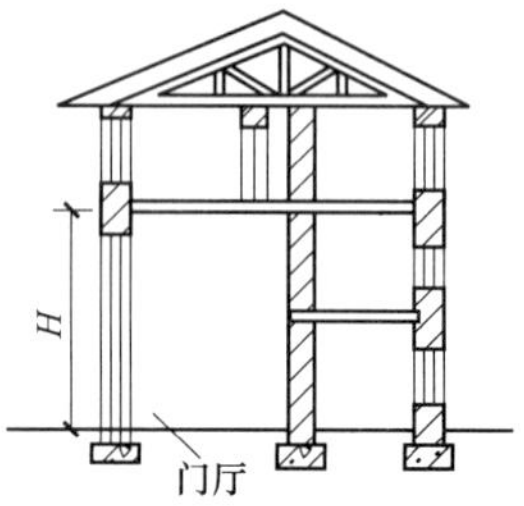

图 5-10　门厅

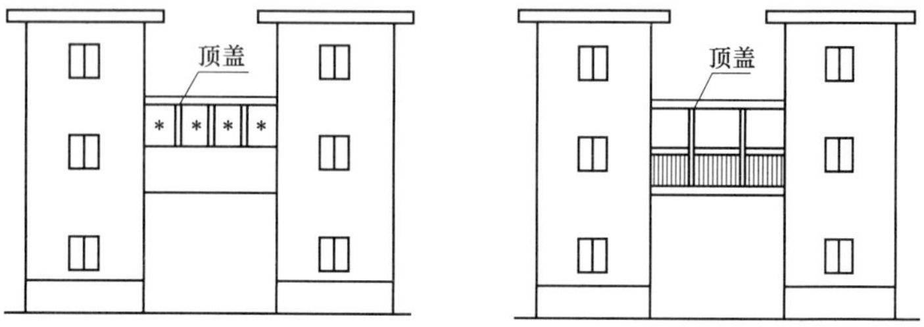

图 5-11　建筑物间架空走廊

建筑物外有围护结构的落地橱窗、门斗、挑廊、走廊、檐廊，应按照其围护结构外围水平面积计算面积。层高在 2.20m 及以上者应计算全面积；层高不足 2.20m 者应计算 1/2 面积。有永久性顶盖、无围护结构的应按照其永久顶盖水平投影面积的 1/2 计算面积。

建筑物顶部有围护结构的楼梯间、水箱间、电梯机房等，层高在 2.20m 及以上者应计算全面积；层高不足 2.20m 者应计算 1/2 面积，见图 5-12。

设有围护结构不垂直于水平面而超出底板外沿的建筑物见图 5-13，应按照其底板面的外围水平面积计算面积。层高在 2.20m 及以上者应计算全面积；层高不足 2.20m 者应计算 1/2 面积。

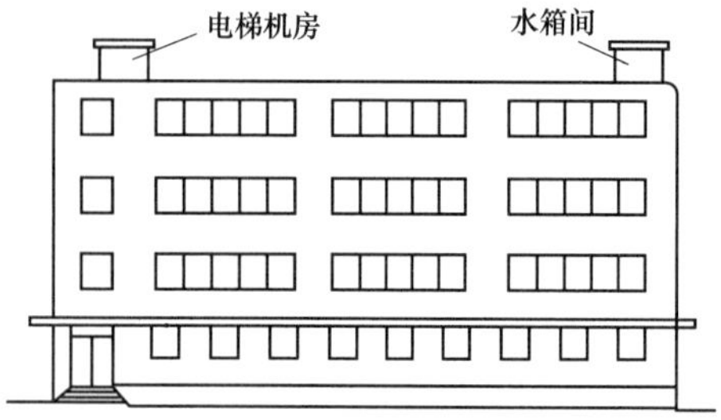

图 5-12　建筑物顶部水箱间、电梯机房

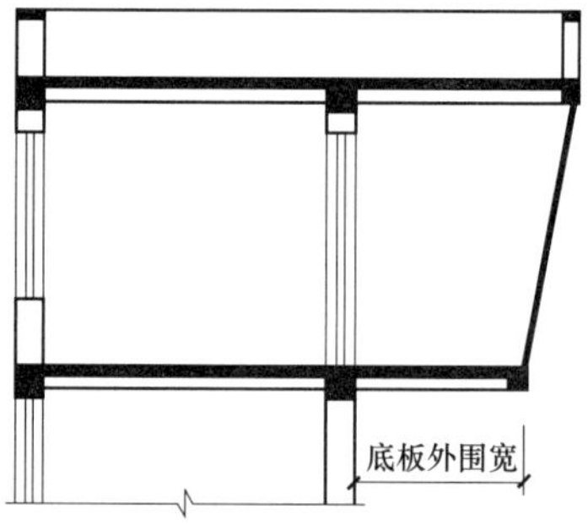

图 5-13　不垂直的围护结构

以幕墙作为围护结构的建筑物，应按照幕墙外边线计算建筑面积。

4. 楼梯、天桥、栈桥等建筑面积的计算

建筑物内的楼梯间、电梯井、观光电梯井、提物井、管道井、电缆竖井、通风排气竖井、垃圾道、附墙烟囱应按照建筑物的自然层计算面积，见图 5-14。

有永久性顶盖的室外楼梯，应按照建筑物自然层的水平投影面积的 1/2 计算面积。

5. 阳台、雨篷、车棚等建筑面积的计算

雨篷结构的外边线至外墙结构外边线的宽度超过 2.10m 者，应按照雨篷结构板的水平投影面积的 1/2 计算面积，见图 5-15。

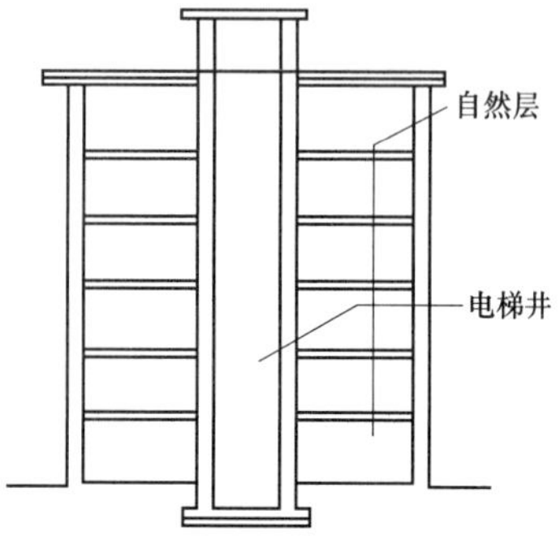

图 5-14　建筑物的自然层

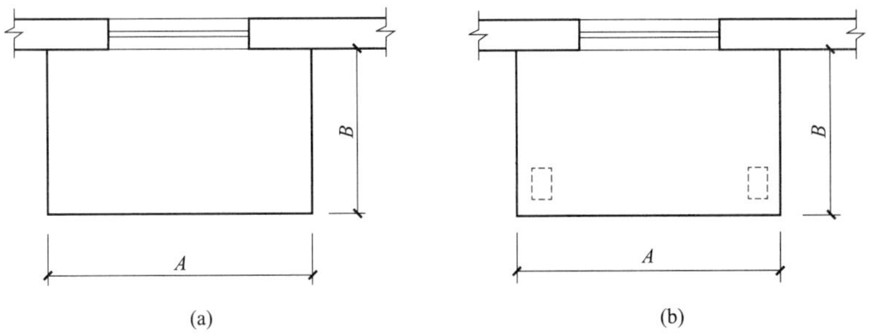

图 5-15　雨篷结构结构的外边线

建筑物的阳台按照其水平投影面积的 1/2 计算面积。

有永久性顶盖、无围护结构的车棚、货棚、站台等，应按照其顶盖水平投影面积 1/2 计算面积。

6. 其他建筑面积的计算

建筑物外墙外侧有保温隔热层的，应按照保温隔热层外边线计算建筑面积。

建筑物内的变形缝，应按照其自然层合并在建筑物面积内计算。

（二）不应计算面积的项目

不应计算面积的项目如图 5-16 所示，主要包括：建筑物通道；建筑物内分隔的单层房间；建筑物内操作平台、上料平台、安装箱或罐体平台；勒脚、附墙柱、垛、台阶、墙面抹灰、装饰面、镶贴块料面层、装饰性幕墙、空调机外机搁板（箱）、构件、配件、宽度在 2.10m 及以内的雨篷；无永久性顶盖的架空走廊、室外楼梯；用于检修、消防的室外钢楼梯、爬梯。室外沟道、油池、水池、井、设备基础、箱罐基础冷却塔、循环水沟、水渠、截洪沟；A 排外构支架、防火墙、开关场构支架；围墙、地坪、道路、支架、挡土墙、护坡、护岸、绿化等。

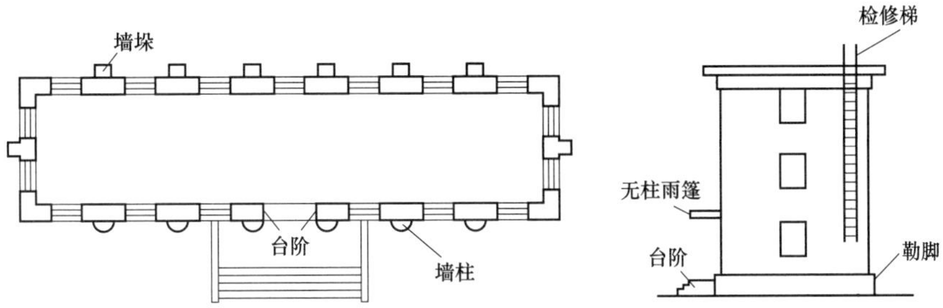

图 5-16　不应计算面积的项目

二、建筑体积计算规则

（一）计算建筑体积的规定

1. 单层建筑物建筑体积的计算

按照其外墙勒脚以上结构外围水平面积乘以建筑物高度计算，不同高度建筑物应分别计算。高低联跨的建筑物，应以高跨结构外边线分界分别计算建筑体积；其高低跨内部连通时，其变形缝应计算在低跨体积内。

结构找坡或建筑找坡的平屋面、单坡或双坡或四坡的坡屋面单层建筑物高度，应从其室内地面计算至屋面面层平均标高。女儿墙、挑檐、天沟、屋顶架空隔热层不计算建筑物高度。

2. 多层建筑物建筑体积的计算

按照其外墙勒脚以上结构外围水平面积乘以首层建筑物高度计算，首层建筑物高度从室内地面计算至二层楼板建筑顶面；二层及以上楼层建筑体积应按照其外墙结构外围水平面积乘以二层及以上楼层建筑物高度计算，二层及以上楼层建筑物高度从其室内地面计算至上层楼板建筑顶面；顶层建筑体积应按照其外墙结构外围水平面积乘以顶层建筑物高度计算，顶层建筑物高度从室内地面计算至屋面面层平均标高。女儿墙、挑檐、天沟、屋顶架空隔热层不计算建筑物高度。

3. 电厂主厂房群体建筑体积计算

主厂房群体建筑根据建筑高度分别计算建筑体积。主厂房零米以下的基础、沟道、独立井池等不计算体积；以主厂房零米结构板作为顶板的坑池（循环水泵坑、凝结水泵坑、空冷排汽井等）按照其结构外围水平面积乘以建筑物高度计算建筑体积。以主厂房零米结构板作为顶板的坑池建筑物高度从其底板结构底标高计算至主厂房零米地面。炉前通道按照低封结构顶标高计算体积；锅炉露天布置、半露天布置、紧身封闭布置时，锅炉房按照运转层结构层标高计算体积；锅炉房运转层以上的电梯间不计算体积。与主厂房联合布置形成主厂房群体建筑的周边转运站、风扇磨检修间等计算建筑体积，并入主厂房体积内。集中控制楼单独计算体积。主厂房与集中控制楼以平面布置的伸缩缝分界，伸缩缝计算建筑体积，并入集中控制楼体积内。集中控制楼屋面顶上连接两台机组的输煤廊道按照外轮廓尺寸计算体积，并入主厂房体积内。

4. 地下室和架空层建筑体积的计算

地下室、半地下室、有永久性顶盖的出入口，应按照其外墙上口（不包括采光井、外墙防潮层及其保护墙）外边线所围水平面积乘以建筑物高度计算建筑体积。地下室、半地下室建筑物高度从其底板结构底标高计算至首层建筑地面；有永久性顶盖的出入口建筑物高度从其底板结构底标高计算至出口顶板建筑顶面。

独立的电梯坑、提物间坑不计算建筑体积。

深基础架空层，设计加以利用并有围护结构的部位按照其结构外围水平面积乘以建筑物高度计算建筑体积，坡地上吊脚架空层、深基础架空层建筑物高度从其底板结构底标高计算至首层建筑地面。设计加以利用、无围护结构深基础架空层，应按其利用部位体积的 1/2 计算；设计不利用的深基础架空层的空间不应计算体积。

5. 门厅及有围护结构建筑体积的计算

突出主体建筑屋顶有维护结构的电梯间、楼梯间、水箱间、提物间、通风间等按照顶层建筑物计算建筑体积。无围护结构的应按照其体积的 1/2 计算。

建筑物间有围护结构的架空走廊，应按其围护结构外围水平面积乘以建筑物高度计算建筑体积。架空走廊建筑物高度从走廊底板结构底标高计算至走廊顶板建筑顶标高。有永久性顶盖、无围护结构的应按照其体积的 1/2 计算。

建筑物外有围护结构的落地橱窗、门斗、挑廊、走廊、檐廊，应按照其围护结构外围体积计算建筑体积。有永久性顶盖、无围护结构的应按照其体积的 1/2 计算。

以幕墙作为围护结构的建筑物，应按照幕墙外边线计算建筑体积。

6. 楼梯、天桥、栈桥等建筑面积的计算

建筑物内的楼梯间、电梯井、观光电梯井、提物井、管道井、电缆竖井、通风排气竖井、垃圾道、附墙烟囱应计算建筑体积，并入建筑物体积内。

有永久性顶盖的室外楼梯，应按照楼梯结构水平投影面积 1/2 乘以建筑物高度计算建筑体积。室外楼梯建筑物高度从室外地坪标高计算至永久性顶盖建筑顶面。

7. 阳台、雨篷、车棚等建筑面积的计算

建筑物的阳台按照其水平投影面积的 1/2 乘以建筑物高度计算建筑体积。阳台建筑物高度从阳台地面底板结构底标高计算至阳台顶板建筑顶面或上一层阳台地面建筑顶面。

有柱雨篷按照其水平投影面积的 1/2 乘以建筑物高度计算建筑体积。雨篷建筑物高度从雨篷地面标高（台阶上平台标高）计算至雨篷板建筑顶面。

有永久性顶盖、无围护结构的车棚等，应按照其顶盖水平投影面积的 1/2 乘以建筑物高度计算建筑体积。车棚等建筑物高度从其地坪标高计算至车棚等顶板建筑顶面平均标高。

8. 其他建筑体积的计算

建筑物外墙外侧有保温隔热层的，应按照保温隔热层外边线计算建筑体积。

建筑物内的变形缝计算体积，合并在建筑物体积内。

（二）不应计算建筑体积的项目

不应计算建筑体积的项目包括：

建筑物的通道、勒脚、附墙柱、垛、台阶、墙面抹灰、装饰面、镶贴块料面层、装饰性幕墙、空调机外机搁板（箱）；无柱雨篷。无永久性顶盖的架空走廊、室外楼梯和用于检修、消防等的室外钢楼梯、爬梯。

室外沟道、油池、水池、井、设备基础、箱罐基础；水渠、截洪沟；A 排外构支架、防火墙、开关场构支架。

围墙、地坪、道路、支架、挡土墙、护坡、护岸、绿化等。

案例 5-1 某建筑物平面图及立面图如图 5-17 所示，屋面板厚度 120mm，计算其建筑面积及建筑体积。

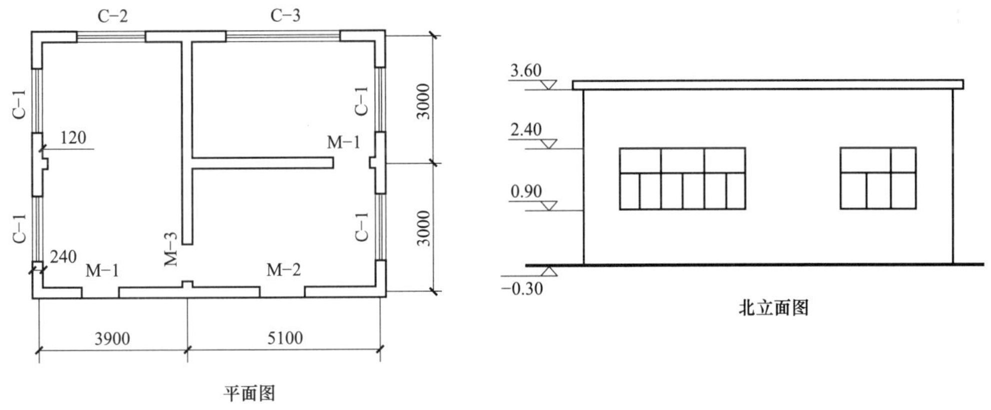

图 5-17 某建筑物平面图及立面图

解： 建筑面积：$S=(3.9+5.1+0.24)(6+0.24)=51.4\text{m}^2$

建筑体积：$V=51.4\times(3.6+0.12)=191.21\text{m}^3$

案例 5-2 某高低联跨工业厂房平面图及立面图如图 5-7 所示，高跨屋脊顶标高为 9.4m，低跨屋脊顶标高为 6.35m 计算其建筑面积及建筑体积。

解： $S_{高}=(20+0.25\times2)(6+0.2\times2)=131.2\text{m}^2$

$S_{低}=(20+0.25\times2)(4-0.2+0.25)\times2=166.05\text{m}^2$

$S=131.2+166.05=297.25\text{m}^2$

建筑体积：$V=131.2\times9.4+166.05\times6.35=2287.7\text{m}^3$

第三节 建设预算项目划分及费用性质划分

一、建筑工程项目划分

一个建设项目是由各个不同专业，按生产特点系统综合起来的。为了便于统一管理，根据生产特点、专业分工、设计专业、分卷分册图纸的分类，对建设项目进行科学的分解，即为项目划分。

建设预算项目划分办法是对工程建设预算进行项目设置的依据，是对工程建设预算中各专业工程、其他费用中工程项目编排次序和编排位置的规定。

建设预算项目划分层次，是在各专业系统（工程）下分为三级：第一级为单项工程，第二级为单位工程，第三级为分部工程。

单项工程是具有独立的设计文件，建成后能够独立发挥生产能力或效益的工程项目。单位工程是具有独立的设计文件，能够独立组织施工，但不能独立发挥生产能力或效益的工程项目，是单项工程的组成部分。分部工程是根据工程部位和专业性质等的不同，将单位工程分解形成的工程项目单元，是单位工程的组成部分。

编制建设预算时，对各级项目的工程名称不得任意简化，均应按照本项目划分中规定的全名填写。

如在本项目划分之外确有必要增列的工程项目，可以按照设计专业划分，在单项工程或单位工程项目序列之下，在已有项目之后顺序排列。

根据《火力发电工程建设预算编制与计算标准（2018 版）》的规定建筑工程项目划分包括主辅生产工程和与厂址有关的单项工程二部分。

（一）燃煤电厂建筑工程

燃煤电厂建筑工程项目划分见表 5-6。

表 5-6　燃煤电厂建筑工程项目划分

编号	项　目　名　称	编号	项　目　名　称
一、	主辅生产工程	1.2.2	给排水
（一）	热力系统	1.2.3	采暖、通风、空调
1	主厂房本体及设备基础	1.2.4	照明
1.1	主厂房本体	1.3	锅炉紧身封闭
1.1.1	基础结构	1.4	锅炉电梯井
1.1.2	框架结构	1.5	锅炉基础
1.1.3	煤斗	1.6	汽轮发电机基础
1.1.4	运转层平台	1.7	主厂房附属设备基础
1.1.5	地面及地下设施	1.8	锅炉炉架
1.1.6	屋面结构	1.9	送（一次）风机房或起吊架
1.1.7	围护及装饰工程	1.9.1	一般土建
1.1.8	煤仓间皮带栈桥	1.9.2	给排水
1.1.9	固定端	1.9.3	采暖、通风
1.1.10	扩建端	1.9.4	照明
1.1.11	集中控制室建筑	2	除尘排烟系统
1.1.12	楼梯间	2.1	除尘器基础及小间
1.1.13	其他	2.1.1	一般土建
1.1.14	给排水	2.1.2	采暖
1.1.15	采暖、通风、空调	2.1.3	照明
1.1.16	照明	2.2	电除尘配电室
1.1.17	锅炉房负压清扫系统	2.2.1	一般土建
1.2	集中控制楼	2.2.2	给排水
1.2.1	一般土建	2.2.3	采暖、通风、空调

续表

编号	项 目 名 称	编号	项 目 名 称
2.2.4	照明	1.6.4	照明
2.3	除尘器进口、出口烟道支架	1.7	翻车机控制及配电间
2.4	引风机室及起吊架	1.7.1	一般土建
2.4.1	一般土建	1.7.2	给排水
2.4.2	给排水	1.7.3	采暖、通风、空调
2.4.3	采暖、通风、空调	1.7.4	照明
2.4.4	照明	1.8	翻车机室外设施
2.5	水平烟道及支架	1.9	解冻库
2.6	烟囱	1.9.1	一般土建
2.6.1	烟囱基础	1.9.2	给排水
2.6.2	烟囱筒身	1.9.3	采暖、通风、空调
2.6.3	烟囱内筒、内衬及其他	1.9.4	照明
3	热（冷）网系统建筑	1.10	煤场机械（堆取料机、桥抓）等基础
3.1	热（冷）网首站	1.11	尾部驱动站
3.1.1	一般土建	1.11.1	一般土建
3.1.2	给排水	1.11.2	给排水
3.1.3	采暖、通风、空调	1.11.3	采暖、通风、除尘
3.1.4	照明	1.11.4	照明
3.2	厂区热（冷）网支架	1.12	储煤场
（二）	燃料供应系统	1.13	干煤棚
1	燃煤系统	1.14	圆形煤场
1.1	轨道衡室	1.15	地下煤斗
1.1.1	一般土建	1.16	地下输煤道
1.1.2	给排水	1.16.1	一般土建
1.1.3	采暖、通风、空调	1.16.2	给排水
1.1.4	照明	1.16.3	采暖、除尘
1.2	汽车衡室	1.16.4	照明
1.2.1	一般土建	1.17	输煤栈桥
1.2.2	给排水	1.17.1	一般土建
1.2.3	采暖、通风、空调	1.17.2	给排水
1.2.4	照明	1.17.3	采暖、除尘
1.3	火车卸煤沟	1.17.4	照明
1.4	汽车卸煤沟	1.18	转运站
1.5	入厂煤采样机基础	1.18.1	一般土建
1.6	翻车机室	1.18.2	给排水
1.6.1	一般土建	1.18.3	采暖、通风、除尘
1.6.2	给排水	1.18.4	照明
1.6.3	采暖、通风、除尘	1.19	煤罐

续表

编号	项 目 名 称	编号	项 目 名 称
1.19.1	一般土建	2.2	卸油泵房
1.19.2	给排水	2.2.1	一般土建
1.19.3	采暖、通风、除尘	2.2.2	给排水
1.19.4	照明	2.2.3	采暖、通风、空调
1.20	碎煤机室	2.2.4	照明
1.20.1	一般土建	2.3	燃油泵房
1.20.2	给排水	2.3.1	一般土建
1.20.3	采暖、通风、除尘	2.3.2	给排水
1.20.4	照明	2.3.3	采暖、通风、空调
1.21	机车库	2.3.4	照明
1.21.1	一般土建	2.4	燃料油罐区建筑
1.21.2	给排水	2.4.1	钢油罐基础
1.21.3	采暖、通风、除尘	2.4.2	油罐区附属建筑
1.21.4	照明	2.5	油管沟道及支架
1.22	推煤机库	2.5.1	油管沟
1.22.1	一般土建	2.5.2	油管支架
1.22.2	给排水	3	循环流化床锅炉用石灰石粉储存输送系统
1.22.3	采暖、通风、除尘	3.1	石灰石粉库
1.22.4	照明	3.2	输送设备支架
1.23	取样间	（三）	除灰系统
1.23.1	一般土建	1	厂内除渣系统（干除渣）
1.23.2	给排水	1.1	渣仓基础
1.23.3	采暖、通风、除尘	1	厂内除渣系统（水力除渣）
1.23.4	照明	1.1	渣仓基础
1.24	输煤综合楼	1.2	高效浓缩池及缓冲水仓基础
1.24.1	一般土建	1.3	脱水仓基础
1.24.2	给排水	1.4	污水池
1.24.3	采暖、通风、空调	2	除灰系统（气力除灰）
1.24.4	照明	2.1	气力除灰室（正、负压风机室）
1.25	输煤冲洗水泵房	2.1.1	一般土建
1.25.1	一般土建	2.1.2	给排水
1.25.2	给排水	2.1.3	采暖、通风、空调
1.25.3	采暖、通风、空调	2.1.4	照明
1.25.4	照明	2.2	灰库
1.26	输煤系统水冲洗构筑物	2.2.1	一般土建
1.27	输煤冲洗水沉淀池	2.2.2	给排水
2	燃油系统	2.2.3	采暖、通风、空调
2.1	卸油栈台	2.2.4	照明

续表

编号	项 目 名 称	编号	项 目 名 称
2.3	空压机室	1.1.1	一般土建
2.3.1	一般土建	1.1.2	给排水
2.3.2	给排水	1.1.3	采暖、通风、空调
2.3.3	采暖、通风、空调	1.1.4	照明
2.3.4	照明	2	锅炉补给水处理系统
2.4	室外除灰管道支墩	2.1	锅炉补给水处理室
2.5	运灰车库	2.1.1	一般土建
2.5.1	一般土建	2.1.2	给排水
2.5.2	给排水	2.1.3	采暖、通风、空调
2.5.3	采暖、通风、空调	2.1.4	照明
2.5.4	照明	2.2	酸碱库
2	除灰系统（水力除灰）	2.2.1	一般土建
2.1	灰渣泵房	2.2.2	给排水
2.1.1	一般土建	2.2.3	采暖、通风、空调
2.1.2	给排水	2.2.4	照明
2.1.3	采暖、通风、空调	2.3	室外构筑物
2.1.4	照明	3	凝结水精处理系统
2.2	除灰中继泵房	3.1	凝结水精处理室
2.2.1	一般土建	3.1.1	一般土建
2.2.2	给排水	3.1.2	给排水
2.2.3	采暖、通风、空调	3.1.3	采暖、通风、空调
2.2.4	照明	3.1.4	照明
2.2.5	区域附属建筑	3.2	凝结水室外构筑物
2.3	浓缩池	3.2.1	凝结水箱基础
2.4	澄清池	3.2.2	凝结水管沟
2.5	跨越灰管桥	4	循环水处理系统
2.6	除灰管沟及支墩	4.1	循环水处理室
2.6.1	冲灰沟	4.1.1	一般土建
2.6.2	除灰管沟、灰管支墩	4.1.2	给排水
2.7	灰水回收泵房	4.1.3	采暖、通风、空调
2.7.1	一般土建	4.1.4	照明
2.7.2	给排水	4.2	加氯加酸间
2.7.3	采暖、通风、空调	4.2.1	一般土建
2.7.4	照明	4.2.2	给排水
2.8	灰水回收管道建筑	4.2.3	采暖、通风、空调
（四）	水处理系统	4.2.4	照明
1	预处理系统	5	中水处理系统（石灰深度处理）
1.1	预处理室	5.1	曝气生物滤池

续表

编号	项 目 名 称	编号	项 目 名 称
5.2	澄清池	5.1.4	照明
5.3	过滤器基础	5.2	空压机室
5.4	泥渣脱水间	5.2.1	一般土建
5.4.1	一般土建	5.2.2	给排水
5.4.2	给排水	5.2.3	采暖、通风、空调
5.4.3	采暖、通风、空调	5.2.4	照明
5.4.4	照明	5.3	弱酸处理室
5.5	石灰乳工艺间	5.3.1	一般土建
5.5.1	一般土建	5.3.2	给排水
5.5.2	给排水	5.3.3	采暖、通风、空调
5.5.3	采暖、通风、空调	5.3.4	照明
5.5.4	照明	5.4	控制室
5.6	加药间	5.4.1	一般土建
5.6.1	一般土建	5.4.2	给排水
5.6.2	给排水	5.4.3	采暖、通风、空调
5.6.3	采暖、通风、空调	5.4.4	照明
5.6.4	照明	5.5	脱水机房
5.7	空压机室	5.5.1	一般土建
5.7.1	一般土建	5.5.2	给排水
5.7.2	给排水	5.5.3	采暖、通风、空调
5.7.3	采暖、通风、空调	5.5.4	照明
5.7.4	照明	5.6	脱碳器及脱碳水池
5.8	控制楼	5.7	废水收集池
5.8.1	一般土建	5.8	加药间
5.8.2	给排水	5.8.1	一般土建
5.8.3	采暖、通风、空调	5.8.2	给排水
5.8.4	照明	5.8.3	采暖、通风、空调
5.9	石灰处理泵房	5.8.4	照明
5.9.1	一般土建	5.9	区域建筑
5.9.2	给排水	6	海水淡化系统
5.9.3	采暖、通风、空调	6.1	海水淡化车间
5.9.4	照明	6.1.1	一般土建
5.10	区域建筑	6.1.2	给排水
5	中水处理系统（浸没式生物加强超滤处理）	6.1.3	采暖、通风、空调
5.1	生物加强超滤间	6.1.4	照明
5.1.1	一般土建	6.2	污泥脱水间
5.1.2	给排水	6.2.1	一般土建
5.1.3	采暖、通风、空调	6.2.2	给排水

续表

编号	项目名称	编号	项目名称
6.2.3	采暖、通风、空调	1.9	进排水隧洞
6.2.4	照明	1.10	进排水明暗渠
6.3	海水提升泵间	1.11	循环水井池
6.3.1	一般土建	1.11.1	切换（联络）阀门井
6.3.2	给排水	1.11.2	测流井
6.3.3	采暖、通风、空调	1.11.3	虹吸井
6.3.4	照明	1.11.4	排水工作井
6.4	加药间	1.12	排水渠（管/隧道/沟）
6.4.1	一般土建	1.13	直流冷却水排水口
6.4.2	给排水	1.14	取排水护岸
6.4.3	采暖、通风、空调	1.15	供水区域附属建筑
6.4.4	照明	2	凝汽器冷却系统（二次循环水冷却）
6.5	海水淡化车间室外构筑物	2.1	循环水引水流道
6.6	海水原水池	2.2	循环水泵房
6.7	电控间	2.2.1	一般土建
6.7.1	一般土建	2.2.2	给排水
6.7.2	给排水	2.2.3	采暖、通风、空调
6.7.3	采暖、通风、空调	2.2.4	照明
6.7.4	照明	2.3	自然通风冷却塔
6.8	海水反应沉淀池	2.3.1	冷却塔水池底板及基础
6.9	海水清水池	2.3.2	冷却塔筒体
6.10	管道建筑	2.3.3	冷却塔支柱、基础
（五）	供水系统	2.3.4	冷却塔淋水、配水装置
1	凝汽器冷却系统（直流水冷却）	2.3.5	塔内玻璃钢烟道支架
1.1	拦河坝及水闸	2.4	冷却塔挡风板及挡风板仓库
1.2	取水口（头）	2.4.1	挡风板
1.3	引水渠（管/隧道）	2.4.2	挡风板仓库一般土建
1.4	进水间	2.4.3	挡风板仓库照明
1.4.1	一般土建	2.5	冷却塔隔声墙
1.4.2	照明	2.6	循环水回水沟
1.5	江岸水泵房	2.7	循环水沟
1.5.1	一般土建	2.8	循环水管道建筑
1.5.2	给排水	2.9	厂区工业水管道建筑
1.5.3	采暖、通风、空调	2.10	机力冷却塔建筑
1.5.4	照明	2.11	循环水井池
1.6	直流冷却水沟	2.11.1	切换（联络）阀门井
1.7	直流冷却水管道建筑	2.11.2	测流井
1.8	厂区工业水管道建筑	3	凝汽器冷却系统（直接空冷）

续表

编号	项 目 名 称	编号	项 目 名 称
3.1	空冷基础、支架	1.1	汽机房 A 排外构筑物
3.2	空冷钢桁架及挡风墙	1.2	屋内配电装置室
3.3	空冷设备电梯井	1.2.1	一般土建
3.4	空冷配电间	1.2.2	给排水
3.4.1	一般土建	1.2.3	采暖、通风、空调
3.4.2	给排水	1.2.4	照明
3.4.3	采暖、通风、空调	1.3	屋外配电装置
3.4.4	照明	1.4	全厂独立避雷针
3.5	辅机循环水管道建筑	2	控制系统建筑
3.6	辅机循环水泵房	2.1	继电器室
3.6.1	一般土建	2.1.1	一般土建
3.6.2	给排水	2.1.2	给排水
3.6.3	采暖、通风、空调	2.1.3	采暖、通风、空调
3.6.4	照明	2.1.4	照明
3.7	辅机循环水冷却塔	（七）	脱硫系统
3.8	厂区工业水管道建筑	1	吸收剂制备储存供应系统
4	凝汽器冷却系统（间接空冷）	1.1	吸收剂制备间
4.1	循环水泵房	1.1.1	一般土建
4.1.1	一般土建	1.1.2	给排水
4.1.2	给排水	1.1.3	采暖、通风、空调
4.1.3	采暖、通风、空调	1.1.4	照明
4.1.4	照明	1.2	石灰石粉仓
4.2	间接通风冷却塔	1.2.1	一般土建
4.2.1	冷却塔环型基础及支柱	1.2.2	照明
4.2.2	冷却塔塔筒	2	吸收塔系统
4.2.3	冷却塔冷却装置架构	2.1	吸收塔基础
4.2.4	冷却塔膨胀水箱架构	2.2	循环浆液房
4.2.5	照明	2.2.1	一般土建
4.3	辅机循环水泵房	2.2.2	给排水
4.3.1	一般土建	2.2.3	采暖、通风、空调
4.3.2	给排水	2.2.4	照明
4.3.3	采暖、通风、空调	2.3	氧化风机房
4.3.4	照明	2.3.1	一般土建
4.4	辅机循环水冷却塔	2.3.2	给排水
4.5	循环水管道建筑	2.3.3	采暖、通风、空调
4.6	厂区工业水管道建筑	2.3.4	照明
（六）	电气系统	2.4	其他露天设备基础
1	变配电系统建筑	3	烟气系统

续表

编号	项 目 名 称	编号	项 目 名 称
3.1	烟道支架	6.3	辅助区管道支架
3.2	烟气加热器支架	6.4	辅助区附属设备基础
3.3	增压风机基础	7	电控系统建筑
4	石膏处理及浆液回收系统	7.1	电控楼
4.1	石膏库	7.1.1	一般土建
4.1.1	一般土建	7.1.2	给排水
4.1.2	给排水	7.1.3	采暖、通风、空调
4.1.3	采暖、通风、空调	7.1.4	照明
4.1.4	照明	7.2	配电间
4.2	滤液泵房石膏脱水楼	7.2.1	一般土建
4.2.1	一般土建	7.2.2	给排水
4.2.2	给排水	7.2.3	采暖、通风、空调
4.2.3	采暖、通风、空调	7.2.4	照明
4.2.4	照明	8	区域性建筑
4.3	石膏排出管道建筑	8.1	道路
4.4	浆液回收泵房	8.2	沟道
4.4.1	一般土建	8.3	室外给排水管道
4.4.2	给排水	8.4	室外采暖管道
4.4.3	采暖、通风、空调	（八）	脱硝系统
4.4.4	照明	1	工艺系统
5	废水处理系统建筑	1.1	氨制备及储存车间
5.1	废水处理车间	1.1.1	一般土建
5.1.1	一般土建	1.1.2	给排水
5.1.2	给排水	1.1.3	采暖、通风、空调
5.1.3	采暖、通风、空调	1.1.4	照明
5.1.4	照明	1.2	其他建筑
5.2	废水缓冲池	（九）	附属生产工程
6	辅助工艺建筑	1	辅助生产工程
6.1	空压机室辅助工艺建筑	1.1	空压机室
6.1.1	一般土建	1.1.1	一般土建
6.1.2	给排水	1.1.2	给排水
6.1.3	采暖、通风、空调	1.1.3	采暖、通风、空调
6.1.4	照明	1.1.4	照明
6.2	工艺水泵房	1.2	制（储）氢站
6.2.1	一般土建	1.2.1	一般土建
6.2.2	给排水	1.2.2	给排水
6.2.3	采暖、通风、空调	1.2.3	采暖、通风、空调
6.2.4	照明	1.2.4	照明

续表

编号	项　目　名　称	编号	项　目　名　称
1.3	油处理室及露天油库	2.2.2	给排水
1.3.1	一般土建	2.2.3	采暖、通风、空调
1.3.2	给排水	2.2.4	照明
1.3.3	采暖、通风、空调	2.3	材料库
1.3.4	照明	2.3.1	一般土建
1.4	检修间	2.3.2	给排水
1.4.1	一般土建	2.3.3	采暖、通风、空调
1.4.2	给排水	2.3.4	照明
1.4.3	采暖、通风、空调	2.4	危险品库
1.4.4	照明	2.4.1	一般土建
1.5	启动锅炉房	2.4.2	给排水
1.5.1	一般土建	2.4.3	采暖、通风、空调
1.5.2	给排水	2.4.4	照明
1.5.3	采暖、通风、空调	2.5	棚库
1.5.4	照明	2.5.1	一般土建
1.6	综合水泵房	2.5.2	照明
1.6.1	一般土建	2.6	汽车库
1.6.2	给排水	2.6.1	一般土建
1.6.3	采暖、通风、空调	2.6.2	给排水
1.6.4	照明	2.6.3	采暖、通风、空调
1.7	柴油发电机室	2.6.4	照明
1.7.1	一般土建	2.7	警卫传达室
1.7.2	给排水	2.7.1	一般土建
1.7.3	采暖、通风、空调	2.7.2	给排水
1.7.4	照明	2.7.3	采暖、通风、空调
1.8	其他辅助生产工程	2.7.4	照明
1.8.1	一般土建	2.8	天桥
1.8.2	给排水	2.8.1	一般土建
1.8.3	采暖、通风、空调	2.8.2	采暖
1.8.4	照明	2.8.3	照明
2	附属生产建筑	2.9	雨水泵房
2.1	生产行政综合楼	2.9.1	一般土建
2.1.1	一般土建	2.9.2	给排水
2.1.2	给排水	2.9.3	采暖、通风、空调
2.1.3	采暖、通风、空调	2.9.4	照明
2.1.4	照明	2.10	自行车棚
2.2	生产试验楼	2.10.1	一般土建
2.2.1	一般土建	2.10.2	照明

续表

编号	项 目 名 称	编号	项 目 名 称
3	环境保护设施	3.10	噪声治理设施
3.1	机组排水槽及水泵间	3.11	厂区绿化
3.2	酸碱废水中和池	4	消防系统
3.3	工业废水处理站	4.1	消防水泵房
3.3.1	一般土建	4.1.1	一般土建
3.3.2	给排水	4.1.2	给排水
3.3.3	采暖、通风、空调	4.1.3	采暖、通风、空调
3.3.4	照明	4.1.4	照明
3.4	废水零排放	4.2	消防水池
3.4.1	一般土建	4.3	厂区消防管路
3.4.2	给排水	4.4	泡沫消防室
3.4.3	采暖、通风、空调	4.4.1	一般土建
3.4.4	照明	4.4.2	给排水
3.5	生活污水处理站	4.4.3	采暖、通风、空调
3.5.1	一般土建	4.4.4	照明
3.5.2	给排水	4.5	消防车库
3.5.3	采暖、通风、空调	4.5.1	一般土建
3.5.4	照明	4.5.2	给排水
3.6	含油污水处理站	4.5.3	采暖、通风、空调
3.6.1	一般土建	4.5.4	照明
3.6.2	给排水	4.6	特殊消防系统
3.6.3	采暖、通风、空调	4.6.1	主厂房消防灭火
3.6.4	照明	4.6.2	输煤系统消防灭火
3.7	含煤废水处理站	4.6.3	燃油系统消防灭火
3.7.1	一般土建	4.6.4	变压器系统消防灭火
3.7.2	给排水	4.6.5	电缆沟消防
3.7.3	采暖、通风、空调	4.6.6	移动消防
3.7.4	照明	5	厂区性建筑
3.8	渣水加药处理站	5.1	厂区道路及广场
3.8.1	一般土建	5.2	围墙及大门
3.8.2	给排水	5.3	厂区管道支架
3.8.3	采暖、通风、空调	5.4	厂区沟道、隧道
3.8.4	照明	5.5	生活给排水
3.9	厂内灰水回收处理站	5.6	厂区挡土墙及护坡
3.9.1	一般土建	5.7	防洪建筑
3.9.2	给排水	5.8	厂区雨水管道
3.9.3	采暖、通风、空调	6	厂区采暖（制冷）工程
3.9.4	照明	6.1	采暖加热（制冷）站

续表

编号	项 目 名 称	编号	项 目 名 称
6.1.1	一般土建	4.2	厂外铁路
6.1.2	设备及管道	5	厂外公路
6.1.3	通风、空调	5.1	进厂公路
6.1.4	照明	5.2	运灰公路
6.2	厂区采暖管道建筑	5.3	运煤公路
7	厂前公共福利工程	5.4	灰（水）管检修公路
7.1	招待所	6	厂外输煤系统
7.1.1	一般土建	（二）	储灰场、防浪堤、填海、护岸工程
7.1.2	给排水	1	灰（坝）场
7.1.3	采暖、通风、空调	1.1	灰坝
7.1.4	照明	1.2	灰场防渗系统
7.2	职工食堂	1.3	排水系统
7.2.1	一般土建	1.4	灰场管理站
7.2.2	给排水	1.4.1	一般土建
7.2.3	采暖、通风、空调	1.4.2	给排水
7.2.4	照明	1.4.3	采暖、通风、空调
7.3	浴室	1.4.4	照明
7.3.1	一般土建	1.4.5	站区围墙
7.3.2	给排水	1.4.6	站区道路
7.3.3	采暖、通风、空调	2	防浪堤
7.3.4	照明	3	填海工程
7.4	检修、夜班宿舍	4	护岸
7.4.1	一般土建	（三）	水质净化工程
7.4.2	给排水	1	水质净化系统
7.4.3	采暖、通风、空调	1.1	原水升压泵房
7.4.4	照明	1.1.1	一般土建
7.5	围墙及大门	1.1.2	给排水
7.6	室外工程	1.1.3	采暖、通风、空调
二	与厂址有关的单项工程	1.1.4	照明
（一）	交通运输工程	1.2	原水综合泵房
1	码头及引桥	1.2.1	一般土建
1.1	码头	1.2.2	给排水
1.2	引桥	1.2.3	采暖、通风、空调
2	航道	1.2.4	照明
3	港池	1.3	原水加药间
4	铁路	1.3.1	一般土建
4.1	厂内铁路	1.3.2	给排水

续表

编号	项 目 名 称	编号	项 目 名 称
1.3.3	采暖、通风、空调	1	热力系统
1.3.4	照明	1.1	主厂房
1.4	风机房	1.2	除尘器
1.4.1	一般土建	1.3	烟囱
1.4.2	给排水	2	燃料供应系统
1.4.3	采暖、通风、空调	3	除灰系统
1.4.4	照明	4	水处理系统
1.5	沉淀池	5	供水系统
1.6	机械加速澄清池	6	电气系统
1.7	浓缩池	7	脱硫系统
1.8	蓄水池	8	脱硝系统
1.9	管道建筑	9	附属生产工程
（四）	补给水工程	10	储灰场、防浪堤、填海、护岸工程
1	补给水系统	11	水质净化工程
1.1	取水口（头）	12	补给水工程
1.2	引水渠（管）	（六）	厂区、施工区土石方工程
1.3	进水滤网间	1	生产区土石方工程
1.3.1	一般土建	2	施工区土石方工程
1.3.2	照明	（七）	临时工程（建筑安装工程取费系数以外的项目）
1.4	补给水取水泵房	1	厂区施工铁路专用线
1.4.1	一般土建	2	施工电源
1.4.2	给排水	3	施工水源
1.4.3	采暖、通风、空调	4	施工道路
1.4.4	照明	5	施工通信线路
1.5	补给水管路建筑	6	施工降水
（五）	地基处理	7	施工防护工程

（二）燃气—蒸汽联合循环电厂建筑工程的项目划分

燃煤—蒸汽联合循环电厂建筑工程项目是根据《火力发电工程建设预算编制与计算规定（2018 年版）》的规定划分的，包括主要生产工程、辅助生产工程和与站址有关的单项工程三大部分。燃煤—蒸汽联合循环电厂建筑工程项目划分见表 5-7。

表 5-7　燃煤—蒸汽联合循环电厂建筑工程项目划分

编号	项 目 名 称	编号	项 目 名 称
一	主辅生产工程	1.1.3	运转层平台
（一）	热力系统	1.1.4	地面及地下设施
1	主厂房本体及设备基础	1.1.5	屋面结构
1.1	主厂房本体	1.1.6	围护及装饰工程
1.1.1	基础工程	1.1.7	固定端
1.1.2	框架结构	1.1.8	扩建端

续表

编号	项　目　名　称	编号	项　目　名　称
1.1.9	单元（集中）控制室	1.1.2	给排水
1.1.10	给排水	1.1.3	采暖、通风、空调
1.1.11	采暖、通风、空调	1.1.4	照明
1.1.12	照明	2	锅炉补给水处理系统
1.2	电控综合楼（集中控制楼）	2.1	锅炉补给水处理室
1.2.1	一般土建	2.1.1	一般土建
1.2.2	给排水	2.1.2	给排水
1.2.3	采暖、通风、空调	2.1.3	采暖、通风、空调
1.2.4	照明	2.1.4	照明
1.3	天桥	2.2	酸碱库
1.3.1	一般土建	2.2.1	一般土建
1.3.2	采暖、通风、空调	2.2.2	给排水
1.3.3	照明	2.2.3	采暖、通风、空调
1.4	设备基础	2.2.4	照明
1.4.1	燃气轮发电机基础	2.3	室外构筑物
1.4.2	旁路烟囱基础	3	凝结水精处理系统
1.4.3	余热锅炉基础	3.1	凝结水精处理室
1.4.4	汽轮发电机基础	3.1.1	一般土建
1.4.5	附属设备基础	3.1.2	给排水
2	热网系统建筑	3.1.3	采暖、通风、空调
2.1	热网首站	3.1.4	照明
2.1.1	一般土建	3.2	凝结水室外构筑物
2.1.2	给排水	3.2.1	凝结水箱基础
2.1.3	采暖、通风、空调	3.2.2	凝结水管沟
2.1.4	照明	4	循环水处理系统
2.2	厂区热网支架、沟道	4.1	循环水处理室
（二）	燃料供应系统	4.1.1	一般土建
1	燃气供应系统	4.1.2	给排水
1.1	增（调）压站建筑	4.1.3	采暖、通风、空调
1.1.1	一般土建	4.1.4	照明
1.1.2	给排水	4.2	加氯加酸间
1.1.3	采暖、通风、空调	4.2.1	一般土建
1.1.4	照明	4.2.2	给排水
1.2	增（调）压站设备基础	4.2.3	采暖、通风、空调
（三）	水处理系统	4.2.4	照明
1	预处理系统	5	中水处理系统（石灰深度处理）
1.1	预处理室	5.1	曝气生物滤池
1.1.1	一般土建	5.2	澄清池

续表

编号	项 目 名 称	编号	项 目 名 称
5.3	过滤器基础	5.3	控制室
5.4	泥渣脱水间	5.3.1	一般土建
5.4.1	一般土建	5.3.2	给排水
5.4.2	给排水	5.3.3	采暖、通风、空调
5.4.3	采暖、通风、空调	5.3.4	照明
5.4.4	照明	5.4	脱水机房
5.5	石灰乳工艺间	5.4.1	一般土建
5.5.1	一般土建	5.4.2	给排水
5.5.2	给排水	5.4.3	采暖、通风、空调
5.5.3	采暖、通风、空调	5.4.4	照明
5.5.4	照明	5.5	脱碳器及脱碳水池
5.6	加药间	5.6	废水收集池
5.6.1	一般土建	5.7	加药间
5.6.2	给排水	5.7.1	一般土建
5.6.3	采暖、通风、空调	5.7.2	给排水
5.6.4	照明	5.7.3	采暖、通风、空调
5.7	控制楼	5.7.4	照明
5.7.1	一般土建	5.8	区域建筑
5.7.2	给排水	6	海水淡化处理系统
5.7.3	采暖、通风、空调	6.1	海水淡化车间
5.7.4	照明	6.1.1	一般土建
5.8	石灰处理泵房	6.1.2	给排水
5.8.1	一般土建	6.1.3	采暖、通风、空调
5.8.2	给排水	6.1.4	照明
5.8.3	采暖、通风、空调	6.2	污泥脱水间
5.8.4	照明	6.2.1	一般土建
5.9	区域建筑	6.2.2	给排水
5	中水处理系统（浸没式生物加强超滤处理）	6.2.3	采暖、通风、空调
5.1	生物加强超滤间	6.2.4	照明
5.1.1	一般土建	6.3	海水提升泵间
5.1.2	给排水	6.3.1	一般土建
5.1.3	采暖、通风、空调	6.3.2	给排水
5.1.4	照明	6.3.3	采暖、通风、空调
5.2	弱酸处理间	6.3.4	照明
5.2.1	一般土建	6.4	加药间
5.2.2	给排水	6.4.1	一般土建
5.2.3	采暖、通风、空调	6.4.2	给排水
5.2.4	照明	6.4.3	采暖、通风、空调

续表

编号	项　目　名　称	编号	项　目　名　称
6.4.4	照明	2	凝汽器冷却系统（二次循环水冷却）
6.5	海水淡化车间室外构筑物	2.1	循环水引水流道
6.6	海水原水池	2.2	循环水泵房
6.7	电控间	2.2.1	一般土建
6.7.1	一般土建	2.2.2	采暖、通风、空调
6.7.2	给排水	2.2.3	照明
6.7.3	采暖、通风、空调	2.3	冷却塔（自然通风冷却塔）
6.7.4	照明	2.3.1	冷却塔水池底板及基础
6.8	海水反应沉淀池	2.3.2	冷却塔筒体
6.9	海水清水池	2.3.3	冷却塔支柱、基础
6.10	厂区管道建筑	2.3.4	冷却塔淋水、配水装置
（四）	供水系统	2.3.5	塔内玻璃钢烟道支架
1	凝汽器冷却系统（直流水冷却）	2.3	机力冷却塔
1.1	拦河坝及水闸	2.4	冷却塔挡风板及挡风板仓库
1.2	取水口（头）	2.4.1	挡风板
1.3	引水渠（管）	2.4.2	挡风板仓库一般土建
1.4	进水间	2.4.3	挡风板仓库照明
1.4.1	一般土建	2.5	冷却塔隔声墙
1.4.2	照明	2.6	循环水回水沟
1.5	循环水泵房	2.7	循环水沟
1.5.1	一般土建	2.8	循环水管道建筑
1.5.2	给排水	2.9	厂区工业水管道建筑
1.5.3	采暖、通风、空调	2.10	循环水井池
1.5.4	照明	2.10.1	切换（联络）阀门井
1.6	直流冷却水沟	2.10.2	测流井
1.7	循环水管道建筑	3	凝汽器冷却系统（直接空冷）
1.8	厂区工业水管道建筑	3.1	空冷基础、支架
1.9	进排水隧洞	3.2	空冷钢桁架及挡风墙
1.10	进排水明暗渠	3.3	空冷设备电梯井
1.11	循环水井池	3.4	空冷配电间
1.11.1	切换（联络）阀门井	3.4.1	一般土建
1.11.2	测流井	3.4.2	给排水
1.11.3	虹吸井	3.4.3	采暖、通风、空调
1.11.4	排水工作井	3.4.4	照明
1.12	排水渠（管/隧道/沟）	3.5	辅机循环水管道建筑
1.13	直流冷却水排水口	3.6	辅机循环水泵房
1.14	取排水护岸	3.6.1	一般土建
1.15	供水区域附属建筑	3.6.2	采暖、通风、空调

续表

编号	项目名称	编号	项目名称
3.6.3	照明	1.1	氨制备及储存车间
3.7	辅机循环水冷却塔	1.1.1	一般土建
3.8	厂区工业水管道建筑	1.1.2	给排水
4	凝汽器空冷系统（间接空冷）	1.1.3	采暖、通风、空调
4.1	循环水泵房	1.1.4	照明
4.1.1	一般土建	1.2	其他建筑
4.1.2	采暖、通风、空调	（七）	附属生产工程
4.1.3	照明	1	辅助生产工程
4.2	空冷塔	1.1	空压机室
4.2.1	冷却塔环型基础及支柱	1.1.1	一般土建
4.2.2	冷却塔塔筒	1.1.2	给排水
4.2.3	冷却塔冷却装置架构	1.1.3	采暖、通风、空调
4.2.4	冷却塔膨胀水箱架构	1.1.4	照明
4.2.5	冷却塔进风调节墙	1.2	制（储）氢站
4.2.6	冷却塔百叶窗支撑系统	1.2.1	一般土建
4.2.7	照明	1.2.2	给排水
4.3	辅机循环水泵房	1.2.3	采暖、通风、空调
4.3.1	一般土建	1.2.4	照明
4.3.2	采暖、通风、空调	1.3	检修间
4.3.3	照明	1.3.1	一般土建
4.4	辅机循环水冷却塔	1.3.2	给排水
4.5	循环水管道建筑	1.3.3	采暖、通风、空调
4.6	厂区工业水管道建筑	1.3.4	照明
（五）	电气系统	1.4	启动锅炉房
1	变配电系统建筑	1.4.1	一般土建
1.1	变压器区域构筑物	1.4.2	给排水
1.2	屋内配电装置室	1.4.3	采暖、通风、空调
1.2.1	一般土建	1.4.4	照明
1.2.2	给排水	1.5	综合水泵房
1.2.3	采暖、通风、空调	1.5.1	一般土建
1.2.4	照明	1.5.2	给排水
1.3	屋外配电装置构架	1.5.3	采暖、通风、空调
1.4	全厂独立避雷针	1.5.4	照明
2	控制系统建筑	1.6	柴油发电机室
2.1	继电器室	1.6.1	一般土建
2.1.1	一般土建	1.6.2	给排水
2.1.2	给排水	1.6.3	采暖、通风、空调
2.1.3	采暖、通风、空调	1.6.4	照明
2.1.4	照明	1.7	其他辅助生产工程
（六）	脱硝系统	1.7.1	一般土建
1	工艺系统	1.7.2	给排水

续表

编号	项 目 名 称	编号	项 目 名 称
1.7.3	采暖、通风、空调	2.9.1	一般土建
1.7.4	照明	2.9.2	给排水
2	附属生产建筑	2.9.3	采暖、通风、空调
2.1	生产行政综合楼	2.9.4	照明
2.1.1	一般土建	2.10	自行车棚
2.1.2	给排水	2.10.1	一般土建
2.1.3	采暖、通风、空调	2.10.2	照明
2.1.4	照明	3	环境保护设施
2.2	生产试验楼	3.1	机组排水槽及水泵间
2.2.1	一般土建	3.2	酸碱废水中和池
2.2.2	给排水	3.3	工业废水处理站
2.2.3	采暖、通风、空调	3.3.1	一般土建
2.2.4	照明	3.3.2	给排水
2.3	材料库	3.3.3	采暖、通风、空调
2.3.1	一般土建	3.3.4	照明
2.3.2	给排水	3.4	生活污水处理站
2.3.3	采暖、通风、空调	3.4.1	一般土建
2.3.4	照明	3.4.2	给排水
2.4	危险品库	3.4.3	采暖、通风、空调
2.4.1	一般土建	3.4.4	照明
2.4.2	给排水	3.5	含油污水处理站
2.4.3	采暖、通风、空调	3.5.1	一般土建
2.4.4	照明	3.5.2	给排水
2.5	棚库	3.5.3	采暖、通风、空调
2.5.1	一般土建	3.5.4	照明
2.5.2	照明	3.6	厂区绿化
2.6	汽车库	4	消防系统
2.6.1	一般土建	4.1	消防水泵房
2.6.2	给排水	4.1.1	一般土建
2.6.3	采暖、通风、空调	4.1.2	给排水
2.6.4	照明	4.1.3	采暖、通风、空调
2.7	警卫传达室	4.1.4	照明
2.7.1	一般土建	4.2	消防水池
2.7.2	给排水	4.3	厂区消防管路
2.7.3	采暖、通风、空调	4.4	泡沫消防室
2.7.4	照明	4.4.1	一般土建
2.8	天桥	4.4.2	给排水
2.8.1	一般土建	4.4.3	采暖、通风、空调
2.8.2	采暖、通风、空调	4.4.4	照明
2.8.3	照明	4.5	消防车库
2.9	雨水泵房	4.5.1	一般土建

续表

编号	项　目　名　称	编号	项　目　名　称
4.5.2	给排水	7.4	检修、夜班宿舍
4.5.3	采暖、通风、空调	7.4.1	一般土建
4.5.4	照明	7.4.2	给排水
4.6	特殊消防系统	7.4.3	采暖、通风、空调
4.6.1	主厂房消防灭火	7.4.4	照明
4.6.2	燃气系统消防灭火	7.5	围墙及大门
4.6.3	变压器系统消防灭火	7.6	室外工程
4.6.4	电缆沟消防	二	与厂址有关的单项工程
4.6.5	移动消防	（一）	交通运输工程
5	厂区性建筑	1	厂外公路
5.1	厂区道路及广场	1.1	进厂公路
5.2	围墙及大门	（二）	防浪堤、填海、护岸工程
5.3	厂区管道支架	1	防浪堤
5.4	厂区沟道、隧道	2	填海工程
5.5	生活给排水	3	护岸
5.6	厂区挡土墙及护坡	（三）	水质净化工程
5.7	防洪建筑	1	水质净化系统
5.8	厂区雨水管道	1.1	原水升压泵房
6	厂区采暖（制冷）工程	1.1.1	一般土建
6.1	采暖加热（制冷）站	1.1.2	给排水
6.1.1	一般土建	1.1.3	采暖、通风、空调
6.1.2	设备及管道	1.1.4	照明
6.1.3	采暖、通风、空调	1.2	原水综合泵房
6.1.4	照明	1.2.1	一般土建
6.2	厂区采暖管道及建筑	1.2.2	给排水
7	厂前公共福利工程	1.2.3	采暖、通风、空调
7.1	招待所	1.2.4	照明
7.1.1	一般土建	1.3	原水加药间
7.1.2	给排水	1.3.1	一般土建
7.1.3	采暖、通风、空调	1.3.2	给排水
7.1.4	照明	1.3.3	采暖、通风、空调
7.2	职工食堂	1.3.4	照明
7.2.1	一般土建	1.4	风机房
7.2.2	给排水	1.4.1	一般土建
7.2.3	采暖、通风、空调	1.4.2	给排水
7.2.4	照明	1.4.3	采暖、通风、空调
7.3	浴室	1.4.4	照明
7.3.1	一般土建	1.5	沉淀池
7.3.2	给排水	1.6	机械加速澄清池
7.3.3	采暖、通风、空调	1.7	浓缩池
7.3.4	照明	1.8	蓄水池

续表

编号	项 目 名 称	编号	项 目 名 称
1.9	管道建筑	2	燃料供应系统
（四）	补给水工程	3	化学水处理系统
1	补给水系统	4	供水系统
1.1	取水口（头）	5	电气系统
1.2	引水渠（管）	6	脱硝系统
1.3	进水滤网间	7	附属生产工程
1.3.1	一般土建	（六）	厂区、施工区土石方工程
1.3.2	照明	1	生产区土石方工程
1.4	补充水取水泵房	2	施工区土石方工程
1.4.1	一般土建	（七）	临时工程（建筑安装工程取费系数以外的项目）
1.4.2	给排水	1	施工电源
1.4.3	采暖、通风、空调	2	施工水源
1.4.4	照明	3	施工道路
1.5	补给水管道建筑	4	施工通信线路
（五）	地基处理	5	施工降水
1	热力系统	6	施工措施项目

二、费用性质划分

费用性质划分是用于统一建设预算费用的计算口径和技术经济指标比较分析体系。

（一）建筑与安装工程费用性质划分

火电厂的建筑工程是指构成火电厂建设项目的各类建筑物、构筑物等设施的工程，除包括火电厂的各类建筑物本体外，以下项目也列入建筑工程。

（1）建筑物的给排水、采暖、通风、空调、照明设施。

（2）建（构）筑物的平台扶梯。

（3）建筑物照明配电箱，建筑物的避雷接地装置。

（4）消防设施，包括气体消防、水喷雾系统设备、喷头及其探测报警装置。

（5）采暖加热站（制冷站）设备及管道，采暖锅炉房设备及管道，厂区采暖管道。

（6）混凝土或石材砌筑的文丘里除尘器、箱、罐、池等。

（7）建筑物用电梯的设备及其安装，工业用电梯井的建筑结构部分。

（8）各种直埋设施的土方、垫层、支墩，各种沟道的土方、垫层、支墩、结构、盖板，各种涵洞，各种顶管措施。

（9）建筑物的金属网门、栏栅，独立的避雷针、塔。

（10）屋外配电装置的金属构架、支架、避雷针塔、栏栅。

（11）建（构）筑物的防腐设施，混凝土沟、槽、池、箱、罐等的防腐设施。

（12）冷却塔内部的配水管、托架、淋水装置、除水装置及其结构等。

（13）水工结构、水工建筑、预应力钢筋混凝土管、顶管措施、岸边水泵房引水管道。

（14）燃气—蒸汽联合循环电厂独立布置的余热锅炉烟囱。

（15）建筑专业出图的厂区工业管道及设备基础框架、地脚螺栓。

（二）设备与材料费用性质划分

建筑工程中给排水、采暖、通风、空调、消防、采暖加热（制冷）站或锅炉的风机、空调机（包括风机盘管）和水泵属于设备。

建筑工程预算

本章根据《电力建设工程预算定额（2018 年版）第一册　建筑工程》，介绍各主要项目的工作内容、工程量计算规则和相关定额的运用。

第一节　土 石 方 工 程

第 1 章土石方工程共分 5 节，116 个定额子目，包括人工施工土方、机械施工土方、人工施工石方、机械施工石方、回填及其他等内容，适用于区域平整、建筑物、构筑物的土石方工程。工程把土石方作为材料进行利用的项目（如冲填、地基处理等）不执行本章定额。

本章定额所指土质分类见附录 G“土壤及岩石（普氏）分类表”。定额中普土为分类表中Ⅰ～Ⅲ类土质；定额中坚土为分类表中Ⅲ～Ⅳ类土质；定额中松石为分类表中Ⅴ类土质；定额中次坚石为分类表中Ⅵ～Ⅷ类土质；定额中普坚石为分类表中Ⅸ～Ⅹ类土质；定额中特坚石为分类表中Ⅺ～ⅩⅥ类土质。

土石方定额中不包括施工降水、排水费用，发生时可按照第 15 章降排水子目执行，无法参考时，按照有关规定另行计算。定额不包括处理炮孔地下渗水、炮孔积水所发生的费用，应根据处理的方式另行计算。定额不考虑覆盖设施、安全警戒设施等费用；定额中包括封锁爆破区、爆破前后检查费用。土石方工程未包括现场障碍物清除、地下常水位以下的施工降水、土石方开挖过程中的排水与边坡支护，实际发生时，另按其他章节相应规定计算。

一、定额说明

1. 人工施工土方

人工开挖土方定额按照干土编制，干土、湿土分界见图 6-1，工程挖、运湿土时，相应项目人工乘以 1.18 系数。干土与湿土工程量应分别计算，采用降水措施后，人工挖、运土相应项目人工乘以 1.09 系数。

人工开挖桩间土方时，桩间区域内的土方开挖人工按照相应定额人工乘以 1.5 系数。计算桩间区域内的土方开挖工程量时，扣除桩所占体积，不计算送桩深度区域土方体积，不计算相邻群桩外围之间空地面积大于 $36m^2$ 区域土方体积。

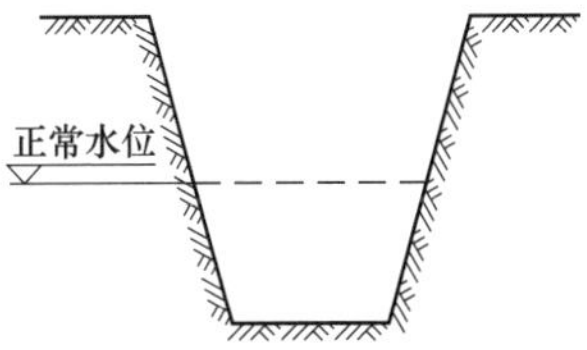

图 6-1　干湿土界限

（1）挖一般土方。按土质分类和开挖深度分为四个定额子目，工作内容包括：挖土、装土、修理边与底。

（2）挖沟槽、基坑、基础。建筑图纸中，凡底宽（设计图示垫层或基础的底宽，下同）≤7m 且底长＞3 倍底宽为沟槽；底长≤3 倍底宽，且底面积≤$150m^2$ 为基坑；超出上述范围又非平整场地的，为一般土石方见图 6-2。

挖沟、槽、基坑定额包括挖沟槽、挖基坑，分别按土质分类和开挖深度分为 12 个定额子目，工作内容包括：人工开挖沟槽、地坑深度按照 6m 以内考虑，工程挖土深度超过 6m 时，6m＜深度≤7m，按深度≤6m 相应项目人工乘以 1.25 系数；7m＜深度≤8m，按深度≤6m 相应项目人工乘以 1.25^2 系数；以此类推。

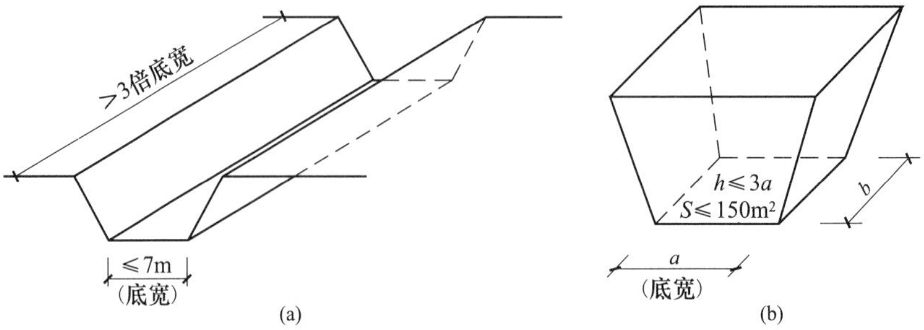

图 6-2 沟槽、基坑示意图

(a) 沟槽；(b) 基坑

(3) 挖淤泥、流砂、冻土。根据地质资料划分干土、湿土、淤泥、流砂。当土壤含水率≥25%时为湿土；当土壤含水率≥40%时为淤泥或流砂。通常以常年地下水位标高分界，地下水位标高以上为干土，地下水位标高以下为湿土。

人工挖冻土厚度超过 1m 时，定额乘以 1.05 系数。

(4) 运土方、淤泥、冻土。定额内容包括 500m 以内运土方，200m 以内运淤泥、冻土的装、运、卸、平整。运土方和冻土基本运距是 50m，超出部分每增加 50m 需单列计价；运淤泥基本运距是 20m，超出部分每增加 20m 需单列计价。

2. 机械施工土方

机械施工土方定额是按Ⅰ、Ⅱ类土质编制的，如实际土壤类别不同时，定额中机械台班量乘以表 6-1 中系数。当土壤含水率在 25%～40%时，定额人工、机械乘以 1.15 系数。

表 6-1　　土质类别系数表

项　目	Ⅲ类土	Ⅳ类土
推土机推土方	1.19	1.4
铲运机铲土方	1.19	1.5
挖掘机挖土方	1.19	1.36

机械施工土方定额子目中已综合了人工清土、修坡的费用，不再另行计算人工费。

(1) 平整场地、填土碾压。定额内容包括场地±300mm 以内的挖填平衡；推平碾压，工作面排水。

(2) 推土机推土方、铲运机运土方。推土机推土或铲运机铲土，都是按推（运）距设项的，当土层厚度平均小于 300mm 时，推土机台班量乘以 1.25 系数，铲运机台班量乘以 1.17 系数；当推土机推、铲运机铲未经压实的积土时，按照相应定额乘以 0.73 系数。

在重车上坡时，如果坡度大于 5%，推土机推土、推土机推石碴、铲运机铲运土的运距按照坡度段斜长乘以表 6-2 中系数。

表 6-2　　坡度系数

坡度（%）	5～10	<15	<20	<25
系数	1.75	2	2.25	2.5

(3) 机械挖（装）土方、自卸汽车运土方。按挖掘机 + 推土机、挖掘机 + 推土机 + 自卸汽车（运距 1km 以内）和装载机 + 自卸汽车（运距 1km 以内）三种作业方式设项，如自卸汽车运距超出 1km，需单

独列项计算。

挖掘机在垫板上进行作业时，人工数量、机械台班量乘以 1.25 系数。定额中不包括垫板铺设费用，按照相应的定额另行计算。

机械上下行驶坡道的土方量，应合并在土方工程量内计算。汽车运土坡道如需铺筑材料时，其费用另行计算。

（4）机械挖运淤泥、流砂、冻土。机械挖运淤泥、流砂按挖掘机、挖掘机 + 推土机 + 自卸汽车（运距 1km 以内）三种作业方式设项，如自卸汽车运距超出 1km，需单独列项计算。

机械挖运冻土按钻孔爆破冻土、推土机推冻土（推距 60m 以内）、挖掘机 + 推土机 + 自卸汽车（运距 1km 以内）挖运冻土三种作业方式设项。

3. 人工施工石方

（1）凿一般岩石、凿沟槽、基坑及打孔爆破石方均包括平基、沟槽、基坑的石方开凿，分别按松石、次坚石、普坚石、特坚石列项。

石方爆破按照炮眼法松动爆破考虑，不分明炮、闷炮，但闷炮的覆盖材料应另行计算；起爆器材见图 6-3，定额是按照电雷管导电起爆编制的，工程采用火雷管爆破时，雷管应换算，数量不变。扣除定额中的胶管导线，换为导火索，导火索的长度按照每个雷管 2.12m 计算。

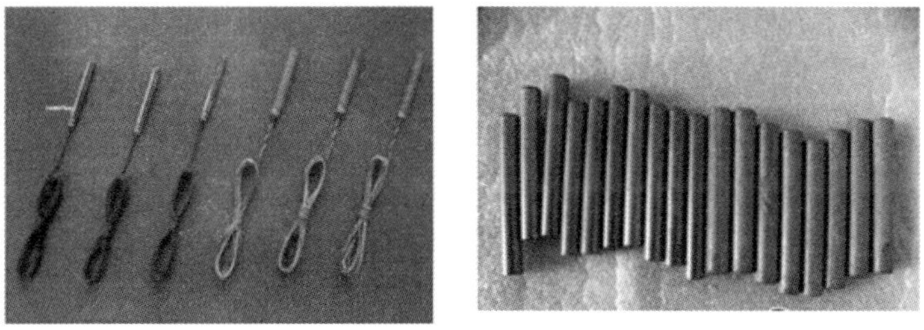

（a）　　　　（b）

图 6-3　电雷管与火雷管

（a）电雷管；（b）火雷管

定额不包括处理炮孔地下渗水、炮孔积水所发生的费用，应根据处理的方式另行计算；也不包括覆盖设施、安全警戒设施等费用；定额中包括封锁爆破区、爆破前后检查费用。

（2）运石方、回填石方与清底修边。运石方按运距设项，基本运距为 50m，超出部分每增加 50m 需单列计价。石方回填按松填、夯填列项。清底修边按松石、次坚石、普坚石、特坚石列项。

4. 机械施工石方

（1）钻孔爆破石方包括平基、沟槽、基坑钻孔爆破石方定额，分别按松石、次坚石、普坚石、特坚石列项。

（2）机械破碎石方。液压锤破碎石按松石、次坚石、普坚石、特坚石列项。

风镐破碎石方用于破碎孤石。

（3）推土机推渣及挖掘机挖渣、自卸汽车运渣。推土机推渣包括 105kW 以内推土机、165kW 以内推土机，分别按 30m 以内、60m 以内、100m 以内推距列项。挖掘机挖碴、自卸汽车运碴的基本运距是 1km，如自卸汽车运距超出 1km，需单独列项计算。

（4）回填及其他。填石定额中包括掺土碾压、石方破解碾压等工作内容。工程实际土方掺合比例、石方破解程度与定额不同时不做调整。填土、石碾压遍数及机械推平是综合考虑的，并考虑了机械碾压不到处的人工平整夯实等各种因素，执行定额时不得因碾压遍数与机械配备等而调整。地基钎探见图 6-4，定额按照插入式编制，工程地基钎探采用锤击式时，人工工日数量乘以 1.3 系数。探孔回填按照就地取

图 6-4　地基钎探

土回填编制，工程采用其他材料回填时，按照相应的材料预算价格另行计算回填材料费。

二、主要工程量计算规则

1. 基本规则

土石方开挖以场地平整（室外设计）标高为开挖起点。

挖、填、运土石方工程量均以挖掘前的自然密实体积计算。如工程需要根据其他体积计算土石方工程量时，按附录 F“土石方松实系数表”进行换算。

2. 平整场地工程量计算

建设场地挖、填土方厚度在±300mm 以内时，按平整场地计算工程量，见图 6-5；挖填土方厚度超过 300mm 时，按照场地竖向布置挖填方计算平基土方工程量。单位工程计算场地平整费用。

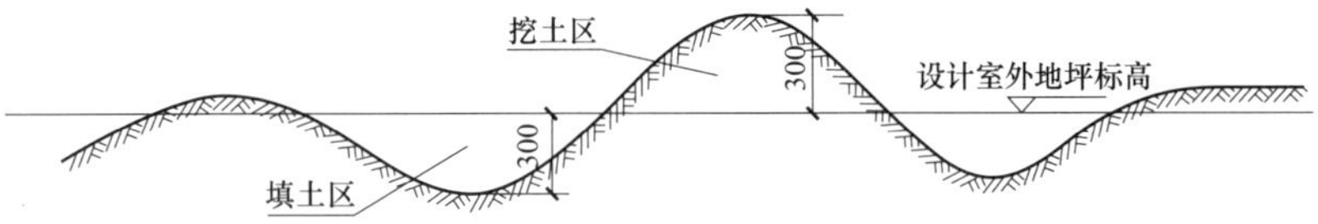

图 6-5　平整场地与挖土方、填土方之间的关系示意图

（1）平整场地。

1）建筑物、能够计算建筑体积的构筑物按外墙外边线每边各加 2m 以平方米为单位计算工程量。

2）不计算建筑体积的室外独立设备基础、室外独立池井按其结构外边线每边各加 2m 以平方米为单位计算工程量。

3）站区围墙、挡土墙按照其结构宽度加 2m 以平方米为单位计算工程量。计算围墙长度时，扣除大门、边门及大门柱所占长度。墙宽度以场地平整标高处宽度为准。

4）隔声墙按其结构占地宽度加 2m 以平方米为单位计算工程量。

5）站区支架按其结构宽度加 1m 以平方米为单位计算工程量。单一柱支架结构宽度以柱头顶宽或支架梁长为准；双柱支架结构宽度以支架柱外侧宽为准。

6）站区内隧道、沟道、管沟按其上口开挖宽度加 2m 以平方米为单位计算工程量。

7）站区内道路按路面宽度加 2m 以平方米为单位计算工程量；站区内地坪按照其面积以平方米为单位计算工程量。

8）防洪堤按照其占地宽度加 4m 以平方米为单位计算工程量。

9）计算相邻建筑物、构筑物平整场地面积时不允许有交叉重复。

（2）平基土方即竖向布置土方，根据场地平整（设计室外）标高与自然标高差以立方米为单位计算工程量。

竖向布置土方的挖填土方量按“方格网法”或“断面法”计算。

3. 基坑、沟槽土石方挖掘工程量计算

（1）放坡工程量。挖沟槽、挖基坑、挖土方放坡的起点深度和放坡坡度按施工组织设计计算；施工组织设计无规定时，按表 6-3 中的系数计算。当被挖土层的土壤类别不同时，分别以土壤类别分界点为放坡起点，按相应的放坡系数分别计算工程量，混合土质基础土方，其放坡的起点深度和放坡度，按不同土类厚度加权平均计算。

表 6-3　　放 坡 系 数 表

土壤类别	起点深度（m）	放坡坡度			
		人工挖土	机械挖土		
			基坑内作业	基坑上作业	沟槽上作业
普土	≥1.20	1:0.50	1:0.33	1:0.75	1:0.50
坚土	>1.80	1:0.33	1:0.25	1:0.67	1:0.33

计算放坡工程量时，在交接处重复的工程量不予扣除。原槽、坑做基础垫层时，放坡自垫层上表面开始计算，见图 6-6。

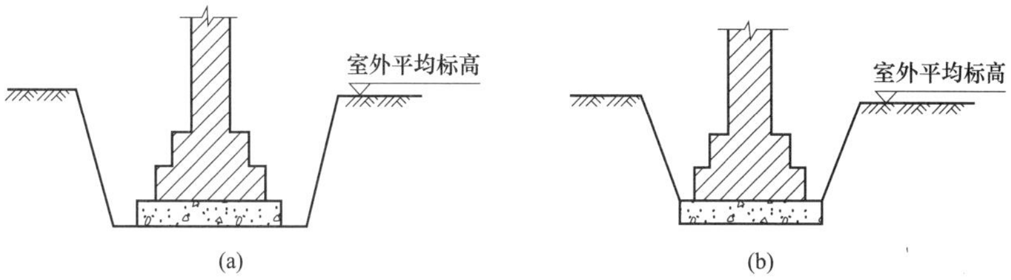

图 6-6　放坡挖地槽示意图

（a）基坑、沟槽上新做基础垫层；（b）原槽坑做基础垫层

挖冻土不计算放坡工程量。爆破开挖冻土时，其沟槽、基坑的深度与宽度允许计算 200mm 超挖量。超挖部分的冻土方量并入冻土挖方工程量内。

（2）挡土板。如沟槽、基坑开挖需要支挡土板时，挡土板按沟槽、基坑垂直支撑面积计算工程量；其开挖宽度按照图纸中沟槽、基坑底宽加预留挡土板宽度计算。单面支挡土板加预留宽度 100mm，双面支挡土板加预留宽度 200mm。支挡土板后不得再计算放坡工程量。

（3）地下工程施工工作面。地下垫层、支墩、基础、沟道、隧道、池井、地坑等工程施工时，按照表 6-4 计算施工工作面。垫层施工不支模板时，不计算施工工作面。由于施工工序不同需要的工作面宽度按照最大值计算，不允许叠加计算工作面宽度。

表 6-4　　地下工程施工工作面宽度计算表

项目名称	每边各增加工作面宽度（mm）	项目名称	每边各增加工作面宽度（mm）
砌砖基础、沟道	200	混凝土基础、垫层支模板	300
砌石基础、沟道	150	基础垂直面做砂浆防潮层	400（自防潮层面）
灰土支模板	300	基础垂直面做防水层或防腐层	1000（自防水层或防腐层）

施工地下工程搭拆双排脚手架时，搭拆侧按照 1500mm 计算工作面（只计算一面）；搭拆单排脚手架时，搭拆侧按照 1200mm 计算工作面（只计算一面），独立基础按 450mm 计算（四面计算）。

基坑土方大开挖需要做边坡支护时，基础施工的工作面宽度按 2m 计算。

基坑内施工各种桩时，基础施工的工作面宽度按 2m 计算。

（4）挖沟槽工程量计算（见图 6-7）。外墙按图示中心线长度计算。基础无垫层内墙按图示基础底面之间净长计算；基础有垫层内墙按照图示垫层底面之间净长计算。

沟槽、基坑开挖深度按图示槽坑底面至场地平整（设计室外）标高计算。内外墙凸出部分开挖体积并入沟槽工程量内计算。

（5）挖地下管道沟槽工程量计算。挖地下管道沟槽长度按图示管道中心线长度计算，扣除管路上各种井池所占长度。管路与井池以井池外壁外边线分界。

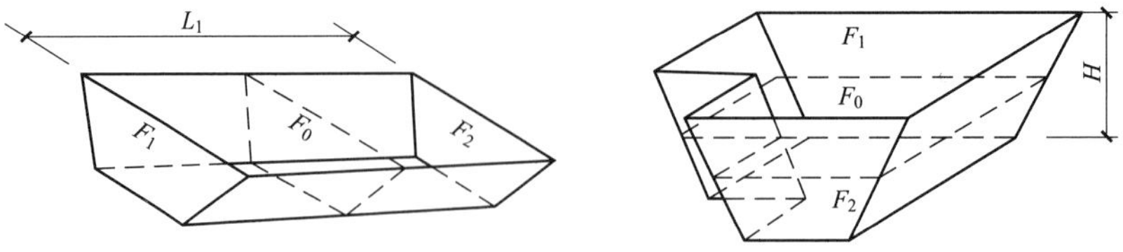

$$V_1=\frac{L_1}{6}(F_1+4F_0+F_2) \qquad V=\frac{H}{6}(F_1+4F_0+F_2)$$

图 6-7　挖沟槽工程量计算示意图

挖地下管道沟槽底宽按设计规定尺寸计算，设计无规定的单根管道开挖底宽按照表 6-5 计算，双根管道开挖底宽按照表 6-5 乘以 1.6 系数计算。当管道外径超过 2000mm 时，应根据批准的施工组织设计规定计算。

管道接口处需要加宽、加深而增加的土方量不另行计算。铺设铸铁管道时，其接口等处土方增加量按照铸铁管道沟槽土方总量的 2.5%计算。

表 6-5　　管道沟槽底宽度计算表　　单位：m

管径（mm）	铸铁管、钢管	混凝土管	玻璃钢管、UPVC 管	管径（mm）	铸铁管、钢管	混凝土管	玻璃钢管、UPVC 管
50～80	0.6	0.8	0.6	700～900	1.6	1.8	1.35
100～200	0.7	0.9	0.6	1000～1200	1.9	2.1	1.65
250～350	0.8	1.0	0.7	1300～1500	2.2	2.6	1.95
400～450	1.0	1.3	0.85	1600～1800	2.5	2.9	2.25
500～600	1.3	1.5	1.1	1900～2000	2.8	3.2	2.5

4. *岩石开凿及爆破工程量计算*

人工凿岩石按照设计图示尺寸以立方米为单位计算工程量，不计算超挖工程量。

爆破岩石按照设计图示尺寸以立方米为单位计算工程量。其沟槽、基坑的深度与宽度允许超挖量：松石、次坚石 200mm，普坚石、特坚石 150mm。超挖部分的石方量并入岩石挖方工程量内。推碴、挖碴、运碴工程量按照爆破岩石的工程量计算。

修整边坡工程量按照修整的坡面积计算。

管沟石方开挖工程量按照设计规定及允许超挖工程量计算；设计无规定时，管沟底宽按照表 6-5 加允许超挖工程量计算。

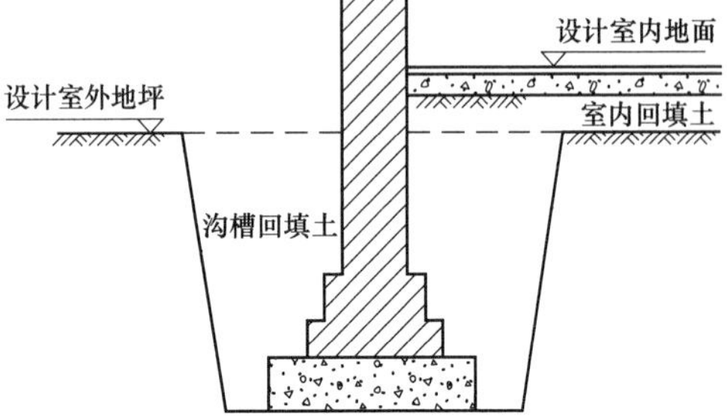

图 6-8　回填土石方示意图

5. *回填土石方工程量计算*

回填分夯填、松填，按图示回填尺寸以立方米为单位计算工程量。

（1）基坑、沟槽回填。按挖方体积减去场地平整（设计室外）标高以下埋置设施体积计算，见图 6-8。

（2）室内（房心）回填土。按主墙之间面积乘以回填厚度计算。

（3）管道沟槽回填。按照挖方体积减去管道、垫层、基础、支墩、各类井等所占体积计算。不扣除管径在 500mm 以下管道所占体积；管径超过 500mm 时，按照表 6-6 扣除管道所占体积计算；管道直径超过 1000mm 时按

照实际填土量计算。直埋式保温管道直径按照保温后外径计算

表 6-6　　管道扣除土方体积表　　单位：m^3/m

管道名称	管道直径（mm）		
	501～600	601～800	801～1000
钢管	0.21	0.44	0.71
铸铁管	0.24	0.49	0.77
混凝土管	0.33	0.6	0.92

（4）夯实、碾压。原土夯实、碾压按照平方米计算工程量；填土夯实、碾压按照立方米计算工程量。

6. *土石方运输工程量计算*

（1）余土外运或取土运回工程量 = 挖土总体积 – 回填总体积/密实后体积系数。

计算结果是正值，为余土外运体积；计算结果是负值，为取土运回体积。密实后体积系数根据附录 F 取定。

（2）土石方运距计算。人工运土石方距离按照取土重心点至卸土重心点之间的直线距离计算。

推土机推土石方距离按照挖方区重心至填方区重心之间的直线距离计算。

铲运机运土距离按照挖方区重心至卸土区重心直线距离加转向距离 45m 计算。

自卸汽车运土石方距离按照挖方区（或取土地点）重心至填土区（或卸土地点）重心最短行驶距离计算。

三、工程案例

案例 6-1　厂区施工区土石方工程工程量计算

新建火力发电厂的施工区土石方工程的挖填土方厚度一般超过 300mm，按场区土方平衡竖向布置图计算。

常用的建设场地土方工程量的计算方法有方格网法和横断面法两种，其中方格网计算法应用比较广泛，具体计算方法：首先将场地划分为边长 10～40m 的正方形方格网，通常以 20m 居多，再将场地设计标高和自然地面标高分别标注在方格角点上，场地设计标高于自然地面标高的差值即为各角点的施工高度（挖或填），习惯以“＋”号表示填方，“－”号表示挖方。将施工高度标注于角点上，然后分别计算每一方格的填挖土方量，并算得场地边坡的土方量。将挖方区（或填方区）所有方格计算的土方量和边坡土方量汇总，即得场地挖方和填方的总土方量。

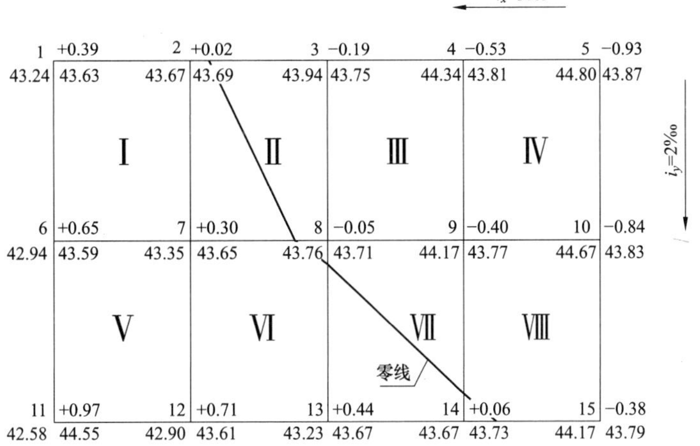

图 6-9　某建筑场地方格网挖填土方量计算图

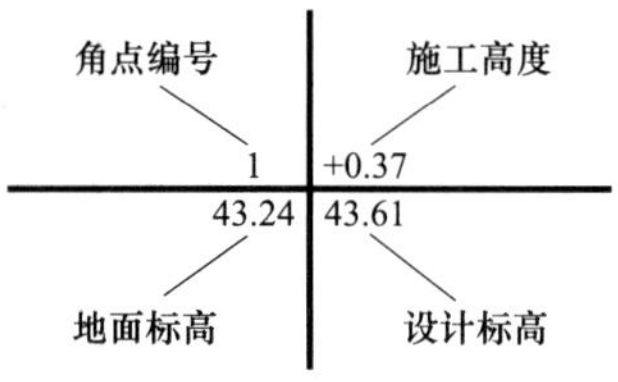

图 6-10 方格网角点标注

某新建火电厂的站区施工区方格网如图 6-9 所示，方格为 20m × 20m，根据施工方案，本工程采用正铲挖土、填料碾压，计算其挖、填土方工程量。（土质类别：四类土）

解：第一步划分方格网并计算场地各方格角点施工高度。

根据已有地形图划分成若干个方格网，尽量与测量的纵横坐标网对应，将角点自然地面标高和设计标高分别标注在方格网点的左下角和右下角（见图 6-10）。

角点设计标高与自然地面标高差值即各角点施工高度，表示为：

$$h_n = H_{dn} - H_n$$

式中 H_n——角点自然地面标高；

H_{dn}——角点设计标高（若无泄水坡度，即为场地设计标高）；

h_n——角点施工高度，以“+”为填，以“−”为挖；标注在方格网点的右上角。

计算各方格网点的施工高度如下：

$$h_1 = H_{d1} - H_1 = 43.63 - 43.24 = +0.39\text{m}$$

$$h_2 = H_{d2} - H_2 = 43.69 - 43.67 = +0.02\text{m}$$

……

$$h_{15} = H_{d15} - H_{15} = 43.79 - 44.17 = -0.38\text{m}$$

第二步计算零点位置。

在一个方格网内同时有填方或挖方时，要先算出方格网边零点位置即不挖不填点，并标注于方格网上，联接零点即得填方与挖方区分界线。

零点位置按相似三角形原理（见图 6-11）得下式计算：

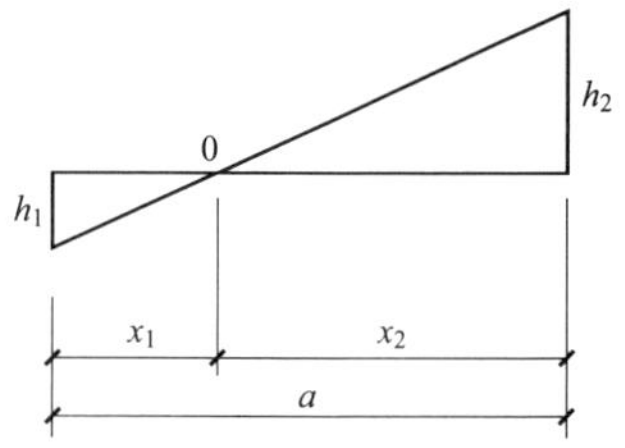

图 6-11 零点位置计算

$$x_1 = \frac{h_1}{h_1 + h_2} \times a \qquad x_2 = \frac{h_2}{h_1 + h_2} \times a$$

式中 x_1、x_2——角点至零点距离，m；

h_1、h_2——相邻两角点施工高度，m，均用绝对值；

a——方格网的边长，m。

图 6-9 中 Ⅱ 区角点 2、3 分别是填方与挖方点，故中间必有零点，零点至角点 3 距离：

$$x_{32} = \frac{h_3}{h_3 + h_2} \times a = \frac{0.19}{0.19 + 0.02} \times 20 = 18.10\text{m}$$

$$x_{23} = 20 - 18.10 = 1.90\text{m}$$

同理

$$x_{78} = \frac{0.30}{0.30 + 0.05} \times 20 = 17.14\text{m} \qquad x_{87} = 20 - 17.14 = 2.86\text{m}$$

$$x_{138} = \frac{0.44}{0.44 + 0.05} \times 20 = 17.96\text{m} \qquad x_{813} = 20 - 17.96 = 2.04\text{m}$$

$$x_{914} = \frac{0.40}{0.40 + 0.06} \times 20 = 17.39\text{m} \qquad x_{149} = 20 - 17.39 = 2.61\text{m}$$

$$x_{1514} = \frac{0.38}{0.38 + 0.06} \times 20 = 17.27\text{m} \qquad x_{1415} = 20\text{-}17.27 = 2.73\text{m}$$

第三步计算方格土方工程量。

按方格网底面积图形和表 6-7 所列公式，计算每个方格内的挖方或填方量。

①方格Ⅰ、Ⅲ、Ⅳ、Ⅴ、Ⅵ底面为正方形，土方量为：

$$V_{\text{I}+}=\frac{20^2}{4}\times(0.39+0.02+0.65+0.30)=136\text{m}^3 \qquad V_{\text{III}-}=\frac{20^2}{4}\times(0.19+0.53+0.05+0.40)=117\text{m}^3$$

$$V_{\text{VI}-}=\frac{20^2}{4}\times(0.53+0.93+0.40+0.84)=270\text{m}^3 \qquad V_{\text{V}+}=\frac{20^2}{4}\times(0.65+0.30+0.97+0.71)=263\text{m}^3$$

②方格Ⅱ底面为二个梯形，土方量为：

$$V_{\text{II}+}=\frac{x_{23}+x_{78}}{2}\times a\times\frac{\sum h}{4}=\frac{1.90+17.14}{2}\times20\times\frac{0.02+0.30+0+0}{4}=15.23\text{m}^3$$

$$V_{\text{II}-}=\frac{x_{23}+x_{87}}{2}\times20\times\frac{\sum h}{4}=\frac{18.10+2.86}{2}\times20\times\frac{0.19+0.05+0+0}{4}=12.58\text{m}^3$$

③方格Ⅵ底面为三角形和五边形，土方量为：

$$V_{\text{VI}-}=\frac{x_{87}x_{13}}{2}\times\frac{\sum h}{3}=\frac{2.86\times2.04}{2}\times\frac{0.05+0+0}{3}=0.05\text{m}^3$$

$$V_{\text{VI}+}=\left(a^2-\frac{x_{87}x_{813}}{2}\right)\times\frac{\sum h}{5}=\left(20^2-\frac{2.86\times2.04}{2}\right)\times\left(\frac{0.30+0.71+0.44+0+0}{5}\right)=115.15\text{m}^3$$

④方格Ⅶ底面为二个梯形，土方量为：

$$V_{\text{VII}+}=\frac{x_{138}+x_{149}}{2}\times a\times\frac{\sum h}{4}=\frac{17.96+2.61}{2}\times20\times\frac{0.44+0.06+0+0}{4}=25.71\text{m}^3$$

$$V_{\text{VII}-}=\frac{x_{813}+x_{914}}{2}\times a\times\frac{\sum h}{4}=\frac{2.04+17.39}{2}\times20\times\frac{0.05+0.40+0+0}{4}=21.86\text{m}^3$$

⑤方格Ⅷ底面为三角形和五边形，土方量为：

$$V_{\text{VIII}-}=\left(a^2-\frac{x_{149}x_{1415}}{2}\right)\times\frac{\sum h}{5}=\left(20^2-\frac{2.61\times2.73}{2}\right)\times\left(\frac{0.40+0.84+0.38+0+0}{5}\right)=128.44\text{m}^3$$

$$V_{\text{VIII}+}=\frac{x_{149}x_{1415}}{2}\times\frac{\sum h}{3}=\frac{2.61\times2.73}{2}\times\frac{0.06+0+0}{3}=0.07\text{m}^3$$

表 6-7 **常用方格网计算公式**

项　目	图　示	计 算 公 式
一点填方或挖方（三角形）	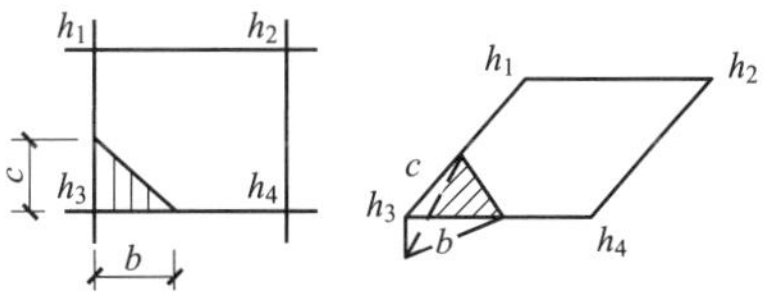	$V=\frac{1}{2}bc\frac{\sum h}{3}=\frac{bch_3}{6}$ 当$b=c=a$时，$V=\frac{a^2h_3}{6}$
二点填方或挖方（梯形）	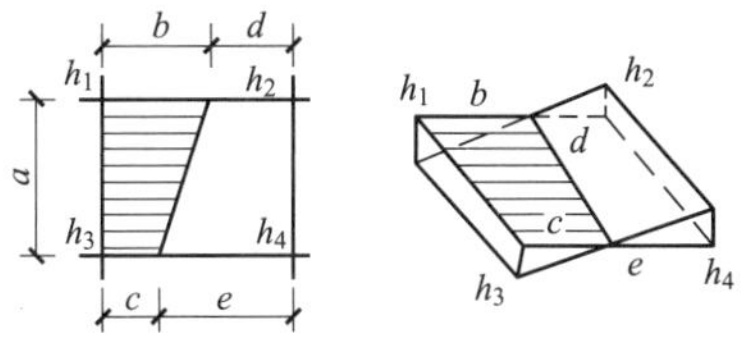	$V_+=\frac{b+c}{2}a\frac{\sum h}{4}=\frac{a}{8}(b+c)(h_1+h_2)$ $V_-=\frac{d+e}{2}a\frac{\sum h}{4}=\frac{a}{8}(d+e)(h_3+h_4)$

续表

项　目	图　　示	计　算　公　式
三点填方或挖方 （五角形）	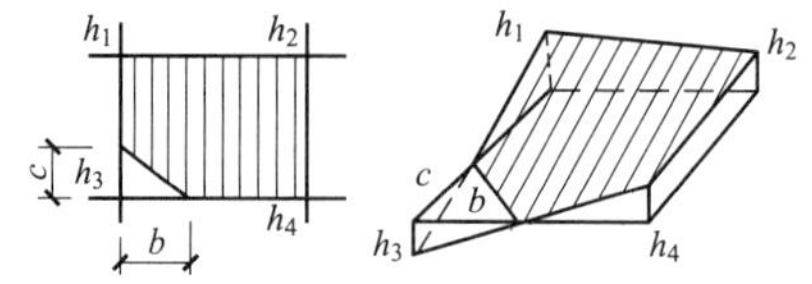	$V=\left(a^2-\frac{bc}{2}\right)\frac{\sum h}{5}=\left(a^2-\frac{bc}{2}\right)\frac{h_1+h_2+h_4}{5}$
四点填方或挖方 （正方形）	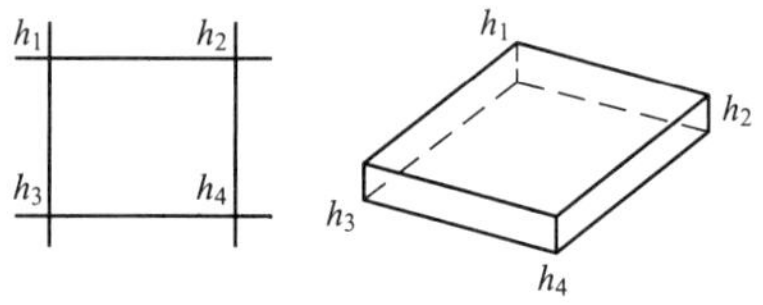	$V=\frac{a^2}{4}\sum h=\frac{a^2}{4}(h_1+h_2+h_3+h_4)$

注　a ——方格网的边长，m；

h_1、h_2、h_3、h_4 ——方格网四角点的施工高度，均用绝对值代入；

b、c ——零点到一角的边长，m；

$\sum h$ ——欲求划分边长之角点的施工高度，均用绝对值代入。

第 4 步汇总。

当算出每个方格网的土方量后，即按行、列分别算出填、挖土方总量。然后，按定额分项的要求，根据总土方量和施工组织设计所采用的施工方法、运输距离以及土壤分类比例等算出不同施工方法和不同类别的土方量。

总挖方量：$\sum V- = 117 + 270 + 12.58 + 0.05 + 21.86 + 128.44 = 549.93\text{m}^3$

总填方量：$\sum V+ = 136 + 263 + 15.23 + 115.15 + 25.71 + 0.07 = 555.16\text{m}^3$

第 5 步计算直接工程费。

（1）挖方。四类土需调整推土机、挖掘机机械台班量。

履带式推土机 75kW 的定额机械台班单价是 745.79 元/台班；

履带式液压挖掘机 1m^2 的定额机械台班单价是 1096.27 元/台班；

套定额 YT1-37，调整机械台班费为 $745.79 \times 0.0009 \times 0.4 = 0.27$（元），$1096.27 \times 0.0019 \times 0.36 = 0.75$（元）

$2.99 + 0.27 + 0.75 = 4.01$ 元/m^3

直接工程费 $549.93\text{m}^3 \times 4.01$ 元/$\text{m}^3 = 2205$ 元

（2）填方。

套定额 YT1-115　填土碾压 5.32 元/m^3

直接工程费 $555.16\text{m}^3 \times 5.32$ 元/$\text{m}^3 = 2953$ 元

直接工程费小计：$2205 + 2953 = 5158$ 元

案例 6-2　某建筑物基础平面及剖面如图 6-12 所示。已知设计室外地坪以下砖基础体积量为 15.85m^3，混凝土垫层体积为 2.86m^3，工作面 $c = 300\text{mm}$，土质为Ⅱ类土。挖出土方堆于现场，回填后余土外运 500m。要求对土方工程相关项目列项，并计算其直接工程费用。

解：本工程完成的与土方工程相关的施工内容有：平整场地、挖土、槽底夯实、回填土、运土。由于槽底夯实已包含在挖沟槽的定额内容中，所以不再单独列项。本分部工程应列的土方工程定额项目：平整场地、挖沟槽、回填土、运土。

第一步基数计算

$$L_{外} = (3.5 \times 2 + 0.24 + 3.3 \times 2 + 0.24) \times 2 = 28.16\text{m}$$

$$L_{内} = 3.3 \times 2 - 0.24 + 3.5 - 0.24 = 9.62\text{m}$$

$$L_{中} = (3.5 \times 2 + 3.3 \times 2) \times 2 = 27.2\text{m}$$

$$S_1 = (3.5 \times 2 + 0.24) \times (3.3 \times 2 + 0.24) = 49.52\text{m}^2$$

第二步计算工程量

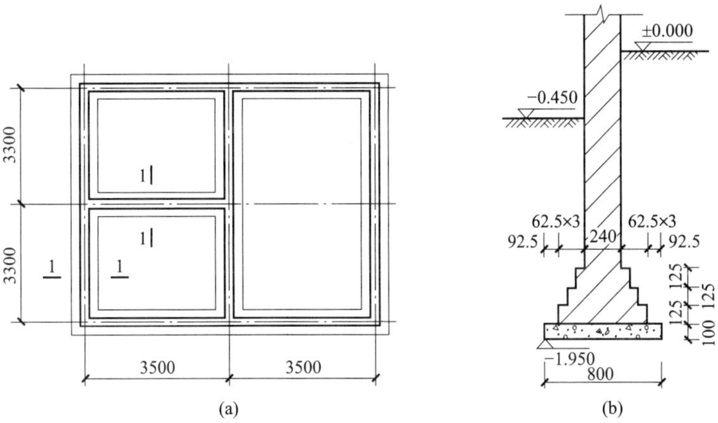

图 6-12　基础平面及剖面图

（a）平面图；（b）1-1 剖面图

（1）平整场地。

$$S = S_1 + 2 \times L_{外} + 16 = 49.52 + 2 \times 28.16 + 16 = 121.84\text{m}^2$$

（2）沟槽土方。

挖土深度 $H = 1.95 - 0.45 = 1.5\text{m} > 1.2\text{m}$，故需放坡开挖沟槽。放坡系数 $K = 0.5$。

$V_{外} = (B + 2c + \text{KH})\,\text{HL}_{中} = (0.8 + 2 \times 0.3 + 0.5 \times 1.5) \times 1.5 \times 27.2 = 2.15 \times 1.5 \times 27.2$

$= 87.72\text{m}^3$

$V_{内} = (B + 2c + \text{KH})\,\text{H} \times$ 基底净长（见图 6-13）

$= (0.8 + 2 \times 0.3 + 0.5 \times 1.5) \times 1.5 \times [3.3 \times 2 - (0.4 + 0.3) \times 2 + 3.5 - (0.4 + 0.3) \times 2]$

$= 2.15 \times 1.5 \times 7.3 = 23.54\text{m}^3$

$V_{挖} = V_{外} + V_{内} = 87.72 + 23.54 = 111.26\text{m}^3$

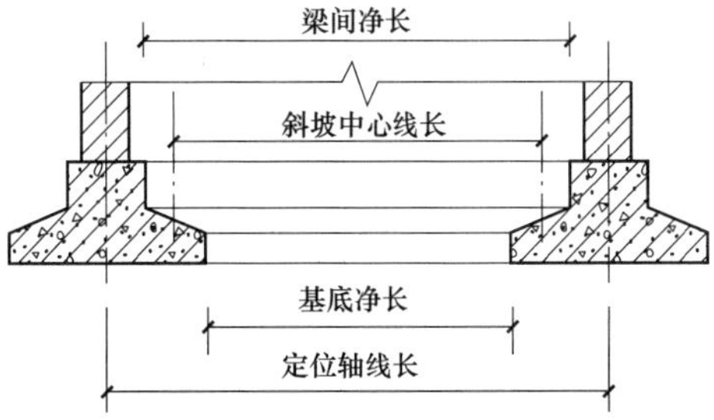

图 6-13　内墙基底净长

（3）土方夯填。

$V_{基}$ = 挖土体积 − 室外地坪以下埋设的基础、垫层体积

$= 111.26 - 15.85 - 2.86 = 92.55\text{m}^3$

$V_{房}$ = 主墙之间的净面积 × 回填土厚度

$= [(3.3 - 0.24) \times (3.5 - 0.24) \times 2 + (3.5 - 0.24)$

$\times (6.6 - 0.24)] \times 0.45$

$= 18.31\text{m}^3$

$V_{填}$ = 基础回填土 + 房心回填土 $= 92.55 + 18.31 = 110.86\text{m}^3$

（4）余土外运。

$V_{运}$ = 挖土总体积 − 回填土总体积 $= 111.26 - 110.86 = 0.4\text{m}^3$

第三步计算直接工程费

平整场地：YT1-105　1.30 元/m^2　$121.84\text{m}^3 \times 1.30$ 元/m^2 = 158 元

挖沟槽：　YT1-5　12.81 元/m^3　$111.26\text{m}^3 \times 12.81$ 元/m^3 = 1425 元

土方夯填：YT1-108　8.551 元/m^3　$110.86\text{m}^3 \times 8.55$ 元/m^3 = 948 元

余土外运：YT1-20 + YT1-21 × 9　11.78 元/m^3　$0.4\text{m}^3 \times 16.21$ 元/m^3 = 6 元

直接工程费合计：158 + 1425 + 948 + 6 = 2537 元

四、定额应用与工程计量注意事项

（1）土方工程根据施工方法分为机械施工土方与人工施工土方。机械施工土方定额已经综合考虑了机具配置，如开挖机械、运输机械、碾压机械及人工配合机械施工的因素。石方工程不分机械施工与人工施工，均执行施工石方定额。石方放炮打眼综合考虑了人工凿孔和机械钻孔，石方出碴考虑了不同的装载机械、运输机械，石方回填碾压考虑了土石料的混合。

（2）土石方挖、填、运的体积按照挖掘前自然密实体积计算，松散系数与压实系数影响的土石方量已经在定额中考虑，不另行计算。

1）挖方体积按照挖掘前自然密实体积计算，是指按照未经扰动的自然状态下几何尺寸计算的挖方量。

2）填方体积按照挖掘前自然密实体积计算，是指按照实际存在的自然填方区或实际需要回填的坑槽几何尺寸计算的填方量。

3）运方体积按照挖掘前自然密实体积计算，是指按照自然状态下几何尺寸计算的挖方量扣减需要留下来的、已经折算成挖掘前自然密实体积的填方量后的余土方量。

（3）当建设单位提交的场地平整标高高于场地平整设计标高时，高出部分的土方开挖量按照竖向布置工程量计算，执行场地平整定额。当建设单位提交的场地平整标高低于场地平整设计标高时，按照实际场地平整标高计算土方开挖起点，同时需要按照实际场地平整标高计算回填土方工程量。

第二节　地基处理与基坑支护工程

地基与边坡处理工程定额章共分 7 节、88 个定额子目，包括换填、堆载预压、强夯、填料桩、地下混凝土连续墙、边坡处理等内容。适用于建筑物、构筑物地基处理与全站边坡处理工程；挡土墙、护坡工程根据所用材质执行相应的章节预算定额。

一、定额说明

1. 换填

换填定额子目中不包括被换填土方的开挖、运输费用，其费用按照第 1 章相应的定额另行计算。

2. 堆载预压

堆载预压定额综合考虑了堆载土的分层填筑、碾压、检验、修整边坡等工作内容。堆载土的预压期综合考虑，定额包括预压期间观测费。堆载土的卸载综合考虑了机械施工与人工清理。

堆载土、卸载土的运距综合在 1km 以内，超出 1km 时按照第 1 章自卸汽车运土运距每增加 1km 定额计算。

定额中不包括排水设施费用。外排水管、排水沟费用单独计算。

3. 强夯

强夯工程不分土壤类别，一律按照本定额执行。强夯定额中机械是综合取定的，工程实际与其不同时，不做调整。

强夯定额未编制 400t·m 及 500t·m 及 800t·m 强夯定额子目。当工程采用 400t·m 夯能机械施工时，按照 600t·m 定额子目乘以 0.7 系数计算费用；当工程采用 500t·m 夯能机械施工时，按照 600t·m 定额子目乘以 0.85 系数计算费用；当工程采用 800t·m 夯能机械施工时，按照 600t·m 定额子目乘以 1.15 系数计算费用。

强夯定额中考虑了各类布点形式，执行定额时不做调整。布点排列按照不间隔连续依次夯击击数计算，若设计要求夯点分两遍间隔夯击时，相应定额基价增加 25%，若设计要求夯点分三遍间隔夯击时，相应定额基价增加 50%，工程量不变。

强夯定额夯点间距是按照 4m 以内考虑的，如夯点间距在 4～8m 时，其定额中五击以内及每增加一击子目应乘以 0.75 系数。

当设计要求在强夯过程中填充材料时，相应强夯定额中人工数量、机械台班数量乘以 1.2 系数。所填充材料的施工费应另行计算。

当单位工程强夯面积小于 $600m^2$ 时，相应的强夯定额子目基价应乘以 1.25 系数。

4. 填料桩

除水泥搅拌桩、打钢管桩目外，其余打桩工程按照 I 级土编制的，如实际为Ⅱ级土时，其相应的人工数量、机械台班数量乘以 1.35 系数。打桩土质级别划分见附录 H。

定额中灌注材料消耗量已包括表 6-7 规定的充盈系数和材料损耗用量，工程实际用量与定额含量不同时，可以调整超出±10%部分，±10%以内部分不做调整。实际调整系量 = 调整量 × 调整系数，其调整系数为：设计充盈系数/定额充盈系数或实际用量/定额用量。

灌注砂石桩定额，除表 6-8 规定充盈系数及材料损耗用量外，还包括级配密实 1.334 系数。

表 6-8　　充盈系数及材料损耗率表

项目名称	充盈系数	损耗率（%）	项目名称	充盈系数	损耗率（%）
打孔灌注混凝土桩	1.2	1.5	打孔灌注碎石桩	1.3	3
钻孔灌注混凝土桩	1.25	1.5	打孔灰土挤密桩	1.08	2
打孔灌注砂桩	1.3	3	钻孔灰土挤密桩	1.13	2
打孔灌注砂石桩	1.3	3	水泥搅拌桩	1.05	1.5

若单位工程的碎石桩、砂石桩的工程≤$60m^3$ 时，其相应项目的人工、机械乘以 1.25 系数。

灰土挤密桩分打孔挤密桩、冲孔挤密桩两种，定额分别按不同桩长设项。

水泥搅拌桩分粉喷桩、水泥浆旋喷桩、三轴深搅桩三种。工程实际水泥用量与定额用量不同时，按如下方式换算。

（1）深层水泥搅拌桩项目已综合了正常施工工艺需要的重复喷浆（粉）和搅拌。空搅部分按相应项目的人工及搅拌桩机台班乘以 0.5 系数计算。

（2）三轴水泥搅拌桩项目水泥掺入量按加固土重（$1800kg/m^3$）的 18%考虑，如设计不同时，水泥掺量每增减 1%，按 0.019t 计算，其他不变；按二搅二喷施工考虑，设计不同时，每增（减）一搅一喷按相应项目人工和机械费增（减）40%计算。空搅部分按相应项目的人工及搅拌桩机台班乘以 0.5 系数计算。

（3）三轴水泥搅拌桩设计要求全断面套打时，相应项目的人工及机械乘以系数 1.5，其余不变。

（4）孔内深层强夯灰土挤密桩，成孔方式按洛阳铲成孔考虑。

注浆地基所用的浆体材料用量应按照设计含量调整。

废浆处理及外运执行本定额第 1 章相应定额子目。

凿桩头执行本定额第 3 章相应定额子目。

5. 地下混凝土连续墙

地下混凝土连续墙定额是按导墙开挖、砖导墙砌筑与拆除、混凝土导墙浇筑与拆除、机械抓斗成槽、锁口管吊拔和清底置换、浇制混凝土设置的，其中：导墙开挖定额综合考虑了机械挖土、人工挖土、浇筑槽底混凝土垫层等工作内容；挖土成槽定额中包括自卸汽车运土 1km，运距超出 1km 时按照第 1 章自卸汽车运土运距每增加 1km 定额计算；浇制地下连续墙定额中已综合考虑了垂直度、超挖深度、超灌量的损耗；锁口管吊拔、清底置换定额是按“段”进行编制的，定额综合考虑了每段工程量的大小，工程实际与定额不同时不做调整。

6. 边坡处理

边坡处理包括锚杆支护、土钉支护、喷射混凝土支护、护坡，其中：喷射混凝土支护定额中不包括钢筋网片的制作、安装、吊装费用，工程发生时按照钢筋笼、网定额另行计算；锚杆支护、土钉支护需要搭拆脚手架时，按照实际搭设长度乘以 2m 宽计算工程量，执行满堂脚手架定额子目。

护坡高度超过 4m 时，定额中人工费乘以 1.14 系数。

7. 支挡土板

支挡土板定额分密撑和疏撑。疏撑是指间隔支挡土板，且板间净空≤150cm 的情况；密撑是指满堂支挡土板或板间净空≤30cm 的情况。定额综合考虑了不同间隔疏撑，执行定额时不做调整。

锁口管吊拔、清底置换定额是按“段”进行编制的，定额综合考虑了每段工程量的大小，工程实际与定额不同时不做调整。

8. 钢筋笼、网制作

在钢筋笼、网制作定额中，综合考虑了不同的连接方式，工程实际与定额不同时不做调整；钢筋笼、网安装定额中包括其运输费用。

9. 边坡处理

边坡处理包括锚杆支护、土钉支护、喷射混凝土支护，其中：喷射混凝土支护定额中不包括钢筋网片的制作、安装、吊装费用，工程发生时按照钢筋笼、网定额另行计算；锚杆支护、土钉支护需要搭拆脚手架时，按照实际搭设长度乘以 2m 宽计算工程量，执行满堂脚手架定额子目。

二、工程量计算规则

（1）基本规则。定额说明中调整单价部分的工程量仅为超出定额技术标准部分的工程量，不包括符合定额技术条件部分的工程量。

（2）堆载土按照成品堆方体积计算工程量，不扣除排水板、排水管所占体积。塑料排水板分埋设深度按照延长米计算工程量。

（3）强夯。强夯应区分夯击能量、夯点间距、夯击遍数以平方米为单位计算工程量。强夯面积以边缘夯点外边线计算，包括夯点面积和夯点间面积，但要扣除夯点间面积大于 $64m^2$ 空地面积。

（4）灌注砂、石桩。灌注砂、石桩按体积计算工程量，不扣除桩尖虚体积。桩长 = 设计桩长 + 0.25m + 桩尖长度。桩尖长度结合工程实际施工技术，据实计算。

打孔灌注砂桩、砂石桩、碎石桩的体积，按照桩长乘以钢管管箍外径截面面积计算工程量。

打孔后先埋入预制钢筋混凝土桩尖再灌注砂、石时，桩尖单独计算，灌注桩长度不计算桩尖长度。

振冲成孔灌注桩按照桩长乘以设计桩截面面积计算工程量。

水泥粉煤灰碎石桩按照设计桩长（含桩尖）乘以设计桩外径面积计算工程量。

（5）灰土挤密桩、孔内深层强夯灰土挤密桩工程量按照设计桩长增加 0.25m 乘以设计成桩截面面积，以立方米为单位计算工程量。成桩直径按照设计桩直径计算。

（6）水泥搅拌桩。水泥粉喷桩、水泥浆旋喷桩按照设计桩长，以米计算工程量。

三轴水泥搅拌桩按设计桩长增加 0.25m 乘以设计桩截面面积，以体积计算。

（7）压密注浆钻孔数量按设计图示以钻孔深度计算。注浆数量按下列规定计算：

设计图纸明确加固土体体积的，按设计图纸注明的体积计算。

设计图纸以布点形式图示土体加固范围的，则按两孔间隔的一半作为扩散半径，以布点边线各加扩散半径，形成计算平面，计算注浆体积。

如果设计图纸注浆点在钻孔灌注桩之间，按两注浆孔的一半作为每孔的扩散半径，依此圆柱体积计算注浆体积。

（8）地下混凝土连续墙。导墙土方工程量、导墙工程量根据批准的施工组织设计规定，按照体积计算。

地下连续墙成槽土方量按照设计图示连续墙中心线长度乘以墙厚度再乘以槽深以体积计算。

地下连续墙混凝土量按照设计图示连续墙中心线长度乘以墙厚度再乘以设计墙高加0.25m以体积计算。

锁口管吊拔、清底置换以“段”为计量单位，按照槽壁单元划分段数加1计算。

（9）边坡处理工程量计算。锚杆钻孔、灌浆按照锚杆入土长度以延长米为单位计算工程量。锚杆制作、安装按照设计成品重量以吨计算。

锚头制作、安装、张拉、锁定按设计图示以“套”计算。

砂浆土钉根据设计图纸布置，按照图示土钉锚杆钢材重量以吨计算。

喷射混凝土按照图示喷射混凝土表面积以平方米为单位计算。

（10）高强植基毯边坡。按照设计图示尺寸以平方米计算工程量，其他材料护坡均按照设计图示尺寸以立方米为单位计算工程，格构式护坡按照设计图示混凝土实体体积计算。

（11）挡土板。按设计文件（或施工组织设计）规定的支挡范围，以面积计算，无规定按照沟槽、基坑垂直支撑面积计算工程量。

三、工程案例

案例6-3 某工程地基采用强夯处理，夯击能为200t·m，夯点间距在4m以内，每点击数为13击，跳打，即第一遍先打1、3、5…（奇数点），第二遍打2、4、6…（偶数点），第三遍低锤满夯，假设工程量为1000m^2。要求计算其直接工程费。

解：强夯定额中考虑了各类布点形式，执行定额时不做调整，若设计要求夯点分两遍间隔夯击时，相应定额基价增加25%，所以直接工程费计算见表6-9。

表6-9 直接工程费计算表

序号	编制依据	项目名称	单位	数量	设备单价	建筑费单价		设备合价	建筑费合价	
						金额	其中工资		金额	其中工资
		地基处理								
	YT2-15×1.25	主夯跳打（二遍夯）5击以内	m^2	1000		21.1875	3.65		21 188	3650
	YT2-16×8×1.25	主夯跳打（二遍夯）增加8击	m^2	1000		28.8	4.5		28 800	4500
	YT2-17	低锤满夯	m^2	1000		14.47	2.68		14 470	2680
		直接工程费							64 458	10 830

四、定额应用与工程计量注意事项

1. 灌注桩

灌注桩施工时的充盈系数与施工损耗量在定额中是分别列出的。工程实际只能调整充盈系数，损耗系数不做调整。在计算实际用量与定额用量比值时均不包括施工损耗量。

2. 堆载预压

堆载预压堆载土定额是按照1km以内取土作为堆载体编制的，定额没有计算土的材料费，其他材质堆载体应执行有关定额计算费用。

3. 强夯

在强夯点中间采用低级夯锤进行夯击时，根据低级夯能及其夯击数执行相应的强夯定额。工程量计算执行强夯工程量计算规则，不扣除原强夯点所占面积。

4. 凿桩头，执行本定额第 3 章相应定额子目。

5. 其他

（1）定额说明中调整单价部分的工程量仅为超出定额技术标准部分的工程量，不包括符合定额技术条件部分的工程量。

（2）桩长计算应包括桩尖长度，但必须是形成桩孔时应用了桩尖，否则没有桩尖长度的概念。

（3）碎石满铺参照第 9 章碎石垫层定额执行。

第三节 桩 基 工 程

桩基工程定额共分 9 节，109 个定额子目，包括钢筋混凝土预制桩、钢结构桩、管桩桩心填料、钻孔压浆桩、打圆木桩、凿桩诚意、灌注混凝土桩、钢筋笼、声测管埋设等内容。

除冲击钻孔灌注桩、人工挖孔桩、打钢管桩项目外，其余打桩工程按照Ⅰ级土编制的，如实际为Ⅱ级土时，其相应的人工数量、机械台班数量乘以 1.35 系数。打桩土质级别划分见附录 H。

本章定额内未包括泥浆池制作，实际发生时按本定额相应项目执行。

本章定额内未包括泥浆场外运输，实际发生时执行本定额“第 1 章 土石方工程”中自卸汽车运淤泥、流砂相应项目。

一、定额说明

1. 钢筋混凝土预制桩、钢结构桩

（1）钢筋混凝土预制桩定额是按钢筋混凝土方桩制作、机械打桩、静力压桩、送桩和接桩设置的。

打钢筋混凝土桩、静力压钢筋混凝土桩定额中包括钢筋混凝土成品桩购置费。当现场预制钢筋混凝土桩时，按照预制钢筋混凝土桩定额计算桩制作费，并根据第 5 章定额计算预制桩中的钢筋费用与桩运输费，同时扣减成品桩购置费。

计算工程打试验桩费用时，相应定额的人工数量、机械台班数量乘以 2.0 系数。

（2）钢结构桩定额是按钢结构桩靴（尖）制作、安装、机械打钢管桩、钢管桩内切割、送桩、接桩、管桩桩心填料设置的。定额综合考虑了桩维修、桩占用时间，执行定额时不做调整。

（3）定额调整。在打桩、打孔工程中，当桩间净距小于 4 倍桩径或桩边长时，相应定额中的人工数量、机械台班数量乘以 1.13 系数。在桩间补桩或强夯后的地基打桩时，按照相应定额中的人工数量、机械台班数量乘以 1.15 系数。

2. 钻孔压浆桩

钻孔压浆桩按钻杆主杆直径大小设置，分别按主杆≤300mm、主杆≤400mm、主杆≤600mm 列项。

3. 打圆木桩

打圆木桩内容包括制作木桩、安装桩靴及桩箍、准备打桩机械、移动打桩架及轨道、吊装定位、打桩校正、拆卸桩箍、锯桩头，按打桩和送桩分别设项。

4. 灌注桩、灌注桩埋管

（1）灌注混凝土桩。打孔灌注桩、挖孔灌注桩按孔深设项，钻孔灌注桩按钻孔直径设项。其中：

冲击钻孔灌注混凝土桩定额按照孔深 20m 以内考虑，如孔深超过 20m 时，每超过 10m，按照 20m

以内定额人工数量、机械台班数量增加28%，超过部分不足10m时按照插入法计算。当冲击钻孔施工穿过中、微风化岩石层时，穿过中、微风化岩石层部分的人工与机械乘以1.3系数。定额中冲击钻孔泥浆排放按照就地排放考虑，如工程需要外运时费用另行计算。

人工挖孔桩，桩孔内垂直运输方式按照人工考虑。如12m＜挖孔深度≤16m时，深度≤16m，以“深12m以内”定额为基础人工数量乘以1.27系数，并增加鼓风机（$8m^3$/min）0.346台班；深度≤20m以内，以“深12m以内”定额为基础人工数量乘以1.45系数，并增加鼓风机（$8m^3$/min）0.454台班。当人工挖桩孔遇到流砂、淤泥、岩石、墓穴以及抽水时，费用另行计算。

旋挖桩、螺旋桩、人工挖孔桩等干作业成孔桩的土石方场内、场外运输，执行本定额“第1章 土石方工程”中相应项目执行。

（2）灌注材料消耗量。灌注混凝土桩定额中灌注材料消耗量已包括表6-8规定的充盈系数和材料损耗用量内，工程实际用量与定额含量不同时，可以调整超出±10%部分，±10%以内部分不做调整。其调整系数为：设计充盈系数/定额充盈系数或实际用量/定额用量。

（3）灌注桩埋管内容包括声测管制作、焊接，埋设安装，清洗管道等全过程，主要是通过埋设声测管来检测一根桩质量的好坏。定额以埋设钢管列项。

5. 凿桩头

凿桩头包括预制桩、灌注混凝土桩、灌注砂石桩及水泥桩、灰土桩的桩头凿除，适应于高度在设计超灌长度范围内桩头。

预制钢筋混凝土管桩、方桩凿桩头的高度设定在0.75m以内，超过0.75m时应先截桩后凿桩。被截桩断面面积在$0.2m^2$以内者，每截一个桩头按照40元计算；被截桩断面面积在$0.2m^2$以外者，每截一个桩头按照60元计算。

凿未浇注桩芯部分的混凝土护壁时，按照凿混凝土桩头定额乘以0.8系数计算。凿砂浆护壁、实心砖护壁时，按照凿混凝土桩头定额乘以0.6系数计算。

6. 钢筋笼、网制作与安装

在钢筋笼、网制作定额中，综合考虑了不同的连接方式，工程实际与定额不同时不做调整；钢筋笼、网安装定额中包括其运输费用。

二、工程量计算规则

1. 基本规则

定额说明中调整单价部分的工程量仅为超出定额技术标准部分的工程量，不包括符合定额技术条件部分的工程量。

2. 预制钢筋混凝土桩

预制钢筋混凝土桩体积按照设计桩长（包括桩尖，不扣除桩尖虚体积）乘以截面面积计算。管桩的空心体积应扣除。管桩空心部分如需要灌注混凝土或其他填充料时，其费用另行计算。

预制桩制作损耗量按照1.5%计算。

3. 打钢筋混凝土桩、静力压钢筋混凝土桩

打或静力压预制钢筋混凝土桩按照预制桩体积计算工程量，不计算桩施工损耗量。

钢筋混凝土桩电焊接桩根据设计要求按照接头个数计算工程量；硫磺胶泥接桩按照桩断面以平方米为单位计算工程量。

送钢筋混凝土桩按照桩截面面积乘以送桩长度计算工程量。送桩长度从打桩架底计算至桩顶标高。考虑操作需要，打桩架底高于自然地坪0.5m。接桩与送桩见图6-14。

4. 钢结构桩

钢管桩根据桩设计长度、分管径按照设计成品重量计算工程量，不计算焊条、油漆重量，设计长度

从桩顶计算至桩底（不包括桩尖或桩靴长度）。

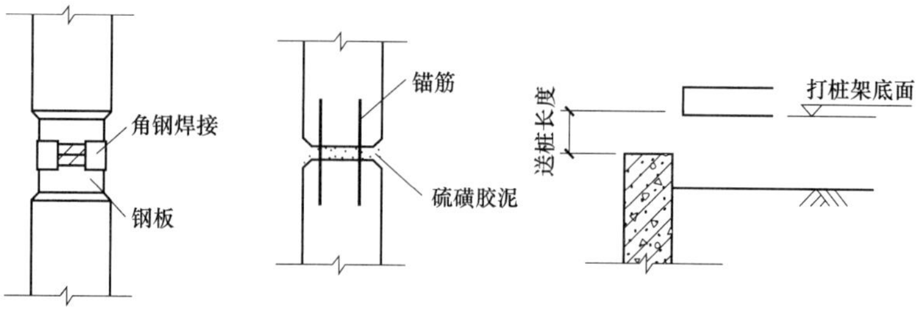

图 6-14　接桩、送桩

桩尖（靴）按照设计成品重量计算工程量，不计算焊条、油漆重量。工程打桩不设置桩尖（靴）时，不计算工程量。

钢管桩内切割分直径按照桩根数计算工程量。

钢管桩割焊盖帽、钢管桩电焊接头分直径按照个数计算工程量。

送钢结构桩按照被送桩长重量以吨为单位计算工程量，被送桩长从打桩架底计算至桩顶标高。

管桩桩心填料按照管桩内径乘以填料高度以体积计算工程量。

5. 灌注混凝土桩

灌注混凝土桩按照体积计算工程量，不扣除桩尖虚体积。其中桩长计算公式为

桩长 = 设计桩长 + 设计超灌长度 + 桩尖长度

设计超灌长度按照图纸要求计算，图纸无要求时，按照设计桩长 5%计算，超灌长度大于 1m 时按照 1m 计算。

打孔灌注桩的体积按照桩长乘以钢管管箍外径截面面积计算工程量。打孔后先埋入预制钢筋混凝土桩尖再灌注混凝土时，桩尖单独计算，灌注桩长度不计算桩尖长度。

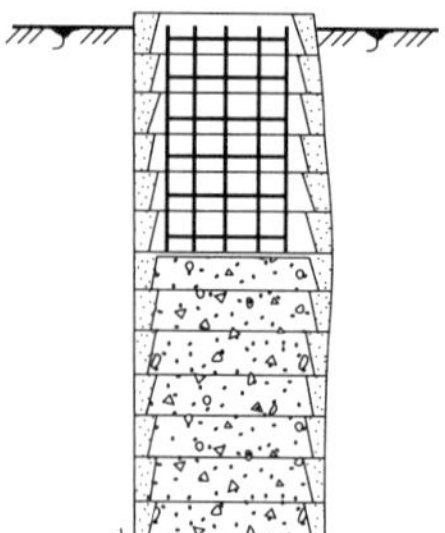

图 6-15　人工挖孔桩

钻孔、振冲成孔灌注桩按照桩长乘以设计桩截面面积计算工程量。

支盘桩分直径按照体积计算工程量，支盘桩中支与盘的工程量按照设计断面与长度计算工程量，并入支盘桩体积内。

人工挖孔桩工程量计算包括挖孔桩土方、桩孔护壁、桩芯混凝土、桩底入岩的工程量计算，人工挖孔桩见图 6-15。

人工挖孔桩土方量按照设计桩长加空桩长度乘以设计桩截面面积，以立方米为单位计算工程量。有护壁桩设计桩截面直径为桩护壁外直径，无护壁桩设计桩截面直径为桩芯混凝土直径。空桩长度从设计桩顶计算至挖孔地面标高。桩底部扩孔土方按照设计图示尺寸计算工程量，并入挖孔桩土方内。

护壁按照设计护壁高度乘以设计护壁截面面积，以立方米为单位计算工程量。

人工挖孔桩桩芯混凝土体积按照桩长乘以设计桩截面面积计算工程量。桩头扩大部分体积以立方米为单位计算工程量，并入桩芯体积内。

桩底入岩工程量按照设计图示尺寸以立方米为单位计算工程量。

6. 钢筋笼、网制作与安装

灌注混凝土桩的钢筋笼、网制作、安装根据设计规定以吨为单位计算工程量。钢筋搭接用量、施工措施钢筋用量按照第 5 章钢筋工程量计算规定计算。

7. 钻孔压浆

钻孔压浆桩工程量按设计桩长计算工程量。

8. 打圆木桩

打圆木桩桩按照木桩体积计算工程量，不计算桩施工损耗量。

9. 凿桩头

凿桩头以凿桩长度（超灌长度）乘以设计桩截面面积，以立方米为单位计算工程量；凿人工挖孔桩护壁按照实际体积计算。截桩头按照被截桩根数计算。

10. 灌注桩埋管

声测管埋设，按照设计图示长度以米计算工程量。

三、工程案例

案例 6-4 图 6-16 为某工程打入式沉管灌注桩平面图，单根桩钢管管箍外径为$\phi = 350$mm，桩长均为 13m，试计算图示桩的混凝土定额工程量。

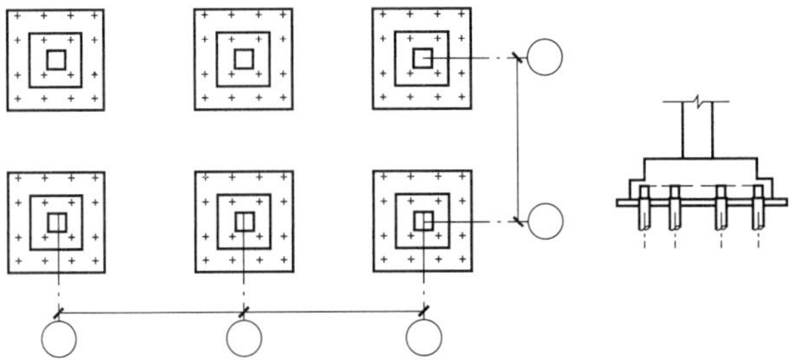

图 6-16 打入式沉管灌注桩平面图

解： 灌注混凝土桩要考虑充盈系数，设计超灌长度按照图纸要求计算，图纸无要求时，按照设计桩长 5%计算。

单根桩的工程量：

$= \pi \times (350/2)^2 \times 10^{-6} \times 13 \times 1.05 = 1.3133\text{m}^3$

合计：$6 \times 16 \times 1.3133 = 126.08\text{m}^3$

案例 6-5 某工程有 30 根钢筋混凝土柱，根据上部荷载计算，每根柱下有 4 根 350 × 350mm 的方桩，桩长 30m（用 3 根长 10m 的方桩用焊接方法接桩，包角钢），桩顶距自然地坪 5m，土质为一级，采用履带式柴油打桩机打桩，计算打桩基础预算工程费。

解： (1) 打钢筋混凝土方桩。

工程量：$V = 0.35 \times 0.35 \times 4$ 根 $\times 30\text{m} \times 30$ 根 $= 441\text{m}^3$

套定额 YT3-10　1150.44 元/$\text{m}^3 \times 441 = 507\,344$ 元

(2) 接桩。

工程量：$2 \times 4 \times 30 = 240$ 个

套定额 YT3-33　260.15 元/个 $\times 240 = 62\,436$ 元

(3) 送桩。

工程量：$S = (5 + 0.5) \times 0.35 \times 0.35 \times 120 = 80.85\text{m}^3$（打桩架底高于自然地坪 0.5m）

套定额 YT3-31　198.33 元/$\text{m}^3 \times 80.85 = 16\,035$ 元

预算直接费：$507\,344 + 62\,436 + 16\,035 = 585\,815$ 元

四、定额应用与工程计量注意事项

1. 灌注桩

(1) 灌注桩施工时的充盈系数与施工损耗量在定额中是分别列出的。工程实际只能调整充盈系数，损耗系数不做调整。在计算实际用量与定额用量比值时均不包括施工损耗量。

（2）灌注桩入岩工程量只计算没有风化和微风化岩石层；计算中风化岩石层工程量，执行定额时基价乘以 0.65 系数；不计算全风化与强风化岩石层工程量。

（3）冲击钻孔灌注混凝土桩定额孔深为 20m 以内，若孔深超过 20m 时，每超过 10m，按照 20m 以内定额人工数量、机械台班数量增加 28%，超过部分不足 10m 时按照插入法计算。

例如当工程实际冲击钻孔灌注混凝土桩孔深为 28m 时，其中有 8m 桩长工程量施工时定额人工数量、机械台班数量增加 $8/10 \times 20\% = 22.4\%$；

当工程实际冲击钻孔灌注混凝土桩孔深为 38m 时，其中：20m 至 30m 桩长部分工程量施工时定额人工数量、机械台班数量增加 28%；30～38m 桩长部分工程量施工时定额人工数量、机械台班数量增加 $28\% + 8 \times 0.28/10 \times 100\% = 50.4\%$。

（4）微型桩（树根桩）参照钻孔混凝土灌注桩定额执行。

2. *其他*

（1）定额说明中调整单价部分的工程量仅为超出定额技术标准部分的工程量，不包括符合定额技术条件部分的工程量。

（2）桩长计算应包括桩尖长度，但必须是形成桩孔时应用了桩尖，否则没有桩尖长度的概念。

（3）打桩工程按陆地打垂直桩编制。设计要求打斜桩时，斜度≤1:6 时，相应项目人工、机械乘以 1.25 系数；斜度＞1:6 时，相应项目人工、机械乘以 1.43 系数。

打桩工程以平地（坡度≤15°）打桩为准，坡度＞15°打桩时，按相应项目人工、机械乘以 1.15 系数。如在基坑内（基坑深度＞1.5m，基坑面积≤500m^2）打桩或在地坪上打坑槽内（坑槽深度＞1m）桩时，按相应项目人工、机械乘以 1.11 系数。

第四节　砌　筑　工　程

砌筑工程定额本章共分 4 节，42 个定额子目，包括砌筑实心砖、砌筑空心砖及砌块、砌筑石、砌体勾缝等内容，适用于建筑物与构筑物不同位置、不同砌筑材料的墙体、沟道、零星砌体工程。

定额均包括了水平运输费用，不再单独计算。垂直运输费用随建筑物、构筑物整体计算。定额中的砌筑砂浆是按照常用强度等级考虑，工程设计强度等级与定额不同时，按照附录 E 进行调整。

一、定额说明

1. *砖砌体、砖块砌体、石砌体*

定额中砖、砌块、石料按照标准或常用规格编制，设计规格与定额不同时，砌体材料和砌筑（粘结）材料用量应做调整换算。

砖墙定额中综合考虑了清水墙、混水墙、弧形墙等施工因素，包括原浆勾缝用工，加浆勾缝另行计算。砖墙加固筋已综合考虑了制作、运输、安装。

砖砌井池不分圆形、矩形，雨水井箅、铸铁井盖定额包括其成品购置费、安装费。

砖砌挡土墙，墙厚两砖以上执行砖基础定额，两砖以内执行外砖墙定额。

零星砌体适用于厕所蹲台、小便池槽、各种砌砖腿、台阶、花台、花池等。

砌块墙体定额中包括门窗洞孔边砌筑标准砖工程量，工程实际用量与定额不同时，不做调整。

2. *砌石*

定额中粗料石、细料石砌体墙是按照 400mm × 220mm × 200mm 规格考虑，工程实际规格与定额不同时，可以换算。

毛石护坡高度超过 4m 时，定额中的人工费乘以 1.14 系数。砌筑弧形基础、弧形墙时，相应砌石定额中的人工费乘以 1.09 系数。

二、工程量计算规则

1．一般规定

（1）砖墙标准厚度

标准砖规格为 240mm × 115mm × 53mm，砖墙标准厚度按照表 6-10 计算。

表 6-10 砖墙标准厚度计算表 单位：mm

墙厚度	$\frac{1}{4}$砖	$\frac{1}{2}$砖	$\frac{3}{4}$砖	1 砖	$1\frac{1}{2}$砖	2 砖	$2\frac{1}{2}$砖
计算厚度	53	115	180	240	365	490	615

（2）基础与墙（柱）划分。基础与墙（柱）采用同一种材料时，以室内设计地坪分界，以下为基础，以上为墙（柱）。

基础与墙采用不同种材料时，位于设计室内地面±300mm 以内时，以不同材料界面分界；超过±300mm 时，以设计室内地坪分界，见图 6-17。

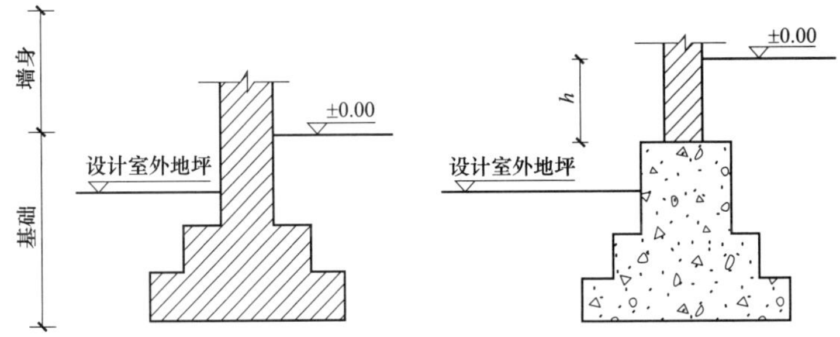

图 6-17 基础与墙（柱）划分

有地下室者，以地下室室内地坪分界。

砖围墙以场地（室外）地坪分界，以下为基础，以上为围墙。石围墙内外地坪标高不同时，以较低地坪标高分界，以下为基础，石围墙内外标高之差为挡土墙，高标高地坪以上为石围墙。

挡土墙不分基础与墙。

2．基础工程量计算

基础根据设计图示尺寸按照体积计算工程量，附墙垛、扶壁柱基础宽出部分体积并入基础体积内。扣除地圈梁、构造柱所占体积；不扣除基础大放脚 T 形接头处的重复部分、嵌入基础内的钢筋、铁件、防潮层所占体积及单个面积 0.3m^2 以内的孔洞所占体积；但单个面积 0.3m^2 以上孔洞所占体积需扣除，其洞口上的钢筋混凝土过梁应单独计算。靠墙沟道挑檐不计算体积。

外墙基础按外墙中心线长度计算，内墙基础按内墙基础净长计算。

3．墙体工程量计算

砖墙、空心砖墙、砌块墙、石墙根据设计图示尺寸按照体积计算工程量。扣除门窗洞口、过人洞、空圈所占体积及嵌入墙内的钢筋混凝土柱、梁、圈梁、过梁、挑梁、预埋块所占体积；扣除凹进墙内的壁龛、管槽、消火栓箱、配电箱等所占体积。不扣除梁头、板头、檩头、垫木、木砖、门窗走头、砖墙内加固钢筋、铁件及单个面积在 0.3m^2 以内孔洞等所占体积。

突出墙面的三皮砖以下腰线和挑檐、窗台线、窗台虎头砖，压顶线、门窗套等体积不增加，洞口上砖平璇、钢筋砖过梁不单独计算，但需计算砖垛、扶壁柱及三皮砖以上的腰线和挑檐体积，并入墙体工程量内。

外墙长度按外墙中心线长度计算，内墙长度按内墙净长计算。砖墙标准厚度按照表 6-10 规定计算；空心砖墙、砌块墙、石墙厚度按照设计尺寸计算。

外墙高度见图 6-18：坡（斜）屋面无檐口天棚者，计算至屋面板底；有屋架且室内外均有天棚者，计算至屋架下弦底面另加 200mm：有屋架无天棚者，计算至屋架下弦底加 300mm；平屋面计算至钢筋混凝土板底。

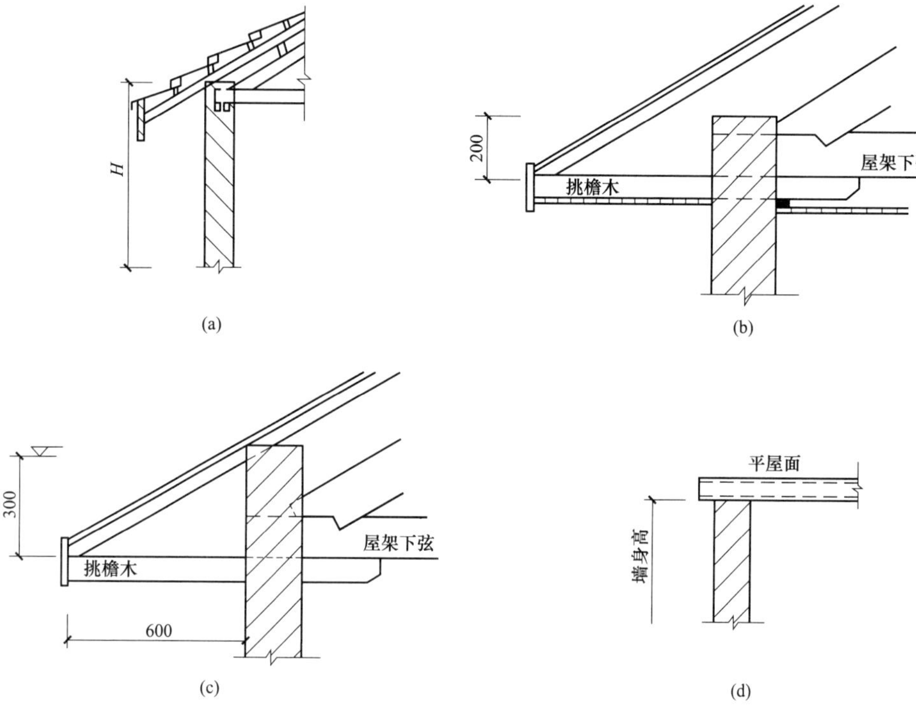

图 6-18　外墙高度

（a）斜（坡）屋面无檐口天棚；（b）有屋架且室内外均有天棚；（c）有屋架无天棚；（d）平屋面

内墙高度见图 6-19：位于屋架下弦者计算至屋架下弦底；无屋架有天棚者计算至天棚底加 100mm；有钢筋混凝土楼板隔层者计算至板底。内外山墙高度，按其平均高度计算。

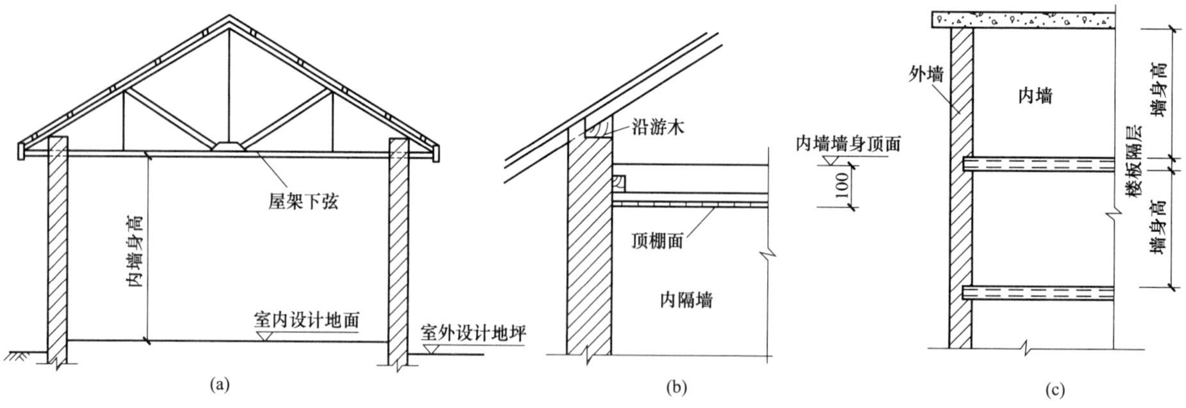

图 6-19　内墙高度

（a）位于屋架下弦；（b）无屋架有天棚；（c）有混凝土楼板隔层时的内墙墙身高度

女儿墙高度从屋面板顶标高计算至女儿墙顶标高，见图 6-20，当女儿墙设有混凝土压顶时，计算至混凝土压顶底标高。

框架间砌体以框架间净空面积乘以墙厚计算工程量，框架面贴砌部分体积合并计算。

空花砖墙按照空花部分外形体积以立方米为单位计算工程量，不扣除空洞部分体积。在空花砖墙中，砌筑实体墙部分应单独计算。

空心砖墙按体积以立方米为单位计算工程量，不扣除其空心部分体积。

附墙通风道、垃圾道、电缆竖井等根据设计图示尺寸按照体积计算工程量，并入所依附的墙体工程量内，不扣除单个横断面在 $0.1m^2$ 以内的孔洞所占体积。

墙面勾缝按照垂直投影面积计算工程量，扣除墙裙和墙面抹灰面所占面积，不扣除门窗洞口、门窗套、腰线等零星抹灰所占的面积，附墙柱和门窗洞口侧面的勾缝面积亦不增加。独立砖柱勾缝按照设计图示尺寸以平方米为单位计算工程量。

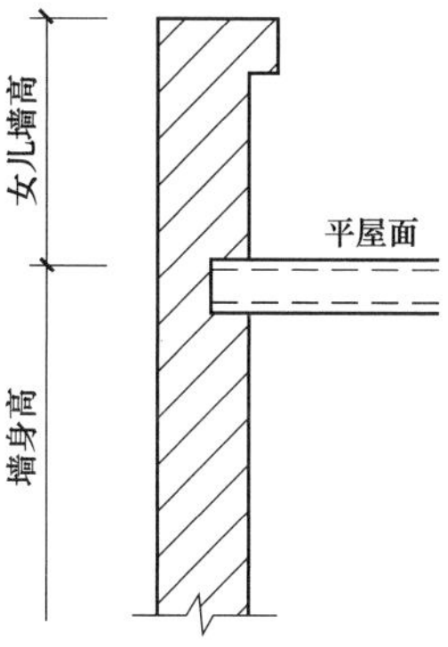

图 6-20　女儿墙

4. 其他砌体工程量计算

零星砌砖按照设计图示尺寸以立方米为单位计算工程量。

砖、石地沟不分墙基、墙身，合并以立方米为单位计算工程量。

砖砌池井不分圆形、矩形按实体积以立方米为单位计算工程量。

砌体围墙按照设计中心线长度乘以围墙高度再乘以围墙厚度以立方米为单位计算工程量。不扣除围墙上部空花墙中空洞体积，附墙柱计算体积并入围墙体积内。扣除围墙中混凝土柱、混凝土砌块所占体积，混凝土砌块、混凝土围墙柱另行计算。

三、工程案例

案例 6-6　某单层建筑物平面、基础剖面图如图 6-21 所示。已知层高 3.6m，内、外墙墙厚均为 240mm，所有墙身上均设置圈梁，且圈梁与现浇板顶平，板厚 100mm。

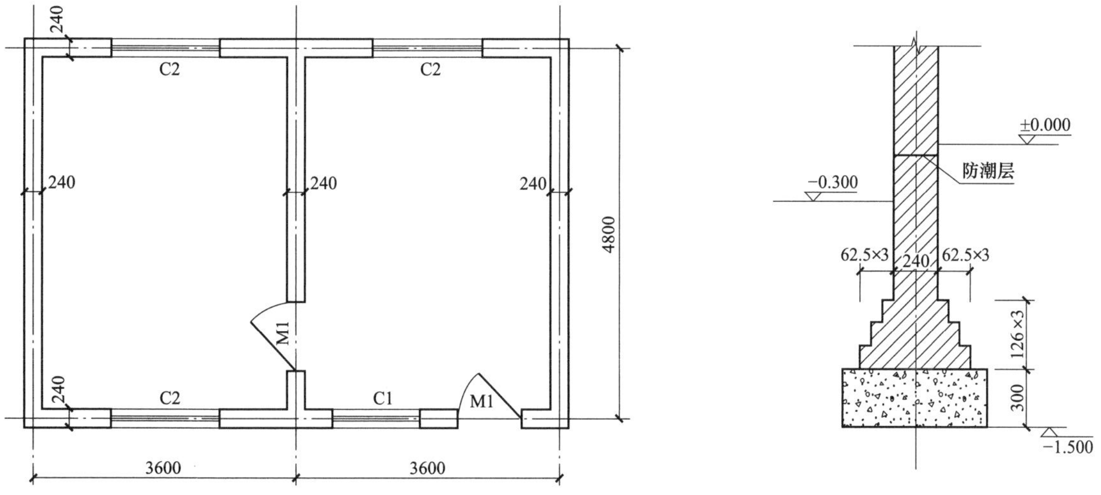

图 6-21　某单层建筑物平面、基础剖面图

门窗尺寸及墙体埋件体积分别见表 6-11、表 6-12 所示。试计算砖基础及砖墙体直接工程费（基础及砖墙均采用实心砖）。

表 6-11　　墙 体 埋 件 体 积

构件名称	构件所在部位体积（m^3）	
	外墙	内墙
构造柱	0.81	
过梁	0.39	0.06
圈梁	1.13	0.22

表 6-12　　门　窗　尺　寸

门　窗　名　称	洞口尺寸（mm）	数量（个）
C1	1000 × 1500	1
C2	1500 × 1500	3
M1	1000 × 2500	2

解：（1）工程量计算

基础与墙采用同一种材料时，以室内设计地坪分界，故基础高 $1.5 - 0.3 = 1.2$m

基数计算：$L_{中} = (3.6 \times 2 + 4.8) \times 2 = 24$m　$L_{内} = 4.8 - 0.24 = 4.56$m

$V_{基} = [0.24 \times 1.2 + 0.0945_{注}] \times (24 + 4.56) = 0.383 \times 28.56 = 10.92\text{m}^3$

门窗洞口面积：外墙 $1.0 \times 1.5 + 1.5 \times 1.5 \times 3 + 1 \times 2.5 = 10.75\text{m}^2$　内墙 $1.0 \times 2.5 = 2.5\text{m}^2$

$V_{外} = [24 \times (3.6 - 0.1) - 10.75] \times 0.24 - 0.81 - 0.39 - 1.13 = 15.25\text{m}^3$

$V_{内} = [4.56 \times (3.6 - 0.1) - 2.5] \times 0.24 - 0.06 - 0.22 = 2.95\text{m}^3$

合计：$V_{墙} = 15.25 + 2.95 = 18.2\text{m}^3$

（2）直接工程费计算

砖基础：YT4-1　301.05 元/m^3　$10.92 \times 301.05 = 3287$ 元

外墙：YT4-2　322.73 元/m^3　$15.25 \times 322.73 = 4922$ 元

内墙：YT4-4　299.39 元/m^3　$2.95 \times 299.39 = 883$ 元

合计：$3287 + 4922 + 883 = 9092$ 元

注：0.0945 是 24 墙砖基础大放脚的折加高度，可参考表 6-13 确定。

表 6-13　　墙砖基础大放脚的折加高度

放脚层数	折加高度（m）								增加截面面积 m^2	
	1/2 砖		1 砖		3/2 砖		2 砖			
	等高	不等	等高	不等	等高	不等	等高	不等	等高	不等
一	0.137	0.137	0.066	0.066	0.043	0.043	0.032	0.032	0.015 75	0.015 75
二	0.411	0.342	0.197	0.164	0.129	0.108	0.096	0.08	0.047 25	0.039 38
三			0.394	0.328	0.259	0.216	0.193	0.161	0.0945	0.078 75
四			0.656	0.525	0.432	0.345	0.321	0.253	0.1575	0.126
五			0.984	0.788	0.647	0.518	0.482	0.38	0.2363	0.189
六			1.378	1.083	0.906	0.712	0.672	0.58	0.3308	0.2599

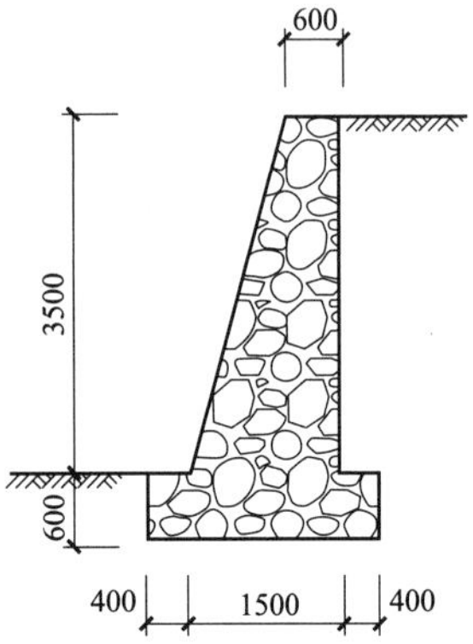

图 6-22　石砌挡土墙

案例 6-7　某砌毛石挡土墙 150m，断面如图 6-22 所示，原浆勾缝，计算其直接工程费。

解：$V = [(1.5 + 0.4 \times 2) \times 0.6 + (1.5 + 0.6) \times 3.5/2] \times 150 = 758.25\text{m}^3$

套定额 TY4-35　229.55 元/m^3

直接工程费：$758.25\text{m}^3 \times 229.55$ 元/$\text{m}^3 = 174\ 056$ 元

四、定额应用与工程计量注意事项

（1）轻质材料砌体中包括标准砖砌筑。工程中应以墙主体材料为主确定砌体结构，材料实际比例与定额不同时，不做调整。

（2）由于砌筑材料不同，围墙的墙体与基础以室外整平设计标高分界。

（3）外墙高度分屋顶形式分别计算，作为外墙部分的女儿墙单独计算工程量，执行外墙定额。

（4）内墙位于钢筋混凝土梁下时，其高度计算至梁底。

（5）附墙砌筑的砌体体积并入墙体工程量中，执行相应的墙体定额。

第五节 混凝土与钢筋、铁件工程

混凝土与钢筋、铁件工程定额章共分10节，219个定额子目，包括现浇混凝土、预制混凝土构件制作、预制预应力混凝土构件制作、钢筋、支撑钢筋、钢筋绝缘套、铁件、螺栓、弹簧隔震装置、预制混凝土构件运输、预制混凝土构件安装、装配式建筑构件安装、混凝土蒸汽养护、加固工程等内容，适用于建筑物、构筑物（除第2章地基与边坡处理工程、第9章混凝土垫层与地面工程、第10章屋面细石混凝土工程、第13章构筑物工程、第14章灰场工程）不同部位、不同施工方法的浇制或预制混凝土与钢筋混凝土工程及全站钢筋、支撑钢筋、铁件、螺栓工程。

一、定额说明

1. 一般规定

（1）模板。定额中模板综合考虑了钢模板、组合模板、复合模板、木模板及砖地模和混凝土地模，实际施工采用不同模板时，不做调整。定额综合考虑了现浇混凝土柱高度超过6m、现浇混凝土梁板高度超过3.6m、基础及地下墙（壁）埋深超过3m的模板支撑措施，执行定额时不再另行增加模板支撑费用。

当设计要求为清水混凝土时，执行相应复合模板项目，并做如下调整：复合模板材料按照镜面胶合板进行补差，机械不变，人工按表6-14增加技术工工日。

表6-14 清水混凝土模板增加工日表 单位：m^3

项目	基础	柱		梁				板
		矩形柱	异形柱	矩形梁	异形梁	悬臂梁	煤斗梁	
工日	0.11	0.41	0.63	0.48	0.51	0.52	0.67	0.39
项目	墙	汽机基础框架		调相机基础框架		一般设备基础		复杂设备基础
工日	0.25	0.72		0.75		0.14		0.23

注 异形柱指截面几何形状为L形、T形和十字形，且截面各肢的肢高肢厚比不大于4的柱，上下变径；异形梁指截面非规则矩形的梁。

防火墙定型大钢模板定额子目，已考虑清水混凝土工艺，采用本定额子目时，表6-14清水混凝土模板增加工日表中的工日数量不增加。

（2）钢筋、铁件。钢筋混凝土定额中不包括钢筋、铁件制作安装费用（特殊说明除外），需单独列项计算。钢筋按照机械加工、手工绑扎与焊接综合考虑，工程实际施工与定额不同时不做调整。按照接头个数计算电渣压力焊接头、套筒冷压接头、螺纹接头费用后，不再计算钢筋搭接用量。

钢筋工程中措施钢筋，按设计图纸规定及施工验收规范要求计算，执行支撑钢筋（铁马）、支撑型钢（铁马）定额。如采用其他材料时，另行计算。支撑钢筋（铁马）定额子目中圆钢ϕ10以外钢筋，按照成型钢筋的单价进行补差。

弧形钢筋（不分曲率大小）执行相应钢筋定额时，人工费与机械费乘以1.6系数。

（3）混凝土。混凝土是按照集中搅拌站制备。混凝土的强度等级、石子粒径、搅拌方式不同时按定额附录D换算。设计要求增加的外加剂如阻锈剂、掺抗裂纤维等另行计算。

2. 现浇混凝土

（1）基础。毛石混凝土基础定额中毛石含量占混凝土体积20%，设计要求配比含量不同时可以调整。

设备基础定额适用于转动、非转动机械设备及箱（罐）类设备基础工程。框架式给水泵设备基础执行汽机基础框架定额；锅炉基础、除尘器支架基础、入厂煤取样装置基础、煤场堆取料机基础执行定额5.1.2节中相应定额。调相机基础底板执行汽机基础底板300MW级以外定额子目，其中人工乘以1.1系数。调相机基础框架执行汽机基础框架300MW级以内定额子目，其中人工乘以1.1系数。直流场轨道基础执行条形基础定额。

一般设备基础是指外形方正、带台阶的基础：复杂设备基础是指外形不规则（圆形、多边形或其他复杂形状）并带有风道、孔洞（不包括螺栓孔）的基础；弧型基础适用于管道支座基础。

复杂地坑是指带有顶板、设备基础、支墩、沟槽、隔墙、密闭门或人孔等不同结构的地坑，其余为一般地坑。

（2）其他。现浇框架分别执行相应的柱、梁定额。有梁板包括肋形板、密肋形板和井式梁板。

现浇零星构件包括天沟、压项、雨篷等。预制小型构件指体积在1m^{3}以内未列出定额项目的构件。

预制角钢框混凝土盖板定额中包括钢筋及角钢用量，其含量与设计不同时可以调整。定额中包括角钢框刷油漆费用，如镀锌时其费用另行计算。

外包钢现浇混凝土柱，混凝土部分混凝土矩形柱相应定额，外包钢骨架制作、安装执行金属结构有关定额。

（3）钢筋、铁件。定额中ϕ10以内钢筋按照不同规格Ⅰ级钢考虑，ϕ10以外钢筋按照不同规格Ⅰ～Ⅲ级钢考虑，除另有说明外不做调整。

定额综合考虑了钢筋、铁件施工损耗率，工程实际施工与定额不同时不做调整。

弧形钢筋（不分曲率大小）执行相应钢筋定额时，人工费与机械费乘以1.6系数。

3. 预制混凝土

（1）预制构件制作。预制构件定额包括砖地模、混凝土地模的铺设及拆除，地模费用见定额附表。混凝土构件按照自然养护考虑，如采用蒸汽养护时另行计算养护费用。

预制钢筋混凝土板补浇板缝宽度（指下口宽度）大于30mm时，执行现浇平板定额。

轻骨料墙板定额中，骨料是按照陶粒考虑，如设计选用骨料与定额不同时可以换算。

（2）预制构件安装、运输。混凝土构件安装分现场预制构件安装和购置成品构件安装。现场预制构件安装定额中包括了1km场内运输，工程实际运距超出1km时，应增加构件运输费用。

预制构件安装的表面清理、构件接头的二次灌浆已综合在安装定额中，不另行计算，但混凝土构件表面需要凿毛时，应另行计算。

预制构件安装、装卸、水平运输机械在定额中是综合考虑的，工程施工中不得因机械配备而调整费用。

预制混凝土构件运输距离在30km以内时，执行本定额运输费用标准；运输距离超过30km时，按照公路货运标准计算运输费用。

4. 装配式建筑构件安装

装配式建筑构件安装包括按外购成品考虑的装配式建筑构件费用，含构件中的钢筋及铁件。装配式建筑构件包括构件卸车、堆放支架。

5. 加固工程

加固工程定额不包括拆除混凝土地坪、挖填土方、排除地下障碍物。遇特殊作业需做排水、通风处理时，其费用可另行计算。

混凝土加固基础、柱、梁、板均按木模考虑，其计价方法按钢筋混凝土分部工程说明计算。柱加固定额中已扣除柱、梁、板叠合混凝土体积。梁围套加固定额中楼板洞补缺混凝土体积已综合在定额内。

本定额适用单位工程10m^{2}以上工作量的粘钢工程。

植筋不包括植入的钢筋制作，按钢筋制安相应项目执行。

二、工程量计算规则

现浇和预制混凝土定额子目的计量单位，除注明按照水平投影面积计算外，均按照设计图纸尺寸以立方米为单位计算工程量，不扣除钢筋、铁件和螺栓所占体积。

1. 现浇混凝土工程量计算

（1）基础工程量计算。基础、底板、垫层工程量扣除伸入承台基础的桩头所占体积。

条形基础含有梁式和无梁式。凡有梁式条形基础其梁高（指基础扩大顶面至梁顶面的高度）A 超过 1.2m 时（见图 6-23），B 部分按条型基础计算工程量，A 部分按地下室混凝土墙计算工程量。

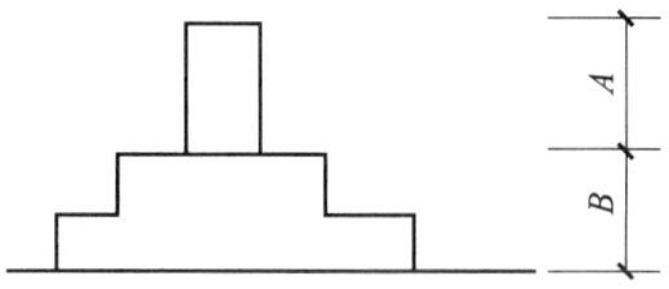

图 6-23　有梁式条形基础

支架类独立基础短柱高度超过 1.2m 时，其基础短柱执行现浇柱定额。

设备基础按照不同体积分别计算工程量。框架式设备基础（汽轮发电机基础、给水泵框架式基础除外）应分别按照基础、柱、梁、板和墙的相应定额计算工程量。当一个设备基础部分为块体、部分为框架时，应分别计算工程量。

计算设备基础工程量时，不扣除地脚螺栓孔单个面积在 $0.05m^2$ 以内孔洞所占体积。布置在梁、板上的设备基础，其体积并入依附的梁、板工程量内。布置在坑、池底板上的设备基础，其体积并入依附的底板工程量内。

常见基础形式及工程量计算见图 6-24。

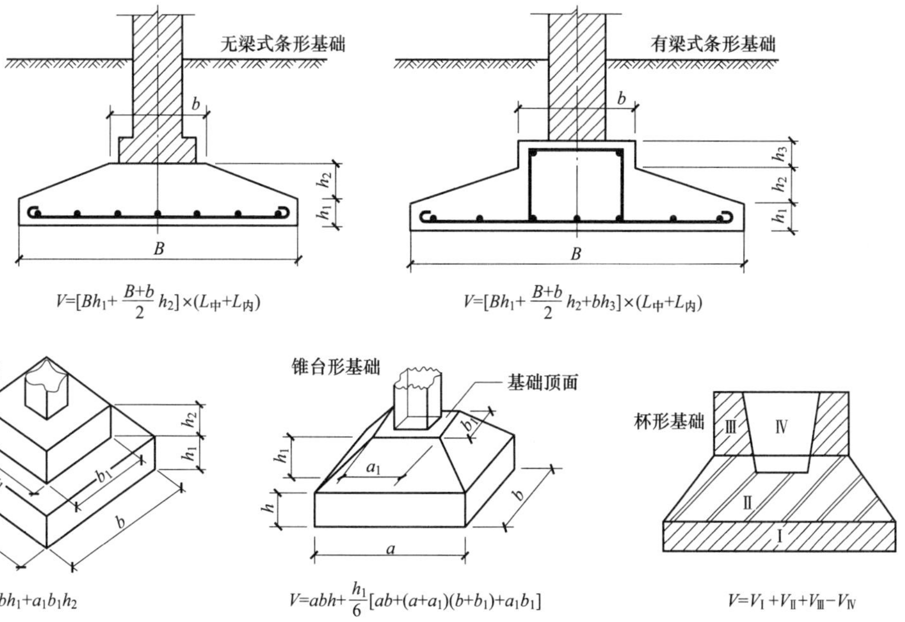

图 6-24　常见基础形式及工程量

二次灌浆按照实际灌浆体积计算工程量。计算设备基础台面二次灌浆时，不扣除地脚螺栓孔单个面积在 $0.05m^2$ 以内孔洞所占体积。

电缆埋管外包混凝土按照施工图外围轮廓尺寸计算工程量，不扣除埋管所占体积。

（2）柱工程量计算。有梁板柱高度按柱基上表面至楼板上表面高度计算。无梁板柱高度按柱基上表面至柱帽下表面高度计算。有楼板隔层的框架柱高度按柱基上表面至柱顶高度计算，见图 6-25。

构造柱高度按全高计算，嵌入墙体部分的体积并入构造柱中。

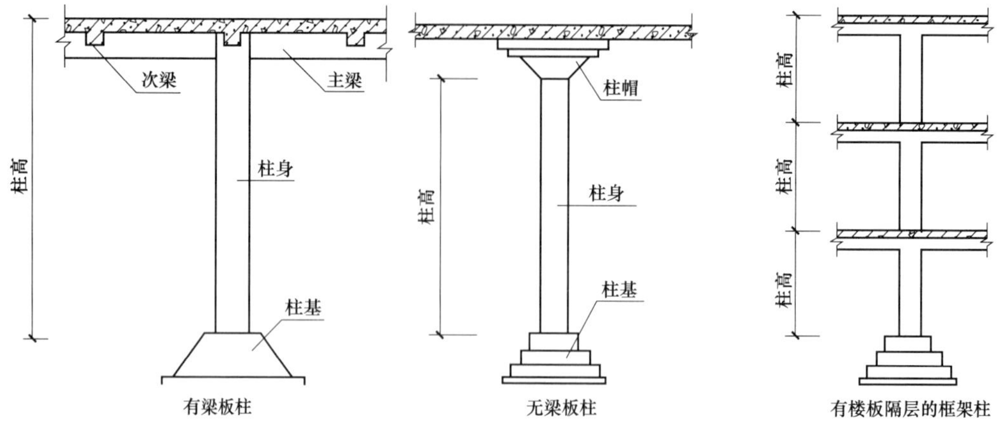

图 6-25　柱高确定

依附于柱上的混凝土结构牛腿工程量并入到柱工程量内计算。

柱帽工程量并入到柱工程量内计算。

(3) 梁工程量计算。梁高从梁底面计算至梁顶面。梁与柱连接时，梁长按柱与柱之间的净距计算。次梁与柱和主梁连接时，次梁长度按照柱内侧面或主梁内侧面的净距计算。梁与砌体墙交接时，伸入墙内的梁头应计算梁的长度。梁与混凝土墙交接时，梁长度计算至墙内侧面，圈梁与过梁连接时，过梁长度按照门、窗洞口宽度两端共加 500mm 计算，其他按圈梁长度计算见图 6-26。

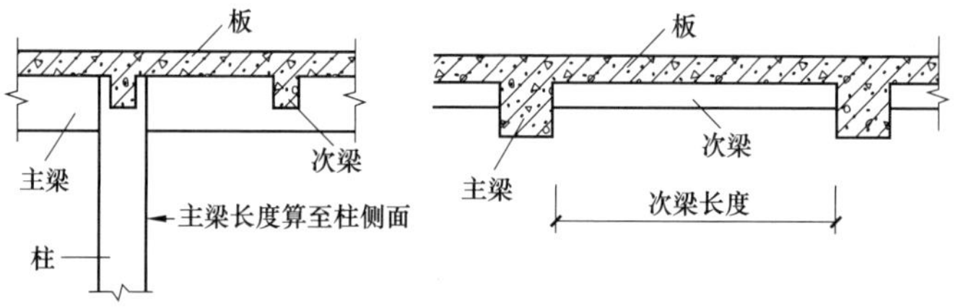

图 6-26　梁长确定

梁端支撑处如有浇制混凝土垫块者，其体积并入梁内计算。

(4) 板工程量计算。计算混凝土板工程量时，不扣除单个面积 $0.3m^2$ 以内孔洞所占体积，预留孔所需工料也不增加。）伸入砌体墙内的板头工程量并入板工程量内计算。

框架结构有梁板按照框架梁间净体积计算，非框架主梁、次梁、板体积一并计算工程量，不扣除板与柱交叉重复部分混凝土体积。

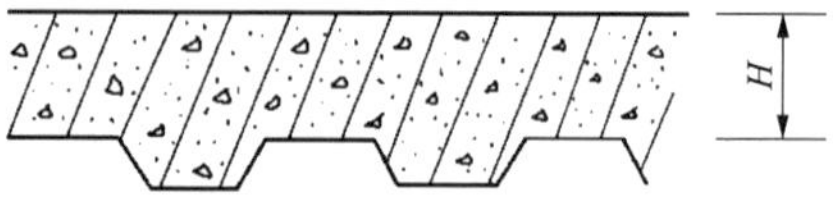

图 6-27　压型钢板混凝土厚

周边有梁的平板，梁与板应分别计算工程量。板的长度或宽度计算至梁内侧面。

压型钢板混凝土厚度，按照压型钢板槽口至混凝土面的净高 H 计算（见图 6-27），槽内混凝土量及压型钢板的含量均已包括在定额中。由于设计原因使压型钢板含量或混凝土含量与定额不同时，可以换算压型钢板与混凝土含量，其余不变。

(5) 墙（壁）工程量计算。计算墙、间壁墙、电梯井壁工程量时，应扣除门、窗洞口及单个面积 $0.3m^2$ 以上孔洞所占体积。

混凝土墙（壁）与底板以底板顶标高分界；混凝土墙（壁）与顶板以顶板底标高分界。混凝土墙（壁）中的圈梁、过梁、暗梁、暗柱不单独计算工程量，其体积并入墙（壁）体积内计算。混凝土墙（壁）与底板、顶板连接处“三角形”工程量并入墙（壁）体积内计算。

（6）整体楼梯工程量计算。整体楼梯应分层按照其水平投影面积之和计算。楼梯水平投影面积包括踏步、斜梁、休息平台、平台梁及楼梯与楼板连接的梁。

楼梯与楼板的划分界限以楼梯梁的外侧面分界；当整体楼梯与现浇楼板无梁连接时，以楼梯最后一个踏步外沿加300mm分界，见图6-28。

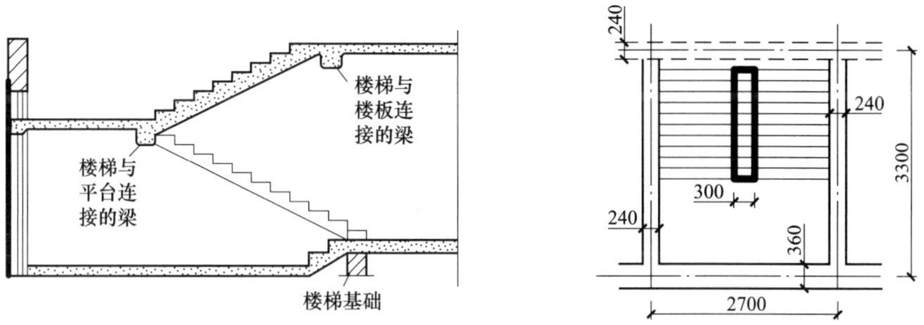

图6-28　整体楼梯

楼梯井宽度大于300mm时，其面积应扣除。楼梯伸入墙内部分的混凝土体积已包括在定额中，不另行计算。楼梯基础、栏杆、栏板、扶手单独计算工程量。

（7）混凝土台阶、挑檐、天沟。按照设计图示尺寸的水平投影面积计算，台阶梯带根据材质按照零星构件单独计算。台阶定额中包括垫层及面层，应分别执行相应定额。当台阶与平台连接时，其分界线应以最上层踏步外岩加300mm计算，平台另行计算。

挑檐、天沟与梁连接时，以梁外侧面分界。

2. 预制混凝土工程量计算

预制空心板按照实体积计算工程量，扣除孔洞所占体积。

混凝土蒸汽养护工程量按照混凝土构件体积计算。

定额中未包括预制混凝土构件的制作、安装、运输损耗，应按表6-15的系数分别计算。

表6-15　　预制混凝土构件制作、安装、运输损耗率表

项　　目	损耗率（%）
托架梁、9m以上桩、薄腹梁、煤斗梁，丰厂房梁、柱、框架	1.0
其他预制混凝土构件，钢筋混凝土桩	1.5

注　损耗系数由构件制作地点的堆放与运输损耗20%、构件场外运输损耗50%、构件安装损耗30%组成。

3. 钢筋工程量计算

钢筋工程量由设计用量、连接用量、施工措施用量组成。计算钢筋工程量时，不计算钢筋连接铁件、绑扎钢筋镀锌铁丝、焊接钢筋焊条、螺纹连接套筒、电渣压力焊剂重量。

钢筋设计用量按照设计长度乘以钢筋单位理论重量（见表6-16）计算。设计含有搭接长度时，搭接用量计算在设计用量中，不再单独计算连接用量。

表6-16　　钢筋直径每米重量表

直径 *d*（mm）	理论重量（kg/m）	直径 *d*（mm）	理论重量（kg/m）
4	0.099	8	0.395
5	0.154	10	0.617
6.5	0.26	12	0.888

续表

直径 d（mm）	理论重量（kg/m）	直径 d（mm）	理论重量（kg/m）
14	1.208	22	2.984
16	1.578	25	3.85
18	1.998	28	4.83
20	2.446	30	5.55

钢筋连接用量按施工图规定计算。施工图未规定者，按单位工程施工图设计钢筋总用量 4%计算。计算钢筋连接用量基数时，不包括设计已含搭接的钢筋用量，对焊、电渣压力焊、螺纹连接、冷挤压、植筋的钢筋用量亦不作为计算钢筋连接用量基数。按接头个数计算电渣压力焊接头、套筒冷压接头、螺纹接头费用后，不再计算钢筋搭接用量。

施工措施钢筋用量，支撑钢筋、支撑型钢按设计图示（或施工验收规范要求）尺寸乘以单位理论质量计算，设计图纸或施工验收规范无要求，根据批准的施工组织设计计算。无批准的施工组织设计时，建筑物施工措施钢筋用量按照单位工程施工图设计钢筋用量与连接用量之和 1%计算，构筑物施工措施钢筋用量按照单位工程施工图设计钢筋用量与连接用量之和 3.5%计算，执行支撑钢筋（铁马）定额子目，支撑型钢执行支撑型钢（铁马）定额子目。支撑钢筋（铁马）定额子目中圆钢ϕ10 以上钢筋，按成型钢筋的单价进行补差。

4. 铁件工程量计算

铁件、设备螺栓固定架、穿墙钢套管按照设计图示尺寸、依据钢材单位理论质量计算工程量，不计算焊条重量。计算预埋螺栓工程量时，应包括螺头、螺杆、螺母重量。

化学锚栓埋设按照设计图示数量以个计算。

弹簧隔震装置安装按照设计图示螺栓数量，以个计算，包括弹簧隔震装置地面清理、安装，不包括弹簧隔震装置材料费，如发生应另行计算。

5. 装配式建筑构件安装工程量计算

装配式建筑构件工程量均按照设计图示尺寸以体积计算（除钢筋桁架楼承板、复合沟盖板、带槽口盖板、玻璃钢格栅按面积计算）。不扣除构件内钢筋、预埋铁件等所占体积。铝镁锰板女儿墙压顶，按照设计图示延长米计算。

装配式墙、板安装，不扣除单个面积≤0.3m^2 的孔洞所占体积。

6. 加固工程

基础加固按新增混凝土实体体积，以立方米计算。侧向钢筋混凝土柱加固按侧向新增柱截面面积乘以柱高，以立方米计算。梁底加固按新增混凝土截面面积乘以梁长，以立方米计算。板按混凝土实体体积以立方米计算，应扣除单个面积 0.3m^2 以上孔洞所占体积。

粘结碳纤维增强复合材料布加固钢筋混凝土柱，按碳纤维增强复合材料布展开面积以平方米计算，粘结碳纤维增强复合材料布的规定搭接，已综合在定额材料消耗量中，工程量不能另行计算。

钢筋混凝土种植筋与化学粘结锚栓：植钢筋与化学粘结锚栓均按实际数量，以根计算。

三、工程案例

1. 混凝土工程量的计算

案例 6-8 某建筑物框架柱的断面尺寸为 500mm × 700mm，杯形基础尺寸见图 6-29，要求计算其杯形基础的混凝土工程量。

解：杯形基础体积分为四部分。

（1）下部矩形体积：$V_1 = 3.5 \times 4 \times 0.5 = 7\text{m}^3$

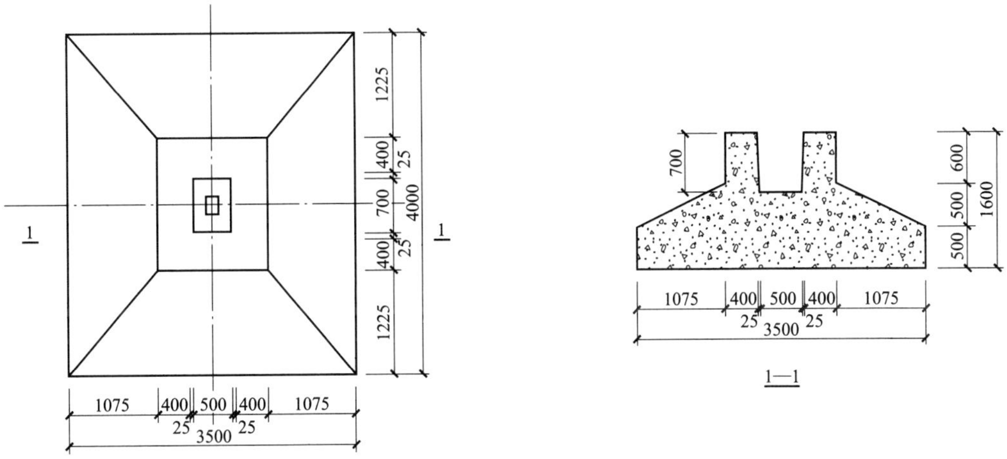

图 6-29　杯形基础

（2）中部棱台体积：棱台的体积公式：$V_{台} = 1/3\left[S_{上} + S_{下} + \sqrt{(S_{上} \times S_{下})}\right] \times h$

棱台上底长 = 3.5–1.075 × 2 = 1.35m　棱台上底宽 = 4–1.225 × 2 = 1.55m

$$V_2 = \frac{0.5}{3}(3.5\times4+\sqrt{3.5\times4\times1.35\times1.55}+1.35\times1.55)=3.58\text{m}^3$$

（3）上部矩形体积：$V_3 = 1.35\times1.55\times0.6 = 1.26\text{m}^3$

（4）杯口净空体积：$V_4 = \dfrac{0.7}{3}(0.5\times0.7+\sqrt{0.5\times0.7\times0.55\times0.75}+0.55\times0.75)=0.27\text{m}^3$

（5）杯形基础体积：$V = V_1 + V_2 + V_3 - V_4 = 7 + 3.58 + 1.26 - 0.27 = 11.57\text{m}^3$

案例 6-9　某厂房钢筋混凝土工字型柱如图 6-30 所示，要求计算其混凝土工程量。

解：（1）上柱体积：$V_1 = 0.5\times0.6\times3 = 0.90\text{m}^3$

（2）下柱体积：

$$\begin{aligned}V_2 &= 0.8\times0.6\times(2.6+0.7)+[0.15\times(0.8-2\times0.18-0.025)\\&\quad+0.6\times(2\times0.18+0.025)]\times(3.15+2\times0.025)\\&=2.52\text{m}^3\end{aligned}$$

（3）柱上牛腿体积：$V_3 = 0.4\times0.6\times\left(0.65-\dfrac{1}{2}\times0.4\times\tan45°\right)=0.11\text{m}^3$

（4）工字型柱总体积：$V = V_1 + V_2 + V_3 = 0.9 + 2.52 + 0.11 = 3.53\text{m}^3$

案例 6-10　某建筑现浇钢筋混凝土楼板如图 6-31 所示，要求计算其混凝土工程量。

解：（1）主梁工程量：$V_{主梁} = 0.3\times0.7\times(9-0.4)\times3 = 5.418\text{m}^3$

（2）次梁工程量：$V_{次梁} = 0.3\times0.4\times[(12-0.4)+(12-0.5)]\times2 = 5.544\text{m}^3$

（3）板的工程量：$V_{板} = (6\times2+0.4)\times(9+0.4)\times0.1 = 11.656\text{m}^3$

（4）总工程量：$V = V_{板} + V_{主梁} + V_{次梁} = 11.656+5.418+5.544 = 22.618\text{m}^3$

2. 钢筋设计用量计算

钢筋工程量是由设计用量、连接用量、施工措施用量组成，其中钢筋设计用量包括受力钢筋（主筋）、架立钢筋、分布钢筋和箍筋，是按设计长度乘以钢筋单位理论重量计算。混凝土中设置的钢筋及钢筋的保护层厚度见图 6-32。

（1）通常钢筋长度：L = 构件长度－两端保护层 + 弯钩长度

（2）有弯钩钢筋长度（见图 6-33）：L = 构件长度－两端保护层 + 弯钩长度

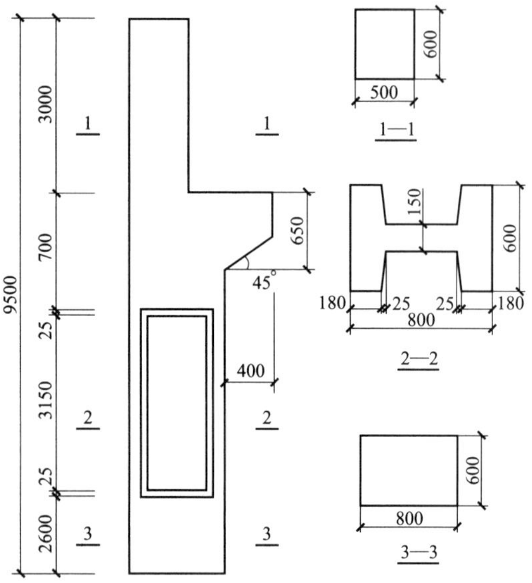

图 6-30　工字形柱

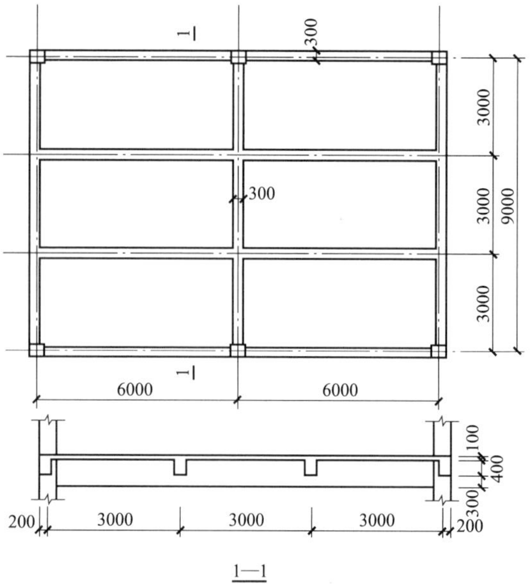

图 6-31　现浇钢筋混凝土楼板

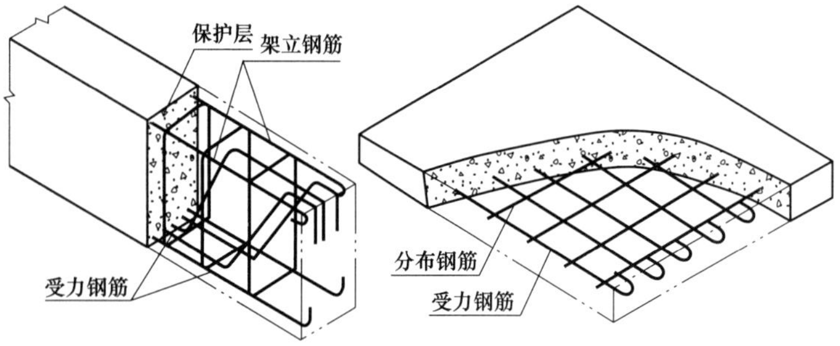

钢筋的保护层厚度

环境与条件	构件名称	混凝土强度等级		
		低于C25	C25和C30	高于C30
室内正常环境	板、墙、壳	15		
	梁和柱	25		
露天或室内高湿度环境	板、墙、壳	35	25	15
	梁和柱	45	35	25
有垫层	基础	35		
无垫层		70		

图 6-32　混凝土中设置的钢筋及钢筋的保护层厚度

180° 弯钩增加量 6.25d。135° 弯钩增加量 11.9d。

90° 弯钩增加量 3.5d。

（3）弯起钢筋长度：L = 构件长度－两端保护层 + 弯钩长度 + 斜长增加值

弯起钢筋主要设置在梁和板中，由设计确定，常用 30°、45°、60°三种。

$\alpha = 30°$时，$\Delta L = 0.268h_0$；　　$\alpha = 45°$时，$\Delta L = 0.414h_0$；

$\alpha = 60°$时，$\Delta L = 0.577h_0$。

（4）箍筋长度：箍筋长度 = 单根箍筋长 × 根数

单根箍筋长：L = 箍筋长度 = 构件截面周长–8 × 保护层厚 + 2 × 弯钩

箍筋根数：简支梁，箍筋可布置至梁端，但应扣梁端保护层，其计算方法

箍筋根数 =（梁长 – 两端保护层）÷ 箍筋间距 + 1

框架梁，箍筋可布置至支座边 50mm 处，其计算方法为：

箍筋根数 =（梁长 – 2 × 0.05）÷ 箍筋间距 + 1

（5）钢筋每米重量：钢筋每米重量可以查钢筋重量表，或用以下公式推导

每米重量（kg）= 钢筋的直径（mm）× 钢筋的直径（mm）× 0.006 17

案例 6-11　某现浇花篮梁如图 6-34 所示，混凝土 C25，计算该梁钢筋设计用量。

解　① 号钢筋：2Φ25

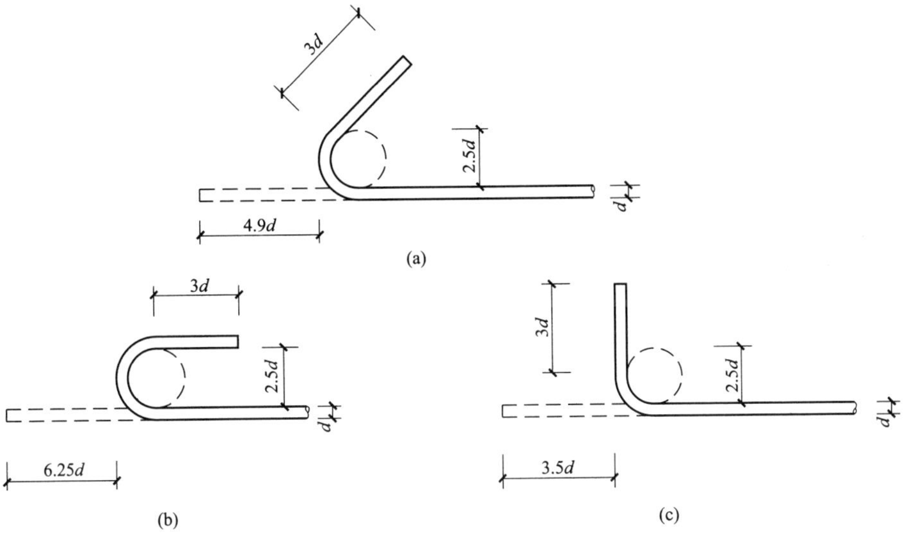

图 6-33 钢筋弯钩示意图

（a）135°斜弯钩；（b）180°半圆弯钩；（c）90°直弯钩

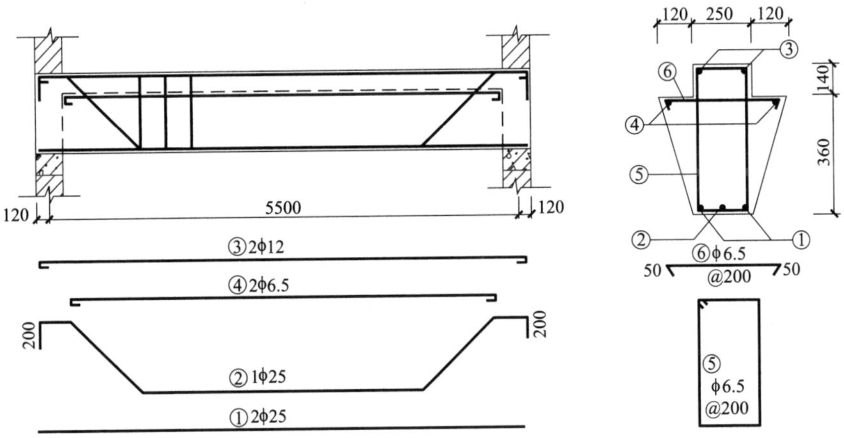

图 6-34 现浇花篮梁

$$L_1=[(5.5+0.24)-0.025\times 2]\times 2=11.38\text{m}$$

② 号钢筋：1ϕ25

$$L_2=5.74-0.025\times 2+2\times 0.414\times(0.5-0.025\times 2)+0.2\times 2=6.463\text{m}$$

③ 号钢筋：2ϕ12

$$L_3=(5.74-0.025\times 2+6.25\times 0.012\times 2)\times 2=11.68\text{m}$$

④ 号钢筋：2ϕ6.5

$$L_4=(5.5-0.24-0.025\times 2+6.25\times 0.0065\times 2)\times 2=10.58\text{m}$$

⑤ 号钢筋：ϕ6.5@200

根数 =（5.74–0.05）÷ 0.2 + 1 = 30 根

单根长度 = 2 ×（0.25 + 0.5）– 8 × 0.025 + 2 × 11.9 × 0.0065 = 1.4547m

$$L_5=30\times 1.4547=43.64\text{m}$$

⑥ 号钢筋：ϕ6.5 @200

根数 =（5.5 – 0.24 – 0.05 × 2）÷ 0.2 + 1 = 27 根

单根长度 = 0.49 – 0.05 + 0.0065 × 11.9 × 2 = 0.60m

$$L_6 = 27 \times 0.6 = 16.2\text{m}$$

所以ϕ10 以下钢筋质量：（43.64 + 16.2 + 10.58）× 0.26 = 18.3 kg

ϕ10 以上钢筋重量：（11.38 + 6.463）× 3.85 + 11.69 × 0.888 = 79.08 kg

案例 6-12 某室内正常环境下使用的 C25 板配筋图如图 6-35 所示，试计算该板钢筋工程量。假设正常环境下板钢筋的保护层厚度为 15mm。

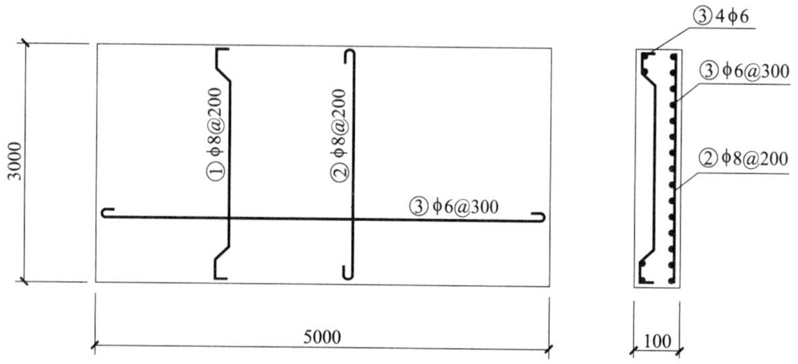

图 6-35 现浇楼板

解：①号筋：ϕ8@200

单根长度：

$$L_1 =（3 - 2 \times 0.015）+ 2 \times [0.414 \times（0.1 - 2 \times 0.015）+（0.1 - 2 \times 0.015）] = 3.17\text{m}$$

根数：$n_1 = \dfrac{5 - 0.015 \times 2}{0.2} + 1 = 26$根

②号筋：ϕ8@200 根数同①号筋

单根长度：

$$L_2 =（3 - 2 \times 0.015）+ 2 \times 6.25 \times 0.008 = 3.07\text{m}$$

③号筋：ϕ6@200

单根长度：

$$L_3 =（5 - 2 \times 0.015）+ 2 \times 6.25 \times 0.006 = 5.05\text{m}$$

根数：
$$n_3 = \left(\frac{3 - 2 \times 0.015}{0.3}\right) + 1 + 4 = 15\text{根}$$

所以ϕ10 以下钢筋质量：（3.17 + 3.07）× 26 × 0.395 + 5.05 × 15 × 0.26 = 83.78 kg

案例 6-13 某地新建 220kV 变电所砖砌体电缆沟见图 6-36、图 6-37，土方按普土考虑，人工挖土，余土集中外运 10km；电缆沟采用 M5 水泥砂浆砌筑，电缆沟外立面采用 1:2 防水砂浆，内壁及沟底粉 1:3 水泥砂浆；每隔 0.8m 镶嵌预制 C25 混凝土块按现场预制考虑；压顶采用 C20 素混凝土；电缆沟盖板现场制作 C25，厚度 8mm。

计算电缆沟单位长度（100m）预算直接工程费。

解：变电站电缆沟道一般包括砖砌体沟道、混凝土沟道、钢筋混凝土沟道，主要工作内容包括挖土方、垫层、电缆沟砌筑粉刷、沟盖扳、预埋件、土方回填、土方外运。

（1）挖土方

$$V =（1.72 + 0.6 + 0.5 \times 1.22）\times 1.22 \times 100 = 357.46\text{m}^3$$

套定额 YT1-5　12.81 元/m^3 × 357.46 = 4579 元

（2）碎石垫层

$$V = 1.72 \times 0.1 \times 100 = 17.2\text{m}^3$$

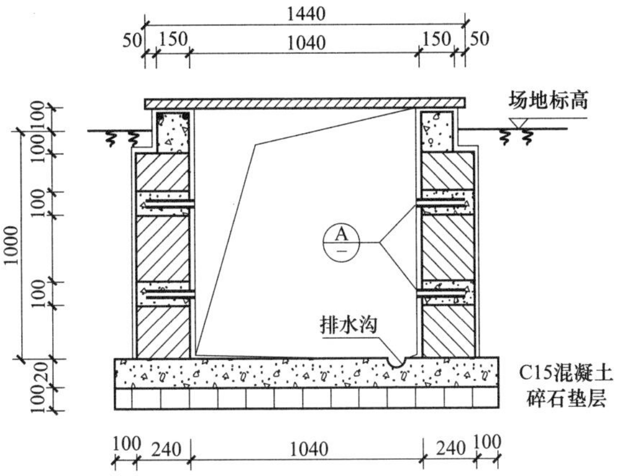

图 6-36　电缆沟断面图

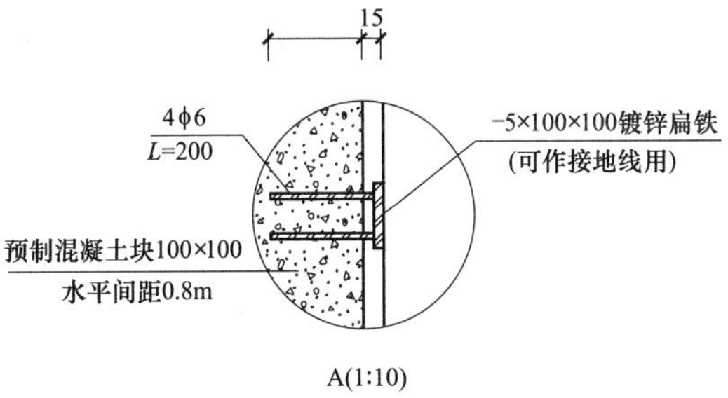

图 6-37　电缆沟断面局部详图

套定额 YT9-5　116.38 元/$\text{m}^3 \times 17.2 = 2002$ 元

（3）C15 混凝土垫层

$$V = 1.72 \times 0.12 \times 100 = 20.64\text{m}^3$$

套定额 YT5-3　364.63 元/$\text{m}^3 \times 20.64 = 7526$ 元

（4）C20 混凝土压顶

$$V = (0.15 \times 0.2) \times 100 \times 2 = 6\text{m}^3$$

套定额 YT5-103　1174.17 元/$\text{m}^3 \times 6 = 7045$ 元

（5）预制 C25 混凝土块

$$V = 0.1 \times 0.1 \times 0.24 \times (100/0.8 + 1) \times 4 = 0.0024 \times 504 = 1.21\text{m}^3$$

制作套定额 YT5-129　1125.30 元/$\text{m}^3 \times 1.21 \times (1 + 1.5\% \times 20\%) = 1366$ 元

安装套定额 YT5-169　267.04 元/$\text{m}^3 \times 1.21 \times (1 + 1.5\% \times 30\%) = 325$ 元

（6）M5 水泥砂浆砖墙

$$V = 0.9 \times 0.24 \times 100 \times 2 - 1.21 = 41.99\text{m}^3$$

套定额 YT4-13　299.31 元/$\text{m}^3 \times 41.99 = 12\,568$ 元

（7）内壁水泥砂浆砖墙面

$$S = 1.1 \times 2 \times 100 = 220\text{m}^2$$

套定额 YT12-19 18.11 元/$\text{m}^2 \times 220 = 3984$ 元

（8）外立面防水砂浆

$$S = (1.1 + 0.09) \times 2 \times 100 = 238\text{m}^2$$

套定额 YT9-14　15.68 元/$\text{m}^2 \times 238 = 3732$ 元

（9）沟底水泥砂浆找平坡

$$S = 1.04 \times 100 = 104\text{m}^2$$

套定额 YT9-52 11.06 元/$\text{m}^2 \times 104 = 1150$ 元

（10）电缆沟盖板

$$S = 1.44 \times 0.08 \times 100 = 11.52\text{m}^2$$

制作套定额 YT5-127　471.17 元/$\text{m}^3 \times 11.52 \times (1 + 1.5\% \times 20\%) = 5444$ 元

安装套定额 YT5-168　54.78 元/$\text{m}^3 \times 11.52 \times (1 + 1.5\% \times 30\%) = 634$ 元

（11）预埋件

钢筋 4φ6@200：0.2 × 4 根 × 504 块 × 0.222kg/m = 0.09t

镀锌扁铁–5 × 100 × 100： 100m × 4 根 × 3.92kg/m = 1.568t。

合计：0.09 + 1.568 = 1.658t

制作套定额 YT5-147 5158.38 元/t × 1.658 = 8553 元

安装套定额 YT5-150 826.84 元/t × 1.658 = 1371 元

直接工程费合计：

4579 + 2002 + 7526 + 7045 + 1366 + 325 + 12 568 + 3984 + 3732 + 1150 + 5444 + 634 + 8553 + 1371 = 60 276 元

四、定额应用与工程计量注意事项

（1）布置在楼板上的设备基础包括零米层楼板上的设备基础。

（2）钢筋加工损耗量综合在定额中，不再单独计算。工程实际损耗量与定额标准不同时，不做调整。

（3）计算预制混凝土构件钢筋用量时，应包括预制混凝土构件损耗量中的钢筋量。

第六节 金属结构工程

金属结构工程定额章共分 6 节，112 个定额子目，包括钢结构现场制作、不锈钢结构现场制作、金属结构运输、金属结构安装、金属墙板制作与安装、金属屋面板制作与安装等内容，适用于建筑物、构筑物（除第 2 章地基处理与基坑支护工程、第 3 章桩基工程、第 8 章钢门窗工程、第 13 章构筑物工程）不同部位、不同成品加工方式的钢结构工程。

金属构件制作子目中不包括镀锌费，发生时执行相应定额。

购置成品钢结构的费用中包括钢结构除锈、防腐。现场加工配制的钢结构不包括除锈、防腐费用，应执行第 12 章油漆定额子目计算相应的费用。

一、定额说明

1. 金属结构现场制作

金属结构现场制作包括钢结构现场制作、不锈钢结构现场制作，是按照焊接和螺栓连接考虑，不考虑铆接；亦适用于施工企业加工厂加工制作。

金属构件制作定额不包括除锈、刷防锈漆、刷油漆费用，应按照第 12 章相应定额另行计算。

（1）钢结构现场制作。钢结构制作定额中包括分段制作和整体预装配的费用，整体预装配用的螺栓及锚固杆件的螺栓，已经包括在定额内，不另行计算；包括一般钢结构加工场地、组合平台的摊销费；除注明者外，均包括场内材料运输、下料、加工、组装、焊接及成品堆放等工作内容。

钢屋架单榀重量在 0.5t 以下者，执行轻型屋架定额。

外包钢结构为混凝土柱子断面四角所包的角钢构件。定额中不包括混凝土柱子配制及钢筋质量，发生时执行第 5 章钢筋定额。

钢栏杆、钢格栅定额子目不适用于楼梯木扶手下钢栏杆、窗防护格栅、围墙钢格栅、围墙钢格栅大门中钢栏杆工程。

（2）不锈钢结构现场制作。不锈钢结构制作定额适用于所有建筑物、构筑物工程。不锈钢结构安装执行相应的金属结构安装定额。

2. 金属结构安装、运输

金属结构安装定额分现场制作构件安装和成品构件安装。现场制作构件安装定额中包括了 1km 场内运输，工程实际运距超出 1km 时，应增加构件运输费用。成品金属结构安装定额包括金属结构成品购置费及安装费。

钢屋架（包括拱形屋架）安装定额已综合考虑了支撑、天窗架、屋架拼装组合内容。

沉降观测标及沉降观测保护盒包括成品购置费及安装费，沉降观测标和沉降观测标保护盒，根据设计要求2个定额子目可以同时套用，如设计只有安装沉降观测标时，沉降观测标保护盒子目不能套用。

金属结构构件运输距离在30km以内时，执行本定额运输费用标准；运输距离超过30km时，按照公路货运标准计算运输费用。

3. 金属墙板、金属屋面板的制作与安装

工程设计的金属墙板或金属屋面板的板材规格、材质及保温层厚度，当与定额不同时允许换算，但定额中的人工与机械费不做调整。

球节点钢网架安装定额是按照人工和机械施工综合考虑的，执行定额时，不得因拼装及吊装方法不同而调整。

二、工程量计算规则

1. 金属结构现场制作

金属结构制作根据设计图示尺寸按照成品质量以吨为单位计算工程量，计算组装、拼装

连接螺栓的质量。不计算焊条质量，不计算下料、加工等损耗量。

制动梁工程量包括制动梁、制动桁架、制动板质量。钢吊车梁工程量包括梁及依附于梁上的车挡、连接件的质量。钢吊车梁上钢轨单独计算。单轨吊车梁工程量包括梁及依附于梁上的车挡、连接件的质量。

墙架工程量包括墙架柱、梁及连接系杆质量；钢柱工程量包括依附于柱上的牛腿及悬臂梁的质量。

矩形钢煤斗根据设计图示尺寸、按照钢板宽度分段计算工程量；圆形钢煤斗根据设计图示展开尺寸、按照钢板宽度分段计算工程量。煤斗加劲肋、连接件、盖板的质量并入煤斗质量内计算。

外包钢结构工程量包括分段接头钢板与外框角钢质量；与角钢框连接的箍筋、X形抗扭钢筋按照钢筋计算；角钢框与箍筋焊接及主筋与分段钢板焊接的费用已包括在定额中，不另行计算。

2. 金属结构安装、运输

金属结构安装、运输工程量同制作工程量，定额已综合考虑了焊条、油漆等质量对安装、运输的影响。

钢网架按照设计图示尺寸的杆件以吨为单位计算工程量，支撑点钢板及屋面找坡顶管等质量并入网架工程量内计算。

钢轨按照成品质量计算工程量，不计算连接件、道钉、螺栓质量。

钢警卫室按照建筑面积计算工程量。不锈钢天沟按照设计图示面积计算工程量。

3. 金属墙板

金属墙板工程量分有保温墙板和无保温墙板，按照设计图示尺寸以安装面积计算工程量，扣除门窗洞口及单个面积在 $0.3m^2$ 以上孔洞所占面积分别计算。包角、包边、窗台泛水、接缝、附加层等不计算面积。

突出墙面柱子侧面、墙垛侧面、女儿墙压顶、女儿墙里侧的墙板面积计算工程量，并入金属墙板工程量中。

4. 金属屋面板

金属屋面板工程量分有保温屋面板和无保温屋面板分别计算：

平屋顶按照屋面水平投影面积计算工程量，扣除天窗洞口、屋顶通风器洞口及单个面积在 $0.3m^2$ 以上孔洞所占面积。

坡屋顶按照垂直坡屋面投影面积计算工程量，扣除天窗洞口、屋顶通风器洞口及单个面积在 $0.3m^2$

以上孔洞所占面积。

包角、包边、女儿墙根部泛水、接缝、盖缝、附加层等不计算面积。当屋面与外墙交叉处设置屋面裙板时，按照裙板高度乘以外墙外边线长度计算面积，根据材质执行相应的墙板定额。

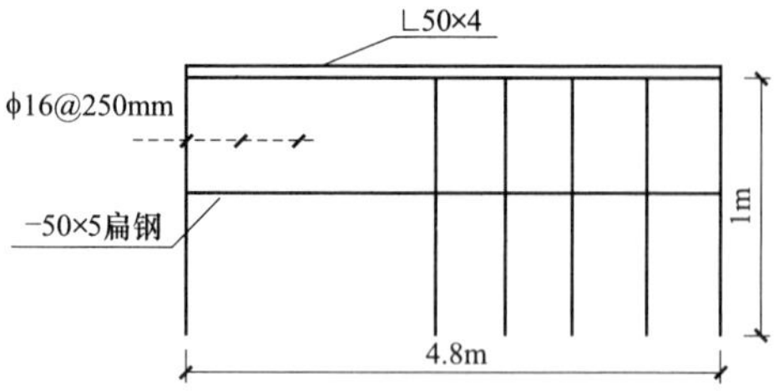

图 6-38　操作平台杆

三、工程案例

案例 6-14　某操作平台栏杆如图 6-38 所示，展开长度 4.8m，扶手采用角钢L50 × 4 制成；横杆采用扁钢−50 × 5；竖杆高 1m，采用ϕ16 钢筋每隔 250mm 设一道；计算操作平台栏杆预算直接工程费。（角钢L50 × 4 线密度：3.05kg/m，扁钢−50 × 5 线密度：1.57kg/m）

解：（1）工程量计算：

扶手（L50 × 4 角钢）：$4.8 \times 3.05 = 14.6$ kg

横杆（扁钢−50 × 5）：$4.8 \times 1.57 = 7.5$ kg

竖杆（钢筋ϕ16）：根数 $4.8/0.25 + 1 = 20$ 根　$20 \times 1 \times 1.58 = 31.6$ kg

合计：$14.6 + 7.5 + 31.6 = 54$ kg $= 0.054$ t

（2）预算直接工程费：

套定额 YT6-34　5987.56 元/t

制作安装套定额 YT6-65　933.17 元/t

操作平台栏杆预算直接工程费　$0.054 \times 5987.56 + 0.054 \times 933.17 = 374$ 元

案例 6-15　某钢结构厂房现场加工制作钢支撑 50t，钢梯爬式 10t，并现场安装，油漆采用环氧富锌底漆 50μm、环氧云铁漆面漆 100μm。成品钢柱安装 380t，成品钢梁安装 150t，求其工程量及直接工程费。

解：根据题意及工程量计算规则，直接工程费详见表 6-17。

表 6-17　　**建筑工程预算表**　　单位：元

序号	编制依据	项目名称	单位	数量	设备单价	建筑费单价		设备合价	建筑费合价	
						金额	其中工资		金额	其中工资
		金属结构工程								
	YT6-21	钢结构现场制作 钢支撑	t	50		5636.36	728.98		281 818	36 449
	YT6-58	现场制作金属结构安装 钢支撑	t	50		643.55	237.02		32 178	11 851
	YT6-33	钢结构现场制作 钢梯爬式	t	10		5657.41	1004.16		56 574	10 042
	YT6-64	现场制作金属结构安装 钢梯	t	10		653.77	292.14		6538	2921
	YT12-87	现场制作金属结构油漆　环氧富锌底漆 50μm	t	60		337.73	99.99		20 264	5999
	YT12-89	现场制作金属结构油漆　环氧云铁漆面漆 100μm	t	60		412.24	469.34		24 734	10 160
	YT6-68	成品金属结构安装 钢柱	t	380		7600.06	19		2 888 023	30 020
	YT6-72	成品金属结构安装 钢梁	t	150		7300.43	94.23		1 095 065	14 135
		直接工程费							4 405 194	121 577

四、定额应用与工程计量注意事项

1. 钢结构安装

（1）安装中 H 形钢结构构件是指采用 H 形钢材加工制作的钢结构构件。采用钢板焊接的 H 形状的钢结构构件应执行型钢组合制作定额。

（2）为了保证钢结构质量计算的准确性、减少争议，钢结构按照成品质量计算工程量。不计算切缝、加工损耗工程量，扣除切肢、切边、切角质量，不扣除直径小于 50mm 或周长小于 200mm 孔洞质量，不计算电焊条、铆钉质量，计算组装、拼装连接螺栓的质量。

2. 不包括内容

（1）钢结构制作定额中不包括除锈、刷防锈漆工作内容，其费用执行第 12 章相应的定额。

（2）购置成品钢结构不单独计算除锈、刷防锈漆、刷油漆费用，其费用已经包含在购置费用中。如果购置成品钢结构需要单独计算有关除锈、刷防锈漆、刷油漆费用时，应执行钢结构现场制作后有关费用计算定额。

第七节　隔墙与天棚吊顶工程

隔墙与天棚吊顶工程定额章共分 2 节，49 个定额子目，包括隔墙、天棚吊顶等内容，适用于建筑物、构筑物的不同部位、不同材质的隔墙（砌筑隔墙除外）与天棚吊顶工程。包括现场加工制作的隔墙与购置成品隔墙安装。

隔墙、天棚吊顶定额中包括基层、底层防腐处理及安装后填缝、收边、压条等工作内容。不包括安装装饰线，需要时按照相应的定额另行计算；不包括面层抹灰、油漆、饰面，应根据工程设计标准执行第 12 章相应的定额另行计算。

一、定额说明

1. 隔墙

隔墙定额综合考虑了木龙骨规格、木材种类、加工制作方式、木材表面刨光等因素，执行定额时不做调整。适用于建筑物、构筑物内非砌体、非混凝土浇制的安装类隔墙。

成品隔墙安装定额中包括隔墙购置费与安装费。

2. 天棚吊顶

天棚吊顶包括天棚检查孔的制作与安装，不包括灯光槽制作与安装。吊顶面板需要开照明孔时，面层定额子目人工乘以 1.05 系数。当天棚吊顶高度超过 3.6m 时，按照第 15 章定额规定计算满堂脚手架费用。

天棚吊顶定额中吊筋与龙骨及面板的规格、间距、型号等是按照常用标准考虑的，工程设计与定额不同时材料可以调整，但人工与机械不变；天棚龙骨吊筋高按 1.5m 内综合考虑。如涉及吊筋超过 1.5m 需要二次支持时，吊筋应另行计算。

天棚吊顶面层在同一标高者为平面天棚，天棚吊顶面层不在同一标高者为跌级天棚。跌级天棚面层人工乘以 1.1 系数。

YT7-43、YT7-44、YT7-45 顶棚安装定额子目，一般指室外露天的采光屋面，包括龙骨制作与安装、面板安装。

二、工程量计算规则

1. 隔墙工程量计算

隔墙按照主墙净长乘以净高以平方米为单位计算工程量，扣除门窗洞口及单个面积 $0.3m^2$ 以上孔洞所占面积。

玻璃隔墙按照上横档顶面至下横档底面之间的高度乘以两边立挺外边线之间宽度以平方米计算。

浴厕隔断按照上横档顶面至下横档底面之间的高度乘以设计图示长度以平方米为单位计算工程量。同种材质门扇面积并入隔断面积内计算。

2. 天棚吊顶工程量计算

天棚吊顶龙骨按照主墙间净面积计算工程量，不扣除间壁墙、检查孔、电缆竖井口、通风道、墙垛、独立柱、管道等所占面积，但顶棚中的折线、跌落线、圆弧线、高低吊灯槽等面积不展开计算。

天棚吊顶面层按照主墙间净面积计算工程量，不扣除间壁墙、检查孔、墙垛、管道等所占面积。扣除单个面积 $0.3m^2$ 以上孔洞所占面积；扣除独立柱、电缆竖井、通风道、灯槽、与天棚连接的窗帘盒等所占面积。

顶棚中的折线、跌落线、圆弧线、高低吊灯槽、其他艺术形式的顶棚面层等按照展开面积计算工程量，根据其材质并入相应的天棚吊顶面层工程量中。

板式楼梯底面装饰工程量按照水平投影面积乘以 1.15 系数计算；梁式楼梯底面装饰工程量按照展开面积计算。

YT7-43、YT7-44、YT7-45 顶棚安装定额子目按照设计实铺面积计算工程量。

送风口、回风口安装按照设计图示数量以个计算工程量。

三、工程案例

案例 6-16　某建筑物如图 6-39 所示，预制钢筋混凝土板底吊不上人型 U 型轻钢龙骨，间距 450mm × 450mm，龙骨上铺铝塑板；间壁墙采用轻钢龙骨双面镶嵌石膏板并设一门，门洞尺寸为 900mm × 2000mm，要求计算顶棚工程及间壁墙的直接工程费。

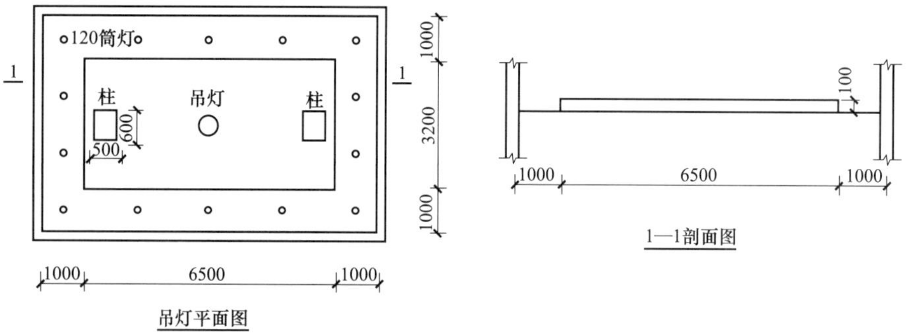

图 6-39　首层平面图

解：

1. 顶棚直接工程费

①轻钢龙骨工程量：$S=(12-0.24)\times(6-0.24)=67.74m^2$

不上人型 U 型轻钢龙骨，套定额 YT7-31　定额基价：45.42 元/m^2

直接工程费：67.74 × 45.42 = 3077 元

②铝塑板面层工程量：$S=(12-0.24)\times(6-0.24)-0.30\times0.30=67.65m^2$

铝塑板面层　套定额 YT7-35　定额基价：113.88 元/m^2

直接工程费：67.65 × 113.88 = 7704 元

③ 直接工程费合计：3077 + 7704 = 10 781 元

2. 间壁墙直接工程费

间壁墙工程量：$S=(6.00-0.12\times2)\times3.9-0.9\times2=20.66m^2$

套定额 YT7-12　定额基价：89.68 元/m^2

直接工程费：20.66 × 89.68 = 1853 元

案例 6-17 某建筑物天棚装修平面图如图 6-40 所示，采用不上人型装配式 U 型轻钢龙骨 + 石膏板吊顶，计算顶棚的直接工程费。

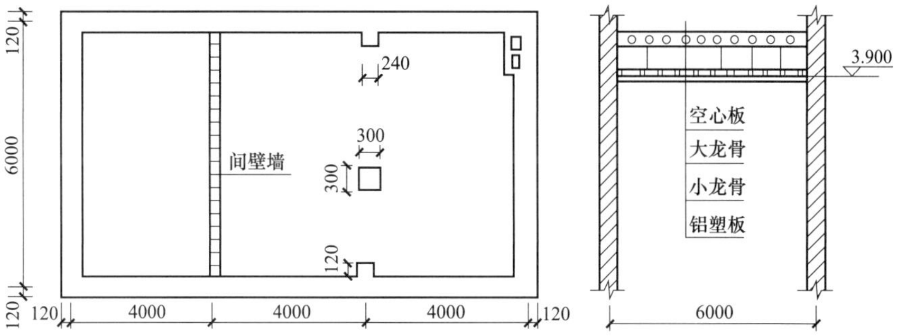

图 6-40 天棚装修平面图

解：（1）龙骨工程量：$S = 8.5 \times 5.2 = 44.2\text{m}^2$

套定额 YT7-31 定额基价：45.42 元/m^2

直接工程费：44.2 × 45.42 = 2008 元

（2）面层工程量：$S = 44.2 + 0.1 \times (6.5 + 3.2) \times 2 - 0.5 \times 0.6 \times 2 = 45.54\text{m}^2$

套定额 YT7-36 调 定额基价：6.27 × 1.1 + 23.41 = 30.31 元/m^2

直接工程费：45.54 × 30.31 = 1380 元

（3）跌级顶棚的直接工程费：2008 + 1380 = 3388 元

四、定额应用与工程计量注意事项

（1）隔墙定额包括现场加工制作的隔墙与购置成品隔墙安装，适用于建筑物、构筑物内非砌体、非混凝土浇制的安装类隔墙。

（2）标高 3.6m 以内的天棚吊顶所需脚手架综合在建筑物或构筑物综合脚手架内，不单独计算。

第八节 门窗与木作工程

门窗与木作工程定额章共分 12 节，78 个定额子目，包括木门窗、钢门窗、铝合金门窗、隔热断桥铝合金门窗、塑钢门窗、卷帘门、不锈钢门窗、玻璃幕墙、木制作、扶手栏杆等内容，适用于建筑物、构筑物的门窗（第 13 章围墙大门除外）工程。

一、定额说明

1. 木门窗、木制作、扶手栏杆

现场制作门窗不包括除锈、防腐费用，应执行第 12 章油漆定额子目计算相应的费用；所安装玻璃的种类、厚度，当设计与定额不同时可以调整玻璃材料费，定额中人工费与机械费不做调整。

扶手栏杆定额中包括栏杆、扶手的制作、购置、运输、安装等工作内容。

现场制作的门窗、木扶手、木制品定额均不包括木材面刷油漆，应根据设计标准执行第 11 章相应的定额。

2. 成品门窗安装

成品门窗安装定额包括成品门窗购置、运输、安装、油漆、五金、配件、填缝、嵌固等工作内容，其中购置成品门窗的费用中包括除锈、防腐。

3. 玻璃幕墙

玻璃幕墙适用于外墙，定额包括幕墙墙架的制作与安装、镶挂玻璃等工作内容。工程设计采用的材质、规格与定额不同时按照价差处理。

内墙玻璃隔断墙执行第 7 章相应的定额。

二、工程量计算规则

各类门窗制作、安装按门窗洞口面积计算工程量。卷闸门按照设计图示宽度、高度按照洞口高度增加 600mm，以面积计算工程量。

玻璃幕墙按外墙垂直投影面积计算工程量，扣除门窗洞口及单个面积 0.3m^2 以上孔洞所占面积。

暖气罩按照边框外围尺寸以平方米计算，侧面计算工程量。

窗帘盒按照设计图示尺寸以延长米为单位计算工程量。当设计无规定时可按窗洞口宽度加 300mm 计算。

门窗套、木线条按照设计图示尺寸以展开面积计算工程量。

扶手栏杆按照延长米计算工程量（不包括伸入墙内的长度部分），其斜长部分按照水平投影长度乘以 1.17 系数计算

护角线条按照延长米计算工程量。

三、定额应用与工程计量注意事项

施工现场制作钢、铝合金、塑钢门窗时，其费用按照成品门窗计算，不单独计算现场加工制作发生的人工、机械等费用。

第九节　地面与楼地面工程

地面与楼地面工程定额章共分 8 节，99 个定额子目，包括地面垫层、防潮与防水、伸缩缝、找平层、整体面层、块料面层、地板、踢脚线等定额内容，适用于建筑物、构筑物地面（室外地坪、道路除外）与楼面工程，适用于平面、立面伸缩缝工程，适用于平面、立面防潮与防水工程。

本章定额中的砂浆、混凝土等配合比，当设计与定额不同时，可以根据定额书中的附录 E、D 换算。

一、定额说明

1. 地面垫层

地面填土垫层定额中不包括土的材料费，工程实际发生费用时另行计算。

混凝土垫层定额是按照无筋编制的，当工程设计配置钢筋时，其钢筋部分按照第 5 章钢筋定额另行计算。垫层定额中包括原土夯实工作内容。

油池铺填卵石定额子目仅用于油池箅子上安放卵石工程。油池上铺其他滤油材质时，卵石材料可以替换，其他不变。

2. 防潮与防水

防潮、防水定额子目包括楼地面、墙基、墙身、基础、沟道等防潮、防水工程，适用于除屋面防水以外的建筑物、构筑物防潮、防水工程。定额中包括转角处或交叉处的附加层以及防潮防水层的接头、接缝、收头等工作内容。地下防潮、防水层的保护层根据材质另行计算。

3. 地面面层

地面整体面层与块料面层定额中包括地面找平层、结合层、面层。面层根据工程设计的材质与规格可以调整价差，找平层与结合层除定额规定允许调整外，不得调整。石材包括花岗岩、大理石等，实际采用不同材质按价差调整。本定额不再单独设置花岗岩和大理石子目，均按照石材子目套用。

定额中水泥砂浆地面面层厚度是按照 20mm 编制，工程设计与定额中厚度不同时，可以执行水泥砂浆找平层每增减 5mm 定额子目进行调整。

水泥砂浆地面定额中包括了水泥砂浆踢脚板的费用。其他面层地面定额中不包括踢脚板费用，踢脚

板根据材质单独计算，块料踢脚板的高度是按照 150mm 编制的，工程设计超过 150mm 小于 300mm 时材料用量可以调整，其余不变。

当踢脚板高度大于 300mm 时执行相应的墙或柱面定额。

镶贴块料是按规格考虑的，如需现场倒角、磨边者，按照所需磨边长度每米增加 0.16 工日人工。块料楼地面需做分格、分色的，按相应定额人工乘以 1.1 系数。弧形踢脚线、楼梯段踢脚线按相应定额人工、机械乘以 1.15 系数。圆弧形等不规则楼地面镶贴面层、饰面面层按相应定额人工乘以 1.15 系数，块料消耗量按实际调整。

二、工程量计算规则

1. 地面垫层

按照室内主墙间净面积乘以设计厚度以立方米为单位计算工程量。扣除凸出地面的构筑物、设备基础、室内地沟等所占体积，不扣除间壁墙及单个面积在 $0.3m^2$ 以内的柱、垛、附墙竖井、通风道、孔洞等所占的体积。

2. 防潮、防水

地面防潮、防水层按照主墙间净面积计算工程量。扣除凸出地面的构筑物、设备基础等所占的面积，不扣除间壁墙及单个面积 $0.3m^2$ 以内的柱、垛、附墙竖井、通风道、孔洞等所占面积。

墙平面防潮层根据墙宽度乘以长度按照面积计算工程量，外墙长度按照中心线计算，内墙长度按照净长线计算。立面防潮、防水层按照设计图示尺寸垂直投影面积以平方米为单位计算工程量。扣除门窗洞口及单个面积大于 $0.3m^2$ 孔洞所占面积，柱、梁、垛、附墙竖井、通风道等按照展开面积计算工程量。门窗洞口侧面、孔洞四周侧面不计算面积。

地面与墙面连接处高度在 500mm 以内的防潮、防水层按照展开面积计算工程量，并入地面工程量内；高度超过 500mm 时，按照立面防潮、防水层计算工程量。

各类伸缩缝分材质按照设计图示尺寸以延长米为单位计算工程量。当墙体伸缩缝需要双侧填缝时，工程量乘以 2 系数。

3. 找平层、面层

找平层、整体面层按照主墙间净面积以平方米为单位计算工程量。扣除凸出地面的构筑物、设备基础、室内管道、地沟等所占面积，不扣除间壁墙及单个面积在 $0.3m^2$ 以内的柱、垛、附墙竖井、通风道、孔洞所占的面积。不计算门洞、空圈、暖气包槽、壁龛等开口部分面积。

块料面层、地板按照设计图示尺寸的实铺面积以平方米为单位计算工程量。门洞、空圈、暖气包槽、壁龛等开口部分面积并入相应的面层内。

4. 楼梯面层

楼梯面层按照设计图示尺寸水平投影面积计算工程量，包括踏步、休息平台、平台梁投影面积。扣除宽度大于 300mm 楼梯井所占面积。

楼梯与楼面相连，楼梯面积计算至楼梯平台梁外侧边沿；无楼梯平台梁时，楼梯面积计算至最上一层踏步边沿加 300mm。

楼梯与地面分界：当有楼梯平台梁时，楼梯面积计算至楼梯平台梁外侧边沿；有楼梯基础时，楼梯面积计算至楼梯基础外侧边沿；楼梯与地面混凝土浇成一体时，楼梯面积计算至第一个踏步边沿加 300mm。

楼梯面层工程量不包括楼梯间踢脚板、楼梯梁板侧面及底面抹灰，应另行计算工程量，执行相应定额。

5. 其他

阳台、眺台、外檐廊地面按照伸出墙外水平投影面积计算工程量，执行地面相应定额。

沟道、池井、地坑底板面层及构筑物底板面层按照净面积计算工程量。凸出底板上的支墩、隔墙高度在 500mm 以内的面层按照展开面积计算，并入地面工程量内；高度超过 500mm 时，按照墙面工程量计算，执行第 12 章相应定额。

卫生间便池侧面计算工程量，并入相应材质面层地面工程量内。

台阶面层按照设计图示尺寸水平投影面积计算工程量。台阶宽度计算到最上一个踏步边沿加 300mm。台阶梯带按展开面积计算工程量，根据材质执行第 12 章相应的零星项目定额。

防滑条按照设计图示尺寸以长度计算工程量。设计无规定时按照踏步两端距离减 300mm 计算。

散水、坡道按照设计图示尺寸以平方米为单位计算工程量。穿过散水的踏步、坡道和花台等面积应予扣除。

三、工程案例

案例 6-18 某工程楼面如图 6-41 所示，设计要求楼面做法为 30mm 厚细石混凝土找平，1:3 水泥砂浆铺贴 300 × 300 地砖面层，踢脚为 150mm 高地砖。计算楼面装饰的直接工程费。

（M1：900 × 2400，M2：900 × 2400，C1：1800 × 1800）

解：（1）30mm 厚细石混凝土找平：

$$S=(4.5\times 2-0.24\times 2)(6-0.24)-0.6\times 2.4=47.64\text{m}^2$$

套定额 YT9-54 定额基价：13.7 元/m^2

直接工程费：47.64 × 13.7 = 653 元。

（2）300 × 300 地砖面层：

$$S=47.64+0.9\times 0.24\times 2=48.07\text{m}^2$$

套定额 YT9-75 定额基价：97.8 元/m^2

直接工程费：48.07 × 97.8 = 4701 元。

（3）地砖踢脚：$L=(4.5-0.24+6-0.24)\times 2\times 2-0.9\times 3+0.24\times 4=38.34\text{m}$

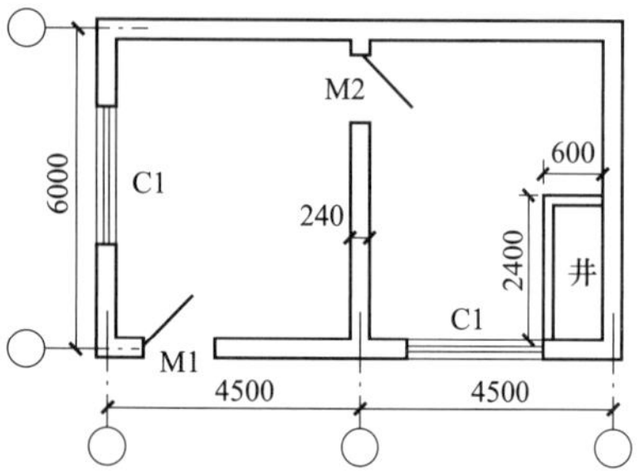

图 6-41 楼面平面图

套定额 YT9-95 定额基价：15.53 元/m

直接工程费：38.34 × 15.53 = 595 元。

（4）直接工程费小计：653 + 4701 + 595 = 5949 元

案例 6-19 某楼梯如图 6-42 所示，同走廊连接；楼梯面层满铺芝麻白大理石，每个踏步嵌两根 15 × 2 铜防滑条，要求计算其大理石、防滑条及栏杆、扶手的直接工程费。

解：（1）楼梯面层

$$S=(5.1-0.12)\times(2.7-0.24)\times(3-1)+(2.1+0.3)\times(2.7-0.24)/2+1.08\times(2.7-0.24)=30.11\text{m}^2$$

套定额 YT9-82 定额基价：387.83 元/m^2

楼梯面层直接工程费：30.11 × 387.83 = 11 678 元

（2）防滑条

$$L=(1.2-0.3)\times 48\times 2=86.4\text{m}$$

套定额 YT9-65 定额基价：15.26 元/m

防滑条直接工程费：86.4 × 15.26 = 1318 元

（3）栏杆、扶手

$$L=(4\times 2.7+2.1)\times 1.17+1.2+0.06\times 5=16.59\text{m}$$

套定额 YT8-64 定额基价：126.08 元/m

栏杆、扶手直接工程费：16.59 × 126.08 = 2092 元

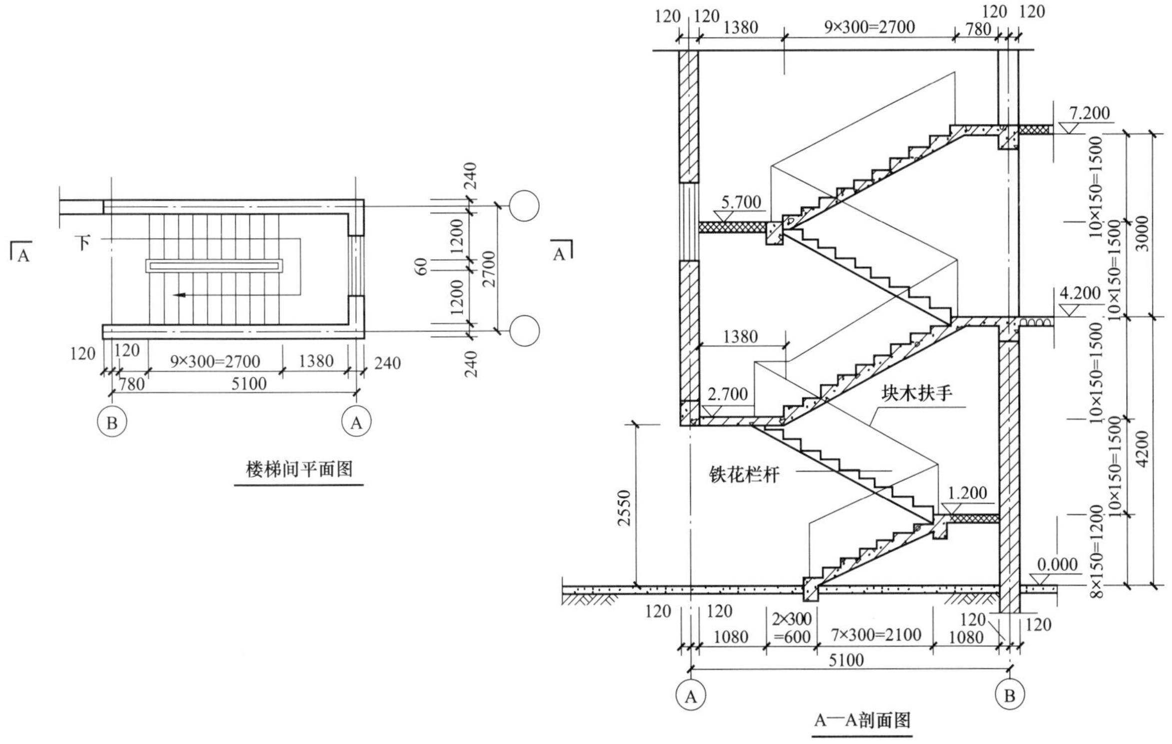

图 6-42　楼梯图

四、定额应用与工程计量注意事项

（1）混凝土垫层定额适用于地面工程，也适用于不支模板施工的底板混凝土垫层。需要支模板施工的基础混凝土垫层应执行第 5 章混凝土工程中的垫层定额。

（2）水磨石面层、细石混凝土面层、环氧类面层地面中不包括踢脚线工作内容。工程中需要做与地面面层材质相同踢脚线时，执行同材质地面定额，其中人工与机械乘以 1.5 系数。

（3）阳台、眺台、外檐廊地面按照伸出墙外水平投影面积计算工程量，不扣除栏板所占面积。

第十节　屋面与防水工程

屋面与防水工程定额章共分 4 节，40 个定额子目，包括瓦屋面、卷材屋面、刚性屋面、屋面排水等内容，适用于建筑物、构筑物的屋面工程。找平层与隔气层根据材质执行第 9 章相应的定额。

屋面砂浆找平层、保护面层、隔气层执行第 9 章地面及楼地面相应定额。

一、定额说明

1. 瓦屋面

瓦屋面定额包括成品瓦的购置、运输、铺设等工作内容，铺设瓦屋面包括铺设屋脊、铺设端头瓦、挂角、收边、封檐等。工程设计瓦屋面材料与定额不同时可以换算，其他工料与机械不做调整。

2. 卷材屋面

卷材屋面定额综合考虑了满铺、条铺、点铺、空铺等铺设形式，包括接缝、收头、找平层嵌缝等工作内容。执行定额时不得因铺设方式而调整。但当铺设卷材屋面坡度超过 15° 时，人工乘以 1.23 系数。

卷材屋面定额中包括刷冷底子油一遍，执行定额时，应根据工程设计标准按照第 9 章相应的定额进行调整。

三元乙丙橡胶冷贴、氯丁橡胶冷贴、橡胶卷材、改性沥青卷材定额按照铺设一遍编制，当工程设计每增加一遍时，定额人工费增加 80%，卷材、粘结剂增加 100%。

3. 刚性屋面

刚性屋面定额中包括钢筋网费用，工程设计钢筋网用量与定额不同时，按照第 5 章钢筋相应定额进行调整。

4. 屋面排水

铁皮排水定额中包括咬口和搭接的工料。工程设计铁皮厚度与定额不同时可以换算，其他工料与机械不做调整。

屋面排水虹吸装置定额按照排水管径编制，工程设计采用的材质、规格与定额不同时可以换算虹吸装置主材费用，其他工料与机械不做调整。

二、工程量计算规则

1. 瓦屋面

瓦屋面工程量按设计图示尺寸面积以平方米计算。不扣除凸出屋面的排气管及单个面积在 0.3m^2 以内的通风道、孔洞、屋面小气窗、斜沟等所占面积，屋面小气窗出檐部分的面积亦不增加。坡屋面可按水平投影面积乘以屋面坡度延尺系数或隅延尺系数计算工程量。

其中，屋面延尺系数即屋面坡度系数见图 6-43，是指屋面放坡时，斜长与水平长度的比值。

屋面坡度系数表

坡度B (A=1)	坡度 $B/2A$	坡度角度 α	延尺系数C (A=1)	隅延尺系数D(A=1)
1	1/2	45°	1.4142	1.7321
0.75		36°52′	1.25	1.6008
0.7		35°	1.2207	1.5779
0.666	1/3	33°40′	1.2015	1.562
0.65		33°01′	1.1926	1.5564
0.6		30°58′	1.1662	1.5362
0.577		30°	1.1547	1.527
0.55		28°49′	1.1403	1.517
0.5	1/4	26°34′	1.118	1.5
0.45		24°14′	1.0966	1.4839
0.4	1/5	21°48′	1.077	1.4697
0.35		19°17′	1.0594	1.4569
0.3		16°42′	1.044	1.4457
0.25		14°02′	1.0308	1.4362
0.2	1/10	11°19′	1.0198	1.4283
0.15		8°32′	1.0112	1.4221
0.125		7°8′	1.0078	1.4191
0.1	1/20	5°42′	1.0050	1.4177
0.083		4°45′	1.0035	1.4166
0.066	1/30	3°49′	1.0022	1.4157

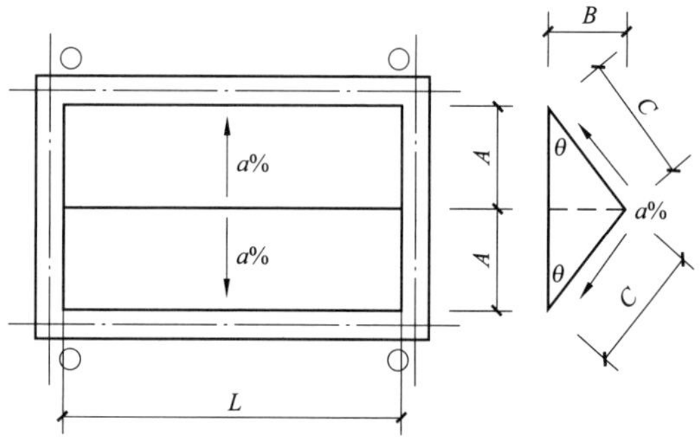

屋面延尺系数$C=\dfrac{\sqrt{A^2+B^2}}{A}$

图 6-43　屋面坡度系数

琉璃瓦檐口线按照檐口线轮廓长度乘以檐口线斜宽（高）以平方米为单位计算工程量。

2. 卷材屋面

坡屋面按设计图示尺寸水平投影乘以屋面坡度延尺系数或隅延尺系数计算，平屋顶按水平投影面积计算。

（1）需扣除：水箱间、电梯井、天窗、屋顶通风器、屋顶设备等所占面积。

（2）不扣除：凸出屋面的排气管及单个面积在 0.3m^2 以内的通风道、孔洞、屋面小气窗、斜沟等所占面积，其根部弯起部分不另计算。

（3）应并入：屋面与女儿墙、屋面上的墙、伸缩缝、天窗交叉处弯起部分，按设计图示尺寸以平方米为单位计算工程量，并入卷材屋面工程量内。如图纸未注明尺寸，伸缩缝、女儿墙、屋面上墙根部弯起部分按照 250mm 计算，天窗根部弯起部分按照 500mm 计算，见图 6-44。

（4）天窗出檐部分重叠的面积见图 6-45，应按照图示尺寸以平方米计算，并入卷材屋面工程量内。

（5）卷材屋面的附加层、接缝、收头、找平层嵌缝、冷底子油一遍已计入定额内，不另行计算。坡屋面计算公式：

屋面水平投影面积 × 坡度系数 + 天窗出檐部分重叠面积 + 弯起部分面积

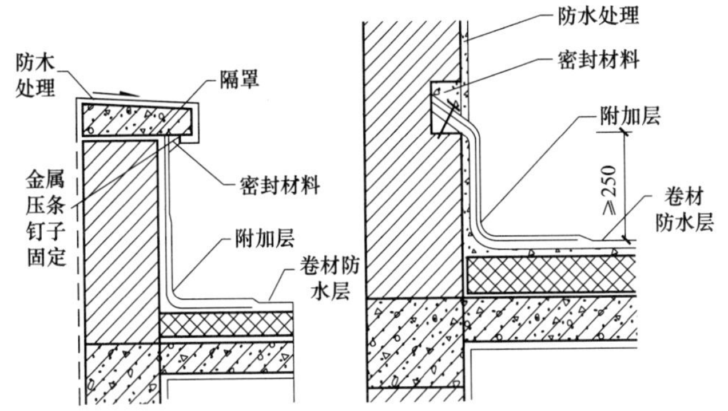

图 6-44　女儿墙部弯起部分

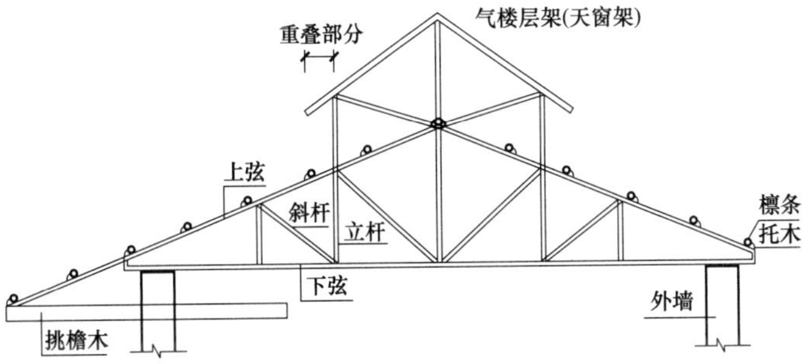

图 6-45　天窗出檐部分

水泥基渗透结晶型防水涂料按照设计图示尺寸面积以平方米为单位计算工程量。不扣除凸出屋面的排气管及单个面积在 0.3m^2 以内的通风道、孔洞、屋面小气窗等所占面积，扣除水箱间、电梯井、天窗、屋顶通风器、屋顶设备等所占面积。坡屋面可以按照水平投影面积乘以屋面坡度延尺系数或隅延尺系数计算工程量。

3. 刚性屋面

按照设计图示尺寸面积以平方米为单位计算工程量。不扣除凸出屋面的排气管及单个面积在 0.3m^2 以内通风道、孔洞、屋面小气窗等所占面积，扣除水箱间、电梯井、天窗、屋顶通风器、屋顶设备等所占面积。

坡屋面可按水平投影面积乘以屋面坡度延尺系数或隅延尺系数计算工程量。

4. 屋面排水

铁皮排水根据设计图示尺寸按照展开面积以平方米为单位计算工程量。如图纸未注明尺寸，按预算定额附表 10-1 计算。咬口和搭接部分不计算工程量。

钢制、玻璃钢、UPVC 材质的雨水管根据直径按设计图示尺寸以延长米计算工程量；雨水口、雨水斗、弯头、虹吸装置根据直径按照设计布置以个或套计算工程量。

种植屋面排水按照设计图示尺寸以铺设面积计算工程量。不扣除凸出屋面的排气管及单个面积在 0.3m^2 以内的通风道、孔洞、屋面小气窗等所占面积，扣除水箱间、电梯井、天窗、屋顶通风器、屋顶设备等所占面积。

三、工程案例

案例 6-20　某平屋顶屋面做法如图 6-46 所示，试计算屋面工程量。

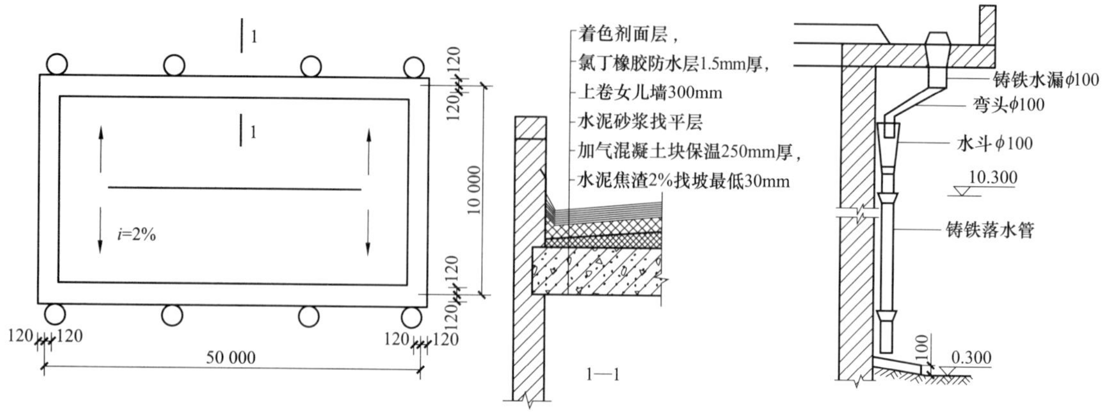

图 6-46　平屋顶屋面

解：（1）水泥焦渣找坡

屋面面积：$S=(50-0.12\times2)(10-0.12\times2)=485.66m^2$

平均厚度：$H_{平}$ = 平均厚度 =（宽度 × 坡度系数）/4 + 最薄处厚度

$=(10-0.12\times2)\times2\%/4+0.3=0.349m$

水泥焦渣找坡：$V_1=485.66\times0.349=169.5m^3$

（2）加气混凝土保温层：$V_2=485.66\times0.25=121.42m^3$

（3）屋面水泥砂浆找平层：工程量同卷材屋面　$485.66m^2$

女儿墙上卷面积 $S=[(50-0.12\times2)+(10-0.12\times2)]\times2\times0.3=35.71m^2$

水泥砂浆找平层：$V_4=485.66+35.71=521.37m^2$

（4）氯丁橡胶防水层：工程量同水泥砂浆找平层 $=521.37m^2$

（5）屋面排水：按设计图示尺寸以延长米为单位计算工程量，如设计未标注，以檐口下皮算至设计室外地平以上 15cm 处（规范要求），下端与铸铁弯头连接者算至接头处。

铸铁落水管长：$L=(10.08-0.15)\times8=79.44m$

雨水口、雨水斗、弯头：各 8 个

案例 6-21　某工程采用二面坡的瓦屋面，设计采用釉面瓦，尺寸如图 6-47 所示，计算瓦屋面直接工程费。

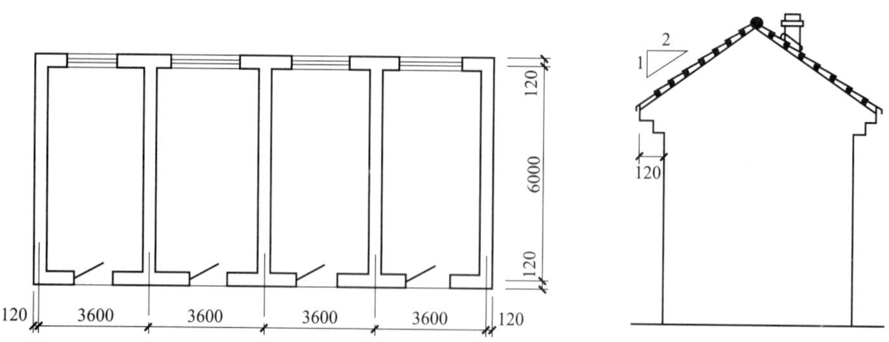

图 6-47　瓦屋面

解：屋面水平投影面积：$(6+0.24+0.12\times2)\times(3.6\times4+0.24)=94.87m^2$

屋面坡度：$1/2=0.5$　查屋面坡度系数：延尺系数 $C=1.118$

瓦屋面工程量：$94.87\times1.118=106.06m^2$

套定额 YT10-4　　　定额基价：195.16 元/m^2

瓦屋面直接工程费：106.06 × 195.16 = 20 699 元

四、定额应用与工程计量注意事项

不同直径的玻璃钢、UPVC 雨水管执行ϕ100 雨水管定额，雨水管主材费可以换算，其他工料与机械不做调整。

第十一节　保温、绝热、防腐、耐磨、屏蔽、隔声、抑尘工程

保温、绝热、防腐、耐磨、屏蔽、隔声、抑尘工程定额章共分 5 节，61 个定额子目，适用于建筑物、构筑物不同部位、不同材质的防腐（油漆防腐除外）、耐磨、绝热（屋面保温与隔热除外）、屏蔽工程；适用于冷却塔隔声墙、煤场挡风抑尘墙。

凡是在其他章节已经设定了功能性定额子目，不执行本章定额子目。

一、定额说明

1. 保温、绝热

定额中保温与隔热层材料当工程设计与定额不同时可以换算，其他工料与机械不做调整。

预制板架空隔热层定额中包括预制板制作、运输、安装及砖支墩的砌筑等工作内容。当工程设计的支墩、隔热板与定额不同时，另行计算。

绝热定额适用于地面、楼面、墙面、沟道、地坑、池井等各类平面与立面绝热工程，综合考虑了不同的部位、不同的施工方法、不同的作业环境等因素，执行定额时不做调整。

绝热定额包括在基层上先涂热沥青一遍工作内容，包括绝热材料的铺贴费用，但不包括隔气、防潮、保护层、衬墙等费用，工程设计需要时，应执行相应定额另行计算。绝热材料不同时，主材可以换算，其他不变。

2. 防腐

防腐整体面层和块料面层定额综合考虑了不同的部位、施工方法、作业环境等因素，执行定额时不做调整。定额适用于地面、楼面、平台、墙面、墙裙、沟道、地坑、池井等各类平面与立面的防腐面层工程。

各种胶泥、砂浆、混凝土材料的配比，如工程设计与定额不同时，可以根据定额附录进行换算。各种块料面层的结合层（砂浆或胶泥）厚度，除定额规定允许调整外，其他一律不做调整。

石材面层以板材为准，如板底为毛面（非垛斧面）时，定额中水玻璃砂浆增加 0.0038m^3，耐酸沥青砂浆增加 0.0044m^3。定额中结合层厚度按照 15mm、板材厚度按照 20mm 编制，当工程设计与定额规定不同时，可以调整结合层与板材的材料费，其他不做调整。

涂布防腐定额中包括接缝、附加层、收头等工作内容。

3. 耐磨

煤斗内衬定额适用于输煤系统中、石灰石系统中的耐磨衬砌项目工程。包括主厂房原煤斗、主厂房粉煤斗、翻车机室煤斗、卸煤沟煤槽、煤场地下煤斗、输煤筒仓煤斗、混煤罐、石灰石仓斗、石灰石料斗等衬砌项目工程。

铁屑砂浆、重晶石砂浆定额中不包括铺设钢板网或钢丝网，工程设计需要时，执行相应定额另行计算。

4. 屏蔽

屏蔽定额包括屏蔽网铺设、附加层铺设、接缝、收头、封关等工作内容，但不包括与电气间的连线、屏蔽检测费用，适用于建筑物、构筑物中不同部位的屏蔽项目工程。

5. 隔声、抑尘

隔声墙安装定额包括隔音板、吸音板的购置、安装、测试等工作内容。不包括隔声板钢结构支架、基础、土方、砌体等工程，如工程设计时，执行相应的定额。隔音板安装所需的脚手架执行第 15 章相应的定额。

挡风抑尘板安装定额包括挡风板、抑尘网的购置、安装、测试等工作内容。不包括抑尘板钢结构支架、基础、土方、砌体等工程，如工程设计时，执行相应的定额。抑尘板安装所需的脚手架执行第 15 章相应的定额。

二、工程量计算规则

1. 保温、隔热

屋面保温、隔热层工程量按设计图示尺寸面积乘以平均厚度，以立方米计算，扣除水箱间、电梯井、天窗、屋顶通风器、屋顶设备等所占体积，不扣除凸出屋面的排气管及单个面积在 $0.3m^2$ 以内的通风道、孔洞所占的体积。

2. 绝热

绝热根据材料种类按照设计图示尺寸成品体积以立方米计算工程量。扣除单个面积 $0.3m^2$ 以上孔洞、凸出绝热面的物体所占的体积。凸出绝热面的建筑部件需要做绝热时应按照其展开面积乘以厚度计算，并入绝热工程量内。

绝热层的厚度按照绝热体材料的设计成品净厚度（不包括胶结材料）尺寸计算。

3. 防腐

防腐根据材料种类及其厚度按照设计实铺面积以平方米计算工程量，扣除单个面积 $0.3m^2$ 以上孔洞、凸出防腐面的物体所占面积。

凸出防腐面的建筑部件需要做防腐时，应按照其展开面积计算，并入防腐工程量内。平面砌双层防腐块料时，按照相应单层面积的 2 倍计算工程量。

4. 耐磨

耐磨根据材料种类及其厚度按照设计图示尺寸实铺面积以平方米为单位计算工程量。扣除单个面积 $0.3m^2$ 以上孔洞、凸出耐磨面的物体所占面积。凸出耐磨面的建筑部件需要做耐磨时，应按照其展开面积计算，并入耐磨工程量内。

煤斗（槽）上口、下口、边梁需要做耐磨层时按照其展开面积计算，并入耐磨工程量内。

5. 屏蔽

地面屏蔽按照主墙间净空面积计算工程量。扣除凸出地面的构筑物、设备基础等所占的面积，不扣除间壁墙及单个面积 $0.3m^2$ 以内的柱、垛、附墙竖井、通风道、孔洞等所占面积。凸出地面的构筑物、设备基础等需要做屏蔽时按照其展开面积计算，并入屏蔽工程量内。

立面屏蔽按照设计图示尺寸垂直投影面积以平方米为单位计算工程量。扣除门窗洞口及单个面积大于 $0.3m^2$ 孔洞所占面积，柱、梁、垛、附墙竖井、通风道、门窗洞口、孔洞四周按照展开面积计算，并入屏蔽工程量内。

屏蔽网附加层、接缝、收头、封关等不计算工程量。

6. 隔声、抑尘

隔声按照设计图示尺寸外围面积以平方米计算工程量。长度按照结构外边线长计算，高度从隔声板、屏边框结构顶标高计算至隔声板、屏边框结构底标高。

抑尘按照设计图示尺寸外围面积以平方米计算工程量。长度按照结构外边线长计算，高度从抑尘板边框结构顶标高计算至抑尘板边框结构底标高。

三、工程案例

案例 6-22 某钢筋水池外壁地下部分需要做高强防渗剂处理，水池外围尺寸为 2200mm × 2300mm，水池深 3m，其中 0.6m 高出地面，求其工程量及直接工程费。

解： 工程量：$S = 2 \times (2.2 + 2.3) \times (3 - 0.6) = 21.6\text{m}^2$

套定额 YT11-34 定额基价：18.09 元/m^2

直接工程费：21.6 × 18.09 = 391 元

四、定额应用与工程计量注意事项

本章定额子目是根据工艺要求，选择设计常用的保温、绝热、防腐、耐磨、屏蔽、隔声、抑尘等材料进行编制。工程实际应用的材料与定额不同时，可以换算。

第十二节 装 饰 工 程

预算定额第 12 章装饰工程共分 10 节，125 个定额子目，主要包括了贴挂防开裂网、石灰砂浆、混合砂浆、水泥砂浆、涂料、镶贴面层、油漆、贴壁纸、木饰面、界面处理等内容，适用于建筑物、构筑物不同部位、不同材质的内外墙装修工程及木结构、钢结构、抹灰面的油漆工程和混凝土界面处理工程。

本章定额以面层材质为标准设置子目，定额中包括基层处理、打底抹灰、面层装饰等工作内容，除定额另有说明外，一律不做调整。装饰所需各类脚手架执行第 15 章相应的定额。

定额不分内墙与外墙，按照装饰材质标准执行相应的定额。内外墙裙装饰按照墙面装饰定额执行，墙裙高度小于 0.3m 时执行踢脚板定额。

零星项目装饰是指挑檐、天沟、腰线、栏杆、扶手、门窗套、压顶、内窗台、外窗台、水槽、砖支墩等工程项目装饰。零星项目刷涂料根据所在位置分别执行内外墙刷涂料定额。

一、定额说明

1. 抹灰

石灰砂浆抹灰定额不分级别，一律执行本定额。

天棚抹灰定额综合考虑了现浇和预制顶棚的抹灰，均包括小圆角抹灰。带密肋小梁及井字梁混凝土天棚抹灰时，每平方米增加 0.05 个工日。

墙面抹灰定额包括阴角、阳角的护角线抹灰；

柱面抹灰定额综合考虑了矩形、圆形、多边形、格构式柱抹灰，执行定额时不做调整。

2. 涂料、批腻子

内墙及天棚喷刷乳胶漆、内墙及天棚刷氟碳漆，包括批腻子，执行定额时，不做调整。其他涂料工程不包括批腻子，设计要求批腻子时，执行批腻子定额。

3. 镶贴面层

块料面层种类与定额不同时可以换算主材费用，其他费用不变。本章定额石材面层指大理石、花岗岩等不同石制材料面层，实际采用不同石材面层时按照价差处理。

4. 油漆

木材面油漆定额按照油漆材质及木作构件类别进行编制，定额综合考虑了不同的施工方法与施工遍数，工程实际与定额不同时不做调整。

金属面油漆、抹灰面油漆定额按照油漆材质进行编制，定额综合考虑了不同的施工方法与施工遍数，工程实际与定额不同时不做调整。工程油漆干膜厚度超过定额干膜厚度±15%时，超出部分按照定额比例调整。

钢结构镀锌定额中包括除锈、双程运输等工作内容。当运输距离单程超过 30km 时，按照公路货运标准计算运输费用。

钢结构喷砂除锈定额按照 $S_{a2.5}$ 清洁度标准编制。工程采用 S_{a2} 清洁度标准时，定额乘以 0.85 系数；工程采用 S_{a3} 清洁度标准时，定额乘以 1.15 系数。

金属面防火涂料喷涂定额按照耐火极限 1h、防火涂料厚度 4mm 编制。工程设计与定额不同时可以调整，按照每增减耐火极限 0.5h、防火涂料厚度 2mm，定额相应增减 0.5 系数。

变电构支架金属面需要补漆时，按照相应定额乘以 1.1 系数。

金属面 919 防腐油漆是按照工厂刷油漆考虑，当采用施工现场刷油漆时，按照相应定额乘以 1.2 系数。

5. 其他

壁纸种类与定额不同时可以换算，其他费用不变。

界面处理定额适用于不同部位、不同工序间接触面的特殊处理工程。各章节定额中已包括正常界面处理费用，不再执行界面处理定额。当设计要求界面间采用界面剂处理或要求混凝土面凿毛时，方可执行界面处理定额。

二、工程量计算规则

1. 贴挂防开裂网按照实贴或实挂面积计算

扣除单个面积 $0.3m^2$ 以上孔洞所占面积。

2. 天棚抹灰

天棚抹灰面层按主墙间净面积计算工程量，不扣除间壁墙、检查孔、墙垛、管道等所占面积。扣除单位面积 $0.3m^2$ 以上孔洞所占面积；扣除独立柱、电缆竖井、通风道等所占面积。带梁天棚，梁的两侧抹灰面积并入天棚抹灰工程量内。

有坡度及拱顶的天棚、密肋梁和井字梁天棚，按照主墙间水平投影净面积乘以 1.5 系数计算工程量。坡度及拱顶不再计算表面积，密肋梁和井字梁不再计算展开面积。

雨篷板、挑檐板、挑檐、阳台、天沟的底面按照水平投影面积计算工程量，有梁者将梁的侧面面积并入其中，执行天棚抹灰相应的定额。

3. 内墙面抹灰

内墙工程量按照主墙间净长乘以高度以平方米计算。其高度确定如下：

（1）无墙裙的抹灰高度按照室内地面或楼面计算至天棚底面，不扣除踢脚板高度。

（2）有墙裙的抹灰高度按照墙裙顶计算至天棚底面。

（3）墙裙的高度按照室内地面或楼面计算至墙裙顶面，不扣除踢脚板高度。

（4）吊顶天棚的内墙面抹灰，其高度按照室内地面或楼面计算至天棚底面加 100mm。

内墙抹灰应扣除门窗洞口和空圈所占的面积。不扣除踢脚板、挂境线、单个面积 $0.3m^2$ 以内孔洞的面积，不计算洞口四周面积，附墙垛、壁柱的侧面抹灰面积并入内墙面抹灰工程量内。突出墙面的混凝土构件，其侧面抹灰计算工程量，并入墙体工程内。

隔墙抹灰根据工程设计要求分别计算内、外两面工程量。单面工程量计算规则同隔墙。

4. 外墙面抹灰

外墙按照外墙面的垂直投影面积以平方米为单位计算工程量。扣除门窗洞口、外墙裙和大于 $0.3m^2$ 孔洞所占的面积，不计算洞口四周面积，附墙垛、壁柱的侧面抹灰面积并入外墙面抹灰工程量内。突出墙面的混凝土构件，其侧面抹灰计算工程量，并入墙体工程量内。

栏板抹灰根据工程设计要求分别计算内、外两面工程量。根据抹灰面材质分别执行墙体装饰相应定额。

女儿墙内侧抹灰按照女儿墙内侧周长乘以抹灰高度以平方米为单位计算工程量，执行相应的墙体抹灰定额。女儿墙有压顶者抹灰高度计算至压顶底标高，女儿墙压顶按照零星项目抹灰单独计算工程量；

女儿墙无压项者抹灰高度计算至女儿墙顶加女儿墙宽度。

5. 零星项目抹灰

挑檐、天沟、腰线、雨篷、栏杆、门窗套、窗台线、压顶、扶手、水池、砖支墩等按照展开面积以平方米计算工程量。计算展开面积时，不计算雨篷板、挑檐板、挑檐、阳台、天沟的底面工程量。

6. 涂料、批腻子

涂料、批腻子工程量计算规则同抹灰工程量计算规则。

预制混凝土构件刷涂料工程量按照预算定额中表 12-1 数据计算。

7. 块料面层

按照设计图示尺寸的实贴（挂）面积以平方米计算工程量。门窗洞口、孔洞等开口部分的侧面面积并入墙体装饰工程量内。

8. 独立的梁、柱面装饰

独立的梁、柱面装饰单独计算工程量，执行相应的梁柱装饰定额；嵌入墙体中的混凝土过梁、圈梁、连梁、框架梁、构造柱、框架柱、排架柱、门框等混凝土构件不单独计算装饰面积，合并在墙体中，执行相应的墙体装饰定额。

9. 油漆

木门窗及木作工程油漆按照其制作或安装工程量乘以定额表 12-2 中相应系数计算工程量。木踢脚板按照面积计算工程量，执行其他木材面油漆相应定额。当购置的成品木门窗包括油漆费用时，不计算门窗油漆工程量。

金属面除锈、油漆按其制作或安装工程量乘以定额表 12-3 中相应系数计算工程量。当购置的成品金属结构包括油漆费用时，不计算金属结构除锈、油漆工程量。购置的镀锌钢结构成品不计算金属结构除锈、油漆工程量。

施工现场加工金属结构需要镀锌时，按其制作工程量计算镀锌费用，不计算金属结构除锈、油漆工程量；需要现场冷镀锌时，按其制作工程量计算除锈、冷镀锌费用，不计算金属结构油漆工程量。

抹灰面油漆工程量计算规则同抹灰工程量计算规则。

10. 其他

贴壁纸工程量计算规则同抹灰工程量计算规则，不计算接缝、收口、封边工程量。

界面处理按照工程设计要求处理的面积以平方米计算工程量。

三、工程案例

案例 6-23 某建筑物如图 6-48 所示，外墙 14mm 厚 1:3 水泥砂浆打底，贴灰色外墙砖（门窗洞口铺贴宽度按 100mm 考虑）；外墙裙挂贴 10mm 厚大理石板高 900mm；内墙及天棚均为混合砂浆底，满刮石膏腻子，刷乳胶漆三遍；木制镶板门，成品铝合金推拉窗（M：1000mm × 2700mm，C：1500mm × 1800mm），计算其预算直接工程费。

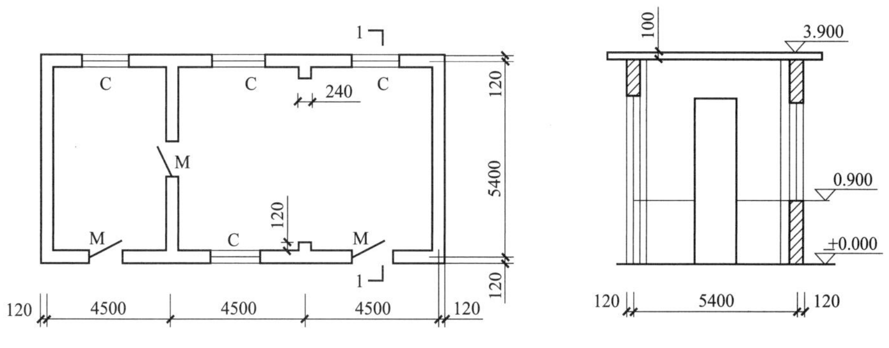

图 6-48　某建筑物施工图

解：（1）外墙面砖

$S=(4.5\times3+0.24+5.4+0.24)\times2\times(3.9-0.1-0.9)-1\times(2.7-0.9)\times2-1.5\times1.8\times4$

$+\{[1+(2.7-0.9)\times2]\times2+(1.5+1.8)\times2\times4\}\times0.1=101.564\text{m}^2$

套定额 YT12-40 定额基价：103.02 元/m^2

预算费用：$101.564\times103.02=10\ 463$ 元

（2）外墙裙大理石板

$S=(4.5\times3+0.24+5.4+0.24)\times2\times0.9-1\times0.9\times2=33.084\text{m}^2$

套定额 YT12-43 定额基价：282.36 元/m^2

预算费用：$33.084\times282.36=9342$ 元

（3）内墙抹灰

$S=[(4.5-0.24+5.4-0.24)\times2+(4.5\times2-0.24+5.4-0.24)\times2+0.12\times4]\times(3.9-0.1)$

$-1\times2.7\times4-1.5\times1.8\times4$

$=(18.84+27.84)\times2.9-10.8-10.8=157.608\text{m}^2$

套定额 YT12-12 定额基价：16.93 元/m^2

预算费用：$157.608\times16.93=2668$ 元

（4）内墙涂料

$$S=157.608\text{m}^2$$

套定额 YT12-27 定额基价：10.64 元/m^2

预算费用：$157.608\times10.64=1677$ 元

（5）天棚抹灰

$$S=[(4.5\times3-0.24)\times(5.4-0.24)-0.24\times(5.4-0.24)=67.18\text{m}^2$$

套定额 YT12-11 定额基价：12.20 元/m^2

预算费用：$67.18\times12.20=820$ 元

（6）天棚涂料

$$S=67.18\text{m}^2$$

套定额 YT12-27 定额基价：10.64 元/m^2

预算费用：$67.18\times10.64=715$ 元

（7）镶板门

$$S=1\times2.7\times3=8.1\text{m}^2$$

套定额 YT7-8 定额基价：183.05 元/m^2

预算费用：$8.1\times183.05=1483$ 元

（8）铝合金推拉窗

$$S=1.5\times1.8\times4=10.8\text{m}^2$$

套定额 YT8-38 定额基价：257.74 元/m^2

预算费用：$10.8\times257.74=2784$ 元

（9）满堂脚手架

$$S=[(4.5\times3-0.24-0.24)\times(5.4-0.24)=67.18\text{m}^2$$

套定额 YT15-50 定额基价：6.50 元/m^2

预算费用：$67.18\times6.50=437$ 元

（10）直接工程费合计：$10\ 463+9342+2668+1677+820+715+1483+2784+437=30\ 389$ 元

四、定额应用与工程计量注意事项

1. 抹灰、涂料

抹灰的厚度由不同层组成，不因各层的厚度、层数（或遍数）、施工方法而调整定额。混凝土构件根据所处的位置，按照展开面积分别计算抹灰工程量。预制混凝土构件根据体积，按照预算定额表 12-1 折算刷涂料工程量，不考虑预制混凝土构件安装位置对折算面积的影响。预制混凝土构件是否需要刷涂料，应依据建筑设计的要求。

楼梯段底抹灰执行天棚抹灰定额，包括了楼梯段侧面抹灰费用。楼梯段底抹灰工程量按照坡度天棚计量规则计算。即按照楼梯间净宽度（不扣除小于 300mm 楼梯井所占宽度）乘以楼梯段长度，再乘以 1.5 坡度系数。楼梯段侧面抹灰不计算工程量。

零星项目刷涂料不单独设置定额子目，根据所在位置分别执行内外墙刷涂料定额。

2. 油漆

油漆定额按照干膜厚度进行编制，不考虑施工方法与施工遍数。工程设计干膜厚度超出定额标准±15%部分按照定额比例调整。例如：钢结构工程设计要求刷氟碳漆干膜厚度 120μm，定额刷氟碳漆干膜厚度 100μm，定额调整增加 5%。即（120μm − 100μm − 100μm × 15%）/100μm = 5%。

3. 除锈、防火

钢结构除锈根据结构的重要性及防腐标准，可以采用不同形式的除锈。采用喷砂除锈的钢结构是重要的构件或防腐标准要求较高的构件。定额是按照 $S_{a2.5}$ 级清洁度标准编制喷砂除锈费用。

金属面防火涂料喷涂定额是按照耐火极限编制的，根据不同的防火涂料性质，对应不同的耐火极限有相应喷涂厚度。

钢结构除锈、刷油漆工程量是被除锈、被刷油漆的钢结构质量。

第十三节　构筑物工程

预算定额第 13 章构筑物工程共分 11 节，288 个定额子目，包括烟囱、烟道、冷却塔、钢筋混凝土管道、HDPE 管道安装、沉井、输煤构筑物、室外混凝土沟道、室外混凝土池井、变配电构支架、道路与场地地坪、围墙与围墙大门等内容，适用于构筑物的主体结构工程。

构筑物的土方、钢筋、铁件、防腐（烟囱、冷却塔除外）、抹灰、油漆、钢结构（烟囱、冷却塔除外）、变配电构支架基础等工程执行前 12 章相应的定额。水工构筑物施工是按照陆地施工条件考虑的，当工程采用水上施工作业时，执行交通运输部水运定额。

一、定额说明

1. 烟囱

（1）定额中烟囱筒身施工综合考虑了滑模、提模、翻模施工方法，工程实际不得因施工方法不同而调整定额。

（2）烟囱筒身定额综合考虑了施工平台、脚手架、激光室、施工洞孔加固、垂直运输等措施摊销费用，工程实际施工措施不另行增加，定额费用亦不做调整。安全棚、安全通道费用不单独计算。

2. 烟道

烟道本体定额不包括烟道支架、基础、土方、脚手架、垂直运输工作内容，应按照本定额相应的章节规定另行计算。

3. 冷却塔

（1）本定额适用于钢筋混凝土结构循环水冷却塔、循环水间接冷却塔（空冷塔）、烟囱与冷却塔合一的排烟塔、排囱与脱硫及冷却合一的间冷塔、机力通风塔工程。

（2）定额中冷却塔筒壁施工综合考虑了提模、翻模、爬模施工方法，工程实际不得因施工方法不同而调整定额。排烟塔塔壁开孔根据批准的施工组织设计计算开孔措施费。

（3）基础、水池定额中不包括土方、伸缩缝、脚手架工作内容，应按照本定额相应的章节规定另行计算。

（4）间冷塔内的支架、支柱、钢梯、散热器钢架等基础执行淋水构架独立基础定额；间冷塔内管道、地下水箱基础执行管道支墩定额；间冷塔内阀门井分别执行水池底与壁定额；间冷塔塔芯地面根据材质执行楼地面相应定额；间冷塔内混凝土地坪执行混凝土底板定额；间冷塔百叶窗下封闭墙根据材质执行外墙定额。

4. 钢筋混凝土管道

（1）定额中管道按照购置成品考虑，当工程现场制作管道时，按照成品购置单价执行。包括管道场内运输、安装损耗费用。

（2）定额中管道安装是按双根管铺设考虑，如工程采用单根管铺设时，定额不做调整。

5. HDPE 管道安装

管道安装定额中，包括管道场内运输、安装损耗，不包括土方、垫层、底板、支墩、垫块、弧形基础、包角、管道弯头、连接件等工作内容。

6. 沉井

（1）沉井施工来用用两种下沉方案：一是机械抓土下沉，定额中不包含土方外运；二是水力机械冲泥下沉，定额中不包括排泥水的集水坑及泥水的外排费用。未包括的费用按照有关章节定额另行计算。

（2）水下混凝土封底不包括凿除“馒头顶”费用，工程发生时另行计算。

7. 输煤构筑物

（1）输煤构筑物定额适用于输煤地道、卸煤沟、翻车机室等地下钢筋混凝土结构工程；适用于圆形筒仓（储煤罐）、圆形煤场等钢筋混凝土结构工程。

（2）地下煤斗、地下转运站、半地下转运站地下部分可执行卸煤沟相应的定额子目；灰库、圆形石灰石储仓可执行输煤圆形筒仓相应的定额子目；输煤栈桥根据结构特点执行其他章节相应的定额子目；露天煤场堆取料机基础执行条形基础定额，预留钢轨安装孔洞及二次灌浆、轨道间地坪单独计算，执行相应的定额。

8. 室外混凝土沟道、井池

（1）本定额是按照土方大开挖、明排水、现浇混凝土施工编制。适用于室外钢筋混凝土单孔、多孔的地下沟道、隧道工程；适用于室外钢筋混凝土封闭、敞口的地下水池、油池、井等工程。

（2）定额中不包括土方、伸缩缝、脚手架、垂直运输工作内容，按照本定额相应的章节另行计算。地下降水、排地下水费用按照批准的施工组织设计另行计算。

9. 变、配电构支架

（1）定额中包括构支架场内运输、安装损耗费用；构架、支架、钢梁、附件、避雷针塔安装均包括成品购置、现场拼装、组装、吊装、补漆、脚手架安拆等工作内容。

（2）变、配电构支架附件包括爬梯、地线柱（地线支架）、走道板、避雷针架、连接设备支架间型钢（支架梁）。离心杆构支架中的柱头铁件、组成 A 型构架的连接件、组成带端撑 A 型构架的连接件不属于变、配电构支架附件，其费用综合在离心杆构支架安装定额中，不单独计算。

（3）变、配电构支架组装、安装定额综合考虑了螺栓连接与焊接，工程实际与定额不同时，不做调整。定额中的螺栓是按照普通螺栓考虑的，当设计采用高强螺栓连接时，允许调整螺栓单价。

（4）变、配电构架安装定额中不含二次浇灌内容，需要时执行相应定额。钢管端部灌混凝土执行第 5 章二次灌浆定额。

10. 道路与场地地坪

（1）土方开挖不分人工与机械施工，均执行本定额。面层定额综合考虑了前台的运输工具及有筋、无筋等不同情况时的工效，执行定额时不做调整。

（2）路面设有钢筋、铁件时，应执行预算定额第 5 章相应的定额子目单独计算其费用。

11. 围墙、围墙大门

（1）钢围栅定额按照现场制作考虑；其他钢结构围栅、围栏及不锈钢大门按照购置成品安装考虑，定额中包括成品购置费。钢格栅大门的制作、安装参照钢围栅定额执行。

（2）电动推拉门安装参照不锈钢大门定额执行，不包括电动装置，电动装置按设备费另行计算。电动门电动装置安装定额中包括购置电动装置的设备费、材料费及安装费。

（3）土方、基础、墙体、柱、装饰等工程执行其他章节相应的定额。

二、工程量计算规则

1. 烟囱

（1）烟囱筒壁工程量计算。

1）烟囱筒壁按照图示尺寸、分不同厚度分段计算，合并工程量。

2）依附在烟囱筒壁上的钢筋混凝土牛腿、圈梁工程量并入筒壁混凝土体积内计算。

（2）烟囱钢内筒与钢烟道以安装专业与土建专业设计图纸分界。土建专业设计的内接烟道、加劲肋、连接件并入钢内筒工程量计算。

（3）玻璃钢内筒按照展开面积计算工程量。

2. 烟道

（1）烟道本体、烟道内衬工程量根据图示尺寸以立方米计算。斜顶板按照斜长计算体积；斜侧壁按照平均高度计算体积。

（2）烟道防腐工程量按照展开面积以平方米计算。

3. 冷却塔

（1）混凝土按照图示尺寸以体积计算工程量。

（2）环板基础与人字柱或 × 形柱支墩以环板基础顶面分界；人字柱或 × 形柱与支墩以支墩顶斜面分界；人字柱或 × 形柱与筒壁以下环梁分界；淋水构架基础与水池底板以水池底板顶标高分界。

（3）冷却塔筒壁工程量计算。

1）冷却塔筒壁按照图示尺寸计算。包括筒壁、下环梁、风筒、刚性环（上环梁）、依附在筒壁上的钢筋混凝土牛腿的体积。

2）空冷塔子午线向的混凝土肋条计算工程量，并入筒壁体积内。

（4）挡风板按照安装面积计算工程量，两块挡风板之间安装的三角板计算工程量并入挡风板工程量内。

4. 钢筋混凝土管道工程量计算

（1）管道安装按照混凝土管道中心线长以米为单位计算工程量，不扣除管道接头所占长度。扣除钢管弯头、钢管连接段、阀门所占长度。

（2）管道防腐面积按照管道安装长度乘以管道内壁或外壁周长计算工程量。

5. HDPE 管道安装

HDPE 管道安装按照管道中心线长以米计算工程量，不扣除管道接头所占长度。扣除管道弯头、管道连接段、阀门所占长度。

6. 沉井

（1）预制沉井土方开挖、底木方搭拆、砂垫层、刃脚承垫木铺设与抽除的工程量，按照批准的施工组织设计计算。预制沉井土方开挖执行第 1 章相应的定额。

（2）混凝土沉井制作按照设计中心周长与厚度乘以高度以立方米为单位计算工程量，刃脚、隔墙工程量并入沉井体积内，扣除 $0.3m^2$ 以上洞孔所占体积。

（3）井壁防水、防腐按照所需施工部位以展开面积计算工程量。

（4）沉井下沉、抛石、封底按照施工图纸和批准的施工组织设计计算工程量。钢筋混凝土底板工程量按照设计图示尺寸以立方米为单位计算工程量。

7. 输煤构筑物

（1）输煤构筑物混凝土体积按照图示尺寸以立方米计算，不扣除钢筋、铁件和螺栓所占体积，扣除单个面积 $0.3m^2$ 以上洞孔所占体积。

（2）输煤构筑物底板与侧壁以底板顶标高分界，底板与侧壁交叉处“三角形”体积并入侧壁中；顶板与侧壁以顶板底标高分界，顶板与侧壁交叉处“三角形”体积并入侧壁中。

8. 室外混凝土沟道、井池

（1）室外混凝土沟道、井池按照设计图示尺寸以立方米为单位计算工程量，不扣除钢筋、铁件和螺栓所占体积，扣除 $0.3m^2$ 以上洞孔所占体积。

（2）室外混凝土沟道、井池底板与侧壁以底板顶标高分界，底板与侧壁交叉处“三角形”体积并入侧壁中；顶板与侧壁以顶板底标高分界，顶板与侧壁交叉处“三角形”体积并入侧壁中。

（3）室外混凝土沟道、井池内混凝土隔墙计算体积，并入混凝土侧壁工程量内；混凝土柱单独计算工程量，柱高从底板顶标高计算至顶板底标高，执行第 5 章相应定额。

（4）室外混凝土沟道、井池内砌体墙或柱体积单独计算工程量，执行第 3 章相应定额。

9. 变、配电构支架

（1）构架、支架、钢梁、附件应根据安装高度分别计算工程量。

（2）离心杆构支架按照安装后成品外轮廓体积以立方米为单位计算工程量。离心杆长度包括插入基础部分长度。

（3）钢结构构支架按照安装后成品质量以吨为单位计算工程量。

（4）避雷针塔按照安装后成品质量以吨为单位计算工程量。避雷针根据设计图纸划分单独计算工程量，执行相应的定额。

10. 道路与场地地坪

（1）路床土方按照设计图示尺寸以自然方体积计算工程量，开挖起点为场地平整标高。不计算放坡、工作面、超挖的土方体积。

（2）计算道路、地坪工程量时，不扣除路面上的雨水井、给排水井、消火栓井等所占面积，道路由此增加的工料亦不计算，路面上各种井按照相应定额另行计算费用。

（3）道路基层、底层、面层按照设计图示尺寸以体积计算工程量。

11. 围墙、围墙大门

（1）钢围栅、铁丝网围栅、铁艺围栅按照设计图示外轮廓尺寸以平方米为单位计算工程量。

（2）围墙电动伸缩门按照面积计算工程量。长度按照大门柱间净长计算。

三、工程案例

案例 6-24 某变电站室外道路，宽 6m 道路，长 1800m，宽 4m 道路，长 600m，道路做法：路床土方 100 厚，块石基层 250 厚，碎石基层 150 厚，面层混凝土 200 厚，求其工程量及预算直接工程费。

解： 工程量：路床土方 $V=(1800\times6+600\times4)\times0.1=1320m^3$

块石基层 $V=(1800\times6+600\times4)\times0.25=3300m^3$

碎石基层 $V=(1800\times6+600\times4)\times0.15=1980m^3$

混凝土面层 $V=(1800\times6+600\times4)\times0.2=2640m^3$

预算直接工程费计算详见表 6-18。

表 6-18　　　　　　　　　　　　　　预算直接工程费计算

序号	编制依据	项目名称	单位	数量	设备单价	建筑费单价（元）		设备合价	建筑费合价（元）	
						金额	其中工资		金额	其中工资
		站区道路								
	YT13-25445	道路 路床土方	m^3	1320		13.27	8.22		17 516	10 850
	YT13-25748	道路 块石基层	m^3	3300		192.60	41.47		635 580	136 851
	YT13-258	道路 碎石基层	m^3	1980		129.69	19.47		256 786	38 551
	YT13-263	道路 面层混凝土	m^3	2640		425.65	73.86		1 123 716	194 990
		直接工程费							2 033 598	381 242

案例 6-25　某火力发电厂一期工程 1 号、2 号机组（2 × 1000MW）燃煤发电机组采用 210m 双筒集束式烟囱，见图 6-49。烟囱外筒为钢筋混凝土筒体结构，±0.00m 处外径为 24.8m 壁厚 0.7m，标高 210.00m 处外径为 16m；壁厚 0.32m，航标漆标高从 93m 到 205m 共 112m。

标高	坡度	外半径	壁厚	强度	体积
205	0	8.000	320		
200	0	8.000	320		
195	0	8.000	320		
190	0	8.000	320		
185	0	8.000	350		
180	0	8.000	350		
175	0	8.000	350		
170	0	8.000	350		
165	0	8.000	350		
160	0	8.000	350		
155	0	8.000	350		
150	0	8.000	350		
145	0	8.000	350		
140	0.02	8.100	350		
135	0.02	8.200	350		
130	0.02	8.300	350		
125	0.02	8.400	350		
120	0.02	8.500	400		
115	0.02	8.600	400		
110	0.02	8.700	400		
105	0.02	8.800	400		
100	0.02	8.900	450		
95	0.02	9.000	450		
90	0.02	9.100	450		
85	0.02	9.200	450		
80	0.02	9.300	500		
75	0.02	9.400	500		
70	0.02	9.500	550		
65	0.02	9.600	550		
60	0.02	9.700	600		
55	0.045	9.925	600		
50	0.045	10.150	650		
46.5	0.045	10.308	650	C30	3667
40	0.045	10.600	700		
35	0.045	10.825	700		
30	0.045	11.050	700		
25	0.045	11.275	700		
11	0.045	11.905	700		
6.5	0.045	12.108	700		
0	0.045	12.400	700	C40	2106
工程量估计					5773

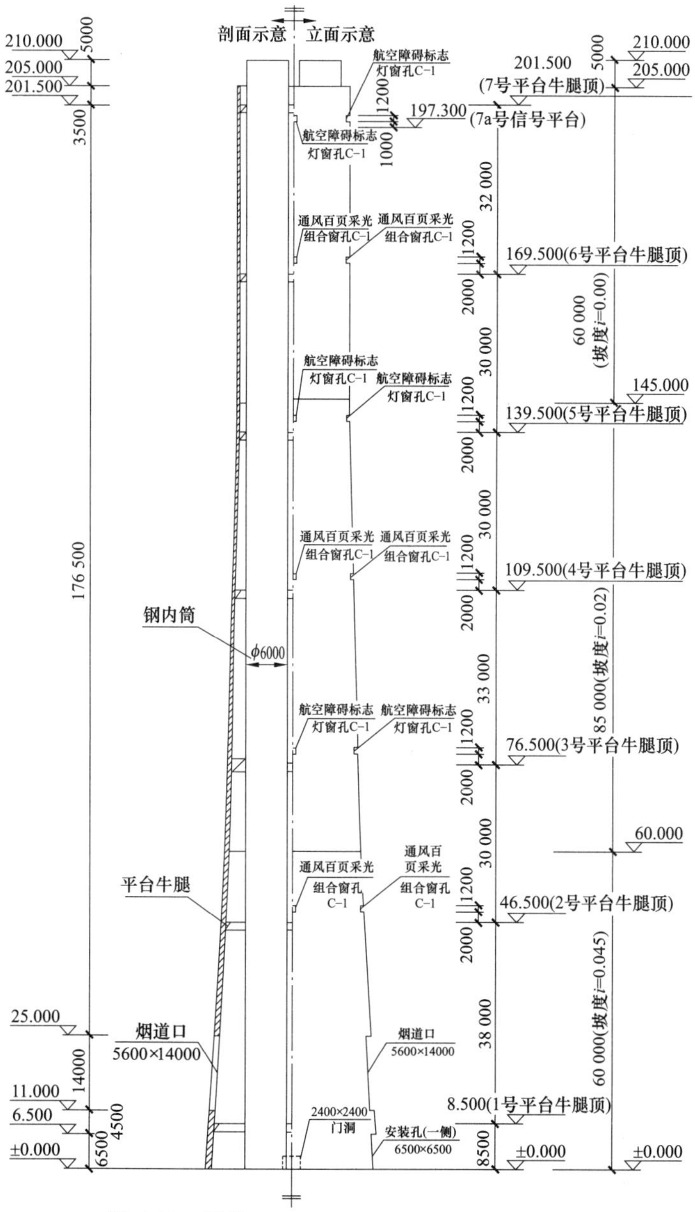

图 6-49　烟囱

计算烟囱外筒筒壁及航标漆的预算直接工程费。

解：1．外筒筒壁工程量计算

外筒筒壁混凝土工程量计算模型是内外两个圆台体积之差，然后加上依附在烟囱筒壁上的钢筋混凝土牛腿圈梁，减去人孔、安装孔、烟道孔、窗孔，牛腿因无详图暂计：

以 0～46.5 标段为例，说明其计算见表 6-19。

表 6-19 计 算 说 明

标高（m）	外壁半径（m）	壁厚（mm）	内壁半径（m）
0	12.4	700	11.7
46.5	10.308	700	9.608

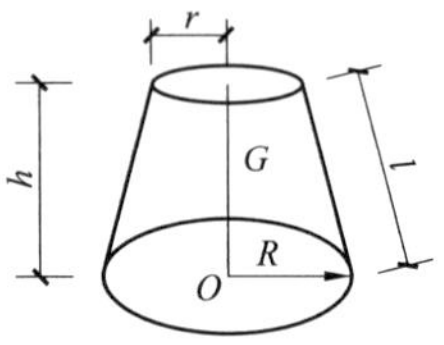

$V=\frac{\pi h}{3}(R^2+r^2+Rr)$

图 6-50 圆台体积计算

圆台体积计算公式见图 6-50。

$$V = 46.5\pi/3 \times [(12.4^2 + 10.308^2 + 12.42 \times 10.308) - (11.7^2 + 9.608^2 + 11.7 \times 9.608)]$$

$$= 2250.67\text{m}^3$$

其余工程量计算详见表 6-20。

表 6-20 筒壁混凝土工作量计算表

序号	标高段	π	高度（m）	上口半径（m）	下口半径（m）	单体体积（m^3）	筒身体积（m^3）
1	0～46.5m	3.141 59	46.5	10.308	12.4	18 885.46	2250.67
		3.141 59		9.608	11.7	16 634.95	
2	46.5～55m	3.141 59	8.5	9.925	10.308	2733.26	339.91
		3.141 59		9.275	9.658	2393.35	
3	55～65m	3.141 59	10	9.600	9.925	2994.42	356.73
		3.141 59		9.000	9.325	2637.69	
4	65～75m	3.141 59	10	9.400	9.600	2835.39	318.79
		3.141 59		8.850	9.050	2516.60	
5	75～85m	3.141 59	10	9.2	9.400	2717.27	284.31
		3.141 59		8.700	8.900	2432.95	
6	85～105m	3.141 59	20	8.800	9.2	5090.22	496.21
		3.141 59		8.35	8.75	4594.00	
7	105～125m	3.141 59	20	8.400	8.800	4647.88	422.23
		3.141 59		8.000	8.400	4225.65	
8	125～145m	3.141 59	20	8.000	8.400	4225.65	352.96
		3.141 59		7.650	8.050	3872.69	
9	145～190m	3.141 59	45	8.000	8.000	9047.79	774.36
		3.141 59		7.650	7.650	8273.42	
10	190～210m	3.141 59	15	8.000	8.000	3015.93	236.45
		3.141 59		7.680	7.680	2779.48	
11	扣安装洞口 6.5 × 6.5m 1 只，30°角，0～6.5m	3.141 59	6.5	12.109	12.4	3066.72	−28.36
		3.141 59		11.409	11.7	2726.39	
12	扣烟道孔 5.6 × 14m 2 只，27°角，11～25m	3.141 59	14	11.275	11.905	5909.51	−103.82
		3.141 59		10.575	11.205	5217.41	

续表

序号	标高段	π	高度（m）	上口半径（m）	下口半径（m）	单体体积（m^3）	筒身体积（m^3）
13	扣门洞洞口 2.4 × 1.4m 1 只	3.141 59					−2.35
14	扣窗洞口 1.2 × 1.8m 24 只						−22.2048
15	增加圈梁，半径 11.548m						6.44
16	合计 1						5682.34

2．航标漆工程量计算

航标漆标高从 93m 到 205m，共 112m，标高 145～205m 为圆柱，侧表面积 $s_1 = 2\pi R\,h$，标高 93～145m 为圆台，侧表面积 $s_1 = \pi\,l\,(r + R)$，见图 6-51。

标高 93～145m：

$r = 8\text{m} \quad R = 9.04\text{m} \quad h = 145 - 93 = 52\text{m}$

$l = [(9.04 - 8)2 + 522]\ 1/2 = 52.01\text{m}$

$s_1 = \pi l\,(r + R) = 3.141\,59 \times 52.01 \times (8 + 9.04) = 2784.24\text{m}^2$

标高 145～205m：

$R = 8\text{m} \quad h = 205 - 145 = 60\text{m}$

$s_1 = 2\pi R \quad h = 2 \times 3.141\,59 \times 8 \times 60 = 3015.93\text{m}^2$

合计：$2784.24 + 3015.93 = 5800.17\text{m}^2$

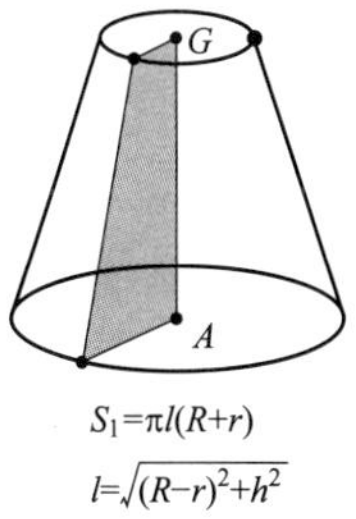

图 6-51　圆台侧表面积计算

3．烟囱外筒筒壁及航标漆的预算直接工程费计算

烟囱外筒筒壁及航标漆的预算直接工程费计算见表 6-21。

表 6-21　　　　建筑工程预算表（表三乙）　　　　元

序号	编制依据	项目名称	单位	数量	设备单价	建筑费单价		设备合价	建筑费合价	
						金额	其中工资		金额	其中工资
1	YT13-7	烟囱混凝土筒身高度 210m 以内	m^3	5682.34		840.19	259.31		4 774 245	1 473 488
2	YT5-135	烟囱混凝土筒身钢筋	t	876.18		4815.11	393.68		4 218 903	344 935
3	YT5-145	钢筋连接 螺纹接头 32 以内	个	5904.00		19.45	7.46		114 833	44 044
4	YT13-10	航标漆	m^2	5800.17		38.29	8.91		222 089	51 680
5	YT8-41	百叶窗	m^2	22.25		330.58	9.65		7355	215
6	YT4-7	多孔砖封堵门洞	m^3	28.36		414.05	87.4		11 742	2479
		直接工程费小计							9 349 167	1 916 839

四、定额应用与工程计量注意事项

（1）条形封闭煤场参照圆形封闭煤场相应的定额执行。

（2）烟囱、冷却塔章节中增加钢结构的制作与安装定额子目，不再执行相应的钢结构制作、安装、除锈、刷油漆定额子目。加肋的冷却塔筒壁在执行定额时，除混凝土材料外，其他乘以 1.05 系数。间冷塔按照 × 形柱顶环梁高度中心线标高点内直径计算面积，作为定额区分冷却塔面积的基础（相当于湿冷塔的淋水面积）。

（3）构支架安装定额中包括了主材费用，安装的计量单位改成构支架的体积或质量，不再考虑构支架的组成形式。

（4）管道建筑执行有关章节中相应的土方、基础、砂垫层等定额。

（5）围墙、围墙大门材质和规格与定额不同时，可以换算主材费，其他工料与机械不做调整。

（6）水泥稳定土基层水泥含量按照 5%考虑，水泥含量超过 5%，水泥含量每增加 1%，水泥消耗量增加 0.004t/m^3，普通工增加 0.0047 工日/m^3，技术工增加 0.0047 工日/m^3，其他不变。

第十四节　灰　场　工　程

预算定额第 14 章灰场工程共分 4 节，52 个定额子目，包括坝基、筑坝、排水排渗防水、观测设施备料等内容。适用于火力发电厂灰场的新建、扩建和加固工程。

按照正常且合理的施工组织、机械配置、施工工艺、施工工期编制本章定额。在特殊的自然条件下进行施工的工程，如高寒、酷热、沙漠地区，其增加的费用按照“预规”规定计算，高原地区施工增加的费用按照定额表 14-1 规定计算。

一、定额说明

1. 坝基

坝基定额适用于灰场构筑物的地基处理、土石方工程。土、石方开挖定额适用于灰场范围内各种基坑与沟槽的土、石方开挖工程。定额包括了土石方运输工作内容。人工清除微风化岩执行石方开挖定额。

清表层土定额适用于坝基与坝肩平均厚度在 30cm 以内表层土的清理和削坡工程。当表层土平均厚度大于 30cm 时，超过部分执行相应的土方开挖定额。定额综合考虑了土石方运距，执行定额时，不做调整。工程实际清理石方时，执行相应的石方开挖定额。

2. 筑坝

（1）筑坝定额包括均质土坝、灰渣子坝、石碴坝、堆石坝、干砌石坝、砂砾石坝、水力冲填坝、抛石护脚、铺砌护坡等子目。定额中的消耗量包括按照技术要求和施工质量验收规范中必须增加的工程量、松实折算量，如运输损耗、雨后清理、边坡削坡、接缝削坡、施工沉陷、取土坑、试验坑等和不可避免的施工量，以及自然方、松方换算成为坝上成品方的换算量。执行定额时，不做调整。

（2）定额综合考虑了筑坝材料的开采、上坝方式、料场覆盖层清除的摊销量，执行定额时，不做调整。

3. 排水、排渗、防水

（1）混凝土排水竖井（包括闸板式、挡板式、窗口式、斜槽式）、排水涵管、混凝土连接井定额消耗量中已包括运输、施工操作损耗。土工布、土工膜的消耗量包括搭接和加工损耗量。排渗竖井定额包括浇制基础混凝土承台工作内容。

（2）浆砌石排水渠道、盲沟、水平褥垫定额中，均包括土方挖、填、运工作内容。其他定额子目未包括土石方挖、填、运，发生时执行相应定额。

4. 观测设施、备料

（1）观测设施适用于坝体上新设置的观测工程，定额包括观测标基点土方挖、填、运工作内容。测压管钻孔深度按照 12m 考虑。

（2）土料翻晒及土料加水定额适用于通过翻晒或加水调整土壤含水率工程。

二、工程量计算规则

1. 坝基

（1）清表层土、原土夯实按照设计范围内面积以平方米为单位计算工程量。

（2）清淤泥流砂根据设计资料以自然状态下的体积为准计算工程量。无设计资料时，由建设、施工、设计单位三方进行现场实测确定。不计算挖淤泥流砂时重复多挖的工程量。

（3）土石方开挖根据设计图示尺寸按照自然方以立方米为单位计算工程量。基础土石方开挖可按照批准的施工组织设计的规定计算工程量。

2. 筑坝

（1）坝体根据设计图示尺寸按照成品方以立方米为单位计算工程量。

（2）抛投、消浪四面体按照设计混凝土体积计算工程量。

3. 排水、排渗、防水

（1）排水竖井（闸板式、挡板式、窗口式、斜槽式）、排水涵管、排水渠道、支座、混凝土衬砌、混凝土连接井按照设计图示混凝土体积计算工程量。

（2）盲沟、水平褥垫、排渗竖井、垫层、反滤层按照设计图示实体积计算工程量。

4. 观测设施、备料

（1）测压管按照设计图示长度以延长米为单位计算工程量。观测标点按照设计图示混凝土体积计算工程量。

（2）土料翻晒、土料加水、围堰按照设计或批准的施工组织设计规定的成品方体积计算工程量。

三、工程案例

案例 6-26 某灰堤扩容工程将灰场贮灰标高提高到 4.00m 进行扩容。其范围为 D→E→F 段为灰渣子坝，上宽为 3.8m，下宽为 6m，长 159.95m；F→A 段为砂砾石坝，上宽 4.2m，下宽 6.5m，长 73.6m。由于二期排水暗沟施工期间，施工机具对灰场内已铺设的土工膜造成了不同程度的破坏，新铺土工膜 $1300m^2$。求其工程量及预算直接工程费。

解：工程量：灰渣子坝 $V=(3.8+6)\times 4\times 159.95/2=3135.02m^3$

砂砾石坝 $V=(4.2+6.5)\times 4\times 73.6/2=1575.04m^3$

土工膜　$S=1300m^2$

预算直接工程费计算详见表 6-22。

表 6-22　　预算直接工程费计算

序号	编制依据	项目名称	单位	数量	设备单价	建筑费单价		设备合价	建筑费合价	
						金额	其中工资		金额	其中工资
		灰场工程								
	YT14-10	筑坝 灰渣子坝	m^3	3135.02		16.59	2.05		52 010	6427
	YT14-12	筑坝 砂砾石坝	m^3	1575.04		21.39	3.56		33 690	5607
	YT14-45	土工膜铺设	m^2	1300		22.25	3.76		28 925	4888
		直接工程费小计							114 625	16 922

四、定额应用与工程计量注意事项

（1）灰坝工程量按照设计成品方计算。设计成品方是指按照设计几何尺寸计算的工程量，不考虑土石方量在施工过程中的可松性系数。可松性系数在定额考虑。

（2）定额综合考虑了不同材料形成坝体的可松性系数，同一材质的压实系数按照规范要求综合考虑，执行定额时不得因压实系数而调整。

第十五节　措　施　项　目

脚手架工程定额章共分 4 节，76 个定额子目，包括施工降水、脚手架、垂直运输和超高等内容。

施工降水工程定额适用于施工地下工程时，出现地下水并需要排除的项目，不适用于施工期间由于降雨或其他地表水引发的基坑积水需要排除的项目。

土石围堰定额适用于按照设计或批准的施工组织设计规定自行开采土石料堆筑的围堰工程。

脚手架适用于建筑物与构筑物工程在施工过程中所搭拆的不同形式、不同材质、不同位置的脚手架的工程，包括综合脚手架和单项脚手架。

垂直运输和超高定额把建筑物、构筑物分为混合结构、排架结构、钢结构、单体建筑，分别制定超高与垂直运输费用标准。适用于建筑高度大于 3.6m 的建筑物、构筑物垂直运输，适用于建筑高度大于 20m 超高降效工程。

凡按照预算定额附录 B 电力工程建筑体积计算规则”能够计算建筑体积的建筑工程，均执行综合脚手架定额。不适用于执行综合脚手架定额的构筑物工程，执行单项脚手架相应定额。

一、定额说明

1. 施工排水、降水

施工降水定额考虑了泵类明排、轻型井点、喷射井点、大口径井点四类降排水施工方法。大口径井点降水不论采取何种井管类型均不调整，井点范围外的排水沟渠或排水管道应另行计算。

2. 打围护桩定额，当钢板桩、钢管桩重复利用时，每打入一次按照 20%桩消耗量计算桩材料费。定额综合考虑了桩维修、桩占用时间，执行定额时不做调整

3. 综合脚手架

综合脚手架定额综合考虑了结构的层高因素，执行定额时不做调整；综合考虑了施工过程中各分部分项工程应搭设脚手架的全部要素。除室内高度大于 3.6m 天棚吊顶应单独计算满堂脚手架外，执行综合脚手架定额的工程，不再计算其他单项脚手架。

综合脚手架的建筑高度是指建筑物或构筑物的室外地坪至主体建筑屋面顶面高度。突出主体建筑屋顶的电梯间、楼梯间、水箱间、提物间、通风间等的建筑面积大于主体屋顶面积 1/3 时计算建筑高度，小于 1/3 时不计算建筑高度；突出屋顶的隔热架空层、天窗及支架、通风设备及支架、排气管、挡风架、装饰灯架、电气与通信设备的天线架或塔等不计算高度。

建筑物、构筑物建筑高度根据建筑特点确定：

（1）设有檐口板时，计算至檐口板顶标高，见图 6-52。

（2）设有挑檐时，计算至挑檐反檐板顶标高。

（3）设有女儿墙时，度计算至女儿墙顶标高。

（4）坡屋面建筑，计算至屋脊顶标高。

（5）前后檐高不同时，以高者为准。

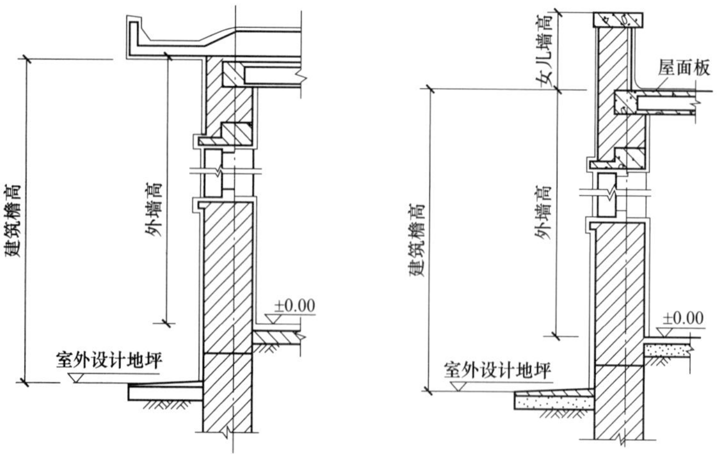

图 6-52　建筑物檐高

（6）裙房建筑、高低跨建筑分别计算高度。

（7）墙板、幕墙封檐建筑，建筑高度计算至墙板、幕墙封檐顶标高。

4. 单项脚手架

砌筑高度1.2～3.6m的围墙、挡土墙、防火墙、挡煤墙、柱、支架、支墩及突出室外地坪的室外独立设备基础、突出室外地坪的室外沟道、突出室外地坪的室外池井等执行里脚手架；砌筑高度大于3.6m的围墙、挡土墙、防火墙、柱、支架、突出室外坪的室外沟道、突出室外地平的室外池井等执行单排外脚手架。围墙、挡土墙、防火墙等双面抹灰时，增加一面脚手架。

浇制混凝土高度1.6～3.6mm的围墙、挡土墙、防火墙、柱、支架、突出室外地坪的室外独立设备基础、突出室外地坪的室外沟道、突出室外地坪的室外池井等执行单排外脚手架；浇制混凝土高度大于3.6m的围墙、挡土墙、防火墙、柱、支架等执行双排外脚手架。围墙、挡土墙、防火墙等双面抹灰时，增加一面脚手架。

埋置深度1.5～3m的砌体结构的室外沟道、室外设备基础、室外池井、变配电构支架基础、室外独立基础、室外条形基础等执行满堂脚手架；埋置深度大于3m时，执行单排外脚手架。

埋置深度1.5～3m的现浇混凝土结构的室外沟道、室外设备基础、室外池井、变配电构支架基础、室外独立基础、室外条形基础、室外筏形基础等执行满堂脚手架；埋置深度大于3m时，执行双排外脚手架。

室外混凝土管道埋深大于2m时计算里脚手架。

室内高度大于3.6m小于5.2m的天棚吊顶应计算满堂脚手架；室内高度大于5.2m时，天棚吊顶应计算满堂脚手架增加层。

5. 垂直运输

建筑高度在3.6m以上的工程计算垂直运输费用。垂直运输的工作内容包括单位工程在合理工期内完成垂直运输采取的全部施工措施。垂直运输机械布置及采取的措施在定额中已经综合考虑，工程实际与其不同时，不做调整。

能够计算建筑体积的单位工程建筑垂直运输费用，根据建筑结构和建筑高度以建筑体积为计量单位计算其费用；同一建筑多种结构，按照不同结构分别计算建筑体积。同一建筑高度不同，按照不同高度分别计算建筑体积。

不能够计算建筑体积的单位工程建筑垂直运输费用，根据建筑结构和建筑高度以构筑物实体工程量为计量单位计算其费用。建筑高度计算规则同脚手架工程中的建筑高度计算规则。

建筑高度在20m以上的工程计算超高降效费用。超高费包括由于建筑高度的增加产生的人工与机械降效费、垂直运输影响费、超高增加施工措施费等工作内容。

超高费以垂直运输费为基数采用费率方式计算，根据建筑的结构、高度分别计算超高工程量，执行相应定额子目计算其垂直运输计算基数，超高费费率见表6-23。增加的超高费用形成相应定额的人工工日与机械台班消耗量。

表6-23 超高费费率表 单位：%

项目	建筑高度							
	30m以内	40m以内	50m以内	60m以内	70m以内	80m以内	90m以内	100m以内
人工增加费	2.33	4.2	6.3	9.33	12.5	15.75	19.05	24.64
机械增加费	1.67	3	4.5	6.67	8.93	11.25	13.61	17.6

二、工程量计算规则

1. 施工降水、排水

施工降水、排水运行按照使用套·天计算工程量，使用套·天从降水、排水系统运行之日起至降水、排水系统结束之日止。

（1）基坑明排水降水系统每套由排水泵、基坑排水管、排水辅助设施组成，计算套数时按照运行的排水泵台数计算，每台运行的排水泵计算一套，备用排水泵不计算运行工程量。

（2）轻型井点降水系统每套由排水泵房、排水泵、水平管网、弯联管、井点管、滤管、排水辅助设施组成。轻型井点 50 根为一套，井管根数根据施工组织设计确定，施工组织设计无规定时，按照 1.4m/根计算。

（3）喷射井点降水系统每套由排水泵房、排水泵、喷射井管、高压水泵、排水管路、排水辅助设施组成。喷射井点 30 根为一套，井管根数根据施工组织设计确定，施工组织设计无规定时，按照 2.5m/根计算。

（4）大口径井点降水系统每套由排水泵房、排水泵、井点管、沉砂管、滤网、吸水器、缓冲水箱、排水辅助设施组成。大口径井点 1 根为一套，井管根数根据施工组织设计确定。

井管安拆根据降水管井类型、深度以根为单位计算工程量。

2. 打围护桩

打拔钢板桩、钢管桩按照设计成品质量，以吨为单位计算工程量。

围堰按照设计或批准的施工组织设计规定的成品方量，以体积计算工程量。

3. 综合脚手架

按建筑物、构筑物的建筑体积以立方米为单位计算工程量，计算规则执行定额附录 B 电力工程建筑体积计算规则。

4. 单项脚手架

（1）外脚手架、里脚手架及挑脚手架、悬空脚手架。

外脚手架、里脚手架按垂直投影面积计算工程量，其高度从室外地坪计算至构筑物顶。

挑脚手架，按实际搭设长度以延长米为单位计算工程量。

悬空脚手架，按其水平投影面积以平方米为单位计算工程量。

（2）天棚脚手架。

天棚吊顶搭拆满堂脚手架按室内地面面积计算工程量，不扣除踢脚板、墙垛、柱、隔断墙所占面积。

天棚吊顶高度大于 3.6m 小于 5.2m 时搭拆满堂脚手架基本层，高度超过 5.2m 时每增加 1.2m 计算一个增加层，增加高度在 0.6m 以内不计算增加层，增加高度大于 0.6m 计算一个增加层，见图 6-53。增加层计算公式：（室内净高度−5.2）/1.2。

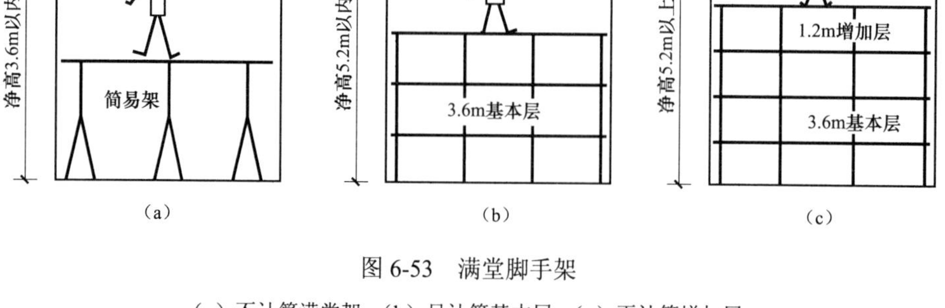

图 6-53　满堂脚手架

（a）不计算满堂架；（b）只计算基本层；（c）再计算增加层

（3）构筑物脚手架。

围墙脚手架的高度按场地平整标高计算至围墙顶，长度按围墙中心线长度计算，不扣除大门与边门面积，墙柱和独立门柱的脚手架不单独计算。围墙上安装的铁刺网不计算高度。

独立柱或支架按柱断面外围周长加 3.6m 乘以柱高计算工程量。

基础、沟道、池井等搭拆满堂脚手架按基础或底板水平投影面积 1/2 计算。

深基础、沟道、池井等搭拆双排外脚手架按基础或底板周长乘以埋深计算工程量。

室外混凝土管道安装搭拆脚手架按面积计算工程量。高度从管道底标高计算至场地平整标高；长度按照管道中心线计算，扣除各种井所占长度。

沉井搭拆外脚手架按其外围周长乘以高度以平方米为单位计算工程量。

5. 垂直运输与超高

垂直运输按照建筑物、构筑物的建筑体积以立方米为单位计算工程量，计算规则执行定额附录 B 电力建设工程建筑体积计算规则。

不能够计算建筑体积的构筑物按构筑物实体工程量计算垂直运输工程量，计算规则执行相应章节工程量计算规则。

深度大于 4m 沟道、池井垂直运输工程量按其结构外围轮廓体积计算。集水坑、进人孔计算轮廓体积并入工程量内；垫层、外护壁、覆盖层不计算工程量。

建筑超高工程量是指建筑高度超过 20m 以上建筑体积或构筑物实体工程量。根据建筑的结构、高度分别计算超高工程量。

三、工程案例

案例 6-27　图 6-54 是一单层砖混结构配电室平面图，①～②轴屋面板顶标高 4.8m，女儿墙顶面标高 5.4m；②～⑤轴屋面板顶标高 3.9m，女儿墙顶面标高 4.5m；屋面板厚度 0.1m；设计室外地坪标高–0.3m，计算其砌筑脚手架。

解：单层建筑物的建筑体积，应按照其外墙勒脚以上结构外围水平面积乘以建筑物高度计算，不同高度建筑物应分别计算。

①～②轴建筑体积：$V_1=(9+0.25+0.12)\times(10.5+0.25\times2)\times4.8=494.74\text{m}^3$

②～⑤轴建筑体积：$V_2=(4.5\times3-0.12+0.25)\times(10.5+0.25\times2)\times3.9=584.73\text{m}^3$

合计：$494.74+584.73=1079.47\text{m}^3$

套定额 YT15-36　定额基价：6.16 元/m^3

综合脚手架预算直接工程费：$1079.47\times6.16=6650$ 元

案例 6-28　某建筑物首层平面见如图 6-55，顶棚抹灰需搭设满堂脚手架，计算满堂脚手架的预算直接工程费。

解：（1）满堂脚手架 基本层　$S=(7.44-0.24)\times(6.84-0.24)=47.52\text{m}^2$

（2）满堂脚手架 增加层　$6-0.12-5.2=0.68\text{m}>0.6\text{m}$，需计算一个增加层

（3）基本层套定额 YT15-50　定额基价：6.50 元/m^2

增加层套定额 YT15-51　定额基价：1.73 元/m^2

满堂脚手架预算直接工程费：$47.52\times(6.50+1.73)=391$ 元

案例 6-29　某变电站主变事故油池见如图 6-56，计算其脚手架的预算直接工程费。

解：主变事故油池埋置深度 $107.05-103.95=3.1\text{m}$ 大于 3m，执行双排外脚手架；按基础或底板周长乘以埋深计算工程量。

所以 $S=(8+0.2\times2+4+0.2\times2)\times3.1=39.68\text{m}^2$

套定额 YT15-44　定额基价：10.54 元/m^2

事故油池脚手架预算直接工程费：39.68 × 10.54 = 418 元

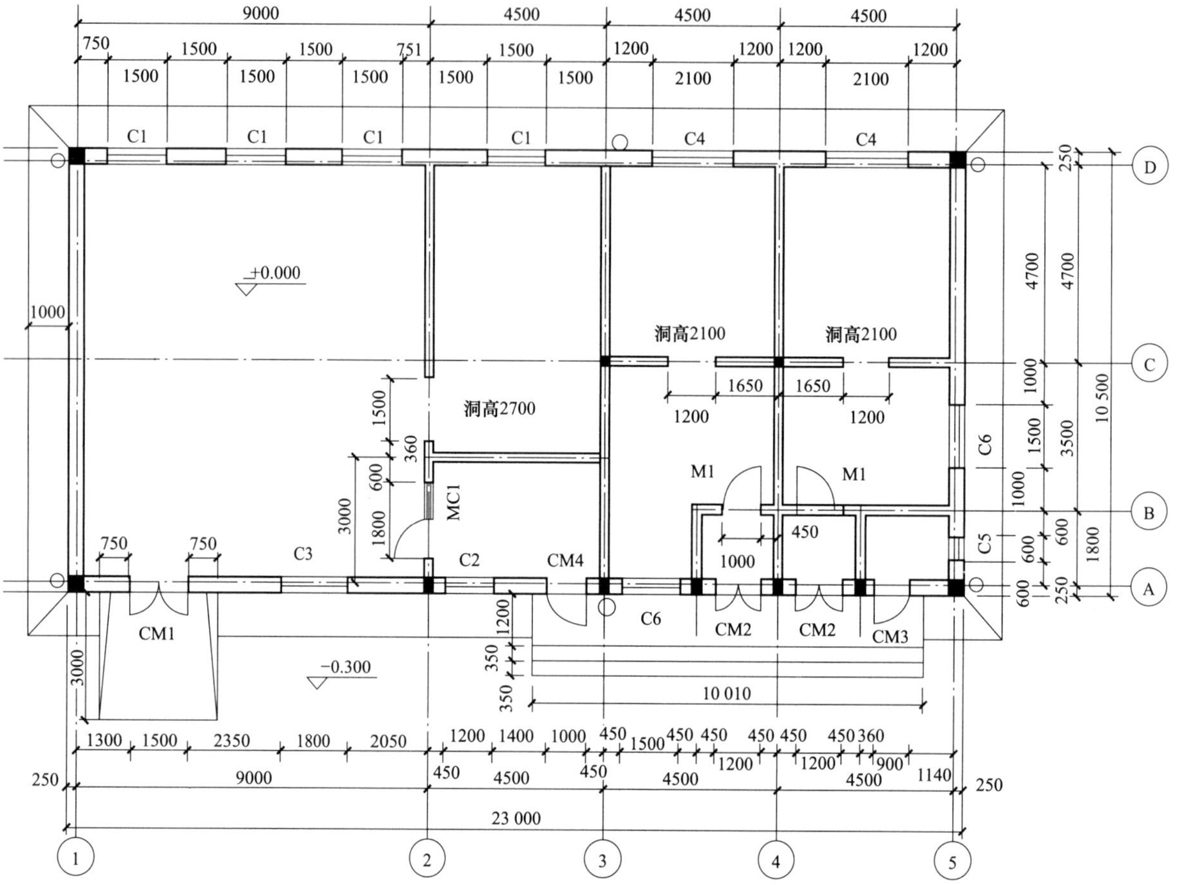

图 6-54　配电室平面图

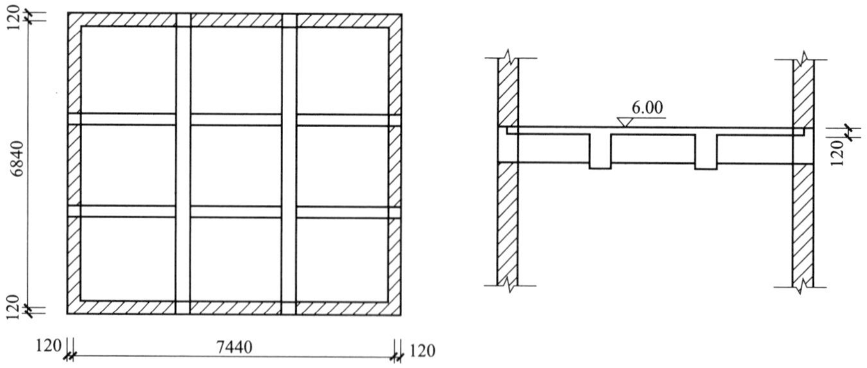

图 6-55　首层平面图

案例 6-30　某换流站阀厅见图 6-57，采用钢柱 + 钢屋架承重的全钢结构体系，阀厅与换流变相邻的墙面为钢筋混凝土防火墙，与钢结构柱分开设置。长 84m，宽 35m；屋架下弦净空高约 26.6m，檐口高度 29.25m，屋顶高度 31m。计算其垂直运输及超高降效的直接工程费。

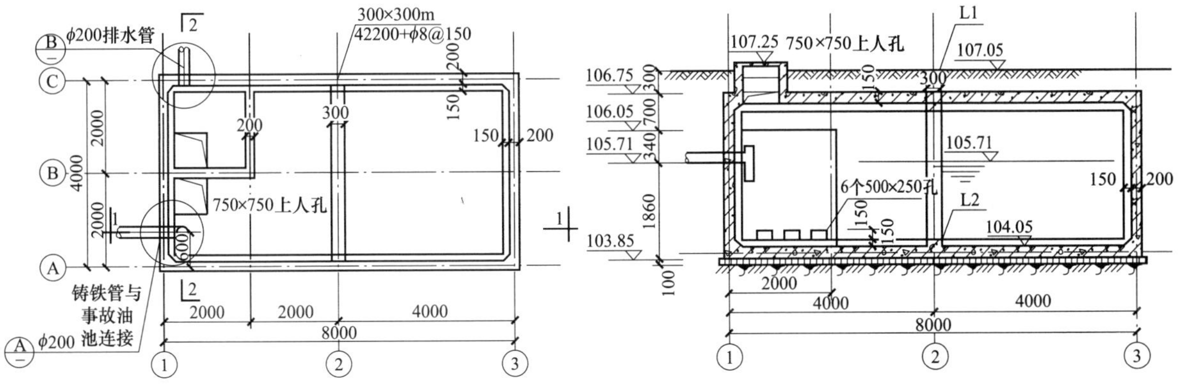

图 6-56 主变事故油池

解：（1）垂直运输直接工程费

$$V = 84 \times 35 \times 31 = 91\ 140\text{m}^3$$

套定额 YT15-65 定额基价 12.98 元/m^3

直接工程费：91 140 × 12.98 = 1 182 997 元

（2）超高降效直接工程费

定额 YT15-65 中 人工费 = 0.55 元/m^3，机械费 = 12.43 元/m^3

直接工程费：［0.55 ×（1 + 4.2%）+ 12.43 ×（1 + 3%）］× 91 140 = 1 219 089 元

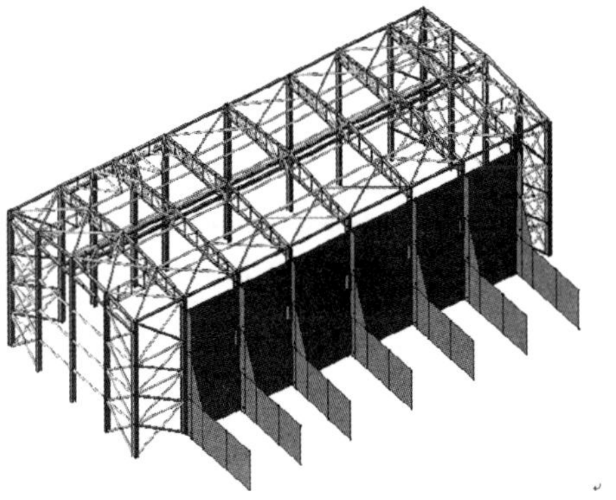

图 6-57 换流站阀厅

四、定额应用与工程计量注意事项

（1）大口径井点降水系统定额适用于直径 400～600mm 管井降水工程。当管井直径小于 400mm 时，执行大口径井点降水系统定额乘以 0.65 系数。深井降水一般是指降水深度大于 15m 时的管井降水，深井降水执行大口径井点降水系统定额。

（2）工程需要搭拆满堂承重脚手架时，执行满堂脚手架定额乘以 2.65 系数。

（3）超高、超深、超重现浇混凝土构件所搭拆的承重脚手架不单独计算费用。

（4）垂直运输和超高。

本章垂直运输费用与前面各章所含的垂直运输费用不重复。

垂直运输费用包括人工费、材料费、机械费。机械消耗量综合考虑施工力能，是满足合理施工组织条件下，完成垂直运输工序所需要的消耗水平。在一定条件下表示的是“当量”，工程实际与定额不同时，不做调整。

超高费是补偿建筑高度大于 20m 时，不同高度人工与机械施工降效的费用。计算费用的基数是单位工程人工费与机械费。只有建筑高度大于 20m 的单位工程，方可计算建筑超高费。

第十六节 给水与排水工程

给水与排水共分 13 节，342 个定额子目。定额包括室外管道安装、室内管道安装、法兰安装、伸缩器制作安装、管道消毒与冲洗、阀门安装、水表安装、压力表与温度计安装、卫生洁具安装、地漏与扫除孔安装、热水器安装等内容。

适用于建筑物、构筑物室内外不同材质（混凝土管道除外）、不同施工方法、不同位置的给水与排水工程。

一、定额说明

1. 室内外管道、管道支架、法兰、伸缩器安装

（1）适用于室内外生活给水、排水、雨水、采暖管道、常规水消防、法兰、套管、伸缩器等的安装工程。

（2）室内外管道的划分界线。

1）给水管道。室内外给水管道以建筑物外墙外 1m 分界，管道进建筑物入口处设有阀门者以阀门分界。与外接工业水源管道以水表井分界；无水表井者，以与外接工业水源管道接头点分界。

2）排水管道。室内外排水管道以出户第一个排水检查井分界。室外管道与外接工业管道以污水流量计分界；无污水流量计者，以与外接工业管道接头点分界。

3）采暖管道。室内外采暖管道以管道进建筑物入口阀门分界；无入口阀门者，以建筑物外墙外 1m 分界。与工业管道以锅炉房或换热泵站外墙外 1m 分界。车间内采暖管道以采暖系统与供热管道接头点分界。

（3）管道安装定额包括以下工作内容：管道及管件制作或购置、安装；水压试验；室内 DN32 以内钢管管卡及托钩制作与安装；铸铁排水管、雨水管及塑料排水管的管卡、检查口、托吊支架、臭气帽、雨水漏斗制作或购置与安装；镀锌铁皮套管安装。

（4）管道安装定额不包括以下内容：室内外管沟土方挖填及管道基础，发生时执行上册相应定额；法兰、阀门及伸缩器的制作或购置与安装；DN32 以上钢管支架的制作或购置与安装；镀锌铁皮套管的制作或购置。

2. 阀门安装

（1）螺纹阀门安装定额适用于各种内外螺纹连接的阀门安装工程。

（2）法兰阀门安装定额适用于各种法兰连接的阀门安装工程。工程为一侧法兰连接时，定额中的法兰、带帽螺栓及垫圈用量减半，其余不变。

（3）连接法兰的垫片按照石棉橡胶板考虑。工程采用其他材料时，定额不做调整。

（4）自动排气阀安装定额，包括了其支架制作与安装工作内容。

3. 卫生洁具

（1）卫生器具安装定额参照《全国通用给水排水标准图集》中有关标准编制，执行定额时，除另有说明外，均不做调整。

（2）成组安装的卫生器具定额中，包括了给水、排水管道连接的人工和材料费用。

（3）洗脸盆、洗手盆、洗涤盆安装定额适用于各种不同型号与规格的盆类安装工程。

4. 管道的适用范围

塑料管安装适用于 UPVC、PVC、PP-C、PP-R、PE、PB 管等塑料管安装。

定额中的无缝钢管适用于常规水消防。预算定额第 18 章消防工程水灭火系统中管道安装，执行本章定额。本章的无缝钢管定额包括管件及法兰安装，但管件、法兰数量应按设计用量另行计算，螺栓按设计用量加 3%损耗计算。若设计或规范要求钢管镀锌，其镀锌及场外运输另行计算。

复合管安装适用于内涂塑，内外涂塑，内衬塑，外覆塑内衬塑、钢、铝塑复合管道安装。

5. 其他

（1）安装管道间、管廊内的管道、阀门、法兰、支架时，按照相应定额的人工工日数乘以 1.3 系数。

（2）执行定额时，主体结构为全框架的工程，人工工日数乘以 1.05 系数；主体结构为内框架的工程，人工工日数乘以 1.03 系数。

（3）给水、排水工程不计算调试费。

（4）包括被安装的主要材料、阀门、法兰、洁具等材料费，不包括电热水器、电开水炉、太阳能热

水器、烘手机、饮水机等设备费。

（5）刚性穿墙套管和柔性穿墙套管安装项目中，包括防水套管，配合预留孔洞及浇筑混凝土工作内容。套管安装项目已包含制作、堵洞工作内容。套管内填料按油麻编制，如与设计不符时，可按工程要求调整换算填料。

二、主要工程量计算规则

1. 室内外管道、管道支架、法兰、伸缩器

各种管道均按照设计图示尺寸中心线长度以米为单位计算工程量，管道消毒、冲洗、水压试验按照管道长度以米为单位计算工程量，均不扣除阀门、管件、减压器、疏水器、水表、伸缩器等所占长度。

伸缩器制作与安装以个为单位计算工程量。方形伸缩器的两臂，按照臂长的两倍计算工程量，合并在管道长度内。

2. 阀门

阀门、法兰、水表、减压器、疏水器按照设计图示个数计算工程量，不计算随设备、卫生器具成套供货安装的阀门、法兰、水表、减压器、疏水器数量。

3. 其他

镀锌铁皮套管制作以个为单位计算工程量。

支架制作与安装按照设计成品重量以公斤为单位计算工程量，计算支架生根部分、连接件、螺栓重量。

卫生器具安装以组为单位计算工程量。电热水器、电开水炉、太阳能热水器、烘手机、饮水机安装按照台计算工程量。

刚性、柔性套管，按管道的公称直径，分规格以米为计量单位。

三、工程案例

案例 6-31 管内给水管道安装工程量如何计算？

解：管内给水管道安装，应按管材种类、连接方法、管径大小分别以延长米为单位计算，均不扣除阀门、管件、减压器、疏水器、水表、伸缩器等所占长度。

案例 6-32 某办公楼需要安装室内镀锌钢管 600m，连接方式为螺纹连接，公称直径 20mm，求其工程量及预算直接工程费。

解：室内管道安装工程量：镀锌钢管 DN20 600m

套定额 YT16-80 定额基价：25.89 元/m

直接工程费：$600 \times 25.89 = 15\,534$ 元

四、定额应用与工程计量注意事项

（1）计算管道长度根据设计施工图所示的平面和标高尺寸，未注明尺寸的，按图示比例计算工程量。

（2）工程室外采用混凝土管道排水时，执行电力建设工程预算定额第一册《建筑工程（上册）（2018 年版）》第 13 章钢筋混凝土管道相应的定额。

（3）室外管道安装定额不包括管道建筑（土方、基础、垫层等）工程，应执行电力建设工程预算定额第一册《建筑工程（上册）（2018 年版）》相应的定额。

第十七节　照明与防雷接地工程

照明与防雷接地工程定额章共分 9 节，214 个定额子目。包括配管、管内穿线、照明电缆敷设、灯具安装、开关与插座安装、风扇与门铃安装、照明配电盘箱柜安装、防雷接地、系统调试

等内容。

适用于建筑物、构筑物室内照明工程。

一、定额说明

1. 配管、配线、线槽

(1) 配管定额未包括接线箱、盒及支架的制作与安装工作内容。

(2) 配线定额包括线路分支接头、灯具、开关、插座、按钮等预留线的工作内容。

(3) 线槽定额包括测位、打眼、埋螺钉、线槽安装工作内容。

2. 灯具

(1) 投光灯、碘钨灯、氙气灯、烟囱标志灯、冷却塔标志灯安装定额中，均已考虑了高空作业因素，其他灯具、低压用电设备安装高度超过 5m 时，按照册说明计算超高安装增加费。

(2) 定额中包括利用摇表测量绝缘及一般灯具的试亮工作内容。

(3) 照明系统计算调试费，每个照明回路调试的元器件配置与定额不同时不做调整。

3. 防雷接地

(1) 接地极安装于接地母线敷设的定额不包括采用爆破法施工、接地电阻率高的土质换土。接地极钻孔施工的孔径按照 150mm 编制，孔径大于 150mm 时执行建筑上册相应子目。

(2) 避雷针制作、安装定额不包括避雷针底座及埋件的制作与安装。工程实际发生时，应该根据设计划分，分别执行相应定额。

(3) 接地母线敷设定额是按照一般土质综合考虑的，包括地沟挖填土和夯实，执行定额时不再计算土方工程量。

(4) 接地系统调试费按照接地安装工程人工工日数 10%计算，其中人工费 40%，材料费 20%，机械费 40%。

4. 其他

(1) 吊风扇、壁扇、轴流排气扇按照设备考虑。

(2) 照明配电箱、配电盘、配电柜按照设备考虑。

(3) 包括被安装的主要材料，电线管、电线、灯具、开关、插座、门铃、接地极、屏蔽网等材料费，不包括照明配电箱（盘、柜）、低压用电设备等设备费。

二、主要工程量计算规则

1. 配管、配线、线槽

配管根据不同敷设方式、敷设位置、管材材质及规格以延长米为单位计算工程量，不扣除管路中间的接线箱（盒）、灯头盒、开关盒所占长度。

管内穿线根据导线材质、截面以单线延长米为单位计算工程量。线路分支接头线的长度综合在定额中，不另行计算。

进入配电箱、柜、盘、板的预留线长度，按照预算定额表 17-1 规定计算工程量，分别并入相应的工程量内。

线槽敷设按设计图示长度计算。计算长度时，不计算安装损耗量，不扣除管路中间的接线箱、接线盒、灯头盒、开关盒、插座盒、管件等所占长度。

2. 照明

(1) 灯具、明开关、暗开关、插座、按钮、低压用电设备的预留线长度，已分别综合在相应定额内，不另行计算。

(2) 普通灯具安装根据灯具的种类、型号、规格以套为单位计算工程量。

(3) 荧光灯具安装根据灯具的种类、灯管数量以套为单位计算工程量。

（4）工厂灯、防水防尘灯及其他灯具安装根据不同的安装形式以套为单位计算工程量。

（5）烟囱、冷却塔、独立式塔架等标志灯的安装根据不同安装高度以套为单位计算工程量。

（6）开关安装根据安装形式、种类、极数以及单控与双控标准以套为单位计算工程量。

（7）插座安装根据电源相数、额定电流、插座安装形式、插座孔数以套为单位计算工程量。

（8）照明系统调试费按照单位工程计算，每个单位工程计算一个系统工程量。火力发电厂每台机组的主厂房按照汽机房、除氧间、煤仓间、锅炉房四个系统计算照明调试费。

（9）风扇安装根据风扇的种类以套为单位计算工程量。

3. 防雷接地

（1）避雷针制作根据材质及针长，按照设计图示安装成品数量以根为计量单位计算工程量。

（2）避雷网、接地母线敷设按照设计图示敷设数量以延长米为计量单位计算工程量。计算长度时，按照设计图示水平和垂直规定长度3.9%计算附加长度（包括转弯、上下波动、避绕障碍物、搭接头等长度），当设计有规定时，按照设计规定计算。

（3）屏蔽接地按照设计屏蔽区域，以面积为计量单位计算工程量。交叉、接头重复部分不计算工程量，墙、柱、地面、梁、门窗洞口均按照展开面积计算工程量。

（4）接地极钻孔按设计要求或实际钻孔计算岩层深度以延长米计算。

（5）接地母线埋地敷设定额内包括敷设安装费，材料费单独计算。

三、工程案例

案例 6-33 管内穿线工程量如何计算？

解：管内穿线分铝芯导线和铜芯导线，根据不同导线截面，按单线延长米计算。线路的分支接头线的长度已综合考虑在定额中，不再计算接头长度。

管内穿线工程量计算公式如下：$L = LG \times N$（m）

式中 L ——导线长度，m；

LG ——管长，m；

N ——导线根数，根。

案例 6-34 某电气工程，需要为照明线路提供管内穿线，管长 500m，导线 18 根，铜芯导线截面 2.5mm^2，试计算其工程量及预算直接工程费。

解：管内穿线工程量：导线截面 2.5mm^2 $L = 500 \times 18 = 9000$m

套定额 YT17-64 定额基价：2.39 元/m

直接工程费：$9000 \times 2.39 = 21\ 510$ 元

四、定额应用与工程计量注意事项

（1）设备照明、室外场地照明、设备防雷接地、全厂（站）接地等执行电力建设工程预算定额第三册《电气设备安装工程》定额。

（2）“暗配管”定额项目中已综合考虑了修凿、填补、看护用工及配合土建施工因素，不可另计刨沟的用工，但属于下列三种情况的可以套用“刨沟”定额：

1）旧建筑物改造，需刨沟配管的；

2）因建设单位原因，安装施工单位进场时，土建已完成，配管需要刨沟的；

3）施工单位已配管完毕，而且土建结构已完成，因建设或设计单位图纸修改而需要刨沟的。

（3）“管内穿线”定额中已分别综合了灯具，明暗开关、插座、按钮等预留线及接头线，编制预算时，不另计以上预留线及接头的工程量。但配线进入配电箱、盘、柜、板的预留线按照定额中表 17-1 规定计取，分别计入相应的工程量中。

（4）利用建筑物、构筑物钢筋作引下线、均压环时，其钢筋不单独计算工程量。

第十八节 消 防 工 程

消防工程定额章共分 5 节，205 个定额子目。包括水灭火系统、气体灭火系统、泡沫灭火系统、火灾自动报警系统、消防电线与电缆敷设等内容。适用于建筑物、构筑物室内外不同位置、不同布置形式的水消防工程、特殊消防工程。

一、定额说明

1. 水灭火系统

适用于站区及建筑室内设置的自动喷水灭火系统的各种组件、消火栓、水泵接合器、气压水罐的安装及管道支吊架的制作、安装工程。水灭火系统管道执行第 16 章给水与排水工程定额子目。

（1）喷头、湿式报警装置及水流指示器安装定额均按照管网系统试压、冲洗合格后安装考虑的，定额中包括丝堵、临时短管安装、拆除及其摊销等工作内容。

（2）温感式水幕装置安装定额中包括给水三通至喷头、阀门间的管道、管件、阀门、喷头等安装内容。但管道和喷头的主材费用按照设计规定另加损耗单独计算。

（3）消火栓安装定额按照成套安装考虑，包括消火栓、消火水龙带、消火栓箱、消火栓水枪等。安装组合卷盘式室内消火栓时，执行室内消火栓安装定额乘以 1.2 系数。

（4）隔膜式气压水罐安装定额按照设备带有地脚螺栓考虑，二次灌浆费用另行计算。

（5）管道支吊架制作与安装定额综合考虑了支架、吊架及防晃支架等不同结构形式的支吊架。

（6）管网冲洗定额是按照水冲洗考虑的，工程采用水压气动冲洗法时，可按照批准的施工方案另行计算。定额只适用于自动喷水灭火系统工程。

（7）本部分定额均不包括以下内容：

1）阀门、法兰安装，各种套管的制作安装。

2）消火栓管道、室外给水管道安装及水箱制作安装。

3）各种消防泵、稳压泵安装及设备二次灌浆。

4）各种仪表的安装及带电讯号的阀门、水流指示器、压力开关的接线、校线。

5）各种设备支架的制作与安装。

6）管道、设备、支架、法兰焊口的除锈与刷油漆。

（8）其他。

安装管道间、管廊内的管道、阀门、法兰、支架时，按照相应定额的人工工日数乘以 1.3 系数。

执行定额时，主体结构为全框架的工程，人工工日数乘以 1.05 系数；主体结构为内框架的工程，人工工日数乘以 1.03 系数。

2. 气体灭火系统

本部分定额适用于厂（站）区及建筑室内设置的二氧化碳灭火系统、气体灭火系统中的管道、管件、系统组件等安装工程。

（1）无缝钢管、钢制管件、选择阀安装及系统组件试验定额适用于气体灭火系统工程。工程采用二氧化碳灭火系统时，执行气体灭火系统相应定额乘以 1.20 系数。

（2）管道及管件安装。

螺纹连接的不锈钢管、铜管及管件安装时，按照无缝钢管和钢制管件安装相应定额乘以 1.20 系数。

无缝钢管螺纹连接定额中不包括钢制管件安装内容，按照设计标准执行相应的钢制管件安装定额。

无缝钢管法兰连接定额中管件是按成品考虑的，弯头两端是按短管焊接法兰考虑的。定额中包括了直管、管件、法兰等安装工作内容，但管件、法兰的主材费按设计用量另行计算。

无缝钢管和钢制管件均不含镀锌费，发生时按照相应定额另行计算。

（3）喷头安装定额中包括管件安装及配合水压试验安装拆除丝堵的工作内容。

（4）贮存装置安装定额中包括灭火剂贮存容器和驱动气瓶的固定支架与框架安装、系统组件（集流管、容器阀、气液单向阀、高压软管）、安全阀等贮存装置和阀驱动装置的安装及氮气增压等工作内容。二氧化碳贮存装置安装不须增压，执行定额时扣除高纯氮气费用，其余不变。

（5）二氧化碳称重检漏装置安装定额包括泄露报警开关、配重及支架等安装工作内容。

（6）气体灭火系统调试试验时采取的安全措施，应根据批准的施工组织设计规定另行计算费用。

（7）本部分定额不包括管道支吊架的制作与安装、不锈钢管、铜管及管件的焊接或法兰连接、管道及支吊架的防腐刷油及电磁驱动器与泄露报警开关电气接线。

3. 泡沫灭火系统

适用于高、中、低倍数固定式或半固定式泡沫灭火系统的发生器及泡沫比例混合器安装工程。

（1）泡沫发生器及泡沫比例混合器安装定额中包括整体安装、焊法兰、单体调试及配合管道试压时隔离本体等工作内容。但不包括支架的制作与安装、设备二次灌浆的工作内容。地脚螺栓按照本体自带考虑。

（2）本部分定额不包括以下工作内容：

1）泡沫灭火系统的管道、管件、法兰、阀门、管道支架等安装及管道系统水冲洗等。

2）泡沫喷淋系统的管道、组件、气压水罐、管道支吊架等安装及管道系统水冲洗等。

3）消防泵等机械设备安装及二次灌浆。

4）泡沫液贮罐安装、设备支架制作与安装。油罐上安装的泡沫发生器及化学泡沫室。

5）除锈、刷油漆、绝热。

6）泡沫液充装。

4. 火灾自动报警系统

适用于探测器、模块（接口）、报警控制器、联动控制器、报警联动一体机、重复显示器、报警装置、远程控制器、火灾事故广播、消防通信、报警备用电源、消防电线电缆敷设等安装工程。

（1）本部分定额包括以下工作内容：设备和元件的搬运、开箱、检查、清点、杂物回收、安装就位、接地、密封箱、机内的校线、接线、挂锡、编码、测试、本体调试、清洗、记录整理等。

（2）本部分定额不包括设备支架、底座、基础的制作与安装、构件加工、制作、电机检查、接线及调试及事故照明及疏散指示控制装置安装、GRT 彩色显示器安装的工作内容。

5. 其他

（1）消防系统调试费按照消防安装工程人工工日数 18%计算，其中人工费占 30%，材料费 20%，机械费 25%。

（2）本章定额中包括被安装的主要材料、水灭火装置（消火栓、水泵接合器、自动喷淋水管网）、气体灭火管道、系统组件（喷头、阀门）、消防线缆、消防线缆桥架等材料费，不包括隔膜式气压水罐、气体贮存装置、二氧化碳称重捡漏装置、泡沫发生器、比例混合器、火灾探测装置、模块（接口）、火灾报警装置、消防广播、消防交换机、消防备用电源等设备费。

二、主要工程量计算规则

1. 火灾自动报警系统

（1）点型探测器按照线制的不同分为多线制与总线制两种，不分规格、型号、安装方式与位置以只为单位计算工程量。定额中包括了探头和底座的安装及本体调试。

（2）红外光束探测器以对为单位计算工程量。红外光束探测器是成对使用，在计算工程量时两只为一对。定额中包括了探头支架安装和探测器的调试、对中。

（3）火焰探测器、可燃气体探测器按照线制的不同分为多线制与总线制两种，不分规格、型号、安装方式与位置以只为单位计算工程量。

（4）线型探测器不分线制及保护形式以米为单位计算工程量。

（5）模块（接口）是指仅能起控制作用的模块（接口），亦称为中继器。依据其给出控制信号的数量，分为单输出和多输出两种形式。不分安装方式按照输出数量以只为单位计算工程量。

（6）报警控制器、联动控制器、报警联动一体机按照线制的不同分为多线制与总线制两种，按照点数的不同划分项目以台为单位计算工程量。

（7）重复显示器（楼层显示器）不分规格、型号、安装方式按照线制划分以台为单位计算工程量。

（8）报警装置以只为单位计算工程量。

（9）远程控制器按照其控制回路数以台为单位计算工程量。

2. 其他

（1）钢制管件按照设计用量计算工程量。

（2）消防线缆桥架分材质按照设计长度以米为单位计算工程量。消防线缆支架、托架、吊架按照设计重量以公斤为单位计算工程量。

（3）气体灭火系统管道按照设计管道中心线长度以米为单位计算工程量，不扣除阀门、管件及各种组件所占长度。

（4）泡沫发生器按不同型号以台为单位计算工程量，法兰按设计规定另行计算工程量。

三、工程案例

案例 6-35 管内消火栓安装工程量如何计算？

解：管内消火栓安装，不分明装、暗装、半暗装，应按其种类、出口、直径分别以套为单位计算。在定额中已包括消火栓的材料费。

案例 6-36 某综合楼需要安装 8 套室内双出口消火栓，直径 65，求其工程量及预算直接工程费。

解：室内消火栓工程量：双栓 65 $1 \times 8 = 8$ 套

套定额 YT18-45 定额基价：815.6 元/套。

直接工程费：$8 \times 815.6 = 6525$ 元

四、定额应用与工程计量注意事项

（1）工程消防电源独立设置时执行本章配管、配线定额，消防电源与照明电源合用时，配管、配线执行第 17 章相应定额。

（2）工程消防水源独立设置时执行本章水灭火系统定额，消防水源与生活水源合用时，水灭火系统管道、系统组件等安装执行第 16 章相应定额。

（3）工程消防线缆桥架、支架独立设置时执行本章线缆桥架、支架定额，消防线缆桥架、支架与电气、控制、通信桥架、支架合用时，消防线缆桥架、支架安装执行电力建设工程预算定额第三册《电气设备安装工程》定额，其费用列入电气安装工程费。

（4）工程消防线缆桥架安装分材质、不分宽度与高度按照长度计算工程量。

第十九节　通风与空调、除尘工程

通风与空调、除尘工程定额章共分 9 节，263 个定额子目。包括通风管制作安装、调节阀制作与安装、风口制作与安装、风帽制作与安装、通风空调设备安装、除尘设备安装内容。适用于建筑物、构筑物室内通风、空调工程、除尘工程。

一、定额说明

1. 薄钢板通风管制作与安装

（1）整个通风系统设计采用渐缩管均匀送风者，圆形风管按照平均直径、矩形风管按照平均周长执行相应定额，其人工工日数乘以 2.5 系数。

（2）工程设计风管板材与镀锌薄钢板风管定额中的板材不同时，材料可以换算，其他不变。

（3）风管导流叶片不分单叶片和香蕉形双叶片均执行同一定额。

（4）工程制作空气幕送风管时，按照矩形风管平均周长执行相应风管定额，其人工工日数乘以 3.0 系数，其他不变。

（5）薄钢板通风管道制作与安装定额中，包括弯头、三通、变径管、天圆地方等管件及法兰、加固框和吊托支架的制作工作内容。不包括跨越风管落地支架制作与安装，应执行设备支架相应定额。

（6）工程设计的薄钢板风管板材厚度与定额不同时，材料可以换算，其他不变。

（7）定额中软管接头为帆布材质，工程设计与定额不同时，材料可以换算，其他不变。

（8）柔性软风管定额适用于由金属、涂塑化纤织物、聚酯、聚乙烯、聚氯乙烯薄膜、铝箔等材料制成的软风管安装工程。

2. 通风空调设备安装

（1）通风机安装定额子目包括电动机安装工作内容。

（2）设备安装定额中不包括螺栓费用，螺栓按照设备本体自带考虑。

（3）风机盘管的配管执行预算定额第 16 章给水与排水工程相应定额。

3. 不锈钢板通风管道及部件制作与安装

（1）矩形风管执行本节圆形风管相应定额子目。

（2）定额中风管按照电焊施工考虑，工程使用手工氩弧焊时，其相应定额人工工日数乘以 1.238 系数，材料消耗量乘以 1.163 系数，机械台班用量乘以 1.673 系数。

（3）风管制作安装定额中包括管件制作与安装，不包括风口、法兰、吊托支架制作与安装，应单独执行相应定额。

（4）工程设计的不锈钢板风管板材厚度与定额不同时，材料可以换算，其他不变。

4. 玻璃钢通风管道及部件安装

（1）玻璃钢通风管道安装定额中，包括弯头、三通、变径管、天圆地方等管件的安装及法兰、加固框和吊托架的制作安装等工作内容，不包括跨越风管落地支架制作与安装，应执行设备支架相应定额。

（2）定额未考虑预埋铁件的工作内容，工程设计采用膨胀螺栓安装吊托支架时，膨胀螺栓费用可以调整，其他不变。

5. 复合型风管制作安装

（1）定额中风管规格直径为内径，周长为内周长。

（2）风管制作安装定额中包括管件、法兰、加固框、吊托支架的制作安装等工作内容。

6. 通风与空调系统的防腐、绝热

（1）通风与空调系统的防腐、绝热工程执行预算定额第 21 章相应定额子目。

（2）薄钢板风管仅外或内单面刷油漆时，相应定额乘以 1.2 系数；内外双面刷油漆时，相应定额乘以 1.1 系数。风道上的法兰、加固框、吊托支架等不单独计算刷油漆费用。

（3）薄钢板部件刷油漆执行金属结构刷油漆定额乘以 1.15 系数。

（4）不包括在风管工程量内而单独计算的各种支架执行金属结构刷油漆定额。

（5）薄钢板风管、部件及单独计算的支架，其除锈不分锈蚀程度，一律按照其第一遍刷油漆的工程量执行除轻锈相应定额子目。

7. 其他

（1）定额中人工、材料、机械凡未按照制作和安装分别列出的，其制作与安装费的比例可按照预算定额表 19-1 划分。

（2）通风、空调系统调试费按照通风、空调安装工程人工工日数 13%计算，人工费 55%、材料费 20%、机械费 25%。

（3）包括被安装的风道、风管、风阀、风口、风帽、支吊架等材料费，不包括通风、空调设备费。

二、主要工程量计算规则

（1）风管制作安装根据设计图示规格按照展开面积（图示周长乘以管道中心线长度）以平方米为单位计算工程量，不扣除检查孔、测定孔、送风口、吸风口等所占面积。主管与支管以中心线交点划分，弯头、三通、变径管、天圆地方等管件的计算长度。咬口重叠部分工程量已包括在定额内，不另行增加。

（2）风管导流叶片制作安装按照设计图示叶片的面积计算工程量。

（3）通风系统设计采用渐缩管均匀送风者，圆形风管按照平均直径、矩形风管按照平均周长以平方米为单位计算工程量。

（4）柔性软风管安装按照设计图示中心线长度以米为单位计算工程量。

（5）薄钢板风管单面除锈、刷油漆工程量同薄钢板风管制作安装工程量；薄钢板风管双面除锈、刷油漆工程量按照薄钢板风管制作安装工程量乘以 2.0 系数。

（6）单独钢支架的除锈、刷油漆工程量同独立钢支架制作安装工程量。

三、工程案例

案例 6-37 通风与空调工程中，风管展开面积如何计算？

解：（1）圆形风管按如下公式计算

$$S = \pi DL$$

式中 S——圆形风管展开面积，m^2；

D——圆管直径；

L——管道中心线长度。

（2）矩形管按周长乘以管道中心线长度计算。

案例 6-38 某综合楼需要安装风管，风管为镀锌钢薄钢板圆形风管厚 1.2mm 以内咬口式，风管中心线长度 5m，直径 800mm，求其工程量及预算直接工程费。

解：镀锌板圆形风管工程量：1.2mm 以内 咬口式直径 1120mm 以下 $S = 3.14 \times 0.8 \times 5 = 12.56m^2$

套定额 YT19-3 定额基价：98.62 元/m^2

直接工程费：$12.56 \times 98.62 = 1239$ 元

四、定额应用与工程计量注意事项

通风机安装定额中包括电动机安装，其安装形式包括 A、B、C 或 D 型，也适用于不锈钢和塑料风机安装。

第二十节 采 暖 工 程

采暖工程定额章共分 3 节，82 个定额子目。包括低压器具组成安装、供暖器安装、小型容器制作与安装等内容。适用于建筑物、构筑物室内采暖工程。

一、定额说明

1. 减压器、疏水器组成与安装

按照 N1.BN15-66、N108《采暖通风国家标准图集》编制。工程设计组成与定额不同时，根据阀门和压力表数量调整定额费用。

2. 供暖器具安装

（1）柱型铸铁散热器安装采用圆钢螺杆时，圆钢螺杆费用另行计算。

（2）定额中的接口密封材料为橡胶石棉板，工程采用其他材料时，不做调整。

（3）光排管散热器制作安装定额包括光排管、连管制作与安装工作内容。

（4）板式散热器安装定额包括托钩的安装内容。

3. 小型容器制作与安装

（1）本部分定额适用于排水、采暖系统中一般低压碳钢容器的制作与安装工程。

（2）水箱制作与安装定额中，不包括连接管道安装工作内容，连接管道安装应执行室内管道安装相应定额。

（3）水箱制作与安装定额中，不包括支架制作与安装，钢结构支架执行一般管道支架定额，混凝土或砖结构支座执行上册相应定额。

4. 其他

（1）采暖系统调试费按照采暖安装工程人工工日数15%计算，其中：人工费50%、材料费30%、机械费20%。

（2）包括被安装的主要材料、减压器、疏水器、注水器、散热器等材料费，不包括暖风机、热风幕等设备费。

二、主要工程量计算规则

（1）减压器、疏水器组成安装以组为单位计算工程量。如设计组成与定额不同时，阀门和压力表数量可按照设计用量进行调整。

（2）减压器安装根据高压侧的直径计算工程量。

（3）热空气幕安装以台为单位计算工程量，其支架制作与安装按照相应定额另行计算。

（4）钢板水箱制作按照设计图示尺寸以公斤为单位计算工程量，不扣除人孔、手孔所占重量，法兰和短管水位计按照相应定额另行计算。

（5）散热器安装工程量计算。

1）铸铁散热器安装工程量分散热器型号按照个数以片为单位计算。

2）光排管散热器安装工程量分排管直径按照单根管道长度以米为单位计算。

3）钢制闭式散热器安装工程量分规格按照个数以片为单位计算。

4）钢柱式散热器安装工程量按照个数以组为单位计算，每10片为一组。一组片数大于或小于10片时，按照每增减1片定额执行。

5）板式散热器安装工程量分散热器型号按照个数以组为单位计算。

6）装饰散热器安装工程量按照个数以组为单位计算。

7）金属复合散热器安装工程量分半周长按照个数以组为单位计算。

三、工程案例

案例6-39 光排管散热器制作安装工程量如何计算？

解：光排管散热器制作安装，以“m”为计量单位，定额内已经包括联管长度，不另计算工程量。

案例6-40 某综合楼需安装A型光排管散热器400m，公称直径80，试计算其工程量及预算直接工程费。

解：光排管散热器工程量：A型DN80 400m

套定额YT20-35 定额基价：63.05元/m

直接工程费：$400 \times 63.05 = 25\,220$ 元

四、定额应用与工程计量注意事项

（1）采暖安装工程人工工日数应包括执行其他章节定额计算采暖安装费用的人工数量。

（2）采暖管道、阀门工程，执行预算定额第 16 章相应的定额。

第二十一节 防腐与绝热工程

防腐与绝热工程定额章共分 2 节，62 个定额子目。包括除锈、刷油、保温、保护等内容。适用于建筑物、构筑物室内外建筑设备与建筑管道的防腐、绝热工程。

一、定额说明

1. 除锈、刷油漆

（1）除锈、刷油漆定额中包括各种管件、阀件及设备上人孔、管口凸凹部分的除锈、刷油漆工作内容。

（2）刷油漆定额按照安装地点就地刷（喷）油漆考虑，如安装前管道集中刷油漆，相应定额人工乘以 0.7 系数（暖气片除外）。

2. 绝热

（1）管道绝热定额包括除法兰、阀门外的管件部分绝热工作内容。设备绝热定额包括除法兰、人孔外的其封头与附件绝热工作内容。

（2）聚氨酯泡沫塑料喷途定额按照现场直喷无模具考虑，工程采用有模具浇筑法施工时，其模具制作安装费用根据批准的施工方案另行计算。

（3）管道绝热定额按照现场先安装后绝热施工考虑，工程先绝热后安装时，相应定额人工工日数乘以 0.9 系数。

二、主要工程量计算规则

1. 防腐

设备、管道防腐按照表面积以平方米为单位计算工程量。计算管道长度时，不扣除管件、配件、阀门、法兰等所占长度，管件、配件、设备人孔等增加的工程量亦不计算。

计算设备、管道内壁防腐工程量时，当钢板或管道壁厚大于等于 10mm 时，按照其内壁或内径计算；当钢板或管道壁厚小于 10mm 时，按照其外壁或外径计算。

2. 绝热

绝热根据材质按照设计成品厚度以立方米为单位计算工程量。绝热罩壳计算工程量，并入相应的工程量内。

三、工程案例

案例 6-41 绝热层工程量如何计算？

解： 绝热层以“m^3”为计量单位，工程量计算公式为

$$V=L\pi(D+\delta+\delta\times 3.3\%)(\delta+\delta\times 3.3\%)$$

式中 3.3% ——绝热层厚度允许偏差系数；

L ——管道长度；

D ——管道直径；

δ ——绝热层厚度。

案例 6-42 某绝热工程，需安装硬质瓦块绝热层，管道直径为 57mm，管道长度 150m，绝热层厚度 30mm，求其工程量及预算直接工程费。

解： 硬质瓦块安装ϕ57mm 以下工程量为

$$V = 150 \times 3.14 \times (0.057 + 0.03 + 0.03 \times 3.3\%) \times (0.03 + 0.03 \times 3.3\%) = 1.28\text{m}^3$$

套定额 YT21-46 定额基价：644.36 元/m^3

直接工程费：$1.28 \times 644.36 = 825$ 元

四、定额应用与工程计量注意事项

工艺系统设备、管道的防腐、绝热工程，执行《电力建设工程预算定额　第二册　热力设备安装工程》。

建筑工程初设概算

本章根据《电力建设工程概算定额（2018 年版）第一册 建筑工程》，介绍了各主要项目的工作内容、工程量计算规则和相关定额的运用。

第一节 土 石 方 工 程

本定额第 1 章土石方工程共 4 节，26 个定额子目，包括机械施工土方、人工施工土方、施工石方以及爆破石方等内容，适用于区域平整、建筑物或构筑物的土石方工程（除坝体工程、冲填工程、堆载预压工程）。

土石方在施工过程中包括了土体开挖、运送、填筑、压密、弃土、土壁支撑、石方破解等工作内容。工程把土石方作为一种材料进行利用的项目（如筑坝、冲填、地基处理等）不执行本章定额。

一、定额说明

1. 土方工程

土方施工综合考虑了平整场地、挖湿土、桩间挖土、推土机推土厚度与积土压密、挖掘机垫板作业、场地作业道路、行驶坡道土方开挖与回填等因素；并根据施工方法分为机械施工土方与人工施工土方，机械施工土方定额已经综合考虑了机具配置及人工配合机械施工的因素。

机械施工土方定额子目按场地平整、主厂房土方、主要建筑物与构筑物土方、其他建筑物与构筑物土方及挖淤泥流砂、挖冻土、土方运距、淤泥运距设置。其中，主要建筑物与构筑物包括烟囱、冷却塔、卸煤沟、翻车机室、输煤地道、地下或半地下转运站、输煤筒仓、圆形煤场、循环水泵房、地下或半地下泵房、空冷平台支柱、灰库、石灰石筒仓、吸收塔基础、截洪（排洪）沟、换流站阀厅、220kV 及以上电压等级的屋内配电装置室、地下变电站工程、换流站户内直流场、大于 $500m^3$ 室外水池等。

场地平整设置了机械施工与人工施工两个定额子目。场地平整是指超出±30cm 以上土方的平整，包括平衡土方的挖、运、填、碾压与夯实，其中：机械施工土方运距 1000m 以内，人工施工土方运距 100m 以内。

主厂房及主要建筑物与构筑物的土方工程除正常的土方施工内容外，还包括了由于基础埋深、地下沟道标高等原因，需要土方二次开挖、二次回填与倒运的工作内容。大于 2m 挖深的坑槽出土还包括了阶梯倒土或提土等工作内容。

2. 石方工程

石方工程包括石方开挖后的回填碾压、夯实费用及石方回填时需要破解的费用，没有计算回填土方材料费，发生上述费用时参照相关标准另行计算。

二、主要工程量计算规则

1. 一般规则

土石方体积按挖掘前天然密实方计算，松散系数与压实系数影响的土石方量已在定额中考虑。

2. 场地平整工程量计算

（1）土石方量。场地平整（竖向布置）的土石方量按场地平整挖方量计算工程量。其挖填方区域是指站区设计范围征地区域，当区域内地坪标高在±300mm 以内时，按厂（站）区占地面积减去建筑物与构筑物（不含散水、台阶、坡道）占地面积乘以 0.1m 厚度计算场地平整工程量，执行机械施工土方场地平整定额。

站区设计范围征地区域内的单位工程不单独计算场地平整工程量。站外铁路、公路、沟渠、管线、管理小区等平整土石方量需单独计算。

（2）亏方碾压或夯填。场地平整（竖向布置）土方碾压或夯填见图 7-1，按场地平整亏方量计算工程量：

$$亏方量 = 填方量 - 挖方量$$

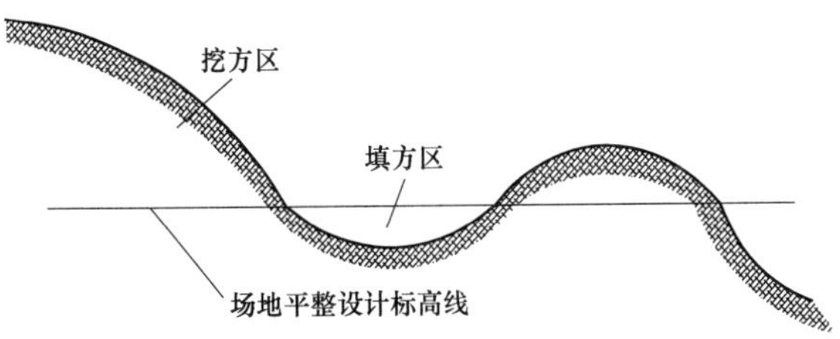

图 7-1　场地平整（竖向布置）挖填起点

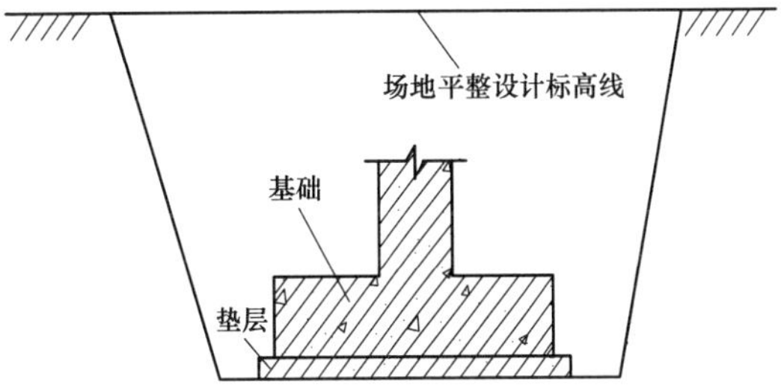

图 7-2　土石方挖填起点

3. 建筑物、构筑物基础土石方工程量计算

建筑物、构筑物基础土石方按挖方体积计算工程量，不计算行驶坡道土石方开挖量。土石方挖深见图 7-2，为场地平整设计标高至基础（或底板）垫层底标高。

（1）土方开挖长或宽。主厂房土方开挖长或宽 = 轴线尺寸 + 8.2m + 0.5 × 挖深，见图 7-3。

主要建筑物与构筑物土方开挖长或宽 = 基础外边（或外壁）尺寸 + 3.0m + 0.5 × 挖深，见图 7-4。

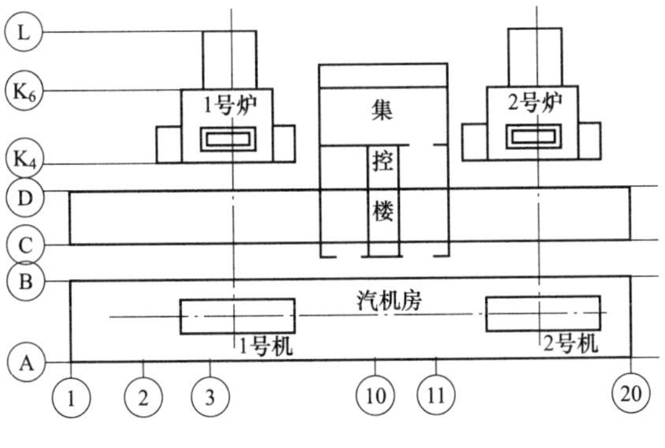

图 7-3　主厂房轴线

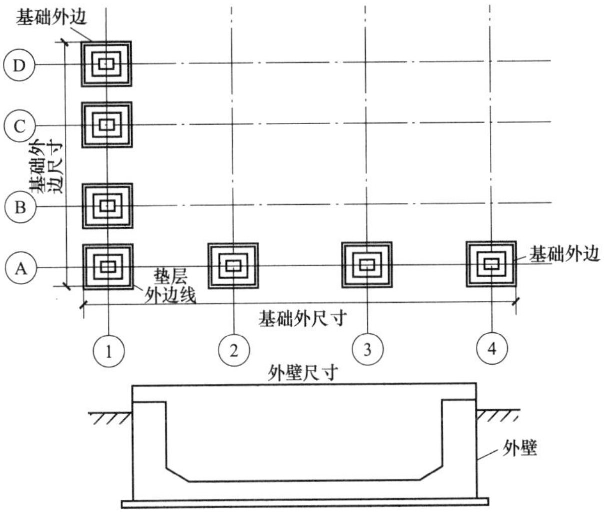

图 7-4　主要建筑物与构筑物基础外边（或外壁）

一般土方工程按施工方分机械土方和人工土方，其土方开挖长或宽计算规则见表 7-1。

当土方挖深小于 1.2m 时，不计算放坡挖方量，即取消上述计算规则中的 0.5 × 挖深。

（2）石方开挖长或宽。建筑物、构筑物基础石方开挖，当沟槽底宽 3m 以上或基坑底面积 20m^2 以上时，按照场地平整石方开挖计算。深度允许超挖量：普通岩石 0.2m；坚硬岩石 0.12m.长度、宽度允许超挖量综合在如下工程量计算尺寸中，不另行计算。

表 7-1　一般土方工程土方开挖长或宽计算规则

		基坑土方		沟槽土方	
		土方开挖长	土方开挖宽	土方开挖长	土方开挖宽
机械土方		基础（或外壁）底边尺寸 + 1.2m + 0.5 × 挖深		轴线尺寸	基础（或外壁）底宽尺寸 + 1.2m + 0.5 × 挖深
人工土方	挖深≤2m	基础（或外壁）底边尺寸 + 0.7m + 0.5 × 挖深		轴线尺寸	基础（或外壁）底宽尺寸 + 0.7m + 0.5 × 挖深
	挖深＞2m	基础（或外壁）底边尺寸 + 1.2m + 0.5 × 挖深		轴线尺寸	基础（或外壁）底宽尺寸 + 1.2m + 0.5 × 挖深

主厂房石方开挖长或宽 = 轴线尺寸 + 8.5m。

主要建筑物与构筑物石方开挖长或宽 = 基础外边（外壁）尺寸 + 3.3m。

石方开挖基坑、沟槽的长或宽计算规则见表 7-2。

表 7-2　石方开挖基坑、沟槽的长或宽计算规则

		开挖长	开挖宽
基坑	底面积在 $20m^2$ 以外	基础（或外壁）底边尺寸 + 1.5m	
	底面积在 $20m^2$ 以内	基础（或外壁）底边尺寸 + 0.7m	
沟槽	底宽在 3m 以外	轴线尺寸	基础（或外壁）底宽 + 1.5m
	底宽在 3m 以内	轴线尺寸	基础（或外壁）底宽 + 0.7m

土石方开挖基坑、沟槽时，基础（或外壁）底边尺寸见图 7-5。

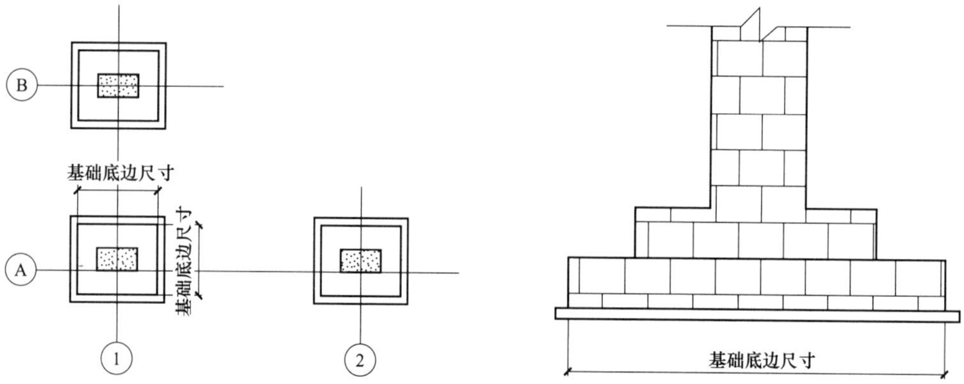

图 7-5　基础（或外壁）底边尺寸

4. 其他

建筑物、构筑物外墙外 1m 以内沟管道的土石方开挖不计算工程量；突出墙面的柱与墙垛以及附墙风道与竖井道等基础的土石方开挖不计算工程量；坡道、运输道路的土石方开挖不计算工程量。上述土石方工程量已经综合在建筑物、构筑物的土方开挖工程量中。

挖淤泥流砂工程量按照体积计算。

土石方运输每增加 1km 工程量按照运方（自然方）量计算。

三、工程案例

案例 7-1　以第六章案例 6-1 背景材料为例，计算某新建变电站的站区场地土方工程概算直接工程费。

解：案例 6-1 计算结果已确定：

方格网总填方量：$\Sigma V+ = 136 + 263 + 15.23 + 115.15 + 25.71 + 0.07 = 555.16m^3$

方格网总挖方量：$\Sigma - = 117 + 270 + 12.58 + 0.05 + 21.86 + 128.44 = 549.93m^3$

场地平整土方：套定额 GT1-1 定额基价：13.8 元/m^3

直接工程费　549.93 × 13.8 = 7589 元

场地平整亏方碾压或夯填：$V = 555.16 - 549.93 = 5.23\text{m}^3$

套定额 GT1-2 定额基价：5.59 元/m^3

直接工程费　5.23 × 5.59 = 29 元

概算直接工程费：7589 + 29 = 7618 元

案例 7-2　某工程有现浇杯型基础共 20 个，尺寸如图 7-6 所示；土为坚土，地下水位距地面 1.80m，采用机械开挖，计算其土方概算直接工程费。

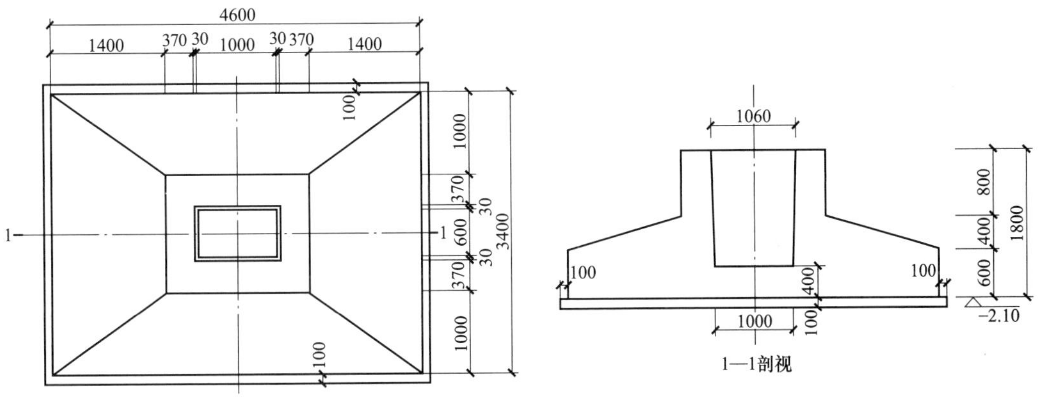

图 7-6　杯型基础

解：$V = [(3.4 + 1.2 + 0.5 \times 2.1) \times (4.6 + 1.2 + 0.5 \times 2.1)] \times 2.1 \times 20 = 1625.51\text{m}^3$

套定额 GT1-5　定额基价：22.62 元/m^3

机械挖土直接工程费：1625.51 × 22.62 = 36 769 元

案例 7-3　已知基础如图 7-7 所示，土为三类土，采用人工挖土；计算其土方概算直接工程费。

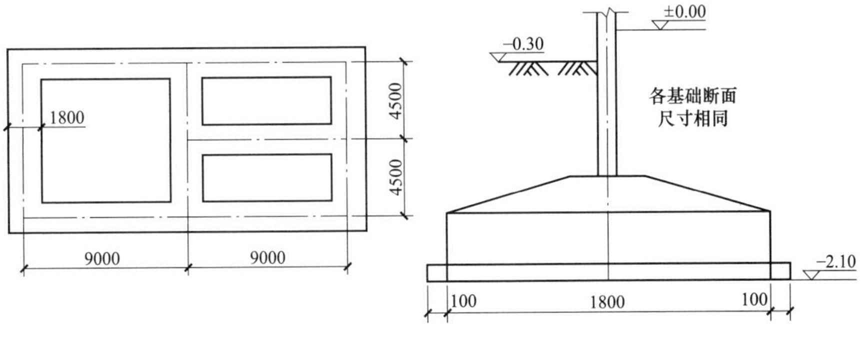

图 7-7　基础图

解：$V = (1.8 + 0.7 + 0.5 \times 1.8) \times (2.1 - 0.3) \times (18 \times 2 + 9 \times 4) = 440.64\text{m}^3$

套定额 GT1-12　定额基价：32.15 元/m^3

人工挖土直接工程费：440.64 × 32.15 = 14 167 元

案例 7-4　附件一是某 110kV 变电站综合楼建筑工程图；主体建筑物土方按机械大开挖考虑，室外楼梯基础按人工开挖考虑，场地平整设计标高−0.3m，计算其土方工程的概算直接工程费。

解：根据建筑平面图及基础断面图，计算土方工程的概算直接工程费：

（1）主体建筑物土方

$$V = [20.1 + 1.05 \times 2 + 1.2 + 0.5 \times (2.2 - 0.3)] \times [9 + 1.2 \times 2 + 1.2 + 0.5 \times (2.2 - 0.3)](2.2 - 0.3)$$
$$= 626.89\text{m}^3$$

套定额 GT1-5　定额基价：32.15 元/m^3

土方概算直接工程费：626.89 × 32.15 = 20 155 元

（2）室外楼梯的土方挖填运已包含在室外楼梯 GT4-13，定额子目中，不单独计算。

四、定额应用与工程计量注意事项

（1）场地平整亏方碾压或夯实定额适用于区域竖向布置平衡土方以外的亏方区碾压或夯实，土方来源一是建构筑物基坑（槽）回填后余土，二是外购土。场地平整（竖向布置）土石方定额中包括挖土、土方运输 1000m、填方区回填土石方及碾压费用；场地平整（竖向布置）亏方碾压或夯填定额中包括土方推平、碾压或夯实费用，不包括外购土方的费用。

（2）施工石方放炮打眼综合考虑了人工凿孔和机械钻孔，石方出碴考虑了不同的装载机械、运输机械，石方回填碾压考虑了土石料的混合。

（3）单位工程土方施工定额中包括±30cm 以内的平整场地费用。全厂（站）土方二次平整费用综合在场地平整费用中。二次平整后种植或铺设草皮的费用属于绿化费。清理草皮或剥离地表耕植土发生的费用属于绿化费。

（4）土石方挖、填、运的体积按照挖掘前自然密实体积计算，松散系数与压实系数影响的土石方量已经在定额中考虑，不另行计算。深基础土方开挖的运输坡道、垂直倒土阶梯土方开挖量不单独计算，费用综合在定额中。当土石方开挖深度不同时，应该分基础、分轴线、分区域计算开挖量。

挖填方区域是指厂（站）区设计范围征地区域，厂（站）外铁路、公路、沟渠、管线、管理小区等土石方量单独计算，可以执行土石方工程定额。

（5）挖淤泥流砂工程量按照体积计算。淤泥流砂经常处于塑态或流态，其体积按照开挖时所处状态计算，开挖量包括清理工程量。开挖淤泥流砂发生支护费用不单独计算，发生地下降水、抛石挤淤费用参照有关定额单独计算。

（6）运距每增 1km 土石方量按照运方量计算。运方量是指土石方量开挖后的回填碾压或夯实费用，需要运到指定地点的土石方量，其方量不是单指挖填平衡后的余土方量，应根据施工组织设计计算运输的土石方量，包括开挖土石方量、回填土石方量、余土外运方量。

（7）GT1-18 至 GT1-21 及 GT1-23 至 GT1-26 定额子目中包括石方开挖后的回填碾压或夯实费用。定额中没有考虑土方与石方级配费用，考虑了石方回填时需要破解的费用，没有考虑回填土方材料费，发生上述费用时参照相关标准另行计算。石方爆破价格按照石方施工技术标准和有关爆破安全规定进行确定的，定额不包括其他非技术组织因素所发生的费用。

（8）挖方区域土石方的边坡修整费用包括在相应的土石方开挖定额中。填方碾压或夯实费用中包括预留边坡处理的土石方量回填及回填边坡区域所采取的施工措施费用。预留边坡处理的土石方量不计算填方工程量，填方区边坡处理费用综合在 GT10-63～GT10-70 定额中。

（9）调相机基础土方执行主厂房土方。

第二节　基础与地基处理工程

基础与地基处理工程定额章共分 5 节，52 个定额子目，包括条形基础、独立基础、筏形与箱形基础、设备基础、地基处理等内容，适用于建筑物、构筑物的基础（除变配电构支架、烟囱、冷却塔、翻车机室、卸煤沟、筒仓、灰库、围墙、厂区支架、管道等基础外）与全厂（站）地基处理工程。

基础与地基处理定额不包括特殊防腐费用。当地下水含有硫酸盐等腐蚀性物质时，混凝土外表面刷防腐剂、钢桩外表面加强防腐、采用耐腐蚀混凝土等特殊防腐的费用，应根据设计的要求单独计算。

钢筋混凝土基础定额中，不包括钢筋费用；砌体基础、毛石混凝土基础、素混凝土基础定额中，包括钢筋费用。基础梁不含在基础中，需按照第 7 章钢筋混凝土结构工程单独计算。

地基处理定额包括了被处理的土方施工费用，是按常用的地基处理方式设置定额子目的，当工程实际采用特殊的地基处理方式时，参照相应定额执行。

一、定额说明

1. 基础工程

（1）砌筑基础。

砌筑基础是指砌筑的砖基础、毛石基础，定额包括清理基层、浇制或铺设垫层、砌筑基础、砌筑基础短柱与基础墙、浇制地圈梁、浇制或安装孔洞过梁、浇制混凝土支墩、浇制构造柱柱根、填伸缩缝、钢筋制作与安放、铁件制作与预埋、安拆脚手架等工作内容。

其中：基础短柱是指独立基础大放脚顶标高至室内地坪标高之间的结构柱，基础墙是指条形基础大放脚顶标高至室内地坪标高之间的结构墙，如图 7-8 所示。

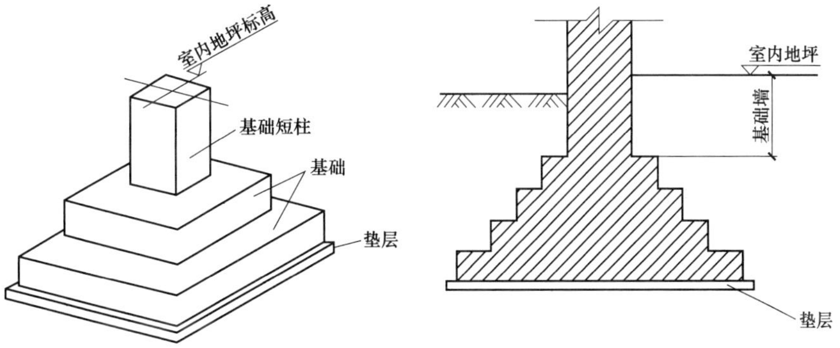

图 7-8　基础短柱与基础墙

（2）浇制混凝土基础。

浇制混凝土基础是指浇制的毛石混凝土基础、素混凝土基础、钢筋混凝土基础，定额包括清理基层、浇制混凝土垫层、浇制基础、浇制基础底板与顶板及连梁、浇制或安装孔洞过梁、浇制混凝土支墩、浇制构造柱柱根、填伸缩缝、制作并安拆杯芯、杯口凿毛、杯口灌浆、铁件制作与预埋、安拆脚手架等工作内容。毛石混凝土基础、素混凝土基础还包括钢筋制作与安放工作内容。

混凝土基础不包括基础连梁，基础连梁是指设置在基础底标高、基础与基础相连接的结构梁，主要是承受由于地震、不均匀沉降、温度变形等产生的荷载，如图 7-9 所示。

基础连梁需执行第七章钢筋混凝土结构工程定额。

浇制钢筋混凝土承台梁执行条形基础定额。当承台梁长度小于 3 倍承台梁宽度时，执行独立基础定额。浇制钢筋混凝土承台板执行独立基础定额。当承台板长度大于 3 倍承台板宽度时，执行条形基础定额。

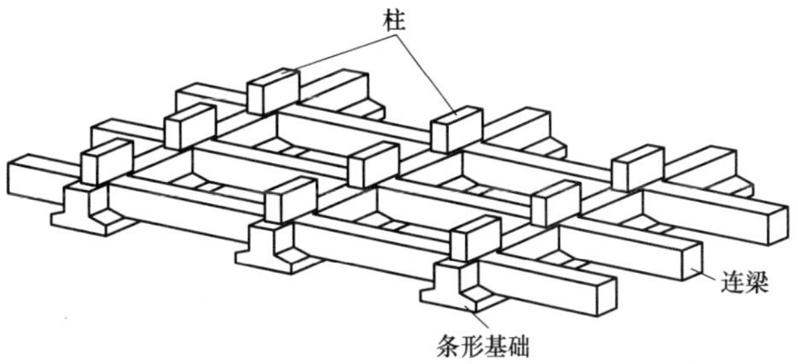

图 7-9　基础连梁

（3）设备基础。

设备基础包括清理基层、浇制混凝土垫层、浇制基础、预埋螺栓孔、配合安装螺栓固定架、铁件制作与预埋、二次灌浆、安拆脚手架等工作内容，还包括同一组基础间连接沟道的浇筑以及混凝土沟盖板铺设工作内容，但不包括钢盖板、钢爬梯、钢栏杆的制作与安装，也不含弹簧支座。弹簧支座随设备供货或另行配置，其费用列入设备购置费。

设备基础二次灌浆综合考虑了不同的材质，执行定额时不做调整。

其中：

变压器基础油池包括砌筑或浇制油池壁与底板、安装油箅子、填放鹅卵石等工作内容。油坑壁综合了砌筑和浇制，当防火墙墙壁兼作油坑壁时，定额不做调整。

主要辅机设备基础需要单独计算费用，主要包括：磨煤机、球磨机、送风机、引风机、氧化风机、增压风机、流化床炉启动燃烧器、电动给水泵、汽动给水泵、汽动给水泵前置泵、凝结水泵、循环水泵、冷凝器、开关场落地设备（包括低压电抗器、电容器、断路器、干式变压器等）、露天布置的机械设备、室外布置的箱罐、吸收塔等设备基础。

其他辅机设备基础综合在地下设施或复杂地面中，不单独计算。除尘器支架基础执行独立基础或条形基础定额；煤场堆取料机基础、入厂煤取样机基础执行条形基础定额、变压器与电抗器轨道搬运基础执行钢筋混凝土条形基础，钢轨单独计算。

在敞开式露天布置的开关场中，落地式设备基础按照主要辅机设备基础单独计算，包括端子箱基础。在封闭式（屋内）布置的配电室中，除变压器基础、排油坑、冷凝器基础以外，其他落地式设备基础均不单独计算，包括断路器基础。GIS 基础单独计算，HGIS 基础参照 GIS 基础单独计算。

2. 地基处理工程

地基处理工程均包括土方施工，有关土方施工的费用不单独计算；地基换填定额子目中，土方开挖是按照人工施工考虑的，机械施工土方时不做调整。

（1）打桩工程。

打桩定额均包括桩制作或购置、桩运输及现场堆放、机具准备、打桩、接桩、送桩、截桩头、破桩头、钢筋托盘制作安装、轨道铺设、打桩架调角移位等工作内容。钢管桩还包括内撑切割、钢桩帽焊接与切割、桩靴（尖）制作与安装等工作内容。

（2）灌注桩工程。

灌注桩定额均包括机具准备、成孔、护壁、制作安放钢筋笼、灌注混凝土或碎石或水泥浆、破桩头、场地泥浆排放、整平疏干等工作内容，并综合考虑了混凝土护壁和泥浆护壁，执行定额时，不因护壁差异而调整。

除此之外，人工挖孔灌注桩还包括扩孔与入岩开挖、桩孔内照明等工作内容；碎石灌注桩还包括安放桩尖、运送碎石、拔管振实等工作内容；水泥搅拌桩还包括泥浆搅拌等工作内容。

（3）其他。

换填工程包括基坑土方开挖、土方外运、基底夯实、换填材料铺设、密实等工作内容，但不包括换填土方的主材费。

强夯工程包括机具准备、夯点布置、夯击、推土机推土、低锤满拍、夯区内道路平整等工作内容。根据夯能执行定额，夯能吨米是夯锤重量与夯锤落地距离的乘积。

地下连续墙工程包括砌筑或浇制导墙、挖槽、吸泥清底、安放接头管、制作安放钢筋网、插入混凝土导管、浇制混凝土、拔接头管、场地泥浆排放等工作内容，适用于地下混凝土帷幕墙措施工程，也适用于不开挖土方条件下施工地下混凝土结构墙工程。

堆载预压定额包括堆载体的运输、分层填筑、碾压、检验、修整边坡、预压区内埋管、排水、预压期观测、卸载并运输、场地清理等工作内容，是按照 1km 以内取土作为堆载体编制的，其他材质堆载体应执行有关定额计算费用。

二、工程量计算规则

1. 砌筑基础工程量计算

砌筑石或砖基础按基础体积计算工程量，基础体积包括基础、基础短柱、基础墙、地圈梁的体积。基础与墙、柱均以室内地坪标高分界（不分材料是否相同），计算体积时不扣除含在基础中的过梁、构造柱柱根所占体积，也不计算基础垫层、附属在基础上支墩的体积。

2. 浇制基础工程量计算

浇制混凝土基础按基础体积计算工程量，基础体积包括基础、基础底板、箱形基础柱、基础顶板、基础连梁的体积。计算体积时不扣除含在基础中的过梁、构造柱柱根、杯芯所占体积，也不计算基础垫层、附属在基础上支墩的体积。

条形基础与墙以条形基础顶标高分界，

独立基础与柱以独立基础顶标高分界。

柱在筏梁上生根时，筏形基础与柱以筏梁顶标高分界；柱在筏板上生根时，筏形基础与柱以筏板顶标高分界。

箱型基础与柱以箱型基础顶板顶标高分界。

环形柱基础与柱以柱根部实心与空心交接处标高分界，实心部分为基础，空心部分为柱，如图 7-10 所示。

无论是砌筑基础还是浇制基础，计算条形基础体积时，基础长度按建筑轴线长度计算，不考虑轴线与中心线的偏差。

砌筑条形基础截面面积 = 基础截面面积 + 基础墙截面面积

浇制条形基础截面面积 = 基础截面面积。

堆取料机基础、入厂煤取样机基础、变压器与电抗器搬运轨基础按照实际长度计算工程量。

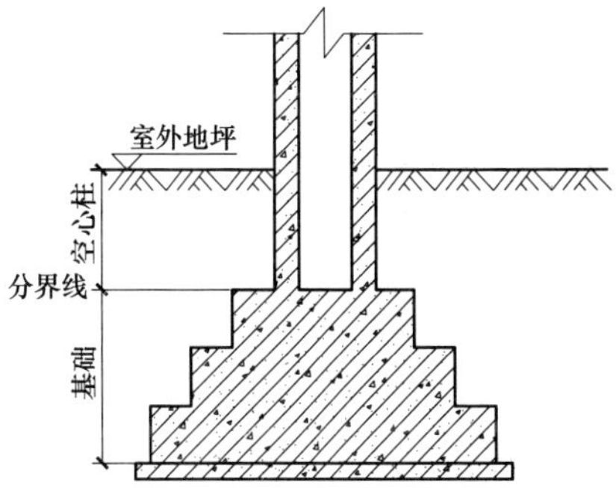

图 7-10 环形柱基础与柱分界

3. 设备基础工程量计算

设备基础按设备基础体积计算工程量。计算体积时不扣除螺栓孔所占体积，也不计算基础垫层体积，但需计算同一组基础间连接沟道混凝土体积。

变压器基础油池按照变压器基础油池容积计算工程量：容积 = 净空高度 × 净空面积

计算油池容积时，不扣除设备及其基础、油篦子、卵石等所占的体积，净空高度为油池底板顶标高至油池壁顶标高，净空面积 = 油池净空长 × 油池净空宽。

4. 桩基础工程量计算

钢结构桩按照重量计算工程量，不计算钢管内撑、钢桩尖、钢桩帽等重量。

预制钢筋混凝土桩按照混凝土体积计算工程量。桩体积 = 桩截面面积 × 桩长，桩长为预制桩的实际长度，计算桩尖长度。

钢筋混凝土管桩截面面积为管桩混凝土圆环实体截面面积。

灌注桩按灌注桩体积计算工程量：桩体积 = 灌注桩设计桩截面面积 × 桩长

桩长为灌注桩的设计长度，计算桩尖长度；灌注桩截面面积不计算护壁面积。充盈量及超高灌注量综合在定额中，不单独计算。

人工挖孔灌注桩不计算桩底部入岩及扩孔部分混凝土量，该部分费用综合在定额中；碎石灌注桩不计算满铺部分碎石体积，该部分工程量单独计算，见图 7-11。

冲孔挤密桩、水泥搅拌桩按照设计成桩直径计算工程量，不计算扩孔、挤密、充盈增加工程量。

5. 其他

换填按照被换填土挖掘前天然密实方计算工程量。换填土基坑的开挖、支护、工作面等增加的工程量综合在定额中，不单独计算。

强夯按照单位工程外边缘夯点的外边线所围成的面积计算，如图 7-12 所示，扣除夯点间距大于 8m 且面积大于 $64m^2$ 的面积。在初步设计阶段，可以按照建筑物、构筑物外边轴线长、宽各加 6m 计算面积。

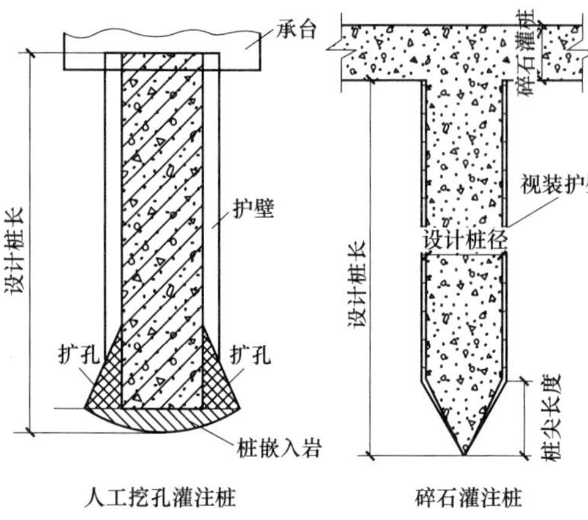

图 7-11 人工挖孔灌注桩与碎石灌注桩

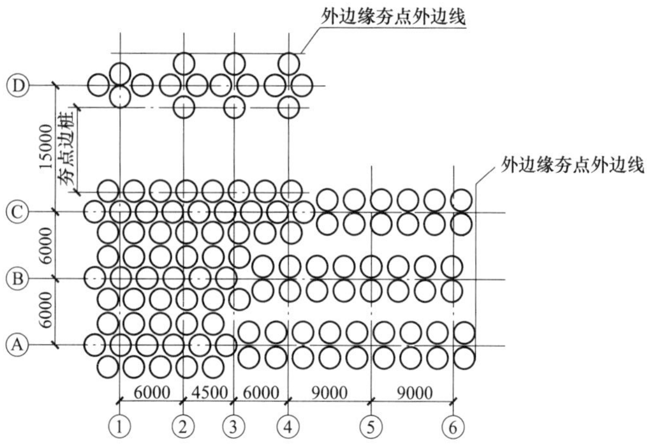

图 7-12 强夯工程量计算

回填砂定额主要适用于深基础的回填，其工程量按照回填区域的几何尺寸计算，即按照回填后密实体积计算。

堆载预压按照设计荷载堆压成品体积计算工程量，不考虑土石方松实系数。

三、工程案例

案例 7-5 某 35kV 配电室为一层砖混结构，24 墙，其基础轴线及断面见图 7-13，计算±0.00 以下基础工程的预算工程费及概算工程费。（混凝土按集中搅拌站制备，基础采用复合模板）

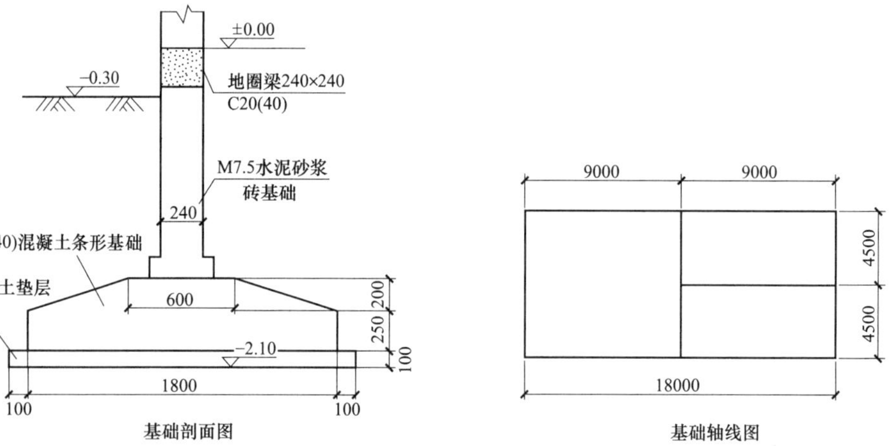

图 7-13 基础轴线及断面见图

解： 1．预算工程量计算

（1）C15 混凝土基础垫层

$$V = 2 \times 0.1 \times [54 + (9 - 2) \times 2] = 13.6\text{m}^3$$

（2）C20 钢筋混凝土无梁式条形基础工程量计算要考虑 T 字接头处的搭接体积见图 7-14。

$$V = [1.8 \times 0.25 + (1.8 + 0.6) \div 2 \times 0.2] \times [54 + (9 - 1.8) \times 2] + 0.6 \times 0.2 \times (1.2 + 1.8) \div 6 \times 4 = 47.44\text{m}^3$$

定额 YT5-7 C25 换算 C20 425.06 +（275.05 − 262.55）× 1.009 = 412.45 元/m^3。

（3）M7.5 水泥砂浆砖基础

$$V = (2.1 - 0.1 - 0.45 - 0.24) \times 0.24 + 0.01575) \times (54 + 8.76 \times 2) = 23.61\text{m}^3$$

定额 YT4-1 M5 换算 M7.5 301.75 元/m^3 +（208.14 − 190.87）× 0.236 = 305.13 元/m^3

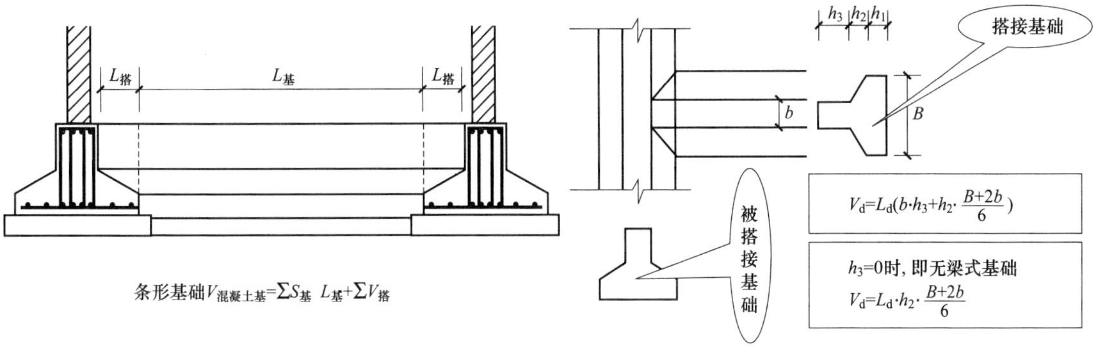

图 7-14　条形混凝土基础搭接

（4）C20 地圈梁

$$V = 0.24 \times 0.24 \times (54 + 8.76 \times 2) = 4.12\text{m}^3$$

定额 YT5-41　　C25 换算 C20　　613.52 +（262.55 − 275.05）× 1.009 = 600.91 元/m^3

（5）基础预算直接工程费计算见表 7-3。

表 7-3　　　　　　　　　　　　**基础预算直接工程费计算**

序号	编制依据	项 目 名 称	单位	数量	设备单价	建筑费单价		设备合价	建筑费合价	
						金额	其中工资		金额	其中工资
		配电装置室								
	YT5-1	垫层（面积 10m^2 以内）	m^3	13.6		390.09			5305	
	YT5-7H	条形基础 C20	m^3	47.44		412.45			19 567	
	YT4-1H	砖基础 M7.5	m^3	23.61		305.13			7204	
	YT5-41H	圈梁 C20	m^3	4.12		600.91			2476	
		直接工程费							34 552	

2．概算工程费

（1）C20 钢筋混凝土条形基础

$$V = [1.8 \times 0.25 + (1.8 + 0.6) \times 0.2 \div 2] \times (54 + 9 \times 2) = 49.68\text{m}^3$$

套定额 GT2-5　491.85 元/m^2

混凝土条形基础概算工程费：49.68 × 491.85 = 24 435 元

（2）M7.5 水泥砂浆砖基础

$$V = (2.1 - 0.1 - 0.45) \times 0.24 + 0.015\,75) \times (54 + 9 \times 2) = 27.92\text{m}^3$$

套定额 GT2-1　　　485.66 元/m^3

砖基础概算工程费：27.92 × 485.66 = 13 560 元

（3）基础概算直接工程费：24 435 + 13 560 = 37 995 元

案例 7-6　图 7-15 所示为某新建 220kV 变电站的主变设备基础，计算其概算直接工程费。

解：（1）主变基础

$$V = (1.02 + 0.35 + 0.5) \times 2 \times 0.6 \times 6 + 0.7 \times 0.6 \times 2 \times 6 = 18.504\text{m}^3$$

套定额 GT2-15　438.69 元/m^3

直接工程费：438.69 × 18.504 = 8118.52 元

（2）主变油池

$$V = (9 - 0.24) \times (7 - 0.24) \times [(0.65 + 0.55)/2] = 35.53\text{m}^3$$

套定额 GT2-16　453.09 元/m^3

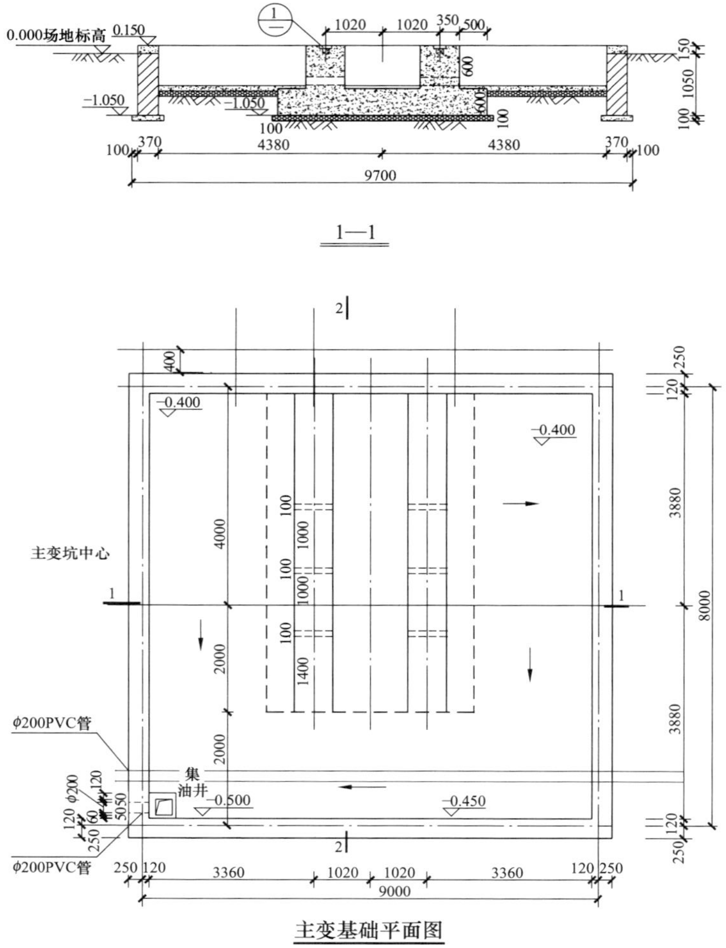

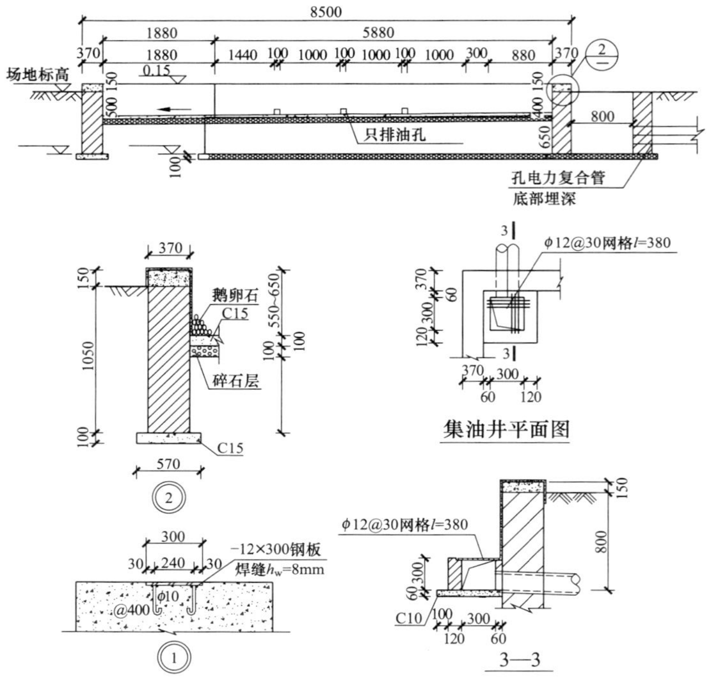

说明：

1. 混凝土标号：主变基础C20，垫层C15。
2. 砖砌体采用M5水泥砂浆砌MU10砖，用1:2水泥砂浆抹光。
3. 集油井靠近事故油池，油坑底坡向集油井。
4. 主变压器构架基础及设备支架基础另详。
5. 基础施工前必须与到货主 变压器轨距核对正确后方能进行。
6. 坑内回填直径50~100mm冲洗干净的卵石，保持孔隙率30%以上。
7. 本主变坑基础以2号主变压器为水准，1号主变压器坑基础根据相应图，作相应变动进行施工。

图 7-15　主变设备基础

直接工程费：453.09 × 35.53 = 16 098 元

（3）概算直接工程费：8118 + 16 098 = 24 216 元

案例 7-7 某工程采用搅拌桩进行围护处理，搅拌桩施工采用ϕ700 双头钻，打桩深度 9.8m，如图 7-16 所示，计算单根搅拌桩的概算直接工程费。

解：搅拌桩工程量按设计断面乘以长度计算，桩长以设计长度为准，设计断面应按其图示“8”字形计算。

搅拌桩工程量：$V=(2\times\pi\times0.35^2-2\times S_1)\times9.8=6.99\text{m}^3$

其中：$S_1=\dfrac{\arccos\dfrac{260}{350}}{180}\pi\times0.35^2-\dfrac{1}{2}\times0.475\times0.26$

$=0.0897-0.0618=0.028\text{m}^2$

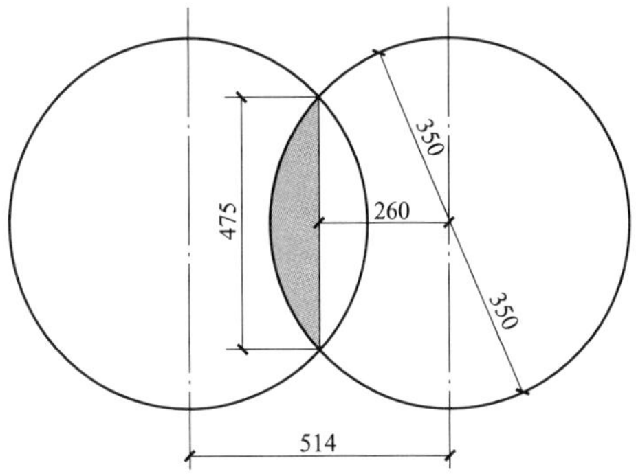

图 7-16　水泥搅拌桩示意图

套定额 GT2-35　347.73 元/m³

单根搅拌桩的概算直接工程费　6.99 × 347.73 = 2431 元

案例 7-8 附件一是某 220kV 变电站综合楼建筑工程图，计算其基础工程（不包括钢筋）的概算直接工程费。

解：（1）钢筋混凝土独立基础

$$J1\ V=12\times\{2.1\times2.4\times0.3+[(2.1\times2.4+0.4\times0.6+(2.1+0.4)(2.4+0.6)]\times0.3\}=25.81\text{m}^3$$

$$J2\ V=\{0.3\times1.2\times1.2+[0.4\times0.4+1.2\times1.2+(0.4+1.2)^2]\times0.1/6=0.5\text{m}^3$$

$$25.81+0.5=26.31$$

套定额 GT2-8　490.64 元/m³

概算费用：490.64 × 26.31 = 12 909 元

（2）砖砌基础

内墙条基　$V_{内}=0.24\times(1.97-0.12+0.36)(9+4.5)=7.16\text{m}^3$

外墙条基　$V_{外}=0.24\times(2.1-0.3)\times[(20.1+9)\times2]=25.14\text{m}^3$

$$V=V_{内}+V_{外}=7.16+25.14=32.30\text{m}^3$$

套定额 GT2-1　485.66 元/m³

概算费用：485.66 × 32.30 = 15 687 元

（3）概算直接工程费：12 909 + 15 687 = 28 596 元

四、定额应用与工程计量注意事项

（1）基础工程中，不包括垫层上铺油毡以及基础防冻胀费用，发生时另行计算。

（2）灌注桩。

1）碎石灌注桩桩顶满铺碎石应根据设计规定计算工程量，执行换填碎石定额。

2）冲孔灌注桩孔深超过 20m 或冲击钻孔施工穿过中风化或微风化岩石层时，按照《电力建设工程预算定额　第 1 册　建筑工程（2018 年版）》第 3 章的相应说明调整人工费与机械费。

（3）计算桩承台梁、承台板基础混凝土体积时，不扣除桩破头后浇入基础部分所占的体积。

第三节　地面与地下设施工程

地面与地下设施工程定额章共分 7 节，38 个定额子目，定额适用于主厂房地下设施、阀厅、保护室及配电室地下设施、户内直流场地下设施、半地下建筑地面、其他建筑物与构筑物的地面工程。本章不包括钢盖板、栏杆、爬梯、平台、轨道等金属结构工程，需按照第 8 章定领另行计算。

一、定额说明

1. 地下设施工程

地下设施工程包括地面土层夯实、铺设垫层、抹找平层、做面层与踢脚线（包括柱与设备基础周围），包括浇制室内设备基础（非单独计算的室内设备基础）、支墩、楼梯与钢梯基础、地坑、集水坑、沟道与隧道，包括砌筑室内沟道、预埋铁件、浇制室外散水与台阶及坡道、浇制或砌筑室外明沟、安拆脚手架等工作内容。包括建筑物、构筑物外墙外 1m 以内沟道与隧道的费用，超过 1m 的沟道与隧道执行第 10 章相应的定额。

非单独计算的设备基础均在地下设施或复杂地面中。

2. 半地下建筑地面工程

半地下建筑地面是区别于全地下建筑与全地上建筑的一种需要在零米（或相当于零米）做局部地坪的建筑地面，如水泵房泵坑部分、半地下转运站、水处理室地下水池、采光井等建筑，在零米层四周设置悬壁板，板顶需要做面层。

半地下建筑地面定额子目适用于水泵房、半地下输煤建筑、水处理建筑等半地下建筑的零米地面工程。包括零米标高悬臂板顶面抹找平层、做面层与踢脚线，包括浇制室外散水与台阶及坡道、浇制或砌筑室外明沟、安拆脚手架等工作内容。

3. 复杂地面工程

复杂地面是指含设备基础或生产性沟道的建筑物、构筑物的地面。包括地面土层夯实、铺设垫层、抹找平层、做面层与踢脚线（包括柱与设备基础周围），包括浇制室内设备基础（非单独计算的室内设备基础）、支墩、地坑、集水坑、沟道与隧道，包括砌筑室内沟道、预埋铁件、浇制室外散水与台阶及坡道、浇制或砌筑室外明沟、安拆脚手架等工作内容。

复杂地面的认定是看地面下是否有设备基础或生产性沟道，有则是复杂地面，否则是普通地面。生产性沟道是指室内非采暖、非建筑照明、非生活通风与制冷、非生活给水与排水、非消防管沟。集控楼地面单独计算，执行复杂地面定额。

4. 普通地面工程

普通地面是指无设备基础及生产沟道的建筑物、构筑物的地面。包括地面土层夯实、铺设垫层、抹找平层、做面层与踢脚线（包括柱周围），包括浇制或砌筑过门地沟、浇制或砌筑采暖与给排水地沟、浇制室外散水与台阶及坡道、浇制或砌筑室外明沟、安拆脚手架等工作内容。

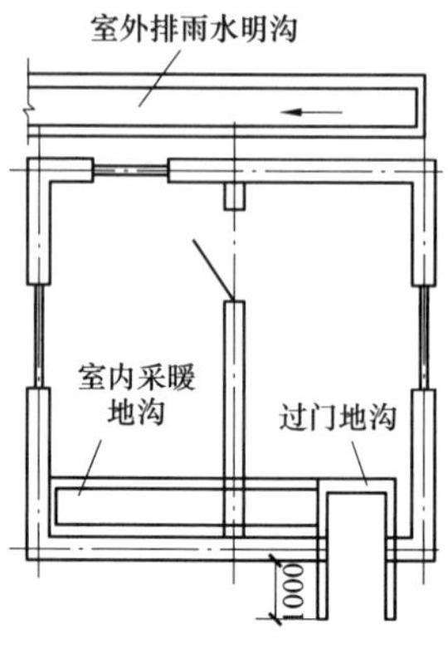

图 7-17 过门地沟示意图

普通地面的认定是地面下没有设备基础或生产性沟道，但是有过门地沟的地面也为普通地面。过门地沟是指从房屋建筑外墙门或其他位置引进房屋内的长度小于 2m 的端头沟道，如图 7-17 所示。

过门地沟包括生产性地沟和非生产性地沟。

二、工程量计算规则

地下设施与地面根据地面面层材质，按照建筑轴线尺寸面积分别计算工程量。不扣除设备基础、洞口、地坑、池井、沟道、墙体、柱、零米梁板、地面伸缩缝等所占的面积。

三、工程案例

案例 7-9 附件一是某 110kV 变电站综合楼建筑工程图，计算其地面工程（不包括钢筋）的概算直接工程费。

解： 该变电站综合楼一层除 10kV 开关室内设有电缆沟，属于复杂地面外，其余均属普通地面：

（1）复杂地面

$$S = 15.6 \times 9 = 140.4\text{m}^2$$

套定额 GT 3-24　315.93 元/m^2

概算费用：315.93 × 140.4 = 44 357 元

（2）普通地面

$$S = 4.5 \times 9 = 40.5\text{m}^2$$

套定额 GT3-32　175.18 元/m^2

概算费用：175.18 × 40.5 = 7095 元

（3）概算直接工程费　44 357 + 7095 = 51 452 元

四、定额应用与工程计量注意事项

（1）地面与地下设施所含混凝土工程量是综合考虑的，工程实际含量与定额不同时不做调整。以地面面层材质执行定额，踢脚线材质与地面材质不同时，不做调整。地面定额综合考虑了踢脚线长度，工程实际与定额含量不同时不做调整。踢脚线材质可以随同地面材质进行价差调整。

（2）根据地面材质分别计算工程量，在同一轴线面积范围内不同材质的地面面积应分别计算。地面上支墩、设备基础四周的面层不计算工程量，其费用综合在地面中。

第四节　楼面与屋面工程

楼面与屋面工程定额章共分 8 节，66 个定额子目，包括楼板与平台板、屋面建筑、采光屋面、复杂楼面、楼面面层、天棚吊顶、玻璃钢格栅、玻璃钢栏杆等内容，适用于建筑物、构筑物的楼面与屋面工程（除输煤栈桥、地下转运站、卸煤沟地下部分、翻车机室地下部分、储煤筒仓、灰库、石灰石筒仓楼板与屋面板工程外）。

钢筋混凝土楼板与屋面板定额中，不包括钢筋费用。

一、定额说明

1. 楼板与平台板

楼板是由结构墙或梁支撑的起分割楼层作用的混凝土板；平台板是由柱支撑的混凝土板。

楼板与平台板定额适用于建筑物、构筑物的楼面板与主厂房平台板及有柱支撑的平台板工程。包括楼板、板下非框架结构的钢筋混凝土梁、平台板、平台梁、楼梯、楼板上支墩、楼板上设备基础、防水沿等的浇制，包括板底抹灰（含混凝土梁）、板底刷涂料、楼板伸缩缝填塞及盖板制作与安装、安拆脚手架等工作内容；钢梁浇制板工程还包括剪力钉的购置、焊接等工作内容；钢筋混凝土结构楼梯的栏杆、栏板、扶手也综合在定额中，不单独计算。

楼板与平台板定额不包括楼板与平台板中的钢梁、钢盖板、栏杆、爬梯、钢梯、平台等金属结构工程，按照第 8 章定额另行计算。

主厂房的钢梁浇制板、浇制板定额子目适用于主厂房建筑及与主厂房建筑连成一体的 A 排外披屋、固定端与扩建端披屋、集控楼、炉后风机房、锅炉披屋等各层楼板工程。其他建筑钢梁浇制板、预制板及浇制板定额子目适用于除主厂房以外的其他建筑物、构筑物的楼板工程。

泵房、半地下建筑零米标高的混凝土悬臂板或悬臂平台不形成楼板层，执行第 7 章钢筋混凝土结构工程定额。

平台定额中不包括平台柱，平台柱应根据其结构，执行相应的定额。

室外楼梯是指依附或独立建筑物、构筑物布置的无维护结构的室外钢筋混凝土结构楼梯，其定额包括土方开挖、回填、运输，混凝土楼梯平台板、平台梁、踏步板、楼梯基础、楼梯柱、楼梯屋面板等的浇制及楼梯抹灰（含楼梯柱、梁）、板底涂料、楼梯面层铺设和楼梯栏杆、栏板、扶手、遮雨板制作与安装、安拆脚手架等工作内容。室外楼梯定额包括钢筋费用，工程实际用量与定额含量不同时，不做调整。

2. 屋面板

屋面板工程包括屋面板及屋面板下的非框架结构的钢筋混凝土梁、天沟板、挑檐等的浇制和安装无组织排水屋面泄水管装、屋面板底与挑檐底抹灰、涂料、屋面板伸缩缝填塞、安拆脚手架等工作内容。不包括屋面板中钢梁、钢支柱、抗风架、栏杆、爬梯、平台等金属结构工程，按照第 8 章的有关定额另行计算。

当屋面挑檐宽度与挑檐高度之和大于 1.05m 时，其挑檐按照钢筋混凝土悬壁板单独计算。

压型钢板屋面工程包括压型钢板、钢天沟板、排水支吊架等的制作与安装及刷油漆，以及压型钢板接头、收头、盖顶等工作内容。不包括钢檩条、钢支柱、钢支架等钢结构制作与安装，应按照第 8 章相应的定额另行计算。由于该部分钢结构需要制作厂家与设计配合，在可行性研究设计、初步设计阶段，当设计无法提供钢结构质量时，可按照压型钢板面积每平方米 26.5kg 计算。

3. 屋面建筑

屋面有组织排水根据系统布置分为内排水与外排水，定额包括檐沟、水落管、水斗、漏斗、落水口、虹吸装置、支吊架等制作（购置）、安装、刷油漆等工作内容。

屋面保温隔热工程包括屋面隔气、保温隔热、找平等工作内容，根据不同保温材料执行定额。

屋面防水工程包括屋面找坡、防水、找平、防护等工作内容，根据不同防水材料执行定额；其中，卷材屋面防水按照铺设一层防水材料考虑的，工程实际铺设两层时，第二层执行定额乘以 0.9 系数。

瓦屋面工程包括铺设挂瓦层、卧瓦层、屋面瓦、屋脊瓦，还包括端头瓦；挂角、收边、封檐等工作。

屋面架空隔热层定额包括砌筑砖支墩、隔热板制作与安装、抹灰、勾缝等工作内容，为综合定额，执行时不做调整。

种植屋面工程包括清理基层、铺土工布过滤层、陶粒排水层等工作内容。采光屋面工程包括等屋面龙骨安装、采光板铺设等工作内容。

4. 楼面面层、天棚吊顶

楼面面层定额包括清理基层、抹找平层、做整体面层、铺砌面层与踢脚线等工作内容。定额子目亦适用于混凝土板上抹灰、块料铺砌工程，是独立的建筑定额，与楼板、平台、混凝土底板结构定额配套执行。

天棚吊顶工程包括安装吊顶骨架、灯池制作与安装、安装面层等工作内容，分别设置天棚吊顶龙骨与面层两个定额子目，应配套执行。天棚龙骨吊筋高按 1.5m 内综合考虑。如涉及吊筋高超过 1.5m 需要二次支持时，吊筋应另行计算。

5. 其他

玻璃钢格栅、玻璃钢栏杆包括成品购置组装、拼装、运输、安装、安拆脚手架等工作内容。

二、工程量计算规则

1. 楼板与平台板工程量计算

楼板根据结构形式按楼板铺设部位的建筑轴线尺寸计算，不扣除楼梯间、洞口、支墩、设备基础、伸缩缝等所占的面积。钢梁浇制板中的钢梁需单独计算。

室外楼梯按照各层楼梯水平投影面积之和计算工程量，不扣除楼梯柱、楼梯井所占面积。楼梯屋面板、遮雨板不计算面积。

2. 屋面板工程量计算

平屋面板按照建筑轴线尺寸面积计算工程量。不扣除洞口、支墩、设备基础、屋面伸缩缝等所占的面积。挑檐板、天沟板不计算面积。

当钢梁浇制板采用压型钢板做底模时，其压型钢板底模单独计算。压型钢板底模工程量计算规则同楼板、屋面板工程量计算规则。

平压型钢板屋面按屋面水平投影面积计算工程量（包括挑檐板、天沟板面积），即按照女儿墙外边线或挑檐板、天沟板外边线计算水平投影面积；应扣除设备、单个面积大于 1m^2 的洞口所占的面积，也不计算压型钢板接头、收头、盖顶、连接伸缩缝的面积。

3. *屋面建筑工程量计算*

平屋面有组织排水、保温隔热、防水、屋面架空隔热层按照建筑轴线尺寸面积计算工程量。不扣除洞口、支墩、设备基础、屋面伸缩缝等所占的面积。挑檐板、天沟板不计算面积。

坡屋面工程量按照设计尺寸计算水平面积后乘以屋面坡度系数计算。屋面坡度系数根据屋面坡度，按照定额规定的延尺系数和隅延尺系数选用。

种植屋面工程，按照建筑轴线尺寸面积计算工程量。不扣除洞口、支墩、设备基础、屋面伸缩缝等所占的面积。挑檐板、天沟板不计算面积。

采光屋面工程，按照水平投影面积计算工程量。

4. *楼面面层、天棚吊顶工程量计算*

楼面面层根据楼面面层材质，按建筑轴线尺寸面积计算工程量。不扣除楼梯间、设备基础、洞口、墙体、柱、楼面伸缩缝等所占的面积。楼板孔洞侧壁、基础顶面与侧壁、楼板轴线外侧梁板面积亦不增加。悬臂结构的梁板平台、楼面按悬挑面积计算工程量。

天棚吊顶按吊顶房间轴线面积计算工程量，不扣除间壁墙、灯池、消防设施、通风孔、检查孔所占的面积；实际上就是按主墙间面积计算工程量，不扣除相关面积。

5. *其他*

玻璃钢格栅按照设计图示面积计算工程量。玻璃钢栏杆按照设计图示延长米计算工程量。

三、工程案例

案例 7-10 附件一是某 110kV 变电站综合楼建筑工程图，计算其屋面（板底 803 涂料刷白）、楼面及室外楼梯工程（不包括钢筋）的概算直接工程费。

解：（1）楼板：$S = 20.1 \times 9 = 180.9\text{m}^2$

套定额 GT4-11　158.017 元/m^2

概算费用　$180.9 \times 158.01 = 28\,584$ 元

（2）楼板面层：$S = 20.1 \times 9 = 180.9\text{m}^2$

套定额 GT4-47　102.86 元/m^2

概算费用　$180.9 \times 102.86 = 18\,607$ 元

（3）屋面板：$S = 20.1 \times 9 = 180.9\text{m}^2$

套定额 GT4-19　149.63 元/m^2

概算费用　$180.9 \times 149.63 = 27\,068$ 元

（4）屋面有组织排水：$S = 20.1 \times 9 = 180.9\text{m}^2$

套定额 GT4-20　12.96 元/m^2

概算费用　$180.9 \times 12.96 = 2344$ 元

（5）屋面防水：$S_{卷材防水} = 20.1 \times 9 = 180.9\text{m}^2$

套定额 GT4-26　100.97 元/m^2

概算费用　$180.9 \times 100.97 = 18\,265$ 元

$$S_{刚性防水} = 20.1 \times 9 = 180.9\text{m}^2$$

套定额 GT4-27　55.67 元/m^2

概算费用　$180.9 \times 55.67 = 10\ 071$ 元

（6）室外楼梯：$S = (9 + 1.275) \times 2.8 - 0.26 \times 7 \times 1.4 = 26.22m^2$

套定额 GT4-13　813.03 元/m^2

概算费用　$813.03 \times 26.22 = 21\ 318$ 元

（7）概算直接工程费：$28\ 584 + 18\ 607 + 27\ 068 + 2344 + 18\ 265 + 10\ 071 + 21\ 318 = 126\ 257$ 元

四、定额应用与工程计量注意事项

（1）定额中楼梯栏杆是按照木扶手、钢管刷油漆编制的，当楼梯栏杆扶手采用其他材质时，可以参照预算定额计算标准调整。

（2）楼面、平台面上支墩与设备基础四周的面层不计算工程量，其费用综合在楼面、平台面定额中。

第五节　墙　体　工　程

墙体工程定额章共分 4 节，51 个定额子目，包括外墙、内墙、隔断墙、墙体装饰等内容。墙体定额包括砖石、加气混凝土块、硅酸盐砌块、轻骨料混凝土墙板、金属墙板、苯板等不同材料的墙体，适用于建筑物、构筑物的内墙、外墙、隔断、墙体装饰工程。

墙体工程中不包括门窗安装，门窗安装按照第 6 章相应的定额另行计算。当墙体中的雨篷悬挑宽度大于 1.2m 时，其整个雨篷板按照钢筋混凝土悬臂板定额另行计算。围墙、防火墙、抑尘墙、隔声墙工程执行第 10 章相应定额。

一、定额说明

1. 外墙

砌体外墙工程包括外墙墙体、墙垛、扶壁柱、腰线、通风道、窗台虎头砖、压顶线、山墙泛水、门窗套等的砌筑及墙体抹防潮层、砌钢筋砖过梁、钢筋混凝土过梁的浇制或预制与安装、埋砌体加固钢筋、浇制圈梁、浇制构造柱、浇制门框、浇制雨篷、浇制压顶、穿墙套板的浇制或预制与安装、预埋铁件、安拆脚手架等工作内容。加气混凝土、空心砖、苯板等砌体外墙工程还包括门窗洞口处、拉结钢筋处、女儿墙处等实心砖砌筑及防开裂钢丝网敷设等工作内容。

金属墙板、铝镁锰复合板定额包括了墙板及依附在金属墙板中过梁、雨篷、门框、穿墙套板、女儿墙等混凝土构件及附件，但不包括金属墙板与主体工程连接的钢结构制作与安装，按照第 8 章墙架定额另行计算。在可研、初设阶段，当设计无法提供该部分钢结构重量时，有保温金属墙板面积每平方米按照 20kg 计算；无保温金属墙板面积每平方米按照 17.5kg 计算。

预制轻骨料混凝土墙板定额适用于主厂房外墙工程，包括轻骨料混凝土墙板预制与安装、墙板填缝、填伸缩缝、预埋铁件、砌筑或浇制女儿墙、穿墙套板预制与安装及浇制混凝土门框、压顶、雨篷等工作内容。

2. 内墙

砌体内墙工程包括内墙墙体、墙垛、扶壁柱、通风道的砌筑及墙体抹防潮层、砌钢筋砖过梁、钢筋混凝土过梁的浇制或预制与安装、埋砌体加固钢筋、浇制圈梁、浇制构造柱、预埋铁件、安拆脚手架等工作内容。加气混凝土与空心砖及苯板等砌体内墙工程还包括门窗洞口处、拉结钢筋处等实心砖砌筑及防开裂钢丝网敷设等工作内容。

3. 隔断墙、墙体装饰

隔断墙定额包括隔断墙制作与安装、木质结构刷油漆、水泥板隔断墙装饰等工作内容，是综合定额，涵盖墙体与装饰。

钢板（丝）隔断墙工程包括清理基层、挂钢板（丝）网、抹水泥砂浆等工作内容，是按照双层布置考虑的，当用于有关电气建筑物的墙体、地面、天棚等屏蔽及保温墙外挂网工程时，定额相应乘以0.5系数。

墙体装饰工程包括墙面清理、墙面基层与底层抹灰、装饰面层、刷油漆面等工作内容，与内墙和外墙定额配套使用。定额中的消耗量已经综合考虑了不同基层厚度与结合层做法，执行定额时不做调整。块料面层、铝塑板饰面、木饰板、纤维复合板面层不包括墙面清理基层、墙面基层与底层抹灰，发生时按本章定额另行计算。

镶贴块料是按规格考虑的，如需现场倒角、磨边，按照所需磨边长度每米增加0.16工日，不包括开槽、开孔，发生时按照相应预算定额另行计算。

二、工程量计算规则

1. 外墙工程量计算

砌体外墙按照砌体体积计算工程量：

外墙长度：按照建筑轴线尺寸长度计算。

外墙墙高：有女儿墙建筑从室内地坪（相当零米）标高（有基础梁的从基础梁顶标高）计算至女儿墙顶标高（不包括抹灰高度）；无女儿墙建筑从室内地坪（相当零米）标高（有基础梁的从基础梁顶标高）计算至檐口板顶标高（不包括抹灰高度）。

墙体厚度：按照设计墙厚计算，实心砖标准墙厚按照表7-4计算。

表7-4　　标准实心砖厚度取定表　　单位：mm

墙厚度	$\frac{1}{4}$砖	$\frac{1}{2}$砖	$\frac{3}{4}$砖	1砖	$1+\frac{1}{2}$砖	2砖	$2+\frac{1}{2}$砖
计算厚度	53	115	180	240	365	490	615

外墙工程量计算时，需扣除门窗及大于1m^{2}洞口所占的体积，不扣除钢筋砖过梁、过梁、砌体加固钢筋、圈梁、构造柱、雨篷梁、压顶、穿墙套板、框架或结构梁柱等所占的体积；需计算墙垛的砌体工程量，但不计算通风道、腰线、窗台虎头砖、压顶线、山墙泛水、门窗套等砌体不计算工程量。加气混凝土与空心砖及苯板等砌体外墙不单独计算实心砖砌体工程量。

金属墙板按墙体面积计算工程量，扣除门窗及大于1m^{2}洞口所占面积，不扣除雨篷梁、压顶、穿墙套板等所占面积，压型钢板接头与收头面积、挑檐、天沟不计算工程量。计算金属墙板面积时，墙板高度从墙板底标高计算至女儿墙顶标高。

预制轻骨料混凝土墙板按照轻骨料混凝土墙板体积计算工程量，扣除门窗及大于1m^{2}洞口所占体积，不扣除雨篷梁、压顶、穿墙套板等所占体积。计算预制墙板面积时，墙板高度从墙板底标高计算至女儿墙顶标高。挑檐、天沟不计算体积。

2. 内墙工程量计算

砌体内墙按照砌体体积计算工程量：

内墙长度：按建筑轴线尺寸长度计算。

内墙墙高：屋架下边的内墙从室内地坪标高（有基础梁的从基础梁顶标高）计算至屋架下弦底标高；多层建筑有楼板分层的内墙从室内地坪标高计算至楼板底标高；梁下边的内墙从室内地坪标高（有基础梁的从基础梁顶标高）计算至梁底标高。

墙体厚度：按设计墙厚计算，标准实心砖按照定额表5.1计算。

内墙工程量计算时，扣除门窗及大于1m^{2}洞口所占的体积，不扣除钢筋砖过梁、过梁、砌体加固钢筋、圈梁、构造柱、通风道、框架或结构梁柱等所占的体积，墙垛需计算砌体工程量。加气混凝土与空心砖及苯板等砌体内墙不单独计算实心砖砌体工程量。

3. 隔断墙工程量计算

隔断墙按隔断墙面积计算工程量，扣除门窗及大于 $1m^2$ 洞口所占的面积，隔断墙上门窗根据材质另行计算。

钢板（丝）隔断墙按面积计算工程量，交叉、接头部分不计算面积，扣除门窗及大于 $1m^2$ 洞口所占面积，门窗及大于 $1m^2$ 洞口侧壁面积也不计算工程量。

4. 墙体装饰工程量计算

墙体装饰分装饰材质按装饰面积计算工程量。

内墙装饰长度按建筑轴线尺寸长度计算。内墙装饰高度：屋架下边的内墙从室内地坪标高计算至屋架下弦底标高；建筑有楼板分层的内墙从室内地坪标高计算至楼板底标高；有天棚吊顶的内墙从室内地坪标高计算至天棚底标高加 100mm。

外墙装饰长度按建筑轴线尺寸长度计算。外墙装饰高度：有女儿墙建筑从室外地坪标高计算至女儿墙顶标高（不包括抹灰高度）；无女儿墙建筑从室外地坪标高计算至檐口板顶标高（不包括抹灰高度）。

门窗洞口的侧壁、窗台、门窗套、窗台虎头砖、外墙腰线、压顶线、山墙泛水、女儿墙内侧等抹灰不计算工程量。

嵌入墙体混凝土构件抹灰不单独计算；突出墙面梁、柱、壁柱、墙垛不计算工程量。

独立柱、支架按照展开面积计算装饰工程量。

块料面层、铝塑板饰面、木饰板、纤维复合板工程量按照设计尺寸的实贴（挂）面积以平方米计算。门窗洞口、孔洞等开口部分的侧面面积并入墙体装饰工程量内。

三、定额应用与工程计量注意事项

女儿墙不单独计算工程量，其面积或体积合并到相应的外墙工程量中；砌体外墙与女儿墙厚度不同时应分别计算体积；砌体外墙采用现浇混凝土结构女儿墙时，女儿墙费用按照混凝土墙计算；墙板外墙综合了女儿墙费用，不因女儿墙厚度、材质、高度而调整。

第六节　门　窗　工　程

门窗工程定额章共分 2 节，31 个定额子目，包括不同材质的门、窗、窗护栏等内容，适用于建筑物、构筑物的门窗工程（第 9 章构筑物工程定额中主体工程包括的门窗除外）。

站区围墙大门、电动伸缩门工程执行第 10 章相应定额。

一、定额说明

木门窗按现场制作、安装考虑，定额包括框与扇的制作与安装、刷油漆、装配玻璃与五金及配件、安装纱扇与纱亮子、钉铁纱，补塞框缝等工作内容。成品木门窗亦执行相应的木门窗定额。

钢门窗、彩板钢门窗、隔热断桥铝合金门窗与铝合金门窗及塑钢门窗、钢质防火窗、铝合金百叶窗、屏蔽窗工程包括门窗购置、拼装组合、安装、安装纱扇、安装密封条、刷油漆、装配玻璃与五金及配件、安装地弹簧、钉铁纱、补塞框缝等工作内容。

钢木大门工程包括钢木大门购置、装配玻璃与五金及配件、安装小门、固定铁脚、安装密封条、补塞框缝、安拆脚手架等工作内容。

保温门、防火门、屏蔽门、隔声门工程包括门购置、装配五金与配件、安装密封条、安拆脚手架等工作内容。防火门定额综合考虑了不同的防火等级与材质，执行定额时不做调整。

电子感应门、金属卷帘门、彩钢板卷闸门、不锈钢卷闸工程包括门购置与安装、感应装置购置与安装、电动装置购置与安装、安拆脚手架等工作内容。电动装置、感应装置不同时，其单价可以随同门一并调整，但安装费不变。

窗工程包括窗帘盒的制作与安装、成品窗帘盒购置与安装、刷油漆等工作内容。工程实际与定额不同时不做调整。

钢木大门、保温门、钢门为成品购置，不考虑现场制作。

二、工程量计算规则

门窗按照门窗洞口面积计算工程量。计算面积时，不考虑卷帘门的上卷面积、推拉门窗的框扇交叉等面积。

窗护栏不分安装方式与结构形式，均按照窗洞口面积计算工程量。

三、工程案例

案例 7-11　附件一是某 220kV 变电站综合楼建筑工程图，内墙面抹 1:3 水泥砂浆底，白色乳胶漆面，外墙 1:2 水泥砂浆底，贴普通饰面砖；配木质防火门与铝合金推拉窗，门窗尺寸分别为：

M-1：900mm × 2700mm；M-2：900mm × 2700mm； M-3：1800mm × 2700mm；

C-1：900mm × 1800mm；C-2：1800mm × 1500mm；C-4：1800mm × 1800mm。

计算其墙体及门窗工程的概算直接工程费。

解：（1）木质防火门

$$S_{外} = 1.8 \times 2.7 \times 3 + 0.9 \times 2.7 \times 2 = 19.44\text{m}^2 \qquad S_{内} = 1.8 \times 2.7 + 0.9 \times 2.7 = 7.29\text{m}^2$$

$$S_{门} = 19.44 + 7.29 = 26.73\text{m}^2$$

套定额 GT6-17　448.14 元/m^2

概算费用：448.14 × 26.73 = 11 979 元

（2）铝合金推拉窗

$$S_{窗} = 1.8 \times 1.8 \times 10 + 1.5 \times 1.8 \times 4 + 0.9 \times 1.8 = 44.82\text{m}^2$$

套定额 GT6-4　312.41 元/m^2

概算费用： 312.41 × 44.82 = 14 002 元

（3）砖砌外墙

$$V_{外} = [(20.1 + 9) \times 2 \times 9 - 44.82 - 19.44] \times 0.24 = 110.29\text{m}^3$$

套定额 GT5-8　421.65 元/m^3

概算费用：421.65 × 110.29 = 46 504 元

（4）外墙饰面砖

$$S_{外} = (20.1 + 9) \times 2 \times 9 - 44.82 - 19.44 = 459.54\text{m}^2 \qquad (S_{外} = 110.29/0.24 = 459.54\text{m}^2)$$

套定额 GT5-38　117.062 元/m^3

概算费用：117.06 × 459.54 = 53 794 元

（5）砖砌内墙

$$V_{内} = [9 \times (4.5 - 0.12) \times 2 + 4.5 \times (4.5 - 0.12) - 7.29] \times 0.24 = 21.9\text{m}^3$$

套定额 GT5-18　408.99 元/m^3

概算费用：408.99 × 21.9 = 8957 元

（6）内墙涂料

$$S_{内} = 110.29/0.24 + 21.9/0.24 \times 2 = 642.04\text{m}^2$$

套定额 GT5-46　46.09 元/m^2

概算费用：46.09 × 642.04 = 29 592 元

（7）概算直接工程费：11 979 + 14 002 + 46 504 + 53 794 + 8957 + 29 592 = 164 828 元

四、定额应用与工程计量注意事项

（1）保温门定额适用于隔音门。

（2）电缆沟道、隧道需要安装防火门时，参照 GT6-17 定额执行。

第七节　钢筋混凝土结构工程

钢筋混凝土结构工程定额章共分 4 节，28 个定额子目，包括主厂房钢筋混凝土结构、其他建筑钢筋混凝土结构、钢筋混凝土底板与墙及钢筋、铁件等内容，适用于建筑物、构筑物的钢筋混凝土框架、梁柱、悬臂板、墙、底板工程（除第 9 章与第 10 章构筑物外）以及全厂各单位工程钢筋与铁件工程。

烟囱、冷却塔、输煤构筑物、管道、支架、室外沟道等混凝土构筑物定额不在本章范围内，执行第 9 章与第 10 章相应的定额。

一、定额说明

1. 钢筋混凝土结构

钢筋混凝土结构定额包括主厂房钢筋混凝土结构、其他建筑钢筋混凝土结构两个定额节，其中主厂房钢筋混凝土结构是针对电厂的主厂房钢筋混凝土结构设置的，其他建筑钢筋混凝土结构是指除电厂主厂房之外的房屋建筑的框架、梁柱、悬臂板。

钢筋混凝土工程包括浇制或预制构件、构件运输与安装、浇制或安装梁垫、铁件制作与预埋、接头灌浆、外露铁件刷油漆、安装沉降观测装置、安拆脚手架等工作内容，并综合考虑了预制构件与现浇构件及混凝土构件的二次浇制，但不包括植筋费用（二次浇制是指预制的框架梁与柱、柱与柱连接时混凝土的浇制及迭形梁浇制）。

基础梁工程不包括土方施工、回填防冻材料等工作内容，发生时按照相应定额子目另行计算。

吊车梁工程包括阻进器制作与安装、钢屑砂浆铺设等工作内容。钢轨及钢轨连接件按照第 8 章的定额子目另行计算。

悬臂板定额子目适用于混凝土壁上悬挑板、悬挑平台板、大于 1.2m 宽度的雨篷板、宽加高大于 1.05m 挑檐与天沟板工程，包括板底抹灰及刷涂料等工作内容，主要是用于半地下建筑零米标高地面悬挑板。

异形柱指截面几何形状为 L 形、T 型和十字形，且截面各肢高厚比大于 4 的柱，上下变径；异形梁指截面非规则矩形的梁。

2. 钢筋混凝土底板与墙

底板工程包括浇制垫层、浇制底板、浇制集水坑、填伸缩缝、板端头填素混凝土、预埋铁件等工作内容。板端头填素混凝土是指底板四周回填的坡形混凝土（包括集水坑底板四周和伸缩缝垫板两侧），适用于除单独编制的构筑物项目以外的现浇混凝土底板工程，如泵房、循环水泵坑、凝结水泵坑、输煤半地下转运站、碎煤机室、采光室、水处理室等建筑物与构筑物中的地下钢筋混凝土底板或素混凝土底板工程。

钢筋混凝土墙定额子目适用于泵房、循环水泵坑、凝结水泵坑、转运站、碎煤机室、采光室、水处理建筑等建筑物与构筑物中的钢筋混凝土墙或壁工程。定额包括浇制钢筋混凝土墙、预埋铁件、安拆脚手架等工作内容。在地面或地下设施中沟道、隧道、池井、地坑等设施不得套用底板、地下钢筋混凝土墙定额。

钢筋混凝土构件二次灌浆综合在定额中，不单独计算。工程采用高强灌浆料亦不做调整。

3. 钢筋、铁件

定额中的钢筋量是完成定额子目工程量所需钢筋的全部用量。包括结构钢筋、构造钢筋、施工措施钢筋（指正常施工条件下所需的 S 钢筋、马凳钢筋、拉结钢筋等）、钢筋连接用量。钢筋连接方式综合了对焊、电弧焊（帮条焊、搭接焊、坡口焊）、点焊、电渣压力焊、冷挤压、绑扎。当直径ϕ20 及以上的钢筋采用螺纹连接时，每个接头另行增加 25 元。

混凝土工程中包括铁件费用，工程实际用量与定额不同时，不做调整。铁件定额包括制作、安装、刷油漆等工作内容，供独立计算铁件费用时应用。铁件不含镀锌费，如采用镀锌按相应定额另外增加镀锌费。

二、工程量计算规则

1. 钢筋混凝土结构工程量计算

钢筋混凝土结构按照钢筋混凝土构件体积计算工程量，应计算柱上牛腿、梁上挑耳体积，不扣除钢筋、铁件、预埋孔等所占体积，梁垫不计算体积。

柱高从基础顶标高计算至柱顶，梁高计算至板顶，与柱交叉的梁长度计算至柱内侧。柱间的钢结构支撑按照钢结构定额单独计算，混凝土柱的钢牛腿按照铁件单独计算。

（1）基础梁体积不计算基础梁支墩工程量。

（2）吊车梁上的阻进器、钢屑砂浆等费用不单独计算。

（3）异形柱体积应计算柱帽体积。

（4）环形柱按照钢筋混凝土环形柱实体积计算工程量，不计算空心部分。注意环形柱与基础的划分是以空心与实心的交界处，并非零米标高。

（5）悬臂板体积应计算悬臂板上的挑檐、挑梁体积。悬臂板宽度按照挑出宽度计算。悬挑宽度大于 1.2m 的雨篷板，其体积按照整个悬挑宽度计算。

2. 钢筋混凝土底板与墙工程量计算

底板按照底板混凝土体积计算工程量，集水坑壁、底板上支墩的混凝土体积一并计算在底板中。不计算混凝土垫层、伸缩缝垫板、板端填素混凝土体积工程量。

底板上的主要辅机设备基础需单独计算，执行主要辅机设备基础定额。

钢筋混凝土墙分墙厚按混凝土墙体积计算工程量。混凝土墙与底板以底板顶标高分界，混凝土墙与顶板以顶板底标高分界，墙与板交叉的“三角块”混凝土体积并入墙体中，扣除门窗及大于 $1m^2$ 洞口所占体积。

3. 钢筋、铁件工程量计算

钢筋用量按单位工程进行计算。由结构钢筋、构造钢筋、施工措施钢筋、钢筋连接用量组成。

（1）结构钢筋与构造钢筋。

结构钢筋与构造钢筋根据施工图纸按照设计用量计算。设计钢筋用量不含钢筋连接用量或无规范要求时，钢筋连接用量按照计用量 4%计算。

（2）施工措施钢筋。

施工措施钢筋是指正常施工条件下所需 S 钢筋、马凳钢筋、拉结钢筋等，按设计图纸或施工验收规范要求计算，设计图纸及施工验收规范无要求，根据批准的施工组织设计计算。无批准的施工组织设计时，建筑物施工措施钢筋用量按照设计用量与连接用量之和 1%计算，构筑物施工措施钢筋用量按照设计用量与连接用量之和 3.5%计算。措施钢筋执行支撑钢筋（铁马）或支撑型钢（铁马）定额子目。支撑钢筋（铁马）定额子目中圆钢ϕ10 以外钢筋，按照成型钢筋的单价进行补差。

（3）钢筋连接用量。

钢筋连接用量按设计规定计算。当设计用量不含钢筋连接用量时，钢筋连接用量按单位工程钢筋设计用量 4%计算。

计算钢筋连接用量的基数，不包括设计已含搭接的钢筋用量，对焊、电渣压力焊、螺纹连接、冷挤压、植筋的钢筋用量亦不作为计算钢筋连接用量基数。

当钢筋采用螺纹连接时，接头数量根据实际用量计算。初步设计阶段螺纹接头参考数量：钢筋混凝土结构建筑物或构筑物工程，单位工程钢筋用量每吨计算 7 个螺纹接头；其他结构建筑物或构筑物不考虑螺纹接头。

此外，钢筋加工损耗量已综合在定额消耗量中，不单独计算；预埋在柱或门框中的墙体拉结钢筋质量、预埋在楼板中的吊顶拉结钢筋质量，也不计算。

预埋螺栓依据钢材单位理论质量计算，包括螺头、螺杆、螺母质量。

三、工程案例

案例 7-12 附件一是某 220kV 变电站综合楼建筑工程图，计算其钢筋混凝土结构工程（不包括钢筋）的概算直接工程费。

解：（1）基础梁

$$V = 0.25 \times 0.3 \times [(20.1 + 9) \times 2 - 10 \times 2.1 - 2 \times 2.4] = 2.43\text{m}^3$$

套定额 GT7-8　578.82 元/m^3

概算费用：$578.82 \times 2.43 = 1407$ 元

（2）框架结构

$$V_{\text{KZ1}} = 0.35 \times 0.5 \times (9 + 1.5) \times 12 = 22.05\text{m}^3$$

$$V_{\text{KL}} = 0.3 \times 0.65 \times [(20.34 - 6 \times 0.35) \times 2 + (9.24 - 0.5 \times 2) \times 4] + 0.25 \times 0.75 \times (20.34 - 6 \times 0.35 + 9.24 - 0.5 \times 2) \times 2 = 23.47\text{m}^3$$

框架结构合计：$V = 23.47 + 22.05 = 45.52\text{m}^3$

套定额 GT7-9　745.76 元/m^3

概算费用：$745.76 \times 45.52 = 33\,947$ 元

（3）概算直接工程费：$1407 + 33\,947 = 35\,354$ 元

第八节　钢 结 构 工 程

钢结构工程定额章共分 4 节，25 个定额子目，包括主厂房钢结构、其他建筑钢结构、不锈钢结构以及钢结构防火、加强防腐、热喷锌、镀锌等内容，适用于建筑物、构筑物的钢结构工程（除第 9 章与第 10 章构筑物外）。

一、定额说明

1. 钢结构

主厂房钢结构是指承受结构荷载的钢柱、钢梁、钢屋架、钢支撑等。其他钢结构是指钢平台、钢栏杆、钢梯子、钢盖板、单轨吊车梁、设备支架（非开关场设备）等。

钢结构工程包括钢结构构件制作、购置、连接、组装、拼装、运输、安装、除锈、刷油漆、喷锌、安装后补刷油漆或喷锌、安拆脚手架等工作内容。其中，钢结构构件连接综合考虑了焊接与螺栓连接。

钢结构构件连接螺栓、网架系统、钢轨及连接件均为成品购置。钢格栅板为镀锌结构。

2. 钢结构其他项目

钢结构防火、加强防腐、喷锌、镀锌工程包括底面处理、刷喷面层等工作内容，钢结构防火、加强防腐、喷锌、镀锌定额考虑了钢结构中含有的刷油漆工程量，执行定额时不做调整。

钢结构现场除锈综合考虑了手工除锈、机械除锈、酸洗除锈等工艺方法，执行定额时不做调整。

钢结构刷油漆综合考虑了不同的施工方法与喷刷遍数，执行定额时不做调整。沿海及重度污染腐蚀地区，根据设计要求进行加强防腐，其费用单独计算。

钢结构刷防火漆按照满足二级耐火等级建筑物标准考虑的，综合了不同的施工方法与喷刷遍数，执行定额时不做调整。

二、工程量计算规则

1. 钢结构工程量计算

钢结构按照钢结构构件成品质量计算工程量，应计算连接、组装所用连接件及螺栓的质量，不计算损耗量（包括钢结构下料剪切或切割损耗量、切边与切角及形孔的损耗量）。钢结构安装所用的螺栓不计算质量。（安装螺栓是指钢结构构件间连接用的螺栓。如钢柱与钢梁连接螺栓、钢平台与钢楼梯连接螺栓等）

（1）钢结构屋架质量应计算屋架上下弦支撑、系杆的质量。

（2）钢结构网架质量应计算网架支撑、系杆、结点质量。

（3）钢结构柱质量应计算柱头、柱脚、牛腿的质量。

（4）钢结构吊车梁质量应计算阻进器质量。钢轨及钢轨连接件不计算质量，其费用按照钢轨定额另行计算。

（5）钢轨按照成品质量计算工程量，不计算连接钢轨的部件质量，其费用综合在定额中，不单独计算。

2. 钢结构其他项目工程量计算

钢结构刷涂料按被刷钢结构构件成品质量计算。由于钢结构构件表面积的差异，计算其他钢结构刷防火涂料、防腐涂料、喷锌、镀锌质量时，应按被刷其他钢结构的质量乘以 1.35 系数。

三、工程案例

案例 7-13 某电厂煤棚设 10 根钢管柱如图 7-18 示，计算钢管柱概算直接工程费（方形底板、顶板：$\delta = 8$，62.8kg/m^2；加强板 $\delta = 6$，47.1 kg/m^2；钢管：$\phi 108 \times 4$，10.26kg/m）。

解：（1）钢管柱概算工程量：

方形底板和顶板（$\delta = 8$）：

$$0.3\text{m} \times 0.3\text{m} \times 2 \times 10 \times 62.8 = 113.04\text{kg}$$

加强板（$\delta = 6$）：

$$[1/2(0.03 + 0.08) \times 0.1 + 0.08 \times 0.08] \times 2 \times 4 \times 10 \times 47.1 = 44.84\text{kg}$$

钢管（$\delta = 4$）：

$$(3.20 - 0.008 \times 2)\text{m} \times 10 \times 10.26 = 326.678\text{kg}$$

合计：484.558kg/1000 = 0.485t

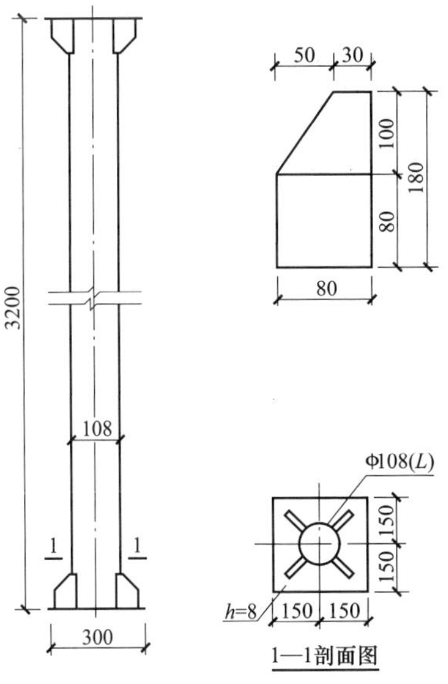

图 7-18 钢管柱

案例 7-14 某工程新建钢结构厂房，根据提供的工程量，主厂房钢结构柱为 5477t，主厂房钢结构梁 4853t，主厂房钢结构支撑、桁架 592t，主厂房钢结构墙架 670t，主厂房钢结构吊车梁 423t，钢轨 48t，其他钢结构 839t。根据已知条件，计算钢结构概算直接工程费。

解：根据提供的资料及钢结构计算规则，套用相应概算定额子目。

序号	编制依据	项 目 名 称	单位	数量	设备单价	建筑费单价		设备合价	建筑费合价	
						金额	其中工资		金额	其中工资
1		主厂房本体	m^3							
2	GT8-3	主厂房钢结构 钢结构柱	t	5447		7601.899	79.68		41 407 495	542 957
3	GT8-4	主厂房钢结构 钢结构梁	t	4853		7302.274	94.91		35 337 916	460 598

续表

序号	编制依据	项目名称	单位	数量	设备单价	建筑费单价		设备合价	建筑费合价	
						金额	其中工资		金额	其中工资
4	GT8-6	主厂房钢结构 钢结构支撑、桁架	t	592		7411.825	127.24		4 387 797	75 326
5	GT8-2	主厂房钢结构 钢结构墙架	t	670		6881.775	323.02		4 610 786	216 423
6	GT8-5	主厂房钢结构 钢结构吊车梁	t	423		7555.051	131.37		3 195 786	55 739
7	GT8-18	其他建筑钢结构 钢轨	t	48		6034.296	128.45		289 646	6166
8	GT8-19	其他建筑钢结构 其他钢结构	t	839		7749.63	1687.47		6 501 940	1 415 787
9		直接工程费							95 731 366	2 772 996

（2）钢管柱概算直接工程费

套定额 GT8-12　6997.78 元/ t

钢管柱概算直接工程费：$6997.78 \times 0.485 = 3394$ 元

四、定额应用与工程计量注意事项

（1）烟囱、冷却塔、管道支架等钢结构工程不在本章范围内，应执行第 9 章与第 10 章定额。

（2）钢结构构件连接综合考虑了焊接与螺栓连接，不考虑铆接、挤压连接方式。

（3）钢结构刷涂料（油漆）的工程量，应是被刷钢结构的重量，并非所用涂料（油漆）的重量。

第九节　构 筑 物 工 程

构筑物定额章共分 5 节，193 个定额子目，包括输煤与除灰构筑物、水工构筑物、烟囱与烟道、变配电构支架、避雷针塔、灰场等内容；本章定额是以主要构筑物的混凝土结构为主体进行编制的，非本章列举的构筑物不能执行本章定额。

本章定额适用于热力系统中的烟囱、烟道、烟道支架，适用于输煤系统中的输煤地道、输煤栈桥、地下转运站、卸煤沟地下部分、翻车机室地下部分、储煤筒仓、圆形煤场，适用于除灰系统中灰库、石灰石筒仓，适用于供水系统中的冷却塔、沉井、循环水沟渠、供水管道，容积大于 $500m^3$ 室外水池，适用于变配电工程中的构支架、避雷针塔，适用于灰场工程中的灰坝、灰场排水工程。脱硫与脱硝工程根据构筑物的结构形式参照相应的定额执行。

本章定额除管道建筑、循环水沟渠、含土方基础构支架与避雷针塔、灰场工程子目外，均不包括土方工程；混凝土主体工程中，不包括防腐、耐磨、隔热工作内容，工程发生时按照相应的定额另行计算。

水工构筑物施工是按照陆地施工条件考虑的，当工程采用水上施工作业时，执行交通运输部水运定额。

一、定额说明

1. 输煤构筑物

输煤构筑物定额不包括单轨吊车梁、煤篦子、平台、栏杆、爬梯、盖板、轨道、钢梁浇制板中钢梁等金属结构工程，按照第 8 章定额另行计算。当钢梁浇制板采用压型钢板做底模时，按照第 4 章定额另行计算。

耐磨内衬定额子目适用于主厂房煤斗、翻车机室煤斗、卸煤沟煤槽、地下煤斗、石灰石斗、灰库的内衬，亦适用于贴铸石板的钢筋混凝土沟、钢筋混凝土池、地面等工程。

输煤栈桥支架执行烟道支架定额，输煤栈桥钢桁架执行钢结构定额，输煤栈桥墙体、屋面分别执行墙体工程与屋面工程定额。输煤地下煤斗执行地下转运站定额。

2. 除灰构筑物

除灰构筑物定额不包括平台、栏杆、爬梯、盖板等金属结构工程，按照第 8 章定额另行计算。

3. 冷却塔

冷却塔定额由基础、水池、人字柱、X 形柱、筒壁、淋水构架、溅水与除水及填料、防冻装置、塔内进水钢管、冷却塔钢结构附件等部分组成，适用于钢筋混凝土结构的湿冷塔、空冷塔、机力通风塔等不同冷却方式的冷却塔工程。

4. 沉井

沉井定额由制作、下沉和封底三个部分组成，按陆地上或江湖岸边围堰内预制、采用明排水下沉法施工考虑；适用于水泵房、取水口等水下整体钢筋混凝土结构的构筑物工程。

沉井定额中不包括排泥水的集水坑及泥水运输费用，发生时另行计算。

5. 循环水沟、渠

循环水沟、渠定额适用于二次循环供水或直流供水系统中的单孔沟、多孔沟、明渠、暗沟等取排水工程以及截洪沟、排洪沟工程。定额是按照陆地或施工围堰内土方大开挖、明排水、现浇混凝土施工考虑。围堰与施工排水费另行计算。

6. 水池

水池定额包括垫层、水池底板、水池壁板、水池隔墙、水池支柱、集水坑、人孔、支墩、基础等混凝土浇制，包括水池内刷防腐抗渗涂料、水池外壁刷热沥青、止水带埋设、制作与安装人孔盖板、接口处回填混凝土、安拆脚手架等工作内容。土方施工、爬梯与栏杆制作安装执行相应的定额。适用于室外容积大于 $500m^3$ 埋入地下或突出地上的水池、油池、沉淀池、沉砂池、过滤池、浓缩池、灰浆池、渣浆池、中和池、排污池、处理池等工程。

水池的土方施工、爬梯与栏杆制作安装执行相应的定额。

7. 供水管道

供水管道定额适用于循环水管和补给水管安装及管道建筑工程。管道建筑工程包括管道土方施工、砂垫层、浇制混凝土管道基础、浇制管道支墩、安拆脚手架等工作内容，管道安装工程包括场地准备、管道购置、管道安装、水压试验、消毒等工作内容。

管道是按照成品购置考虑，管道建筑按双根管道一并敷设考虑，当工程为一根管道敷设时，相应管道建筑定额乘以 0.7 系数，当工程为四根管道敷设时，相应管道建筑定额乘以 1.6 系数。

8. 烟囱与烟道

烟囱与烟道定额适用于高度 120～270m 的钢筋混凝土烟囱与烟道及烟道支架工程。内衬定额（除浇注料内衬外）包含珍珠岩块隔热层，工程采用其他隔热材料时可以调整隔热材料费用。

烟道支架定额包括支架制作与安装、浇制支架、场内运输与堆放及拼装、金属结构除锈刷油漆、混凝土支架刷素水泥浆、安拆脚手架等工作内容，适用于烟道支架、输煤栈桥支架、9m 高以上厂（站）区支架工程。

9. 变、配电构支架

变、配电构支架定额中包括离心杆、钢管、型钢、格构式构支架及构支架梁、构支架附件、避雷针塔成品购置费（内含连接件、螺栓、法兰等），适用于不同电压等级、不同高度、不同组合形式的室内外变、配电构支架工程。

（1）构支架。

含土方基础构支架工程包括土方施工、浇制杯型基础、预埋法兰、预埋 U 型螺栓、钢筋制作与安装、杯芯支撑制作安装、基础内钢管灌混凝土、基础二次灌浆、基础抹面、浇制混凝土保护帽、构支架制作安装、柱头与连接铁件安装、安拆脚手架等工作内容。当构支架基础埋深大于 2.2m 时，执行不含土方基础的构支架定额。

不含土方基础构支架工程包括构支架制作安装、柱头与连接铁件安装、基础二次灌浆、浇制混凝土保护帽、基础内钢管灌混凝土等工作内容。

构支架附件是指钢爬梯、避雷针、走道板、操作平台、地线支架（地线柱）、连接设备支架间型钢等。钢结构构件按照现场组装、拼装后安装，定额中包括安装后局部补锌工作内容。

（2）避雷针塔。

避雷针塔工程包括土方施工，浇制独立基础、预埋铁件、二次灌浆、基础抹面、浇制混凝土保护帽、避雷针塔组装与安装、安拆脚手架等工作内容。

二、工程量计算规则

1. 输、储煤构筑物工程

按照构筑物混凝土体积计算工程量。地上部分与地下部分、基础与筒壁均以零米（或相当于零米）标高分界。

（1）输煤构筑物。

输煤地道应计算底板、侧壁、顶板混凝土体积，地面与皮带支架基础及垫层不计算体积。地道的断面面积按照垂直于地道斜长断面计算，地道的长度按照地道斜长计算。

输煤栈桥底板按底板面积计算工程量，底板宽度按外边尺寸计算，底板长度按照栈桥斜长计算。

地下转运站按照钢筋混凝土底板、侧壁、楼板、顶板、梁柱的混凝土体积计算工程量。不计算混凝土垫层、值班室工程量。

卸煤沟地下部分按照钢筋混凝土底板、侧壁、通风道、煤槽梁、煤槽壁板、煤槽端封板、地下框架、地下梁柱、轨道梁、头部尾部楼板与顶板的混凝土体积计算工程量。混凝土垫层、底板上素混凝土、底板上支墩、集水坑、煤沟零米走道板与平板的混凝土体积不计算工程量。不计算值班室工程量。

翻车机室地下部分按照钢筋混凝土底板、侧壁、通风道、各层混凝土板、地下梁柱、煤斗、煤斗大梁、轨道梁的混凝土体积计算工程量。混凝土垫层、底板上素混凝土、底板与地道两侧素混凝土、集水坑、挡水沿、底板支墩、走道板、设备基础等混凝土体积不计算工程量。

翻车机室零米设施按照翻车机室（含牵车平台）轴线面积计算工程量，不扣除设备、孔洞、基础、轨道等所占的面积。

（2）储煤构筑物。

储煤筒仓基础按照基础底板、基础外壁板与壁柱、基础中心柱、基础内筒壁、零米有梁板、零米环梁的混凝土体积计算工程量。混凝土垫层、底板上素混凝土、设备基础与支墩、挡水沿、筒仓之间零米混凝土板体积不计算工程量。不计算地下控制室及配电间的工程量。

储煤筒仓筒壁按照外环筒壁、外环梁、外环筒壁柱，内环筒壁、内环梁，内环筒壁柱、外环煤斗壁、内环煤斗壁，中心柱与柱底壁、混凝土柱、煤斗内外环平台、仓顶有梁板的混凝土体积计算工程量。砌筑保温砖墙、结构上混凝土支墩体积不计算工程量。

耐磨内衬按照贴砌耐磨材料的面积计算工程量，不锈钢内衬按照重量计算工程量。计算面积与重量时，不计算加工、衬砌等损耗量。

圆形煤场环形基础按照混凝土体积计算工程量。混凝土垫层、圆形煤场外周围地坪的混凝土体积不计算工程量。圆形煤场环形挡煤墙、挡煤墙壁柱按照混凝土体积分别计算工程量。环形挡煤墙与挡煤墙壁柱以挡煤墙壁厚分界，突出挡煤墙厚部分为壁柱。圆形煤场砌耐火砖墙按照体积计算工程量，不扣除圈梁体积。

给料机柱式基础按照地下部分与地上部分混凝土体积之和计算工程量，扣除输煤栈桥与输煤地道孔洞所占体积，不计算垫层混凝土体积。

圆形煤场钢结构网架按照成品重量以吨计算工程量，计算网架支撑、系杆、结点重量。网架板按照成品表面积计算工程量，扣除输煤栈桥孔洞所占面积。

圆形煤场地面按照环形轨道中心线直径以面积计算工程量，不扣除煤场内输煤地道、防火墙、堆取料机基础等所占面积。

（3）除灰构筑物。

除灰构筑物工程按照构筑物混凝土体积计算工程量。基础与筒壁以零米（或相当于零米）标高分界。

灰库基础按照基础底板、基础壁板的混凝土体积计算工程量。混凝土垫层、零米沟道、爬梯基础的混凝土体积不计算工程量。

灰库筒壁按照筒壁、各层有梁板、库顶有梁板、梁柱的混凝土体积计算工程量。挡水沿、屋面挑檐混凝土体积不计算工程量。

灰库隔热不分隔热层厚度按照浇制或粘挂隔热材料的体积计算工程量。计算面积时按照灰库筒壁内径计算，不扣除门窗、洞口所占面积，梁的侧壁面积亦不增加；厚度按照隔热层成品厚度计算。

石灰石筒仓基础按照基础底板、基础壁板的混凝土体积计算工程量。混凝土垫层、零米沟道、支墩、爬梯基础的混凝土体积不计算工程量。

石灰石筒仓筒壁按照筒壁、锥斗壁、各层有梁板、屋面板、梁柱的混凝土体积计算工程量。锥斗壁下填素混凝土、挡水沿、屋面挑檐混凝土体积不计算工程量。

（4）冷却塔。

基础按环形基础、淋水构架柱基础、竖井基础、排水口、水箱支架基础、地下水箱基础、塔内阀门井、塔内地上管道支墩、塔内排烟管道支架基础、塔内脱硫管道支墩与支架基础、间冷塔散热器清扫设备轨道梁、散热器支架基础与短柱的混凝土体积计算工程量。混凝土垫层、防冻管与旁路管支墩、钢梯基础、进水沟或进水钢管基础、冷却塔外侧周围地坪的混凝土体积不计算工程量。

水池按水池底板、水池壁的混凝土体积计算工程量。混凝土垫层不计算工程量。人字柱、X 形柱按预制或现浇的混凝土体积计算工程量。冷却塔筒壁按筒壁、环梁、肋条、托架牛腿、挑耳的混凝土体积计算工程量。

淋水装置构架按淋水构架柱、构架梁、主水槽及盖板、分水槽、竖井、支架柱、进水沟的混凝土体积计算工程量。竖井与竖井基础以水池底板顶标高分界，进水沟塔内与塔外以水池壁外 1m 分界，构架柱、支架柱与基础以基础放脚顶标高分界。淋水装置构架刷防腐抗渗涂料、PVC 配水管等不单独计算。

溅水与除水及填料按冷却塔的淋水面积计算工程量。PVC 塑料填料高度为 1.25m，工程实际填料高度与定额不同时，可以调整填料费用。

防冻装置按冷却塔挡风板的面积计算工程量。挡风板之间连接部分不计算面积，其费用包括在定额中。

塔内钢管按冷却塔塔内钢管重量计算工程量，钢管连接件、钢管加劲带、补偿器、钢支架等计算重量，并入钢管重量中。塔内钢管与塔外钢管以冷却塔环形基础外壁外 1m 分界。冷却塔钢结构附件按附件成品重量计算工程量。

间冷塔大门、塔内排烟与脱硫管道支架、封闭塔壁墙板、散热器封闭平台、间冷塔地坪、百叶窗下封闭墙等工程量计算规则执行相应的定额子目工程量计算规则。

2. 沉井

沉井预制按沉井外壁、隔墙、框架、牛腿、平台楼板的混凝土体积计算工程量。混凝土垫层、闸墩、设备基础的混凝土体积不计算工程量。

沉井下沉按沉井刃脚外缘所包围的面积乘以沉井下沉入土深度的土方体积计算工程量。

沉井封底按封底材料体积计算工程量。

3. 循环水沟、渠工程

循环水沟按循环水沟净空体积（容积）计算工程量，即净空断面积（双孔沟按照两个孔净断面积之和）乘以长度。长度按照循环水沟净空长度计算，扣除阀门井、虹吸井等各种井所占的长度，井的费用单独计算。沟道由于排水坡度影响的净空体积变化综合在定额中，不做调整。围墙外沟道、渠开挖超出整平标高以上的土石方，按照第 1 章场地平整定额另行计算。

混凝土渠工程按照浇制的混凝土体积计算工程量，混凝土垫层不计算工程量。

浆砌块石渠按照砌筑体积计算工程量，垫层不计算工程量。

4. 水池

水池是按混凝土体积以立方米计算工程量。水池混凝土体积包括水池底板、水池壁板、水池顶板、水池隔墙、水池支柱、集水坑、人孔、支墩、设备基础体积，不计算垫层、找坡、接口回填混凝土体积。

5. 供水管道工程

供水管道安装按照单根铺设混凝土管道中心线长度计算工程量。不扣除钢管弯头、管道连接井、阀门井等各类井所占长度，各类井按照相应定额另行计算。

管道建筑按照双根管道一并铺设的长度计算工程量，不扣除管道钢管弯头、连接井、阀门井等各类井所占长度。

6. 烟囱与烟道工程

烟囱基础按照烟囱环形基础混凝土体积计算工程量，筒身与基础以零米分界。垫层、烟囱内外地坪、积灰平台柱基础的混凝土体积不计算工程量。套筒式烟囱内筒座基础计算工程量。

烟囱筒身按照筒身混凝土体积计算工程量，混凝土牛腿、烟道接口混凝土、各层混凝土板计算体积。积灰平台、积灰平台梁柱、隔烟墙、各层牛腿上滴水板的体积不计算工程量。

套筒烟囱耐酸砖内筒按照耐酸砖砌体体积计算工程量。耐酸砂浆层、隔热层不单独计算。

烟囱钢内筒、不锈钢内筒、复合钛钢板内筒按照烟囱钢内筒的成品重量计算工程量，烟道接口钢结构、密封门计算重量。施工用的钢平台等钢结构不计算重量。

玻璃棉毡保温隔热按照玻璃棉毡的安装体积计算工程量。

烟囱钢结构附件按照钢结构附件成品重量计算工程量。

烟囱内衬按照内衬材料的体积计算工程量。

防酸涂料、耐酸砂浆按照刷防酸涂料或抹耐酸砂浆的面积计算工程量。

烟道按照烟道横断面外围面积乘以长度（外墙边线至烟囱外壁）以外轮廓体积计算工程量。烟道支架与基础单独计算。烟道内衬按照内衬材料的体积计算工程量。

烟道钢结构支架按支架的重量计算工程量，包括钢支撑、钢桁架、钢檩条工程量。烟道支架基础与土方单独计算；烟道钢筋混凝土支架按照钢筋混凝土支架的体积计算工程量，现浇混凝土支架与基础以零米分界。钢支撑、钢桁架、支架基础、土方单独计算。

7. 变、配电构支架

钢筋混凝土构支架按照构支架的体积计算工程量。现浇结构构支架与基础以零米分界，构支架上的牛腿、横梁等计算工程量，并入构支架体积中；预制结构构支架按照预制混凝土体积计算工程量，不计算构支架制作、运输、安装损耗量。

离心杆构支架按照离心杆的外形（包括插入基础部分）体积计算工程量。离心杆构支架中的铁件、连接件、螺栓不单独计算。

钢管构支架按照图示质量计算工程量，计算钢管构支架中的铁件、连接件、螺栓、法兰、预埋 U 型螺栓等质量。

型钢构支架按照图示质量计算工程量，计算型钢构支架中的铁件、连接件、螺栓、法兰、预埋 U 型螺栓等质量。

格构式钢管构支架按照图示质量计算工程量，计算格构式钢管构支架中的铁件、连接件、螺栓、法兰、预埋U型螺栓等质量。

构架梁根据材质按照质量计算工程量。计算铁件、连接件、螺栓等质量。

构支架钢结构附件按照附件的质量计算工程量。计算铁件、连接件、螺栓等质量。

避雷针塔按照钢结构的质量计算工程量，避雷针塔中的铁件、连接件、螺栓、预埋U型螺栓等计算质量。

8. 灰场工程

灰坝按设计成品体积计算工程量。抛石挤淤按挤淤后成品方计算工程量。

排水竖井按照内径净断面面积乘以净高以净空体积计算工程量。消力池按照内壁净断面面积乘以净高以净空体积计算工程量。

现浇钢筋混凝土排水管按照内径净断面面积乘以铺设长度以净空体积计算工程量。

灰场排渗管按照铺设长度计算工程量。反滤料层按照铺设体积计算工程量。土工布、土工膜按照铺设面积计算工程量，接头、收头、附加层等个计算面积。

观测管按铺设长度以延长米计算工程量。观测标按混凝土体积计算工程量。

三、工程案例

案例 7-15 某地区新建 2×300MW 燃煤机组工程，需建设一座高 240m 钢筋混凝土单筒烟囱，工程所在地类别为Ⅱ类，烟囱上口内径为 6.5m，外径 7.44m，烟囱下口径 25m，采用天然地基，基础埋深–4.0m，环式钢筋混凝土基础，筒内采用耐酸胶泥砌筑耐火砖，表面刷耐酸砂浆隔离层。

新建烟囱的主要工程量如下：土方 4580m^3，钢筋混凝土环型基础 C30 混凝土体积 2100m^3，基础钢筋为 224.6t，烟囱筒身 C30 混凝土体积 4490m^3，筒身钢筋为 647.05t，烟囱钢平台、栏杆爬梯等 69.5t，耐火砖砌筑 1450m^3，内涂耐酸砂浆 7690m^2。

要求根据已知条件，编制新建烟囱部分的概算直接工程费。

解：根据背景资料，套用概算定额第 1 章土石方与施工降水工程、第 9 章构筑物工程、第 11 章室内给排水、采暖、通风、空调、除尘及建（构）筑物照明、防雷接地、特殊消防工程相应子目。

已知条件中给出的钢筋是设计用量，要考虑施工钢筋连接用量和措施用量：

基础钢筋量为：224.6 ×（1 + 4%）= 233.58t

基础措施钢筋量为：224.6 ×（1 + 4%）× 3.5% = 8.18t

筒身钢筋量为：647.05 ×（1 + 4%）= 672.93t

筒身措施钢筋量为：647.05 ×（1 + 4%）× 3.5% = 23.55t

烟囱部分概算直接工程费计算见表 7-5。

表 7-5　烟囱部分概算直接工程费计算

序号	编制依据	项目名称	单位	数量	设备单价	建筑费单价		设备合价	建筑费合价	
						金额	其中工资		金额	其中工资
一		主辅生产工程								
（一）		热力系统								
2.6		烟囱								
	GT1-4	主要建筑物与构筑物土方	m^3	4580		24.63	9.08		112 805	41 586
	GT9-114	混凝土烟囱基础	m^3	2100		485.15	95.73		1 018 815	201 033
	GT7-23	烟囱基础钢筋	t	233.58		4990.26	511.76		1 165 645	119 539
	GT7-27	烟囱基础措施钢筋	t	8.18		4815.46	628.02		39 369	5134

续表

序号	编制依据	项目名称	单位	数量	设备单价	建筑费单价		设备合价	建筑费合价	
						金额	其中工资		金额	其中工资
	GT9-116	混凝土烟囱筒身 200m 以上	m^3	4490		930.98	271.89		4 180 100	1 220 786
	GT7-23	烟囱筒身钢筋	t	672.93		4990.26	511.76		3 358 106	344 380
	GT7-27	烟囱筒身措施钢筋	t	23.55		4815.46	628.02		113 417	14 792
	GT9-130	烟囱内衬耐火砖 耐酸砂浆砌筑	m^3	1450		1602.98	183.79		2 324 321	266 496
	GT9-134	抹耐酸砂浆	m^2	7690		35.69	20.23		274 456	155 569
	GT9-135	烟囱钢结构附件	t	69.5		7172.85	1275.11		498 513	88 620
	GT11-106	烟囱照明与接地	m	240		414.9	79.85		99 576	19 164
		直接工程费							13 185 123	2 477 098

四、定额应用与工程计量注意事项

（1）本章定额不包括土方的工程项目，其费用执行第 1 章相应定额另行计算；本章定额不包括钢筋的工程项目，其费用执行第 7 章钢筋定额另行计算。

（2）管道建筑、循环水沟渠、含土方基础构支架与避雷针塔，定额中包括土方、铁件费用。含土方基础构支架与避雷针塔的定额包括钢筋费用。

（3）沉井为综合定额，包括地下的结构与建筑，除金属结构外，均不单独计算。沉井制作、下沉、封底的施工技术与方案，定额已经综合考虑，执行定额时不做调整。沉井地上部分按照一般房屋建筑执行相应章节的定额。

（4）为了适应变电工程与换流站工程施工管理的需要，构支架工程编制了两套定额。含土方基础的定额为构支架的整体综合定额，不含土方基础的定额为构支架的分部综合定额，构支架的土方与基础分别执行第 1 章与第 2 章的相应定额。

构支架定额不分高度与组合形式，按照材质执行定额。当构支架基础埋深大于 2.2m 时，执行不含土方基础的构支架定额。

（5）烟囱与烟道定额适用于高度120～270m的钢筋混凝土烟囱与烟道及烟道支架工程。内衬定额(除浇注料内衬外）包含珍珠岩块隔热层，工程采用其他隔热材料时可以调整隔热材料价差。

（6）烟道支架定额可用于输煤栈桥支架、9m 高以上厂（所、站）区支架工程，但需注意支架名称的变化。烟道支架定额不包括土方与基础费用，需另行计算。

（7）淋水装置构架按照冷却塔淋水构架柱、构架梁、主水槽及盖板、分水槽、竖井、支架柱、进水沟的混凝土体积计算工程量。竖井与竖井基础以竖井基础顶板顶标高分界，进水沟塔内与塔外划分以池壁外 1m 为界，构架柱、支架柱与基础的划分以基础放脚顶标高分界。淋水装置构架刷防腐抗渗涂料、PVC 配水管等不单独计算。注意在高位冷却塔淋水装置构架工程量计算时，不计算预制构架梁、集水槽、中央竖井、混凝土压力进水沟，以上部位工程量执行高位冷却塔相应定额。高位冷却塔淋水装置的构架柱、现浇构架梁、分配水槽、支架柱等混凝土工程量套用 GT9-33 定额子目。

第十节　厂（站）区性建筑工程

厂（站）区性建筑工程定额章共分 8 节，94 个定额子目，适用于厂（站）区道路与地坪、围墙与大门、支架与支墩、沟（管）道与隧道、井池、挡土墙与护坡、护岸工程。

本章定额是以厂（站）区性构筑物工程为主体编制的厂（站）区建筑工程定额，非本章列举的项目不能执行本章定额。

本章定额不包括地基处理，但均包括土方施工。当工程发生石方施工时，相应的定额人工费增加25%。

一、定额说明

1. 道路与地坪工程

道路与地坪工程包括路床土方开挖、土方外运、碾压试验、铺设基层、铺设垫层、安砌路缘石、铺设面层、浇制护脚、填伸缩缝、浇制或砌筑路面上雨水口、安装雨水篦子等工作内容。不包括弹软土地基处理，发生时按照地基处理定额另行计算。不包括水泥稳定基层，发生时按照预算定额另行计算。

设备绝缘地坪工程包括铺设垫层、铺设面层、铺设绝缘材料等工作内容。

道路定额是按照设置路缘石考虑的，当道路无路缘石时，每立方米道路单价中核减22元；当道路路缘石采用花岗岩条石时，每立方米道路单价中增加40元。

道路与地坪为综合定额，综合考虑了面层、垫层、基层的不同厚度，除路缘石外，不因路面结构、厚度差异及施工方法的差异而调整。但当工程实际厚度大于1.0m时，超出部分根据最底层材质按照地基处理换填定额执行。厂（站）区外的道路可以参照执行本定额子目。

2. 围墙与大门工程

（1）围墙。

围墙工程包括基础土方施工、砌筑基础、浇制或预制钢筋混凝土基础梁、砌筑围墙与围墙柱、围墙抹灰（含压顶抹灰）、刷涂料、安装泄水孔、填伸缩缝、钢围栅与围栅柱制作及安装、金属构件运输及刷油、安拆脚手架等工作内容；包括围墙根部40cm宽度以内的散水。砖围墙装饰是按照抹砂浆后刷涂料考虑的，当采用其他装饰面层时，可参照墙体装饰定额调整。围墙中不包括门柱，门柱的工程量包含在大门中。

砌石墙工程包括块石打荒、勾缝等工作内容。

安装铁丝网工程包括金属支柱制作与安装及刷油、安装铁丝网等工作内容。

基础埋深每增减30cm定额包括基础土方开挖与夯填及运输、砌筑基础等工作内容。

无基础围墙是指建在挡土墙、护岸等上面的围墙。

（2）大门。

大门工程包括门柱基础土方施工、砌筑基础、砌筑门柱、砌筑伸缩门墙、配合预埋电线管、门柱与伸缩墙抹灰装饰、大门轨道制作与安装、大门制作与安装、电动大门购置与安装及调试、金属构件运输及刷油、安拆脚手架等工作内容。

（3）防火墙、挡风抑尘墙与隔声墙。

防火墙工程包括防火墙土方施工、浇制垫层、浇制或砌筑基础、浇制防火墙、砌筑防火墙、浇制防火墙框架、预制与安装防火墙板、预埋铁件、抹灰、刷涂料、安拆脚手架等工作内容。

挡风抑尘墙与隔声墙是按照双排钢柱整体结构考虑的，包括基础土方施工、浇制基础、砌体砌筑、墙架（含墙柱）制作与安装、金属构件运输与刷油、墙板购置与安装、安拆脚手架等工作内容。

围墙、大门、防火墙、抑尘墙、隔声墙定额均为综合定额。自动伸缩门、抑尘板、隔声板的单价不同时，可以按照价差处理。

3. 支架与支墩工程

支架与支墩工程包括基础土方施工、浇制垫层、浇制基础、浇制或预制钢筋混凝土支架、预制支架运输与安装及灌浆、刷水泥浆或刷涂料、钢结构构件制作与安装、金属构件运输与刷油、砌筑支墩、抹水泥砂浆、预埋铁件、安拆脚手架等工作内容。

支架定额子目适用于全站建筑室外及站区外管道、电线等单层或多层支架，不适用于9m高以上站区支架及变配电构支架。

支墩定额子目适用于全站建筑室外及站区外管道支墩，不用于室内管道和设备基础支墩。

支架与支墩定额为综合定额，支架基础埋深根据结构要求定额已经综合考虑，不因基础埋深而调整。

4. 沟（管）道与隧道工程

（1）沟（管）道与隧道。

沟道与隧道工程包括土方施工、铺设垫层、浇制隧道、浇制沟道、浇制支墩、砌筑沟道、砌筑支墩、浇制混凝土压顶、填伸缩缝、浇制排水坑、砌筑排水坑、抹排水坡、沟盖板制作与安装、盖板角钢框制作与安装、电缆槽沟制作与安装、沟壁与底板抹防水砂浆、加浆勾缝、外壁涂热沥青、预埋铁件、安拆脚手架等工作内容。定额综合了沟道与隧道的断面尺寸、埋深、壁厚，执行定额时不做调整。外购成品沟盖板增加的费用按照价差处理。

定额中沟盖板是按照施工现场内预制考虑的，考虑了角钢框，当角钢框需要镀锌时，参照钢结构镀锌定额计算费用；当采用外购成品沟盖板时，每立方米沟道按照含300元沟盖板费用计算价差。300元沟盖板费用中包括沟盖板预制、运输1km、沟盖板角钢框制作与安装、沟盖板抹平压光、沟盖板制作与运输及安装的损耗。

由于排水要求，沟道与隧道需要在底板上找坡。建筑找坡不单独计算费用也不扣除找坡所占的断面面积。结构找坡需要计算费用，将结构找坡的断面面积并入沟道净断面面积中，计算沟道体积。

（2）室外管道。

室外管道工程包括管沟土方施工、铺设垫层、浇制基础、管道加工、成品购置、管道与管件安装、阀门与补偿器（伸缩节）安装、支架制作与安装、保温油漆、防腐保护、冲洗与水压试验、安拆脚手架等工作内容。

室外管道定额综合了全站管道直径、埋深、压力。当工程管道实际埋深大于5m时，大于5m埋深部分的管道按预算定额单独计算土方开挖与回填费用，同时定额每米管道相应扣减5m^{3}土方开挖与回填工程量。

室外给水、排水管道定额中不包括水表、压力表、流量计等费用，需要时单独计算其材料费与安装费，并入室外给水、排水管道费用中。

（3）防水、防腐。

防水、防腐工程包括清理底层、抹找平层、抹（涂）面层、贴砌块料面层、铺设附加层、接缝与收头、安拆脚手架等工作内容，适用于室内外基础、沟道、池井、墙、地面、底板等项目的防水、防腐工程。

5. 井、池工程

井、池工程包括土方施工、浇制混凝土垫层与底板、砌筑井或池、浇制井或池（包括池底、池壁、支柱、顶板、集水坑、人孔）、内壁与底抹防水砂浆、池底找坡、外壁刷热沥青、预制顶板制作与运输及安装、安装铸铁盖板、制作与安装人孔盖板、爬梯制作与安装、预埋铁件、回填砂砾石、搭拆脚手架等工作内容。

在定额子目容积区间以外的井、池可以采用插入法计算定额单价。容积大于500m^{3}池子执行第9章构筑物中水池定额。

深井工程包括打井、护壁、安装井管、洗井、浇制井台、单井抽水试验、施工场地整平等工作内容，适用于生活水源深井工程。施工期间的深井费用，原则上可以参照本定额确定。

深井定额是按照井管$\phi 219 \times 8$、井深75m编制的，当井管直径与井深不同时，按照定额附表10-1系数调整定额单价。

井、池定额为综合定额，定额已经综合考虑了井池的断面尺寸、埋深、壁厚、覆盖土厚度，执行定额时不做调整。当井池顶面要求做保温层或做硬覆盖时，其费用单独计算。

6. 护坡与挡土墙工程

护坡工程包括边坡修整、基底夯实、铺设垫层、砌筑或浇制护坡面层、铺砌台阶与池埂、铺设植被、安拆脚手架等工作内容。

挡土墙工程包括挡土墙基础部分土方施工、浇制混凝土垫层、浇制基础、浇制挡土墙、砌筑基础、砌筑挡土墙、安装泄水孔、充填伸缩缝、加浆勾缝，墙顶抹水泥砂浆、搭拆脚手架等工作内容。其中，挡土墙基础部分土方施工是指为了施工挡土墙基础和挡土墙支撑柱墙基础所开挖的土方，不包括为了施工挡土墙所开挖的槽沟和施工挡土墙支撑柱墙所开挖的土方费用，发生时按照第 1 章土石方定额另行计算。

护坡与挡土墙定额为综合定额，定额已经综合考虑了土方量、护坡坡度、挡土墙高度等因素，执行定额时不做调整。

锚杆支护、土钉支护工程适用于厂（站）区边坡处理工程。工程实际布置、锚杆材质与长度、土钉材质与长度等与定额不同时不做调整。

喷射混凝土支护工程适用于厂（站）区边坡处理工程。定额包括钢筋网制作与安装、混凝土制备与运输、混凝土喷射、冲洗面层等工作内容。定额中混凝土喷射厚度按照 8cm 考虑，工程实际喷射厚度与定额不同时，参照预算定额进行调整。

7. 护岸工程

重力式构件是指为保护海岸边（含江河岸边）厂（站）区所安放在护岸坝体上的混凝土块体，包括重力块体制作、堆放、运输、安放（含退潮后陆地上安放）等工作内容。

防浪墙是指建在护岸坝体上可代替围堰的防浪胸墙，定额包括砌筑防浪墙、浇制防浪墙、安装泄水孔、充填伸缩缝、搭拆脚手架等工作内容。

护岸定额是按照陆地或围堰内施工编制的，当采用水上施工时，执行相应的水运定额。护岸坝体工程可参照灰坝定额执行。

8. 装配式构件安装

装配式建筑构件按外购成品考虑，包括钢筋、铁件、构件卸车、堆放支架、构件安装费用。不包括土方开挖，执行第 1 章相应定额子目。

二、工程量计算规则

1. 道路与地坪工程

道路按照道路、地坪体积计算工程量：体积 = 面积 × 厚度。

其中，厚度为基层、底层、面层三层厚度之和；面积按照水平投影面积计算，有路缘石的道路按路缘石内侧计算面积。计算体积时，不扣除路面上雨水口所占的体积，其费用不单独计算。

地下给水、排水、消防水、雨水管线等布置在道路下面时，路面需要设置的各种井按净空体积另行计算，计算道路工程量时，不扣除井所占的工程量，路面由此增加的工作量不单独计算。

2. 围墙与大门工程

（1）围墙按围墙面积计算工程量。

围墙长度：按墙体中心线长度计算，不扣除围墙柱、伸缩缝等所占的长度，扣除大门与边门及大门柱所占的长度。

围墙高度：从室外地坪标高计算至围墙顶标高（不包括压顶抹灰高度）。

铁丝网按面积计算工程量，长度按围墙长度计算，铁丝网高度从墙顶计算至金属柱顶。

（2）围墙基础是按 1.5m 埋深（室外整平标高至基础底标高）考虑的。

（3）大门按大门面积计算工程量，包括边门面积。

（4）防火墙、挡风抑尘墙、隔声墙。

防火墙按防火墙体积计算工程量，防火墙高度从室外地坪标高计算至防火墙顶标高（不含抹灰厚度），基础墙、基础不计算工程量。

挡风抑尘墙、冷却塔隔声墙按墙面积计算工程量。墙长度按墙体外边线长度计算，不扣除墙柱所占的长度；墙高度从室外地坪标高计算至墙顶标高。

3. 支架与支墩工程

混凝土支架按照混凝土支架体积计算工程量，计算柱、梁、支架头部混凝土体积。现浇支架柱高从零米标高计算至支架顶标高，预制支架应计算插入基础部分支架柱长度。不计算基础短柱与基础体积。

钢结构支架按照钢结构支架质量计算工程量，计算柱、梁、支撑、牛腿、柱脚质量，插入基础部分的钢结构计算质量。基础不单独计算费用。

支墩按照地上部分与地下部分体积之和计算工程量。不计算垫层体积工程量。

4. 沟道、隧道与室外管道工程

沟道、隧道按净空体积（容积）计算工程量：净空体积＝沟（隧）道净断面积（结构）×沟（隧）道长度。

沟（隧）道长度按净空长度（结构）计算，扣除各种井所占的长度，不扣除沟（隧）道与道路交叉、沟（隧）道交叉长度，厂（站）区沟（隧）道与房屋内的沟（隧）道以房屋外墙外 1m 分界。各种井按照井池定额另行计算。

电缆槽沟长度按电缆槽沟铺设长度计算。

室外采暖管道、生活给水钢管道、室外消防水管道按管道的质量计算工程量，计算管件、阀门、法兰、补偿器、室外消火栓、支架等质量。站区管道与房屋内的管道以房屋外墙轴线外 1m 分界；直埋管道与沟道内管道以沟道外壁分界。

室外生活给水 PVC 管道按单根管道敷设长度计算工程量，不扣除阀门井、检查井等所占的长度，阀门井与检查井按井池定额另行计算，站区管道与房屋内的管道以房屋外墙轴线外 1m 分界。

室外排水、雨水管道按单根管道敷设长度计算工程量，不扣除阀门井、检查井等所占的长度，阀门井与检查井按井池定额另行计算，站区排水管道与房屋内的排水管道以房屋外墙轴线外 1m 分界。

防水、防腐按面积计算工程量，扣除大于 $1m^2$ 的孔洞或设备基础等所占的面积，附加层、接缝、收头等不单独计算。

5. 井、池工程

井、池按其净空体积（容积）计算工程量，不扣除井或池内设备、支墩、支柱、管道等所占的体积。

深井按深井井管长度计算工程量，井管长度应计算沉砂管和滤管长度。

6. 护坡与挡土墙工程

计算护坡面积时按斜面计算，不扣除台阶、池埂等所占面积。台阶、池埂的费用不单独计算。

砌体护坡按砌体护坡体积计算工程量：护坡体积＝护坡面积×护坡厚度，护坡厚度应计算垫层厚度。

挡土墙按挡土墙体积计算工程量：挡土墙体积＝基础体积＋挡土墙体积。计算体积时，不扣除泄水孔、伸缩缝所占体积，不计算垫层体积。

锚杆支护按锚杆入土长度以延长米计算工程量。土钉支护按土钉锚杆延长米计算工程量，不计算钢筋网质量。喷射混凝土按喷射的混凝土表面积以平方米计算工程量。

7. 护岸工程

重力式构件按构件体积计算工程量，不计算损耗量。

防浪墙按体积计算工程量。

8. 装配式建筑构件安装

装配式建筑构件工程量均按照设计图示尺寸以体积计算工程量。不扣除构件内钢筋、预埋铁件等所占体积。装配式墙、板安装，不扣除单个面积≤$0.3m^2$ 的孔洞所占体积。

三、工程案例

案例 7-16 图 7-19 为某电厂砖砌电缆沟断面，电缆沟盖板外购，单价 380 元/m^2，计算单位长度（100m）电缆沟的概算直接工程费用。

解： 外购电缆沟盖板需按定额价 300 元/m^3 计算盖板价差。

（1）电缆沟概算工程费：

$$V = 1.04 \times 1.1 \times 100 = 114.1m^3$$

套定额 GT10-38 860.98 元/m^3

概算工程费 114.1 × 860.98 = 98 238 元

（2）盖板价差

盖板面积 $S = 1.44 \times 100 = 144m^2$

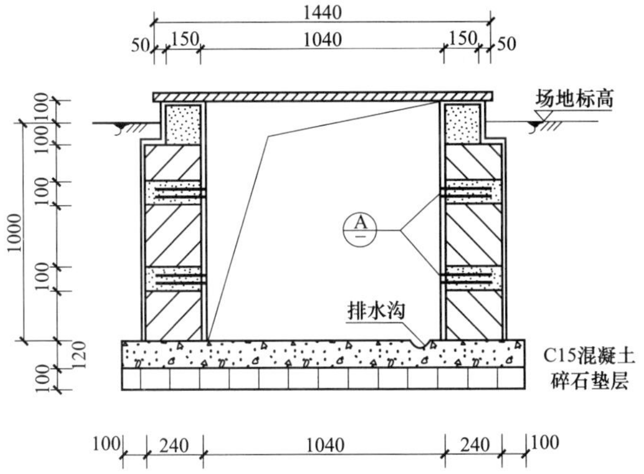

图 7-19 电缆沟断面图

盖板价换算 300 元/m^3 × 114.1m^3/144m^2 = 237.71 元/m^2

盖板价差 144 ×（380 – 237.71）= 20 490 元

电缆沟概算直接工程费： 98 238 + 20 490 = 118 728 元

案例 7-17 图 7-20 为某电厂主变区域的事故油池图纸，计算其概算直接工程费。

解：事故油池概算工程量为油池的容积，不扣除池内的支柱、管道附件等占的体积。当池的体积在定额区间外时，可以采用插入法计算定额单价。

事故油池概算工程量：$V =（8 – 0.2）×（4 – 0.2）×（106.75 – 104.05 – 0.15）= 75.58m^3$

GT10-56 10m^3≥容积≤50m^3 定额基础价 1259.71 元/m^3

GT10-57 100m^3≥容积≤200m^3 定额基础价 881.13 元/m^3

插入法计算定额单价：

GT10-57T （1259.717 – 881.13）×（100－75.58）/50 + 881.13 = 1066.03 元/m^3

事故油池概算直接工程费： 75.58 × 1066.03 = 80 571 元

案例 7-18 某电厂砖砌围墙见图 7-21，采用毛石基础，埋深 650mm，大门为电动伸缩门（高 1.6m），确定围墙及大门的概算直接工程费。

解：（1）砖砌围墙

概算工程量：$S = 2.289 \times [（128 + 20）\times 2 –（8 + 0.49）]= 658.11m^2$

套定额 GT10-10 252.88 元/m^2 概算费用：658.11 × 252.88 = 166 423 元

埋深不足 1.5m，需调整 （1.5–0.65）= 0.85m， 需减少 3 个调整深度

套定额 GT10-20 50.22 元/m 围墙长度 = 287.51m

概算费用：287.51 × 50.22 × 3 = 43 316 元

围墙概算直接工程费：166 423－43 316 = 123 107 元

（2）大门为电动伸缩门

概算工程量：$S = 1.6 \times（8–0.49）= 12.02m^2$

套定额 GT10-24 2040.51 元/m^2

费用 12.02 × 2040.51 = 24 527 元

（3）直接工程费 = 123 107 + 24 527 = 147 634 元

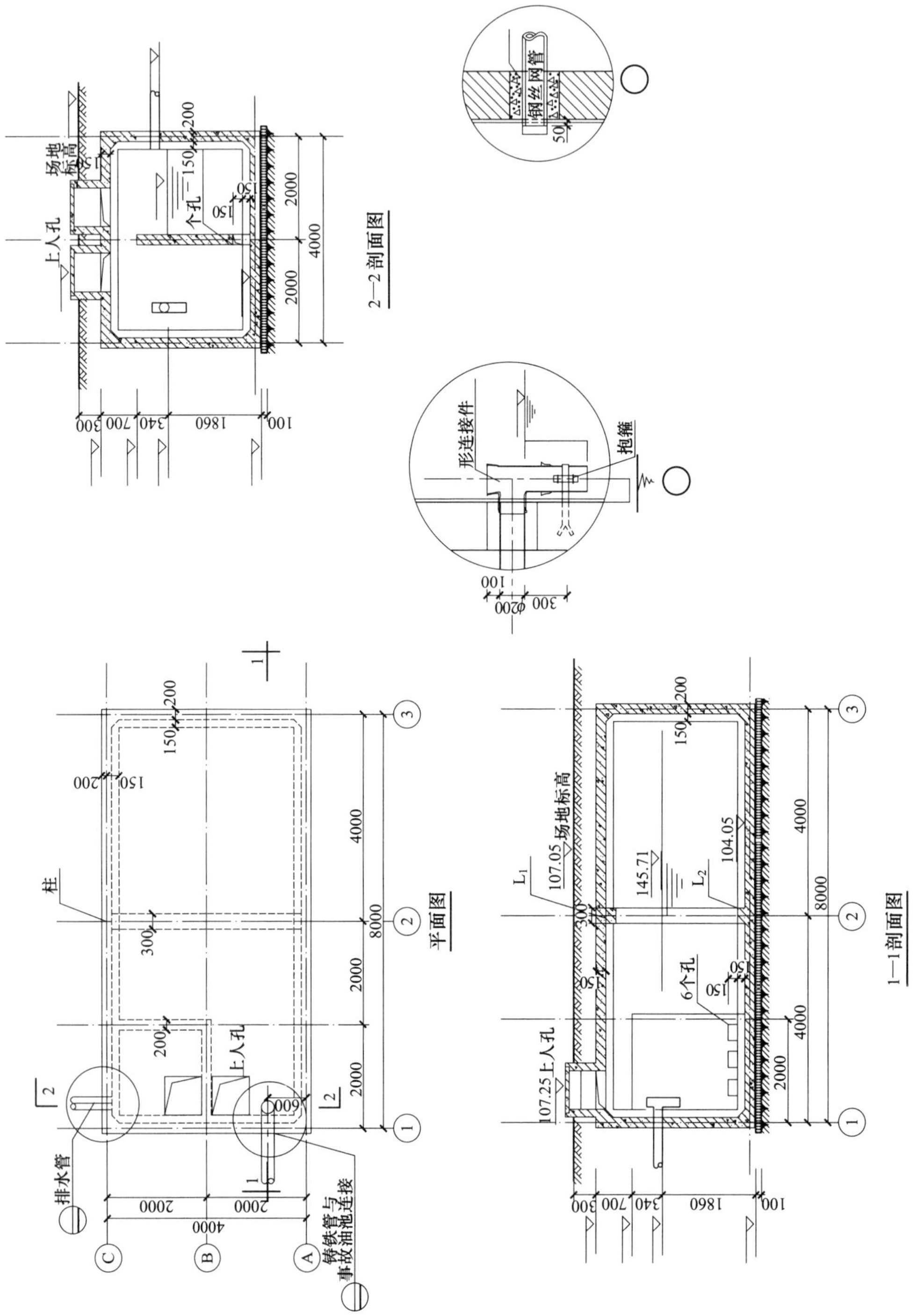
2—2剖面图
上人孔
场地标高
个孔
钢丝网管
形连接件
抱箍
平面图
柱
上人孔
排水管
铸铁管与事故油池连接
1—1剖面图
107.05场地标高
145.71
104.05
107.25上人孔
6个孔

图 7-20　事故油池

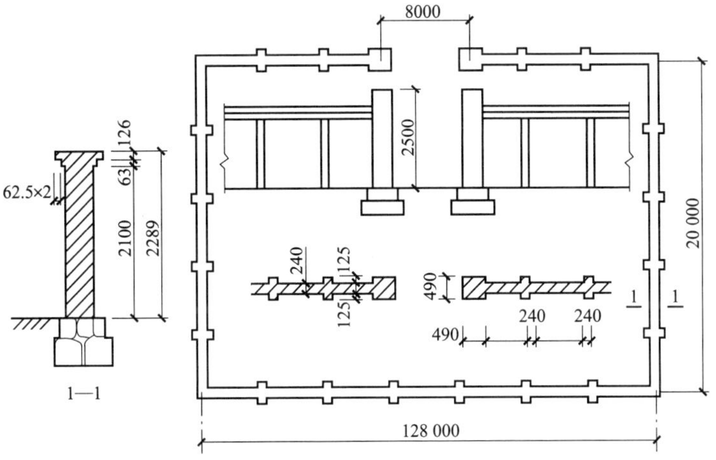

图 7-21　变电所围墙、大门

四、定额应用与工程计量注意事项

（1）防水、防腐定额适用于室内外基础、沟道、池井、墙、地面、底板等项目防水、防腐工程。

（2）容积大于 500m^3 井、池执行第 9 章构筑物中水池定额。

（3）预制沟盖板中考虑了角钢框。角钢框需要镀锌时，参照钢结构镀锌定额计算费用。

（4）室外管道定额为综合定额，适用于室外生活给水、生活排水、消防水、雨水、采暖管道的建筑与安装。当工程实际管道材质与定额不同时，按照价差处理。

（5）深井定额是以土质为地质资料条件下编制的，当工程实际为石质地质条件时，相应的定额单价中人工费与机械费需要调增 45%费用。

例如：井管 Φ219、井深 75m，在钻井深至 50m 时，遇到 10m 厚岩石层。执行定额时，10m 厚岩石层深井定额的人工费与机械费乘以 1.45 系数，其他 65m 深井定额单价不变。又如，井管 Φ325、井深 150m，在钻井深至 100m 时，遇到 30m 厚岩石层；计算时，30m 厚岩石层深井定额单价的人工费与机械费乘以 $2.3 \times 1.45 = 3.335$ 系数，材料费乘以 2.3 系数，其他 120m 深井定额单价乘以 2.3 系数。

第十一节　室内给水、排水、采暖、通风、空调、除尘及建（构）筑物照明、防雷接地、特殊消防工程

本章定额共分 6 节，161 个定额子目，包括室内给水、排水、采暖、通风空调、除尘、建（构）筑物照明与防雷接地、特殊消防安装等内容，适用于建筑物、构筑物室内给排水（含常规水消防）、采暖、通风空调、除尘以及建（构）筑物照明与防雷接地、特殊消防工程。

定额中包括采暖、通风、空调、除尘、照明、特殊消防工程设备的安装费与单体调试费及系统调试费，未包括设备费与设备运杂费。定额中安装设备与材料的规格及消耗量是综合考虑的，工程实际与定额不同时，不做调整。

室内给排水、采暖、通风空调、除尘、建（构）筑物照明与防雷接地工程按照单位工程执行定额。定额中未列举名称的单位工程根据建筑物的作用和层数分别按照生产类多层建筑、生产类单层建筑、生活类多层建筑、生活类单层建筑执行定额。

定额中未考虑施工安装与生产运行相互交叉因素，单位工程发生时按照相应的定额人工费增加 10%。定额已经考虑建筑与安装施工交叉的因素。

一、定额说明

1. 建筑工程设备与材料划分

（1）给排水（含常规水消防）工程。

水表、流量计、压力表、阀门、卫生器具、室内消火栓、水泵接合器、生活消防水箱等定义为材料；水泵、稳压器、水处理装置、水净化装置定义为设备，其安装费参照有关定额单独计算。

（2）采暖工程。

散热器、疏水器、蒸汽分汽缸、集器罐、伸缩节、流量计、温度计、压力表、阀门等定义为材料；电暖气、电热水器、暖风机、热风幕等定义为设备，其安装费包含在采暖定额中。

（3）通风空调工程。

通风阀、止回阀、百叶孔、方圆节、风管定义为材料；制冷机、冷却塔、空调机、风机盘管、风机箱、轴流风机、射流风机、消声装置、减震装置、屋顶通风器等定义为设备，其安装费包含在通风空调定额中。

（4）照明与防雷接地。

联闪控制器、镇流器、电气仪表、接线盒、开关、灯具、航空灯、插座等定义为材料；照明配电箱（含降压照明箱、事故照明箱）、配电盘、配电柜定义为设备，其安装费包含在照明定额中。

（5）特殊消防工程。

感温感烟探测器、感烟探测电缆、控制模块、模拟盘、按钮、声光报警器、喷淋装置、预作用系统、泡沫发生器、呼吸机、喷淋二次升压消防泵、稳压泵、气体消防装置定义为设备，其安装费包含在特殊消防定额中。特殊消防工程的设备费可参考定额表 11-5 计列。

凡是定额中定义的材料，其费用均包含在定额单价中，不单独计列；定额中定义的设备需要单独计列设备购置费。

2. 给排水（含常规水消防）

给排水（含常规水消防）工程包括给水管道、排水管道、消防水管道、管道支架、阀门、法兰、水表、流量计、压力表、水龙头、淋浴喷头、地漏、清扫孔、检查孔、透气帽、卫生器具、室内消火栓、水泵接合器、生活消防水箱等安装，包括管道支架、生活消防水箱的制作，包括保温油漆、防腐保护、管道冲洗、水压试验、调试、安拆脚手架等工作内容。

3. 采暖、通风与空调

采暖、通风与空调定额是按照Ⅲ地区编制的，地区类别差按照定额表 11-1 进行调整。Ⅰ类地区原则上不实施采暖，当工程需要采暖时，可参照执行。

采暖工程包括采暖管道、管道支架、阀门、法兰、水表、流量计、温度计、压力表、散热器、疏水器、蒸汽分汽缸、集器罐、伸缩节、采暖设备等安装，包括管道支架、疏水器、蒸汽分汽缸、集器罐、伸缩节的制作，包括保温油漆、防腐保护、管道冲洗、水压试验、调试、安拆脚手架等工作内容。

通风空调工程包括风道、风道支架、风管、风管支架、风口、风帽、风阀、现场配制设备支架等制作与安装，包括通风空调设备、消声装置、减震装置安装，以及保温油漆、防腐保护、调试、安拆脚手架等工作内容。

4. 照明与防雷接地

照明工程包括照明配电箱（含降压照明箱、事故照明箱）、联闪控制器、镇流器、接线盒、开关、插座、灯具、航空灯等安装，包括敷设电线管、敷设照明电线、调试、安拆脚手架等工作内容。

接地工程包括接地极制作与安装、接地母线敷设、接地跨接线、避雷针制作与安装、引下线敷设、避雷带（网）安装、接地测试、安装接地极或敷设接地母线时土方开挖与回填、安拆脚手架等工作内容。不包括接地降阻剂换填、阴极保护接地。

防雷接地工程费用合并在照明工程费用中，定额没有单独设置子目。当工程需要单独计算防雷接地费用时，可按照照明与防雷接地费用 10%计算。

5. 特殊消防

特殊消防是指常规水消防以外的消防设施，包括消防探测、报警、灭火系统。特殊消防根据工程建设规模执行定额。变电站、换流站变压器消防中包括站用变压器消防。

特殊消防定额包括感温感烟探测器、感烟探测电缆、控制模块、模拟盘、按钮、声光报警器、喷淋装置、气体消防装置、预作用系统、泡沫发生器、呼吸机、控制电缆、管道、喷头等安装，以及保温油漆、防腐保护、调试、安拆脚手架等工作内容。

发电工程特殊消防分主厂房、输煤系统、燃油系统、变压器系统、全厂移动消防设备五个项目，定额是按照新建两台机组编制的，当工程为扩建或建设规模不同时，特殊消防设备费及特殊消防定额按照表 11-2 系数计算。

二、工程量计算规则

1. 室内给水与排水、采暖、通风空调及建（构）筑物照明与接地工程

按照建筑物、构筑物的建筑体积、或面积、或长度、或高度、或淋水面积计算工程量。

建筑体积、建筑面积、建筑长度按照电力建设工程建筑计量规则计算（详见电力建设工程概算定额 第一册　建筑工程 附录 A、附录 B）。

2. 管道、照明电线、防雷接地按照以下定额规定划分计算界线

给水管道、排水管道、消防水管道以建筑物、构筑物外墙轴线外 1m 分界。

采暖管道以建筑物、构筑物外墙轴线外 1m 分界。

照明电源线以建（构）筑物照明总配电箱分界，无总配电箱者以照明配电箱或照明配电盘分界。

建筑物、构筑物接地与全站接地以建筑物、构筑物接地极或接地母线分界。防雷接地引下线需要接入电气接地母线时，每根引下线包括 2.5m 水平接地母线。

特殊消防喷淋管道以建筑物、构筑物常规消防水主管道分界。

3. 特殊消防工程

根据项目建设规模按照套计算工程量，同期建设项目为 1 套。

三、工程案例

案例 7-19　某火力发电厂新建工程为两台 660MW 级机组，建设地区类别为Ⅱ类，主厂房建筑体积 426 900m^3，计算其室内安装工程直接工程费。

解：根据提供的建筑体积工程量，分别套用概算定额给排水、采暖、通风、空调、除尘及建筑物照明、防雷接地、特殊消防定额子目。

室内安装工程概算直接工程费计算见表 7-6。

表 7-6　　室内安装工程概算直接工程费计算

序号	编制依据	项目名称	单位	数量	设备单价	建筑费单价		设备合价	建筑费合价	
						金额	其中工资		金额	其中工资
一		主辅生产工程								
（一）		热力系统								
1		主厂房本体及设备基础								
	GT11-3	主厂房给排水 600MW 级机组及以下	m^3	426 900		2.53	0.52		1 080 057	221 988
	GT11-32×0.75	主厂房采暖 600MW 级机组及以下	m^3	426 900		3.82	1.28		1 630 758	546 432
	GT11-60×1.15	主厂房通风、空调 600MW 级机组及以下	m^3	426 900		2.42	0.98		1 033 098	418 362
	GT11-91	主厂房除尘 600MW 级机组及以下	m^3	426 900		1.61	0.37		687 309	157 953
	GT11-103	主厂房照明与接地 600MW 级机组及以下	m^3	426 900		2.63	0.83		1 122 747	354 327

续表

序号	编制依据	项目名称	单位	数量	设备单价	建筑费单价		设备合价	建筑费合价	
						金额	其中工资		金额	其中工资
	GT11-138	主厂房特殊消防600MW级机组及以下	套	1		1 317 262.8	301 306.74		1 317 263	301 307
		直接工程费							6 871 232	2 000 369

四、定额应用与工程计量注意事项

（1）室内给水、排水、采暖、通风空调、除尘、建（构）筑物照明与防雷接地、特殊消防工程属于安装类工程。根据电力工程项目划分，其费用性质属于建筑工程费。因此，通常将此类工程称为“建筑安装”。

（2）在减少占地、建筑物集中联合布置的情况下，很难严格区别生产与生活、多层与单层建筑，执行定额时要把握原则，灵活处理。需要注意：不是所有的建筑均需要安装给排水、采暖、通风空调设施，根据需要执行定额。

1）生产类多层建筑：指供工艺生产活动的多层建筑，如：热网首站、碎煤机室、集中制冷站、材料库等建筑。

2）生产类单层建筑：指供工艺生产活动的单层建筑，如：引风机室、阀门室、拉紧装置小间、燃油泵房、空压机室等建筑。

3）生活类多层建筑：指供人活动的多层建筑，如：倒班宿舍、机炉检修楼等建筑。

4）生活类单层建筑：指供人活动的单层建筑，如：警卫收发室、车库、值班室等建筑。

5）天桥可参照栈桥定额执行。

6）沟道内设置通风、照明、接地、消防设施时，可参照隧道定额执行。

（3）给排水、采暖、通风空调、除尘、照明与防雷接地定额为指标性综合定额，除有文件说明外，不因材料规格与数量差异而调整。特殊消防定额为指标性综合定额，除建设规模差异调整外，不因消防形式、消防标准（在消防规范不变的条件下）、材料规格与数量差异而调整。

（4）特殊消防费用根据电力工程建设预算编制与计算规定，列入建筑工程费，但由于设计、施工安装分工不同，费用计算易重复或漏项。概算定额中关于特殊消防工程费用划分界面如下：

1）消防水管道。当常规消防水与特殊消防喷淋水采用同一根消防水主管道时，该消防水主管道费用列入常规水消防费用中，亦特殊消防喷淋管道以建筑物、构筑物常规消防水主管道分界；当特殊消防喷淋水单独设置一根消防水管道时，该消防水管道费用列入特殊消防费用中，亦特殊消防喷淋管道以建筑物、构筑物外墙轴线外1m分界。

2）特殊消防电源。当特殊消防独立设置一路电源时，该电源线及消防配电箱（盘、台、柜）费用列入电气安装费用中，从消防配电箱（盘、台、柜）向下敷设的消防电源线费用列入特殊消防费用中；当特殊消防电源从建筑物或构筑物照明配电箱（盘、台、柜）引接时，该照明配电箱（盘、台、柜）费用列入建筑物或构筑物照明费用中，从照明配电箱（盘、台、柜）向下敷设的消防电源线费用列入特殊消防费用中。

3）特殊消防报警（控制系统）。当特殊消防独立设置一块集中报警盘时，该集中报警盘费用列入电气安装费用中，从区域报警器向集中报警盘输送报警信号的控制电缆费用列入电气安装费用中；各种报警按钮、探测器等向区域报警器输送报警信号的控制电缆费用列入特殊消防费用中。

第十二节　措　施　项　目

本章定额共分2节，9个定额子目，包括施工降水、围护等内容，适用施工降水（除坝体工程、冲填工程、堆载预压工程）和钢板桩围护工程。施工降水工程定额适用于地下工程施工时，出现地下水并需要排除的项目。施工期间由于降雨或其他地表水引发的基坑积水需要排除时，不执行施工降水定额。

本章适用于措施用的打拔钢管桩、钢板桩工程。非本章列举的项目不能执行本章定额。本章定额不包括地基处理。

一、定额说明

1. 施工降水

施工降水定额中包括挖排水沟、挖排水坑、打拔井管、安拆井管系统、安拆水泵、安拆排水管；安拆排水电源；抽水、值班、井管堵漏、维修、回填井点坑等工作内容。

施工降水根据降水方式执行定额。

施工降水系统外排水管长度大于 100m 时，其超出部分另行计算。

2. 围护

打拔钢管桩、钢板桩工程包括桩制作、桩运输及现场堆放、机具准备、打桩、接桩、拔桩、轨道铺设、打桩架调角移位等工作内容。

定额计算了打桩、拔桩、桩修理维护、摊销折旧费用。定额中包括锁口检查等工作内容。

打拔钢管桩、钢板桩定额是按照桩重复利用编制的。

二、工程量计算规则

1. 施工降水工程量计算

（1）施工降水井管安拆。

轻型井点降水系统按照连接轻型井管的水平管网长度计算。

在初步设计阶段，可参照下列方法计算：井管单排布置时，长度按照井的根数乘以 1.2；井管双排布置时，长度按照井的根数乘以 1.4；井管环形布置时，长度按照井的根数乘以 1.4。

大口径井点、喷射井点降水系统按照井根数计算。

在初步设计阶段，可参照下列方法计算：井单排布置时，井的根数按照降水井管区间距离除以 15 加 1；井双排布置时，井的根数按照降水井管区间距离除以 20 乘以 2 再加 2；井环形（首尾相连）布置时，井的根数按照建筑物、构筑物的轴线长度加 80m 除以 20 加 1。

（2）施工降水系统运行。

施工降水系统由水泵、降水管网、外排水管、辅助设施组成，定额已经包括 100m 排水管的摊销费，当外排水管长度大于 100m 时，其超出部分另行计算。施工降水外排水管线见图 7-22。

施工降水系统运行按照使用套 • 天计算工程量，使用套 • 天从降水系统运行之日起至降水系统结束之日止。

坑槽明排水降水系统每套是由排水泵与排水管线构成，计算套数时按照运行的排水泵台数计算，每台运行的排水泵计算一套。

轻型井点降水系统每套是由水平井管与排水泵及外排水管线构成，计算套数时按照水平井管线长度计算，每 70m 水平井管线长度为一套，余量长度大于 20m 时计算一套，小于 20m 时不计算。

喷射井点降水系统每套是由水平井管、喷射井管、高压水泵及外排水管线构成，计算套数时按照每 30 根管井为 1 套，余量管井根数大于 10 根时计算一套，小于 10 根时不计算。

2. 打拔钢板（管）桩

打拔钢管桩、钢板桩按照打钢管桩、钢板桩质量计算工程量，计算钢管内撑、加劲带、钢桩尖、钢桩帽等质量。

三、工程案例

案例 7-20 某工程采用基坑明排水系统实施地下降水。布置 3 台水泵，互为备用，不单独设置备用泵，每套排水系统均配置了小于 100m 的排水管。其中：

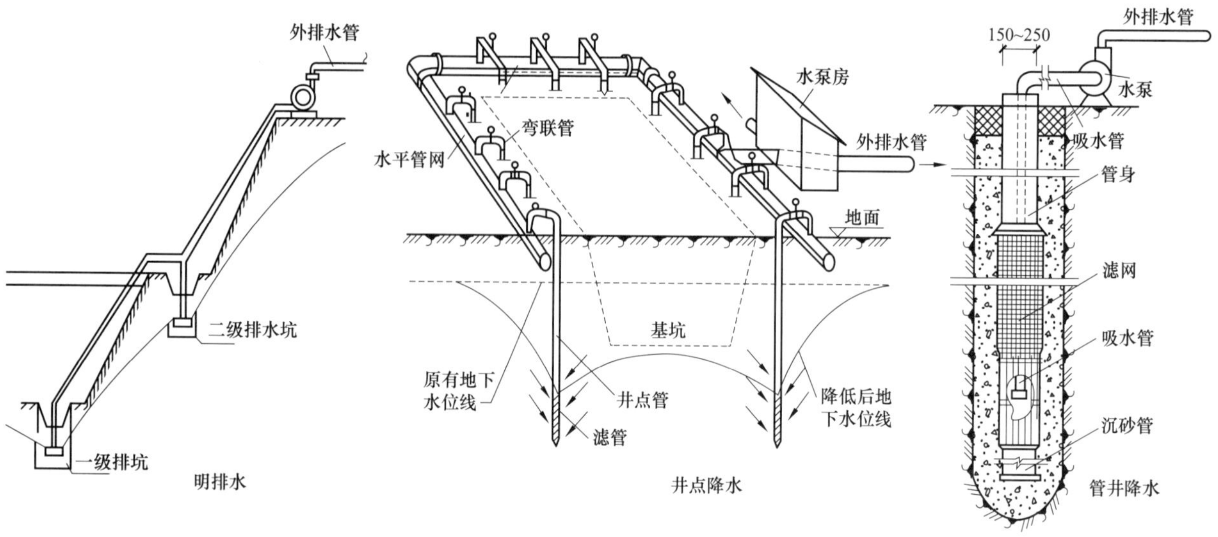

图 7-22　施工降水的外排水管线

（1）一号泵 7 月 5 日～8 月 10 日每天运行 16h

（2）二号泵 7 月 5～20 日每天运行 12h

（3）三号泵 7 月 5～20 日每天运行 8h，7 月 21 日～8 月 10 日每天运行 6h

计算施工降水工程量。

解：施工降水运行工程量计算如下：

（1）一号泵累计运行 37 天 × 16h/天 = 592h

（2）二号泵累计运行 16 天 × 12h/天 = 192h

（3）三号泵累计运行 16 天 × 8h/天 + 21 天 × 6h/天 = 254h

（4）三台泵合计单泵运行天数为（592 + 192 + 254）h÷24h/天 = 43.25 天

（5）施工降水运行工程量：1 套 × 43.25 天 = 43.25 套天。

案例 7-21　某工程采用轻型井点系统实施地下降水。在初步设计阶段考虑一级环形布置 98 根井，预计降水时间从 6 月 25 日～8 月 20 日，降水系统每天平均运行 19.5h，计算施工降水工程量。

解：施工降水井管运行工程量计算如下：

（1）井管线长度：1.4m/根 × 98 根 = 137.2m

（2）轻型井点降水系统套数：137.2m－70m = 67.2m＞20m × 3　故为：4 套

（3）轻型井点降水系统运行天数为：57 天 × 19.5h/天÷24h/天 = 46.3 天

（4）施工降水运行工程量： 4 套 × 46.3 天 = 185.2 套天

四、定额应用与工程计量注意事项

（1）施工降水定额中材料消耗量为摊销量。施工降水系统定额中已经包括 100m 排水管的摊销费，外排水管长度大于 100m 时，其超出部分另行计算。施工降水系统由水泵、降水管网、外排水管、辅助设施组成。

（2）轻型井点降水采用二级降水时，分别计算每一级连接轻型井管的水平管网长度。

（3）施工降水系统运行按照降水系统使用套天计算工程量，使用天数从降水系统运行之日起至降水系统结束之日止的连续天数，不考虑其间的运行状态。外排水按照自流方式考虑，其他排水方式另行计算排水设备费。

第八章

工程量清单计量与计价

2021版电力建设工程工程量清单规范适用于电力建设工程初步设计和施工图设计两阶段发承包计价活动。初步设计阶段工程量清单应根据初步设计图纸（方案）计算工程量；施工图设计阶段工程量清单应根据施工图纸计算工程量。在进行合同价款调整时，工程量计算规则应依据合同约定、同口径原则，采用对应阶段的现行电力行业工程量清单计算规范。

第一节　概　　述

一、电力建设工程工程量清单计价规范

（一）主要内容

电力建设工程工程量清单计价规范主要内容包括总则、术语、 基本规定、工程量清单编制、最高投标限价、投标报价编制、合同价格约定、工程计量、合同价格调整、工程结算、合同价款支付、合同价格争议的解决、工程计价资料与档案、工程量清单格式、工程量清单计价格式、条文说明。

（二）工程量清单格式

1. 工程量清单表格组成

工程量清单主要包括：封面；扉页；填表须知；总说明；分部分项工程量清单；措施项目清单；其他项目清单；投标人采购材料、设备表；招标人采购材料、设备表。

2. 清单表格使用规定

工程量清单应采用统一格式。

封面应按规定的内容填写、签字、盖章。

总说明应按下列内容填写：

火力发电工程工程概况应包括建设性质、工程特征、本期容量、规划容量、系统简介、资金来源、计划工期、设计单位、建设地点等内容。

（三）工程量清单计价格式

工程量清单计价表格分最高投标限价/投标报价表格和竣工结算总价表格；

（1）最高投标限价/投标报价表格包括封面、填表须知、编制说明、工程项目最高投标限价/投标报价汇总表、分部分项工程费用汇总表、分部分项工程量清单计价表、投标人采购材料计价表、投标人采购设备计价表、措施项目清单计价表、其他项目清单计价表、招标人采购材料表、主要工日价格表、主要机械台班价格表。

（2）竣工结算总价表格包括封面、填表须知、编制说明、工程项目竣工结算汇总表、分部分项工程费用汇总表、分部分项工程量清单结算汇总对比表、承包人采购材料计价表、承包人采购设备计价表、措施项目清单计价表、其他项目清单计价表、发包人采购材料表、主要工日价格表、主要机械台班价

格表。

二、电力建设工程工程量清单计算规范

（一）主要内容

《电力建设工程工程量清单计算规范　火力发电工程》（DL/T 5369—2021）由正文、附录、条文说明组成。正文共四章，包括总则、术语、工程量计算、工程量清单编制；五个规范性附录包括：附录 A 火力发电建筑工程初步设计阶段工程量清单项目及计算规则、附录 B 火力发电安装工程初步设计阶段工程量清单项目及计算规则、附录 C 火力发电建筑施工图阶段工程量清单项目及计算规则、附录 D 火力发电安装工程施工图阶段工程量清单项目及计算规则、附录 E 火力发电工程项目划分和编码。

各附录的工程量清单项目及计算规则见表 8-1。

表 8-1　　各附录的工程量清单项目及计算规则

项目编码	项目名称	项目特征	计量单位	工程量计算规则	工作内容

工程量清单项目编码采用阿拉伯数字加英文字母共十二位编码表示，分为五级，第一级、第二级为项目划分编码，在 DL/T 5639 附录 E 中列出，第三、四级的阶段码的清单项目码在附录 A、附录 B、附录 C、附录 D 中列出，第五级自行排序。

“发电工程项目划分和编码附录 E”包括 6 个附录：燃煤建筑工程项目划分及编码、燃煤机务工程项目划分及编码、燃煤电气工程项目划分及编码、燃气建筑工程项目划分及编码、燃气机务工程项目划分及编码、燃气电气工程项目划分及编码。各附录项目划分及编码见表 8-2。

表 8-2　　各附录项目划分及编码

序号	项目编码	项目名称	主要内容及范围说明

各项目划分均按照《火力发电工程建设预算编制与计算规定》（2018 版）结合工程建设实际进行划分，并附于编码，该项目编码由 1 位数字和 5 位英文字母组成。

（二）建筑工程工程量清单项目及计算规则

建筑工程分初步设计和施工图两个阶段的工程量清单项目及计算规则，其中发电建筑工程初步设计阶段工程量清单项目及计算规则包括 13 章内容，共 288 个清单项目；发电建筑工程施工图设计阶段工程量清单项目及计算规则包括 22 章内容，共 626 个清单项目。

第二节　工 程 量 清 单

一、工程量清单内容

（一）一般规定

招标工程量清单应由具有编制招标文件能力的招标人或受其委托，具有相应资质的工程造价咨询人编制和复核。工程量清单的项目特征应依据设计图纸并结合工程要求进行编制和复核，招标工程量清单是工程量清单计价的基础，是编制最高投标限价、投标报价、计算或调整工程量、索赔等的依据之一，并作为招标文件的组成部分。

招标工程量清单由封面、填表须知、总说明、分部分项工程量清单、措施项目清单、其他项目清单、

投标人采购材料设备表、招标人采购材料设备表。各清单应采用《电力建设工程工程量清单计价规范》（DL/T 5745—2021）规定的统一表示。项目划分应根据 DL/T 5369 进行编制。

（二）总说明

“总说明”的编制应包括但不限于下列内容：

工程概况。应包括建设性质、工程特征、本期容量、规划容量、系统简介、资金来源、计划工期、设计单位、建设地点等内容；工程招标和分包范围；招标工程量清单编制依据；交通运输状况；环境保护和安全文明施工；工程质量要求；工程材料要求；工程施工特殊要求；其他需要说明的问题。

（三）分部分项工程量清单

分部分项工程量清单应载明项目编码、项目名称、项目特征、计量单位、工程量。这五个要素在分部分项工程量清单组成中缺一不可。

为便于工程标准管理和满足计价要求分部分项工程量清单规定五统一，即统一项目编码、统一项目名称、统一项目特征、统一计量单位，统一工程量计算规则，招标人必须按规定执行，不得因情况不同擅自变动。

分部分项工程量清单见表 8-3。

表 8-3　　分部分项工程量清单

序号	项目编码	项目名称	项目特征	计量单位	工程量	备注

1. 项目编码

分部分项工程量清单的项目编码由十二位编码组成如图 8-1 所示，共分为五级：

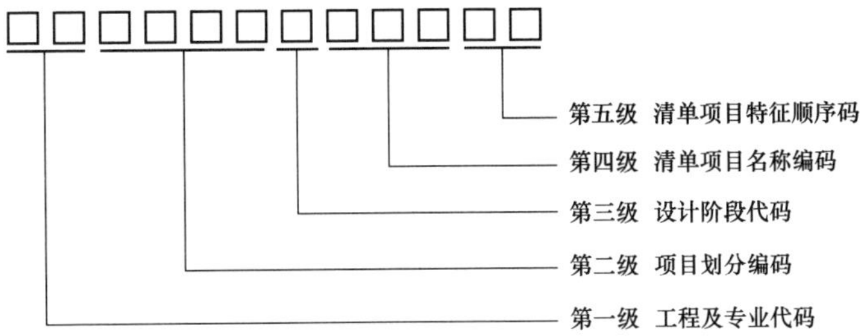

图 8-1　工程量清单十二位编码组成

第一级为工程及专业代码，一位阿拉伯数字和一位英文字母表示：“1A”表示燃煤建筑工程、“1B”表示燃煤机务工程，“1C”表示燃煤电气工程，“1D”表示燃气建筑工程，“1E”表示燃气机务工程，“1F”表示燃气电气工程；

第二级为项目划分编码，四位英文字母表示：按照 DL/T 5369 附录 E 中列出的项目划分编码；

第三级为阶段码，“C”代表初步设计阶段，“S”代表施工图阶段；

第四级为清单项目名称编码，用一位英文字母加两位阿拉伯数字表示；按照 DL/T 5369 附录 A、附录 B、附录 C、附录 D 工程量清单项目及计算规则表中的项目编码；

第五级为清单项目特征顺序码，用两位阿拉伯数字表示：由清单编制人根据拟建工程的工程量清单项目名称和特征设置，自“01”起根据相同项目特征进行顺序编码。

在编制招标项目工程量清单时，需按照工程及专业划分、DL/T 5369 附录 F 的项目划分并结合相应附录 A、附录 B、附录 C、附录 D 的项目编码，组成一个十位码，这十位码为固定统一编码，编制人不得更改，确需增列的清单项目，可在相应级别的固定编码后按顺序增列。

2. 项目特征

工程量清单的项目特征是确定一个清单项目综合单价不可缺少的重要依据，在编制工程量清单时，必须对项目特征进行规范、简洁、准确、全面的描述，确保能够准确进行计价。

（1）必须描述的内容如下：

涉及正确计量的内容必须描述。

涉及结构要求的内容必须描述。例：混凝土构件的混凝土的强度等级，是使用C20、C30或C40等，因混凝土强度等级不同，其价格也不同，必须描述。

涉及材质要求的内容必须描述。例：地面整体面层项目特征必须对面层材质进行描述。

（2）可不详细描述的内容。

无法准确描述的可不详细描述。例：土壤类别，由于我国幅员辽阔，南北东西差异较大，特别是对南方来说，在同一地点，由于表层土与表层土以下的土壤，其类别可能不同，要求清单编制人准确判定某类土壤在石方中所占比例是困难的，可考虑将土壤类别描述为综合，但应注明由投标人根据地勘资料自行确定土壤类别，决定报价。

施工图纸、标准图集标注明确的可不详细描述。对这些项目可描述为见××图集××页号及节点大样等。

对应由施工措施解决并充分体现竞争要求的可不详细描述。

3. 计量单位

分部分项工程量清单计量单位按DL/T 5369附录A、附录B、附录C、附录D中相应项目的规定计量单位填写。

附录中有两个或两个以上计量单位的，应根据规范中规定的特征描述且结合拟建工程项目的实际来选定一个合适的计量单位。

4. 工程量

分部分项工程量清单工程量应按DL/T 5369附录A、附录B、附录C、附录D“工程量计算规则”栏内规定的计算方法计算确定。工程量的小数有效位数应遵守下列规定：

（1）以“t”为单位，应保留小数点后三位数字，第四位数字四舍五入。

（2）以“m”“m^2”“m^3”“kg”“跨/三相”“组/三相”为单位，应保留小数点后两位数字，第三位数字四舍五入。

（3）以“个”“件”“根”“块”“只”“副”“套”“座”“项”“部”“台”“组”“串”“站”“口”“段”“极”“支”“根/跨”“间隔”“系统”为单位，应取整数。

工程量计算规则坚持统一、方便计算，规定严密，尽可能唯一的原则。凡是有两个或两个以上计量单位的项目，分别规定了不同计量单位的计算规则。例如：发电建筑部分中CL20室外接水管道计量单位分别为t，m，对应的工程量计算规则按分别为：按“t”计量时，按照管道重量计算；按“m”计量时，按设计图纸单根长度计算等。

5. 注意事项

（1）随着工程建设中新材料、新技术、新工艺的不断出现，《发电工程工程量清单计算规范》附录所列的工程量清单项目不可能包含所有项目。在编制工程量清单时，当出现附录中未包括的清单项目时，编制人应作补充。在编制补充项目时应注意以下方面：

1）补充项目的编码由《发电工程工程量清单计算规范》的顺序码与Z和三位阿拉伯数字组成，并应从××××××Z001起顺序编制，同一招标工程的项目不得重码。“××××××”为工程及专业代码和DL/T 5369附录E的项目划分码。如初步设计阶段补充项目编码为×××××CZ00101，施工图阶段补充项目编码为×××××SZ00101。

2）在工程量清单中应附补充项目的项目名称、项目特征、计量单位、工程量计算规则和工作内容。

3）由招标人将编制的补充项目报电力工程造价与定额管理总站。

（2）若本专业的分部分项工程量招标清单无该内容的清单项目，而其他专业的分部分项工程量招标清单包括了这部分内容的清单项目，则可以应用其他专业的清单项目的十位码，再加2位顺序码，注“参”即可。

（四）措施项目清单编制

措施项目清单应根据拟建工程的实际情况列项。其中：单价措施项目清单应结合拟定的施工方案列出项目编码、项目名称、项目特征、计量单位、工程数量和工程量计算规则；总价措施项目清单应结合拟定的施工方案明确其包含的内容、要求及计算公式。

（五）其他项目清单编制

工程建设标准的高低、工程的复杂程度、工程的工期长短、工程组成内容、发包人对工程管理要求等都直接影响其他项目清单的具体内容。招标工程量清单编制人应根据招标人要求或招标文件的招标范围，并结合拟建工程实际情况确定列项。一般包括但不限于下列项目：暂列金额；暂估价：包括材料、设备暂估单价、专业工程暂估价；计日工；施工总承包服务费。若招标工程涉及拆除项目、建设场地征用及清理费、招标人供应材料设备卸车及保管费，可以补充。

二、工程量清单表格组成

（一）工程量清单统一格式

工程量清单编制应采用统一格式见表8-4。

表8-4　　工程量清单编制应采用统一格式

序号	表　　名	表　　序
1	封面	清单封-1
2	填表须知	清单封-2
3	总说明	清单表-1
4	分部分项工程量清单	清单表-2
5	措施项目清单	清单表-3.1
6	其他项目清单	清单表-4
	暂列金额明细表	清单表-4.1
	材料、工程设备暂估单价表	清单表-4.2
	专业工程暂估价表	清单表-4.3
	计日工表	清单表-4.4
	施工总承包服务项目内容表	清单表-4.5
7	投标人采购材料、设备表	清单表-5
8	招标人采购材料、设备表	清单表-6

（二）注意事项

若招标人要求投标人对招标人采购的材料、设备进行卸车、保管的，需在总说明里叙述；若项目涉及拆除的，可增加拆除工程项目清单；若招标人要求投标人处理有关建设场地征用及清理项目内容的，也可补充相应表格。

三、工程量清单示例

建筑工程工程量清单项目计算规则表分初步设计和施工图两个阶段，表8-5为初设阶段工程量清单编码设置表及相关内容说明。

表 8-5　　发电建筑工程初步设计阶段工程量清单编码及说明表

序号	名称		清单项目编码	内容说明
1	土石方工程	土方工程	CA01-07	1. 基础土石方项目（含平整场地及其他），是指设计室外地坪以下、为实施基础施工所进行的土石方工程。 2. 建筑物、构筑物基础土石方（冻土）计算工程量，不计算行驶坡道土石方开挖量。当土方挖深小于 1.2m 时，不计算放坡挖方量。 3. 石方深度允许超挖量：普通岩石 0.2m；坚硬岩石 0.12m。长度、宽度允许超挖量综合在如下工程量计算尺寸中，不另行计算。超挖部分体积并入石方开挖工程量内。 4. 开挖深度：基础土石方开挖深度，按设计室外地坪至基础（含垫层）底标高计算。交付施工场地标高与设计室外地坪不同时，按交付施工场地标高计算
		石方工程	CA08-10	
		其他	CA11-14	
2	地基与地基处理工程		CB01-35	1. 钢筋混凝土基础、变压器油池中不含钢筋制作、安装。 2. 砖基础、毛石基础、毛石混凝土基础、混凝土灌注桩钢筋笼、地下连续墙、地圈梁含钢筋制作、安装
3	地面与地下设施工程		CC01-05	地下设施工程包括地面土层夯实、铺设垫层、抹找平层、做面层与踢脚线（包括柱与设备基础周围），包括浇制室内设备基础（非单独计算的室内设备基础）、支墩、楼梯与钢梯基础、地坑、集水坑、沟道与隧道，包括砌筑室内沟道、钢筋制作与连接、预埋铁件、浇制室外散水与台阶及坡道、浇制或砌筑室外明沟、安拆脚手架等工作内容。不包括钢盖板、栏杆、爬梯、平台、轨道等金属结构工程
4	楼面与屋面工程		CD01-25	1. 楼板与平台板包括楼板、板下非框架结构的钢筋混凝土梁、平台板、平台梁、楼梯、楼板上支墩、楼板上设备基础、防水沿等的浇制，包括板底抹灰（含混凝土梁）、板底刷涂料、楼板伸缩缝填塞及盖板制作与安装、安拆脚手架等工作内容。不包括楼板与平台板中的钢梁、钢盖板、栏杆、爬梯、钢梯、平台、钢格栅板等金属结构工程。 2. 采光屋面工程包括屋面龙骨安装、采光板铺设，不包括钢结构梁
5	墙体工程		CE01-15	1. 金属墙板、铝镁锰复合板工程包括墙板制作与安装、刷油漆、墙板接头与收头、砌筑或浇制女儿墙、穿墙套板预制与安装，包括浇制混凝土压顶、雨篷、门框等工作内容。不包括墙板与主体工程连接的钢结构制作与安装。 2. 墙身工程包括钢筋制作、安装
6	门窗工程		CF01-05	1. 当用于现场制作门窗时，包括现场制作费和安装费，不包括油漆，油漆应按相关编码另外列项。 2. 成品门窗包括购置费、油漆、安装费，门窗五金配件应包含在成品门窗单价中
7	钢筋混凝土结构工程		CG01-20	1. 结构形式是指现浇、预制、预应力结构。 2. 混凝土种类指混凝土种类指清水混凝土、彩色混凝土、商品混凝土、集中搅拌混凝土、现场搅拌混凝土等设计和施工需明确的混凝土种类。 3. 现浇混凝土构件项目中均不包含混凝土泵送的工作内容，编制清单时，该部分工作内容如要包含在相应现浇混凝土构件项目内，需在项目特征中额外说明。 4. 钢筋量是完成项目工程量所需的钢筋用量。包括结构钢筋、构造钢筋、施工措施钢筋（指正常施工条件下所需的 S 钢筋、马凳钢筋、拉结钢筋等）、钢筋连接用量
8	钢结构工程		CH01-17	1. 其他钢结构是指钢平台、钢栏杆、钢梯子、钢盖板、单轨吊车梁、设备支架等，可按本表 CH12 编码列项。 2. 防腐漆膜厚度不能满足坚强防腐要求时，可按本表 CH16 编码列项

续表

序号	名称	清单项目编码	内容说明
9	构筑物工程	CJ01-69 CK01-13	1. 混凝土主体工程中，不包括防腐、耐磨、隔热工作内容，工程发生时按照相关项目编码列项。 2. 除混凝土构（支）架外，不含钢筋制作及安装。 3. 当构支架基础埋深大于 2.2m 时，按照不含土方基础构支架列项，土方工程按表 A.1 中相关项目编码列项，基础工程按表 A.2 中相关项目编码列项
10	厂区性建筑工程	CL01-43	1. 井、池按照净空体积（容积）计算工程量，当净空体积（容积）大于 $500m^3$ 或为地上混凝土池时，按表 A.9 中相关项目编码列项。 2. 围墙下面有挡墙时，CL06 围墙项目应扣除土方及基础，再按 CL32 挡土墙项目编码列项
11	室内给水、排水、采暖、通风、空调、除尘及建（构）筑物照明、防雷接地、特殊消防工程	CM01-06 CN01-09	本章节中的特殊消防是指常规水消防以外的探测、自动报警、灭火系统
12	临时工程	CP01-08	本章主要为投标列项提供方便
13	措施项目	CQ01-08	1. 施工降水根据降水方式不同，分别按相关项目列项。 2. 打拔 钢管桩，是指直径较小的措施桩，直径大的工程桩，按项目编码 CB 相关内容列项。 3. 水泥搅拌桩围护用的为措施桩在本章节项目编码列项，工程所需的水泥搅拌桩按项目编码 CB 相关内容列项

招标工程量清单应由具有编制招标文件能力的招标人或受其委托，具有相应资质的工程造价咨询人或招标代理人编制。

按 DL/T 5369 和 DL/T 5745 规定表式填写工程量清单。

四、招标工程量清单编制

（一）工程概况

1 工程施工范围

1.1 本工程为××燃煤电厂二期扩建 2×350MW 机组“1 号标段”工程。工程所在地江苏省。1 号标段：主厂房区域建筑。

1.2 本标段的施工范围主要包括：主厂房本体基础结构、框架结构、运转层平台、地面及地下设施。

2 工作范围及主要工程量

2.1 区域施工范围内的基坑降水、支护、土方挖填、基础、结构、地面、楼面等。

2.2 主要工程量。

主厂房机械开挖土方 32 482.59m^3 运距 1km 以内、钢筋混凝土独立基础 2626.75m^3、钢筋混凝土基础梁 275.5m^3、钢筋混凝土独立基础与基础梁普通钢筋 319.84t、措施钢筋 3.2t、钢筋混凝土框架 1615.00m^3、普通钢筋 389.55t、措施钢筋 3.9t、钢结构梁 55.56t、钢结构柱 68.51t、汽机房中间层平台钢梁浇制板 2957.7m^2、普通钢筋 59.39t、措施钢筋 0.59t，汽机房地下设施地面地砖面层 456.57m^2。

本标段采用包工包材料方式，除明确由招标人购买的本工程所需的材料、设备外，其他材料均由中标单位购买。

3 招标文件有关报价的相关规定

本工程采用商品混凝土、混凝土标号为 C40 以下，按照地质报告坑槽明排水、特殊赶工措施费暂列 200 万元、汽机房地下设施地面地砖材料暂估单价 90 元/m^2、特殊消防工程专业暂估价 400 万元、总包单位提供脚手架、水电服务、计日工普通工暂估 600 工日、计日工技术工暂估 300 工日、钢结构柱由招标人提供 68.51t，单价 6968.67 元/t。

按照以上资料编制招标工程量清单。

（二）案例编制

[清单封-1]

××××电厂2×35万千瓦机组Ⅰ标段　工程

招标工程量清单

招标人：　××××××　　　（盖章）

编 制 人：　××××××　（造价专业人员签字或盖章）

20××　年　×　月　×　日

[清单封-2]

扉页

程名称：××××电厂2×35万千瓦机组工程

标段名称：Ⅰ标段　工程

招标工程量清单

编 制 人：××××××　（造价专业人员签字或盖章）

复 核 人：××××××　（注册造价工程师签字或盖章）

审 定 人：××××××　（注册造价工程师签字或盖章）

编制单位：××××××××××××××××××××××公司　（盖章）

企业法定代表人或其授权人：××××××　（签字或盖章）

招标人：××××××××××××××××××××××　（签字或盖章）

企业法定代表人或其授权人：××××××　（签字或盖章）

编制时间：20××　年　×　月　×　日

清单封3

填 表 须 知

1 工程量清单应由具有编制招标文件能力的招标人、受其委托具有相应资质的电力工程造价咨询人或招标代理人进行编制。

2 招标人提供的工程量清单的任何内容不应删除或涂改。

3 工程量清单格式的填写应符合下列规定：

3.1 工程量清单中所有要求签字、盖章的地方，应由规定的单位和人员签字、盖章。

3.2 总说明应按下列内容填写：

3.2.1 变电工程工程概况应包括建设性质、本期容量、规划容量、电气主接线、配电装置、补偿装置、设计单位、建设地点等内容。

3.2.2 输电工程工程概况，包括线路（电缆）亘长、回路数、起止塔（杆）号、设计气象条件、沿线地形比例、沿线地质条件、杆塔类型与数量、导线型号规格（电缆型号规格）、地线型号规格、光缆型号规格、电缆敷设方式等内容。

3.3.3 火力发电工程工程概况主要包括建设性质、工程特征、本期容量、规划容量、系统简介、资金来源、计划工期、设计单位、建设单位、监理单位等内容。

3.2.4 其他说明应按如下内容填写：

（1）工程招标和分包范围；

（2）工程量清单编制依据；

（3）工程质量、材料等要求；

（4）施工特殊要求；

（5）交通运输情况、健康环境保护和安全文明施工；

（6）其他需要说明的内容。

3.3 分部分项工程量清单按序号、项目编码、项目名称、项目特征、计量单位、工程量、备注等内容填写。

3.4 措施项目清单按序号、项目名称等内容填写。

3.5 其他项目清单按序号、项目名称等内容填写。

3.6 投标人采购材料（设备）表按序号、材料（设备）名称、型号规格、计量单位、数量、单价等内容填写。

3.7 招标人采购材料（设备）表按序号、材料（设备）、型号规格、计量单位、数量、单价、交货地点及方式等内容填写。

4 如有需要说明其他事项可增加条款。

[清单表-1]

总　说　明

工程名称：

<table>
<tr><td rowspan="5">工程概况</td><td>工程名称</td><td>××××电厂 2×35 万千瓦燃煤机组
I 标段工程</td><td>建设性质</td><td>新建</td></tr>
<tr><td>本期容量</td><td>2×350MW</td><td>规划容量</td><td>5×350MW</td></tr>
<tr><td>电气主接线方式</td><td colspan="3"></td></tr>
<tr><td>配电装置</td><td colspan="3"></td></tr>
<tr><td>设计单位</td><td>×××电力工程设计院有限公司</td><td>建设地点</td><td>江苏省</td></tr>
<tr><td>其他说明</td><td colspan="4">1. ××××电厂 2×35 万千瓦燃煤机组 I 标段土建工程。工程量清单编制依据：（1）国家能源局发布的《电力建设工程工程量清单计价规范》DL/T 5745—2021、国家能源局发布的《电力建设工程工程量清单计算规范 火力发电工程》DL/T 5369—2021；（2）工程招标文件；（3）设计图纸。
2. 报价中的安全文明施工费、社会保险费、住房公积金、临时设施费，属非竞争性费用，应按照《火力发电工程建设预算编制与计算规定（2018 版）》
3. 工程所需设备均由招标人提供（清单中列明的投标人采购设备除外），工程所需材料均由投标人提供（清单中列明的招标人采购材料除外），招标人采购材料（设备）表中的材料（设备）单价均为除税单价，数量为设计用量（不含施工损耗）。
4. 在措施项目中，投标人除按招标文件所列的常规措施项目报价外，尚需根据现场踏勘以及投标施工组织设计等情况自行增加措施项目并进行报价。如无相关报价，除招标文件另有说明外，视为让利，结算时不调整。
5. 工程施工工艺应达到××集团公司标准工艺要求，相关费用由投标单位自主报价计入相应的综合单价。
6. 本工程混凝土按商品混凝土泵送考虑。</td></tr>
</table>

[清单表-2]

分部分项工程量清单

工程名称：　　　　　　　　　　　　　　　　　　　　　　　　　　　　　　　　标段：

序号	项目编码	项目名称	项目特征	计量单位	工程量	备注
		建筑工程				
一		主辅生产工程				
（一）	1AA	热力系统				
1	1AAA	主厂房本体及设备基础				
1.1	1AAAA	主厂房本体				
1.1.1	1AAAAA	基础结构				
	1AAAAA CA03 01	土方施工	1．开挖方式：机械； 2．基础类型：主厂房； 3．挖土深度：6m 以内 4．弃土运距：1km 以内	m^3	32 482.59	
	1AAAAA CB02 01	独立基础	1．基础材质：混凝土 2．混凝土强度等级：C40 以下； 3．混凝土种类：商品混凝土	m^3	2626.75	
	1AAAAA CG01 01	钢筋混凝土基础梁	1．混凝土强度等级：C40 以下； 2．混凝土种类：商品混凝土； 3．类型：主厂房	m^3	275.50	
	1AAAAA CG16 01	普通钢筋	1．钢筋种类：HPB300、HRB335、HRB400； 2．规格：10 以内或 10 以外	t	319.84	
	1AAAAA CG17 01	措施钢筋	1．钢筋种类：HPB300、HRB335、HRB400； 2．规格：10 以内或 10 以外	t	3.20	
1.1.2	1AAAAB	框架结构				
	1AAAAB CG02 01	钢筋混凝土框架	1．混凝土强度等级：C40 以下； 2．混凝土种类：商品混凝土； 3．类型：主厂房	m^3	1615.00	
	1AAAAB CH04 01	钢结构 钢梁	1．材质：Q235B、Q255、Q275、Q345B； 2．探伤要求：无； 3．类型：主厂房 4．运距：1km	t	55.56	

续表

序号	项目编码	项目名称	项目特征	计量单位	工程量	备注
	1AAAAB CH03 01	钢结构 钢柱	1．材质：Q235B、Q255、Q275、Q345B； 2．探伤要求：无； 3．类型：主厂房 4．运距：1km	t	68.51	钢柱甲供
	1AAAAB CG16 02	普通钢筋	1．钢筋种类：HPB300、HRB335、HRB400； 2．规格：10 以内或 10 以外	t	389.55	
	1AAAAB CG17 02	措施钢筋	1．钢筋种类：HPB300、HRB335、HRB400； 2．规格：10 以内或 10 以外	t	3.90	
1.1.3	1AAAAD	运转层平台				
	1AAAAD CD03 01	汽机房 中间层平台	1．类型：主厂房； 2．结构形式：钢梁浇制混凝土板； 3．混凝土强度等级：C40 以下； 4．混凝土种类：商品混凝土	m^2	3957.70	
	1AAAAD CD07 01	压型钢板底模	钢梁浇制混凝土板下铺设	m^2	3957.70	
	1AAAAD CG16 03	普通钢筋	1．钢筋种类：HPB300、HRB335、HRB400； 2．规格：10 以内或 10 以外	t	59.39	
	1AAAAD CG17 03	措施钢筋	1．钢筋种类：HPB300、HRB335、HRB400； 2．规格：10 以内或 10 以外	t	0.59	
1.1.4	1AAAAE	地面及地下设施				
	1AAAAE CC01 01	汽机房地下设施	1．面层材质：地砖； 2．踢脚线材质：地砖	m^2	2456.57	地砖暂估单价

［清单表-3］

措施项目清单

序号	项目名称	项目特征描述	计量单位	工程量	备注
1	单价措施项目				
1.1	热力系统				
	……				
2	总价措施项目				
2.1	热力系统				
	轻型井点降水	参照地质勘测报告	项	1	
	……				

［清单表-4］

其 他 项 目 清 单

工程名称：　　　　　　　　　　　　　　　　　　　　标段：

序号	项　目　名　称	计量单位	金额（元）	备　　注
1	计日工			明细详见清单表-4.1
2	专业工程暂估价	项	4 000 000	明细详见清单表-4.2
3	施工总承包服务项目	项	4 000 000	明细详见清单表-4.3
4	暂列金额	项	2 000 000	明细详见清单表-4.4
5	合同中约定的其他项目			
	……			

［清单表-4.1］

计 日 工 表

工程名称：

序号	项　目　名　称	计量单位	暂定数量	备　注
一	人工			
1	普通工	工日	600	
2	技术工	工日	300	
二	材料			
三	施工机械			

[清单表-4.2]

专业工程暂估价表

工程名称：

序号	工　程　名　称	主要工程内容	金额（元）	备　注
1	消防工程		4 000 000	
合　　计			4 000 000	

[清单表-4.3]

施工总承包服务项目内容表

工程名称：

序号	工　程　名　称	项目价值（元）	服务内容	备　注
1	招标人发包专业工程			
	消防工程	4 000 000	提供脚手架、水电	

[清单表-4.4]

暂列金额明细表

工程名称：

金额单位：元

序号	项目名称	计量单位	暂列金额（元）	备注
1	暂列金额			
	特殊赶工措施费	项	2 000 000	
合计			2 000 000	

[清单表-5]

投标人采购材料及设备表

工程名称：

序号	材料（设备）名称	型号规格	计量单位	数量	单价（元）	备　注

[清单表-6]

招标人采购材料及设备表

工程名称							
序号	材料（设备）名称	型号规格	计量单位	数量	单价（元）	交货地点及方式	备注
1	钢柱		t	68.510	6968.67	施工现场	

［清单表-7］

材料、工程设备暂估单价表

工程名称：　　　　　　　　　　　　　　　　　　　　　　　　　　　　　　　　　金额单位：元

序号	材料、工程设备名称	规格、型号	计量单位	单价（元）	备　注
1	汽机房地下设施地面 地砖		m^2	90	

第三节　工程量清单计价

一、工程量清单计价内容

（一）一般规定

工程量清单应采用全费用综合单价计价。全费用综合单价的确定，应综合考虑以下内容发生的费用，并列入相应的人工费、材料费、施工机具使用费、措施费、企业管理费、规费、利润和增值税中：其中构成措施费的安全文明施工费、临时设施费必须按国家或省级、行业建设主管部门的规定计算，不得作为竞争性费用；风险按照合同约定的范围与幅度考虑，报价时隐含在相应费用中，不单独体现；暂估材料应按提供的单价计入。

（二）最高投标限价编制/投标报价编制

最高投标限价应由具有编制能力的招标人或受其委托具有相应资质的工程造价咨询人编制和复核。工程造价咨询人接受招标人委托编制最高投标限价，不应再就同一工程接受投标人委托编制投标报价。投标价应由投标人或受其委托具有相应资质的工程造价咨询人编制。

实行工程量清单招标，要求投标人在投标报价中填写的工程量清单的项目编码、项目名称、项目特征、计量单位、工程量必须与招标人招标文件中提供的一致。

以下用最高投标限价编制与复核为例介绍：

（1）封面“最高投标限价”填写。填写内容要完整，要求签字、盖章的地方，必须按规定签字、盖章。

（2）“最高投标限价编制说明”填写。应包括但不限于下列内容：工程概况（同清单内容），招标范围，最高投标限价编制依据等。

（3）“工程项目最高投标限价汇总表”的编制。项目或费用名称按规定名称填写，金额按小写格式填写。

（4）“分部分项工程量清单计价表”的编制。表中序号、项目编码、项目名称、项目特征、计量单位、工程量、单价、合价应与“分部分项工程量清单”中的相应内容完全一致，不得擅自增减或变更。

“分部分项工程量清单表计价表”中的人、材、机及综合单价从“工程量清单全费用综合单价分析表”中读取，并进行汇总，项目名称、项目编码和“分部分项工程量清单”的内容一一对应。

合价=工程量×全费用综合单价

（5）“工程量清单全费用综合单价分析表”的编制。表中的序号、项目编码、项目名称、计量单位应与“分部分项工程量清单”中的相应内容完全一致，不得擅自增减或变更。

全费用综合单价组成中的人、材、机从“工程量清单全费用综合单价人、材、机计价表”中读取。

全费用综合单价=人工费+材机费+主要材料费+措施费+企业管理费+规费+利润+编制年价差+增值税

式中：人工费=Σ（人工消耗量×人工价格）

材机费=Σ（计价材料消耗量×材料价格）+Σ（施工机械台班消耗量×机械台班价格）

主要材料费=Σ（未计价材料消耗量×材料价格）

措施费是指建筑安装施工企业组织施工生产和经营管理所发生的费用，按“2018 版预规”计取。

企业管理费是指建筑安装施工企业组织施工生产和经营管理所发生的费用，按“2018 版预规”计取。

利润是指按规定应计入电力建设建筑安装工程造价的，由施工企业完成所承包工程而获得的盈利，按“2018 版预规”计取。

编制年价差按照电力工程造价与定额管理总站发布的调差文件计列的相应调整系数。

增值税按政府有关主管部门的规定计算。

（6）“工程量清单全费用综合单价人、材、机计价表”的编制。表中的序号、项目编码、项目名称、计量单位、工程量或数量应与“分部分项工程量清单表“中的相应内容一致。表中的编制依据可以参照电力建设工程预算、概算定额的编号。

表中的主要材料费由投标人采购材料费（暂估材料费）组成，其中材料暂估价是包含在投标人采购材料费或招标人采购材料费的一部分，招标文件提供了暂估单价的材料应按提供的单价计入。招标人采购材料费不计入全费用综合单价。

（7）“投标人采购材料计价表”的编制。表中的序号、材料名称、型号规格、计量单位、数量应与“投标人采购材料、设备表”中相应内容完全一致。招标文件提供了暂估价的材料，其单价应按提供的单价计列。要求投标人采购的材料需按照各项目划分计入相应的工程量清单全费用综合单价人、材、机计价表中。

（8）“投标人采购设备计价表”的编制。表中的序号、设备名称、型号规格、计量单位、数量与“投标人采购材料、设备表”中相应内容一致。招标文件提供了暂估价的设备，其单价应按提供的单价计列。汇总计入“工程项目最高投标限价汇总表”

（9）“措施项目清单计价表”的编制。“措施项目清单计价表”列的费用包括总价和单价措施项目费用，表中的序号、项目名称、项目特征、计量单位、工程量应按“措施项目清单”中相应内容填写并保持一致，按常规的施工组织设计或施工方案计列相应费用。

（10）“其他项目清单计价表”的编制。“其他项目清单计价表”中项目的序号、项目名称应按“其他项目清单”中的相应内容填写并保持一致，并应按下列规定计价：

1）“暂列金额明细表”“材料、工程设备暂估单价表”“专业工程暂估价表”按照招标人提供的明细填写；

2）“计日工表”中编号、项目名称、单位、暂定数量按照招标工程量清单“计日工表”中的相应内容填写并保持一致，并根据工程特点，按有关计价依据计算；

3）“施工总承包服务项目计价表”中序号、工程名称、项目价值、服务内容应按“施工总承包服务项目内容表”相应内容填写并保持一致，按照行业有关规定计算：

（11）“招标人采购材料设备计价表”的编制。表中序号、材料（设备）名称、型号规格、计量单位、数量、单价应与“招标人采购材料设备计价表”中的相应内容完全一致。

（12）“主要工日价格表”“主要机械台班价格表”可以根据“工程量清单综合单价人、材、机组成表”的人工、机械统计。

（三）工程计量

工程量应按照 DL/T 5369 附录 A 规定的工程量计算规则计算。

正确的计量是发包人向承包人支付合同价款的前提和依据。采用统一的工程量计算规则，对于规范工程建设各方的计量计价行为，有效地减少计量争议具有十分重要的意义。

招标人提供的招标工程量清单，应当被认为是准确和完整地。但实际工作中，难免会出现疏漏，工程建设的特点也决定了难免会出现变更。因此，为体现合同的公平，工程量应按照承包人在履行合同义务过程中实际完成的工程量计量。若发现招标工程量清单中出现缺项、工程量偏差，以及工程变更引起工程量的增减变化应按实调整。

（四）合同价款调整

1. 合同价款调整的一般规定

合同价款调整的若干事项，大致包括五大类：一是法规变化类，“法律法规变化”；二是工程变更类，“工程变更”“项目特征描述不符”“工程量清单缺项”“工程量偏差”“计日工”；三是物价变化类：“物价变化”“暂估价”；四是工程索赔类：“不可抗力”“提前竣工（赶工）补偿”“误期补偿”“索赔”；五是其他类。“现场签证”以发承包双方约定的其他调整事项，现场签证根据签证内容，有的可归于工程变更类，有的可归于索赔类，有的可能涉及合同价款调整。

2. 法律法规变化

（1）规定了基准日的定义。招标工程以投标截止日前 28 天，非招标工程以合同签订前 28 天为基准日。

（2）规定了法律法规发生变化时，合同价款的调整原则。基准日后国家的法律、法规、规章和政策发生变化引起工程造价增减变化的，发承包双方应当按照电力行业建设主管部门发布的规定调整合同价款。

3. 工程变更

（1）工程变更引起招标工程量清单项目变化或其工程量发生超量变化引起全费用综合单价的调整。

（2）工程变更引起施工方案改变，使措施项目发生变化的引起措施费的调整。

4. 项目特征描述不符

（1）项目特征描述的要求。项目特征是构成清单项目价值的本质特征，单价的高低与其具有必要的联系。因此发包人在招标工程量清单中对项目特征的描述，应被认为是准确和全面的，并且与实际施工要求相符合，否则承包人无法报价。

（2）项目特征变化后重新确定综合单价的要求。当施工中施工图纸（含设计变更）与工程量清单项目特征描述不一致时，发承包双方应该按实际施工的项目特征重新确定综合单价，调整合同价款。

5. 工程量清单缺项

（1）合同履行期间，由于招标工程量清单中缺项，新增分部分项工程量清单项目的，应按照计价规范的规定重新确定全费用综合单价，调整合同价款。

（2）新增分部分项工程量清单后，引起措施项目发生变化的，应按照计价规范的规定，在承包人提交的实施方案被发包人批准后，计算调整合同价款。

（3）由于招标工程量清单中措施项目缺项，承包人应将新增措施项目实施方案提交发包人批准后，按照计价规范的规定计算调整合同价款。

6. 工程量偏差

（1）工程量偏差超过 15%时综合单价的调整方法。对于任一招标工程量清单项目，工程量偏差和计价规范规定的工程变更等原因导致工程量偏差超过 15%，调整的原则为：当工程量增加 15%以上时，其增加部分的工程量的综合单价应予调低；当工程量减少 15%以上时，减少后剩余部分的工程量的综合单价应予调高。

当 $Q_1>1.15\times Q_0$ 时，$S=1.15\times Q_0\times P_0+（Q1-1.15\times Q_0）\times P_1$

当 $Q_1<0.85\times Q_0$ 时，$S=Q_1\times P_1$

式中 S ——调整后的某一分部分项工程费结算价；

Q_1 ——最终完成的工程量；

Q_0 ——招标工程量清单中列出的工程量；

P_1 ——按照最终完成工程量重新调整后的综合单价；

P_0 ——承包人在工程量清单中填报的综合单价。

以整数计量的工程量清单项目，当工程量增加超过 15%时，其增加部分的工程量可按四舍五入取整后进行调整。

（2）工程量偏差超过 15%时，相关措施项目的调整方法。如果工程量偏差超过 15%的变化，且该变化引起相关措施项目相应发生变化，按系数或单一总价方式计价的，工程量增加的措施项目费调增，工程量减少的措施项目费调减。

7. 不可抗力

（1）不可抗力发生后，损失承担以及价款调整的要求。因不可抗力事件导致的人员伤亡、财产损失及其费用增加，发承包双方应按以下原则分别承担并调整合同价款和工期。

1）合同工程本身的损害、因工程损害导致第三方人员伤亡和财产损失以及运至施工场地用于施工的材料和待安装的设备的损害，由发包人承担。

2）发包人、承包人人员伤亡由其所在单位负责，并承担相应费用。

3）承包人的施工机械设备损坏及停工损失，由承包人承担。

4）停工期间，承包人应发包人要求留在施工场地必要的管理人员及保卫人员的费用由发包人承担。

5）工程所需清理、修复费用，由发包人承担。

（2）不可抗力解除后，复工的工期及费用承担的要求。

不可抗力解除后复工的，若不能按期竣工，应合理延长工期，发包人要求赶工的，赶工费用由发包人承担。

8. 索赔

合同一方向另一方提出索赔时，应有正当的索赔理由和有效证据，并应符合合同的相关约定。

建设工程施工中索赔是发承包双方行驶正当权利的行为，承包人可向发包人索赔，发包人也可向承包人索赔。索赔三要素：一是正当的索赔理由，二是有效的索赔证据，三是在合同约定的时间内提出。

9. 现场签证

（1）承包人应发包人要求完成合同以外的零星项目、非承包人责任事件等工作的，发包人应及时以书面形式向承包人发出指令，提供所需的相关资料；承包人在收到指令后，应及时向发包人提出现场签证要求。

（2）现场签证的工作如已有相应的计日工单价，则现场签证中应列明完成该类项目所需的人工、材料和施工机械台班的数量。如现场签证的工作没有相应的计日工单价，应在现场签证报告中列明完成该签证工作所需的人工、材料和施工机械台班的数量及单价。

（3）合同工程发生现场签证事项，未经发包人签证确认，承包人便擅自施工的，除非征得发包人同意，否则发生的费用应由承包人承担。

（4）承包人在施工过程中，若发现合同工程内容因场地条件、地质水文、发包人要求而不一致时，应提供所需的相关资料，提交发包人签证认可，作为工程价款调整的依据。

（五）竣工结算

1. 封面“竣工结算总价”填写

填写内容要完整，要求签字、盖章的地方，必须按规定签字、盖章。

2. “竣工结算编制说明”填写

应包括但不限于下列内容：工程概况（同清单内容），承包范围，竣工结算编制依据，清单增加项目的名称和依据等。

3. “工程项目竣工结算汇总表”、分部分项工程费用汇总表的编制

项目或费用名称按规定名称填写，金额按小写格式填写。

4. “分部分项工程量清单结算汇总对比表”的编制

在施工过程中，在合同约定的范围内，由于工程变更、工程量清单缺项、项目特征描述不符、工程量偏差等，承包人可按合同约定对变更的清单项目重新计算，以确定结算全费用综合单价和结算工程量；未调整的清单项目，则按照合同工程量和合同全费用综合单价确定结算综合单价和结算工程量。

结算合价=结算工程量×结算全费用综合单价

合同合价=合同工程量×合同全费用综合单价

5. “分部分项工程量清单计价表”的编制

所有实际发生的清单项目均需列入本清单计价表中。

合价=工程量×单价

6. “工程量清单综合单价人、材、机计价表”“工程量清单全费用综合单价分析表”的编制

承包人仅填写新增全费用综合单价或全费用综合单价有变化的清单项目。

7. “承包人采购材料计价表”的编制

本表只需计列主要材料。表中材料名称、型号规格、计量单位、数量应按工程设计图纸和工程实际填写。材料单价按已标价工程量清单中的材料单价计列。

施工过程中，由于分部分项工程量清单漏项或非承包人原因产生的工程变更等，引起新采购的材料，依据发、承包双方确认的数量、单价计列。

8. “承包人采购设备计价表”的编制

本表应计列所有承包人采购的设备。表中设备名称、型号规格、计量单位、数量应按工程设计图纸和工程实际填写。

承包人自主报价的设备，按已标价工程量清单中的单价计列。

施工合同中属暂估单价的设备，按发承包双方最终确认的单价计列。

施工过程中，由于分部分项工程量清单漏项或非承包人原因产生的工程变更等，引起新采购的设备，按发承包双方最终确认的数量和单价计算。

9. “措施项目清单计价表”的编制

施工合同已列项目其序号、项目名称、项目特征、计量单位与已标价工程量清单相应内容保持一致，并依据发承包双方确认的工程量与已标价工程量清单的全费用综合单价计算，如发生调整的，以发承包双方确认调整的全费用综合单价计算。

施工过程实际未发生或已标价工程量清单中为零的措施项目，不得删除，金额一律以“0”计列。

承包人可根据施工工程实际情况并经发包人同意，增加措施项目，承包人增加的措施项目应填写在“施工过程增列项目”中，并按发、承包双方确认的工程量和综合单价计算。

10. “其他项目清单计价表”的编制

“其他项目清单计价表”应按施工合同已列项目的序号、项目名称中的相应内容填写并保持一致，承包人按实际发生确定金额，并填写计算说明。实际工程不发生或报价为零的其他项目，不得删除，金额一律以“0”计列。

(1)“暂估材料单价确认及价差计价表”应按发包人提供的“材料、工程设备暂估单价表”中材料的序号、材料名称、型号规格、计量单位的相应内容填写并保持一致。

当暂估价中的材料是招标采购的，其单价按中标价计入表中；当暂估价中的材料为非招标采购的，其单价按发包方最终确认的单价计入表中。最后将暂估材料确认价差合计填入“其他项目清单计价表”中。

（2）“专业工程结算表” 应按发包人提供的“专业工程暂估价表”中的序号、工程名称、主要工程内容的相应内容填写并保持一致，其金额按经发包人确认的实际分包结算价计列，并提供相应的分包结算资料。

（3）“计日工表”应按照发包人实际签证确认的数量和合同约定的相应单价计算费用；

（4）“施工总承包服务费计价表”中施工总承包服务费依据合同约定金额计算，如发生调整的，以发承包双方确认调整的金额计算。

（5）“索赔与现场签证费用计价汇总表”“费用索赔申请（核准）表”在索赔事件发生后，承包人持证明索赔事件发生的有效证据和依据正当的索赔理由，按合同约定的时间向发包人提出索赔（包括费用和工期），填写相应“费用索赔申请（核准）表”，发包人应按合同约定的时间对承包人提出的索赔进行答复和确认。

承包人应发包人要求完成合同以外的零星工作或非承包人责任事件发生时，应进行现场签证。填写相应“现场签证表”。若没用相应的计日工单价，签证中还应包括用工数量和单价、机械台班数量和单价、使用材料数量和单价等。发包人应按合同约定的时间对承包人提出的现场签证进行答复和确认。

索赔事件产生的费用和现场签证发生的费用在办理竣工结算时应汇总到“索赔与现场签证费用计价汇总表”，且在其他项目费中反映，费用金额应依据发、承包双方确认的项目和金额计列；

合同价款中的暂列金额在用于各项价款调整、索赔与现场签证后，若有余额，则余额归发包人，若出现差额，则由发包人补足并反映在相应的工程价款中。

（6）“人工、材料、机械台班价格调整计价表”按照合同约定范围、幅度进行计列，且只调整风险范围以外部分。如合同没有约定或约定不明，可参考“计价规范”提供的变化范围、幅度。

11. “发包人采购主要材料设备计价表”的编制

表中材料（设备）名称、型号规格、计量单位、数量、单价应与发包人已标价工程量清单中“招标人采购材料设备计价表”相应内容完全一致。

施工过程中，由于分部分项工程量清单漏项或非承包人原因产生的工程变更等，新增发包人采购材料（设备），依据发、承包双方确认的数量、单价计列。

$$合价=数量\times单价$$

12. “主要工日价格表”“主要机械台班价格表”按照施工实际发生的工日、机械台班进行填写

二、工程量清单计价表格组成

（一）最高投标限价/投标报价表格组成

最高投标限价/投标报价表格组成应采用统一格式，其表格组成详见表8-6。

表8-6　　最高投标限价/投标报价表格组成

序号	表　　名	表　　序
1	封面（最高投标限价封面）	最高投标限价/投标报价封-1.1
	封面（投标总价封面）	最高投标限价/投标报价封-1.1
2	填表须知	最高投标限价/投标报价封-2
3	编制说明	最高投标限价/投标报价表-1
4	工程项目最高投标限价汇总表	最高投标限价/投标报价表-2
5	分部分项工程费用汇总表	最高投标限价/投标报价表-3
6	分部分项工程量清单计价表	最高投标限价/投标报价表-4
	工程量清单综合单价分析表	最高投标限价/投标报价表-4.1
	工程量清单综合单价人、材、机计价表	最高投标限价/投标报价表-4.2

续表

序号	表　　名	表　　序
7	投标人采购材料计价表	最高投标限价/投标报价表-5
8	投标人采购设备计价表	最高投标限价/投标报价表-6
9	措施项目清单计价表	最高投标限价/投标报价表-7.1
10	其他项目清单计价表	最高投标限价/投标报价表-8
	暂列金额明细表	最高投标限价/投标报价表-8.1
	材料、工程设备暂估单价表	最高投标限价/投标报价表-8.2
	专业工程暂估价表	最高投标限价/投标报价表-8.3
	计日工表	最高投标限价/投标报价表-8.4
	施工总承包服务费计价表	最高投标限价/投标报价表-8.5
11	招标人采购材料设备计价表	最高投标限价/投标报价表-10
12	主要工日价格表	最高投标限价/投标报价表-11
13	主要机械台班价格表	最高投标限价/投标报价表-12

（二）结算计价表格组成

结算计价表格组成应采用统一格式，其表格组成详见表 8-7。

表 8-7　　结算计价表格组成

序号	表　　名	表　　序
1	封面	结算计价封-1
2	填表须知	结算计价封-2
3	竣工结算编制说明	结算计价表-1
4	工程项目竣工结算汇总表	结算计价表-2
5	分部分项工程费用汇总表	结算计价表-3
6	分部分项工程量清单结算汇总对比表	结算计价表-4
	分部分项工程量清单计价表	结算计价表-4.1
	工程量清单综合单价分析表	结算计价表-4.2
	工程量清单综合单价人、材、机计价表	结算计价表-4.3
7	承包人采购材料计价表	结算计价表-5
8	承包人采购设备计价表	结算计价表-6
9	措施项目清单计价表	结算计价表-7.1
10	其他项目清单计价表	结算计价表-8
	暂估材料单价确认及价差计价表	结算计价表-8.1
	专业工程结算价表	结算计价表-8.2
	计日工表	结算计价表-8.3
	施工总承包服务费计价表	结算计价表-8.4
	索赔与现场签证费用计价汇总表	结算计价表-8.5

续表

序号	表　　名	表　　序
10	人工、材料、机械台班价格调整计价表	结算计价表-8.7
	费用索赔申请（核准）表	结算计价表-8.9
11	发包人采购材料（设备）计价表	结算计价表-10
12	主要工日价格表	结算计价表-11
13	主要机械台班价格表	结算计价表-12

（三）注意事项

（1）工程量清单计价格式中的任何内容不应删除或涂改；工程量清单计价格式中列明的所有需要填报的单价和合价，招标人均应填报；金额（价格）以人民币“元 ”为单位，单价保留小数点后两位，合价取整数。

（2）工程量清单计价格式的填写应符合下列规定：工程量清单计价格式中所有要求签字、盖章的地方，应由规定的单位和人员签字、盖章。编制人是指电力工程造价专业的人员；编制说明应包括：工程概况、编制依据以及其他需要说明的问题；如有需要说明的其他事项可增加条款。

三、最高投标限价示例

按照上述招标工程量清单，以初步设计阶段招标工程量清单为例。介绍最高投标限价的编制过程。

1. 清单全费用综合单价的形成、组成

第一步，确定编制原则。

根据工程实际情况，人工费、材机费按2018版建筑工程概算定额；措施费、规费、企业管理费和利润参照《火力发电工程建设预算编制与计算规定》（2018 年版）计列；主要材料费中只包括投标人采购材料费，单价按照预算价格以及暂估单价计列。

第二步，编制工程量清单全费用综合单价人、材、机计价表。

（1）综合单价中人、材、机计算。报价计算过程、表式可自行设定。

人工、材料、机械单价及消耗量参照《电力建设工程概算定额（2018 年版）》建筑工程计算；混凝土、砂浆配合比的量参照《电力建设工程概算定额（2018 年版）》建筑工程计算。材机费仅包括定额材料费和定额机械费。

（2）全费用综合单价人、材、机组成表计算。

按《发电工程工程量清单计算规范》规定表式填写，将 1）步计算结果汇总进入全费用综合单价人、材、机计价表中。

第三步，编制工程量清单全费用综合单价分析表。

按《发电工程工程量清单计算规范》规定表式填写人工费、材机费、主要材料费，由第一步人、材、机组成表查得，管措施费、规费、企业管理费和利润参照《火力发电工程建设预算编制与计算标准》（2018 年版）。

2. 编制分部分项工程量清单计价表

按规定表式填写该单位工程分部分项工程量清单计价表。

3. 措施项目清单报价

措施项目清单计价表按规定表式填写，费用计算按照分部分项清单计价模式。

4. 编制其他项目清单计价表

其他项目清单计价表按规定表式逐级计算填写。

四、最高投标限价编制

按照本章第二节中提供的招标工程量清单，编制最高投标限价，其中社会保险费按照 27.3%计取、住房公积金按照 12%计取、增值税按照 9%计取。

最高投标限价封-1.1

××××电厂 2×35 万千瓦机组Ⅰ标段 工程

最高投标限价

法定代表人

招标人：×××（单位盖章） 或其授权人：×××（签字或盖章）

工程造价 法定代表人

咨 询 人：×××（单位资质专用章） 或其授权人：×××（签字或盖章）

编 制 人：×××（签字、盖专用章） 复 核 人：×××（盖执业专用章）

编制时间：20××年×月×日 复核时间：20××年×月×日

最高投标限价/投标报价封-2

填 表 须 知

1. 最高投标限价应由具有编制能力的招标人或受其委托具有相应资质的工程造价咨询人编制和复核。

2. 工程量清单计价格式中的任何内容不应删除或涂改。

3. 工程量清单计价格式中列明的所有需要填报的单价和合价，招标人均应填报。

4. 金额（价格）以人民币“元”为单位，单价保留小数点后两位，合价取整数。

5. 工程量清单计价格式的填写应符合下列规定：

（1）工程量清单计价格式中所有要求签字、盖章的地方，应由规定的单位和人员签字、盖章。编制人是指电力工程造价专业的人员。

（2）工程项目最高投标限价/投标报价表的分部分项工程费、投标人采购设备费、措施项目费、其他项目费应按相应工程项目费用汇总表中合计栏的金额填写。

（3）编制说明应包括：工程概况、编制依据以及其他需要说明的问题。

（4）分部分项工程量清单计价表的序号、项目编码、项目名称、项目特征、计量单位、工程量应按分部分项工程量清单中的相应内容填写，全综合单价应按本规范的要求计算，填入表格。

（5）招标人采购材料（设备）计价表应按招标人提供招标人采购材料（设备）表进行计算填写，所填写的单价应与工程量清单计价中采用的相应材料的单价一致。

（6）措施项目清单计价表招标人应按招标文件已列的措施项目填写。

（7）计日工计价表中人工、材料、机械名称、计量单位和相应数量应按计日工表中相应的内容填写，工程竣工后，计日工工作费应按实际完成的工程量所需费用结算。

（8）如有需要说明的其他事项可增加条款。

最高投标限价-1

最高投标限价编制说明

工程名称：

1．编制依据

1.1 国家能源局发布的《电力建设工程工程量清单计价规范》（DL/T 5745—2021）

1.2 国家能源局发布的《电力建设工程工程量清单计算规范 火力发电工程》（DL/T 5369—2021）

1.3 业主提供的招标工程量清单。

2．编制方法

2.1 工程量按照业主提供的招标工程量清单；

2.2 采用国家能源局《火力发电工程建设预算编制与计算规定（2018 年版）》；

2.3 工程取费按照 350MW 新建工程、Ⅰ类地区取费；

2.4 综合单价参考《电力建设工程概算定额 第一册 建筑工程（2018 年版）》、不足部分按照《电力建设工程预算定额 第一册 建筑工程（2018 年版）》进行编制；

2.5 人工费调整：按电力工程造价与定额管理总站文件定额〔2021〕3 号文“关于发布 2018 版电力建设工程概预算定额 2020 年度价格水平调整的通知”执行，江苏人工调整系数为：建筑工程 5.78% 人工费调整只计取税金，计入综合单价中；

2.6 定额材机费调整：按电力工程造价与定额管理总站文件定额〔2021〕3 号文“关于发布 2018 版电力建设工程概预算定额 2020 年度价格水平调整的通知”执行，采用江苏省工程机械费调整附表进行调整。上述机械费调整价差只计取税金，计入综合单价中；

2.7 主要材料调整执行电力定额总站规定的品种，单价按照江苏省××地区二〇二一年一月份建设工程造价材料信息价调整，材料价差只计取税金，计入综合单价中。

最高投标限价-2

工程项目最高投标限价

工程名称：

序号	项目或费用名称	金额（元）	备 注
1	分部分项工程量费	17 036 096	
	其中：暂估价材料费	221 091	
	其中：安全文明施工费、临时设施费	490 291	
2	投标人采购设备费		
3	措施项目费	68 420	
4	其他项目费	6 254 000	
	其中：计日工	174 000	
	其中：专业工程暂估价	4 000 000	
	其中：暂列金额	2 000 000	
最高投标限价 合计=1+2+3+4		23 358 516	

最高投标限价-3

分部分项工程费用汇总表

工程名称：　　　　　　　　　　　　　　　　　　金额单位：元

序号	项目或费用名称	金额				备注
		合计	其中：人工费	其中：暂估价材料费	其中：安全文明施工费、临时设施费	
	建筑工程					
一	主辅生产工程	17 036 096	2 050 926	221 091	490 291	
（一）	热力系统	17 036 096	2 050 926	221 091	490 291	
1	主厂房本体及设备基础	17 036 096	2 050 926	221 091	490 291	
1.1	主厂房本体	17 036 096	2 050 926	221 091	490 291	
1.1.1	基础结构	6 989 551	957 064		191 627	
1.1.2	框架结构	6 346 631	659 472		200 320	
1.1.3	运转层平台	2 060 645	239 731		58 744	
1.1.4	地面及地下设施	1 639 269	194 659	221 091	39 600	
	合 计	17 036 096	2 050 926	221 091	490 291	

最高投标限价-4

分部分项工程量清单计价表

工程名称：　　　　　　　　　　　　　　　　　　　　金额单位：元

序号	项目编码	项目名称	项目特征	计量单位	工程量	全费用综合单价						合计					
						单价	其中：					合计	其中：				
							人工费	材机费	主要材料费		安全文明施工费、临时设施费		人工费	材机费	主要材料费		安全文明施工费、临时设施费
									材料费	其中：暂估价					材料费	其中：暂估价	
		建筑工程															
一		主辅生产工程										17 036 096	2 050 926	8 472 535		221 091	490 291
（一）	1AA	热力系统										17 036 096	2 050 926	8 472 535		221 091	490 291
1	1AAA	主厂房本体及设备基础										17 036 096	2 050 926	8 472 535		221 091	490 291
1.1	1AAAA	主厂房本体										17 036 096	2 050 926	8 472 535		221 091	490 291
1.1.1	1AAAAA	基础结构										6 989 551	957 064	3 156 519			191 627
	1AAAAACA0301	土方施工	1．开挖方式：机械； 2．基础类型：主厂房； 3．挖土深度：6m 以内 4．弃土运距：1km 以内	m^3	32 482.59	45.77	15.93	16.51			1.51	1 486 728	517 448	536 288			49 049
	1AAAAACB0201	独立基础	1．基础材质：混凝土； 2．混凝土强度等级：C40 以下； 3．混凝土种类：商品混凝土	m^3	2626.75	1055.25	84.89	405.75			22.86	2 771 878	222 985	1 065 804			60 048
	1AAAAACG0101	钢筋混凝土基础梁	1．混凝土强度等级：C40 以下； 2．混凝土种类：商品混凝土； 3．类型：主厂房	m^3	275.50	1134.52	184.90	394.28			26.99	312 560	50 940	108 624			7436

续表

序号	项目编码	项目名称	项目特征	计量单位	工程量	全费用综合单价						合计					
						单价	其中：					合计	其中：				
							人工费	材机费	主要材料费		安全文明施工费、临时设施费		人工费	材机费	主要材料费		安全文明施工费、临时设施费
									材料费	其中：暂估价					材料费	其中：暂估价	
	1AAAAACG1601	普通钢筋	1．钢筋种类：HPB300、HRB335、HRB400； 2．规格：10 以内或 10 以外	t	319.84	7485.79	511.76	4478.50			232.54	2 394 255	163 681	1 432 403			74 376
	1AAAAACG1701	措施钢筋	1．钢筋种类：HPB300、HRB335、HRB400； 2．规格：10 以内或 10 以外	t	3.20	7540.60	628.02	4187.44			224.40	24 130	2010	13 400			718
1.1.2	1AAAAB	框架结构									0.00	6 346 631	659 472	3 639 146			200 320
	1AAAABCG0201	钢筋混凝土框架	1．混凝土强度等级：C40 以下； 2．混凝土种类：商品混凝土； 3．类型：主厂房	m^3	1615.00	1605.49	276.74	595.93			40.67	2 592 866	446 935	962 427			65 682
	1AAAABCH0401	钢结构钢梁	1．材质：Q235B、Q255、Q275、Q345B； 2．探伤要求：无； 3．类型：主厂房 4．运距：1km	t	55.56	10 883.92	94.91	7207.36			340.29	604 711	5273	400 441			18 907
	1AAAABCH0301	钢结构钢柱	1．材质：Q235B、Q255、Q275、Q345B； 2．探伤要求：无； 3．类型：主厂房 4．运距：1km	t	68.51	2971.20	79.68	7522.21			354.25	203 557	5459	515 347			24 270
	1AAAABCG1602	普通钢筋	1．钢筋种类：HPB300、HRB335、HRB400； 2．规格：10 以内或 10 以外	t	389.55	7485.79	511.76	4478.50			232.54	2 916 089	199 356	1 744 600			90 586
	1AAAAACG1702	措施钢筋	1．钢筋种类：HPB300、HRB335、HRB400； 2．规格：10 以内或 10 以外	t	3.90	7540.60	628.02	4187.44			224.40	29 408	2449	16 331			875

续表

序号	项目编码	项目名称	项目特征	计量单位	工程量	全费用综合单价						合计					
						单价	其中：					合计	其中：				
							人工费	材机费	主要材料费		安全文明施工费、临时设施费		人工费	材机费	主要材料费		安全文明施工费、临时设施费
									材料费	其中：暂估价					材料费	其中：暂估价	
1.1.3	1AAAAD	运转层平台										2 060 645	239 731	1 021 678			58 744
	1AAAADCD0301	汽机房中间层平台	1．类型：主厂房； 2．结构形式：钢梁浇制混凝土板； 3．混凝土强度等级：C40以下； 4．混凝土种类：商品混凝土	m^2	3957.70	314.19	52.80	128.17			8.43	1 243 470	208 967	507 258			33 363
	1AAAADCD0701	压型钢板底模	钢梁浇制混凝土板下铺设	m^2	3957.70	93.02		62.15			2.89	368 145	0	245 971			11 438
	1AAAADCD0702	普通钢筋	1．钢筋种类：HPB300、HRB335、HRB400； 2．规格：10以内或10以外	t	59.39	7485.79	511.76	4478.50			232.54	444 581	30 393	265 978			13 811
	1AAAADCD0703	措施钢筋	1．钢筋种类：HPB300、HRB335、HRB400； 2．规格：10以内或10以外	t	0.59	7540.60	628.02	4187.44			224.40	4449	371	2471			132
1.1.4	1AAAAE	地面及地下设施									0.00	1 639 269	194 659	655 192		22 1091	39 600
	1AAAAECC0101	汽机房地下设施	1．面层材质：地砖； 2．踢脚线材质：地砖	m^2	2456.57	667.30	79.24	266.71		90	16.12	1 639 269	194 659	655 192		221 091	39 600
			合计									17 036 096	2 050 926	8 472 535		221 091	490 291

最高投标限价-4.1

工程量清单全费用综合单价分析表

工程名称：　　　　金额单位：元

序号	项目编码	项目名称	计量单位	全费用综合单价组成												全费用综合单价
				人工费	材机费	主要材料费		措施费			企业管理费	规费	利润	编制基准价差	增值税	
						材料费	其中：暂估价	措施费	其中：安全文明施工费	其中：临时设施费						
		建筑工程														
一		主辅生产工程														
（一）	1AA	热力系统														
1	1AAA	主厂房本体及设备基础														
1.1	1AAAA	主厂房本体														
1.1.1	1AAAAA	基础结构														
	1AAAAACA0301	土方施工	m^3	15.93	16.51			2.44	0.85	0.66	2.15	2.29	2.02	0.65	3.78	45.77
	1AAAAACB0201	独立基础	m^3	84.89	405.75			36.95	12.90	9.96	32.48	34.69	30.51	342.85	87.13	1055.25
	1AAAAACG0101	钢筋混凝土基础梁	m^3	184.90	394.28			43.61	15.23	11.76	38.34	40.95	36.02	302.74	93.68	1134.52
	1AAAAACG1601	普通钢筋	t	511.76	4478.50			375.77	131.24	101.30	330.36	352.81	310.32	508.18	618.09	7485.79
	1AAAAACG1701	措施钢筋	t	628.02	4187.44			362.60	126.65	97.75	318.78	340.45	299.45	781.24	622.62	7540.60

续表

序号	项目编码	项目名称	计量单位	全费用综合单价组成												全费用综合单价
				人工费	材机费	主要材料费		措施费			企业管理费	规费	利润	编制基准价差	增值税	
						材料费	其中：暂估价	措施费	其中：安全文明施工费	其中：临时设施费						
1.1.2	1AAAAB	框架结构														
	1AAAABCG0201	钢筋混凝土框架	m^3	276.74	595.93			65.71	22.95	17.72	57.77	61.70	54.27	360.81	132.56	1605.49
	1AAAABCH0401	钢结构 钢梁	t	94.91	7207.36			549.86	192.05	148.24	483.41	516.27	454.10	679.34	898.67	10 883.92
	1AAAABCH0301	钢结构 钢柱	t	79.68	7522.21			572.42	199.93	154.32	503.25	537.45	472.73	-6961.87	245.33	2971.20
	1AAAABCG1602	普通钢筋	t	511.76	4478.50			375.77	131.24	101.30	330.36	352.81	310.32	508.18	618.09	7485.79
	1AAAAACG1702	措施钢筋	t	628.02	4187.44			362.60	126.65	97.75	318.78	340.45	299.45	781.24	622.62	7540.60
1.1.3	1AAAAD	运转层平台														
	1AAAADCD0301	汽机房 中间层平台	m^2	52.80	128.17			13.63	4.76	3.67	11.98	12.79	11.25	57.63	25.94	314.19
	1AAAADCD0701	压型钢板底模	m^2	0.00	62.15			4.68	1.63	1.26	4.11	4.39	3.86	6.15	7.68	93.02
	1AAAAE	普通钢筋	t	511.76	4478.50			375.77	131.24	101.30	330.36	352.81	310.32	508.18	618.09	7485.79
	1AAAAECC0101	措施钢筋	t	628.02	4187.44			362.60	126.65	97.75	318.78	340.45	299.45	781.24	622.62	7540.60
1.1.4	1AAAAE	地面及地下设施														
	1AAAAECC0101	汽机房地下设施	m^2	79.24	266.71		90.00	26.05	9.10	7.02	22.90	24.46	21.51	171.33	55.10	667.30

最高投标限价-5

投标人采购材料计价表

工程名称：

金额单位：元

序号	材料名称	型号规格	计量单位	数量	单价	合价	备注
1	圆钢 ϕ10 以下		kg	123 621.05	4.43	547 641	
2	圆钢 ϕ10 以上		kg	703 448.3	4.43	3 116 276	
3	预埋铁件		kg	69 721.06	4.54	316 534	
4	中砂		m^3	109.53	281.25	30 805	
5	碎石		m^3	576.22	233.01	87 663	
6	木材		m^3	10.08	1826.00	18 406	
7	型钢		kg	3337.39	3.94	13 149	
8	薄钢板 4mm 以下		kg		4.27		
9	中厚钢板 20mm 以下		kg		4.22		
10	加工铁件		kg	462.11	6.34	2930	
11	通用钢模板		kg	31 849.04	5.20	165 615	
12	镀锌钢板 0.5mm 以下		kg		5.30		

最高投标限价-6

投标人采购设备计价表

工程名称：

金额单位：元

序号	材料名称	型号规格	计量单位	数量	单价	合价	备注

最高投标限价-7

措施项目清单计价表

工程名称：　　　　　　　　　　　　　　　　　　　　　　　　　　金额单位：元

序号	项目名称	项目特征	计量单位	工程量	单价				合价				备注
					全费用综合单价	其中：			合计	其中：			
						人工费	材机费	主要材料		人工费	材机费	主要材料	
一	招标人已列项目												
	轻型井点降水		项	1	68 419.91	14 094.62	24 545.71		68 420	14 095	24 546		
	小计：								68 420	14 095	24 546		
二	投标人增列项目												

最高投标限价-8

其他项目清单计价表

工程名称：　　　　　　　　　　　　　　　　　　　　　　　　　　金额单位：元

序号	项 目 名 称	计量单位	金额	备　注
一	招标人已列项目			
1	暂列金额	项	2 000 000	明细详见最高投标限价/投标报价表-8.1
2	暂估价		4 000 000	
2.1	材料、工程设备暂估价		—	明细详见最高投标限价/投标报价表-8.2
2.2	专业工程暂估价	项	4 000 000	明细详见最高投标限价/投标报价表-8.3
3	计日工	项	174 000	明细详见最高投标限价/投标报价表-8.4
4	施工总承包服务费计价	项	80 000	明细详见最高投标限价/投标报价表-8.5
5	其他			
	小计		6 254 000	
二	投标人增列项目			
	小计			
	合计		6 254 000	

最高投标限价-8.1

暂列金额明细表

工程名称：

金额单位：元

序号	项 目 名 称	计量单位	暂列金额	备 注
1	特殊赶工措施费	项	2 000 000	
	合计		2 000 000	

最高投标限价/投标报价表-8.2

材料、工程设备暂估单价表

工程名称：

金额单位：元

序号	材料、工程设备名称、规格、型号	计量单位	单价	备注
1	汽机房地下设施地面 地砖	m^2	90	

最高投标限价-8.3

专业工程暂估价表

工程名称：

金额单位：元

序号	工 程 名 称	工作内容	金额	备 注
1	消防工程		4 000 000	
	合计		4 000 000	

最高投标限价表-8.4

计 日 工 表

工程名称： 金额单位：元

序号	项目名称	单位	暂定数量	全费用综合单价	合价	备注
一	人工					
1	普通工	工日	600	150	90 000	
2	技术工	工日	300	280	84 000	
	人工小计				174 000	
二	材料					
1						
2						
	材料小计					
三	施工机械					
1						
2						
	施工机械小计					
	合计				174 000	

最高投标限价-8.5

施工总承包服务项目计价表

工程名称： 金额单位：元

序号	工程名称	项目价值（元）	服务内容	费率（%）	金额	备注
1	消防工程	4 000 000	提供脚手架、水电	2%	80 000	
	合计				80 000	

最高投标限价-9

招标人采购材料表

工程名称：

金额单位：元

序号	材 料 名 称	型号规格	计量单位	数量	单价	合价
1	钢柱		t	68.510	6968.67	477 424
	合计					477 424

最高投标限价-10

主要工日价格表

工程名称：

金额单位：元

序号	工种	单位	数量	单价
1	建筑普通工	工日	17 390.45	70
2	建筑技术工	工日	4894.56	98

最高投标限价-11

主要机械台班价格表

工程名称： 金额单位：元

序号	机械设备名称	单位	数量	单价
1	单笼施工电梯 提升质量（t）1 提升高度 75m	台班	13.63	286.25
2	电动单筒快速卷扬机 10kN	台班	13.55	167.56
3	电动单筒慢速卷扬机 50kN	台班	40.47	181.65
4	电动夯实机 夯击能量 250N·m	台班	793.04	28.93
5	电动空气压缩机 排气量 $3m^3$/min	台班	0.60	135.39
6	对焊机 容量 150kVA	台班	89.93	131.35
7	钢筋切断机 直径 40mm	台班	88.96	43.62
8	钢筋弯曲机 直径 40mm	台班	221.71	27.63
9	管子切断机 管径 150mm	台班	162.66	35.39
10	混凝土振捣器（插入式）	台班	317.18	13.83
11	混凝土振捣器（平台式）	台班	50.63	19.55
12	交流弧焊机 容量 21kVA	台班	388.50	67
13	交流弧焊机 容量 30kVA	台班	15.76	89.85
14	卷扬机架（单笼 5t 以内） 架高 40m 以内	台班	4.73	19.9
15	卷扬机架（单笼 5t 以内） 架高 70m 以内	台班	254.74	28.62
16	轮胎式装载机 斗容量 $2m^3$	台班	38.98	709.18
17	履带式单斗液压挖掘机 斗容量 $1m^3$	台班	71.46	1096.27
18	履带式起重机 起重量 150t	台班	3.52	5061.35
19	履带式起重机 起重量 15t	台班	0.49	714.8
20	履带式起重机 起重量 250t	台班	46.37	8195.29
21	履带式起重机 起重量 25t	台班	14.39	798.62
22	履带式起重机 起重量 40t	台班	1.04	1364.4
23	履带式推土机 功率 75kW	台班	45.47	745.79
24	履带式起重机 起重量 50t	台班	69.35	1545.55
25	木工圆锯机 直径 500mm	台班	27.23	29.17
26	门式起重机 起重量 20t	台班	3.19	606.25
27	平板拖车组 20t	台班	30.06	943.86
28	平板拖车组 40t	台班	372.68	1276.88
29	汽车式起重机 起重量 5t	台班	23.93	552.67
30	汽车式起重机 起重量 8t	台班	22.37	655.69
31	汽车式起重机 起重量 25t	台班	6.55	1122.92
32	木工圆锯机 直径 500mm	台班	27.24	29.17
33	摇臂钻床（钻孔直径 50mm）	台班	54.95	29.65
34	型钢剪断机 剪断宽度 500mm	台班	331.66	249.57
35	卷扬机架（单笼 5t 以内） 架高 70m 以内	台班	254.74	28.62

附件一　华东地区某 110kV 变电站综合楼部分设计图纸

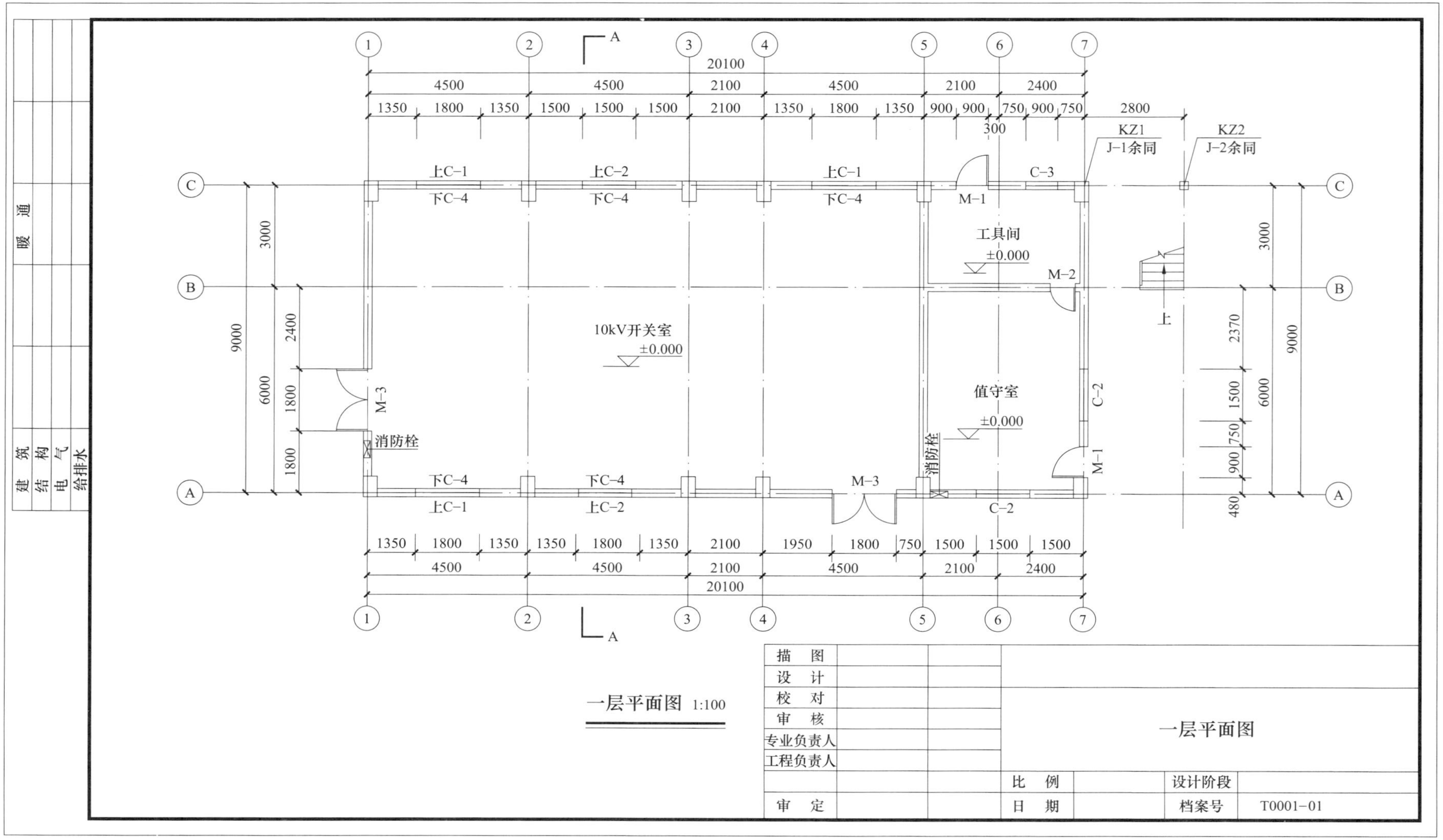

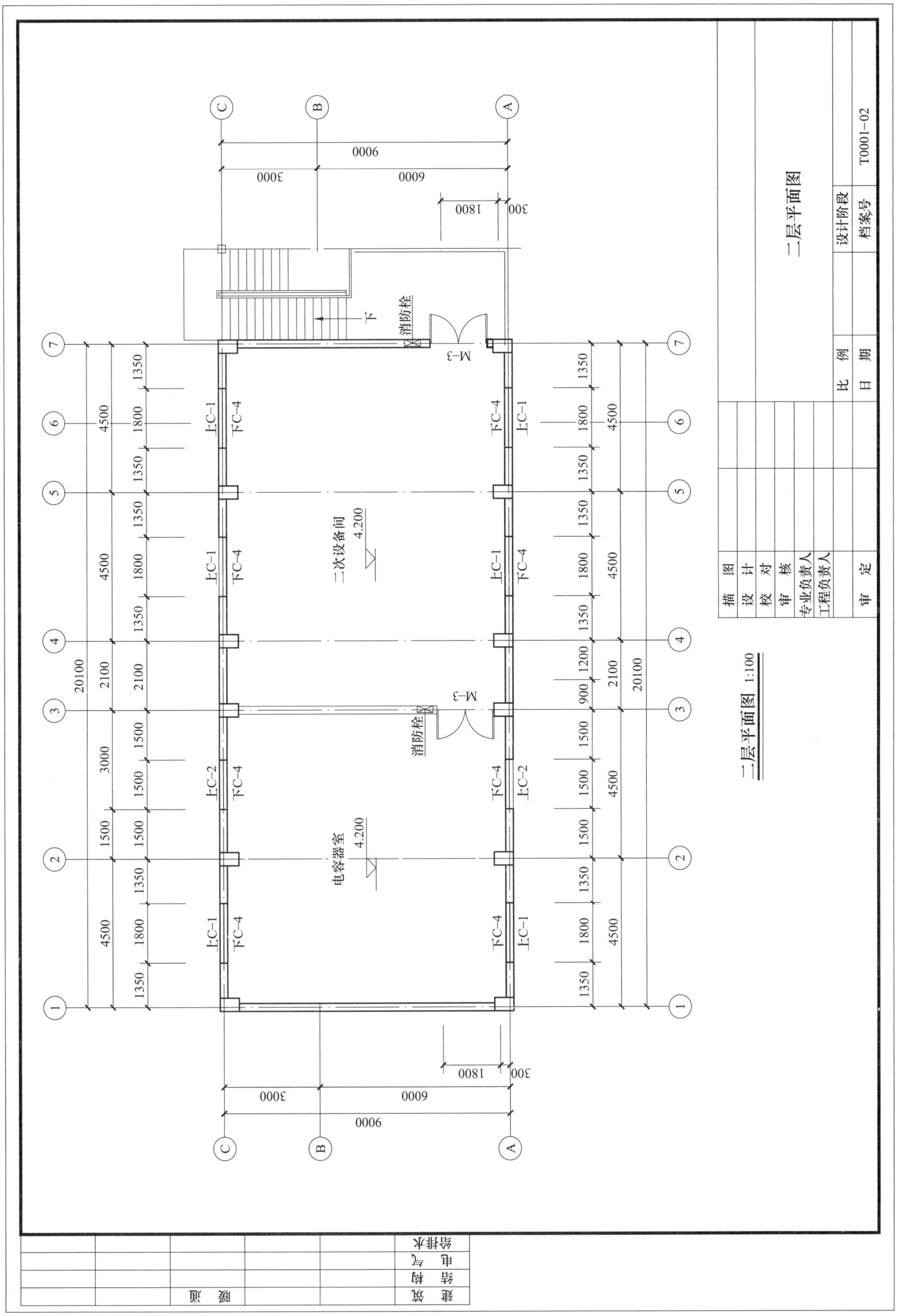
二层平面图 1:100
二次设备间
4.200
电容器室
4.200
消防栓
M-3
下
上C-1
下C-4
上C-2
9000
3000
6000
1800
300
4500
1350
1800
1500
3000
2100
1200
900
20100
描图
设计
校对
审核
专业负责人
工程负责人
审定
比例
日期
设计阶段
档案号
二层平面图
T0001-02
建筑
结构
电气
给排水
暖通

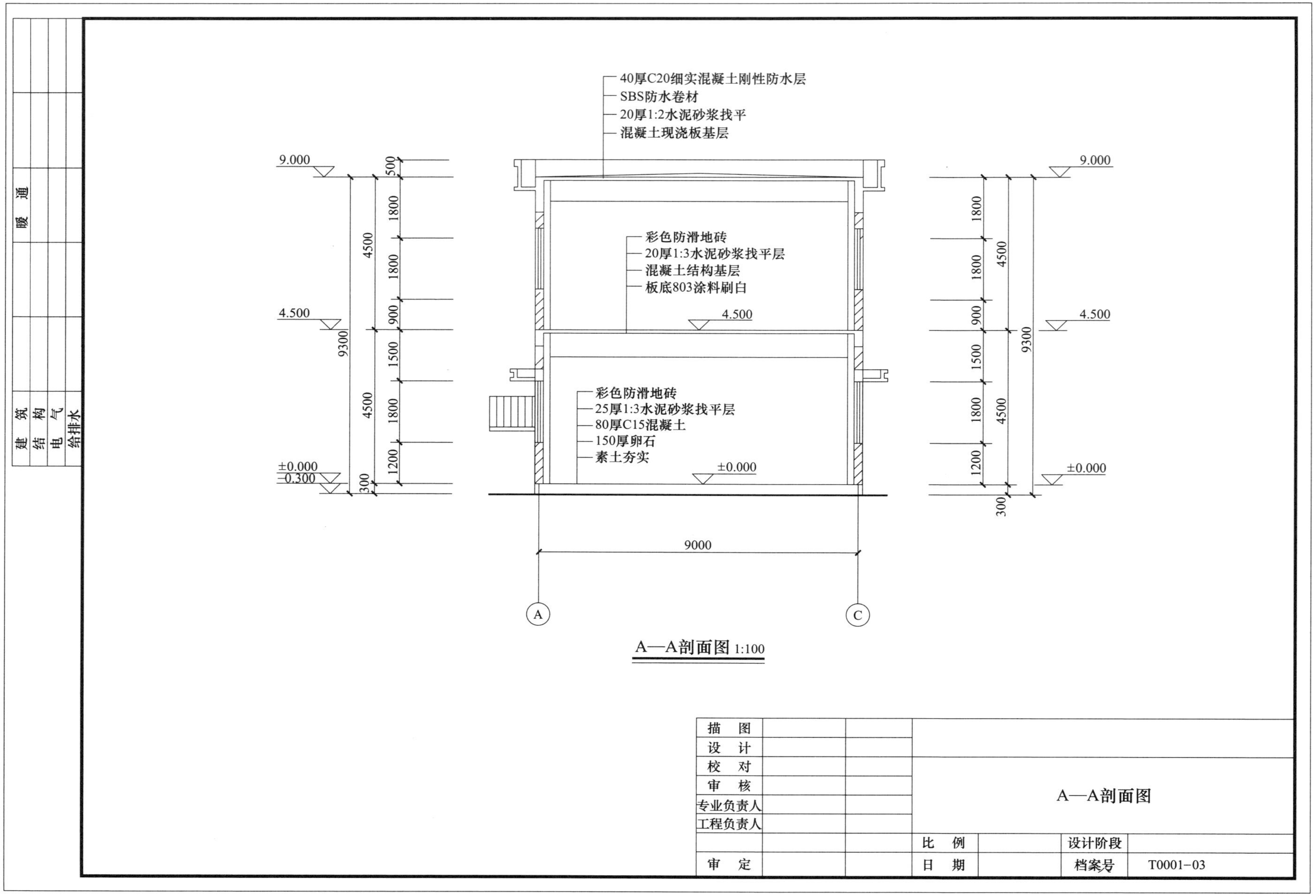
40厚C20细实混凝土刚性防水层
SBS防水卷材
20厚1:2水泥砂浆找平
混凝土现浇板基层
彩色防滑地砖
20厚1:3水泥砂浆找平层
混凝土结构基层
板底803涂料刷白
彩色防滑地砖
25厚1:3水泥砂浆找平层
80厚C15混凝土
150厚卵石
素土夯实
9.000
4.500
±0.000
-0.300
9300
4500
500
1800
900
1500
1200
300
9000
A
C
A—A剖面图 1:100
描图
设计
校对
审核
专业负责人
工程负责人
审定
A—A剖面图
比例
日期
设计阶段
档案号
T0001-03
建筑
结构
电气
给排水
暖通

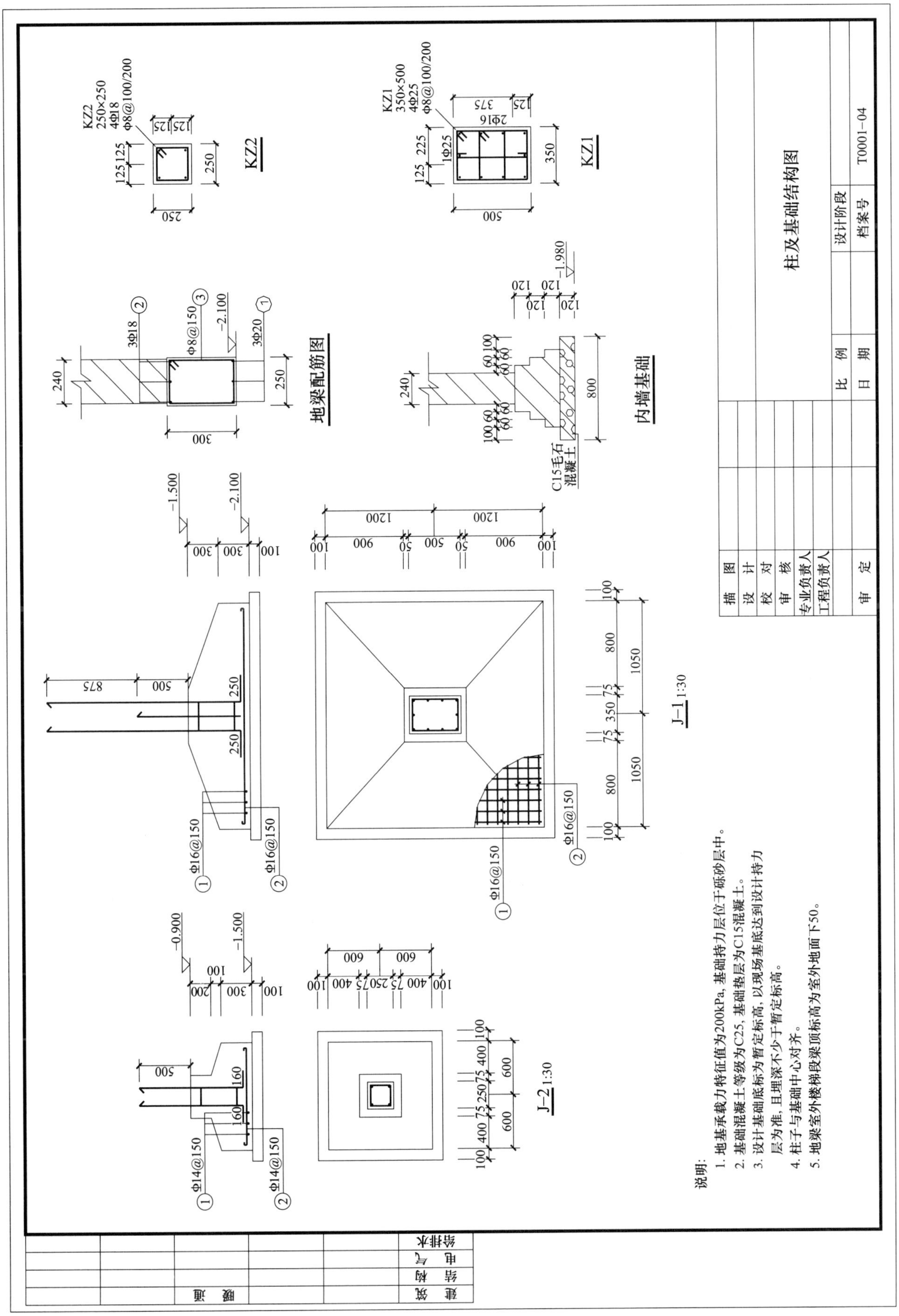
KZ2
250×250
4Φ18
Φ8@100/200
KZ1
350×500
4Φ25
Φ8@100/200
2Φ16
1Φ25
地梁配筋图
3Φ18
Φ8@150
3Φ20
-2.100
内墙基础
C15毛石混凝土
-1.980
J-1 1:30
Φ16@150
-1.500
J-2 1:30
Φ14@150
-0.900
说明：
1. 地基承载力特征值为200kPa，基础持力层位于砾砂层中。
2. 基础混凝土等级为C25，基础垫层为C15混凝土。
3. 设计基础底标高为暂定标高，以现场基底达到设计持力层为准，且埋深不少于暂定标高。
4. 柱子与基础中心对齐。
5. 地梁室外楼梯段梁顶标高为室外地面下50。
柱及基础结构图
描图
设计
校对
审核
专业负责人
工程负责人
审定
比例
日期
设计阶段
档案号
T0001-04
建筑
结构
电气
给排水
暖通

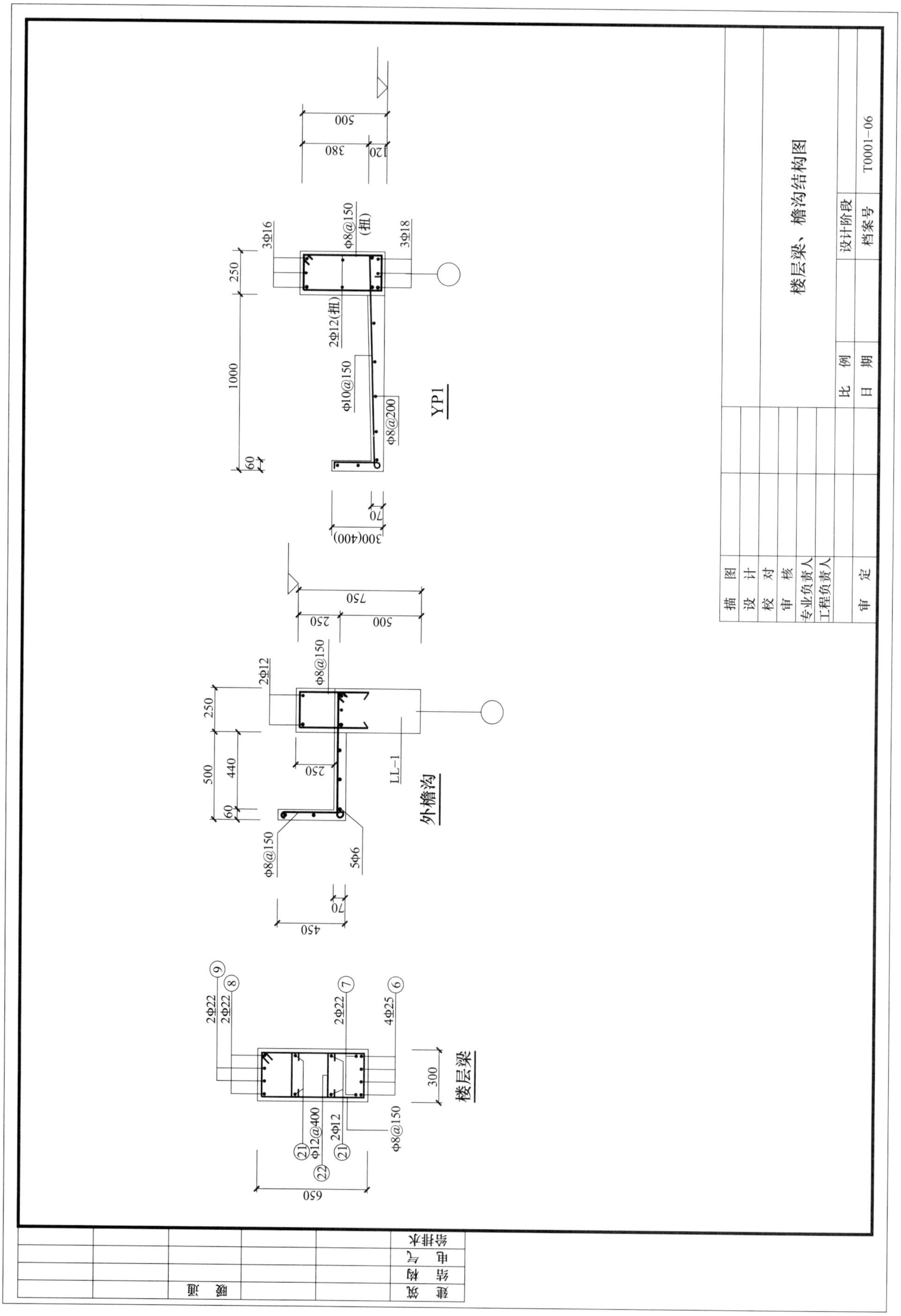
楼层梁、檐沟结构图
T0001-06
设计阶段
档案号
比 例
日 期
描 图
设 计
校 对
审 核
专业负责人
工程负责人
审 定
建 筑
结 构
电 气
给排水
暖 通
YP1
外檐沟
楼层梁
LL-1
3Φ16
Φ8@150
(扭)
3Φ18
2Φ12(扭)
Φ10@150
Φ8@200
2Φ12
5Φ6
2Φ22
4Φ25
Φ12@400
Φ8@150
500
380
120
250
1000
60
70
300(400)
750
500
440
450
650
300

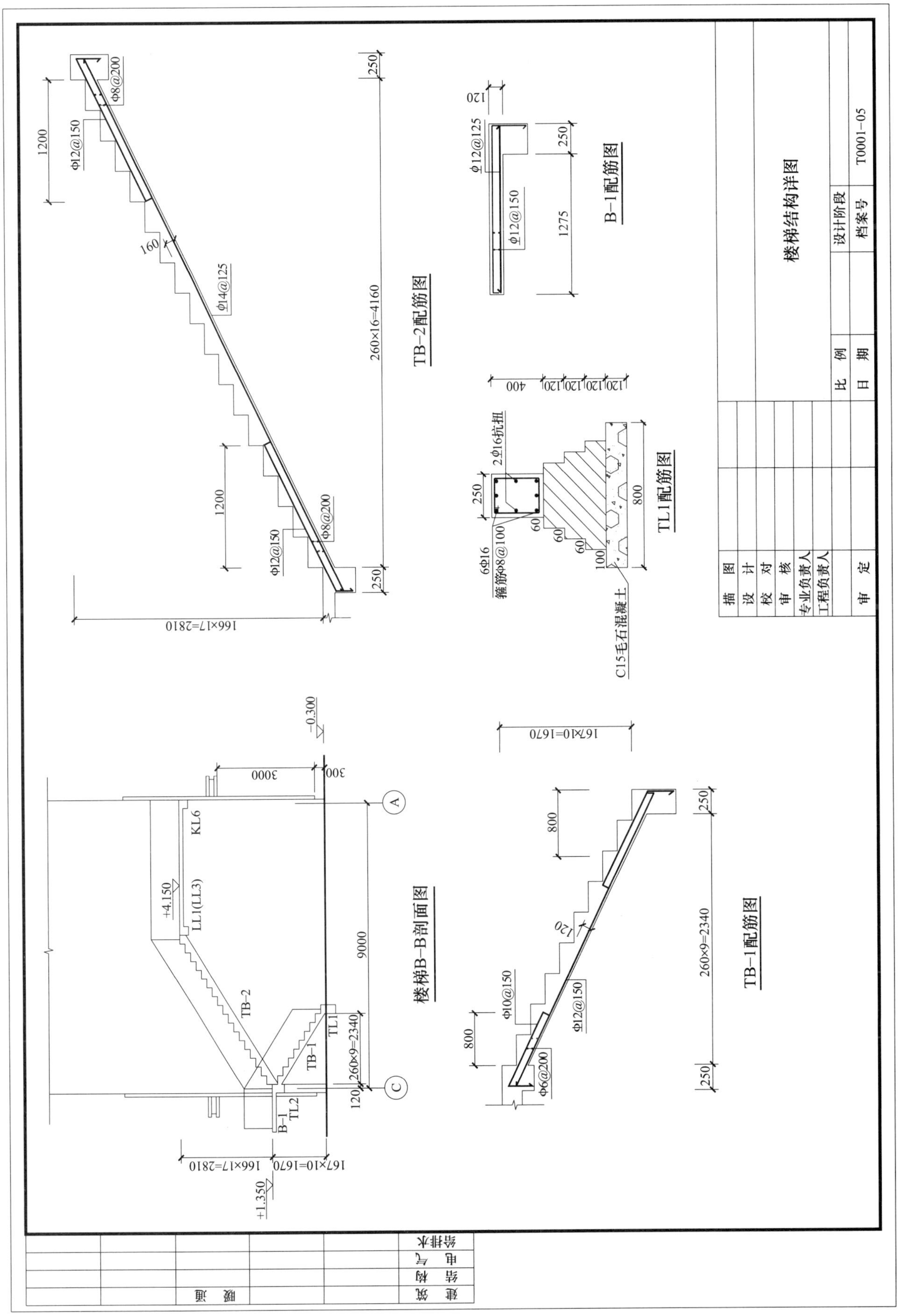
TB-2配筋图
260×16=4160
166×17=2810
B-1配筋图
TL1配筋图
C15毛石混凝土
楼梯B-B剖面图
TB-1配筋图
260×9=2340
167×10=1670
楼梯结构详图
设计阶段
档案号
T0001-05
比例
日期
描图
设计
校对
审核
专业负责人
工程负责人
审定
建筑
结构
电气
给排水
暖通

附件二　某 220kV 保护小室的计量与计价

一、工程背景

本项目为内蒙古赤峰地区某 220kV 变电所新建工程保护小室。建筑结构采用现浇钢筋混凝土框架结构，基础采用人工挖孔钢筋混凝土灌注桩结构。外墙采用 240mm 厚砖砌体粘挂 60mm 厚保温苯板，屋面为四坡挂瓦屋面。外墙装饰：墙裙贴面砖，上部刷涂料。内墙装饰：200mm 高面砖踢脚线，上部刷涂料。天棚为轻钢龙骨矿棉板吊顶。采用双层玻璃塑钢窗、甲级防火外门。有关建筑与结构设计说明详见图纸，有关建筑节点图略。

本保护小室室内设有水采暖、通风空调、照明、给排水设施，施工图略，设备材料清单略。

附：某 220kV 保护小室施工图（B299S-0201，共计 10 张）。

建 筑 工 程 图 纸 目 录

序号	图号	图纸名称	张数	套用原工程名称及图号
1	B299S-T0201-01	建筑首页说明及门窗订货图	1	
2	B299S-T0201-02	保护小室平、剖面图	1	
3	B299S-T0201-03	保护小室立面图	1	
4	B299S-T0201-04	结构设计总说明	1	
5	B299S-T0201-05	保护小室桩基础平面布置及地梁图	1	
6	B299S-T0201-06	保护小室桩基础图	1	
7	B299S-T0201-07	保护小室梁柱布置及配筋图	1	
8	B299S-T0201-08	保护小室屋面结构图	1	
9	B299S-T0201-09	保护小室过梁及雨篷结构图	1	
10	B299S-T0201-010	保护小室室内沟道布置及配筋图	1	

二、保护小室初步设计概算的计量与计价

附表 1：220kV 保护小室建筑工程概算表

附表 2：220kV 保护小室概算工程量计算表

附表 3：220kV 保护小室概算钢筋工程量计算表

三、保护小室施工图预算的计量与计价

附表 4：220kV 保护小室建筑工程预算表

附表 5：220kV 保护小室施工图预算工程量计算表

附表 6：220kV 保护小室施工图预算钢筋工程量计算表

B299S-T0201-01

设甲级

房间装修一览表

房间名称	内墙装修	天棚装修	楼地面作法	备注
保护小室	白色乳胶漆墙面做法详见：国标03J930-1第70页③	矿棉板上人轻钢龙骨吊顶做法详见：国标03J502-2图集B型吊顶详图。（ϕ10间距1200×1200mm吊筋详见结构图纸）	地面砖（浅黄色）楼地面做法详见：国标03J930-1第31页⑦	彩色釉面砖（黑色）踢脚高200mm做法详见：国标03J930-1第62页⑦

门一览表

序号	编号	洞口尺寸		数量	备注
		宽（mm）	高（mm）		
1	M1	1500	2100	1	甲级防火门详见本图
2	M2	1000	2100	1	甲级防火门详见本图
	M3	1500	2100	1	白钢门详见本图
3	C1	1200	1500	18	塑钢窗订货图

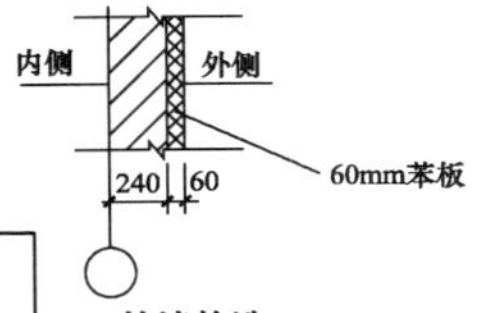

外墙构造

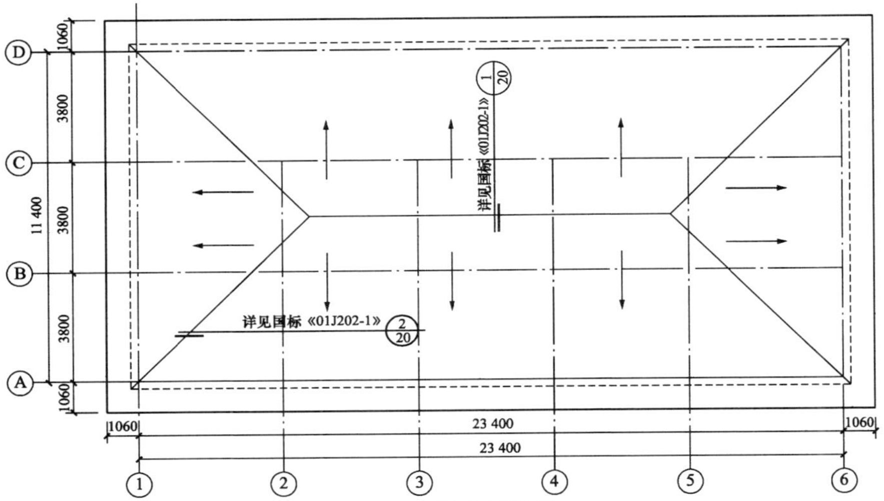

屋面排水示意图

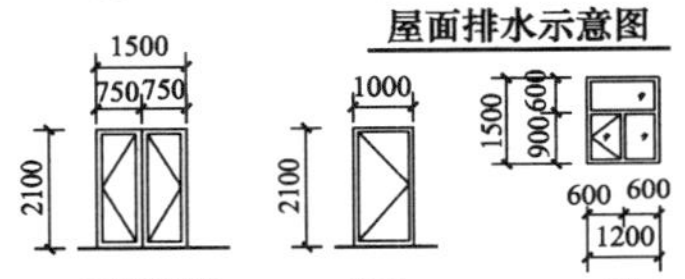

建筑设计说明：

1. 本建筑室内地面标高±0.000m相当于总平面绝对标高588.050m。室内外高差0.300m。
2. 本建筑抗震构造部分详见结构图纸。建筑耐火等级为二级，使用年限50年。
3. 复合墙体材料的应用及施工均应配套严格按步骤进行。外墙外保温做法总要求详见国标02J121-1第A1、A3页。拉接筋构造详见04GB-JC01第13页。屋面采用红色陶瓷瓦；墙面面砖及涂料施工要求详见厂家。外墙满挂钢网，钢网为六角镀锌钢丝网：丝径0.8mm，孔径25mm；要求网块之间与屋面钢筋网良好连接。外墙钢网防雷接地做法详见电气屏蔽网接地方法。
4. 防潮层为1:2水泥砂浆20厚（掺3%防水剂），设在-0.060m处。防潮层做法详见国标03J930-1第126页。
5. 散水坡每6m设缝，缝内填沥青麻丝，缝宽10mm。
6. 门洞阳角应抹1:2水泥砂浆护角。
7. 所有与设备有关的洞口尺寸均以设备订货尺寸确定后为准；洞口过梁详见结构有关图纸。
8. 所有外露铁件均刷樟丹一度（除注明者外）。
9. 房间装修见房间装修一览表。
10. 门窗具体要求详见门窗订货图。门窗表中窗均为双层玻璃中空塑钢窗。所有外开窗，均设一层配套隐形砂窗，做法详见厂家。
11. 天棚：吊顶部分采用矿棉吸音板，饰面类型由甲方自定。
12. 钢材均采用Q235级钢，焊条采用E43，焊缝高5mm。
13. 通信电话配线埋管详见通信施工图。
14. 电气配线埋管及灯具布点详见电气施工图。
15. 施工中应严格遵守国家和地方颁发现行的各种施工验收规范和各种规定。
16. 外墙装饰色彩及室内吊顶、地砖等颜色均需取得业主的许可方可施工。外墙面砖采用防冻面砖，涂料采用高级外墙防水涂料。

序号	日期	修改内容摘要	修改	校核	批准

		设计院	220kV 变电站新建工程	施工图	设计阶段
批准		校核		建筑首页说明及门窗订货图	
审核		设计			
日期		比例	1:100	图号	B299S-T0201-01
		版权所有		不得复制	

B299S-T0201-01 建筑首页说明及门窗订货

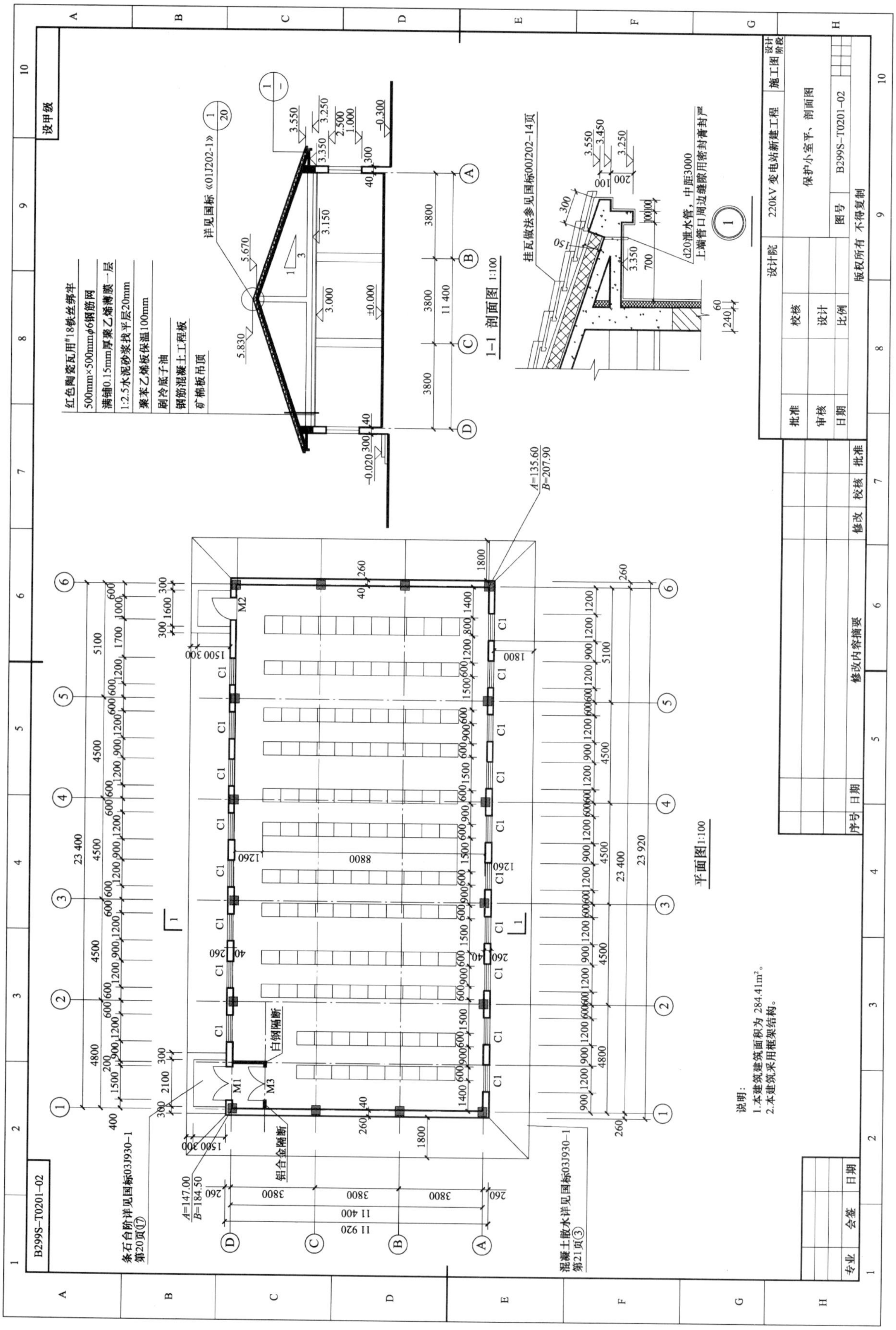

B299S-T0201-02 保护小室平、剖面图
220kV 变电站新建工程
保护小室平、剖面图
施工图
设计阶段
设计院
批准
审核
日期
校核
设计
比例
图号
B299S-T0201-02
版权所有 不得复制
设甲级
红色陶瓷瓦用#18铁丝绑牢
500mm×500mmϕ6钢筋网
满铺0.15mm厚聚乙烯薄膜一层
1:2.5水泥砂浆找平层20mm
聚苯乙烯板保温100mm
刷冷底子油
钢筋混凝土工程板
矿棉板吊顶
详见国标《01J202-1》
1—1 剖面图 1:100
挂瓦做法参见国标00J202-14页
d20泄水管，中距3000
上端管口周边缝隙用密封膏封严
平面图 1:100
说明：
1.本建筑建筑面积为 284.41m²。
2.本建筑采用框架结构。
条石台阶详见国标03J930-1
第20页⑰
混凝土散水详见国标03J930-1
第21页③
铝合金隔断
白钢隔断
序号
日期
修改内容摘要
修改
校核
批准
专业
会签
日期

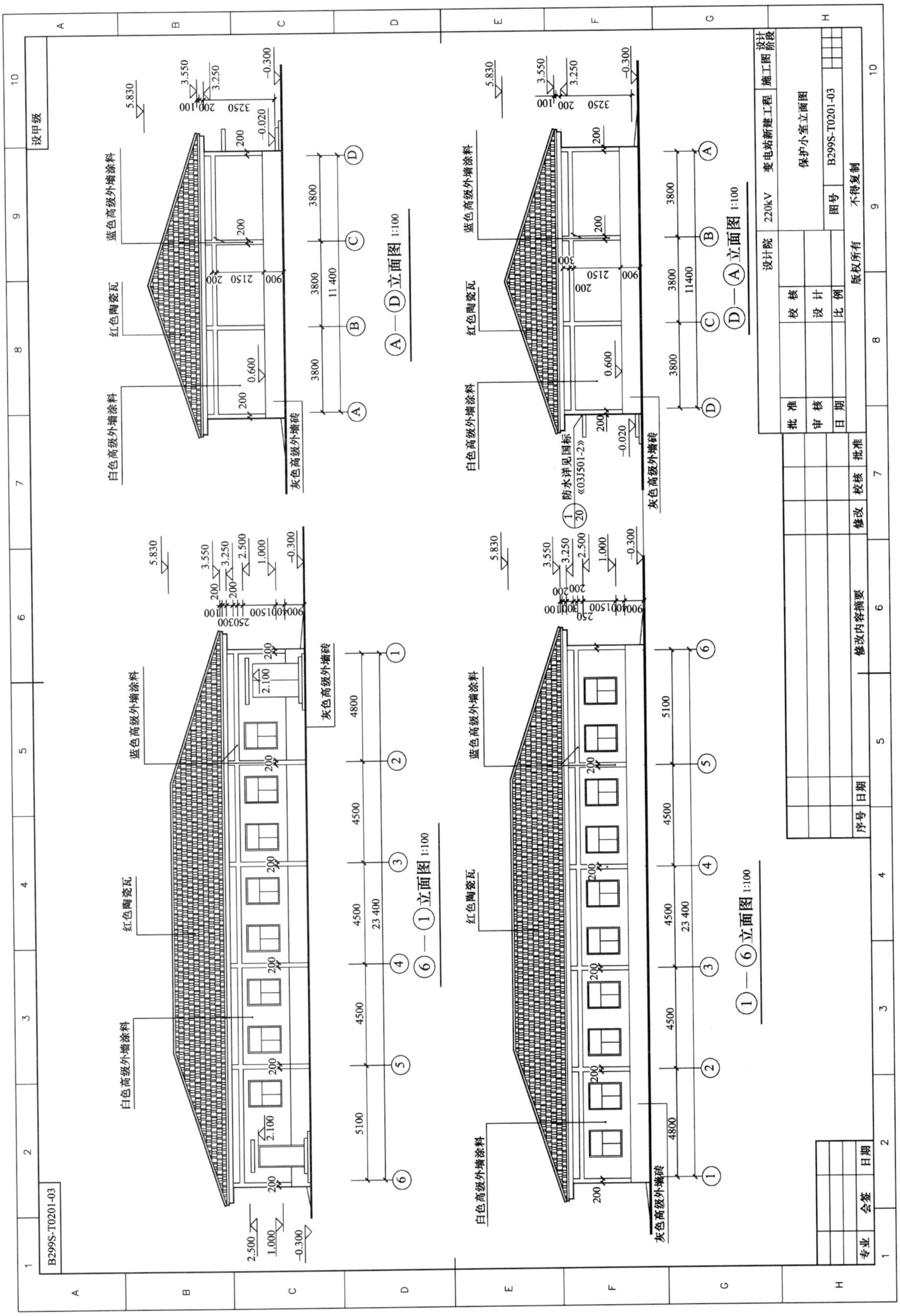

B299S-T0201-03 保护小室立面图

B299S-T0201-04

结构设计总说明

一、总则：

1. 除应执行本说明和施工图说明外，尚应执行国家有关施工验收规范。
2. 凡施工图中无规定者，均按本说明施工；总说明要求与分项图要求不符时，以各分项设计图为准。
3. 请施工单位在土建施工时，各专业安排专业人员配合预留孔洞、安装管道、设置埋设件，不得事后在基础、墙体、柱、梁、板上打洞、凿槽，浇灌前应仔细检查是否遗漏，位置是否准确，检查无误后方可浇灌混凝土。
4. 设计荷载除注明者外，均按国家现行荷载规范采用，施工荷载及使用荷载不得超过设计荷载。
5. 请施工单位施工前认真阅读本说明，若对设计有疑意处，请通知设计院研究解决。

二、工程概况：站址位于内蒙古自治区赤峰市宁城县境内。

三、设计基本数据：

1. 建筑结构的安全等级：二级。
2. 设计使用年限：50年。
3. 抗震设计参数。
   (1) 抗震设防类别：乙类。结构形式：框排架结构。
   (2) 地震设防烈度为8度；按9度采取抗震构造设防，基本地震加速度值为0.2，设计地震分组为第一组。
   (3) 场地土类别：Ⅱ类。
4. 基本风压0.50kN/m²，地面粗糙度为B类。

四、设计依据：

1. 东北电力设计院勘测公司提供的《岩土工程勘察报告》。
2. 国家现行设计规范、规程有关规范、规程：
   (1) 《混凝土结构设计规范》 (GB 50010—2010)
   (2) 《建筑抗震设计规范》 (GB 50011—2010)
   (3) 《建筑地基基础设计规范》 (GB 50007—2011)
   (4) 《建筑结构荷载规范》 (GB 50009—2012)
   (5) 《砌体结构设计规范》 (GB 50003—2011)
   (6) 《钢筋机械连接技术规程》 (JGJ 107—2010)

五、楼屋面均布活荷载标准值：

1. 非上人屋面0.7kN/m²。
2. 继电器室活荷载为4.0kN/m。

六、本工程设计计算所采用的计算程序：中国建筑科学院PKPM工程部编制的系列软件。

七、钢筋、混凝土、墙体等结构材料：

1. 混凝土强度等级：梁、柱、板均为C30。
2. 钢筋：ϕ示HPB235钢筋，f_y=210N/mm²；ϕ示HPB335钢筋，f_y=300N/mm²。
3. 钢板，型钢：采用Q235-B。
4. 焊条：HPB235钢筋采用焊条E43系列，HRB335级钢筋采用焊条E50系列，焊缝等级按三级验收。HPB235、HRB335级钢相互焊接时采用焊条E43系列。
5. 墙体采用MU10灰砂砖，M5混合砂浆。

6. 钢筋连接及要求：
   (1) 采用绑扎搭接接头，相邻的搭接接头位置应相互错开，从任一接头中心至1.3L的区域范围内，对梁类、板类及墙类构件，受拉钢筋搭接接头面积百分率不宜大于25%；对柱类构件，不宜大于50%；当工程中确有必要增大受拉钢筋搭接接头面积百分率时，对梁类构件，不应大于50%，L=钢筋搭接长度。
   (2) 钢筋机械连接：机械连接应相互错开，机械连接接头连接区段的长度为35d(d为纵向受力钢筋较大直径)，在连接区段内纵向受拉钢筋接头面积百分率不应大于50%。
   (3) 钢筋焊接：纵向受力钢筋焊接接头应相互错开，焊接接头连接区段的长度为10d，同一连接区段纵向受拉钢筋接头面积百分率不应大于50%；适用于直径大于18mm的钢筋接头。

八、构造要求：（图中未示处）

1. 当仅以梁断面表示现浇梁时，梁端伸入墙或柱，纵向钢筋锚固长度为：Ⅰ级钢30d，Ⅱ级钢40d。现浇主梁与次梁交接处应附加箍筋，其附加箍筋大样见本图①。

加密区箍筋直径肢数同主梁

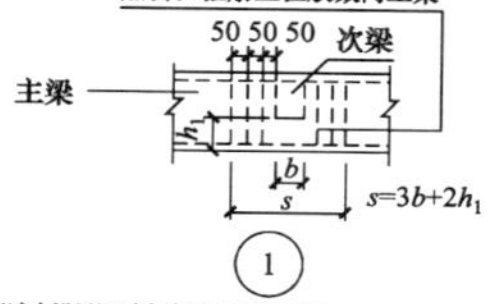

2. 隔墙下端未设置梁时在该处板底应加筋3ϕ14@50 钢筋伸入两侧墙内或梁内240。
3. 钢筋混凝土现浇板
   (1) 板的底部钢筋，短跨钢筋置下排，长跨钢筋置上排。
   (2) 当板底与梁底平时，板的下部钢筋伸入梁内须弯折后置于梁的下部纵向钢筋之上。
   (3) 板分布架立筋位于受力筋内侧，其搭接长度为250，楼板、悬挑板分布钢筋除注明者外，均为ϕ8@250。
   (4) 板构造负筋的下料长度按图示：（L、h）L=1/4短边板跨　h=板厚—保护层厚度
   (5) 板上部受力筋，可在跨中L/3区段搭接，板下部受力筋在支座处搭接。
   (6) 楼面设备孔洞，请密切与设备专业配合预留，不得事后自行开洞。
   (7) 楼面孔洞的处理：楼面、屋面、墙体、雨篷、梁柱等施工前应按工艺要求预埋电气、通信、水工、采暖、通风、空调等埋管，确定埋管位置、孔洞位置后，再进行浇筑。孔洞大小及要求见相关专业图纸。墙平面位置、标高、墙厚、门窗、洞口等尺寸皆以建筑图为准，施工中应密切配合建筑。
   (8) 板内走暗管（水、电、通讯等）时，管的外径不得大于板厚的1/3；管应设在上、下排钢筋之间，若预埋管上面无钢筋时，须沿着长方向加设ϕ4@200钢筋网。
   (9) 现浇板上留洞，当洞口尺寸≤300时，板中主筋绕过不得切断<300,洞口尺寸<1000，洞边加筋不少于2ϕ12，其中短跨钢筋伸入墙或梁内锚固30d,另一方向钢筋搭接500。
4. 梁
   (1) 梁、板跨度≥4m时，模板按跨度的0.3%起拱。
   (2) 梁的腹板高度大于450时，除注明者外，均应在梁的两侧设置ϕ12构造腰筋，间距为200。
   (3) 主、次梁高度相同时，次梁的下部纵向钢筋应置于主梁下部纵向钢筋之上。
5. 墙上洞口宽度大于900时应设置现浇过梁，做法见有关图纸建筑图。搁置长度不小于250，否则与柱整浇。
6. 在底层的窗台下墙体灰缝内设置3道2ϕ6钢筋，并伸入两边窗间墙内不小于600mm。

九、基础说明详见基础图。

十、本工程结构构件的其他构造措施详见《混凝土结构施工图—平面整体表示方法制图规划和构造详图》，图号为：03G101-1,2；04G101-3；03G322-2。

专业	会签	日期

序号	日期	修改内容摘要	修改	校核	批准

220kV 变电站新建工程				施工图	设计阶段
批准		校核		结构设计总说明	
审核		设计			
日期		比例	1:100	图号	B299S-T0201-04
版权所有 不得复制					

B299S-T0201-04　结构设计总说明

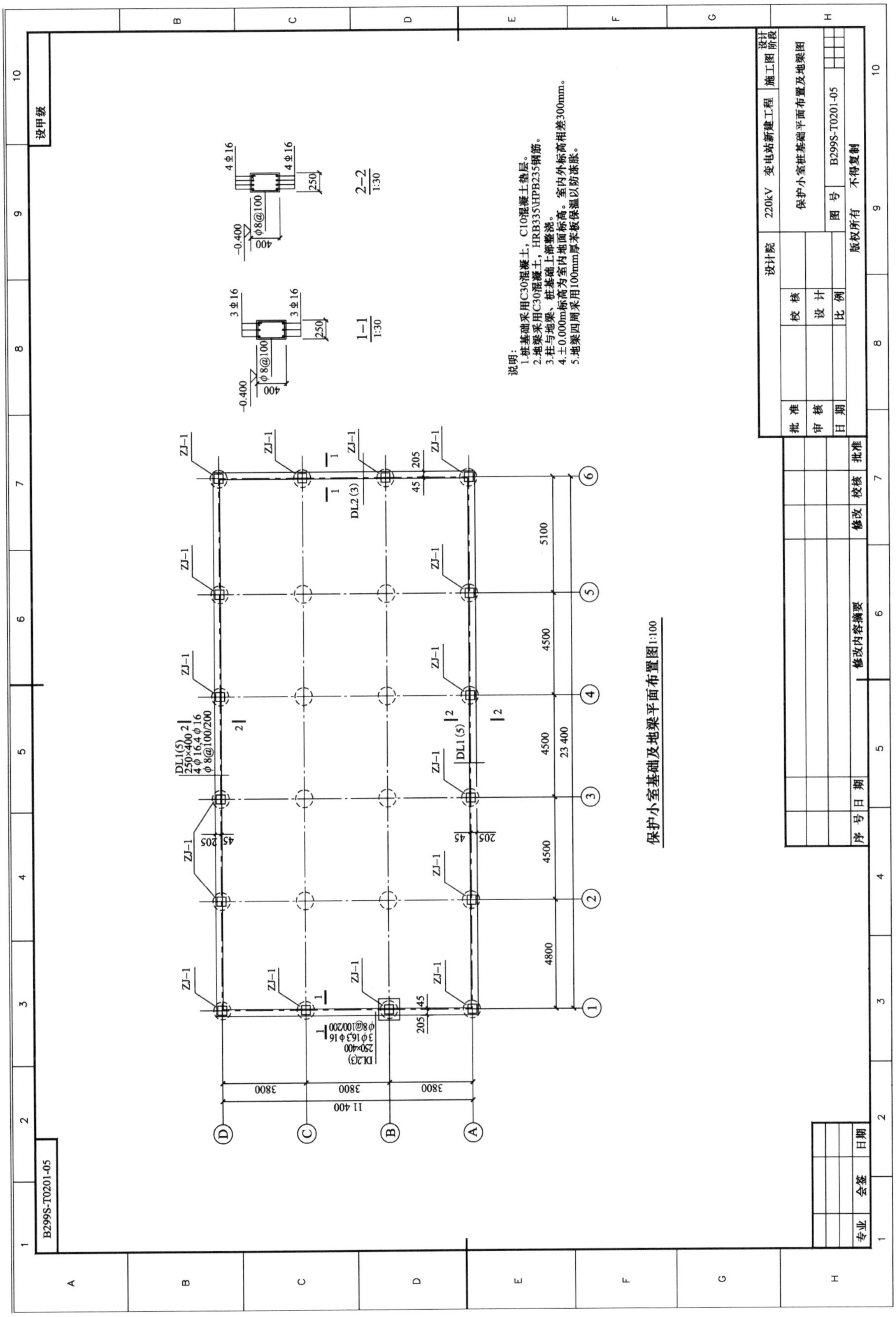

B299S-T0201-05 保护小室桩基础平面布置及地梁图

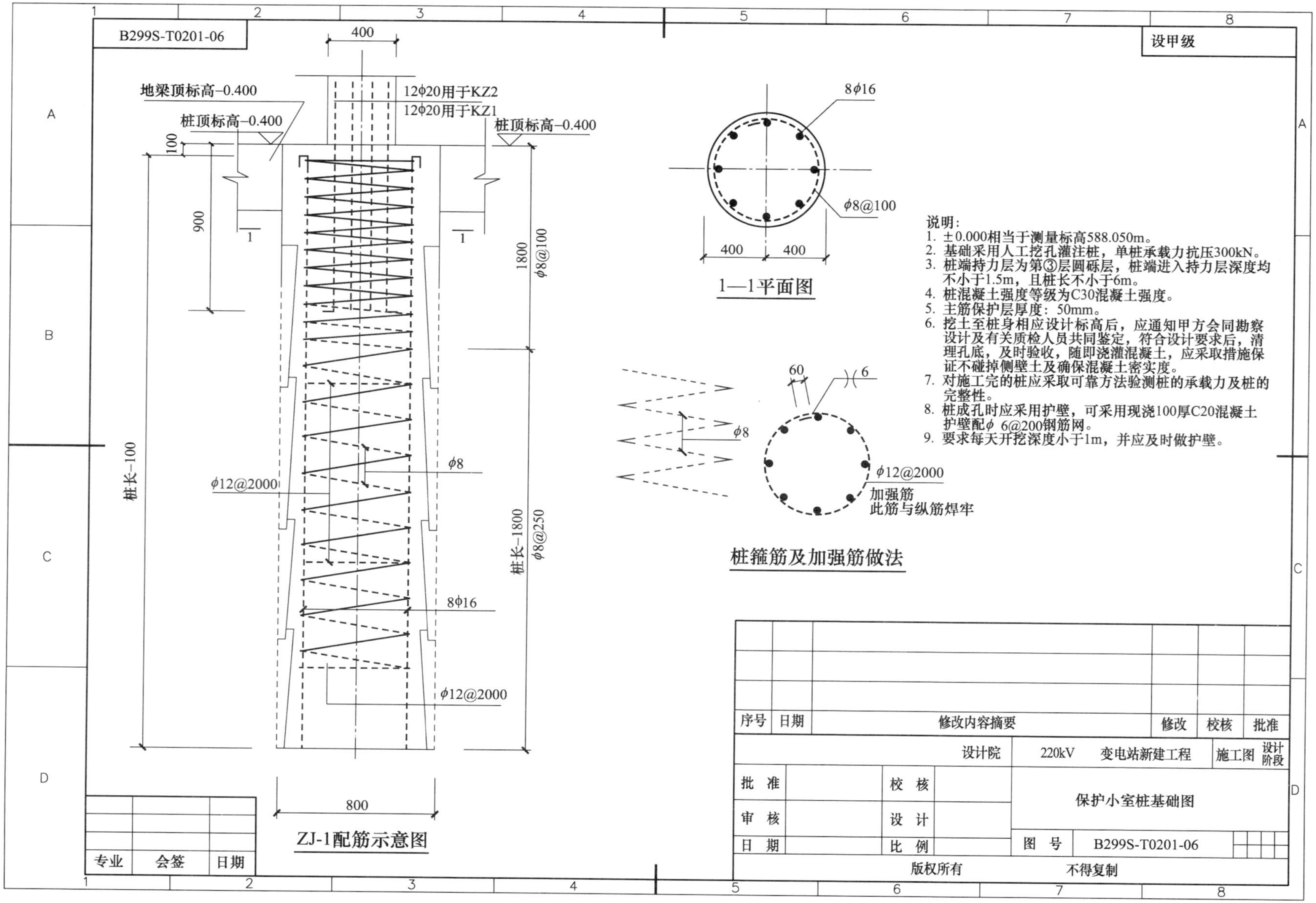

B299S-T0201-06　保护小室桩基础图

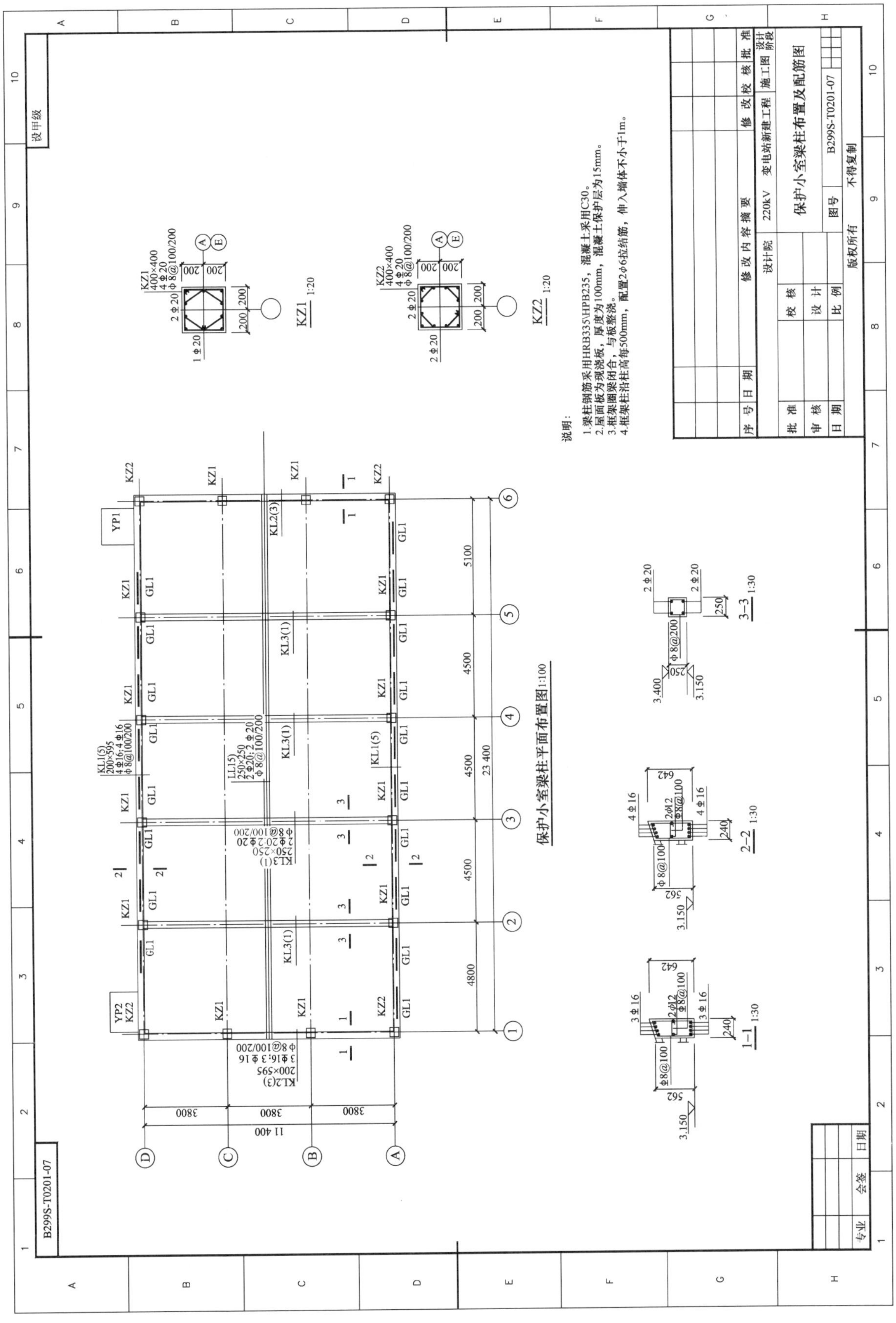

B299S-T0201-07 保护小室梁柱布置及配筋图

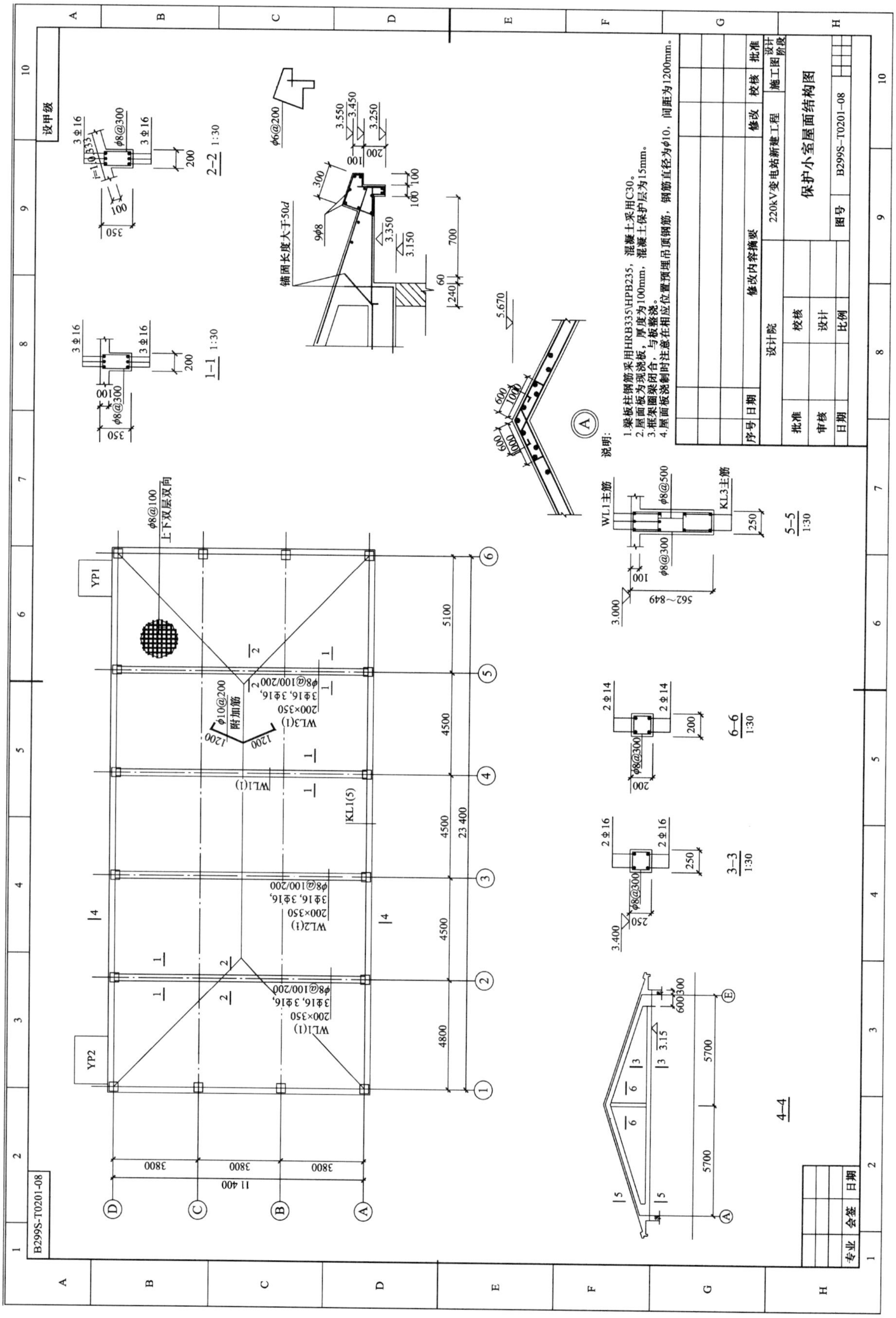

B299S-T0201-08　保护小室屋面结构图

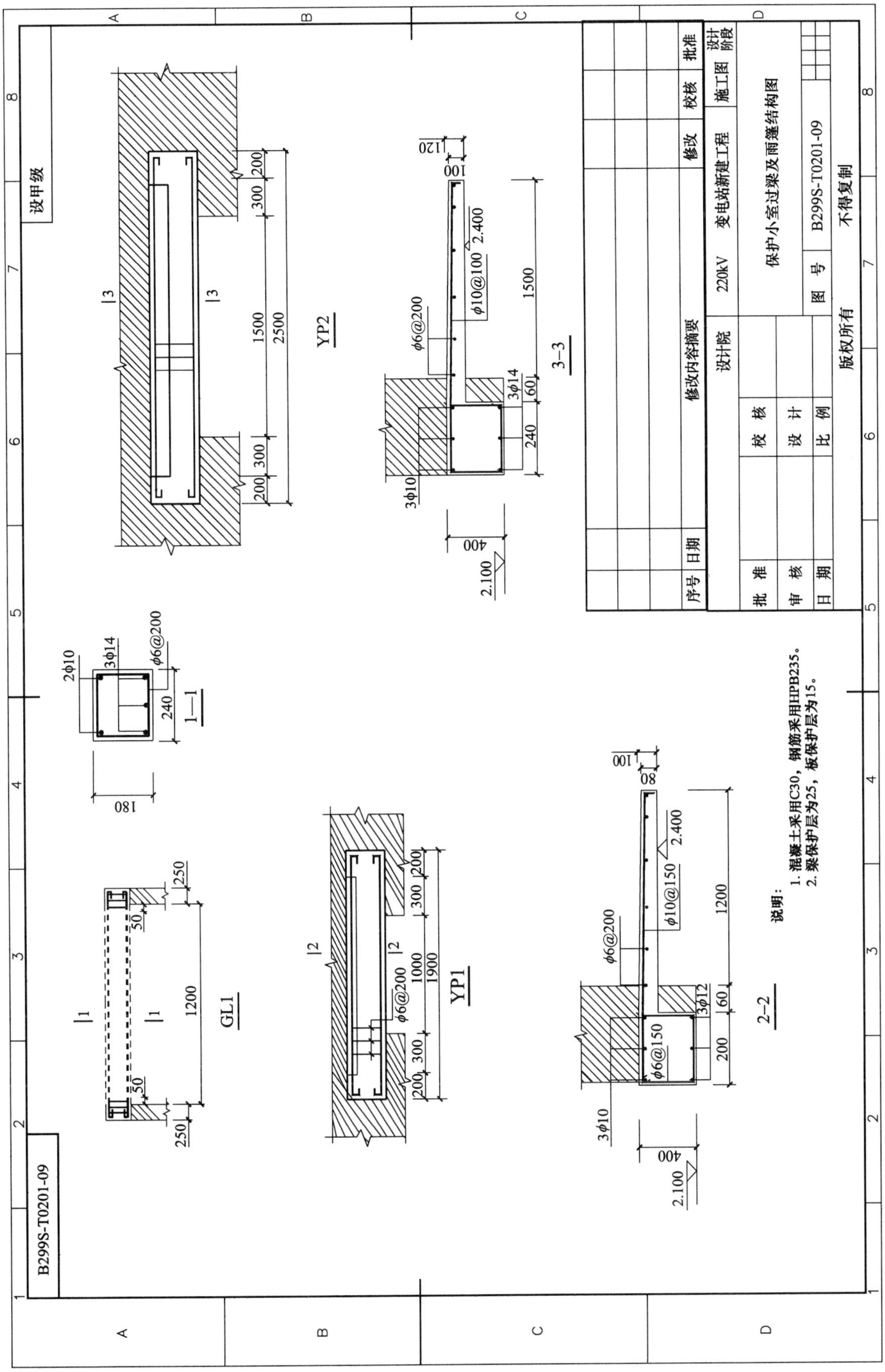

B299S-T0201-09 保护小室过梁及雨篷结构图

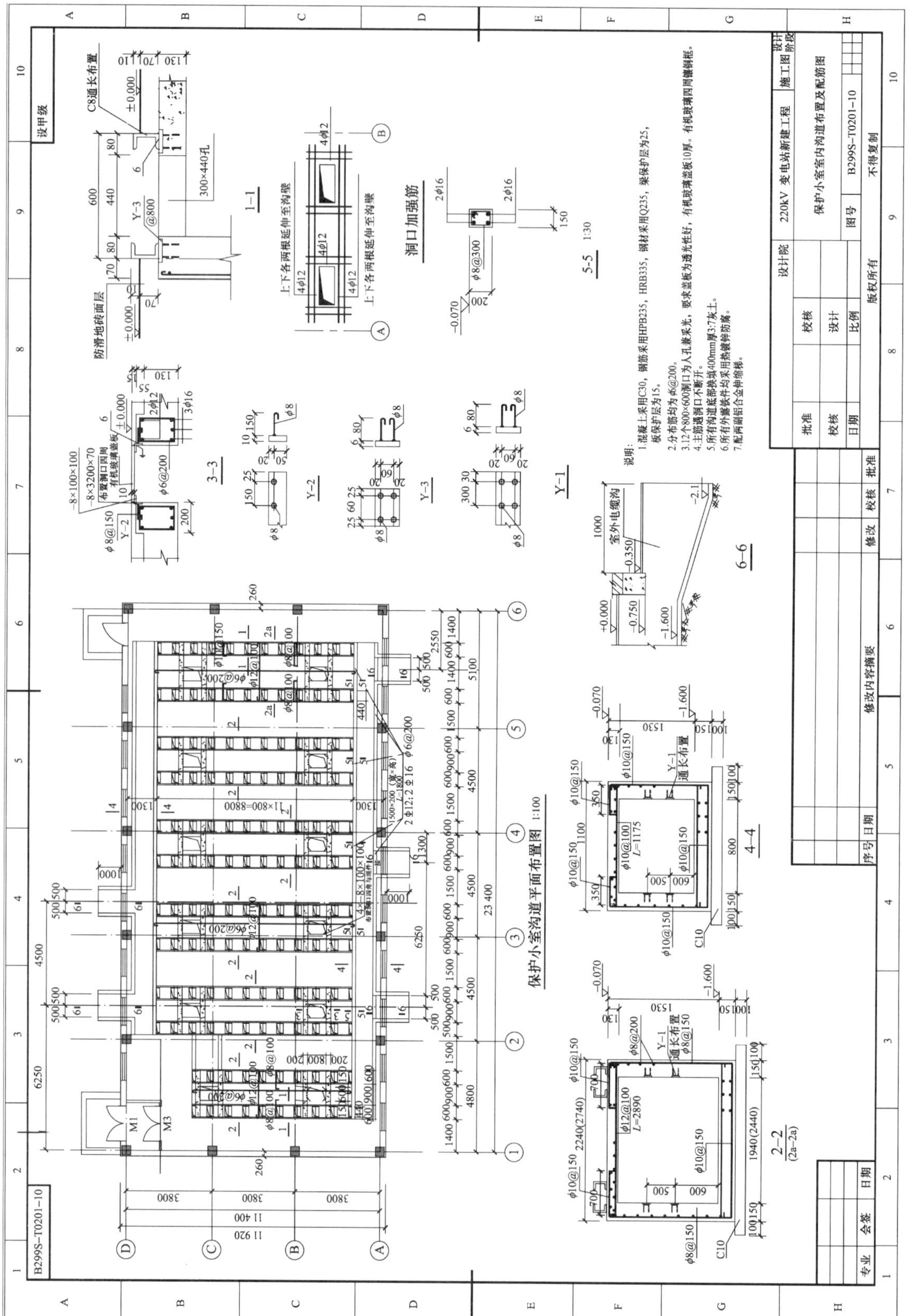

B299S-T0201-10 保护小室室内沟道布置及配筋图

附表 1　220kV 保护小室建筑工程概算表

表三乙　　　　　　　　　　　　　　　　　　　　　　　　　　　　　　　　　　　　　金额单位：元

序号	编制依据	项目名称	单位	数量	设备单价	建筑费单价		设备合价	建筑费合价	
						金额	其中工资		金额	其中工资
1		220kV 保护小室								
1.1		一般土建								
	GT1-14	人工施工土方　沟槽　挖深 2m 以内	m^3	33.06		29.86	26.38		987	872
	GT1-12	人工施工土方　基坑　挖深 2m 以内	m^3	426.85		32.15	28.02		13 723	11 960
	GT7-8	其他建筑钢筋混凝土结构　基础梁	m^3	5.72		578.82	184.45		3311	1055
	GT3-13	保护室地下设施　地砖面层	m^2	266.76		487.66	126.98		130 088	33 873
	GT4-19	浇制混凝土屋面板	m^2	320.51		149.63	54.59		47 958	17 497
	GT4-23	屋面建筑　苯板保温隔热	m^2	320.51		81.00	9.19		25 961	2945
	GT4-30	屋面建筑　釉面瓦	m^2	320.51		239.62	38.80		76 801	12 436
	GT4-57	天棚吊顶　轻钢龙骨	m^2	266.76		56.22	14.04		14 997	3745
	GT4-62	天棚吊顶　矿棉板面层	m^2	266.76		40.17	6.84		10 716	1825
	GT5-9	其他建筑　加气混凝土砌体外墙	m^3	57.780		465.29	98.08		26 884	5667
	GT5-12	其他建筑　贴砌聚乙烯苯板外墙	m^3	13.76		720.97	131.68		9921	1812
	GT5-22	铝合金隔断墙	m^2	8.24		194.38	33.55		1602	276
	GT5-38	外墙面装饰　面砖	m^2	62.58		117.06	45.17		7326	2827
	GT5-37	外墙面装饰　氟碳漆	m^2	169.17		76.41	42.01		12 926	7107
	GT5-46	内墙面装饰　乳胶漆面	m^2	178.11		46.09	25.36		8209	4517
	GT6-17	防火门	m^2	5.25		448.14	23.35		2353	123
	GT6-27	不锈钢门	m^2	3.15		686.45	40.11		2162	126
	GT6-6	塑钢窗	m^2	32.4		333.63	28.58		10 810	926
	GT7-9	其他建筑钢筋混凝土结构　框架	m^3	22.99		745.76	245.72		17 144	5649
	GT7-23	普通钢筋	t	14.2		4990.26	511.76		70 862	7267
	GT7-16	其他建筑钢筋混凝土结构　悬臂板	m^3	0.347		920.01	335.60		319	116
		直接工程费：							495 060	122 622

附表 2　220kV 保护小室概算工程量计算表

序号	图号编号	单位工程名称	长（m）	宽（m）	深或高（m）	个数	计量单位	单个工程量	合计工程量	备注
一		参数计算								
1		外墙轴线长	23.4			2	m	23.4	46.8	
2		外墙轴线宽		11.4		2	m	11.4	22.8	
3		外墙轴线	69.6			1	m	69.6	69.6	
4		轴线面积	23.4	11.4		1	m^2	266.76	266.76	
5		底层建筑面积	23.8	11.8	1	1	m^2	280.84	280.84	
6		建筑体积	23.8	11.8	4.64	1	m^3	1303.10	1303.10	
7		建筑面积	23.8	11.8	1	1	m^2	280.84	280.84	
二		土方工程量计算								
1	T0201-07	人工挖基础梁地槽土方	69.6	0.95	0.5	1	m^3	33.06	33.06	
2	T0201-10	人工基坑土方	22.075	12.475	1.55	1	m^3	426.85	426.85	大开挖到−1.85m
三		基础与地基处理工程量计算								
1	T0201-06	人工挖孔灌注粧	0.16	3.14	6	16	m^3	3.014 4	48.230 4	列入地基处理
2	T0201-10	沟道底部换填 3:7 灰土					m^3		76.88	长按照(6m 计算)，列入地基处理
四		地下设施工程量计算								
1		地砖面层地下设施					m^2		266.76	
五		楼面与屋面工程量计算								
1	T0201-08	现浇混凝土屋面板	23.4	11.4	1.201 5［坡度系数］		m^2		320.51	
2	T0201-01	聚苯乙烯泡沫塑料板 100 厚保温					m^2		320.51	
3	T0201-01	铺红色脚瓷瓦	23.4	11.4	1.201 5［坡度系数］		m^2	320.51	320.51	
	T0201-01	轻钢龙骨天糖吊顶					m^2		266.76	
4	T0201-01	矿棉板吊顶饰面					m^2		266.76	
六		墙体工程量计算								轴线尺寸
1		60 厚板外墙保温					m^3		13.76	
			71.2	3.75	0.06	1	m^3	16.02	16.02	
		扣门窗	37.65	1	−0.06	1	m^3	−2.26	−2.26	
2		240 厚砌砖外墙					m^3		57.78	
			69.6	4	0.24	1	m^3	66.82	66.82	
		扣门窗	37.65	1	−0.24	1	m^3	−9.04	−9.04	
3		铝合金隔断					m^2		8.24	
			3.4	3.35	1	1	m^2	11.39	11.39	

续表

序号	图号编号	单位工程名称	长（m）	宽（m）	深或高（m）	个数	计量单位	单个工程量	合计工程量	备注
		扣门					m^2		-3.15	
4	T0201-01	内墙刷白色乳胶漆					m^2		178.11	
			69.6	3.1	1	1	m^2	215.76	215.76	
		扣门窗							-37.65	
5	T0201-03	外墙灰色墙砖					m^2		62.58	
			71.2	0.9	1	1	m^2	64.08	64.08	
		扣门	-2.5	0.6	1	1	m^2	-1.5	-1.5	
6	T0201-03	外墙涂料					m^2		169.17	
			69.6	2.95	1	1	m^2	205.32	205.32	
		扣门	-2.5	1.5	1	1	m^2	-175	-3.75	
		扣窗					m^2		-32.4	
七		门窗工程量计算								
1	T0201-01	甲级防火门					m^2		5.25	
		MI	1.5	2.1	1	1	m^2	3.15	3.15	
		m^2	1	2.1	1	1	m^2	2.1	2.1	
2	T0201-01	白钢门	1.5	2.1	1	1	m^2	3.15	3.15	
3	T0201-01	双层玻璃中空塑例窗	1.2	1.5	1	18	m^2	1.8	32.4	
八		混土结构工程量计算								
1	T0201-05	现浇基础梁		0.25	0.4	1	m^3	5.72	5.72	
2		现浇混凝土框架							22.988	
	T0201-07	现浇混凝土架柱					m^3		10.088	
		KZI	0.4	0.4	3.8	12	m^3	0.608	7.296	
		KZ2	0.4	0.4	3.8	4	m^3	0.608	2.432	
	T0201-08	现浇混凝土屋面板支柱	0.2	0.2	2.17	1	m^3	0.09	0.36	
3	T0201-07	现浇混凝土框架梁					m^3		12.9	
		KL1（5）	23.8	0.24	0.602	2	m^3	3.44	6.88	
		KL2（3）	11	0.24	0.602	2	m^3	1.59	3.18	
		KL3（1）	22.32	0.25	0.25	4	m^3	0.71	2.84	
4		悬臂板								
		YP2	2.1	1.5	0.11		m^3	0.346 5	0.347	
九		钢舫工程量计算								
1		普通钢筋					t		14.2	
		设计钢筋用量					t		13.59	
		钢筋搭接用量					t		0.54	
		施工措施用量					t		0.07	

附表 3　220kV 保护小室概算钢筋工程量计算表

序号	构件名称	图纸号	钢筋编号	直径	每米重量	长度（m）	数（个）	构件数量（个）	重量（kg）	搭接量（kg）	小计（kg）	备注
1	柱插筋	T0201-06									411	
	KZ1			20	2.47	0.95	10	12	282	11	293	
	KZ2			20	2.47	0.95	12	4	113	5	118	
2	基础梁	T0201-05									1201	
	断面 1-1		主筋	16	1.58	4.44	6	6	253	10	263	
			箍筋	8	0.395	1.292	24	6	73	3	76	
	断面 2-2											
	梁长 4.8m		主筋	16	1.58	5.44	8	2	138	6	144	
			箍筋	8	0.395	L.292	31	2	32	1	33	
	梁长 4.5m		主筋	16	1.58	5.14	8	6	390	16	406	
			箍筋	8	0.395	1.292	29	6	89	4	93	
	梁 5.1m		主筋	16	1.58	5.74	8	2	145	6	151	
			箍筋	8	0.395	1.292	33	2	34	1	35	
3	框架柱										1640	
	KZ1		主筋	20	2.47	3.8	10	12	1126	45	1171	
			箍筋	8	0.395	1.592	177	1	111	4	115	
	KZ2		主筋	20	2.47	3.8	12	4	451	18	469	
			箍筋	8	0.395	1.592	177	1	111	4	115	
4	梁										8150	
	LL 梁	T0201-07									311	
			主筋	20	2.47	25.2	4	1	249	10	259	
			箍筋	8	0.395	0.992	177	1	69	3	72	
	KL1 梁	T0201-07									2982	
			主筋	16	1.58	24.44	8	2	618	25	643	
			箍筋	12	0.888	23.9	2	2	85	3	88	
			腰箍筋	8	0.395	0.298	144	2	34	1	35	
			箍筋	8	0.395	1.689	144	2	192	8	200	
	KL2 梁	T0201-07									1710	
			高	16	1.58	12.44	6	2	236	9	245	
				12	0.888	11.9	2	2	42	2	44	
				8	0.395	0.298	69	2	16	1	17	
				8	0.395	1.689	69	2	92	4	96	
	KL3-梁	T0201-07									782	
				20	2	12.8	4	4	506	20	526	

续表

序号	构件名称	图纸号	钢筋编号	直径	每米重量	长度（m）	数（个）	构件数量（个）	重量（kg）	搭接量（kg）	小计（kg）	备注
				8	0.385	0.992	73	4	115	5	120	
5	屋面柱	T0201-08									68	
			主筋	14	1.21	2.87	4	4	56	2	58	
			箍筋	8	0.395	0.732	8	4	10	0	10	
6	屋面梁	T0201-08									590	
			主筋	16	1.58	13.215	6	4	501	20	521	
			箍筋	8	0.395	1.032	40	4	66	3	69	
7	屋面板										6628	
	两坡		主筋	8	0.395	168.6	40	1	2664	107	2770	
	四坡		主筋	8	0.395	188	40	1	2989	120	3111	
			屋脊处锚固	8	0.395	0.868	1813	1	621	25	646	
	屋脊附加筋			10	0.617	2.57	61	1	97	4	101	
8	檐口	T0201-08									1023	
				8	0.395	77.8	9	1	277	11	288	
				8	0.395	1.4	388	1	121	5	126	
				8	0.395	75	6	1	78	7	185	
				8	0.395	2.76	374	1	408	16	424	
	合计								13 591	545	14 136	

附表 4　220kV 保护小室建筑工程预算表

表三乙

金额单位：元

序号	编制依据	项目名称及规范	单位	数量	单价		合价	
					金额	其中工资	金额	其中工资
		保护小室						
		一般土建						
	YT1-5	人工挖沟、槽　普土　深 2m 以内	m^3	30.160	12.81	12.75	386	385
	YT1-1	人工挖土方　普土　深 2m 以内	m^3	432.530	8.41	8.41	3638	3638
	YT1-12	人工挖基坑　普土　深 4m 以内	m^3	76.380	17.58	17.56	1343	1341
	YT5-32	基础梁	m^3	5.740	534.53	171.80	3068	986
	YT11-12	绝热　贴挂苯板保温	m^3	7.330	801.22	54.95	5873	403
	YT4-1	砌筑　砖基础	m^3	6.740	301.06	78.29	2029	528
	YT5-1	混凝土垫层	m^3	18.960	390.09	86.96	7396	1649
	YT5-91	室内混凝土沟道	m^3	87.230	599.90	204.44	52 329	17 833
	换 YT1-40	机械施工土方　机械挖（装）土方、自卸汽车运土方　装载机装土 自卸汽车运土，运距 5km（YT1-40+4×YT1-41）	m^3	363.470	13.58	0.24	4936	87
	YT1-108	人工回填土　夯填	m^3	248.850	8.55	7.64	2128	1901
	估	沟道设置铝合金伸缩缝	个	2.000	200.00	20.00	400	40
	YT8-21	成品钢质防火门安装	m^2	5.250	447.74	23.22	2351	122
	YT8-18	成品钢质防盗门安装	m^2	3.150	314.49	16.95	991	53
	YT8-47	成品塑钢窗安装　双层玻璃	m^2	32.400	295.81	21.22	9584	688
	YT5-23	矩形柱　周长 1.8 以内　复合模板	m^3	9.120	791.49	258.72	7218	2360
	YT5-34	矩形梁　断面 $0.25m^2$ 以内　复合模板	m^3	14.300	752.27	259.96	10 757	3717
	YT5-42	过梁	m^3	1.660	829.50	307.71	1377	511
	YT5-103	现浇零星构件	m^3	16.950	1174.17	432.63	19 902	7333
	YT5-23	矩形柱　周长 1.8 以内　复合模板	m^3	0.360	791.49	258.72	285	93
	YT5-50	平板　复合模板	m^3	38.100	625.18	152.41	23 819	5807
	YT9-14	防水砂浆　立面	m^2	16.860	15.68	8.55	264	144
	YT9-75	块料面层　地面砖　地面	m^2	102.430	97.80	18.79	10 018	1925
	YT1-108	人工回填土　夯填	m^3	10.240	8.55	7.64	88	78
	YT9-1	地面垫层　土	m^3	8.190	29.76	27.47	244	225
	YT9-5	地面垫层　碎石	m^3	10.240	116.38	43.22	1192	443
	YT9-10	地面垫层　混凝土	m^3	5.760	327.53	79.01	1887	455
	估	沟道地面上有机玻璃盖板	m^2	71.780	300.00	30.00	21 534	2153
	YT9-95	地面砖踢脚线	m	133.160	15.53	4.65	2068	619
	换 YT9-69	整体面层　混凝土面层　散水　厚度 80mm（YT9-69+2×YT9-71）	m^2	133.160	34.50	9.64	4594	1284

续表

序号	编制依据	项目名称及规范	单位	数量	单价		合价	
					金额	其中工资	金额	其中工资
	YT9-4	地面垫层　人工级配砂石	m^3	28.400	158.84	51.79	4511	1471
	YT9-33	伸缩缝　填缝　油浸麻丝	m	93.180	17.95	6.02	1673	561
	YT4-39	砌筑方整石台阶	m^3	2.650	306.55	165.14	812	438
	YT9-52	水泥砂浆找平层　在混凝土或硬基层上　厚度 20mm	m^2	359.740	11.06	5.03	3979	1809
	YT11-5	聚苯乙烯挤塑板（XPS）屋面	m^3	35.970	579.49	29.49	20 844	1061
	YT9-51	水泥砂浆找平层　在填充料上　厚度 20mm	m^2	365.820	12.14	5.16	4441	1888
	YT14-45	铺聚乙烯薄膜	m^2	365.820	22.25	3.76	8139	1375
	YT10-4	铺红色瓷瓦瓦屋面	m^2	374.660	195.16	35.10	73 119	13 151
	YT11-11	聚苯乙烯泡沫塑料板 100mm 厚保温	m^3	13.390	532.65	55.13	7132	738
	YT4-2	砌筑实心砖　外墙 1 砖及以上	m^3	37.560	322.73	95.90	12 122	3602
	YT7-4	铝合金隔断制作安装　全玻	m^2	9.150	186.70	32.58	1708	298
	YT7-31	天棚吊顶 U 型轻钢龙骨安装　不上人型	m^2	263.990	45.42	9.62	11 990	2540
	YT7-37	天棚吊顶　矿棉面板安装	m^2	263.990	38.90	6.59	10 269	1740
	YT12-12	混合砂浆抹灰　砖、砌块墙	m^2	184.590	16.93	11.57	3125	2136
	YT12-27	内墙、天棚喷刷乳胶漆涂料	m^2	184.590	10.64	7.61	1964	1405
	YT12-10	石灰砂浆抹灰　零星项目	m^2	7.740	35.03	26.50	271	205
	YT12-40	水泥砂浆结合层　外墙镶贴面砖	m^2	63.730	103.02	41.15	6565	2622
	YT12-26	外墙喷刷丙烯酸漆涂料	m^2	160.970	38.97	7.61	6273	1225
	YT12-2	挂钢丝网	m^2	223.980	21.49	3.05	4813	683
	YT12-19	水泥砂浆抹灰　砖墙、砌块墙	m^2	223.980	18.11	11.42	4056	2558
	YT12-24	水泥砂浆抹灰　零星项目	m^2	109.110	33.86	26.25	3694	2864
	YT12-26	外墙喷刷丙烯酸漆涂料	m^2	109.110	38.97	7.61	4252	830
	YT5-211	墙体加固　墙体钢筋	t	0.150	5462.86	917.80	819	138
	YT5-134	钢筋制作、安装　Φ10 以内	t	14.736	5098.41	653.13	75 130	9625
	YT5-135	钢筋制作、安装　Φ10 以外	t	6.926	4815.11	393.68	33 349	2727
	YT5-147	预埋铁件制作	t	1.530	5158.38	1007.31	7892	1541
	YT5-150	预埋铁件安装	t	1.530	826.84	527.80	1265	808
	YT15-36	综合脚手架　建筑高度　10m 以内	m^3	1322.990	6.16	2.61	8150	3453
	YT15-52	垂直运输工程　混合结构　建筑高度 13m 以内	m^3	1322.990	5.85	0.15	7739	198
		直接工程费　合计					531 799	120 488

附表 5　220kV 保护小室施工图预算工程量计算表

序号	图号编号	单位工程名称	长（m）	宽（m）	深或高（m）	个数	计量单位	单个工程量	合计工程量	备注
一		基数计算								
1		外墙外边线	23.92	11.92		2	m	35.84	71.68	
2		外墙中心线	70.48			1	m	70.48	70.48	
3		外墙砖墙中心线	70.24			1	m	70.24	70.24	
4		外墙苯板中心线	71.44			1	m	71.44	71.44	
5		内墙净长线								
6		底层建筑面积	23.92	11.92	1	1	m^2	285.13	285.13	
7		建筑体积	23.92	11.92	4.64	1	m^2	1322.99	1322.99	
8		建筑面积	23.92	11.92	1	1	m^2	285.13	285.13	
二		地下部分工程量								
1		土方开挖							656.23	土质二类
1.1		人工平整场地	27.92	15.92	1	1	m^3	444.49	444.49	
1.2	T0201-06	人工挖孔桩土方	0.16	3.14	6.1	16	m^3	3.07	49.12	桩长按照 6m 计算
1.3	T0201-07	人工挖基础梁地槽土方					m^3		39.45	桩间挖土
			70.24	1.05	0.6	1	m^3	44.25	44.25	
		扣桩体积	0.16	3.14	–0.6	16	m^3	–0.3	–4.8	
1.4	T0201-10	人工挖土方			1.55	1	m^3	432.53	432.53	大开挖挖到–1.85m
			下口长	下口宽						
			21.4	11.8						
			上口长	上口宽						
			22.95	13.35						
1.5	T0201-10	沟道出口地槽土方					m^3		58.75	
			2.18	3	1.8	5	m^3	11.75	58.75	
1.6	T0201-10	沟道底部换填地槽土方							76.38	
		断面 22	42.8	2.44	0.4	1	m^3	41.77	41.77	
		断面 2a2a	8.8	2.94	0.4	1	m^3	10.35	10.35	
		断面 44	38.2	1.3	0.4	1	m^3	19.86	19.86	
		电缆沟出口	1.46	1.5	0.4	5	m^3	0.88	4.4	
2		灌注桩								
2.1	T0201-06	现浇混凝土护壁 C20	2.28	0.075	6.1	16	m^3	1.04	16.64	桩长按照 6m 计算
2.2	T0201-06	现浇混凝土灌注桩 C30	0.106	3.14	6.25	16	m^3	2.07	33.12	桩长按照 6m 计算
2.3		灌注桩钢筋笼	1.73	1	1	1	t	1.73	1.73	
2.4		截桩头	0.16	3.14	0.25	16	m^3	0.13	2.08	
3	T0201-05	现浇基础梁 C30	57.44	0.25	0.4	1	m^3	5.74	5.74	

续表

序号	图号编号	单位工程名称	长（m）	宽（m）	深或高（m）	个数	计量单位	单个工程量	合计工程量	备注
4	T0201-05	基础梁加苯板保温	58.64	1.25	0.1	1	m^3	7.33	7.33	三面保温
5		地下砖墙（基础）	70.24	0.4	0.24	1	m^3	6.74	6.74	
6		沟道								
6.1		沟道混凝土垫层							18.96	
		断面 22	42.2	2.44	0.1	1	m^3	10.3	10.3	
		断面 2a2a	8.8	2.94	0.1	1	m^3	2.59	2.59	
		断面 44	38.2	1.3	0.1	1	m^3	4.97	4.97	
		电缆沟出口	1.46	1.5	0.1	5	m^3	0.22	1.1	
6.2		现浇钢筋混凝土沟道							87.23	
		断面 2-2 底壁	42.8	5.3	0.15	1	m^3	34.03	34.03	
		断面 2-2 顶板	42.8	2.24	0.13	1	m^3	12.46	12.46	
		断面 2a2a 底壁	8.8	5.8	0.15	1	m^3	7.66	7.66	
		断面 2a2a 顶板	8.8	2.74	0.13	1	m^3	3.13	3.13	
		断面 44 底壁	37.8	4.16	0.15	1	m^3	23.59	23.59	
		断面 44 顶板	37.8	1.1	0.13	1	m^3	5.41	5.41	
		断面 44 端板	1.53	0.8	0.15	4	m^3	0.18	0.72	
		扣沟壁交叉断面	–1.53	0.8	0.15	5	m^3	–0.18	–0.9	
		扣沟壁交叉 2-2 断面	–1.53	1.94	0.15	9	m^3	–0.45	–4.05	
		扣沟壁交叉 2a2a 断面	–1.53	2.24	0.15	2	m^3	–0.51	–1.02	
		断面 55	25.64	0.15	0.2	1	m^3	0.77	0.77	
		扣采光洞口	–0.8	0.6	0.13	12	m^3	–0.06	–0.72	
		电缆沟出口	1.46	5.6	0.15	5	m^3	1.23	6.15	
6.3	T0201-10	沟道底部换填 3:7 灰土							76.38	
		断面 22	42.8	2.44	0.4	1	m^3	41.77	41.77	
		断面 2a2a	8.8	2.94	0.4	1	m^3	10.35	10.35	
		断面 44	38.2	1.3	0.4	1	m^3	19.86	19.86	
		电缆沟出口	1.46	1.5	0.4	5	m^3	0.88	4.4	
7		土方外运							363.47	
		基础、沟道等所占土方体积							407.39	
		沟道垫层体积							18.96	
		沟道所占体积								
		断面 22	42.8	2.24	1.45	1	m^3	139.01	139.01	
		断面 2a2a	8.8	2.74	1.45	1	m^3	34.96	34.96	
		断面 44	38.2	1.1	1.45	1	m^3	60.93	60.93	
		电缆沟出口	1.46	1.3	1.45	5	m^3	2.75	13.75	
		现浇混凝土灌注桩	0.16	3.14	6	16	m^3	3.02	48.32	
		现浇混凝土柱根	0.4	0.4	0.1	16	m^3	0.02	0.32	

续表

序号	图号编号	单位工程名称	长（m）	宽（m）	深或高（m）	个数	计量单位	单个工程量	合计工程量	备注
		基础梁							5.74	
		基础梁保温							7.33	
		基础砖墙							1.69	
		3:7 灰土							76.38	
8		土方回填							248.85	
9		沟道设置铝合金伸缩梯					个		2	估计单重 15kg
三		门窗工程量计算								
1	T0201-01	甲级防火门							5.25	
		M1	1.5	2.1	1	1	m^2	3.15	3.15	外墙
		m^2	1	2.1	1	1	m^2	2.1	2.1	外墙
2		白钢门	1.5	2.1	1	1	m^2	3.15	3.15	白钢隔断内墙
3		双层玻璃中空塑钢窗	1.2	1.5	1	18	m^2	1.8	32.4	外墙
四		混凝土结构计算								
1	T0201-07	现浇混凝土框架柱 C30							9.12	占外墙 5.47m^3
		KZ1	0.4	0.4	3.55	12	m^3	0.57	6.84	外墙
		KZ2	0.4	0.4	3.55	4	m^3	0.57	2.28	外墙
2		现浇混凝土框架梁 C30							14.3	
		KL1（5）	23.8	0.24	0.602	2	m^3	3.44	6.88	外墙
		KL2（3）	11	0.24	0.602	2	m^3	1.59	3.18	外墙
		KL3（1）	11.32	0.25	0.25	4	m^3	0.71	2.84	
		混凝土连续梁 LL（5）	22.32	0.25	0.25	1	m^3	1.4	1.4	
3	T0201-09	现浇混凝土过梁 C30							1.66	
		GL1	1.7	0.24	0.18	18	m^3	0.07	1.26	外墙
		YP1	2	0.4	0.2	1	m^3	0.16	0.16	外墙
		YP2	2.5	0.4	0.24	1	m^3	0.24	0.24	外墙
4		现浇零星混凝土构件							16.95	
	T0201-09	YP1 雨篷板	1.6	1.26	0.09	1	m^3	0.18	0.18	
		YP2 雨篷板	2.1	1.56	0.11	1	m^3	0.36	0.36	
		檐口								
		三角形	73.49	0.86	0.362	1	m^3	22.88	11.44	
		下边小矩形	77.68	0.1	0.1	1	m^3	0.78	0.78	
		上边不规则块	77.68	0.3	0.18	1	m^3	4.19	4.19	
5	T0201-08	现浇混凝土屋面板支柱 C30	0.2	0.2	2.17	4	m^3	0.09	0.36	
6	T0201-08	现浇混凝土屋面板 C30							38.1	
		屋面梁	12.15	0.2	0.25	4	m^3	0.61	2.44	
		屋面板								
		四坡	7.02	6.7	0.1	4	m^3	4.7	18.8	

续表

序号	图号编号	单位工程名称	长（m）	宽（m）	深或高（m）	个数	计量单位	单个工程量	合计工程量	备注
		两坡	12	7.02	0.1	2	m^3	8.43	16.86	
五		楼地面工程量计算								
1		墙身水泥砂浆防潮层	70.24	0.24	1	1	m^2	16.86	16.86	
2		地面铺面砖							102.43	
		地面面积							263.99	
		地沟面积							161.56	
		断面 22 顶板	42.8	2.24	1	1	m^2	95.87	95.87	
		断面 2a2a 顶板	8.8	2.74	1	1	m^2	24.11	24.11	
		断面 44 顶板	37.8	1.1	1	1	m^2	41.58	41.58	
3		地面回填土	102.43	0.1	1	1	m^3	10.24	10.24	
4		地面铺设 80mm 厚碎石	102.43	0.08	1	1	m^3	8.19	8.19	
5		地面 100mm 厚 C10 混凝土垫层	102.43	0.1	1	1	m^3	10.24	10.24	
6		沟道地面上有机玻璃盖板	0.8	0.6	1	12	m^2	0.48	5.76	
7		面砖踢脚线							71.78	
			69.28	1	1	1	m	69.28	69.28	
		扣门	–2.5	1	1	1	m	–2.5	–2.5	
		增加门侧壁	0.05	1	1	4	m	0.05	0.2	
		增加柱侧壁	0.4	1	1	12	m	0.4	4.8	
8		混凝土散水 80mm 厚	73.98	1.8	1	1	m^2	133.16	133.16	
9		200mm 厚砂垫层	78.88	1.8	0.2	1	m^3	28.4	28.4	
10		散水填沥青麻丝	93.18	1	1	1	m	93.18	93.18	
11		台阶铺砌条石	4.9	1.8	0.3	1	m^3	2.65	2.65	
六		屋面工程量计算								
1		基层水泥砂浆找平层					m^2		359.74	
		四坡	7.14	6.6	1	4	m^2	47.11	188.44	
		两坡	12	7.14	1	2	m^2	85.65	171.3	
2		聚苯乙烯泡沫塑料板 100mm 厚保温					m^3		35.97	
3		保温层上水泥砂浆找平层					m^2		365.82	
		四坡	7.2	6.7	1	4	m^2	48.25	193	
		两坡	12	7.2	1	2	m^2	86.41	172.82	
4		铺聚乙烯薄膜					m^2		365.82	
5		水泥砂浆卧瓦层					m^2		374.66	
			7.26	6.9	1	4	m^2	50.1	200.4	
			12	7.26	1	2	m^2	87.13	174.26	

续表

序号	图号编号	单位工程名称	长（m）	宽（m）	深或高（m）	个数	计量单位	单个工程量	合计工程量	备注
6		钢筋网	0.22	1	4	375	kg	0.89	333.45	
7		铺红色陶瓷瓦							374.66	
七		墙体工程量计算								
1		60mm 厚苯板外墙							13.39	
			71.44	3.65	0.06	1	m^3	15.65	15.65	
		扣门窗	37.65	1	–0.06	1	m^3	–2.26	–2.26	
2		240 厚砌砖外墙							40.25	
			70.24	3.15	0.24	1	m^3	53.1	53.1	
		扣门窗	37.65	1	–0.24	1	m^3	–9.04	–9.04	
		扣过梁							1.66	
		扣混凝土柱							–5.47	
3		白钢隔断墙							9.15	
			4.1	3	1	1	m^2	12.3	12.3	
		扣门							–3.15	
八		装饰工程量计算								
1		轻钢龙骨天棚吊顶					m^2		263.99	
2		天棚矿面板吊顶					m^2		263.99	
3		内墙抹混合砂浆					m^2		184.59	
			69.28	3	1	1	m^2	207.84	207.84	
		扣门窗							–37.65	
		柱侧壁抹灰	0.4	3	1	12	m^2	1.2	14.4	
4		内墙刷白色乳胶漆					m^2		184.59	
5		内窗台抹灰	1.2	0.36	1	18	m^2	0.43	7.74	
6		外墙灰色墙砖					m^2		63.73	
			71.68	0.9	1	1	m^2	64.51	64.51	
		扣门	–2.5	0.6	1	1	m^2	–1.5	–1.5	
		增加门侧壁	0.8	0.9	1	1	m^2	0.72	0.72	
7		外墙涂料					m^2		160.97	
			71.68	2.75	1	1	m^2	197.12	197.12	
		扣门	–2.5	1.5	1	1	m^2	–3.75	–3.75	
		扣窗					m^2		–32.4	
8		外墙挂钢丝网					m^2		223.98	
9		外墙抹水泥砂浆					m^2		223.98	
10		其他项目抹水泥砂浆					m^2		109.11	
		雨篷板底抹灰					m^2			
		YP1 雨篷板投影面积	1.6	1.2	1	1	m^2	1.92	1.92	
		YP1 雨篷板侧面面积	4	0.09	1	1	m^2	0.36	0.36	

续表

序号	图号编号	单位工程名称	长（m）	宽（m）	深或高（m）	个数	计量单位	单个工程量	合计工程量	备注
		YP2 雨篷板投影面积	2.1	1.5	1	1	m^2	3.15	3.15	
		YP2 雨篷板侧面面积	5.1	0.11	1	1	m^2	0.56	0.56	
		外墙窗台抹灰	1.5	0.15	1	18	m^2	0.23	4.14	
		檐口抹灰					m^2			
		檐板投影面积	75.28	0.9	1	1	m^2	67.75	67.75	
		檐板侧面面积	78.08	0.4	1	1	m^2	31.23	31.23	
		零星项目刷涂料					m^2		109.11	
九		其他项目								
1		砌体加固钢筋					kg		148	
2		铁件用量					kg		1534	
3		钢筋用量　10 以内					t		14.81	
4		钢筋用量　10 以外					t		6.96	
5		外露铁件刷防锈漆					t		0.06	
6		外露铁件刷调和漆					t		0.06	
7		沟道外露铁件喷锌					t		0.82	
8		综合脚手架					m^3		1322.99	
9		垂直运输					m^3		1322.99	

附表 6　220kV 保护小室施工图预算钢筋工程量计算表

序号	构件名称	图纸号	钢筋编号	直径	每米重量	长度（m）	根数（个）	构件数量（个）	重量（kg）	搭接量（kg）	小计（kg）	备注
1	柱插筋	T0201-06									411	计算到−0.4m
	KZ1			20	2.47	0.95	10	12	282	11	293	
	KZ2			20	2.47	0.95	12	4	113	5	118	
2	基础梁	T0201-05									1201	
	断面 11		主筋	16	1.58	4.44	6	6	253	10	263	
			箍筋	8	0.395	1.292	24	6	73	3	76	
	断面 22											
	梁长 4.8m		主筋	16	1.58	5.44	8	2	138	6	144	
			箍筋	8	0.395	1.292	31	2	32	1	33	
	梁长 4.5m		主筋	16	1.58	5.14	8	6	390	16	406	
			箍筋	8	0.395	1.292	29	6	89	4	93	
	梁长 5.1m		主筋	16	1.58	5.74	8	2	145	6	151	
			箍筋	8	0.395	1.292	33	2	34	1	35	
3	框架柱										1640	
	KZ1		主筋	20	2.47	3.8	10	12	1126	45	1171	
			箍筋	8	0.395	1.592	177	1	111	4	115	
	KZ2		主筋	20	2.47	3.8	12	4	451	18	469	
			箍筋	8	0.395	1.592	177	1	111	4	115	
4	墙体拉结筋			6	0.222	2.475	16	16	142	6	148	
5	梁										8150	
	LL 梁	T0201-07									331	
			主筋	20	2.47	25.2	4	1	249	10	259	锚固长综合计算
			箍筋	8	0.395	0.992	177	1	69	3	72	
	KL1 梁	T0201-07									2982	
			主筋	16	1.58	24.44	8	2	618	25	643	锚固长综合计算
			腰筋	12	0.888	23.9	2	2	85	3	88	
			腰箍筋	8	0.395	0.298	144	2	34	1	35	
			箍筋	8	0.395	1.689	144	2	192	8	200	
	KL2 梁	T0201-07									1710	
			主筋	16	1.58	12.44	6	2	236	9	245	锚固长综合计算
			腰筋	12	0.888	11.9	2	2	42	2	44	

续表

序号	构件名称	图纸号	钢筋编号	直径	每米重量	长度（m）	根数（个）	构件数量（个）	重量（kg）	搭接量（kg）	小计（kg）	备注
			腰箍筋	8	0.395	0.298	69	2	16	1	17	
			箍筋	8	0.395	1.689	69	2	92	4	96	
	KL3 梁	T0201-07									782	
			主筋	20	2.47	12.8	4	4	506	20	526	锚固长综合计算
			箍筋	8	0.395	0.992	73	4	115	5	120	
6	屋面柱	T0201-08									68	
			主筋	14	1.21	2.87	4	4	56	2	58	
			箍筋	8	0.395	0.732	8	4	10	0	10	
7	屋面梁	T0201-08									590	
			主筋	16	1.58	13.215	6	4	501	20	521	锚固长综合计算
			箍筋	8	0.395	1.032	40	4	66	3	69	
8	屋面板	T0201-08									6627	
	两坡		主筋	8	0.395	168.6	40	1	2664	107	2771	钢筋网综合计算
	四坡		主筋	8	0.395	188	40	1	2989	120	3109	钢筋网综合计算
			屋脊处锚固	8	0.395	0.868	1813	1	621	25	646	
	屋脊附加筋			10	0.617	2.57	61	1	97	4	101	
9	檐口	T0201-08									1023	
			端头主筋	8	0.395	77.8	9	1	277	11	288	加权长
			箍筋	6	0.222	1.4	388	1	121	5	126	
			分布筋	8	0.395	75	6	1	178	7	185	加权长
			锚固筋	8	0.395	2.76	374	1	408	16	424	加权长
10	沟道钢筋	T0201-10									7248	
	断面 22		底板	10	0.617	2.315	6.667	42.2	402	16	418	构件个数为沟道长
				8	0.395	1	26	42.2	433	17	450	构件个数为沟道长
			侧壁	8	0.395	1	14	42.2	233	9	242	构件个数为沟道长
			顶板	12	0.888	2.34	10	42.2	877	35	912	构件个数为沟道长
				8	0.395	1	19	42.2	317	13	330	构件个数为沟道长
			U 型钢筋	10	0.617	6.89	6.667	42.2	1196	48	1244	构件个数为沟道长

续表

序号	构件名称	图纸号	钢筋编号	直径	每米重量	长度（m）	根数（个）	构件数量（个）	重量（kg）	搭接量（kg）	小计（kg）	备注
	断面 22a		底板	10	0.617	2.815	6.667	8.8	102	4	106	构件个数为沟道长
				8	0.395	1	30	8.8	104	4	108	构件个数为沟道长
			侧壁	8	0.395	1	14	8.8	49	2	51	构件个数为沟道长
			顶板	12	0.888	2.84	10	8.8	222	9	231	构件个数为沟道长
				8	0.395	1	21	8.8	73	3	76	构件个数为沟道长
			U 型钢筋	10	0.617	7.39	6.667	8.8	267	11	278	构件个数为沟道长
	断面 44		底板	10	0.617	1.175	6.667	39.3	190	8	198	构件个数为沟道长
				8	0.395	1	14	39.3	217	9	226	构件个数为沟道长
			侧壁	10	0.617	1	14	39.3	339	14	353	构件个数为沟道长
			顶板	10	0.617	1.175	10	39.3	285	11	296	构件个数为沟道长
				8	0.395	1	11	39.3	171	7	178	构件个数为沟道长
			U 型钢筋	10	0.617	5.35	6.667	39.3	865	35	900	构件个数为沟道长
	电缆沟出口			10	52.595	1	1	5	263	11	274	综合计算
	洞口加强筋											
				12	0.888	2.24	8	12	191	8	199	
				12	0.888	1	4	12	43	2	45	
	板面钢筋			6	0.222	1	11	42	103	4	107	
				6	0.222	1	13	8.8	25	1	26	
11	过梁	T0201-09									196	
			主筋	14	1.21	1.825	3	18	119	5	124	
			架力筋	10	0.617	1.775	2	18	39	2	41	
			箍筋	6	0.222	0.739	10	18	30	1	31	
12	雨篷	T0201-09									83	
		YP1 梁	主筋	12	0.888	2.1	3	1	6	0	6	
			架力筋	10	0.617	2.075	3	1	4	0	4	
			箍筋	6	0.222	1.179	12	1	3	0	3	
		YP1 板	主筋	10	0.617	1.808	12	1	13	1	14	
			分布筋	6	0.222	1.6	7	1	2	0	2	

续表

序号	构件名称	图纸号	钢筋编号	直径	每米重量	长度（m）	根数（个）	构件数量（个）	重量（kg）	搭接量（kg）	小计（kg）	备注
		YP2 梁	主筋	14	1.21	2.625	3	1	10	0	10	
			架力筋	10	0.617	2.575	3	1	5	0	5	
			箍筋	6	0.222	1.179	14	1	4	0	4	
		YP2 板	主筋	10	0.617	2.128	23	1	30	1	31	
			分布筋	6	0.222	2.1	9	1	4	0	4	
	合计								20 968	842	21 810	
	其中：	砌体钢筋							142	6	148	
		Φ10 以外							6659	267	6926	
		Φ10 以内							14 167	569	14 736	

扫一扫看附录A高清图

附录 A　燃气电厂总平面布置图

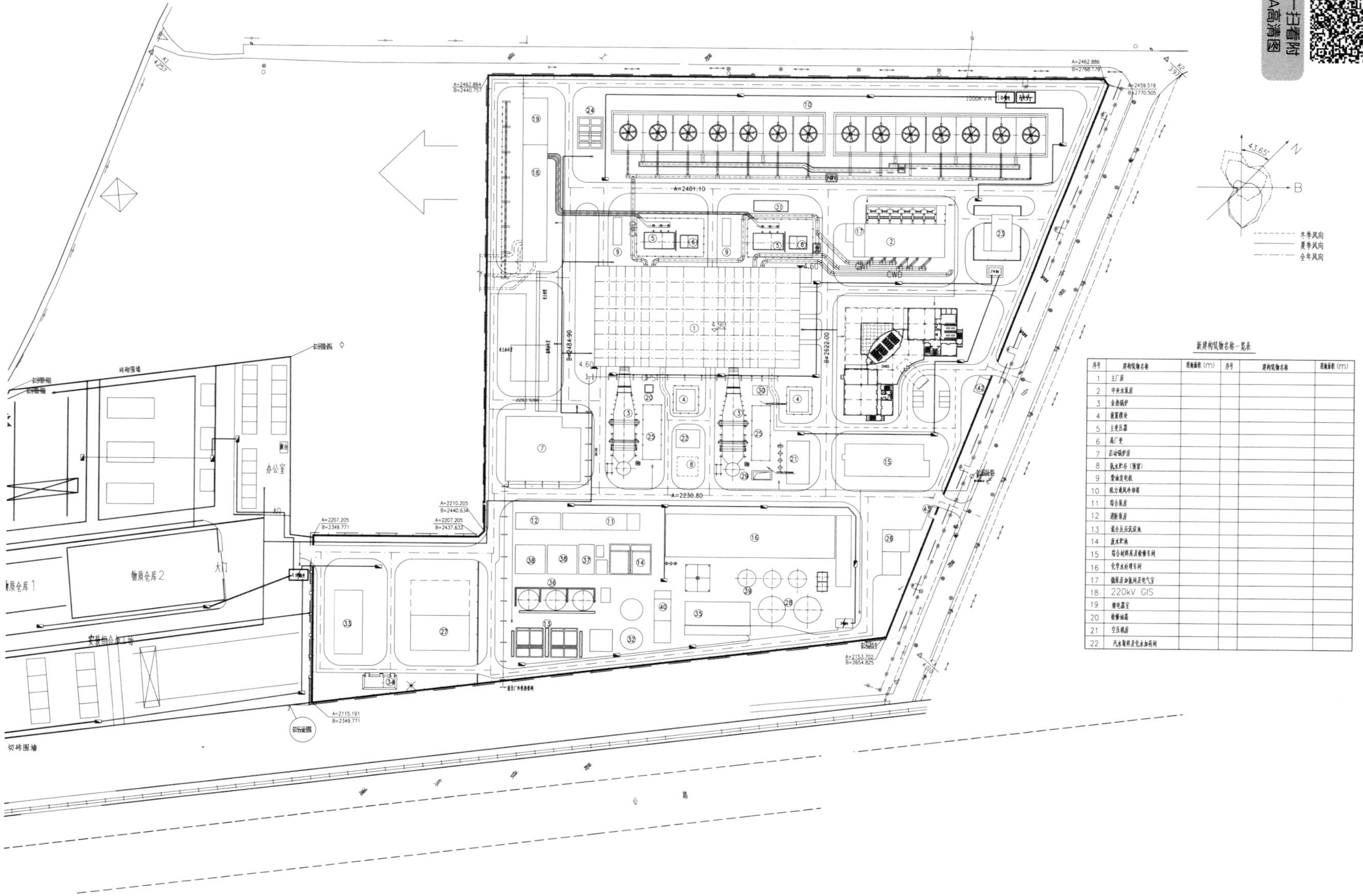

图 A-1　燃气电厂总平面布置图

扫一扫看附录B高清图

附录B 主厂房图

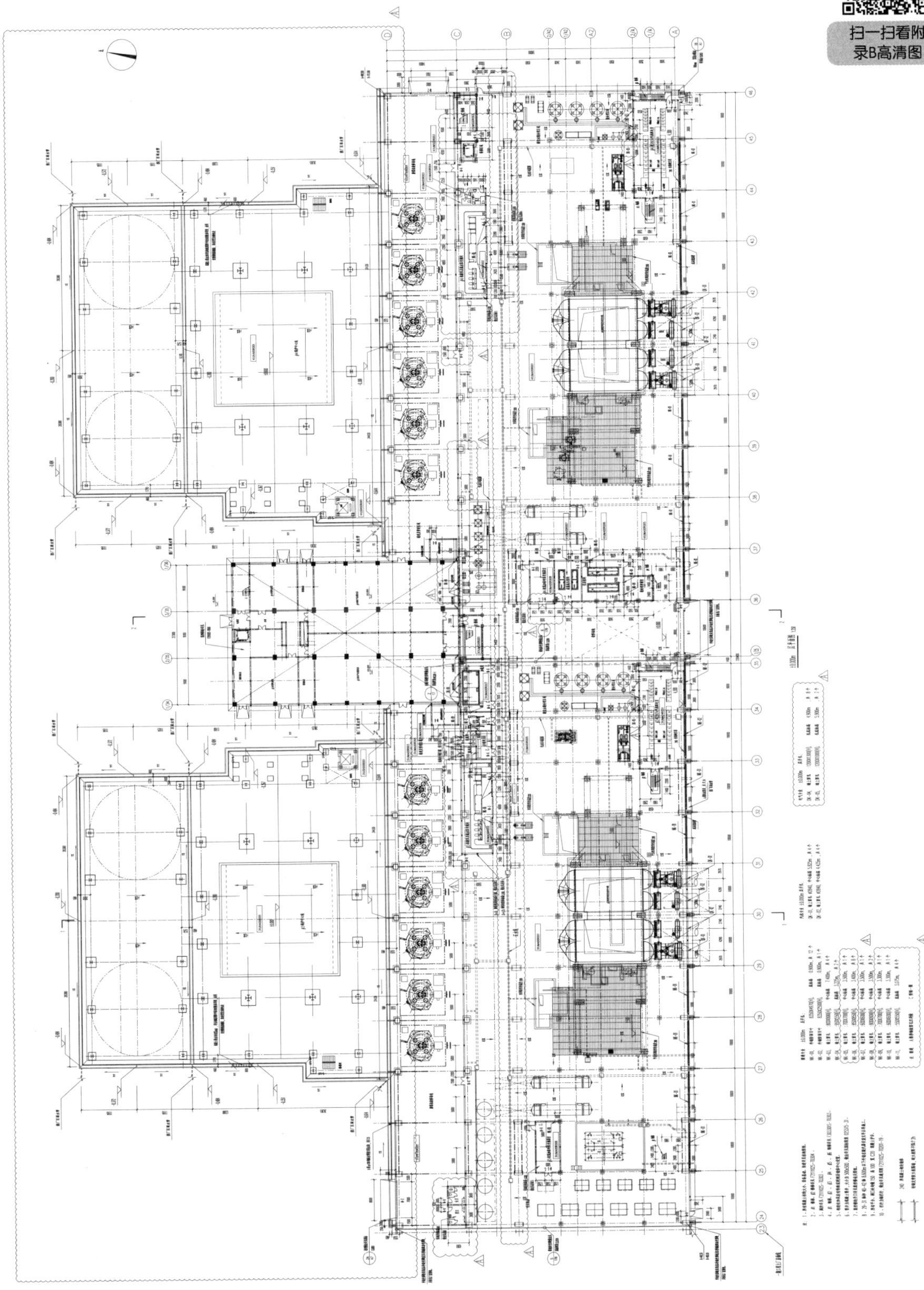

图B-1 主厂房±0.000m

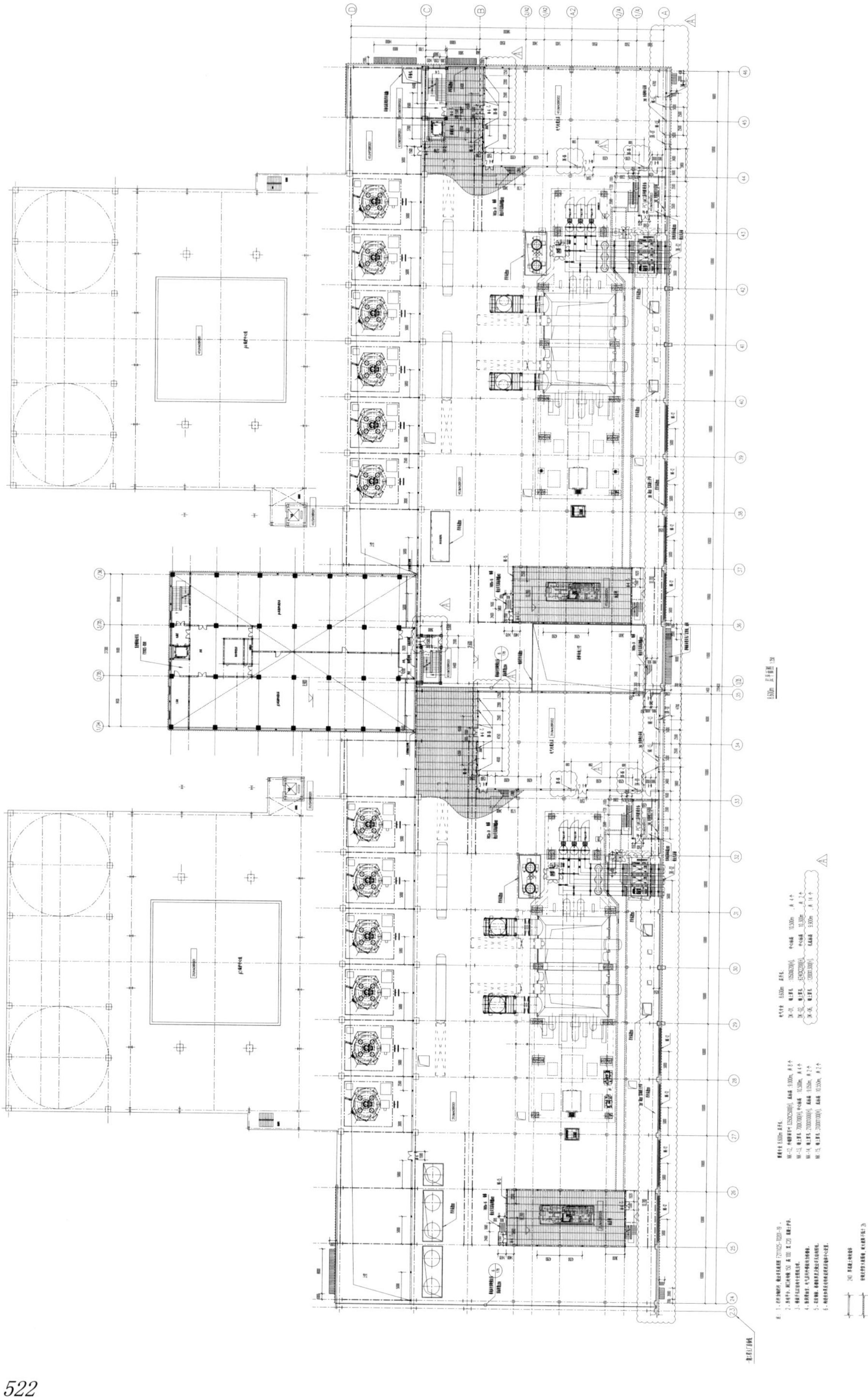

图B-2 主厂房 8.600m

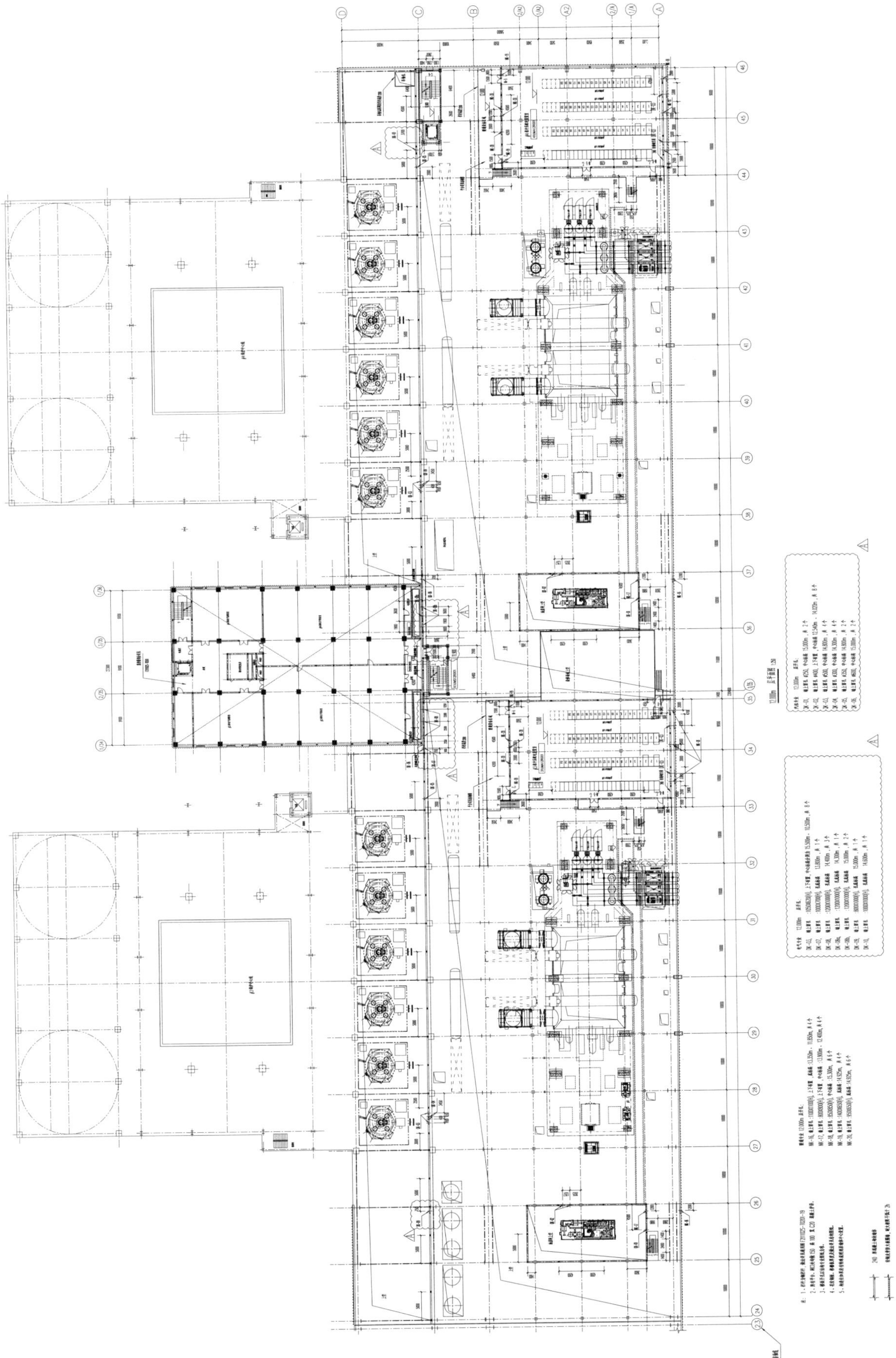

图 B-3 主厂房 12.000m

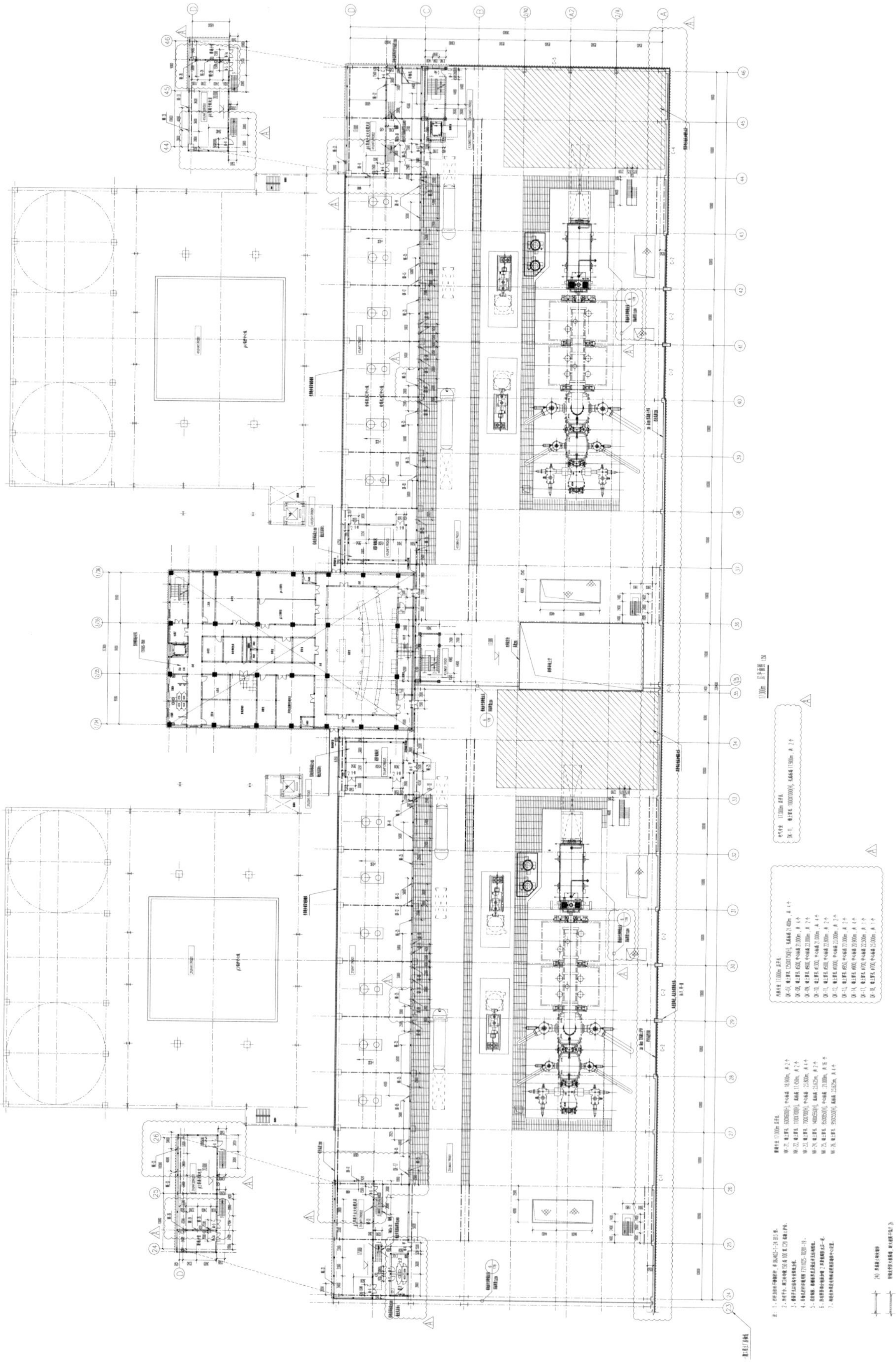

图 B-4　主厂房 17.000m

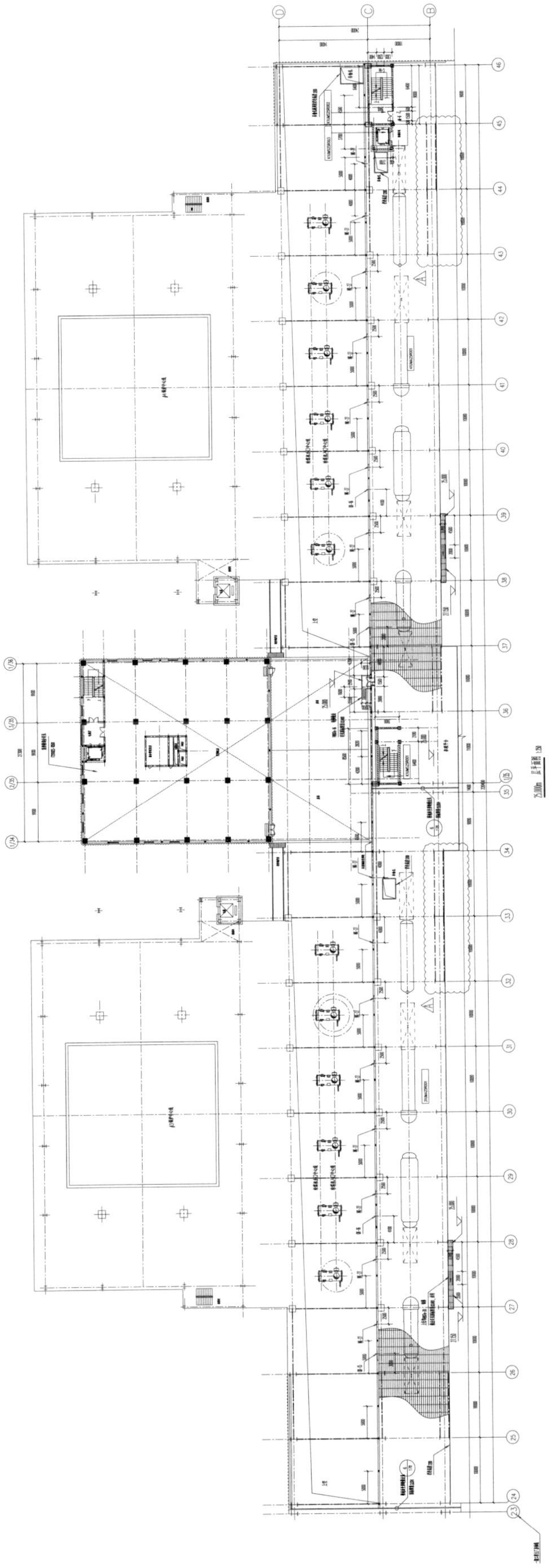

图 B-5　主厂房 25.000m 格栅

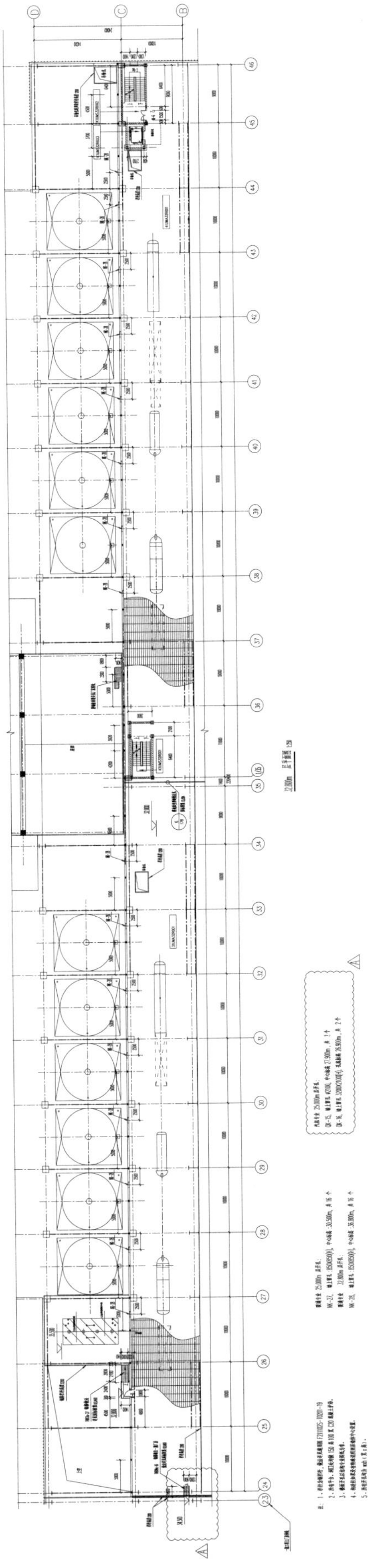

图 B-6　主厂房 32.800m 格栅

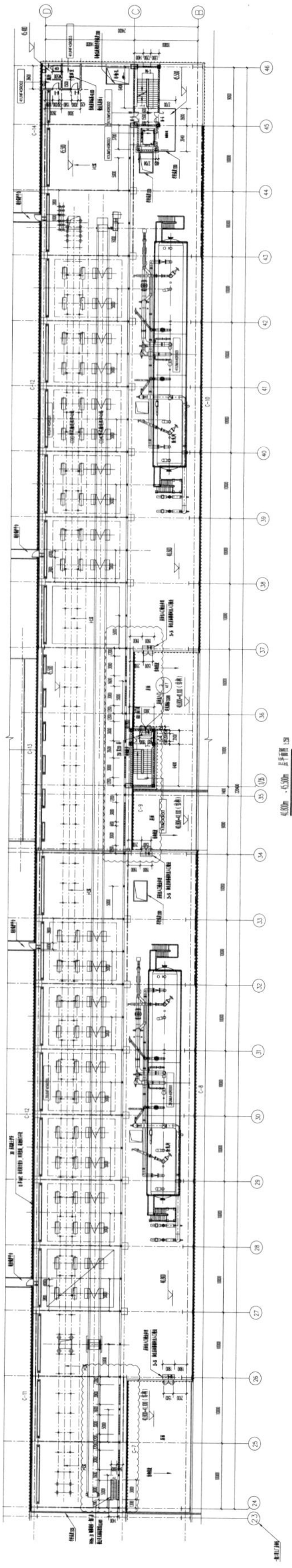

图 B-7 主厂房 40.800m 混凝土

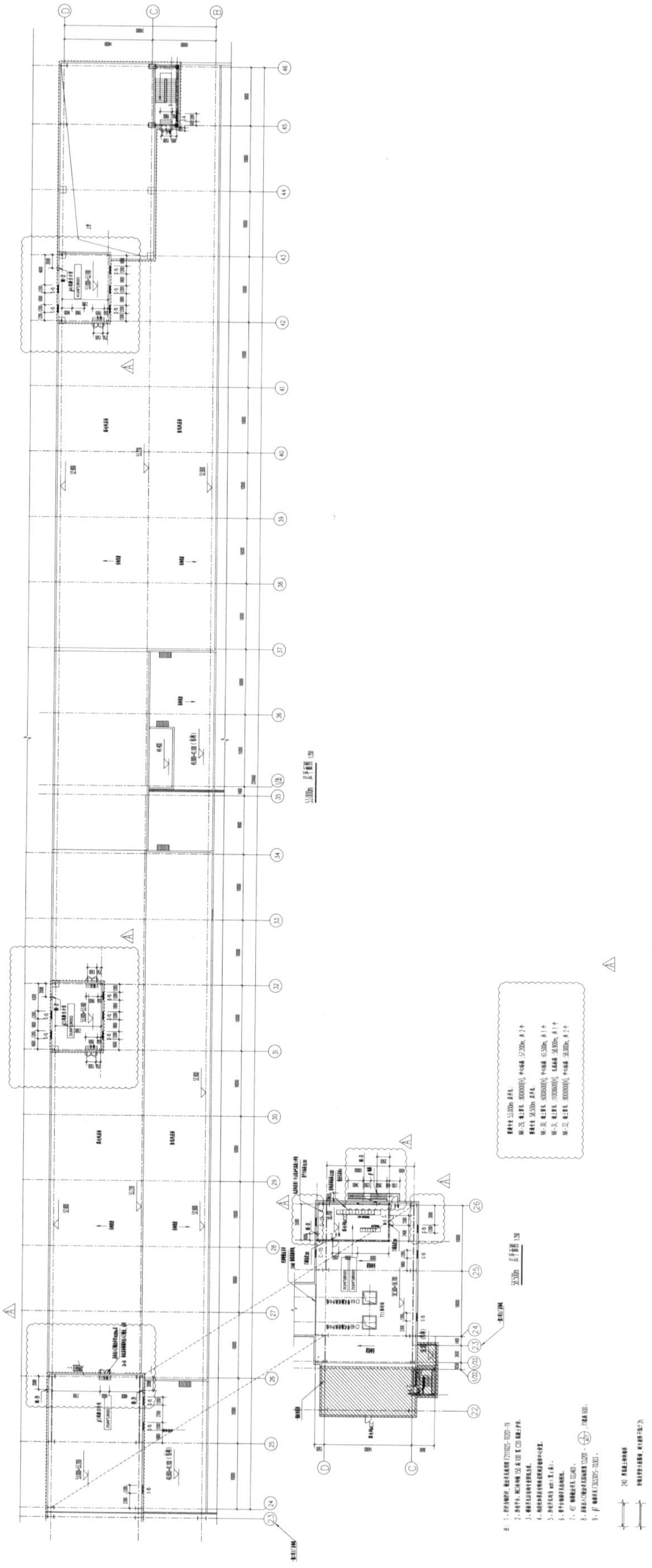

图 B-8 主厂房 45.500m 和 53.000m

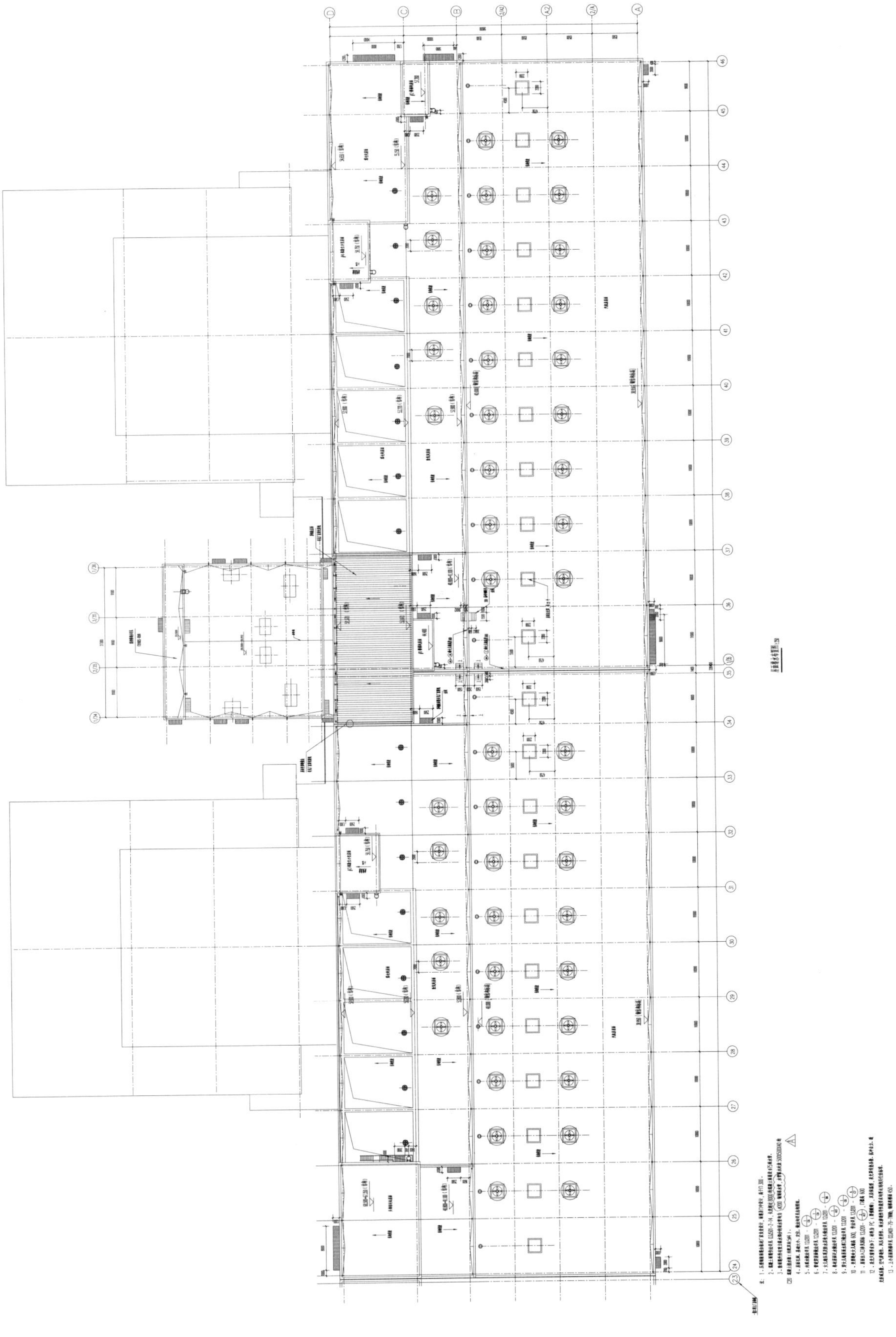

图 B-9　主厂房屋面排水布置图

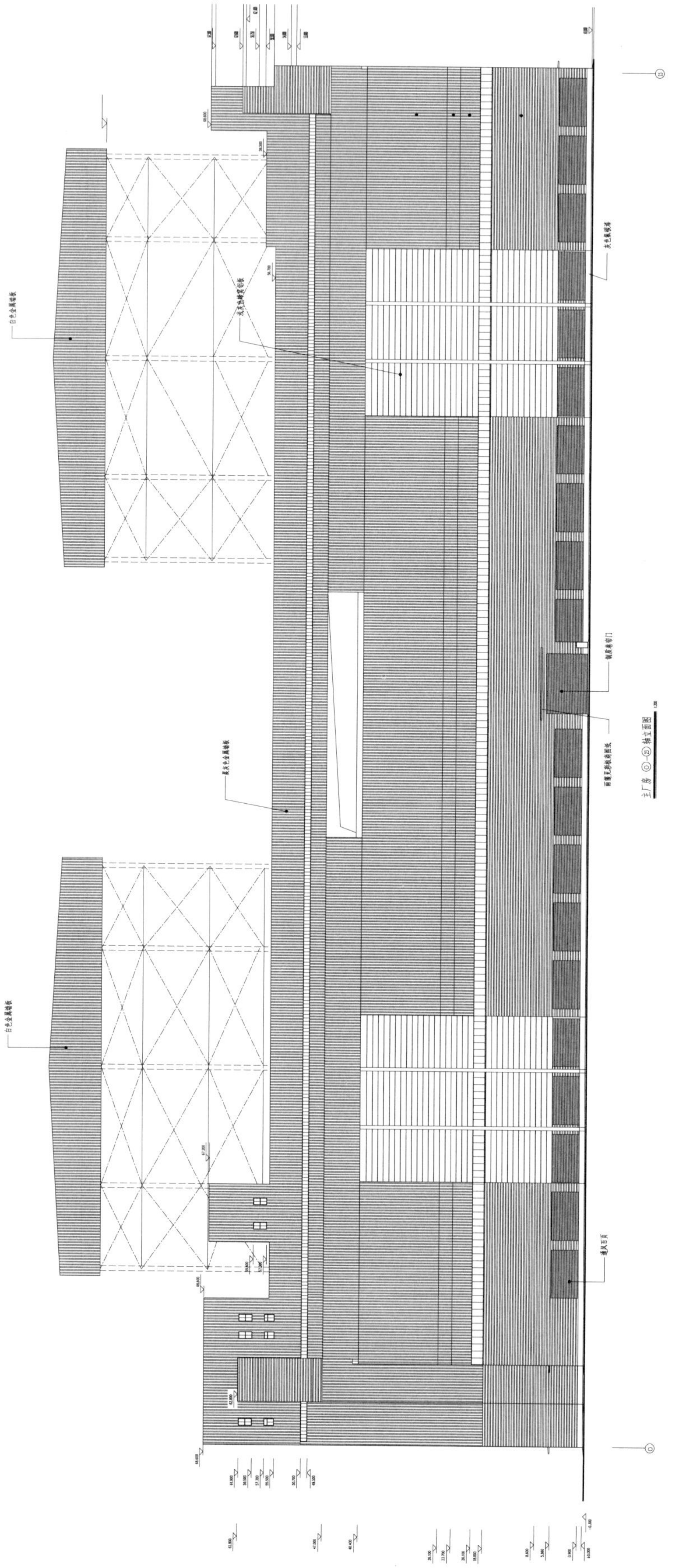

图 B-10　主厂房⓪—㉓轴立面图

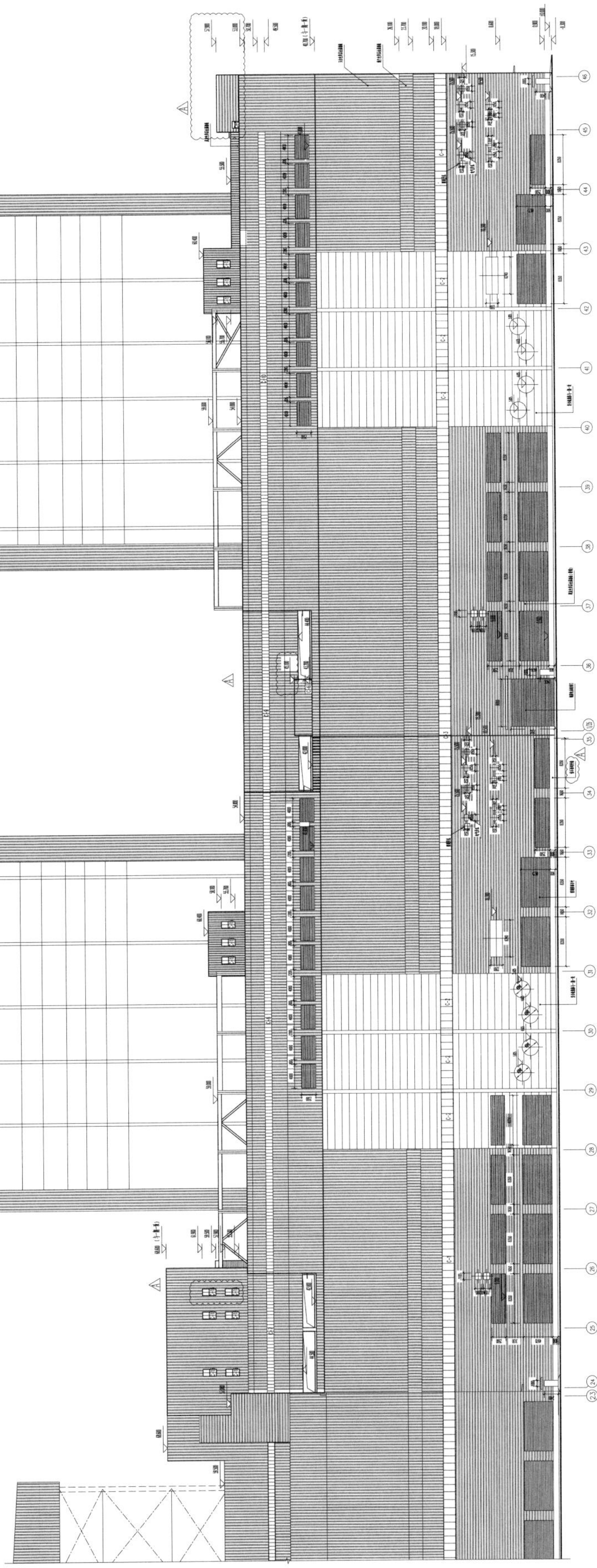

图B-11 主厂房㉔—㊻轴立面图

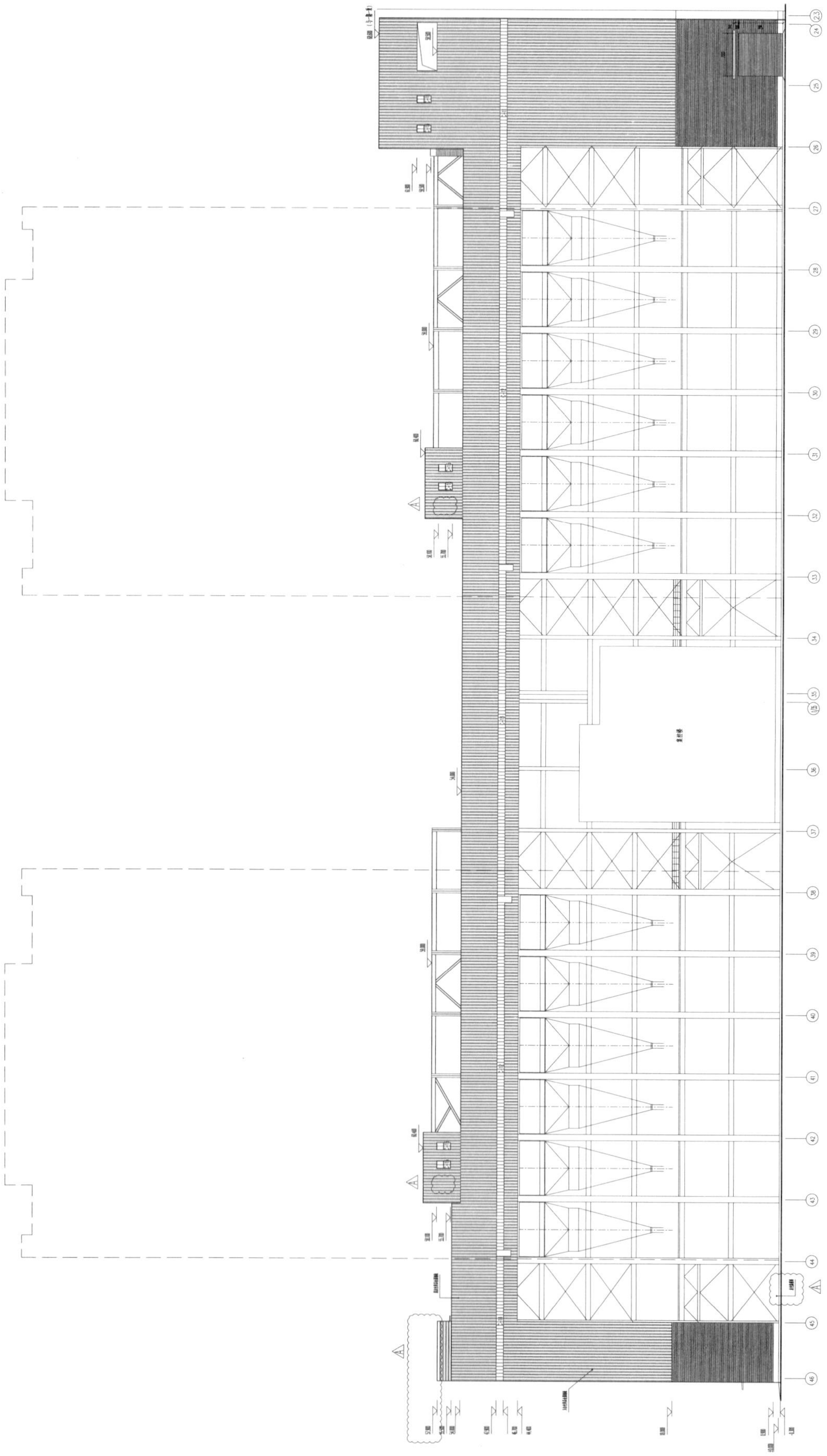

图 B-12 ㊻—㉔轴立面图

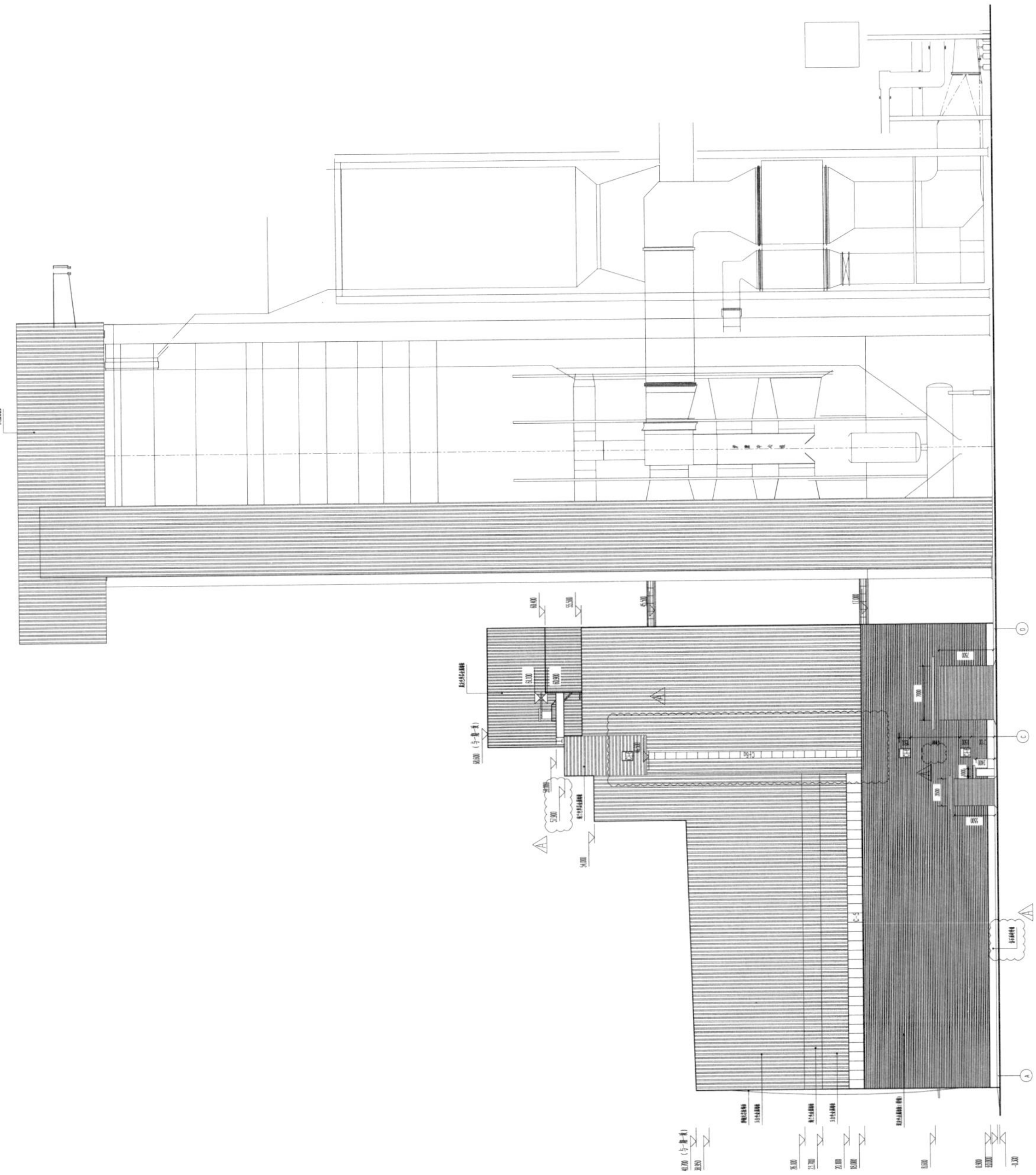

图 B-13 Ⓐ—Ⓓ轴立面图

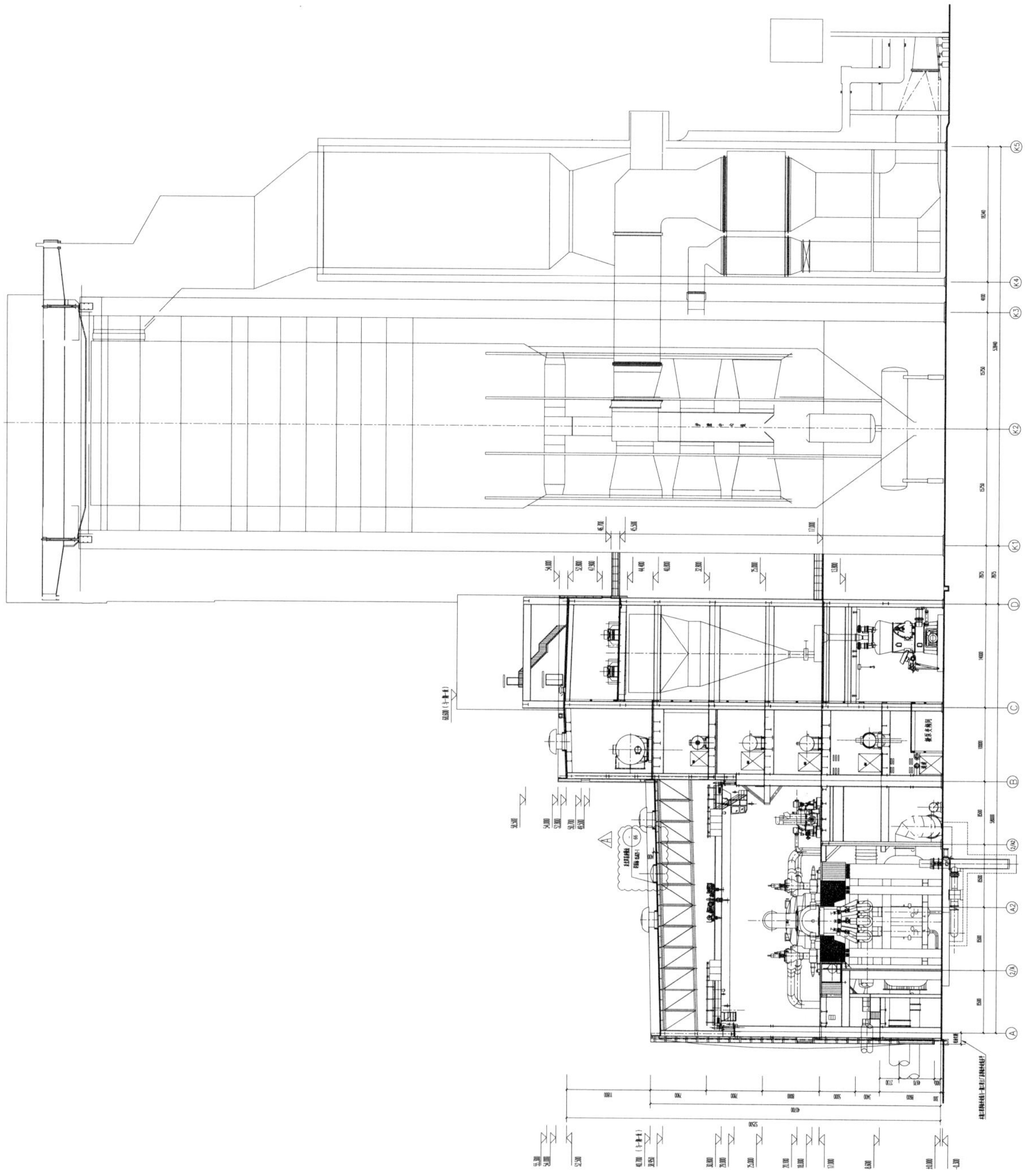

图 B-14　1—1 剖面图

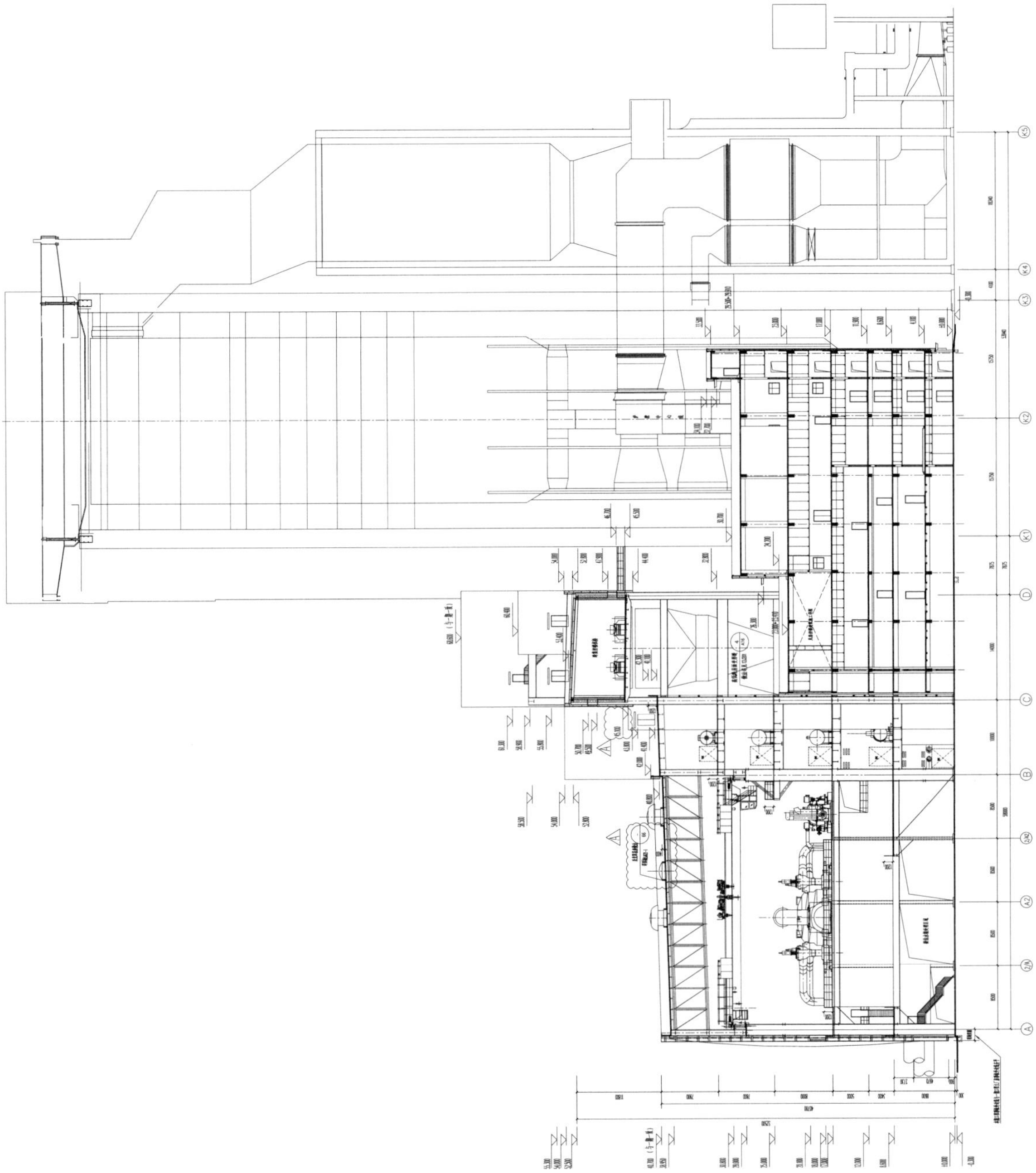

图 B-15　2—2 剖面图

工程做法

一、地面

地面1：环氧自流平地面

1）1~2厚环氧自流平

2）环氧底涂一道

3）6~8厚水泥基自流平一道

4）水泥基自流平界面剂两道

5）40厚C25细石混凝土，随打随抹光，强度达标后，表面打磨处理

6）100厚C20混凝土垫层（内配ø8@300钢筋网）

7）150厚碎石灌M2.5混合砂浆，振捣密实

8）素土夯实

地面2：地面垫层为200厚C25混凝土垫层（内配ø8@200钢筋网），其他做法同地面1

地面3：1）3厚防静电环氧砂浆

2）环氧打底料一道

3）40厚C25细石混凝土，随打随抹光，强度达标后，表面打磨处理

4）素水泥浆一道（内掺建筑胶）

5）80厚C15混凝土垫层

6）150厚碎石灌M2.5混合砂浆，振捣密实

7）素土夯实

地面4：防腐花岗岩地面

1）50厚花岗岩石板用环氧沥青胶泥铺砌，缝宽2~3

2）3~5厚沥青胶泥结合层

3）两层沥青玻璃布油毡，用沥青胶泥黏贴隔离层

4）20厚1：3水泥砂浆

5）素水泥浆一道（内掺建筑胶）

6）100厚C20钢筋混凝土垫层（内配ø8@300钢筋网）

7）150厚碎石灌M2.5混合砂浆，振捣密实

8）素土夯实

地面5：玻化砖地面

1）8~10厚米色玻化砖（600x600），干水泥擦缝

2）30~40厚1：3干硬性水泥砂浆结合层，表面撒水泥粉

3）素水泥浆一道（内掺建筑胶）

4）100厚C20钢筋混凝土垫层（内配ø8@300钢筋网）

5）150厚碎石灌M2.5混合砂浆，振捣密实

6）素土夯实

地面6：防滑地砖地面

1）完成面比相邻地面低20

2）中灰色防滑地砖（300x300），干水泥擦缝

3）1：3干硬性水泥砂浆结合层兼找坡层，按0.5%坡度向地漏找坡，表面撒水泥粉，最薄处20厚

4）2厚聚氨酯防水涂料一道，翻起450mm

5）素水泥浆一道（内掺建筑胶）

6）100厚C20钢筋混凝土垫层（内配ø8@300钢筋网）

7）150厚碎石灌M2.5混合砂浆，振捣密实

8）素土夯实

二、楼面

楼面1：自流平环氧耐磨楼面

1）1~2厚环氧自流平

2）环氧底涂一道

3）6~8厚水泥基自流平一道

4）水泥基自流平界面剂两道

5）40厚C25细石混凝土，随打随抹光，强度达标后，表面打磨处理

6）素水泥浆一道（内掺建筑胶）

7）钢筋混凝土现浇板

楼面2：1）3厚防静电环氧砂浆

2）环氧打底料一道

3）40厚C25细石混凝土，随打随抹光，强度达标后，表面打磨处理

4）素水泥浆一道（内掺建筑胶）

5）钢筋混凝土现浇板

楼面3：耐油细石混凝土楼面

1）40厚C25耐油细石混凝土面层（内配ø6@250双向钢筋网）随打随抹光，强度达标后进行表面打磨

2）1.5厚聚氨酯防油层

3）素水泥浆一道（内掺建筑胶）

4）钢筋混凝土现浇板

楼面4：玻化砖楼面

1）8~10厚米色玻化砖（600x600），干水泥擦缝

2）30~40厚1：3干硬性水泥砂浆结合层，表面撒水泥粉

3）素水泥浆一道（内掺建筑胶）

4）钢筋混凝土现浇板

楼面5：防滑地砖楼面

1）完成面比相邻楼地面低20

2）中灰色防滑地砖（400x400），干水泥擦缝

3）1：3干硬性水泥砂浆结合层兼找坡层，按0.5%坡度向地漏找坡，表面撒水泥粉，最薄处20厚

4）2厚聚氨酯防水涂料一道，翻起450mm

5）素水泥浆一道（内掺建筑胶）

6）钢筋混凝土现浇板

楼面6：彩色橡胶卷材楼面

1）3厚以上橡胶卷材

2）卷材地坪用专用胶粘剂粘贴

3）40厚C25细石混凝土面层（内配ø6@250双向钢筋网）

4）素水泥浆一道（内掺建筑胶）

5）钢筋混凝土现浇板

楼面7：在素水泥浆与细石混凝土面层之间加设2厚聚氨酯防水层一道，其他做法同楼面1（电气设备用房上方楼面）

三、顶棚

顶棚1：压型钢板顶棚

压型钢板底模

顶棚2：乳胶漆

1）现浇钢筋混凝土楼板

2）15厚1：1：4混合砂浆粉刷

3）腻子批嵌平整

4）中级灰白色内墙乳胶漆一底两面

顶棚3：金属吊顶

1）现浇钢筋混凝土楼板

2）轻钢龙骨600X600铝合金方板金属吊顶（0.7厚铝本色）

顶棚4：钢格栅顶

钢格栅板

顶棚5：金属吊顶（卫生间）

1）现浇钢筋混凝土楼板

2）轻钢龙骨150宽铝合金条形扣板（0.7厚铝本色）

顶棚6：腻子顶（电气设备室）

1）现浇钢筋混凝土楼板

2）素水泥浆一道甩毛（内掺建筑胶）

3）3厚底基防裂腻子分遍刮平

4）2厚面层耐水腻子刮平

注：

注：所有吊项均为不上人吊项。U型大龙骨D38，C型次龙骨38，可采用与吊项相配套龙骨产品，执行标准《建筑用轻钢龙骨》（GB/T11981-2001），参考图集《内装修》（J502-1~3）。吊筋采用ø8钢筋，在不破坏钢结构强度的前提下，吊筋可以采用膨胀螺栓与楼板固定。

四、内墙面

内墙面1：乳胶漆

1）白色内墙乳胶漆或耐酸涂料一底二面

2）腻子批嵌平整

3）20厚1：1：4混合砂浆打底、粉面

4）混凝土多孔砖墙体

内墙面2：面砖

1）浅灰色面砖（200x400）

2）3厚陶瓷砖粘合剂结合层

3）10厚1：2水泥砂浆粉面

4）10厚1：3水泥砂浆打底

5）混凝土多孔砖墙体

内墙面3：浅灰色防腐面砖（200x400），其他做法同内墙面2

室内装修一览表

楼层	范围(房间名称)	楼地面	踢脚、墙裙	内墙面	顶棚	备注
±0.000m	汽机房、除氧间、煤仓间	地面1	150高，做法同地面 锅炉房墙裙高2000	内墙面1	顶棚4	内墙遇压型钢板处不作处理
	检修场地	地面2		内墙面1	顶棚4	
	锅炉房	地面1		内墙面2		
	#3机、#4机低加闭冷泵变频器室#3机、#4机凝泵及疏水泵变频间	地面3		内墙面1	顶棚6	
	氧瓶间、氨瓶间、加氧间、加氨间、高温高压架间	地面1		内墙面1	顶棚2	
	分析间	地面5		内墙面1	顶棚3(净高4.5m)	
	精处理控制室	地面5		内墙面1	顶棚3(净高3.0m)	
	仪表架间	地面5		内墙面1	顶棚3(净高3.9m)	A
	凝结水精处理区域	地面4	防腐瓷砖贴至窗台，上刷防腐涂料	内墙面3	顶棚4	
	男、女厕所	楼面6		内墙面2(至吊顶上200)	顶棚5(净高3m)	
4.300m(夹层)	#3机、#4机380V汽机配电室	楼面2	150高，做法同地面	内墙面1	顶棚6	
8.600m	汽机房、除氧间	钢格栅楼面见结构专业图纸		内墙面1	顶棚2	
	油房间	楼面3	150高，做法同地面	内墙面1	顶棚2	
	电气电缆夹层	楼面2		内墙面1	顶棚6	
	PC\MCC房间暖通设备	楼面7		内墙面1	顶棚2	
12.000m(夹层)	#3机、#4机中压配电装置室	楼面2	150高，做法同地面	内墙面1	顶棚6	
17.000m	汽机房、除氧间	楼面6	150高，做法同地面	内墙面1	顶棚1	
	煤仓间	楼面1		内墙面1	顶棚2	
	#3、#4等离子点火电缆夹层#3、#4等离子配电室	楼面2		内墙面1	顶棚6	
	暖通小室	楼面7		内墙面1	顶棚2	
	消防钢瓶间	楼面1		内墙面1	顶棚2	
25.000m	加热器平台	钢格栅楼面见结构专业图纸		内墙面1	顶棚4	
32.800m	除氧器平台	钢格栅楼面见结构专业图纸		内墙面1	顶棚2	
40.800m	除氧器平台	楼面2	150高，做法同地面	内墙面1	顶棚2	
45.500m	煤仓间皮带层	楼面1	150高，做法同地面	内墙面1	顶棚2	
53.000m	#3机、#4机除尘小室	楼面1	150高，做法同地面	内墙面1	顶棚2	
	值班室	楼面4		内墙面1	顶棚3(净高3m)	
	厕所	楼面5		内墙面1	顶棚5(净高3m)	
58.700m	T11转运站	楼面1	150高，做法同地面	内墙面1	顶棚2	
	煤仓间MCC	楼面2		内墙面1	顶棚6	
楼梯间	楼梯平台、梯段踏步	地面5、楼面4	150高，做法同楼地面	内墙面1	顶棚2	成品配套防滑条

五、外墙

外墙1：氟碳外墙涂料

1）氟碳外墙涂料一底二面（颜色见立面图）

2）找平腻子层，共2厚

3）10厚1:2.5水泥砂浆粉面（内铺耐碱玻纤网）

4）10厚1:3水泥砂浆打底

5）刷素水泥浆一道（内掺水重5%的建筑胶）

6）混凝土多孔砖墙体

外墙2：仿石面砖外墙

1）浅灰色外墙仿石面砖 缝5（规格同一期工程）

2）3厚陶瓷砖粘合剂结合层

3）10厚1:2.5水泥砂浆粉面加耐碱玻纤网

4）10厚1:3水泥砂浆打底

5）混凝土多孔砖墙体

外墙3：彩色压型钢板

1）单层彩色压型钢板（具体范围见立面图）

2）高强热镀锌檩条

A

六、屋面：

屋面1：钢筋混凝土现浇屋面（结构找坡）

1）1.5厚三元乙丙橡胶防水卷材二道(带浅色涂料保护层)

2）40厚C20细石混凝土内配ø4@150双向

3）纤维布一层隔离层

4）25厚挤塑板保温(隔热)层

5）20厚1：3水泥砂浆找平层

6）现浇钢筋混凝土屋面板

屋面2：钢筋混凝土现浇屋面（建筑找坡）

1）1.5厚三元乙丙橡胶防水卷材二道(带浅色涂料保护层)

2）40厚C20细石混凝土内配ø4@150双向

3）纤维布一层隔离层

4）25厚挤塑板保温(隔热)层

5）20厚1：3水泥砂浆找平层

6）1：8水泥加气混凝土碎块找坡层最薄处30（建筑找坡i=2%）

7）现浇钢筋混凝土屋面板

屋面3：双层带保温压型钢板屋面，详见彩板供应商深化图纸

屋面4：钢筋混凝土现浇屋面（室内屋面不作处理）

屋面5：5）40厚C25细石混凝土，随打随抹光，强度达标后，表面打磨处理

6）2厚聚氨酯防水涂料一道

7）20厚1:3水泥砂浆找平层

8）钢筋混凝土现浇板

注 1.屋面压型钢板外板的厚度不低于0.53mm，内板厚不低于0.4mm，波高为30mm，屈服强度不低于550mPa(5600kg/cm)。

2.保温棉系统采用75mm厚带单面铝箔贴面玻璃纤维保温吸音棉、燃烧性能A级。

附录C　空　压　机　室

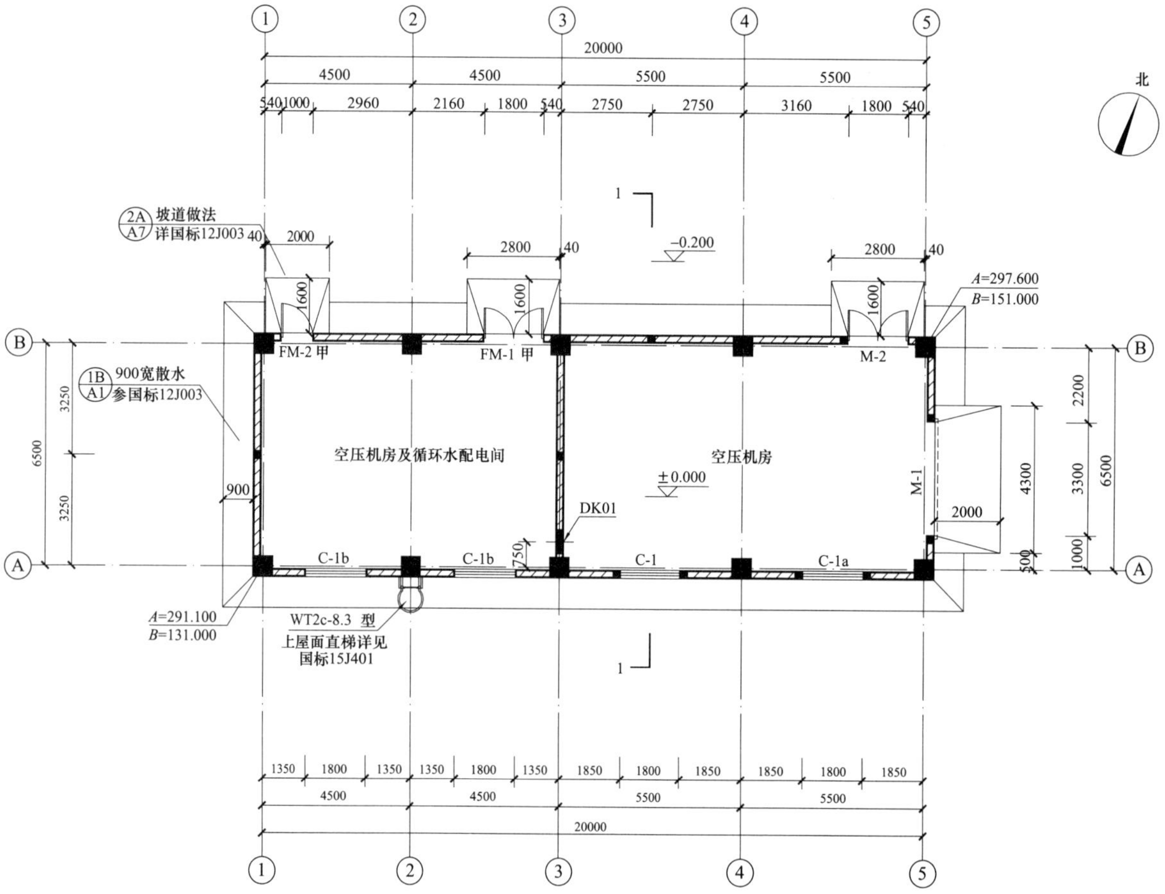

DK01——电气专业墙上留孔700×550(WxH)，底标高3.10m，共1个。

平面图 1:100

注：构造柱若无特殊说明，则居墙体中心布置。
所有配电间外门均需加挡鼠板，做法详见国标图集07J912-1 $\frac{-}{37}$

图C-1　空压机室平面图

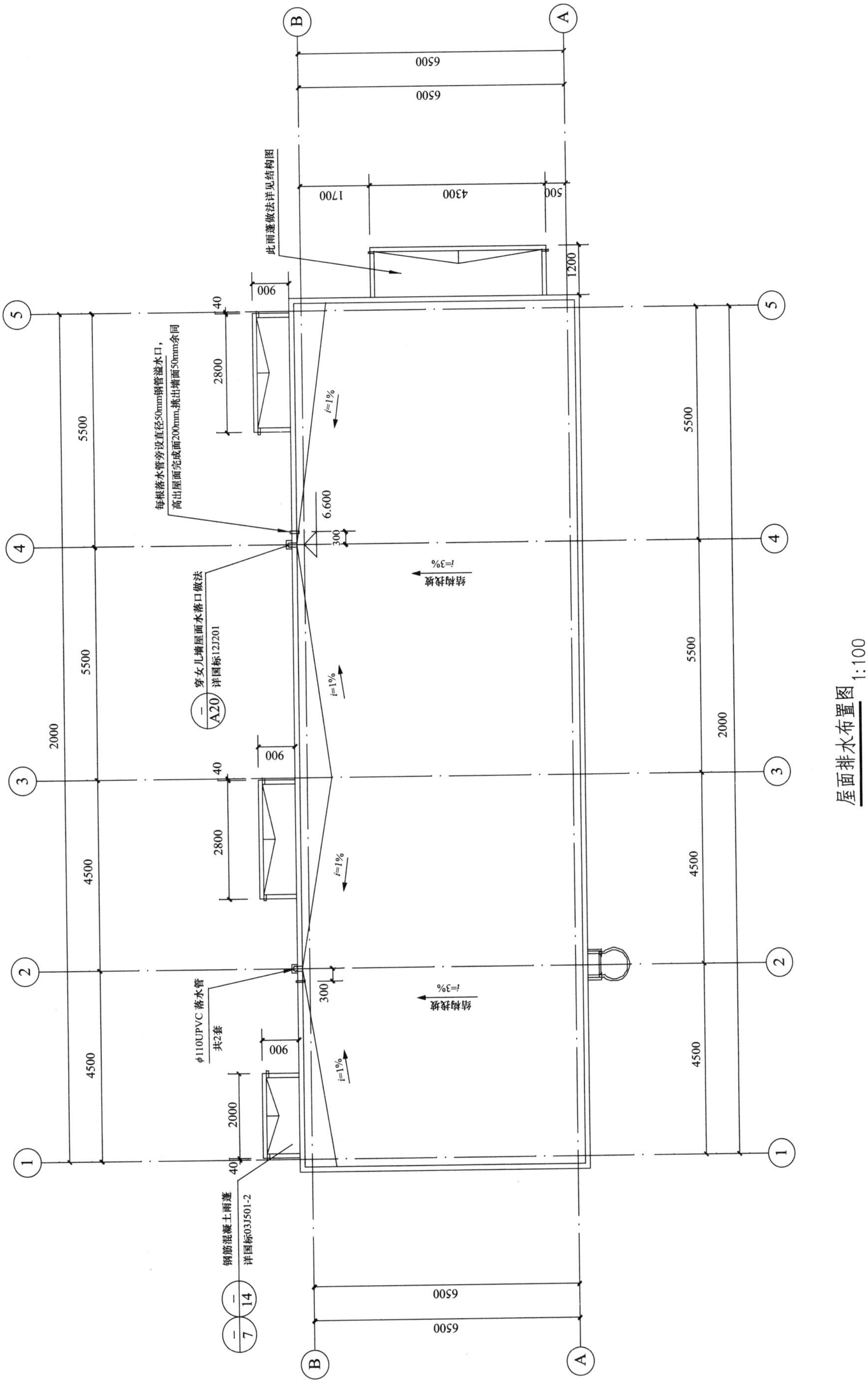

图 C-2　空压机房屋面排水布置图

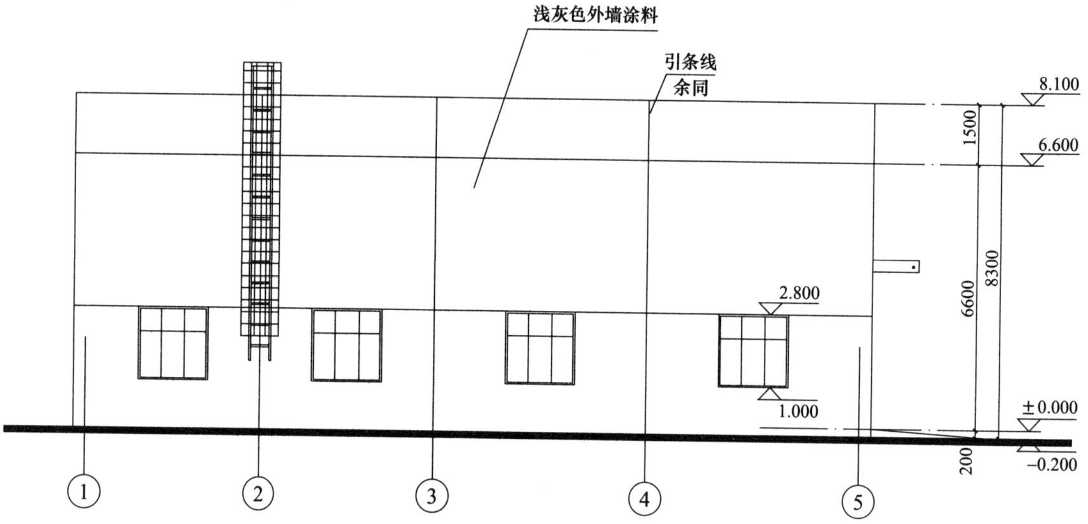

①—⑤轴立面图 1:100

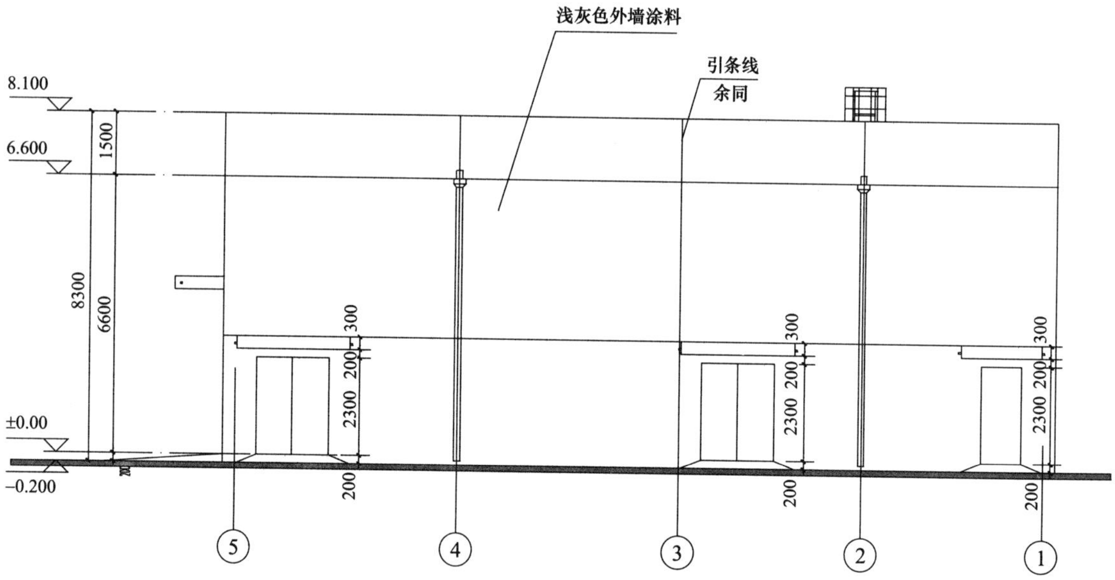

⑤—①轴立面图 1:100

图 C-3　空压机房①－⑤和⑤－①轴立面图

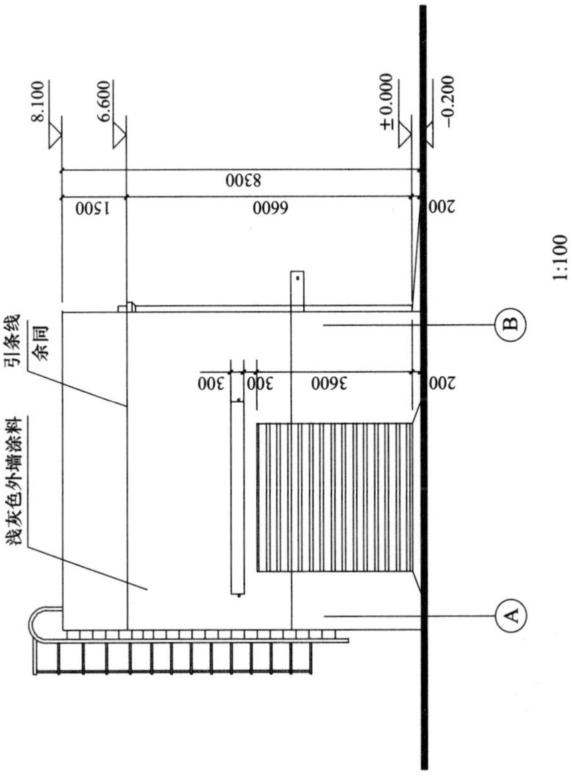

图 C-4 Ⓐ—Ⓑ轴立面图

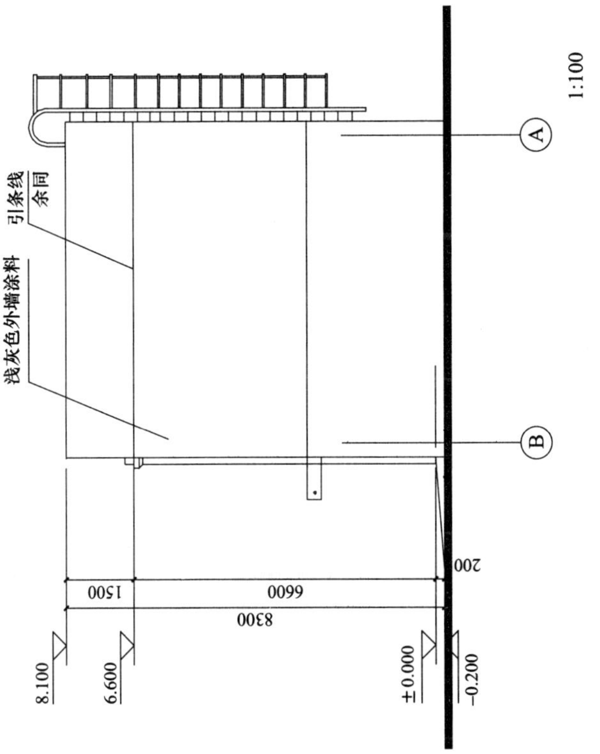

图 C-5 Ⓑ—Ⓐ轴立面图

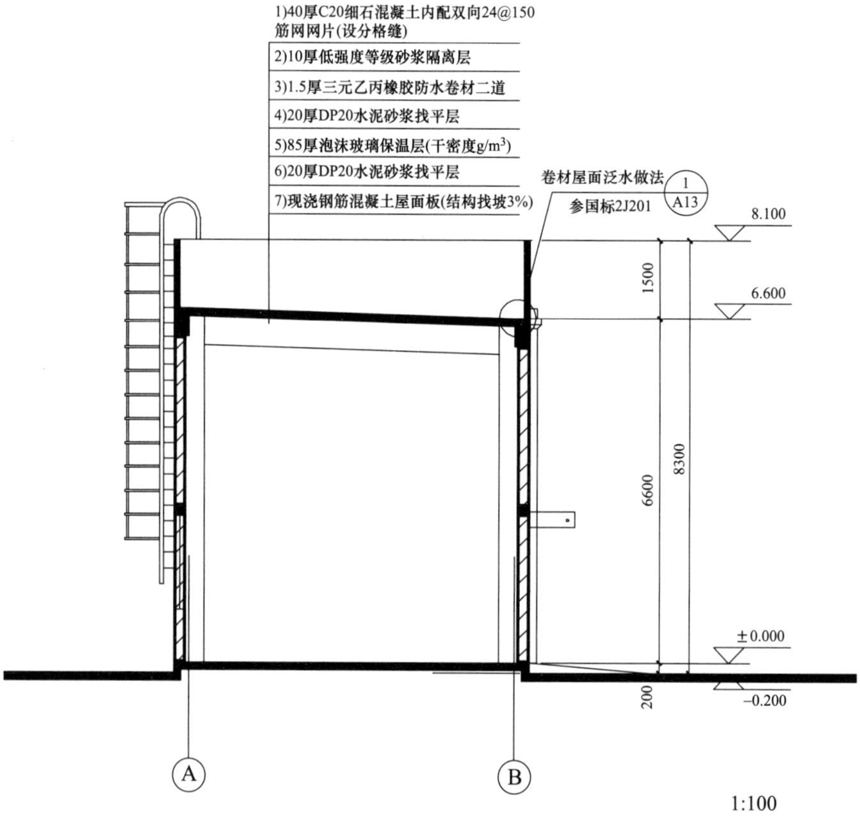
1)40厚C20细石混凝土内配双向24@150
筋网网片(设分格缝)
2)10厚低强度等级砂浆隔离层
3)1.5厚三元乙丙橡胶防水卷材二道
4)20厚DP20水泥砂浆找平层
5)85厚泡沫玻璃保温层(干密度g/m3)
6)20厚DP20水泥砂浆找平层
7)现浇钢筋混凝土屋面板(结构找坡3%)
卷材屋面泛水做法
1
A13
参国标2J201
8.100
6.600
1500
6600
8300
±0.000
200
-0.200
A
B
1:100

图C-6　1—1剖面图

空压机房工程做法

一、地面

地面1：1）600x600浅米色防滑玻化砖，干水泥擦缝

2）30厚DS20水泥砂浆结合层，表面撒水泥粉

3）水泥浆一道（内掺建筑胶）

4）100厚C15混凝土垫层（内配ø10@300x300钢筋网）

5）150厚碎石灌DM5混合砂浆，振捣密实

6）素土夯实

地面2：1）1~2厚环氧自流平

2）环氧底涂一道

3）6~8厚水泥基自流平一道

4）水泥基自流平界面剂两道

5）40厚C20细石混凝土，随打随抹光，强度达标后，表面打磨处理

6）100厚C15混凝土垫层（内配ø10@300x300钢筋网）

7）150厚碎石灌DM5混合砂浆，振捣密实

8）素土夯实

二、顶棚

顶棚1：腻子顶

1）钢筋混凝土现浇板

2）素水泥浆一道甩毛（内掺建筑胶）

3）3厚底基防裂腻子分遍刮平

4）2厚面层耐水腻子刮平

顶棚2：涂料顶棚

1）钢筋混凝土现浇板

2）15厚DP10混合砂浆粉刷

3）腻子批嵌平整

4）中级白色内墙无机涂料一底二面

三、内墙面

内墙面1：1）白色内墙无机涂料一底二面

2）2厚面层耐水腻子分遍刮平

3）8厚粉刷石膏砂浆打底分遍抹平

4）刷素水泥浆一道（内掺建筑胶）

5）混凝土多孔砖墙体

四、外墙

外墙1：1）氟碳漆外墙涂料一底二面（颜色见立面图）

2）柔性耐水腻子批嵌平整

3）10厚DP20水泥砂浆粉面

4）10厚DP15水泥砂浆打底

5）混凝土多孔砖墙体

五、屋面：

屋面1：1）40厚C20细石混凝土内配ø4双向@150筋网网片（设分格缝）

2）10厚低强度等级砂浆隔离层

3）1.5厚三元乙丙橡胶防水卷材二道

4）20厚DP20水泥砂浆找平层

5）85厚泡沫玻璃保温层（干密度160kg/m³）

6）20厚DP20水泥砂浆找平层

7）现浇钢筋混凝土屋面板

室内装修表

楼层	范围（房间名称）	楼地面	踢脚线	内墙面	顶棚	备注
±0.000m	空压机房	地面2	150高 做法同地面2	内墙面1	顶棚2	
	空压机房及循环水配电间	地面1	150高 做法同地面1	内墙面1	顶棚1	

门窗一览表

类别	序号	编号	洞口尺寸 宽x高 (mm)	数量	材料	备注
门	1	M-1	3300x3600	1	成品钢质电动卷帘门	参考国标图集08CJ17 JM1-3336
	2	M-2	1800x2300	1	成品钢质门	
	3	FM-1甲	1800x2300	1	钢制甲级防火门	参考国标图集12J609 GFM3-1823（A1.50甲级）
	4	FM-2甲	1000x2300	1	钢制甲级防火门	参考国标图集12J609 GFM3-1023（A1.50甲级）
窗	1	C-1	1800x1800	1	90系列灰色铝合金平开窗	6mm厚透明玻璃
	2	C-1a	1800x1800	1	90系列灰色铝合金固定窗	6mm厚透明钢化玻璃（消防救援窗）
	3	C-1b	1800x1800	2	90系列灰色铝合金固定窗	6mm厚磨砂钢化玻璃，内侧设细孔钢丝网

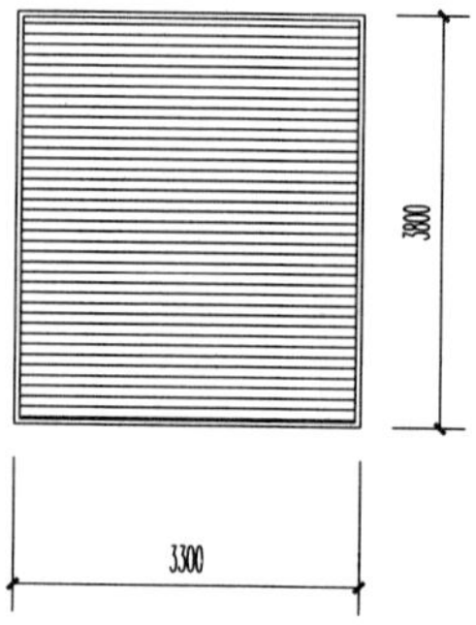

M-1

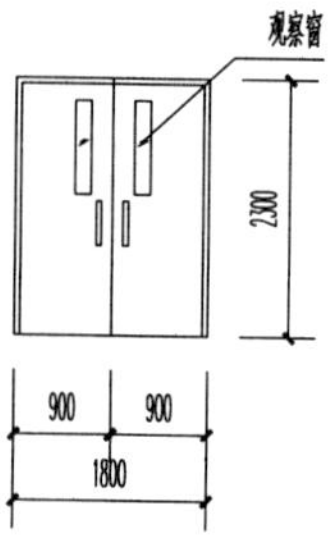

M-2

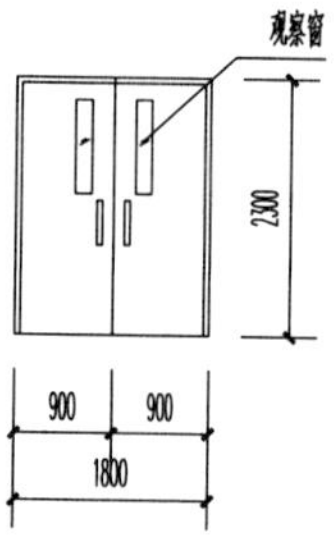

FM-1甲

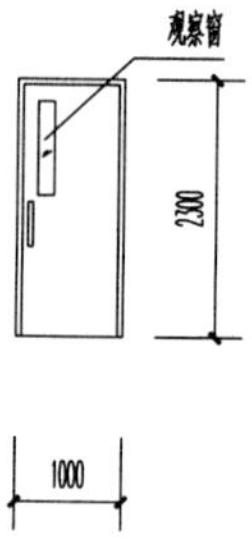

FM-2甲

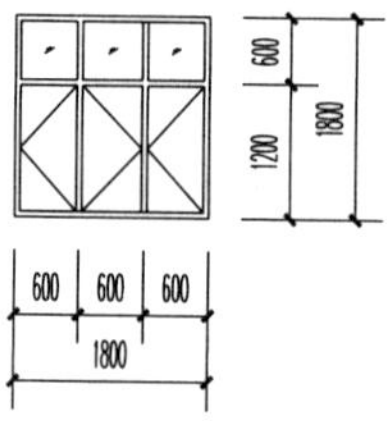

C-1

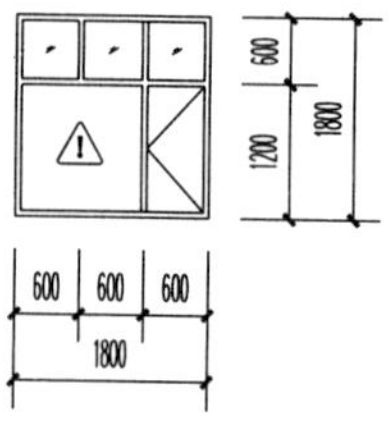

C-1a

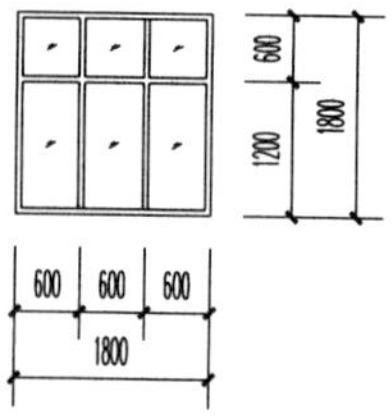

C-1b

注:

1 基本风压：50年一遇设计风压 0.6kN/m²。

2 外门窗抗风压性能分级为5级，气密性能分级为4级，水密性能分级为3级。

3 门窗玻璃选用符合《建筑玻璃应用技术规程》JGJ113-2015的规定要求。

4 门窗立面均表示洞口尺寸，加工尺寸需按照装修面厚度由施工方予以调整。

5 门窗立樘位置为墙中，管道竖井门设门槛高200 mm。弹簧门立樘墙中，平开门立樘与开启方向墙体装修面平齐。

6 所有门的开启方向见平面图。

7 钢质防火门面板厚度≥1.2mm，门框壁厚≥1.5mm，灰色。

8 防火门均设闭门器。除特别注明外，所有防火门均采用常闭式防火门。常闭式防火门应在其明显位置设置“保持防火门关闭”等提示标识。

9 电气设备房间窗需加装防虫铁丝网。

10 防火门上带有观察窗其玻璃应为防火玻璃，观察窗尺寸参见图集12J609要求。

11 消防救援窗窗口的玻璃应易于击碎，并应设置可在室外易于识别的明显标志。

附录D 输 煤 栈 桥

扫一扫看附录D高清图

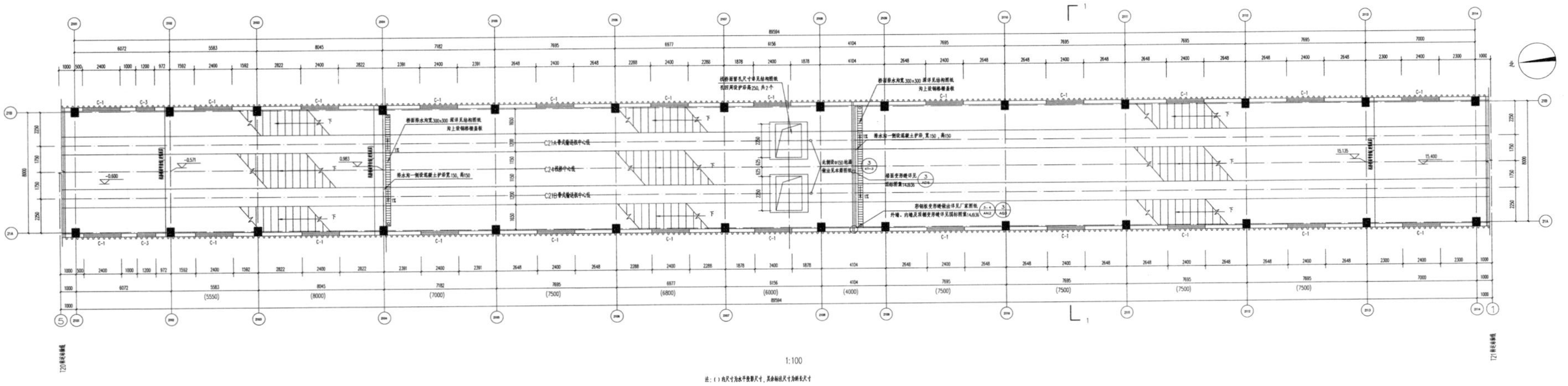

图 D-1 输煤栈桥屋面排水布置图

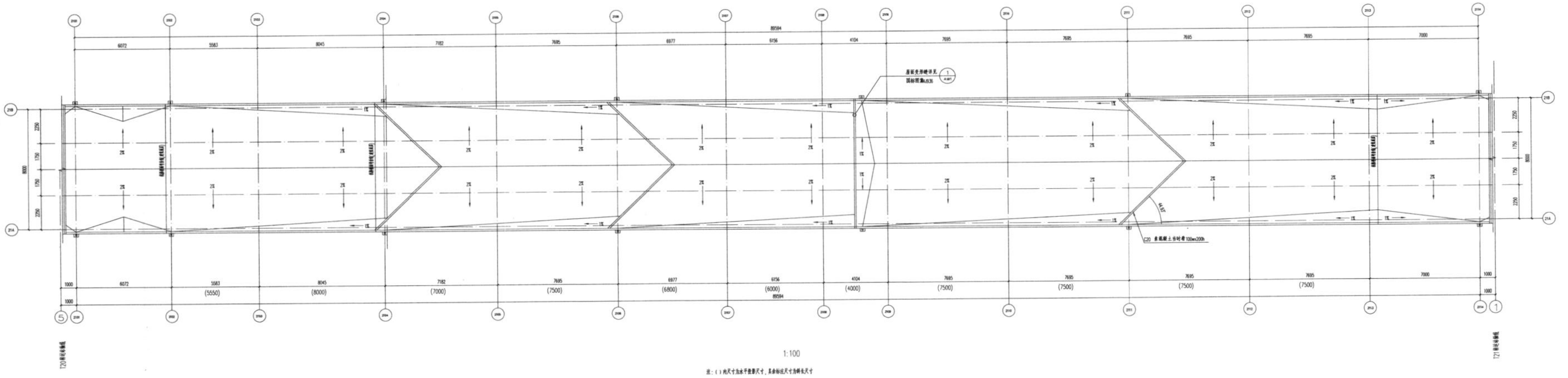

图 D-2 输煤栈桥平面布置图

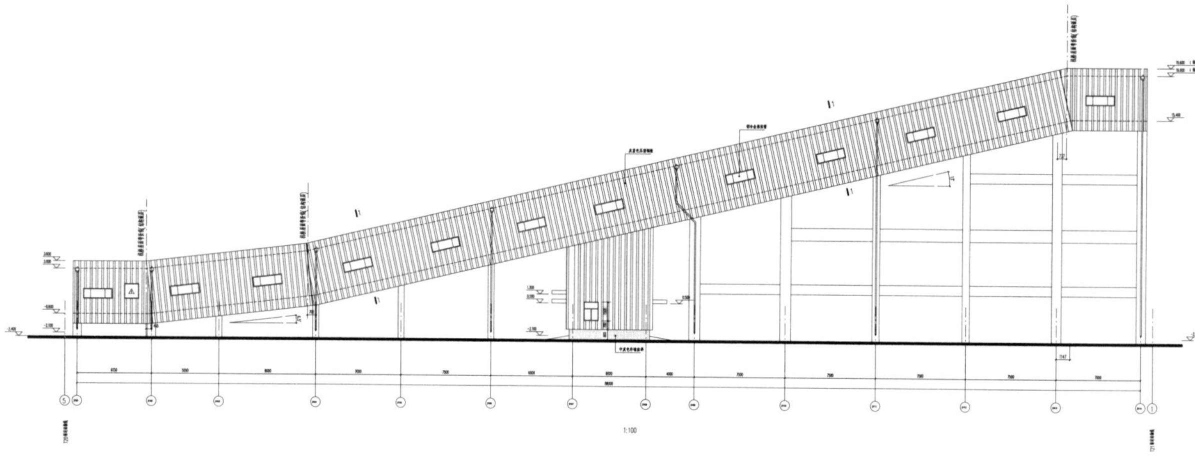

图 D-3　输煤栈桥立面图

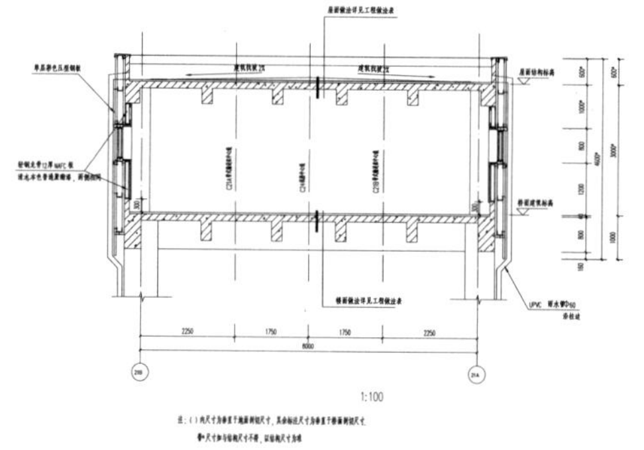

图 D-4　1—1 断面图

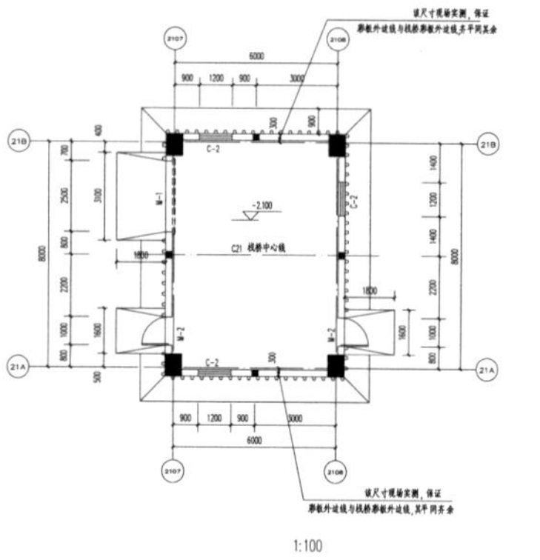

图 D-5　拉紧小室平面图

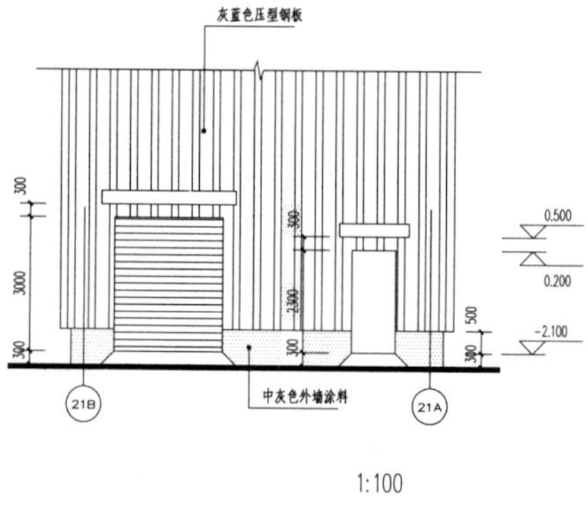

图 D-6　拉紧小室 (21B) — (21A) 立面图

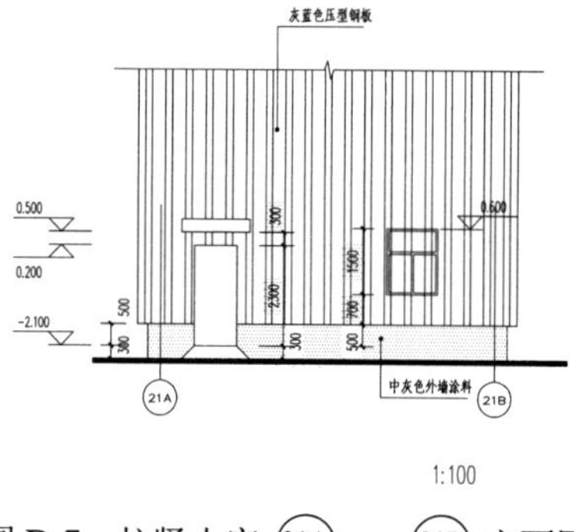

图 D-7　拉紧小室 (21A) — (21B) 立面图

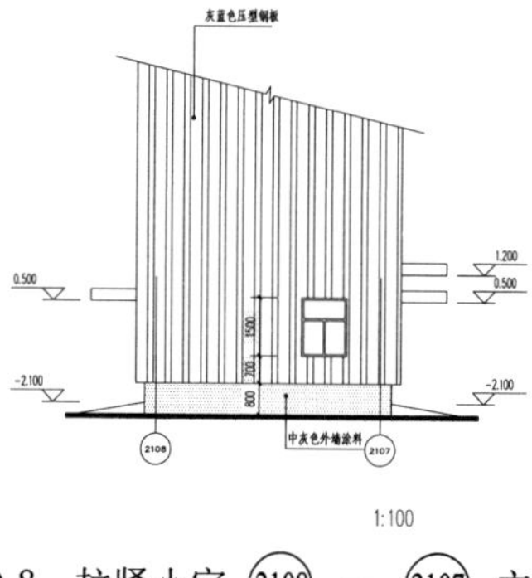

图 D-8　拉紧小室 (2108) — (2107) 立面图

输煤栈桥工程做法

类别	适应范围	做法	备注
内墙	栈桥内墙	(1)、轻钢龙骨12厚NAFC板 (2)、清水，本色普通聚酯漆，一底二度	做法及龙骨选用见国标图集《轻钢龙骨内隔墙》03J111-1
内墙	涂料内墙	(1)、20厚1：1：4混合砂浆打底、粉面 (2)、腻子批嵌平整 (3)、浅灰色内墙乳胶漆一底二面(颜色同一期)	对于无粘贴饰面砖的内墙，底层抹灰砂浆宜比基体材料低一个强度等级。
外墙	弹性涂料外墙	(1)、混凝土多孔砖墙体 (2)、刷素水泥浆一道（内掺水重5%的建筑胶） (3)、10厚1:3水泥砂浆打底 (4)、10厚1:2.5水泥砂浆粉面（内铺耐碱玻纤网） (5)、找平腻子层，共2厚 (6)、外墙弹性涂料一底二面（颜色见立面图）	
外墙	彩板外墙 (斜栈桥、拉紧小室0.5m以上)	单层彩色压型钢板(色彩见立面图)	
外墙	外露混凝土柱、梁	不做处理	
楼地面	栈桥楼面	(1)、混凝土现浇楼板，见结构图纸 (2)、水泥浆一道（内掺建筑胶） (3)、2厚聚氨酯防水涂料一道 (4)、30厚C25灰色耐磨混凝土面层	
楼地面	拉紧小室地面	(1)、素土夯实 (2)、80厚碎石夯实 (3)、100厚C20混凝土垫层（内加φ10@300钢筋网） (4)、刷素水泥浆一道（内掺建筑胶） (5)、30厚C25灰色耐磨混凝土面层	
顶棚	栈桥，拉紧小室	(1)、15厚1:1:4混合砂浆粉刷 (2)、腻子批嵌平整 (3)、中级灰白色内墙乳胶漆一底二面	
屋面	栈桥屋面	钢筋混凝土现浇屋面　　（不上人屋面） 1）银粉漆保护层 2）1.5厚三元乙丙橡胶防水卷材一道 3）20厚1：2.5水泥砂浆找平层 4）30厚泡沫玻璃保温层（隔热）层 5）最薄处30厚LC5.0轻料集混凝土找坡层 6）现浇钢筋混凝土屋面板	

门窗一览表

类别	设计编号	洞口尺寸 (mm)		樘数	备注
		宽	高		
门	M-1	2500	4000	1	成品钢质电动卷帘门
门	M-2	1000	2300	2	成品钢质推拉门
窗	C-1	2400	800	24	90系列铝合金推拉窗（6mm厚玻璃）
窗	C-2	1200	1500	3	90系列铝合金推拉窗（6mm厚玻璃）
窗	C-3	1200	1200	2	90系列铝合金固定窗（6mm厚钢化玻璃）

注：
1 基本风压：50年一遇设计风压 0.40kN/m^2。
2 外门窗抗风压性能分级为5级，气密性能分级为6级，水密性能分级为4级。
3 门窗玻璃选用符合《建筑玻璃应用技术规程》JGJ113-2015的规定要求。
4 门窗立面均表示洞口尺寸，加工尺寸需按照装修面厚度由施工方予以调整。
5 门窗立樘位置为墙中，管道竖井门设门槛高200 mm。弹簧门立樘墙中，平开门立樘与开启方向墙体装修面平齐。
6 所有门的开启方向见平面图。
7 钢质防火门面板厚度≥1.2mm，门框壁厚≥1.5mm，灰色。
8 防火门均设闭门器。除特别注明外，所有防火门均采用常闭式防火门。常闭式防火门应在其明显位置设置"保持防火门关闭"等提示标识。
9 防火门上带有观察窗其玻璃应为防火玻璃，观察窗尺寸参见图集12J609要求。

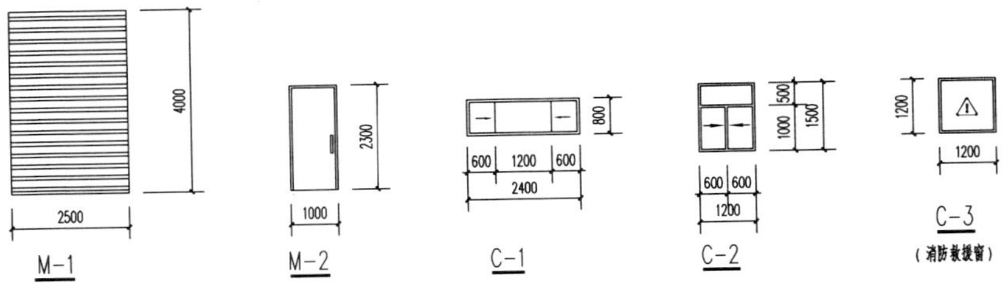

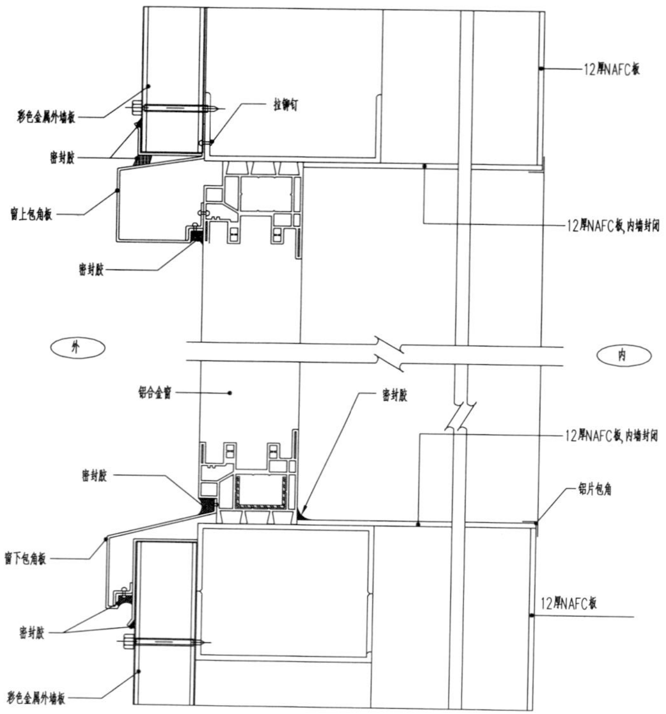

(a) 彩色压型钢板墙开窗详图(一)

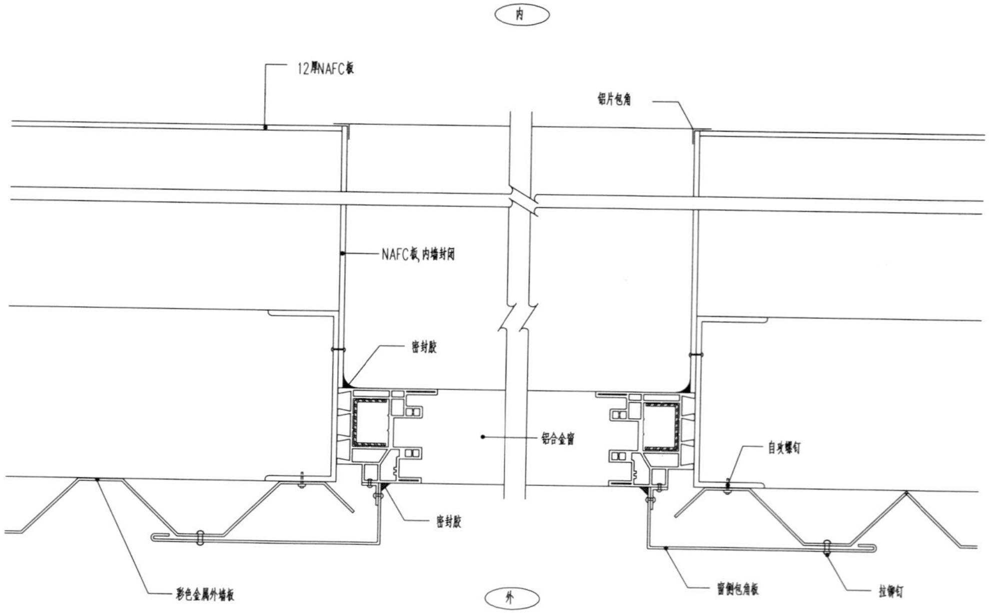

(b) 彩色压型钢板墙开窗详图(二)

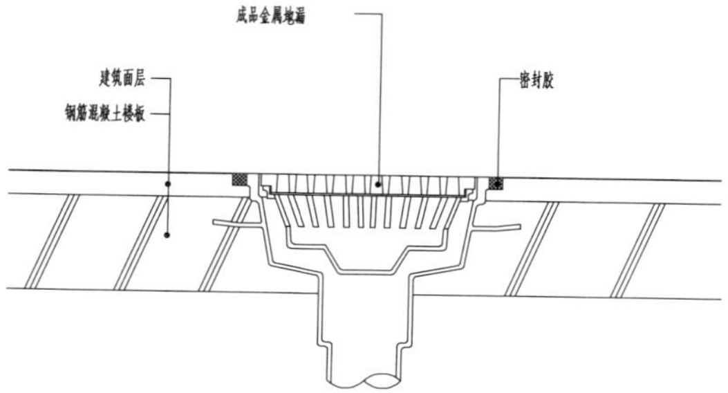

(c) 楼地面排水地漏详图

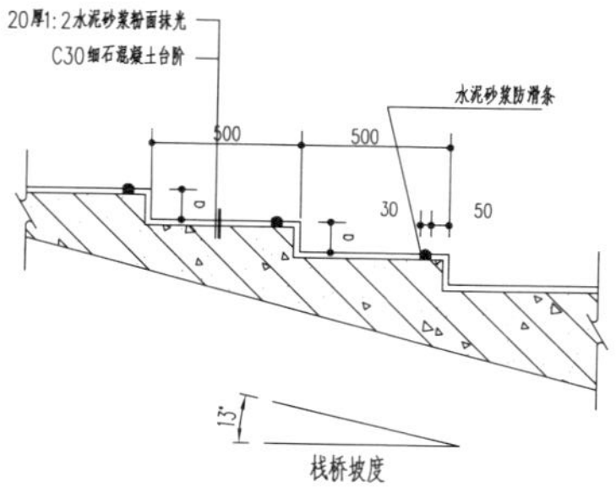

注：α为踏步高度，根据栈桥坡度计算。

(d) 栈桥桥面踏步详图

图 D-9　C21 运煤栈桥详图

附录E 烟囱

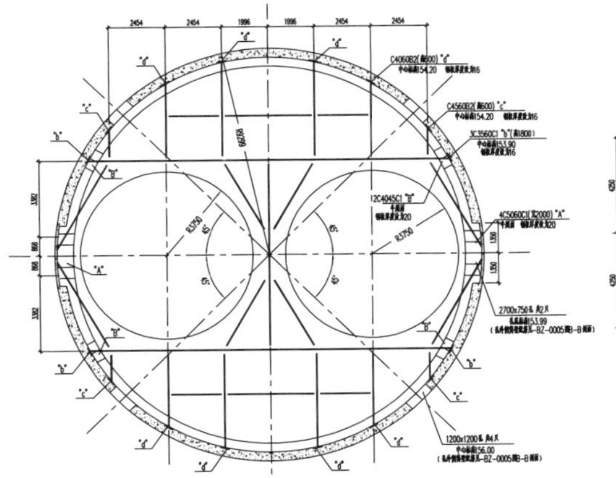

154.50m层布置图

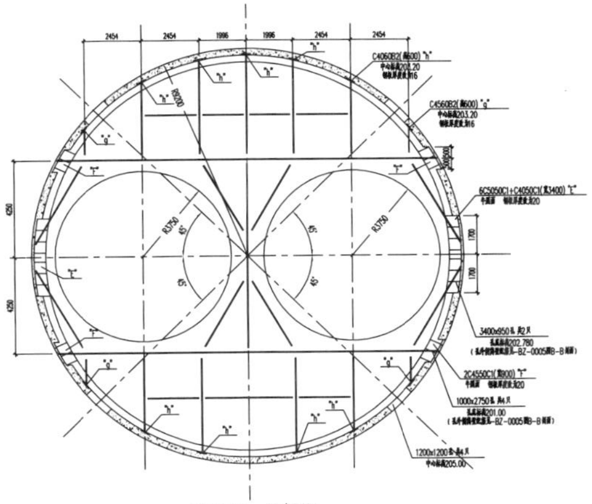

203.50m层布置图

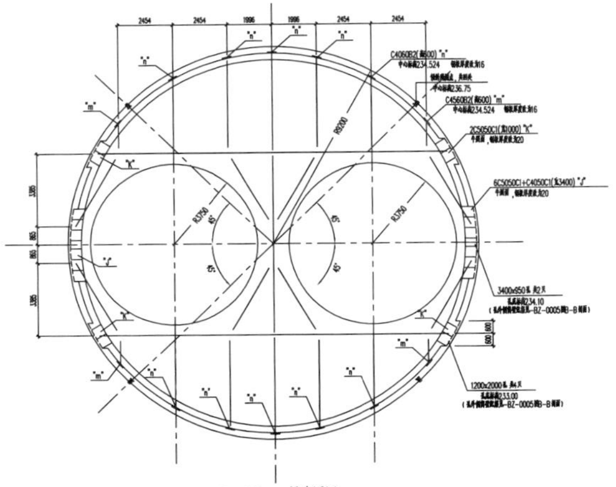

234.824m层布置图

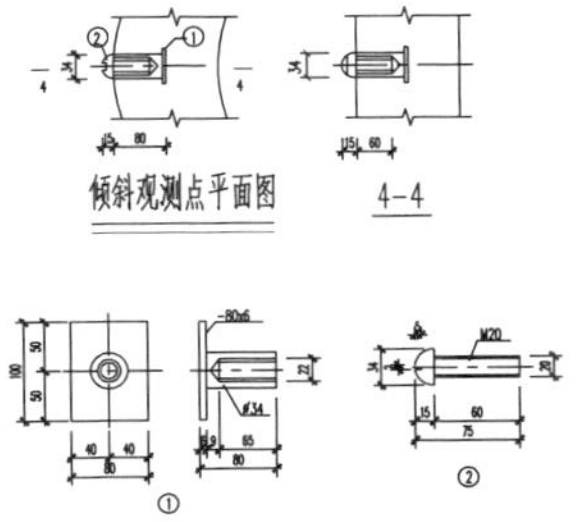

倾斜观测点平面图

4-4

钢筋混凝土烟囱设计总说明

一、本工程地震基本烈度为8度，设计地震分组为第二组，抗震构造措施为9度，建筑场地类别为Ⅲ类，环境类别为二a类。本构筑物设计使用年限为50年，结构安全等级为一级。

二、±0.00相当于绝对标高20.60m（1985国家高程），本册图纸中所注标高均为相对标高。本图册尺寸以毫米计，标高以米计。

三、材料：

（一）筒身混凝土±0.00~40.00m采用C40，40.00~230.00m采用C30，混凝土墙厚度为6~8cm，水胶比不大于0.45，每立方米水泥用量不应超过450kg。

（二）混凝土原材料：

1. 水泥：采用42.5级普通硅酸盐水泥。
2. 石子：筒壁宜采用未经风化的火成岩碎石，如采用石灰石作骨料时必须保证骨料坚硬致密。最大粒径不应超过60mm，同时也不得超过筒壁厚度的1/5和钢筋净距的3/4。
3. 砂子：采用中粒，粗粒的纯净河砂。

（三）钢材：

1. 钢筋选用：Φ为HPB300级钢，Φ为HRB400E级钢，钢筋不允许冷拉。
   a）钢筋的强度标准值应具有不小于95%的保证率。
   b）纵向受力钢筋检验所得的强度实测值应符合：
      i）钢筋的抗拉强度实测值与屈服强度实测值的比值不应小于1.25；
      ii）钢筋的屈服强度实测值与屈服强度标准值的比值不应大于1.3；
      iii）钢筋在最大拉力下的总伸长率实测值不应小于9%。
2. 型钢采用Q235B（除注明外）。
3. 焊条：对HPB300级钢筋采用E43型。
   对HRB400级钢筋采用E55型。
   对型钢采用E43型。

四、烟囱筒身钢筋的配置要求：

（一）环向钢筋的保护层为30mm，内外排垂直钢筋均在环向钢筋的内侧。

（二）筒壁纵向钢筋直径大于等于25mm采用机械连接，其余可采用焊接。

（三）垂直钢筋每隔1125mm截置一次（沿筒身高度），其根数为该断面总数的25%，垂直钢筋均匀分布在圆周上。

（四）环向钢筋接头应错开，在同一位置上的接头至少应相隔三根（在洞口处至少相隔一根），相邻上下排环筋接头的水平间距应大于40d。

（五）环向钢筋实际长度应按施工放样确定，每根环筋展开尺寸应控制在5~7m左右。为保证钢筋保护层厚度不致过大，环筋放样应有足够的精确度。

（六）当上下垂直钢筋不同根数连接时，为保证上接钢筋等间距，应预插同直径的调整钢筋，锚固长度40d。

五、施工

（一）施工及验收应严格遵守现行的《烟囱工程施工及验收规范》GB50078-2008中的有关规定，图中注明者以该图为准。同时应遵守《建筑工程施工质量验收统一标准》GB50300-2013，混凝土工程应遵循《混凝土结构工程施工质量验收规范》（2011年版）GB50204-2002，钢结构工程应遵循《钢结构工程施工质量验收规范》GB50205-2001。

（二）滑行模板时，须采用"作对称分"的办法，确保模板准确滑升，避免产生筒身扭歪现象。

（三）筒身要求连续施工，必须时只允许留水平施工缝，间距应大致相等。在施工接缝处，绝对保证混凝土密实，对出现的水平施工缝，应严格按施工缝要求处理。

（四）一般情况下，每次浇灌混凝土的最大投料高度不超过1.125米。

（五）烟囱混凝土应浇水养护，保持经常湿润，浇水养护的持续时间不应少于7昼夜，也可采取其它有效的养护措施。

（六）施工烟囱筒身时，应根据筒顶避雷装置信号灯孔，平台和沉降观测标，雨水管，钢梯等图预埋零件，这些零件在筒身配筋图和筒身布置图均未注明，施工时请注意。电气照明及避雷装置请按电气图纸施工。

（七）所有烟囱的金属零件（除镀锌外），在安装前，须除锈油漆。要求见钢结构设计总说明中主要钢结构构件要求。

六、烟囱筒身外侧自上而下涂红色、白色相隔条纹油漆七道作为航空标志。每道高度16m，第一道为红色。油漆建议采用AB100聚氨酯厚浆漆，干膜厚度4x70μm。

七、烟囱沉降观测应在基坑开挖完成，浇捣垫层混凝土凝固后进行。在±0.00以上每施工20~30m观测一次，一直到顶，每个内筒每提升40m观测一次，完工后及投入运行后的第一年内，应每月观测一次，运行第一年之后，每年至少观测一次，直至沉降稳定为止。沉降稳定标准为4毫米/年，一般观测期限为十年。倾斜观测自烟囱钢筋混凝土外筒结构封顶开始，与沉降观测同期进行。

八、避雷系统施工参见有关电气图纸，并以电气图纸为准。

九、钢筋焊接技术要求按JGJ18-2012《钢筋焊接及验收规程》，钢筋机械连接技术要求按JGJ107-2010《钢筋机械连接技术规程》，及相应连接方式的技术规程。接头性能等级为一级。

十、钢平台基础详见-TF-K-1UTJ-01图册。

十一、设计未考虑施工内外筒时的特殊荷载。

十二、图中未尽事宜按现行有关规程、规范执行。

十三、埋件见结构通用图《Q/30 1-TF3015-2012》。

十四、本卷册根据烟囱内筒及钢平台单位提供的资料进行设计，涉及的预埋件，牛腿和开孔需与烟囱内筒平台设计单位的相关图纸核对后方可施工。

扫一扫看附录E高清图

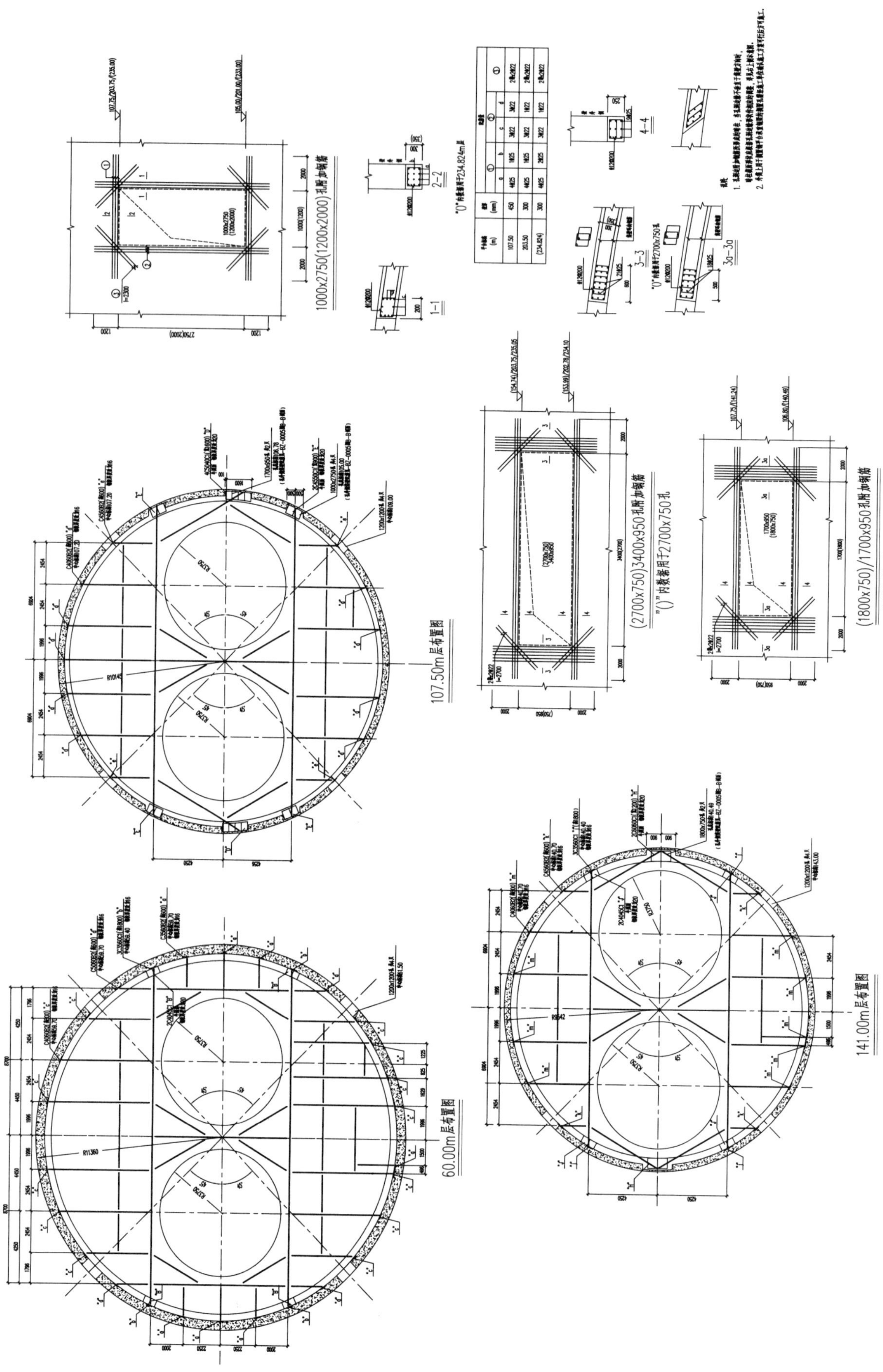
1000x2750(1200x2000)孔附加钢筋
(2700x750)3400x950孔附加钢筋
"()"内数据用于2700x750孔
(1800x750)/1700x950孔附加钢筋
"()"内数据用于1800x750孔
107.50m层布置图
60.00m层布置图
141.00m层布置图

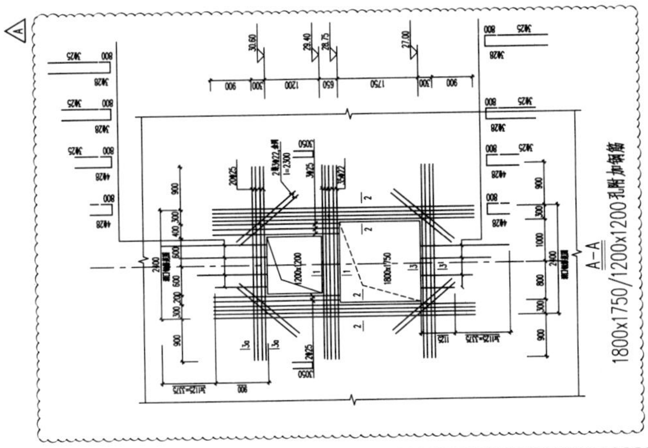
A—A
1800x1750/1200x1200孔附加钢筋

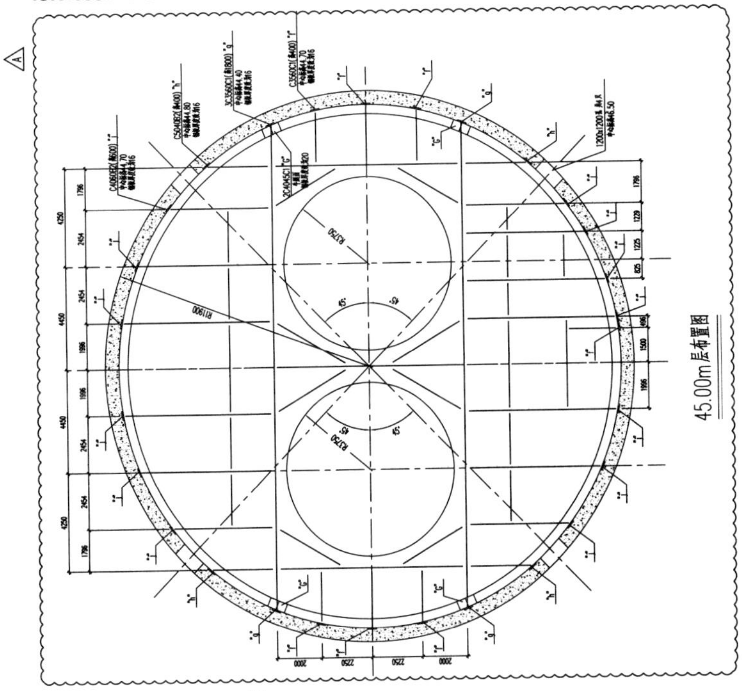
45.00m层布置图

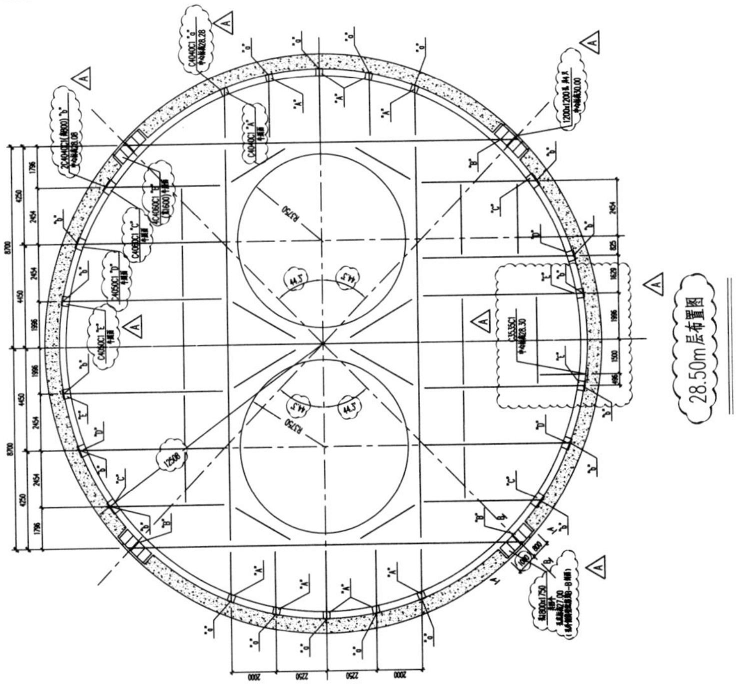
28.50m层布置图

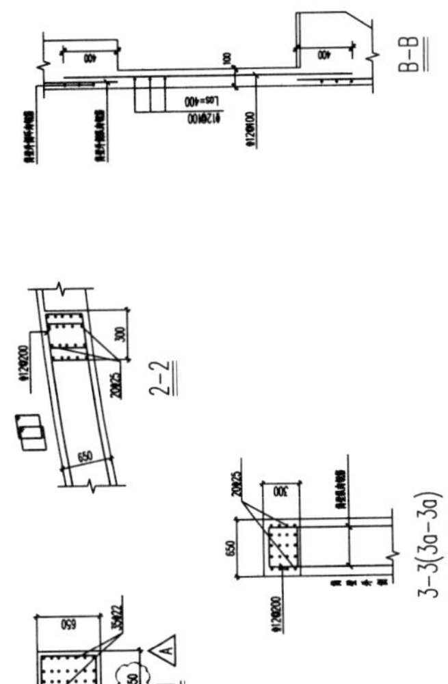
B-B
2-2
1-1
3-3(3a-3a)

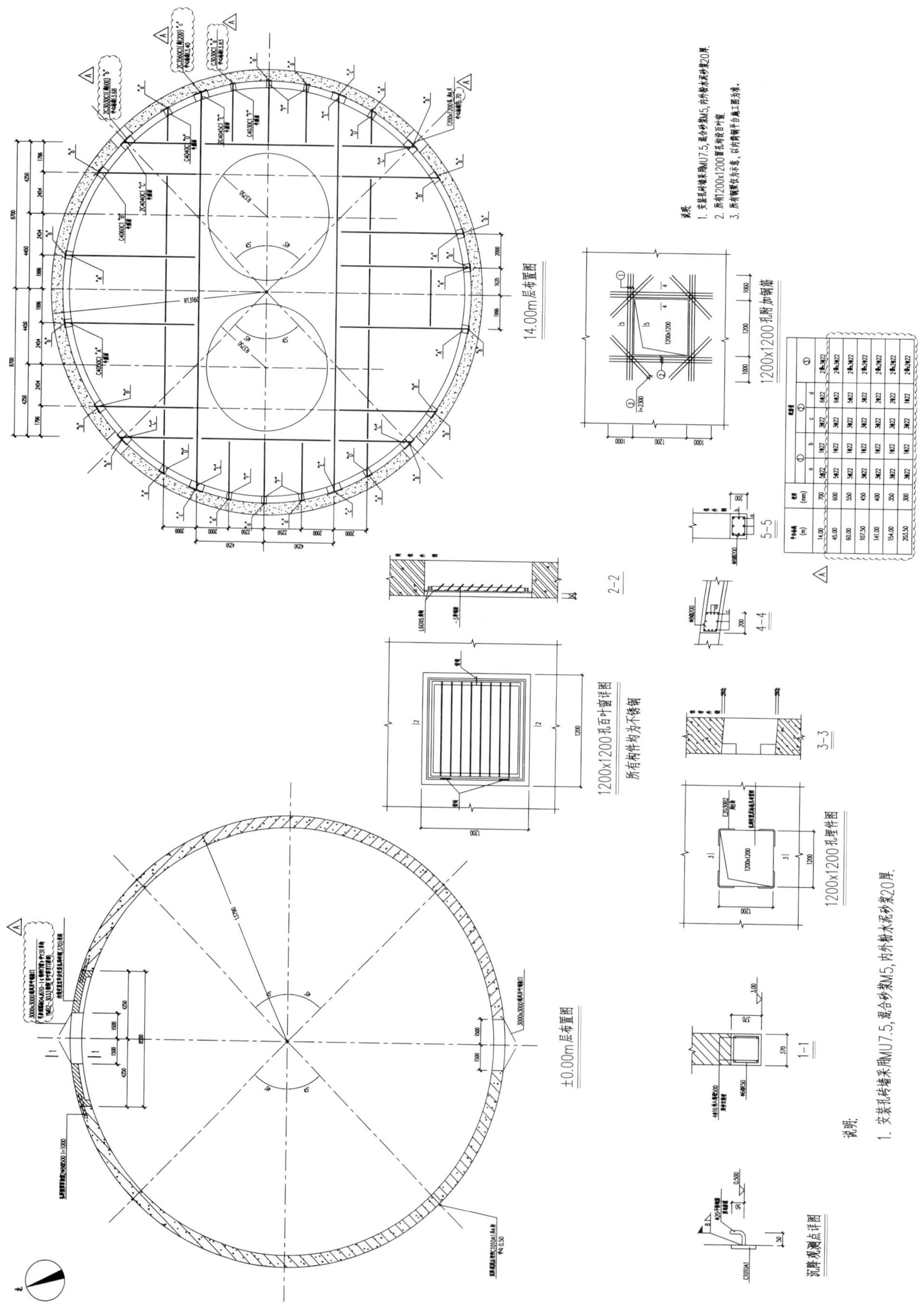
14.00m层布置图
说明:
1. 安装孔砖墙采用MU7.5, 混合砂浆M5, 内外粉水泥砂浆20厚.
2. 所有1200x1200留孔均设百叶窗.
3. 所有钢爬梯仅为示意, 以内需钢平台施工图为准.
1200x1200孔附加钢筋
5-5
4-4
2-2
1200x1200孔百叶窗详图
所有构件均为不锈钢
3-3
1200x1200孔埋件图
1-1
±0.00m层布置图
说明:
1. 安装孔砖墙采用MU7.5, 混合砂浆M5, 内外粉水泥砂浆20厚.
沉降观测点详图

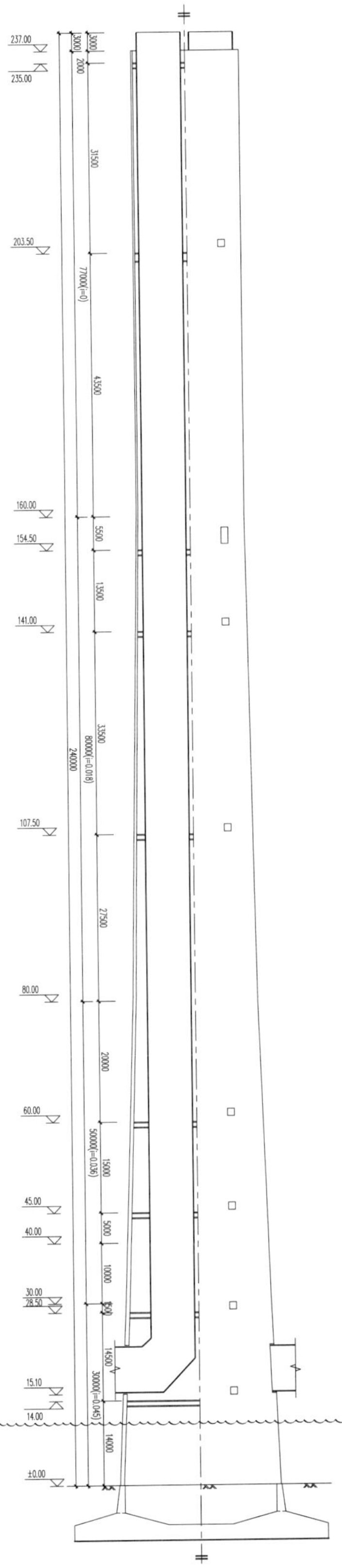

240/2X7.4米钢筋混凝土烟囱(双内筒)外形图

标高(m)	钢筋混凝土外筒(mm)			内筒(mm)
	外直径	壁厚	混凝土标号	内直径
237.00	18400	300		
235.00	18400	300		
223.00	18400	300		
213.00	18400	300		
203.50	18400	300		
190.00	18400	300		
180.00	18400	300		
170.00	18400	350		
160.00	18400	350		
154.5	18598	350		
141.00	19084	400		
127.00	19588	400		
117.00	19948	400		
107.50	20290	450		
100.00	20560	450		
90.00	20920	500		
80.00	21280	500		
70.00	22000	550		
60.00	22720	550		
50.00	23440	600		
45.00	23800	600		
40.00	24160	600	C30	
30.00	24880	650		
28.50	25015	650		
14.00	26320	700		
±0.00	27580	700	C40	7500

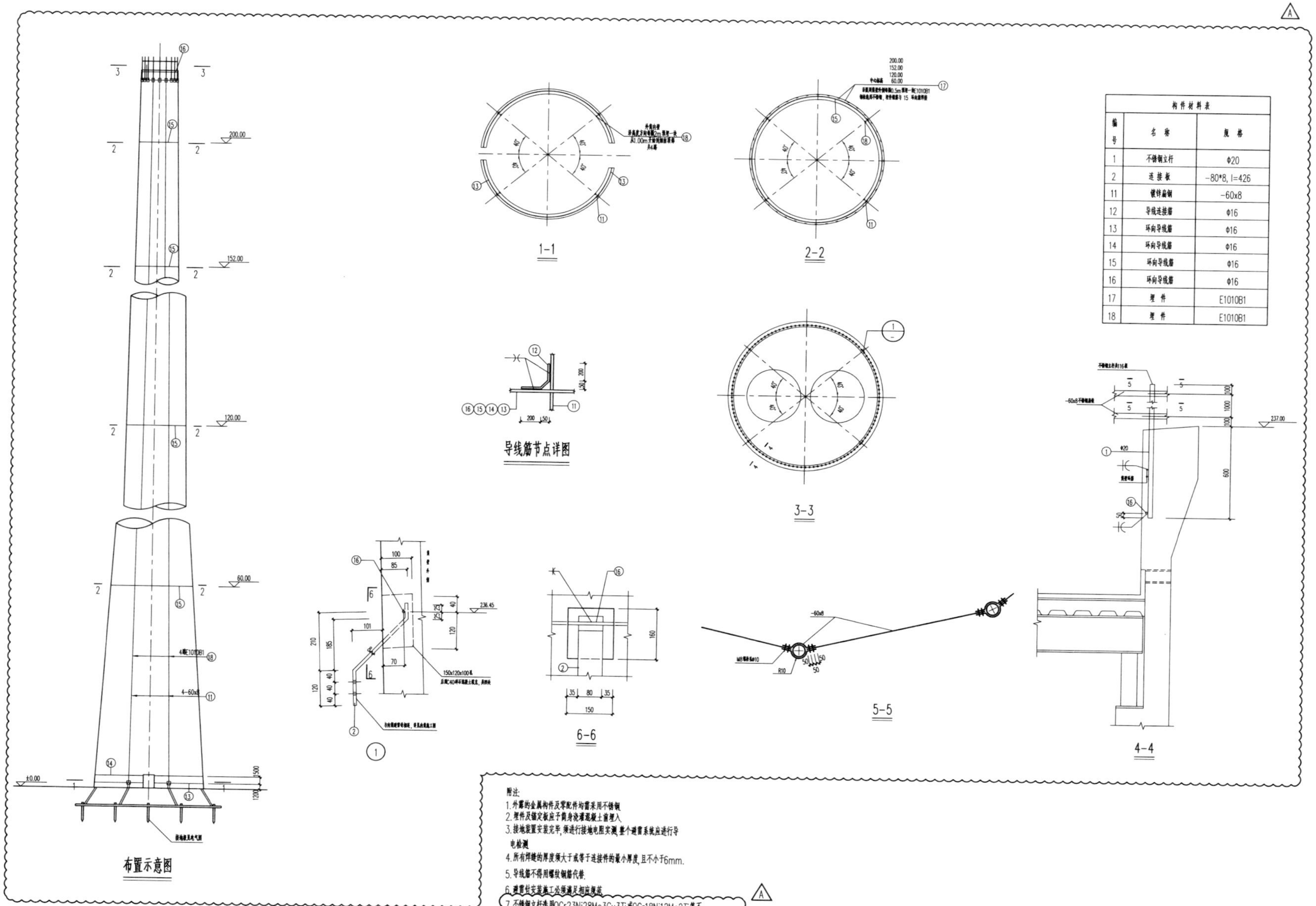

构件材料表

编号	名称	规格
1	不锈钢立杆	Φ20
2	连接板	-80*8, l=426
11	镀锌扁钢	-60x8
12	导线连接筋	Φ16
13	环向导线筋	Φ16
14	环向导线筋	Φ16
15	环向导线筋	Φ16
16	环向导线筋	Φ16
17	埋件	E1010B1
18	埋件	E1010B1

附注:

1. 外露的金属构件及零配件均需采用不锈钢
2. 埋件及锚定板应于筒身浇灌混凝土前埋入
3. 接地装置安装完毕,须进行接地电阻实测,整个避雷系统应进行导电检测
4. 所有焊缝的厚度须大于或等于连接件的最小厚度,且不小于6mm.
5. 导线筋不得用螺纹钢筋代替.
6. 避雷针安装施工必须满足相应规范.
7. 不锈钢立杆选用0Cr23Ni28Mo3Cu3Ti或0Cr18Ni12Mo2Ti等不锈钢耐酸材料.

C3埋件详表
型号:M3540B2（高400）

中心标高	a(mm)
3.68	1500
4.88	1500
9.68	1500
10.88	1500
16.88	2000
17.38	2000
22.88	2000
24.38	2000
30.68	1500
31.88	1500
37.38	1500
38.88	1500
48.38	1500
49.88	1500
52.38	1500
53.88	1500
65.68	1500
66.88	1500
71.68	1500
72.88	1500
77.68	1500
78.88	1500
83.68	1500
84.88	1500
89.68	1500
90.88	1500
95.68	1500
96.88	1500
101.88	2000
103.38	2000
109.68	1500
110.88	1500
115.68	1500
116.88	1500

C4埋件详表
型号:M3540B2（高400）

中心标高	b(mm)
6.68	1500
7.88	1500
19.38	2000
20.88	2000
33.88	2000
35.38	2000
40.38	1500
41.88	1500
50.38	500
51.88	500
55.38	1500
56.88	1500
62.18	2000
63.38	2000
68.68	1500
69.88	1500
74.68	1500
75.88	1500
80.68	1500
81.88	1500
86.68	1500
87.88	1500
92.68	1500
93.88	1500
98.38	1500
99.88	1500
112.68	1500
113.88	1500
118.68	1500
119.88	1500

C3埋件详表（续表）
型号:M3540B2（高400）

中心标高	a(mm)
121.68	1500
122.88	1500
127.68	1500
128.88	1500
133.38	1500
134.88	1500
146.38	1500
147.88	1500
159.68	1500
160.88	1500
165.68	1500
166.88	1500
171.68	1500
172.88	1500
177.68	1500
178.88	1500
183.68	1500
184.88	1500
189.68	1500
190.88	1500
195.68	1500
196.88	1500
209.18	2000
210.38	2000
216.18	2000
217.38	2000
222.68	1500
223.88	1500
228.68	1500
229.88	1500

C4埋件详表（续表）
型号:M3540B2（高400）

中心标高	b(mm)
124.68	1500
125.88	1500
130.38	1500
131.88	1500
136.38	1500
137.88	1500
142.88	2000
144.38	2000
149.38	1500
150.88	1500
156.68	1500
157.88	1500
162.68	1500
163.88	1500
168.68	1500
169.88	1500
174.68	1500
175.88	1500
180.68	1500
181.88	1500
186.68	1500
187.88	1500
192.68	1500
193.88	1500
198.68	1500
199.88	1500
205.68	1500
206.88	1500
212.68	1500
213.88	1500
219.68	1500
220.88	1500
225.68	1500
226.88	1500

注：如埋件埋设在外筒内壁的牛腿上，C3/C4埋件型号改为M6060B2

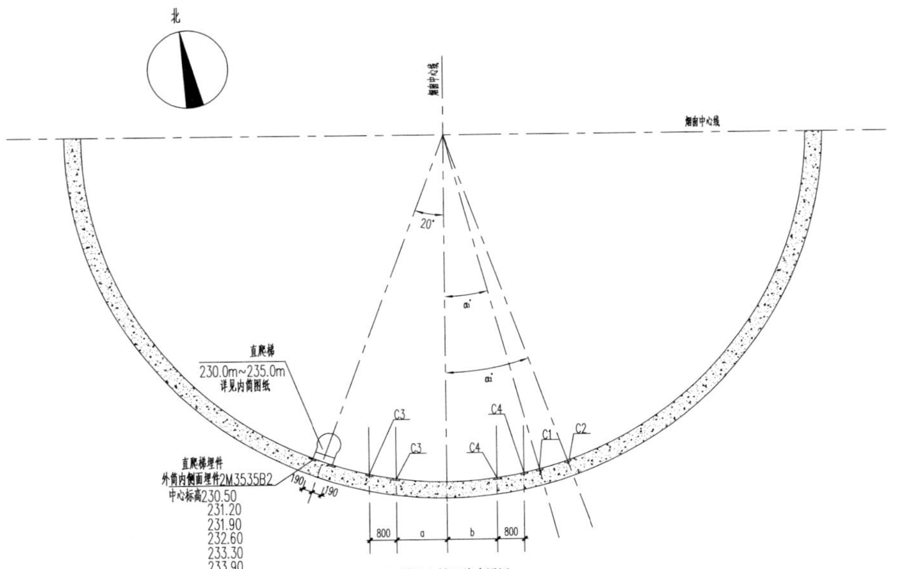

钢梯及电梯埋件布置图

C1/C2埋件详表

中心标高	α_1°	C1埋件型号	α_2°	C2埋件型号
9.00	12.13		28.27	
17.00	13.51	M2050B2（高500）	28.30	M2050B2（高500）
25.00	14.99		28.34	
33.00	16.26		28.38	
41.00	17.39		28.41	
49.00	18.86		28.44	
57.00	20.45		28.48	
65.00	21.86		28.51	

附注：
1. 钢梯及电梯埋件的尺寸和定位应与相关资料核实后方可施工。

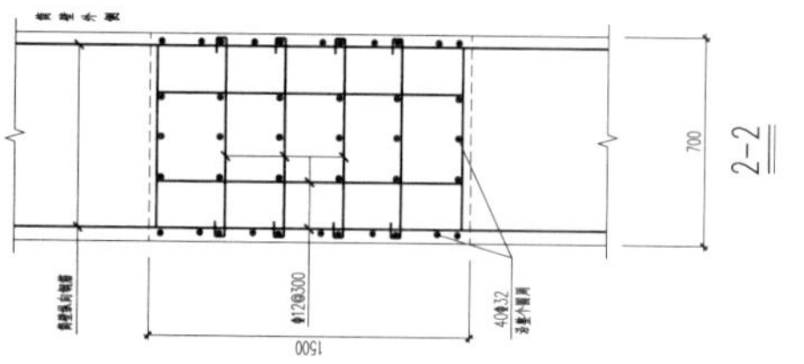
2-2
700
1500
Φ12@300
40Φ32

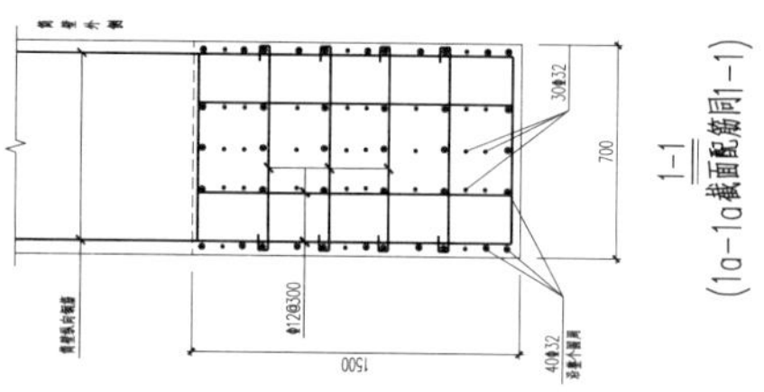
1-1
(1a-1a截面配筋同1-1)
700
1500
Φ12@300
30Φ32
40Φ32

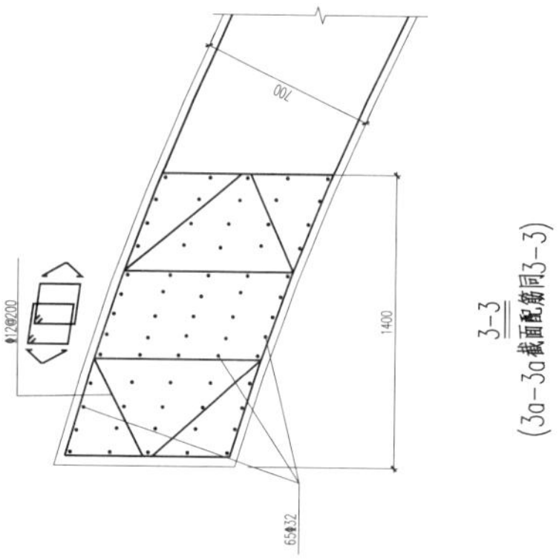
3-3
(3a-3a截面配筋同3-3)
700
1400
Φ12@200
65Φ32

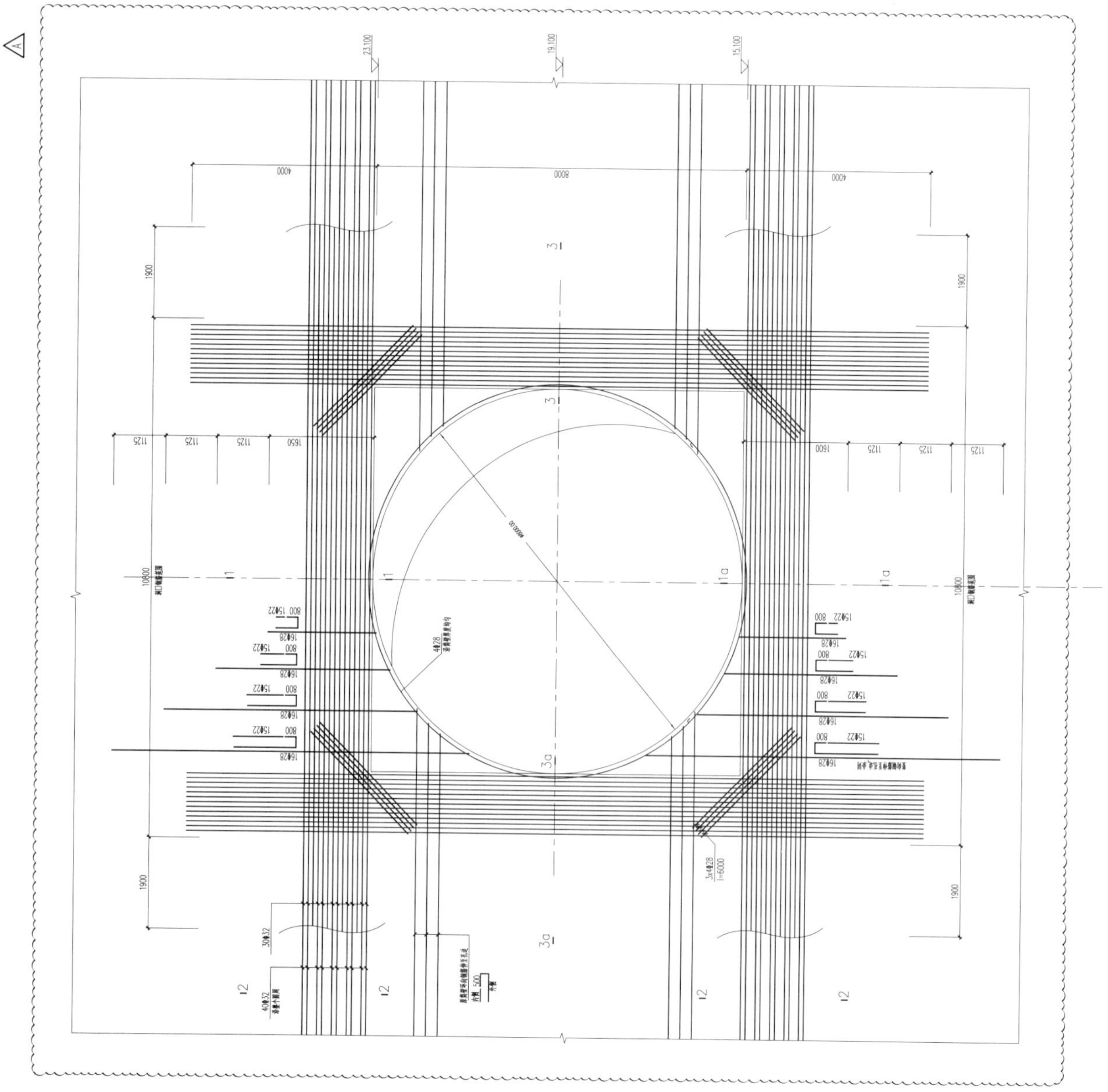
23.100
19.100
15.100
4000
8000
4000
1900
1125
1650
1600
10800
15Φ22
16Φ28
800
3x4Φ28
l=6000
30Φ32
40Φ32
500

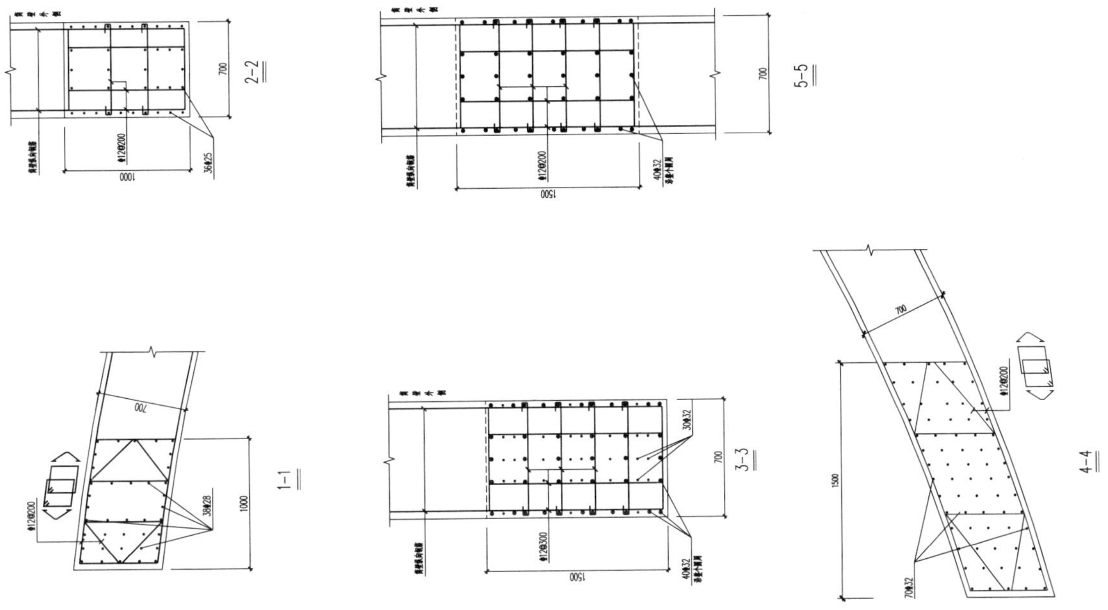

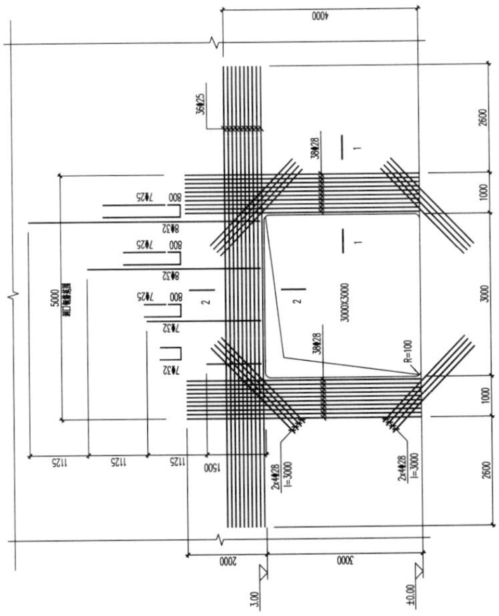
3000x3000门洞

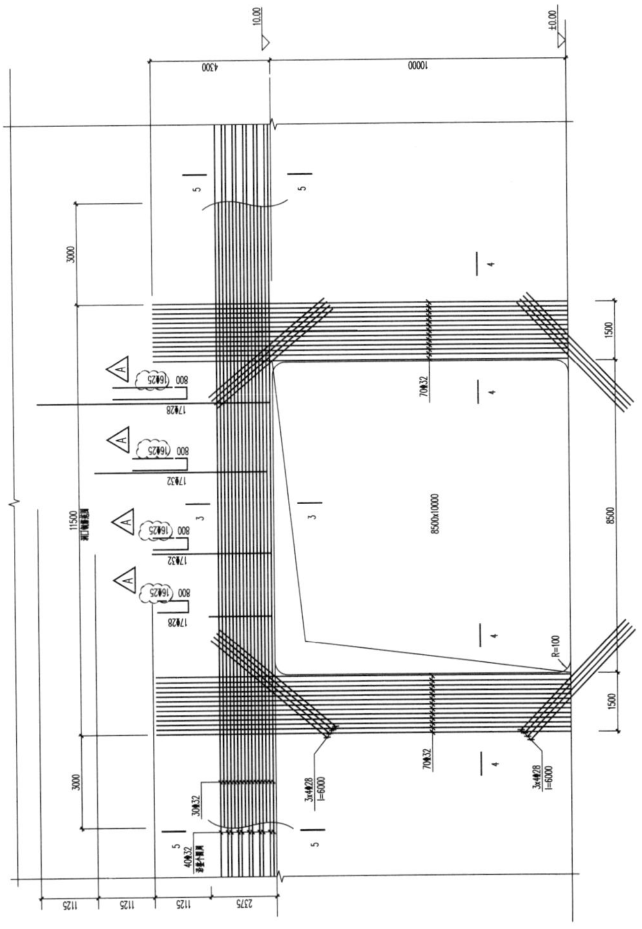
8000x7000施工孔

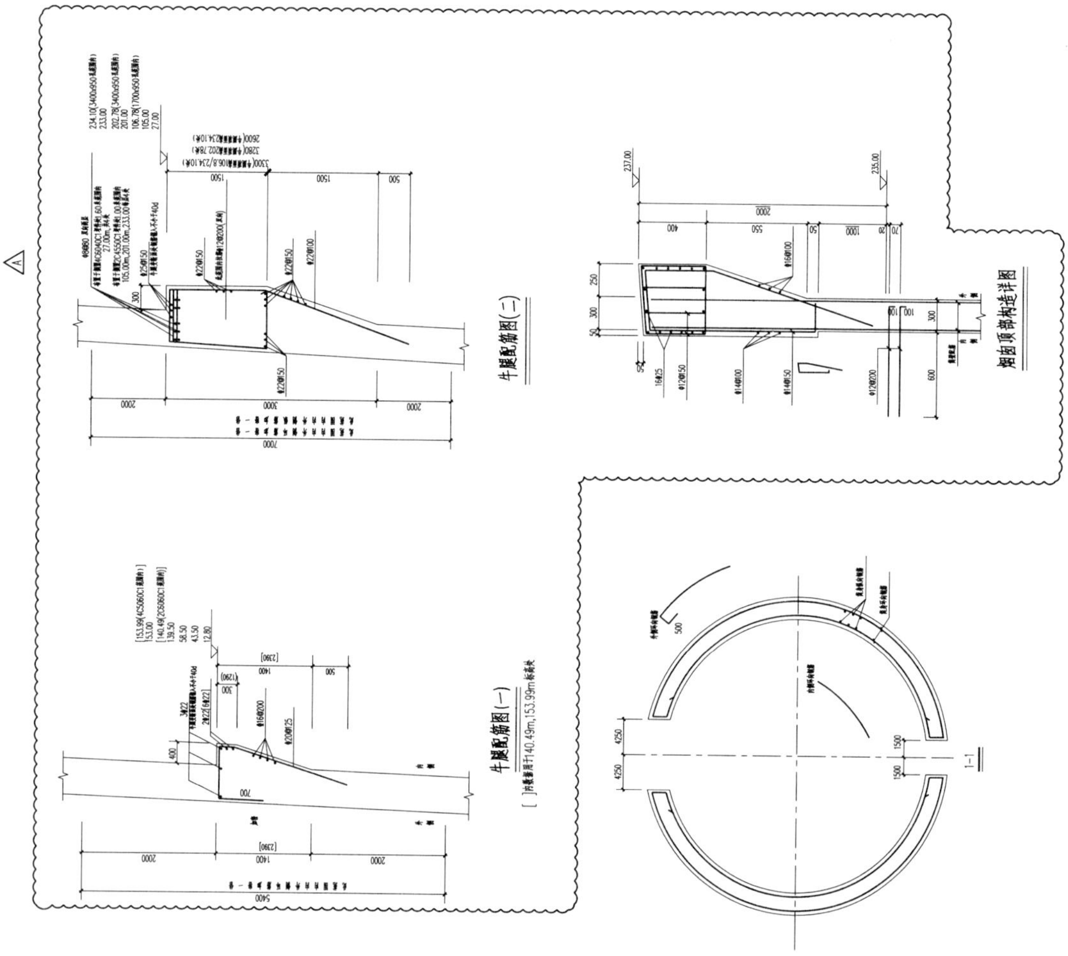
牛腿配筋图(一)
牛腿配筋图(一)
烟囱顶部构造详图
1-1

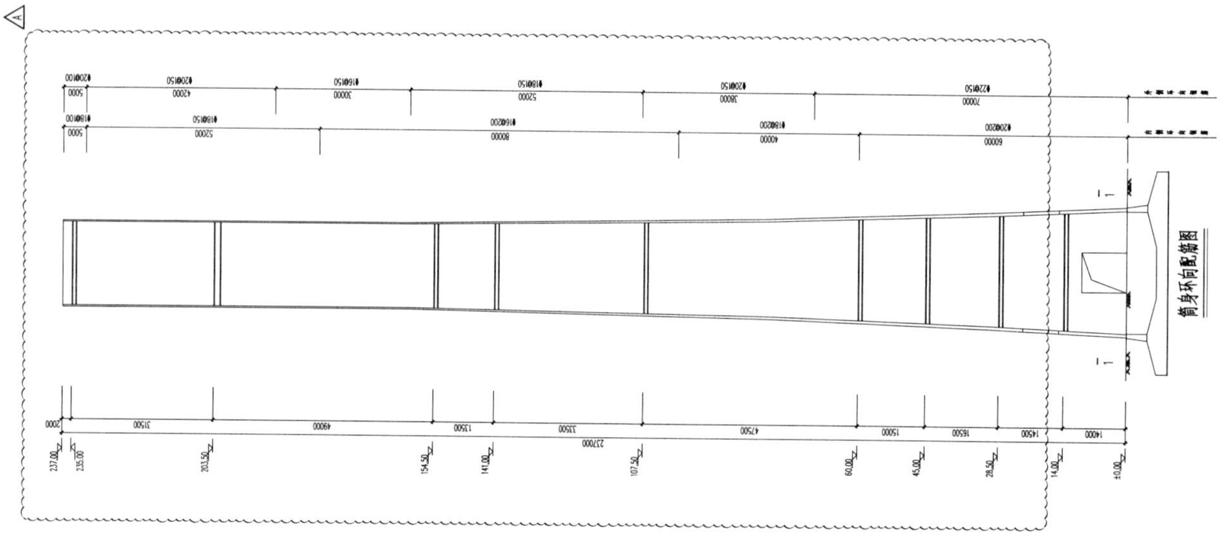
筒身环向配筋图

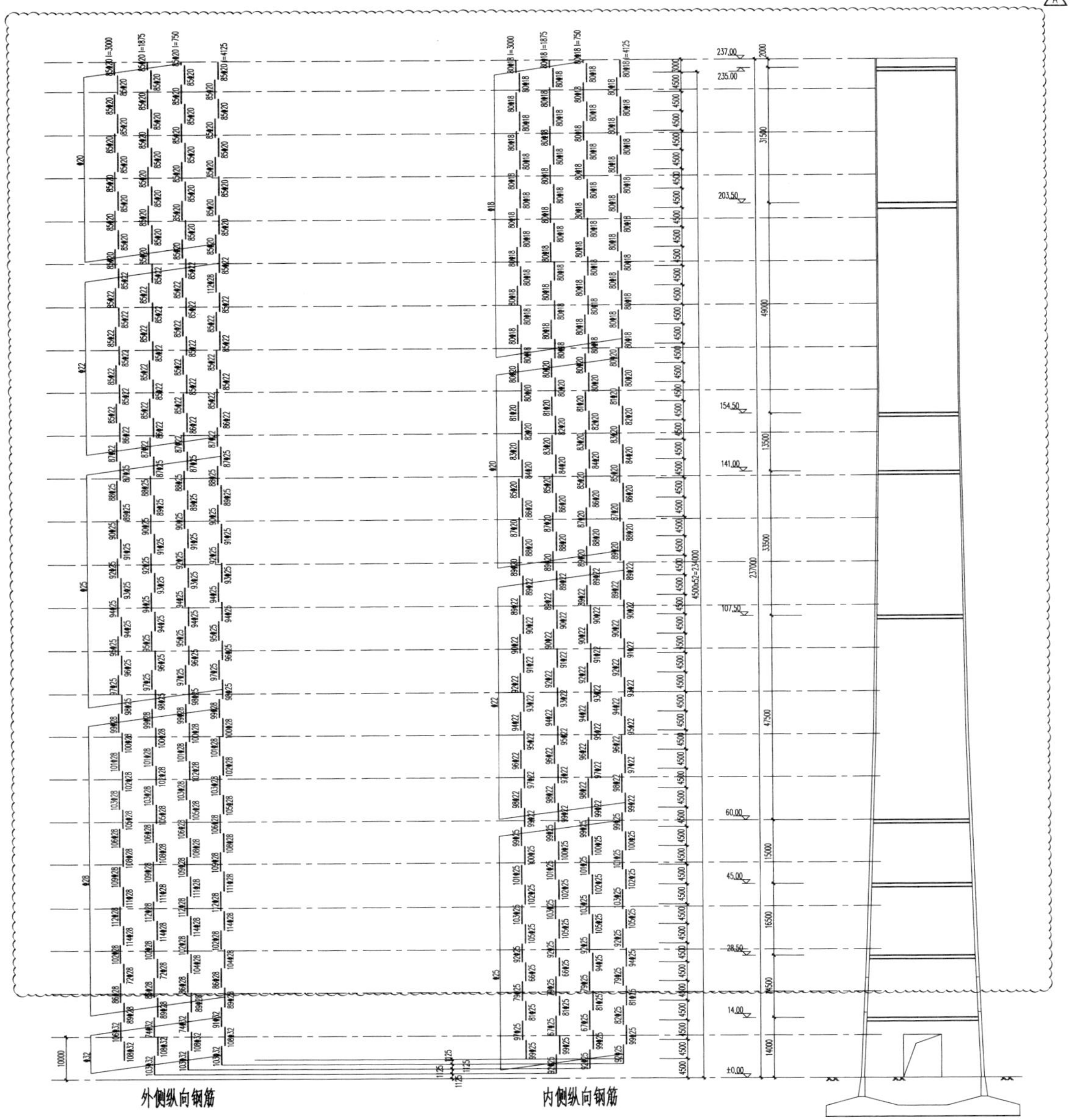

外侧纵向钢筋　　内侧纵向钢筋

筒身纵向配筋图

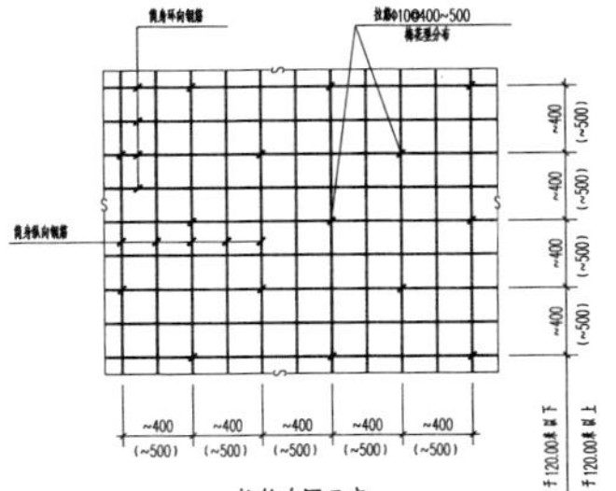

拉筋布置示意

说明:

1. 筒壁纵向钢筋直径大于等于25mm采用机械连接,其余可采用焊接.
2. 洞口上方的纵向钢筋到孔顶的保护层取30mm.
3. 纵向钢筋排列时,应根据基础插筋的实际情况翻样.洞口部分钢筋的配筋截面锚固长度,排列及数量应符合本设计及有关规范要求.
4. 筒壁钢筋为扣除洞口及洞口补强钢筋部分以外的钢筋,钢筋沿筒壁均匀分布.
5. 钢筋数量变化时,应做到间距均匀.

附录 F 冷 却 塔

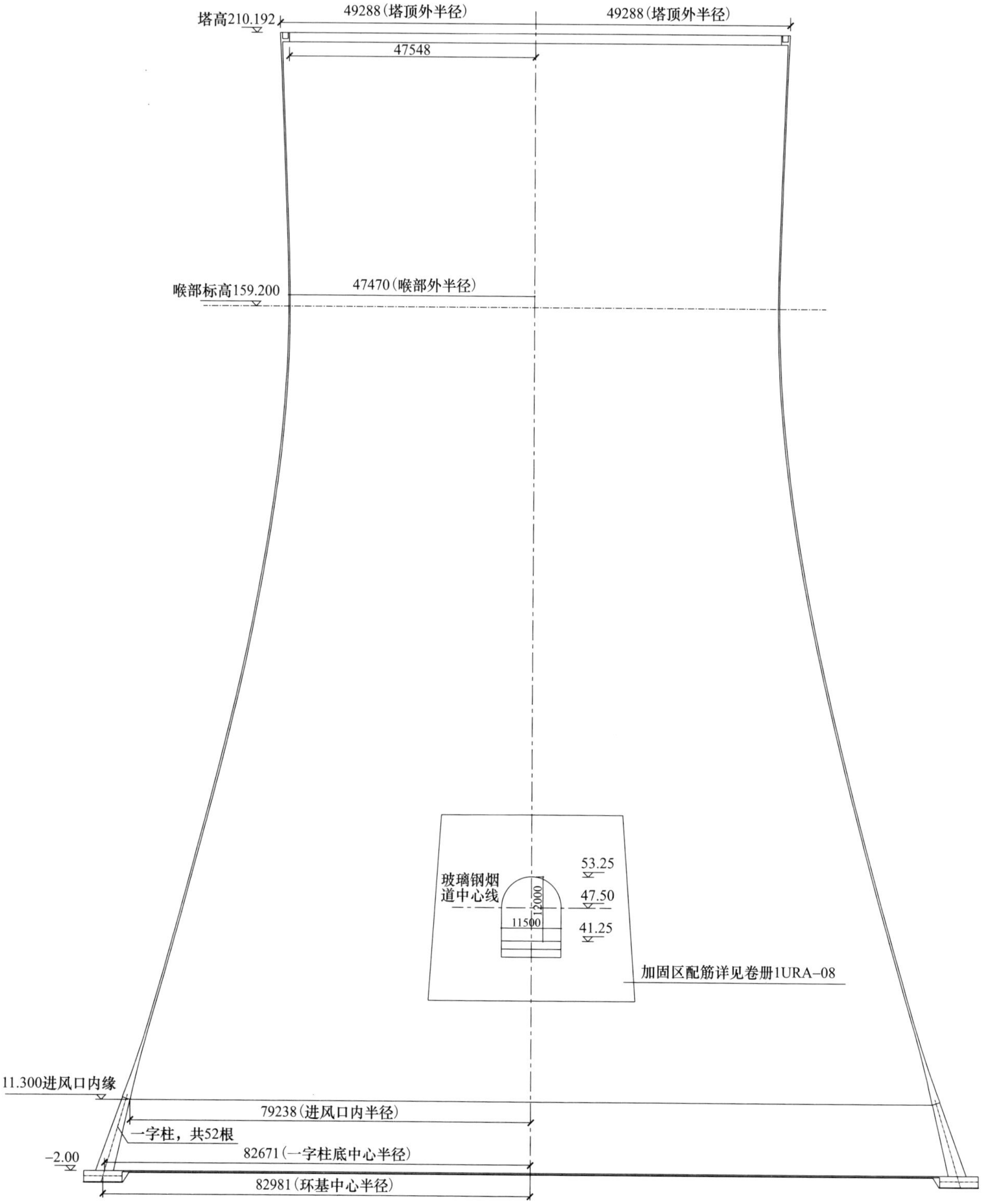

图 F-1 冷却塔剖面图

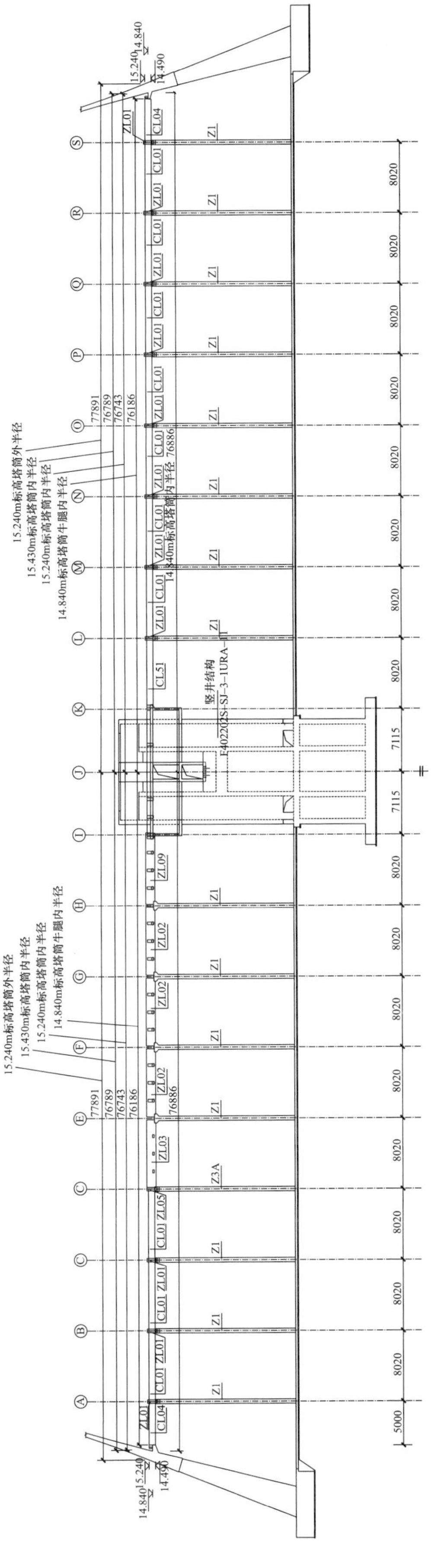

1—1

图 F-2　淋水装置剖面图

参 考 文 献

[1] 中国电力企业联合会电力工程造价与定额管理总站电力建设技术经济咨询中心．电力工程造价专业资格认证考试指定用书．火力发电工程建筑．北京：中国电力出版社，2012.

[2] 电力工程造价与定额管理总站．电力工程造价专业执业资格考试与继续教育培训教材．电力建筑工程．北京：中国电力出版社，2014.

[3] 中国电力工程顾问集团公司，电力规划设计总院．火力工程限额设计参考造价指标（2019 年水平）．北京：中国电力出版社，2020.

[4] 全国造价工程师职业资格考试培训教材编审委员会．建设工程技术与计量（土木建筑工程）．北京：中国计划出版社，2019.

[5] 国家能源局．火力发电工程建设预算编制与计算规定（2018 年版）．北京：中国电力出版社，2020.

[6] 国家能源局．电力建设工程预算定额（2018 年版）．第一册 建筑工程（上册、下册）．北京：中国电力出版社，2020.

[7] 国家能源局．电力建设工程概算定额（2018 年版）．第一册 建筑工程．北京：中国电力出版社，2020.

[8] 电力工程造价与定额管理总站．火力发电工程建设预算编制与计算规定（2018 年版）使用指南．北京：中国建材工业出版社，2020.

[9] 电力工程造价与定额管理总站．电力建设工程概预算定额（2018 年版）使用指南 第一册 建筑工程．北京：中国建材出版社，2020.

[10] 国家能源局．电力建设工程工程量清单计价规范．北京：中国电力出版社，2021.

[11] 国家能源局．电力建设工程工程量清单计算规范－火力发电工程．北京：中国电力出版社，2021.

[12] 国家电网公司基建部．国家电网公司输变电工程标准工艺（一）施工工艺示范手册．北京：中国电力出版社，2016.

[13] 国家电网有限公司基建部．变电站装配式钢结构厂房施工工艺．北京：中国电力出版社，2019.

[14] 苏丹，宋立民．建筑设计与工程制图．武汉：湖北美术出版社，2001.

[15] 西安建筑科技大学．建筑设备（第三版）．北京：中国建筑工业出版社，2018.

[16] 许光，袁雪峰．建筑识图与房屋构造．重庆：重庆大学出版社，2008.

[17] 聂洪达，郄恩田．房屋建筑学．北京：北京大学出版社，2007.

[18] 贺平，孙刚，王飞，等．供热工程．北京：中国建筑工业出版社，2009.

[19] 葛贝德，李建军，孙伟，等．钢结构识图快速入门．北京：机械工业出版社，2012.

[20]《注册建筑师考试教材》编委会．建筑材料与构造（第十五版）．北京：中国建筑工业出版社，2019.